Günter Brinkmann / Kyrill von Gersdorff / Werner Schwipps
Sport- und Reiseflugzeuge – Leitlinien einer vielfältigen Entwicklung

Die deutsche Luftfahrt

Buchreihe über die Entwicklungsgeschichte der deutschen Luftfahrttechnik

Herausgegeben von Dr. Theodor Benecke (†) in Zusammenarbeit mit dem Deutschen Museum (München), dem Bundesverband der Deutschen Luftfahrt-, Raumfahrt- und Ausrüstungsindustrie e.V. (Bonn) und der Deutschen Gesellschaft für Luft- und Raumfahrt – Lilienthal-Oberth e.V. (Bonn)

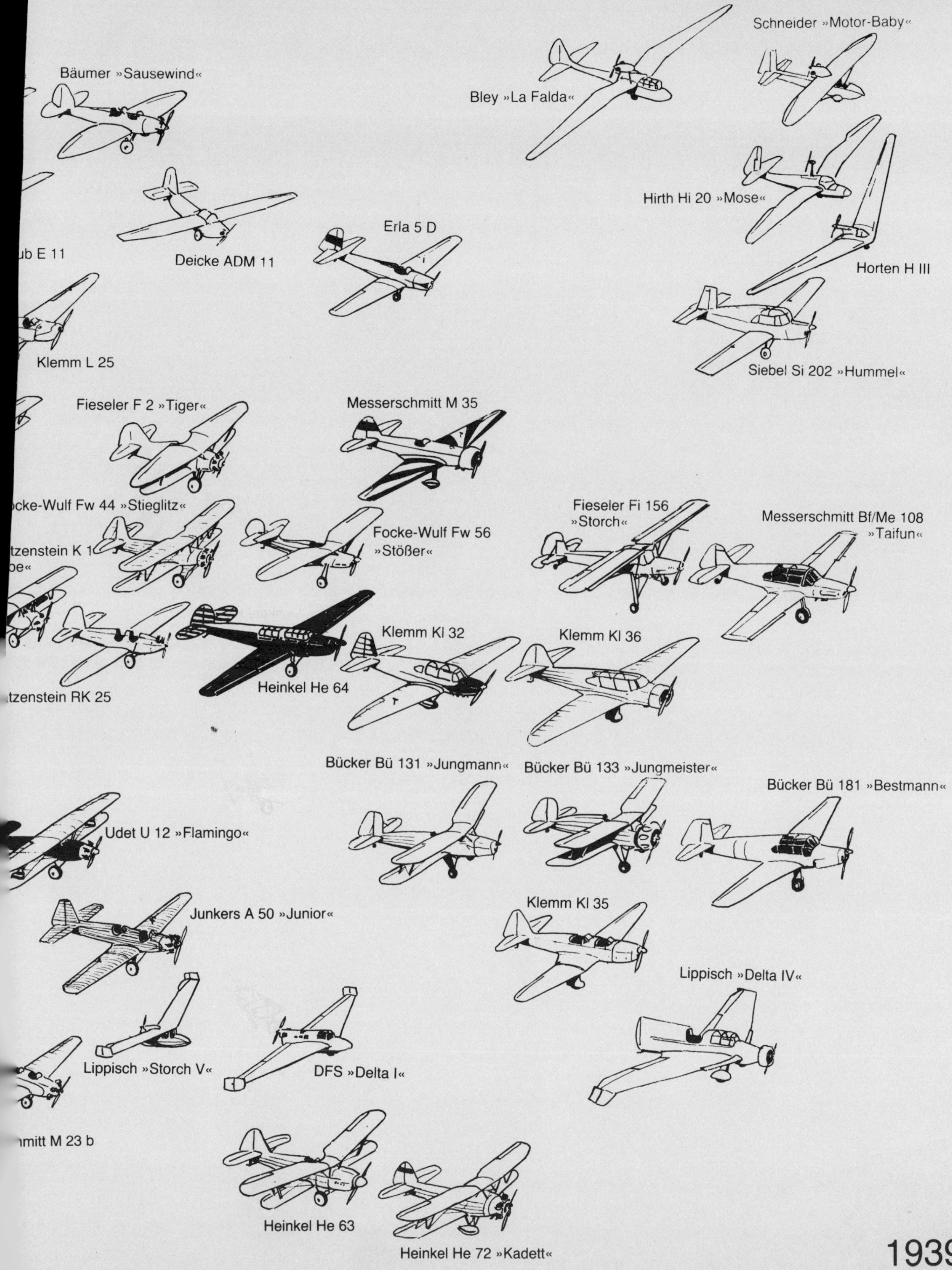

Bäumer »Sausewind«
Bley »La Falda«
Schneider »Motor-Baby«
Hirth Hi 20 »Mose«
Deicke ADM 11
Erla 5 D
ub E 11
Horten H III
Klemm L 25
Siebel Si 202 »Hummel«
Fieseler F 2 »Tiger«
Messerschmitt M 35
ocke-Wulf Fw 44 »Stieglitz«
Fieseler Fi 156
»Storch«
Messerschmitt Bf/Me 108
»Taifun«
tzenstein K 1
pe«
Focke-Wulf Fw 56
»Stößer«
Klemm Kl 32
Klemm Kl 36
tzenstein RK 25
Heinkel He 64
Bücker Bü 131 »Jungmann«
Bücker Bü 133 »Jungmeister«
Bücker Bü 181 »Bestmann«
Udet U 12 »Flamingo«
Klemm Kl 35
Junkers A 50 »Junior«
Lippisch »Delta IV«
Lippisch »Storch V«
DFS »Delta I«
hmitt M 23 b
Heinkel He 63
Heinkel He 72 »Kadett«

1939

Günter Brinkmann / Kyrill von Gersdorff / Werner Schwipps

Sport- und Reiseflugzeuge Leitlinien einer vielfältigen Entwicklung

unter Mitarbeit von Walter Barth, Peter Gomolzig, Kurt Grasmann, Hanno Heller, Sylvia Henseler-Trinkaus, Helmut Mauch, Manfred Meyer, Gerd Mühlbauer, Heiner Neumann, Dieter Schmitt, Rudolf Schuegraf, Walter Wolfrum, Hans Zacher

Konzeption: Günter Brinkmann
Koordination: Kyrill von Gersdorff
Redaktion: Sylvia Henseler-Trinkaus

Bernard & Graefe Verlag

Der Schutzumschlag zeigt die viersitzigen Reiseflugzeuge Ruschmeyer R 90-230 RG (links) und Messerschmitt Me 108 B »Taifun« (rechts) sowie den Grade-Eindecker von 1909 (oben).

Auf dem vorderen Vorsatz sind die deutschen Sport- und Reiseflugzeuge des Zeitraumes von 1909 bis 1939, auf dem hinteren Vorsatz solche von 1955 bis 1995 – im Sinne der »Leitlinien« – dargestellt. Zeichnung: Helmut Mauch.

Bildnachweis

Deutsches Museum, Sondersammlung (205), Günter Brinkmann (125), Archiv Günter Brinkmann (30), Archiv Walter Barth (37), Archiv Bruno Lange (13), Archiv Gero von Langsdorff (5), Archiv Werner Schwipps (25), Archiv Hans Zacher (18), Landesbildstelle Berlin (2), Luftfahrthistorische Sammlung Flughafen Frankfurt a. M. (4), Dornier (1), DLR (8), Ehmann (2), Extra (5), Gomolzig (2), Grob (15), HOAC (2), Hinz (1), Hirth (1), Höntsch (1), König (1), Kurz (2), LBA (2), Liese (4), Limbach (1), Matthe (1), MBB (22), MTU (10), Mühlbauer (2), Porsche (2), Propeller Hoffmann (2), Rotax (1), Ruschmeyer (14), Sauer (1), Selinger (1), Stemme (2).
Zeichnungen: Manfred Meyer (70), Theodor Lässig (4), Helmut Mauch (2).

Satz: Druckerei Manz AG, Dillingen
Reproduktionen: Repro GmbH, Ergolding
Herstellung und Layout: Walter Amann, München
Druck und Bindung: Grafos S.A., Barcelona
Printed in Spain

ISBN 3-7637-6110-1

Inhalt

Vorwort

In diesem Band geht es um die technische Entwicklung überwiegend deutscher Sport- und Reiseflugzeuge sowie ihrer Triebwerke vom ersten bis zum letzten Jahrzehnt unseres Jahrhunderts. Mit dem Versuch *Otto Lilienthals* im Jahre 1895, seine Gleiter zu motorisieren, sind es sogar *Hundert Jahre Motor-Flugsport.*

Trotz der Vielzahl der beschriebenen Flugzeug- und Motorenmuster ist dieser Band kein Typenbuch. Er erhebt keinen Anspruch auf Vollständigkeit, bietet aber weit mehr als kurzgefaßte Übersichten. Bei der Auswahl haben sich die Autoren auf solche Baumuster beschränkt, die aus heutiger Sicht beispielhaft für bestimmte Entwicklungsstufen erscheinen. Das Bemühen, sie in »Leitlinien« einzuordnen, wurde bisweilen durchbrochen: Wichtige Einzelmuster oder interessante Sonderkonstruktionen, auch wenn sie nicht weiterentwickelt wurden, sind ebenfalls aufgeführt. Selbst das aus wirtschaftlicher Bedrängnis entstandene »Zurück zu den Anfängen«, das die Ultraleichtflugzeuge hervorbrachte und sich inzwischen als fruchtbar für die gesamte technische Entwicklung der Leichtflugzeuge erwiesen hat, wird angemessen berücksichtigt – auch in seinen Impulsen für die Motorentechnik.

Die Entwicklung der Sport- und Reiseflugzeuge vollzog sich in ständiger fruchtbarer Wechselwirkung mit den technisch-wissenschaftlichen Fortschritten der gesamten Luftfahrt. Wie der Rennsport für den Automobilbau, so war der Flugsport vielfach Impulsgeber und Erprobungsfeld für Neuerungen und Fortschritte in der Luftfahrttechnik. Insofern ist eine detaillierte Übersicht über seine Entwicklung als wesentlicher Beitrag zur gesamten Luftfahrtgeschichte zu verstehen.

Flugsport stand am Anfang der hundertjährigen Entwicklung der Flugtechnik, die in Deutschland mit *Otto Lilienthal* begonnen hat, und Flugsport zu betreiben, ist noch heute Traum und Ziel begeisterungsfähiger junger und jung gebliebener Menschen. Wichtig ist das Erlebnis des Fliegens, der Blick aus der Vogelperspektive auf die Schönheiten und Eigenarten der Erde, der Reiz des Entdeckens und des Abenteuers, das den Flugsport bis heute auszeichnet. Schon *Lilienthal* sah darin »eines der wirkungsvollsten Mittel zur Bekämpfung der modernen Kulturkrankheiten« und war zudem davon überzeugt, »daß hierdurch sehr schnell noch wesentliche Verbesserungen in Bauart und Anwendung der (Flug-)Apparate sich einstellen würden«. Er hat recht behalten.

Nicht voraussehen konnte er die immense und noch ständig zunehmende wirtschaftliche Bedeutung der Luftfahrt – nicht nur im Hinblick auf den weltweiten Luftverkehr mit Linien- und Charterflugzeugen, sondern auch hinsichtlich des »Individual-Luftverkehrs« mit Geschäfts- und Reiseflugzeugen. Von den dadurch möglich gewordenen schnellen Verbindungen auch zu entlegenen Orten, wenn sie nur einen Flugplatz haben, hängen oft Aufträge sowie Geschäftsabschlüsse und damit Arbeitsplätze ab – eine Tatsache, die bei der gelegentlichen, abfällig gemeinten Kennzeichnung von Privatpiloten als »Hobby-« oder »Herrenflieger« meist übersehen wird. Bei den »Reiseflugzeugen«, deren Entwicklung erst in den zwanziger Jahren einsetzte, durchmischen sich sportliche Ambitionen mit wirtschaftlichen Notwendigkeiten.

Aus dem Streben nach einem billigeren »Fliegen um des Fliegens willen« erwuchs in den letzten anderthalb Jahrzehnten ein neuer Zweig des Motorflugsports: das Ultraleichtfliegen. Nach mancherlei Umwegen haben die Ultraleichtflugzeuge inzwischen einen technischen Stand erreicht, der sie für denjenigen, der ihre begrenzten Möglichkeiten respektiert, zu einem sicheren Fluggerät macht.

Ein weiterer in diesem Buch geschilderter Nebenweg ist die Entwicklung spezieller Kunstflug-Wettbewerbsflugzeuge, die in ihrer Kategorie inzwischen wohl die Grenze des derzeit technisch und aerodynamisch Machbaren erreicht haben, damit zugleich die Möglichkeiten und Grenzen der Leichtflugzeugentwicklung aufzeigen.

Die Flugzeuge der Akademischen Fliegergruppen sowie der Oskar-Ursinus-Vereinigung der Amateurflugzeugbauer sind ebenfalls in eigenen Kapiteln zusammengefaßt, auch wenn sich viele von ihnen den »Leitlinien« der Gesamtentwicklung zuordnen lassen.

Die Zuverlässigkeit der Motoren und die Wahl der geeigneten Luftschrauben war und ist gerade bei Leichtflugzeugen entscheidend für den sicheren und wirtschaftlichen Betrieb. Die fast hundertjährige Entwicklung der speziell hierfür konstruierten Flugmotoren schildert ein umfangreicher Sonderteil, der durch ein Kapitel über die Entwicklung der Luftschrauben ergänzt wird. Das aktuelle Problem der Lärmminderung ist unter wissenschaftlichen und praktischen Gesichtspunkten ebenfalls ausführlich dargestellt.

Über die technischen Zusammenhänge im Spiegel des Zeitgeschehens hinaus kann der Leser miterleben, welche Freude und Befriedigung Konstrukteure wie Piloten emp-

finden, wenn sie erfolgreich sind – und welche Tragödien sich bei einem Scheitern oder gar bei einem Absturz abgespielt haben.
Der vorliegende Band beschränkt sich auf die technische Entwicklung einmotoriger Flugzeuge bis zu einer Flugmasse von 2000 kg, die zu sportlichen oder zu Reisezwecken konzipiert wurden. Besonders für die älteren Muster liegen in den Quellen oft recht unterschiedliche Angaben vor, doch selbst für die neueren und neuesten Flugzeuge schwanken die technischen Angaben. Es ist erstaunlich, wie viele Versionen, wenn auch nur mit geringen Unterschieden, es gerade bei Leichtflugzeugmustern gegeben hat.

Hamburg, Neubiberg, Köln im Frühjahr 1995

Günter Brinkmann
Kyrill von Gersdorff
Werner Schwipps

Danksagung

Die Autoren danken den zahlreichen Institutionen, Firmen, Fachleuten und Piloten, die mit Bildern, Dokumenten, Hinweisen, Ratschlägen und durch Interviews zur Realisierung dieses Buches wesentlich beigetragen haben.
Ein großer Teil des Bildmateriales wurde durch die Sondersammlung des Deutschen Museums zur Verfügung gestellt. Hier gilt unser Dank besonders Herrn *Dr. Wilhelm Füßl*, Frau *Dr. Eva-Alexandra Mayring*, den Herren *Albert Limmer* und *Lothar Czekalla* sowie Frau *Christine Hennet* und Frau *Irene Kürsten*.
Viel Unterstützung erhielten wir durch *Theo Rack* vom Deutschen Segelflugmuseum auf der Wasserkuppe, durch *Karl-Bernd Bockstahler* und *Dagmar Giese-Simonis* vom Deutschen Aero Club, durch *Peter Styrsky* von der Oskar-Ursinus-Vereinigung und vom Luftfahrt-Bundesamt durch die Herren *Klaus Neufeldt* und *Jochen Pieper*.
Daß es trotz des ungünstigen Wetters und einiger Mißgeschicke, die Luftaufnahmen von Augsburg aus durchzuführen, verdanken wir hauptsächlich *Karin* und *Karl Stöber*, *Hans Obermeier* und *Werner Blasel* sowie *Günter Klug*, *Gerd Kahdemann* und *Heinz Pahlicki*.
Für die vielfältigen Unterstützungen, die zur Vervollständigung dieses Buches beigetragen haben, bedanken sich die Autoren bei: *Edgar Dittmar* (†), *Fritz Fliegauf*, *Klaus Griese*, *Johannes Höntsch*, *Kurt Matthe*, *Paul-Anton Mattheis*, *Arnd Rafflenbeul*, *Ruth Gräfin von Saurma-Jeltsch*, *Peter Selinger*, *Karl Vey*, *Eugen Wagner* und *Wolfgang Wagner*.
Besonders bedanken möchten wir uns bei Frau *Elly Beinhorn* für das Interview, das sie Frau *Sylvia Henseler-Trinkaus* gegeben hat.

Dank sei auch dem Bernard & Graefe Verlag gesagt, dem Gestalter und Hersteller *Walter Amann* für sein Verständnis und seine Geduld, die er seit mehr als 15 Jahren gegenüber den Autoren der Buchreihe »Die deutsche Luftfahrt« aufgebracht hat.

»Leitlinien«

Gemeint sind im Sinne des Buchtitels Entwicklungsschritte von Sport- und Reiseflugzeugen, die zu einem wegweisenden Endprodukt oder zu einer über längere Zeit bzw. sogar bis heute bevorzugten Standardform geführt haben. Ein Beispiel dafür ist der Kabinentiefdecker mit Einziehfahrwerk, Bugmotor und Zugpropeller. Ausgangspunkte solcher Entwicklungen waren Evolutionsschritte in aerodynamischer, konstruktiver, werkstoffmäßiger oder gestalterischer Hinsicht. So entstanden die – bei Sport- und Reiseflugzeugen oft parallel verlaufenden – »Leitlinien«.

Teil 1: Die frühen Jahre. Entwicklungen und Perspektiven vor 1914

Werner Schwipps

Zur Einführung: Versuch einer Definition

Der Begriff »Flugsport« deckte in der Frühzeit, bevor sich der Motorflug in die drei Hauptrichtungen Verkehrsflug, Militärflugwesen und Flugsport im engeren Sinne zu entwickeln begann, das gesamte Spektrum fliegerischer Betätigung ab. Er geht auf *Otto Lilienthal* zurück, den Altmeister der Fliegekunst; in den allgemeinen Sprachgebrauch ist er jedoch durch den Zivilingenieur *Oskar Ursinus* eingeführt worden, der Ende 1908 in Frankfurt a.M. die gleichnamige Fachzeitschrift gründete. Der »Flugsport« war und blieb bis zum Ersten Weltkrieg europaweit die einzige Zeitschrift, die sich ausschließlich dem Flugwesen und nicht auch gleichzeitig der Luftschiffahrt widmete.

Flugsport betrieb nach damaligem Sprachgebrauch, wer sich an der Konstruktion manntragender Flugmaschinen versuchte und verwegen genug war, sich einer selbstgebauten oder gekauften Flugmaschine anzuvertrauen. Unter flugsportlichen Veranstaltungen wurden sowohl öffentliche Schauflüge als auch sogenannte Preisflüge verstanden, die für spezielle Flugleistungen ausgeschrieben waren. Internationale und nationale Flugwochen kamen als flugsportliche Wettbewerbe dem heutigen Gebrauch des Wortes »Flugsport« schon recht nahe. Da es dabei aber in der Regel um hohe Geldpreise ging, ist es wahrscheinlich richtiger, von professionellem Sport zu sprechen.

Zu den Flugtagen und den Flugwochen strömten die Menschen damals zu Zehn- und Hunderttausenden, denn es ging eine große Faszination von den Vorführungen und Wettbewerben aus, nicht zuletzt des damit verbundenen Nervenkitzels wegen. An Flugsport als Breitensport war noch nicht zu denken. Es konnte ihn auch noch nicht geben, weil die Zahl der Menschen, die diesen Sport ausübten, sehr klein war. Bis zum Ausbruch des Ersten Weltkrieges waren überhaupt erst 817 zivile Pilotenscheine vom Deutschen Luftfahrer-Verband (DLV) ausgegeben worden. Die Piloten, die 1909 und 1910 als erste flogen und in der Öffentlichkeit von sich reden machten, ließen sich noch an den Fingern einer Hand abzählen. Sie sind auch eher mit modernen Fußball- oder Tennisprofis zu vergleichen als mit den Sportfliegern unserer Tage. Aber sprechen wir nicht auch heute noch vom Rad- oder Automobilrennsport, selbst wenn er berufsmäßig betrieben wird?

Nun wäre es verfehlt, aus dem Gebrauch des Begriffes »Flugsport« schließen zu wollen, daß alles damals verwendete Fluggerät der Kategorie »Sportflugzeuge« zuzuordnen wäre. Der Begriff »Sportflugzeug«, wie wir ihn gegenwärtig verstehen, kam erst in den zwanziger Jahren auf, wie auch der Begriff »Reiseflugzeug«.

In der Frühzeit des Motorfluges konnte es solche Unterscheidungen nach Zweckbestimmungen noch nicht geben, ging es damals doch im wesentlichen darum, die ersten flugtauglichen Geräte »Schwerer als Luft« überhaupt zu entwickeln: Flugzeuge, die in der Lage waren, sich in die Luft zu erheben, dabei einen Menschen zu tragen und ihn sicher wieder zum Boden zurückzubringen. Im Sommer 1910 mußte die Flug- und Sportplatz GmbH in Berlin-Johannisthal feststellen, »daß die Hälfte aller Flüge zur Zeit noch unfreiwillig beendet wird«.

Wer sich damals mit Flugmaschinen beschäftigte, sei es als Konstrukteur oder als Pilot, und häufig waren Flugtechniker beides in einer Person, der tat es, wie wir aus vielen Berichten wissen, mit großer Begeisterung, aber doch auch in der Hoffnung, eines Tages Geld damit verdienen zu können: sei es durch den Verkauf von Flugzeugen oder von Patenten, sei es durch öffentliche Flugvorführungen oder den Gewinn von Flugpreisen. Der in jeder Hinsicht selbstlose, nur einem Ideal verpflichtete Erfinder ist Legende, auch in der Flugtechnik.

Dennoch kann bereits für die Zeit vor 1914 eine wichtige Unterscheidung unter den Flugmaschinen getroffen werden: zwischen Flugzeugen für den zivilen und solchen für den militärischen Gebrauch. Auch bei den Flugzeugführerscheinen wurde damals schon entsprechend unterschieden. Die Anforderungen für den Militärpilotenschein waren ungleich höher als die für den zivilen Pilotenschein. Letzterer wurde vom »Deutschen Luftfahrer-Verband« (DLV) nach den Bestimmungen der »Fédération Aéronautique Internationale« (FAI) ausgegeben, während die Militärlizenzen von der Militärbehörde erteilt wurden, auch wenn die Schulung an einer zivilen Flugzeugführerschule erfolgt war.

Für die »Militärtauglichkeit« von Flugmaschinen hatte die Heeresverwaltung schon 1910 begonnen, ins einzelne gehende Leistungs- und Abnahmebestimmungen festzulegen. Die Bedingungen liefen auf stärkere Motoren, größere Reichweite und höhere Tragkraft hinaus.

Flugzeuge, die nach diesen Anforderungen konstruiert, gebaut und an die Fliegertruppe geliefert wurden, gehören in das Gebiet der militärischen Luftfahrt und werden deshalb hier nicht behandelt. Das gleiche gilt für Flugmaschinen, die auf Betreiben militärischer Dienststellen oder von der Versuchsabteilung der Verkehrstruppen selbst vor dem Ersten Weltkrieg gebaut und erprobt worden sind.
Erste Erfahrungen für eine zivile Nutzung des Flugzeuges wurden mit der versuchsweisen Beförderung von Post im Jahre 1912 sowie mit Frachtbeförderung gesammelt. Sehr früh wurden auch schon Personen als »Mitflieger« oder Gast befördert. Auf der »Allgemeinen Luftfahrzeug-Ausstellung« (ALA) 1912 in Berlin hat die Firma Rumpler-Luftfahrzeugbau bereits eine Flugzeug-»Reiselimousine« mit Kabine ausgestellt. Praktische Bedeutung für die Allgemeinheit haben alle diese Entwicklungen aber erst nach dem Kriege erlangt.
Ebenfalls schon im Jahre 1912 begann *Oskar Ursinus* im »Flugsport« zwischen schwerem, militärtauglichem Fluggerät und leichten Flugzeugen für sportliche Zwecke zu unterscheiden. *Ursinus* beklagte, daß von der »National-Flugspende«, die ein Sammelergebnis von 7,5 Millionen Goldmark erbracht hatte, keinerlei Förderung des Flugsports ausging. Und er regte an, gesonderte Flugwettbewerbe für leichte Flugzeuge sowie Motorenwettbewerbe für leichte Flugmotoren bis 50 PS (37 kW) Leistung auszuschreiben*.
Natürlich konnte nicht in jedem Falle zwischen leichtem und schwerem Fluggerät, zwischen ziviler und militärischer Nutzungsmöglichkeit zweifelsfrei unterschieden werden, in Deutschland so wenig wie in den anderen Industriestaaten. Das wird besonders bei doppelsitzigen Schulflugzeugen deutlich. »Tauben«-Konstruktionen unterschiedlichster Art wurden sowohl für die Schulung ziviler als auch militärischer Piloten eingesetzt und hatten vor dem Krieg bei Manövern auch Aufklärung zu fliegen. Dennoch erweist sich die Ursinus'sche Abgrenzung als hilfreich bei dem Versuch, Sport- und Gebrauchsflugzeuge in ihren Anfängen zu definieren.

Alles fing als Flugsport an

Schon *Otto Lilienthal* (1848–1896), der in den neunziger Jahren des vorigen Jahrhunderts in Berlin und Umgebung zweitausendmal den Gleit- und Segelflug als Vorstufe zum Motorflug erprobte, hat den Flugsport als wichtige Entwicklungsstufe für die Flugtechnik wie auch als anregende Sportart propagiert. *Lilienthal* wurde nicht müde, in Briefen und Gesprächen, Vorträgen und Aufsätzen für den »Fliegesport«, wie er ihn nannte, zu werben. In einem Aufsatz über seine Flugversuche in den Rhinower Bergen nordwestlich von Berlin, bei denen er bereits Flugweiten bis zu 250 m erzielt hatte, schrieb er im Herbst 1893:

»Wenn diese Berge in unmittelbarer Nähe Berlins gelegen wären, würde sich sicher ein regulärer Fliegesport herausbilden; denn mit dem wundervollen, anstrengungslosen Dahingleiten durch die Luft läßt sich keine der bisherigen Sportarten vergleichen. Es dürfte sogar lohnend sein, eine derartige künstliche Abflugstelle in der Nähe einer Großstadt zu errichten. Jedenfalls gäbe es kein Mittel, welches mehr als dieses zur Förderung der Flugfrage beitragen würde; denn in kurzer Zeit würden Hunderte von jungen, kräftigen Leuten sich solche billig herzustellenden Segelapparate halten und in der Weite der Segelflüge sich zu überbieten suchen. Daß hierdurch sehr schnell noch wesentliche Verbesserungen in Bauart und Anwendung der Apparate sich einstellen würden, ist selbstverständlich[1].«

Im Jahre 1895, kurz vor seinem Todessturz, hat *Lilienthal* dem Flugsport sogar einen ganzen Aufsatz gewidmet unter dem Titel »Fliegesport und Fliegepraxis«[2]. Seine Gleitflüge nennt er darin wieder einen höchst anregenden Sport. Sie ließen, sagt er, der Geschicklichkeit den weitesten Spielraum, und Mut und Entschlossenheit kämen dabei in hohem Maße zur Geltung. Und das Fliegen wäre, bei Verwendung erprobter Flugapparate und mit der erforderlichen Umsicht ausgeführt, nicht gefährlicher als das Reiten auf dem Pferde oder das Segeln auf dem Wasser. Wir werden, prophezeite er, Vervollkommnungen zu verzeichnen haben, welche wir heute noch kaum ahnen.
Von Anfang an hat *Lilienthal* auch geplant, in Nachahmung des Vogelfluges seine Gleitflüge durch mechanische Flügelschläge zu verlängern, um so – wie er sagte – in den dauernden Segelflug hineinzukommen. Er experimentierte mit Ein- und Zweizylinder-Kohlensäuremotoren, die seine Erwartungen jedoch nicht erfüllten. Zu der beabsichtigten »Motorisierung« seiner Gleiter ist es deshalb nicht gekommen.
Ähnlich wie er und ebenso erfolglos hat 1897 in Hamburg der Ing. *Arthur Stentzel* mit einem Flügelschlagapparat von 6,3 m Spannweite und 34 kg Gewicht mit Kohlensäureantrieb experimentiert.
Dagegen hat sich *Lilienthals* Vision vom motorlosen Flugsport 25 Jahre nach seinem Tode in der Segelflugbewegung auf der Wasserkuppe in schöner Weise erfüllt. Der Motorflug konnte und kann demgegenüber schon aus Kostengründen nicht in gleichem Maße Breitensport werden. Die von *Lilienthal* angesprochenen charakterbildenden Anforderungen an den Flugsportler sind jedoch in beiden Fällen dieselben: Verantwortungsbewußtsein, Gewissenhaftigkeit und Wagemut – doch keine Tollkühnheit. Selbstvertrauen – doch keine Selbstüberschätzung.
Der russische Aerodynamiker *Nikolai J. Shukowski* (1847–

* Die Motorenleistungen werden für die Frühzeit bis zum Weltkrieg 1914 in PS und dazu in Klammern mit dem jeweiligen ungefähren kW-Wert angegeben. Der Grund dafür ist, daß anderenfalls eine Genauigkeit vorgetäuscht würde, die damals noch nicht gegeben war; waren doch auch die PS-Angaben in der Frühzeit häufig nur ungefähr und abgerundet.

Otto Lilienthal mit seinem Flügelschlagapparat 1894 in Berlin-Lichterfelde noch ohne Motor.

1921), ein glühender Anhänger der Flugmethode Lilienthals, hat ein weiteres Argument für den Flugsport hinzugefügt. Nach einem Besuch bei Lilienthal sagte *Shukowski* Ende 1895 in einem Vortrag in Moskau:

»Wenn Luftfahrtgeräte in Form von Lenkluftschiffen oder mächtigen Flugmaschinen erscheinen, werden sie zu Geheimnissen von Regierungen gemacht, weil diese vor allem militärische Ziele verfolgen. Entwickeln sie sich dagegen auf dem Boden eines friedlichen Sports, so zieht das Flugproblem Interessenten aller Nationen an, die in gemeinsamer Arbeit zum Nutzen der ganzen Menschheit das Problem lösen werden[3].«

Selbst die Behörden haben in der Frühzeit im Fliegen hauptsächlich einen Sport gesehen. Das Kaiserliche Patentamt in Berlin ordnete Flugpatente von Anfang an in die Klasse 77 »Sport« ein. Das geschah auch mit *Lilienthals* beiden Flugpatenten DRP Nr. 77916 von 1893 und Nr. 84417 aus dem Jahre 1895. Heute wird diese Zuordnung gelegentlich belächelt, doch denkt man darüber nach und sieht sie im historischen Zusammenhang, ist sie durchaus gerechtfertigt.

Lilienthal erprobte den Flügelschlagapparat im August 1894 zunächst im Gleitflug am Fliegeberg.

Anstöße zur planmäßigen Entwicklung

Wesentliche Anstöße zur planmäßigen Weiterentwicklung der Flugtechnik gingen erst zehn Jahre nach dem Todessturz *Lilienthals* hauptsächlich vom Berliner Verein für Luftschifffahrt aus. Der Berliner Verein war 1903 aus dem alten Deutschen Verein zur Förderung der Luftschiffahrt von 1881 hervorgegangen, in dem *Lilienthal* die aviatische Richtung repräsentiert hatte.

Im Oktober 1907 gründete der Verein auf Anregung von *Hermann Moedebeck* (1857–1910) einen flugtechnischen Ausschuß, dessen Vorsitz Professor *Dr. Reinhard Süring* (1866–1950) übernahm. Mitglieder waren unter anderen Regierungsrat a.D. *Joseph Hofmann, Dr. Hermann Elias,* Ziviling. *Ansbert Vorreiter,* Dipl.-Ing. *Walenski,* Ing. *Edmund Rumpler* und Obering. *Dr. Ernst Valentin.* Später trat ihm noch *Dr. Friedrich Bendemann* bei, und auf Wunsch der Automobiltechnischen Gesellschaft wurde *Wilhelm Graf Arco* zugewählt[4]. Sie alle haben danach wesentliche Rollen in der Entwicklung der Flugtechnik gespielt, sei es als Konstrukteur, Fabrikant oder Publizist. *Graf Arco* wurde 1909 Aufsichtsratsvorsitzender der »Flug- und Sportplatz-Gesellschaft« Berlin-Johannisthal.

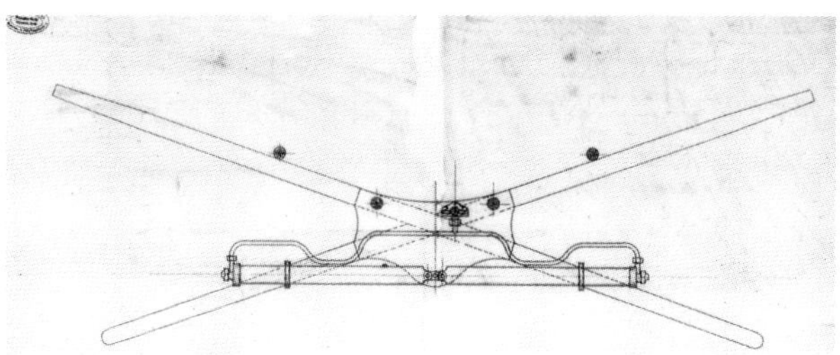

Zweizylinder-Kohlensäuremotor *Lilienthals* für den Antrieb des Flügelschlagapparates 1895.

Als wichtigste Aufgabe für den Ausschuß wurde die Wiederaufnahme der Lilienthalschen Gleitflugübungen genannt. Ferner wollte man versuchen, durch exakte Messungen Anhaltspunkte für Stabilität, die beste Flügelform etc. zu gewinnen. Zu diesem Zweck wurde von den Brüdern *Voisin* in Billancourt bei Paris ein Doppeldecker-Gleiter des Systems Chanute-Herring erworben. Im Jahresbericht des Vereins ist in diesem Zusammenhang fälschlich von einem Gleitflieger Lilienthal-Chanute die Rede. Der ehemalige Vereinsvorsitzende und spätere Direktor des Aeronautischen Observatoriums in Lindenberg nordöstlich von Berlin, Professor *Dr. Richard Assmann* (1845–1918), ermöglichte es, den Gleiter auf dem für die vorgesehenen Versuche günstigen Lindenberger Gelände unterzubringen. Die beträchtliche Entfernung von Berlin, vor allem eine ungünstige Eisenbahnverbindung, erschwerten es allerdings den Vereinsmitgliedern, den Gleiter zu benutzen, doch konnte *Dr. Bendemann* in Versuchen wichtige Erkenntnisse über Tragkraft, Widerstand und Stabilität gewinnen. Der Plan, den Gleiter später in unmittelbarer Nähe von Berlin zu stationieren, möglichst in Verbindung mit einer Absprungplattform, wie sie der Schlesische Verein für Luftschiffahrt in Breslau bereits benutzte, ließ sich jedoch nicht verwirklichen.

Die aus Vereinsmitteln für die Lindenberger Versuche bewilligten 1000 Goldmark erfuhren im Laufe des Jahres 1908 eine beträchtliche Aufstockung durch finanzielle Zuwendungen von staatlicher wie von privater Seite. Das Preußische Kriegsministerium überwies 3000,– Mark, der Industrielle Kommerzienrat *Pintsch* 1000,– Mark, und vom Kaufhaus Wertheim kamen 2000,– Mark.

Einen »mächtigen Ansporn für die deutsche Flugtechnik« gab nach Einschätzung des Vereins im gleichen Jahr dann die Spende von 50 000,– Mark des Mannheimer Industriellen *Karl Lanz* (1873–1921). Davon sollten 10 000,– Mark dazu dienen, Versuche deutscher Flugtechniker zu unterstützen, während 40 000,– Mark für einen »Lanz-Preis der Lüfte« bestimmt waren. Die Ausschreibung des Hauptpreises erfolgte am 15. April 1908 durch den Berliner Verein.

Der Preis sollte demjenigen deutschen Flugtechniker zufallen, dem es als erstem gelang, mit einem selbstkonstruierten Motorflugzeug zwei 1000 m voneinander entfernt stehende Baken in Form einer liegenden Acht zu umfliegen, ohne zwischendurch den Boden zu berühren, und danach unbeschädigt zu landen. In § 5 der Ausschreibung war festgelegt:

»Das Flugschiff muß von einem Deutschen konstruiert, in allen seinen Teilen in Deutschland hergestellt und von einem Deutschen geführt werden.«

Die Bekanntgabe der Stiftung von *Lanz* hatte zur Folge, daß dem Verein »eine ungeheure Menge« von Projekten zur Begutachtung und Unterstützung eingereicht wurde. Im Jahresbericht heißt es dazu:

»Mit ganz wenigen Ausnahmen konnten diese Anträge kurzerhand zurückgewiesen werden. Immerhin erwuchs dem Ausschuß aus der Prüfung eine recht umfangreiche, wenn auch gern geleistete Arbeit. Seine Tätigkeit wurde in der zweiten Jahreshälfte ganz überwiegend hiervon in Anspruch genommen.«

Unterstützungen aus dem Lanz-Fonds wurden bis Jahresende 1908 nicht vergeben, doch erhielt der Dipl.-Ing. *Hermann Dorner* (1882–1963), der im Sommer vielversprechende Versuche mit einem eigenen Gleiter angestellt hatte, 5000,– Mark aus anderen dem Verein zur Verfügung stehenden Mitteln. Ende 1909, als der Lanz-Preis der Lüfte an *Hans Grade* vergeben war, wurden die noch verfügbaren 10 000,– Mark als 2. und 3. Lanz-Preis ausgeschrieben[5]. Es galten dafür die gleichen Bedingungen wie für den Hauptpreis. Den 3. Lanz-Preis gewann *Hermann Dorner* am 11. Juli 1910 in Johannisthal. Der 2. Preis war bereits am 28. April an den Piloten *Adolf Behrens* auf Schultze-Herford-Eindecker gegangen.

Zwei weitere namhafte Preise wurden 1908 vom Verkehrsverein Kiel in Höhe von 5000,– Mark für einen Internationalen Wettbewerb mit Flugmaschinen[6] sowie vom Münchener Industriellen *Dr. Paul Gans* über 10 000,– Mark für einen 10 min langen ununterbrochenen Flug gestiftet. *Gans* war Leiter der Abteilung Flugschiffahrt im Bayerischen Automobil-Club, und der Preis wurde anläßlich der Ausstellung »München 1908« ausgeschrieben, doch fand sich kein Bewerber.

Weniger große Anforderungen waren für den Kieler Preis an die Bewerber gestellt worden. Gewinner sollte sein, wer

»mit einer ballonfreien Flugmaschine von dem ihm zum Wettfluge angewiesenen Sportplatz abfliegt und am längsten, aber mindestens eine Minute lang ununterbrochen schwebt resp. fliegt«.

Der Däne *Jakob Ellehammer* (1871–1946) erschien am 28. Juni als einziger Bewerber, und es gelang ihm ein Luftsprung über knapp 50 Meter. Dafür wurden ihm 3000,– Mark von der Preissumme zugesprochen, und die Stadt Kiel nimmt seitdem für sich in Anspruch, die erste deutsche Stadt gewesen zu sein, in der ein Motorflugzeug vom Boden abhob.

Fliegerischer Aufbruch im Jahre 1909

Über die Situation der Flugtechnik zu Beginn des Jahres 1909 äußerte ein Sachkenner in der »Zeitschrift für Luftschiffahrt« unter der Überschrift »Der gegenwärtige Stand des deutschen Flugsports«:

»Zur Zeit der Jahreswende hätte man sich Betrachtungen über den damaligen Stand der deutschen praktischen Flugtechnik nicht lange zu überlassen brauchen. Mit der Feststellung, daß Grade 300 bis 400 m wirklich geflogen hat, und daß an allen Ecken und Enden gebaut wird, wäre alles abgetan gewesen[8].«

Nur ein Jahr später bot sich dem Betrachter ein sehr viel positiveres Bild. Von den Flugvorführungen von *Orville Wright* und *Hubert Latham* auf dem Tempelhofer Feld in Berlin sowie von der ersten internationalen Flugwoche in Johannisthal waren wichtige Impulse zur Weiterentwicklung ausgegangen. *Hans Grade* hatte danach in Johannisthal den Lanz-Preis gewonnen und es bald darauf auf 56 min Flugzeit gebracht. Auf der »Internationalen Luftschiffahrt-Ausstellung« (ILA) in Frankfurt a. M. hatte das Publikum zum erstenmal einen – wenn auch bescheidenen – Überblick über den Stand der Flugtechnik in Deutschland gewinnen können.

Welch eine Aufwärtsentwicklung innerhalb nur eines Jahres! Ließen sich vorher noch die ernst zu nehmenden Flugtechniker in Deutschland an den Fingern einer Hand abzählen, so trat nun eine neue Generation von Flugbegeisterten an, deren Arbeiten sich im vollen Licht der Öffentlichkeit vollzogen.

Zu den ersten Konstrukteuren von Motorflugzeugen hatten der Stadtinspektor *Karl Jatho* (1873–1933) in Hannover sowie der Regierungsrat a. D. *Joseph Hofmann* in Berlin und der Regierungsbaumeister *W. S. Hoffmann* in Stuttgart gehört. *Karl Jatho* waren schon vor den Brüdern Wright im Jahre 1903 Luftsprünge geglückt: der erste am 18. August, als er 18 m in etwa dreiviertel Meter Höhe zurücklegte. Mit einem umgebauten Apparat flog er im November bereits 60 m weit, doch er blieb – im Gegensatz zu den Brüdern Wright – in den Anfängen stecken. Erst von 1909 an fand er mit weiteren Konstruktionen wieder Beachtung.

In Hamburg hatte um die Jahrhundertwende *Richard Schelies* mit einem Schwingenflugzeug experimentiert, und in München bauten von 1908 an der Arzt *Dr. Waldemar Geest* (1879–1944) und der Ing. *Alois Wolfmüller* (1864–1948) an einem modern anmutenden Motorflugzeug, bis sie sich finanziell fast zugrunde gerichtet hatten.

Ende 1909 sah alles dann schon viel günstiger aus. Die ersten flugtechnischen Vereine waren gegründet, und die ersten Flugfelder wurden angelegt. An die Flugschuppen in Johannisthal wurden in großen Lettern die Namen der Flugtechniker gepinselt. Zeitungsreporter schwärmten aus und berichteten über jede Flugmaschine, der sie ansichtig wurden, sei es noch im Schuppen, bei ersten Rollversuchen oder schon in der Luft. Allein zu den Flugvorführungen von *Orville Wright* und *Hubert Latham* wie zur ersten Flugwoche in Berlin waren Hunderttausende gekommen. Ähnlich war es in Frankfurt a. M. bei der Flugwoche zum Abschluß der Internationalen Luftschiffahrt-Ausstellung (ILA) wie auch bei den Schauflügen von *Hans Grade* in Breslau, Hamburg und Magdeburg nach dem Gewinn des Lanz-Preises.

Aus den Flugschuppen wurden bald »Fliegerwerften« und Fabriken. *Hans Grade* hatte, als er seine Flugzeugfabrik in Bork in der Mark aufbaute, bereits 25 Bestellungen auf Flugmaschinen seines Systems vorliegen. Gut beschäftigt war auch schon *August Euler* (1868–1957) in Griesheim bei Darmstadt, der Doppeldecker des französischen Systems Voisin mit Druckpropeller in Lizenz herstellte. Die deutsche Wright-Gesellschaft in Berlin, bei der *Paul Engelhard* (1868–1911) und *Fridolin Keidel* als Fluglehrer tätig waren, bildete Ende 1909 bereits ein Dutzend Schüler aus.

Der Aufschwung in der Flugtechnik hatte neben der Begeisterung für den neuen Sport auch handfeste materielle Interessen zur Grundlage. Fast alle Flugtechniker und frühen Flugsportler bauten und kauften ihre Flugmaschinen in der Hoffnung, einen der hohen Geldpreise damit gewinnen zu können, die für nationale Flugwettbewerbe im folgenden Jahr schon ausgeschrieben waren.

Was Schauflüge bewirken können

Hermann Elias hat es schon im Februar 1909 in Erwartung der ersten Flugvorführungen des Franzosen *Armand Zipfel* auf dem Tempelhofer Feld trefflich formuliert, was auch für die nachfolgenden Schauflüge von *Wright* und *Latham* galt. *Elias* war Redakteur der von *Hermann Moedebeck* in Berlin herausgegebenen Zeitschrift »Illustrierte Aeronautische Mitteilungen« (IAM), die von 1912 an »Deutsche Luftfahrer-Zeitschrift« (DLZ) hieß. Er schrieb:

»Als dauernder Erfolg wird für alle Zeiten bestehen bleiben, daß das große Berliner Publikum zu ersten Male wirklich und wahrhaftig einen Menschen ohne Ballon fliegen sieht. Was für Fortschritte daraus entstehen können, läßt sich garnicht übersehen. Anregungen für Konstrukteure, Anregungen für Sportsleute, es jenem fliegenden Menschen gleichzutun, Anregungen für die Industrie, das auftretende Bedürfnis zu befriedigen, alles dies kann die Folge der Vorführungen sein[9].«

Tatsächlich bekam das Publikum 1909 in Berlin und in Frankfurt a. M. alle Flugzeugtypen zu sehen, die international eine Rolle spielten. Die Apparate konnten am Boden wie in der Luft beobachtet, studiert und in ihrem Flugverhalten beurteilt werden. Eine Folge davon war, daß mancher angehende Sportsmann, der sich als »Preisflieger« oder »Luftrennfahrer« versuchen wollte, eine ausländische Flugmaschine kaufte. Deutsche Fabrikanten bemühten sich um Lizenzen für den Nachbau der vorgeführten Flugzeuge, um eigene Entwicklungskosten zu sparen und möglichst schnell ein bereits bekanntes und bewährtes Flugzeug anbieten zu können.

Zipfel kam im Februar mit seinem Voisin-Doppeldecker mit 50-PS (37 kW)-Antoinette-Motor über einige Geradeausflüge auf dem Tempelhofer Feld, dem Exerzierplatz der Berliner Garnison, nicht hinaus, doch das Publikum war zufrieden. Der Voisin-Apparat bot den Anblick eines riesigen, unförmigen Kastendrachens und war auf zwei Radpaare montiert. Die Tragflächen hatten 10 m Spannweite und 2 m Tiefe. Das Höhensteuer lag weit vor den Tragflächen; das mächtige Leitwerk mit dem Seitenruder weit hinten bestand ebenfalls aus zwei übereinander ange-

ordneten Flächen von 2,5 m Spannweite und 2 m Tiefe. Der achtzylindrige Antoinette-Motor trieb einen hinter den Tragflächen liegenden Druckpropeller an.
Sieben Monate später, im September, lösten die Schauflüge von *Orville Wright* an der gleichen Stelle die Begeisterung nicht nur des Publikums, sondern auch aller Fachleute aus. Vierzehn Tage lang stieg *Orville Wright* Tag für Tag auf, demonstrierte seine hervorragende Flugmeisterschaft und die ausgezeichnete Steuerfähigkeit des Apparates. Die Fachleute bewunderten vor allem die große Wendigkeit des Doppeldeckers, der Kurven, Schleifen und Kreise von kleinem Durchmesser mit großer Sicherheit flog.
An mehreren Tagen nahm *Orville Wright* sogar Passagiere mit. Am 17. September flog er Höhenweltrekord mit der offiziellen Höhe von 172 m, und nur einen Tag später blieb er mit *Paul Engelhard* als Passagier 1 h 35 min lang in der Luft.
Der Wright-Doppeldecker glich im Grundaufbau mit vorn liegendem Höhensteuer und Druckpropellerantrieb dem Voisin-Apparat, war aber wesentlich leichter gebaut und sah dadurch eleganter aus. Dicht hinter den Tragflächen lag das – gegenüber dem mächtigen Kastenleitwerk des Voisin-Apparates geradezu zierlich wirkende – Seitensteuer, bestehend aus zwei schmalen, senkrecht stehenden Flächen. Der Pilot saß vorn auf der unteren Tragfläche und hatte den wassergekühlten Vierzylinder-Standmotor, eine Eigenkonstruktion der Wrights mit 25 PS (18 kW) Leistung, neben sich. Die Kraftübertragung zu den beiden gegenläufigen Propellern hinter den Tragflächen erfolgte durch Ketten, was sich als einer der Schwachpunkte am Wright-Apparat erwies.
Im Gegensatz zum Voisin-Doppeldecker wie auch aller anderen Flugmaschinen der Pionierzeit besaß der Wright-

Armand Zipfel aus Frankreich mit seinem Voisin-Doppeldecker im Januar 1909 in Berlin.

Apparat keine Laufräder, sondern landete auf hölzernen Kufen. Zum Start wurde er auf einen kleinen Laufwagen gesetzt und durch den Fall eines schweren Gewichtes mit laufenden Propellern auf einer Laufschiene aus Holz vorwärtsgeschnellt und in die Luft katapultiert. Mittels zweier Handhebel konnte er um alle drei Achsen gesteuert werden. Auf die Flügelverwindung zur Querlagensteuerung, gekoppelt mit dem Seitensteuer, hatten die Brüder *Wright* schon 1906 das Deutsche Reichs-Patent Nr. 173378 mit Gültigkeit vom 24. März 1904 erhalten.
Dieses Patent hat, weil Flügelverwindung auch bei den meisten anderen Flugmaschinen angewendet wurde, jahrelang die Gemüter erhitzt, zur heftigen öffentlichen Polemik und zu einem langwährenden Patentstreit geführt, wie übrigens in Frankreich und in den USA auch. In Deutschland entschied das Patentamt im Jahre 1912 gegen die *Wrights,* doch ein Jahr später bekamen die Amerikaner in letzter Instanz vor dem Reichsgericht in Leipzig recht, freilich mit der Einschränkung, daß die Flügelverwindung für sich allein nicht schutzwürdig wäre, sondern nur ihre

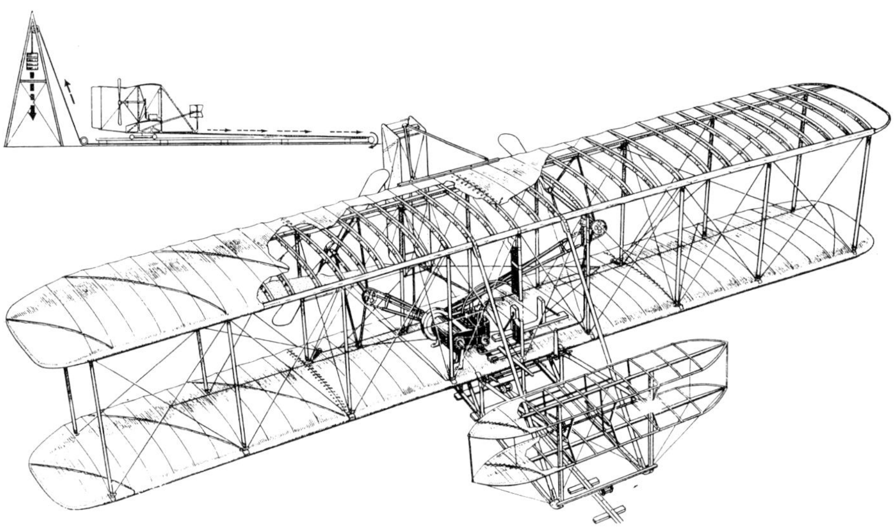

Zeitgenössische Zeichnung des Motorflugzeuges der Brüder *Wright* mit Startvorrichtung 1908.

Orville Wright fliegt Anfang September 1909 auf dem Tempelhofer Feld in Berlin.

Koppelung mit dem Seitensteuer. Zu diesem Zeitpunkt war die technische Entwicklung längst über den Streitpunkt hinausgegangen.

Die schon 1908 gegründete »Flugmaschine Wright GmbH«, gemeinhin deutsche Wright-Gesellschaft genannt, offerierte schon im Herbst 1909 ein deutsches Fabrikat mit Original-Wright-Motor von 30 PS (22 kW), der bei der »Neuen Automobil-Gesellschaft« (NAG) in Oberschöneweide gebaut wurde. Der Apparat kostete flugbereit 20 000 Mark, die Ausbildung des Käufers eingeschlossen. Die erste in Berlin gebaute Maschine wurde zur ILA nach Frankfurt a. M. geschickt, während der von *Orville Wright* in Tempelhof vorgeführte, noch in den USA vorgefertigte Apparat später als Schenkung ins Deutsche Museum nach München kam.

Im ganzen hat die Wright-Gesellschaft – erst in Reinickendorf, dann in Johannisthal – bis zum Kriege etwa 60 Flugmaschinen gebaut und rund 50 Flugschüler darauf ausgebildet. Nach anfänglichen großen Erfolgen im Wettbewerbssport ging die Nachfrage nach Wright-Apparaten im Jahre 1912 rapide zurück, weil die Gesellschaft zu lange am alten Grundkonzept festgehalten und den Anschluß verloren hatte.

Hubert Latham vor seinem ersten Start im Antoinette-Eindecker Ende September 1909 in Berlin.

In der zweiten Septemberhälfte 1909, unmittelbar nach *Orville Wright,* begann der aus Lyon kommende französische Pilot *Hubert Latham* (1883–1912) seine Schauflüge auf dem Tempelhofer Feld. *Latham* war englischer Abstammung, und er begeisterte die Zuschauer noch mehr als vor ihm der Amerikaner. Er flog einen Antoinette-Eindecker, der gemessen am Voisin- und Wright-Typ, geradezu filigran wirkte.

Beim Antoinette-Eindecker lagen Motor und Propeller vorn, während Höhen- und Seitensteuer hinten am Rumpfende das Leitwerk bildeten. Beide Steuer wie auch die Flächenverwindung wurden nicht mit Hebeln, sondern durch sichtbare Steuerräder betätigt. Das Zweirad-Fahrwerk war durch einen Schwanzsporn zur Abstützung des Leitwerks ergänzt. Der Achtzylinder-Antoinette-Motor von 50 PS (37 kW) Leistung, den auch *Zipfel* im Voisin-Doppeldecker benutzt hatte, verlieh dem Eindecker 70 km/h Geschwindigkeit. *Latham* ragte auf dem Pilotensitz mit dem Oberkörper weit aus dem schmalen Rumpf heraus. Er winkte im Vorbeiflug den Zuschauern zu, ließ demonstrativ beide Steuerräder los und streckte die Arme hoch in die Luft. Brausender Jubel von Zehntausenden stieg bei diesen Demonstrationen zu ihm auf.

Noch ohne deutsche Flieger: die Große Berliner Flugwoche

Die internationale Flugwoche vom 26. September bis 3. Oktober 1909 in Johannisthal war der erste große Flugwettbewerb in Deutschland überhaupt, und sie fand zur Einweihung des neuen Flugfeldes im Südosten von Berlin statt. Ein Wettfliegen der besten Aviatiker der Welt war angekündigt, und tatsächlich traten bis auf *Orville Wright,* der auf dem Bornstedter Feld bei Potsdam seinen ersten deutschen Schüler *Paul Engelhard* ausbildete, alle Piloten an, die im neuen Flugsport international Rang und Namen hatten.

Große Berliner Flugwoche

Veranstaltet von der Deutschen Flugplatz-Gesellschaft unter dem Protektorate des Kaiserlichen Automobil-Clubs, des Berliner Vereins für Luftschiffahrt und des Kaiserlichen Aero-Klubs

Vom 26. September bis zum 3. Oktober 1909

Titelblatt des Programmheftes für das »Konkurrenz-Fliegen der ersten Aviatiker der Welt« in Berlin-Johannisthal.

Louis Blériot (1872–1936), der nur zwei Monate zuvor mit seinem kleinen Eindecker den Ärmelkanal von Calais nach Dover überflogen hatte, war ebenso dabei wie *Henry Farman* (1874–1958), Inhaber des Dauerflug-Rekordes mit mehr als drei Stunden Flugzeit. Und natürlich nahm *Hubert Latham* teil, der in Johannisthal wiederum der Liebling der Zuschauer war. Sechs französische Piloten unter den insgesamt zwölf Teilnehmern legten Zeugnis für den hohen Leistungsstand der Flugtechnik in Frankreich ab. Sie gewannen auch den Löwenanteil der Preisgelder von insgesamt 150 000,– Mark, Startgelder eingeschlossen.

Der Publikumsandrang zur Großen Flugwoche in Johannisthal war enorm. Allein zum Eröffnungstag kamen 150 000 Menschen. Als neuen Flugzeugtyp bekamen sie *Blériots* Kanalüberquerungsmaschine, die einsitzige »Blériot XI« zu sehen. Diese Maschine hatte die gleiche Konfiguration wie der Antoinette-Eindecker, war jedoch noch zierlicher ausgeführt. Ihr luftgekühlter Dreizylinder-Anzani-Motor hatte nur 25 PS (18 kW) Leistung. Die Spannweite betrug 8,7 m, die Flügelfläche 14 m^2. Der viereckige Gitterrumpf, der hinten das Leitwerk trug, war zum größeren Teil offen und nur im vorderen Drittel bespannt.

Für die Fachleute war es besonders interessant, die verschiedenen Flugzeuge in ihren Leistungen wie im Flugverhalten miteinander zu vergleichen. Denn zum erstenmal waren oft mehrere Flugzeuge gleichzeitig in der Luft. Wer von Flugtechnik etwas verstand, konnte auch die Handhabung der Maschinen durch ihre Führer studieren. Die Eindrücke wurden in zeitgenössischen Berichten dahingehend zusammengefaßt, daß die Eindecker-Konstruktionen an Wendigkeit und in der Geschwindigkeit und auch im Steigvermögen den Zweideckern überlegen waren. Die Stärke der Doppeldecker lag dagegen in der größeren Tragfähigkeit, der längeren Flugdauer und entsprechend größerer Reichweite.

Veranstalter der Berliner Flugwoche war die Deutsche Flugplatz-Gesellschaft unter dem Protektorat des Kaiserlichen Automobil-Clubs, des Berliner Vereins für Luftschiffahrt und des Kaiserlichen Aero-Clubs. Das Fluggelände war größtenteils frischgerodeter Boden und hatte 200 ha Ausmaß. Am Rande waren in kürzester Zeit Publikumstribünen, Flugschuppen und ein Restaurant entstanden. Der ganze Platz war von einem mehr als 7 km langen und 3 m hohen Zaun umgeben; um eingelassen zu werden, hatten die Zuschauer Eintrittsgeld zu zahlen.

Die Flugplatz-Gesellschaft, die sich von Januar 1910 an »Flug- und Sportplatz Berlin-Johannisthal GmbH« nannte, hatte den größeren Teil des Areals von der Preußischen Forstverwaltung günstig pachten können. Der kleinere Teil war von der Gemeinde Johannisthal dazugekauft worden. Pioniere hatten bei der Rodung und beim Planieren mitgeholfen. Anschluß an das Berliner Verkehrsnetz war mit dem Bahnhof Schöneweide gegeben. Obwohl der Platz rund 15 km vom Stadtzentrum entfernt lag, konnte er mit Dampfzügen von allen Stadtbahnhöfen in 30 bis 45 Minuten erreicht werden.

Unter der Direktion von *Georg v. Tschudi* (1862–1928), einem früheren Luftschifferoffizier, entwickelte sich Johannisthal schon im folgenden Jahr zum Zentrum der Flugtechnik in Deutschland. Als erste Flugzeugfabriken siedelten sich die Albatros-Werke sowie die Wright-Gesellschaft hier an. Zahlreiche andere Firmen folgten, und es entstanden Flugschulen. 1912 nahm auch die Deutsche Versuchsanstalt für Luftfahrt (DVL) auf der Adlershofer Seite des Flugplatzes ihren Sitz.

Bis dahin waren vor allem große Exerzierplätze für Flugübungen genutzt worden. Jetzt wurden nach dem Vorbild von Johannisthal in verschiedenen Regionen reine Flugfelder angelegt und mit den erforderlichen baulichen Einrichtungen versehen wie das Flugfeld »Mars« am Bahnhof Bork in der Mark mit einem Ausmaß von 500 × 1100 m und direkter Eisenbahnanbindung an die Hauptstadt. In Puchheim bei München legte die »Akademie für Aviatik« einen Flugplatz von ähnlichem Ausmaß an.

Die Münchener Akademie war eine der ersten rein flugsportlichen Vereinigungen in Deutschland. Der größte Zusammenschluß dieser Art war der Anfang Mai 1909 in Berlin gegründete »Verein Deutscher Flugtechniker« (VDF). Noch im gleichen Jahr wurden der Schlesische Flugsport-Klub in Breslau und der Frankfurter Flugtechnische Verein gegründet.

An der Entstehung des Vereins Deutscher Flugtechniker war auch *Oskar Ursinus* beteiligt, dessen Zeitschrift »Flugsport« das Organ des Vereins wurde. Vorsitzende waren der Flugtechniker *Dr. Fritz Huth* (1872–1948) und *August v.*

Der Ingenieur *Oskar Ursinus* (1877–1952) begleitete die Entwicklung des Flugwesens von Ende 1908 an mit der Zeitschrift »Flugsport«.

Titelseite der ersten Ausgabe der Zeitschrift »Flugsport«, die zweimal monatlich in Frankfurt a. M. herauskam.

Parseval (1861–1942), der bekannte Luftschiffkonstrukteur, der sich damals auch mit Flugzeugkonstruktionen befaßte, allerdings mit mäßigem Erfolg. Als Beisitzer gehörten dem Vorstand des VDF von Anfang an die bekannten Flugtechniker *Hermann Dorner* und *Hans Grade* an. In einer der ersten Sitzungen wurden die Brüder *Wilbur* und *Orville Wright* sowie der Baumeister *Gustav Lilienthal,* Bruder von *Otto Lilienthal,* zu Ehrenmitgliedern ernannt.

Erste Bestandsaufnahme: Die ILA in Frankfurt am Main

Eine Art Inventur all dessen, was die Luftschiffahrt bisher in Deutschland hervorgebracht hatte, bot die »Internationale Luftschiffahrt-Ausstellung« (ILA) von Juli bis Oktober 1909 in Frankfurt am Main. Sie nannte sich »International«, doch konnte von einer Beteiligung ausländischer Firmen kaum die Rede sein. In der neuerbauten großen Festhalle wie auf dem Freigelände und in der Luft dominierten noch Ballone und Luftschiffe. An Flugmaschinen waren bei der Eröffnung lediglich ein Euler-Doppeldecker des Systems Voisin mit deutschem 50-PS (37 kW)-Adler-Motor und der Wright-Doppeldecker aus Berlin ausgestellt. Alle anderen deutschen Konstrukteure glänzten durch Abwesenheit und hatten bestenfalls kleine Modelle und Zeichnungen geschickt. Geheimrat *Dr. Leo Gans,* Präsident der Ausstellung, vertröstete die Besucher mit der Aussicht auf später noch eintreffende Exponate. Er sagte:

»Was draußen auf dem Flugfelde namentlich bei günstigem Wetter sich der Beschauung darbieten wird, ist vielseitiger Art. Eine große Anzahl von Flugapparaten wird erst allmählich hier erscheinen. Die Konstrukteure suchen immerwährend ihre Erzeugnisse zu verbessern und zu vervollkommnen, so daß wir bei dem Abwarten nur gewinnen können[10].«

Tatsächlich kam in den nächsten Wochen noch dieses und jenes Ausstellungsstück, auch diese und jene Flugmaschine hinzu, aber von einer »großen Anzahl von Flugmaschinen« konnte nicht die Rede sein. Und die Dominanz der Aeronautik über die Aviatik blieb bis zum Ende der Ausstellung augenscheinlich. *Oskar Ursinus* resümierte im August:

»Auch wir Flugtechniker freuen uns über diesen Erfolg. Wir bedauern nur, daß wir angesichts der kühnen Flüge unserer Nachbarn immer noch keine wirklich fliegende Flugmaschine besitzen. Hoffentlich werden wir in der nächsten Zeit Erfolge der deutschen Flugtechniker erleben[11].«

Die Flugdemonstrationen auf dem Flugfeld neben der Festhalle begannen in der zweiten Hälfte August. Als *August Euler* am 27. d. M. dann 2 min 32 s lang in der Luft blieb, machte er damit Schlagzeilen und avancierte zum umjubelten Lokalmatador. Am 28. September flog er gar 4 min 35 s lang. Er hatte inzwischen drei weitere Apparate fertiggestellt, die mit dem Gnôme-Umlaufmotor aus Frankreich ausgerüstet waren.

Am Rande des Flugfeldes wurde an einem aufgeschütteten kleinen Hügel ein Gleitflug-Wettbewerb mit Chanute-Herring-Gleitern aus der Fabrik von *Euler* ausgetragen. Der erste Preis von 1000 Mark wurde für eine Flugweite von 45 m dem Gleitflieger *Hermann Reichelt* (1878–1914) aus Dresden zuerkannt.

Vom 3. bis 10. Oktober fand zum Abschluß der ILA die internationale Flugwoche statt, zu der alle ausländischen Piloten erschienen, die zuvor an der Großen Berliner Flugwoche teilgenommen hatten. *Euler* war der einzige Deutsche, der zu dem Wettbewerb antrat, und er erntete laut *Ursinus* »wohlverdiente Ovationen seitens des Publikums«, als er am 7. Oktober Tagessieger mit 4 min 54 s Flugzeit wurde. Er war in dieser Zeit vier Runden um den Platz geflogen. Den Dauerpreis sicherte sich der Belgier *George de Caters* bei der ILA-Flugwoche mit 1 h 17 min Flugzeit.

Die ILA hat wesentlich dazu beigetragen, den Fluggedanken zu popularisieren, und auch Frankfurt wurde ein Zentrum flugsportlicher Betätigung. Im April 1910 schlossen sich dort auf Initiative des Frankfurter Flugsport-Klubs zehn Flugvereine, die sich »mit dem Flugsport oder der Flugtechnik unter Ausschluß jeder Art des Ballonsports beschäftigten«[12], zum »Deutschen Flieger-Bund« zusammen. Diese Vereine fühlten sich im DLV nicht mehr ausreichend vertreten. Die Präsenzliste der Gründungsversammlung wies folgende Vereine aus:

Frankfurter Flugsport-Klub
Verein Deutscher Flugtechniker (VDF), Berlin
Düsseldorfer Flugsport-Klub
Leipziger Flugsport-Klub
Flugsport-Klub Worms
Westdeutscher Verein für Flugsegler, Oberhausen
Frankfurter Flugtechnischer Verein
Verein zur Förderung der Fliegekunst, Berlin
Darmstädter Flugsport-Klub
Schlesischer Flugsport-Klub
Flugsport-Verein Mannheim.

Zum Ersten Vorsitzenden des Flieger-Bundes wurde *Prinz Albert v. Schleswig-Holstein* als Vertreter des Frankfurter Flugsport-Klubs gewählt. Zweiter Vorsitzender wurde *Dr. August v. Parseval* vom VDF in Berlin. Binnen eines Jahres traten auch der Bayerische Flugsport-Klub, die Flugtechnische Gesellschaft Nürnberg-Fürth, der Kölner Flugsport-Klub, der Mainzer Verein für Flugwesen und der Württembergische Flugsport-Klub dem Flieger-Bund bei. Die Flugsportler hatten begonnen, sich in einem eigenen Dachverband zu organisieren.

Hans Grade fliegt um den Lanz-Preis

Siebzehn Monate waren vergangen, seit *Karl Lanz* durch den Berliner Verein für Luftschiffahrt seinen Preis von 40 000,– Mark für einen Flug von etwa 3 km Länge hatte ausschreiben lassen, ohne daß sich bisher ein Bewerber dafür gefunden hatte. Während ausländische Flugmaschinen und Piloten bereits hervorragende Leistungen in der Luft vollbracht hatten, räsonierte der Berliner Verein im Oktober 1909,

> »konnte in Deutschland bis jetzt noch kein Apparat fertiggestellt und ausprobiert werden, der sich längere Zeit in der Luft halten und nach dem Willen des Führers gesteuert werden kann[13].«

August Euler hatte zwar schon entsprechende Flugleistungen vollbracht, aber auf einem französischen und nicht auf einem deutschen Apparat, wie es die Ausschreibung verlangte. Jetzt schien endlich ein aussichtsreicher Bewerber in der Person des Ing. *Grade* gefunden zu sein. Die Fortschritte, die *Hans Grade* (1879–1946) mit seinem Eindecker in letzter Zeit auf dem Flugfeld in Bork erzielt hatte, ließen es als wahrscheinlich erscheinen, daß er die Bedingungen des Lanz-Preises würde erfüllen können. Der Verein Deutscher Flugtechniker kündigte deshalb den offiziellen Bewerbungsflug *Grades* für Sonnabend, den 25. September, nachmittags an. Von den Fernbahnstationen der Berliner Stadtbahn wurden Sonderzüge nach Bork eingesetzt.

Hans Grade bereitete sich im August 1909 auf dem Flugfeld »Mars« in Bork in der Mark Brandenburg auf den Flug um den Lanz-Preis vor.

Grades Eindecker mit dem typischen Hängesitz kurz nach dem Start in Bork.

Hans Grade umfliegt einen der beiden Wendepunkte bei seinem Preisflug auf dem Flugplatz Johannisthal.

Es war der Tag vor der Eröffnung der Großen Berliner Flugwoche in Johannisthal, und es läßt sich denken, daß der Berliner Verein für Luftschiffahrt als Ausrichter des Preises sich nicht vom VDL den Termin vorschreiben und vor allem sich durch den Preisflug in Bork nicht die Schau in Johannisthal stehlen lassen wollte. Er setzte durch, daß die namentlich bereits bestimmten Preisrichter für den Lanz-Preis der Veranstaltung in Bork fernblieben. Doch unter den etwa 500 angereisten Zuschauern waren namhafte Flugtechniker, von denen sich *Dr. Fritz Huth* und *Edmund Rumpler* vom VDF als Sportzeugen und Ersatz-Preisrichter zur Verfügung stellten.

Und obwohl der Himmel regenverhangen war, startete *Hans Grade* an jenem Sonnabend gegen 17 Uhr zum Preisflug. Schon nach kurzem Anlauf kam die Maschine frei, und *Grade* steuerte in elegantem Bogen die erste Wendemarke an und umflog sie ohne Schwierigkeit. Als er die zweite Wendemarke fast erreicht hatte, brach plötzlich eine Schweißnaht am Propellerblatt. *Grade* konnte eben noch die Zündung ausstellen, da lag er mit dem Flugapparat bereits in einer Kiefernschonung. Ihm selbst war nichts passiert, doch der Apparat war, wie *Grade* später mit Galgenhumor schilderte, wie ein »Chapeau claque« zusammengeklappt.

Der erste Anlauf zum Preisgewinn war also mißglückt, und aus Berlin gab es dazu hämische Kommentare. Aber *Grade* ließ es sich nicht verdrießen und nahm einen zweiten Anlauf. Der Schaden an seiner »Libelle«, wie er den zierlichen Eindecker nannte, war in zwei Wochen behoben. Und bereits am Sonntag, 10. Oktober, flog *Grade* schon wieder vor Publikum, und er schaffte auf Anhieb sechseinhalb Runden. Das waren rund 13 km Flugstrecke, ein Mehrfaches dessen, was der Lanz-Preis verlangte. Und er war dabei 11 min 12 s in der Luft gewesen.

Daraufhin wurde für den folgenden Sonntag, 17. Oktober, in Bork erneut ein offizieller Wettbewerbsflug angekündigt. Und wieder weigerten sich der Berliner Verein und die offiziellen Preisrichter, den Flug dort abzunehmen, so sehr *Oskar Ursinus* im »Flugsport« auch gegen solche Ignoranz wetterte. Die Offiziellen verlangten, den Preis in Johannisthal auszufliegen. Und obwohl es viele sachliche Argumente dagegen gab, z. B. die bessere Bodenbeschaffenheit in Bork, mußte *Grade* einlenken, wollte er die 40 000,– Mark gewinnen. So wurden die vier Flüge, die er an diesem Sonntag in Bork ausführte, und die alle den Bedingungen des Preises entsprachen, als Schauflüge deklariert.

Am 22. Oktober wurde die Grade-Maschine dann mit der Eisenbahn nach Johannisthal gebracht, und nun kündigte die Deutsche Flugplatz-Gesellschaft in der Hauptstadt in großen Lettern an: *Hans Grade* bewirbt sich um den Lanz-Preis der Lüfte. Sonnabend, den 30. Oktober, und Sonntag, den 31. Oktober, nachmittags um 3 Uhr. Der Eintritt kostet Sonnabend 50 Pf., Sonntag 30 Pf., Hügelplatz und Tribüne 1,– Mark, Startplatz und Tribüne 2,– Mark.

Es war dann keine Überraschung mehr, und schon gar nicht eine Sensation, daß *Grade* gleich im ersten Versuch am 30. Oktober den Preis geradezu spielend gewann. Dennoch waren viele Tausende gekommen, ihn fliegen zu sehen. Nachdem das Preisgericht unter dem Vorsitz von Professor *Carl Busley*, dem Vorsitzenden des Deutschen Luftschiffer-Verbandes (DLV), zunächst begutachtet hatte, daß der Eindecker in allen Teilen den Ausschreibungs-Bedingungen entsprach, wurde gegen 16 Uhr der Start freigegeben. *Grade* hob nach rund 100 m Rollstrecke ab, passierte die Startlinie in 8 m Höhe, umflog problemlos die erste und im entgegengesetzten Drehsinn die zweite Bake und überflog nach 2 min 43 s Flugzeit die Ziellinie. Er drehte noch eine große Schleife und landete unter großem Jubel dicht vor seinem Flugschuppen. Die 40 000,– Mark, die er damit gewonnen hatte, entsprachen etwa dem Jahreseinkommen von vierzig Facharbeitern.

Nach dem Preisflug und der Entgegennahme des Schecks aus der Hand von *Karl Lanz* führte *Grade* dem begeister-

Das Flugschiff muß von der 100 m langen Startlinie zwei 1000 m von einander entfernte Marken umfliegen, davon die zweite Marke in entgegengesetztem Drehungssinn wie die erste, und dann zur Startlinie, welche gleichzeitig Ziellinie ist, zurückkehren. Eine Landung ist nicht erforderlich, es genügt, wenn die Ziellinie durchflogen wird. Die Startlinie liegt parallel zur Verbindungslinie der Marken und 500 m davon entfernt.

Das Flugschiff darf kein Gas zum Tragen benötigen, während der Fahrt den Boden nicht berühren und muß unbeschädigt landen.

Das Flugschiff muß von einem Deutschen konstruiert, in allen seinen Teilen in Deutschland hergestellt sein und von einem Deutschen geführt werden.

Die Preisrichter setzen sich zusammen aus dem Stifter des Preises, dem Vorsitzenden des Berliner Vereins für Luftschiffahrt als Vorsitzenden, den Herren Major Groß, Professor Dr. Süring und Direktor Krell.

Auf Beschluß des „Berliner Vereins für Luftschiffahrt" wird der „Lanz-Preis der Lüfte" auf dem Flugplatz Johannisthal—Adlershof ausgeflogen. Infolgedessen sind die für den Lanzflug notwendigen Marken von einem vereidigten Feldmesser in den Flugplatz eingesetzt worden.

Diese Skizze veranschaulicht die Lage der Start- und Ziellinie und der Marken und zeigt die voraussichtliche Flugbahn Grades.

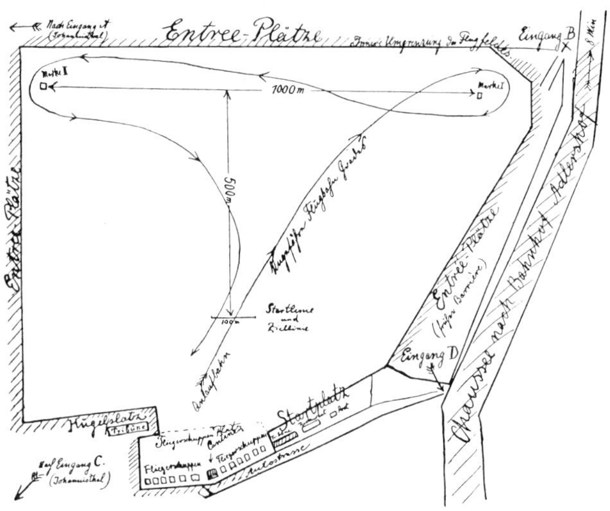

Ausschreibung und vorgeschriebene Flugbahn zum Gewinn des Lanz-Preises am 31. Oktober 1909 in Johannisthal.

ten Publikum noch zwei Flüge von fünfeinhalb und sechs Minuten Dauer vor, und er stieg auch am Sonntag noch mehrfach auf. Am zweiten Tage umflog er die Lanz-Preis-Strecke in einem Flug zweimal und blieb bei einem anderen Fluge 13 min lang in der Luft. Noch am gleichen Abend wurde die »Libelle« abgerüstet und auf den Weg nach Hamburg gebracht zu Schauflügen auf der Borsteler Rennbahn. Danach flog *Grade* in Bremen schon fast eine Stunde lang, und Schauflüge in Breslau und in Magdeburg schlossen sich an. In der Elbestadt allein brachte er 300 000 Menschen auf die Beine.

Bleibt als Fazit des Jahres 1909 noch festzuhalten, daß die Flüge damals mit ganz wenigen Ausnahmen reine Platzflüge waren, also nur am und über dem Flugfeld stattfanden, und das auch nur bei ruhigem Wetter. Überlandflüge wie auch Flüge bei zu starkem Wind waren damals noch mit viel zu hohem Risiko behaftet.

Unterschiedliche Lösungen. Die Flugmaschinen von Grade, Dorner, Euler

Der deutsche Flugzeugbau begann mit den Flugmaschinen von *Hans Grade, Hermann Dorner* und *August Euler*. Die Namen dieser drei Techniker überstrahlten in der Frühzeit alle anderen Namen, und zwar als Piloten wie als Konstrukteure, als Lehrer und Fabrikanten. Alle drei waren auch in den ersten flugtechnischen Vereinen aktiv tätig.

Um die Leistungen der Pioniere des Motorfluges richtig beurteilen zu können, muß man sich vor Augen führen, daß sie absolutes Neuland betraten und sich – wie einst *Lilienthal* – das Fliegen noch selbst beibringen mußten. *Grade* und *Dorner* taten es bereits auf eigenen Maschinen, Eindeckern, die ohne Anlehnung an ausländische Vorbilder entstanden waren. *Euler* lernte dagegen auf dem bewährten Voisin-Doppeldecker, für dessen Nachbau in Deutschland er die Lizenz erworben hatte und aus dem später eigene Euler-Flugzeuge hervorgingen. *Dorner* und *Euler* hatten mit Gleitflugexperimenten begonnen, während *Grade* als Motorenfachmann gleich auf den Motorflug setzte und einen eigenen Zweitakt-Flugmotor entwickelte.

Am 1. Februar 1910 wurde für *Euler* das Flugzeugführerzeugnis Nr. 1 vom DLV ausgestellt, nachdem er am letzten Dezembertage die von der FAI vorgeschriebenen drei Prüfungsflüge vor Sportzeugen in Griesheim abgelegt hatte. *Hans Grade* wurde am gleichen Tage die Flugerlaubnis Nr. 2 zuerkannt. Eine Rangfolge kann aus dieser Reihenfolge nicht herausgelesen werden, obwohl lokaler Patriotismus gelegentlich dazu verführt hat, denn *Grade* hatte in öffentlichen Flugvorführungen bereits ein Vielfaches der geforderten Leistungen erbracht. Wahrscheinlich war der DVL bei Ausstellung der ersten beiden Pilotenscheine nach dem Alphabet vorgegangen. *Dorner* erwarb die Erlaubnis Nr. 18 am 25. Juli 1910 in Johannisthal.

Trotz der angeführten Gemeinsamkeiten sind *Grade, Dorner* und *Euler* nicht nur getrennte Wege in der Flugtechnik gegangen, sondern auch ihre Werdegänge waren höchst unterschiedlicher Art. *Grade* und *Dorner* waren graduierte Ingenieure, Absolventen der Technischen Hochschule Berlin, *Euler* dagegen ein Autodidakt, einer, der sich ohne entsprechende Ausbildung hocharbeitete, seinen Weg ganz aus eigener Kraft ging. Er war zuvor Rad- und Automobil-Rennfahrer gewesen und hatte sich dabei viel technisches Wissen angeeignet. Was ihm zum Flugtechniker noch fehlte, brachte er sich in der Praxis bei.

Euler war den beiden anderen an Lebensjahren überlegen und hatte bereits viel von der Welt gesehen. Er war ein höchst umtriebiger und aktiver Mann, wie seine Mitwirkung in zahlreichen Vereinen und Verbänden zeigt. Auf ihn geht auch die Gründung des Vereins Deutscher Flugzeug-Industrieller im März 1911 zurück, dessen Vorsitzender er bis zum Ende des Ersten Weltkrieges war. In der jungen Weimarer Republik bekleidete er danach zwei Jahre lang das Amt eines Staatssekretärs im neugeschaffenen Reichsluftamt[14].

Als Flugzeugfabrikant und Geschäftsmann war *August Euler* außerordentlich erfolgreich. Er überflügelte in dieser Hinsicht *Grade* und vor allem auch Dorner ganz beträchtlich. *Dorner* war von allen der schlechteste Geschäftsmann. Das ist auch der Hauptgrund dafür, daß die »Dorner-Flugzeug-Gesellschaft mbH« schon 1912 Konkurs anmelden mußte. Die »Hans Grade Flieger-Werke« in Bork stellten bei Kriegsbeginn die Produktion ihrer Leichtflugzeuge ein, führten eine Zeit lang noch Reparaturaufträge aus, bis sie Ende 1916 von der Firma »Automobil und Aviatik AG« in Mülhausen im Elsaß, der früheren Aviatik-GmbH, übernommen wurden[15]. *Euler* liquidierte seine Flugzeugfabrik erst nach Kriegsende.

Hans Grade: Meister im Leichtflugzeug- und Motorenbau

Hans Grade, dessen Taufname eigentlich Johannes ist, wurde am 17. Mai 1879 in Köslin in Pommern geboren. Nach Abitur und einjährigem Volontariat in der Maschinenfabrik Grevenbroich im Rheinland studierte er vom Wintersemester 1900/01 bis zum Sommersemester 1904 Maschinenbau in Berlin. Ein Jahr später gründete er mit finanzieller Unterstützung von Kommerzienrat *Polte* in Magdeburg die »Grade-Motoren-Werke GmbH«, deren technische Leitung er übernahm. Er berichtet:

»Es wurden außer Radmotoren, Bootsmotoren stationäre Motoren für alle möglichen Zwecke entwickelt, so daß ich eigentlich automatisch für den Bau eines leichten Flugmotors gute technische Vorkenntnisse hatte. 1907 und 1908 mußte ich mein Jahr bei dem Magdeburger Pionierbataillon abdienen. Während dieser Zeit hörte man zuerst von Santos-Dumont und von den Brüdern Wright. Dies war der Anlaß, mich aktiv mit dem Bau eines Flugzeuges zu befassen. Abends nach der Dienstzeit wurde konstruiert und gerechnet und entworfen und verworfen, bis endlich ein Dreidecker auf dem Reißbrett fertig und ein dazugehöriger sechszylindriger Motor von 36 PS konstruiert war[16].«

Ende September 1908 war der Apparat fertig, und im Oktober begannen die Versuche auf dem Pionierübungsplatz. Der Zweitakt-Motor lief, und der Propeller, aus Stahlrohr und Blech ebenfalls selbst hergestellt, schien gut zu ziehen. *Grade* saß in Höhe der zweiten Tragfläche hinter Motor und Propeller, die Füße auf die Radachse gestützt. Für die Steuerung – um alle drei Achsen durch Verwindung – hatte er zwei Steuerräder und einen Hebel zu bedienen. Nur wußte er noch nicht, wie er fliegen sollte und ob die Maschine flog. Der Übungsplatz war nicht ausreichend groß, ließ aber Rollversuche und kleinere Luftsprünge zu. Es gab nach *Grades* eigener Darstellung mehrere kleine Unfälle

und eine Menge Schaden am Fluggerät, aber er selbst lernte in diesen Herbstwochen, Flugzeuge zu bauen und zu fliegen. Der Dreidecker hatte drei gleich große Flächen von ungefähr 8 m Spannweite und 1 m Tiefe, zusammen 25 m^2 Flügelfläche. Er ruhte vorn auf zwei größeren, hinten auf zwei kleineren Laufrädern. Der Zweitakter leistete 36 PS (26 kW) bei 1800 Umdrehungen pro Minute. Das Leergewicht des Apparates betrug 150 kg. Nach den ersten Erfahrungen auf dem Übungsplatz der Magdeburger Pioniere wurden im Winter die Tragflächen wesentlich vergrößert, die Flügelfläche dadurch nahezu verdoppelt. Damit wurden dann im Frühjahr 1909 auf dem Krakauer Anger, dem Exerzierplatz der Magdeburger Garnison, Flugweiten bis zu 700 m im Geradeausflug erreicht. Größere Flugstrecken ließ der Platz nicht zu.
Um viele Erfahrungen reicher, begann *Hans Grade* Mitte Mai 1909 mit dem Bau eines neuen Flugzeuges, eines Eindeckers von 10,2 m Spannweite und 29 m^2 Tragfläche. Die Leermasse betrug 120 kg. Der neue Motor, ein Zweitakter mit vier Zylindern und diesmal mit Magnetzündung, wog 36 kg ohne Nebenteile bei 24 PS (18 kW) indizierter Leistung. Der Pilotensitz war eine Art Hängematte unterhalb der Tragflächen und des Motors. Dadurch lag der Schwerpunkt sehr tief. Das Zweiradfahrwerk war praktisch vom Dreidecker übernommen. Hinten stützte ein kleines, in einem Bambusrahmen aufgehängtes Laufrad das Leitwerk. Auch die Luftschraube, der sogenannte Spatenpropeller, stammte noch vom Dreidecker.
Wesentlich vereinfacht hatte *Grade* die Steuerung. Alle Steuerzüge endeten beim Eindecker an einem von oben herabhängenden Steuerhebel mit abgerundetem Handgriff vor der Brust des Piloten. Es war eine Art Krückstock, der oben in einem Universalgelenk gelagert war. Durch Anziehen bzw. Abdrücken wurde das zweigeteilte Höhensteuer, durch Bewegen nach rechts oder links das Seitensteuer betätigt. Die Flügelverwindung für die Querlagensteuerung wurde durch Verdrehen des Handbügels bewirkt.
In nur zweieinhalb Monaten, sagt *Grade,* sei seine »Libelle« fertig gewesen. Danach folgte er einer Einladung des Berliner Ingenieurs und Grundstücksmaklers *Georg Rothgießer,* sich auf dem neu entstehenden Flugfeld »Mars« am Bahnhof Bork in märkischer Heide anzusiedeln. *Rothgießer* hatte ihm günstige Bedingungen eingeräumt, und am 14. August 1909 traf *Grade* mit seiner jungen Frau *Käthe* sowie den Helfern *Karl Riese* und *Bruno Peters* in Bork ein. Ihr gesamtes Hab und Gut, den neuen Eindecker wie auch den Dreidecker und auch den demontierten Flugschuppen hatten sie in zwei Eisenbahnwaggons aus Magdeburg mitgebracht. Der Schuppen war schnell aufgestellt, der Eindecker montiert, und schon nach drei Tagen begann *Grade* mit der Erprobung des neuen Apparates. Der August war noch nicht vergangen, da hatte er schon die ersten Kurven und den ersten Vollkreis geflogen. Anfang September umflog er schon den ganzen Platz.

Am 25. Oktober, noch bevor er in Johannisthal um den Lanz-Preis flog, hat *Grade* in einer Versammlung des Vereins Deutscher Flugtechniker in Berlin über die Entwicklung seiner Flugapparate und über die bisher erzielten Leistungen ausführlich berichtet[17]. Und nur ein halbes Jahr danach war in den »Hans Grade Flieger-Werken« die erste Serie von zehn Flugapparaten aufgelegt. Die »Deutsche Zeitschrift für Luftschiffahrt« berichtete:

»Von der Gradeschen Fabrik ist die Maschinenhalle von 600 m^2, die Montagehalle von 1250 m^2 fertig, ferner ein zweistöckiges Kontorgebäude soeben unter Dach gebracht. Damit ist die Gradesche Fabrik, was massive Bauten anbelangt, die größte in Deutschland, und es steht zu erwarten, daß sie an Anzahl der Erzeugnisse in kurzem die erste sein wird. Es werden jetzt wöchentlich zwei bis drei Motoren und ebensoviele Flugapparate fertig, so daß die ersten zehn Apparate voraussichtlich in 14 Tagen abgeliefert werden können[18].«

Für den Serienbau war die Grade-Libelle gegenüber der Lanzpreis-Maschine geringfügig modifiziert worden. Der Eindecker hatte jetzt 25 m^2 Flügelfläche und 125 kg Leermasse. Er wurde zum volkstümlichsten und meistgeflogenen Einsitzer der Frühzeit in Deutschland. Mit der Auslieferung der ersten Serienmaschinen begann zugleich die Pilotenausbildung in Bork, zunächst für die Käufer der Maschinen.
Die Serien-Libelle war ein verspannter Hochdecker mit drei Längsträgern (Holmen) aus Bambus, die an der Wurzel in Stahlrohr gefaßt waren. Die Rippen waren teils aus Bambus, teils – der Profilgestaltung wegen – aus Holz gefertigt und beiderseits mit Stoff bespannt. An den äußeren Flügelenden konnten die Hinterkanten zur Querlagensteuerung verwunden werden. Auch das Höhen- und das Seitensteuer wurden durch Steuerdrähte verwunden. Das Fahrwerk bestand aus zwei gummibereiften Rädern und war durch eine dreieckige Stahlrohrkonstruktion mit dem Rumpf verbunden. An beiden Speichenrädern befanden sich Schleifbremsen, die durch Pedaldruck betätigt werden konnten.

Hans Grade vor einem Wettbewerbsflug im Hängesitz seines Eindeckers mit herabhängendem Steuerknüppel.

Grade-Eindecker im zeitgenössischen Aufriß. Bei der Serienmaschine war das Höhenleitwerk nicht mehr eckig, sondern abgerundet.

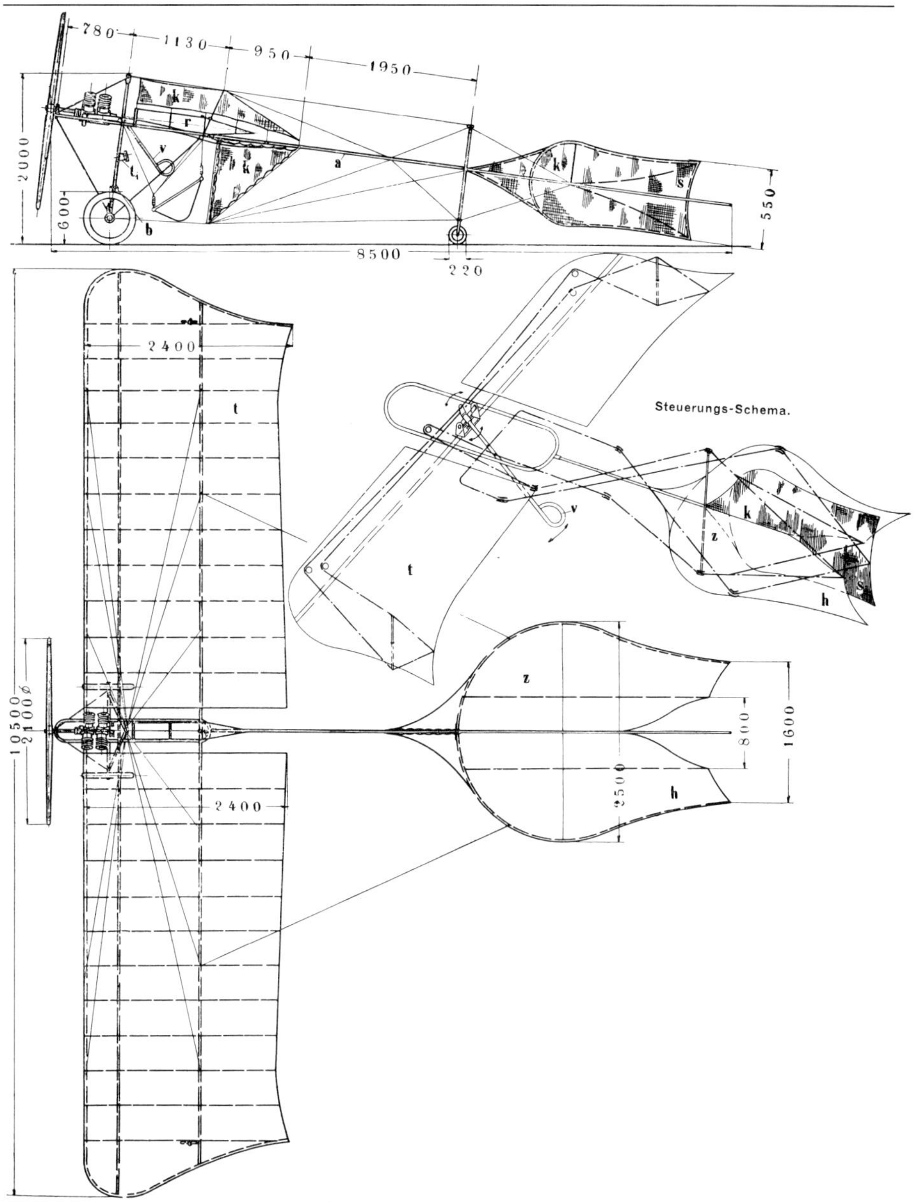

Der Pilot saß in einem abgefederten Hängesitz, die Füße ruhten wie schon beim Dreidecker auf der Radachse. Der offene Rumpf bestand aus Stahlrohr und trug an einem aufgesetzten Dreieck die oberen Spanndrähte des Tragwerks sowie vorn in einem Rahmen den Motor. Hinten schloß sich eine durch Spanndrähte versteifte Bambusstange an, die an ihrem Ende das Leitwerk in Kreuzform trug. Die unteren Spanndrähte waren an der Radachse befestigt. Der Motor war ein luftgekühlter, stehender Zweitakter mit vier Zylindern in V-Stellung und brachte 24 PS Start- und 16 PS Dauerleistung (18/12 kW). Der Zweiblattpropeller war jetzt aus Holz und stammte von der Firma Chauvière in Frankfurt am Main.

Schon im Herbst 1910 hat *Grade* zwei weitere Typen vorgestellt, abgeleitet aus der »Libelle«: einen kleineren Eindecker von nur 20 m² Flügelfläche als Renneinsitzer sowie einen größeren Doppelsitzer von 30 m² Fläche für Schulzwecke. Dafür hatte er einen stärkeren Motor von 36 PS (26 kW) entwickelt. Beim Doppelsitzer wurden später die Sitze mit einem Boot verkleidet. Auch in mancherlei

Eine der ersten Anzeigen der Grade-Fliegerwerke. Die Fabrik war Anfang 1910 in Bork entstanden, mit Bahnanschluß nach Berlin.

anderer Hinsicht hat *Grade* experimentiert, doch stets mit großer Beharrlichkeit am Eindecker leichter Bauart für den Flugsport und an seinen Zweitakt-Motoren festgehalten.
Eine wesentliche Voraussetzung für den Erfolg seiner Flugzeuge war, daß es ihm gelang, das Gewicht der Motoren so zu senken, daß sie für den Antrieb leichtgebauter Flugapparate tauglich waren. Dabei hat er in Kauf genommen, daß seine Flugzeuge von der Fliegertruppe als militäruntauglich eingestuft wurden und Aufträge von der Heeresverwaltung ausblieben.
Es bildeten sich in der Vorkriegszeit drei Grundtypen von Grade-Eindeckern heraus, die in einem Firmenprospekt von Anfang 1914 wie folgt beschrieben sind:

Type A
ist eine einsitzige Sportmaschine und vereinigt leichtes Gewicht, große Schnelligkeit mit geringen Dimensionen und äußerster Einfachheit. Sie entwickelt die verhältnismäßig große Geschwindigkeit von 100/105 km/h, obwohl der Motor nur 20/30 PS aufweist. Die Steigfähigkeit ist bedeutend und beträgt bei günstigen Witterungsbedingungen pro Minute 100 m. Die Gleitflüge sind gefahrlos und sicher, und die Handhabung ist äußerst einfach. Sie ist eine Maschine für Sportleute, welche entsprechend beim Automobil auf einen 4 Cyl. Motor Wert legen und ohne große Bedienungs- und Wartungsumstände sich dem Flugsport hingeben wollen.

Preis	10 000 M.
mit Carosserie*	10 200 M.

Type B
ist ein aus der Lanzpreis-Maschine entstandenes Flugzeug und hat dieselben Tragflächenverhältnisse und Tragflächengröße mit einem wesentlich stärkeren Motor. Es ist eine Passagiermaschine und als solche mit zwei Sitzen ausgestattet. Die Dimensionen sind gering gehalten, daß sie trotz ihrer Leistungsfähigkeit und Schnelligkeit geringe Wartungs- und Bedienungsumstände verursacht. Die Geschwindigkeit ist auf ca. 100 km/h festgelegt, und dies genügt, um größere Überlandflüge zu machen. Der Benzinvorrat reicht für vier Stunden Flugzeit.

Preis	13 000 M.
mit Carosserie	13 300 M.

Type C
ist eine dreisitzige Maschine und gibt die Möglichkeit, neben dem Passagier noch einen Monteur mitzunehmen, um für die Instandhaltung und Bedienung der Maschine unterwegs Hilfskräfte zu haben. Um bei größerer Belastung und größerer Ausdehnung der Tragflächen auf 40 m^2 dieselbe Geschwindigkeit zu erzielen, ist ein Motor von normal 45 PS angewandt, dessen Leistungen sich wesentlich steigern lassen. Die Anordnung der Sitze ist so gewählt, daß der Passagier vorn, der Führer in der Mitte und der zweite Passagier hinten sitzt.

Preis	16 000 M.
mit Carosserie	16 400 M.

Bis zum Kriegsausbruch haben die Hans Grade Flieger-Werke etwa 80 Eindecker verkaufen können, zumeist der Typen A und B. Grade-Eindecker gehörten damals zu den preiswertesten Flugzeugen überhaupt und erfüllten bereits dadurch eine wichtige Voraussetzung für ihre Verwendung zu flugsportlicher Betätigung.

* Unter Carosserie verstand man damals eine bootsartige Verkleidung der Sitze, ähnlich wie bei einem Sportauto.

Hermann Dorner: Mit einer vielversprechenden Konstruktion gescheitert

Der Dipl.-Ing. *Hermann Dorner* (1882–1963) stammte aus einer Theologenfamilie und wurde in der Lutherstadt Wittenberg an der Elbe geboren. In Königsberg, wohin sein Vater als Theologie-Professor an die Universität berufen worden war, wuchs er auf. An der Technischen Hochschule Berlin-Charlottenburg studierte er Schiffsbau, danach wandte er sich dem Bau von Motorfahrzeugen, Explosionsmotoren und Automobilen zu. Im Jahre 1907 erwachte sein Interesse an der Flugtechnik, und er baute, mit Unterstützung von *Gottfried Begas,* Sohn des berühmten Bildhauers *Reinhold Begas,* sein erstes Gleitflugzeug. Der Eindecker wurde am Rande von Rieselfeldern in Deutsch-Wusterhausen bei Berlin erprobt, wiederum unter Beteiligung des jungen *Begas. Dorner* berichtete darüber Anfang 1910:

»Zu den Vorversuchen benutzte ich einen Gleitflieger nach eigenem Entwurf von etwa 20 m² Tragfläche; die Höhensteuerung geschah durch Verstellung der Hauptfläche, während die Seitenlenkung durch drehbares Hinterrad in Verbindung mit einem Schwanzsteuer ermöglicht wurde. Mit diesem Apparat gelangen Herrn G. Begas und mir im Sommer 1908 auf dem Nebengelände der Schöneberger Rieselfelder bei Deutsch-Wusterhausen hinter dem Pferd Gleitflüge bis zu etwa 80 m Länge und 7 m Höhe. Der spätere Motorflugapparat, dessen Konstruktion mir durch finanzielle Unterstützung des Berliner Vereins für Luftschiffahrt ermöglicht wurde, ist ein Eindecker von ca. 360 kg Fluggewicht, 25 m² Tragfläche und 24 Pferdestärken. Die Höhen- und Stabilitätssteuerung wurde anfangs durch Verstellen und Verziehen der Hauptfläche gehandhabt, später kam ein besonderes Höhensteuer hinzu. Die Versuche begannen im April 1909 unter technischer und finanzieller Unterstützung des Herrn G. Schwager, in dessen Werkstätten der Apparat gebaut wurde, auf dem obengenannten Flugfeld und wurden vom Oktober 1909 auf dem Flugplatz Johannisthal fortgesetzt[20].«

Beim Motorflugzeug hatte *Dorner* die Grundform des Gleiters beibehalten. Der selbstkonstruierte, luftgekühlte Vierzylinder-Motor und ein großer Zweiblattpropeller von 2,8 m Durchmesser lagen anfangs beide vorn. Die Kraftübertragung erfolgte durch eine Kette. Doch die Beibehaltung der Höhensteuerung durch Verstellen der Haupttragfläche erwies sich als Mißerfolg, bis *Dorner* am Schwanz ein Höhensteuer auf das vertikale Seitensteuer aufsetzte. Als einziger deutscher Teilnehmer an der Großen Berliner Flugwoche im Herbst 1909 setzte er sich dem Spott des Publikums aus, als er über kleine Luftsprünge nicht hinauskam und es nicht einmal zum Anfängerpreis für ihn reichte. *Dorner* baute daraufhin im nächsten Frühjahr in Johannisthal mit der finanziellen Unterstützung des Kaufmanns *Dr. Walter Huth,* Mitbegründer der »Albatroswerke GmbH«, einen neuen Eindecker, der sich als vielversprechend erwies. Der neue Apparat mit der Typenbezeichnung »T II« war ein Zweisitzer. Mit ihm gewann *Dorner* am 11. Juli 1910 den dritten Lanz-Preis und im August den 1. Passagierpreis bei der Nationalen Flugwoche in Johannisthal.

Der Eindecker »T II« war im Gegensatz zum ersten Motorapparat mit einem wassergekühlten Motor ausgerüstet, der einen hinter der Tragfläche gelagerten Druckpropeller antrieb. Die Antriebswelle lief unter den tiefliegenden Sitzen hindurch. Mit einigen Verbesserungen wurde der Apparat vom Herbst 1910 an mit der Typenbezeichnung »T III« gebaut und als Schul-, Sport- und Wettbewerbsflugzeug bekannt.

Für seinen Bau wurde am 1. September 1910 die »Dorner-Flugzeug-GmbH« mit einem Kapital von 100 000,– Mark gegründet. Davon wurden an *Dorner* und die früheren Finanziers *Schwager* und *Dr. Huth* vollgezahlte Geschäftsanteile in Höhe von 32 000,– Mark übertragen. Die restlichen 68 000,– Mark waren bar gezeichnet. Eine führende Rolle bei der Gründung hat *Dr.-Ing. Friedrich Bendemann* gespielt, Leiter der flugtechnischen Forschungsanstalt in Lindenberg, ein ausgewiesener Fachmann. *Bendemann* wurde Mitglied des Aufsichtsrates der Dorner-Gesellschaft und war später Direktor der »Deutschen Versuchsanstalt für Luftfahrt« in Adlershof. *Dorner* selbst und der Kaufmann *Richard Goetze,* Mitinhaber einer Pianofabrik in Berlin-Kreuzberg, fungierten als Geschäftsführer. Die Geschäftsstelle befand sich in den Räumen der Goetze'schen Fabrik, und dort wurden von 1911 an auch die Dorner-Eindecker gebaut.

Die großen Erwartungen, die von den Gesellschaftern in das neue Flugzeug gesetzt wurden, waren nicht unberechtigt. In einer von *Bendemann* unterzeichneten Druckschrift wurde von unleugbaren Vorteilen des Dorner-Eindeckers gegenüber anderen Konstruktionen gesprochen. Als seine besonderen Vorteile hob die Druckschrift hervor:

»Der Apparat hat zwei Sitze nebeneinander und kann beim Anlernen von Schülern von beiden aus gesteuert werden. Die Schraube ist hinter dem Flieger angebracht, diese sind also nicht, wie bei allen anderen Eindeckern, dem verstärkten Luftzuge ausgesetzt. Das Gestell ist von großer Solidität, es besteht im Mittelteile aus Stahlrohren. Die Flieger sitzen gut geschützt darin und haben freien Ausblick nach allen Seiten. Der Motor hat nur 20/24 PS, alle anderen doppelsitzigen Flugapparate haben erheblich mehr, meist 50 PS. Geringer Kraftstoffverbrauch wird aber von entscheidender Bedeutung sein[21].«

Wie *Grades* »Libelle« war auch der Dorner-Eindecker ein Hochdecker, allerdings mit durchgehender, nicht geteilter Tragfläche, was gegenüber der Anordnung mit dazwischenliegendem Rumpf eine größere Tragfähigkeit brachte. Tragfläche und Leitwerk waren aus Eschenholz gefertigt und mit gummiertem Leinenstoff bespannt, die drei Hauptlängsträger beiderseits mit Stahlband armiert. Der dreiflügelige Druckpropeller hinter der Tragfläche hatte 2,6 m Durchmesser und war auf die Hälfte der Umdrehungszahl des Motors untersetzt. Dadurch besaß er eine erheblich größere Steigung, was das Mehrgewicht der Kettenübertragung reichlich wettmachte. Der Propeller lief innerhalb des sperrigen Rumpfgerüstes und war dadurch seitlich abgesi-

Hermann Dorners Flugmaschine mit 50-PS-NAG-Motor: Zwei Sitze, Doppelsteuerung, unter den Sitzen der Benzintank.

chert. Das Seiten- und das Höhenruder wurden durch einen seitlich angebrachten Steuerhebel betätigt, die Flächenverwindung durch Fußhebel. Der ganze Flugapparat stand auf einer starken, vorn rechtwinklig nach oben gebogenen Kufe aus Eschenholz. Dieser Anordnung lag die Überlegung zugrunde, daß bei Verwendung von zwei Kufen der Apparat bei harter Landung doch fast immer nur mit einer Kufe aufsetzte. Beschränkte man sich auf eine Mittelkufe, konnte diese bei gleichem Gewicht erheblich stärker ausgeführt werden. Der sperrige Gitterrumpf aus Stahlrohr war dreieckig und trug hinten das stabile Leitwerk. Vorn war das Zweirad-Fahrwerk mit dem ungewöhnlich breiten Radabstand von 2 m aufgehängt, und zwar so, daß die Bremswirkung der schleifenden Kufe eintrat, sobald die Radachse stark belastet wurde.
Unter dem Schwanz befand sich ein von zwei federnden Druckstangen gestützter Kufensporn. Anstelle des leichten Dorner-Motors wurden später Körting-Motoren von 40 PS (30 kW) Leistung eingebaut und auch ein 32-PS (24 kW)-NAG- und ein 55-PS (40 kW)-Daimler-Mercedes-Motor erprobt.
Im Frühjahr 1911 machte der Dorner-Eindecker durch spektakuläre Flüge vor allem des Piloten *Georg Schendel* (1885–1911) auf sich aufmerksam. Während der Frühjahrsflugwoche in Johannisthal stellte *Schendel,* der aus Pommern kam, am 6. Juni mit 2010 m neuen deutschen Höhenrekord auf. In Köln und in anderen Städten des Rheinlandes zeigt der junge *Bruno Werntgen* erfolgreiche Schauflüge mit diesem Apparat. Beide Piloten waren für den großen Deutschen Rundflug vom 11. Juni bis 10. Juli 1911 gemeldet. Ein weiterer bekannter Pilot in Diensten der Dorner-GmbH war der Schweizer *Robert Gsell,* und als Fluglehrer war der frühere Monteur *August Voss* eingesetzt, der kurz vor dem Erwerb des eigenen Pilotenzeugnisses stand. Für die Flugschule hatte die Gesellschaft einen Schuppen in Johannisthal gemietet.
Am 9. Juni, zwei Tage vor dem Start zum Rundflug, flog *Schendel* mit *Voss* zusammen Passagier-Welthöhenrekord mit 1690 m Höhe. Doch dieser Flug endete für beide tödlich. Während des Abstiegs im Gleitflug stürzte die Maschine aus etwa 1200 m Höhe ab. Über die Ursache ist damals viel gerätselt worden, und es gab keinen eindeutigen Befund. Aber im Nachhinein scheint klar zu sein, daß die Steuerung versagt haben muß, wenn zwei erfahrene Flieger die Gewalt über das Flugzeug verlieren und den Sturz nicht mehr aufhalten können. Daraufhin wurde auch die Meldung von *Bruno Werntgen* auf Dorner-Eindecker zum großen Rundflug zurückgezogen.
Von diesem Schlag hat sich die Gesellschaft nicht mehr erholen können, denn das Vertrauen in den Eindecker war geschwunden. Zwar kaufte *Werntgen,* der mit seiner Mutter in Hangelar bei Bonn eine Flugschule aufgemacht hatte, eine zweite Maschine. Zwar plante die Gesellschaft Anfang 1912 auch noch eine Kapitalaufstockung auf 250 000,– Mark, auf Heeresaufträge und steigende Nachfrage aus Kreisen der Flugsportler hoffend: Doch die Rechnung ging nicht auf. Nicht einmal die geplante Kapitalaufstockung kam mehr zustande. Im April 1912 sprach Aufsichtsrat *Dr. Bendemann* in einem Brief an *Oskar v. Miller* vom Deutschen Museum von einer schwachen Finanzlage der Gesellschaft. Es erschiene ihm fraglich, schrieb er, ob die Gesellschaft sich überhaupt werde halten können.
Am 22. August beschloß die Generalversammlung, die Dorner-Flugzeug-GmbH aus Mangel an Geld zu liquidieren. Zu diesem Zeitpunkt standen drei Maschinen betriebsbereit in der Halle. Im ganzen waren jedoch nur sechs Maschinen des Typs »T III« gebaut worden. Nur drei Flugzeuge, die uns heute noch wie geschaffen für den Flugsport erscheinen, konnten verkauft werden.
Fassen wir noch einmal zusammen: *Dorners* Eindecker zeichnete sich durch große Stabilität infolge des tief liegenden Motors und damit des Schwerpunktes aus. Er war leicht zu handhaben, kam mit einer erstaunlich kurzen Startstrecke aus und flog sehr wirtschaftlich. Sein Nachteil lag im Kettenantrieb des Propellers und der langen Übertragungswelle vom vorn liegenden Motor zur Schraube hinter der Tragfläche. Der Kettenantrieb hatte sich schon beim Wright-Doppeldecker als Schwachpunkt erwiesen.

August Euler: Ein zweisitziger Doppeldecker von nur 20 m² Flügelfläche

August Euler (1868–1957) kam über den Rad- und Automobilsport zur Flugtechnik. Er war mit 14 Jahren von der Evangelischen Schule in Aachen abgegangen und hat danach vermutlich eine Kaufmannslehre durchlaufen. Ganz sicher ist das, wie vieles in der Biographie von *Euler,* aber nicht. Nach dreijähriger Militärzeit war er als technischer Kaufmann tätig und führte nach eigener Aussage Fahrräder deutscher Produktion in Rußland ein und bereiste auch China und Japan. *Euler* fuhr selbst Radrennen und später Autorennen. Nach der Jahrhundertwende wurde er in der

August Euler: Pilot, Fluglehrer und Flugzeugfabrikant seit 1909 in Griesheim bei Darmstadt.

Automobilbranche tätig. In Frankfurt a. M. gründete er 1905 eine Firma für Automobile und Konstruktionsteile namhafter deutscher und ausländischer Firmen.
Mit den französischen Flugzeugherstellern Voisin Frères in Billancourt bei Paris schloß *Euler* am 10. Dezember 1908 einen Lizenzvertrag über den Nachbau des Voisin-Doppeldeckers sowie des Gleitfliegers Chanute-Herring ab. Zugleich kaufte er einen Voisin-Doppeldecker, der Ende März 1909 geliefert wurde, zunächst noch ohne Motor. Erst auf Drängen *Eulers* kam ein gebrauchter Achtzylinder-Antoinette-Motor an. *Euler* verweigerte daraufhin jegliche Lizenzzahlung an Voisin, und es kam zu einem langwierigen Rechtsstreit mit Klage und Widerklage, der erst Ende 1912 mit einem Vergleich beigelegt werden konnte[22].
Schon Ende 1908 hatte *Euler* durch eine Übereinkunft mit der Heeresverwaltung das Recht erworben, einen Teil des Truppenübungsplatzes Griesheim bei Darmstadt für flugtechnische Zwecke zu nutzen. Hier entstand in kurzer Zeit eine Montagehalle, die 50 m lang, 20 m breit und 9 m hoch war, und in der drei bis vier Flugzeuge Platz hatten. Auch ein Konstruktionsbüro, eine Werkstatt und ein ortsfestes Pilotenhaus wurden errichtet. Auf dem Griesheimer Sand wurden die Euler-Flugzeuge danach montiert und eingeflogen, die Einzelteile dagegen in der Frankfurter Fabrik gefertigt. In Griesheim brachte sich *Euler* auch selbst das Fliegen bei und wies die Käufer seiner Flugzeuge in den Gebrauch der Maschinen ein. Aber schon 1910 ging *Euler* dazu über, Schüler auch ohne Kaufverpflichtung im Fliegen auszubilden. Das waren anfangs hauptsächlich Angehörige der Darmstädter Garnison, später der preußischen und auch der bayerischen Fliegertruppe.
Der Griesheimer Sand war nach zeitgenössischen Berichten als Flugplatz nicht besonders geeignet, weil er in einem Talkessel lag, an drei Seiten von Bäumen eingefaßt und bei einer Ausdehnung von 7 km nur 600 m breit war. Vor der Eulerschen Halle war der weiche Sandboden durch Aufschüttung geebnet und befestigt worden.
Wie *Dorner* begann auch *August Euler* seine flugsportlichen Übungen mit einem Gleitflugzeug, und zwar mit dem bewährten Doppeldecker-Hängegleiter des Systems Chanute-Herring, den er in seiner Fabrik herstellte. Die Versuche fanden an einem 30 m hohen Hügel am Rande des Übungsplatzes statt. Einem Besucher sagte *Euler* damals:

»Jeder Anfänger sollte zuerst mit einem Chanute seine Flugversuche beginnen. Man lernt so mancherlei während des Gleitens in der Luft, was später beim Fluge mit Motor von Nutzen ist[23].«

Beteiligt an diesen Gleitflugübungen war der junge *Hellmuth Hirth,* der zum erfolgreichsten Motorflieger der Vorkriegszeit werden sollte. *Hirth* verdanken wir eine anschauliche Schilderung der Versuche *Eulers,* sich auf dem Voisin-Doppeldecker das Motorfliegen beizubringen:

»Viele schwere Stunden wurden zugebracht, um das Flugzeug zu fliegen, das sich jedoch mit dem beigegebenen Antoinette-Motor unmöglich vom Boden heben konnte. Schrecklich waren auch die Arbeiten an dem Antoinette-Motor selbst, der nicht in Gang zu bringen war und Schuld daran trug, daß die Kette der Mißerfolge immer größer wurde. All das entmutigte mich sehr, denn Herr Euler brachte es anfangs nicht über Sprünge von 10 m, wobei noch ein Sprunghügel benutzt werden mußte . . . Leider hatte ich nie Gelegenheit, mit dem Voisin-Flugzeug zu fliegen, da Euler alle Versuche selbst unternahm, so daß mein eigentlicher Drang und auch mein ursprünglicher Lehrzweck bei August Euler unbefriedigt blieb. Ich trennte mich daher von August Euler während der ILA 1909[24].«

Zur dreimonatigen ILA schickte *Euler* im ganzen vier Voisin-Doppeldecker sowie drei Hängegleiter eigener Produktion, die teils in der großen Ausstellungshalle, teils auf dem Flugfeld zu besichtigen waren. Die Gleiter wurden beim Gleitflug-Wettbewerb eingesetzt. *Euler* beherrschte zu diesem Zeitpunkt den Motorflug bereits so weit, daß er sich wiederholt im Fluge zeigen und schon mehrere Minuten lang in der Luft bleiben konnte. Das war nicht viel angesichts von Stundenflügen der ausländischen Mitbewerber, aber es reichte aus für den Gewinn der ersten Preisgelder. Mit seinen 41 Jahren war *Euler* der Senior unter allen Teilnehmern am ILA-Flugwettbewerb.
Von den vier Voisin-Doppeldeckern Eulerscher Produktion waren drei mit dem Gnôme-Umlaufmotor, einer mit dem deutschen 50-PS(37 kW)-Adler-Motor ausgerüstet. Die Erfahrungen mit dem Adler-Motor waren aber nicht gut, so daß *Euler* später ganz zum französischen Gnôme-Motor überging. Ein Versuch, diesen Motor ohne gültigen Lizenzvertrag im Adler-Motorenwerk nachbauen zu lassen, scheiterte vor Gericht, so daß Euler die Motoren weiterhin aus Frankreich beziehen mußte, bis 1913 das Motorenwerk Oberursel in den Besitz eines gültigen Lizenzvertrages über den Nachbau von Gnôme-Umlaufmotoren kam.
Von den Voisin-Maschinen sagte *Euler* später, er hätte schon zur ILA wesentliche Details daran verändert. Er teilte jedoch keine Einzelheiten mit, und auf den Fotos sind solche Veränderungen nicht zu erkennen. Überhaupt haben sich die Euler-Flugmaschinenwerke stets mit der Veröffentlichung von Baubeschreibungen und Angaben genauer Lei-

stungsdaten auffallend zurückgehalten. Auch im Euler-Nachlaß im Bundesarchiv Koblenz finden sich keine solchen Unterlagen.
Im Frühjahr und im Sommer 1910 wurden die ersten Flugzeugführerscheine an Euler-Schüler vom DLV ausgegeben. *Ellery v. Gorrissen* erhielt den Pilotenschein Nr. 4, *Erich Thiele* die Nr. 13 und *Erich Lochner* Nr. 15. *Lochner* ging danach mit seinem Euler-Apparat nach Aachen, *Thiele* mit seinem Apparat nach Leipzig und *v. Gorrissen* mit zwei Flugzeugen nach Berlin. Als vierter Euler-Schüler legte in der zweiten Novemberhälfte *Prinz Heinrich v. Preußen,* Bruder des Deutschen Kaisers, die Prüfung zum Pilotenschein Nr. 38 in Griesheim ab. *Prinz Heinrich* war damals 48 Jahre alt und blieb bis zum Kriege der älteste Flugzeugführer in Deutschland. Über seinen Lehrer war er des Lobes voll: »Einen besseren, gewissenhafteren Lehrer als Euler kann ich mir nicht denken«, schrieb er nach bestandener Prüfung in einem Aufsatz[25].
Von Anfang an wurden in Griesheim hauptsächlich Offiziere ausgebildet. Im September 1911 listete *Euler* 22 Piloten auf, die den Pilotenschein bei ihm gemcht hatten. Davon hatte er 17 persönlich ausgebildet[26]. Insgesamt will er bis Ende 1913 rund 75 Schüler bis zur bestandenen Prüfung geführt haben. Wer neben ihm als Fluglehrer in Griesheim tätig war, ist nicht überliefert und läßt sich auch den im Bundesarchiv erhaltenen handgeschriebenen Startkladden nicht entnehmen.
Die beiden ersten Flugmaschinen, die aus unserer Sicht als Euler-Konstruktionen gelten können, waren im Frühjahr 1910 ein großer zweisitziger Doppeldecker von 50 m^2 Flügelfläche sowie im Sommer ein ungewöhnlich kleiner Schuldoppeldecker mit nur 20 m^2 Tragfläche. Alle nachfolgenden Konstruktionen waren dann auf militärische Nutzung angelegt und können hier unberücksichtigt bleiben. Es waren Eindecker, Doppeldecker, ein Dreidecker und ein Vierdecker darunter, auch Wasserflugzeuge. Alle Konstruktionen hat *August Euler* sich selbst zugeschrieben, andere Namen als Konstrukteure tauchen in den Firmenprospekten nicht auf.
Im nachhinein erscheint es als höchst zweifelhaft, daß ein Mann allein soviel Konstruktionsarbeit hätte leisten können, zumal dieser Mann auch auf anderen Gebieten sehr in Anspruch genommen war. Er hielt und erwarb sehr viele Patente sowie Hunderte von Gebrauchsmustern und war in mehreren Verbänden und Organisationen führend tätig, wie im Verband der Flugzeugfabrikanten, im Deutschen Luftfahrer-Verband und im Verwaltungsrat der National-Flugspende. Um diese Funktionen wahrzunehmen, mußte er häufig reisen.
Der große Euler-Doppeldecker von 1910 hatte mit dem Voisin-Apparat nur noch die Tragflächen gemein. Obwohl er auch 50 m^2 Flügelfläche hatte, war er weitaus leichter gebaut und damit wendiger als der unförmige Kastendrachen, mit dem sich *Euler* auf der ILA gezeigt hatte. Die Leermasse war auf 238 kg reduziert, und die inneren Seitenstabilisierungsflächen zwischen den Tragflächen waren fortgefallen. Das Höhensteuer lag aber weiterhin vorn, der Druckpropeller hinter den Tragflächen. Die beiden Sitze waren noch unverkleidet. Auch das vordere Stoßrad war noch beibehalten, aber an die Stelle des unförmigen Kastenleitwerks war eine leichte offene Konstruktion getreten, bestehend aus zwei vertikalen Flächen für die Seitensteuerung, die zwischen zwei horizontalen Stabilisierungsflächen lagen. Die Querlagensteuerung erfolgte durch zwei an den unteren Tragdecksenden angebrachte dreieckige Hilfsflächen.
An diesem Doppeldecker wurde erstmals der luftgekühlte 50-PS(37 kW)-Gnôme-Umlaufmotor mit sieben Zylindern verwendet, der zum Standardmotor der Euler-Flugzeuge werden sollte. Mit ihm kostete der große Doppeldecker 21 000,– Mark, die Ausbildung inbegriffen. Mit dem französischen 60-PS(44 kW)-ENV-Motor, einem Achtzylinder ähnlich dem Antoinette-Motor, wurde er für 16 000,– Mark angeboten.

Kleiner Doppeldecker *Eulers* mit nur 20 m^2 Flügelfläche aus dem Jahre 1910 in zeitgenössischer Darstellung.

Euler-Doppeldecker »Gelber Hund«, 1912 im neuen Werk in Frankfurt-Niederrad gebaut.

Mit dem Doppeldecker flog *August Euler* am 28. Mai 1910 abends 1 h 18 min lang, davon rund 30 min außerhalb des Flugplatzgeländes und legte dabei mehr als 100 km Strecke zurück. Am 15. August folgte ein Überlandflug von Darmstadt über Mainz nach Frankfurt, wo tags darauf der vom Deutschen Flieger-Bund organisierte erste deutsche Überlandflug-Wettbewerb nach Mannheim gestartet wurde. Bei diesem Wettbewerb kam *Erich Lochner* mit dem Euler-Zweidecker auf den zweiten Platz.
Auch der kleine Schul-Doppeldecker von 20 m² Tragfläche aus dem Jahr 1910, in dem wir die beste Konstruktion *Eulers* sehen, hatte wie der große Doppeldecker 10 m Spannweite, doch nur 1 m Flügeltiefe. Um so erstaunlicher war bei dieser geringen Flügelfläche die große Tragfähigkeit des Apparates. Der Abstand zwischen den beiden Tragflächen betrug nur 1,2 m und war damit viel geringer als bei vergleichbaren anderen Doppeldecker-Konstruktionen. Die beiden Sitze waren hintereinander angeordnet und mit einem schmalen Schiffchen oder einer »Füselage«, wie man auch sagte, verkleidet. Die Füselage wurde aus einem Holzrahmen gebildet, der mit Stoff bespannt war und vorn spitz zulief, um den Luftwiderstand zu verringern. Sie ragte etwa 2 m vor und trug vorn das Höhensteuer. Das Schiffchen vermehrte das Gewicht des Apparates um 60 kg.
Der Lehrer saß vor dem Schüler, aber Doppelsteuerung wie bei *Dorner* gab es anfangs nicht. Das vorn liegende Höhensteuer, der Gitterrumpf und das Leitwerk waren wie beim großen Doppeldecker ausgeführt. Die Hebel für das Seiten- und das Höhensteuer waren innerhalb des Schiffchens auf der gleichen Achse gelagert, und für die Querlagensteuerung verwendete *Euler* hier zum erstenmal Klappen an der Hinterkante des oberen Tragdecks.
Auch der kleine Doppeldecker flog mit dem 50-PS(37 kW)-Gnôme-Motor, der einen Druckpropeller der Firma Chauvière von 2,6 m Durchmesser antrieb. Infolge der geringeren Dimensionierung des Apparates und durch eine leichtere Ausführung der hölzernen Flügelrippen betrug das Gesamtgewicht nur 280 kg. Auf diesem Typ hat *Prinz Heinrich* als erster fliegen gelernt, woraus sich auch die Bezeichnung »Prinz-Heinrich-Type« ableitete.

Eine einsitzige Version des kleinen Doppeldeckers, ausgerüstet mit 70-PS(52 kW)-Gnôme-Motor, wurde noch im gleichen Jahr als Renn-Maschine vorgestellt. Mit ihr gelang *Euler* am 25. Oktober 1910 sein aufsehenerregender Dauerrekordflug von 3 h 6 min, der lange Zeit nicht überboten werden konnte.

Im Jahre 1911 verlegte *Euler* als wichtige konstruktive Änderung das Höhensteuer nach hinten an das Ende des Gitterrumpfes. Das einfache Seitensteuer lag darunter, so daß das Leitwerk jetzt die Form eines »T« hatte. Die Anordnung von Motor und Druckpropeller blieb aber weiter erhalten. Der Doppeldecker »Gelber Hund« war das erste Flugzeug dieser Bauart. Mit ihm beförderte *Ferdinand v. Hiddessen* im Juni 1912 die erste genehmigte Flugpost von Frankfurt nach Darmstadt, Mannheim und Mainz.
Am 1. Februar 1912 nahm *Euler* neue Produktionsstätten und einen firmeneigenen Flugplatz in Frankfurt in Betrieb, an der Landstraße nach Rüsselsheim, nahe dem Bahnhof Niederrad. Die Stadtverwaltung hatte ihm dort einen großen Teil eines ehemaligen Hofgutes in Erbpacht überlassen, das sie selbst für 3 Mio. Goldmark erworben hatte. *Euler* errichtete dort fünf große Montagehallen, Werkstätten und Gebäude für Verwaltung sowie für die Fliegerschule. Während des Ersten Weltkrieges kaufte er der Stadt das Gelände für 1 Mio. Mark ab. Nach Kriegsende lag das Gelände in besetztem Gebiet, und ein Weiterarbeiten war nicht möglich. *Euler* ging als Unterstaatssekretär für zwei Jahre nach Berlin und zog sich dann aus dem öffentlichen Leben zurück. Das Flugplatzgelände verkaufte er 1930 der Stadt für wiederum 1 Mio. Mark zurück. Er selbst »residierte« von 1932 bis zu seinem Tode 1957 im »Haus Euler« auf dem Feldberg im Schwarzwald.

Werkstatt, Werft, Fabrik. Beispielhafte Konstruktionen leichten Fluggeräts

Als sich im März 1911 deutsche Flugzeugfabrikanten auf Einladung von *August Euler* in Frankfurt zu einem Verein der Flugzeug-Industriellen zusammenschlossen, hatten industrielle Fertigungsmethoden bereits Eingang in den Flugmaschinenbau gefunden. An der Gründung waren die Firmen Albatros, Aviatik, Dorner, Euler, Grade, Harlan, Rumpler und Wright beteiligt. Bald darauf kamen die Deutschen Flugzeug-Werke, Jakob Goedecker und Gustav Otto, später auch noch andere hinzu.
Als wichtigste Aufgabe des Vereins wurde die Vertretung der wirtschaftlichen Interessen seiner Mitglieder im Verkehr mit Sportverbänden, Flugplatzverwaltungen, Veranstaltern von Flugwettbewerben sowie bei Ausstellungen genannt. *August Euler,* dem Vorsitzenden, standen *Richard v. Kehler* von der Wright-Gesellschaft als Vertreter sowie *Edmund Rumpler* als Schriftführer zur Seite. Von 1912 an firmierte der Verein als »Konvention der Flugzeugfabrikanten im Verein Deutscher Motorfahrzeug-Industrieller« in Berlin.
Schon ein Jahr vor der Gründung des Unternehmer-Verbandes hatte sich im April 1910 ebenfalls in Frankfurt eine »Vereinigung deutscher Flieger« gebildet. Die Einladung dazu war von *Oskar Ursinus* ausgegangen, und auch hier ging es um die Vertretung wirtschaftlicher Interessen, und zwar derjenigen, die wirklich flogen[27]. An dieser Vereinsgründung waren *Euler* und *Grade* ebenfalls beteiligt, dazu *Ellery v. Gorrissen, Erich Lochner, Karl Jatho, Erich Thiele* und andere, die später bekannt wurden. Sie alle waren schon

aktive Piloten, wenn auch noch nicht alle im Besitze des Pilotenscheins.
Der Fliegerverein war gleichsam die Keimzelle aller späteren Interessenvertretungen der Piloten wie der Flugzeugführergruppe im DLV und vom Frühjahr 1912 an dem »Bund Deutscher Flugzeugführer« (BDL), dessen erster Vorsitzender *v. Gorrissen* wurde. Auf *Gorrissen* folgte in diesem Amt für kurze Zeit *Paul Victor Stoeffler,* danach *Felix Laitsch.* Die Protokolle und öffentlichen Aktionen des BDL bis hin zum Pilotenstreik in Johannisthal lassen erkennen, wieviel Konfliktstoff sich in kurzer Zeit zwischen Piloten und Luftfahrer-Verband wie zu den Flugplatzunternehmungen und der Flugzeugindustrie angesammelt hatte.
Der Begriff »Flugzeugindustrie« war von 1912 an gang und gäbe, wenn er uns heute auch als überzogen erscheint. Denn auch die größten Flugzeugfabriken hatten bis zum Kriege nicht mehr als 300 Mitarbeiter. Nach unserem Sprachgebrauch müßte besser von mittelständischen Unternehmen die Rede sein. Werkstatt, Werft und Fabrik existierten, wenn auch nicht immer einträchtig, bis 1914 nebeneinander. Umfangreiche Heeresaufträge und die Konzentration der Pilotenausbildung auf wenige ausgewählte Fabrik-Fliegerschulen ließen jedoch die Kluft zwischen großen und kleinen sowie zwischen florierenden und um ihre Existenz ringenden Unternehmen zunehmend größer werden.
Im Mai 1912 warnte der Industriellen-Verband, das Kriegsministerium vorschiebend, vor »Leichtfertigen, auf nicht genügenden finanziellen und technischen Grundlagen aufgebauten Neugründungen von Flugzeugfabriken«. Der Verband war der Meinung,

> »daß es vor allen Dingen darauf ankomme, den vorhandenen Flugzeugfabriken reichliche Beschäftigung zuzuführen, . . . um die Rentabilität der bestehenden Flugzeugfabriken zu erhalten[28].«

Das war sicherlich im Interesse der Verbandsmitglieder gedacht, doch für die Entwicklung sportlichen Fluggeräts war solche Konzentration nicht förderlich. Am Leichtflugzeugbau waren die großen Gesellschaften, wie sich zeigte, damals wegen geringer Absatzchancen nicht ernstlich interessiert.

Stand und Perspektiven 1910/11

Sehr früh, schon zur Zeit *Lilienthals,* wurde in der flugtechnischen Literatur zwischen drei möglichen Grundarten des Motorflugs unterschieden. Allen drei Grundarten waren anfangs annähernd gleiche Chancen für die Zukunft eingeräumt worden. Es waren:

1. Der Drachenflug mit starren, tragenden Flächen und Propeller, der für den Start eines Anlaufs bedurfte,
2. der sogenannte Schraubenflug, bei dem man sich mit Hilfe von Hubschrauben senkrecht in die Luft hoffte erheben zu können,
3. der Schwingenflug mit Hilfe mechanischer Flügelschläge, mit dem sowohl der Aufflug als auch der Vorwärtsflug des Vogels nachgeahmt werden sollte.

Bis zum Ersten Weltkrieg hat sich nur der Drachenflug als praktikable Lösung erwiesen, und das Drachenflugzeug hat einen Siegeszug ohnegleichen angetreten, ist zum Synonym für Flugzeug schlechthin geworden. Dagegen konnten praktische Resultate mit Hubschraubern erst Jahrzehnte später erzielt werden, während der Schwingenflug bis heute seiner technischen Lösung harrt.
Es kann sicherlich mit Fug und Recht festgestellt werden, daß für die Entwicklung des Flugwesens insgesamt mehr Erfindergeist aufgewendet worden ist als für jeden anderen Zweig der Technik zuvor. Entsprechend groß – und auch hilfreich – war die Anteilnahme der Öffentlichkeit an dieser Entwicklung. Sie fand ihren Ausdruck in ausführlicher Berichterstattung in den Zeitungen und im Ansturm der Menschen zu flugsportlichen Veranstaltungen und Wettbewerben.
Über die vordergründige Entwicklung kam in den ersten Jahren die Aerodynamik als wissenschaftliche Disziplin zu kurz. *Friedrich Bendemann* von der Versuchsanstalt in Lindenberg hat es 1910 so formuliert:

> »Über das Wesen des Luftwiderstandes herrschten lange und herrschen noch heute vielfach sehr unklare Begriffe[29].«

Planmäßige wissenschaftliche Versuche und Messungen wären erforderlich, meinte *Bendemann,* um Aufschlüsse über die wichtigsten Erscheinungen und Größen am Tragflügel sowie über ihre Wirkungen zu erlangen. Die Station Lindenberg und das Aerodynamische Laboratorium von Professor *Ludwig Prandtl* in Göttingen könnten nur ein Anfang sein.
In ähnlichem Sinne äußerte sich der Ingenieur und Praktiker *Edmund Rumpler.* Er sagte im gleichen Jahr:

> »Die im letzten Jahre erzielten Erfolge auf dem Gebiete der Flugtechnik entsprechen nur teilweise den Hoffnungen, die man auf die rasche Entwicklung der Konstruktion und Klärung der diesbezüglichen Fragen gesetzt hat. Es sind wohl große Leistungen in sportlicher Hinsicht vollbracht worden, doch haben dieselben in wissenschaftlicher Beziehung die wichtigsten Fragen unbeantwortet gelassen oder widersprechende Lösungen ergeben[30].«

Im einzelnen bemängelte *Rumpler,* daß man in der Frage der zweckmäßigen Bauart, der Gesamtanordnung also, nicht vorwärtsgekommen wäre. Und er sagte, dies gelte besonders für die Fragen: Ein- oder Zweidecker, eine Schraube oder zwei Schrauben, vorn liegender Zugpropeller oder hinten angebrachte Druckschraube. Gleichermaßen unentschieden wäre, meinte er, ob die Steuerflächen vorn oder hinten besser anzuordnen und ob Flugmotoren besser luft- oder wassergekühlt seien, wieviel Zylinder und welche Leistung die Motoren haben sollten.
Rumpler verlangte, mehr Gewicht auf die Ausgestaltung und die Details der Flugmaschine zu legen, statt auf Sensationen hinzuarbeiten. Öffentliche Wettbewerbe sollten so organi-

siert werden, daß nicht nur solche Ergebnisse den Maßstab abgäben, die von der Geschicklichkeit des Führers abhingen. Zweckmäßig wäre es, konstruktive Fragen wie die der Stabilität in den Vordergrund zu rücken. Eine Flugmaschine, die bei lebhaftem Winde mit Sicherheit fliege, sei höher einzuschätzen als irgendein Dauerflug bei Windstille. Auch der Abflug und die Landung würden bei Wettbewerbsausschreibungen nur untergeordnete Rollen spielen.
Man ist versucht, solchen Argumenten und Überlegungen auch heute noch voll zuzustimmen. Was *Rumpler* damals ausführte, war auch für die Entwicklung von Sport- und Reiseflugzeugen wichtig und stand keineswegs im Gegensatz dazu.
Oskar Ursinus hat schon damals im »Flugsport« Kriterien genannt, die ihm für eine erfolgreiche Flugmaschine notwendig erschienen. Auf einen Doppeldecker bezogen, nannte er die folgenden Gesichtspunkte: Großes oberes Tragdeck von 10 m Spannweite, in 1,5 m Abstand darunter verkürztes Tragdeck von 3–4 m Spannweite. Motor möglichst tiefliegend, die Schraube langsam übersetzt. Hinten eine horizontale Stabilisierungsflosse wie bei *Sommer,* daran anschließend das Seitensteuer in der bisherigen Weise. Die Enden der Tragdecke elastisch wie bei *Etrich* und *Ursinus* (!). Fahrgestell eine Kufe wie bei Curtiss[31].
Am Ende ging die Entwicklung ungefähr in diese Richtung. Daß aber Weitsicht an sich noch kein Garant für Erfolg ist, beweist gerade das Beispiel, das *Ursinus* selbst gab. Seine eigene Konstruktion, ein Eindecker, kam über Luftsprünge nicht hinaus.

Albatros-Sporteindecker auf Schwimmern

Wasserflugzeuge waren vor 1914 eine Art Stiefkind der Flugtechnik in Deutschland. Der erste Wasserflugzeug-Wettbewerb fand überhaupt erst im Jahre 1912, vom 29. August bis 6. September, in Heiligendamm an der Ostsee statt. Veranstalter war der Deutsche Flieger-Bund, doch die Anregung dazu war vom Reichs-Marine-Amt ausgegangen, das an der Entwicklung von Seeflugzeugen interessiert war. In Heiligendamm waren nur sechs Flugzeuge am Start, allesamt Landflugzeuge auf Schwimmern.
Ein Jahr später, zum Bodensee-Wasserflugzeug-Wettbewerb vom 29. Juni bis 5. Juli 1913, schickten mehrere Firmen bereits Maschinen, die auf der Wasseroberfläche nicht nur landen, sondern auch von ihr aus starten konnten. Die Albatroswerke in Johannisthal entsandten einen von *Ernst Heinkel* entwickelten Eindecker mit zwei Schwimmern und hochziehbarem Fahrwerk, mit dem *Hellmuth Hirth* den Großen Preis vom Bodensee gewann. Ferner kam von Albatros ein leichter Sporteindecker, mit dem *Hans Vollmoeller* in der Klasse der Sport-Wasserflugzeuge siegte. Es war inzwischen bei manchen Wettbewerben üblich geworden, die teilnehmenden Maschinen in zwei Klassen einzuteilen: in schwere Touren- oder Militärflugzeuge ohne jede

Der Albatros-Sporteindecker beim Wasserflug-Wettbewerb am Bodensee im Sommer 1913.

Limitierung und in leichte Sportflugzeuge mit Motoren bis zu 75 PS (55 kW) Leistung.
Der Große Preis vom Bodensee verlangte, von Konstanz ausgehend, einen Flug über 200 km, während für die Klasse der leichten Flugzeuge ein Flug über nur 100 km mit Zwischenwasserung vorgeschrieben war. Gewertet wurde die kürzeste Flugzeit, den Aufenthalt auf dem Wasser mitgerechnet. Die Maschinen mußten von den Piloten ohne fremde Hilfe gestartet werden, auch nach der Wasserung. Ein zusätzliches Radfahrwerk war bei den Sportflugzeugen nicht verlangt. Drei Eindecker gingen in dieser Klasse an den Start.
Der siegreiche Albatros-Sporteindecker war mit einem Vierzylinder-Mercedes-Motor von 70 PS (52 kW) ausgerüstet. Sein Rumpf war von elliptischem Querschnitt und erlaubte, daß neben dem Piloten noch ein Passagier unter dem kräftig ausgebildeten Spannbock Platz fand. Im Wettbewerb wurden die Maschinen allerdings einsitzig geflogen. Die stark gebauten Tragflächen hatten Taubenform mit

Hans Vollmoeller flog den Albatros-Eindecker in der Klasse der Sport-Wasserflugzeuge am Bodensee zum Sieg.

elastischen Flügelenden zur Quersteuerung, wobei abweichend von anderen Tauben-Eindeckern nicht nur die äußeren hinteren Flächenteile, sondern die Hinterkante in voller Länge verwunden werden konnte. Verspannt waren die Tragflächen mit nur vier Kabeln nach oben wie nach unten. Die Spannweite betrug etwas mehr als 12 m, der Tragflächeninhalt rund 22 m^2.
Die beiden Schwimmer in Holzfurnierverschalung lagen 3,4 m auseinander, waren 4 m lang und 0,85 m breit. Ihre Wasserverdrängung betrug mehr als 800 l. Sie waren vorn flach zugespitzt und hinten abgestuft. Mit dem Rumpf waren sie durch vier starke Stützen, untereinander durch zwei Stahlrohre verbunden. Höhen- und Seitensteuer hinten am Rumpf waren bereits in Dämpfungsflächen und die eigentlichen Ruderflächen unterteilt. Unter dem Leitwerk war ein kleiner tropfenförmiger Schwimmer angebracht, doch ruhte die Hauptlast auf den beiden vorderen Hauptschwimmern. Die Fachleute waren schon vor dem Wettbewerb des Lobes voll über den Albatros-Sporteindecker. Sie urteilten:

»Die feine Linienführung der Tragflächen, des Rumpfes und der Steuerorgane und die weit vorspringenden Schwimmer verleihen dem Flugzeug ein formvollendetes Aussehen[32].«

Vollmoeller startete zum Wettbewerb früh am Morgen, flog zumeist 300 m hoch und beendete den Flug bei schönem, klarem und ruhigem Wetter in 48 min 50 s mit einer glatten Landung auf dem Wasser. Für die Zwischenwasserung hatte er nicht mehr als 3 min gebraucht. Seine Durchschnittsgeschwindigkeit wurde mit 115 km/h errechnet. Damit gewann er den Hauptpreis von 5000,– Mark in seiner Klasse sowie den Ehrenpreis des Kaiserlichen Automobil-Clubs. Der Pilot *Herbert Kohnert* kam mit dem Sporteindecker »FF 8« der Firma Flugzeugbau Friedrichshafen auf den zweiten Platz. Die dritte Maschine, ein kleiner Eindecker der Strack-Flugzeugwerke in Duisburg, schied aus.

Führersitz, Steuervorrichtung, Armaturen und Motoranlage beim Aviatik-Eindecker.

Aviatik-Eindecker mit 70-PS-Argus-Motor

Die »Automobil & Aviatik AG« in Mülhausen im Elsaß hatte ihre Flugzeugproduktion mit dem Nachbau französischer Muster, des Farman-Doppeldeckers und des Hanriot-Eindeckers, begonnen. Mit ihren Doppeldeckern wurde die Firma später in erheblichem Umfang zu Heereslieferungen herangezogen, mit ihren Eindeckern nicht. Dennoch hat sie am Bau von Eindeckern festgehalten, für die eigene Fliegerschule auf dem nahegelegenen Habsheimer Feld sowie für Wettbewerbszwecke. Auf einem Aviatik-Hanriot-Eindecker gewann *Emile Jeannin* gemeinsam mit *Hans Vollmoeller* auf Etrich-Rumpler-Taube im September 1911 den ersten Preis im Schwaben-Überlandflug.
Im Jahre 1912 konstruierte der Dipl.-Ing. *Robert Wild* bei Aviatik einen Eindecker mit 50-PS(37 kW)-Argus-Motor und Lamellenkühler. Dieser kleine Apparat hatte nur 9 m Spannweite und stand auf zwei Kufen und vier Laufrädern.
Noch im gleichen Jahr wurden die Tragflächen auf 12,5 m Spannweite vergrößert und ein 70-PS(52 kW)-Argus-Motor eingebaut. Mit seinen 25 m^2 Flügelfläche wurde er von den Zeitgenossen als eines der elegantesten und interessantesten Flugzeuge gerühmt[33].
Der schlanke Rumpf hatte nicht mehr die typische Dreiecksform der frühen Eindecker, sondern war hinten abgerundet. Die Sitze für den Führer und den Schüler bzw. Passagier lagen hintereinander. Die Luftschraube »Intégrale« hatte 2,5 m Durchmesser und war direkt auf die Kurbelwelle des Vierzylinder-Motors vorn aufgesetzt. Der Motor konnte innerhalb kurzer Zeit auf- und abmontiert werden.
Das Leitwerk wurde durch einen Stahlsporn abgestützt, Seiten- und Höhensteuer waren in Dämpfungsflächen und Ruderflächen unterteilt. Seitenruderausschläge wurden mit den Füßen bewirkt, während Höhenruder und Flügelverwindung durch das Steuerrad betätigt wurden. Höhensteuer

wurde durch leichtes Drücken und Ziehen, die Querlagensteuerung durch Drehen nach links und nach rechts bewirkt.
Als Weiterentwicklung kam 1913 ein etwas größerer und schwererer Militäreindecker mit 100-PS(75 kW)-Argus-Motor heraus, mit dem *Ernst Schlegel* mit gutem Erfolg am sogenannten Prinz-Heinrich-Zuverlässigkeitsflug im Mai 1913 teilnahm. Trotz dieses Erfolges blieben auch für diesen Eindecker Heeresaufträge aus.

Sporteindecker Deicke, ein früher Ultraleichter

Der Ingenieur *Arthur Deicke* in Regensburg, ein Einzelgänger unter den Flugtechnikern, hatte schon 1907 mit Gleitflugversuchen begonnen. Im Jahre 1909 baute er seinen ersten von drei Motor-Sporteindeckern, mit dem allerdings nur kurze Luftsprünge gelangen. Mit dem folgenden Typ hat er im Jahre 1911, wie *Oskar Ursinus* im »Flugsport« schrieb, bereits sehr schöne Kreisflüge ausgeführt[34].
Die kleinen, einfach herzustellenden und dadurch preiswerten Deicke-Eindecker zeigten beträchtliche Abweichungen von den üblichen Ausführungsformen. Man ist versucht, in ihnen motorisierte Schulgleiter oder frühe Ultraleichtflugzeuge zu sehen. Der Typ 1911 hatte bei 10 m Spannweite nur 10 m^2 Flügelfläche, und seine Leermasse betrug nicht mehr als 140 kg. Er war auch überaus leicht zusammenzulegen und zu transportieren. Die Tragflächen wurden dazu einfach zurückgeklappt und an die beiden Fahrgestellstreben links und rechts des Motors angelehnt. Zusammengelegt paßte das Leichtflugzeug durch eine Öffnung von nur 2,3 m Breite.
Als Motor benutzte *Deicke* einen 12-PS-Anzani-Motor (9 kW), nach anderen Quellen auch einen 30-PS-RAW-Motor (22 kW) der Rheinischen Aerowerke in Düsseldorf-Oberkassel. Beide Motoren waren Dreizylinder in Fächerform, lagen hinter den Tragflächen und trieben einen Druckpropeller an.
Der offene Pilotensitz lag weit vor der Tragfläche auf dem unteren durchgehenden Holm des Gitterträgers. Darunter lagen eine Stoßkufe und ein kleines Laufrad, das mit zwei weit hinten liegenden größeren Laufrädern eine Art Dreiradfahrwerk bildete. Der obere Holm des Gitterträgers lag gut 1 m über den Tragflächen, so daß ausreichend Platz für die Luftschraube zwischen den Holmen gegeben war. Hinten verjüngte sich das Gitterwerk und trug eingerahmt das Seitensteuer, dahinter das Höhensteuer. Dem Seitenruder war eine dreieckige Dämpfungsflosse vorgelagert, und es wurde durch Fußpedale betätigt. Höhenruder wurde durch das Anziehen und Abdrücken des Steuerrades vor der Brust des Piloten gegeben. Zur Flügelverwindung wurde das Steuerrad nach links und nach rechts gedreht. Im »Flugsport« wurde festgestellt:

»Der Deicke-Sporteindecker ist ein typisches Beispiel dafür, wie man mit den geringsten Mitteln ein Flugzeug mit hinter den Tragflächen liegendem Motor wirklich praktisch, äußerst leicht und doch sehr solide bauen kann.«

Ultraleichter Deicke-Sporteindecker mit offenem Führersitz und Druckschraubenantrieb 1910/11.

Heute verwundert es uns, daß dieser frühe »Ultraleichte« so wenig verbreitet war.

Der Etrich-Rumpler-Eindecker, die legendäre »Taube«

Igo Etrich aus Oberaltstadt in Böhmen war einer der ersten, die auf einer selbstgebauten Motorflugmaschine geflogen sind. Er hatte 1898 aus dem Nachlaß *Lilienthals* in Berlin zwei Gleiter erworben und nach der Jahrhundertwende zusammen mit *Franz Wels* verschiedene eigene Gleiter gebaut und erprobt, sie schließlich zu einem Motorgleiter weiterentwickelt. Im Jahre 1909 entstand in Wien, nunmehr in Zusammenarbeit mit *Karl Illner,* der erste Etrich-Rumpfeindecker mit Tragflächen in der Form des flugtüchtigen tropischen Zanonia-Samens. Mit diesem Apparat gewann *Illner* im Spätsommer 1910 bei der internationalen Flugwoche in Wiener Neustadt fast alle Preise. Danach wurde der Etrich-Eindecker zweisitzig für Österreich bei der Firma Jakob Lohner in Wien gebaut, während *Edmund Rumpler* die Lizenz für den Nachbau in Deutschland erwarb.
Karl Illner führte den Eindecker, die »Taube«, im Oktober 1910 während der Herbstflugwoche in Johannisthal vor. Seine Demonstrationsflüge wurden zur Sensation der Flugwoche, obwohl er an den eigentlichen Wettbewerben nicht teilnahm. Fachleute wie Laien begeisterten sich an der außerordentlich gefälligen, vogelähnlichen Form des Flugzeuges, an der Eleganz und Leichtigkeit der Bauweise und der nahezu automatischen Stabilität im Fluge.
Die Firma »Rumpler Luftfahrzeug GmbH« baute den Apparat in Johannisthal zweisitzig unter der Bezeichnung Etrich-Rumpler-Eindecker. *Hellmuth Hirth* gewann damit 1911 und 1912 zahlreiche Wettbewerbe, darunter den Kathreiner-Preis von 50 000,– Mark für einen Dreietappenflug von München nach Berlin sowie den Fernflug Berlin–Wien, letzteren allerdings mit einer Spezial-»Taube«. *Lin-*

Die zweisitzige Etrich-Taube 1910 vor dem Start: Die Tragflächen haben die Form des tropischen Zanoniasamens.

nekogel flog mit ihr mehrere Höhenrekorde, und auch als Schulmaschine war die Rumpler-Taube, wie sie nun allgemein hieß, geschätzt und begehrt. Sie wurde das bekannteste und erfolgreichste Flugzeug der Vorkriegszeit.

Rumpler hatte ursprünglich geplant, seinen 50-PS-Aeolus-Motor (37 kW) in die Taube einzubauen, aber dieser Motor hat die in ihn gesetzten Erwartungen nicht erfüllen können. So wurde anfangs der gleich starke Antoinette-Motor verwendet, der eine Chauvière-Schraube von 2,3 m Durchmesser antrieb. Danach wurden auch andere Motoren und schließlich – für Militärlieferungen – der 100-PS-Mercedes-Motor (75 kW) von Daimler verwendet. Auf die unlautere Methode *Rumplers,* bei der Typenbezeichnung den Namen des Konstrukteurs *Etrich* fortzulassen und unter einem Vorwand die Lizenzzahlung zu verweigern, braucht hier nicht näher eingegangen zu werden. Sie ist an anderer Stelle bereits dokumentiert, wie auch die nachfolgende Freigabe der Nachbaurechte durch *Etrich*[35].

Die markantesten Kennzeichen des Tauben-Eindeckers waren die nach der Form des Zanoniasamens ausgebildeten Flügelflächen mit der hochgezogenen Hinterkante sowie das vogelschwanzförmige Leitwerk. Die weit nach hinten ausladenden elastischen Flügelenden und Hinterkanten erschienen im Fluge transparent wie das Gefieder des Vogelflügels. Auf die aufwärts gekrümmten Flügelenden wurde die hohe Stabilität im Fluge zurückgeführt. Ähnlich transparent erschien die Schwanzfläche, die wie der Flügel zum Zwecke der Steuerung verwunden werden konnte. Das langgestreckte vertikale Seitensteuer war zweiteilig oberhalb und unterhalb der horizontalen Schwanzfläche angebracht.

Die Tragflächen waren nicht direkt am Rumpf, sondern an ein mittleres, mit dem Rumpf fest verbundenes Flächenstück angesetzt und mit Stoff bespannt. Unterhalb des mittleren Flügelholmes verlief die sogenannte Brücke: ein verspannter, mehrfach abgestützter Längsträger zur Versteifung. Die Spannweite betrug 14 m, die Flügeltiefe 2,8 m, die Flügelfläche insgesamt 30 m^2. Die Rippen waren aus Fichtenholz gefertigt und hinten durch angesetzten dünnen Bambus elastisch ausgebildet.

Flügel der Etrich-Taube vor der Bespannung. Die Hinterkante konnte zur Querlagensteuerung verzogen werden.

Etrich-Rumpler-Taube, mit der *Hellmuth Hirth* im Juni 1911 in drei Etappen von München nach Berlin flog, im Deutschen Museum.

Der Rumpf des Eindeckers wirkte infolge der großen Tragflächen und der sehr weit vorn ansetzenden Schwanzfläche verhältnismäßig kurz und gedrungen, war aber in Wirklichkeit schmal und gestreckt. Er war gleichfalls mit Stoff bespannt, vorn mit dünnem Aluminium beplankt. Im vorderen Teil war er von trapezförmigem Querschnitt. Die kräftigen Holzstreben waren dort mit Stahlblechbeschlägen zur Aufnahme der beiden Sitze sowie für den Einbau des Motors verstärkt. Nach hinten zu ging der Querschnitt in Dreiecksform über und lief dann in die Schwanzfläche aus.

Das starke Zweiradfahrwerk war durch feste Streben mit dem Rumpf verbunden. Zwischen den beiden Laufrädern lag anfangs noch eine kurze kräftige Landekufe. Unter dem Schwanz war ein Sporn angebracht.

Die Steuerung erfolgte um alle drei Achsen durch Verwindung der Steuerflächen. Höhen- und Querlagensteuerung wurden durch ein Handrad, die Seitensteuerung durch Fußpedale betätigt. Diese Anordnung der Steuerzüge wurde später allgemein üblich und als Militärsteuerung bekannt.

Fokker-»Spinne«, ein Flugzeug ohne Querlagensteuerung

Der Ingenieur *Anthony Fokker* (1890–1939), holländischer Staatsbürger, war im Jahre 1910 zu technischen Studien nach Deutschland gekommen. Nur ein Jahr später ließ er bei den Goedecker-Flugzeugwerken in Mainz-Gonsenheim einen einsitzigen Eindecker mit vornliegendem 50-PS-Argus-Motor (37 kW) nach eigenem Entwurf bauen. Auf diesem Apparat, bekannt geworden unter dem Namen »Fokker-Spinne« wegen seiner vielen Spanndrähte, erwarb er im Juni 1911 den Pilotenschein Nr. 88 des DLV.

Unter der Werksbezeichnung »M 1« wurde die Fokker-Spinne zu einem Zweisitzer für Schulung und Wettbewerb weiterentwickelt und bei Goedecker in Mainz sowie in Johannisthal gebaut. In Johannisthal war im Frühjahr 1912 die Firma »Fokker Aeroplanbau« mit angeschlossener Fliegerschule gegründet worden. Ende 1913 wurden die Produktionsanlagen nach Schwerin-Görries in Mecklenburg verlegt, und die Firma erhielt den Namen »Fokker-Flugzeugwerke«.

Der Fokker-Eindecker war eine der interessantesten Konstruktionen der Vorkriegszeit. Er war sehr einfach gebaut und fiel durch seine große Stabilität im Fluge auf, obwohl *Fokker* auf eine Querlagensteuerung verzichtet hatte. Die Maschine verfügte weder über eine Flügelverwindung noch irgendwelche Steuerklappen an den Tragflächen, sondern wurde ausschließlich mit Höhen- und Seitensteuer geflogen. Das war dadurch möglich geworden, daß die Tragflächen zum einen pfeilförmig nach hinten angeordnet waren, zum anderen V-Form im Winkel von etwa 10° nach oben erhalten hatten. *Anthony Fokker,* der selbst ein ausgezeichneter Pilot war, erregte großes Aufsehen, als er mit der Spinne in Johannisthal steile Kurven in Bodennähe flog und im Vorbeiflug beide Hände vom Steuerrad nahm.

Auf die Grundzüge des Eindeckers hatte *Fokker* im Januar 1912 vom Kaiserlichen Patentamt das Flugpatent Nr. 265515 (77) erhalten. Geschützt wurden durch dieses Patent die V-Stellung der Tragflächen, ihre Pfeilung nach hinten sowie die Lage des Schwerpunktes über dem Auftriebsdruckmittelpunkt.

Die stoffbezogenen Tragflächen waren nahezu rechteckig und hatten 22 m² Flügelfläche. Sie waren durch eine Vielzahl von Stahldrähten nach oben zum Spannbock, nach unten zum Fahrgestell hin verspannt. Gebildet wurden sie aus einem zusammenlegbaren Stahlrohrrahmen, der die gleichfalls aus Stahlrohr gebogenen Rippen mit eingesteckten Bambusenden trug. Durch Lösen von nur drei Verbindungen konnten die Flächen in wenigen Minuten demontiert werden. Ebensoleicht ließen sich die Schwanzflächen abnehmen und zusammenlegen. Abgerüstet war die Ma-

Eine der ersten Aufnahmen vom Fokker-Eindecker 1911 in Mainz-Gonsenheim.

Die Fokker-»Spinne« 1912 in Berlin-Johannisthal.

schine leicht auf der Straße zu transportieren und in kleinen Räumen unterzustellen.
Die horizontale, relativ große Schwanzfläche hatte Trapezform und lief hinten biegsam aus. Sie wurde wie die Tragflächen von einem Stahlrohrrahmen gebildet und war mit Stoff bespannt. Die Rippen wurden hier jedoch von Bambusstäben gebildet, die in aufgenähten Laschen steckten. Das Seitensteuer bestand aus zwei dreieckigen, nach hinten spitz zulaufenden Flächen unter und über der horizontalen Schwanzfläche.
Die beiden Sitze waren hintereinander in dem kurzen und gedrungenen vorderen Rumpfteil untergebracht, der mit Aluminiumblech in Bootsform verkleidet war. Davor lag der 50-PS-Argus-Motor (37 kW) mit der Garuda-Schraube. Das Fahrgestell bestand aus vier Stahlrohrstreben, die von den Rumpfholmen ausgingen, in Aluminiumschuhen steckten und an zwei Landekufen endeten. Die Landekufen trugen die Achse für die beiden Laufräder. Der Schwanz wurde durch einen relativ hohen, abgefederten Sporn abgestützt. Das Höhensteuer wurde wie üblich durch Drücken und Ziehen des Steuerrades betätigt, während die Steuerzüge für das Seitensteuer an einer horizontalen Stahlrohrstrebe für die Füße befestigt waren. Mit dem Vierzylinder-Argus-Motor erreichte die Fokker-Spinne 90 km/h Geschwindigkeit und 3 m/s Steiggeschwindigkeit.

Der Wasser-Sporteindecker »FF 8« aus Friedrichshafen

Die Firma »Flugzeugbau Friedrichshafen GmbH«, die ihre Werkstätten in Manzell am Bodensee in der alten Zeppelinhalle hatte, war im Juni 1912 von Dipl.-Ing. *Theodor Kober* (1865–1930) mit Unterstützung des *Grafen Zeppelin* gegründet worden. Sie konzentrierte sich ganz auf den Bau von Wasserflugzeugen, und *Kober,* der in den neunziger Jahren die wesentliche Konstruktionsarbeit für das starre Zeppelin-Luftschiff geleistet hatte, bewies auch hierbei sein großes Können, ohne selbst Pilot zu sein.
Zur Bodensee-Konkurrenz 1913 entsandte die Firma neben dem Renndoppeldecker »FF 9« auch den Sporteindecker »FF 8«. Mit ihm errang *Herbert Kohnert* hinter *Hans Vollmoeller* den zweiten Preis in der Klasse der Sportflugzeuge.
Der Eindecker »FF 8« hatte lange und schmale, auf die übliche Weise verspannte Flügel und einen breiten Schwanz. Er glich im Umriß einer Möwe im Gleitflug, wie zeitgenössische Beobachter es formulierten. Diese Beobachter hoben auch seine elegante Linienführung und die solide Flügelkonstruktion hervor.
Der Eindecker aus Friedrichshafen hatte 13 m Spannweite und 22 m² Flügelfläche. Mit dem vierzylindrigen 70-PS-Argus-Motor (52 kW) kam er auf 620 kg Startmasse und 95 km/h Durchschnittsgeschwindigkeit. Im Bodenseewettbewerb wurde für *Kohnert* die weit höhere Geschwindigkeit von 110 km/h errechnet, allerdings einsitzig geflogen.

Der Wasser-Sporteindecker »FF 8« der Flugzeugwerke Friedrichshafen beim Bodensee-Wettbewerb 1913.

Der Rumpf war vorn zur Carosserie ausgebildet, aus der nur die vier Zylinderköpfe herausschauten. Im hinteren Teil war der Rumpf mit Stoff bespannt. Die Steuerung um die drei Achsen erfolgte mit der inzwischen üblich gewordenen sogenannten Militärsteuerung.
Die zwei Hauptschwimmer waren als Stufen-Gleitschwimmer ausgebildet, federnd aufgehängt und gestatteten ein leichtes Abwassern. Das Schwimmergestell bestand aus zwei Paar starken und querverstrebten Stützen, die in Längsrichtung auf Holmen über den Schwimmern befestigt waren: vorn gelenkig, hinten durch Gummiringe abgefedert. Die Schwimmer waren 3,5 m lang und nur 0,5 m breit. Die Wasserverdrängung betrug 460 l, wesentlich weniger als beim Albatros-Eindecker, der in der gleichen Klasse startete. Ein metallener Hilfsschwimmer unter dem Leitwerk stellte sicher, daß die Maschine ruhig auf dem Wasser lag.
Im Bodensee-Wettbewerb war die »FF 8« vom Pech verfolgt. Erst hatte *Kohnert* Mühe mit dem Motor, der noch nicht eingelaufen und ausreichend erprobt war. Als er dann endlich den Preisflug von Konstanz nach Radolfzell und zurück ausführen konnte, benötigte er für die 100-km-Strecke 52 min, also drei Minuten mehr als *Vollmoeller* auf dem Albatros-Sporteindecker. Dazu hatte *Kohnert* bei Romanshorn die Wendeboje nicht vorschriftsmäßig umflogen. Das veranlaßte ihn zu einem zweiten Versuch, bei dem er zu viel wagte. Das Flugzeug rutschte in einer scharf geflogenen Kurve über den Flügel ab und mußte von einem Motorboot an Land geschleppt werden.
Obwohl der Wettbewerbsflug damit nicht ganz korrekt ausgeführt war, wurde *Kohnert* der zweite Preis in Höhe von 2000,– Mark zuerkannt: zu Recht, wie Zeitgenossen befanden.

Geest-Eindecker »Möwe« mit vogelähnlicher Tragfläche

Vogelähnliche Tragflächen sind in der Frühzeit der Flugtechnik oft versucht und ebenso oft wieder verworfen worden, und sie sind am Ende der einfachen, leichter herzustellenden Flügelform mit geraden Holmen gewichen. Eine bemerkenswerte Ausnahme von dieser Regel bildet die Geest-Möwe, deren Flächen dem Möwenflügel nachgebildet waren. Ihre Vorzüge erwiesen sich als so überzeugend, daß die komplizierte, aufwendige Herstellung in Kauf genommen wurde.

Dr. Waldemar Geest (1879–1944) war Arzt, hat sich aber nach eigener Aussage in frühen Jahren mehr für biologische Vorgänge und die Naturwissenschaften interessiert. So wandte er sich nach Abschluß des Medizinstudiums an der Universität Freiburg i. Br. der Flugtechnik zu. Zwischen 1906 und 1910 hat er fünf manntragende Gleiter gebaut und im Schwarzwald sowie in den Rhinower Bergen, dem Fluggelände *Lilienthals,* erprobt. Schon dabei hat er seine vogelflugähnlichen Tragflächen verwendet, auf die er durch die genaue Beobachtung des Möwenfluges gekommen war. Im Flugzeugpatent DRP Nr. 240268 (77) vom 30. Oktober 1907 – »Flügelartige Tragfläche für Luftfahrzeuge« – wurde die Geest-Fläche dahingehend beschrieben, daß sie von innen nach außen gebogen und um eine S-förmige Linie so gedreht war, daß sie an der Wurzel positiv angehoben, am äußeren Rand dagegen unter negativem Einstellwinkel zur Flugrichtung stand. Damit sollte jedes Kippmoment im Fluge praktisch ausgeschlossen und automatische Stabilität erreicht werden.

Im Herbst 1908 schloß sich *Dr. Geest* in München mit dem Ing. *Alois Wolfmüller* (1864–1948) zum Zwecke eines flugtechnischen Unternehmens zusammen. Das Ergebnis war ein von *Wolfmüller* hergestelltes Motorflugzeug mit Geest-Flächen, das in seiner Konfiguration sehr modern anmutet. Leider gelang es nicht, den geeigneten Motor dafür zu beschaffen, und die Zusammenarbeit zerbrach Ende 1909 an finanziellen Schwierigkeiten. Die beiden Tragflächen sind durch glückliche Umstände erhalten geblieben: eine davon ist restauriert jetzt in der Flugwerft Schleißheim des Deutschen Museums zu sehen; die zweite harrt noch der Rekonstruktion.

Seine erste Motor-»Möwe« ließ *Geest* dann 1910 in Rathenow bauen und erproben: einen vielfach verspannten Eindecker mit versteifender Brücke unter den stark gewölbten und gedrehten Tragflächen. Der Rumpf lief hinten spitz zu und trug eine große dreieckige Schwanzfläche mit darunter liegendem dreieckigem Seitensteuer. Das stark verstrebte Fahrwerk bestand aus zwei Laufrädern und aus Kufen, unter dem Schwanz befand sich ein hoher, abgerundeter Sporn. Der vierzylindrige 50-PS-Argus-Motor (37 kW) lag vorn und war noch unverkleidet.

Das nächste Flugzeug, »Möwe II«, wurde 1911 bei der Luft-Verkehrs-Gesellschaft in Johannisthal gebaut und vom Piloten *Alois Stiploschek* eingeflogen. Der Apparat bestand aus dem Rumpf eines der LVG gehörenden französischen Morane-Eindeckers mit dem Geestschen Flügelpaar. Es war nur ein Sitz vorhanden, doch ging man davon aus, daß das Flugzeug auch zwei Personen tragen würde. Mit einem 70-PS-Gnôme-Motor (52 kW) erreichte *Stiploschek* 80 km/h Geschwindigkeit. Die Maschine wurde wie die Fokker-Spinne nur mit Seiten- und Höhensteuer geflogen. Ein Flugunfall machte Anfang 1912 den hoffnungsvollen Ansätzen ein Ende.

Die nachfolgenden Modelle Möwe III bis V wurden 1912/13 wieder bei der Firma Gebr. Wietz in Rathenow gebaut und mit Argus-Motoren von 50 PS (37 kW), 70 PS (52 kW) und 100 PS (75 kW) ausgerüstet. Sie waren sämtlich Zweisitzer und wurden bis zum Kriege als Schulflugzeuge der »Dr. Geest Fliegerschule« in Johannisthal eingesetzt. Im Jahre 1913 finanzierte die National-Flugspende den Bau von Möwe VI mit Stahlrumpf, nachdem mehrere Gutachter die Vorzüge des Geestschen Flügelsystems bestätigt hatten. Der Bau wurde von der Deutschen Versuchsanstalt für Luftfahrt (DLV) überwacht. Nach Kriegsbeginn wurden die Versuchsflüge eingestellt, und *Dr. Geest* kehrte in seinen Arztberuf zurück.

Die große Stabilität der Geest-Eindecker, die eine Querlagensteuerung weitgehend überflüssig machte, war darauf zurückzuführen, daß die Tragflächen am Rumpfansatz starke V-Form hatten, von der Mitte an aber wieder heruntergezogen waren. Der in sich gedrehte Flügel war an der Wurzel stark positiv, am Randbogen negativ eingestellt. Das war die berühmte S-Linie aus dem Flugzeugpatent von 1907. Als der Geest-Eindecker in Johannisthal auftauchte, wurde

Die Geest-Möwe I, 1910 in Rathenow gebaut, kam über Rollversuche und kurze Sprünge noch nicht hinaus.

Mit Geest-Möwe II gelangen *Alois Stiploschek* 1911 in Johannisthal vielversprechende Flüge.

ihm wegen der seltsamen Flügelform vielfach jegliches Flugvermögen abgesprochen. Um so größer war die Überraschung, als er sich als sehr flugtüchtig erwies. Jetzt wurde ihm eine bedeutende Zukunft prophezeit. In beiden Fällen haben die Auguren sich geirrt. Die Geest-Möwen blieben, so interessant und vielversprechend ihre Konstruktion auch war, Unikate und sind nicht in Serie gegangen.

Goedeckers »Sturmvogel«: der erste unverspannte Eindecker

Die »Flugmaschinen-Werke J. Goedecker« in Mainz-Gonsenheim bauten 1910 den ersten unverspannten Eindecker in Deutschland. Dieser Apparat war ein Einsitzer und glich in gewisser Weise der Etrich-Taube, wich aber in der Detailkonstruktion wesentlich davon ab. Er erhielt den Namen »Sturmvogel«, wurde aber auch Goedecker-Taube genannt.

Der Konstrukteur *Jakob Goedecker* hatte seine flugtechnischen Arbeiten 1909 mit dem Bau eines manntragenden Gleiters begonnen und dafür auf dem Großen Sand bei Mainz einen Flugschuppen errichtet. Noch im gleichen Jahr entstand dort das erste Motorflugzeug eigener Konstruktion mit Flügeln von 12 m Spannweite und nur 1,1 m Flügeltiefe. *Goedecker* rüstete den Apparat mit dem dreizylindrigen 25-PS-Anzani-Motor (18 kW) und einer eigenen Luftschraube aus, und es gelangen ihm damit die ersten Luftsprünge.

Seinen zweiten Motorflieger, den »Sturmvogel«, stattete *Goedecker* dann mit Tragflächen in einer angenäherten Zanoniaform aus. Dieser Apparat erhielt den 50-PS-Argus-Motor (37 kW), den wir bei vielen frühen Konstruktionen antreffen, und wurde vom Etrich-Piloten *Paul Lange* eingeflogen. Danach diente er *Goedecker* auf dem Flugplatz Holten als Schulflugzeug. Ein Jahr später wurde daraus, unter Beibehaltung der Grundkonzeption, ein Zweisitzer für Schulung und Wettbewerbsflüge.

Goedecker hat bei seinen Flugzeugen weitgehend auf Holz als Baumaterial verzichtet und alle tragenden Teile von Anfang an aus Stahlrohr hergestellt. Die Tragflächen waren nur einseitig bespannt. Sie waren geschwungen und hatten 14,5 m Spannweite sowie 36 m² Flügelfläche. Außen liefen sie spitz zu, und die Enden waren stark hochgezogen. Unter ihnen verlief eine mehrfach abgestützte Brücke zur Versteifung, an deren Enden kleine Stützräder angebracht waren. Die Rippen waren aus Tonkingrohr angefertigt und in Laschen auf der Flügelbespannung eingeschoben. Dadurch konnten sie bei Beschädigung leicht ausgetauscht werden. Waren alle Rippen herausgenommen, konnte die Stoffbespannung – wie heute bei manchen UL-Flugzeugen – zu einem Bündel zusammengeschnürt werden. Auch die Holme ließen sich für einen Transport wie fürs Unterstellen in kleinen Räumen zusammenlegen.

Goedeckers »Sturmvogel« von 1911, noch unverkleidet, mit Dreiradfahrgestell und seitlichen Stützrädern.

Der Rumpf war, um den schädlichen Luftwiderstand möglichst gering zu halten, sehr niedrig und schmal, so daß Pilot und Schüler oder Passagier mit dem Oberkörper weit aus ihm herausragten. Im vorderen Teil war der Rumpf mit Holzfurnier beplankt, hinten lief er in eine große dreieckige Schwanzfläche aus, die zum Zwecke der Höhensteuerung verwunden werden konnte. Über und unter dieser horizontalen Fläche lagen relativ kleine dreieckige Flächen für die Seitensteuerung.

Das Fahrgestell des Goedecker-Eindeckers war eines der ersten Dreiradfahrwerke ohne Kufen. Der Schwanz wurde zusätzlich von einem hohen, halbrunden Sporn abgestützt. Der »Flugsport« berichtete:

> »Steht der Apparat auf der Erde, so ruht das Hauptgewicht der Maschine auf den beiden hinteren Rädern. Beim Anfahren jedoch hebt sich der Schwanz infolge des Propellerluftstromes, und der Apparat startet auf drei Rädern, während beim Landen zuerst das Vorderrad aufsetzt, wodurch ein ›Tanzen‹ der Maschine vermieden wird[36].«

Der Sturmvogel flog anfangs mit dem 50-PS-Argus-Motor (37 kW) 70 km/h schnell, mit 70-PS-Argus (52 kW) und Chauvière-Propeller dann 90 km/h. Eigenwillig und vom üblichen Schema abweichend hatte *Goedecker* die Steuerzüge angeordnet. Während das Höhensteuer noch auf herkömmliche Weise durch Drücken und Ziehen des Steuerhebels betätigt wurde, bewirkte der Pilot die Flügelverwindung nicht durch das Drehen des Handrades, sondern mit den Füßen. Mit dem Drehen des Steuerrades war hier das Seitensteuer gekoppelt.

Der Preis für das komplette Flugzeug betrug mit 50-PS-Argus-Motor nur 12 000,– Mark. Insgesamt sind bis zum Kriege 32 Goedecker-Eindecker gebaut worden.

Hanuschkes Eindecker, das kleinste Flugzeug in Deutschland

Bruno Hanuschke (1892–1922) aus Berlin-Tegel war der Benjamin unter den deutschen Flugtechnikern. Er verließ die Schule 1908 als Sechzehnjähriger mit dem Zeugnis der Mittleren Reife und wandte sich gezielt der Flugtechnik zu. Schon im folgenden Sommer stellte er in Tegel Gleitflug-

Bruno Hanuschke (links) neben seinem Eindecker »Populaire I« 1911 in Johannisthal.

versuche mit einem selbstgebauten Doppeldecker-Gleiter an. Der Gleiter lehnte sich an die Bauweise des Chanute-Herring-Apparates an, verfügte aber über ein Sitzbrett und über Fußpedale zur Betätigung des Seitensteuers.

Aus 5 m Absprunghöhe gelangen dem jungen *Hanuschke* damit Gleitflüge bis zu 40 m Weite. Das ist fast das Doppelte dessen, was *Otto Lilienthal* 1891 in Derwitz aus gleicher Absprunghöhe erzielt hatte. Versuche, den Doppeldecker-Gleiter mit einem 17-PS-Zweizylinder-Motor (13 kW) für Motorflugversuche zu nutzen, schlugen allerdings fehl.

Im Jahre 1910 erschien *Hanuschke* auf dem Flugplatz Johannisthal und begann mit äußerst bescheidenen finanziellen Mitteln, aber mit großem Engagement mit dem Bau seines ersten Motorflugzeuges. Es wurde ein Eindecker ganz aus Holz und aus Bambus, ausgestattet mit einem Dreizylinder-Anzani von 25 PS (18 kW), auf dem er sich ganz ohne fremde Hilfe das Fliegen beibrachte. Am 10. Oktober 1910 legte er darauf die Prüfungsflüge für den Flugzeugführerschein Nr. 35 des DLV ab.

Dieser Eindecker galt als das kleinste aller deutschen Flugzeuge. *Hanuschke* saß darin wie beim Grade-Eindecker in einem Hängesitz tief unterhalb der Tragfläche. Als der Apparat bei einem Flugunfall in Trümmer ging, machte sich *Hanuschke* unverzüglich an den Bau des nächsten Eindeckers, den er weitgehend aus Stahlrohr herstellte und »Populaire I« nannte.

Der neue Eindecker wurde 1911 fertig, hatte 8,25 m Spannweite, nur 175 kg Leermasse und erreichte 65 km/h Geschwindigkeit. Auch mit diesen Abmessungen war »Populaire I« noch das kleinste Flugzeug in Deutschland. Die Tragflächen waren rechteckig und nur an der Oberfläche bespannt. Sie waren die einzigen aus Holz hergestellten Teile am Apparat und bestanden aus zwei geraden Holmen, auf die rechtwinklig je neun Rippen aufgesetzt waren. Die Spanndrähte führten oben zu einem Spannbock, unten endeten sie an der Achse des Zweirad-Fahrgestells. Auf Kufen hatte *Hanuschke* auch bei diesem Apparat verzichtet. Der Rumpf hatte dreieckigen Querschnitt und bestand aus autogen geschweißtem Stahlrohr. Es wird berichtet, daß *Hanuschke* als erster das autogene Schweißen in den Flugzeugbau eingeführt hätte.

Hinten war eine eigenartig geformte, große horizontale Schwanzfläche angebracht, die nach vorn spitzwinklig zulief. An ihrem Ende befanden sich zwei dreieckige, drehbar gelagerte Höhenruder. Dazwischen lag das ebenfalls dreieckige, weit auslaufende Seitenruder. Ein hoher gefederter Kufensporn schützte die Schwanzflächen vor harten Stößen bei der Landung.

Höhen- und Seitenruder wurden mit einem Steuerhebel betätigt, der rechts neben dem Pilotensitz angebracht war. Die Flügelverwindung wurde mit den Füßen bewirkt, über eine Steuerleiste, die drehbar auf der Radachse gelagert war. Um eine große Steuerwirkung zu erzielen, konnten zwei Drittel der gesamten Tragfläche verwunden werden.

Der 25-PS-Anzani-Motor (18 kW) war über dem Piloten vor der Tragfläche gelagert und trieb eine zweiflügelige Chauvière-Holzschraube an. Gleichfalls 65 km/h Geschwindigkeit erzielte *Hanuschke* mit dem gleich starken und ebenfalls dreizylindrigen deutschen Wunderlich-Motor. Benzin- und Öltank waren über dem Motor zwischen den Streben des Spannbocks untergebracht. Die Deutsche Zeitschrift für Luftschiffahrt schrieb 1911:

»Der vorstehend beschriebene Hanuschke-Eindecker, mit dem sein Erbauer bereits einen bemerkenswerten Überlandflug vom Flugplatz Johannisthal nach Teltow über ca. 30 km in 20 Minuten ausgeführt hat, ist durch seine schnittige äußere Formgebung sowie durch seine zierlichen Abmessungen für Sportsleute ein Fahrzeug comme il faut, besonders wenn man berücksichtigt, daß der komplette Apparat mit 25-PS-Anzani-Motor nur 6000,– Mark kostet[37].«

Mit dem Eindecker »Populaire II« mit 50-PS-Gnôme-Motor führte *Hanuschke* im Oktober 1912 einen waghalsigen Sturmflug aus.

Bruno Hanuschke (1892–1922) war einer der jüngsten Piloten und Flugzeugkonstrukteure in Deutschland.

Diesen Apparat hat *Hanuschke* im Juni 1912 dem Deutschen Museum in München zum Kauf angeboten, um dadurch die Mittel für den Bau eines neuen Flugzeuges zu erlangen. Der Handel kam nicht zustande, doch *Hanuschke* gelang es dennoch, einen verbesserten Eindecker namens »Populaire II« mit 50-PS-Gnôme-Motor (37 kW) herauszubringen. Mit ihm führte er am 1. Oktober 1912 während der Herbstflugwoche in Johannisthal seinen berühmt gewordenen waghalsigen Sturmflug bei fast 100 km/h Windgeschwindigkeit aus.
Im Jahre 1913 begann *Bruno Hanuschke* mit dem Bau rumpfverkleideter Eindecker mit Kabelverspannung und zwei Sitzen, die sich als Schul- und Sportflugzeuge zuverlässig bewährten. Aber auch sie blieben Einzelexemplare.

Bruno Hanuschke an das Deutsche Museum in München

Tegel, den 8. Juni 1912

Hierdurch frage ich ergebenst an, ob das Deutsche Museum geneigt wäre, meinen Flugapparat anzukaufen, welchen ich selbst konstruierte, und mit welchem ich erfolgreich am Deutschen Rundflug, am Schwabenflug u. vielen Schauflügen 1911 teilnahm, ja es wagen konnte, am 20. Oktober 1911 mit demselben die Reichshauptstadt Berlin, das Reichstagsgebäude, als erster Eindecker zu überfliegen. Da ich mittellos bin, soll der Erlös des Apparates mich in die Lage versetzen, weitere Flugzeuge bauen zu können.
Ich bin 20 Jahre alt, seit 4 Jahren in der Aviatik tätig, verließ 1908 die Schule mit Zeugniß zum Einjährigen Dienst u. erwarb mir auf meinem selbstkonstruierten Eindecker 1910 schon am dritten Flugversuchstage das Pilotenzeugniß ohne vorheriges Üben und Fliegenlernen.

Einen wohlwollenden Bescheid erwartend,

hochachtungsvoll
Bruno Hanuschke

Harlan-Eindecker, eine der besten Konstruktionen

Dr. Wolfgang Harlan, Gründer der »Harlan Flugzeugwerke GmbH« in Johannisthal, war nicht Flieger und nicht Konstrukteur, sondern Kaufmann. Er betrieb ein erfolgreiches Droschkenunternehmen in Berlin, als er 1910 als Gläubiger unversehens in den Besitz eines halbfertigen Flugzeuges aus der Werkstatt von *Max Schüler* kam. Harlan verpflichtete den Dipl.-Ing. *Karl Grulich,* die Konstruktion zu Ende zu führen. Damit hatte er einen Glücksgriff getan, denn *Grulich* erwies sich nicht nur als ausgezeichneter Konstrukteur, sondern wurde auch ein hervorragender Pilot. Noch im gleichen Jahr, am 29. Dezember, erwarb er auf dem eben fertiggestellten Apparat den Flugzeugführerschein Nr. 46. Der Harlan-Eindecker wurde Anfang 1911 mit zu den besten deutschen Flugzeugkonstruktionen gezählt. Es war ein zweisitziger Gitterrumpfapparat mit vornliegendem Motor und abgerundeten Tragflächen, der äußerlich dem Antoinette-Eindecker glich, den *Hubert Latham* im Herbst 1909 auf dem Tempelhofer Feld und bei der Eröffnungs-Flugwoche in Johannisthal geflogen hatte. Die Fachzeitschrift »Flugsport« schrieb:

»Die vielen Mängel, welche der Antoinette-Apparat aufzuweisen hat, sind bei dieser Maschine beseitigt . . . Ein genaues Studium des Apparates zeigt, daß der Konstrukteur sehr gewissenhaft gearbeitet und mehr konstruiert als kopiert hat[38].«

Der Zweisitzer hatte 13,25 m Spannweite, eine Fläche von

Der Harlan-Eindecker mit offenem Gitterrumpf Anfang 1911 in Johannisthal im Schnee.

rund 30 m² und flog mit einem noch unverkleideten 50-PS-Argus-Motor (37 kW). Ein Ausweis für seine Qualität wurde darin gesehen, daß es *Karl Grulich* bereits beim zweiten Flugversuch gelang, das gesamte Flugfeld zweimal zu umrunden und dabei 5 km Strecke zurückzulegen. Dabei hatte *Grulich* noch niemals zuvor in einer Flugmaschine gesessen. Am 7. Januar 1911 blieb er mit dem Harlan-Eindecker 2 h 11 min lang in der Luft.

Der Apparat war fast ganz aus Holz hergestellt. Die Tragflächen bestanden aus drei Holmen, die durch Spanndrähte gehalten wurden und an denen die Steuerleinen verliefen. Die sehr stabilen Flächen waren mit doppelseitig gummiertem, abwaschbarem »Aeroplanstoff« bezogen. Die Hinterkanten waren elastisch ausgeführt, und an den äußeren Flügelenden waren federnde Bügel zum Schutz gegen Schäden bei Bodenberührung angebracht.

Der offene Gitterrumpf wurde von vier Längsträgern aus amerikanischen, gegen Feuchtigkeit geschützten Spezialhölzern gebildet. Für die Verstrebung waren an den Knotenpunkten geschweißte Hülsen aus Stahlblech über die Längsholme gezogen. Auch die vier hölzernen Stützen des Fahrgestells waren an den unteren Holmen des Rumpfes in Stahlrohrschuhen gelagert. Sie trugen zwei weit vorragende Kufen aus Eschenholz und an deren hinterem Teil die Achse für die beiden Speichenräder.

An den oberen Rumpfholmen war hinten die großdimensionierte horizontale Schwanzfläche befestigt, auf der die senkrechte Flosse stand. Beide Schwanzflächen waren in Dämpfungsflächen und Ruderklappen unterteilt, und sie waren nicht gewölbt. Während die Flügelverwindung durch Fußhebel erfolgte, wurden Höhen- und Seitenruder durch den Steuerhebel mit aufgesetztem Handrad betätigt. Für Schulzwecke war Doppelsteuerung vorgesehen.

Der Schwanz wurde durch eine Schleifkufe am langen Sporn abgestützt, und der Benzintank war unter dem Rumpf zwischen den Fahrgestellstreben angebracht. Die zweiflügelige Holzschraube saß direkt auf der Motorachse und hatte 2,6 m Durchmesser. Experimente ergaben, daß der Harlan-Eindecker noch bei 33 PS (24 kW) Motorleistung voll flugfähig war. Seine durchschnittliche Geschwindigkeit wurde mit etwas über 80 km/h angegeben.

Die Harlan-Werke betrieben in Johannisthal auch eine Flugschule und bauten und verkauften bis Ende 1911 mehrere Eindecker des beschriebenen Typs. Zur ALA 1912 stellten sie als Weiterentwicklung einen Eindecker mit 70-PS-Argus-Motor (52 kW) und verkleideten Sitzen vor. Die Tragflächen waren in V-Form nach oben gestellt, die Spanndrähte durch wenige Stahlkabel ersetzt. Noch im gleichen Jahr gewann *Ernst Krüger* mit diesem neuen Eindecker – allerdings mit 100-PS-Argus (75 kW) – den ersten Wettflug »Rund um Berlin« am 31. August und 1. September. Als die erhofften Heeresaufträge ausblieben, gab *Harlan* noch vor dem Kriege den Flugzeugbau auf.

Harlan-Eindecker im Fluge 1912 in Johannisthal.

Der Otto-Eindecker, ein Sport- und Rennflugzeug

Die »Gustav Otto Flugmaschinen-Werke« in München waren der Hauptlieferant von Doppeldeckern für die bayerische Fliegertruppe. Bei der ALA 1912 überraschten sie mit einem Eindecker mit verkleidetem, fischförmigem Rumpf als Sport- und Renntyp. Dieser Apparat mit der Werksnummer 31 war mit einem 80-PS-AGO-Reihenmotor (59 kW) eigener Produktion ausgestattet.

Gustav Otto (1883–1926) hatte 1909 die Vertretung des französischen Blériot-Eindeckers für Deutschland sowie die Vertretung der Firma Automobil & Aviatik in Mülhausen übernommen. Zusammen mit *Dr. Herbert Alberti* gründete er im gleichen Jahr in München ein Flugmaschinen-Konstruktionsbüro. Erste Produktionsstätten entstanden an der Schleißheimer Straße und später am Rande des Oberwiesenfeldes.

Am 4. Oktober 1910 erwarb *Gustav Otto* auf einem Aviatik-Farman-Doppeldecker das Flugzeugführerzeugnis Nr. 34 auf dem Puchheimer Flugfeld. Dieser Platz war vom Verein »Münchner Akademie für Aviatik« angelegt worden und wurde vom Verein auch selbst unterhalten.

Otto-Eindecker von 1910 mit deutlicher Anlehnung an den Eindecker des Franzosen *Louis Blériot.*

Unter der Leitung des Chefkonstrukteurs *Gabriel Letsch* wurden in den Otto-Werken nicht nur die für die Fliegertruppe bestimmten Gitterrumpf-Doppeldecker entwickelt und gebaut, sondern auch interessante Eindecker. Der Sport- und Renntyp 1912 lehnte sich mit 15 m Spannweite an die Tauben-Bauweise an. Die Tragflächen glichen dem Umriß von Möwenflügeln und waren auf herkömmliche Weise verspannt. Neu an ihnen war eine Zweiteilung in einen inneren und einen äußeren Flügelteil. Die Innenteile machten rund zwei Drittel der Flügelfläche aus, waren mit je 15 Rippen vollständig symmetrisch gebaut und konnten daher auf der rechten wie der linken Seite montiert werden. An sie schlossen sich die kleineren äußeren, geschwungenen Flügelteile an, die zur Querlagensteuerung verwunden werden konnten.
Der Rumpf wurde zur Gewichtserleichterung aus hohlen Holzträgern gebildet und hatte die aerodynamisch günstige Fischform. Die Flügel schlossen nicht, wie sonst üblich, direkt an den Rumpf an, sondern ließen einen Spalt, durch den der Pilot und auch der Passagier Bodensicht hatten. Das Leitwerk war langgestreckt und teilte sich in Dämpfungs- und Ruderflächen.
Vollständig neu in seiner Konstruktion war auch das Fahrgestell. Es bestand aus kurzen Kufen und zwei Paar Laufrädern, die von Stahlrohren gehalten wurden, die senkrecht von den Flügelholmen – und nicht vom Rumpf – ausgingen. Unter dem Schwanz befand sich ein auffallend langer, abgefederter Sporn.
Der Pilotensitz lag etwa drei Meter hinter dem Motor in Höhe der Flügelhinterkante. Dadurch war der Pilot gegen Ölverschmutzung und Propeller-Zugwind geschützt, außerdem wirkte sich das weite Auseinanderliegen der Massen günstig auf die Längsstabilität aus. Der Platz des Passagiers und gegebenenfalls Schülers lag vor dem Pilotensitz genau im Schwerpunkt, so daß die Lage des Apparates und damit die Steuerung durch das zusätzliche Gewicht in keiner Weise beeinflußt wurden. Als Lehrer für die Eindecker-Schulung auf diesem Apparat waren auf dem Oberwiesenfeld *Hermann Fremery* und *Robert Janisch* tätig, die auch als Wettbewerbspiloten hervortraten.
Erstaunlicherweise wurde der Sport- und Renneindecker der Otto-Werke wirtschaftlich kein Erfolg. Das galt auch für die nachfolgende Eindeckerkonstruktion völlig anderer Bauart mit rechteckigen Tragflächen, auffallend hohem stabilem Fahrwerk und 100-PS-Argus-Motor (75 kW), mit dem Chefpilot *Anton Baierlein* Ende August 1913 den zweiten Wettbewerb »Rund um Berlin« gewann. Keiner der Otto-Eindecker ging in die Serienproduktion.

Mit dem Otto-Sport- und Renneindecker von 1912 gewann *Anton Baierlein* 1913 den Wettflug »Rund um Berlin«.

Rumpler-»Delphin« und Etrich-Limousine, die ersten Reiseflugzeuge

Mit einer veritablen Überraschung für Publikum wie Fachleute wartete die Firma »Rumpler Luftfahrzeugbau« im April 1912 auf der Allgemeinen Luftfahrzeug-Ausstellung (ALA) in Berlin auf. Rumpler präsentierte als Reise-Limousine einen Taubeneindecker mit verkleideten und luxuriös ausgestatteten Sitzen. Die Karosserie war aus Aluminium und besaß an den Seiten vier große Fenster aus Zelluloid.

Die Besucher gewannen den Eindruck, daß der Rumpler-»Delphin« die praktische Verwertbarkeit des Flugzeuges als Verkehrsmittel vorwegnahm. Was selbst kühnste Konstrukteure im Flugmaschinenbau erst nach Jahren für ausführbar hielten, erschien hier bereits elegant und zweckmäßig ausgeführt: ein vollständig geschlossenes, für den Fluggast wie den Piloten bequemes und angenehmes Reiseflugzeug.

Der »Delphin« hatte 14,5 m Spannweite und rund 500 kg Leermasse. Seine Taubenflügel waren mit emailliertem Leinenstoff bezogen und dadurch sehr viel weniger empfindlich gegen Witterungseinflüsse wie gegen Öl- und Benzinverschmutzung als die bisher verwendeten gummierten Bezugsstoffe. Der fischförmige Rumpf ruhte auf einem stabilen Fahrgestell mit zwei Speichenrädern und einer dazwischenliegenden kurzen Schleifkufe. Auch die Farbgebung an Rumpf und Flächen war ungewöhnlich: hellgrau mit mattroten Linien, einladend dem geplanten Verwendungszweck entsprechend.

Leider wissen wir bis heute nicht sicher, ob die Rumpler-Limousine jemals geflogen ist. Doch bei akzeptablen Flugleistungen hätte *Edmund Rumpler* nicht versäumt, es die Öffentlichkeit wissen zu lassen. Auffallend ist auch, daß der »Delphin« in den Firmenprospekten überhaupt nicht auftaucht. Das hat zu der Auffassung mancher Luftfahrthistoriker geführt, daß der ausgestellte Apparat nur eine Attrappe gewesen wäre[39]. Ein gewichtiges Argument für diese Auffassung ist auch, daß es in der geschlossenen Karosserie kein Fenster mit Blick nach vorn gab. Der Pilot hätte das Flugzeug also ohne Sicht nach vorn starten, fliegen und landen müssen, was für ein Reiseflugzeug mit Passagier nicht denkbar ist.

Man sollte jedoch meinen, daß eine Attrappe auf der ALA zumindest von Fachleuten erkannt und auch so genannt worden wäre. Tatsächlich sagt auch *Igo Etrich,* der »Delphin« sei geflogen, allerdings erst, nachdem man die Verkleidung abgenommen hätte[40]. *Etrich* spielt hierbei auch in anderer Hinsicht noch eine bemerkenswerte Rolle. Er war vom Partner zum Kontrahenten *Rumplers* geworden, und es erscheint uns auch heute noch als sehr ungewöhnlich, daß er in der Abgeschiedenheit von Oberaltstadt genau zur gleichen Zeit eine, wie er sagt, »Luftdroschke« für den Reiseflug entwickelte. Und seine Limousine flog im Gegensatz zu der von *Rumpler* wirklich. Er vermutet, daß Nachrichten über seine neue Type nach Berlin gedrungen seien und *Rumpler* bewogen hätten, ihm mit einer schön anzusehenden, aber noch nicht ausgereiften Maschine auf der ALA zuvorzukommen. Von allen möglichen Erklärungen leuchtet diese am meisten ein.

Der Erstflug der Etrich-Limousine fand am 7. Mai 1912,

Die Rumpler-Reiselimousine mit geschlossener Kabine, auf der ALA 1912 in Berlin ausgestellt.

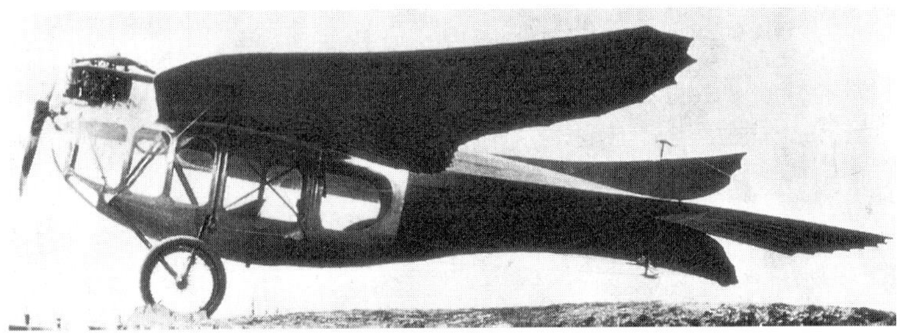

Igo Etrichs Flug-Limousine, ein freitragender Hochdecker, flog erstmals im Mai 1912 in Josefstadt.

also einen Monat nach der ALA, auf einem Flugfeld bei Josefstadt mit 60-PS-Austro-Daimler-Motor (44 kW) statt. Danach gab es nach den Angaben von *Etrich* noch zahlreiche weitere Flüge, die auch durch fotografische Aufnahmen dokumentiert sind. Am Ende aber prallte das Flugzeug gegen einen Baum, wurde stark beschädigt und aus dem Betrieb genommen.

Die Rumpler-Limousine auf der ALA 1912

Die geschlossene Rumpler-Limousine dürfte so recht den Geschmack des Publikums finden; ist hier doch zum ersten Male eine wirklich vornehm ausgestattete Karosserie in einem Flugzeug eingebaut, die ungefähr dem Komfort des Luxus-Automobils entspricht. Beide bequemen Klubsessel, vollständig geschlossener Raum, der durch glasklare Zelluloid-Scheiben das nötige Licht erhält, geben dem Innern des Flugzeuges einen außerordentlich vornehmen und gediegenen Charakter. Die ausführende Firma hat nicht mal die kleine Vase vergessen, um ein paar Blumen mit ins Flugzeug zu nehmen. Man möchte meinen, ein riesiger Delphin breitet seine weißen breiten Flügel aus und blinzelt mit seinen großen ovalen Schlitzaugen etwas verächtlich auf die vielen sich herandrängenden Menschen, die vor diesem Wundertier minutenlang das Weitergehen vergessen.
Doch die Überraschung wird noch größer, wenn es einem gelingt, einen Blick in das Innere dieses Rumpler-Delphins zu werfen. Das ist keine gewöhnliche Flugmaschine mehr, sondern hier hat die moderne Technik mit allen Mitteln, die ihr zu Gebote stehen, ein neues Verkehrsmittel, eine Luxus-Limousine geschaffen, die selbst die Anforderungen des verwöhntesten Menschen in Bezug auf Bequemlichkeit und Luxus übertrifft. Wenn man bedenkt, daß seither zum Fliegen der schlechteste Anzug noch immer gut genug war, und daß schon eine etwas abgehärtete Natur dazu gehörte, den starken Luftzug, dem man stets ausgesetzt war, ohne Folgen zu überstehen, so wird man wohl verstehen, daß dringend das Bedürfnis vorlag, diesem Übelstande abzuhelfen, wenn die Flugmaschine für das Publikum benutzbar werden sollte.

Deutsche Luftfahrer-Zeitschrift, Nr. 8 vom 17. April 1912, S. 184/185

Etrichs Limousine hatte freitragende Flächen von 13 m Spannweite und ebenfalls einen vollkommen geschlossenen Rumpf mit großen Fensterflächen. Sie war mit einem einfachen, modern anmutenden Fahrgestell mit zwei großen Speichenrädern versehen und besaß eine neuartige Querlagensteuerung ohne Verwindung und auch ohne Klappen nach Angaben von *Etrich*. Das läßt eigentlich nur den Schluß zu, daß die Limousine nur mit Seiten- und Höhensteuer geflogen wurde, was aber wegen des geplanten Verwendungszweckes auch nicht recht einsichtig erscheint.
Im Fluge soll die Luftlimousine gute Eigenschaften gezeigt haben. Mit dem relativ schwachen Motor von 60 PS (44 kW) konnte sie drei Personen tragen, von denen die beiden Fluggäste vor dem Piloten saßen. Und sie soll 120 km/h Geschwindigkeit erreicht haben. Alle Insassen hatten freie Sicht nach vorn und nach der Seite. Der Einstieg erfolgte durch eine seitliche Tür.
Etrich räumt ein, daß es mit drei Menschen an Bord für die beiden Passagiere jedenfalls sehr eng war. Er sagt, wegen des schwachen Motors hätte der Rumpf nicht so breit gebaut werden können, daß auch die Passagiere bequem nebeneinander hätten sitzen können. Auch wäre die freitragende Flügelkonstruktion aus Stahlrohr und Holz sehr schwierig zu verwirklichen gewesen. Die Zeichen für den Beginn des Reisefluges und den Bau dafür geeigneter Flugzeuge waren aber damit gesetzt.

Der Schulze-Eindecker: Ein Leichtflugzeug für Schulung

Einen erfolgreichen kleinen Eindecker, der dem Grade-Flugzeug ähnlich war, hat 1910 der Architekt *Gustav Schulze* in Burg bei Magdeburg konstruiert. Im Mai 1911 flog *Schulze* darauf die Bedingungen für den Pilotenschein Nr. 87 und nahm danach an Flugwettbewerben teil. Während der Herbstflugwoche des gleichen Jahres rollte er in Johannisthal mit ziemlicher Geschwindigkeit in die Barriere vor der Haupttribüne, wobei der Apparat zerschellte, er selbst aber unverletzt blieb.
An der Bauweise dieses ersten Eindeckers mit unbespanntem Stahlrohrrumpf, tiefliegendem Sitz und hängendem Steuerhebel à la Grade haben die »Flugzeugwerke Gustav Schulze« in Burg auch bei den nachfolgenden Konstruktionen im Grundsatz festgehalten. Der nächste Eindecker, der 1912 herauskam, hatte zwei Sitze und diente vornehmlich und erfolgreich als Schulflugzeug. In der Fachpresse wurden ihm gute Formen, geringes Gewicht, große Geschwindigkeit und fast automatische Stabilität bescheinigt[41]. Die angeschlossene Flugschule verzeichnete schon bald einen regen Betrieb. Allein in den letzten Wochen des Jahres 1912 erwarben sechs Sportflieger auf Schulze-Eindecker in Burg ihren Pilotenschein.
Die Tragflächen des Eindeckers waren aus Bambus herge-

Hochdecker der Gustav-Schulze-Flugzeugwerke in Burg/Magdeburg: ein leichtes Schul- und Wettbewerbsflugzeug aus dem Jahre 1912.

Oskar Ursinus am Steuer seines Eindeckers bei der Vorstellung auf dem Frankfurter Garnisons-Exerzierplatz im Frühjahr 1910.

stellt und mit gummiertem Stoff beiderseitig bespannt. Durch eine besondere Vorrichtung war es möglich, sie in wenigen Minuten abzunehmen, ohne die Spanndrähte zu lösen. Die Hinterkante war elastisch und durchscheinend, die Flügelenden konnten zur Querlagensteuerung verwunden werden. Auch das Höhen- und das Seitensteuer am Schwanz waren Verwindungsflächen. Alle Steuerzüge endeten am schwenkbaren, hängenden Steuerhebel mit gebogenem Handgriff vor der Brust des Piloten. Durch Drehen des Handgriffs wurde die Flügelverwindung betätigt.

Die tiefliegenden Sitze waren hintereinander angeordnet, der hintere etwas höher als der vordere, der besseren Sicht wegen. Der Rumpf wurde durch zwei übereinander liegende Stahlrohre gebildet, die durch vertikale Streben und Spanndrähte versteift waren. Das Fahrgestell war aus Stahlrohr autogen verschweißt. An den beiden Kufen war die Achse für die beiden Laufräder in Gummiringen aufgehängt, hinzu kam ein kleines Stützrad unter dem Schwanz.

Der Motor war vorn in Höhe der Tragfläche eingebaut und trieb eine zweiflügelige Holzluftschraube an, Benzin- und Ölbehälter lagen dahinter unter dem Spannbock. Einsitzig konnte der Schulze-Eindecker mit luftgekühltem Dreizylinder-Haacke-Motor von 30/25 PS (22/18 kW) geflogen werden, als Zweisitzer für die Schulung war er mit einem 50-PS-Anzani (37 kW) ausgerüstet.

Im Herbst 1912 flog *Gustav Schulze* in Burg eine verbesserte Ausführung als Renneindecker für Wettbewerbszwecke ein. Die beiden Sitze waren mit einem Boot verkleidet, der Rumpf dahinter voll bespannt. Eine weitere Neuerung war die Klappensteuerung an den beiden Leitwerksflächen. Der Renneindecker konnte sich in Wettbewerben aber nicht hervortun, und als bei Kriegsausbruch leichte Flugzeuge überhaupt nicht mehr gefragt waren, wurden die Schulze-Flugzeugwerke stillgelegt.

Flugmaschine Ursinus: »Illusion 1909«

Auch *Oskar Ursinus* (1877–1952), Zivilingenieur in Frankfurt a. M. und Herausgeber der Fachzeitschrift »Flugsport«, hat sich in früher Zeit als Flugzeugkonstrukteur versucht und 1909 einen Eindecker mit 16-PS-Zweizylinder-Escher-Motor (12 kW) »vollständig selbst gebaut«.

Ursinus stellte diesen Apparat im Frühjahr 1910 der Öffentlichkeit in natura und zugleich in Wort und Bild in seiner Zeitschrift vor. Vom Erfolg seiner Konstruktion muß er fest überzeugt gewesen sein. Die Voraussetzungen, welche bei der Konstruktion maßgebend waren, schrieb er selbstbewußt, seien den Lesern bekannt[43]. Dabei bezog er sich offensichtlich auf mehrere Aufsätze, die er unter dem Titel »Moderner Flugzeugbau« zuvor veröffentlicht hatte.

Mit dem Bau des Eindeckers verfolgte *Ursinus* nach eigener Darstellung vor allem den Zweck, zu beweisen, daß es möglich ist, die Wirkung der Tragflächen durch besondere Profilierung zu verbessern. Den luftgekühlten Zweizylinder-Motor hatte er von der »Sächsischen Werkzeug-Maschinen-Fabrik« von *Bernard Escher* in Chemnitz, den Holzpropeller von 2,1 m Durchmesser von der Firma Chauvière in Frankfurt a. M. bezogen. Bei der Erprobung im März 1910 hob der Eindecker leicht ab, wobei der Motor 12–15 PS (9–11 kW) leistete. Die Fluggeschwindigkeit betrug 55 km/h, die Startmasse 310 kg.

Die Tragflächen hatte *Ursinus,* wie viele andere Flugtechniker damals auch, nur einseitig bespannt. Sie bestanden aus je einem kräftigen Holm mit 15 aufgesetzten hölzernen Rippen, waren sehr elastisch und hatten 20 m² Flügelfläche.

Flugmaschine *Ursinus'* bei einer Ausstellung des Schlesischen Flugsport-Clubs im Sommer 1910 in Breslau.

Die Spanndrähte liefen zu einem starken Einmast-Spannturm über und unter den Flächen.
Der Rumpf bestand aus Sperrholz und war bootsförmig gebaut, sehr flach und im vorderen Drittel breit gehalten für den Einbau des Motors und des Pilotensitzes. Der Sitz lag ziemlich weit hinten, und der Pilot ragte mit dem Oberkörper weit aus dem Rumpf heraus. Die dreieckige horizontale Schwanzfläche wurde wie die Tragfläche zum Zwecke der Steuerung verwunden, desgleichen das Seitensteuer.
Das Fahrgestell war von *Ursinus* sehr stabil ausgeführt worden. Es bestand aus zwei starken Streben, die in Höhe der Flügelvorderkante vom Rumpf ausgingen und vorwärts und seitwärts gestellt waren. Sie endeten an zwei Kufen, die hinten in hohem Bogen an den Rumpf anschlossen. Die Kufen trugen die Radachse für je zwei Laufräder. Ein fünftes, fast gleich großes Speichenrad stützte den Schwanz ab. Das kompakte Fahrwerk bewährte sich so gut, daß es zwei Jahre später in der Flugzeugfabrik von *Armand Deperdussin* in Frankreich nachgebaut wurde[44].
Der »Flugsport« urteilte über die Konstruktion seines Herausgebers:

»Die vorliegende Konstruktion zählt zu den elegantesten und am saubersten ausgeführten Maschinen in Deutschland.«

Die erhalten gebliebenen fotografischen Aufnahmen bestätigen diese Einschätzung, und doch konnte der Apparat die in ihn gesetzten Erwartungen nicht erfüllen. *Ursinus* ließ es bei diesem einen Versuch bewenden. Er zog selbst realistisch das Resümee, indem er auf das Foto seines Eindeckers die Worte schrieb: »Illusion 1909«.

Der Wiencziers-Eindecker, das erste Flugzeug mit Einziehfahrwerk

Der Pilot *Eugen Wiencziers* (1880–1917) aus München, Inhaber des Flugzeugführerzeugnisses Nr. 8, machte in der Frühzeit nicht nur als erfolgreicher Wettbewerbspilot, sondern auch als Konstrukteur eines Renneindeckers mit zukunftsweisenden Merkmalen von sich reden. *Wiencziers* war Ingenieur und stammte aus Oberschlesien. Er lernte in Frankreich fliegen und erwarb den deutschen Pilotenschein am 7. Mai 1910 in Straßburg auf dem Flugfeld »Polygon«. Als Albatros-Pilot bestritt er seine ersten Wettbewerbe mit einem Antoinette-Eindecker. Auf Blériot-Eindecker wurde er dann im Oktober 1910 Sieger der Herbstflugwoche in Johannisthal, wobei er mit 1560 m deutschen Höhenrekord aufstellte. Noch im gleichen Monat nahm *Wiencziers* mit dem Blériot-Apparat am Überlandflug Bork–Johannisthal teil. Zum Deutschen Rundflug trat er im Juni 1911 mit einem französischen Morane-Eindecker an. Im Jahr darauf finden wir ihn als Fluglehrer und Einflieger bei den Deutschen Flugzeug-Werken in Leipzig-Lindenthal; als Einflieger der Pfalz-Flugzeugwerke im damals bayerischen Speyer stürzte er Ende Oktober 1917 tödlich ab.

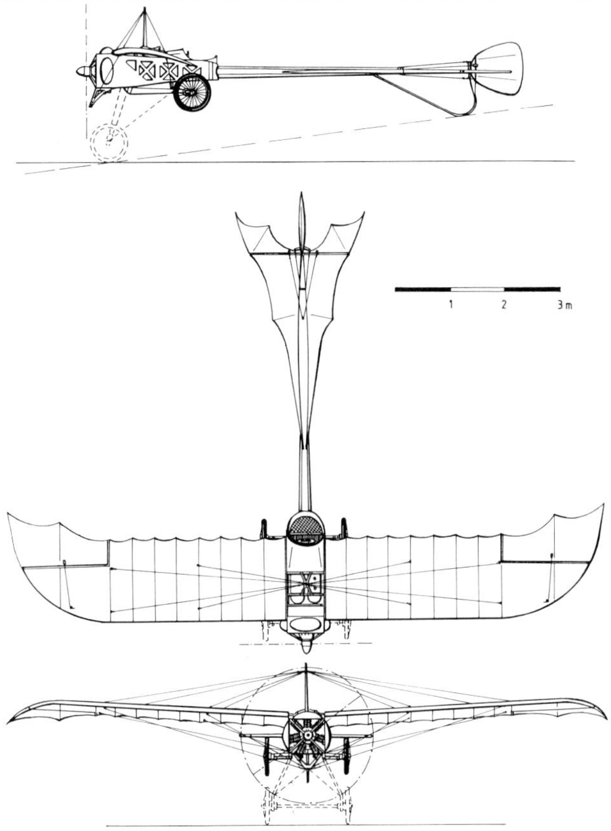

Renneindecker von *Eugen Wiencziers* aus dem Jahre 1911 mit langgestrecktem röhrenartigen Stahlrohrrumpf.

Die Vorliebe von *Eugen Wiencziers* für schnelle französische Eindecker spiegelte sich in der Konstruktion seines eigenen Renneindeckers vom Frühjahr 1911 wider. Der Apparat hatte bei einer Spannweite von 11 m und einer Flügeltiefe von 1,5 m nur 14,3 m^2 Flügelfläche. Die Leermasse des Einsitzers betrug 250 kg. Der vorn liegende Siebenzylinder-Gnôme-Umlaufmotor von 50 PS (37 kW) Leistung trieb einen Zugpropeller aus Holz an.
Das wesentlich Neue an dieser Konstruktion waren der dünne, röhrenartige Rumpf aus gepreßtem Stahlblech sowie das Zweiradfahrwerk, das nach dem Start vom Führersitz aus hochgeschwenkt und zur Landung wieder herabgelassen werden konnte. Der Rumpf mit seinem sehr kleinen Durchmesser lief hinten in eine langgestreckte dreieckige Schwanzflosse mit zwei Ruderflächen für die Höhensteuerung aus. Dazwischen war das Seitenruder in Form eines abgerundeten Trapezes angeordnet. Als untere Stütze diente ein einfacher, leichter und doch fester Bügel aus spanischem Rohr.
In seinem vorderen Teil war der Rumpf kastenförmig

ausgeweitet für die Aufnahme des Motors und des Pilotensitzes. Vor dem Piloten ragte der Einmast-Spannturm auf, zu dem die oberen Verspannungsdrähte liefen. Hinter dem Führer war ein Notsitz vorgesehen, bestehend aus einem Fahrradsattel sowie zwei Steigbügeln, in die ein zu transportierender Passagier die Füße stecken sollte, um einigermaßen Halt zu finden. Die Geschwindigkeit des Renneindeckers wurde mit 110 km/h angegeben.
Die Tragflächen wurden aus zwei Stahlrohrholmen gebaut, mit aufgesetzten Rippen aus Holz. Sie waren im hinteren Drittel elastisch ausgebildet. An den Flügelenden befanden sich kleine Hilfsflügel, sogenannte Ailerons, für die Querlagensteuerung. Aus ihnen entwickelten sich die späteren Querruder: wenn die eine Steuerfläche nach oben ging, wurde die andere nach unten gezogen, der Steuereffekt auf diese Weise verstärkt.
Der Wiencziers-Renneindecker war also auch eines der ersten Flugzeuge in Deutschland mit reiner Klappensteuerung. Querruder wurde durch Drehen des Steuerrades, Höhenruder durch Ziehen oder Drücken gegeben. Das Seitenruder wurde mit den Füßen betätigt.
Das Fahrgestell wurde von zwei gespreizten, schräg nach vorn gestellten Rohrstreben gebildet, die in sich verspannt waren und die Radachse mit den beiden Speichenrädern trugen. Sie konnten, um den Luftwiderstand im Fluge zu verringern, so weit hochgeschwenkt werden, daß die Rohrbeine waagerecht neben dem Rumpf lagen. Eine sinnvolle Arretier- und Kontrollvorrichtung verhinderte, daß das Fahrgestell unfreiwillig einklappte. In zeitgenössischen Typenbeschreibungen wurde freilich auch angemerkt, daß diese Vorrichtung sich nur für eingeübte Piloten empfehle.
Die damaligen Berichte zeigen, daß allgemein hohe Erwartungen in den Wiencziers-Eindecker gesetzt wurden. Im »Flugsport« hieß es:

»Die Wiencziers-Flugmaschine ist auf Grund der Flieger-Erfahrungen ihres Konstrukteurs mit verschiedenen Systemen und unter weitestgehender Berücksichtigung der den heutigen Typen anhaftenden Mängel erbaut worden, und es wurde dabei erstrebt, diese zu beseitigen und neue wertvolle Verbesserungen anzubringen[42].«

Das Flugzeug ist in der Bayerischen Fliegerschule auf dem Oberwiesenfeld in München eingesetzt worden, doch hat man nichts von hervorragenden Flugeigenschaften oder gar Rekordflügen gehört.

Flugschulen und Fliegerausbildung

Für die Ausbildung von Fliegern hat es bis zum Ersten Weltkrieg keinerlei spezielle Lehrprogramme oder Vorschriften gegeben. Lediglich Prüfungsbedingungen für den Erwerb des Pilotenscheins wurden vom Deutschen Luftfahrer-Verband (DLV) nach Richtlinien der Fédération Aéronautique Internationale (FAI), die schon 1905 unter deutscher Beteiligung in Paris gegründet worden war, erlassen. Der DLV wuchs als Dachverband der Luftfahrt-Vereine damals in die Rolle einer obersten Luftsportbehörde hinein, während sich die staatliche Aufsicht auf einige Polizeiverordnungen beschränkte. Das erste Luftverkehrsgesetz kam erst nach dem Kriege zustande.
Ganz zu Beginn hatten sich die Flugtechniker das Fliegen noch selbst beibringen müssen. Die Entwicklungsstufe danach war, daß Käufer von Flugmaschinen vom jeweiligen Verkäufer in den Gebrauch des Apparates eingewiesen wurden. Kostenlose Ausbildung war Bestandteil eines jeden Kaufvertrages in der Frühzeit.
Wie zuvor der Radsport und auch der Automobilsport war der Flugsport damals eine sehr elitäre Angelegenheit, schon der damit verbundenen Kosten wegen. Bis Ende 1910 hatten in Deutschland überhaupt erst 46 Piloten die offizielle Flugerlaubnis des DLV erworben. Ein Jahr danach hatte der DLV insgesamt 146 Pilotenscheine ausgegeben. Zu diesem Zeitpunkt existierten bereits die ersten Fliegerschulen.
Die Flugzeugfabrikanten hatten die Pilotenausbildung als lohnenden Nebenerwerb entdeckt und gingen dazu über, Schüler auch ohne Kaufverpflichtung gegen Bezahlung auszubilden. Aber auch einzelne Konstrukteure offerierten damals schon eine Pilotenausbildung auch an solche, die keinen Flugapparat käuflich erworben hatten. Dabei kam es vor, daß ein Flugzeug noch gar nicht vorhanden und der Lehrer selbst noch nicht im Besitze des Flugzeugführerscheines war.
Ende 1910 führte die Deutsche Zeitschrift für Luftschiffahrt die folgenden Flugschulen in Deutschland auf:

AEG Flugschule in Hennigsdorf bei Berlin
Albatroswerke GmbH in Johannisthal
Aviatik GmbH auf dem Habsheimer Felde bei Mülhausen i. E.
Bayerische Fliegerschule auf dem Oberwiesenfeld bei München
Dorner GmbH in Johannisthal
August Euler Flugschule in Darmstadt-Griesheim
Hans Grade Fliegerschule in Bork
Harlan Flugzeugwerke in Johannisthal
Mathis Flugschule in Straßburg i. E.
Rumpler Flugschule in Johannisthal
Siemens-Schuckert-Werke auf dem Bornstedter Feld bei Potsdam
Fliegerschule Teltow bei Berlin
Wright GmbH in Johannisthal[45].

Diese Aufstellung erweist sich nicht in allen Fällen als zuverlässig, doch geht aus ihr hervor, daß der Flugplatz Johannisthal auf dem Wege war, die zentrale Stätte für die Pilotenausbildung zu werden. Das war darauf zurückzuführen, daß sich dort bereits mehrere Flugzeugwerke angesiedelt hatten, die selbst einen Schulbetrieb unterhielten und andere Flugschulen anzogen. Dieser Trend setzte sich fort und bewirkte, daß Johannisthal von allen Flugfeldern den mit Abstand stärksten Flugbetrieb vor dem Kriege hatte.

Rumpler-Fliegerschule in Johannisthal. Aufnahme vom Februar 1912.

Kritische Worte über Wildwuchs in der Fliegerausbildung fand schon früh die Zeitschrift »Flugsport«. Ein ungenannter Autor schrieb 1910:

»Wenn ich den Ausdruck ›Flieger-Schule‹ höre, so steigen mancherlei Erinnerungen und Gedanken, meistenteils unangenehmer Art, in mir auf. Flieger-Schule! Die Vorstellung, die sich mancher davon macht und wie sie in Wirklichkeit aussieht, stimmt in den seltensten Fällen überein . . . Die Schule besteht meistenteils darin, daß dem Schüler ein Platz zur Verfügung gestellt wird, auf welchem er, ohne irgendwelchen Schaden anzurichten, seine gekaufte Maschine mühelos zerschlagen kann. Und das waren allerdings noch die besten Schulen. Neuerdings sind vielfach Unternehmen aufgetaucht, in denen man das Fliegen lernen kann. Ein Apparat ist verschiedentlich überhaupt nicht vorhanden. Diese Auswüchse auf dem Gebiete des Flugwesens werden mit der Zeit vertrocknen. Schweigen wir davon[46]!«

Ein Beispiel solchen Wildwuchses war die »Deutsche Schule für Aviatik/Fliegerschule Teltow", die in großen Lettern die Ausbildung von Amateuren, Sportsleuten und Berufsfliegern in Theorie und Praxis offerierte. Die theoretische Ausbildung sollte zweimal wöchentlich in Berlin stattfinden, sonntags dazu praktischer Unterricht am stehenden Flugzeug und in der Werkstatt in Teltow. Wer diese theoretische Ausbildung, die 60,– Mark kostete, durchlaufen hatte, sollte zur vollen Pilotenausbildung bis zum Flugzeugführerschein zugelassen werden. Hierfür wurden ihm 1000,– Mark abverlangt, mögliche Bruchschäden eingeschlossen. Die Fliegerschule Teltow stellte darüber hinaus jedem Schüler ein jederzeitiges Rücktrittsrecht gegen Rückzahlung des Honorars in Aussicht für den Fall, daß er sich nicht qualifiziert glaubte. Und sie versprach, besonders befähigten Schülern nach Beendigung der Ausbildung eine feste Anstellung anzubieten oder ihnen zu günstigen Bedingungen eine Flugmaschine für Schauflüge und Wettbewerbe zur Verfügung zu stellen.

Hier wurden jungen Menschen ideale Ausbildungsbedingungen und die rosigsten Zukunftsaussichten vorgegaukelt, die fern jeder Realität waren. Es gab noch andere Beispiele solcher Art, wie eine Anzeige der »Ersten Rhein.-Westf. Fliegerschule« auf dem Flugplatz Wanne-Herten belegt. In ihr wurde schnellste Ausbildung für nur 500,– Mark versprochen[48].

Einen tiefen Einschnitt bedeutete es, als Anfang 1913 der Verwaltungsrat der National-Flugspende 19 Fabrikfliegerschulen für die Ausbildung von Flugzeugführern aus Mitteln der Spende auswählte. Alle kleineren Flugschulen, insbesondere die Ein-Mann-Betriebe unter ihnen, fielen diesem Auswahlverfahren zum Opfer. Denn wer nicht an diesem Ausbildungsprogramm beteiligt war, dem war praktisch die wirtschaftliche Grundlage entzogen. Und es waren nicht nur nicht oder weniger qualifizierte Flugschulen, die davon betroffen waren, sondern auch leistungsfähige Ausbildungsbetriebe wie die Flugschule von *Melli Beese* in Johannisthal.

Die ausgewählten Fabrikfliegerschulen mußten dagegen um weitere Existenz nicht besorgt sein. An ihnen wurden im Frühjahr und Sommer 1913 rund 50 Piloten und zwischen dem 1. Oktober 1913 und dem 31. März 1914 noch einmal 100 Piloten ausgebildet. Für jeden Schüler, den sie bis zur Feldpilotenprüfung brachten, erhielten die Schulen 8000,– Mark Honorar, und jede Schule konnte auf Zuweisung von mindestens fünf Schülern rechnen.

Prüfungsbedingungen für die Piloten

Die ersten Zeugnisse für Flugzeugführer, die zum Aufstieg mit Flugapparaten außerhalb bewohnter Ortschaften berechtigten, hat der DLV am 1. Februar 1910 nach den Bestimmungen der FAI ausgegeben. Auf dem Pilotenschein wurde vermerkt, auf welchem Flugzeugtyp – Eindecker oder Doppeldecker – die Prüfung abgelegt worden und der Inhaber künftig zu fliegen berechtigt war. Die Flugerlaubnis galt nur für diesen Typ. Und nur wer im Besitz des DLV-Scheines war, durfte künftig an Flugwettbewerben teilnehmen, die von Vereinen des DLV ausgeschrieben waren. Auch ausländische Flieger konnten den deutschen Pilotenschein erwerben, wenn sie sich zuvor sechs Monate in Deutschland aufgehalten hatten.

Die DLV/FAI-Bedingungen von Ende 1909 verlangten im

Grade-Fliegerschule in Bork. Diese Schule bildete mit Abstand die meisten Flugschüler bis zum Weltkrieg 1914 aus.

einzelnen, daß der Bewerber drei geschlossene Rundflüge von je mindestens 5 km Länge auszuführen, praktisch also drei Platzrunden zu fliegen hatte. Nach jeder Runde war zu landen und der Motor abzustellen. Die Landung durfte nicht weiter als 150 m von einem vorher festgelegten Punkt erfolgen.

Diese Bestimmungen wurden am 15. Februar und 8. Oktober 1911 dahingehend ergänzt, daß der Bewerber das 18. Lebensjahr vollendet haben und ein polizeiliches Führungszeugnis sowie ein ärztliches Tauglichkeitsattest vorlegen mußte. Das Attest wurde nach den Bestimmungen für Autofahrer erteilt.

Die neuen Bedingungen sahen ferner nur noch zwei statt bisher drei Prüfungsflüge über je 5 km Mindeststrecke vor. Beide Flüge mußten jetzt aber in Form liegender Achten geflogen werden, wobei die Wendemarken nicht weiter als 500 m auseinanderstehen durften. Das bedeutete, daß die Acht bei jedem Fluge mindestens fünfmal zu fliegen war. Der zweite Flug konnte unmittelbar nach dem ersten stattfinden, doch konnte sich der Prüfling damit auch bis zu 90 Tage Zeit lassen. Bei einem der Flüge oder in einem gesonderten Flug mußte außerdem eine Flughöhe von mindestens 50 m über Startplatz erreicht werden.

Ein weiteres Mal wurden die Bedingungen für den Erwerb des Flugzeugführerscheins mit Wirkung vom 1. Januar 1914 neu gefaßt. Die ärztliche Untersuchung hatte nun nach eigenen DLV-Vorschriften zu erfolgen, und der Bewerber hatte in einer mündlichen Prüfung ausreichende Kenntnis der DLV-Flugbestimmungen nachzuweisen. Bei den Prüfungsflügen mußte die Acht um die beiden Wendemarken jetzt einmal rechts- und einmal linksherum geflogen werden, und für den Höhenflug wurden 100 m statt bisher 50 m Mindesthöhe verlangt. Die Landung hatte aus eben dieser Höhe im Gleitflug mit abgestelltem Motor zu erfolgen, wobei das Flugzeug nur noch 50 m vom Landekreuz entfernt aufsetzen durfte. Es durfte bei der Landung auch nicht beschädigt werden und auch keinen Schaden anrichten.

Neu aufgenommen wurden Bedingungen für den Erwerb des Pilotenscheins auf einem Wasserflugzeug. Dabei genügte anstelle zweier Flüge über je 5 km ein einziger Flug, der in Achterschleifen über mindestens 10 km gehen mußte. Alle anderen Bedingungen galten für Wasserflugzeuge sinngemäß.

Für die sogenannte Feldpilotenprüfung, die von denjenigen Flugschülern verlangt wurde, die sich auf Kosten der National-Flugspende ausbilden ließen, galten weitergehende Bestimmungen:

1. Ausführung eines Stundenfluges über Land in durchschnittlicher Mindesthöhe von 500 m über Grund.
2. Ausführung einer Landung aus 150 m Höhe mit abgestelltem Motor (Kurvengleitflug).
3. Nachweis einer genauen Kenntnis des Motors, mit dem das Flugzeug ausgerüstet war, sowie Auswechseln einzelner Teile und Ausführung kleinerer Reparaturen, soweit es sich mit Bordmitteln ausführen ließ.

Zahlen, Kosten, Bewegungen

Im ganzen hat der DLV bis Kriegsbeginn 817 Flugzeugführerscheine ausgestellt. Rund die Hälfte aller Piloten war in Johannisthal ausgebildet worden, wobei die Flugschulen von Rumpler, Albatros und Wright an der Spitze lagen. Übertroffen wurden diese Schulen, den Ausbildungszahlen nach, jedoch von der Grade-Fliegerschule in Bork. Dort war 1911 der Ingenieur *Hans Röver* neben *Hans Grade* als Fluglehrer tätig geworden. Auf Grade-Eindecker haben nach DLV-Unterlagen bis Juli 1914 insgesamt 117 Schüler ihr Pilotenzeugnis erworben, davon mehr als 100 in Bork.

Grade selbst hat später einmal gesagt, er hätte rund 300 Schüler ausgebildet[49]. Dieser scheinbare Widerspruch erklärt sich daraus, daß längst nicht alle Schüler bis zum Pilotenexamen kamen, und zwar aus höchst unterschiedlichen Gründen. Und es ist anzunehmen, daß die hier auftretende Relation von 3:1 zwischen begonnener und abgeschlossener Ausbildung verallgemeinert werden kann und auch für andere Flugschulen galt.

Als Flugmuster für die Ausbildung überwogen 1910 und 1911 Doppeldecker, hauptsächlich aus der Produktion von Euler, Albatros und Wright. Von 1912 an dominierten dann Eindecker, vor allem Grade-Maschinen und Rumpler-Tauben. *Rumpler* hat nach 1913 allerdings auffallend wenig Flugschüler zum DLV-Pilotenschein geführt, sich vielmehr fast ausschließlich auf die Ausbildung zum Feldpilotenschein konzentriert. Das gilt auch für die Euler-Flugschule, die schon 1913 kaum mehr in den Unterlagen des DLV auftaucht. Auf Wright-Doppeldecker, der inzwischen als veraltet angesehen wurde, haben im ersten Halbjahr 1914 nur noch zwei Schüler ihre Prüfung abgelegt.

Die Kosten für die Ausbildung waren Anfang 1912 vereinheitlicht worden. Die Konvention der Flugzeugfabrikanten im Verein Deutscher Motorfahrzeugindustrieller hatte die Ausbildungskosten bis zum Pilotenschein auf 3000,– Mark festgesetzt und auch einen Mustervertrag für die Ausbildung vorgelegt. Alle Mitgliedsfirmen waren bei Androhung von Konventionalstrafen gehalten, sich danach zu richten.

Bruchschäden gingen dem Vertrag zufolge zu Lasten des Schülers, sobald der Schüler allein flog. Bei Vertragsabschluß waren deshalb 2000,– Mark Kaution zu hinterlegen. Überstieg ein Schaden diese Höhe, mußte der Schüler draufzahlen. Blieb die Schadenssumme darunter oder trat überhaupt kein Schaden ein, erfolgte Rückzahlung bei Beendigung oder bei Abbruch der Ausbildung. Beim Ankauf eines Flugzeuges innerhalb eines halben Jahres nach Abschluß des Ausbildungsvertrages wurden 1000,– Mark des Lehrgeldes auf den Kaufpreis angerechnet.

Flugschulen, die nicht der Konvention angehörten, waren natürlich frei, zu günstigeren Bedingungen auszubilden. Aber der Spielraum dafür war für seriöse Unternehmen nicht sehr groß. Die Melli-Beese-Flugschule schloß beispielsweise am 2. April 1913 einen Ausbildungsvertrag mit dem Regierungsbaumeister *Friedrich Harth* aus Bamberg, in dem 2500,– Mark als Kosten festgelegt waren. *Harth* hatte vorher schon jahrelang Flugversuche mit Gleitern angestellt. Der Vertrag war an die Zulassung der Schule zur Ausbildung durch die National-Flugspende gebunden und erlangte keine Gültigkeit[50].

Anfang 1914 veröffentlichte der Bund Deutscher Flugzeugführer eine Statistik, die interessante Aufschlüsse über Bewegungen unter den Piloten, ihr Beschäftigungsverhältnis und über ihre Herkunft gibt[51]. Danach waren von 639 Piloten, die bis Ende 1913 den Flugzeugführerschein erworben hatten, noch 165 aktiv. Davon wiederum hatten sich 36 als Wettbewerbsflieger, Fabrikanten oder Inhaber von Flugschulen selbständig gemacht, sechs waren ins Ausland gegangen. Ohne feste Anstellung waren zu diesem Zeitpunkt 30 deutsche Flieger. Von 22 ausländischen Piloten, die ihren Schein in Deutschland gemacht hatten, war *Fokker* als Fabrikant selbständig geworden; neun waren in fester Anstellung in Deutschland, acht im Ausland tätig; vier ausländische Flieger waren ohne Anstellung. Tödlich verunglückt waren bis dahin 22 Flugzeugführer, 20 davon deutscher und zwei ausländischer Herkunft.

Der Luftfahrer-Verband hat es zur gleichen Zeit unternommen, diejenigen Flieger, die 1913 den Flugzeugführerschein erwarben, altersmäßig aufzuschlüsseln[52]. Die Altersspanne betrug demnach 18 bis 43, lag jedoch vornehmlich zwischen 19 und 30 Jahren. Nur 36 der insgesamt 293 Zeugnisse von 1913 waren an Piloten ausgegeben worden, die das 30. Lebensjahr bereits überschritten hatten. Neun Piloten hatten die Lizenz schon als Achtzehnjährige erworben. Eine einzige Frau war unter den Piloten des Jahres 1913: *Martha Behrbohm* aus Berlin-Schöneberg, die bei *Hans Grade* in Bork geschult hatte.

Frauen im Flugsport

Eine Frau unter 292 Männern, das war die Bilanz des Jahres 1913 im Flugsport. Sechs Frauen unter den 817 Inhabern des Pilotenscheins bis zum Kriege, die Bilanz der Frühzeit insgesamt. Ihre Namen verdienen es, festgehalten zu werden, denn den Frauen wurde besonders viel abverlangt. Bemerkenswert ist, daß drei der sechs Frauen den Pilotenschein auf Grade-Eindecker in Bork erwarben. In den Unterlagen des DLV findet sich darüber folgendes:

Nr. 115 – *Beese, Amélie (Melli),* aus Laubegast bei Dresden, am 13. Sept. 1911 auf Etrich-Rumpler-Taube in Johannisthal;

Nr. 125 – *Lagler, Bozéna,* aus Prag, am 19. Okt. 1911 auf Grade-Eindecker in Bork;

Nr. 274 – *Schakowskoy, Eugénie,* aus St. Petersburg, am 16. Aug. 1912 auf Wright-Doppeldecker in Johannisthal;

Nr. 285 – *Möhring, Charlotte,* aus Berlin-Pankow, am 7. Sept. 1912 auf Grade-Eindecker in Bork;

Melli Beese, erste deutsche Fliegerin, in einer Etrich-Rumpler-Taube 1911 in Johannisthal.

Bozena Lagler (Lagerova) aus Prag mit dem Fluglehrer *Otto Toepfer* bei der Schulung auf Grade-Eindecker in Bork.

Die russische Pilotin *Ljuba Galanschikoff* (Galantschikowa) wurde 1912 Werkspilotin bei der Fa. Fokker Aeroplanbau in Johannisthal.

Charlotte Möhring aus Berlin im Kreise von Grade-Flugschülern 1912 in Bork.

Nr. 427 – *Behrbohm, Martha,* aus Berlin-Schöneberg, am 4. Juli 1913 auf Grade-Eindecker in Bork;
Nr. 785 – *Haugh, Else,* aus Hamburg, am 6. Juni 1914 auf Hansa-Taube in Hamburg-Fuhlsbüttel.

Melli Beese hat anschaulich geschildert, wie schwer ihr der Erwerb des Pilotenscheines vom Fluglehrer wie von den Mitschülern gemacht worden ist[53]. Zwei Flugschulen hatten sie in Johannisthal gleich abgewiesen, bei einer dritten war die Ausbildung nach einem Flugunfall abgebrochen worden. Danach wurde der berühmte *Hellmuth Hirth,* Chefpilot bei Rumpler, ihr Lehrer. Schon Ende Juni 1911 machte sie den ersten Alleinflug, doch erst im September konnte sie – bezeichnenderweise in Abwesenheit von *Hirth* und quasi im Handstreich – die Prüfungsflüge ablegen.
Hirth selbst hat aus seinen generellen Vorbehalten gegen die Ausbildung und gegen die Betätigung von Frauen im Flugsport keinerlei Hehl gemacht. *Melli Beese* strafte ihn Lügen, indem sie gleich nach dem Erwerb des Pilotenscheins in der Herbstflugwoche in Johannisthal auf einer alten Rumpler-Taube unter 18 Piloten den fünften Platz belegte. Es war der einzige Flug-Wettbewerb, an dem sie teilnahm, und der einzige in der Frühzeit überhaupt, zu dem eine Frau gegen die männliche Konkurrenz antrat.

Ausbildungsfreud – Ausbildungsleid. Erfahrungen und Methoden

An Warnungen hat es damals schon nicht gefehlt, an Warnungen vor zu großen Erwartungen junger Menschen, die – voller Begeisterung für den neuen Sport – meinten, von heute auf morgen ein Flugzeug beherrschen und dabeisein zu können. Warnung auch vor der Illusion, Begeisterung allein reiche aus, ein erfolgreicher Pilot oder gar gefeierter Wettbewerbsflieger zu werden.

In einem Lehrbuch für Flugschüler aus dem Jahre 1913, verfaßt von zwei erfahrenen Fliegern, steht gleich vorn der Satz: »Dem zukünftigen Schüler ist eine ernste Selbstprüfung anzuraten[55].« Und in einem anderen Hand- und Lehrbuch, das Anfang 1914 erschienen ist, heißt es: »Ist man zur Ausbildung in einer Flugschule angenommen, so heißt es vor allem: Geduld[56]!«
Die Verfasser beider Lehrbücher weisen den angehenden Flugschüler darauf hin, daß zum Fliegenlernen vor allem Geld gehörte, viel Geld sogar. Denn nicht nur an die Kosten für die Ausbildung mußte gedacht werden und nicht nur an die Bezahlung möglicher Bruchschäden, sondern auch an den eigenen Unterhalt für die Dauer von mehreren Monaten. Denn geflogen wurde damals nur bei gutem Wetter, und das hieß, an schnee- und frostfreien, regenfreien und windstillen Tagen. Da kamen oft nur fünf oder sechs Flugtage im Monat zusammen, und auf jedes Flugzeug kamen fünf bis sechs Schüler. Manchmal konnte auch bei gutem Wetter nicht geflogen werden, weil es Bruch gegeben hatte oder weil der Motor streikte. Und nicht immer kam derjenige Schüler an die Reihe, der meinte, an der Reihe zu sein.
Über die Ausbildungsmethoden von *August Euler* auf dem Griesheimer Sand hat dessen populärster Schüler, *Prinz Heinrich v. Preußen,* nach bestandenem Examen anschaulich berichtet[60]. Bei *Euler* begann die Ausbildung mit einer Woche theoretischem Unterricht und anschließenden Übungen am stehenden Flugzeug zur Erlernung der Handgriffe. Die Unterrichtung umfaßte auch einige Rundgänge um den Exerzierplatz als Platzkunde. Danach folgte eine Art

Chefpilot und Fluglehrer *Hellmuth Hirth,* hier im hinteren Sitz eines Rumpler-Eindeckers 1911.

August Euler und sein prominentester Flugschüler *Prinz Heinrich von Preußen* (links), Bruder des deutschen Kaisers.

mündlich-theoretisches wie praktisches Examen mit dem Resultat, daß der Schüler als reif bezeichnet wurde, das Erlernte in die Tat umzusetzen. Es folgte ein Einweisungsflug, bei dem *Euler* das Steuer führte. Die Platzkunde wurde gleichsam aus der Vogelperspektive ergänzt. Danach durfte der Schüler mit der gleichen, doppelsitzigen Maschine erste kleine Luftsprünge machen und dabei den Start, die Landung und den Geradeausflug allein üben. Die weiteren Alleinflüge bis zur Pilotenprüfung erfolgten danach auf einem einsitzigen Doppeldecker, wobei die erste Kurve und schließlich Platzrunden zu fliegen waren.
Bei Rumpler hatte sich *Hellmuth Hirth* eine eigene Methode ausgedacht, den Schüler vor dem ersten Start mit dem Flugzeug vertraut zu machen. Er berichtet:

»Ich gehe zuerst mit dem Schüler die ganze Maschine durch. Ich zeige ihm jeden Draht, erkläre ihm die Befestigung und wie er angebracht sein muß, daß er nicht breche. Vor allem zeige ich ihm die Steuerdrähte, auf die es besonders ankommt, weil von ihnen Sein oder Nichtsein des Fliegers abhängt. Dann bespreche ich das Fahrgestell. Seine Festigkeit und seine verschiedenen Beanspruchungen bei normaler Landung, bei Rückenwind und besonders bei Seitenwind, bei dem die Maschine ›schiebt‹. Dann kommt die wichtige und höchst einfache, von keinerlei Formelkram verschleierte Erklärung der Schwerpunktlage. Auf einem Blatt Papier oder einer Tafel zeichne ich ihm zwei einfache Skizzen auf, die ihm das ganze Geheimnis enthüllen. Eine zweite Skizze bringt bereits die Erklärung der Steuerwirkung. Der Schüler setzt sich dann in das Flugzeug beim Steuerstand an dem Passagiersitz vor dem Führer. Er hat dort dieselben Steuer wie der Lehrer. Ich war jedoch so vorsichtig, eine Konstruktion zu treffen, die es mir gestattet, mit einem Ruck mein Hauptsteuer von dem des Passagiers unabhängig zu machen, falls der Schüler Dummheiten machen sollte[61].«

Bei der Rumpler-Taube waren die Sitze wie bei den meisten Flugzeugmustern hintereinander angeordnet, was bei laufendem Motor die Verständigung durch Zuruf zwischen Lehrer und Schüler sehr erschwerte, ja eigentlich unmöglich machte. Das war ein ziemlicher Nachteil gegenüber Schulflugzeugen mit nebeneinanderliegenden Sitzen wie beim Dorner-Eindecker und dem Wright-Doppeldecker.
Fast alle Schüler bei Rumpler haben ihre ersten Schulflüge auf dem »Schulapparat 25« gemacht, einer der ersten Etrich-Rumpler-Tauben eigener Fabrikation. Der Apparat wurde am 15. April 1911 in den Schulbetrieb übernommen und hat es bis 1914 auf fast 2500 Ausbildungsflüge gebracht, eine für die damaligen Verhältnisse ungewöhnlich hohe Zahl[63].
Die Flugschule *Melli Beese* ist damals in Johannisthal mit dem erklärten Vorsatz angetreten, in der Ausbildung neue Qualitätsmaßstäbe zu setzen. Sie nahm ihre Arbeit Anfang 1912 am Alten Startplatz auf. Teilhaber waren unter anderen der französische Flieger *Charles Boutard, Mellis* späterer Ehemann, und der Kunstmaler *Hermann Reichelt* aus Dresden, ein Landsmann, der 1909 bei der ILA den Gleitflugwettbewerb gewonnen hatte. Jeder von ihnen brachte eine Flugmaschine ein, so daß die Schule über drei

Wollte neue Maßstäbe in der Pilotenausbildung setzen: Anzeige der Flugschule von *Melli Beese* in Johannisthal.

verschiedene Apparate verfügte. *Melli Beeses* Grundsätze orientierten sich an den Erfahrungen, die sie selbst als Flugschülerin hatte machen müssen. Jetzt wollte sie als Lehrerin vieles besser machen und setzte sich bewußt von den Fabrikflugschulen ab.
In Anzeigen erklärte sie, daß an ihrer Schule zügig und geregelt ausgebildet werden würde. Jeder Schüler werde zudem die Möglichkeit haben, auf verschiedenen Flugzeugen zu schulen. Die Zahl der Schüler werde sich nach der vorhandenen Ausbildungskapazität richten. Theoretische, praktische und fliegerische Ausbildung würden Hand in Hand gehen. Und bei Bruchschäden würden Schüler nur für die tatsächlich entstehenden Kosten aufkommen müssen.
Es läßt sich denken, daß *Melli Beese* sich mit dieser Erklärung nicht nur Freunde machte. Und als sie ihre »M. B.-Taube« für 12 000,– Mark zum Kauf anbot und damit weit unter dem Preis von 20 000,– Mark für eine Rumpler-

Taube blieb, wurde das nicht nur von *Rumpler,* sondern auch von der Konvention der Flugzeugfabrikanten als Kampfansage gewertet.
Zwischen April 1912 und April 1914 haben 15 oder 16 Flugschüler ihr Pilotenexamen nach Ausbildung an der Melli-Beese-Flugschule bestanden. Doch zur Ausbildung auf Kosten der »National-Flugspende« wurde die Schule nicht zugelassen, und zwar unter immer neuen Vorwänden, wie die Akten belegen. Die National-Flugspende, zu der hochgestellte Persönlichkeiten 1912 zur Förderung der weiteren Entwicklung der deutschen Flugtechnik aufgerufen hatten, hatte innerhalb eines Jahres ein Spendenaufkommen von 7,5 Mio. Goldmark erbracht.
Als bei Kriegsbeginn die Wogen nationalistischen Eifertums in Deutschland wie in Frankreich hochbrandeten, da wurde die Außenseiterin ausgestoßen. Durch die Ehe mit *Boutard* war *Melli Beese* französische Staatsbürgerin geworden, ergo eine Feindin. Die Jahre ungetrübten, gemeinsamen Fliegerlebens von deutschen und ausländischen Piloten waren von einem Tag zum anderen vergessen und vorbei.

Der große Aufschwung 1912

Das Fliegen hatte nach 1912 in Deutschland beträchtlich zugenommen. Die Zahl der Piloten wie die der Flugbewegungen stieg sprunghaft an. Flugrekorde purzelten jetzt nur so, und neue spektakuläre Flugwettbewerbe faszinierten erneut die Menschen. Die Flieger hatten sich von der Begrenzung des Flugfeldes gelöst, flogen über Land und auch schon über Landesgrenzen hinaus. Der Kunstflug kam auf und lockte wieder Hunderttausende nach Johannisthal. Überall im Reich räumten die Zeitungen der Berichterstattung über fliegerische Ereignisse nach wie vor breiten Raum ein. Nur der Flugsport mit verhältnismäßig leichten Maschinen, so schien es kritischen Beobachtern, lief Gefahr, ins Hintertreffen zu geraten.
Angefangen hatte die forcierte Aufwärtsentwicklung des Flugwesens eigentlich schon im Sommer 1911 mit dem Deutschen Rundflug. Der Rundflug war das herausragende fliegerische Ereignis vor dem Krieg überhaupt, und es ging eine große Werbewirkung von ihm aus. Er dauerte vier Wochen und führte in 13 Etappen über 1854 Kilometer durch das nördliche Deutschland. An jedem Etappenort fanden zusätzlich regionale Wettbewerbe oder Schauflüge statt. Start- und Zielort war der Flugplatz Johannisthal. Als die ersten Flugzeuge im Morgengrauen des 11. Juni 1911 dort starteten, waren 600 000 Menschen dabei. Die meisten davon hatten sich die Nacht um die Ohren geschlagen, um rechtzeitig in Johannisthal zu sein.
Vier Wochen lang wetteiferten dann 24 Piloten – deutsche Piloten auf in Deutschland hergestellten Flugzeugen entsprechend der Ausschreibung – um Geldpreise von insgesamt 400 000,– Goldmark. Grundstock war der vom Berliner Ullstein-Verlag gestiftete »B.-Z.-Preis der Lüfte« von 100 000,– Mark. Weitere 300 000,– Mark waren von Verbänden und Kommunen für die regionalen Wettbewerbe ausgesetzt. Am Ende hatte der Pilot *Benno König* auf Albatros-Doppeldecker die Nase vorn. *König* hatte elf der 13 Etappen durchflogen. Zweiter wurde *Hans Vollmoeller* auf Etrich-Rumpler-Taube mit zehn durchflogenen Etappen.
Über der Begeisterung, die der Deutsche Rundflug auslöste, geriet in Vergessenheit, daß er eigentlich Teil eines europäischen Rundfluges hatte sein sollen. Und der B.-Z.-Preis war zunächst für diesen Europa-Rundflug gestiftet worden, den eine französische Zeitung als internationales Wettfliegen von Paris nach Berlin, Brüssel und London angeregt hatte. Die 100 000,– Mark des Ullstein-Verlages sollten den Siegern der ersten Etappe Paris–Berlin zufallen. Das Vorhaben hatte als friedlicher Wettbewerb der Völker in der Öffentlichkeit große Zustimmung gefunden, und die Vorbereitungen dazu waren weit gediehen, als das deutsche Organisationskomitee sich Ende März wegen nationaler Querelen glaubte von der Veranstaltung zurückziehen zu müssen. Auf der Basis seiner bisherigen Planung begann nur zehn Wochen später der Deutsche Rundflug, woraus sich auch erklärt, daß er nur norddeutsche Städte berührte, die nahe der Route Paris–Berlin lagen.
Dem Jahr 1912 kam danach eine Schlüsselrolle für die weitere, nunmehr betont national bestimmte Entwicklung des Flugwesens zu. Es war das Jahr der »ALA« in Berlin, der zweiten großen Luftfahrt-Ausstellung nach der »ILA« von 1909. Es war auch das Jahr der National-Flugspende mit dem unerwartet hohen Spendenaufkommen von 7,5 Mio. Mark. Der im Anschluß an die ALA erlassene Aufruf, das deutsche Flugwesen zu unterstützen, fand ein ebensogroßes Echo wie vier Jahre zuvor der Aufruf zur Zeppelin-Spende nach der Luftschiffkatastrophe von Echterdingen.
In dem von *Prinz Heinrich v. Preußen* mitunterzeichneten Aufruf hatte es geheißen, Ziele der National-Flugspende wären: die Flugapparate zu verbessern, Piloten auszubilden, für Hinterbliebene zu sorgen, Wettbewerbe zu unterstützen, Flugtechnik und Flugwissenschaft zu fördern. Zur Enttäuschung vieler Flugtechniker und Flugsportler wurden die Mittel der Flugspende aber überwiegend nach militärischen Nützlichkeitserwägungen vergeben, und die eigentlichen »Pioniere« gingen leer aus.
Es wurde jedoch die »Wissenschaftliche Gesellschaft für Flugtechnik« (WGF) gegründet, die später in »Wissenschaftliche Gesellschaft für Luftfahrt« (WGL) umbenannt worden ist. Auch die »Deutsche Versuchsanstalt für Luftfahrt« (DVL) nahm in diesem Jahr ihre Tätigkeit auf. Und an den Technischen Hochschulen wurden Lehrstühle für Aerodynamik und andere Fragen der Luftfahrt eingerichtet. Wissenschaft und Technik befruchteten sich fortan gegen-

Blick in die Ausstellungshallen der »ALA«, von der wesentliche Impulse für die Weiterentwicklung der Flugtechnik ausgingen.

seitig. Die Ergebnisse dieser Zusammenarbeit kamen allen Zweigen der Flugtechnik, auch dem Flugsport, zugute.
Eigentlicher Auslöser für die sprunghaft sich steigernden Flugleistungen war die Ausschreibung von Stundenprämien, Renten und hohen Geldpreisen für große Streckenflüge durch die National-Flugspende. Für jede Stunde ununterbrochener Flugzeit auf einem in Deutschland hergestellten Apparat wurden 1000,– Mark gezahlt.
Für Rekordleistungen waren monatliche Renten ausgeschrieben, die so lange gezahlt wurden, bis der Rekord überboten war und die Rente an den neuen Rekordhalter überging. Für den Dauerrekord gab es 2000,– Mark, im Streckenflug 3000,– Mark im Monat. Im Herbst 1913 wurden zusätzlich sehr hohe Geldpreise für Fernflüge über 1000 km ausgesetzt und vergeben. Prämien, Renten und Preise wurden an die jeweilige Flugzeugfabrik gezahlt, die in der Regel aber einen Teil davon an den Piloten abgab.
Der finanzielle Ansporn führte dazu, daß im Dauerflug bis zum Kriege 24 Stunden erreicht wurden. Der Höhenrekord wurde auf 8000 Meter geschraubt, und im Fernflug wurden in 24 Stunden 2000 km mit Zwischenlandungen zurückgelegt. Am Ende waren alle wichtigen Weltrekorde in deutscher Hand, ausgenommen der Geschwindigkeitsrekord, den nach wie vor ein Franzose hielt. Dem nationalen Geltungsbedürfnis hat dies gewiß gutgetan.

ALA, WGF und DVL. Wissenschaft und Technik finden zusammen

Die Allgemeine Luftfahrzeug-Ausstellung (ALA) fand vom 3. bis 14. April 1912 in Berlin in zwei Ausstellungshallen am Zoo statt und zog in nur zwölf Tagen 150 000 Besucher an. Veranstalter waren der Kaiserliche Automobil-Club, der Aero-Club und der Verein Deutscher Motorfahrzeug-Industrieller. Der Aero-Club war damals eine Art Herren-Club mit ausgesprochen repräsentativem Charakter und noch nicht der spätere Dachverband von Luftsportvereinen. Eigentlicher Träger der ALA war die Flugzeug-Industrie im Verein der Motorfahrzeug-Industriellen. Die flugtechnischen Vereine und Flugsportler waren an der Ausstellung nicht beteiligt.
Es war eine Ausstellung von Luftfahrzeugen aller Art, doch drängte die Flugmaschine diesmal den Ballon und das Luftschiff deutlich in den Hintergrund. Noch drei Jahre vorher, bei der ILA in Frankfurt am Main, war es umgekehrt gewesen. Ausländische Firmen, die sich schon bei der ILA sehr zurückgehalten hatten, waren bei der ALA nicht vertreten. Es war also eine rein nationale Veranstaltung. Das große Publikumsinteresse wurde von den Veranstaltern ganz wesentlich darauf zurückgeführt,

»daß die Aufmerksamkeit des ganzen Volkes auf die Notwendigkeit der Förderung unserer Flugzeug-Industrie wenige Monate vor der Ausstellung durch die Stiftung des hohen Preises Seiner Majestät des Kaisers für den besten deutschen Flugmotor in wirksamer Weise gelenkt war. Sicherlich haben Tausende, dadurch erst angeregt, die glückliche Gelegenheit ergriffen, sich die neuen Verkehrsmittel in ihrer ganz bezwingenden Größe und teilweise faszinierenden Eleganz in übersichtlicher Anordnung aus nächster Nähe anzusehen[64].«

Ausgestellt waren im ganzen 31 Flugmaschinen: ein Dreidecker von *Euler,* neun Doppeldecker und 21 Eindecker verschiedener Fabrikate. Bei den Eindeckern waren hauptsächlich zwei Typen vertreten, nämlich Flugapparate, die sich an die Taubenbauweise von *Etrich* und *Rumpler* anlehnten, sowie Apparate mit geringerer Flügelfläche und Klappensteuerung, mit denen sich größere Geschwindigkeiten erzielen ließen. Die Maschinenanordnung war jetzt bei fast allen Konstruktionen die gleiche: Der Motor lag mit der direkt gekuppelten Luftschraube vorn am Rumpf. Eine Ausnahme bildete lediglich noch der Dorner-Eindecker, bei dem der Propeller hinter den Tragflächen gelagert war. Das größte Interesse galt der geschlossenen Rumpler-Luftlimousine wegen ihrer für die damalige Zeit luxuriösen Ausstattung und dem durch die Verkleidung stark reduzierten Luftwiderstand.
Auch die Motorenindustrie war vertreten und präsentierte neue Flugmotore, die fast alle 100 PS (75 kW) Leistung brachten und damit den Anforderungen der Heeresverwaltung entsprachen. Es waren fast ausschließlich wassergekühlte Standmotore, die aus dem Automobilmotor hervorgegangen waren. Die Rechnung der Motorenindustrie war die gleiche wie diejenige der Flugzeugfabrikanten: Nur das Militär versprach Serienaufträge, und nur diese Aussicht rechtfertigte Entwicklungskosten.
Die nächste ALA war für den 31. Oktober bis 10. November 1914 fest terminiert und sollte wieder in Berlin, in den neuen, von der Automobilindustrie errichteten Ausstellungshallen am Kaiserdamm in Charlottenburg stattfinden. Eine Folge von Luftfahrtausstellungen im Abstand von zwei Jahren war damit vorgezeichnet, als der Krieg allen Plänen ein Ende setzte. Erst nach dem Zweiten Weltkrieg hat die Luftfahrtindustrie diesen Gedanken wiederbeleben und realisieren können, nun wieder mit dem Kürzel »ILA« und tatsächlicher internationaler Beteiligung.
Die Veranstalter hoben in ihrem Abschlußbericht hervor, daß die ALA 1912 auch der Anlaß zur Vereinigung der Vertreter der Flugwissenschaften in der WGF am 3. und 4. April in Berlin gewesen sei. Ihre sichere Erwartung war,

»daß von dieser Vereinigung fruchtbare Anregungen ausgehen werden, die der praktisch sich beteiligenden Flugzeug-Industrie und dem Flugsport von größtem Nutzen sein werden[65]«.

Die Leitung der WGF übernahmen der Industrielle *Dr. Henry Theodor v. Böttinger* (1847–1920) aus Elberfeld sowie Professor *Dr. Ludwig Prandtl* (1875–1953) aus Göttingen. Unter dem Vorsitz des Geheimrats *v. Böttinger* war bereits 1898 die »Göttinger Vereinigung zur Förderung der angewandten Physik und Mathematik« ins Leben gerufen worden. Von dieser Vereinigung, der namhafte Industrielle und Wissenschaftler angehörten und deren spiritus rector von 1906 an der Mathematiker und Wissenschaftsorganisator Professor *Dr. Felix Klein* (1849–1925) war, gingen die Bestrebungen zur Gründung der WGF aus. Auf ihre Initiative ging auch zurück, daß in Göttingen eine Aerodynamische Modell-Versuchsanstalt unter Leitung von Professor *Prandtl* entstanden war. Im November 1911 hatte die Vereinigung zu einem Kongreß nach Göttingen eingeladen, auf dem in zwölf großen Vorträgen gleichsam die Quintessenz luftfahrtgeschichtlichen Wissens niedergelegt und die Forderung nach einer wissenschaftlichen Gesellschaft für Flugwissenschaften erhoben worden war. Zu diesem Kongreß war auch *August Euler* mit drei Flugapparaten angereist. Die vorgesehenen Flugdemonstrationen waren aber weitgehend dem schlechten Wetter zum Opfer gefallen.
Nur zwei Wochen nach Gründung der WGF wurde am 20. April 1912 ebenfalls in Berlin die »Deutsche Versuchsanstalt für Luftfahrt« (DVL) als eingetragener Verein gegründet. Erklärte Aufgabe der DVL war es, Flugzeuge, Flugzeugausstattung und Zubehör nach wissenschaftlich-physikalischen Gesichtspunkten zu prüfen. Die militärische Zweckbestimmung war klar, doch hat auch die Sportfliegerei von der Arbeit der Versuchsanstalt profitiert. Zu ihrem Leiter wurde *Dr. Friedrich Bendemann* (1874–1923) vom Aeronautischen Observatorium Lindenberg berufen. Die DVL wurde am Rande des Flugplatzes Johannisthal nahe dem Vorortbahnhof Adlershof angesiedelt. Ihre erste Aufgabe war es, den Wettbewerb um den Kaiserpreis von 50 000,– Mark für den besten deutschen Flugmotor durchzuführen.
Zu diesem Zweck wurden in Adlershof kurzfristig fünf Motorprüfanlagen aufgebaut, in denen jeder Motor mit eigener Luftschraube sieben Stunden lang ohne Unterbrechung zu laufen hatte. Seine Leistung, der Benzinverbrauch und das sonstige Verhalten wurden ständig überwacht. Es ging bei diesem Wettbewerb darum, Anschluß an die ausländische, vor allem an die französische Flugmotorenentwicklung zu gewinnen. Die Preise wurden genau ein Jahr nach der Ausschreibung, am 27. Januar 1913, dem Geburtstag des Kaisers, vergeben.
Der große Kaiserpreis ging an die Motorenfabrik »Benz & Cie.« in Mannheim für ihren wassergekühlten Vierzylinder-Motor von 100 PS (75 kW) Leistung bei nur 157 kg Eigengewicht. Dieser Motor hatte den geringsten Benzinverbrauch und das kleinste Leistungsgewicht. Den zweiten Preis errang die »Daimler-Motoren-Gesellschaft« in Stuttgart-Untertürkheim für einen Sechszylinder-Mercedes-Motor mit Stahlzylindern und 80/75 PS (59/55 kW) Leistung. Der dritte Preis wurde der Firma »Neue Automobil-Gesellschaft« (NAG) in Berlin-Oberschöneweide zuerkannt für einen Vierzylinder von 100 PS (75 kW), der aus dem alten Wright-Motor hervorgegangen war. Die NAG hatte 1909 die Lizenz zum Nachbau des Wright-Motors erworben und mit ihren NAG-Wright-Motoren alle Flugzeuge der deutschen

Wright-Gesellschaft ausgerüstet. Der vierte Preis wurde wiederum an Daimler für einen 70-PS-Vierzylinder-Mercedes (52 kW) vergeben, und der fünfte Preis ging an die »Argus-Motoren-Gesellschaft« in Reinickendorf für einen Vierzylinder von 100 PS (75 kW).

Es war jeder Firma freigestellt gewesen, mehrere Motoren zum Wettbewerb einzureichen, und die meisten hatten von dieser Möglichkeit Gebrauch gemacht. Unter den eingelieferten 43 Motoren waren auch fünf luftgekühlte mit umlaufenden Zylindern, die jedoch nicht in die engere Wahl kamen. Der Umlauf-Motor gewann in Deutschland erst an Bedeutung, nachdem 1913 die Motoren-Gesellschaft Oberursel die Lizenz zum Nachbau des französischen Gnôme-Motors erwerben konnte.

Auch die teilnehmenden Standmotoren mit geringerer Leistung hatten beim Kaiserpreis keine Chance, denn sie genügten den an den Bedürfnissen der Fliegertruppe orientierten Forderungen nur bedingt. Unter ihnen waren ein 55-PS-Vierzylinder von NAG (40 kW) und ein gleich starker Vierzylinder-Motor von Argus.

Die Kosten für die Versuchsanstalt in Adlershof wurden zur Hälfte vom Deutschen Reich, zur anderen Hälfte von der Industrie getragen. Erst nach Abschluß des Motorenwettbewerbs konnten die anderen Bereiche der DVL ihre Arbeit aufnehmen. Die Flugzeugabteilung befaßte sich anfangs hauptsächlich mit Festigkeitsprüfungen an Flugflächen. In der Physikalischen Abteilung fanden aerodynamische Messungen statt, und es wurden Bordinstrumente entwickelt. Angegliedert war noch die Anlage zur Durchführung von Luftschraubenuntersuchungen in Lindenberg.

Bis dahin waren wissenschaftliche Forschungsarbeiten auf flugtechnischem Gebiet in bescheidenem Umfang lediglich in der von der Motorluftschiff-Studiengesellschaft 1907 errichteten Modellversuchsanstalt in Göttingen sowie von der Geschäftsstelle für Flugtechnik in Lindenberg geleistet worden. Das Lindenberger Institut war aus einer Spende der Jubiläumsstiftung der Industrie im Frühjahr 1908 an den Verein Deutscher Ingenieure (VDI) hervorgegangen.

1912 waren bereits an allen Technischen Hochschulen Lehrstühle für die wissenschaftlichen Grundlagen der Luftfahrt eingerichtet. In Berlin lehrte Professor *Dr. August v. Parseval,* in Göttingen Professor *Dr. Ludwig Prandtl,* in München Professor *Dr. Sebastian Finsterwalder.* An der TH Aachen leitete Professor *Dr. Hans Reißner* (1874–1967) ein Aerodynamisches Laboratorium, in dem nicht nur geforscht, sondern auch konstruiert wurde. *Reißner* gelang es, seinen Kollegen Professor *Hugo Junkers* (1859–1935) zu interessieren und zur Mitarbeit zu gewinnen. Er baute einen Eindecker in Entenbauweise, dessen Trag- und Steuerflächen aus Wellblech bestanden, das die Gasofenfirma Junkers & Co. (Ico) in Dessau geliefert hatte.

Im Umfeld des Aerodynamischen Laboratoriums von Prof. *Reißner* experimentierte damals der Ing. *Erich Offermann* (1885–1930) mit Gleitflugzeugen – Eindeckern und Doppeldeckern – in Entenbauweise. Man kann darin den Anfang einer Entwicklung sehen, die nach dem Kriege zur Gründung akademischer Fliegergruppen führte, denen der Luftsport bis heute wesentliche Anstöße zu verdanken hat.

Immer schneller, höher, weiter fliegen. Sind Flugwettbewerbe noch sinnvoll?

Schauflüge und Flugwettbewerbe haben in der Frühzeit die Entwicklung der Flugmaschine zweifellos entscheidend gefördert. Sie haben einmal das Interesse der Öffentlichkeit am Flugsport geweckt, zum anderen Piloten, Konstrukteure und Fabrikanten zu verstärkten Anstrengungen veranlaßt. Behörden, Verbände und Kommunen haben zur Förderung beigetragen, indem sie beträchtliche Geldpreise stifteten.

Im Jahre 1912 hatten Schauflüge freilich schon an Attraktivität eingebüßt. Sie hatten den Reiz des Neuen verloren, und das Interesse der Öffentlichkeit an ihnen ließ sichtbar nach. Erst kurz vor dem Kriege gelang es dem Franzosen *Adolphe Pégoud,* mit atemberaubenden Kunstflügen

Mit sensationellen Kunstflügen begeisterte der Franzose *Adolphe Pégoud* im Oktober 1913 auch das deutsche Publikum.

Flugwettbewerbe lockten oft Hunderttausende von Zuschauern an. Johannisthal im Jahre 1912.

noch einmal Hunderttausende nach Johannisthal hinauszulocken. *Pégoud* zeigte im Oktober 1913 und im März 1914 mit seinem kleinen Blériot-Eindecker mit 50-PS-Gnôme-Umlaufmotor (37 kW) sensationelle Sturz- und Rückenflüge, Steilkurven und Loopings. Seine Schauflüge waren die letzten großen, unbeschwerten internationalen Fliegerfeste in Johannisthal.

Pégoud sah – und er hat es damals auch schon so formuliert – in seinen Kunstflugfiguren nicht bloße artistische Leistungen, sondern die hohe Kunst des Fliegens. Kunstflugtraining befähigt den Piloten, unvorhergesehene gefährliche Flugzustände zu erkennen und ihnen zu begegnen. Mit *Pégoud* hat der Motorkunstflug als flugsportliche Disziplin angefangen.

Nach *Pégoud* zeigten auch deutsche Flieger noch vor dem Kriege ähnliche Kunstflüge. Die Grade-Schüler *Gustav Tweer* aus Osnabrück und *Fritz Jahn* gehörten dazu, auch *Walter Cüppers* aus Aachen, der erst im März 1914 in Bork den Pilotenschein erworben hatte. *Tweer* und *Cüppers* waren damals 20, *Jahn* war gerade 22 Jahre alt. Der Ingenieur *Walter Höhndorf* aus Schöneberg zeigte auf dem Flugplatz Teltow »Looping-the-Loop-Flüge« auf einem Union-Pfeil-Doppeldecker mit 75-PS-Stahlherz-Motor (55 kW). In Schwerin-Görries führte *Franz Kuntner,* der älteste Fluglehrer der Fokker-Werke, Kunst- und Sturzflüge mit dem Fokker-Eindecker mit 70-PS-Oberursel-Umlaufmotor (52 kW) vor. Zum kühnsten und beliebtesten »deutschen« Kunstflieger avancierte aber *Anthony Fokker* selbst, der mit seinen Sturz- und Rückenflügen denen *Pégouds* nicht nachstand und die Zuschauer außerdem mit extrem kurzen Start- und Landestrecken begeisterte.

Schon damals stellte sich auch die Frage, welchen Sinn Flugwettbewerbe überhaupt noch hätten. Die Zuschauer waren des Rund-um-den-Platz-Fliegens müde geworden, und was dabei für die Weiterentwicklung des Flugwesens herauskam, erschien manchen Beobachtern höchst zweifelhaft, obwohl immer schneller, höher und weiter geflogen wurde.

Das erste, was sich die Veranstalter einfallen ließen, um das Interesse des Publikums neu anzufachen, war, die Wettbewerbe attraktiver zu machen. Dies gelang ihnen mit Rundflügen wie »Rund um Berlin« und »Rund um München«. Dabei mußte ein Rundkurs mehrmals umflogen werden, und die Zuschauer hatten Gelegenheit, zahlreiche Flugzeuge gleichzeitig starten und nach Stundenfrist zurückkehren und landen zu sehen, und das gleich mehrfach. Außerdem wußte das Publikum durch eigenen Augenschein, wem es als Sieger zuzujubeln hatte. Als weitere Attraktion erwiesen sich in Johannisthal Flugzeugrennen über 20 km Strecke mit Rückkehr zum Startplatz nach etwa zehn Minuten.

Solche Luftrennen wurden erstmals Ende Mai 1912 während der Frühjahrsflugwoche geflogen, und zwar schon in verschiedenen Klassen. Bei den leichten Eindeckern bis zu 80 PS (59 kW) Motorenleistung, die dem Sportflugzeug am nächsten kamen, siegte *Felix Laitsch* auf einem Apparat der Luft-Verkehrs-Gesellschaft (LVG) vor dem jungen *Bruno Hanuschke* auf Eigenkonstruktion.

Oskar Ursinus hatte schon vorher getrennte Wettbewerbe zwischen leicht handlichen Sportmaschinen mit geringer Nutzlast und kleinen Motoren sowie schweren Maschinen mit großer Nutzlast, starkem Motor und stark gebautem Fahrgestell befürwortet. *Ursinus* unterschied unter den folgenden Klassen:

1. Leichtgewichtsmaschine,
   ohne Passagier, Distanz 500 km, Motor nicht über 50 PS, Minimalgewicht der Maschine ohne Motor 120 kg, Steigfähigkeit in 10 Min. auf 300 Meter.
2. Schwergewichtsmaschine,
   Distanz 500 km, mit zwei Passagieren oder 140 kg, Geschwindigkeit nicht unter 60 km/h, Motorleistung beliebig, Steigleistung in 10 Min. auf 300 Meter[66].

Im nachhinein möchte man bedauern, daß dieser Vorschlag damals nicht oder nur unzureichend berücksichtigt wurde. Insbesondere der Flugsport hätte davon profitiert, denn bei den meisten Wettbewerben, vor allem bei den großen Zuverlässigkeitsprüfungen, hatten leichte Sportmaschinen ohne eine solche Klasseneinteilung schon längst nichts mehr zu bestellen, auch bei den großen Fernflügen verständlicherweise nicht. Bei diesen Wettbewerben traten außerdem immer mehr Offiziersflieger mit Militärmaschinen an, auch wenn Zivilflieger noch oft, wie *Hellmuth Hirth* beim Fernflug Berlin–Wien, die Siegespalme errangen.

Wie sicher ist das Fliegen schon?

Im Juli 1910, als gerade ein Dutzend deutscher Piloten den Flugzeugführerschein besaß, sorgte sich *Georg v. Tschudi,* der Direktor des Flugplatzes Johannisthal, bereits um die Gefahren, die vom Flugsport für seine Anhänger, aber auch für Unbeteiligte ausgingen. Die Argumente, die *Tschudi* anführte, sind für die damalige Situation sehr aufschlußreich. Sie zeigen vor allem, wie gering die Betriebssicherheit der Flugapparate noch war.

Es gebe zur Zeit noch keine einzige Flugmaschine, erklärte *v. Tschudi,* die an die Betriebssicherheit eines Automobils heranreiche. Im besonderen seien die Flugmotoren noch nicht so zuverlässig, daß der Flieger mit einiger Sicherheit damit rechnen könne, einen Flug an der Stelle zu beenden, die er dafür vorgesehen hätte. Wohl die Hälfte aller Flüge würden noch unfreiwillig beendet. Solange sich die Flugzeuge über einem dafür eingerichteten Platze befänden, könne eine unbeabsichtigte Landung nur für den Aviatiker selbst gefährlich werden. Sobald sich aber Flugzeuge vom Flugfeld entfernten, entstünden Gefahren auch für Unbeteiligte.

Tschudi schlug deshalb vor, Flüge außerhalb eines Flugplatzareals generell zu verbieten. Erfolge dies nicht, würde die Weiterentwicklung der Fliegekunst zweifellos Schaden nehmen. Es könne nicht zugelassen werden, betonte er, daß Piloten, die noch keine Probe ihres Könnens abgelegt und den Flugzeugführerschein noch nicht erworben hätten, das Leben, die Gesundheit und das Eigentum von Unbeteiligten in tollkühner Weise gefährdeten[67].

Man mag diese Initiative *v. Tschudis* für überzogen halten, doch war er ein anerkannter Fachmann für Flugfragen. Ganz zweifellos war es damals notwendig, ein Mindestmaß an Regelungen für das Fliegen zu treffen. In einer Polizeiverordnung vom 6. Oktober 1910 wurde dann auch festgelegt, daß Flieger, die noch nicht den Pilotenschein besaßen, das Flugplatzareal nicht verlassen, keine Passagiere mitnehmen und auch nicht an öffentlichen Schauflügen teilnehmen durften. Mit dem Flugzeugführerschein durfte man zwar über Land fliegen, aber nur auf Plätzen außerhalb bewohnter Ortschaften landen. Es läßt sich denken, daß gegen manche Bestimmung oft genug verstoßen wurde bzw. verstoßen werden mußte, sei es im Überschwang von Gefühlen oder aus Geltungssucht oder weil der Motor streikte oder eine andere Notlage dazu zwang.

Drei Jahre später, als alle Seiten dazugelernt hatten, hat dann der DLV in einer Verordnung, die am 1. Februar 1913 in Kraft trat, jegliches Überfliegen größerer Ortschaften, aber auch von fürstlichen Schlössern und Gartenanlagen, untersagt. Verboten war fortan auch das Überfliegen größerer Menschenmengen bei Schaustellungen, Paraden, Rennen, auf Jahrmärkten, an Badeplätzen sowie in Volksgärten. Für Zuwiderhandlung wurde der Entzug des Flugzeugführerscheins bis zu sechs Monaten, im Wiederholungsfalle für dauernd angedroht[68].

Gemessen an der ersten Verordnung von 1910 war das Fliegen zweifellos sehr viel sicherer geworden, dennoch nahm die Zahl der Flugunfälle zu. Das war nun nicht mehr in erster Linie auf mangelnde Betriebssicherheit, sondern auf den zunehmenden Flugbetrieb zurückzuführen. Aber es war auch festzustellen, daß immer noch Piloten zu große Wagnisse eingingen und Flugmaschinen überfordert wurden, wenn es um Preise und Rekorde ging.

Bis zum Kriege wurden in Deutschland 116 Flugtote gezählt. Das ist eine erschreckend hohe Zahl angesichts 817 ausgegebener Pilotenscheine. Unvergleichlich höher, wenngleich statistisch nicht erfaßt, waren Flugunfälle mit Personenschäden. Lediglich der Flugplatz Johannisthal hat eine Statistik über »Flugunfälle mit erheblichen Folgen« geführt und veröffentlicht. Danach hat es in Johannisthal vom 1. Januar 1912 bis 31. Juli 1914, also in zweieinhalb Jahren, 333 Flugunfälle – Abstürze, Zusammenstöße und Rollschäden – gegeben, bei denen Flugzeuge erheblich beschädigt wurden. Über die dabei verletzten Personen schweigt sich die Aufstellung erstaunlicherweise aus. War man um das Image des Fliegens besorgt oder galt das schon als Geheime Reichssache?

Im Laufe des Jahres 1913 herrschte in Johannisthal, und auch das ist bei dieser Statistik zu berücksichtigen, ein Flugbetrieb, wie man ihn niemals zuvor erlebt hatte und wie man ihn auch rückblickend kaum mehr für möglich hält. Insgesamt wurden in diesem Jahr 37 000 Starts und Landungen registriert, durchschnittlich 100 Flugbewegungen an jedem Kalendertag allein auf diesem Platz. Und das nur vier Jahre nach den ersten kümmerlichen Anfängen des Flugwesens in Deutschland. Dabei waren die Wettbewerbsflüge und andere besondere Veranstaltungen nicht einmal mitgezählt. Aber jetzt wurde auch schon bei schlechtem Wetter geflogen, geschult und eingeflogen: an 336 Tagen des Jahres 1913.

Um verunglückten Zivil- und Sportfliegern ein Mindestmaß an sozialer Absicherung zu gewährleisten, hat der Luftfahrer-Verband im Mai 1913, aufbauend auf der Aktion »Fliegerdank« des Vereins Deutscher Flugtechniker, als Selbsthilfeorganisation den »Luftfahrerdank e.V.« gegründet. Bis dahin waren Privatpiloten im Gegensatz zu den

Seite 555 „FLUGSPORT". No. 13

Vergleichende Darstellung der Flugleistungen auf dem Flugplatz Johannisthal in den Jahren 1911, 1912 und 1913.*)

		1911	1912	1913
1.	An wieviel Tagen wurde geflogen?	289	317	336
2.	Wieviel verschiedene Flieger führten?	134	213	363
3.	Gesamtzahl der Flüge?	7489	17 651	36 817
4.	Gesamtdauer der Flüge?	821 Std. 41 Min.	1966 Std. 3 Min.	4096 Std. 48 Min.
5.	Wieviel Flieger erfüllten die Bedingungen des Führerzeugnisses?	47	98	172
6.	Wieviel Flieger führten Ueberlandflüge aus?	45	84	212
7.	Zurückgelegte Kilometerzahl unter Zugrundelegung einer Stundengeschwindigkeit von 70 km für 1911, 80 km für 1912 und 1913?	57 522	157 284	327760
8.	Anzahl der Aufstiege pro Flugtag (vergl. Ziffer 1 und 3)?	26	56	110
9	Durchschnittliche Dauer eines Aufstieges?	6,5 Min.	6,7 Min.	6,7 Min.
10.	Durchschnittliche Entfernung, die bei jedem Aufstieg zurückgelegt wurde?	7,6 km	8,9 km	8,9 km
11.	Wieviel Apparate erlitten nennenswerte Beschädigungen?	63	107	115
12.	Auf wieviel Flüge kommt 1 Flugzeugbeschädigung?	119	165	320
13.	Prozentsatz der Flugzeugbeschädigungen (vergl. Ziffer 11 und 3)?	0,84%	0,61%	0,31%
14.	Wieviel tödliche Unfälle ereigneten sich?	5	5	12
15.	Prozentsatz der Unfälle mit tödl. Ausgang in bezug auf Ziffer 3?	0,066%	0,028%	0,032%

*) Die Flüge während besonderer Veranstaltungen sind nicht mitgezählt.

Mehr als hundert Starts täglich weist die Statistik der Flugleistungen in Johannisthal für 1913 aus.

An sogenannten Blumentagen sammelten Flieger für ihre verunglückten Kollegen und deren Angehörige. Hier *Melli Beese* am Brandenburger Tor in Berlin.

Militärfliegern ohne jeden Versicherungsschutz. Die großen Versicherungsgesellschaften hatten es abgelehnt, Flieger des großen Risikos wegen zu versichern, es sei denn zu unerschwinglichen Prämiensätzen. Hoffnungen, die in diesem Zusammenhang auf die National-Flugspende gesetzt worden waren, hatten sich nur teilweise erfüllt. Die Flugspende bot lediglich eine Unfallversicherung bei Selbstbeteiligung der Flieger an, gewährte aber wenigstens den Flugschülern, die auf ihre Kosten ausgebildet wurden, den vollen Versicherungsschutz.
Über den Verein »Luftfahrerdank« konnten bis Ende 1913 rund 150 aktive Flugzeugführer gegen Tod und Invalidität versichert werden. Außerdem wurden einmalige und monatliche Unterstützungen an verletzte Flieger sowie an Hinterbliebene gezahlt. Die Sammlungen für diese sozialhumanitäre Einrichtung hatten in einem Jahr 55 000,– Mark erbracht. Die Piloten selbst hatten sich mit Vorträgen, Schauflügen und Blumenverkaufstagen an der Sammelaktion beteiligt. Die Geschichte des Vereins »Luftfahrerdank« und seiner Leistungen konnte erst in jüngster Zeit durch neue Aktenfunde erforscht und dargestellt werden[69].

Zukunftsaspekte des Flugsports und der zivilen Nutzung der Flugmaschine

Das Ende der »Gründerjahre« des Flugwesens war praktisch schon erreicht, bevor der Erste Weltkrieg jeglicher Weiterentwicklung im Flugsport und zur Nutzbarmachung des Flugzeuges für zivile Zwecke ein vorläufiges Ende setzte. Die Kriterien für den Abschluß der ersten Entwicklungsphase waren für jedermann sichtbar:

1. Die Flugmaschine war – verhältnismäßig – flugsicher geworden und hatte ihre endgültige Gestalt gefunden. Zelle und Motor waren für die damaligen Möglichkeiten ausreichend durchkonstruiert.
2. Die Ausbildung der Piloten wie der allgemeine Flugbetrieb waren durch ein Regelwerk in geordnete Bahnen gelenkt. Niemand durfte ohne Not dagegen verstoßen.
3. Die Flugzeug- und Motorenindustrie hatte einen ausreichenden Stamm von Facharbeitern herangebildet und war zu rationeller Serienproduktion vorbereitet.

In dieser Situation stellte sich die Frage, welche Perspektive der Flugsport hatte und welcher zivilen Nutzung das Flugzeug künftig zugeführt werden konnte.

Postflüge, Fracht- und Personenbeförderung

Beispiele dafür, daß Sportflugzeuge zu Gebrauchsflugzeugen für zivile Zwecke weiterentwickelt werden konnten,

Postbeförderung Bork–Brück mit Grade-Flieger im Frühjahr 1912.

hatte es wiederholt gegeben. Postflüge, Frachtbeförderung und auch Passagierflüge hatten versuchsweise stattgefunden, und die Ergebnisse waren durchaus zufriedenstellend. Besonders die ersten Postbeförderungsflüge hatten wegen des Sammlerwertes der mitgeführten Postsachen viel Aufmerksamkeit in der Öffentlichkeit gefunden.

Die erste Flugpost wurde am 18. Februar 1912 durch den Grade-Flieger *Hermann L. Pentz* von Bork nach Brück befördert, dort vom Bürgermeister *Karl Friedrich* in Empfang genommen und einem Postbeamten übergeben. Für den Initiator, den Verkehrsverein Bork, schickten *Kurt Schaefer* und *Wilhelm Oppenberg* noch am gleichen Tage dem Kaiser sowie allen einschlägigen Ministerien und Behörden Telegramme mit dieser Nachricht[70].

Pentz hatte 400 bis 500 (nach anderen Quellen 200) Karten und Briefe im Postsack, die alle einen Sonderstempel erhalten hatten, der die Beförderung durch Grade-Flieger bestätigte. Zur weiteren Popularisierung der »Flugpostlinie« entschloß sich der Verkehrsverein, zusätzlich zum Stempel private Luftpostmarken herauszugeben, die neben

Erste offizielle Flugpost von Frankfurt nach Darmstadt, von *Ferdinand v. Hiddessen* im »Gelben Hund« befördert, im Juni 1912.

das offizielle Postwertzeichen geklebt werden und vom Poststempel miterfaßt werden sollten. Diese Marke wurde für den zweiten Postflug, der eine Woche später, am 25. Februar, stattfand, an Interessenten kostenlos abgegeben. Philatelisten aus nah und fern schickten dazu Postsachen nach Bork, aber der Verkehrsverein hatte die Rechnung ohne die Post gemacht. Die Reichspost verweigerte ihre Zustimmung zur »Luftpostlinie Bork–Brück« und ließ sich auch durch veränderte Stempel und Marken, die den privaten Charakter betonten, nicht umstimmen. Ende August 1912 wurden die Grade-Postflüge stillschweigend eingestellt.

Ähnlich große Aufmerksamkeit fanden im Juni 1912 die Postflüge des Euler-Doppeldeckers »Gelber Hund«. Am 10. Juni beförderte *Ferdinand v. Hiddessen* damit 20 000 Postkarten von Frankfurt nach Darmstadt und in den folgenden Tagen auch nach Worms und Mainz. Diesem Experiment, das sozusagen halbamtlich war, hatte die Reichspost zugestimmt, weil der Ertrag für wohltätige Zwecke bestimmt war und der Großherzog von Hessen-Darmstadt dahinterstand. Die Konzession wurde aber nur für eine Woche erteilt. *Oskar Ursinus* schrieb danach im »Flugsport«:

»Diese schnelle und zuverlässige Beförderung der Postsachen läßt jetzt schon erkennen, daß es sich hier nicht um eine Sportspielerei handelt, sondern rechtfertigt die Annahme, daß das Flugzeug auch auf diesem Gebiet zu den schönsten Hoffnungen berechtigt[71].«

Dazwischen lagen, ebenfalls als einmalige Unternehmungen, Postflüge in Leipzig-Lindenthal am 18. Mai anläßlich des Margareten-Volksfestes sowie am 19. Mai von Mannheim nach Heidelberg. Den Mannheimer Postflug führte *Karl Krieger* auf Jeannin-Eindecker in der Zeit des Oberrheinischen Zuverlässigkeitsfluges aus, und er beförderte dabei 35 000 gedruckte Postkarten. Das Heidelberger Tageblatt schrieb darüber am 20. Mai 1912:

»Unsere Flugzeuge haben die erste praktische Erprobung auf diesem Gebiet glänzend bestanden! Sie haben bewiesen, daß sie zu vorher festgesetzter Zeit und zwischen ganz bestimmten eng begrenzten Zielen die Post mit einer Schnelligkeit zu befördern vermögen, die kein anderes Verkehrsmittel zu erreichen vermag. Der Weg zu ihrer verkehrswirtschaftlichen Nutzung ist angebahnt.«

Weitere Flugpostbeförderungen gab es noch Ende Juni von Pforzheim nach Karlsruhe, Ende Juli in Gotha und im Oktober in München und in Regensburg. Auch dabei wurden private »Flugpostmarken« und Beförderungsstempel verwendet, die bei Sammlern noch heute sehr beliebt sind. Alle weiteren Unternehmungen dieser Art wurden dann von den Postbehörden untersagt, und erst nach dem Kriege begann die offizielle Flugpostbeförderung.

Die erste Frachtbeförderung reichte sogar noch weiter zurück. Am 19. August 1911, einem Sonnabend, hatte der Harlan-Pilot *Siegfried Hoffmann* ein Paket Zeitungen des Ullstein-Verlages von Johannisthal nach Frankfurt a. d.

Aufstellung der Flugzeuge zum Dreiecksflug Berlin–Leipzig–Dresden–Berlin am 30. Mai 1914 in Johannisthal, einem einwöchigen reinen Zivilflieger-Wettbewerb.

Oder über eine Strecke von rund 60 km befördert. Dadurch kam die »Berliner Morgenpost«, die am weitesten verbreitete Abonnementszeitung damals in Deutschland, eine Stunde früher als üblich am Zielort an. Vom Ullstein-Verlag wurde das groß herausgestellt, aber es blieb bei diesem einen Versuch. Denn was wäre, wenn in Johannisthal Nebel herrschte, wenn es regnete oder stürmte? Da erschien die Eisenbahnbeförderung doch mit weniger Risiko behaftet zu sein.

Blieb die Personenbeförderung, der Reiseflug unter Mitnahme von wenigstens einer Person neben dem Piloten. Davon versprach man sich schon damals den größten Nutzen in der praktischen Anwendung der Flugmaschine. Und hatte es nicht solche Passagierflüge schon in Hülle und Fülle gegeben bei Wettbewerbsflügen, aber auch als reine »Lustflüge«? Und hatten solche Passagierflüge nicht auch schon zu bestimmten Zielorten geführt? Hatte sich nicht der Vorsitzende des Verkehrsvereins in Bork, der Berliner Zahnarzt *Kurt Schaefer,* von einem Grade-Piloten gar schon zum Rasieren nach Brück und danach wieder zurückfliegen lassen?

Die Voraussetzung für eine geregelte Personenbeförderung sozusagen nach Flugplan schien spätestens seit dem Dreiecksflug Berlin–Dresden–Leipzig vom 30. Mai bis 5. Juni 1914 gegeben zu sein. Dieser Wettbewerb war – ein Novum! – nur für Zivilflieger ausgeschrieben, und auch ausländische Piloten waren unter bestimmten Bedingungen dazu zugelassen. Alles, was in der Fliegerei in Deutschland damals Rang und Namen hatte, war in Johannisthal am Start, im ganzen 35 Piloten, unter ihnen auch der Franzose *Charles Boutard.* Vermißt wurde *Hellmuth Hirth,* der wenige Tage zuvor noch den zweiten Bodensee-Wasserflug-Wettbewerb gewonnen hatte.

Das Dreieck war dreimal zu umfliegen, in sieben Tagen mußten also neun Etappen zurückgelegt werden. Flugzeuge und Motoren sollten aus Deutschland stammen, und erstmals wurden auch die Motorleistungen nach einer eigens dafür entwickelten Formel mitbewertet. Sieger wurde *Max Schüler* (1888–1978), einer der ältesten Piloten, auf einem einstieligen Renn-Doppeldecker der Deutschen Flugzeug-Werke in Lindenthal mit 150-PS-Benz-Motor (110 kW). Den zweiten Platz belegte *Robert Janisch* auf einem von *Franz Schneider* konstruierten LVG-Eindecker mit 80-PS-Gnôme-Umlaufmotor (59 kW) aus Oberursel. An letzter Stelle rangierte, auch dies sei zu seiner Ehre festgehalten, der Sportflieger *Bruno Hanuschke.* Er war einer der letzten Flugtechniker, die noch Flieger, Konstrukteur und (Klein-) Unternehmer in einer Person waren und die wirtschaftlich niemals auf einen grünen Zweig kamen, weil ihre Maschinen nicht militärtauglich waren.

Der Dreiecksflug hatte eine Woche lang die Großstädte Berlin, Dresden und Leipzig auf eine bisher nicht dagewesene Weise zuverlässig verbunden, und er war, obgleich das Wetter nicht sehr günstig war, ohne nennenswerten Unfall verlaufen. *Oskar Ursinus* nahm das zum Anlaß, im »Flugsport« der Industrie zu empfehlen, neben den Panzerflugzeugen für das Militär nun auch leichte Verkehrsflugzeuge für Post- und Passagierbeförderung zu bauen. Sein Johannisthaler Korrespondent schrieb:

»Die nahe beieinander liegenden Flugplätze Johannisthal, Leipzig, Dresden sind dazu wie geschaffen, endlich den Traum der Menschheit vom Luftverkehr in die Wirklichkeit zu übersetzen . . . In diesem Sinne sollte der Gedanke des Herrn Major v. Tschudi, drei Städte während einer Woche durch die Flugzeuge zu verbinden, Allgemeingut der Förderer des Flugwesens werden. Daß wir heute so weit sind, an diese Aufgabe uns wagen zu können, hat der Dreiecksflug mit seinem nach Tag, Stunde und Route genau vorher festgelegten Fahrplan – um eisenbahntechnisch zu reden – bewiesen[72].«

Wir haben Grund zur Annahme, daß Johannisthal schon bald regelmäßig mit anderen Städten durch die Luft verbunden gewesen wäre, wenn der Krieg nicht alle Ansätze dazu zunichte gemacht hätte. So verzögerte sich die zivile Nutzung der Flugmaschine bis zum Jahre 1919.

Frankfurter Flugtechnischer Verein, FFV

Düsseldorfer Flugsport-Club, DFC

Mannheimer Flugsport-Club

Flugsport an Rhein, Ruhr und Lippe, Duisburg

Flugtechnischer Verein Leipzig

Verein für Flugwesen in Mainz, VFM

Embleme von Flugsportvereinen vor 1914.

Die Perspektiven am Ende der Pionierzeit

Versucht man, für die flugsportliche Entwicklung bis 1914 Bilanz zu ziehen, und solche Betrachtungen sind auch damals schon angestellt worden, so fällt das Ergebnis sehr positiv aus:

1. Der Flugsport hat die Flugtechnik und damit das gesamte Flugwesen in seinen Anfängen überhaupt erst existenzfähig gemacht.
2. Der Flugsport hat das Interesse der Öffentlichkeit für das Flugwesen geweckt und das Publikum von den Vorzügen des Fluggerätes »Schwerer als Luft« augenscheinlich überzeugen können.
3. Flugsportliche Wettbewerbe haben wesentlichen Anteil an der Vervollkommnung der Flugmaschine, indem sie Konstrukteure und Fabrikanten durch finanzielle Anreize zu großen Anstrengungen veranlaßten.
4. Flugsportliche Betätigung hat es den Piloten in der Frühzeit ermöglicht, in vielfältigen Wettbewerbsformen Erfahrungen zu sammeln und dadurch das Fliegen sicherer werden zu lassen.
5. Der Flugsport hat die Möglichkeit geboten, alle wesentlichen Neuerungen an Flugmaschinen in Flugwettbewerben zu erproben und auch bekanntzumachen, bevor eine Serienproduktion aufgenommen wurde.

Den Fachleuten war auch vor dem Kriege schon klar, daß damit nur eine erste Phase in der Entwicklung abgeschlossen war und daß eine solche Bilanz zugleich auch permanente Aufgabe für die Zukunft sein würde. Denn die Flugmaschine bedurfte der kontinuierlichen Weiterentwicklung, wollte man die in Aussicht genommene zivile Nutzung realisieren. Wie bisher würden sich neue technische Weiterentwicklungen zunächst in flugsportlichen Wettbewerben zu bewähren haben, bevor sie Serienreife erlangten. Die Flugtechnik konnte sich ohne flugsportliche Betätigung nicht weiterentwickeln.
Doch sobald es darum ging, diese Erkenntnis in die Tat umzusetzen, stieß man an Grenzen, wie die letzten Vorkriegsjahre zeigten. Diese Grenzen waren durch die betriebswirtschaftlichen Interessen der Flugzeugfabrikanten gesetzt. Die Fabrikanten hatten unter dem Einfluß der Heeresverwaltung als dem hauptsächlichen Abnehmer den schweren Doppeldecker entwickelt mit vornliegendem wassergekühltem Motor und etwa 600 kg Gewicht. Dieser Militärtyp wurde von allen großen Firmen gebaut, die Entwickung und der Bau von leichten Maschinen mit geringerem Aktionsradius dagegen weitgehend vernachlässigt.
Schon Ende 1913 machte sich *Oskar Ursinus* im »Flugsport« Gedanken darüber, wie trotz dieses Umstandes die zivile Seite des Flugwesens aufgewertet und gestärkt werden könnte. Er schrieb:

»Die jetzigen deutschen Flugmaschinen, wie sie serienweise in den Fabriken hergestellt werden, sind eben große, schwere Militärmaschinen, die sich der einzelne, wenn er wirklich einmal zu seinem Privatvergnügen fliegen will, nicht leisten kann. Sie erfordern neben hohen Anschaffungskosten zu ihrer Wartung und Erhaltung nicht unerheblich Aufwendungen. Es ist begreiflich, wenn die Industrie, um sich Absatz zu schaffen, zunächst die Typen für die Heeresverwaltung baut. Die großen Flugzeug-Industriellen besitzen alle ein festes Arbeitsprogramm. Die Anzahl der Industriellen, welche für Lieferungen an die Heeresverwaltung in Frage kommen, ist festgelegt. Ferner existiert noch eine große Anzahl von jüngeren Unternehmungen, die mit ihrer Existenz kämpfen. Für solche wäre es sicher eine dankbare Aufgabe, sich mit dem Bau von Sportmaschinen zu befassen[73].«

Ursinus definiert auch noch einmal, was er unter Sportflugzeugen verstand: Leichte Eindecker von geringem Gewicht mit kleineren Motoren nicht über 50 PS (37 kW), die in der Hauptsache von den Flugsportlern selbst, im alleräußersten Falle unter Zuhilfenahme eines Monteurs bedient werden konnten. Entscheidend für ihre Herstellung aber war, daß es künftig eigene Flugwettbewerbe für solche kleinen Sportmaschinen geben müßte. Dafür wiederum war es erforderlich, daß Geldpreise, die bisher weitgehend nach den Wünschen der Fliegertruppe ausgeschrieben worden waren, künftig den sportlichen Flugwettbewerben zugute kommen würden.

Ganz gewiß war die Annahme richtig, daß solche Ausschreibungen ein entscheidender Anreiz sein und alle kleineren Flugzeugfirmen auf den Plan rufen würden. Die Frage, wie den Sportfliegern Gelegenheit gegeben werden könnte, sich weiter auszubilden und zum Nutzen des gesamten Flugwesens wie zur eigenen Freude sich zu betätigen, diese Frage würde sich dann ganz von selbst erledigen.

Flugsport

Jllustrirte technische Zeitschrift und Anzeiger für das gesamte „Flugwesen"

No. 21
15. Oktober
1913. Jahrg. V.

Abonnement:
Kreuzband M. 14
Postbezug M. 14
pro Jahr.

unter Mitwirkung bedeutender Fachmänner herausgegeben von

Telef. 4557 Amt I. **Oskar Ursinus, Civilingenieur.** Tel.-Adr.: Ursinus.

Brief-Adr.: Redaktion und Verlag „Flugsport" Frankfurt a. M., Bahnhofsplatz 8.

Erscheint regelmäßig 14 tägig.

Zu beziehen durch alle Buchhandlungen.

Der Nachdruck unserer Artikel ist, soweit nicht mit „Nachdruck verboten" versehen, nur mit genauer Quellenangabe gestattet.

Die nächste Nummer des „Flugsport" erscheint am 29. Oktober.

Sollen wir uns noch flugsportlich betätigen?

Es ist schon oft gesagt worden: „Einen Flugsport gibt es nicht." Hätten wir kein Militärflugwesen so wäre es anders. Man fördert die Entwicklung des Flugwesens nicht, wenn man den Flugsport nicht unterstützt. Die Betätigung im Flugsport bei einem Vergleich mit anderen Sportgebieten unterscheidet sich ganz wesentlich. Es ist daher verfehlt mit anderen Sportgebieten Analogien herbeizuführen und nach diesem Muster zu arbeiten. Sogar die bisherige Betätigung im Flugsport kann nicht maßgebend sein. Ganz abgesehen davon, daß der Flugsport als solcher die Flugtechnik und das gesamte Flugwesen in seinen Anfängen erst existenzfähig gemacht hat.

In Deutschland hat sich in der Hauptsache die reine, schwere Militärmaschine ausgebildet. Das Militär braucht eben die Maschinen wie sie jetzt sind für seine Zwecke. Das Militär war der Hauptabnehmer im vergangenen Jahre. Die Heeresverwaltung hat sich eine ganze Anzahl von Offiziersfliegern ausgebildet, so daß sie auf die Hülfe der Civilflieger nicht angewiesen ist. Gerade letztere Tatsache fühlt man immer mehr heraus. Dies muß auch im Interesse des Flugwesens einmal gesagt werden, damit andere Mittel im Interesse der weiteren Entwicklung des Flugwesens nutzbar gemacht werden können.

Wenn man die Flugtechnik systematisch fördern will, und das ist das Wichtigste worauf wir hier aufmerksam machen wollen, so müßten die neuesten technischen Errungenschaften, die neuesten Maschinen in freien Wettkämpfen gezüchtet werden. Unsere Flugmaschine als

Plädoyer von *Oskar Ursinus* für eine stärkere Förderung des Flugsports in Deutschland im Oktober 1913.

Anmerkungen

1. Lilienthal, Otto: Zur Flugfrage. Prometheus, Nr. 205, 1893, S. 769–774.
2. Lilienthal, Otto: Fliegesport und Fliegepraxis. Prometheus, Nr. 322/323, 1895, S. 145–148, 169–173.
3. Shukowski, N. J.: Der Flugapparat Otto Lilienthals. Fotografische Rundschau, Moskau, Nr. 1, 1896. In deutscher Übersetzung: Deutsche Flugtechnik, H. 8, 1961, S. 288/289.
4. Stade, H.: Berliner Verein für Luftschiffahrt. Jahresbericht für 1908. Illustrierte Aeronautische Mitteilungen (IAM), Nr. 3, 1909, S. 99–106.
5. Neue Flugpreise für deutsche Flieger. IAM, Nr. 24, 1909, Anlage V. Ebenso: Flugsport, Nr. 24, 1909, S. 699/700.
6. Offizielle Ausschreibung für den Internationalen Wettbewerb mit Flugmaschinen um den Kieler Preis. IAM, Nr. 11, 1908, S. 294/295.
7. Internationaler Flug-Wettbewerb um den Dr. Gans-Preis. IAM, Nr. 5, 1908, S. 105/106.
8. Schmal-Carbur, O.: Der gegenwärtige Stand des deutschen Flugsports. Deutsche Luftfahrer-Zeitschrift (DLZ), Nr. 3, 1910, S. 9–12.
9. Elias, Hermann: Flugversuche in Berlin. IAM, Nr. 4, 1909, S. 78.
10. Die Eröffnung der ILA. IAM, Nr. 14, 1909, S. 589–593.
11. Internationale Luftschiffahrt-Ausstellung Frankfurt a. Main 1909. Flugsport, Nr. 17, 1909, S. 471–473.
12. Die Gründung eines Deutschen Flieger-Bundes. Zeitschrift für Flugtechnik und Motorluftschiffahrt (ZfFuM), H. 8, 1910, S. 85–87. Ebenso: Flugsport, Nr. 9, 1910, S. 280–291.

13. Aus der Ankündigung des ersten Wettbewerbsfluges von Hans Grade um den Lanz-Preis am 25. Sept. 1909 in Bork. Bundesarchiv Merseburg, Rep. 76 Vc, Sekt. 1, Tit. 11, Nr. 21, Bd. 2, Bl. 383.
14. Kronenwerth, Egon: Der tolle Euler. Flugzeugführer Deutschland Nummer 1. Frankfurt a. M. 1992.
15. Italiaander, Rolf: Spiel und Lebensziel. Der Lebensweg von Hans Grade. Berlin 1939.
16. Grade, Hans: Meine Fliegertätigkeit. In: 50 Jahre Berliner Verein für Luftschiffahrt. Berlin 1931, S. 75–80.
17. Offizielle Mitteilungen des Vereins Deutscher Flugsportler. Flugsport, Nr. 23, 1909, S. 670–672.
18. Auf dem Flugfelde »Mars«. DLZ, Nr. 10, 1910, S. 27.
19. Prospekt der Hans Grade Flieger-Werke vom Januar 1914. Deutsches Museum, Sondersammlungen.
20. Dorner, Hermann: Meine Erfahrungen beim Fliegenlernen. DLZ, Nr. 2, 1910, S. 15–18. Ebenso: Flugsport, Nr. 4, 1910, S. 104–111.
21. Prospekt zur Gründung der Dorner-Flugzeug-Gesellschaft mbH, Berlin, Aug. 1910. Nachlaß Dorner im Deutschen Museum, Sondersammlungen.
22. Nachlaß Euler im Bundesarchiv Koblenz, Nr. 40.
23. Kollmann: Das erste Heim für Flugmaschinen und Gleitflieger in Deutschland. IAM, Nr. 9, 1909, S. 374–377.
24. Hirth, Hellmuth: 20 000 Kilometer im Luftmeer. Berlin 1913, S. 25/26.
25. P. H.: Zwischen Himmel und Erde. Beobachtungen eines Flugschülers. DLZ, Nr. 1, 1911, S. 9–11.
26. Brief Eulers vom 11. Sept. 1911 an die Luftschiffer-Abt. in Berlin-Schöneberg. Bundesarchiv/Militärarchiv Freiburg i. Br., PH 24/96.
27. Ursinus, Oskar: Vereinigung deutscher Flieger. Flugsport, Nr. 9, 1910, S. 271/272.
28. Offizielle Mitteilungen der Abteilung der Flugzeug-Industriellen im Verein Deutscher Motorfahrzeug-Industrieller. DLZ, Nr. 11, 1912, S. 284.
29. Bendemann, Friedrich: Der heutige Stand und die Zukunftsaussichten der Fliegekunst. Flugsport, Nr. 2, 1910, S. 55.
30. Rumpler, Edmund: Vortrag im Kaiserlichen Automobil-Club. Flugsport, Nr. 6, 1910, S. 188–190.
31. Welchen Weg müssen die Flugmaschinen-Konstrukteure gehen? Flugsport, Nr. 12, 1910, S. 358/359.
32. Eisenlohr, Roland: Die Flugzeuge vom Bodensee-Wasserflug 1913. Zeitschrift des Vereins Deutscher Ingenieure (VDI-Zeitschrift), 1913, S. 1450–1455.
33. Vogelsang, Walther: Die deutschen Flugzeuge in Wort und Bild. Berlin 1912, S. 16/17.
34. Sport-Eindecker Deicke. Flugsport, Nr. 21, 1913, S. 782–784.
35. Schwipps, Werner: Schwerer als Luft. Die deutsche Luftfahrt, Bd. 8, Koblenz 1984.
36. Der Goedecker-Eindecker. Flugsport, Nr. 19, 1911, S. 666–668.
37. W. K.: Der Hanuschke-Eindecker. DLZ, Nr. 2, 1911, S. 15–17.
38. Der Harlan-Eindecker. Flugsport, Nr. 2, 1911, S. 37–40.
39. Lange, Bruno: Typenhandbuch der deutschen Luftfahrttechnik. Die deutsche Luftfahrt, Bd. 9, Koblenz 1986, S. 12.
40. Etrich, Igo: Die historische Entwicklung des Taubenprinzips und dessen Bedeutung für die Zukunft. Privatdruck 1929, S. 12.
41. Der neue Schulze-Eindecker. Flugsport, Nr. 7, 1912, S. 242/243.
42. Eindecker Wiencziers. Flugsport, Nr. 10, 1911, S. 324–328.
43. Die neue Ursinus-Flugmaschine. Flugsport, Nr. 6, 1910, S. 164/165.
44. Supf, Peter: Das Buch der deutschen Fluggeschichte. Bd. 1, Berlin 1935, S. 217.
45. Flugplätze mit ihren Flugschulen. DLZ, Nr. 26, 1910, S. 15.
46. Deutsche Fliegerschulen. Flugsport, Nr. 11, 1910, S. 327/328.
47. Deutsche Schule für Aviatik / Fliegerschule Teltow. Im Reich der Lüfte, 1910, S. 452.
48. Deutsche Flugwoche, H. 4, 1913, Anzeigenteil.
49. Grade, Hans: Meine Fliegertätigkeit, a.a.O.
50. Ausbildungsvertrag Harth. Bundesarchiv Potsdam, 61 Na 1, 170, Bl. 104–106.
51. Aus einer Statistik des Bundes Deutscher Flugzeugführer. Der Luftverkehr, Nr. 5, 1914, S. 75.
52. Die vom DLV im Jahre 1913 ausgestellten Flugzeugführer-Zeugnisse. DLZ, Nr. 6, 1914, S. 131.
53. Schmitt, Günter: Als die Oldtimer flogen. Die Geschichte des Flugplatzes Johannisthal. Berlin 1987, S. 102–107.
54. Hirth, Hellmuth: 20 000 Kilometer, a.a.O., S. 57.
55. Rupp/Rosenstein: Die Fliegerschule. Ein Elementarbuch für den Flugschüler. Berlin 1913.
56. Erblich, Heinz: Fliegerschule. Berlin 1914.
57. Beese, Melli: Unser Flugplatz – in memoriam. Der Luftweg, Nr. 17–24, 1921.
58. Rumpler Firmenprospekt 1914. Deutsches Museum, Sondersammlungen.
59. Grade, Hans: Meine Fliegertätigkeit, a.a.O.
60. P. H.: Zwischen Himmel und Erde, a.a.O.
61. Hirth, Hellmuth: 20 000 Kilometer, a.a.O., S. 35/36.
62. Ebenda, S. 37.
63. Ein Flugzeugveteran: Schulapparat 25. DLZ, Nr. 3, 1914, S. 35.
64. Bericht über die Ergebnisse der ALA v. 18. April 1912. Bundesarchiv Merseburg, 2.2.1, Nr. 21388, Bl. 222–227.
65. Ebenda.
66. Wie können wir durch die Wettbewerbe 1912 das deutsche Flugwesen fördern? Flugsport, Nr. 22, 1911, S. 766/767.
67. Brief von Georg v. Tschudi v. 7. Juli 1910 an das Polizeipräsidium Berlin. Bundesarchiv Merseburg, Rep. 120, Tn Nr. 1, Bd. 3, Bl. 158–160.
68. DLV-Verordnung zur Regelung des Verkehrs mit Flugzeugen v. 19. Januar 1913. Bundesarchiv Merseburg, a.a.O., Bl. 208–212.
69. Schwipps, Werner: Die Stiftung »Luftfahrerdank«. DGLR-Jahrbuch 1992, Bd. 2, S. 861–869.
70. Bundesarchiv Merseburg, 2.2.1, Nr. 21388, Bl. 209.
71. Das Postflugzeug »Gelber Hund«. Flugsport, Nr. 13, 1912, S. 514–516.
72. Johannisthaler Brief. Flugsport, Nr. 12, 1914, S. 493–496.
73. Sollen wir uns noch flugtechnisch betätigen? Flugsport, Nr. 21, 1913, S. 779/780.

Teil 2: Die große Zeit der deutschen Sportflugzeuge (1919–1939)

Günter Brinkmann und Kyrill von Gersdorff

Wurzeln des Wiederbeginns

Mit dem Abstand von fast acht Jahrzehnten nehmen viele an, daß mit dem Waffenstillstand am 11. November 1918, der den Ersten Weltkrieg beendete, auch die Luftfahrt in Deutschland völlig zum Erliegen gekommen sei. Das war jedoch nicht der Fall. So wurde der Probeluftverkehr der bereits Ende 1917 gegründeten Deutschen Luftreederei zwischen Berlin und Köln sowie in den Etappengebieten der Ostfront zunächst fortgesetzt, wenn auch nur für militärische Zwecke. *August Euler,* neu ernannter Unterstaatssekretär für Luftfahrt und Inhaber des deutschen Pilotenscheins Nr. 1 war es, der als eine seiner ersten Amtshandlungen der Deutschen Luftreederei auch eine zivile Lizenz erteilte. Am 5. Februar 1919 konnte – mit umgebauten Militärflugzeugen – der Luftverkehr zwischen Berlin und Weimar, wo die Nationalversammlung tagte, aufgenommen werden. Weitere Strecken folgten, und am 2. November 1920 waren bereits eine Million Kilometer im zivilen Luftverkehr zurückgelegt worden.

Wichtige Impulse gab die Junkers F 13, die speziell für den Luftverkehr entwickelt worden war: ein Ganzmetallflugzeug mit allen wesentlichen Merkmalen auch späterer Junkersflugzeuge, ein freitragender Tiefdecker mit geschlossener, bequemer und gut ausgestatteter Kabine für vier Passagiere. Mit ihrer Spannweite von 17,80 m, einer Rüstmasse von 1150 kg und einer Startmasse von 1850 kg bei einer Motorleistung von 130 kW (185 PS) bzw. 228 kW (310 PS) lag sie im Bereich heutiger Reiseflugzeuge, wenn auch ihre Reisegeschwindigkeit von 140 bis 170 km/h recht gering erscheint. Der Prototyp hat seinen Erstflug schon im Juni 1919 erfolgreich absolviert. Mit ihren für die damalige Zeit erstaunlichen Leistungen und ihrer Zuverlässigkeit fand die F 13 weltweites Interesse.

Weniger gut gelang dies ehemaligen Kriegsfliegern, die in ihrer fortbestehenden Flugbegeisterung mit alten, starkmotorigen und damit unwirtschaftlichen Militärflugzeugen weiterfliegen wollten und sich teilweise ebenfalls in Post- und Passagierdiensten versuchten oder Schauflüge veranstalteten. Einige hatten sich auch den vor allem im Osten operierenden Freikorps angeschlossen. Das alles hatte ein Ende, als mit Abschluß des Versailler Vertrages Verbote in Kraft traten, die den Luftverkehr, den Flugzeugbau und den gerade erst entstehenden Luftsport in Deutschland zunächst praktisch völlig zum Erliegen brachten.

Schon mit dem Waffenstillstand im November 1918 war von den Siegermächten die Auslieferung aller Militärflugzeuge verlangt worden. Der Versailler Vertrag vom 28. Juli 1919 sah die Auslieferung oder Zerstörung allen Luftfahrtgerätes innerhalb von drei Monaten vor. In weiteren Erlassen und Verordnungen wurde der Bau von Motorflugzeugen gene-

Das fortschrittliche und erfolgreiche Verkehrsflugzeug Junkers F 13 hatte wenige Monate nach dem Ende des Ersten Weltkriegs – am 25. Juni 1919 – seinen Erstflug in Dessau.

rell verboten. Zwar lief das Bauverbot im Mai 1922 ab, doch jetzt traten »Begriffsbestimmungen« in Kraft, die den Bau vor allem von Verkehrsflugzeugen wesentlich beschränkten: Die Nutzlast (einschließlich Besatzung) durfte nicht über 600 kg, die Höchstgeschwindigkeit in 2000 m Höhe nicht über 170 km/h und die Reichweite nicht über 300 km liegen. Der Bau von Höhenmotoren wurde verboten und zugleich die Gipfelhöhe auf 4000 m beschränkt. Selbst für Leichtflugzeuge gab es Einschränkungen; so wurde die Motorleistung für Einsitzer auf 44 kW (60 PS) begrenzt. Trotzdem: Fliegen mit Leichtflugzeugen war wieder erlaubt, und wer von den Kriegspiloten nicht vorher schon aus wirtschaftlichen Gründen eingesehen hatte, daß man auch auf schwachmotorigen Flugzeugen fliegerischen Neigungen nachgehen und junge Flugbegeisterte ausbilden kann, der begriff es jetzt unter dem Zwang der Verhältnisse.

Zunächst bevorzugt: der Doppeldecker

Das »Traumflugzeug« der Weltkriegs-Jagdflieger war der Doppeldecker Fokker D VII gewesen. Bei einer Spannweite von 8,90 m hatte er einen Motor von 125 kW (170 PS) bei einer Rüstmasse von 670 und einer Startmasse von 960 kg. An Steigleistung (4 m/s) und an Höchstgeschwindigkeit (189 km/h) übertraf er konkurrierende Flugzeugmuster – auch der Alliierten – nicht, wohl aber an Wendigkeit, vor allem in größerer Höhe. Das machte dieses Muster bei den Jagdfliegern so beliebt. Mehr als 800 D VII sind bis November 1918 hergestellt worden. Die Schweiz erwarb über die Alliierte Kontrollkommission zehn Fokker D VII, die – zum Teil mit stärkeren Motoren ausgerüstet – bis 1938 bei der Fliegertruppe geflogen wurden. In den Niederlanden wurde die D VII weitergebaut und vor allem exportiert, u. a. an die USA, die allein 142 Flugzeuge gekauft haben sollen. Kein Wunder also, daß die ersten Neukonstruktionen der Nachkriegszeit – bezeichnenderweise von ehemaligen Militärpiloten – mit der Fokker F VII große Ähnlichkeit, wenn auch einen schwächeren Motor hatten.

Der Fokker-Doppeldecker D VII gehörte zu den leistungsfähigsten Jagdflugzeugen des Ersten Weltkrieges.

Flugzeuge von Richard Dietrich

Der erste, der ein solches Sportflugzeug konstruierte und am 5. Mai 1922, dem Tag der Aufhebung des Flugverbotes, auch gleich einflog, war der Mannheimer *Richard Dietrich* (1894–1945). Bereits mit 18 Jahren hatte er in Johannisthal mit der Fliegerschulung begonnen, aber schon beim ersten Start Bruch gemacht. Seine Einführung in den Flugzeugbau erhielt er bei der Reparatur des beschädigten Hanuschke-Eindeckers. Den Pilotenschein erwarb er ein Jahr später bei *Hans Grade* in Bork. Im Krieg war er als Flieger überwiegend an der Westfront. Wie der Entwurf seines ersten Flugzeugs gleichzeitig mit dem Bau in einer Hinterhofwerkstatt in der Mannheimer Innenstadt entstand, beschreibt er in seinem Buch »Im Flug über ein halbes Jahrhundert«, erschienen 1942. Während einer Erkrankung Anfang 1922

»hatte ich Muße, den Entwurf in allen Einzelheiten auszuarbeiten . . . Als ich . . . wieder aufstehen konnte, hatte Meister *Pöhlmann* mit seinen Gesellen schon das Rumpfgerippe zusammengeschweißt . . . Inzwischen waren auch die Ergebnisse der Modelluntersuchungen im Windkanal der Aerodynamischen Versuchsanstalt Göttingen eingetroffen, und die Leistungs- und Stabilitätsberechnungen konnten abgeschlossen werden. Ein wertvoller Mitarbeiter war mein Privatlehrer für Mathematik und Physik, *Dipl.-Ing. Geyer,* der als Dozent an der Rheinischen Ingenieurschule Mannheim wirkte und sich während seiner Gefangenschaft in England durch Selbststudium weitgehende Kenntnisse in der Aerodynamik angeeignet hatte. An Fachbüchern war nur wenig Auswahl. Außer den aus der Kriegszeit stammenden ›Technischen Berichten‹ Bd. 1 und 2 der Flugzeugmeisterei Adlershof standen uns zunächst nur ›Everling‹ (Aerodynamik) und ›Schwengler‹ (Statik) zur Verfügung. *Geyer* schöpfte für seine Arbeiten noch vieles aus der einschlägigen englischen Literatur, die er sich laufend herüberkommen ließ. Erst später nahmen wir auch ›Prantl‹ (Tragflächentheorie), ›Fuchs Hopf‹ (Aerodynamik) und ›Thalau-Teichmann‹ (Statik) zuhilfe. Der theoretische Leistungs-, Stabilitäts- und Festigkeitsnachweis wurde für das erste Flugzeug fertig, als es bereits einige Dutzend Flüge hinter sich hatte. Meine Erstlingskonstruktion kam also mehr gefühlsmäßig als rechnerisch zustande, sonst hätte ich ja den Versailler Termin verpaßt . . .«

Gemeint war der 5. Mai 1922, an dem *Dietrich* den DP 1 tatsächlich eingeflogen hat. Die Bezeichnung DP bedeutet »Dietrich-Passagier-Doppeldecker«. In die ursprünglich einsitzig geplante Konstruktion hatte *Dietrich* einen Passagiersitz einbezogen, weil der ihm zur Verfügung stehende Gnôme-Motor aus der Vorkriegszeit nominell zehn PS mehr hatte, als für einen Einsitzer erlaubt war.
Die Schilderung von *Richard Dietrich* gibt einen Einblick, wie damals Leichtflugzeuge konstruiert und gebaut wurden – in einer seltsamen Mischung von theoretisch-technischem Bemühen bei gleichzeitiger Improvisation. Noch waren die Luftfahrtbehörden relativ großzügig, zumal es ihnen an Mitteln fehlte, offenkundige Verstöße gegen bestehende Vorschriften rechtzeitig zu erkennen und zu unterbinden. Entsprechend hoch lag die Unfallquote, auch die der tödlichen Unfälle.
Richard Dietrichs Nachfolgekonstruktion war die DP II a »Bussard«, die ihrem größeren Vorbild Fokker D VII noch ähnlicher war als DP I. Sie entsprach ihm auch weitgehend von der Konstruktion her: Stahlrohrrumpf mit Drahtauskreuzungen, abnehmbarer Rumpfrücken aus Leichtmetall, Flossen und Ruder ebenfalls aus geschweißten Stahlrohren, Fahrwerk aus Profilstahlrohren, die leicht ausgewechselt werden konnten, Rad- und Spornfederung durch Gummikabel, Oberflügel einteilig aus Holz (zwei Kastenholme mit Sperrholzrippen und Stoffbespannung). Der kleinere und nur leicht gestaffelt angeordnete Unterflügel hatte den gleichen Aufbau.
Der Zweisitzer, der ursprünglich mit dem Siemens Sh 4 (43 kW/58 PS) ausgestattet war, aber erst mit dem Sh 5 (57 kW/77 PS) seine Leistungsfähigkeit unter Beweis stellen konnte, wurde das meistgebaute Flugzeug der Dietrich-Gobiet-Flugzeugbau AG, die inzwischen nach Kassel umgesiedelt war. *Anatol Gobiet,* ein wohlhabender Fabrikant von Elektromotoren und inzwischen Hauptaktionär des Dietrich-Flugzeugbaus, besaß dort ausreichend große Werkanlagen, die *Dietrich* nach der notwendigen Vergrößerung seiner Firma mitbenutzen konnte.
Wegen der zunehmenden Nachfrage wuchs die Belegschaft bald von 80 auf 120 und schließlich sogar auf 200 an – die meisten kamen aus anderen Kasseler Industriebetrieben und mußten erst auf Flugzeugbau in Holz und Metall (Gemischtbauweise) umgeschult werden. Von Mitte 1924 an konnten 20 DP II a im Quartal ausgeliefert werden. Insgesamt sind allerdings wohl nicht mehr als 60 Exemplare gebaut worden, denn der damals recht hohe Verkaufspreis von 16 500,– Mark sorgte dafür, daß sich in dem durch die Inflation verarmten Deutschland nur ein relativ kleiner Personenkreis ein solches Flugzeug leisten konnte.
Der trotzdem unbestreitbare Erfolg der DP II a war aber nicht allein der Qualität des Flugzeugs zuzuschreiben. Die geschickten Werbemethoden von *Dietrich,* der beispielsweise gleich mit einer Staffel von 5 »Bussarden« auf Flugtagen auftauchte und dort ein für die damalige Zeit

Richard Dietrich begann 1922 – noch in der Zeit der Begriffsbestimmungen – mit dem Bau und der Flugerprobung seines »Passagier-Doppeldeckers« DP 1.

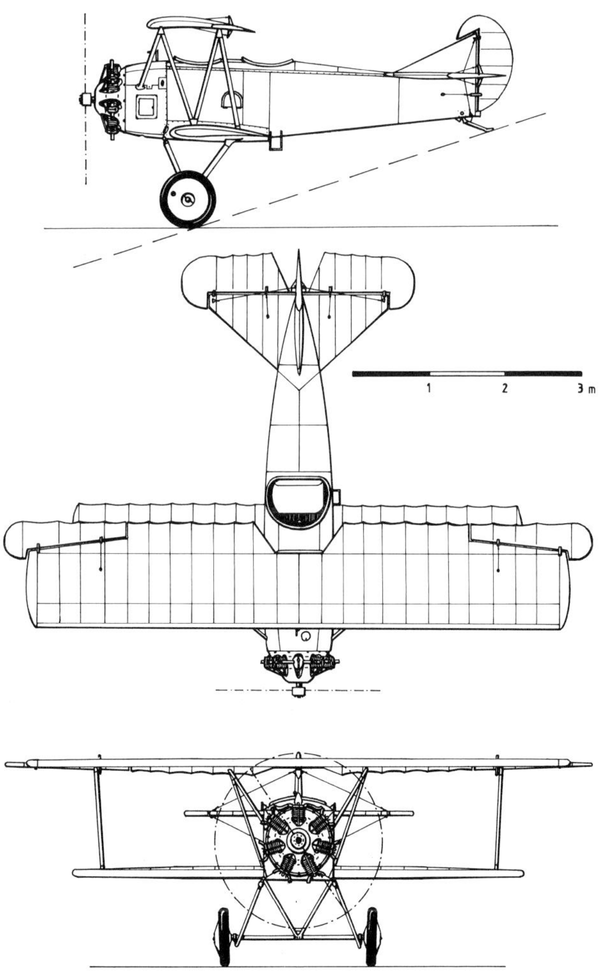

Die Dreiseitenansicht des Doppeldeckers DP IIa zeigt die Ähnlichkeit mit Vorbildern aus dem Ersten Weltkrieg.

Vom Dietrich-Doppeldecker DP IIa mit Siemens-Sternmotor wurde von 1924 an eine kleine Serie gebaut.

erstaunliches Kunstflugprogramm vorführte, trug seinen Teil dazu bei. Er hatte die damals sehr bekannten Kunstflieger Dipl.-Ing. *Kurt Katzenstein* und *Antonius Raab* verpflichtet, die auf Kunstflugwettbewerben für das Dietrich-Flugzeug einen Sieg nach dem andern erflogen und durch weitere spektakuläre Aktionen von sich reden machten. So unterquerte *Katzenstein* im Oktober 1924 mit dem »Bussard« die Kasseler Fuldabrücke.
Um auch ein preisgünstigeres Sportflugzeug anbieten zu können, erwarb *Dietrich* die Nachbaurechte für den kleinen Hochdecker Mark E III, der ebenfalls erstaunliche Erfolge aufwies (siehe das folgende Kapitel) und sich weitaus billiger herstellen ließ. Er hoffte, damit auch weniger wohlhabende Sportflieger zu erreichen, und entwickelte das Muster zur halbfreitragenden DP VII a weiter. Doch das Flugzeug neigte zu Flügelschwingungen, die beim Deutschen Rundflug 1925 zum Flügelbruch führten. Mit verstärktem Flügel entstand daraus die DP IX, die aber nur in geringer Stückzahl gebaut wurde.
Auch mit weiteren Projekten wie einem achtsitzigen Verkehrsflugzeug und einem Reiseviersitzer übernahm sich *Dietrich*. Seine Firma, aus der sich inzwischen *Anatol Gobiet* zurückgezogen hatte, mußte 1926 Konkurs anmelden.

Der Hochdecker Dietrich DP VIIa war eine Weiterentwicklung des Stahlwerk Mark E III.

Leitlinien der leichten Sporteindecker

In der Geschichte der Luftfahrt zeigt sich immer wieder, daß es auch in dem nüchtern-sachlichen Bereich der Technik Modeerscheinungen gibt. Selbst in den Leitlinien der Leichtflugzeugentwicklung sind sie erkennbar. Bestimmte Grundauslegungen, etwa Doppel-, Hoch- oder Tiefdecker, besondere Flügel- und Leitwerksformen, Flügelprofile und -stärken, oft nach einem (meist, aber nicht immer erfolgreichen) Vorbild, finden unerwartet viele Nachahmer. Nicht selten geraten diese untereinander in harte Konkurrenz, wobei die jeweiligen Vor- und Nachteile ihrer Wahl unter Piloten und Konstrukteuren für unerschöpflichen Gesprächsstoff sorgen. Das kann dazu führen, daß ebenso schnell eine andere »Mode« aufkommt oder daß sich ein völlig neues Konzept durchsetzt.
Anfang der zwanziger Jahre waren es nicht allein die im Rahmen der damaligen Technik ausgereiften und leistungsfähigen Jagddoppeldecker wie Fokker D VII, die für die Nachkriegskonstrukteure von sportlichen Leichtflugzeugen zum Vorbild wurden. Auch der Parasol-Hochdecker Fokker D VIII, der erst gegen Ende des Krieges herausgekommen war und eine überlegene Steigfähigkeit bei besseren Sichtverhältnissen bieten sollte, allerdings wegen seiner Neigung zum Abkippen schwieriger zu fliegen war, prägte gleich eine ganze Reihe leichter Neukonstruktionen. Parallel dazu tauchten, offenbar dem Junkers-Vorbild folgend (Tiefdecker-Jagdeinsitzer J 3, J 7, J 8 und Verkehrsflugzeug F 13), die ersten leichten Tiefdecker auf, die sich in ihrer Grundform schon nach wenigen Jahren durchsetzten, während die Parasol-Hochdecker mehr oder minder auf der Strecke blieben. Doppeldecker hingegen fanden noch jahrzehntelang ihre Liebhaber und sind bis heute unter nostalgischen Aspekten hoch geschätzt.

Fokker-Parasol-Hochdecker V 40

Zunächst die Parasol-Anordnung: *Anthony Fokker* selbst war es, der mit dem Sporthochdecker V 40, dem ein Versuchsmuster V 39 vorangegangen war, die Parasol-Leitlinie initiierte. Er hoffte damit auf eine ausreichende Auslastung

Fokker baute Ende des Jahres 1918 den leichten Sporthochdecker V 40 mit Anzani-Motor.

seines Schweriner Werkes in der Nachkriegszeit. Entworfen wurde das kleine Flugzeug von *Reinhold Platz,* dem Chefkonstrukteur der Fokker-Werke. *Platz* hatte dort den dickprofilierten freitragenden Flügel sowie das autogene Schweißen der Rumpfgerüste eingeführt. Hatte die D VIII eine Spannweite von 8,34 m sowie bei einer Flugmasse von 590 kg einen Umlaufmotor von 81 kW (110 PS) (später andere, etwas stärkere Motoren), so lag die Spannweite der V 40 bei lediglich 5,00 m und die Flugmasse (geschätzt) bei wenig über 200 kg, wofür der 26 kW(35-PS)-Anzani-Dreizylinder-Motor ausreichte. Über die Flugleistungen und -eigenschaften ist nicht viel bekannt geworden, und es blieb wohl bei dem Einzelmuster, das nur bis 1920 geflogen worden sein soll.

Gabriel-Hochdecker P 5

Ebenfalls nach dem Vorbild der D VIII konstruierten die Zwillingsbrüder *Walter und Willi Gabriel,* beide Kriegsflieger, ab 1920 den einsitzigen, freitragenden Hochdecker P 5.

Die Gebrüder *Gabriel* begannen 1920 mit der Konstruktion und dem Bau des leichten einsitzigen Hochdeckers P 5.

Gebaut wurde er in ihrer elterlichen Möbelfabrik in dem damals polnisch verwalteten Bromberg. Das Flugzeug bestand ganz aus Holz und hatte eine Rüstmasse von nur 125 kg bei 5 m Spannweite. Es war mit einem alten Haacke Zweizylinder-Boxermotor von 22 kW (30 PS) ausgestattet und erreichte eine Höchstgeschwindigkeit von 110 km/h. Zum Straßentransport konnte der einteilige Flügel abgenommen und in Längsrichtung auf den Flügelstreben befestigt werden. Den vorgesehenen Serienbau haben die polnischen Behörden nicht genehmigt. Die Brüder *Gabriel* siedelten einige Jahre später nach Berlin-Johannisthal über und konstruierten dort weitere Ein- und Zweisitzer, mit denen sie aber keine besonderen Erfolge erzielen konnten.

Rieseler-Hochdecker R I und R II

Mehr Glück hatte Ing. *Walter Rieseler,* der 1921 in Breslau den kleinen Sporteinsitzer R I als Hochdecker von 7 m Spannweite konstruierte und baute – in Anlehnung an den Sablatnig-Schulterdecker KE 1, das erste nach dem Krieg in Deutschland hergestellte und geflogene Sportflugzeug

Die ersten von *Walter Rieseler* 1921 und 1922 in Breslau gebauten Sportflugzeuge hatten bereits anklappbare Tragflächen. Im Bild R III mit Haacke-Motor.

(8,40 m Spannweite, Leermasse 185 kg, Dreizylinder-RAW-Motor 15 kW/20 PS). An dieser Konstruktion von *Dr.-Ing. Hans Seehase* war besonders bemerkenswert, daß die Flügelhälften an den Rumpf und die Höhenleitwerkshälften an das Seitenleitwerk mit wenigen Handgriffen angeklappt werden konnten. Ein Bruchflugzeug dieses Musters, von dem sechs Exemplare gebaut worden sein sollen, hatte *Rieseler* angekauft, weil ihn der Flügel-Klappmechanismus besonders interessierte. Sein eigenes Flugzeug hat er so einfach wie möglich konstruiert: viereckiger Stahlrohrrumpf, rechteckiger Flügel (Nasenholm und zwei weitere Holme) mit nur wenigen Rippen, aber zweiteilig und jede Hälfte durch zwei relativ lange, kräftige Streben zum Rumpfuntergurt abgestützt, trotzdem nach dem Prinzip der KE 1 klappbar. Mit einem Zweizylinder-Boxer-Motor von *Werner Haacke* (20,5 kW/28 PS) konnte die R I noch 1921 zu ihrem erfolgreichen Erstflug starten. Die nur wenig verbesserte R II erhielt ein etwas stärkeres Haacke-Triebwerk (25 kW/34 PS). Die R III schließlich war mit leicht vergrößerter Spannweite (7,30 m) das für die Serienfertigung weiterentwickelte Muster. Mit dem »Stahlwerk Mark«, das mit einigen metallverarbeitenden Betrieben in Breslau ansässig war, konnte *Rieseler* einen Lizenzvertrag abschließen, und so ging der Hochdecker als »Stahlwerk Mark R III 22« (die letzte Zahl bedeutete das Entwicklungsjahr) als erstes deutsches Sportflugzeug in Serienproduktion. Mehr als 50 (nach anderen Quellen 70) Exemplare wurden hergestellt. Der Verkaufserfolg beruhte nicht zuletzt auf einem spektakulären Reklameunternehmen, das sich der Leiter der inzwischen gegründeten Stahlwerk Mark-Sportfliegerschule, *Antonius Raab,* in Abstimmung mit seiner Geschäftsleitung hatte einfallen lassen.

Antonius Raab und Kurt Katzenstein finden zusammen

Raab war gegen Ende des Weltkrieges noch zum Jagdflieger ausgebildet worden und gehörte wegen seines fliegerischen Könnens zu den ersten Piloten, die von der Deutschen Luftreederei im Luftverkehr eingesetzt wurde. Als Kunstflieger machte er sich zusammen mit Dipl.-Ing. *Kurt Katzenstein* bald in ganz Deutschland einen Namen. Reichspräsident *Friedrich Ebert* (1871–1925) ernannte ihn 1923 anläßlich eines Messebesuches in Breslau zum »Organisator der deutschen Sportfliegerei«, nachdem *Raab* ihm den Mark-Rieseler-Hochdecker im Kunstflug vorgeführt hatte. *Raab* sollte mit *Eberts* Unterstützung, soweit mit den einschlägigen Artikeln des Versailler Vertrages vereinbar, Sportfliegerschulen ins Leben rufen, um den Vorsprung des Auslandes in der Luftfahrt nicht zu groß werden zu lassen. *Raab* mußte ihm aber versprechen, daß damit »nichts Militärisches« verbunden sein dürfe.

Um also für die Stahlwerk Mark R III zu werben und

Mit dem kunstflugtauglichen Hochdecker Stahlwerk Mark R III landete *Antonius Raab* am 8. Juli 1923 auf der Straße »Unter den Linden« in Berlin.

gleichzeitig auf die Sportfliegerei in Deutschland aufmerksam zu machen, landete *Raab,* von Breslau kommend, am 8. Juli 1923 mitten in Berlin. In der Vossischen Zeitung wurde am Tag darauf folgendermaßen darüber berichtet:

»Am gestrigen Sonntag vormittag um 5.20 früh bemerkten die wenigen Spaziergänger, die Unter den Linden die köstliche Morgenluft genossen, daß ein Flugzeug ganz dicht über die Häuser dahinstrich. Dieses Flugzeug D 284, gesteuert von dem Piloten *Antonius Raab,* 7 m breit, 5 m lang, ein winziges metallenes Insekt mit zusammenklappbaren Flügeldecken, ließ sich plötzlich zum allerhöchsten Erstaunen der Morgenspaziergänger mitten auf die Lindenpromenade nieder. Der Propeller drehte sich noch ein paarmal herum, dann stand das kleine Wunder am Kaiser-Franz-Joseph-Platz, gegenüber der Neuen Wache, still. Einer hohen Polizei, die sich sofort einfand, erklärte *Antonius Raab,* daß der Motor ihm versagt habe, daß die Linden die breiteste Straße sei, daß er infolgedessen usw. usw. Leider mischten sich in diesem Augenblick einige Passanten in das Gespräch, die aussagten, daß sie einige Filmoperateure beobachtet hätten, die sich schon eine ganze Zeitlang vor dem Erscheinen des Flugzeugs am Kaiser-Franz-Josephs-Platz eingefunden hatten, anscheinend mit der Absicht, die Landung zu kurbeln. Infolgedessen läge die Vermutung nahe, daß die Notlandung im Auftrage einer Filmgesellschaft usw. usw. Eine hohe Polizei runzelte die Stirn, rollte die kleine Metallmücke in das Gebäude der Neuen Wache und alarmierte die Luftüberwachung . . .«

Raab erhielt einen Strafbefehl über eine Million Mark – damals in der Zeit der Inflation der Gegenwert zweier Straßenbahnkarten. Dafür hatten er und der Luftsport in ganz Deutschland eine großartige Presse – und das Stahlwerk Mark, Abteilung Flugzeugbau, eine einzigartige Werbung. Im Nachklang dieser Aktion sollen in Deutschland rund 20 Flugschulen gegründet worden sein.

Antonius Raab und *Kurt Katzenstein* trugen später auch zu den Erfolgen der Dietrich-Gobiet-Doppeldecker bei (siehe das vorangegangene Kapitel), bevor sie in Kassel ihr eigenes Flugzeugwerk gründeten, von dem noch die Rede sein wird.

Julius Hüffer entwickelte in Burg bei Magdeburg verschiedene Sportflugzeuge, u. a. die HB 28, die jedoch zu keinem Verkaufserfolg führten.

Hüffer-Hoch- und -Doppeldecker

Die Reihe der Sport-Hochdecker setzte sich mit weiteren Konstruktionen fort, die jedoch alle ähnlich ausgelegt waren und praktisch die gleichen Motoren bzw. Motorleistungen hatten. Dazu gehörten die Flugzeuge von *Julius Hüffer,* der 1920 die Sportflugzeugwerke in Burg bei Magdeburg übernommen hatte. Nach Aufhebung des Bauverbotes 1922 konstruierte *Hüffer* in seiner Heimatstadt eine ganze Reihe von Hoch- und Doppeldeckern, die jedoch kaum Besonderheiten aufwiesen. Am Ende dieser Entwicklungen stand der Hochdecker Hüffer HB 28, der bei einer Spannweite von 8,25 m mit einem Anzani-Motor von 44 kW (60 PS) eine Geschwindigkeit von 140 km/h erreichte. Mit einer auf 10 m vergrößerten Spannweite und einem Siemens Sh 13 a (65 kW/88 PS) war die Hüffer HB 28 b noch um 20 km/h schneller, doch wie die vorangegangenen Muster kein Verkaufserfolg, denn inzwischen hatten ihr andere Muster, vor allem die des Klemm-Flugzeugbaues in Böblingen (siehe das Kapitel »Die Leitlinie der Klemm-Flugzeuge«), den Rang abgelaufen. Der Hüffer-Flugzeugbau endete um 1930.

Udet-Flugzeugbau in München-Ramersdorf

Zunächst erfolgreicher war der Udet-Flugzeugbau in München-Ramersdorf. *Ernst Udet* (1896–1941) war der nach der Zahl seiner Luftsiege beste überlebende Jagdflieger des Ersten Weltkrieges und als Kunst- und Schauflieger schon Anfang der zwanziger Jahre weithin bekannt. Vielen galt er als der »schneidige Flieger« schlechthin. Ein amerikanischer Geschäftsmann, *William Pohl* aus Milwaukee, bot ihm an, eine Fabrik für ein »Volksflugzeug« zu finanzieren, für das er sich hier wie drüben gute Absatzmöglichkeiten versprach. *Udet* ging nach einigem Zögern darauf ein – mehr als seinen Namen und seine fliegerischen Erfahrungen brauchte er nicht zu investieren. Konstrukteur des ersten und der weiteren Udet-Flugzeugmuster war Ing. *Hans Herrmann.*
Der Bau der U 1, eines freitragenden Tiefdeckers in Holzbauweise, hatte gerade begonnen, als am 15. Juli 1921 jeglicher Flugzeugbau in Deutschland untersagt wurde, aber im Einverständnis mit *Pohl* und den drei angestellten Flugzeugtischlern machte *Udet* trotzdem weiter – zunächst in einem verdunkelten Schuppen in Milbertshofen, später in Ramersdorf bei München. Als am 5. Mai 1922 das Bauverbot wieder aufgehoben wurde, war der Tiefdecker so gut wie fertig. Bereits am 12. Mai sollte er eingeflogen werden. Was *Udet* darüber in seinem Buch »Mein Fliegerleben« erzählt, ist wohl recht bezeichnend für die Art und Weise, wie damals Sportflugzeuge entstanden sind:

». . . Die Arbeiter haben ihren Sonntagsstaat angezogen. Das Flugzeug steht festlich geschmückt vor dem Schuppen. Noch einmal wird die Montage überprüft. Dicht neben mir steht unser Ingenieur. Plötzlich schlägt er sich mit der flachen Hand gegen die Stirn, läuft ins Konstruktionsbüro. Mit einer Zeichenrolle unter dem Arm kommt er wieder, zupft mich am Ärmel, flüstert schreckensbleich. ›Ein Versehen . . . ich verstehe gar nicht, wie mir das passieren konnte . . . der Motor liegt siebenundvierzig Zentimeter zu weit hinten im Rumpf . . . ich habe bei den Berechnungen ein Komma übersehen . . .‹ Sehr still kehrt unser Vogel in sein Nest zurück. Nach vier Tagen kommt er wieder zum Vorschein. Man hat den Rumpf um die fehlenden siebenundvierzig Zentimeter vorbeplankt. So ist ein Wesen entstanden mit einem überlangen Körper, es hat eine fatale Ähnlichkeit mit einer fliegenden Gans.
Ich klettre hinein. Der Tourenzähler ist so weit vom Führersitz entfernt, daß man ihn nicht mehr erkennen kann. Der Propeller wird angeworfen, der Vogel windet sich in epileptischen Krämpfen, aber schließlich steigt er doch. Der Dreißig-PS-Haacke-Motor schüttelt die kleine Kiste, daß ich die Verwindungsklappen nicht mehr unterscheiden kann. Alles vibriert, als sei der Weg durch die Luft mit Kopfsteinen gepflastert.
Aber doch fliege ich. Ich fliege zum erstenmal wieder seit zwei Jahren.«

Die Vibration war wohl auf den fehlenden Massenausgleich des Haacke-Motors oder auf den schlecht ausgewuchteten Propeller zurückzuführen. Nach einer Reihe von weiteren Probeflügen und Änderungen war die U 1 verkaufsfähig, doch sie fand kaum Zuspruch.

Der Udet-Flugzeugbau begann mit dem einsitzigen Tiefdecker U 1, der im Mai 1922 von *Udet* selbst eingeflogen wurde.

Die Udet U 2 war die zweisitzige Ausführung der U 1, hatte aber einen etwas stärkeren Motor.

Von der leistungsstärkeren Ausführung U 3 gab es eine einsitzige Version U 4, mit der *Ernst Udet* eine Verkaufsreise nach Argentinien unternahm.

Die U 5 war der erste Udet-Kabinen-Hochdecker mit zweisitziger Kabine.

Udet-Sportflugzeuge U 2 bis U 7

1923 folgte die U 2; äußerlich entsprach sie der U 1, war aber zweisitzig ausgelegt und besaß einen geringfügigen stärkeren Haacke-Motor (25,5 kW/35 PS). Zwar wurden sieben U 2 gebaut, doch das Triebwerk erwies sich als zu schwach. Mit einem 40-kW(55-PS)-Motor von Siemens & Halske war das Flugzeug als U 3 erfolgreicher. Mit der einsitzigen Version U 4 unternahm *Udet* eine Verkaufsreise nach Argentinien, die jedoch ein Fehlschlag wurde. Gegen die weitaus stärkeren Curtiss-, Spad- und Nieuport-Doppeldecker kam der kleine Tiefdecker bei Schauflugveranstaltungen nicht an und fand daher auch keine Käufer.

Mit der U 5 versuchte sich die junge Firma 1923 an einem freitragenden Hochdecker als Reiseflugzeug mit zweisitziger, oben offener Kabine (12 m Spannweite, Flugmasse 800 kg, Motor Siemens Sh 5, 63 kW/85 PS); er blieb ein Einzelstück. Mit der U 6 bzw. U 6 a wurden die Linien der freitragenden Tiefdecker wieder aufgenommen. Sie erhielten den Siemens Sh 4 bzw. den stärkeren Sh 5 und wiesen gegenüber der U 4 eine Reihe von Verbesserungen auf, so einen Schutzbügel gegen Überschläge über den offenen Sitzen und einen Windabfluß auf dem Rumpf hinter dem Kopf des Piloten. *Udet* war damit auf mehreren Wettbewerben erfolgreich. An die sieben Exemplare sind gebaut, einige davon (U 6 a) nach Mexiko exportiert worden (U 6: Spannweite 8,90 m, Länge 5,50 m, Flugmasse 520 kg, Höchstgeschwindigkeit 145 km/h).

Die U 7 »Kolibri« war ein leichter freitragender Hochdecker, der u. a. für den Kleinflugzeugwettbewerb 1924 auf

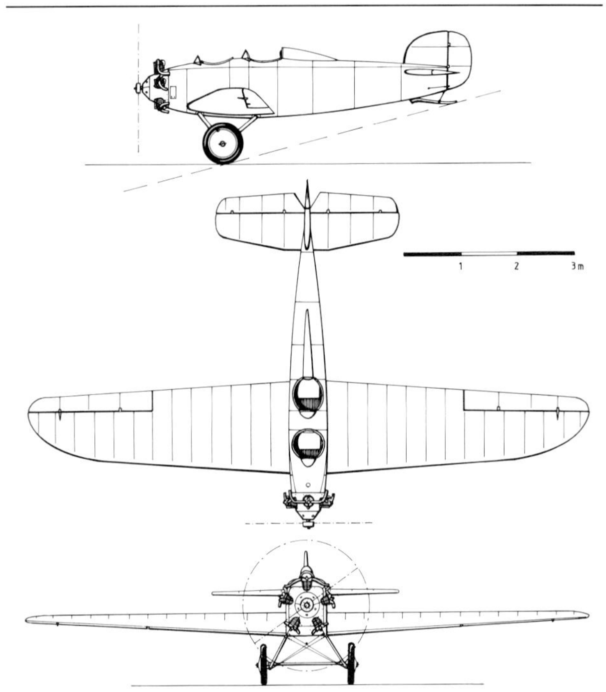

Die Dreiseitenansicht des Tiefdeckers U 6 läßt die Handschrift des Konstrukteurs *Hans Herrmann* erkennen.

Der freitragende Hochdecker Udet U 7 »Kolibri« war beim Rhön-Wettbewerb 1924 sehr erfolgreich.

der Wasserkuppe in der Rhön entwickelt wurde und mit dem *Ernst Udet* dort auch alle wesentlichen Preise gewann (siehe das folgende Kapitel).

Udet-Reiseflugzeuge U 8 und U 8 b

Die U 8 war wieder ein Reiseflugzeug, eine Weiterentwicklung der U 5, also ein freitragender Hochdecker, aber viersitzig. Bei gleichen Ausmaßen erhielt sie wegen der höheren Flugmasse (860 kg) einen stärkeren Motor (Sh 6, 81 kW/110 PS), der ihr eine Höchstgeschwindigkeit von 170 km/h gab. Das Flugzeug nahm als Einzelmuster am Deutschen Rundflug 1925 teil und gewann mit *Willy Polte* den Preis für die höchste Geschwindigkeit und die größte Höhe in ihrer Klasse. Trotz dieser Erfolge kam es nicht zum Serienbau. Wohl aber entstanden noch mehrere Einzelstücke, die der Deutsche Aero-Lloyd auf kurzen Strecken wie Hamburg–Hannover–Bremen und München–Garmisch bzw. Berchtesgaden einsetzte.

Bei dem Nachfolgemuster U 8 b ist bemerkenswert, daß es als erstes deutsches Flugzeug mit dem Handley-Page-Lachmann-Vorflügel, gekuppelt mit Landeklappen, ausgerüstet war. Für dieses System hatte der Udet-Flugzeugbau die Lizenz erworben. Das Flugzeug besaß einen Siemens Sh 12-Motor von 91 kW (125 PS), kam aber über die Erprobung nicht hinaus.

Handley-Page-Lachmann-Vorflügel und Landeklappen

Mit »Vorflügel und Landeklappen«, die sich angesichts wachsender Flächenbelastungen und Fluggeschwindigkeiten international schon sehr bald durchsetzen sollten, hatte es eine besondere Bewandtnis. Im Jahre 1918 hatte der deutsche Kriegsflieger und Aerodynamiker *Dr. Gustav Lachmann* nach einem schweren Absturz in Bodennähe durch Abreißen der Strömung nach langen Überlegungen und Strömungsversuchen 1918 folgenden Patentanspruch angemeldet: »Tragfläche, gekennzeichnet dadurch, daß die Fläche in eine Anzahl hintereinander gestaffelter Teilflächen zerfällt, die ihrerseits flächenprofilartig ausgebildet

Das Reiseflugzeug Udet U 8 war eine Weiterentwicklung des Hochdeckers U 5 mit viersitziger Kabine und stärkerem Motor.

Das Udet-Reiseflugzeug U 8b diente zur Erprobung des Lachmann-Handley-Page-Vorflügels, der mit einer großen Landeklappe gekoppelt war.

sind.« Sinn der Sache war, das vorzeitige Abreißen der Strömung zu verhindern – durch den heute so genannten Vor-, Schlitz- oder Spaltflügel in Verbindung mit der (damals schon bekannten) Landeklappe. Zunächst ohne das Patent zu kennen, hatte der englische Luftfahrtindustrielle *Frederik Handley-Page* genau dieses bereits 1920 bei einem neuen Flugzeugmuster verwirklicht. Als er von *Lachmanns* Patentanspruch erfuhrt, bat er ihn, nach London zu kommen. Das führte dazu, daß beide während des zweiten Rhön-Wettbewerbes 1921 überraschend auf der Wasserkuppe erschienen. *Lachmann* kannte man dort schon; er gehörte seit dem Vorjahr dazu, nachdem er als Mitarbeiter von *Eugen von Loeßl* auf die Rhön gekommen war (*Loeßl* stürzte im Wettbewerb als erster Segelflieger tödlich ab). Aber *Handley-Page* kam für die »Rhönindianer« aus einer anderen Welt, zumal er mit einem Dampfautomobil anreiste. *Peter Riedel,* der das miterlebt hat, schreibt darüber in seiner »Erlebten Rhöngeschichte« (Band 1):

». . . Das war schon eine Sensation. Aber die Tatsache, daß die beiden Erfinder des unterteilten Flächenprofils zusammen die Wasserkuppe besuchten, war ein modernes Märchen mit einem glücklichen, menschlich schönen Ausgang. *Handley-Page* hätte das 1918 an den als Aerodynamiker völlig unbekannten deutschen Kriegsteilnehmer *Gustav Lachmann* erteilte Patent ignorieren oder *Lachmann* in einen Patentprozeß verwickeln können. Es sprach für sein Format, daß er den jungen Erfinder einfach nach London einlud, um mit ihm zu sprechen. *Gustav Lachmanns* menschliche Eigenschaften – humorvoll, klug, taktvoll und kultiviert – gewannen ihm schnell die Freundschaft des Engländers, der schon seit 1911 Flugzeuge gebaut und geflogen hatte. *Lachmanns* begeisterte Erzählungen über seine Erlebnisse auf der Wasserkuppe brachten *Handley-Page* zu dem Entschluß, sogleich zusammen mit ihm dorthin abzureisen. Später wurde *Gustav Lachmann* Chef der aerodynamischen Forschung in den Handley-Page-Flugzeugwerken, eine Stellung, die er sogar nach sechs Jahren Internierung zwischen 1939 und 1945 wieder erhielt.«

Die Tiefdeckerreihe wurde mit der U 10 fortgesetzt.

Udet-Sportflugzeug U 10

Direkte Weiterentwicklung des freitragenden Tiefdeckers U 6 war das ebenfalls zweisitzige Sportflugzeug U 10 (Motor Sh 4, 46 kW/62 PS). Wie seine Vorgänger war es ganz aus Holz hergestellt. In der Ausführung U 10 a wurde es mit dem Sh 10 (51 kW/70 PS) mit zwei Schwimmern als Wasser-Sportflugzeug erprobt. Mit *Udet* und anderen Piloten hatte es in den Jahren 1924 und 1925 eine Reihe bedeutender Erfolge. Bei einer Spannweite von 10,60 m, einer Leermasse von 320 und einer Startmasse von 570 kg erreichte es eine Höchstgeschwindigkeit von 150 km/h (als Landflugzeug). Damit endet die Reihe der leichten freitragenden Udet-Tief- und -Hochdecker.

Das bekannteste Udet-Sportflugzeug U 12 »Flamingo«

Mit der U11 (einem viermotorigen Verkehrsflugzeug) übernahm sich der Flugzeugbau Udet, dessen Namensgeber aber schon vorher wegen Differenzen mit dem Geldgeber aus der Firma ausgeschieden war. Das Flugzeug, von dem *Udet* vom Beginn der Planungen an abgeraten hatte, wurde fliegerisch und finanziell ein völliger Mißerfolg. Wie zum Ausgleich gelang *Hans Herrmann* doch noch ein wirklich großer Wurf: Er konstruierte 1925 den Doppeldecker U 12 »Flamingo«, der eines der erfolgreichsten deutschen Sport- und Schulflugzeuge seiner Zeit werden sollte (siehe das Kapitel »Sport- und Schuldoppeldecker der ausgehenden zwanziger Jahre«). Er wurde auch nach dem Zusammenschluß des Udet-Flugzeugbaus mit dem Messerschmitt-Flugzeugbau und bei den daraus hervorgegangenen Bayerischen Flugzeugwerken in Augsburg in fünf verschiedenen Versionen weitergebaut. Der »Flamingo« war das Flugzeug, auf dem *Udet* seine größten fliegerischen Erfolge erzielte.

Ernst Udet neben seinem U 12 »Flamingo«-Doppeldecker, der von ihm bei vielen Flugveranstaltungen im Kunstflug meisterlich vorgeführt wurde.

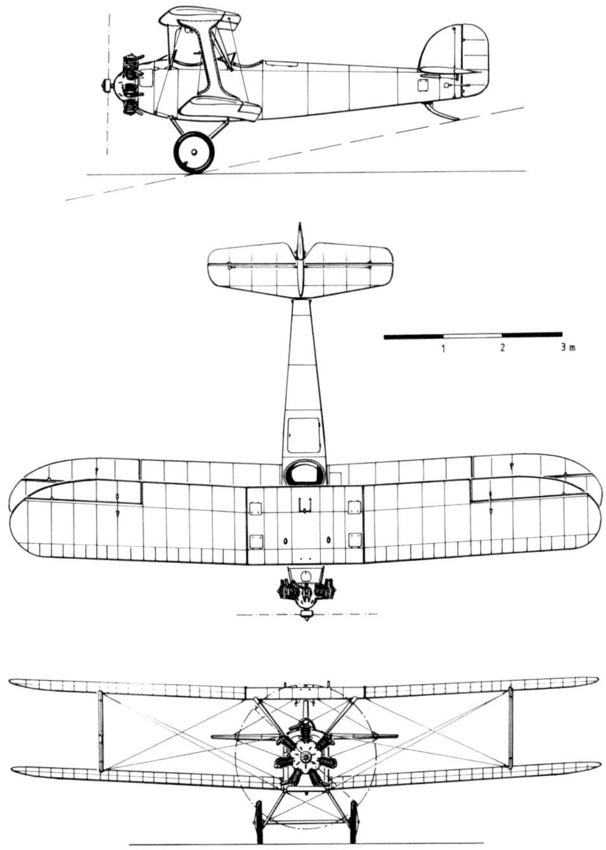

Udet U 12 »Flamingo« in der Ausführung mit dem Siemens Sh 14A-Motor.

Klein- und Leichtflugzeuge Mitte der zwanziger Jahre

Aus einem Vortrag, der anläßlich der XIII. Tagung der Wissenschaftlichen Gesellschaft für Luftfahrt (WGL) Ende 1924 in Frankfurt gehalten wurde:

Die Entwicklung kleiner und leichter Flugzeuge im In- und Ausland.
Von Dr.-Ing. *G. Lachmann.*
Nach dem Kriege entstanden in fast allen Ländern Bestrebungen, Größe, Gewicht und Leistung der im Kriege entwickelten Flugzeuge zurückzubilden, um für private und sportliche Zwecke geeignete Bauformen heranzubilden. Es erscheint zweckmäßig, diese Bauarten nach Gewichtsgrenzen zu scheiden. Für Flugzeuge bis 220 kg Leergewicht wird der Ausdruck »Leichtflugzeuge« eingeführt. Unter diese Gewichtsgrenze fallen somit auch die sog. »Segelflugzeuge mit Hilfsmotor«.
Flugzeuge mittleren Gewichts (bis 600 kg Leergewicht) sind unmittelbar nach dem Kriege besonders in Frankreich, England, Amerika, nach dem Erlöschen des Bauverbotes auch in Deutschland entstanden . . .
Deutschland ist das einzige Land, in dem sich derartige Maschinen eine größere praktische Bedeutung erringen konnten. Wenn man auch heute noch nicht von einem privaten Flugsport oder einem privaten Schnellreiseverkehr mit Hilfe derartiger Flugzeuge sprechen kann, so sind doch eine beträchtliche Anzahl derartiger Flugzeuge mit Motoren von 35–70 PS als Ausbildungsmaschinen auf verschiedenen privaten Flugschulen in Anwendung. Daneben scheint die Anwendung als sog. »Zubringermaschinen« auf den Nebenstrecken der großen internationalen Luftlinien an wachsender Bedeutung zu gewinnen, wie die neuerdings erfolgte Indendienststellung von Udet- und Focke-Wulf-Limousinen durch den Aero-Lloyd beweist. Diese Maschinen sind in der Lage, drei Personen ausschließlich des Führers in bequemer Kabine und Geschwindigkeiten von 130–140 km pro Stunde bei einem Leistungsaufwand von nur 100 bezw. 70 PS zu befördern.
Die Entwicklung der eigentlichen Leichtflugzeuge nahm in Frankreich ihren Ausgangspunkt. Schon im Jahre 1919 brachte Farman einen kleinen Sport-Eindecker »Moustique« von nur 100 kg Leergewicht heraus, der mit einem 20 PS ABC- und später einem 16 PS Salmson-Motor ausgerüstet war. Während diese Maschine vom konstruktiven Standpunkt aus nur eine storchenschnabelmäßige Übersetzung der übernommenen Formen ins Winzige bedeuten, beanspruchen die von de Pischof ganz in Leichtmetall konstruierten leichten Doppeldecker »Estafette« und »Avionette« durch ihre neuartigen und selbständigen Bauformen größeres Interesse. Die heutige Entwicklung in Frankreich und den übrigen Ländern mit Ausnahme Englands steht noch im Stadium des Einsitzers.
Die deutsche, im Jahre 1920 einsetzende Segelflugzeugbewegung suchte die Züchtung des Leichtflugzeuges durch systematische praktische Forschungsarbeit an motorlosen Flugzeugen zu erreichen. Schon im Jahre 1922 hätte es nur eines kleinen Schrittes bedurft, um aus den damaligen erfolgreichen Segelflugzeugen durch geringe bauliche Veränderungen und durch Einbau eines geeigneten Leichtmotors Leichtflugzeuge zu schaffen. Leider fehlte es in Deutschland einerseits an einem geeigneten Leichtmotor, andererseits auch am nötigen Interesse für dieses angewandte Ziel der Segelflugbewegung. Im Jahre 1923 führte das von Klemperer konstruierte und von der Aachener Segelflug G. m. b. H. erbaute Leichtflugzeug (Hochdecker mit Mabeco-Motor) verschiedene erfolgreiche Flüge in der Rhön aus. Neben dieser Maschine sind der leichte Doppeldecker von Budig und der Daimler-Eindecker, der besonders durch die Flüge von Dipl.-Ing. Schrenk bekannt geworden ist, als erste deutsche Leichtflugzeuge zu nennen.
Die deutschen Erfahrungen im motorlosen Flug und im Bau der Segelflugzeuge wurden in England mit großem Interesse aufgenommen, jedoch erkannte man sehr schnell die geringen praktischen Möglichkeiten des reinen Segelfluges. Der Übergang zum Leichtflugzeug wurde besonders dadurch erleichtert, daß die hochentwickelte englische Leichtmotoren-Industrie geeignete Motoren (ABC, Douglas, Blackburn) für diese Zwecke zur Verfügung stellen konnte. Der erste englische Leichtflugzeug-Wettbewerb in Lympne im Herbst 1923 war ein voller Erfolg und bedeutete einen starken Impuls für die weitere Entwicklung in den übrigen Ländern. (Erzielte Höchstleistungen: 141 km Flugstrecke bei einem Benzinverbrauch von 4,5 l, 123 km pro Stunde Höchstgeschwindigkeit, 4400 m Gipfelhöhe). Die Haupterfahrungen bestanden in der Erkenntnis, daß der Schwerpunkt der weiteren Entwicklung in der Verbesserung der Betriebssicherheit der Leichtmotoren beruht, und daß nur der leichtere Zweisitzer Aussicht für allgemeine Anwendung bietet. Es sind z.B. in England bisher nur vier leichte Einsitzer verschiedener Bauart in private Hände übergegangen. Der diesjährige Wettbewerb ist daher ausschließlich auf die Schaffung einer geeigneten Zweisitzerbauart zugeschnitten, wobei der Motor ein Hubvolumen von 1100 ccm nicht überschreiten darf . . .
Der technische Zweck des leichten Flugzeuges ist sicheres und billiges Fliegen bei geringstem Aufwand an Baugewicht und Leistung. Die Sicherheitsforderungen sind hierbei bewußt den Forderungen der Wirtschaftlichkeit vorangestellt. Die Sicherheit in der Luft wird in erster Linie durch die Zuverlässigkeit des Motors bedingt. Letztere wiederum wird dadurch erreicht, durch die konstruktive Durchbildung einerseits (Verbesserung des Schmier- und Kühlproblems), andererseits durch genügenden Leistungsüberschuß. Ein Flugzeug, bei welchem der Motor im Normalflug dauernd mit der Höchstleistung beansprucht wird, wird nie Anspruch auf große Betriebssicherheit machen können. Zu den Sicherheitsforderungen treten die Erfüllung genügender Bausicherheit in allen Fluglagen, leichte und sichere Steuerbarkeit bei allen Geschwindigkeiten, kurzer An- und Auslauf durch genügend niedrige Minimalgeschwindigkeiten.
Die Forderungen der Wirtschaftlichkeit werden erfüllt durch geringe Gestehungskosten, die ihrerseits durch sachgemäße und wohldurchdachte Bauweise erreicht werden. Die geringste Rolle in der Wirtschaftsbilanz spielen die eigentlichen Betriebskosten in der Luft. Ein Vergleich lehrt, daß z. B. Leichtflugzeuge hinsichtlich der Betriebsstoffkosten für den km/Person dem Motorrad oder Kleinauto gleichberechtigt, wenn nicht überlegen sind . . .

(aus der Zeitschrift »Flugsport«, Nr. 18/1924)

Vom Segel- zum »Kleinflugzeug«

Mit der Entwicklung des Segelfluges etwa von 1920 an begann auch dessen bis heute so fruchtbare Wechselwirkung mit dem Motorflug. Die frühen Gleitflüge der Darmstädter Schüler auf der Wasserkuppe zwischen 1910 und 1913 waren noch ohne solche Auswirkungen geblieben, während doch in den USA die Doppeldecker-Gleiter von *Chanute, Herring* und den *Brüdern Wright* direkte Vorgänger des ersten erfolgreichen Motorfluges gewesen waren.
Die Bedeutung aerodynamischer und technischer Verfeinerungen (z. B. dem Leichtbau), wie sie später durch den Segelflug und seine zunehmenden Anforderungen an Flugleistungen und -eigenschaften erzwungen wurden, konnten die Darmstädter Schüler, denen es nur um das Fliegen an sich ging, noch nicht erkennen. Das Militär als Hauptauftraggeber der sich gerade erst entwickelnden Luftfahrtindustrie setzte ganz andere Ziele als sportlich-zivile.
Nach Kriegsende und dem Verbot des Motorfluges in Deutschland im Friedensvertrag von Versailles wandten sich nicht wenige der überlebenden Militärflieger in ihrer fortbestehenden Flugbegeisterung den neu gegründeten Flugmodellbau- und Gleitflugvereinen zu, in denen sie wegen ihrer praktischen Flugerfahrung bald an führender Stelle wirkten. Zusammen mit den jüngeren Flugenthusiasten folgten sie trotz der allgemeinen wirtschaftlichen Notlage begeistert dem Aufruf zum ersten Gleit- und Segelflugwettbewerb im Juli 1920 auf der Wasserkuppe. Wie es dort zuging und was für erstaunliche Fortschritte auf den weiteren Rhönwettbewerben im Laufe der zwanziger und dreißiger Jahre erzielt wurden, hat *Peter Riedel* aus eigener Anschauung in seiner »Erlebten Rhöngeschichte« (Band 1 »Start in den Wind«, Band 2 »Vom Hangwind zur Thermik«, Band 3 »Über sonnige Weiten«) ausführlich geschildert. Die technisch-wissenschaftliche Entwicklung ist in Band 19 dieser Buchreihe »Die Evolution der Segelflugzeuge« von *Günter Brinkmann* und *Hans Zacher* von den Anfängen bis zu den neunziger Jahren dargestellt.

Der Rhön-Wettbewerb 1924 für Segelflugzeuge mit Hilfsmotor

Die eigenständigen Möglichkeiten des Segelfluges waren den meisten Teilnehmern der ersten Rhönwettbewerbe noch nicht bewußt. Einer der erfahrenen Motorflieger, die 1920 mit einem Gleitflugzeug auf die Wasserkuppe kamen, sah die Segelflugentwicklung anders. *Peter Riedel* schreibt darüber in »Start in den Wind«:

»*Eugen von Loeßl* hatte 1920 das Segelflugzeug mit Hilfsmotor als Ziel der beginnenden Gleitflugzeugbewegung erklärt. Erst sollte das motorlose Flugzeug aerodynamisch verfeinert werden, um optimale Sinkgeschwindigkeit und Gleitwinkel zu erreichen. Dann würden kleine Motoren folgen, um den Eigenstart mit anschließendem gelegentlichen Segelflug zu ermöglichen.«

Dies ist das Prinzip des Motorseglers, wie es sehr viel später und perfekt erst in neuerer Zeit verwirklicht werden konnte. Damals sah das Konzept von *Oskar Ursinus* anders aus. Für ihn war, obgleich er zum »Rhönvater« und der Segelflug später sein Hauptanliegen wurde, der Gleit- und Segelflug der Anfangsjahre nur eine Vorstufe zum Kleinstflugzeug, für das er in seiner Zeitschrift »Flugsport« immer wieder einen leichten Flugmotor zwischen 10 und 15 PS forderte.
Zwar war der Segelflug durch mehrstündige Flüge im Hangaufwind bis 1924 weltweit bekannt geworden – es schien jedoch, als seien seine Möglichkeiten ausgeschöpft, denn andere Aufwindarten waren noch nicht bekannt. Als schließlich im Frühjahr 1924 der Bau von Leichtflugzeugen und der Betrieb von Flugschulen von den Siegermächten wieder erlaubt worden war, schlug *Ursinus* vor, für die »5. Rhön« (1924) neben dem üblichen Segelflugwettbewerb auch einen Wettbewerb für »Segelflugzeuge mit Hilfsmotor« auf der Wasserkuppe auszuschreiben. Gegen die Vorstellung vom »Motorsegler«, der zwar einen Motor, aber auch eine günstige Gleitzahl und eine geringe Sinkgeschwindigkeit hätte aufweisen müssen, setzte er sich mit der Forderung nach niedrigstem Treibstoffverbrauch anstelle guter Leistungen im motorlosen Flug durch. Beschränkungen gab es in der Ausschreibung bei den Motoren: für einsitzige Flugzeuge durften nur solche bis zu 750 cm^3 Hubraum und 30 kg Gewicht, für Zweisitzer bis zu 1000 cm^3 und 40 kg verwendet werden.
Wie sich bald zeigen (und noch jahrelang das Hauptproblem schwachmotoriger Flugzeuge sowie der Motorsegler bleiben) sollte, waren die damals in dieser Kategorie verfügbaren Motoren und Getriebe meist recht unzuverlässig, so daß Sieg oder Niederlage, glückliche Flugplatzlandung oder Bruch fast zum Glücksspiel wurden.
Unter den teilnehmenden Flugzeugen waren die folgenden besonders bemerkenswert:

Udet U 7 »Kolibri«

In der Zeitschrift »Flugsport« Nr. 17/1924 heißt es dazu:

»Der Leichteindecker ›Kolibri‹ ist als Sport-, Kunstflug- und Reisemaschine für den Privatmann gebaut. Von vorneherein zum Landen auf ganz kleinen Plätzen und Feldern bestimmt, hat sie außerordentlich niedrige Landegeschwindigkeit, die die Handhabung für den Anfänger sehr stark erleichtert . . . Das Flugzeug ist als freitragender Eindecker (Hochdecker) mit geteiltem Flügel hergestellt. Der aus Sperrholz gefertigte Rumpf hat auf der linken

Ernst Udet vor seinem U 7 »Kolibri«, mit dem er beim Rhön-Segelflug-Wettbewerb 1924 in der Gruppe »Segelflugzeuge mit Hilfsmotor« Sieger wurde.

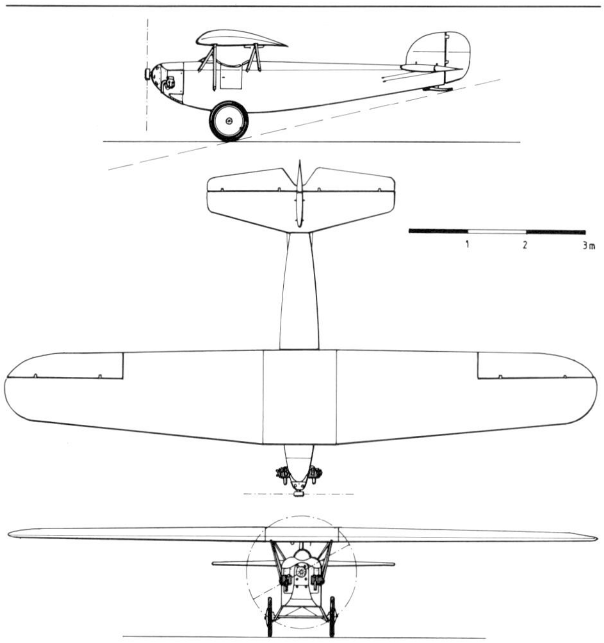

Der »Kolibri« war ein sehr kleines und leichtes Flugzeug.

Seite eine kleine Einsteigtür für den Führer und eine Öffnung zum Gepäckraum. Die Montage der ganzen Maschine ist so eingerichtet, daß ein Mann in weniger als 5 Min. die Maschine ganz allein abmontieren und in eine Garage bringen kann. Es sind lediglich fünf selbstsichernde Bolzen zu lösen. Die Einzelheiten sind so eingerichtet, daß Reparaturen durch normale Handwerker ohne weiteres möglich sind. Zum Straßentransport setzt man den Sporn auf den hinteren Sitz eines Motorrades . . .«

Bäumer Aero »Roter Vogel«

Der Konstruktion von *Walter Günter* lagen folgende (wie wir heute wissen nur teilweise richtige) Überlegungen zugrunde (wieder aus der Zeitschrift »Flugsport«, Nr. 18/1924):

»Beim Bau des ›Roten Vogels‹ wurde beabsichtigt, unter Benutzung der im Bau von Segelflugzeugen gewonnenen Erfahrungen, ein Flugzeug zu schaffen, das unter möglichst weitgehender Ausnützung der im Winde enthaltenen Energie mit einem möglichst schwachen Motor und geringstem Betriebsstoffverbrauch fliegt. Das Naheliegendste hierfür ist, in ein bewährtes Segelflugzeug einen kleinen Motor einzubauen. Leider aber erweist sich dieser Weg aus mehreren Gründen als unzweckmäßig. Das Gewicht von Führer und Triebwerk ist auch bei dem kleinsten zur Zeit zur Verfügung stehenden bewährten Motor (350 cm^3 – Douglas) so hoch (> 150 kg!), daß ein auf geringste Sinkgeschwindigkeit gezüchtetes Flugzeug noch sehr viel größere Abmessungen als die bewährten Segelflugzeuge erhalten müßte . . . Viel günstiger wird dagegen das Ergebnis, wenn man die Maschine verkleinert und für die Tragflächen ein etwas niedrigeres Seitenverhältnis wählt. Die Sinkgeschwindigkeit nimmt dann nur sehr wenig zu, das Gewicht dagegen bereits erheblich ab. Man erhält dann ein Flugzeug, das den Aufwind noch beinahe ebensogut verwertet, aber bei gleicher Steigfähigkeit trotz des kleineren Kraftbedarfes schneller ist. Hierbei ist natürlich Voraussetzung, daß die Maschine aerodynamisch mit der gleichen Sorgfalt konstruiert wird, wie es bei erstklassigen Segelflugzeugen geschehen ist.
Um dies zu erreichen, wurde der ›Rote Vogel‹ in engster Anlehnung an bewährte Segelflugzeuge als verspannungsloser Hochdecker gebaut. Der 350 cm^3 2¾ PS* Douglasmotor, der kleinste bisher mit Erfolg in einem Flugzeug verwendete Motor, ist, liegt im Schwerpunkt der Maschine. Diese Anordnung bietet den Vorteil, daß der Rumpf wie bei einem reinen Segelflugzeug, nur nach aerodynamischen Gesichtspunkten geformt werden kann, und die Zylinderköpfe, die nur sehr wenig aus demselben hervorragen, infolge ihrer Lage dicht unter dem Tragflügel sehr wenig Luftwiderstand bieten. Außerdem kann man, da der Motor im Schwerpunkt liegt, nach

Das Leichtflugzeug *Bäumer* »Roter Vogel« war eine Konstruktion von *Walter Günter* und nahm erfolgreich am Rhön-Wettbewerb 1924 in der Gruppe »Segelflugzeuge mit Hilfsmotor« teil.

* Dauerleistung, Startleistung bei 3200 U/min. mit 8 PS.

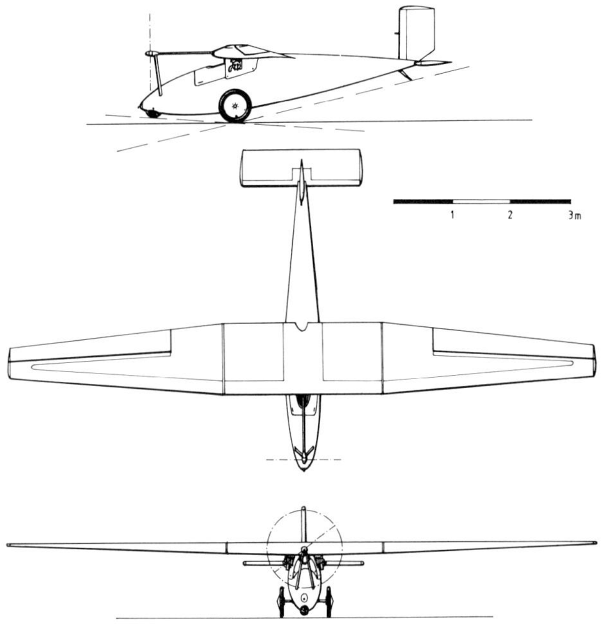

Die Motorleistung des »Roten Vogels« reichte für einen Eigenstart auf ebenem Gelände nicht aus.

Ausbau desselben das Flugzeug als hochwertiges reines Segelflugzeug benützen. Der Propeller sitzt auf einem leichten Bock an der Spitze des Rumpfes und wird durch eine über den Kopf des Führers gehende Welle angetrieben. Hierdurch wird erreicht, daß der Wirkungsgrad der Schraube nicht durch den im Schraubenstrahle liegenden Rumpf verschlechtert wird.
Das Fahrgestell besteht aus zwei Rädern, deren Achse im Rumpf selbst gelagert ist, und einem Rollball an der Rumpfspitze. Rumpf und Tragflügel weisen den gleichen Aufbau wie die des Pelikans auf. Höhen- und Seitenruder sind ohne Dämpfungsflosse ausgeführt und können sehr leicht abmontiert werden. Ihre Betätigungsorgane sind vollkommen in den Rumpf eingeschlossen.
Bei seinen bisherigen Flügen, von denen der längste über 2 Stunden dauerte, fiel das Flugzeug besonders durch die für den kleinen Motor sehr hohe Geschwindigkeit auf, die teilweise sogar die von doppelt so starken Maschinen übertraf. Auch die Steigfähigkeit war in Anbetracht der hohen Leistungsbelastung recht befriedigend. Durch Vergrößerung der Untersetzung und Erhöhung der Motordrehzahl läßt sich dieselbe jedoch noch etwa auf das Doppelte steigern. Der Brennstoffverbrauch dürfte entsprechend dem kleinen Motor und der hohen Geschwindigkeit der kleinste bisher erreichte sein. Das Flugzeug ist sehr stabil und läßt sich, obwohl es keine Dämpfungsfläche besitzt, mit losgelassenem Steuerknüppel fliegen.«

Messerschmitt S 16 – und weitere »Motorsegler«

Das dritte bemerkenswerte Muster des Kleinflugzeugwettbewerbes 1924 stammte von *Willy Messerschmitt,* der später ebenfalls durch seine schnellen Flugzeuge und die von ihm entwickelten Leichtbauweisen zu einem der bedeutendsten Pioniere der Luftfahrt wurde (siehe das Kapitel »Die Leitlinie Messerschmitt M 17–M 35 sowie Band 17 dieser Buchreihe von *Hans J. Ebert, Johann B. Kaiser* und *Klaus Peters,* der sich mit *Willy Messerschmitt* als Pionier der Luftfahrt und des Leichtbaues befaßt).
Messerschmitts S 16 war bei dem Wettbewerb zweifach vertreten, als Einsitzer (S 16 a »Bubi«) und als Doppelsitzer (S 16 b »Betty«). Beide hatten das gleiche Triebwerk, den Zweizylinder Douglas 700 ccm (16,6 kW/22,6 PS). Ihr Vorläufer war die S 15, die ursprünglich für den Wettbewerb gebaut worden war, aber wegen ihrer Flügelsteuerung Schwierigkeiten machte. Nach seinen vorangegangenen Segelflugzeugen, die alle nach dem Konzept von Regierungsbaumeister *Friedrich Harth* flügelgesteuert waren, erhielten die S 16 von vornherein einen fest eingebauten Flügel und normale Quer-, Seiten- und Höhenruder. Beide können als Motorsegler im heutigen Sinne gelten.
Mit Einschränkungen waren das auch noch die KF »Rheinland« der Aachener Segelflug G.m.b.H., Konstrukteur und Pilot *Wolfgang Klemperer,* der »Habicht« von *Friedrich-Heinrich Hentzen* und *Walter Blume,* ein einsitziger, freitragender Hochdecker in Holzbauweise, und »Knorke« des Berliner Segelflugvereins, konstruiert von Ing. *Sperber* ebenfalls als freitragender, einsitziger Hochdecker in Holzbauweise.
Die Flugzeuge bis zu 10 m Spannweite konnten wegen ihrer ungünstigen Sinkgeschwindigkeiten hingegen nicht als Motorsegler oder »Segelflugzeuge mit Hilfsmotor« gelten, streng genommen nicht einmal der »Rote Vogel«, erst recht nicht MM 1 »Windhund» von *Arthur Martens,* ein besonders kleiner (8,50 m Spannweite), freitragender Hochdecker in Holzbauweise. Von den anderen Hochdecker-Leichtflugzeugen unterschied er sich vor allem dadurch, daß der Sperrholzrumpf des Einsitzers nur wenig Bodenfreiheit hatte, denn die Achse des Fahrgestells war direkt in ihm gelagert. Um Bodenberührung der Luftschraube zu vermeiden, war sie über dem Rumpf angeordnet und wurde durch eine Kette von dem im Bug untergebrachten Douglas-Motor angetrieben.

Am Rhön-Wettbewerb 1924 nahmen auch zwei Messerschmitt-Leichtflugzeuge S 16 teil.

Wettbewerbsgewinner: Ernst Udet und Paul Bäumer

Den Wettbewerb gewann *Ernst Udet* auf seiner U-7 »Kolibri«. Ihm gelang am 29. August 1924 ein Dauerflug von 4 Stunden 39 Minuten, der zugleich Weltrekord in der Klasse der Kleinflugzeuge war. Er schaffte ihn dadurch, daß er mit stark gedrosseltem Motor in geringer Höhe am Hang segelte – ohne Motor wäre die U-7 nicht segelfähig gewesen. Bei einem Zielflug von der Wasserkuppe nach Bad Kissingen, den *Udet* in knapp einer Stunde absolvierte, benötigte der »Kolibri« nur 6,12 l Treibstoff – im Sinne der Ausschreibung die herausragende Leistung.

Den zweiten Platz belegte *Paul Bäumer* mit dem »Roten Vogel«, der so schwach motorisiert war, daß er auf ebenem Platz nicht aus eigener Kraft starten konnte. *Bäumer* rollte mit ihm mit Vollgas den damals noch recht steilen Pelznerhang hinunter (heute durchschneidet dort die Autostraße das Gelände am »Aufwindbaum«) und erreichte auf diese Weise die zum Abheben nötige Geschwindigkeit. Ihm gelang immerhin ein Zweistundenflug. Entsprechend der Ausschreibung hatte der Konstrukteur *Walter Günter* dem »Roten Vogel« nur eine Spannweite von 10 m zugebilligt; bei größerer Spannweite (um 15 m) und mit einem stärkeren Motor wäre das elegante Flugzeug ein echter Motorsegler gewesen. Zusammen mit seinem Zwillingsbruder *Siegfried* konstruierte *Walter Günter* später bei Bäumer Aero in Hamburg den »Sausewind«, der in seiner aerodynamischen Auslegung seiner Zeit weit voraus war. Von Anfang der dreißiger Jahre an waren die Gebrüder *Günter* für *Ernst Heinkel* tätig und schufen dort, beginnend mit der He 64 und der He 70, die berühmten Schnellflugzeuge.

Was wurde aus den Wettbewerbsteilnehmern?

Als die beiden S-16-Motorsegler von *Messerschmitt* per Lastwagen zum Wettbewerb auf die Wasserkuppe kamen, hatten sie noch nicht einmal Probeflüge hinter sich. Gleich nach dem ersten Start der S 16 a flog die Luftschraube weg und der Pilot *Heinz Seywald* mußte notlanden, wobei das Flugzeug stark beschädigt wurde. Mit der 16 b unternahm *Seywald* ebenfalls gleich einen Wettbewerbflug, sogar mit Passagier, hatte aber wieder Pech: Die Kette zwischen Motor und Luftschraubenwelle riß – Notlandung auf freiem Feld, Reparatur, Wiederstart. Doch danach machte der Motor Schwierigkeiten, erneute Notlandung, Reparatur – aber das Gelände eignete sich diesmal nicht zum erneuten Start, Wettbewerb ade.

Probleme mit Motor und Antrieb hatten so gut wie alle weiteren Teilnehmer. Wie *Messerschmitt,* so scheiterten die meisten an der Schwäche bzw. Unzuverlässigkeit ihrer Triebwerke, einige aber auch an zu schwach dimensionierten und nicht ausreichend erprobten Bauteilen. So mußte Pilot *Wolfgang Klemperer* mit seiner »Rheinland« gleich nach dem Start wegen Querruderflatterns umkehren; vor dem Flügelbruch erreichte er gerade noch den Landeplatz. Pilot *Otto Homuth* hatte mit »Knorke« weniger Glück: durch Bruch der Höhenflosse stürzte er gleich nach dem Start ab und wurde schwer verletzt. Pilot *Walter Blume* erreichte mit dem »Habicht« zwar den Zielort Bad Kissingen, mußte aber auf dem Rückflug wegen Motordefektes notlanden. *Arthur Martens* war mit dem »Windhund« ebenfalls nach Bad Kissingen gekommen, konnte von dort aber nicht mehr abfliegen, weil sein Motor zu schwach war.

Mit zuverlässigen Leichtmotoren, wie sie *Oskar Ursinus* seit langem in seiner Zeitschrift »Flugsport« gefordert hatte, wäre der Wettbewerb 1924 wohl erfolgreicher geworden, und zwar sowohl für die weitere Entwicklung der »Segelflugzeuge mit Hilfsmotor« als auch der Klein- bzw. Leichtflugzeuge. Es hatte sich jedoch gezeigt, daß die bisher geforderten »10–15 PS« zu wenig waren, denn sie reichten für den Eigenstart auch sehr leichter einsitziger Flugzeuge kaum aus.

Eine wirklich fortschrittliche Konstruktion war damals lediglich der »Rote Vogel«, vor allem wegen seiner hervorragenden aerodynamischen Auslegung. Auch die Anordnung des Motors im Schwerpunkt kam (trotz mancher Probleme mit der langen Propellerwelle) der Nutzung des Flugzeuges als Motorsegler entgegen und ermöglichte dem Piloten eine fast unbeschränkte Sicht voraus.

Wirtschaftlich erfolgreich war der Wettbewerb nicht einmal für die U 7, für die gleich danach eine Werbekampagne einsetzte. Sie wurde für 7500,– RM angeboten, doch das war den meisten Flugbegeisterten zu teuer; sie fand trotz ihren laut Angebot vielfältigen Möglichkeiten kaum Käufer. So machte der Wettbewerb 1924 noch im Nachhinein die Probleme des Leichtflugzeugbaues in Deutschland deutlich: zu viele einander zu ähnliche Einzelkonstruktionen, diese nicht ausgereift und daher nicht sicher genug, mangelnde Kaufkraft nach der gerade überstandenen Inflation, fehlende staatliche Unterstützung, vor allem aber der Mangel an zuverlässigen Kleinmotoren.

Erst in der zweiten Hälfte der zwanziger Jahre sollte sich ein Wandel abzeichnen.

Ferdinand Schulz und seine FS 10

An dieser Stelle sollte ein Pilot und Konstrukteur erwähnt werden, der am Wettbewerb für »Segelflugzeuge mit Hilfsmotor« 1924 in der Rhön teilnehmen wollte, aber wegen Kühlungsproblemen an dem für sein Flugzeug verwendeten Motor erst gar nicht anreisen konnte: der Ostpreuße *Ferdinand Schulz.* Bis 1924 hatte er bereits zehn verschiedene Flugzeuge entworfen und größtenteils, meist mit einfachsten Mitteln, selbst gebaut. Mit seiner FS 3, dem berühmten »Besenstiel«, war ihm am 11. Mai 1924 in

Ferdinand Schulz wollte mit dem von ihm entworfenen Leichtflugzeug F 10 am Rhön-Wettbewerb 1924 teilnehmen.

Mit einem Leichtflugzeug der Gebrüder Müller Griesheim (GMG) stürzte *Ferdinand Schulz* 1929 beim Abwerfen eines Kranzes ab.

Rossitten an der Kurischen Nehrung ein Dauerweltrekord im Segelflug von 8 Stunden 42 Minuten gelungen – damals eine Weltsensation. Als Anerkennung dafür schenkte ihm die Waggonfabrik Steinfurt in Königsberg den Bau der von ihm entworfenen FS 10, die er bei ihrer Spannweite von 13 m als »Segelflugzeug mit Hilfsmotor« bezeichnete. Doch der eingebaute Siemens-Motor mit 12,5 kW (17 PS) erwies sich schon bei der Erprobung wegen der Kühlungsprobleme als unzuverlässig. *Schulz* verzichtete deshalb auf die Teilnahme am Wettbewerb, zumal die Anreise sehr kostspielig gewesen wäre.

In ihrem Erscheinungsbild entsprach die FS 10 den anderen »Segelflugzeugen mit Hilfsmotor« bzw. Kleinflugzeugen, die am Wettbewerb teilgenommen haben: Sie war ein abgestrebter Hochdecker mit Vollrumpf und Fahrwerk, überwiegend aus Holz gebaut und sehr leicht; der Motor befand sich im Rumpfbug.

Mit einem anderen Leichtflugzeug, der GMG 1 »Marienburg«, erreichte *Ferdinand Schulz* beim Abwerfen eines Kranzes bei der Einweihung eines Ehrenmales in Stuhm sein Schicksal: Infolge zu starker Beanspruchung stürzte er mit Flügelbruch ab. Die GMG 1 war ein abgestrebter, zweisitziger Schulterdecker, der 1927 von Dipl.-Ing. *Hermann Hofmann* konstruiert und von der Firma Gebrüder Müller in Griesheim bei Darmstadt (deshalb GMG) gebaut worden war. Mit seinem 25,5-kW(35-PS)-Anzani-Motor wies es kaum bessere Leistungen auf als die anderen Muster dieser Kategorie, die in ihrem Grundkonzept noch aus der ersten Hälfte der zwanziger Jahre stammte.

Außenseiter, Amateure ...

Von dem Fluggedanken waren seit den Anfängen der Luftfahrt manche so begeistert, daß sie Beruf und Familie vernachlässigten und nur noch den Wunsch hatten, sich ein eigenes Flugzeug zu bauen und damit zu fliegen, gleich ob sie technisch-handwerklich oder fliegerisch ausreichend vorgebildet waren. Die meisten beschränkten sich auf den Nachbau oder die Nachahmung bewährter Muster und waren damit gut beraten. Ehrgeiz und Selbstüberschätzung, die Mißerfolge geradezu provozierten, waren selten. Zudem lenkte in den zwanziger Jahren die Idee des »Volksflugzeuges« wohl die Mehrzahl der Amateurflugzeugbauer in vernünftige, erfolgversprechende Bahnen, doch auch die Außenseiter hatten Konjunktur.

Wer vom Erprobten, Gewohnten, Üblichen abweicht, sollte sich darüber im klaren sein, daß er eine Fülle zusätzlicher Probleme bewältigen muß, bevor ihm Erfolg beschieden ist – wenn überhaupt. Die unausbleiblichen Enttäuschungen führen nicht selten dazu, daß er Einzelgänger wird. Oder er sammelt »Jünger« um sich, die sich nach anfänglicher Begeisterung nach und nach enttäuscht von ihm abwenden. Doch je weniger ihm noch zuhören, desto fanatischer verteidigt er seine Ideen, desto mehr ist er davon überzeugt, daß er den »Stein der Weisen« gefunden hat. Merkwürdigerweise hängt die mangelnde Selbstkritik nur selten mit fehlender Fachausbildung zusammen. Das Ende ist meist tragisch, zumindest tragikomisch.

Gustav Lilienthal und sein Schwingenflugzeug

Es sind glücklicherweise nur wenige, die im Gleit-, Segel- und Leichtmotorflugzeugbau diesen Weg gegangen sind. Als Beispiel sei *Gustav Lilienthal* genannt, der jüngere Bruder des »ersten Fliegers« *Otto Lilienthal.* In jungen

Das Schwingenflugzeug von *Gustav Lilienthal,* an dem er bis zu seinem Tode arbeitete.

Jahren hatten *Otto* und *Gustav* gemeinsam in zahllosen planvollen Versuchen die grundlegenden Erkenntnisse gewonnen, die *Otto Lilienthal* 1889 in seinem berühmten Buch »Der Vogelflug als Grundlage der Fliegekunst« veröffentlichte. *Otto* hat danach seine praktischen Gleitflugversuche aufgenommen, die nach etwa 2000 geglückten Flügen am 9. August 1896 am Gollenberg in den Rhinower Bergen ihr bitteres Ende fanden. *Gustav* hingegen ist selbst nicht geflogen. Er war Architekt geworden und stand den Flugversuchen seines Bruders und später übrigens auch der Segelflugentwicklung auf der Wasserkuppe kritisch gegenüber. Für ihn kam nur die Nachahmung des Vogelfluges durch Form und Profilierung des Vogelflügels in Verbindung mit dem Schwingenflug in Frage. Auf der Wasserkuppe machte er durch seine Theorien über den »Widderhorn-Wirbel« von sich reden. Die stark heruntergezogene Nase einiger Vogelflügel war für ihn die Erklärung für den Segelflug der Vögel: Der dahinter entstehende Wirbel, der sich von der Flügelwurzel bis zur -spitze widderhornartig geschwungen fortsetzte, war für ihn die Erklärung für Vortrieb und zugleich Auftrieb des Vogelflügels. Nur deshalb, so glaubte er, könne der Vogel ohne Flügelschlag seine Höhe halten und sogar Höhe gewinnen. Für ihn war es die Ideallösung des Flugproblems. Die Eindringlichkeit, mit der er seine Theorien verfocht, brachte einige der frühen Segelflugpioniere dazu, das von ihm vorgeschlagene Profil mit großem Bauaufwand in ihren Neukonstruktionen für die 2. Rhön (1921) zu verwenden – sie scheiterten allesamt.
Nachdem 1924 die »Otto-Lilienthal-Gesellschaft« gegründet worden war, wurden *Gustav* eine kleine lebenslange Rente und ein Raum als Bastlerwerkstatt in einer Halle des Flughafens Tempelhof zugesprochen. Dort baute er fortan ein Schwingenflugzeug – selbstverständlich in der Widderhorn-Auslegung – von 15 m Spannweite. Es war mit einem DKW-Motorradmotor von 2,6 kW (3,5 PS) ausgestattet, hat sich aber nie vom Boden erhoben. Filmaufnahmen zeigen ein unförmiges Flattergestell, auf dem *Gustav Lilienthal* thront. Ohne jeden Zweifel an der Richtigkeit der Widderhorn-Theorie und bis in seine letzten Tage an seinem Urvogel bastelnd starb *Gustav Lilienthal* am 1. Februar 1933 – 83 Jahre alt. Bewunderung verdient er für die Ausdauer und Zähigkeit, mit der er seine Überzeugungen buchstäblich bis zum letzten Atemzug verfochten hat.
Neben den Träumern und Fanatikern gab es auch zahlreiche frei arbeitende Konstrukteure und Erbauer, die durchaus auf dem Boden des Möglichen blieben, wenn sie neue Wege zu beschreiten versuchten. Einige hatten Erfolg, wenn er auch manchmal sehr lange auf sich warten ließ, andere mußten kurz vor dem Ziel aufgeben oder stürzten mit unerprobtem Fluggerät ab, und erst die weitere Entwicklung zeigte, daß sie durchaus auf dem richtigen Weg gewesen waren, nur zu früh und mit unzulänglichen Mitteln ihr Leben riskiert hatten.

Der »Amateurflugzeugbauer« Gottlob Espenlaub

Zu den wirklich erfolgreichen Amateurflugzeugbauern der zwanziger und dreißiger Jahre gehörte *Gottlob Espenlaub* (1901–1971). Als gelernter Tischlergeselle kam er 1920 aus seiner schwäbischen Heimat per Fahrrad und zu Fuß auf die Wasserkuppe und verdingte sich dort zunächst als Küchenhelfer, begann aber schon kurz nach seinem Eintreffen mit dem Bau von Hängegleitern und Segelflugzeugen, wobei er sich Baumaterialien und Einzelteile großzügig »organisierte«. Er duzte jeden – selbst den großen Gönner des Rhön-Segelfluges, den *Prinzen Heinrich von Preußen.* Seine erste wirkliche Pionierleistung waren Konstruktion und Bau eines freitragenden Flügels von 17 m Spannweite mit einer bis dahin noch nie verwirklichten Streckung von mehr als 15 für sein Segelflugzeug E 3. Beim Rhönwettbewerb 1922 wurde er im letzten Augenblick davon abgehalten, die E 3 ohne jede fliegerische Erfahrung auch noch selbst einzufliegen. Dazu erklärte sich der mit *»Espe«* befreundete Dipl.-Ing. *Martin Schrenk* bereit, nachdem er die Festigkeit des 17-m-Flügels nachgerechnet und für ausreichend befunden hatte. Mit mehreren Flügen gewann er für *Espenlaub* sogar den dritten Preis.
In seiner Unbekümmertheit in Verbindung mit seinem Instinkt für Konstruktion und Dimensionierung schreckte *»Espe«* selbst vor dem Bau von Motorflugzeugen nicht zurück. Für den Wettbewerb 1924, der im vorangegangenen Kapitel geschildert wurde, hatte er sein Segelflugzeug E 5 mit einem »Hilfsmotor« von 6 kW (8 PS) ausgestattet, blieb allerdings erfolglos. Sein erstes Leichtflugzeug, ein freitragender Hochdecker von 10 m Spannweite, angetrieben von einem Victoria-Motorradmotor von 9 kW (12 PS), folgte 1925. Ein »Anhängeflugzeug«, mit dem er, geschleppt von *Gerhard Fieseler,* im März 1927 die ersten, wenn auch nur sehr kurzen Schleppflüge in Deutschland unternahm, war die Vorstufe zu eigenen Schleppflugversuchen mit *Edgar Dittmar* bei einem Wettbewerb in Rossitten im Mai 1927. Als Schleppflugzeug benutzte er seine E 11, ein Leichtflugzeug,

Gottlob Espenlaub erprobte 1927 den Schleppflug mit dem von ihm konstruierten Leichtflugzeug E 11 mit Anzani-Motor. Im Segelflugzeug *Edgar Dittmar*.

Espenlaub baute ein schwanzloses Versuchsflugzeug nach Plänen von *Alexander Soldenhoff*.

das von einem Dreizylinder-Anzani-Motor von 25 kW (35 PS) angetrieben wurde. Die Besonderheit des freitragenden Hochdeckers von 10 m Spannweite üblicher Bauweise war der »stromlinienförmige« Sperrholzrumpf von ovalem Querschnitt. Die E 12 von 1928 war bei gleicher Auslegung und gleichem Motor ein Zweisitzer mit etwas größerer Spannweite (12 m). Es zeigt sich, wie planmäßig der »Amateurflugzeugbauer« (als solcher und als fliegerisches »Original« war *Espenlaub* inzwischen weithin bekannt geworden) bei der Entwicklung seiner Flugzeuge vorging. Die E 14, von der vier Exemplare mit Motorenstärken zwischen 50 und 95 PS gebaut wurden, war der Höhepunkt dieser »Leitlinie«. D-ESPE, das vierte dieser Flugzeuge, hatte bei einer Spannweite von 11,5 m und einer Länge von 6 m eine Leermasse von 300 kg und eine Startmasse von 500 kg. Der 70-kW(95-PS)-Argus As 8-Motor gab ihm eine Höchstgeschwindigkeit von 130 km/h.

Daß ein »Amateur« mit einer so kreativen Phantasie wie *Espenlaub* sich nicht mit Flugzeugen nach üblicher Norm zufriedengibt, liegt auf der Hand. Und so ist denn seine E 15 nach einer Konstruktion des Schweizers *Alexander Soldenhoff* ein schwanzloses »Versuchsflugzeug« von 12 m Spannweite zunächst mit einem 14-kW(20-PS)-Daimler-Motor, der in den freitragenden, leicht gepfeilten Flügel vorn eingebaut ist. Er dient jedoch nur der Erprobung, denn vorgesehen ist ein Raketenantrieb! Nachdem schon auf der Wasserkuppe Raketenflüge stattgefunden hatten (siehe das Kapitel »Ungewöhnliche Leichtflugzeuge«), startet *Espenlaub* am 4. Mai 1930 in Bremerhaven zu einem Raketenflug – hebt ab und landet glatt.

Bei einem zweiten Start zündet er versehentlich eine viel zu starke Rakete; das Flugzeug bäumt sich auf und macht Bruch. *Espenlaub* hat Glück im Unglück, doch das schwanzlose Flugzeug fällt zumindest für den von ihm und dem Hersteller der Schwarzpulverraketen Ing. *Friedrich-Wilhelm Sander* initiierten »Raketenflugtag« aus.

In den dreißiger Jahren baute *Espenlaub* ein zunächst recht bescheidenes Reparaturwerk für Flugzeuge auf, das bis 1945 auf mehrere hundert Beschäftigte anwuchs.

Auch nach dem Zweiten Weltkrieg blieb *Gottlieb Espenlaub* der Fliegerei verbunden. 1962 entwickelte er ein recht originelles viersitziges Kabinen-Reiseflugzeug, das er mit verstärkten Tragflächen des Segelflugzeugs Mü 13 von 22 m Spannweite ausstattete. Bei einer Leermasse von 720 kg und einer Flugmasse von 1000 kg erreichte es eine Höchstgeschwindigkeit von 140 km/h. Neben der segelflugzeugähnlichen Auslegung war die Besonderheit, daß es von zwei Motoren angetrieben wurde (Bristol Cherub 48 kW/65 PS). Ein Sportflugzeug, E 36, folgte 1963/64. Auch hierbei zeigte es sich, daß es *Espenlaub* nicht auf hohe Geschwindigkeit, sondern auf sicheres Fliegen und gute Sicht ankam: Der Zweisitzer war ein Schulterdecker mit Triebwerk auf der Tragfläche und mit Bugradfahrwerk; er wurde von einem Lycoming-Motor 0-235 C (84 kW/115 PS) angetrieben, erreichte aber nur eine Höchstgeschwindigkeit von 110 km/h – zu wenig für ein Leichtflugzeug der sechziger Jahre. Deshalb blieb es bei einem Einzelstück. Soweit bekannt, hat *Espenlaub* keine weiteren Flugzeuge mehr gebaut – trotzdem war er der wohl erfolgreichste und ist sicherlich noch immer der bekannteste deutsche »Amateurflugzeugbauer«.

Der freitragende zweisitzige Hochdecker E 14 war eine bemerkenswerte Konstruktion des »Amateurflugzeugbauers« *Gottlob Espenlaub*.

Immer wieder »Volksflugzeuge«

Wenn Flugbegeisterung und wirtschaftliche Not zusammentreffen, taucht die Idee des »Volksflugzeuges« in verschiedenen Variationen auf. So war es nach dem Ersten Weltkrieg (siehe die vorausgegangenen Kapitel) und ebenso nach dem Zweiten (siehe Teil 3). Gemeint ist das einfache, robuste, leicht zu fliegende und äußerst wirtschaftliche Flugzeug, das sich jeder, der unbedingt fliegen möchte, leisten kann.

Arthur Deicke und sein »Fluggerät für jedermann«

Zu den Pionieren des Volksflugzeuges gehörte in Deutschland *Arthur Deicke* (1882–1961). Seit 1909 ging es ihm darum, das billige »Fluggerät für jedermann« zu schaffen. Wie *Oskar Ursinus,* so erkannte auch er, daß die Lösung des Problems vor allem von einem leichten, sparsamen und zuverlässigen Motor abhängt, d. h. luftgekühlte Zweitakter zwischen 500 und 750 cm^3 Zylinderinhalt. Nach kriegsbedingter Unterbrechung nahm er 1919 seine Arbeit wieder auf und baute 1921 einen Eindecker mit verkleidetem Bug für den Pilotensitz und den Motor, der eine Druckschraube antrieb. Das Leitwerk wurde durch Gitterträger gehalten. Neben diesen Besonderheiten in der Anordnung war das (sehr kleine) Bugrad bemerkenswert. Doch *Deicke* wollte zuviel an Neuem auf einmal – das Flugzeug bewährte sich nicht. Auch mit seiner nächsten Konstruktion, einem Eindecker in Entenkonfiguration, im Jahre 1922 hatte er wenig Glück. Über Platzflüge kam 1929 auch sein drittes Flugzeug, ein Schulterdecker mit 8,8 kW (12 PS)-Deicke-Motor nicht hinaus. Erst der Kabinen-Schulterdecker ADM 11 (16,2 kW/22 PS) hatte einigen Erfolg; so gewann er beim Olympia-Großflugtag 1936 in Berlin den Wettbewerb in der Klasse der Leichtflugzeuge. Streng genommen entsprach dieses Flugzeug mit 9,85 m Spannweite, einer Länge von 5,30 m und einer Flugmasse von 230 kg als Einsitzer allerdings schon nicht mehr der Vorstellung vom »Volksflugzeug«.

Arthur Deicke versuchte, die Idee des Volksflugzeuges zu verwirklichen, und baute mehrere Einzelmuster, darunter 1929 auch diesen Schulterdecker.

Der Deicke-Kabinen-Schulterdecker ADM gewann 1936 einen Leichtflugzeugwettbewerb.

Aus Frankreich kam die »Himmelslaus« von Henry Mignet

Im Ausland, vor allem in Frankreich, war die ursprüngliche Idee zunächst erfolgreicher verwirklicht worden. *Henry Mignet* hatte dort mit seiner HM 8 aus dem Jahre 1929 den Weg vorgezeichnet: Sie war ein kleiner, einsitziger Hochdecker mit Sperrholzrumpf auf großen Rädern, angetrieben von einem im Rumpfbug eingebauten Motorradmotor – von der Auslegung, der Rüstmasse und der Motorleistung ähnlich den Ultraleichtflugzeugen, die gut fünfzig Jahre später ebenfalls hohen Kosten entgegenwirken und ein erschwingliches »Fliegen um des Fliegens willen« ermöglichen sollten.

Wenige Jahre später entwarf *Henry Mignet* mit seinem »Pou du ciel« (»Himmelslaus«) das Flugzeug, das der Idee des Volksflugzeuges sicherlich am nächsten kam und als solches in die Luftfahrtgeschichte eingegangen ist. In der Originalität seiner Auslegung als Tandem (zwei Flügel gestaffelt hintereinander) blieb es trotz vielfacher Nachbauten (auch in Deutschland) einzigartig. Lediglich in der Schweiz und in Deutschland hat es in den siebziger Jahren zwei weitaus stärker motorisierte Tandem-Konstruktionen gegeben; die deutsche von *Hermann Frebel* hängt in dem Technischen Museum in Sinsheim.

Die Original-»Himmelslaus« besaß zwei Flügel in einholmiger Holzkonstruktion mit Stoffbespannung. Beide waren zum Holzrumpf (mit offenem Führersitz) doppelt verspannt. Der Vorderflügel hatte 6 m Spannweite und war auf einem Spannturm aus Stahlrohr drehbar gelagert; der hintere Flügel, der von dem vorderen teilweise überdeckt wurde, war mit 4 m Spannweite auf der Rumpfoberseite fest

Der aus Frankreich stammende Tandem-Flügler »Himmelslaus« von *Henry Mignet* wurde in vielen Ländern nachgebaut. Das Besondere an diesem Flugzeug waren die beiden gestaffelt angeordneten Tragflächen fast gleicher Spannweite, die es narrensicher machen sollten.

montiert. Beide Flügel waren je 1,4 m tief, mit einem doppelt geschwungenen und damit druckpunktfesten Profil ausgestattet, besaßen V-Form und deutlich hochgezogene Enden, aber kein Querruder. Auffällig war die große Seitenflosse. Das Fahrgestell führte, aufgehängt an Gummikabeln, durch den Rumpf hindurch. Als Triebwerk diente ein luftgekühlter, stark untersetzter (von 4000 auf 1600 min^{-1}.) Aubier-Dunne-Motor von 12 kW (17 PS).

Die besondere Bauart sollte das Flugzeug vollkommen eigenstabil und damit narrensicher machen. Jeder Laie sollte damit nach kurzer Einweisung fliegen können. Die Längsstabilität wurde durch die Tandem-Anordnung in Verbindung mit der Spaltwirkung zwischen Ober- und Unterflügel erreicht. Dadurch nimmt, wenn der Spalt durch »Ziehen« (Aufrichten) des Oberflügels verengt wird, die Strömungsgeschwindigkeit über dem Unterflügel zu; das so gefährliche Abreißen der Strömung wird dadurch verzögert. Mit einem selbstkonstruierten Windkanal hat *Mignet* hierzu eigene Strömungsversuche angestellt und seine theoretischen Überlegungen bestätigt gefunden. Die Querstabilität erreicht *Mignet* durch die (in Verbindung mit den »Ohren«) starke V-Stellung der Flügel sowie durch die tiefe Schwerpunktlage, die eine Pendelwirkung hervorruft.

Zur Höhensteuerung wurde über ein Gestänge der Anstellwinkel des Vorder- bzw. Oberflügels verändert. Das »Ziehen« des Oberflügels war sicherheitshalber so begrenzt, daß die Strömung im Flug nicht abreißen konnte. Zur Seiten- und Quersteuerung diente das große Seitenruder. Die »Himmelslaus« benötigte nur eine Startstrecke von knapp 100 m. Sie erreichte eine Reisegeschwindigkeit von 100 km/h und hatte eine Landegeschwindigkeit von nur 30 km/h, was ebenfalls wesentlich zur Sicherheit beitrug. Tatsächlich ist mit der »Himmelslaus«, die außerordentlich wendig gewesen sein soll, trotz zahlreicher Brüche kein tödlicher Unfall bekannt geworden.

Mignet hat Ende 1924 ein etwa 500 Seiten starkes Handbuch »Le sport de l'Air« (»Der Luftsport«) herausgegeben. Darin erläuterte er die technischen und aerodynamischen Grundlagen seiner »Himmelslaus« und gab eine entsprechende Bauanleitung. In den Jahren danach soll es kaum einen Fliegerklub in Frankreich oder in den französischen Kolonien gegeben haben, der nicht wenigstens einen »Pou du ciel« besaß. Hinzu kamen hunderte von Amateurfliegern, die zu begeisterten Verfechtern der »Himmelslaus-Idee« wurden und gegen die zunehmenden Beschränkungen durch die staatlichen Luftfahrtbehörden mit französischem Temperament protestierten. Auftrieb bekamen sie durch unbestreitbare Erfolge wie dem Sieg des »Pou du ciel« beim Kleinflugzeugwettbewerb Ende 1934 in Orly, und schließlich erreichten sie auch die Zulassung durch die französischen, belgischen und englischen Luftfahrtbehörden.

In Deutschland wurde in Luftfahrtzeitschriften viel über die Himmelslaus berichtet, und es gab auch einige Nachbauten. Doch hier hoffte man offenbar auf ein anderes, »normal« und nicht so exotisch aussehendes Volksflugzeug.

Fritz Stamers Volksflugzeug »Hummel« und sein Konzept zur Fliegerausbildung

1930 erschien die einsitzige »Hummel« von *Fritz Stamer,* der als Konstrukteur von Gleit- und Übungssegelflugzeugen sowie als Schöpfer der Alleinschulmethode, die er als Leiter der Segelflugschule auf der Wasserkuppe entwickelt hatte, bekannt geworden war. Auch ihn faszinierte seit langem die Idee des »Volksflugzeugs«. Was er im Jahre 1931 in einem Artikel über die Zielsetzung seiner »Hummel« schrieb, entsprach sicherlich den Wunschvorstellungen vieler Flugbegeisterter:

». . . Was sollte das Flugzeug leisten? Es sollte fliegen, einfach fliegen, das war Punkt 1. Es sollte nicht voll kunstflugtauglich sein,

Das bei der Rhön-Rositten-Gesellschaft (RRG) 1930 von *Fritz Stamer* konstruierte Schulflugzeug »Hummel«, mit dem *Stamer* eine spezielle Alleinschulungsmethode vorschlug.

es brauchte weder am Coup Schneider noch am Europarundflug teilzunehmen. Wer sollte das Flugzeug fliegen? Jeder, der fliegen kann und – frommer Wunsch – möglichst auch jemand, der geübter Segelflieger ist und auch jeder, der für die Flugstunde nicht RM 80,– bezahlen kann. Wo sollte das Flugzeug fliegen? Wenn es gar nicht anders geht, nur um den Flugplatz herum, innerhalb der Flughafenzone also. Was sollte das Flugzeug kosten? . . . Möglichst gar nichts. Weshalb? Damit es ein Volksflugzeug wird. Wer soll das Flugzeug bauen? Unsere Segelflugzeugindustrie und möglichst der Verein selber, der bereits bauen kann . . .
Wie mußte also das Flugzeug aussehen? Hochdecker, denn es kommt aus dem Segelflug direkt und der Segelflieger fühlt sich wohler auf dem Hochdecker. Sicht der Räder, dann macht man weniger Bruch. Etwas schnittig, sonst hat man keine Freude daran . . . Holzbau – wegen Selbstbau und Reparaturen . . .«

Die »Hummel«, die unter diesen Prämissen entstand, hatte 11,60 m Spannweite und eine Flügelfläche von 17,60 m². Ihr Triebwerk war ein wassergekühlter 600 cm³-DKW-Sport mit Untersetzungsgetriebe 1:2,5 von 12 kW (16 PS). 90 km/h Reisegeschwindigkeit stand eine Landegeschwindigkeit um 35–40 km/h gegenüber. Mit der »Hummel« sind Flüge bis zu drei Stunden Dauer und 2500 m Höhe gelungen. Ein »Hintergedanke« von *Stamer* war, mit einem so einfachen und billigen Flugzeug wie der »Hummel« seine Alleinschulmethode aus dem Segelflug auch auf den Motorflug zu übertragen, denn bei einer so geringen Landegeschwindigkeit gab es keinen wesentlichen Unterschied zum damaligen Segelflug. Die Startstrecke lag bei Windstille nur wenig über 100 m. Die Flugeigenschaften sollen so angenehm und das Flugzeug so leicht zu fliegen gewesen sein, daß alle der 19 verschiedenen Piloten, die es allein 1931 erprobt haben, davon sehr angetan, ja begeistert waren. Fabrikmäßig hergestellt sollte die »Hummel« damals rund 3000,– Mark, im Selbstbau (ohne Arbeitslöhne) sogar nur 1500,– Mark kosten. Wie *Stamer* sich die Alleinschulung auf einem solchen »Volksflugzeug« dachte, geht aus einem Brief hervor, den er im November 1931 an die Hauptgeschäftsstelle der Rhön-Rossitten-Gesellschaft in Frankfurt geschrieben hat:

»Die Schulung auf dem Flugzeug ist in der Weise geplant, daß der Schüler nach Ablegung seiner C-Prüfung an einem Schleppflugkursus teilnimmt. Nach Absolvierung eines Schleppflugkurses fliegt er dann ein Segelflugzeug Typ »Falke« mit hohem Fahrgestell und dann noch mit Motorattrappe. Auf diese Weise wird er – noch auf dem Segelflugzeug – völlig an die Verhältnisse in der Motormaschine gewöhnt. Er startet und landet wie mit der Motormaschine. Seine Sichtverhältnisse entsprechen genau denen der Motormaschine. Der Schleppkursus sowohl wie der Umschulkursus finden auf einem großen Flugplatz statt. Nachdem der Schüler so auch auf größere Höhen geschleppt ist, startet er schließlich zu Alleinflügen auf dem einsitzigen Leichtmotorflugzeug. Der Motorflug der schwachmotorigen Maschine (18 PS) entspricht dabei völlig dem Segelflug im Aufwind. Die Schulung erfolgt lediglich in der Flugplatzzone, so daß Notlandungen in unvorbereitetem Gelände nicht infrage kommen.«

Auf dieses »Verfahren zur Fliegerausbildung« sowie auf ein Segelflugzeug mit verschiedenartigen Fahrgestellen, Motorvorbauten usw. ließ *Stamer* sich sogar ein Patent geben.
In einem weiteren Schreiben von 1931 macht er sich »Gedanken über die Angliederung einer Leichtmotorflugschule an die Segelflugschule Wasserkuppe der R.R.G.«. Darin heißt es:

»Die Beziehungen zwischen Segelflug und Motorflug werden mit fortschreitender Segelflugentwicklung immer enger werden. Durch die Billigkeit des Segelfluges verlagert sich der Schwerpunkt flugsportlicher Betätigung immer mehr auf Segelflug. Aus den gleichen Gründen nimmt der Segelflug heute mindestens 80% aller jungen Menschen, die fliegen wollen, zuerst einmal bei sich auf, um einen kleinen Prozentsatz an die Motorfliegerei weiterzugeben. Inzwischen hat sich auch in der Motorfliegerei die Erkenntnis durchgesetzt, daß der Segelflug eine ungemein wertvolle Ergänzung einer Motorfliegerausbildung ist und viele Motorflieger betreiben gleichzeitig Segelflug . . .
Das Ziel der Schulung war seit Anbeginn:
Schaffung eines wirklichen Volksflugsportes durch das billige motorlose Flugzeug,
Schaffung eines riesigen Reservoirs ausgebildeter und vorausgebildeter Flieger,
Auswertung des Segelfluges als Eignungsprüfung auf fliegerische und fliegerisch-menschliche Qualitäten,
Stellung des nötigen Nachwuchses für den Segelflug selber und Überführung geeigneter Schüler zum Motorflug . . .»

Bei *Stamer* klingt an, daß er im Segelflug den »Volksflugsport« sieht. Tatsächlich waren in den zehn Jahren planmäßiger Schulung zwischen 1921 und 1931 bereits rund 10 000 Segelflieger ausgebildet worden. Die Flugbegeisterung der meisten erschöpfte sich im Segelflug, im Gegensatz zu anderen europäischen Ländern, wo sich der Segelflug nicht im selben Maße durchsetzen konnte. Dort dominierte – wie in Frankreich – der Motorflugsport, und deshalb blieb dort schon aus Kostengründen das »Volksflugzeug« besonders gefragt. In Deutschland war der Anteil der Motorflieger am Luftsport geringer, aber ebenso gewichtig. Sie forderten das leichte einsitzige sparsame Übungsflugzeug, auf dem die Flugstunde höchstens zehn Mark kosten sollte.

Selbstbauwettbewerb des DVL

Der Deutsche Luftfahrt-Verband erließ Anfang der dreißiger Jahre die Ausschreibung für einen Selbstbauwettbewerb. Es sollte ein Flugzeug entstehen, das »den Motorflug zum wahren Volkssport analog zum Segelflug« werden lassen konnte. Es sollte

»so beschaffen sein, daß es auch von kleinen Gruppen möglichst billig selbst hergestellt werden kann. Beschläge, Fahrgestell, Motorvorbau etc., die Spezialmaschinen und -vorrichtungen zur Anfertigung verlangen, müssen einfach sein und, fertig bezogen, so billig geliefert werden können, daß ihre Kosten den Bau nicht unnötig belasten.«

Es gab eine Reihe weiterer Forderungen und Beschränkungen. So sollte der Flügel bis zu 10 m Spannweite aufweisen und faltbar sein. Die Höchstgeschwindigkeit sollte nicht unter 110 km/h, die Landegeschwindigkeit nicht über 65 km/h liegen. Die Kosten im Selbstbau sollten 3000,– Mark nicht übersteigen. Der Chancengleichheit wegen sollte der Daimler-Motor F 7502 (14,7 kW/20 PS) eingebaut werden. Bauaufträge wurden nach eingegangenen Entwürfen an die Akaflieg Berlin und an Mayer Aachen vergeben, die konventionelle, verstrebte Schulterdecker in Holzbauweise vorgeschlagen hatten. Die Berliner AB 4 (FF) hatte Dipl.-Ing. *Walter Stender* in Zusammenarbeit mit *Dr.-Ing. Martin Schrenk* konstruiert. Sie war extrem leicht gebaut und durch V-Stellung und leichte Pfeilform des Flügels zwar ein leistungsfähiges Leichtflugzeug, aber als »Volksflugzeug« wohl nicht einfach genug (Spannweite 9,0 m, Länge 5,70 m, Flugmasse 300 kg, Höchstgeschwindigkeit 125 km/h).
Die MM 1 von Dipl.-Ing. *Hermann Mayer* war dagegen überdimensioniert fest gebaut und daher erheblich schwerer

Das bei der Akademischen Fliegergruppe in Berlin gebaute Selbstbau-Leichtflugzeug AB 4 (FF) war eine Konstruktion von *Walter Stender* und *Martin Schrenk*.

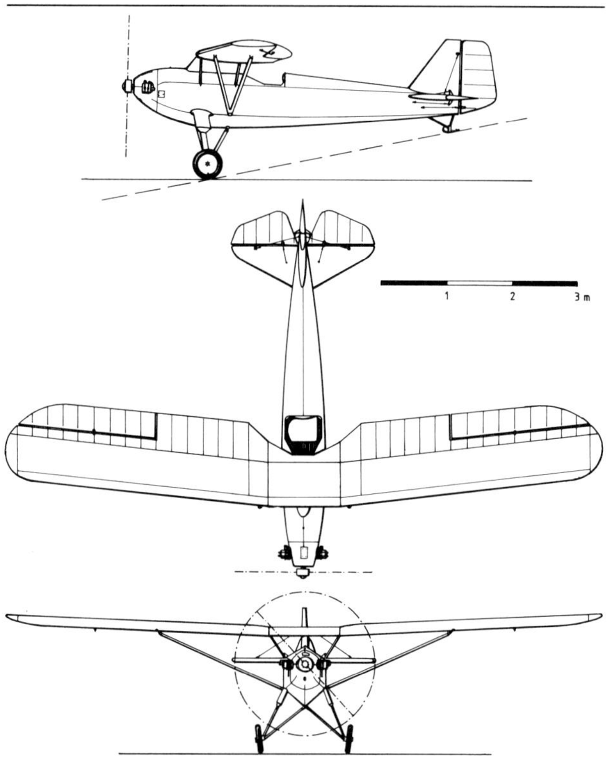

Die Akaflieg Berlin AB 4 war ein leichtes und leistungsfähiges Sportflugzeug, das im Rahmen einer Ausschreibung entstand.

als die FF (Spannweite 10,0 m, Länge 7,16, Flugmasse 385 kg, Höchstgeschwindigkeit 95 km/h). Das für 1932 geplante Vergleichsfliegen fand nicht statt, da die Weltwirtschaftskrise und die damit um sich greifende Arbeitslosigkeit und Not den meisten Vereinen die Anschaffung eines noch so bescheidenen »Volksflugzeuges« unmöglich gemacht hatte. Die weitere Entwicklung »wirtschaftlicher« Übungsflugzeuge ist in einem späteren Kapitel geschildert.
Die Idee des Volksflugzeuges zieht sich, beginnend mit *Otto Lilienthal,* durch die gesamte Luftfahrtgeschichte – bis heute (siehe das Kapitel »Ultraleichtflugzeuge« in Teil 3).

Das Selbstbau-Leichtflugzeug MM 1 von *Hermann Mayer* (Aachen) sollte ebenfalls ein »Volksflugzeug« sein.

Ungewöhnliche Leichtflugzeuge

Wie der Ablauf der technischen Luftfahrtgeschichte zeigt, passen sich zwar die meisten Konstrukteure dem vorherrschenden Trend an und machen die jeweilige »Mode« mit, doch stets schwimmen auch einige wenige bewußt gegen den Strom – sei es, weil sie von ihrer Sonderkonstruktion ungewöhnliche Leistungen und Eigenschaften oder gar einen Durchbruch erhoffen, oder weil sie aus der Masse derjenigen, die das Bewährte wegen des geringeren Risikos bevorzugen, herausragen und damit auffallen wollen. Gerade in den zwanziger, aber auch noch in den dreißiger Jahren läßt sich das deutlich beobachten. Während die Amateurbauer meist waghalsiger waren und nicht selten alle ihre Mittel aufs Spiel setzten, um eigene (manchmal recht gute, oft aber auch mehr oder minder absurde) Ideen zu verwirklichen, gingen etablierte Flugzeughersteller meist nur ein geringes Risiko ein und setzten auf schrittweises, durch vorangegangene umfangreiche Untersuchungen gesichertes Vorgehen. Von der Norm abweichende Neukonstruktionen bezeichneten manche als »Versuchsflugzeuge«. Dabei gab es nicht selten unangenehme Überraschungen. So konnten – etwa wenn das Leitwerk im Strahl einer Druckschraube lag oder wenn Querruder zu leicht gebaut waren – Flattererscheinungen auftreten. Sie zu beseitigen, war manchmal der erste Schritt zu einer Weiter- oder Neuentwicklung.

Friedrich Budigs Leichtflugzeug mit automatischem Stabilisator

Flattererscheinungen, die den Flug bei böigem Wetter unruhig machten, wurden auch an Flugzeugen in üblicher Bauweise (Motor im Rumpfbug) beobachtet. Ing. *Friedrich Budig* hat sich während des Ersten Weltkrieges als Versuchsingenieur bei den Rumpler-Werken mit solchen Fragen befaßt und beispielsweise als erster Druckmessungen am Flügelprofil und an den Leitwerken durchgeführt. Es ging ihm um die Beeinflussung sogenannter belasteter, also negativ eingestellter Leitwerke durch den vom Flügel ausgehenden Luftstrom. Seine Untersuchungen, die er auch noch nach dem Krieg fortsetzte, führten dazu, daß er die Lösung in einer vorn liegenden, sich automatisch verschiedenen Fluggeschwindigkeiten anpassenden Stabilisierungsfläche sah. 1921 baute er ein Doppeldecker-Gleitflugzeug, mit dem er zum Rhönwettbewerb 1921 auf der Wasserkuppe erschien. Das vorgesetzte Ruder, das den Gleiter trotz normalem Rumpf und Leitwerk wie eine Entenkonstruktion erscheinen ließ, sollte das gefährliche Überziehen unmöglich machen. Das Flugzeug, das zum Start von mehreren Männern gegen den Wind gezogen werden mußte, kam jedoch über kurze Sprünge nicht hinaus.

Budig entwickelte aus dem Gleiter ein »Leichtflugzeug mit automatischem Stabilisator«, auf das er große Hoffnungen setzte. In seiner gedrungenen Bauweise (Spannweite 8,20 m) und seinen ausgeprägten doppelten Leitwerksträgern erinnerte das Flugzeug noch stärker an eine Entenkonstruktion als der Gleiter. Bei einer »Ente«, die im Flug den Anschein eines rückwärtsfliegenden Flugzeugs erweckt, liegen Höhenflosse und -ruder vor dem Haupttragflügel. Schon die Gebrüder *Orville und Wilbur Wright* hatten dieses Flugprin-

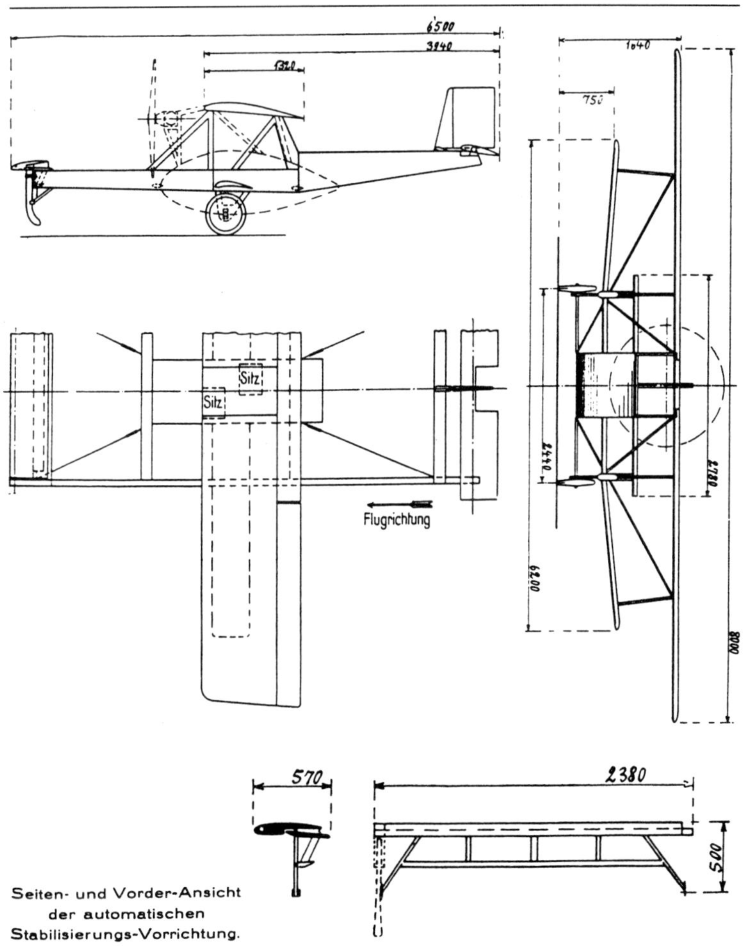

Friedrich Budig entwickelte ein automatisches, sich an die Fluggeschwindigkeit anpassendes Stabilisierungssystem mit vornliegendem Leitwerksteil.

zip bei ihrem »Flyer I« von 1903 erfolgreich angewendet. Der Vorteil dieser Anordnung ist, daß alle im Luftstrom liegenden Flächen, also auch der Vorflügel, Auftrieb liefern. Gerät ein solches System in eine überzogene Fluglage, so reißt an dem wesentlich stärker angestellten Vorflügel die Strömung zuerst ab und die Fluglage normalisiert sich, bevor der Hauptflügel in Mitleidenschaft gezogen wird. Eine »Ente« gilt als trudelsicher, hat jedoch wegen des weit zurückliegenden Schwerpunktes auch Nachteile, z. B. im Hinblick auf die Seitensteuerung am kurzen Hebelarm. Deshalb hatte sich schon früh das Normalprinzip durchgesetzt (Höhenleitwerk, zur Stabilisierung des Systems leicht negativ eingestellt, hinter dem Hauptflügel). Wegen der Einstellwinkeldifferenz zum Tragwerk liefert es zwar Abtrieb und verringert damit den Gesamtauftrieb, doch der Abtrieb wirkt über einen langen Hebelarm (den Rumpf hinter dem Schwerpunkt) und ist daher nicht so stark, daß er sich störend bemerkbar macht. Wegen des langen Hebelarmes ist das System gut steuerbar und richtungsstabiler als eine »Ente«, bei der ein Seitenleitwerk wegen des weit zurückliegenden Schwerpunktes nur eine geringe Windfahnenwirkung aufweist. Die ausschließlich tragenden Flächen verlocken jedoch bis heute manche Konstrukteure, für ihr Projekt das Entenprinzip zu wählen – und manche sind damit durchaus erfolgreich (siehe auch Teil 3: »Speed Canard«).
Das Leichtflugzeug von *Budig* war jedoch keine Entenkonstruktion, sondern ein Zwitter zwischen Normalflugzeug und Ente.
Wunschvorstellungen eines von seiner Idee überzeugten Erfinders? Nur zum Teil: Sein Flugzeug ist geflogen. Ob allerdings der Vorflügel wesentlich dazu beigetragen hat, steht dahin. *Budigs* »selbsttätige Schränkungswinkelanpassung« geriet bald in Vergessenheit. Um die Weiterentwicklung seines Leicht-Doppeldeckers bemüht, benutzte er um die Mitte der zwanziger Jahre erstmals ein V-Leitwerk. Nach einer Reihe weiterer, allerdings wenig erfolgreicher Flugexperimente war er in der Luftfahrtindustrie tätig. Nach dem Zweiten Weltkrieg beschäftigte er sich – wie *Gustav Lilienthal* – vergeblich mit dem Schwingenflug. Ohne besondere Anerkennung gefunden zu haben, starb er im Jahre 1972.

Der Budig-Doppeldecker, mit dem in den Jahren 1922–24 zahlreiche Versuchsflüge durchgeführt wurden, hatte einen BMW-Motorradmotor.

Budigs Zwischenglied zwischen Normal- und Entenkonfiguration ist jedoch in die Luftfahrtgeschichte eingegangen, zumal es noch Filmaufnahmen sowohl von seinem Gleiter und seinen Startversuchen auf der Wasserkuppe als auch von seinem Leichtmotorflugzeug gibt.
»Echte« Entenkonstruktionen haben zwar selten die Hoffnungen ihrer Konstrukteure voll erfüllt, aber doch ihre Brauchbarkeit bewiesen. Gewählt wurden sie nicht zuletzt wegen der Möglichkeit des Druckschraubenantriebs zur Verbesserung des Propeller-Wirkungsgrades. Auch die theoretischen Auftriebs- und Stabilitätsvorteile sowie die Trudelsicherheit animierten die Tüftler unter den Konstrukteuren immer wieder zu weiteren Experimenten.

Mit der »Ente« von *Alexander Lippisch* gelang *Fritz Stamer* am 10. Juni 1928 der erste Raketenflug.

Die RRG »Ente« von Alexander Lippisch mit Raketenantrieb

Bekannter und erfolgreicher wurde die motorlose Ente von *Alexander Lippisch* (1894–1976), mit der am 10. Juni 1928 der erste Raketenflug eines Menschen gelungen ist. Pilot war *Fritz Stamer* (siehe »Die Evolution der Segelflugzeuge«, Band 19 dieser Buchreihe, Seite 55). *Lippisch* hatte das Flugzeug als Angestellter der Rhön-Rossitten-Gesellschaft (RRG) konstruiert, um den Ententyp auf seine Eignung zum Segelflug zu testen. Nach anfänglich ähnlichen Schwierigkeiten, wie sie schon *Klemperer* gehabt hatte, und entsprechenden Veränderungen war mit der RRG-Ente bei mäßigen Leistungen immerhin Hangsegelflug möglich. Für die Raketenversuche ausgewählt wurde sie, weil das Rumpfende ausreichend Platz für die Schubraketen bot und kein Flugzeugteil im Feuerstrahl lag.

Mit der F 19 »Ente« wollte *Henrich Focke* ein trudelsicheres Flugzeug schaffen.

Das Focke-Wulf-Versuchsflugzeug F 19 »Ente«

Etwa um dieselbe Zeit wurde das Entenprinzip auch von dem erst 1924 gegründeten Flugzeugbau Focke-Wulf aufgegriffen. *Henrich Focke* hatte seinem älteren Bruder *Wilhelm* schon 1908 beim Bau einer selbstkonstruierten Motor-»Ente« geholfen und war dadurch mit den Problemen, aber auch den Möglichkeiten der Entenbauweise vertraut. Waren schon die Verkehrsflugzeuge von Focke-Wulf dank ihres an den Flugsamen Zanonia erinnernden Flügelumrisses weitgehend trudelsicher und deshalb in kurzer Zeit bekanntgeworden (siehe das Kapitel »Die ersten Kabinen-Reiseflugzeuge«), so wollte *Focke* mit der Entenkonstruktion ein absolut trudelsicheres Flugzeug schaffen. Die F 19 »Ente« war ein freitragender Schulterdecker in Holzbauweise. Unter dem weit zurückgesetzten Hauptflügel befanden sich zwei Motoren (Sh 11, je 71 kW/96 PS), die Zugschrauben antrieben. Der kleinere Kopfflügel war auf einem Stahlrohrgestell gelagert. Das auffallend große Seitenleitwerk sollte von vornherein dem Problem der Richtungsstabilität entgegenwirken. Durch ein stark dimensioniertes Bugradfahrwerk, wohl erstmals in dieser Anordnung, war die Gefahr des Überschlagens bei der Landung gebannt.
Wie bei allen bisherigen Neukonstruktionen von Focke-Wulf unternahm *Georg Wulf,* Kriegsflieger und *Fockes* Geschäftspartner, den Erstflug mit der »Ente« – am 2. September 1927. Am 29. September – *Wulf* probte bei diesem 7. Versuchsstart in geringer Höhe den Einmotorenflug – stürzte das Flugzeug ab. *Wulf* war sofort tot.
Mit einem zweiten, geringfügig stärker motorisierten Muster F 19 a, dessen Bau die Deutsche Versuchsanstalt für Luftfahrt zur Klärung der Probleme mit Entenflugzeugen in Auftrag gegeben hatte, wurde von 1930 an die Erprobung fortgesetzt. Da sich – außer sehr guten Landeeigenschaften

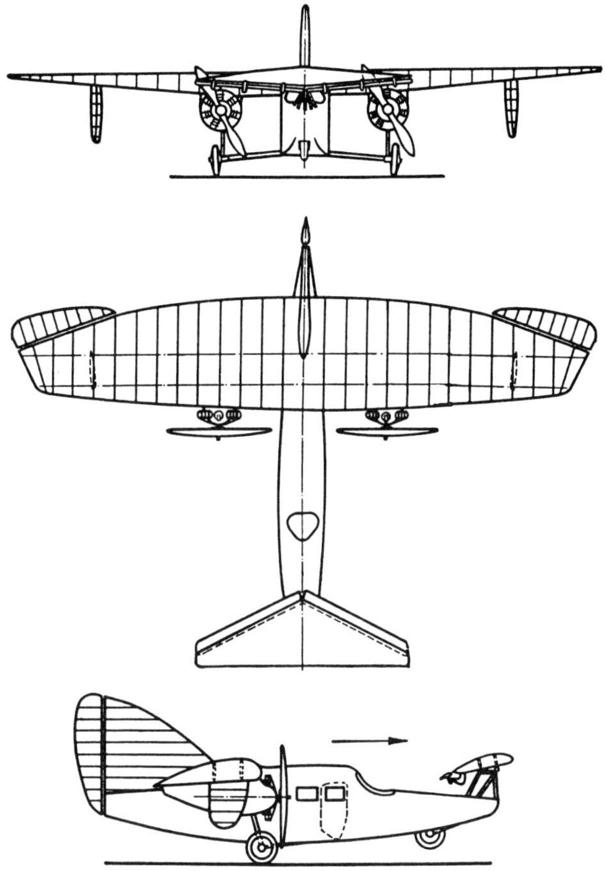

Dreiseitenansicht der Focke-Wulf »Ente«.

– keine besonderen Vorteile gegenüber Normalflugzeugen herausstellten, wurde die weitere Entwicklung der Entenbauweise aufgegeben. Die DVL hat das Flugzeug jedoch noch bis 1939 benutzt.
Die F 19 a hatte bei einer Rumpflänge von 10,53 m eine Spannweite des Haupttragflügels von 14 m und des Kopfflügels von 5 m. Sie wurde von zwei Siemens Sh 14-Motoren (84 kW/115 PS) angetrieben. Die Rüstmasse lag bei 1235, die Flugmasse bei 1650 kg, die Höchstgeschwindigkeit bei 140 km/h.

Die Entenbauweise erlebt erst seit den achtziger Jahren eine Renaissance – bei schnellen Sport- und Reiseflugzeugen wie der »Speed Canard« (siehe in Teil 3) sowie dem amerikanischen Geschäftsreiseflugzeug »Starship 2000 A« (Reisegeschwindigkeit über 600 km/h) und der italienischen Piaggio P 180 »Avanti«, die zu den leistungsfähigsten Mustern ihrer Klasse gehören.

Schwanzlose und Nurflügel-Motorflugzeuge

Größere Bedeutung als Entenkonstruktionen gewannen – auch bei Leichtflugzeugen – Schwanzlose oder Nurflügel. Der Unterschied besteht darin, daß schwanzlose Flugzeuge wohl noch einen Rumpf, aber kein Leitwerk aufweisen, während beim Nurflügel sowohl Besatzung und Nutzlast als auch Motor und Steuerorgane im Flügel untergebracht sind – eine Idealform, da der erhebliche Luftwiderstand des Rumpfes und des Leitwerkes wegfällt. Professor *Hugo Junkers* (1859–1935), der sich seit 1908 mit Flugproblemen befaßte, sah ein wesentliches Ziel in der Verringerung des Luftwiderstandes. Seine Überlegungen führten zu einem freitragenden Flügel aus Metall, der Motoren und Nutzlasten in sich aufnehmen sollte. Den Entwurf eines solchen lastentragenden Flügels ließ sich *Junkers* im Jahre 1910 patentieren. Es sollte aber noch fast 20 Jahre dauern, bis er mit dem viermotorigen Großverkehrsflugzeug G 38 (44 m Spannweite) ansatzweise verwirklicht werden konnte. Der vielbeachtete Erstflug fand am 6. November 1929 statt. Im Vergleich zu den gewaltigen, am Rumpfansatz über 2 m dicken Flügel wirkte der Rumpf kurz und gedrungen. Unverhältnismäßig klein erschien auch das kastenförmige Doppel-Leitwerk trotz seiner Spannweite von fast 10 m. Die Mehrzahl der 32 Passagiere war im Rumpf untergebracht. Bevorzugte Aussichtsplätze gab es in der Flügelnase. Auch die Motoren fanden im Flügel ausreichend Platz.
Ein zweites Exemplar wurde 1932 fertiggestellt und hat sich im Liniendienst der Lufthansa ebenfalls bewährt. Prof. *Junkers* selbst hat in der G 38 einen ersten Schritt zum Nurflügelflugzeug gesehen.

Vorbild: Zanonia-Samen

Als Segelflugzeug, später auch als Motorsegler, wurde das Nurflügelkonzept in den dreißiger Jahren durch die *Gebrüder Horten,* von denen noch die Rede sein wird, verwirklicht. Sie verzichteten sogar auf ein Seitenleitwerk als stabilisierende Kiel- und Steuerfläche und kamen damit den Vorbildern in der Natur sehr nahe: Die meisten Flugsamen, die sie hervorbringt, entsprechen entweder dem Fallschirm- oder dem Nurflügelprinzip und fliegen eigenstabil. Am bekanntesten und am häufigsten zum Vorbild genommen worden ist der Flugsamen der Zanonia, eines Kürbisgewächses (zanonia macrocarpa), das in Malaysia vorkommt. Der Flugsamen weist bei etwa 10 cm Spannweite alle Merkmale auf, die den stabilen Flug eines »Nurflüglers« ermöglichen: Er besitzt leichte Pfeilform, hat ein annähernd druckpunktfestes Profil und ist an den Flügelenden geschränkt, d. h. leicht nach oben gebogen. Das Samenkorn befindet sich im vorderen Drittel des Systems, also etwas vor dem Schwerpunkt. Wie genau die Natur den Nurflügel »ausgewogen« hat, zeigt sich daran, daß der frische Samen auf Anhieb mit hervorragendem Gleitwinkel fliegt.
Der erste, der diesen Flugsamen zum manntragenden Gleitflugzeug vergrößerte, war der Österreicher *Igo Etrich* (1879–1967). Eine Schrift des Hamburger Professors *Friedrich Ahlborn* »Über die Stabilität der Drachenflieger« hatte ihn auf die Zanonia aufmerksam gemacht. Mit seinem Nurflügel von 12 m Spannweite gelangen ihm 1906 Gleitflüge vom Hang bis zu 250 m Weite. Der Gleiter flog 1909 erfolgreich mit einem Clerget-Motor (29 kW/40 PS). Daraus entstand schließlich die berühmte »Taube«, die bis 1914 in verschiedenen Versionen, aber stets mit dem zanoniaähnlichen Flügel, der besseren Steuerbarkeit wegen mit Leitwerk, das Bild des Flugzeugs prägte (siehe Teil 1).
An das Zanonia-Prinzip hielten sich auch die Studenten der Akaflieg Berlin, als sie 1922 ihr schwanzloses Segelflugzeug »Charlotte« bauten. Den stabilen Flug hatten sie durch die nach hinten ausladenden geschränkten Flügelenden erreicht. Die dort angebrachten Querruder dienten gleichzeitig als Höhenruder.
Ein Jahr vorher war es der »Weltensegler« von *Friedrich Wenk,* der nach dem Zanonia-Prinzip völlig sicher flog – sein späterer Absturz war auf einen Fehler im Steuerungssystem zurückzuführen. Ein verbesserter »Weltensegler« führte 1922 einwandfreie Gleitflüge aus.

Schwanzlose Flugzeuge

Auch *Alexander Lippisch* (1894–1976), der später als Konstrukteur weltbekannt werden sollte, befaßte sich zu dieser Zeit schon mit schwanzlosen Flugzeugen, die er zunächst stark verkleinert als Flugmodelle, dann als bemannte Gleiter und schließlich als Motorsegler oder als Leichtflugzeuge erprobte. Systematische Forschungsarbeit war ihm möglich, nachdem er 1925 die Abteilung Flugtechnik des Forschungsinstitutes der Rhön-Rossitten-Gesellschaft (RRG) übernommen hatte. Nach vielen Versuchen mit Modellen konstruierte er das schwanzlose Segelflugzeug »Storch«, das mit seinem stark gepfeilten Flügel und der Schränkung der Flügelenden dem schon bekannten Stabilitätsprinzip entsprach. Bereits vor dem Krieg war der Engländer *J. W. Dunne* mit einem schwanzlosen Pfeilflügel-Doppeldecker erfolgreich geflogen. Auch der »Storch« von *Lippisch* bereitete bei der Erprobung durch den damals sehr bekannten Segelflieger *Günther Groenhoff* (1908–1932) keine besonderen Schwierigkeiten. 1929 flog »Storch V« mit einem 7 kW-(9-PS)-DKW-Motor, der einen Druckpropeller antrieb, als Motorsegler (Spannweite 12,37 m, Länge

Das von *Alexander Lippisch* konstruierte schwanzlose Versuchsflugzeug »Storch V« wurde 1929 von *Günther Groenhoff* eingeflogen.

3,80 m, Flugmasse 250 kg). Im selben Jahr kam es in Berlin-Tempelhof zu einem Vergleichsfliegen mit dem ebenso ausgelegten schwanzlosen Eindecker LF 5, den der Schweizer Kunstmaler und Ingenieur *Alexander Soldenhoff* konstruiert hatte. Die LF 5 war zweisitzig, aber kleiner (10 m Spannweite, Länge 4,80 m, Motor Bristol »Cherub III«, 23,3 kW [32 PS]) und erreichte eine erheblich höhere Geschwindigkeit (150 km/h) als der »Storch«, der es (mit 9 PS) immerhin auf 90 km/h brachte (nach anderen Quellen sogar 125 km/h). Vorgeführt wurde die LF 5 von *Gottlob Espenlaub,* der das Flugzeug für *Soldenhoff* fertiggestellt hatte. Seine Espenlaub E 16 war möglicherweise eine Kopie der LF 5 – ein Tiefdecker in der üblichen Holzbauweise; sie besaß – im Gegensatz zum »Storch« – keine Seitenflossen. Dadurch kam sie dem »Nurflügel« schon recht nahe. Eine weitere Besonderheit war das Bugradfahrwerk. *Espenlaubs* E 15 war ebenfalls ein schwanzloses Flugzeug nach *Soldenhoffs* Plänen gewesen (siehe das Kapitel »Außenseiter, Amateure . . .«).

»Storch V« von Alexander Lippisch

Aus einem Aufsatz von *Alexander Lippisch,* Forschungsinstitut der RRG, über

Versuche mit »schwanzlosen Flugzeugen«

Lippisch schildert zunächst die eingehende Erprobung der motorlosen »Storch«-Typen auf der Wasserkuppe bis zum »Storch IV«, bevor er den »Storch V« anspricht:

». . . Im ganzen genommen, waren die Resultate in dem motorlosen Typ so befriedigend, daß nunmehr an einen Umbau des Flugzeuges mit einem schwachen Motor herangegangen werden konnte.

Da aus Ersparnisgründen der Flügel des motorlosen Typs Verwendung finden sollte, wurde ein bereits früher angeschaffter 500-cm³-DKW-Zweizylinder-Motor mit Luftkühlung als Antrieb vorgesehen . . .

Nach einigen kurzen Sprüngen ohne laufenden Motor gelangen sofort einige kürzere Flüge. Dabei stellte sich heraus, daß die wegen der weiter nach vorne ragenden Rumpfspitze vergrößerten Seitensteuer zu groß geraten waren, so daß sie in der Folge wesentlich verkleinert werden konnten. Weiterhin erwies sich die Kufenform als ungünstig. Die Maschine kam selbst mit Tiefensteuer zu früh frei und sackte dann nochmals durch, bis die richtige Fluggeschwindigkeit erreicht wurde. Durch Verringern des Einstellwinkels zum Erdboden wurde dieser Fehler ebenfalls behoben.

Von Anfang an auffallend war die erstaunlich große Fluggeschwindigkeit im Horizontalflug. Bei einem Kreisflug wurde die Geschwindigkeit zu mehr als 120 km/h gestoppt, . . .

Genaue Messungen über Geschwindigkeit und Steigfähigkeit konnten noch nicht unternommen werden, da der Motor noch nicht zum einwandfreien Lauf zu bringen war. Nach Flugzeiten von 15–20 Min. stellten sich stets Störungen infolge mangelnder Kühlung ein. Es wurde deshalb bereits auf die Drehzahl der Motorhöchstleistung (3200 n) verzichtet und die Luftschraube so dimensioniert, daß die Flugdrehzahlen nicht größer als 2800 n waren (n = min.$^{-1}$, der Autor).

Die Steigfähigkeit sowie die Fluggeschwindigkeit waren trotzdem sehr befriedigend, und man kann bereits aus den bisher gemachten Versuchsflügen die Leistungssteigerung des neuen Typs erkennen . . .«

(»Flugsport« Nr. 22, 1929)

Delta I – ein fliegendes Dreieck

Nachfolger des »Storch V« von *Lippisch* war zunächst der Storch VII »Hans Huckebein«, mit dem *Groenhoff* von der Wasserkuppe nach Berlin flog. Doch *Lippisch* hatte inzwischen schon den Pfeilflügel zum Deltaflügel weiterentwickelt (nach dem griechischen Buchstaben Delta, der ein Dreieck darstellt: Δ). Dadurch, daß er den leeren Raum zwischen den Innenseiten des Pfeilflügels so ausfüllte, daß eine gerade Hinterkante entstand, hatte er gleich mehrere Vorteile gewonnen. Er konnte ein dickeres Profil verwenden und mit der Abkehr vom abgestrebten Hochdecker dem Nurflügel wieder einen Schritt näherkommen. Zudem war der Luftwiderstand geringer. Die Statik des Flügels ließ sich durch die größere Bauhöhe und die günstigere Holmanordnung wesentlich verbessern; Biegefestigkeit und Verdrehsteifigkeit waren in ganz anderer Weise gewährleistet als bei dem dünnen Pfeilflügel. Zudem verringerte die größere Flügelfläche die Flächenbelastung.

Bei der Neukonstruktion ging *Lippisch* in bewährter Weise vor: Zunächst fanden eingehende Modellversuche statt, bei denen die Flugstabilität und die Ruderwirkungen erprobt wurden. Die Modelle im Maßstab 1:3 wogen bis zu 15 kg und konnten nur vom Katapult aus gestartet werden. Danach wurde ein motorloses Versuchsflugzeug in Originalgröße

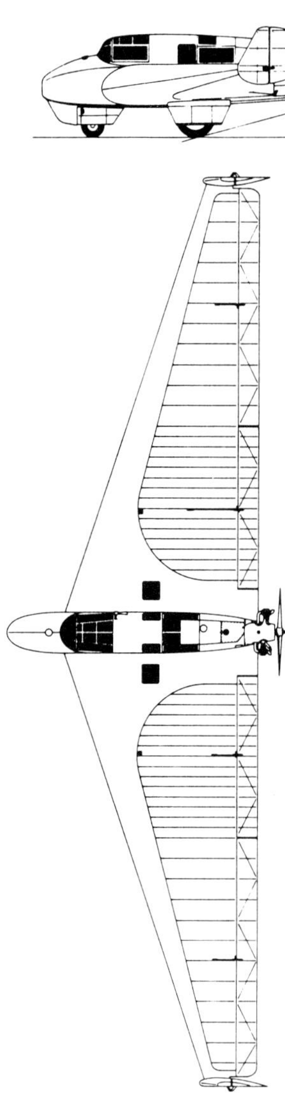

Das Nurflügel-Versuchsflugzeug Lippisch »Delta I«.

(Spannweite 13,24 m, Länge 4,25 m) als Schulterdecker gebaut und von *Günther Groenhoff* eingeflogen. Dabei bestätigten sich *Lippischs* Erwartungen. Dem Umbau in ein Leichtflugzeug stand nicht mehr viel entgegen. Es fehlte nur an Geld, denn *Lippischs* Etat bei der RRG war erschöpft. *Hermann Köhl,* der durch seinen Atlantikflug in Westrichtung im Jahre 1928 bekannt geworden war, stellte einen angemessenen Betrag zur Verfügung. Er hatte schon für die »Storch«-Entwicklung großes Interesse bekundet und war davon überzeugt, daß *Lippisch* auf dem richtigen Weg zum Nurflügelflugzeug sei, das beide wegen der zu erwartenden

Das Lippisch-Versuchsflugzeug »Delta I« wurde wegen seiner typischen Flügelform auch »Fliegendes Dreieck« genannt.

Wirtschaftlichkeit und Sicherheit für das Normalflugzeug der Zukunft hielten.
So entstand Delta I, das den Namen seines Geldgebers trug: ein Tiefdecker in Holzbauweise mit zweisitziger Kabine und Bugradfahrwerk. Der Motor, Bristol »Cherub III« (26,5 kW/36 PS), im hinteren Teil des Kabinenaufbaues trieb eine Druckschraube an. Quer- und Höhenruder befanden sich an der Hinterkante des Deltaflügels. Die Seitenruder an den Endscheiben des Flügels schlugen nur nach außen aus und wurden unabhängig voneinander betätigt. Drückte der Pilot die beiden Pedalen gleichzeitig, dienten die Ruder bei der Landung als Luftbremse. Am 14. Mai 1931 unternahm *Günther Groenhoff* den Erstflug, bei dem sich in Verbindung mit der weiteren Erprobung die erhofften Leistungen und Eigenschaften bestätigten. Das Flugzeug, das eine Rüstmasse von 320 kg und eine Flugmasse von 520 kg hatte, erreichte trotz des relativ schwachen Motors und des dicken Flügelprofils (Bauhöhe in der Mitte 65 cm) eine Höchstgeschwindigkeit von 155 km/h und 140 km/h »Reise« sowie eine Steiggeschwindigkeit von 2,9 m/s; die Landegeschwindigkeit lag bei 50 km/h. Leider erwies sich der Motor als sehr unzuverlässig. So mußte *Groenhoff* auf dem Weg zu einem Vorführungsflug nach Berlin im September 1931 zweimal notlanden. Es spricht für das Flugzeug und für *Groenhoffs* fliegerisches Geschick, daß er beidemale trotz ungünstigen Untergrundes nach der Reparatur wieder vom Boden freikam.
Nach der erfolgreichen Vorführung in Berlin, die ein lebhaftes Presseecho fand, stand die weitere Delta-Entwicklung jedoch unter keinem guten Stern. Der tödliche Absturz *Günther Groenhoffs* mit dem Segelflugzeug »Fafnir« am 23. Juli 1932 setzte der planmäßigen Erprobung ein jähes Ende. Unter einem Nachfolgepiloten ging Delta I noch im selben Jahr zu Bruch. *Lippisch* trennte sich von *Köhl* wegen sachlicher Meinungsverschiedenheiten. Danach plante er ein aufwendiges Nachfolgemuster mit Einziehfahrwerk, das jedoch wegen fehlender Staatszuschüsse nicht verwirklicht werden konnte. Die weiteren Delta-Muster brachten wegen der notwendigen Einsparungen keine nennenswerten Fortschritte, so daß der aerodynamische und technische Vorsprung, den *Lippisch* mit Delta I erzielt hatte, allmählich verlorenging.

Das »fliegende Dreieck« blieb zunächst eine Episode, bis sich seine Eignung für besonders schnelle Flugzeuge herausstellte und im Zuge der Luftrüstung plötzlich auch *Lippisch* alle Mittel zur Verfügung standen, um den Raketenjäger Me 163 »Komet« zu entwickeln. *Heini Dittmar,* einer der erfolgreichsten Segelflieger der dreißiger Jahre, überschritt damit als erster die 1000 km/h-Grenze. Auch Überschallflugzeuge wie die »Concorde« und moderne Jagdflugzeuge basieren auf dem Deltaflügel – ein Beispiel dafür, welche Impulse für die gesamte Entwicklung der Luftfahrt von dem so bescheidenen motorlosen Flug und der Entwicklung von Leichtflugzeugen ausgegangen sind.

Das Nurflügel-Motorflugzeug Horten Ho II war der erste Schritt einer langen Entwicklungsreihe, die bis zur Ho 33 führte.

Die Horten-Nurflügel-Motorflugzeuge Ho II, Ho IIId, Ho 33

Das gleiche Ziel wie *Alexander Lippisch* verfolgten die Brüder *Walter* (geb. 1913) und *Reimar Horten* (1915–1993). Sie verwirklichten jedoch von Anfang an kompromißlos den Nurflügel (siehe in Band 19 »Die Evolution der Segelflugzeuge« das Kapitel über »Die Gebrüder Horten und ihre Nurflügel-Segelflugzeuge«). Nachdem sie bereits 1937 ihre »Horten II« als Motorsegler erfolgreich erprobt hatten, entstand 1941 der Motorsegler H III d mit einem 33 kW (45 PS), später 48-kW-(65-PS)-Walter Mikron-Motor. Dieses Flugzeug war das Vorbild für weitere Nurflügel-Motorsegler, die in Deutschland nach Freigabe des Motorfluges (1955) geflogen sind. So entstanden bei *Alfons Pützer* in Bonn 1954 die Ho 33 V 1 (später mit Zündapp-Motor, 37 kW/50 PS) und 1955 die Ho 33 V 2, die mit 59-kW(80-PS)-Porsche-Motor noch bessere Leistungen zeigte. Beide waren Doppelsitzer mit einer Spannweite von 19,2 m und dadurch am Boden recht unhandlich, so daß sie trotz ihrer guten Leistungen (die V 2 erreichte eine Reisegeschwindigkeit von 200 km/h bei einer Flugmasse von 700 kg) nach nüchterner Abwägung der Verkaufschancen nicht in Serie gebaut wurden.
In Argentinien sind nach Entwürfen von *Reimar Horten* noch weitere Nurflügelflugzeuge entstanden, darunter Versuchsflugzeuge mit Deltaflügel und ein viermotoriges Transportflugzeug sowie Segelflugzeuge und Hängegleiter, die jedoch meist Einzelstücke blieben. Das Nurflügelflugzeug hat sich trotz der vielen Lichtblicke in seiner langen Entwicklung nicht durchsetzen können.

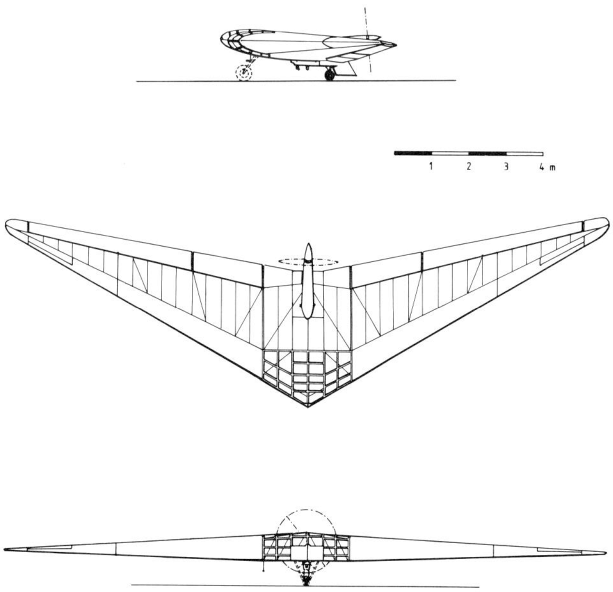

Der Nurflügel-Motorsegler Horten Ho II entstand 1937. ▶

Sport- und Schuldoppeldecker der ausgehenden zwanziger Jahre

Nach Aufhebung des Bauverbotes für Leichtflugzeuge im Mai 1922 erwarteten die ehemaligen Kriegsflieger und die jungen Flugenthusiasten keine Wunderdinge. Wenn es schon keine Fokker D VII oder D VIII sein konnte, so schien es ihnen zu genügen, daß es bald wieder Leicht- bzw. »Kleinflugzeuge« gab, die ihnen trotz unzuverlässiger Motoren und mangelnder flugtechnischer Reife das Erlebnis des Fliegens wieder ermöglichten. Von den zahlreichen Flugzeugmustern, die damals entstanden, blieben die meisten Einzelstücke oder erlebten nur wenige Nachbauten. So gab es beispielsweise nur eine Udet U 1 (1922) und zwischen Ende 1922 und Frühjahr 1924 sieben U 2. Weiterhin entstanden zwei U 4, eine U 5, sieben U 6, lediglich zwei der 1924 auf der Wasserkuppe so erfolgreichen U 7, drei U 8 und vier U 10. Angesichts solch bescheidener Zahlen ist es nach heutigen betriebswirtschaftlichen Maßstäben verwunderlich, daß der Udet-Flugzeugbau überhaupt bestehen, ja sogar als florierendes Unternehmen gelten konnte.

Die Erfolge des Udet »Flamingo«

Erst mit der viermotorigen U 11 hatte sich die junge Firma übernommen, parallel dazu aber mit der U 12 »Flamingo« ein Flugzeug geschaffen, das ein erstaunlicher Erfolg werden sollte. Zum einen entsprach es den vielfältigen Wunschvorstellungen der möglichen Kunden: Er war ein Doppeldecker, der den Gewohnheiten ehemaliger Kriegsflieger entgegenkam. Er ließ sich zum rein sportlichen »Fliegen um des Fliegens willen« ebenso verwenden wie zur Schulung; er eignete sich zum Kunstflugtraining und, wie *Udet* selbst beweisen sollte, sogar zum erfolgreichen Wettbewerbskunstflug. Vom »Flamingo« sind – zunächst noch beim Udet-Flugzeugbau, später bei den Nachfolgefirmen, den Bayerischen Flugzeugwerken und der Messerschmitt AG, sowie im Ausland in Lizenz – weit mehr als dreihundert Exemplare gebaut worden, und das ohne wesentliche Änderungen gegenüber dem Prototypen von 1925. Lediglich das Seitenleitwerk wurde vergrößert, behielt aber seine charakteristische halbrunde Form, und es wurden Serien mit stärkeren Motoren (bis zu 92 kW/125 PS) aufgelegt. *Udet* selbst hingegen begnügte sich für seine Schau- und Wettbewerbsflüge mit einem Anfang 1926 noch in Ramersdorf gebauten »Flamingo« von knapp 80 PS, der auffällig rot-weiß lackiert war und bald zu den bekanntesten Flugzeugen in Deutschland gehörte.

Als Schulflugzeug wurde der »Flamingo« von der renomierten DVS, der Deutschen Verkehrsflieger-Schule, noch bis 1935 benutzt. Er dürfte das einzige Flugzeug aus den zwanziger Jahren sein, das bis heute auch dem »breiten Publikum« bekannt ist, denn es war neben *Heinz Rühmann* der Hauptdarsteller in dem Spielfilm »Quax der Bruchpilot« (gedreht 1941), der noch in den neunziger Jahren mehrfach im Fernsehen gezeigt wurde. Zudem hat *Josef Kurz* den

Der wohl erfolgreichste Kunstflug-Doppeldecker der 20er und noch zu Anfang der 30er Jahre war der Udet »Flamingo«, der viele Jahre lang fast unverändert gebaut wurde.

Ernst Udet flog seinen »Flamingo« bei vielen Flugveranstaltungen auch in Bodennähe, hier zum Beispiel beim Aufnehmen eines Taschentuches mit einem Haken an der Flügelspitze.

»Flamingo« mit dem Oldtimer Club Wasserkuppe anhand von Originalplänen nachgebaut und fliegt damit seit 1994 auf Flugtagen und Luftfahrtausstellungen. Leider konnte er keinen Original-Motor auftreiben. Er hat sein Flugzeug deshalb mit einem Lycoming 150 0 320 A 2 (89,5 kW/150 PS) ausgerüstet.
Der »Flamingo« ist schon äußerlich ein recht gefälliges Flugzeug. Er wirkt nicht so eckig und kompakt wie beispielsweise der zeitgenössische Dietrich-Gobiet-Doppeldecker DP IIa oder die RI 1 »Schwalbe« von Raab-Katzenstein. Auch die leicht pfeilförmige Flügelanordnung trägt zur Oldtimer-Eleganz bei. Die charakteristischen kräftigen I-Stiele wirken zuverlässiger als die damals üblichen dünnen Streben. Mit seiner Holzbauweise und seinem gummigefederten Fahrwerk wies der »Flamingo« gegenüber seinen zeitgenössischen Konkurrenten keine baulichen Besonderheiten auf. Wegen seiner guten Flugeigenschaften bewährte er sich besonders in der Schulung und im Kunstflug. Für die Art des Kunstfluges, die *Udet* bevorzugte, nämlich gewagte Kunststücke in Bodennähe und so nah wie möglich im Blickfeld der Zuschauer zu zeigen, war seine geringe Höchstgeschwindigkeit (140 km/h) gerade das Richtige. Unter der relativ schwachen Motorisierung litt nicht die Wendigkeit des Flugzeugs, und darum hatte *Udet* im In- und Ausland immer wieder überraschende Erfolge – selbst in den USA, wo er Ende August 1931 an den National Air Races in Cleveland/Ohio teilnahm. Seine U 12 D-822 war 1930 im Werk überholt und mit einem etwas stärkeren Motor, dem Sh 14 (85 kW/115 PS) ausgerüstet worden. Die amerikanischen Konkurrenzmuster, denen er sich stellen mußte, waren jedoch mehr als doppelt so stark motorisiert. *Udet* schreibt darüber:

»Es ist klar, ich kann mit den starken Maschinen der anderen nicht konkurrieren. Sie steigen schneller, rollen wendiger, drehen ihre Loopings und Turns in einem Tempo, bei dem der ›Flamingo‹ den Atem verlieren würde. So habe ich mich auf langsames Fliegen eingestellt, dicht am Boden des Rollfeldes, Parterreakrobatik des Flugsports. Ich fliege auf dem Rücken, dicht an der Erde. Ich schleife mit der linken Fläche über die Startbahn, daß der Staub aufwirbelt. Ich drehe Loopings mit stehendem Propeller, reiße wenige Meter vor den Tribünen die Maschine wieder hoch. Schließlich ende ich mit einer Tellerlandung genau an dem Platz, von dem ich gestartet bin. Vielleicht hätten es die anderen ebenso gut gemacht, wenn sie in meinem leichten ›Flamingo‹ gesessen hätten. So aber hatten sie ihre schweren Maschinen und ich den Erfolg.«

Erfolg hatte er auch weiterhin mit dem »Flamingo« – als Schauflieger. Das Flugzeug gehörte ihm; es war sein Anteil an der Firma Udet-Flugzeugbau, von dem er sich in gegenseitigem Einvernehmen gelöst hatte. Mit seinen Schauflügen, die ihm gute Einnahmen sicherten, machte er weiterhin Werbung für dieses Muster, das seinen Namen trug (siehe auch den Abschnitt »Udet-Flugzeugbau in München-Ramersdorf«).

Die Raab-Katzenstein-Flugzeuge

Zu den Konkurrenten gehörte der (schon beschriebene) Dietrich-Gobiet-Doppeldecker DP IIa »Bussard«, der von *Kurt Katzenstein* und von *Antonius Raab* meisterhaft geflogen wurde. Bei Wettbewerben hatten beide mehrfach sogar *Udet* vom ersten Platz verdrängt. Nach dem Konkurs der Dietrich-Gobiet Flugzeugbau in Kassel Ende 1925 gründeten sie die Raab-Katzenstein Flugzeugwerke GmbH am selben Flugplatz und übernahmen die arbeitslos gewordenen Flugzeugbauer.

Raab-Katzenstein K I »Schwalbe«

Das erste Flugzeugmuster der neuen Firma war die KI 1a »Schwalbe«, die äußerlich der DP IIa recht ähnlich war, aber über eine weitaus höhere Bruchfestigkeit verfügte. In seinen Erinnerungen »Raab fliegt« schreibt *Antonius Raab* hierzu:

»Bis dahin hatten alle Flugzeuge einen Sicherheitsfaktor von A = 4 bis 5. Dies bedeutet, daß der Pilot das Fluggewicht der Maschine vier- bis fünfmal belasten konnte. Aber die RaKa-Werke erfanden eine sensationelle Konstruktion:
Die Hauptträger der Flügel sind Holme, bis dahin aus zwei Stücken bestehend, seitlich mit Sperrholz verkleidet und sich nach den Flügelspitzen hin verjüngend. Wir schnitten Ober- und Unterteil der Holme, ›Gurte‹ genannt, in lauter kleine Scheiben, die miteinander verleimt wurden. Das ergab eine Gewichtserhöhung von 10 Prozent, aber die Sicherheit des A-Faktors stieg auf 12,5! Mit einer solcherart konstruierten Maschine flog der amerikanische Pilot *James Doolittle* seinen ersten Looping nach unten, eine bis dahin unerhörte fliegerische Leistung, die von *Fieseler* auf der ›Schwalbe‹ kopiert wurde.«

Von der besonders hohen, durch Lamellierung der Holme erreichten Bruchfestigkeit abgesehen entsprach die KI 1a »Schwalbe« (Erstflug 1926) in ihrem Aufbau den üblichen Doppeldeckern ihrer Zeit: Holzbau, Oberflügel einteilig,

Die Raab-Katzenstein K I »Schwalbe« war eine verbesserte Ausführung des Dietrich-Doppeldeckers DP IIa und bewährte sich beim Kunstflug.

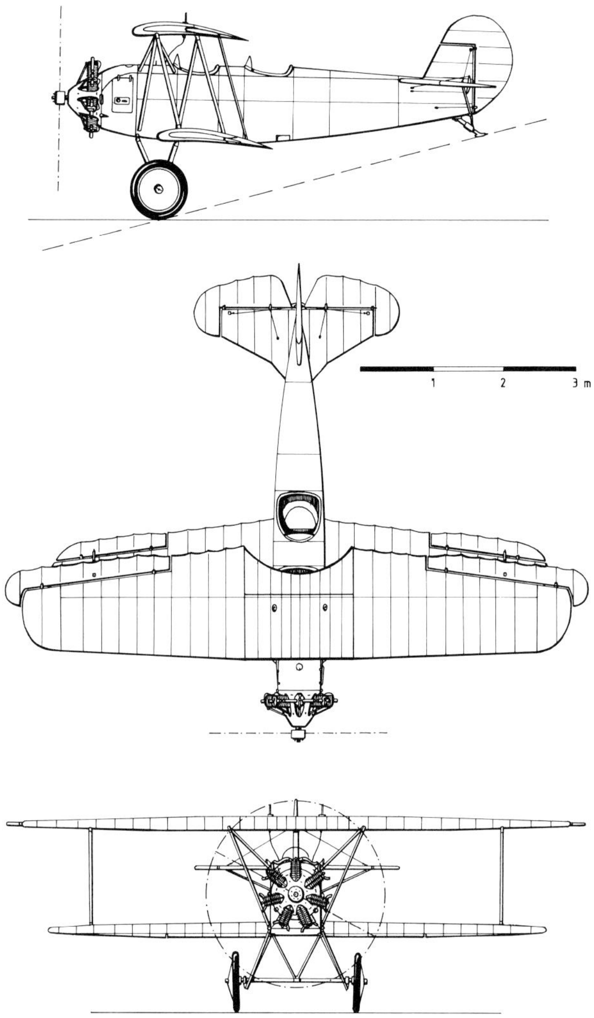

Die Dreiseitenansicht läßt die Ähnlichkeit der K I und der DP IIa erkennen. (Vergleiche Seite 71)

N-Stiel zwischen Ober- und Unterflügel, stoffbespannter Stahlrohrrumpf, zwei offene Sitze. Genaue Verkaufszahlen dieses Musters, von dem es mehrere Versionen gab, ließen sich nicht ermitteln. Das Flugzeug wurde von renomierten Fliegerschulen, darunter von der zum Werk in Kassel gehörenden, in größerer Zahl verwendet, aber auch in fast alle europäischen Länder, u. a. nach Rußland, sowie nach China und sogar in die USA exportiert. Schweden baute die 1b-Version in Lizenz. Mit der KI 1c D-1212 wurde *Gerhard Fieseler* 1928 Deutscher Kunstflugmeister. Die Kunstfliegerin *Vera von Bissing* flog ebenfalls dieses Muster, das sich durch gute Steigfähigkeit und Wendigkeit auszeichnete.

Raab-Katzenstein »Pelikan« und »Grasmücke«

Der Erfolg mit der »Schwalbe« ermutigte *Raab-Katzenstein* zu einer Reihe weiterer Konstruktionen:
RK 2a »Pelikan« war eine Weiterentwicklung der »Schwalbe« mit größerer Spannweite (10,40 m statt 8,00 m) und Kraftstofftank im Oberflügel. Es folgten Reise- und Verkehrsflugzeugentwürfe, die RK 2 f als See-Sportflugzeug mit zwei Schwimmern sowie die RK 9 »Grasmücke« mit 25-kW(35-PS)-Anzani-Motor als leichter Sportdoppeldecker (Spannweite 8,96 m, Leermasse 230 kg, Flugmasse 430 kg), der in der etwas stärkeren Version RK 9a mit 29 kW/40 PS Salmson AD9 als RK 9b sogar mit Schwimmern angeboten wurde.

Für Gerhard Fieseler gebaut: RK 26 »Tigerschwalbe«

Als Wettbewerbs-Kunstflugzeug folgte die RK 26 »Tigerschwalbe«, die *Gerhard Fieseler* in Auftrag gegeben hatte. Sie war unverkennbar eine Weiterentwicklung der »Schwalbe«, besaß aber einen stärkeren Motor (162-kW/220-PS-Armstrong-Siddeley »Lynx«). *Fieseler* hatte Pech mit ihr: Bei einem Flugtag in Kassel im April 1929 bekam er bei einem waghalsigen Flugmanöver Bodenberührung; sein Fluggast konnte dank der robusten Konstruktion den Bruch heil überstehen. Er selbst kam mit einer Fußverletzung glimpflich davon. Als Ersatz folgte die RK 26 a mit nochmals stärkerem Motor (220-kW/300-PS-Walter »Castor«), mit der er 1929 wieder deutscher Kunstflugmeister wurde. Mit demselben Muster errang auch *Liesel Bach* noch 1937 bedeutende Erfolge. Das Flugzeug ist in Schweden in Lizenz nachgebaut worden.

RK 25 – ein erfolgreiches Sportflugzeug

Raab-Katzenstein waren nicht nur auf Doppeldecker fixiert. Einer ihrer bedeutendsten Erfolge war der Tiefdecker RK-25, ein schnelles Sport- und Reiseflugzeug mit zwei

Mit der Raab-Katzenstein RK 26 »Tigerschwalbe« flogen *Gerhard Fieseler* und *Liesel Bach* erfolgreich bei Kunstflug-Meisterschaften und an Flugtagen.

Abweichend von den bisherigen Raab-Katzenstein-Doppeldeckern entstand der Tiefdecker RK 25, von dem zwei Maschinen am Europa-Rundflug 1929 teilnahmen.

offenen Sitzen. Konstrukteur war *Paul J. Hall,* von dem auch die meisten vorangegangenen RaKa-Flugzeuge stammten. Bei der RK-25 hatte er auf extremen Leichtbau bei günstiger aerodynamischer Formgebung Wert gelegt. Tatsächlich gelang ihm ein Flugzeug, das bei einer Spannweite von 9,30 m und einer Rumpflänge von 6,48 m nur eine Leermasse von 197 kg hatte. Die Flugmasse lag bei 600 kg, so daß die Zuladung 403 kg betrug – 205 Prozent der Leermasse! Das hatte Ende der zwanziger Jahre kein anderes Flugzeugmuster aufzuweisen, und wenn überhaupt, dann ist dieses überaus günstige Verhältnis bis heute nur ganz selten erreicht und wohl kaum nennenswert übertroffen worden. Zur Gewichtsersparnis hatte *Paul J. Hall* für einige Bauteile (wie für die Motorverkleidung) das neu entwickelte Leichtmetall Elektron verwendet; die Tragfläche in der üblichen Holzbauweise und der Stahlrohr-Rumpf waren mit leichtem Seidenstoff bespannt. Um dem Flugzeug die vom Besteller gewünschte Reichweite zu geben, konnte in einem großen Zusatztank im Rumpf Treibstoff für 15 Flugstunden mitgeführt werden. Als Motor hatte *Hall* den Cirrus »Hermes« gewählt (85 kW/115 PS); er gab der RK 25 eine Höchstgeschwindigkeit von 200 km/h. Zwei Exemplare dieses Musters haben am Europa-Rundflug 1929 teilgenommen.
Vergleicht man Motorenstärken und Flugleistungen aerodynamisch hochwertiger Muster der Zeit um 1930 mit entsprechenden Flugzeugmustern Mitte der neunziger Jahre, so zeigt sich, daß es keine sprunghaften Leistungssteigerungen gegeben hat. Wohl aber konnten die Flugeigenschaften, die Baufestigkeit, die Zuverlässigkeit der Motoren und damit die Sicherheit verbessert werden.

Weitere Raab-Katzenstein-Entwicklungen

Das Raab-Katzenstein Flugzeugwerk hat auch ungewöhnliche Aufträge erfüllt und Experimente nicht gescheut. So hat es 1929 eine »Grasmücke« in ein Entenflugzeug (Leitwerk vorn) umgebaut, um damit *Fritz von Opel* weitere Raketenflugversuche zu ermöglichen (siehe das Kapitel »Ungewöhnliche Flugzeuge«). Es hat einen Doppeldekker-Gleiter RK 7 »Schmetterling« als »Anhängeflugzeug« gebaut und damit die ersten wirklichen und Überland-Schleppflüge unternommen. Wie manches bei Raab-Katzenstein, waren auch die Schleppflüge eine Attraktion auf Flugtagen und damit eine gute Werbung für die Firma. Überraschend ist, daß das Flugzeugwerk sich auch in einem völlig anderen Metier hervortat: Es baute als RK 27 ein halbstarres Kleinluftschiff von 40 m Länge und 1440 m^3 Volumen, das mit zwei Anzani-Motoren (je 25,5 kW/35 PS) ausgerüstet war und zwei bis drei Mann Besatzung mitnehmen konnte. Nach seiner Erprobung im Mai 1929 unternahm es eine Reihe von Reklamefahrten für eine Schokoladenfabrik.
Trotz guter Absatzlage gingen die Raab-Katzenstein-Flugzeugwerke 1930 aufgrund weltwirtschaftlicher Entwicklungen und fehlender staatlicher Unterstützung in Konkurs. Nach *Raabs* Darstellung in seinen Erinnerungen »Raab fliegt« hatte sich die Firma wegen ihrer Weigerung, sich an der geheimen Luftrüstung zu beteiligen, bei der damaligen Reichswehr unbeliebt gemacht. *Raab* versuchte noch eine Weiterführung der Firma als »Rheinische Luftfahrt-Industrie« in Krefeld, danach in Johannisthal – vergeblich.
1933 wurde er des Landesverrates bezichtigt und inhaftiert, kam aber bald wieder frei und floh ins Ausland. In Lettland, Litauen, Schweden, Griechenland und Ägypten war er in der Luftfahrtindustrie beratend oder als Fluglehrer tätig – zuletzt in Indien, wo er die erste landeseigene Flugzeugfabrik gründete. 1949 kehrte er nach Europa zurück und fand in Italien einen neuen Wirkungskreis. Seine Versuche, in Deutschland wieder Fuß zu fassen, schlugen fehl.
Auch sein Partner, Dipl.-Ing. *Katzenstein,* ist aus Deutschland geflohen, nachdem ihn 1934 SA-Leute in Staaken bei Berlin als »Nicht-Arier« aus dem Flugzeug geholt und verprügelt hatten. So erging es den Gründern eines Flugzeugwerkes, das allein im Jahre 1928 mit 182 Mitarbeitern 150 neue Flugzeuge gebaut und die Entwicklung deutscher Sport-, Schul- und Reiseflugzeuge wesentlich beeinflußt hat.

Albatros, Focke-Wulf und Arado bauen Schulflugzeuge

Die Albatros-Flugzeugwerke GmbH in Berlin-Johannisthal gehörten zu den ältesten deutschen Herstellerfirmen. Sie wurden als »Pilot – Flugtechnische Gesellschaft« bereits am 20. Dezember 1909 von *Dr. Walter Huth* gegründet und kurz darauf in »Albatros-Werke« umbenannt. Neben anderen bekannten Luftfahrtpionieren war *Ernst Heinkel* dort eine Zeitlang als Konstrukteur tätig. Während des Ersten Weltkrieges bauten die »Albatros-Flugzeugwerke«, wie sie inzwischen hießen, in Johannisthal und mehreren Außenstellen weit über zehntausend Militärflugzeuge, überwiegend Doppeldecker mit Motoren bis zu 260 PS, darunter Schul- und Aufklärungsflugzeuge sowie Jagdeinsitzer. Allein in Johannisthal hatte Albatros 1918 ca. 2600 Beschäftigte.

Mit stark verringerter Belegschaft konnte sich das Flugzeugwerk in die zwanziger Jahre hinüberretten, bis es 1931 in den Besitz der Focke-Wulf-Werke gelangte.

Albatros Schuldoppeldecker L 68 und L 75

In den zwanziger Jahren ging Albatros bei den Sportflugzeugen den gleichen Weg wie die meisten übrigen Hersteller und baute schwachmotorige Doppel-, Tief- und Hochdecker. Einige stärker motorisierte Flugzeuge wurden zur Umgehung der alliierten Beschränkungen in Litauen hergestellt. »Legal« war der Schuldoppeldecker L 68. Der Prototyp aus dem Jahre 1925 hatte den üblichen Aufbau: Tragflächen (Spannweite 9,60 m) in Holzbauweise, Stahlrohrrumpf (Länge 6,15 m) stoffbespannt, N-Stiele. Eingebaut war der Siemens Sh 11 (71 kW/96 PS), der sich für die Flugmasse (702 kg) als etwas schwach erwies. Eine Besonderheit waren Querruder über die gesamte Spannweite am Unterflügel, die jedoch bei dem Nachfolgemuster L 68 a (1926) auf das Maß der Oberflügel-Querruder verkürzt wurden. Dieses Flugzeug entsprach den neu erlassenen Festigkeitsbestimmungen der DVL, war also entsprechend verstärkt worden. Angetrieben wurde es von dem Siemens Sh 12 (92 kW/125 PS). Den gleichen Motor besaß die L 68 c »Alauda«, die eine etwas größere Spannweite hatte (10,10 m). Noch stärkere Versionen sowie verschiedene Ausführungen der L 75 »Ass« (Erstflug 1928), ein ebenfalls zweisitziger Schul-Doppeldecker in Gemischtbauweise (Spannweite 12,50 m, Rumpflänge 10 m, Flugmasse 1085 kg, BMW-Motoren bis zu 265 kW/360 PS) wurden nicht nur von der Deutschen Verkehrsfliegerschule (DVS) benutzt, sondern dienten auch der geheimen Ausbildung von Militärpiloten in Lipezk in der Sowjetunion. Zur Jagdfliegerausbildung verwendete man dort u. a. den Albatros-Hochdecker L 69, einen zweisitzigen Hochdecker in Holzbauweise mit 8,06 m Spannweite.

Leiter des Konstruktionsbüros war seit 1926 Dipl.-Ing. *Walter Blume.* Zu den Konstrukteuren gehörte *Dr.-Ing. Gustav Lachmann,* der 1929 dem Ruf von Handley-Page nach England folgte. *Blume* verließ das Werk 1931, als es in den Besitz von Focke-Wulf übergegangen war.

Focke-Wulf-Doppeldecker »Kiebitz« – Vorläufer des »Stieglitz«

Die Focke-Wulf-Flugzeugbau GmbH in Bremen hatte eine ähnliche Entwicklung hinter sich wie Albatros. *Henrich Focke* und *Georg Wulf* hatten schon vor dem Ersten Weltkrieg einige Eindecker (in Anlehnung an die damals sehr beliebte Taubenform) gebaut. Das 1924 gegründete Werk konzentrierte sich zunächst auf den Bau von Kleinverkehrsflugzeugen, deren Trudelsicherheit durch besondere Flügelform (ähnlich der des Zanonia-Samens, der schon die Vorkriegs-»Tauben« trudelsicher gemacht hatte) garantiert werden konnte (siehe das Kapitel »Die ersten Kabinen-Reiseflugzeug«).

Ihr bemerkenswertestes Sportflugzeug aus den zwanziger Jahren war S 24 a »Kiebitz« in der üblichen Doppeldecker-Auslegung (Holzflügel, N-Stiele, Stahlrohrrumpf). Die Besonderheit dieser Konstruktion von *Paul Klages* war, daß alle vier Flügelteile gleich groß und anklappbar waren. Die Spannweite lag bei 8,90 m, die Rumpflänge betrug 6,25 m, die Flugmasse 540 kg. Mit einer Sonderausführung (S 24 b) wurde 1929 ein Langstrecken-Rekord für diese Flugzeugklasse von 1601 km aufgestellt, und *Gerd Achgelis* brachte es im Rückenflug mit diesem Muster auf 37 Minuten. Der »Kiebitz« gilt als Vorläufer des FW 44 »Stieglitz«, der zu einem der beliebtesten Sport- und Schulflugzeuge der dreißiger Jahre wurde und in einigen Exemplaren heute noch fliegt – als sorgfältig gepflegter Oldtimer. Der »Stieglitz« wurde, obwohl er in seinem Grundaufbau noch ganz den zwanziger Jahren entsprach, wegen seiner guten Flugeigenschaften das Standard-Schulflugzeug der Luftwaffe und zudem in großen Stückzahlen exportiert (siehe das Kapitel »Schulflugzeuge der dreißiger Jahre«).

Der Schuldoppeldecker Albatros L 68 wurde unter Umgehung der »Begriffsbestimmungen“ zunächst im Ausland gebaut.

Ein Vorläufer des »Stieglitz« war das kleine Schul- und Sportflugzeug Focke-Wulf »Kiebitz«, das 1928 entstand.

Auch Arado entwickelte Sport- und Schulflugzeuge

Schulflugzeuge – überwiegend Doppeldecker in Gemischtbauweise – bauten seit 1925 auch die Arado-Werke in Warnemünde und in Babelsberg. Es waren Lizenzbauten von Heinkel-Mustern, aber auch Eigenkonstruktionen. Die meisten waren stärker motorisiert als die seinerzeit üblichen Sport- und Schulflugzeuge und wurden in der geheimen Militärfliegerschule in Lipezk verwendet oder erprobt. Chefkonstrukteur bei Arado war Ing. *Walter Rethel,* der schon im Krieg Jagdflugzeuge entwickelt hatte. Die Leitung des Werkes übernahm 1932 Dipl.-Ing. *Walter Blume* nach seinem Ausscheiden bei Albatros. Aerodynamiker war Dipl.-Ing. *Rüdiger Kosin.* Zum Konstruktionsteam gehörten ferner Dipl.-Ing. *Christensen* und Dipl.-Ing. *Wilhelm van Nes.* Sie schufen neben einer Reihe von Militärflugzeugen auch erfolgreiche Sport- und Reiseflugzeuge, die in späteren Kapiteln beschrieben sind.

Flugzeuge für Kunstflug-Wettbewerbe

Kunstflug als Veredelung des normalen Fliegens

»Der ernsthaft betriebene Kunstflug ist . . . weder ein Spiel mit dem Leben, noch kommt ihm eine überragende militärische Bedeutung zu. Er ist eine Veredelung des ›normalen‹ Fliegens, wenn man ihn nicht als Vollendung des menschlichen Fliegens bezeichnen will.
Für viele Flieger ist es der Inbegriff höchster Freude, ihr Flugzeug auch in ungewöhnlichen Lagen zu beherrschen. Das Geradeausfliegen ist für sie zu inhaltslos, sie wollen tiefer in das Reich des Fliegens eindringen. Sie empfinden etwas Großes, Erhabenes, Unbekanntes im Kunstflug, sie sind von der Flugleidenschaft erfaßt.
Hier findet man die innigste Verbundenheit und die gegenseitigste Ergänzung von Mensch und Maschine. Hier triumphiert der Mensch mittels der von ihm selbst erschaffenen motorisierten Kraft am sinnfälligsten über die Erdenschwere.
Der hochentwickelte, oder besser der meisterhafte Kunstflug bietet aber auch dem indirekt beteiligten Zuschauer, wenn man von der Sensationslust der Masse absieht, einen ästhetischen Genuß. Und so ist er schließlich für das gesamte Flugwesen ein ausgezeichnetes Werbemittel.«

Gerhard Fieseler 1935 im »Handbuch für Sportflieger«

Kunstflug ist, wie schon früh erkannt wurde, die »hohe Schule« des Fliegens. Mit zunehmender Beherrschung des Flugzeugs bildete er sich allmählich heraus. 1912 galten Kurven über 20 Grad Schräglage noch als selbstmörderisch. Doch schon bald erzwangen Luftrennen in niedriger Höhe eine Verfeinerung der Kurventechnik bis zur Steilkurve. 1913 wagte der Franzose *Alphonse Pégoud* den ersten Rückenflug. Wenige Tage später führte der Russe *Pjotr Nikolajewitsch Nestjerow* den ersten Looping vor, den *Pégoud* sofort nachahmte und mit einer weiteren neuen Figur ergänzte: der Rolle. Die Luftkämpfe des Ersten Weltkrieges brachten den Turn, die hochgezogene Kehrtkurve, hervor; *Max Immelmann* hatte seine Angriffstaktik darauf abgestellt. Die Piloten lernten auch, das Trudeln, das bis dahin zu zahlreichen tödlichen Abstürzen geführt hatte, zu beherrschen. Ein Engländer, *F. W. Gooden,* hatte sein Flugzeug 1916 absichtlich ins Trudeln gebracht, um herauszufinden, wie man aus dieser gefährlichen Fluglage wieder herauskommen kann. Es gelang ihm, und seine Methode wurde den englischen Militärpiloten sofort auf dem Dienstweg bekanntgegeben.
Damit waren die wichtigsten Kunstflugfiguren, die bis heute in modifizierter und kombinierter Form zu jedem Kunstflugprogramm gehören, gefunden. Daß sie neben dem fliegerischen Spaß und ihrem Schau-Effekt auch zur Sicherheit des Fliegens durch volle Beherrschung des Flugzeuges beitragen, wird vor allem bei der Figur des Trudelns und des Rückfindens in die Normallage deutlich.
In Teil 1 wurde der Kunstflug nur kurz erwähnt. In den Pionierjahren war es zunächst auch nur darum gegangen, überhaupt zu fliegen. Welche Faszination der aufkommende Kunstflug jedoch auf die Zuschauer ausübte, zeigte sich 1913 bei den ersten Loopings des Franzosen *Alphonse Pégoud* auf dem Flugplatz Berlin-Johannisthal.

Die ersten Kunstflugdoppeldecker: »Flamingo«, »Schwalbe« und »Tigerschwalbe«

Nach dem Ersten Weltkrieg wurden die meisten Sport-, vor allem aber die Schulflugzeuge von der Festigkeit her so ausgelegt, daß sie die gängigen Kunstflugfiguren auch doppelsitzig ausführen konnten. Die Beherrschung des Flugzeugs in jeder Lage war das vordringliche Ziel der Pilotenausbildung. Die Flugzeugmuster, die dafür geeignet waren, sind in den vorangegangenen Kapiteln aufgeführt. Daß sie auch von Meistern bei Wettbewerben geflogen wurden – wie der »Flamingo« von *Udet* und die »Schwalbe«

Der Kunstflug-Doppeldecker »Tigerschwalbe« wurde auf Bestellung und unter Mitwirkung von *Gerhard Fieseler* bei Raab-Katzenstein gebaut.

von *Fieseler* –, bestätigt die Richtigkeit ihrer Auslegung. Daß andererseits die Meister immer anspruchsvoller wurden, sowohl was die Festigkeit als auch die Motorleistung anbetraf, liegt in der Natur der Sache. Das führte zu Sonderkonstruktionen, die in den meisten Fällen Einzelstücke blieben. So entwickelte *Paul J. Hall,* der Chefkonstrukteur von Raab-Katzenstein, die »Schwalbe« mit ihren hohen Festigkeitswerten (zuletzt A = 14) unter Mitwirkung von *Gerhard Fieseler* zur »Tigerschwalbe« weiter, die bei gleicher Festigkeit etwas leichter war und dank ihres stärkeren Motors (162 kW/220 PS bzw. 220 kW/300 PS im zweiten Exemplar) eine erstaunliche Steigfähigkeit (rund 7 m/s) und Wendigkeit besaß. Das Flugzeug hatte einen abdeckbaren zweiten Sitz für den Monteur, der zu den Schauveranstaltungen oder Wettbewerben mitfliegen mußte. Obgleich die »Tigerschwalbe« kein symmetrisches Flügelprofil hatte, sondern im Mittelbereich das tragende, wenn auch weitgehend druckpunktfeste NACA M 12, waren mit diesem Flugzeug doch Rückenflug und negative Flugfiguren möglich. Wie schon ihre Vorgängerin, so besaß auch die »Tigerschwalbe« einen Rückenflugvergaser. Mit der RK 26 a (220 kW/300 PS) wurde *Fieseler* 1929 in Essen-Mülheim und 1930 in Köln Deutscher Kunstflugmeister.

Kunstflugeinsitzer Fieseler »Tiger« – das Weltmeisterflugzeug

Mit seinen zahlreichen Schauveranstaltungen, die seinen Namen weithin bekanntmachten, verdiente *Fieseler* das Geld für ein eigenes Flugzeugwerk: am 1. April 1930 kaufte er den »Segelflugzeugbau Kassel«, den er nach und nach auf den Bau von Motorflugzeugen umstellte – trotz der immer drückender werdenden Wirtschaftskrise. Mit der F 2 »Tiger« (als F 1 bezeichnete er die »Tigerschwalbe«, an deren Konstruktion er mitgewirkt hatte) entstand gleich als erstes sein Traumflugzeug für den Kunstflug. An der Konstruktion hatten Dipl.-Ing. *Arnold,* bisher Konstrukteur der Segel-

Als Weiterentwicklung der »Tigerschwalbe« baute *Gerhard Fieseler* in seinem eigenen Flugzeugwerk den Kunstflug-Doppeldecker F 2 »Tiger« mit einem erheblich stärkeren Sternmotor.

flugzeuge des Werkes, und Dipl.-Ing. *Schüttkowski* als Statiker wesentlichen Anteil. Die F 2 hatte das gleiche Flügelprofil wie die »Tigerschwalbe« (NACA M 12) und stoffbespannte Holzflügel, die allerdings wegen der Baufestigkeit einen verstärkten Vorderholm und eine engere Rippenfolge aufwiesen. Das Rumpfgerüst war aus Stahlrohren geschweißt und mit Rohren aus Duraluminium so umgeben, daß die Stoffbespannung dem Rumpf eine elegante, windschnittige Form gab. In Verbindung mit der stromlinienförmigen Verkleidung des Fahrwerkes wirkte das Flugzeug kompakt, ein wahres Kraftpaket. Dazu trug auch der Walter-Pollux-Sternmotor bei (250 kW/340 PS), der, wenn es darauf ankam, bis zu 400 PS leisten konnte. Doch gerade dadurch war das Flugzeug schwer beherrschbar. *Fieseler* schrieb später über die Erprobung des »Tigers« im April 1932:

»Schon bei den ersten Flügen stellte ich fest, daß die Flugeigenschaften alles andere als gut waren . . . Bei den Flugleistungen jedoch bedeutete der ›Tiger‹ gegenüber der ›Tigerschwalbe‹ eine wesent-

Die fächerartige rot-weiße Bemalung der oberen Tragflächenseite war die »Visitenkarte« von *Gerhard Fieseler,* die später öfter kopiert worden ist.

liche Verbesserung. Jetzt endlich konnte ich eine Figur fliegen, die vor- und nachher mit keinem anderen Flugzeug möglich war, den von mir so benannten Fächerturn . . . In Wirklichkeit war der ›Tiger‹ für ein Kürprogramm, in dem in einer bestimmten Zeit möglichst viele Figuren zu fliegen waren, mit einer Flugmasse von rund einer Tonne viel zu schwer und zu groß.«

Dank seines fliegerischen Könnens gelang es *Fieseler* trotzdem, mit diesem Flugzeug die ersten Kunstflug-Weltmeisterschaften zu gewinnen. Der erste »Coupe Mondiale d'Acrobatie Aérienne« fand am 9. und 10. Juni 1934 in Vincennes (Frankreich) statt. Die neun weltbesten Kunstflieger hatten sich auf Einladung des französischen Aero Clubs dort eingefunden. Am ersten Tag mußten sie innerhalb einer bestimmten Zeit ein Pflichtprogramm, am zweiten ein Kürprogramm vor jeweils mehr als 150 000 Zuschauern absolvieren. Mit seinem Sieg war *Fieseler* auf dem Höhepunkt seiner Karriere als Kunstflieger – und trat ab, um sich von nun an nur noch seinem Flugzeugwerk zu widmen.

Gerhard Fieseler gelang es 1934, die Kunstflug-Weltmeisterschaften mit seinem »Tiger« zu gewinnen.

Den dritten Platz nach dem Franzosen *Michel Detroyat* auf einer Morane-Saulnier MS 225 belegte der Deutsche *Gerd Achgelis* auf dem vergleichsweise schwach motorisierten Focke-Wulf Fw 44 »Stieglitz«, der zusammen mit der Bücker Bü 133 »Jungmeister« eine neue Phase in der Entwicklung des Kunstflugs in Deutschland einleiten sollte.

Vorher aber war nach Richtlinien, die bei der Deutschen Versuchsanstalt für Luftfahrt (DVL) erarbeitet worden waren und die den neuen Festigkeitsanforderungen bei negativen Flugfiguren und dem Rückenflug Rechnung trugen, bei den Albatros Flugzeugwerken der L 79 »Kobold« entstanden. Bei üblichem Aufbau in Gemischtbauweise (Flügel Holz, Rumpf Stahlrohr, N-Stiele, Stoffbespannung) war die Besonderheit dieses Doppeldeckers die Symmetrie: Er hatte gleiche Ober- und Unterflügel ohne Schränkung, beide mit symmetrischem Profil, keine Staffelung, keine V- oder Pfeilform. Für den 92 kW (125 PS) Sh 12-Sternmotor wurde ein neu entwickelter, auch für Rückenflug geeigneter Kunstflugvergaser vorgesehen. Dazu gehörten zwei Rumpftanks, der obere für Normalflug, der untere für Rückenflug mit einer Pumpe zur Brennstoff-Förderung. Der Motor besaß außerdem zwei Zahnradpumpen, die zur einwand-

Der Kunstflugdoppeldecker Albatros L 79 »Kobold« entstand nach den neuen DVL-Festigkeitsvorschriften.

freien Ölversorgung auch im Rückenflug in einem komplizierten System zusammenwirkten. Obgleich die 1929 entstandene und von der DFS erprobte L 79 sehr gute Kunstflugeigenschaften gehabt haben soll, wurden von ihr nur zwei Versuchsmuster gebaut.

Vollkunstflugtaugliche Schuldoppeldecker: »Stieglitz« und »Jungmann«

Erfahrungen, die mit der L 79 gemacht wurden, sind nach Übernahme der Firma Albatros durch Focke-Wulf sicherlich eingeflossen in die Fw 44 »Stieglitz«, die erste Konstruktion von Dipl.-Ing. *Kurt Tank,* der 1931 Chef des Entwurfsbüros und der Flugerprobung beim Focke-Wulf Flugzeugbau GmbH in Bremen geworden war. Schon wenig später, im Sommer 1933, wurde er Technischer Direktor des Werkes, testete aber alle Neukonstruktionen weiterhin selbst.

Neben der Hauptverwendung als Schul- und Übungsflugzeug der Luftwaffe (siehe Kapitel »Schulflugzeuge der dreißiger Jahre«) war der »Stieglitz« ein beliebtes Wettbewerbsflugzeug für den Kunstflug und Sieger vieler in- und ausländischer Veranstaltungen.

Doch auch dem erfolgreichen »Stieglitz« erwuchs bald Konkurrenz durch die Bücker-Doppeldecker »Jungmann« und »Jungmeister«. Das zweisitzige Schul- und Übungsflugzeug Bü 131 »Jungmann« (Erstflug April 1934) war einsitzig geflogen voll kunstflugtauglich (Beanspruchungsgruppe S5K) und daher auch im Export besonders erfolgreich. So kam es auch 1938 zu den ersten Wettbewerbserfolgen bei Kunstflugmeisterschaften in Holland und in Rumänien.

Im Oktober 1933 hatte *Carl Clemens Bücker,* der beim SAAB-Flugzeugbau in Schweden tätig gewesen war, den Bücker-Flugzeugbau in Berlin-Johannisthal gegründet. Die erste Arbeit seines aus Schweden stammenden Konstrukteurs *Anders J. Anderson* war der zweisitzige Schul- und Kunstflug-Doppeldecker Bü 131 »Jungmann« (Erstflug im April 1934). Wegen seiner Handlichkeit (nur 7,40 m Spannweite), seiner Wendigkeit (Querruder an allen vier Flächen), seines sparsamen Motors (in der A-Ausführung Hirth HM 60, 59 kW [80 PS], in der B-Ausführung Hirth 504 mit Rückenflug-Vergaser, 77 kW [105 PS], Verbrauch rund 15 l Treibstoff auf 100 km Flugstrecke bei 160 km/h Reisegeschwindigkeit) sowie seiner ausgezeichneten Flugeigenschaften war er dem »Stieglitz« in seiner Vielseitigkeit und Wirtschaftlichkeit sogar noch geringfügig voraus, und das zeigte sich bald an den Verkaufszahlen, nachdem der »Jungmann« in Großserie angelaufen war. Allein Jugoslawien kaufte 400 Exemplare. In Lizenz wurde er u. a. in der Schweiz, in der Tschechoslowakei, in Spanien und in Japan

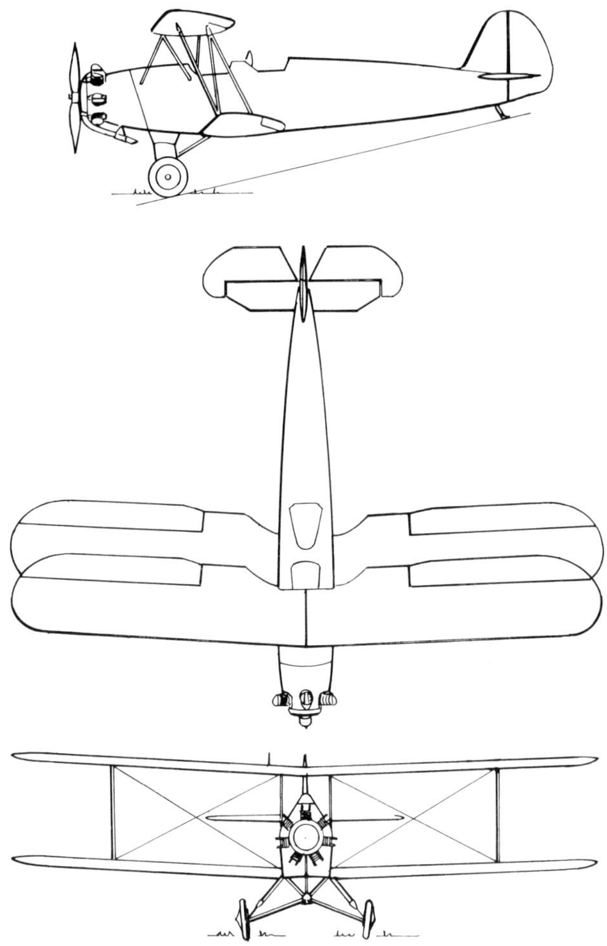

Dreiseitenansicht des Sport- und Schulflugzeuges Focke-Wulf Fw 44 »Stieglitz«.

Der zweisitzige Doppeldecker Focke-Wulf Fw 44 »Stieglitz« war und ist ein sehr beliebtes Sportflugzeug.

Mit der Bü 131 »Jungmann« begann die erfolgreiche Entwicklungsreihe der Bücker-Flugzeuge.

Einstieg bei der Bücker Bü 131 »Jungmann«.

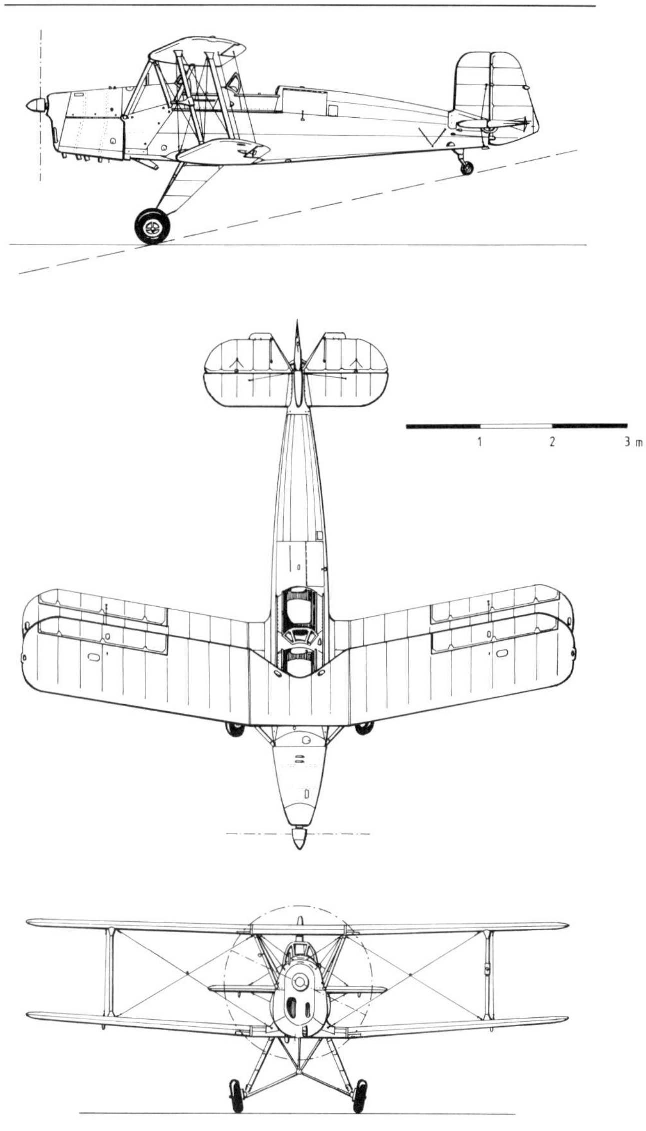

Die zweisitzige Bücker »Jungmann« war mit 7,40 m Spannweite ein relativ kleines Flugzeug.

gebaut – in einigen dieser Länder sogar noch lange nach dem Zweiten Weltkrieg. Die letzten Exemplare sind beispielsweise in der Schweiz erst 1971 aus dem regulären Schulbetrieb ausgemustert worden. Einzelexemplare fliegen immer noch als Oldtimer.

Bücker »Jungmeister« – erfolgreichster Kunstflug-Doppeldecker

Obgleich zunächst als kunstflugtauglicher Übungseinsitzer für die Luftwaffe entwickelt, wurde die Bü 133 »Jungmeister« ein sehr beliebtes und weitverbreitetes Wettbewerbsflugzeug für den Kunstflug.
Ähnlich im Grundaufbau wie der »Jungmann« (gestaffelter Doppeldecker mit Flügel in Holz-, Rumpf in Stahlrohrbauweise, stoffbespannt), nur einsitzig, noch kleiner (6,60 m Spannweite), stärker motorisiert und von noch höherer Festigkeit – so stellte sich die Bücker Bü 133 A »Jungmeister« mit HM 506 Ende 1935 und die B-Ausführung mit dem Siemens-Sternmotor Sh 14 a (118 kW/160 PS) mit NACA-Haube 1936 vor. Eine C-Ausführung mit geringfügigen Verbesserungen folgte 1937. Von nun an wurden mit diesem Flugzeugmuster praktisch alle nationalen und internationalen Kunst- und Geschicklichkeitsflugwettbewerbe bis zum Kriegsausbruch 1939 gewonnen – selbst in den USA, wo der Rumäne *Alex Papana* mit dem »Jungmeister« beim Kunstflug-Wettbewerb im Rahmen der National Air Races einen sensationellen ersten Platz erzielte. Durch weitere Erfolge in aller Welt wurde der »Jungmeister« zu einem der

Bücker Bü 133 »Jungmeister«, der bekannteste und erfolgreichste Kunstflugeinsitzer seiner Zeit.

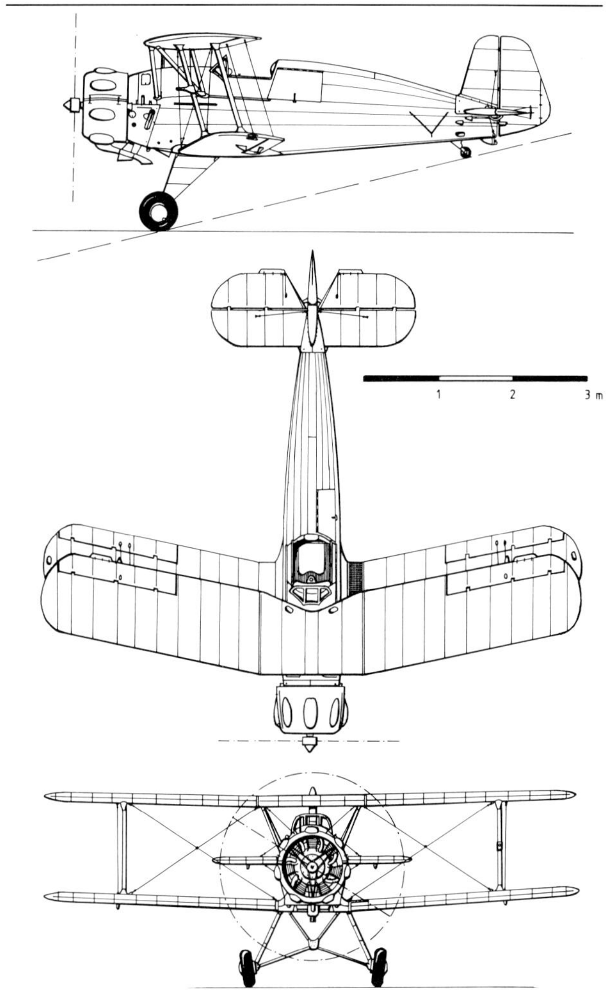

Die Dreiseitenansicht des »Jungmeister« läßt die Ähnlichkeit mit dem »Jungmann« erkennen.

erfolgreichsten und bekanntesten Übungs- und Wettbewerbsflugzeuge. In Deutschland wählten ihn die Luftsportorganisationen zum »Einheits-Kunstflugzeug«, d. h., alle Teilnehmer an einer deutschen Kunstflugmeisterschaft mußten, soweit möglich, ihr Pflicht- und Kürprogramm auf dem »Jungmeister« fliegen – eine umstrittene Praxis, die 1939 erstmals von der Ausschreibung her durchgesetzt wurde. Als Begründung hieß es, damit werde allen Bewerbern gleiche Chancen gegeben.
Noch lange nach dem Zweiten Weltkrieg war der »Jungmeister«, obgleich seine Serienproduktion 1940 eingestellt worden war, das beliebteste und erfolgreichste Kunstflugzeug (siehe das Kapitel »Wettbewerbs-Kunstflugzeuge« von *Walter Wolfrum,* der seine größten Erfolge mit dem »Jungmeister« erzielt hat, in Teil 3).

Sportflugzeuge in Ganzmetall

In den dreißiger Jahren entstanden hauptsächlich bei drei deutschen Flugzeugfirmen – Junkers, Dornier und Messerschmitt – Sport- und Reiseflugzeuge in Ganzmetallbauweise (Dural). Bei diesen Firmen lagen bereits größere Erfahrungen aus dem Metallflugzeugbau von Verkehrs- und Militärflugzeugen bzw. Flugbooten vor. Keines der entwickelten Sportflugzeuge war eine Erstkonstruktion; immer wurden die Konstruktions- und Fertigungserfahrungen vorher gebauter Serienflugzeuge genutzt. Diese Umstellung auf Metallbau war wesentlich umfangreicher und anspruchsvoller als der langsame, oft nur stufenweise Übergang z. B. von der reinen Holzbauweise zur Gemischtbauweise in einer Entwicklungsreihe.

Junkers A 50 »Junior«

Das zweisitzige Ganzmetall-Sportflugzeug Junkers A 50 »Junior« wurde von *Hermann Pohlmann* konstruiert.

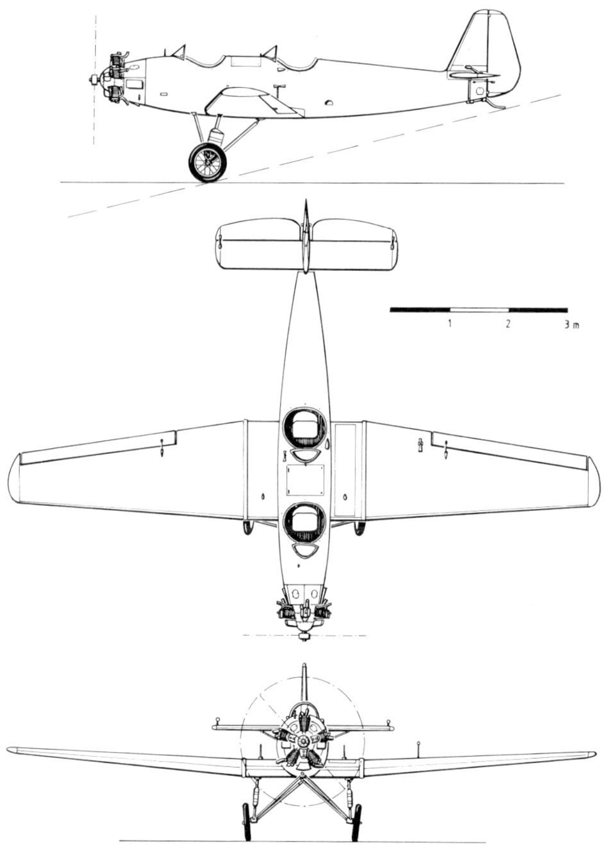

Die Dreiseitenansicht des »Junior« zeigt die typische Junkers-Bauweise.

Bei der Firma Junkers wurde 1915 mit der Konstruktion und dem Bau des ersten Ganzmetallflugzeuges, der J 1, begonnen, wobei als Material dünnes Eisenblech verwendet wurde. Der Scherzname »Blechesel« deutet darauf hin. Der Übergang zum Duraluminium (Dural) fand erst bei der J 3 bzw. der Weiterentwicklung J 7 statt, und zwar in der typischen Junkers-Wellblech-Bauweise. Mit den Erfahrungen der Folgetypen J 10 und J 11 entstand 1919 das Junkers-Verkehrsflugzeug F 13, das in größeren Stückzahlen gebaut wurde und von der einzelne Exemplare über 20 Jahre lang weltweit im Flugbetrieb standen. Auf die F 13 folgte 1922 das Reiseflugzeug K 16, auf das im Kapitel »Die ersten Kabinen-Reiseflugzeuge« näher eingegangen wird. 1928 erhielt der junge Dipl.-Ing. *Hermann Pohlmann* von Professor *Hugo Junkers* den Auftrag zur Entwicklung eines zweisitzigen Ganzmetall-Sportflugzeuges mit der Musterbezeichnung A 50 »Junior«. Dazu schrieb *Pohlmann* in seinem Buch »Die Fliege« (Motorbuch Verlag, 1983), u. a.:

». . . bescheiden waren auch die Vorstellungen, die man sich bei Junkers von einem Privat-Flugzeug machte. Man nahm an, daß sein Besitzer wohl in den meisten Fällen sein eigener Pilot, also ein ›Herrenflieger‹ mit sportlicher Grundeinstellung sein würde; und für den wäre dann wohl das einmotorige Flugzeug mit zwei offenen Sitzen, in denen man sich so richtig den Wind um die Nase wehen lassen konnte, das einzig Richtige.

Eigentlich hatte es auch in Deutschland solch kleine Privatflugzeuge immer schon gegeben, als kleinstes z. B. die bekannte Klemm L 20 mit einem Motor von nur 20 PS oder, schon größer: die Messerschmitt M 17. Diese Flugzeuge, in Holz/Stoff-Bauweise, waren zwar billig in der Herstellung, aber wetterempfindlich und benötigten normalerweise eine Unterbringungs- bzw. Abstellhalle. Da bot ein robustes Junkers-Ganzmetallflugzeug schon erhebliche Vorteile . . . Aber Dural ist wesentlich teurer als Holz und Stoff, und es kam darauf an, diese große Material-Preisdifferenz durch eine besonders einfache und Arbeitsstunden sparende Konstruktion auszugleichen. Dipl.-Ing. *Joh. Arntzen* . . . gelang es, *Junkers* persönlich für seine Entwürfe zu interessieren, so daß dann das Konstruktionsbüro tatsächlich den Auftrag erhielt, aus den vorläufigen Entwürfen einen brauchbaren Konstruktionsvorschlag zu machen. Den Auftrag bekam ich, und ich gab mir alle Mühe, der gestellten Aufgabe – einfachste Konstruktion! – gerecht zu werden. Tatsächlich war ja die Junkersche Flügel-Bauweise ›aufgelöstes Rohrholm-System mit Wellblech-Beplankung‹ schon im Prinzip sehr einfach. So machte z. B. die ›profilgetreue‹ Vorpressung der Wellblechdecken für Tragflächen, Leitwerke und Ruder die sonst für die Einhaltung des jeweils aerodynamisch bedingten Tragflächenprofiles notwendigen Rippen und Querverbände völlig überflüssig . . . Es gelang mir auch, für den Rumpf eine ähnliche Kombination aus Wellblech und Rohren . . . zu entwickeln. Flügel und Rumpf zeigten . . . die kaum noch zu übertreffende Einfachheit der Innenkonstruktion des ›Eigenflugzeuges‹ Junkers Junior A 50 – Verkaufspreis RM 16 200,–.

Die sehr optimistischen Absatzerwartungen – Werbung und Verkauf sollten über die Autohändler erfolgen – erfüllten sich leider nicht. Trotzdem war das Unternehmen A 50 doch ein ganz schöner Erfolg, und es wurde damit der Beweis erbracht, daß das ›Ganzmetall-Flugzeug‹ auch auf dem Gebiet ›Sport und Reise‹ mit den herkömmlichen ›Holz/Stoff-Geräten‹ durchaus konkurrieren konnte. Viele bekannte Piloten und zahlreiche von ihnen durchgeführte Fern- und Weltflüge bewiesen das.«

Das Sportflugzeug »Junior« war ein freitragender Tiefdecker in Wellblech-Bauweise mit Sternmotor, z. B. Siemens Sh 13 von 59 kW (80 PS) oder Armstrong-Siddeley »Genet« bzw. »Genet Major« bis 80 kW (110 PS). Der Prototyp hatte noch einen Flügel ohne V-Stellung, der aber für die Serienausführung dann eine leichte V-Stellung erhielt. Die beiden Außenflügel waren mit jeweils vier Überwurfmuttern am Flügelmittelstück befestigt. Der Rumpf war eine Wellblechröhre mit Kreisquerschnitt, versteift mit wenigen Formspanten und Längsprofilen. Das Flugzeug hatte ein normales unverkleidetes Fahrwerk mit Gummikabel-Federung und einen Schleifsporn.
Sportliche Erfolge machten den »Junior« bald zu einem bekannten, auch im Ausland geschätzten Sportflugzeug. 1930 flog ein japanischer Pilot von Berlin nach Tokio; die deutsche Fliegerin *Marga von Etzdorf* wiederholte 1931 diesen Flug. Mehrere Klassenrekorde wurden 1930 von den Werkpiloten *Wilhelm Zimmermann* und *Alfred Grundke* aufgestellt, so mit einer Höhe von 4614 m, einer Flugstrecke von 2100 km und einer Geschwindigkeit von 165 km/h. Sogar ein Weltflug – in Etappen und mit Schiffsverladung auf den großen Seestrecken – wurde mit einem »Junior« durchgeführt. Zum Europa-Rundflug 1930 erhielt das Wettbewerbsflugzeug eine Halterung zum Anklappen der abschraubbaren Tragflächen an den Rumpf und aerodynamisch gestaltete Flügel-Rumpf-Übergangsverkleidungen.
Von dem Sportflugzeug Junkers A 50 »Junior« sind etwa 80 Stück gebaut worden; eines davon steht jetzt im Deutschen Museum in München. Obgleich das Flugzeug kein wirtschaftlicher Erfolg war, bedeutete es doch einen wichtigen Schritt in der Entwicklung des Ganzmetall-Leichtflugzeuges.

Mehr Versuchs- als Sportflugzeug war die Junkers T 26 E mit luftgekühltem Junkers L 1-Motor.

Die Junkers Versuchs-Sportflugzeuge T 19, 23, 26 und 29

In den Jahren zwischen 1923 und 1925 wurden bei Junkers mehrere zweisitzige Ganzmetall-Sportflugzeuge gebaut, die jedoch in erster Linie Versuchsflugzeuge für die Tragflügelanordnung, für den Junkers-Doppelflügel und den Junkers-Flugmotor L 1 von 55 kW (75 PS) waren und Einzelmuster blieben. Das Sportflugzeug T 19, ein Hochdecker mit Siemens-Sternmotor Sh 4 bzw. Sh 5, nahm erfolgreich an mehreren Flugwettbewerben teil. T 23 war ein Versuchsflugzeug mit Le Rhône-Umlaufmotor, das zu Vergleichszwecken als Hoch-, Tief- und als Doppeldecker geflogen wurde. Die T 26 erhielt erstmals den Junkers-Motor L 1, später auch den Argus As 8. Das letzte Muster dieser Ganzmetall-Versuchsreihe, die T 29, war ein freitragender Tiefdecker mit zwei Sitzen nebeneinander und diente zu Flugversuchen mit dem Junkers-Doppelflügel. Der große Überrollbügel gab dem Flugzeug den Beinamen »Bügeleisen«.

Junkers-Ganzmetallflugzeuge (von vorne nach hinten): T 26, T 19, zwei K 16 und drei F 13.

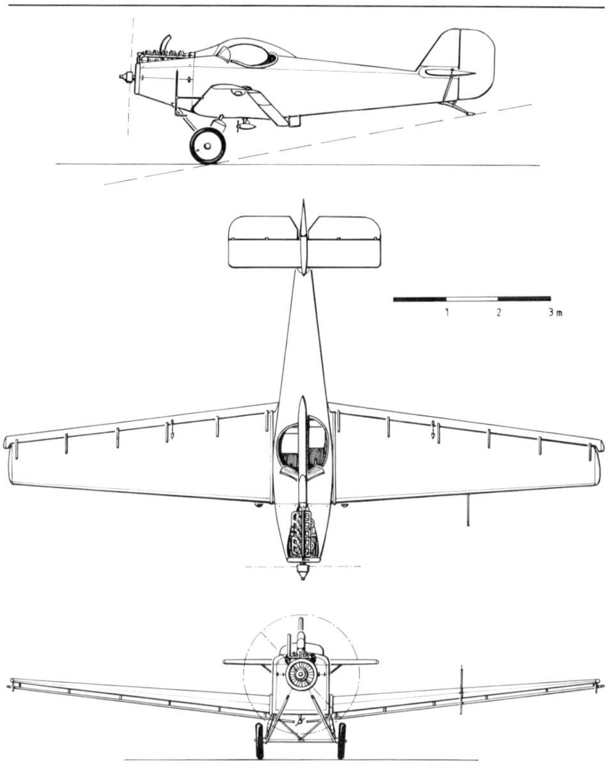

Dreiseitenansicht des Versuchs- und Sportflugzeuges Junkers T 29.

Das Junkers-Sportflugzeug T 29 mit dem charakteristischen Überschlagbügel diente zur Erprobung des Junkers-Doppelflügels.

Klein-Flugboot Dornier »Libelle«

Die ersten Dornier Ganzmetall-Flugboote wurden bereits im Ersten Weltkrieg gebaut. Es folgten dann, ebenfalls in Glattblech-Metallbauweise, Jagd- und Aufklärungsflugzeuge sowie die Verkehrsflugboote Gs I und »Delphin I«. 1921 entschloß man sich, ein preisgünstiges Wasserflugzeug – ein Kleinflugboot – für Sport- und Schulzwecke herauszubringen. So entstand das dreisitzige Ganzmetall-Flugboot

Das kleine dreisitzige Flugboot Dornier »Libelle« entstand 1921 und wurde zunächst am Bodensee erprobt.

Dornier »Libelle I« mit einem 40 kW (55 PS)-Siemens-Sternmotor. Nur die hinteren Tragflügelteile und die Ruder hatten Stoffbespannung. Das mehrfach abgeschottete Boot besaß die bewährten Dornier-Flossenstummel und hatte drei offene Sitze, zwei vorne nebeneinander und einer dahinter. Der Tragflügel war durch jeweils zwei Streben gegen den Bootskörper abgefangen und anklappbar, um Transport und Unterstellung zu erleichtern. Der Falltank in der Gondel wurde über eine windgetriebene Pumpe aus dem im Boot gelagerten Benzinbehälter gefüllt. Die »Libelle I« hatte eine Spannweite von 8,50 m, eine Abflugmasse von 650 kg und eine Reisefluggeschwindigkeit von 100 km/h. Der Erstflug fand am 16. August 1921 vom Bodensee aus statt.
Die Serienausführung »Libelle II« hatte einen stärkeren Motor, entweder einen Siemens Sh 5 von 59 kW (80 PS) oder einen englischen »Cirrus« von 74 kW (100 PS). Gegenüber der »Libelle I« waren der Bug etwas verlängert, die Spannweite um 1,3 m vergrößert und die Abflugmasse auf 750 kg erhöht. Die Reisefluggeschwindigkeit betrug 120 km/h. Mehrere »Libelle II«-Flugboote wurden nach Australien, Neuseeland, Japan und den Fidschi-Inseln geliefert. Von dort ist eines wieder nach Deutschland zurückgelangt und hängt jetzt im Deutschen Museum.
1923/24 wurde von der »Libelle« noch eine Landausführung mit dem Musternamen »Spatz« abgeleitet, bei der anstelle des Flossenstummels Räder angebracht waren. Zu einer Serienfertigung kam es nicht.

Die Dornier »Libelle II« war mit dem 100 PS starken »Cirrus«-Reihenmotor ausgerüstet.

Das bekannteste deutsche viersitzige Ganzmetall-Reiseflugzeug vor dem Zweiten Weltkrieg war die Messerschmitt Me/Bf 108 »Taifun«.

Messerschmitt Bf/Me 108 »Taifun«

Wohl der bedeutendste Meilenstein in der Entwicklung der deutschen Ganzmetall-Reiseflugzeuge war die Messerschmitt Bf/Me 108 »Taifun«, die am 13. Juni 1934 in Augsburg zum Erstflug startete. Über dieses in größeren Stückzahlen gebaute und in viele Länder exportierte Flugzeug wird in dem Kapitel »Zukunftsweisende Reiseflugzeuge« ausführlich berichtet. Bei der Firma Messerschmitt lagen Erfahrungen im Metall-Leichtbau durch das Verkehrsflugzeug M 20 vor, das bei einem sehr günstigen Zuladungsverhältnis ein besonders wirtschaftliches Flugzeug war. Die bei der »Taifun« unter starkem Zeitdruck entwickelten neuartigen Metallbauweisen wurden wenig später auch für das Jagdflugzeug Me 109 angewendet.

Weitere Ganzmetall-Sport- und Reiseflugzeuge

Die vorwiegend auf den Seeflugzeugbau ausgerichtete Luft-Fahrzeug-Gesellschaft (LFG) in Stralsund entwickelte zum BZ-Flug von 1925 ein zweisitziges Ganzmetall-Sportflugzeug: die V 40, einen Schulterdecker mit Siemens Sh 11-Motor von 71 kW (96 PS), das aber nicht am Wettbewerb teilnehmen konnte. Mit anderen Motoren folgten dann in ähnlicher Bauweise die Varianten V 42 und V 44, ohne daß es zum Serienbau kam.
Ein weiteres Ganzmetallflugzeug war die AGO Ao 192. Bei der Siebel Fh 104 war nur der Rumpf eine Metallkonstruktion. Ganzmetallflugzeuge waren auch die Übungsflugzeuge Arado Ar 96 und Henschel Hs 121. Das Kabinen-Sportflugzeug Arado Ar 79 hatte einen punktgeschweißten Schalenrumpf aus Elektronblech.

Das bekannte zweisitzige Ganzmetall-Reiseflugzeug Arado Ar 79 (siehe dazu auch das Kapitel »Arado 79 – ein Privat-Reiseflugzeug«).

Die Leitlinie der Klemm-Flugzeuge

Hanns Klemm (1885–1961) begann seine Ingenieur-Laufbahn als Regierungsbauführer bei der Königlich Württembergischen Staatsbahn, war dann ab 1917 in der Flugzeugbauabteilung der Luftschiffbau-Zeppelin AG in Friedrichshafen und als Statiker bei den Hansa- und Brandenburgischen Flugzeugwerken in Briest tätig. Seine erste selbständige Konstruktion war der See-Aufklärer Hansa-Brandenburg W 29. Im April 1918 übernahm er als Chefkonstrukteur die Abteilung Flugzeugbau der Daimler-Motoren Gesellschaft in Sindelfingen. Unter seiner Leitung entstanden unter anderem der Jagdeinsitzer L 11 und das zweisitzige Beobachtungsflugzeug L 14, beides abgestrebte Hochdecker. Zu einer Serienfertigung kam es durch den Waffenstillstand nicht mehr. *Klemm* blieb bei der Firma Daimler und leitete dort bis 1926 das Karosseriewerk in Sindelfingen. Seine Ideen zum freitragenden Tiefdecker, zum Leichtflugzeug mit niedriger Flächenbelastung und relativ schwachen Motoren entstanden im Winter 1918/19. Damit begann die »Klemm-Leitlinie«, die später in der typischen Holzbauweise fortgesetzt und schließlich in der Halbschalenbauweise mündete.

Es begann mit der Klemm L 15

Das erste Klemm-Leichtflugzeug, das noch in der Zeit des absoluten Bauverbotes entstand, war das Muster L 15, ein freitragender Schulterdecker mit einem Indian-Motorradmotor von 5,5 kW/7,5 PS und mit einer Flächenbelastung von nur 20 kg/m^2. Das Flugzeug mußte in aller Heimlichkeit gebaut werden; erst Anfang des Jahres 1920 wurde es zum Start auf den Daimler-Flugplatz gebracht. Doch der Start mißglückte; der Pilot *Eugen von Lößl* machte schon beim Rollen Bruch, da das Gelände von Furchen und Löchern durchsetzt war. Das Flugzeug wurde dabei erheblich beschädigt und der Motor aus dem Rumpf herausgerissen.
Längere Zeit nach diesem Mißgeschick mit der L 15 waren es die Segelflieger an den Hängen der Rhön, die – insbesondere durch ihre spektakulären Flüge im Jahre 1922 – bei *Hanns Klemm* das Interesse am Leichtflugzeugbau wieder erweckten. *Peter Supf* schreibt in seinem Buch »Hanns Klemm – der Schöpfer der Leichtflugzeuge« (Drei Brunnen Verlag 1955) dazu:

»Wenn es gelang, ein Flugzeug zu bauen, das ebenso einfach wie ein Segelflugzeug zu handhaben war, ein reines Sportflugzeug also, bei dem es nicht auf hohe Geschwindigkeit, sondern nur auf sicheres Fliegen ankam, ein Flugzeug, das, nur von einer geringen Motorkraft bewegt, leicht in der Luft lag, so wäre damit das ideale Sportflugzeug erfunden gewesen.
Dieses Flugzeug mußte eine große Schwebefähigkeit haben, um bei der geringen Motorkraft zusätzlich die tragende Kraft des Windes soweit nur möglich ausnutzen zu können. Es mußte ferner eine geringe Start- und Landegeschwindigkeit haben, um auch ohne Flugplatz, von Acker und Wiese aus, starten und dort auch landen zu können. Das Ideale wäre es, wenn man mit solch einem, nur für den Sport bestimmten Flugzeug auch reisen, wenn man mit ihm womöglich um die ganze Welt fliegen könnte.
Vor *Hanns Klemms* Augen tat sich die Vision einer Entwicklung des Flugzeugs auf, wie sie das Automobil erst um die Jahrhundertwende durchgemacht hatte. Er sah voraus, daß das Flugzeug einmal ebenso wie das Automobil dazu berufen sein würde, der Sport- und Reisefreude jedes einzelnen zu dienen, ein ›Flugzeug für jedermann‹, ein ›Volksflugzeug‹ zu werden. . . .
Wenn man bedenkt, daß zu jener Zeit der Luftverkehr noch in den Kinderschuhen steckte, kann man ermessen, wie weit voraus er mit seinem Traum vom leichten Reiseflugzeug war.
War er mit seiner L 15 aus dem Jahre 1919 schon auf dem richtigen Wege dazu gewesen, so wollte er nun dieses ideale Flugzeug schaffen, das den Traum verwirklichen sollte.

Hanns Klemm und sein Pilot *Martin Schrenk* bei der Erprobung des Klemm-Leichtflugzeuges L 15 im Jahre 1923.

Einen praktischen Nutzen würde ein solches Flugzeug ohne weiteres haben, es würde, da es relativ leicht und sicher zu fliegen war, das gegebene Schulflugzeug sein . . .
Alle diese grundlegenden Erfordernisse eines schwachmotorigen Sportflugzeuges, wie es Hanns Klemm vorschwebte, wurden im Sommer 1922 von ihm noch einmal in allen Einzelheiten durchdacht und schließlich in einer Denkschrift zusammengefaßt. Er hatte den Mut, diese Denkschrift der Direktion der Daimler-Werke einzureichen, der er damals das Kuckucksei seines ersten Leichtflugzeugs ins Sindelfinger Nest gelegt hatte.«

Durch diese gut begründete Denkschrift gelang es *Klemm*, die Zustimmung der Firmenleitung zu bekommen.
Die L 15 wurde nun repariert und zunächst ohne Motor – als Segelflugzeug – von *Martin Schrenk* an den Hängen der Schwäbischen Alb eingeflogen. Anstelle des Indian-Motors, der stark beschädigt war, konnte ein Harley-Davidson-Motorradmotor von 9,2 kW/12,5 PS mit einem von der Firma Daimler speziell dafür konstruierten Planetenrad-Untersetzungsgetriebe von 3:1 eingebaut werden. Im Winter 1922/23 begann die Flugerprobung der L 15 vom Böblinger Flugplatz aus. Das kleine Flugzeug mit nur 276 kg Abflugmasse, das auch zweisitzig geflogen wurde, erregte viel Aufsehen, insbesondere nach einem ersten Überlandflug im November 1923 von Sindelfingen nach Untertürkheim und zurück. Weitere Flüge unternahm *Martin Schrenk* zusammen mit *Werner von Langsdorff* als Passagier, u. a. von Sindelfingen

Die Klemm L 15 mit Schwimmern auf dem Bodensee.

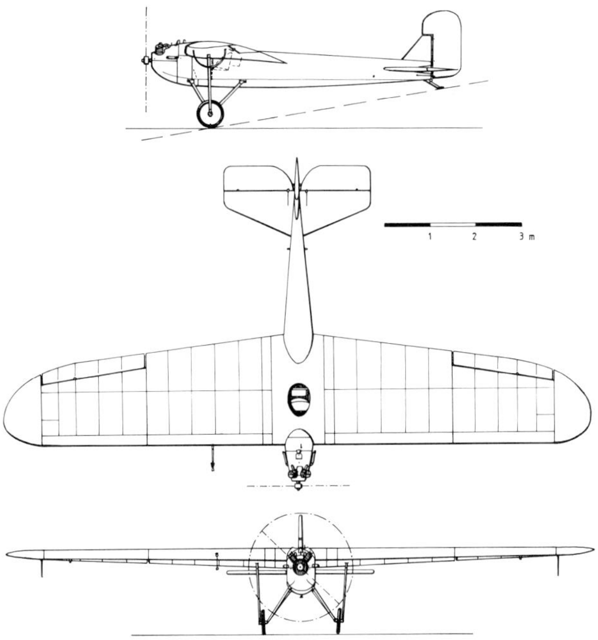

Dreiseitenansicht des ersten Klemm-Leichtflugzeuges L 15.

Das Klemm-Leichtflugzeug L 20 hatte von 1924 an hauptsächlich den speziell dafür entwickelten Porsche-Daimler-Motor F 7502 von zunächst 20 PS.

nach Bensheim, etwa 120 km in zwei Stunden. Die L 15 flog auch – auf Schwimmer gesetzt als WL 15 – 1924 vom Bodensee aus. Das Flugzeug kam später ins Deutsche Museum nach München, wo es bei Bombenangriffen gegen Ende des Zweiten Weltkrieges zerstört wurde.
Mit dem gleichen Motor folgten als Einzelausführungen die Muster L 16 – ein abgestrebter Tiefdecker –, L 17 – ein freitragender Hochdecker mit Motor im Flügel – und L 18, als Ableitung der L 15 mit kleinerem Tragflügel.

Durchbruch mit der Klemm L 20

Mit den Erfahrungen der L 15 entwarf *Hanns Klemm* in den Jahren 1923/24 ein neues Leichtflugzeug in Holzbauweise, einen einfachen schwachmotorigen, jedoch leistungsfähigen Tiefdecker – die L 20. Mit diesem Flugzeug gelang *Klemm* der Durchbruch, zu dem ihm auch der von *Ferdinand Porsche* konstruierte 20 PS-Mercedes-Motor mit dem schon beim Harley-Davidson-Motor verwendeten Planeten-Untersetzungsgetriebe verhalf. Die Klemm L 20 war das Vorbild für schwachmotorige zweisitzige Leichtflugzeuge und die Grundtype für alle späteren Klemm-Sportflugzeuge.
Die Mehrzahl der in den Jahren von 1924 bis 1928 gebauten L 20 verwendete den Porsche-Daimler-Motor F 7502 mit 16 kW/20 PS (später 17 kW/23 PS), einen luftgekühlten Boxer-Motor mit vier Zylindern; nur die L 20 B2 hatte den französischen Salmson-Sternmotor von 30 kW/40 PS. Der Anstoß zum Einbau dieses ausländischen Motors kam bei einem Flug mit einer L 20 nach Nizza. Beim Rückflug in Richtung Zürich wehte im Rhônetal ein so starker Mistral, daß ein Radfahrer auf der Straße schneller war als die L 20 mit dem Mercedes-Motor. In Zürich traf *Hanns Klemm* einen bekannten französischen Sportflieger, der ihn auf den doppelt so starken Salmson-Motor aufmerksam machte. Dieser Motor war relativ leicht und klein im Durchmesser, er wurde später vorzugsweise in der L 25 – der weiterentwickelten L 20 – eingebaut. Damit bekamen diese Leichtflugzeuge eine Leistungsreserve, wie sie gelegentlich auch bei Überlandflügen gebraucht wird.
Eine gute Gelegenheit, auf die Leistungsfähigkeit der Klemm-Flugzeuge hinzuweisen, bot sich beim Deutschen Rundflug 1925. Klemm meldete dazu zwei L 20 mit verkürzten Tragflächen (9,50 m Spannweite statt 13,00 m) an, mit denen die Werkpiloten *Martin Schrenk* und *Hans Guritzer* den zweiten und dritten Platz hinter der siegreichen zweimotorigen L 21 erzielen konnten. Die L 21 war ein eiligst und nur für diesen Wettbewerb gebautes Flugzeug, das mehr Gewinnaussichten in der Klasse A (bis 40 PS) versprach, waren doch die 20 PS-Klemm-Flugzeuge wegen »Schwachmotorigkeit« zunächst nicht zugelassen worden. Die L 21-Flugzeuge hatten einen Rumpf in Bootsform, die beiden

Nach Anklappen der Tragflächen konnte die nur 260 kg schwere L 20 leicht von einem PKW gezogen werden.

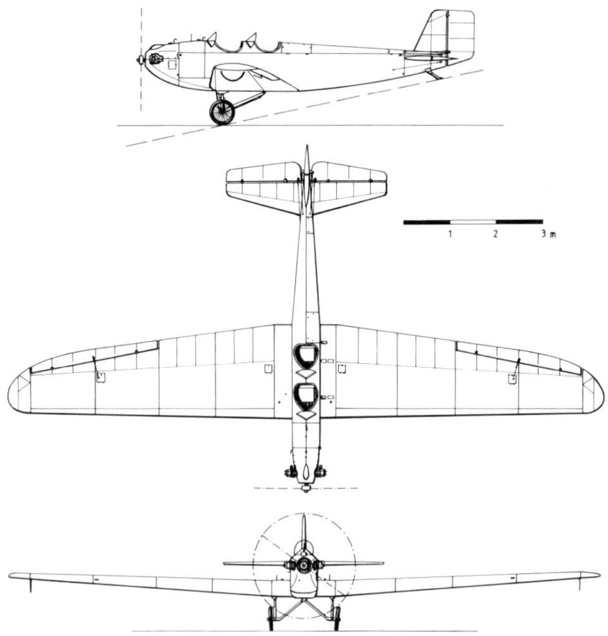

Dreiseitenansicht des Klemm-Leichtflugzeuges L 20.

Die zweimotorige Klemm L 21 nahm erfolgreich am Deutschen Rundflug 1925 teil.

Mercedes-Motoren waren an der Tragfläche befestigt und trieben entgegengesetzt drehende Zugpropeller an. Nur zwei wurden gebaut. Die Siegermaschine flog *Bruno Loerzer*.
Die Klemm-Daimler L 20 wurde durch zahlreiche Langstreckenflüge weltweit bekannt. Besonders erwähnenswert ist der Flug von *Werner von Langsdorff* und *Hans Guritzer* von Stuttgart nach Budapest mit Überquerung der Zentralalpen im Gebiet des Großglocknermassivs im Jahre 1926. Einen Höhenweltrekord für Leichtflugzeuge mit 6500 m erflog *Werner von Langsdorff* im Frühjahr 1927. Der Sportflieger *Friedrich Freiherr von König-Warthausen* unternahm 1928 einen Weltflug über 36 000 km. Die dazu benutzte L 20 war eine Serienausführung mit vergrößerten Flächentanks und einer abgeänderten Schmierstoffanlage. Bei zahlreichen deutschen und internationalen Flugveranstaltungen, besonders im Jahre 1927, waren Klemm L 20-Flugzeuge siegreich.
Die zweisitzige Klemm-Daimler L 20 mit einer Leermasse von 260 kg und einer Abflugmasse von 450 kg war nach heutigen Begriffen ein Ultra-Leichtflugzeug (UL). Sie hatte eine Höchstgeschwindigkeit von 105 km/h und eine Reisegeschwindigkeit von 95 km/h. Für das Steigen auf 1000 m brauchte sie rund 12,5 Minuten. Ihre Reichweite lag bei rund 480 km und der Kraftstoffverbrauch bei 6,3 Liter pro 100 km. Mehr als 200 dieser bemerkenswerten Leichtflugzeuge wurden gebaut. Die L 20 kostete 8500 Mark (1927).

Das eigentliche »Geheimnis« der L 20 lag in dem genau abgestimmten Propeller eigener Entwicklung und Herstellung sowie in der aerodynamisch sorgfältig gestalteten Rumpfspitze, die einen weitgehend ungestörten Abfluß des Propellerstrahls ergab. Die Drehzahl des großen Propellers betrug im Reiseflug nur rund 1000 min^{-1}.
Hanns Klemm konnte am 15. Dezember 1926 seine eigene Firma, die »Leichtflugzeugbau Klemm«, in Böblingen gründen, der auch bald eine Fliegerschule angegliedert wurde. Der erste Auftrag auf drei L 20 kam von der Sportfliegerschule des Deutschen Luftfahrt-Verbandes (DLV); weitere Aufträge folgten und ermöglichten die Serienfertigung der Klemm L 20.
Im Februar 1927 wurde die Firma in eine GmbH umgewandelt, die in dieser Form bis 1939 bestand.

Das erste deutsche Standard-Schulflugzeug: Klemm L 25

Neuer Chefkonstrukteur wurde *Robert Lusser,* der dem zur Deutschen Versuchsanstalt für Luftfahrt (DVL) nach Adlershof gegangenen *Martin Schrenk* nachfolgte. *Lusser* war jetzt für die Weiterentwicklung der L 20 zur leistungsstärkeren L 25 verantwortlich. Dieses Flugzeug war wieder ein freitragender Tiefdecker in Holzbauweise; der Rumpf war im Gegensatz zu der Stoffbespannung der L 20 völlig mit Sperrholz beplankt. Mit Motoren von 30 kW/40 PS bis 70 kW/95 PS konnte die L 25 auch zum Segelflugzeugschlepp verwendet werden. Gebaut in dreißig verschiedenen Ausführungen in den Jahren von 1928 bis 1939, war die Klemm L 25 – mit 600 Stück – das weltweit erfolgreichste und weitverbreitetste deutsche Sportflugzeug. Es gab sie auch auf Schwimmern und mit Rad/Ski-Fahrwerk. Sie war in den dreißiger Jahren das deutsche Standard-Schul- und Sportflugzeug, erfolgreich bei vielen Flugveranstaltungen. 1928 siegte *Robert Lusser* auf einer L 25 mit Salmson AD 9 (30 kW/40 PS) beim internationalen Leichtflugzeug-Wettbewerb in Paris-Orly; 1930 flog *Wolf Hirth* über 24 000 km

Als stärkeren Motor erhielt die Klemm L 25 den französischen Sternmotor Salmson AD 9 von 40 PS.

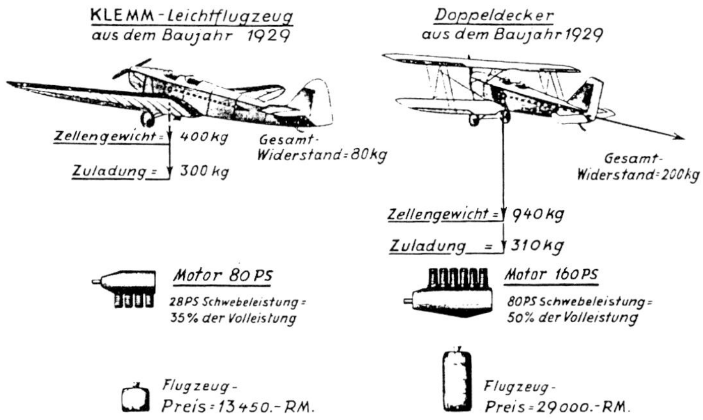

Aus der Werbung für die Klemm-Leichtflugzeugbauweise: »Dieser interessante Vergleich läßt deutlich die entscheidenden Merkmale der Klemm-Leichtflugzeug-Bauweise erkennen: Während der Doppeldecker herkömmlicher Konstruktion 50% seiner Motorleistung benötigt, um sich in der Luft zu halten, braucht das Klemm-Leichtflugzeug dazu nur 28% seiner außerdem halb so starken Motorkraft. Sowohl für den Anschaffungspreis wie auch für die Betriebskosten und besonders hinsichtlich der fliegerischen Sicherheit ist dies von allergrößter Bedeutung.«

von Berlin über Island und Kanada nach den USA. *Elly Beinhorn* gelangte 1931 über 9000 km von Berlin nach Timbuktu. Für ihren Weltflug (37 000 km) mit einer Klemm L 26 erhielt sie – wie vorher *Friedrich von König-Warthausen* und *Wolf Hirth* – den Hindenburg-Pokal, die höchste deutsche Auszeichnung für sportliche Leistungen. *Ernst Udet* benutzte für seine Filme »SOS Eisberg« und »Piz Palü« eine Klemm L 25. Diese Aufzählung ließe sich noch lange fortsetzen.

Die Klemm L 25 hatte je nach eingebautem Motor eine Abflugmasse von 620 bis 720 kg, erreichte eine Höchstgeschwindigkeit von 150 bis 160 km/h; sie landete mit etwa 60 km/h und konnte mit einer Tankfüllung von 90 Litern ca. 700 km weit fliegen. Bei 650 kg Abflugmasse (Beanspruchungsgruppe S4K) betrug die Flächenbelastung 32,5 kg/m^2;

Die größten Stückzahlen wurden vom Schulflugzeug Klemm Kl 25 D mit Hirth HM 60 R-Motor gebaut.

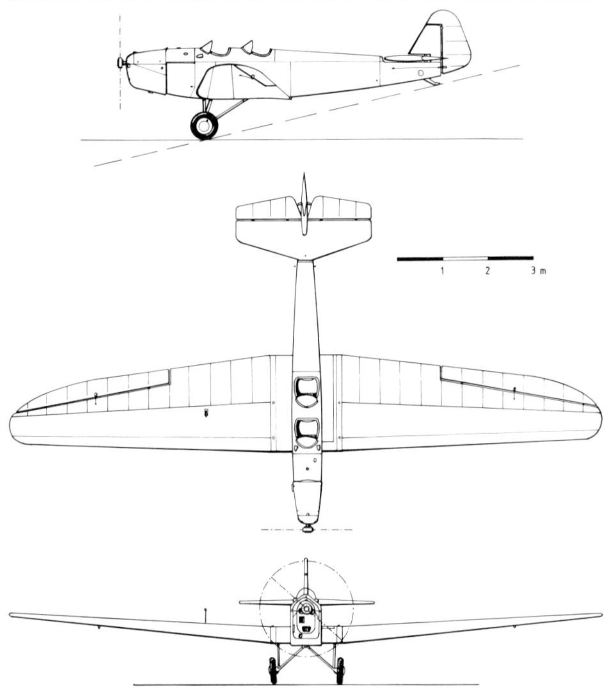

Die Klemm Kl 25 war eine Weiterentwicklung der bewährten L 20 – unter Beibehaltung des Grundkonzeptes.

bei 720 kg (P3) stieg sie auf 36 kg/m^2, war also noch im Vergleich zu anderen Sportflugzeugen relativ niedrig – der Klemm-Leitlinie folgend.
Die Klemm L 25 wurde mit vielen verschiedenen Motoren ausgerüstet. Die meistgebaute Baureihe L 25 d (später auch Kl 25 D genannt) hatte den Hirth HM 60 bzw. 60 R mit 52 bzw. 59 kW (70 bzw. 80 PS) und war beschränkt kunstflugtauglich, d. h. ohne Looping nach vorne und gerissene Rollen. Es gab die L 25 auf Schwimmern, mit Schneekufen, mit Ballonrädern, mit einem dreisitzigen Rumpf und mit Stummelflügeln (d. h. mit 10,50 m Spannweite statt 13,00 m). Die Einzelheiten der vielen Varianten sind im Band 9 dieser Buchreihe »Typenhandbuch der deutschen Luftfahrttechnik« von *Bruno Lange* zusammengestellt.

L 26 mit stärkeren Motoren

Das Folgemuster war die Klemm L 26 – Baujahr 1929 – in gleicher Bauart und annähernd gleichen Abmessungen, mit leicht anklappbaren Tragflächen, Hochdruckreifen, Radbremsen und mit stärkeren Motoren. Eingebaut wurde hauptsächlich der Argus As 8 von 70 kW (95 PS), später auch für den Europa-Rundflug 1932 der Siemens Sh 14 A. *Ernst Udet* flog eine L 26 a II bei seinen Filmexpeditionen in Afrika; *Karl Schwabe* unternahm mehrere Fernflüge mit seiner L 26; *Liesel Bach* flog eine L 26 bei internationalen Damen-Kunstflug-Wettbewerben, und *Elly Beinhorn* umrundete mit einer L 26 V die ganze Welt.

Die Klemm L 26 hatte verschiedene Motoren, hauptsächlich den Argus As 8 mit hängenden Zylindern und den Siemens Sh 13-Sternmotor.

Die Zwischenmuster L 27, L 28, L 30 und L 33

Auf die Klemm L 26 folgte in der Entwicklungsreihe die äußerlich sehr ähnliche L 27, von der nur wenige Exemplare hergestellt wurden. Speziell für den Kunstflug entstand die L 28 mit Siemens Sh 14 A, die jedoch insofern aus der Klemm-Leitlinie herausfiel, als sie einen Stahlrohrrumpf hatte. Diese Flugzeuge, wie auch ein Sportzweisitzer L 30, wurden nicht in Serie gefertigt.
Zwei weniger bekannte Klemm-Leichtflugzeuge seien kurz erwähnt, beides sogenannte »Volksflugzeuge«; das Muster »Alpha« (1930) und das Muster L 33 (1933). Der Tiefdecker »Alpha« war der L 25 ähnlich, hatte jedoch einen Stahlrohrrumpf und den Daimler F 7502 als Motor. Bei der einsitzigen L 33, einem kleinen Hochdecker, war der wassergekühlte DKW-Motor vom Typ »P« mit 13 kW (18 PS) eingebaut.
Im Jahre 1930 begann *Hanns Klemm* mit einer neuen Entwicklungsreihe von drei- bis viersitzigen Reiseflugzeugen – Kl 31, Kl 32 und Kl 36 –, auf die im Kapitel »Zukunftsweisende Reiseflugzeuge« näher eingegangen wird.

Das leistungsstärkste Klemm-Flugzeug war die L 28 mit Siemens Sh 14 A-Motor von 150 PS. Sie wurde u. a. auch von *Liesel Bach* geflogen.

Der einsitzige Klemm-Hochdecker L 33 besaß einen wassergekühlten DKW-Motor.

Äußeres Kennzeichen der Klemm-Sport- und Reiseflugzeuge Kl 35 war der nach unten abgeknickte Tragflügel.

Die Kl 35 für die Ausbildung in der Luftwaffe

1935 entstand das meistgebaute Klemm-Flugzeug, das erfolgreiche zweisitzige Schul- und Sportflugzeug Kl 35 mit dem Hirth-Motor HM 60 R bzw. HM 504. Die Kl 35 war die Weiterentwicklung der bewährten L 25, jedoch mit zweiholmigem dünnerem Holzflügel und geschweißtem Stahlrohrrumpf mit Stoffbespannung. Das Tragflügelmittelstück – auch aus Stahlrohr – hatte einen abwärtsgerichteten Holmknick, dem leicht erkennbaren äußeren Merkmal der Kl 35. Es gab zwei Ausführungen von Fahrwerken; ein freitragendes Einbeinfahrwerk mit verkleideten Rädern und ein robustes Dreibeinfahrwerk ohne Verkleidung sowie ein Schwimmwerk für die Kl 35 W. In der Baureihe Kl 35 A war der 59 kW (80 PS) Hirth HM 60 R und in der Baureihe B der stärkere HM 504 A von 77 kW (105 PS) eingebaut. Es gab auch Ausführungen mit Kabinenaufbau. Für den Wettbewerbs-Kunstflug konnte der vordere Sitz abgedeckt werden.

Die großen Stückzahlen in der Serienfertigung von 1935 bis 1941 – über 2000 wurden gebaut – ergaben sich aus der Verwendung als militärisches Ausbildungsflugzeug bei der Luftwaffe und aus dem Export in viele Länder, u. a. nach Schweden, Rumänien, Ungarn, die Tschechoslowakei und in die Schweiz. Lizenzfertigungen für die Kl 35 liefen bei den Fieseler-Werken in Kassel und beim Bata-Flugzeugwerk in Zlin. Einige Kl 35 haben den Zweiten Weltkrieg überlebt und sind als Oldtimer bei Flugveranstaltungen gerne gesehen.

Mit einer Kl 35 B auf Schwimmern und HM 506 A-Motor flog der Klemm-Chefpilot *Hellmut Kalkstein* fünf Weltrekorde über dem Bodensee (u. a. 228 km/h über 1000 km

Die Kl 35 B wurde auf Wunsch auch mit Kabinenaufbau geliefert.

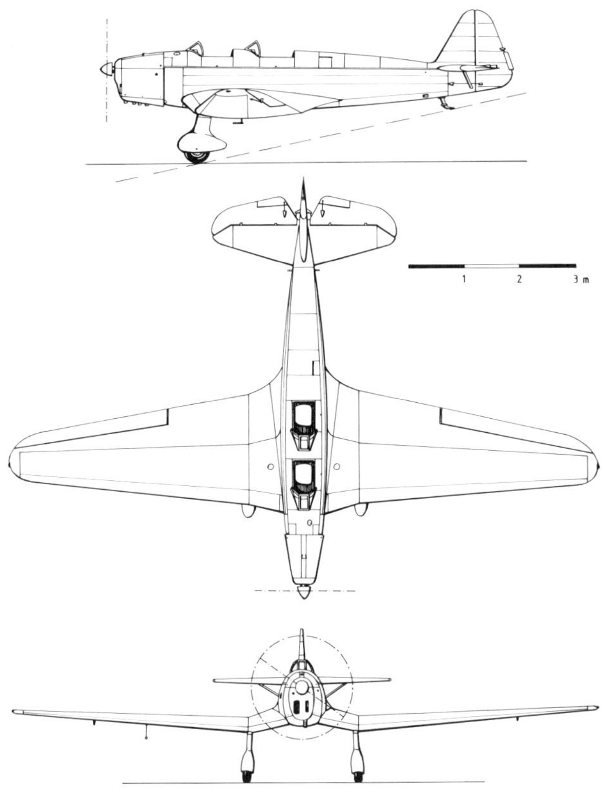

Dreiseitenansicht der KL 35 B mit dem typischen Knickflügel.

sowie 6649 m Höhe). In der Landausführung hatte eine Kl 35 im Jahre 1938 sogar eine Höhe von 8303 m erreichen können.
Mit einer Abflugmasse von 705 kg und einer Flügelfläche von 15,20 m² ergab sich eine Flächenbelastung von 46,4 kg/m²; d. h., gegenüber der L 20 hatte sich dieser Wert mehr als verdoppelt – ein Zugeständnis an das militärische Schulflugzeug. Mit dem Chefkonstrukteur *Friedrich Fecher* gingen 1935 auch Entwürfe, Berechnungen und Konstruktionspläne für ein zweimotoriges Reiseflugzeug, der Klemm 104, mit nach Halle. Daraus entstand dann die Siebel Fh 104 »Hallore«, ein fünfsitziges Reiseflugzeug mit zwei Hirth HM 508-Motoren. Nach dem Erstflug 1937 sind davon insgesamt 50 Stück gebaut worden.

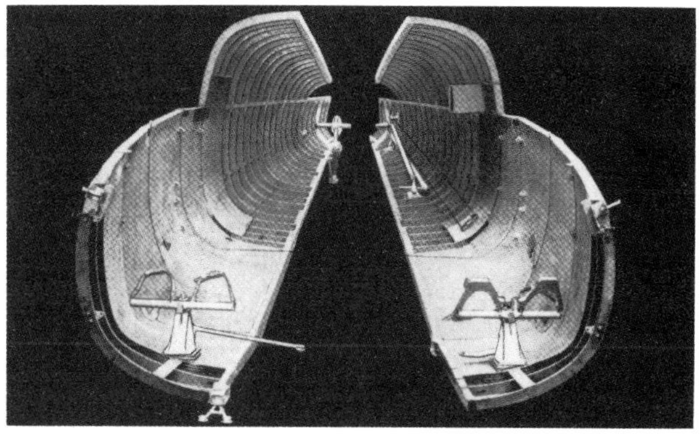
Die beiden Rumpf-Halbschalen des Reiseflugzeuges Klemm Kl 107 mit eingebauten Steuergestängen.

Die Klemm-Halbschalenbauweise: Anwendung bei den Mustern Kl 105, 106 und 107

Bei der Firma Klemm in Böblingen entstanden in den Jahren 1938 und 1939 mehrere Sport- und Reiseflugzeuge – die Kl 105, Kl 106, Kl 107 und die Kl 151. Bei allen vier Mustern wurde die von *Hanns Klemm* neu entwickelte Halbschalenbauweise – auch Teilschalenbauweise genannt – für den Rumpf angewendet. Bei dieser rationellen neuartigen Holzbauweise wurden die beiden Rumpfschalen, bestehend aus Spanten, Gurten und der Sperrholzhaut, in speziellen Formen und Vorrichtungen zusammengebaut und verleimt. Danach konnten alle Einbauten wie Steuerungsteile, Kabel und Hydraulikleitungen nunmehr in bequemer Arbeitshöhe durchgeführt werden. Bisher mußte man hierzu in die Rümpfe hineinkriechen.
Nach vollständiger Ausrüstung wurden beide Hälften zusammengeschraubt und ergaben einen runden und aerodynamisch günstigen Rumpf. Dieses Bauverfahren ermöglichte eine wirtschaftliche Produktion auch bei kleinen Stückzahlen. Die Halbschalenbauweise wurde als Patent angemeldet und stellt den Höhepunkt in der Klemm-Leitlinie dar.
Bei der Entwicklung des Teilschalen-Verfahrens und nach etlichen Versuchsstücken stellte sich heraus, daß der zur Verfügung stehende Kaurit-Leim, ein Kunstharzprodukt der IG-Farben, immer dünn aufgetragen werden mußte. Bei der neuen Bauweise wurde aber ein Leim benötigt, der auch dickere Leimfugen mit genügender Festigkeit ausfüllen konnte. Nach einigen Überlegungen kam der Bauingenieur *Hanns Klemm* auf die Idee, dem Leim – ähnlich wie beim Beton erst die Sandzumischung zum Zement die richtige Festigkeit ergibt – eine körnige Masse aus gemahlenem Bakelit beizumengen. Nach längeren Versuchsreihen entstand der sog. »Klemm-Leim«, eine patentierte »bindende und plastische Masse«, für dessen Vermarktung die »Klemm-Technik GmbH« 1941 gegründet wurde. Mit einer Dissertation über »Neue Leimuntersuchungen unter besonderer Berücksichtigung der Kaltkunstharzleime« promovierte *Hanns Klemm* im Dezember 1937 an der TH Stuttgart zum Dr.-Ing.
In dieser neuen Bauweise entstand 1938/39 das zweisitzige Kabinen-Sportflugzeug Klemm Kl 105 mit zwei nebeneinanderliegenden Sitzen, angetrieben von einem Zündapp 9-092-Motor von 35 kW (50 PS), bei einigen Exemplaren auch von einem Hirth HM 515. Nur elf Versuchsflugzeuge wurden gebaut. Das erste V-Muster verunglückte 1939 durch Flügelbruch. Die darauffolgende Kl 106, ein Knickflügel-Tiefdecker mit zwei hintereinanderliegenden offenen Sitzen, wurde für einen amerikanischen Lizenznehmer entwickelt. Sie war der Kl 35 D sehr ähnlich. Zehn Versuchsmuster mit Hirth HM 504 wurden gebaut. Klemm sollte 200 000 RM für die Nachbaurechte, die Patente und Musterflugzeuge bekommen. Die Verschiffung der ersten Bauvorrichtungen und Kl 106-Musterflugzeuge stand in Vorbereitung, doch dann brach der Zweite Weltkrieg aus, und die Geschäftsverbindung mußte abgebrochen werden.
Kurz vor Kriegsbeginn entstand in Böblingen unter Leitung von *Karl Bucher* das zwei- bis dreisitzige Reise- und

Das dreisitzige Schul- und Reiseflugzeug Kl 107 entstand kurz vor dem Zweiten Weltkrieg. Das Bild zeigt die Kl 107 V5 von 1939/40.

Instrumentenbrett der Kl 107 von 1939. Das rechte Feld war für den Einbau des Funkgerätes vorgesehen.

Schulflugzeug Klemm Kl 107 mit Hirth HM 500-Motor von 77 kW (105 PS). Das Flugzeug besaß bereits Spreizklappen zur Verminderung der Landegeschwindigkeit. Nur ein Prototyp und sechs Vorserienflugzeuge wurden hergestellt. Nach der Erprobung im Jahre 1940 sollte eine kleine Serie von 20 Stück aufgelegt werden, doch dazu kam es wegen des Krieges nicht mehr. Die Kl 107 wurde 1941 noch mustergeprüft und zunächst für 740 kg Abflugmasse zugelassen. Die Auslegungsdaten waren 860 kg und 200 km/h Höchstgeschwindigkeit.

Die Klemm-Flugzeugwerke in Böblingen wurden durch Bombenangriffe schwer beschädigt und 1945 vollständig demontiert.
Ein nach Schweden ausgelagerter Zeichnungssatz der Kl 107 konnte 1955 von *Hannsjürgen Klemm,* dem Sohn des Flugzeugbauers *Hanns Klemm,* unter Vermittlung des früheren Klemm-Vertreters in Schweden, *Dr. Skerving Wester,* wieder nach Deutschland zurückgeholt werden. Diese Zeichnungen waren die Basis für die Entwicklung der Nachkriegs-Klemm Kl 107 (siehe dazu das Kapitel »Bölkow-Flugzeuge«).
Das 1942 entstandene Kabinen-Reiseflugzeug Klemm Kl 151 ist im Kapitel »Zukunftsweisende Reiseflugzeuge« behandelt.
Durch die Bölkow-Klemm Kl 107 und die nachfolgende Bölkow 207 wurde die Klemm-Leitlinie nach mehr als zehnjähriger Unterbrechung zunächst fortgesetzt, aber dann doch – mit dem Auslaufen der 207-Serie im Jahre 1967 – beendet.
Die Klemm-Werke wurden ab 1934 in die Rüstung des Dritten Reiches einbezogen. In Halle entstand ein Zweigwerk, wohin auch Personal von Böblingen versetzt werden mußte. Gleichzeitig mußten auf Weisung des Reichsluftfahrtministeriums Reparaturen und Lizenzbauten von Militärflugzeugen übernommen werden. *Franz Walter* leitete das »Klemm-Flugzeugwerk Halle/Saale GmbH«, das 1937 in »Siebel-Flugzeugwerke Halle« umbenannt wurde. *Hanns Klemm* zog sich 1943 aus seinen Betrieben zurück.

Die Leitlinie Messerschmitt M 17–M 35

Mit der M 17 über die Alpen

Das erste Motorflugzeug, das *Willy Messerschmitt* realisierte, war die M 17, ein zweisitziger Hochdecker in Holzbauweise. Er sollte im Januar 1925 am »Zugspitzflug« teilnehmen, stand aber nicht rechtzeitig zur Verfügung. Als Antrieb eingebaut war ein Douglas-Motorradmotor mit Kettenantrieb für den Propeller, der aus dem Motorsegler S 16 b stammte. Die M 17 erhielt später einen stärkeren Motor, den Bristol »Cherub« von 21 kW (28 PS). Wahrscheinlich sind sieben M 17-Sportflugzeuge gebaut worden; eines davon hängt seit einigen Jahren im Deutschen Museum in München.
Die M 17 war in den Jahren 1925/26 durch eine Reihe von Erfolgen bei Wettbewerben, Rundflügen und durch die Überquerung der Zentralalpen bei einem Flug von Bamberg nach Rom durch *Eberhard von Conta* und *Werner von Langsdorff* bekannt geworden.

Das erste Messerschmitt-Motorflugzeug war die M 17, mit der u. a. 1926 die Alpen überflogen wurden.

Klein-Verkehrsflugzeug M 18

Im Gegensatz zur M 17 war das Kabinen-Reiseflugzeug bzw. Klein-Verkehrsflugzeug M 18 eine Ganzmetallkonstruktion. Über die Entwicklung und die Verwendung der M 18 wird in einem nachfolgenden Kapitel über die Kabinen-Reiseflugzeuge berichtet. Bemerkenswert ist jedoch, daß *Willy Messerschmitt* beim Übergang von der M 18 a zur M 18 b von der mehrholmigen aufgelösten Bauweise mit Kastenholm und vier Stegen zur einholmigen Konstruktion mit blechbeplankter mittragender Flügelnase und damit zu einer Leichtbauweise überging, die später für seine Flugzeuge typisch war.

Wettbewerbs-Sportflugzeug M 19

Messerschmitts erster Tiefdecker war das einsitzige Wettbewerbs-Sportflugzeug M 19 in Holzbauweise, das sich durch ein sehr gutes Zuladungsverhältnis auszeichnete, d. h., die Zuladung war größer als das Rüstgewicht. Zur Förderung der Entwicklung leichter und preisgünstiger Sportflugzeuge war für 1927 der Sachsenflug ausgeschrieben worden, bei dem die Bewertung der Technischen Prüfung den Ausschlag gab. Durch das sehr günstige Zuladungsverhältnis war die M 19 für diese mit der Wertung »unendlich« bereits vor Beginn des Wettbewerbs favorisiert. Flugzeuge mit einem Leergewicht von weniger als 300 kg wurden darüber hinaus durch die Wertungsformel begünstigt; sie mußten jedoch die Festigkeitsvorschriften voll erfüllen und Startstrecken von weniger als 200 m aufweisen. Durch geschickte Konstruktion eines Tiefdeckers, bei dem die Kräfteeinleitungen im allgemeinen überschaubarer als bei einem Hochdecker sind, gelang es *Messerschmitt,* extremen Leichtbau in Holz zu verwirklichen. Bei der M 19, die eine Rüstmasse von 140 kg hatte, konnten bis 200 kg zugeladen werden. Von 20 teilnehmenden Flugzeugen gewannen die M 19 mit den Piloten *Theo Croneiß* und *Eberhard von Conta* die beiden ersten Plätze. Dieser Wettbewerbserfolg wurde von der Fachpresse als »eindeutiger Konstrukteurs-Sieg« bezeichnet und begründete den Ruf von *Willy Messerschmitt* als »Leichtbauer«.

Von der M 19 sind jedoch nur zwei Flugzeuge, beide mit dem Zweizylinder-Boxermotor Bristol »Cherub« von 26 kW (36 PS), gebaut worden. Die M 19 war das Ausgangsmuster für die spätere zweisitzige M 23.

Als einsitziger Tiefdecker mit besonders günstigem Zuladungsverhältnis war die Messerschmitt M 19 bei mehreren Wettbewerben erfolgreich.

Schuldoppeldecker M 21

Das nächste Messerschmitt-Sportflugzeug in der M-Reihe war der Schuldoppeldecker M 21, von dem vom Reichsverkehrsministerium 1927 zwei Ausführungen bestellt wurden, eine mit Siemens Sh 11 (M 21 a) und die andere mit Siemens Sh 12 (M 21 b). Die Ausschreibung war auf ein Nachfolgemuster für das Schul- und Übungsflugzeug Udet U 12 »Flamingo« ausgerichtet, aber das Flugzeug mußte einen stoffbespannten geschweißten Stahlrohrrumpf haben. Auf einfache Zerlegbarkeit bzw. Anklappen der Tragflächen zum Bahntransport wurde großer Wert gelegt. Der Erstflug mit *Theo Croneiß* am Steuer fand am 17. August 1928 statt. Beide Flugzeuge wurden an die Deutsche Verkehrsfliegerschule (DVS) abgeliefert; zu einer Serienfertigung kam es nicht.

Der Schuldoppeldecker M 21 war eine Auftragsentwicklung, die nicht zur Serie führte.

Sportflugzeuge M 23, 23b und 23c

In beachtlicher Serie von mehr als 80 Flugzeugen in den Jahren von 1928 bis 1931 wurde die zweisitzige Messerschmitt M 23 gefertigt, die vom Konzept her eine vergrößerte M 19 war, ein freitragender Tiefdecker in Holzbauweise. Abweichend vom Ausgangsmuster und der späteren Serienausführung hatte sie einen durchgehenden freitragenden Tragflügel, auf den der Rumpf aufgesetzt war. Als *Willy*

Messerschmitt M 23 b mit anklappbaren Tragflächen.

Gegenüber der Erstausführung war die M 23 b in der Serie ab 1929 verbessert und verstärkt worden.

Messerschmitt aber erfuhr, daß die Firma Junkers darüber ein Patent hatte, für dessen Benutzung er Lizenzgebühren hätte zahlen müssen, verzichtete er auf diese Bauform. Die M 23 b erhielt jetzt anklappbare Tragflächen.
Eine M 23 a wurde bei der ILA 1928 in Berlin ausgestellt und machte anschließend Werbeflüge in Deutschland, Österreich, Frankreich und in der Schweiz. Bei den Bayerischen Flugzeugwerken (BFW) in Augsburg wurde eine kleine Serie von neun Flugzeugen aufgelegt.
Da die ersten M 23 a unter anderem wegen der schwachen Motorisierung keinen Verkaufserfolg hatten, baute man bei der dritten M 23 den stärkeren Armstrong-Siddeley »Genet« von 50 kW (68 PS) ein. Dieses Flugzeug nahm 1929 mit *Theo Croneiß* am Ostpreußenflug erfolgreich teil; *Croneiß* wurde Gesamtsieger.
Mit den Anregungen von der Ausstellung, den Werbeflügen und namhaften Piloten, welche die M 23 geflogen hatten, wurde das Konzept überarbeitet, wobei neben einer aerodynamischen Verfeinerung auch mehrere fertigungstechnische Verbesserungen verwirklicht werden konnten. Die so entstandene M 23 b unterschied sich von der »a« durch den gerundeten Rumpfrücken, Räder mit Elektronguß-Felgen, anklappbaren Tragflächen, gerundeten Randbögen der Tragfläche und stärkere Motoren. Eingebaut wurden sowohl luftgekühlte Reihenmotoren mit hängenden Zylindern als auch der englische Cirrus-Motor, später der Argus As 8 und der Siemens-Sternmotor Sh 13 von 70 kW (95 PS).
Erfolgreich war *Fritz Morzik* mit seinem Begleiter *Schiel* beim Europa-Rundflug 1929 auf seiner M 23 b mit Siemens Sh 13. Er gewann für Deutschland den vom französischen Aero-Club gestifteten Wanderpreis. Die Bayerischen Flugzeugwerke wurden damit sehr bekannt. Trotz der sich verschlechternden Wirtschaftslage konnten bis Ende 1931 etwa 70 Messerschmitt M 23 b verkauft werden. Rumänien erwarb eine Nachbaulizenz und fertigte bis 1933 eine kleine Anzahl von M 23 b, die zusätzlich zu den acht direkt gekauften im Schulbetrieb eingesetzt wurden.
Ferner wurde die M 23 durch die Udet-Expedition von 1930 nach Afrika und 1931 nach Grönland sowie die dabei gedrehten Filme weltweit bekannt.
Beim Europa-Rundflug 1930, der vom Deutschen Aero-Club von Berlin ausgehend veranstaltet wurde, war die

Willy Messerschmitt vor seinem Sportzweisitzer M 23.

Eine größere Anzahl von Messerschmitt M 23 b war auch mit dem Argus As 8-Motor mit hängenden Zylindern ausgerüstet.

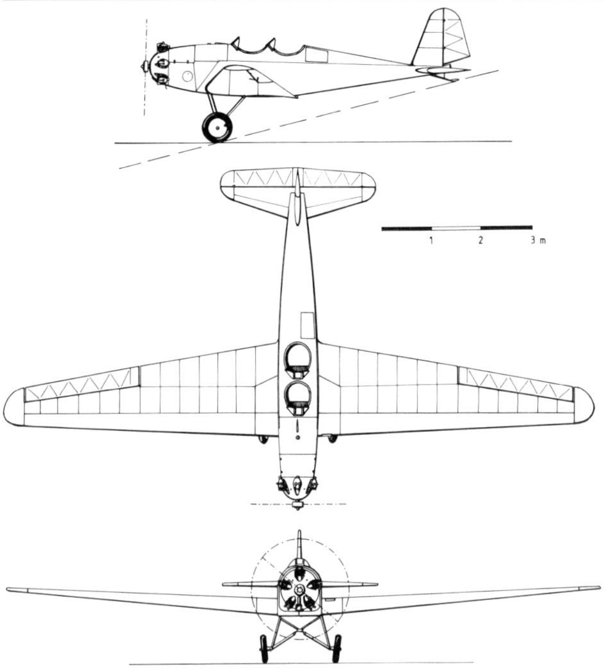

Die M 23 b war ganz in Holzbauweise hergestellt.

Beim Tiefdecker M 27 wurde die Gemischtbauweise angewendet. Als Antrieb diente der Argus As 8-Motor mit hängenden Zylindern.

Die Messerschmitt M 29 war ein zweisitziges Wettbewerbsflugzeug für den Europa-Rundflug 1932. Eine Ausführung hatte den Argus As 8 R-Motor mit 150 PS.

inzwischen nochmals verbesserte M 23 c das am meisten vertretene Baumuster. Gesamtsieger wurde wiederum *Fritz Morzik*. Bei der M 23 c hatte man den trapezförmigen einholmigen Holzflügel beibehalten. Das Rumpfvorderteil war eine genietete Duralkonstruktion, der mittlere Rumpfbereich durch einen Kabinenaufsatz überdacht und das Fahrwerk mit Radbremsen versehen. Die Startmasse stieg auf 600 kg.

M 26 – Prototyp für USA

Für eine amerikanische Firma, die 1928 mit den Bayerischen Flugzeugwerken einen Lizenzvertrag über den Bau der M 18 d in den USA abgeschlossen hatte, wurde mit der Musterbezeichnung M 26 ein dreisitziges Reiseflugzeug, ein Hochdecker mit Siemens Sh 14-Motor konstruiert und in einem Exemplar gebaut. In der eingetretenen Wirtschaftskrise ging die US-Firma in Konkurs und konnte das Flugzeug nicht mehr abnehmen. Der Prototyp, wegen der Sitzanordnung »Hochzeitskutsche« genannt, blieb mehrere Jahre als Werksflugzeug in Augsburg.

M 27 – Nachfolger der M 23

Das Nachfolgemuster der M 23 wurde die stärker motorisierte M 27 in Gemischtbauweise. Der Rumpf war eine geschweißte Stahlrohrkonstruktion mit Stoffbespannung, der Tragflügel aus Holz, einholmig und im hinteren Teil stoffbespannt. Eingebaut wurde der Argus As 8, ein luftgekühlter Vierzylinder-Reihenmotor in hängender Bauform mit 88 kW (120 PS) Startleistung. Insgesamt zwölf M 27 wurden gebaut und verkauft.

M 29 – Leichtflugzeug für den Europa-Rundflug 1932

Ein großer Entwicklungsschritt in der Messerschmitt-M-Reihe war das 1932 für den Europa-Rundflug entwickelte Wettbewerbs- und Sportflugzeug M 29, auch als »Rennflugzeug« oder »Superflugzeug« bezeichnet. Es entstand im Auftrage des Reichsverkehrsministeriums für den Europa-Rundflug 1932; sechs Flugzeuge wurden bestellt. Da der Auftrag erst im Oktober 1931 einging und der Wettbewerbsbeginn mit Anfang August 1932 schon feststand, blieb nicht viel Zeit für Konstruktion, Berechnung, Bau und Erprobung der sechs Flugzeuge. *Messerschmitt* und seine Mannschaft hatten sich vorgenommen, unbedingt wieder die Siegermaschine zu stellen, und dies mit einem in jeder Hinsicht fortschrittlichen Flugzeug.
Die M 29 war ein zweisitziger Tiefdecker in Gemischtbau-

Die Messerschmitt M 29 wurde vor Beginn des Europa-Rundfluges 1932 gesperrt.

Die Messerschmitt M 29 war ein Rennflugzeug, das speziell für Wettbewerbe entwickelt worden war.

weise, d. h. stoffbespannter Stahlrohrrumpf, einholmiger anklappbarer Tragflügel, Kabinenaufsatz mit aerodynamischem Ablauf, freitragendem Einbeinfahrwerk mit Luftfederung und stromlinienförmiger Radverkleidung. Die Landeklappen und die Querruder waren als Schlitzflügel ausgebildet. Fünf Maschinen erhielten den Argus-Reihenmotor As 8 R mit 110 kW (150 PS) Startleistung, die sechste einen mit NACA-Haube verkleideten Sternmotor Siemens Sh 14 A gleicher Leistung. Der Kraftstofftank von 120 Liter Inhalt befand sich hinter dem Brandschott im oberen Rumpfteil. Das Flugzeug hatte ein sehr schnittiges Aussehen und gute Flugleistungen. Der Erstflug fand am 13. April statt; man hatte ausreichend Zeit zur Erprobung der Wettbewerbsflugzeuge. Alle sechs waren einsatzbereit, doch dann ereigneten sich dicht hintereinander, am 8. und 9. August, zwei Abstürze mit tödlichem Ausgang, für die sich zunächst keine Erklärungen fanden. Die M 29 wurde daraufhin für den Europaflug-Wettbewerb gesperrt. Die Unfall-Untersuchungen ergaben, daß Vibrationen am Höhenruder zum Bruch der Höhenruderflosse geführt hatten. Die Maschinen mußten umgebaut, d. h. verstärkt werden. Für die Fachwelt galt die Messerschmitt M 29 als ein sehr fortschrittliches und beispielhaftes Sportflugzeug mit bemerkenswerten Leistungen, z. B. einer Höchstgeschwindigkeit von 260 km/h, einer Gipfelhöhe von 6000 m und einer Steigzeit von drei Minuten auf 1000 m Höhe.

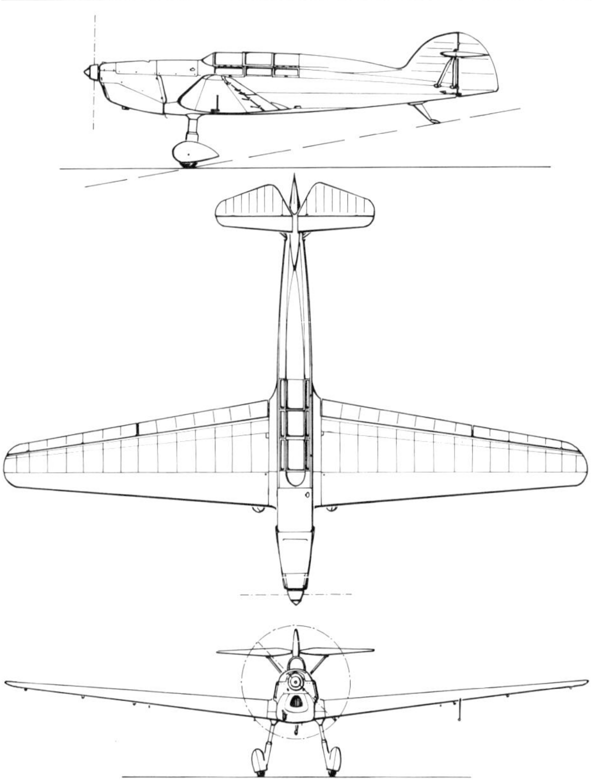

Die Dreiseitenansicht der M 29 zeigt die besondere aerodynamische Formgebung dieses schnellen Flugzeuges.

M 31 – sparsames Schulflugzeug

Das Sport- und Schulflugzeug M 31, das 1931 entstand, war in erster Linie auf niedrigen Anschaffungspreis und niedrige Betriebskosten ausgelegt. Es war im Vergleich zu anderen Messerschmitt-Flugzeugen »schwachmotorig« und erreichte nur eine Höchstgeschwindigkeit von 175 km/h. Angetrieben wurde die M 31 vom Hirth-HM 60-Motor bzw. dem BMW Xa von 52 kW (70 PS).

Der Rumpf und das Seitenleitwerk waren in stoffbespannter Stahlrohrbauweise, der Flügel und das Höhenleitwerk in Holzbauweise ausgeführt. Das für den Schulbetrieb besonders kräftige Dreibeinfahrwerk hatte geteilte Achsen und Niederdruckreifen. Die M 31 mit BMW-Motor – verkleidet mit einer NACA-Haube – war bei der DELA 1932 (Deutsche Luftsport-Ausstellung) in Berlin ausgestellt, wurde aber nicht in Serie gebaut.

M 35 – ein vollkunstflugtaugliches Sportflugzeug

Die M-Reihe wurde abgeschlossen mit dem Kunstflug-Wettbewerbsflugzeug M 35, dem letzten Sportflugzeug von *Willy Messerschmitt.* Das leistungsstarke zweisitzige Flugzeug war ähnlich der M 31 in Gemischtbauweise hergestellt. Die beiden Prototypen wurden im Frühjahr 1933 fertiggestellt und vom Werkpiloten *Erwin Aichele* eingeflogen. Die M 35 hatte – mit einer Ausnahme – den Siemens-Sternmotor Sh 14 A von 110 kW (150 PS), verkleidet mit einer NACA-Haube. Die dritte Maschine, die der Kunstflugmeister *Willi Stör* flog, erhielt den stärkeren Argus-Reihenmotor As 17 A von 155 kW (210 PS). Insgesamt sind 15 M 35 gebaut worden; je eine wurde nach Spanien und Rumänien verkauft, die letzte erhielt *Willi Stör,* der damit 1935 und 1936 die Deutschen Kunstflugmeisterschaften gewann.

Die M 35 konnte ein- oder zweisitzig geflogen werden. Zum Kunstflug wurde der vordere Sitz abgedeckt. Um im Wettbewerb genügend Leistungsüberschuß zur Verfügung zu haben, wurde der Siemens Sh 14 A mit 117 kW (160 PS) und Rückenflugvergaser eingebaut.

Das freitragende Einbeinfahrwerk mit Luftfederung und stromlinienförmiger Radverkleidung entsprach der bei der M 29 erstmals realisierten Entwicklung.

Mit der M 31 und der M 35 endete die Messerschmitt-Tiefdecker-Sportflugzeug-Entwicklungsreihe, eine bemerkenswerte Leitlinie, die 1927 mit der M 19 begonnen hatte.

Die M 35 konnte als Schulflugzeug, aber auch für Kunstflug-Wettbewerbe verwendet werden.

Sportflugzeuge der Gebrüder Günter bei Bäumer und bei Heinkel

Für den Rhön-Leichtflugzeug-Wettbewerb von 1924 hatten die Brüder *Siegfried und Walter Günter* – beide damals noch Studenten – bei der Firma Bäumer Aero in Hamburg den Motorsegler B I »Roter Vogel« entwickelt (siehe das Kapitel »Vom Segel- zum Kleinflugzeug«) und waren dabei durch interessante konstruktive Lösungen des Antriebs und durch gute aerodynamische Gestaltung aufgefallen. Beachtliches Aufsehen erregte jedoch ihr zweisitziges Motorflugzeug Bäumer B II »Sausewind«, das sich allen Konkurrenten in der technischen Wertung des Deutschen Rundfluges von 1925 weit überlegen zeigte.

Das Sportflugzeug Bäumer »Sausewind«, das mit einem amerikanischen Dreizylinder-Wright-Motor von 65 PS ausgerüstet war, erreichte eine Höchstgeschwindigkeit von 225 km/h.

»Sausewind« zeigt erstmals die Handschrift der Gebrüder Günter

Der »Sausewind« war ein aerodynamisch hochwertig gestalteter Tiefdecker in Holzbauweise mit spindelförmigem Rumpf, schlanken Tragflächen mit elliptischem Umriß und sehr guter Verkleidung des Dreizylinder-Sternmotors Wright L 4 von 48 kW (65 PS). Der »Sausewind« erreichte damit eine Geschwindigkeit von 183 km/h und eine Gipfelhöhe von 4770 m. 1927 wurde der »Sausewind«, von dem nur

Der von den Gebrüdern *Walter* und *Siegfried Günter* konstruierte »Sausewind« zeichnete sich durch eine besondere aerodynamische Gestaltung aus.

Mit dem einsitzigen Sportflugzeug Heinkel He 71 unternahm *Elly Beinhorn* mehrere Langstreckenflüge.

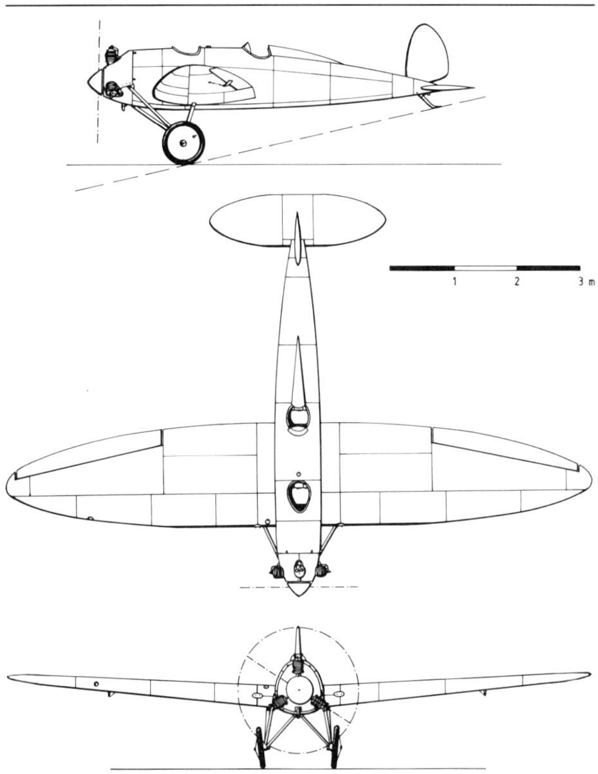

Der Bäumer B II »Sausewind« hatte schon den bei späteren Heinkel-Flugzeugen mehrfach verwendeten elliptischen Flügelumriß.

wenige Exemplare gebaut worden sind, nochmals verfeinert und erreichte als B IVa eine Geschwindigkeit von 225 km/h. Mit seiner geringen Motorleistung war der freitragende Tiefdecker allen verspannten Doppeldeckern – auch mit höherer Motorleistung – der damaligen Zeit überlegen. *Walter Günter* und mit ihm zusammen sein Bruder *Siegfried* wurden insbesondere wegen ihres »Sausewind« und der dabei gezeigten »Handschrift« 1931 von *Ernst Heinkel* in seinen Flugzeugbau geholt.

Unter den zwanzig Heinkel-Flugzeugmustern, denen die beiden Brüder die besondere aerodynamische Linie mit dem typischen elliptischen Flügelumriß gaben, befindet sich nur ein Sportflugzeug, die He 64, sowie das Ausbildungs-Flugzeug He 74, das eigentlich als »Heimatschützer« gedacht war. Dagegen stammen die Heinkel He 72 »Kadett« vom Heinkel-Mitarbeiter *Hall* und das einsitzige Reiseflugzeug He 71 von *Robert Lusser*.

Heinkel He 64 für den Europa-Rundflug

Die für den Europa-Rundflug 1932 entwickelte Heinkel He 64 war der erste Entwurf von *Walter Günter* bei Heinkel, zugleich ein erster bedeutsamer Schritt zum aerodynamisch hochwertigen Schnellflugzeug – d.h. zu einer Leitlinie, die später durch das Verkehrsflugzeug He 70 »Blitz« fortgesetzt wurde. Es war gleichzeitig das erstmalige Abweichen bei Heinkel vom verspannten Doppeldecker – den Hochdecker He 46 ausgenommen – und eine Fortführung dessen, was die *Brüder Günter* schon bei der Firma Bäumer mit dem Sportflugzeug »Sausewind« begonnen hatten.

Die He 64 war ein freitragender zweisitziger Tiefdecker in Holzbauweise mit einem schmalen ovalen Rumpf, zwei hintereinander angeordneten Sitzen und einem in den Rumpf eingestrakten Kabinenaufbau mit Cellonscheiben. Vorn im Rumpf war, mit Gummipuffern zur Vermeidung der Übertragung von Motorvibrationen auf die Zelle, ein luftgekühlter Argus As 8 R mit hängenden Zylindern – also mit gutem Sichtfeld – eingebaut. Der Motor hatte eine Startleistung von 110 kW (150 PS). Hinter dem Brandschott befand sich ein Kraftstoffbehälter mit 77 l Inhalt und zwischen den Sitzen ein weiterer mit 67 l.

Die zuerst gebaute und erprobte Version A hatte noch offene Sitze, die aber bald mit einer Kabine abgedeckt wurden, um die Fluggeschwindigkeit zu erhöhen. Die Tragflächen, eine trapezförmige – also noch nicht elliptische –

Das Sport- und Reiseflugzeug Heinkel He 64 wurde von den *Gebrüdern Günter* speziell für den Europa-Rundflug 1932 entwickelt.

einholmige Holzkonstruktion, bestand aus zwei Flügelhälften, die mit Bolzen am Flügelmittelstück befestigt und leicht demontierbar waren. Man konnte durch sorgfältige Werkstattarbeit auf die sonst übliche Spaltabdeckung verzichten. Die Tragflächen besaßen automatisch ausfahrende Lachmann-Schlitzflügel, die vom Führersitz in jeder Stellung blockiert werden konnten. Damit erreichte die He 64 eine sehr niedrige Landegeschwindigkeit – 62,3 km/h wurden im Wettbewerb gemessen – und eine beachtliche Höchstgeschwindigkeit von 245 km/h, somit eine Geschwindigkeitsspanne von 1:4. Bei einer späteren Versuchsausführung (He 64 D) mit einem verbesserten elliptischen Flügelumriß wurde eine Höchstgeschwindigkeit von 295 km/h erreicht.
Das dreiteilige Fahrgestell mit 1,70 m Radspur hatte zum Abfangen der Landestöße Öl-Druckluft-Federstreben mit Ölbremsen.
Insgesamt sind nur zwölf He 64 gebaut worden, sechs für den Europa-Rundflug und sechs weitere zur Erprobung mit anderen Motoren, z. B. HM 504 und HM 506 oder mit De Havilland »Gipsy III« für den Export.
Beim Europa-Rundflug 1932 flog *Hans Seidemann* mit seiner Maschine die zweite und dritte Etappe als einziger in einem Tage durch und kam daher mit zwei Tagen Vorsprung am Ziel an. Der sehr spektakuläre Erfolg der neuen He 64 konnte aber an dem Gesamtsieg des Polen *Zwirko* auf seinem Hochdecker RWD 6 nichts ändern. Den zweiten

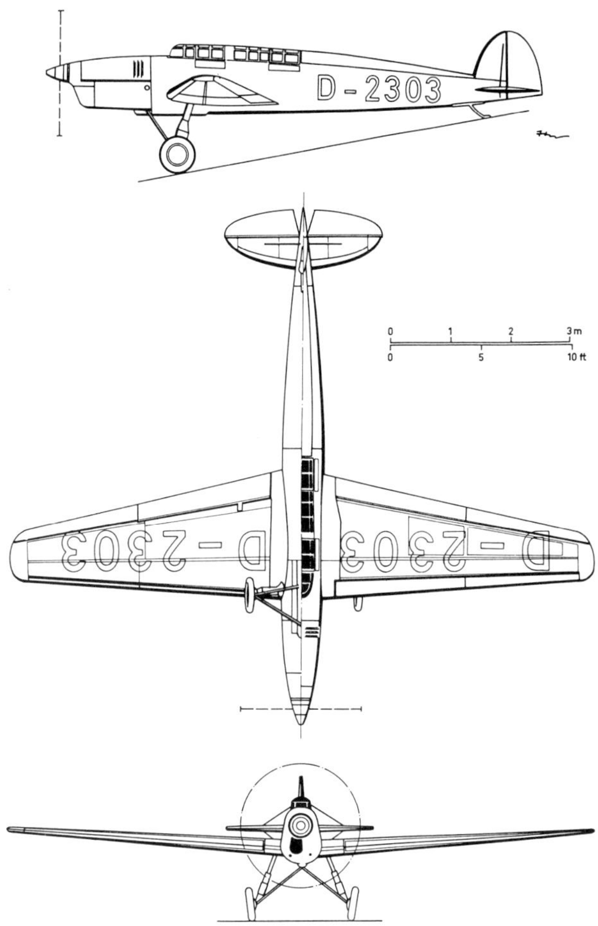

Die Dreiseitenansicht läßt die bemerkenswerte aerodynamische Formgebung der He 64 erkennen.

Platz der Wertung errang *Fritz Morzik* ebenfalls auf einer He 64.

Die ersten Kabinen-Reiseflugzeuge

Während die Mehrzahl der ehemaligen Militärpiloten des Ersten Weltkrieges das Fliegen mit Fliegerhaube und Fliegerbrille als das Normale ansah und auch die neu entwickelten Sportflugzeuge der zwanziger Jahre diesen Gewohnheiten folgten, gab es doch gute Gründe, die zum Kabinen-Reiseflugzeug führten. Der Fluggast, d. h. der Reisende, der zu seinem Vergnügen – als Tourist würde man heute sagen – oder geschäftlich reisen und dabei das »moderne« Verkehrsmittel, das Flugzeug, benutzen und auch etwas mehr Gepäck mitnehmen wollte, erwartete eine gewisse Bequemlichkeit. Er wollte ohne Schwierigkeiten ein- und aussteigen können, einen bequemen Sitz haben, nicht dem Luftzug ausgesetzt sein und am Fenster sitzend die überflogene Landschaft anschauen können.

Reise- und Kleinverkehrsflugzeuge der zwanziger Jahre

Der Anstoß, in einigen Fällen sogar gleich als Auftrag zur Entwicklung und Lieferung von Kabinen-Reiseflugzeugen für zwei bis vier Fluggäste kam aus verschiedenen Richtungen. Dabei sind die Grenzen zwischen Reise- und Kleinverkehrsflugzeugen der frühen zwanziger Jahre fließend, d. h. nicht klar definierbar. Die Verwendung erstreckte sich vom Geschäftsreiseflugzeug größerer Firmen über den selbst fliegenden Privatmann, über Taxiflugdienste zum Bäderdienst zu den Nordseeinseln, zum fliegenden Kundendienst, d. h. Ersatzteiltransport bis zum Zubringerverkehr zu den Flugplätzen des Linienluftverkehrs. Die Kabinen-Reiseflugzeuge konnten dabei als kleine wirtschaftliche Verkehrsflugzeuge von einfachen Flugplätzen mit Graspisten aus verwendet werden.

In den Jahren von 1922 bis 1926 wurden in Deutschland mehrere Flugzeugmuster der Kategorie »Reise- und Kleinverkehrsflugzeug« mit etwa 20 Varianten entwickelt, im Fluge erprobt, bei Wettbewerben eingesetzt und in kleinen Serien gebaut. Es waren die Junkers K 16, die Focke-Wulf A 16, die Udet U 8 und die Messerschmitt M 18. Dabei handelte es sich in der Serienfertigung, die meist »auf Bestellung« lief, um relativ kleine Stückzahlen, zwischen 20 und 30 insgesamt pro Muster. Für diese drei- bis fünfsitzigen Flugzeuge standen nur wenige deutsche Flugmotoren zur Verfügung; eingebaut wurden fast ausschließlich Sternmotoren der Firma Siemens, insbesondere der Sh 5 und der Sh 12 mit 62 kW (85 PS) bzw. 92 kW (125 PS) Startleistung. Alle diese Kabinen-Reiseflugzeuge waren freitragende Hochdecker, meist Schulterdecker, die den Fluggästen durch den tiefliegenden Rumpfboden einen bequemen Einstieg durch eine große Kabinentür – auf der rechten oder linken Seite – ermöglichten. Die Piloten hatten bei all diesen Flugzeugen recht schlechte Sichtverhältnisse, besonders bei der Landung, denn sie saßen oben im Rumpf entweder vor oder in Höhe der Flügelnase. Die Reisefluggeschwindigkeit betrug zwischen 120 und 140 km/h, die Landegeschwindigkeit zwischen 70 und 90 km/h. Die Reichweiten lagen bei maximal 500 km, bei Flugzeiten von drei bis vier Stunden. In der Reihenfolge der Fertigstellung des Prototyps bzw. seines Erstfluges war die Junkers K 16 (1922) das erste dieser Reise- und Klein-Verkehrsflugzeuge, gefolgt von der Focke-Wulf A 16 (1924), der Udet U 8 (1925) und der Messerschmitt M 18 (1926). Weniger Bedeutung hatten die Flugzeugmuster von Caspar (CLE 11 und 16) und LFG (V 40 und V 44), die Einzelmuster blieben.

Junkers-Kabinen-Reiseflugzeug K 16

Die Junkers K 16, innerbetrieblich zunächst J 16 genannt, wurde 1921 konstruiert. Verantwortlich für die K 16 war *Otto Reuter,* der seine Erfahrungen mit der F 13 (Erstflug 1919) einbringen konnte. Die K 16 war ein Ganzmetallflugzeug in der Junkers-Wellblech-Duraluminium-Bauweise, als Schulterdecker mit Sternmotor. Der Flugzeugführer saß offen vor der Flügelnase, wobei er durch die zweisitzige Kabine einsteigen konnte. Die erste K 16 hatte zunächst einen Siemens-Sternmotor Sh 4 mit 40 kW (62 PS), der später gegen einen Sh 5 mit 55 kW (75 PS) ausgetauscht wurde. Wegen des noch bestehenden Bauverbotes in Deutschland mußte das Flugzeug zerlegt nach Holland gebracht werden, wo es im Frühjahr 1922 bei Fokker eingeflogen wurde. Beim Flugwettbewerb in Göteborg/Schweden, der im folgenden Jahr stattfand, erreichte die K 16 den 2. Preis. Danach erfolgte ein größerer Umbau, der Rumpf wurde verlängert, die Tragfläche von 16,5 auf 19,0 m² vergrößert, und das Seitenruder erhielt einen Hornausgleich. Der Motor, nun der Siebenzylinder Sh 5, wurde mit einem Auspuffsammler

Die Junkers K 16 entstand 1921 als kleines Kabinen-Reiseflugzeug für zwei Fluggäste.

Bei der K 16 saß der Flugzeugführer offen vor dem Tragflügel.

Hans Grade machte im Herbst 1908 mit seinem Dreidecker, ausgerüstet mit einem 36-PS-Grade-Motor, seine ersten Flugversuche auf dem Krakauer Anger, einem Exerzierplatz bei Magdeburg.

Grade-Eindecker von 1912. Mit einem Flugzeug dieses Typs wurde am 7. April 1912 erstmals Luftpost von Bork in der Mark zum 10 km entfernten Postamt Brück befördert.

Aviatik-Eindecker von 1912 mit 70-PS-Argus-Motor. Die Höchstgeschwindigkeit lag bei 95 km/h.

Mit einer solchen »Rumpler-Taube« gewann *Hellmuth Hirth* 1912 den Zwei-Etappen-Fernflug von Berlin nach Wien. Er erreichte als einziger in der vorgeschriebenen Zeit das Ziel.

Plakat des internationalen Überlandfluges von Berlin nach Wien, der vom 9. bis 12. Juni 1912 stattfand.

Werbeplakat der Flugmaschinen-Werke Gustav Otto, ein Entwurf der Gebrüder *Römer*.

Vorbildlich restaurierte deutsche Sport- und Reiseflugzeuge aus den dreißiger Jahren:
Klemm L 25 (oben links), Klemm Kl 35 (oben rechts), Focke-Wulff Fw 44 »Stieglitz« (Mitte links), Bücker Bü 133 »Jungmeister« (Mitte rechts) und Messerschmitt Me 108 »Taifun« (unten).

Das zweisitzige Sportflugzeug Pützer »Elster« wurde auch bei den Luftwaffen-Sportfluggruppen geflogen.

Das bei der Firma Rheinflug von *Hanno Fischer* konstruierte Sportflugzeug RW 3 hat den Motor hinter der Kabine angeordnet. Der zwischen Seitenflosse und Seitenruder laufende Propeller wird über eine Fernwelle angetrieben.

Zivilausführung des Mehrzweckflugzeuges Dornier Do 27.

Von dem von Professor *Winter* während des Zweiten Weltkrieges entwickelten Kurzstartflugzeuges »Zaunkönig« wurde 1955 eine weitere Ausführung gebaut.

Während der Hannover-Messe 1964 waren auf dem Freigelände die von der Firma Bölkow angebotenen Sport- und Reiseflugzeuge – Bölkow 207 und Bölkow Bo 208 »Junior« – sowie die amerikanische Mooney M 20 (zweite Position) ausgestellt.

Mitte links: Die viersitzige Bölkow 207 zählt immer noch zu den beliebten deutschen Reiseflugzeugen.

Mitte rechts: Von dem Ganzmetall-Zweisitzer Bölkow »Junior« wurden insgesamt 200 Stück gebaut.

Rechts: Die »207« war das erste Bölkow-Flugzeug – hier im Flug über dem bayerischen Alpenvorland.

Der Sportzweisitzer Bölkow Bo 209 »Monsun« auf der Hannover-Messe 1970.

Von der als Sport- und Reiseflugzeug beliebten »Monsun« wurden nur 102 Stück hergestellt. Im Bild neben dem Flugzeug steht der damalige Direktor des Luftfahrt-Bundesamtes (LBA), Dipl.-Ing. *Karl Kössler*.

Eine »Monsun« mit angeklappten Tragflächen wird platzsparend in die Halle geschoben.

Aus der »Monsun« entwickelte *Hermann Mylius* die einsitzige »Tornado« als Kunstflug-Wettbewerbsflugzeug.

Reisemotorsegler Scheibe SF 25 »C-Falke« mit Zweibein-Spornrad-Fahrwerk.

Als solide und leistungsstark gilt der Motorsegler ASK 16 der Firma Schleicher.

Mit der »Katana«, gebaut von der HOAC-Austria in Wiener Neustadt und in Kanada, entstand ein beliebtes Vollkunststoff-Motorflugzeug der »Dritten Generation«.

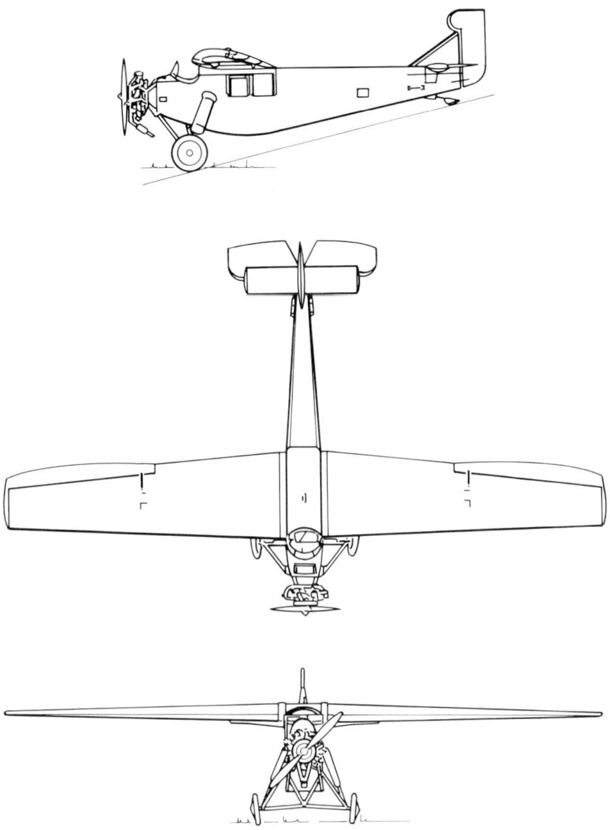

Dreiseitenansicht des Kabinen-Reiseflugzeuges Junkers K 16.

versehen. Nach weiteren Änderungen u. a. des Führersitzausschnittes erhielt das Flugzeug die Bezeichnung K 16 ba, absolvierte in Adlershof bei der DVL 1924 die Musterprüfung und nahm mit dem Werkpiloten *Helmuth Wenke* am Deutschen Rundflug 1925 teil. Unter den 90 teilnehmenden Flugzeugen errang es den zweiten Preis in seiner Klasse.

Eine Variante K 16 ce bekam den englischen Sternmotor Bristol »Lucifer« von 74 kW (100 PS) und eine K 16 bo den tschechischen Walter-Motor von 88 kW (120 PS). Dieses Flugzeug wurde einige Zeit bei Junkers als Werksflugzeug verwendet, dann 1928 von dem tschechischen Kaufmann *Graf Ulrich v. Kinsky* erworben, der es bei seinen Reisen in Europa viel zu geschäftlichen Zwecken benutzte. 1931 erhielt eine mit »bi« bezeichnete K 16 nochmals einen stärkeren Motor, den Siemens Sh 12 von 92 kW (125 PS). Beim Junkers-Luftverkehr in Dessau wurden vier K 16 eingesetzt, die 1926 beim Zusammenschluß der großen deutschen Luftverkehrsgesellschaften an die »Luft Hansa« übergeben wurden. Die letzte K 16 flog – soweit bekannt – bis 1936 bei der Ingenieurschule Weimar, wohin sie für Meßflüge abgegeben worden war.

Focke-Wulf-Kabinenflugzeug A 16

Im Gegensatz zum Ganzmetall-Junkers-Flugzeug K 16 war die Focke-Wulf A 16 – ein Taxi- und Klein-Verkehrsflugzeug – in Gemischtbauweise hergestellt. Sie war größer als das Junkers-Flugzeug und konnte neben dem Flugzeugführer bis zu vier Passagiere in der Kabine aufnehmen. Die Tragfläche des freitragenden Hochdeckers, eine Holzkonstruktion mit sperrholzverkleideter Vorderkante und Stoffbespannung, besaß eine an den Zanoniasamen angelehnte Umrißform. Der Holzrumpf in Bootsform hatte an der linken Seite eine Tür für die Kabine. Der Flugzeugführer saß hoch oben auf dem Rumpf, sozusagen in Höhe der Flügelnase. Das Fahrwerk war an einem unter dem Rumpf durchlaufenden Kastenträger befestigt und hatte zwei Achsen, die einschließlich der Gummifedern stromlinienförmig mit Sperrholz verkleidet waren.

Am 23. Juni 1924 startete *Georg Wulf* mit der A 16 zum Erstflug; eingebaut war ein Siemens-Sternmotor von 55 kW (75 PS). Zur Zulassung mußte das Flugzeug auf Wunsch der DVL von Bremen nach Berlin mit der Bahn transportiert werden. Die Musterprüfung wurde für ein Abfluggewicht von 963 kg, d. h. für drei Passagiere und Kraftstoff für vier Stunden Flugzeit, erteilt. Auf dem Rückflug von Bremen flog *Henrich Focke* selbst mit. Da das Flugzeug mit dem dicken Flügel bei relativ hochwertiger aerodynamischer Formgebung keine Landeklappen besaß, mußte es zur Landung mit etwa 70 km/h sehr flach anfliegen. Die Piloten mußten sich an diese »Segelflug-Landungen« erst gewöhnen. Auftraggeber für die Focke-Wulf A 16 war die Bremer Luftverkehrsgesellschaft, die drei dieser Kurzstrecken-Verkehrsflugzeuge bestellte und hauptsächlich im Bäderdienst einsetzte. Bei der A 16 gab es verschiedene Varianten. Auf Wunsch einiger Kunden, für die der luftgekühlte 75-PS-Motor zu schwach war, wurde die A 16 a mit einem wassergekühlten 74 kW/100 PS-Mercedes-D I-Motor aus

Die Focke-Wulf A 16 konnte als Klein-Verkehrsflugzeug vier Fluggäste aufnehmen und wurde bei mehreren deutschen Luftverkehrsgesellschaften als Zubringer eingesetzt.

dem Ersten Weltkrieg aufgerüstet. Dazu mußte der Rumpf verlängert und verbreitert werden. Der Pilot saß oben neben dem Motor, der um 10 Grad nach rechts gedreht war, um mehr Platz zu schaffen. Der Kühler war, nach Art der alten Vor-Weltkriegs-Flugzeuge, außen steuerbordseitig unter den Fenstern der Kabine angebracht. Durch den Umbau war das Flugzeug um etwa 200 kg in der Rüstmasse schwerer geworden, erhielt aber die Zulassung für vier Passagiere anstelle von drei. Eine etwas kleinere A 16 c für die Deutsche Aero-Lloyd wurde mit dem Siemens Sh 6-Motor mit 81 kW (110 PS) ausgestattet. Die Serienbaureihe A 16 hatte den Siemens Sh 12 mit 92 kW (125 PS). Auf Veranlassung der Firma Junkers wurden in zwei A 16-Flugzeugen luftgekühlte Junkers-Reihenmotoren L 1a mit 55 kW (75 PS) eingebaut. Initiator war *Gotthard Sachsenberg,* der in Abstimmung mit der Bremer Luftverkehrsgesellschaft im Junkers-Luftverkehr die A 16 als Zubringerflugzeug einsetzen wollte. Die zwei von Junkers gekauften Focke-Wulf-Flugzeuge wurden 1925 geliefert. Beide nahmen, zusammen mit zwei Junkers K 16 und je zwei Junkers T 25 und T 29, am Deutschen Rundflug 1925 teil. Die starke Teilnahme diente in erster Linie der Erprobung des luftgekühlten Junkers-Flugmotors. Als Klein-Verkehrsflugzeug wurde die Focke-Wulf A 16 bei einer größeren Anzahl kleiner Luftverkehrsgesellschaften in Baden, Bremen, Halle, Niedersachsen, Unterweser, Westfalen und Westerland zum Teil bis 1932 eingesetzt. Die A 16 wurde auch bei der Deutschen Verkehrsfliegerschule in Staaken geflogen. Insgesamt sind 20 Focke-Wulf A 16 gebaut worden.

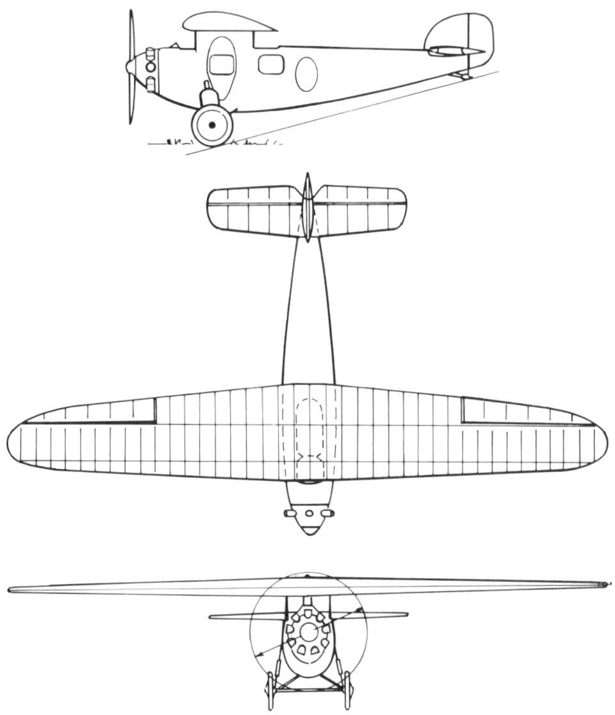

Dreiseitenansicht der »Udet-Limousine« U 8.

Udet-Kleinverkehrsflugzeuge U 3 und U 8

Bei der Udet-Flugzeugbau GmbH in München entstand 1924, konstruiert von *Hans Herrmann,* ein Kleinverkehrs- und Zubringerflugzeug U 3 als Prototyp für die spätere U 8, für welche die Deutsche Aero-Lloyd einen Auftrag erteilt hatte. Die mit einem Siemens-Motor Sh 6 von anfangs 74 kW (100 PS) ausgerüstete »Udet-Limousine« hatte eine Kabine für drei, später sogar vier Fluggäste. Die U 8 war ein Hochdecker, bei dem der stoffbespannte Holzflügel auf zwei senkrechten Flachträgern – als Fortführung der seitlichen Rumpfwände – befestigt war, in die backbordseitig die Kabinentür hineinragte. Die Kabine war oben offen, konnte aber zum Schutz gegen Luftzug durch ein Rollo geschlossen werden. Hinter der Kabine war ein Gepäckraum vorhanden. Vier dieser Flugzeuge wurden bei der Deutschen Aero-Lloyd eingesetzt; drei davon übernahm 1926 die Luft Hansa. Die U 8 war mit einer Höchstgeschwindigkeit von 160 km/h verhältnismäßig schnell. Eine U 8 nahm mit *Willy Polte* am Steuer am Deutschen Rundflug 1925 teil und erhielt den Lilienthal-Preis. Eine Sonderausführung der U 8 a diente zur Erprobung des Handley-Page-Schlitzflügels mit Spalt-Landeklappe – System Lachmann.

Auch die »Udet-Limousine« U 8 wurde in mehreren Exemplaren bei Luftverkehrsgesellschaften geflogen.

Messerschmitt-Kleinverkehrsflugzeug M 18, M 18 b, M 18 d

Eine sehr fortschrittliche Konstruktion in Ganzmetall(-Dural)-Bauweise war das Klein-Verkehrsflugzeug M 18 von *Willy Messerschmitt,* das wie viele andere deutsche Flugzeuge dieser Kategorie mit dem Siemens-Sternmotor Sh 12 von 92 kW (125 PS) ausgerüstet war. Der Prototyp der

M 18, der 1926 flog, hatte noch den schwächeren Sh 11. Die erste Me 18 b wurde 1927 an die Nordbayerische Verkehrsflug GmbH, Fürth, ausgeliefert. Initiator dieser Entwicklung und des Einsatzes war *Theo Croneiß,* der gleichzeitig Gesellschafter dieser Fluggesellschaft war. In den Jahren zwischen 1928 und 1931 wurden bis zu einem Dutzend M 18-Flugzeuge verwendet. Die M 18 hat sich in dieser Zeit sehr bewährt und galt als das wirtschaftlichste Kleinverkehrsflugzeug der zwanziger Jahre. Von 1931 wurden dann mehrere dieser M 18 bei der Deutschen Verkehrsfliegerschule in Nürnberg für die Schulung eingesetzt.
Von der Messerschmitt M 18 sind zwei Serienausführungen zuerst in Bamberg, dann in Augsburg gebaut worden, die M 18 b mit Siemens Sh 12 und dann die M 18 d auch mit verschiedenen, meist etwas stärkeren, ausländischen Motoren. Beim Prototyp war die Kabine dreisitzig, bei der M 18 b viersitzig. Der Pilotensitz befand sich im Rumpf vor der Kabine und war offen, die Sicht wegen des Sternmotors war jedoch stark eingeschränkt. Die M 18 d hatte einen vergrößerten Rumpf mit einer vier- bis sechssitzigen Kabine; der Pilotenraum war geschlossen. So war ein vollwertiges Verkehrsflugzeug entstanden. Die M 18 b zeichnete sich durch ein sehr günstiges Zuladungsverhältnis aus, d. h., die Zuladung – Passagiere, Pilot, Gepäck sowie Kraft- und Schmierstoff – konnte bis zu 50% von der Abflugmasse von 1200 kg betragen. Ermöglicht wurde dieses durch die konsequent ausgeführte Messerschmitt-Leichtbauweise.

Kleinverkehrsflugzeug Messerschmitt M 18 für vier Fluggäste.

Die erwähnten vier Reise-Kabinenflugzeuge, die Zubringer-, Kurzstrecken- oder Klein-Verkehrsflugzeuge – dann auch als solche bezeichnet – zeigen die fließende Grenze zwischen Kabinen-Reiseflugzeugen und Klein-Verkehrsflugzeugen. Bezeichnend ist auch, daß die Hersteller dieser Flugzeuge sehr um die Teilnahme an sportlichen Veranstaltungen und Rundflügen, wie z. B. dem Deutschen Rundflug 1925, bemüht waren. Gute Plazierungen bei diesen Wettbewerben galten als Beweis der Zuverlässigkeit und wurden in der Werbung entsprechend herausgestellt.

Europa-Rundflüge geben neue Impulse

Initiator der Europa-Rundflüge – eines internationalen Wettbewerbes für Sportflugzeuge – war der Aero-Club von Frankreich, der 1929 dafür einen Wanderpokal stiftete. Dieser »Coupe Challenge International« sollte bei dem dreimal gewinnenden Land endgültig verbleiben. Vorläufer dieses Wettbewerbes waren in Deutschland der Deutsche Rundflug 1925 um den »BZ-Preis der Lüfte« und der Sachsenrundflug 1927, bei denen neben den Streckenflügen auch eine »Technische Prüfung« stattfand.

Erster Europa-Rundflug 1929

Der Grundgedanke der Ausschreibung für den ersten Europa-Rundflug, der in der Zeit vom 2. bis 20. August 1929 mit Ausgangspunkt Paris-Orly stattfand, war die Auslese und die Bewertung von mehrsitzigen Sportflugzeugen. Sie sollten den Anforderungen einer längeren Flugreise bei ausreichender Geschwindigkeit mit größerer Reichweite, hoher Zuverlässigkeit und geringen Betriebskosten entsprechen. An erster Stelle stand die Geschwindigkeitswertung beim Streckenflug, aber es zählten auch Reichweite, Kraftstoffverbrauch, Störungsfreiheit und Bequemlichkeit. Eine besondere Wertung erhielt das Ab- und Aufrüsten des Flugzeuges für Unterstellung und Transport.
Die gemeldete Teilnehmerzahl war überraschend groß; allerdings trafen nur 55 Flugzeuge in Orly ein, darunter 24 mit deutschen Besatzungen. Die deutschen Teilnehmer flogen mit

Arado L 1 (1×)	Klemm L 25 (3×)
Darmstadt D 18 (1×)	Klemm L 26 (3×)
Albatros L 82 (2×)	Messerschmitt M 23 b (8×)
Focke-Wulf S 24 (1×)	Raab-Katzenstein RK 25 (2×)
Junkers A 50 (3×)	

Wegen verspäteten Eintreffens konnten ein Bäumer »Sausewind«, eine weitere Junkers A 50 und eine Phönix »Meteor« nicht am Wettbewerb teilnehmen.
Bei der Technischen Prüfung lag die Darmstadt D 18, ein freitragender Doppeldecker der Akademischen Fliegergruppe Darmstadt, an erster Stelle. Die Piloten der Junkers A 50 und der Raab-Katzenstein RK 25 mußten auf die Prüfung des Ab- und Aufbauens verzichten, da ihre Flugzeuge keine anklappbaren oder schnell trennbaren Tragflächen hatten. In der Bewertung hatte die Technische Prüfung einen punktmäßigen Anteil von 36,5 Prozent.
Der Streckenflug, der am 7. August in Orly begann, führte mit insgesamt 6300 km Länge über Basel, Marseille, Bukarest, Wien, Warschau, Posen, Berlin, Amsterdam zurück nach Paris. Die größte Tagesetappe hatte 440 km. Die durchschnittliche Reisegeschwindigkeit betrug 140 km/h.
Sieger des Europa-Rundfluges 1929 wurde *Fritz Morzik* mit Messerschmitt M 23 b, ausgerüstet mit einem Fünfzylinder-Sternmotor-Siemens Sh 13 von 62 kW (82 PS). Auf den vierten Platz der Wertung kam *Robert Lusser* mit Klemm L 25 mit 29,5 kW (40 PS)-Salmson AD-9-Sternmotor. Von den 24 gestarteten deutschen Flugzeugen erreichte die Hälfte das Ziel in Orly in der vorgesehenen Zeit. Die deutschen Sportflugzeuge hatten einen beachtlichen Beweis ihrer Leistungsfähigkeit erstmals in einem derart großen internationalen Wettbewerb erbracht. Den Satzungen entsprechend mußte Deutschland den nächsten Europa-Rundflug ausrichten.
Unter den deutschen Flugzeugmustern waren vier Doppeldecker, ein Hochdecker und 19 Tiefdecker. Die Mehrzahl der Flugzeuge war in Gemischtbauweise oder Holzbauweise hergestellt, das einzige Ganzmetall-Flugzeug war die Junkers A 50 »Junior«. Keines dieser Flugzeuge war speziell für diesen Wettbewerb entwickelt worden. Man suchte jedoch den zuverlässigsten Motor aus, baute geeignete Bordinstrumente ein und überprüfte die Maschinen vor dem Wettbewerbsbeginn besonders gründlich.
Wilhelm Pleines von der Deutschen Versuchsanstalt in Adlershof schrieb 1936 im VDI-Sonderheft »Luftfahrt« u.a .:

»Die Begründer des Gedankens zur Förderung wechselseitiger Beziehungen zwischen luftfahrtführenden Staaten Europas – mit dem Ziel des gegenseitigen Austausches über Auffassung und Lösung bestimmter Bauaufgaben – einen Wettbewerb für Sport- und Reiseflugzeuge auszuschreiben, haben sicherlich die Bedeutung dieser Flugzeuggruppe für die Entwicklung des Flugwesens generell klar vorausgesehen. Erst dadurch aber, daß neben dem ausschreibenden Land Frankreich eine Reihe weiterer Länder, insbesondere Deutschland, England, Italien, Polen und die Tschechoslowakei, die Weiterentwicklung dieser Flugzeugmuster oder die Entwicklung überhaupt immer mehr in der durch die Ausschreibungsbedingungen (Technischer Wettbewerb) bestimmten Richtung betrieben haben, ist der Europa-Rundflug nicht nur zum größten luftsportlichen Ereignis der Nachkriegszeit geworden. Seine weitaus größere Bedeutung liegt nämlich darin, daß der Bau von Flugzeugen für Sport- und Reisezwecke in Europa seither immer mehr in neue und einheitliche Bahnen gelenkt worden ist. In den ersten Jahren des Wettbewerbs hatte Deutschland dank seiner langjährigen Erfahrung im Bau von Sportflugzeugen unbestritten die Führung inne. Da aber in den folgenden Jahren für die Weiterentwicklung dieser Flugzeuggruppe mehr und mehr die immer vielseitiger gestalteten Ausschreibungsbedingungen des Europa-Rundfluges maßgebend und beachtet wurden, sind heute auch Länder wie Polen und die Tschechoslowakei, deren Sportluftfahrt verhältnismäßig jung ist, zu durchaus gleichwertigen Wettbewerbern geworden.«

Diese Sätze von Dipl.-Ing. *Pleines* stammen aus dem Jahre 1936, nachdem er an allen vier Europa-Rundflügen als Bewerter mitgewirkt hatte. Die folgende Darstellung bestätigt sein Urteil.

Zweiter Europa-Rundflug 1930

Der Deutsche Aero Club war der Veranstalter des Europa-Rundfluges 1930, der von Staaken ausging und über eine Strecke von 7500 km führte. Die Flugzeuge waren in zwei Gewichtsklassen, bis 280 kg und bis 400 kg Leermasse, eingeteilt. Die Technische Prüfung war gegenüber dem Vorjahr umfangreicher geworden und hatte einen höheren Punkteanteil an der Gesamtwertung. Wieder war die Teilnehmerzahl sehr groß; gemeldet waren 101 Besatzungen aus England, Deutschland, Frankreich, Polen, Spanien und der Schweiz. Am Wettbewerb nahmen dann schließlich 60 Flugzeuge teil, davon die Hälfte aus Deutschland mit folgender Typenverteilung:

Arado L II a (4×)	Klemm L 25 (7×)
Darmstadt D 18 (1×)	Klemm L 26 (2×)
Albatros L 100/101 (2×)	Messerschmitt M 23 b (1×)
Junkers A 50 (3×)	Messerschmitt M 23 c (10×).

Bei der Bewertung galten hauptsächlich folgende Kriterien:

- ☐ Bequemlichkeit, Sitzanordnung, Verstellbarkeit der Sitze, Sichtverhältnisse, Kofferraum usw.
- ☐ Fahrwerksausführung z. B. ohne durchgehende Achse, lange Federwege, Bremsen
- ☐ Anlaßvorrichtungen (meist mit Preßluft aus Bordflaschen)
- ☐ Feuerlöscheinrichtungen
- ☐ Bordinstrumente, Art, Anordnung, Sicht für beide Besatzungsmitglieder
- ☐ Rettungsgeräte wie Fallschirme, Schwimmwesten, Rettungsringe

Bewertet wurde ferner die Zeit für das Ab- und Aufrüsten durch die beiden Besatzungsmitglieder, einschließlich Durchschieben durch ein Holzlattentor von 3,5 m Höhe und 4,5 m Breite. Wurde das Breitenmaß bis auf 3,25 m unterschritten, so gab es Zusatzpunkte. Bewertet wurde auch die Art des Klappens, d. h. das Drehen der Tragflächen um eine oder zwei Achsen sowie das Trennen von Steuergestängen und Verspannungsdrähten. Die Leistungsmessungen bezogen sich hauptsächlich auf die Start- und Landestrecke, die

Auch die Messerschmitt M 23 c hatte anklappbare Tragflächen.

Teilnehmer von 1930 waren auch einige Kabinen-Reiseflugzeuge wie die Arado L IIa »Treff-Ass« mit zwei nebeneinanderliegenden Sitzen.

Mindestfluggeschwindigkeit und den Kraftstoffverbrauch.
Am Europa-Rundflug von 1930 nahmen auch vier Arado-Kabinen-Sport- und Reiseflugzeuge »Treff-Ass« in der verbesserten Ausführung L II a mit Argus As 8-Motor von 70 kW (95 PS) teil. Der abgestrebte Schulterdecker mit Stahlrohrrumpf hatte als Besonderheit anklappbare Tragflächen und zwei nebeneinanderliegende Sitze mit hängendem Steuerknüppel.

Der Rundflug begann in Staaken am 20. Juli bei Sturm und Regen; er führte über folgende Etappenziele: Frankfurt, Reims, London, Paris, Lyon, Bern, München, Wien, Posen, Warschau, Königsberg und zurück nach Berlin. Die durchschnittliche Reisefluggeschwindigkeit betrug 175 km/h. Es gab leider mehrere Unfälle, einige auch mit tödlichen Folgen. Die Spitzengruppe erreichte Staaken bereits am 27. Juli. Am 2. August begann die Technische Prüfung. Sehr gute Ergebnisse zeigten die Messerschmitt M 23 c mit dem Argus As 8-Motor. Der Pilot *Alfred Krüger* erreichte mit seiner M 23 c die kürzeste Startstrecke aller Teilnehmer. Das sparsamste Flugzeug war die Klemm von *Oskar Dinort,* die nur 19,3 kg Kraftstoff auf der 300 km langen Meßstrecke verbrauchte. Gesamtsieger des Europa-Rundfluges 1930 wurde wieder *Fritz Morzik* mit seiner Messerschmitt M 23 c und Argus As 8-Motor.
Für den Wettbewerb von 1930 hatte man den Austausch von Teilen auf Luftschrauben, Räder, Reifen sowie Fahrgestellstreben beschränkt und die Bedingung eingeführt, daß diese Reparaturen nur mit Bordwerkzeug ausgeführt werden durften. Eine größere Anzahl von Flugzeug- und Motorenteilen wurde plombiert und durfte während des Wettbewerbes nicht ausgetauscht werden.
Da zwischen den Wettbewerben von 1929 und 1930 nur ein relativ kleiner Zeitraum zur Verfügung stand, wurden 1930 keine Neuentwicklungen eingesetzt, sondern nur verbesserte Ausführungen z. B. mit Kabinenaufbau, mit einfacher anzuklappenden Flächen, mit Radbremsen und stärkeren Motoren. Die Mehrzahl der teilnehmenden deutschen Flugzeuge verwendete entweder den Vierzylinder-Reihenmotor mit hängenden Zylindern Argus As 8 von 70 kW (95 PS) oder den Fünfzylinder-Sternmotor Siemens Sh 13 A von 65 kW (88 PS); beide waren luftgekühlt.
Fritz Morzik siegte auf Messerschmitt M 23 c mit vier Punkten Vorsprung vor *Reinhold Poß* auf Klemm L 25.
In der Luftschau von 24. Juli 1930 schrieb der damalige Reichsverkehrsminister *Theodor von Guérard* »Zum Geleit«:

»Der Internationale Europa-Rundflug hat allgemeine Bedeutung für die Entwicklung der Luftfahrt. Es ist ein Wettbewerb leichter Flugzeuge mit kleinen Motoren und stellt eine schwere technische Gebrauchsprüfung für das im Luftsport und Kleinverkehr benutzte Gerät dar. Bereits der erste Europa-Rundflug hat auf die Entwicklung der Technik in den europäischen Ländern stark eingewirkt. An vielen Stellen scheint sich ein Umschwung der Meinungen zugunsten leichter und kleiner Flugzeuge vollzogen zu haben. Ich begrüße diese Entwicklung, da ich meine, daß der planmäßige Luftverkehr mehr und mehr auf die großen durchgehenden Linien hingewiesen werden muß, während der Zubringer- und Sonderflugdienst mit leichten billigen Flugzeugen, wie sie der Europa-Rundflug heranbildet, auszuführen ist . . . Hieraus ergibt sich die große technische Bedeutung, welche meiner Auffassung nach in dem Europa-Rundflug liegt . . .«

Dritter Europa-Rundflug 1932

Auf Wunsch vieler Teilnehmer und Hersteller wurde der Abstand zwischen den Europa-Rundflug-Wettbewerben auf zwei Jahre vergrößert. Der Aero-Club von Deutschland richtete auch den Europa-Rundflug 1932 aus, mit Ausgangspunkt in Berlin-Tempelhof. In diesem Jahr war Deutschland mit zwei Neuentwicklungen vertreten, d. h. mit sechs Heinkel He 64 und sieben Klemm Kl 32. Zusätzlich waren noch eine Darmstadt D 22 und eine Raab-Katzenstein RK 25/32 gemeldet. Leider konnten die sechs Messerschmitt

Am Europa-Rundflug 1932, der in Berlin-Tempelhof begann, nahmen neben einer Darmstadt D 22 noch sechs Heinkel He 64 und sieben Klemm Kl 32 teil.

M 29 nicht am Wettbewerb teilnehmen, da nach zwei Abstürzen, deren Ursachen nicht so schnell geklärt werden konnten, das Flugzeugmuster gesperrt war. Die M 29 wurde als sehr leistungsfähig angesehen und wäre für die Heinkel- und Klemm-Flugzeuge, aber auch die ausländischen Teilnehmer ein beachtlicher Konkurrent gewesen.
Der Europa-Rundflug 1932 begann am 21. August in Berlin-Tempelhof mit 40 Teilnehmern, davon 15 aus Deutschland mit vier verschiedenen Flugzeugmustern:

- ☐ Darmstadt D 22 (1×)
- ☐ Heinkel He 64 (6×)
- ☐ Klemm Kl 32 (7×)
- ☐ Raab-Katzenstein RK 25/32 (1×)

Die Flugstrecke führte über drei große Etappen, die erste über Warschau, Wien nach Rom, die zweite über Cannes, St. Gallen, Stuttgart nach Paris und die dritte über Rotterdam nach Hamburg, Kopenhagen zurück nach Staaken.
Hans Seidemann schaffte mit seiner Heinkel He 64 die zweite und die dritte Etappe jeweils an einem Tage und landete mit weitem zeitlichen Vorsprung vor den anderen Teilnehmern am Zielort. Sein Streckendurchschnitt betrug 213 km/h, seine Höchstgeschwindigkeit 239 km/h. Dennoch wurde nicht er, sondern der Pole *Zwirko* auf dem Hochdecker RWD 6 Gesamtsieger des Wettbewerbes mit drei Punkten Vorsprung. Bei der Punktevergabe wurden Geschwindigkeiten nicht gewertet, so daß den Heinkel-Flugzeugen der Vorteil ihrer Schnelligkeit nichts nutzte.

Die Heinkel He 64 war speziell für den Europa-Rundflug entwickelt worden und überzeugte mit ihrer überlegenen Geschwindigkeit.

Bei der Start- und Landeprüfung mußten die Flugzeuge – hier eine He 64 – über eine 8 m hohe Hindernisschnur »springen«.

Die neuen Flugzeuge für den Europa-Rundflug 1932

Heinkel He 64-Sportflugzeug

Die zweisitzige, sehr elegante und aerodynamisch hervorragende Heinkel He 64 war die erste Konstruktion von *Walter Günter* bei Heinkel, wohin er 1931 gekommen war. Das Flugzeug war speziell für den Europa-Rundflug 1932 entwickelt und gebaut worden; es war sowohl auf Höchstgeschwindigkeit (245 km/h), als auch auf Langsamflug (62,3 km/h) und mit Kurzlandeeigenschaft (120 m aus 15 m Höhe) ausgelegt; es erreichte das sehr günstige Geschwindigkeitsverhältnis von 1:4. Die He 64 war ein freitragender Tiefdecker in Holzkonstruktion mit schlankem Rumpf von ovalem Querschnitt. Die beiden Sitze waren durch eine Cellonhaube abgedeckt. Der trapezförmige Flügel war am Mittelstück klappbar befestigt und konnte nach Lösen von zwei Bolzen mit einer Kurbel in weniger als einer Minute an den Rumpf angelegt werden. Der Flügel besaß automatische Vorflügel und Spaltlandeklappen. Für den Wettbewerb wurde der Argus As 8 R-Motor von 110 kW (150 PS) mit Zweiblatt-Holzpropeller eingebaut. Von der He 64 sind maximal 12 Maschinen gebaut worden, darunter sechs für den Europa-Rundflug. Die He 64 war damit kein Serien-Gebrauchsflugzeug, sondern ein Wettbewerbs- und Erprobungsflugzeug (siehe auch das vorhergehende Kapitel »Sportflugzeuge der Gebrüder Günter bei Bäumer und Heinkel«).

Hans Seidemann schaffte mit seiner He 64 die beiden letzten Zweitages-Etappen jeweils an einem Tag.

Klemm Kl 32 – Kabinenflugzeug

Speziell für den Europa-Rundflug 1932 entwarf *Hans Klemm* die dreisitzige Klemm-Innensteuer-Limousine (Prospekttext), die zwar der Kl 31 (Baujahr 1930) sehr ähnelte, aber im Gegensatz zu ihr wieder einen Holzrumpf hatte. Der zweiteilige Kabinenaufsatz mit großen Fenstern war so an den beiden vorderen Seiten abgelenkt, daß jede Hälfte als Tür aufschwenkbar war und einen bequemen Einstieg

Das dreisitzige Kabinen-Reiseflugzeug Klemm Kl 32 wurde, ähnlich wie die He 64, für den Europa-Rundflug 1932 entwickelt.

In der von *Wolf Hirth* geflogenen Kl 32 war der neue Hirth HM 8-Motor eingebaut.

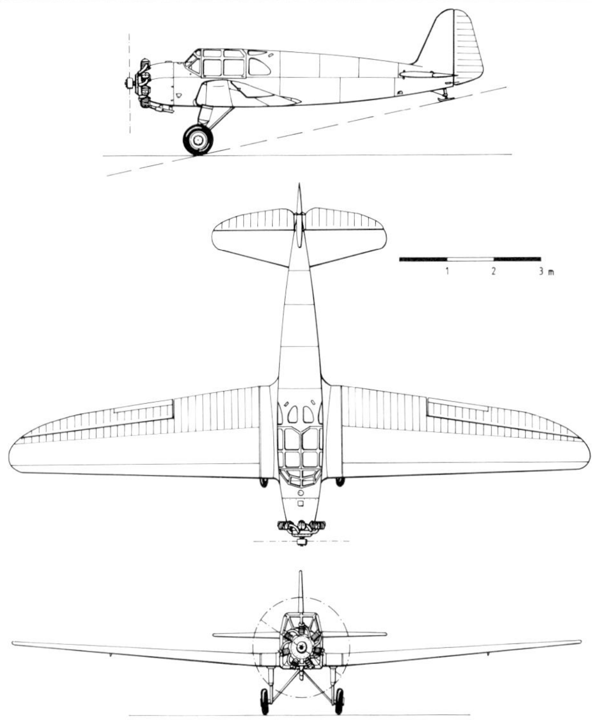

Die Dreiseitenansicht der Kl 32 zeigt die große Ähnlichkeit mit der viersitzigen Kl 31.

ermöglichte. Mit einem Nothebel konnte der ganze Kabinenaufsatz abgeworfen werden. Der zweiholmige Holzflügel mit Sperrholzbeplankung und im hintern Teil mit Stoffbespannung war beiklappbar.
Am Europa-Rundflug 1932 nahmen sieben Kl 32 mit verschiedenen Motoren teil, einige mit dem speziell für den Wettbewerb entwickelten Hirth HM 150 von 121 kW (165 PS), andere mit dem Siemens-Sternmotor Sh 14 A von 110 kW (150 PS) und eine mit De Havilland »Gipsy III«. In der späteren Serienausführung wurden hauptsächlich der Siemens-Motor mit NACA-Haube, aber auch der Argus As 8 und der Hirth HM 8 U eingebaut. Bei der Geschwindigkeitsprüfung belegte *Reinhold Poss* den zweiten Platz. Die Mustermaschine mit HM 150-Motor wurde von *Wolf Hirth* geflogen. Die Kl 32 wurde – allerdings ohne Landeklappen – bis 1935 bei Klemm in Serie gebaut.

Darmstadt – Doppeldecker und Raab-Katzenstein-Tiefdecker

Beim Streckenflug erwies sich die D 22 a der Akademischen Fliegergruppe Darmstadt, ein freitragender Doppeldecker in Holzbauweise, als zweitschnellstes Flugzeug. Die D 22 a

Die von der Flugtechnischen Fachgruppe der TH Darmstadt entwickelte Darmstadt D 22 a war eine verbesserte D 18 mit Argus As 8 R-Motor.

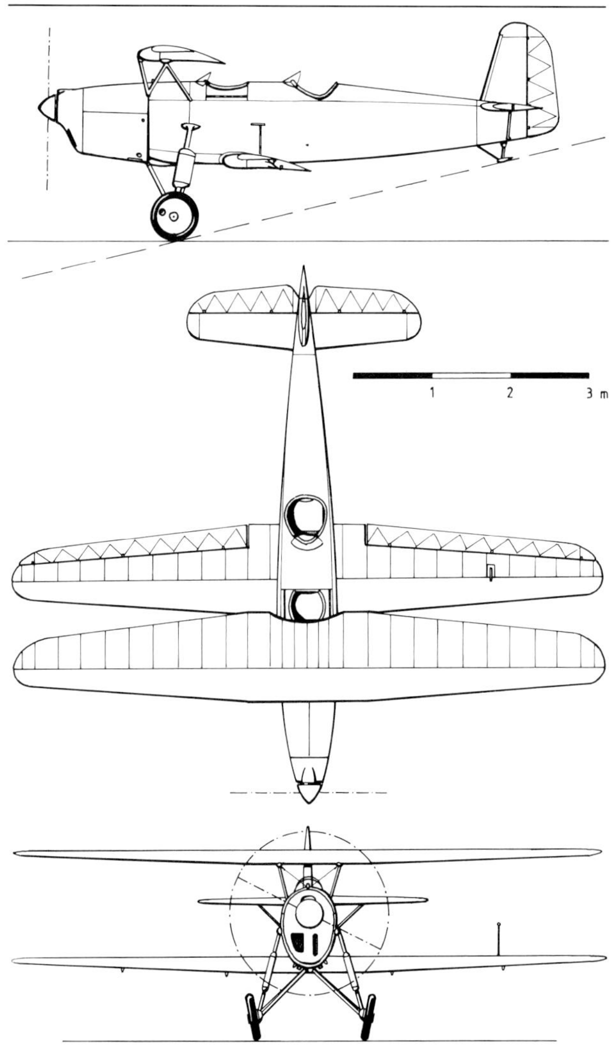

Die Dreiseitenansicht zeigt die Besonderheiten des freitragenden Doppeldeckers D 22 a. (Vergleiche D 18, Seite 251)

war eine verbesserte D 18 mit abgeänderter Oberflügelbefestigung, mit Druckgummi-Federbeinen und größeren bremsbaren Rädern. Sie verwendete ebenfalls den Wettbewerbsmotor Argus As 8 R von 110 kW (150 PS) und erreichte damit eine Höchstgeschwindigkeit von 230 km/h.
Antonius Raab flog seinen Tiefdecker RK 25/32 mit Argus As 8 R, versehen mit Kabinenaufbau, Landeklappen und Radbremsen. Er mußte jedoch wegen Motorschadens vorzeitig ausscheiden.
Über den »Pechvogel« Messerschmitt M 29 wurde an anderer Stelle dieses Buches berichtet.

Die Europa-Rundflüge haben nicht nur starke Impulse zur Entwicklung von besseren und leistungsfähigeren Reiseflugzeugen, sondern auch erheblichen Einfluß auf die Leistungssteigerung der dabei verwendeten Flugmotoren gehabt. Alle deutschen Teilnehmer des Wettbewerbes von 1932 hatten luftgekühlte Reihenmotoren mit hängenden Zylindern. Der am meisten verwendete Argus As 8 wurde für die Rundflugmaschinen als As 8 R mit erhöhter Verdichtung in der Drehzahl von 2100 auf 2300 min^{-1} und damit in der Höchstleistung von 81 kW (100 PS) auf 110 kW (150 PS) gesteigert. Eingebaut wurde dieser Motor in die Baumuster Darmstadt D 22, Heinkel He 64 und Raab-Katzenstein 25/32. Für das Kabinenflugzeug Klemm Kl 32 stand der neu entwickelte Hirth-Motor HM 150 von 121 kW (165 PS) Höchstleistung in hängender V-Form zur Verfügung. Für diesen Motor sind Bauteile des HM 60 R-Serienmotors verwendet worden. Nur eine Klemm Kl 32 hatte den Siemens-Sternmotor Sh 14 A.

Der letzte Europa-Rundflug 1934

Da Polen das Siegerflugzeug beim Rundflug 1932 gestellt hatte, richtete der Polnische Aero-Club den Europa-Rundflug 1934 aus, der in der Zeit vom 29. August bis 16. September von Warschau aus stattfand. Unter den 34 Teilnehmern waren 13 deutsche Flugzeuge, ausschließlich neue Flugzeugmuster, die ganz speziell für diesen Wettbewerb entwickelt worden waren. Wie schon beim Wettbewerb von 1932 hatten die Herstellerfirmen die Wettbewerbsbedingungen und die Punktewertung genau studiert und die Flugzeuge optimal angepaßt.
Der Streckenflug ging über 9530 km quer durch Europa und bis Nordafrika mit den Etappenzielen Königsberg, Berlin, Paris, Casablanca, Sizilien, Rom, Wien und zurück nach Warschau. Beim Abschluß-Geschwindigkeitsrennen erreichte die Bf 108 von *Theo Osterkamp* eine Geschwindigkeit von 291 km/h, die RWD 9 des polnischen Gesamtsiegers *Jerzy Bajan* 251 km/h.
Von den am Europa-Rundflug 1934 teilnehmenden deutschen Flugzeugen waren zwei Fieseler Fi 97, zwei Klemm Kl 36 und eine Messerschmitt Bf 108 mit dem neu ent-

Die viersitzige Fieseler Fi 97 war für den Europa-Rundflug entwickelt worden und hatte zur Herabsetzung der Landegeschwindigkeit große ausfahrbare Landeklappen und Vorflügel.

Der Mechanismus zum Anklappen der Tragflächen – hier bei einer Fi 97 – war bei den meisten Wettbewerbsflugzeugen recht kompliziert. Mit der Anklappbarkeit konnte man Wertungspunkte gewinnen.

wickelten Sechszylinder-Reihenmotor Argus As 17 A von 165 kW (225 PS) Höchstleistung bei einer Drehzahl von 2400 min^{-1} ausgerüstet. Dieser Motor ist nur in kleinen Stückzahlen gebaut worden.
Ebenfalls neu und erstmals in dieser Leistungsklasse mit Untersetzungsgetriebe für den Wettbewerb entwickelt wurde der hängende Achtzylinder-V-Motor Hirth HM 8 U von 184 kW (240 PS) Höchstleistung bei 3000 min^{-1}. Diese starke Drehzahlerhöhung um 33 Prozent gegenüber dem Ausgangsmotor HM 8 wurde durch das Stirnraduntersetzungsgetriebe von 3:2 ermöglicht. Mit dem HM 8 U waren drei Bf 108, drei Fi 97 und zwei Kl 36 ausgerüstet. Auch dieser leistungsfähige kompakte Motor kam nicht zur Serie und wurde in dieser Ausführung auch nicht weiterentwickelt.

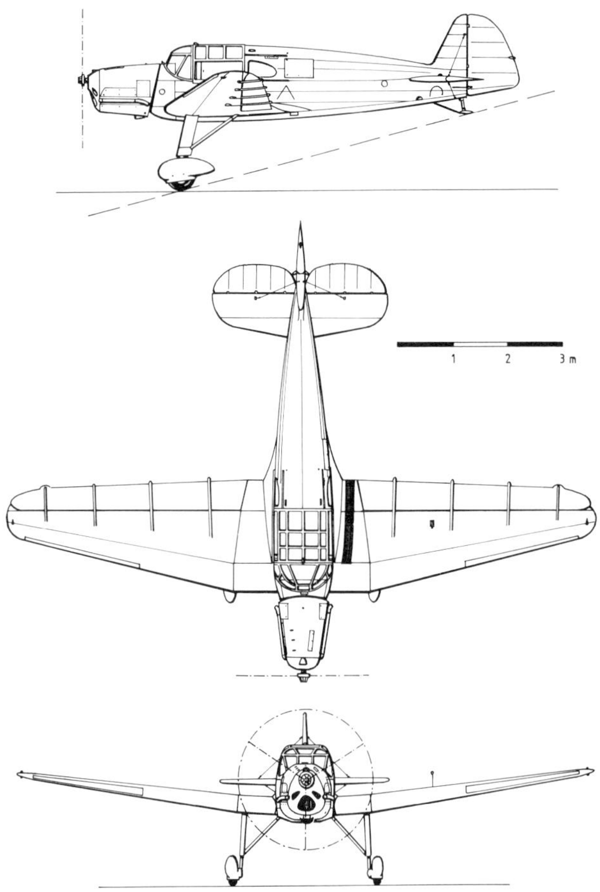

Die Dreiseitenansicht der Fi 97 zeigt die Lage der Landeklappen und der Vorflügel.

Zur Technischen Prüfung des Europa-Rundfluges gehörte auch das »Auf- und Abrüsten« mit Anklappen der Tragflächen und Durchschieben durch ein Tor.

Die Klemm Kl 36 war speziell für den Europa-Rundflug 1934 entwickelt worden. Das Einbeinfahrwerk hatte einen großen Federweg.

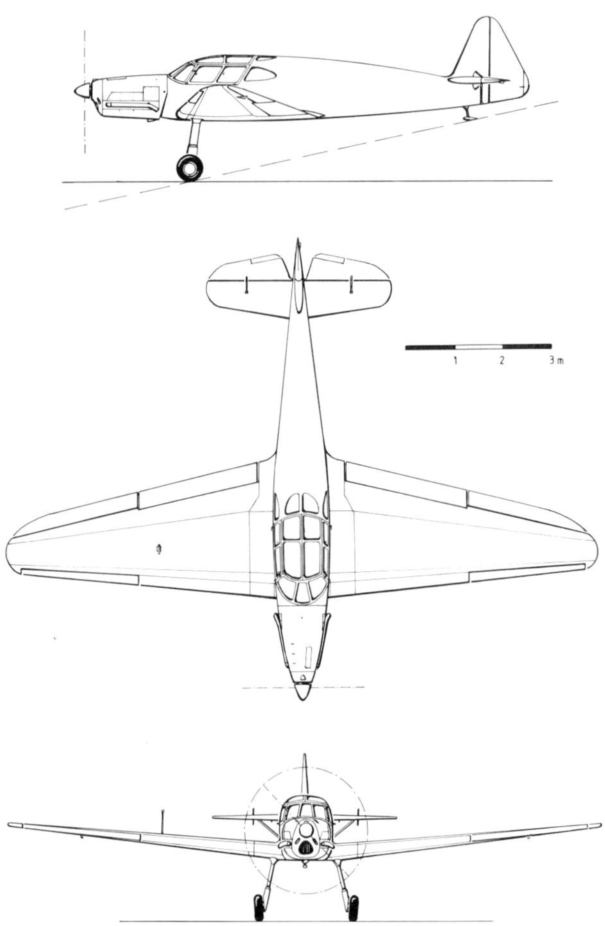

Klemm Kl 36.

Auch die Entwicklung des Messerschmitt-Reiseflugzeuges Bf/ Me 108 »Taifun« geht auf den Europa-Rundflug 1934 zurück. Im Gegensatz zu den übrigen am Wettbewerb teilnehmenden Flugzeugen war die »Taifun« eine Ganzmetallkonstruktion und besaß ein Einziehfahrwerk.

Die drei deutschen Wettbewerbsflugzeuge waren freitragende Tiefdecker mit viersitzigen Kabinen, Vorflügel und Landeklappen. Sie hatten Einbeinfahrwerke; das der Bf 108 war einziehbar. Die Fieseler Fi 97 und die Klemm Kl 36 waren in Gemischtbauweise hergestellt, die Bf 108 war ein Ganzmetallflugzeug.
Der Technische Wettbewerb brachte 80% der möglichen Punktezahl, wodurch sich, wie schon 1932, der Vorteil der hohen Reisefluggeschwindigkeit der deutschen Flugzeuge nicht durchsetzen konnte.
Viel Entwicklungsarbeit hatte man bei den aerodynamischen Auftriebshilfen aufgewendet mit dem Ergebnis, daß die drei deutschen Flugzeugmuster außerordentlich niedrige Minimalgeschwindigkeiten aufwiesen. Die gemessenen Werte beim Technischen Wettbewerb waren 62,7 km/h für die Bf 108, 58,5 km/h für die Fi 97 und 57,7 km/h für die Kl 36. Die dazugehörigen Tragflächenbelastungen waren: 65,5, 68,5 und 53,5 kg/m². Das Baumuster Fi 97 hatte einen großen ausfahrbaren Schlitzflügel als Landeklappe und ein nach oben ausschlagendes Querruder, die Bf 108 eine an der Flügeloberseite ausfahrende Unterbrecherleiste und ein kleines Querruder in Klappenform. Bei der Serienausführung der Bf 108 wurde diese Ausführung, die als schwer fliegbar galt, fallengelassen und zu normalen Querrudern übergegangen. Den großen Aufwand an Hochauftriebsmitteln bezeichneten einige Fachjournalisten als »Überzüchtung« und äußerten Bedenken hinsichtlich des Wertes dieser Maschinen als Gebrauchsflugzeuge.

Resümee zu den Europa-Rundflügen

Als eine Art Resümee liest sich der erste Absatz des auf Seite 132 bereits zitierten Beitrages von Dipl.-Ing. *Wilhelm Pleines* (DVL) im VDI-Sonderheft 1936:

»Der Europa-Rundflug hat – wie kein Wettbewerb vorher – die aerodynamische Entwicklung nicht alleine der Flugzeuge der hierfür zugelassenen Verwendungsgruppe, sondern darüber hinaus der Flugzeuge überhaupt fast sprunghaft vorwärts getrieben. Über das ursprüngliche Ziel ›Schaffung eines für Sport- und Reisezwecke in gleicher Weise geeigneten Flugzeuges‹ hinaus sind somit die Flugzeugmuster dieses Wettbewerbes mehr und mehr Schrittmacher für den aerodynamischen Fortschritt geworden. Das Streben nach übereinstimmender Vollkommenheit spornte die Flugzeugerbauer aller am Wettbewerb teilnehmenden Länder zu Höchstleistungen an, die im Zuge der allgemein üblichen Entwicklungsabschnitte eines Flugzeuges niemals in so kurzer Zeit erreicht zu werden pflegen.«

Nur eines der drei deutschen Teilnehmerflugzeuge des Europa-Rundfluges von 1934 wurde in Serie gebaut. Von der Fieseler Fi 97 sind vier Maschinen gefertigt worden, von der Klemm Kl 36 gab es nur wenige Exemplare einer vereinfachten Version ohne Landeklappen. Nur von der Messerschmitt-BFW Bf 108 »Taifun« sind – allerdings in einer etwas modifizierten Form – rund 1000 Stück gebaut worden. Die »Taifun« ist daher das eigentliche »Erfolgserlebnis« der Europa-Rundflüge (siehe das Kapitel »Zukunftsweisende Reiseflugzeuge«).

Schulflugzeuge der dreißiger Jahre

Wenige Tage nach der Machtübernahme durch die Nationalsozialisten (30. Januar 1933) wurde durch die neue Regierung die Dienststelle des »Reichskommissars für Luftfahrt« eingerichtet und durch *Hermann Göring* besetzt. Am 25. März des gleichen Jahres folgte die Gründung des »Deutschen Luftsport-Verbandes« (DLV) unter Einbeziehung zahlreicher bis dahin weitgehend selbständiger Verbände und Vereine. Innerhalb des Flugsports erhielt der Motorflug den höchsten Stellenwert, insbesondere der zunächst getarnte militärische Schulbetrieb. Mit Bildung des

Reichsluftfahrtministeriums (RLM) am 1. Mai 1933 wurden auch die »Deutschen Verkehrsflieger-Schulen« (DVS) mit ihren sechs Ausbildungszentren dem RLM unterstellt.

Die Schulflugzeuge nach der Enttarnung der Luftwaffe

Fast schlagartig entstand ein großer Bedarf an Schulflugzeugen auch neuer Muster, die die teilweise veralteten Schulflugzeuge wie Albatros L 101, Udet U 12 »Flamingo« und Heinkel He 24 ablösen sollten. Man konnte zunächst nur auf die beiden Doppeldecker Heinkel He 72 »Kadett« und Focke-Wulf Fw 44 »Stieglitz«, beide mit dem Siemens-Sternmotor Sh 14 A von 110 kW (150 PS), zurückgreifen. Die bewährte Klemm L 25 mit Hirth HM 60 R von 59 kW (80 PS) wurde noch bis 1939 weitergebaut.

Mit der Verkündung des Gesetzes zum Aufbau der Wehrmacht und mit der Enttarnung der Luftwaffe am 16. März 1935 begann auch der Aufbau des »Kommandos der Schulen«. Im Frühjahr 1937 wurde der Deutsche Luftsport-Verband in das Nationalsozialistische Fliegerkorps (NSFK) übergeführt und mehrere Reichsschulen für Motorflugsport eingerichtet.

Bei der Luftwaffe begann der Aufbau der Fliegerschulen, darunter auch vieler A/B-Schulen. Die Sollstärke einer solchen Flugzeugführerschule A/B betrug 42 Flugzeuge der Klasse A 2 (bis 1000 kg Fluggewicht), 21 der Klasse B 1 und 30 der Klasse B 2 (bis 2500 kg Fluggewicht).

Baumuster der Flugzeugführerschulen A/B (1935 bis 1945)

Klasse A 1:
Klemm L 20 (nur vereinzelt)

Klasse A 2/Land:
Albatros L 101 (wenige)
Bücker Bü 131 »Jungmann«
Bücker Bü 133 »Jungmeister«
Bücker Bü 181 »Bestmann«
Focke-Wulf Fw 44 »Stieglitz«
Heinkel He 72 »Kadett«
Klemm L 25
Klemm L 26
Klemm Kl 32
Klemm Kl 35

Klasse B 1/Land:
Arado Ar 65
Arado Ar 66
Arado Ar 76
Arado Ar 96
Fieseler Fi 156 »Storch«
Focke-Wulf Fw 56 »Stößer«
Gotha Go 145
Heinkel He 45
Heinkel He 46
Heinkel He 50
Heinkel He 51
Messerschmitt Bf 108 »Taifun«

Klasse B 1/See:
Heinkel He 42
Heinkel He 60
Heinkel He 114

Klasse B 2/Land:
Focke-Wulf Fw 58 »Weihe«
Heinkel He 70
Junkers F 13
Junkers W 33
Junkers W 34
Siebel Si 204

Klasse B 2/See:
Junkers W 33
Junkers W 34

Dazu noch weitere Einzelmuster zum »Typenfliegen«.

Die Entwicklung neuer Schulflugzeuge wurde vom RLM ausgeschrieben, d. h. unter genauer Angabe der geforderten Leistungen und Vorgabe des einzubauenden Motors wurden mehrere Flugzeughersteller gleichzeitig aufgefordert, Entwürfe vorzulegen, Kabinen-Attrappen zu bauen und nach entsprechender Freigabe ein oder mehrere Prototypen, d. h. V-Muster herzustellen. Diese wurden zur Erprobungsstelle der Luftwaffe nach Rechlin überführt und dort zur Auswahlüberprüfung abgegeben. Der Gewinner einer Ausschreibung konnte mit einem größeren Serienauftrag rechnen.

Focke-Wulf Fw 44 »Stieglitz«

Zu den bekanntesten und weitverbreiteten deutschen Schul-, Übungs-, Sport- und Wettbewerbsflugzeugen für den Kunstflug zählt der zweisitzige Doppeldecker Fw 44 »Stieglitz«, der von *Kurt Tank* auf Anregung der Kunstflugpiloten *Gerd Achgelis, Emil Kropf* und *Ernst Udet* sowie auf Grund einer Anfrage der Deutschen Verkehrsfliegerschule entwickelt wurde. Der Prototyp Fw 44 A flog bereits im Jahre 1932. Die Ausführung Fw 44 B hatte einige Verbesserungen an der Zelle, aber den gleichen Motor: Siemens Sh 14 A von 110 kW (150 PS). 1934 lief eine Großserie an, aus der in erster Linie die Fliegerschulen der Luftwaffe beliefert wurden. Es folgte die Baureihe Fw 44 D mit einem Auspuffsammelring vor dem Kurbelgehäuse, Rückenflugvergaser und einem lageunabhängigen Schmierstoffsystem mit Pendelschlauch im Tank. Wegen des großen Bedarfes

Vom Doppeldecker Focke-Wulf Fw 44 »Stieglitz« sind große Stückzahlen, auch für den Export, gebaut worden.

Bei einer Exportausführung des »Stieglitz« war der Siemens/Bramo Sh 14 A-Motor mit einer NACA-Haube verkleidet.

Der Doppeldecker Heinkel He 72 »Kadett« diente als Schulflugzeug und nahm an verschiedenen nationalen Wettbewerben teil.

wurde die Fw 44 D auch bei Bücker und bei Siebel in Lizenz gebaut.
Zusätzlich zu Exportlieferungen gab es Lizenzbauten des »Stieglitz« in Argentinien, Brasilien, Österreich, der Türkei und in der Schweiz. Insgesamt sind rund 6000 Fw 44 gebaut worden. Die letzte Exportreihe Fw 44 J hatte ein verstärktes Bordnetz mit Landescheinwerfer und den stärkeren Sh 14 A-4 von 118 kW (160 PS), zum Teil mit einer NACA-Haube verkleidet.
Der verspannte Doppeldecker von 9,00 m Spannweite hatte einen geschweißten Stahlrohrrumpf, vorne mit Elektronblech beplankt, hinten stoffbespannt. Die Holmbeschläge bestanden aus sog. Nudu-Platten, d. h. Nußbaum-Schichtholz mit Duralplatten verleimt. Die Abflugmasse der Baureihe Fw 44 B betrug 870 kg, begrenzt auf 770 kg für den Kunstflug. Die Höchstgeschwindigkeit lag bei 185 km/h, die Reisefluggeschwindigkeit bei 170 km/h, die Reichweite 540 km.
Einige »Stieglitze« haben den Krieg überlebt und fliegen als sorgsam gepflegte Oldtimer heute noch.

Heinkel He 72 »Kadett«

Der zweisitzige Schuldoppeldecker Heinkel He 72 »Kadett« entstand 1933 im Auftrage des RLM – in Konkurrenz zum »Stieglitz« – jedoch zunächst mit dem Reihenmotor Argus As 8 B von 99 kW (135 PS) als He 72 A. Sehr bald folgte die He 72 B mit Siemens-Sternmotor Sh 14 A von 118 kW (160 PS) und danach eine He 72 B-3 mit verkleidetem Fahrgestell und Motor (Townendring), genannt »Edelkadett«. Eine Sonderausführung für die Deutschlandflüge, den Zugspitzflug 1935 und den Europarundflug 1935 trug die Bezeichnung He 72 D.
Der Doppeldecker »Kadett« war in Gemischtbauweise hergestellt, der Rumpf aus Stahlrohr, Flügelholm und Rippen

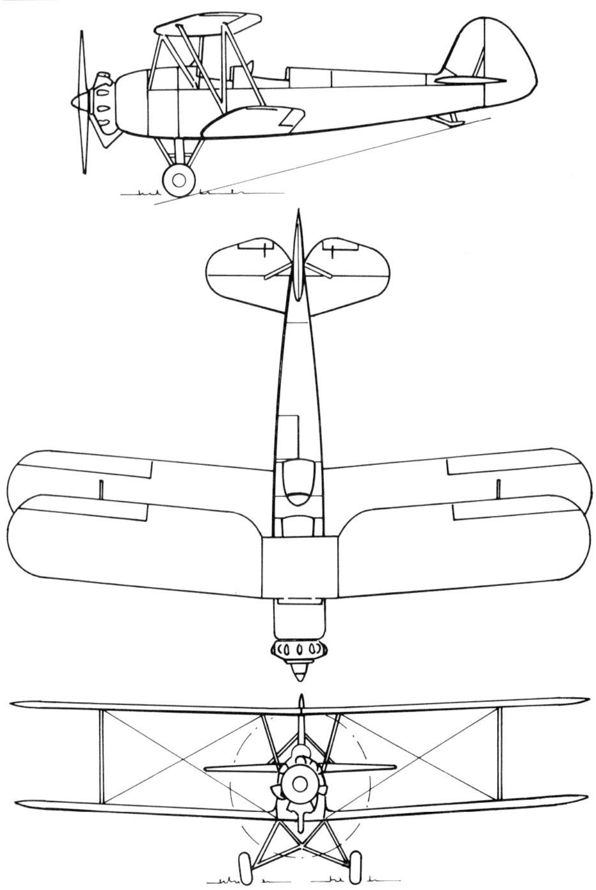

Die Dreiseitenansicht des »Kadett« zeigt die Ähnlichkeit mit dem »Stieglitz«.

aus Holz, teils mit Sperrholz beplankt, teils stoffbespannt. Die Abflugmasse der Baureihe B betrug 900 kg, die Höchstgeschwindigkeit 194 km/h.

Die B1-Schul- und Ausbildungsflugzeuge Arado Ar 66 und Gotha Go 145

Für die B1-Schulung wurde zuerst der Doppeldecker Arado Ar 66 C in größeren Stückzahlen bei den Flugzeugführerschulen der Luftwaffe eingeführt, etwa ein Jahr später folgte – als Parallelentwicklung – die Gotha Go 145. Beide hatten den hängenden Achtzylinder-V-Motor Argus As 10 C von 176 kW (240 PS). Abmessungen, Gewichte und Leistungen waren nur wenig unterschiedlich, d. h. Spannweite 10,00/9,00 m, Abflugmasse 1330/1380 kg, Höchstgeschwindigkeit 210/212 km/h, Reisefluggeschwindigkeit 175/180 km/h. Beide Flugzeugmuster wurden auch bei anderen Flugzeugfirmen in Lizenz gebaut. Diese B1-Flugzeuge haben an sportlichen Veranstaltungen – im Gegensatz zu den meisten anderen Schul- und Übungsflugzeugen – nicht teilgenommen.

Bücker Bü 131 »Jungmann« – ein vielseitiger kleiner Doppeldecker

Die Bü 131 »Jungmann« und die Bü 133 »Jungmeister« wurden schon in dem Kapitel »Flugzeuge für Kunstflug-Wettbewerbe“ beschrieben. Sie haben sich auch als Schulflugzeuge außerordentlich bewährt.

Der zweisitzige Doppeldecker Bücker Bü 131 »Jungmann« war ein weitverbreitetes Einheitsschulflugzeug, das auch in großer Zahl exportiert wurde.

Nach Gründung der Bücker-Flugzeugwerke realisierten *Carl Clemens Bücker* und sein Chefkonstrukteur *Anders Andersson* nach Vorarbeiten, die schon in Schweden erfolgt waren, den zweisitzigen Schuldoppeldecker »Jungmann« auf Wunsch des RLM innerhalb von nur sechs Monaten. Der Bücker »Jungmann« Bü 131 hatte am 27. April 1934 seinen Erstflug und erwies sich nach kurzer Erprobungszeit als ein gelungener Entwurf mit guten Flugleistungen und -eigenschaften. Ausgerüstet mit dem Hirth HM 60 R von 59 kW (80 PS) wurden die ersten Bü 131 aus der Serie an die Flugschulen des DLV geliefert. Mit seinem 80 PS-Motor war der »Jungmann« etwa 40% billiger als die Schulflugzeuge mit 110 kW (150 PS)-Motoren, doch er ermöglichte die gleichen Ausbildungsresultate. Die Baureihe Bü 131 B erhielt den Hirth HM 504 von 77 kW (105 PS). Das in Gemischtbauweise hergestellte Flugzeug hatte Holzflügel, teils sperrholzbeplankt, teils stoffbespannt, einen Stahlrohrrumpf mit Duralverkleidung im Bereich des Triebwerkes und der Sitze, sonst stoffbespannt. Die oberen und die unteren Außenflügel waren gegeneinander austauschbar. Die Hauptdaten waren: Spannweite 7,40 m, Länge 6,62 m, Abflugmasse 680 kg, Höchstgeschwindigkeit 183 km/h, Reisefluggeschwindigkeit 170 km/h und Reichweite 650 km.
1935 wurden in Rangsdorf neue Werksanlagen errichtet, um entsprechend dem großen Bedarf dort die Großserienfertigung des »Jungmann« anlaufen zu lassen. Viele dort hergestellten Flugzeuge wurden auch exportiert, u. a. in die Schweiz, nach Ungarn, Spanien und nach Südamerika – insgesamt in 23 Länder. Allein Jugoslawien erhielt 400 Exemplare. Lizenzfertigungen begannen ab 1936 bei den Dornier-Werken in Altenrhein (Schweiz), ab 1937 bei Tatra in der Tschechoslowakei und ab 1942 in Japan. Die Spanier bauten den »Jungmann« als CASA 1131 sogar bis 1960 weiter. Nach Schätzungen wurden insgesamt etwa 4000 »Jungmann« hergestellt. Beachtliche sportliche Erfolge erzielten »Jungmann-Flugzeuge« auch in der Nachkriegszeit, zum Teil umgebaut, d. h. mit Lycoming-Motoren ausgerüstet.
Neben dem Standardschulflugzeug der Luftwaffe, der Bü 131 B – gab es noch einige Bü 131 C mit »Cirrus-Minior«, Bü 131 D mit Hirth HM 500 und einige mit HM 60 R.

Kunstflugeinsitzer Bücker Bü 133 »Jungmeister«

Nach dem Erfolg des »Jungmann«, der zwar voll kunstflugtauglich war, aber nicht über die Leistungsreserven eines speziellen Flugzeuges für die Kunstflugausbildung von Jagdfliegern verfügte, wurde der einsitzige kleine Doppeldecker Bücker Bü 133 »Jungmeister« entwickelt, der 1935 zum ersten Mal als Prototyp flog (siehe das Kapitel »Flugzeuge für Kunstflug-Wettbewerbe«).

Der Kunstflugeinsitzer Bücker Bü 133 »Jungmeister« diente bei der Luftwaffe zur Kunstflugschulung; außerdem war er ein beliebtes Wettbewerbsflugzeug für den Kunstflug.

Mit der Bücker Bü 181 »Bestmann« wurde der Tiefdecker als Schulflugzeug mit zwei nebeneinanderliegenden Sitzen bei der Luftwaffe eingeführt.

Diese erste Ausführung hatte einen Hirth HM 506-Motor von 118 kW (160 PS). Davon wurde eine Nachbaulizenz nach Spanien vergeben. In der Baureihe B hatte der »Jungmeister« den Siemens-Sternmotor Sh 14 A-4 von 118 kW (160 PS) mit einer ringförmigen Motorverkleidung. Für die C-Reihe wurde der Rumpf verkürzt und hinter dem Pilotensitz etwas hochgezogen. Etwa 40% der Zellenteile waren beim »Jungmeister« und beim »Jungmann« gleich, desgleichen die Pfeil- und V-Form der Tragflächen. Die Zelle war für ein Lastvielfaches von g=12 ausgelegt. Die Spannweite betrug nur 6,60 m, die Abflugmasse 610 kg, die Höchstgeschwindigkeit 220 km/h und die Steigzeit auf 1000 m etwa 2,8 min.

Bei den Fliegerschulen des NSFK und der Luftwaffe wurde der »Jungmeister« zum Standardflugzeug für die Kunstflugausbildung. Auf sportlichen Veranstaltungen in den Jahren 1937, 1938 und 1939 flogen »Jungmeister« von Erfolg zu Erfolg; die Siegerliste bei Kunstflug-Wettbewerben ist lang. Auch nach dem Zweiten Weltkrieg setzte sich diese Erfolgsreihe fort (siehe Kapitel »Spezielle Kunstflug-Ein- und Doppelsitzer«, Teil 3).

Bücker Bü 181 »Bestmann« – das Standardschulflugzeug der Luftwaffe ab 1941

Das Luftwaffen-Schulflugzeug der nächsten Generation war die Bücker Bü 181 »Bestmann«. Sie unterschied sich von den Vorläufermuster in mehrfacher Hinsicht: Der »Bestmann« war ein Kabinen-Tiefdecker mit zwei nebeneinanderliegenden sogenannten »Zwillingssitzen«, sonst jedoch eine typi-

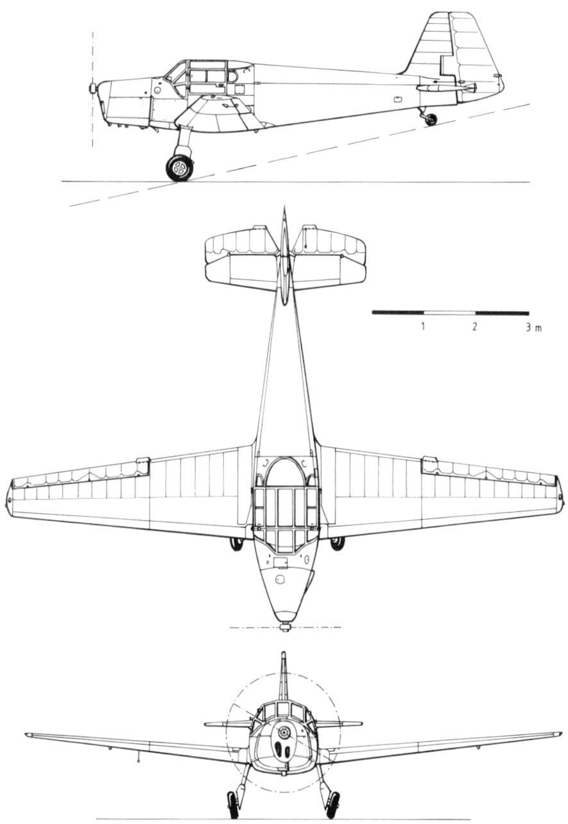

Dreiseitenansicht des »Bestmann«, der vor dem Zweiten Weltkrieg – wie auch andere Bücker-Flugzeuge – ins Ausland exportiert wurde.

sche Bücker-Konstruktion in Gemischtbauweise mit Stahlrohrrumpf, Holzflügel mit Sperrholzbeplankung und Stoffbespannung, allerdings mit durchlaufendem Hauptholm, Spreizlandeklappen und Einbeinfahrwerk. Ausgerüstet mit dem Hirth HM 504 A von 77 kW (105 PS), wurde der »Bestmann« auch in Holland und in der Tschechoslowakei in Lizenz gebaut. Insgesamt sind fast 4000 »Bestmann« hergestellt worden. Die Hauptdaten waren: Spannweite 10,60 m, Abflugmasse 765 kg, Höchstgeschwindigkeit 210 km/h, Reisefluggeschwindigkeit 200 km/h, Reichweite 850 km.

Direkter Vorläufer war das Schulflugzeug Bü 180 »Student« mit hintereinanderliegenden offenen Sitzen und 50 PS-Zündapp-Motor, von dem jedoch nur wenige Exemplare hergestellt worden sind.

Als Standardflugzeug für die Anfängerausbildung bei der deutschen Luftwaffe ging der »Bestmann« 1938 in Serie; die schwedischen Luftstreitkräfte schlossen sich 1939 an und deckten ihren Bedarf zunächst aus Deutschland, bis sie 1940 – kriegsbedingt – das Flugzeug in Lizenz nachbauten. Aus dieser Produktion stammen die meisten Bü 181, die nach Freigabe des Motorluftsports 1955 von deutschen Luftsportvereinen importiert wurden und den Grundstock für die Schulung bildeten. Einige davon sind immer noch flugtüchtig.

Der »Bestmann« wurde bis zum Kriegsausbruch auch in andere Länder exportiert bzw. dort – teilweise noch bis weit in die fünfziger Jahre – in Lizenz gebaut, so in der Tschechoslowakei und in Ägypten. Wie viele insgesamt hergestellt worden sind, läßt sich allenfalls schätzen; ihre Zahl dürfte aber die des ähnlich begehrten »Jungmeisters« noch erheblich übertreffen.

Klemm Kl 35 – auch ein militärisches Schulflugzeug

Nachfolger der Klemm L 25 war die Klemm Kl 35 mit dem typischen Knickflügel. Sie wurde zunächst als Kl 35 A ab 1935 mit dem Hirth HM 60 R von 59 kW (80 PS) und ab 1937 als Kl 35 B mit dem Hirth HM 504 von 77 kW (105 PS) in größerer Serie gebaut, insgesamt etwa 2000 Stück. Es gab auch eine Schwimmerversion (siehe das Kapitel »Die Leitlinie der Klemm-Flugzeuge«).

Schulflugzeuge, die nicht in Serie gingen

Bei dem großen Bedarf an Schulflugzeugen entstanden bei mehreren Flugzeugfirmen aus eigener Initiative zweisitzige Schul- und Sportflugzeuge, die dem Reichsluftfahrtministerium zur Erprobung und Beschaffung angeboten wurden. Es waren sowohl kleinere Privatbetriebe als auch größere Firmen, die sich bisher hauptsächlich mit der Entwicklung und Fertigung von Militärflugzeugen befaßt hatten. Im Interesse einer möglichst großen Auswahl und um auch kleineren Firmen die Möglichkeit der Teilnahme am Wettbewerb zu geben, kaufte das RLM vor Beginn des Zweiten Weltkrieges mehrmals Musterflugzeuge an und ließ ihre Eignung und Verwendbarkeit als Schulflugzeug bei der Erprobungsstelle der Luftwaffe in Rechlin untersuchen. Waren die ersten Ergebnisse positiv, so kam es öfter auch zur Bestellung weiterer Musterflugzeuge, ohne daß davon eine Serienfertigung in Auftrag gegeben wurde. So gab es für die Herstellerfirmen wertvolle Informationen und Erkenntnisse, die weiterverwendbar waren.

Zu diesen Auswahl-Schulflugzeugen gehörte das Reiseflugzeug Arado Ar 79, das in seiner modernen Konzeption seiner Zeit weit voraus war. Dennoch wurde es als Schulflugzeug abgelehnt, mit dem Hinweis, daß es in der Wartung zu aufwendig sei. Man muß dazu bedenken, daß damals das normale Schulflugzeug noch ein Doppeldecker mit zwei hintereinanderliegenden offenen Sitzen war. Auch ein Einziehfahrwerk galt als aufwendig und kompliziert (siehe Kapitel »Zukunftsweisende Reiseflugzeuge«).

In die engere Auswahl war auch das zweisitzige Sportflugzeug Fieseler F 5 gekommen, ein freitragender Tiefdecker mit anklappbaren Tragflächen, Rumpf aus Stahlrohr, Flügel aus Holz. Gegenüber der Klemm L 25, mit der die F 5 verglichen wurde, hatte sie eine kleinere Tragfläche (13,6 gegen 20 m^2) und dementsprechend eine um etwa ein Drittel höhere Flächenbelastung. Die Fieseler Fi 5 R wurde in mittleren Stückzahlen gebaut; sie nahm an zahlreichen Wettbewerben teil.

Bei den zu den Adlerwerken in Frankfurt gehörenden Gerner-Flugzeugwerken war für den Deutschlandflug 1931

Das Schul- und Übungsflugzeug Fieseler Fi 5 ist nur in kleiner Serie hergestellt worden.

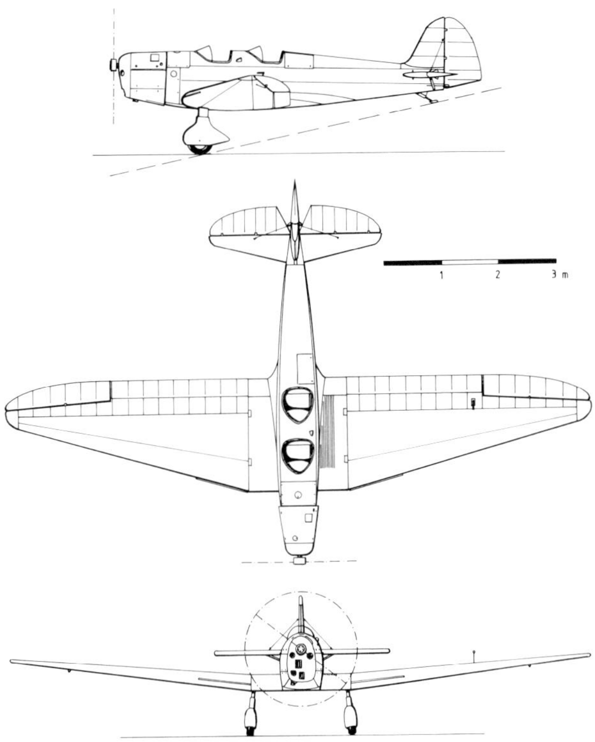

Dreiseitenansicht des Sportflugzeuges Fieseler Fi 5 R.

ein Doppeldecker H II R gebaut worden, der für den Deutschlandflug von 1935 verbessert und mit dem Hirth HM 60 R von 59 kW (80 PS) ausgerüstet wurde. Einige wenige Gerner-Flugzeuge bewährten sich bei den DLV-Sportfliegergruppen.

Gab es nach 1933 noch private Flugzeuge?

Mit der Bildung des Reichsluftfahrtministeriums am 1. Mai 1933 in Berlin kam es bald zur »Gleichschaltung« des Sportflugwesens (siehe das Kapitel »Einfluß von Organisationen des Luftsportes auf die Technische Entwicklung«). Das hatte zur Folge, daß alle Neuentwicklungen und Serienproduktionen von Motorflugzeugen vom RLM aus gesteuert und weitgehend finanziert wurden. Später wurde die Werkstoffzuteilung, auch von Aluminiumblech nach Fliegnorm, ein Regulativ, mit dem bei kleinen und größeren Flugzeugfirmen Abweichungen vom Bedarf verhindert bzw. gebremst wurden. Ab 1935 stand die Motorfliegerausbildung und die Auswahl neuen fliegenden Gerätes ausschließlich unter dem Gesichtspunkt der Aufrüstung, d. h. des Ausbaues und der Vergrößerung der Luftwaffe. Sportflugzeuge wurden – im Sinne der vormilitärischen Ausbildung – für Schulung bei der DLV (später NSFK), bei den Deutschen Verkehrsfliegerschulen (DVS) und bei den Fliegerschulen A/B der Luftwaffe eingesetzt, d. h. nach Planzahlen zugeteilt. Privaten Interessen blieb nur ein sehr kleiner Spielraum.
Die Deutschlandflüge der Jahre 1933 bis 1938 – einschließlich des »Deutschen Sternfluges 1936« zur Olympiade nach Berlin – waren dagegen sportliche Veranstaltungen. Unabhängig von Herkunft, Eigentümer und Geldgeber flogen dabei hauptsächlich folgende Flugzeugmuster mit:

☐ Albatros L 101
☐ Bücker Bü 131 »Jungmann«
☐ Focke-Wulf Fw 44 »Stieglitz«
☐ Heinkel He 72 »Kadett«
☐ Klemm L 25
☐ Klemm L 26

Nimmt man die deutschen Kunstflugmeisterschaften hinzu, so flogen zusätzlich noch folgende Muster:

☐ Bücker Bü 133 »Jungmeister«
☐ Focke-Wulf Fw 56 »Stößer«
☐ Messerschmitt M 35

Bei einigen Flugzeugmustern, die für die militärische Schulung in größeren Stückzahlen in Serie gebaut wurden, gab es gesonderte Baureihen für Privatkunden und für den Export. So flog der Kunstflugpilot *Emil Kropf* einen »Stößer« Fw 56 A-2 und das Ehepaar *Elly Beinhorn – Bernd Rosemeyer* eine »Taifun« Bf 108 B-1s. Es gab auch einige wenige zivile »Jungmann« und »Jungmeister« bis etwa 1941. Der »Stößer« war – in Konkurrenz zur Arado Ar 76, der Heinkel He 74 und der Henschel Hs 125 – als Einsitzer für die Kunstflugausbildung und für das Jagdfliegertraining in der Luftwaffe entwickelt worden. Mit einem Rüstsatz konnten zwei Maschinengewehre MG 17 eingebaut werden. Dann diente das Flugzeug zur Schießausbildung (auf Scheiben) und trug sogar die etwas hoch gegriffene Bezeichnung »Heimatschützer«. Auf der anderen Seite war der »Stößer« ein anerkanntes leistungsfähiges Wettbewerbsflugzeug für den sportlichen Kunstflug.

Der Focke-Wulf Fw 56 »Stößer«, mit dem *Gerd Achgelis* 1936 den Kunstflugwettbewerb in Los Angeles gewann.

Schulflugzeuge mit 50 PS

Aus Kostengründen und um einer Verknappung des Flugbenzins vorzubeugen, sollte von der Mitte der dreißiger Jahre an auch die Entwicklung billigerer und sparsamerer Flugzeugmuster gefördert werden. Entscheidend dafür war zunächst ein geeigneter Motor.

Auf Veranlassung des Reichsluftfahrtministeriums nahm die bekannte Motorradfirma Zündapp in Nürnberg 1936 die Entwicklung eines leichten vierzylindrigen Reihenmotors hängender Bauart der 50 PS-Klasse mit der Bezeichnung 9-090 auf und erprobte den 1,8 Liter-Motor in einer Erla 5 D. Es folgte der auf 2,0 Liter vergrößerte 9-092 mit 50 PS (37 kW) Startleistung, der in einer Klemm L 25 D erprobt wurde. Der kleine, preiswerte und leichte Motor (60 kg Trockengewicht), bewährte sich, ging in Serie und wurde in einige leichte Schul-, Sport- und Übungsflugzeuge eingebaut, die ein wirtschaftliches Fliegen, d. h. ein Fliegen mit geringem Kraftstoffverbrauch, aber auch mit geringer Reisefluggeschwindigkeit – um 140 km/h – ermöglichten. Dazu einige erklärende Zahlen: Mit Reiseleistung von 40 PS hatte der Zündapp 9-092 einen spezifischen Verbrauch von 215 g/PSh, d. h. 8,6 Liter pro Stunde (Flugbenzin 78 Oktan). Bezogen auf 100 km Flugstrecke verbrauchte eine Erla 5 D etwa 6,5 l, eine Bücker Bü 180 »Student« 7,5 l und eine Siebel So 202 »Hummel« etwa 9,0 l. Zum Vergleich: Ein »Stieglitz« benötigte rund 20 l/100 km. Besonders für die Anfangsschulung konnte dadurch viel Kraftstoff gespart werden.

Die mit dem Zündapp-Flugmotor ausgerüsteten zweisitzigen Schulflugzeuge wurden teilweise als zu leistungsschwach angesehen und gingen nicht in Serie. Hinzu kam, daß man

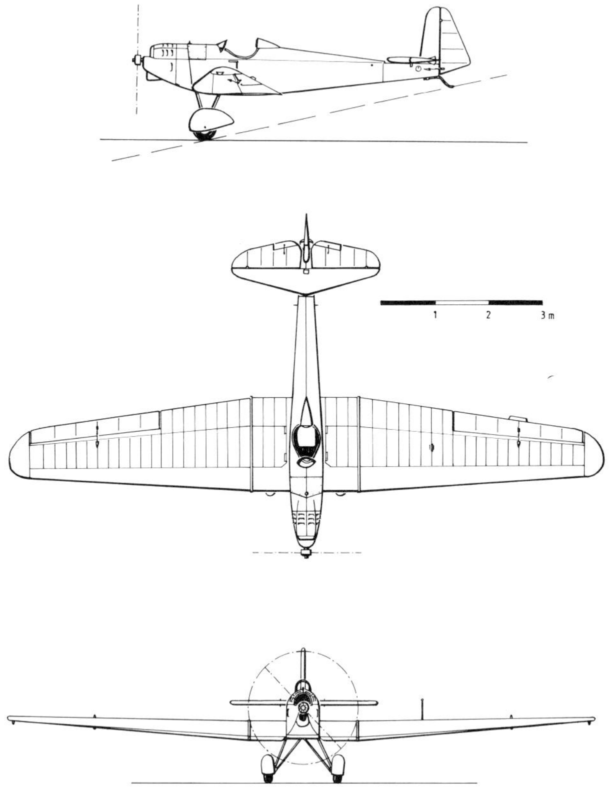

Dreiseitenansicht Erla 5.

1

2

3

4

5

6

Schulflugzeuge mit 50-PS-Zündapp-Motor: 1. Bücker Bü 180 »Student«, 2. Erla 5 D, 3. Klemm Kl 105, 4. Siebel Si 202 »Hummel«, 5. Stomo 3 »Stürmer« und 6. TH-Braunschweig LF 1 »Zaunkönig«.

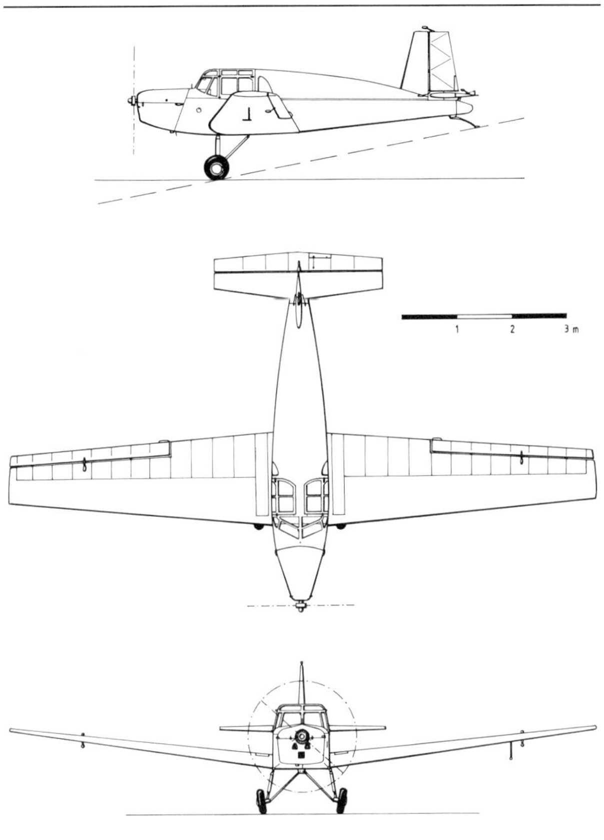

Dreiseitenansicht Si 202 »Hummel«.

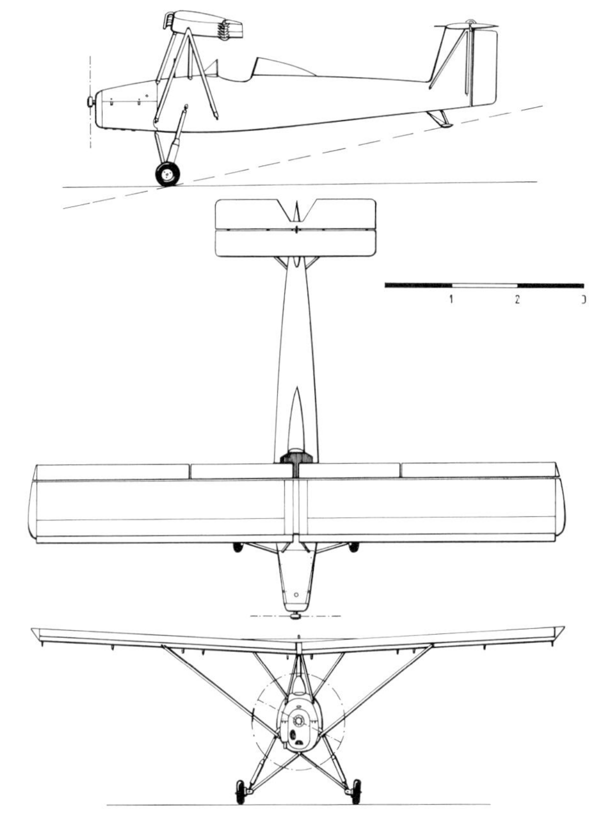

Dreiseitenansicht LF 1 »Zaunkönig«. (Siehe auch Seite 175)

von den offenen hintereinanderangeordneten Sitzen auch bei Schulflugzeugen auf Kabinen-Tiefdecker mit nebeneinanderliegenden Sitzen überging, die mit dem Hirth HM 504 von 77 kW (105 PS) richtig motorisiert waren.
Der Zündapp 9-092 A wurde in folgende Flugzeugmuster eingebaut:

- ☐ Bücker Bü 180 »Student« (Zweisitzer)
- ☐ Erla 5 D (Einsitzer)
- ☐ Fieseler Fi 253 »Spatz« (Zweisitzer)
- ☐ Klemm Kl 105 (Zweisitzer)
- ☐ Siebel Si 202 »Hummel« (Zweisitzer)
- ☐ Gotha Go 150 (Zweimotoriger Zweisitzer)
- ☐ Stomo 3 V 11 »Stürmer« (Einsitzer)
- ☐ TH – Braunschweig LF 1 »Zaunkönig« (Einsitzer)

Von der Bücker »Student« sind nur wenige Exemplare, zum Teil auch mit anderen Motoren, hergestellt worden. Das Flugzeugmuster wurde 1938 durch einen Geschwindigkeitsrekord über 1000 km mit 171,95 km/h und durch einen großen Afrikaflug über 25 000 km bekannt. Auch vom Einsitzer Erla 5 D, mit dem ein Langstreckenrekord von 1909 km von Friedrichshafen nach Nordschweden im August 1939 und im gleichen Jahr ein Dreiländerflug Europa–Afrika–Asien–Europa über 20 000 km gelang, sind keine größeren Stückzahlen gefertigt worden. Von der Klemm Kl 105 wurden nur wenige Versuchsmuster gebaut. Bei der Siebel »Hummel« kam es zu einer kleineren Serie, und von der zweimotorigen Go 150 wurden über 100 Stück gebaut. Sie kostete damals (1939) 12 800,– RM.

Zweimotoriges Reise- und Sportflugzeug Gotha Go 150 mit zwei Zündapp-Motoren von je 50 PS.

Zukunftsweisende Reiseflugzeuge

Wenn man die zukunftsweisenden deutschen Reiseflugzeuge – zwei-, drei- oder viersitzig – der dreißiger und vierziger Jahre aufzählen soll, so kann man sich auf fünf Flugzeugmuster beschränken: Die Klemm-Kabinenflugzeuge Kl 31 und Kl 32 (1931 und 1932), die Messerschmitt Bf/Me 108 »Taifun« (1934), die Arado Ar 79 (1938) und als Nachzügler die Klemm Kl 151 von 1942. Jedes dieser Flugzeuge war in seiner Entstehungszeit eine moderne Konstruktion, beispielhaft und zukunftsweisend.

Klemm Kl 31 – der erste Reiseviersitzer

Das erste viersitzige Reiseflugzeug, das in Deutschland entwickelt und in Serie gebaut wurde, war die Klemm Kl 31, die im Jahre 1931 entstand. *Hanns Klemm,* der mit seinen zweisitzigen Sportflugzeugen L 25 und L 26 sehr erfolgreich war, wollte seine Typenreihe durch einen Kabinen-Viersitzer ergänzen und dabei gleichzeitig auf die steigenden Ansprüche eingehen. Mehrfach erhielt die offene zweisitzige L 26 Kabinenaufsätze, sei es bei Wettbewerben, um höhere Geschwindigkeiten zu erreichen, sei es, um der Besatzung bei längeren Reiseflügen einen besseren Wetterschutz zu geben. In diesen schmalrümpfigen Flugzeugen konnte aus Platzgründen meist nur wenig Gepäck mitgenommen werden. Die viersitzige Kl 31 war in der Spannweite nur wenig größer als die zweisitzigen L 25 und 26, hatten aber in ihren verschiedenen Ausführungen stärkere Motoren, mehr Zuladung und höhere Flächenbelastungen.

Über ihre Entwicklung schrieb *Peter Supf* in seinem Buch »Hanns Klemm – Der Schöpfer des Leichtflugzeuges« (Drei Brunnen Verlag 1955):

»Im Jahre 1931 ging aus den Böblinger Konstruktionsbüros wieder etwas ganz Neues, Aufsehenerregendes hervor. Es entstanden die ersten Kabinen-Reiseleichtflugzeuge der Welt. Die großen Fernflüge von Klemm-Fliegern hatten den Wunsch nach einem bequemen, geschlossenen Reiseflugzeug geweckt. Nun bauten Klemm und Lusser auf den Erfahrungen aller bisherigen Typen auf, behielten den traditionellen Sicherheitsgrundsatz bei, nutzten auch noch die beim Karosseriebau neuerdings gemachten aerodynamischen Erfahrungen aus und entwickelten so die viersitzige Kl 31 und die dreisitzige Kl 32. Beide Maschinen waren freitragende, zweiholmige Tiefdecker . . .

Das Erscheinen dieser neuen schnellen Limousinenflugzeuge erweiterte den Verwendungsbereich der Klemm-Flugzeuge sehr wesentlich. Die beiden neuen Baumuster waren dazu berufen, eine im Privat-Luftverkehr bisher recht fühlbare Lücke auszufüllen. In den komfortabel ausgestatteten Limousinen saß man bequem und geschützt und konnte auch noch reichlich Gepäck mitnehmen. Sie wurden daher besonders von Unternehmern, Kaufleuten, Verbänden und Behörden für Geschäfts- und Dienstreisen bevorzugt. Der tüchtige Kaufmann flog mit der Klemm-Limousine zu Ausstellungen und Konferenzen; der eilige Berichterstatter bediente sich dieser schnellen Maschine, um rechtzeitig an den Brennpunkten des Interesses zu sein; der passionierte Weltenbummler hatte nun das ideale Flugzeug für seine großen Auslands- und Weltflüge.«

Das Musterflugzeug Kl 31 V erhielt zunächst einen Argus As 8, einen luftgekühlten Reihenmotor mit vier hängenden Zylindern mit einer Startleistung von 88 kW/120 PS. Abweichend von allen bisherigen Klemm-Flugzeugen war die Kl 31 in Gemischtbauweise konstruiert, d. h. sie hatte einen Stahlrohrrumpf mit Stoffbespannungen und einen zweiholmigen Holzflügel, der teils mit Sperrholz beplankt, teils mit Stoff bespannt war. Das Leitwerk war ähnlich ausgebildet. Das Dreibeinfahrwerk hatte eine ölgedämpfte Druckgummi-Federung und einen Schleifsporn. Die anfangs verwendeten Hochdruckreifen wurden bald durch kleinere Niederdruckreifen mit Radbremsen ersetzt. Die maximale Abflugmasse betrug 1000 kg, die Höchstgeschwindigkeit 175 km/h. Für die Serienausführung erhielt die Kl 31a XIV den Siebenzylinder-Sternmotor-Siemens Sh 14 A von 110 kW/150 PS Startleistung, der in einzelnen Baureihen auch 160 PS leistete. Die Abflugmasse konnte

Die Klemm Kl 31 war das erste in Deutschland gebaute viersitzige Reiseflugzeug. Die Vorserienausführung verwendete einen Argus As 8-Reihenmotor, in der Serie war der Sternmotor Siemens SH 14 eingebaut.

In der Firmenwerbung für die Kl 31 hieß es damals: »Wie in einem Auto sitzt man in der Klemm-Limousine.«

durch den stärkeren Motor auf 1250 kg gesteigert werden; die Höchstgeschwindigkeit betrug 185 km/h, die Reichweite 680 km. Bei einem Kraftstoffvorrat von 160 Litern war damit ein Reiseflug von vier Stunden mit 165 km/h möglich. Hinter der Kabine befand sich ein größerer Gepäckraum, in dem sich zwei mittelgroße Koffer unterbringen ließen. In einem Werbeprospekt heißt es u. a.:

». . . Bei den Klemm-Innensteuer-Limousinen ist auf die Innenausstattung der Kabine besondere Sorgfalt verwendet worden . . . Der Konstrukteur ist mit Erfolg bestrebt gewesen, sich den Automobilbau hinsichtlich der Innenausstattung zum Vorbild zu nehmen. Auch ist genügend Platz zur Unterbringung von Gepäck vorhanden . . . Jede Hälfte des Kabinenaufsatzes ist so angelenkt, daß jede Hälfte als Tür aufschwenkbar ist und den gesamten Innenraum zum Ein- und Aussteigen freigibt.«

Die verbesserte Variante Kl 31 ab erhielt Landeklappen und eine NACA-Haube als Motorverkleidung. Insgesamt sind bis 1935 etwa 30 Kl 31 gebaut worden, davon einige auch für den Export.

Klemm Kl 32 – ein Gebrauchs-Reiseflugzeug

Auf die viersitzige Kl 31 folgte die dreisitzige Kl 32, die zwar für den Europa-Rundflug 1932 entworfen wurde, aber im Gegensatz zu anderen Flugzeugmustern kein spezielles Wettbewerbsflugzeug war. Auf die sieben Kl 32, die 1932 am Europa-Rundflug teilnahmen, folgten mehrere Serienvarianten mit verschiedenen Motoren der Leistungsklassen von 110 kW/150 PS bis 176 kW/240 PS. Die Kl 32 war, im Gegensatz zur Kl 31, ein typisches Klemm-Flugzeug mit Holzrumpf und Holzflügeln. Das Dreibeinfahrwerk hatte

Klemm-Reiseflugzeug Kl 32 B mit Siemens Sh 14 A-Sternmotor.

bremsbare Niederdruckräder und zum Teil stromlinienförmige Radverkleidungen. Die in den größten Stückzahlen gebaute Serienausführung Kl 32 a XIV besaß den Siemens Sh 14 A-Motor von 110 kW/150 PS mit NACA-Haube, hatte keine Landeklappe, aber eine verbesserte Kabinenausstattung und einen größeren Gepäckraum. Die Höchstgeschwindigkeit betrug 210 km/h, die maximale Reisefluggeschwindigkeit 190 km/h und die Reichweite 800 km, bei rund viereinhalb Stunden Flugdauer. Der Kraftstoffverbrauch im Reiseflug betrug nur 20 l/100 km.

Die dreisitzige Klemm Kl 32 hatte gegenüber der viersitzigen Kl 31 – bei gleicher Motorleistung – einen größeren Leistungsüberschuß, d. h. eine etwas niedrigere Flächenbelastung, eine geringere Landegeschwindigkeit und eine

Die zweiteilige Kabinenhaube der Kl 32 ließ sich ganz nach vorne öffnen und ermöglichte – über die Tragfläche – einen bequemen Einstieg.

Zur Erprobung und im Hinblick auf Weiterentwicklungen erhielt die Klemm Kl 32 V 7 ein Einziehfahrwerk.

größere Gipfelhöhe. Sie war damit ein weit verbreitetes echtes »Gebrauchs-Reiseflugzeug«. Die Kl 32 wurde von 1932 bis 1935 bei Klemm in Böblingen in Serie gebaut und zeichnete sich durch eine Reihe spektakulärer Fernflüge aus. Erwähnenswert sind der Afrika-Flug von *Karl Schwabe* über 30 000 km, für den er den Hindenburg-Pokal erhielt, sowie die Fernflüge von *Elly Beinhorn* und *Marga von Etzdorf*.
Für den Europa-Rundflug 1934 erhielt eine Kl 32 b XII zur Erprobung den neu entwickelten Hirth-Flugmotor HM 8 U. Auch ein HM 506 A-Motor wurde versuchsweise eingebaut.
Die im Kapitel »Europa-Rundflüge geben neue Impulse« erwähnte viersitzige Klemm Kl 36 war ein Wettbewerbsflugzeug, das danach nur in wenigen Einzelexemplaren in einer vereinfachten Ausführung, d. h. ohne Landeklappen, als Kl 36 B gebaut wurde. An der Kl 32 V-7 wurde ein Einziehfahrwerk erprobt.

Messerschmitt Bf/Me 108 »Taifun« – Vorbild für die Zukunft

Das wohl berühmteste deutsche Reiseflugzeug, die »Taifun«, entstand zunächst für den Europa-Rundflug 1934 und wurde dann in etwas abgeänderter Form über viele Jahre – zuletzt in Frankreich – mit insgesamt über 1000 Exemplaren gebaut. Hinsichtlich der Ganzmetall-Konstruktion, der Flugleistungen und -eigenschaften war die Messerschmitt Bf/Me 108 »Taifun« ein Vorbild für mehrere Generationen viersitziger schneller Reiseflugzeuge mit Einziehfahrwerk.
Im September 1933 erhielten die Bayerischen Flugzeugwerke (BFW) in Augsburg vom Reichsluftfahrtministerium (RLM) in Berlin den Entwicklungsauftrag für ein viersitziges Reiseflugzeug, das speziell für den Europa-Rundflug 1934 als Wettbewerbsflugzeug konstruiert und in sechs Exemplaren, d. h. V-Mustern, gebaut werden sollte. Da sich das RLM sehr spät für die deutsche Teilnahme an diesem internationalen Wettbewerb entschieden hatte, blieb *Willy Messerschmitt* und seiner Entwicklungsmannschaft nur ein Jahr Zeit bis zum Beginn des Wettbewerbes, der 1934 von Polen ausgerichtet wurde. In der Punktebewertung gemäß den Wettbewerbsbedingungen spielte die Minimal- und die

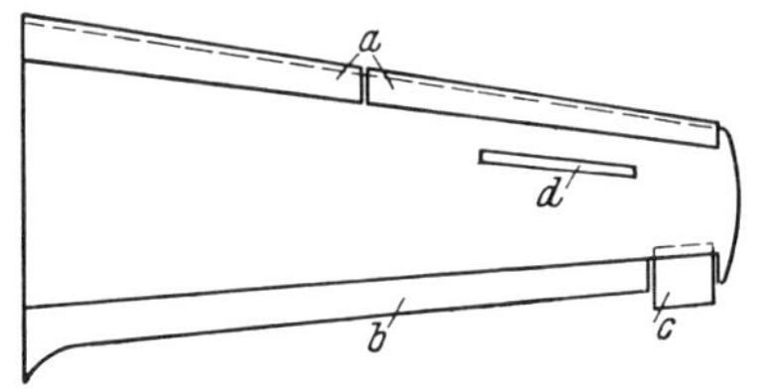

Die Auftriebshilfen der Bf 108 A bestanden aus einem geteilten, sich über die ganze Spannweite erstreckenden Handley-Page-Lachmann-Vorflügel (a), einer großen, nach hinten ausfahrbaren Landeklappe (Hilfsflügel) (b), einem kleinen Querruder (als Klappe) (c) und einer Unterbrecherklappe an der Flügeloberseite (d).

Maximalgeschwindigkeit eine große Rolle, so daß man bestrebt war, niedrige Langsamflug- und hohe Reisefluggeschwindigkeiten zu verwirklichen. Als besonders wirksame Hochauftriebshilfen wurden Handley-Page-Lachmann-Vorflügel verwendet, für deren Lizenz *Willy Messerschmitt* seine englischen Patentrechte über die Einholm-Flügelbauweise eintauschte. Im Wettbewerb erreichte die Bf 108 die hohe Geschwindigkeitsspanne von 4,65, d. h. eine Mindestgeschwindigkeit von 62,7 km/h und eine Höchstflugge-

Wettbewerbsausführung Bf 108 A mit Hirth HM 8U-Motor und Dreiblattpropeller.

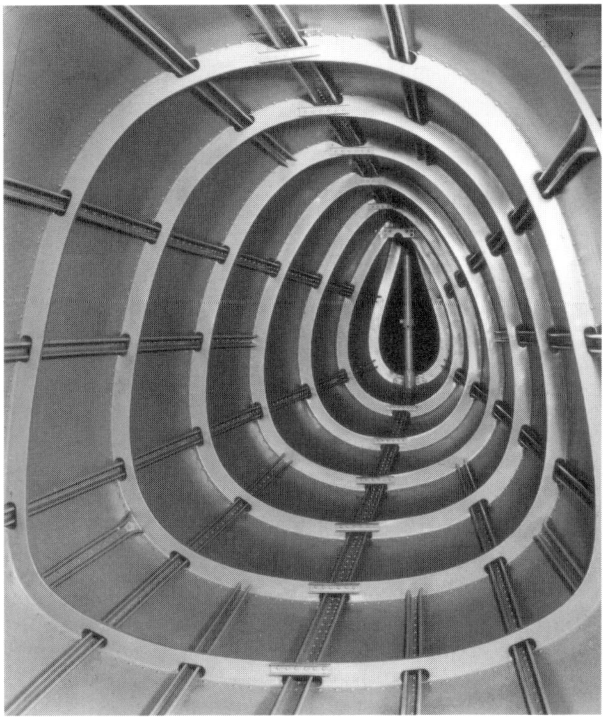

Blick in den Schalenrumpf der Bf 108.

schwindigkeit über eine 300-km-Strecke von 291 km/h. Beim zweiteiligen Vorflügel ließen sich die inneren Abschnitte mittels eines Handrades – gleichzeitig mit den Landeklappen – ausfahren, während die äußeren Teile automatisch, d. h. abhängig von Anströmgeschwindigkeit und Anstellwinkel, ausfuhren. Die Landeklappen waren schmale, sich über die ganze Spannweite erstreckende Hilfsflügel mit Düsenschlitz; sie konnten mit maximal 31 Grad nach unten ausgefahren werden. Als Querruder sah man an der Flügeloberseite zunächst nur Unterbrecherklappen (Spoiler) vor, die sich aber im Fluge nicht bewährten. Sie wurden zunächst durch Querruderklappen, später durch normale Querruder ersetzt.

Das Messerschmitt-Entwicklungsteam für die Bf 108, die zunächst die interne Werksbezeichnung M 37 hatte, bestand aus *Robert Lusser* als Projektleiter, *Richard Bauer* als Konstruktionsleiter und *Hubert Bauer* als Versuchsbauleiter. Sie konzipierten, konstruierten und bauten die Bf 108 als modernes Ganzmetallflugzeug in Schalenbauweise mit Einziehfahrwerk, Dreiblattpropeller und dem neu entwickelten Hirth HM 8U-Flugmotor mit 176 kW (240 PS) Startleistung, einem Achtzylinder in hängender V-Form mit Untersetzungsgetriebe. Beispielhaft waren die Konstruktionsprinzipien beim einholmigen Tragflügel in Schalenbauweise mit Duralbeplankung und Versenknieten und beim Rumpf als leichte und steife Vollschale mit aneinandergenieteten Blechringen, die an einer Seite nach innen aufge-

Serienausführung des Reiseflugzeuges Messerschmitt Me 108 B-1 »Taifun« mit Argus As 10 C-Motor.

In der Serienausführung hatte die »Taifun« als Auftriebshilfen automatisch ausfahrende Vorflügel und große Landeklappen.

bördelt und durch Längsprofile verstärkt waren. Durch diese Bauweise wurde eine hohe Oberflächengüte erreicht.
Das Fahrgestell bestand aus zwei freitragenden ölgedämpften Federbeinen und konnte mechanisch über einen Ratschenhebel und einen Schneckentrieb vollständig in die Radausschnitte des Flügels eingezogen werden.
Die geräumige viersitzige Kabine mit großen Flügeltüren bestand aus einer Metallschale. Die Türen konnten im Gefahrenfall abgeworfen werden. An die Kabine schloß sich ein größerer Gepäckraum an.
Der Erstflug der Bf 108 V-1 fand am 13. Juni 1934 in Augsburg statt; der Pilot war *Carl Francke.* An dem Europa-Rundflug, der bereits Ende August in Warschau begann, nahmen vier Bf 108 mit den Piloten *Otto Brindlinger, Carl Francke, Theo Osterkamp* und *Werner Junck* teil. Nur die Bf 108 V-4 hatte anstelle des Hirth HM 8 U-Motors einen etwas schwächeren Argus As 17 A-Motor (165 kW/ 225 PS) mit sechs hängenden Zylindern. *Theo Osterkamp* erreichte in der Gesamtwertung den 5., *Werner Junck* den

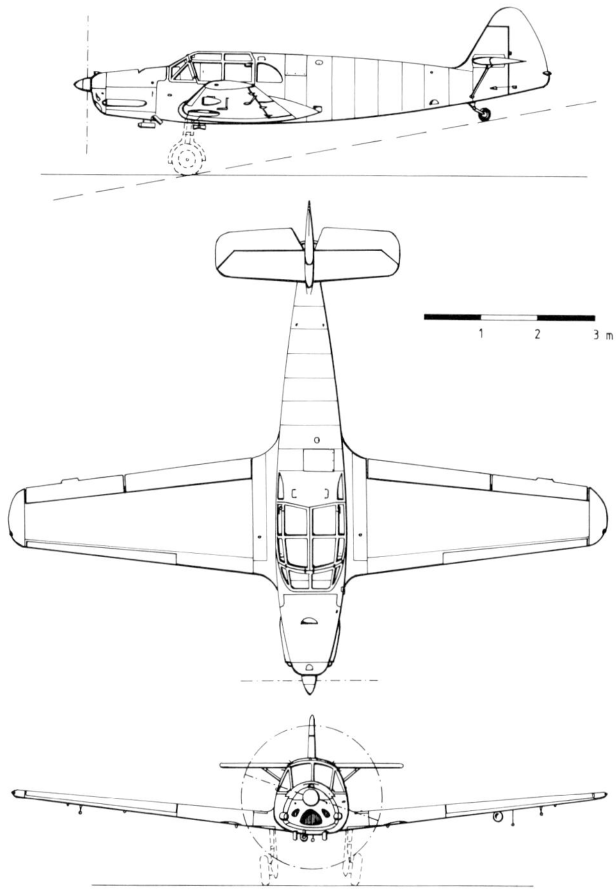

Dreiseitenansicht der Me 108 »Taifun«.

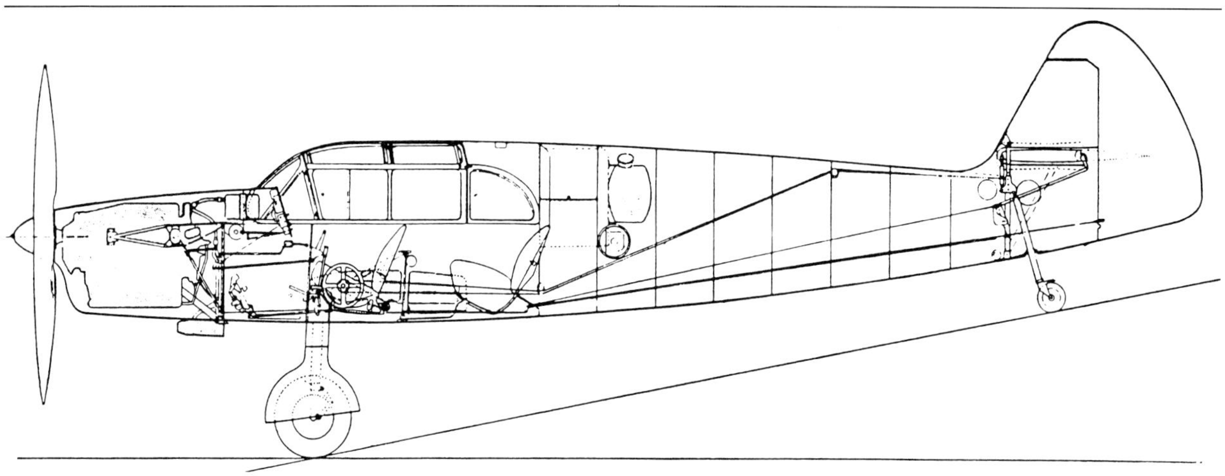

Längsschnitt der Me 108 B.

Vorderer Teil der Kabine mit Instrumentenbrett der Me 108.

6. und *Carl Francke* den 16. Platz. Als schnellstes Flugzeug des Wettbewerbes erreichte die Bf 108 V-5 über eine 300-km-Strecke eine Geschwindigkeit von 291 km/h.
Bald nach diesen Wettbewerbserfolgen erhielten die Bayerischen Flugzeugwerke vom RLM im Rahmen des Flugzeugbeschaffungsplanes von 1935 einen Auftrag auf sieben Nullserienflugzeuge und 45 Serienflugzeuge – als Schul- und Verbindungsflugzeuge für die Luftwaffe. Nach gründlicher Überarbeitung ging die Bf 108 B im Laufe des Jahres 1936 in die Serienfertigung; die Auslieferung begann im Herbst 1936 im Werk Augsburg und wurde 1938/39 in das Werk Regensburg verlagert. Gegenüber der Baureihe A, der Europa-Rundflug-Version, wurde nun der Argus As 10 C-Motor mit 176 kW (240 PS) mit Verstellpropeller (Messerschmitt Me P7 oder Argus) eingebaut. Geändert gegenüber der Baureihe A wurden auch noch Vorflügel und Querruder; die Unterbrecher und die Klappenquerruder entfielen. Die Spannweite wurde etwas vergrößert und das Flugzeug entsprechend dem Verwendungszweck mit größeren Kraftstoffbehältern, Landescheinwerfern usw. ausgerüstet. Die Geschwindigkeitsspanne betrug nur noch 3,53, d. h. 85 km/h als Landegeschwindigkeit und rund 300 km/h als Höchstgeschwindigkeit. Bei vier Stunden Flugdauer ergab sich eine Reichweite von rund 1000 km.
Zahlreiche Wettbewerbserfolge und Langstreckenflüge in den Jahren 1935 bis 1939 machten die Bf/Me 108 »Taifun« – wie sie nach der Namensgebung durch *Elly Beinhorn* im August 1935 hieß – weltbekannt. Die »Taifun« wurde eines der erfolgreichsten deutschen Exportflugzeuge und flog in 15 Ländern, darunter auch als Kleinverkehrsflugzeug in der Mandschurei.
Der Chefpilot der Hirth-Motorenwerke *Hermann Illg* stellte am 8. Juli 1939 einen Höhenrekord in der Klasse C mit 9075 m auf, wobei er eine Bf 108 C mit einem Hirth HM 508-Motor von 200 kW/270 PS Startleistung flog.
Für den Hauptabnehmer in der Zeit des Zweiten Weltkrieges, die Luftwaffe, wurde die Bf/Me 108 nochmals überarbeitet und als Baureihe D ab Herbst 1941 im Werk Regensburg gefertigt. Wenige Monate später verlegte man

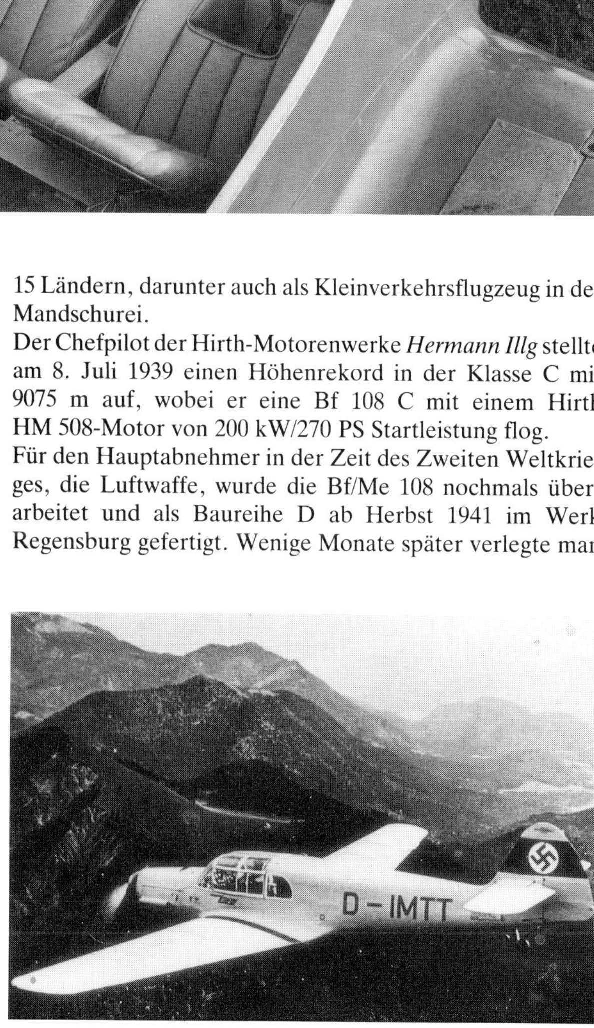

Das Werksflugzeug der Firma Messerschmitt, eine Me 108 B »Taifun« mit der Kennung D-IMTT.

die gesamte Fertigung nach Frankreich zur Société National de Construction Aéronautique du Nord (SNCAN) nach Les Mureaux bei Paris. Von der Bf/Me 108 gab es in der Zwischenzeit eine Ausführung für den Tropeneinsatz mit Sandabscheider, zusätzlichen Entlüftungen, vergrößerten Ölkühlern und Zusatzkraftstoffbehältern in der Kabine, mit 24-V-Anlage und größerem Generator. Die 108 B trop konnte nur dreisitzig geflogen werden.
Die in Augsburg begonnene Entwicklung der Bugradversion, mit der Bezeichnung Me 208, wurde in Les Mureaux fortgeführt und eine Bf 108 dazu umgebaut. Der Erstflug der Me 208 V-1 verzögerte sich stark und fand erst im Juli 1943 statt.
Bald nach dem Rückzug der deutschen Truppen aus dem Raum von Paris begann man für die wieder gebildete Armée de l'Air mit dem Weiterbau mehrerer deutscher Flugzeugmuster, so auch der Bf 108 D, solange Argus-Flugmotoren zur Verfügung standen. Danach wurden die französischen Ableitungen Nord 1001 »Pinguin« und Nord 1101 »Noralpha« mit Bugrad, beide mit Renault 6 Q-Motoren von 176 kW/240 PS, weitergebaut.

Arado Ar 79 – ein Privatreiseflugzeug

In einem Werbeprospekt, einer Werbeschrift von 1938, zur zweisitzigen Arado Ar 79 heißt es unter anderem:

»Warum überhaupt Privatreiseflugzeug? Wenn Sie das einen langjährigen Flugzeugbesitzer fragen, dann spüren Sie aus seinen Worten die Liebe zu dem Fluidum, das die Lufttouristik umgibt.
Fliegen um seiner selbst willen ist zwar wunderbar, aber es ist ein nicht ganz billiger Sport.
Wenn Sie aber viel und schnell geschäftlich reisen müssen, ist die Ar 79 bestimmt kein Luxus mehr . . . Denn der Anschaffungspreis entspricht dem eines guten Reisekraftwagens, und die Unterhaltungskosten sind infolge der Wahl bester Werkstoffe und eines Benzinverbrauchs von nur 11 l auf 100 km denkbar gering.
Sie wollen zu einem 500 km entfernten Ort reisen. Der D-Zug macht 80 km/h. Ihr Kraftwagen vielleicht auch. Aber die Ar 79 über 200. Für die Fahrt brauchen Sie also 7 Stunden, für den Flug mit der Ar 79 nur 2½ . . .
Sie sparen Geld und Zeit . . . Sie sind an keinen Fahrplan gebunden. Wenn Sie am gleichen Tag wieder heim wollen . . . – dann brauchen Sie nicht Koffer packen, nächtliche Eisenbahnfahrten oder Hotelübernachtungen auf sich zu nehmen.
Die Ar 79 ist wunderbar bequem. Die Kabine ist in dunkelrotem Leder gehalten, die Sitze liegen nebeneinander . . . Sie können auch die Haube beliebig weit zurückschieben und offen fliegen . . . Jede Tür bildet zugleich eine Längshälfte der Bedachung. Wenn Sie sie nach hinten auf den Rumpf schieben, haben Sie über die Tiefdeckerflächen und die niedrige Bordwand hinweg einen denkbar bequemen und ganzkopffreien Ein- und Ausstieg.«

Das so vorgestellte zweisitzige Reiseflugzeug mit Einziehfahrwerk kostete damals rund 22 000,– RM. Es war von *Walter Blume* zusammen mit *Wilhelm van Nes* entworfen worden; dabei wurden teilweise ungewöhnliche, aber recht fortschrittliche Bauweisen angewendet. Das Flugzeug wurde 1937 so »nebenher« entwickelt, etwa gleichzeitig mit den militärischen Schul- und Übungsflugzeugen Ar 69, Ar 76 und Ar 77. Die Firma Arado, vielleicht mehr noch der Weltkriegsflieger *Walter Blume* persönlich, wollten sich mit der Arado Ar 79 ihre Vorstellungen zum kleinen schnellen Reiseflugzeug erfüllen, einen Beitrag zum deutschen Flugsport leisten und ein marktgerechtes modernes Flugzeug auch für den Export anbieten. Vom Anschaffungspreis und von den Betriebskosten her wollte man deutlich unterhalb der angebotenen drei- und viersitzigen deutschen Reiseflugzeuge liegen.
Die Arado Ar 79 wurde im Jahre 1938 durch eine Reihe von Rekordflügen weltweit bekannt. Dennoch kam es nicht zu einem sogenannten Durchbruch – vergleichbar mit der Messerschmitt »Taifun«. Die Arado Ar 79 kam kurz vor dem

Das zweisitzige Reiseflugzeug Arado Ar 79 mit Hirth HM 504-Motor.

Das einziehbare Fahrwerk hatte eine Spannweite von zwei Metern.

Zweiten Weltkrieg heraus; zu dieser Zeit dominierten bereits die Rüstungsaufträge, und in dem umfangreichen Typenprogramm waren andere Schul- und Verbindungsflugzeuge in größeren Stückzahlen bestellt worden. Die Ar 79 wurde als Schulflugzeug (Beanspruchungsgruppe S 4), für den Reiseflug (P 3) und für den uneingeschränkten Kunstflug (H 5) angeboten. Die Abflugmasse betrug dabei 800 kg, 830 kg bzw. 665 kg, die entsprechenden Flächenbelastungen 57,1, 59,3 und 47,5 kg/m². Mit 230 km/h Höchstgeschwindigkeit, 205 km/h im Reiseflug, 1025 km Reichweite bei rund 5 Stunden Flugdauer, war die Ar 79 ein leistungsfähiges kleines Flugzeug, aerodynamisch hochwertig und zukunftsweisend. Als Antrieb war der Hirth HM 504 A-2-Motor mit 77 kW/105 PS Startleistung eingebaut, ein luftgekühlter Vierzylinder in hängender Bauart.
Die wichtigsten Konstruktionsmerkmale der Tragfläche waren die einholmige Holzbauweise mit Torsionsnase, teilweise mit Sperrholz beplankt und teilweise mit Stoff bespannt sowie eine durchgehende Ganzmetall-Spreizklappe. Der Rumpf war im Vorderteil ein blechbeplanktes Stahlrohrgerüst und im hinteren Teil eine punktgeschweißte Elektron-Schalenkonstruktion. Die Seitenfenster waren tief herausgezogen und ergaben ein großes Blickfeld. Die voll verglaste Haube konnte ganz zurückgeschoben werden und ermöglichte einen bequemen Ein- und Ausstieg. Der große Gepäckraum gleich hinter den Sitzen war im Fluge zugängig. Das von Hand einziehbare Fahrgestell mit 2 m Spurweite hatte hydraulische Bremsen. Das typische Arado-Leitwerk, das wegen seiner Trudelsicherheit bekannt war, wurde auch bei der Ar 79 angewendet – als Ganzmetallkonstruktion; nur die Ruder waren stoffbespannt. Wie seitens des Herstellers angegeben, war die Materialauswahl wertmäßig zu über 86% den Erfordernissen des damaligen »Vierjahresplanes« angepaßt, d. h. sogenannte Sparstoffe wurden nur in geringem Umfang verwendet.
Gebaut wurden in der Zeit von 1938 bis 1941 nur 42 Ar 79. Die Arado Ar 79 erflog im Juli 1938 zwei bemerkenswerte internationale Geschwindigkeitsrekorde in der Klasse C 3 über Meßstrecken von 50 bzw. 100 km, und zwar über 1000 km mit 229,040 km/h und über 2000 km mit 227,029 km/h. Bei den internationalen Luftrennen in Frankfurt war in beiden Jahren die Ar 79 die schnellste Maschine ihrer

Das Instrumentenbrett der Ar 79 mit den Bedienhebeln. Der Hebel zum Einziehen des Fahrgestells befand sich vorne zwischen den Sitzen.

Zum Langstreckenflug war die Ar 79 mit vergrößerten Kabinentanks und einem abwerfbaren Zusatzbehälter unter dem Rumpf ausgerüstet.

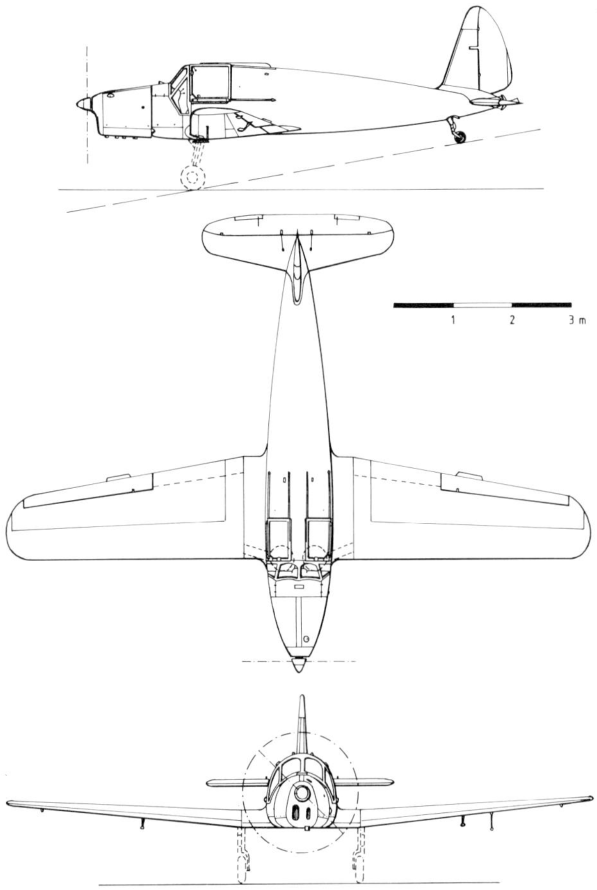

Dreiseitenansicht der Arado Ar 79.

Klasse. Einen stark beachteten Langstreckenrekord flog die Besatzung *Rudolf Jennet* und *Horst Pulkowski* Ende Dezember 1938 in über 40 Stunden Flugzeit von Bengasi (Libyen) nach Gaya (Indien) nonstop über 6303 km. Die Durchschnittsgeschwindigkeit betrug dabei 160 km/h. Das Flugzeug hatte dazu einen vergrößerten Kabinentank (520 l statt 120 l) und einen abwerfbaren Zusatzbehälter unter dem Rumpf von 106 l. Beim Start zum Rekordflug betrug die Abflugmasse 1190 kg; davon waren 464 kg Benzin. Der Flug wurde anschließend – im Auftrage der Aradowerke zu Vorführungen – in mehreren Etappen bis nach Sidney fortgesetzt.
Das zweisitzige Reiseflugzeug Arado Ar 79 war ein Meilenstein des deutschen Sportflugzeugbaues, wenn auch – kriegsbedingt – der große Verkaufserfolg ausblieb.

Reiseviersitzer und Verbindungsflugzeug Klemm Kl 151

Die bei den Flugzeugmustern Kl 105 und Kl 107 eingeführte und bewährte Halbschalen-Holzbauweise des Rumpfes veranlaßte *Hanns Klemm* zur Projektierung von zwei viersitzigen Reiseflugzeugen, der einmotorigen Kl 151 und der zweimotorigen Kl 152. Wegen des Kriegsausbruches mußten zunächst beide Projekte zurückgestellt werden. Erst 1940, als das Reichsluftfahrtministerium an einem ganz aus Holz hergestellten Verbindungsflugzeug – in der »Taifun-Klasse« – interessiert war, kam es zu einem Entwicklungsauftrag für die Klemm Kl 151, ausgerüstet mit dem Argus-Flugmotor As 10 P von 176 kW/240 PS. Als Weiterentwicklung sollte eine Kl 151 B einen Argus As 410 von 342 kW/465 PS Startleistung erhalten.

Das Verbindungsflugzeug Klemm Kl 151 entstand während des Zweiten Weltkrieges; zu einer Serienfertigung kam es nicht.

Der Leiter des Klemm-Konstruktionsbüros *Carl Bucher* verwendete die Bauvorrichtungen, die für die Herstellung der Rumpfschalen der Kl 105 und Kl 107 gedient hatten. Anstelle von Birkensperrholz mußte Buchensperrholz verwendet werden. Das für die Kl 151 benötigte Rumpfende wurde als Stahlrohrkonstruktion ausgeführt.
Da das RLM darauf bestand, das Einziehfahrwerk der Bf 108 zu übernehmen, und beim Holzflügel Schwierigkeiten bei der Statik – zur Unterbringung der Räder – bestanden, erhielt der Prototyp zunächst ein festes Dreibeinfahrwerk. Den Erstflug führte *Karl Voy,* der Chefpilot von Klemm, am 10. September 1942 durch. Die Erprobung verlief ohne Schwierigkeiten; die Musterprüfung – weiterhin mit festem Fahrwerk – wurde im Februar 1943 abgeschlossen.
Auf Grund von schlechten Erfahrungen auf aufgeweichten Feldflugplätzen an der Ostfront wurde die Kl 151 mit einem festen, d. h. nicht einziehbaren, aber verstärkten Fahrgestell mit sehr stabilen geschweißten Stahlblechbeschlägen versehen und erprobt. Die Kl 151 V-1 flog längere Zeit als Reise- bzw. Kurierflugzeug der Firma Klemm für die Serienvorbereitung des Raketenjägers Me 163 im Klemm-Werk Böblingen. Die an die Firma Zlin in Brünn vom RLM übertragene Serienfertigung der Kl 151 mit Einziehfahrwerk lief nicht mehr an. So hatte – wie bei der Arado 79 – wegen des Kriegsgeschehens ein durchaus fortschrittliches Klemm-Flugzeug nicht den verdienten Erfolg.

Von den fünf genannten zukunftsweisenden deutschen Reiseflugzeugen fliegen noch einige Original-Bf/Me 108 »Taifun« – darunter die DASA-Traditionsmaschine. Weitere »Taifun« sowie eine einzige Arado Ar 79 sind in Museen erhalten geblieben.

Motorflugsport in Deutschland (1919–1939)

Wenn sich die Verfasser darauf geeinigt haben, den Teil 2 dieses Buches »Die große Zeit der deutschen Sportflugzeuge« zu überschreiben, so ist das nicht etwa eine nostalgische oder gar nationalistische, sondern eine rein sachliche Feststellung. Trotz (vor allem zu Anfang) fast unüberwindlicher Schwierigkeiten gelang es einzelnen Konstrukteuren und Piloten in ihrer Begeisterung für die Fliegerei, nach und nach mittelständische Betriebe aufzubauen und internationale Anerkennung zu finden. Daß einige davon in den dreißiger Jahren durch die Förderungsmittel der Luftrüstung zu großen Industriewerken wurden, schmälert nicht die technischen Leistungen ihrer Gründer. Es zeigt allerdings, welches technisch-wissenschaftliche Potential in der Entwicklung kleiner Flugzeuge steckt, mit denen die meisten begonnen haben. Ob dieses zu friedlichen oder zu militärischen Zwecken genutzt wird, ist eine historische Schicksalsfrage, auf die es im Zusammenhang mit diesem Buch keine Antwort geben kann.
Es ist wohl kaum zu bezweifeln, daß das meiste, was in den zwanziger und dreißiger Jahren erfunden, ertüftelt, erprobt und weiterentwickelt wurde, heute noch Gültigkeit hat und zum Standard vergleichbarer Flugzeuge gehört. Abgesehen von der Kunststoffbauweise, die sich bei Sport- und Reiseflugzeugen allmählich durchsetzt, und von der Verfeinerung der Fluginstrumente und Navigationsverfahren hat es bis in die neunziger Jahre keineswegs soviel Neues und Wichtiges gegeben, wie wir glauben möchten. Ein Vergleich der Leistungsdaten der Leichtflugzeuge von damals und von heute kann das bestätigen. Wenn man sich vor Augen hält, daß es meist nur einzelne waren, die mit geringsten finanziellen und technischen Mitteln allein mit dem Rechenschieber Herausragendes geschaffen und oft sogar noch beim Einfliegen ihres Fluggerätes Kopf und Kragen riskiert haben, kann man nur staunen. Die Flugbegeisterung, die sie dazu trieb, war allerdings nicht einseitig, sondern wurde vom überwiegenden Teil der Bevölkerung geteilt. Wenn es hieß »Raab fliegt« oder gar »Udet fliegt«, dann strömten Tausende zu den Flugplätzen, wie auch jede andere Luftfahrtveranstaltung, ob Wettbewerb oder Ausstellung, ihr Publikum fand. Es war wie in den Pionierjahren: technische Neugier, Nähe zu den Piloten, die sich prickelnder Gefahr aussetzten, Sensationslust, aber auch die Teilhabe am »Wunder des Fliegens« (so zeitgenössische Film- und Buchtitel) machten die Flugveranstaltungen so attraktiv, und je lauter die Motoren knatterten, desto besser. Eine allgemeine Luftfahrtbegeisterung hatte die Bevölkerung erfaßt und hielt sie in ihrem Bann. Sie war nicht zuletzt durch den Segelflug auf der Wasserkuppe ausgelöst worden. Daß ohne Motor stundenlange Flüge möglich waren oder daß ein Motorradmotor genügte, um einen Menschen in der Luft zu halten, schien vielen unerklärlich und erweckte besonderes Interesse. Zehntausende scheuten damals nicht die umständliche Bahnfahrt und den langen Fußweg auf die Wasserkuppe, um »dabei«gewesen zu sein.

Die Begeisterung hielt auch in den dreißiger Jahren an und hatte mit der beginnenden Luftrüstung und der militärischen Seite der Luftfahrt zunächst nichts zu tun. Die Anteilnahme am Entstehen einer neuen Luftwaffe wurde erst etwa von der Mitte der dreißiger Jahre an durch geschickte »Propa-

ganda« und imponierende Großdemonstrationen von Luftwaffengerät auf Flugtagen geweckt.
Es läßt sich nicht bestreiten, daß mit der Machtübernahme der Nationalsozialisten 1933 nach Jahren materieller Probleme eine großzügige Förderung des Luftsports begonnen hatte – doch zu welchem Zweck? Darüber machten sich nur wenige Flieger Gedanken. Selbst die Gleichschaltung und Uniformierung des Luftsports nahm man in Kauf. Mehr oder minder ignoriert wurde auch der Ausschluß jüdischer Fliegerkameraden. Das Fliegen kostete nur noch wenig oder gar nichts mehr. Wer wollte und die gesundheitlichen Vorbedingungen erfüllte, konnte im Rahmen der »Flieger-HJ« oder des »NSFK« zumindest segelfliegen lernen. Besondere Eigenschaften, die ein Flieger haben sollte, wie Ausdauer, Mut, Entschlußfreudigkeit, wurden von der nationalsozialistischen Erziehungslehre okkupiert. Das deutsche Volk sollte »ein Volk von Fliegern werden«, hatte Reichsmarschall *Hermann Göring* als Oberbefehlshaber der Luftwaffe verkündet. Bei der noch bestehenden allgemeinen Flugbegeisterung war es kein Wunder, daß Zehntausende junger Leute diese Möglichkeit wahrnahmen. Viele, allzu viele haben dafür im Zweiten Weltkrieg mit ihrem Leben bezahlen müssen.
Von denen, die zurückkamen, hatten die meisten trotz allem, was in dem mörderischen Krieg geschehen war, ihre Flugbegeisterung nicht verloren. Mit ihnen begann der Wiederaufbau des Luftsports und der dazu notwendigen Technik – siehe den folgenden Teil 3.

1932: Die Heinkel He 64, ein schnelles Sportflugzeug mit einer bis dahin unerreichten Geschwindigkeitsspanne, die erste Konstruktion der Gebrüder *Günter* bei Heinkel – als frühe Stufe einer Entwicklung, die zum modernen Schnellflugzeug führte. *Fritz Morzik* erzielte damit auf Anhieb den zweiten Platz beim Europa-Rundflug 1932. Auch die damals schon sehr bekannte Sportfliegerin *Elly Beinhorn* bekam Gelegenheit, die He 64 zu fliegen – und war begeistert. In Ernst Heinkels Gästebuch schrieb sie: »Ich müßte keine Frau sein, um neben ihren höchsten fliegerischen Qualitäten nicht die rassige Schönheit der He 64 voll zu empfinden.«

Teil 3: »Aufsteigen kann man nur gegen den Wind«

(Chinesisches Sprichwort)

Wiederaufbau 1955–1995

Günter Brinkmann und Kyrill von Gersdorff

Leitlinien in der Übersicht

Für alle, die an der deutschen Luftfahrt und speziell am Luftsport mit motorisiertem Fluggerät interessiert sind, ist der 5. Mai 1955 ein denkwürdiges Datum. Damals wurde, ein Jahrzehnt nach dem Zusammenbruch Deutschlands und dem absoluten Verbot jeglichen Flugzeugbaues, auch der Motorflug wieder zugelassen. Der Segelflug war bereits 1951 freigegeben worden. Die in den harten Anfangsjahren gewonnenen Erfahrungen erleichterten den Wiederbeginn des Motorfluges, der dennoch schwierig genug blieb.

Am Anfang war es zunächst ein »Fliegen um des Fliegens willen« (wie um 1910 und um 1920) – egal womit. Fragen der Wirtschaftlichkeit, manchmal sogar der Sicherheit waren zunächst noch zweitrangig. Wie Süchtige mit Entzugserscheinungen stürzten sich manche Flugbegeisterte auf jedes Fluggerät, das ihnen erreichbar war. Nach der Entlassung aus der Gefangenschaft, der Not der ersten Nachkriegsjahre und der Gründung einer zunächst noch recht bescheidenen bürgerlichen Existenz bauten sich nicht wenige im Verein oder auch allein auf sich gestellt eigene Flugzeuge. Zunächst waren es Gleit- und Segelflugzeuge – meist bewährte Muster aus der Vorkriegszeit, doch auch bereits Neukonstruktionen. Nach der Freigabe des Motorfluges tauchten einige Amateurbauten auf, die an die ebenfalls aus einer Notsituation heraus entstandenen »Volksflugzeuge« der zwanziger Jahre erinnerten (s. Teil 2, Kap. »Volksflugzeuge«).

Nur die Konstrukteure, die aus dem Segelflugzeugbau genügend Erfahrungen oder von früher her spezielle Fachkenntnisse mitbrachten, gaben echte Impulse für den Wiederbeginn – so *Egon Scheibe* mit seinem »Sperling« und *Heini Dittmar* mit der »Motor-Möwe«. Mit der Übernahme bewährter Konstruktionselemente und -methoden in Anknüpfung an die dreißiger und vierziger Jahre entstanden so allmählich einige mittelständische Gewerbebetriebe, die wieder, wenn auch nur in geringem Umfang, Sportflugzeuge anbieten konnten. Parallel dazu ergaben sich Kontakte zwischen ideenreichen Konstrukteuren und Erbauern sowie neugegründeten größeren Herstellerfirmen, die sich (wie *Ludwig Bölkow* und *Claude Dornier*) für den wiederentstehenden Markt für Sport- und Reiseflugzeuge zu interessieren begannen und nach erheblichen Anfangsschwierigkeiten schließlich doch beachtliche Erfolge erzielten. Selbst der Kurzstarter Do 27, obwohl als Mehrzweckflugzeug für den militärischen und gewerblichen Bereich konzipiert, wurde in den sechziger und siebziger Jahren zu einem beliebten Schlepp- und Reiseflugzeug. Ausgemusterte Flugzeuge der Bundeswehr konnten über die VEBEG GmbH, einem Vertriebs- und Treuhandunternehmen des Bundes, zu günstigen Bedingungen erworben werden. Die Betriebs- und Reparaturkosten z. B. der Do 27 waren jedoch recht hoch.

Ein billigerer Weg zum Erwerb eines eigenen Vereins- oder Privatflugzeugs war der Rückkauf erfolgreicher deutscher Baumuster der dreißiger und vierziger Jahre aus dem Ausland, beispielsweise von Bü 181 »Bestmann« und Me 108 »Taifun« aus Schweden sowie von Bü 131 »Jungmann« aus Spanien, oder der Kauf von im Ausland (manchmal ohne Lizenzbeachtung) nachgebauten deutschen Flugzeugmustern (wie ebenfalls der Bü 181 in Ägypten). Dieses bewährte Schulflugzeug war nicht zuletzt deshalb beliebt, weil es vielen älteren Flugbegeisterten von ihrer Ausbildung bei der deutschen Luftwaffe her noch wohlvertraut war und ihnen die Erneuerung ihres Pilotenscheines dadurch wesentlich erleichtert wurde.

Auch in Deutschland sind in begrenztem Umfang Flugzeugmuster aus den dreißiger Jahren nachgebaut worden, so die Klemm Kl 107, die zwanzig Jahre nach ihrem Erstflug im Jahre 1937 von *Ludwig Bölkow* überarbeitet und in einer kleinen Serie bei der Apparatebau Nabern gebaut wurde.

Doch der Rückkauf bzw. Nachbau früherer deutscher Flugzeugmuster sowie das Restaurieren von Oldtimern, die in irgendwelchen Verstecken den Zusammenbruch überdauert hatten, war nur ein Tropfen auf den heißen Stein. Es war eine Zeit des Aufbruchs, der durch Leistungsbereitschaft, Ideenreichtum und unternehmerischen Mut im industriellen Bereich zum Wirtschaftswunder führte und sich auch auf die beginnende Luftfahrt, sogar auf den Luftsport auswirkte; denn noch wurden Flugzeuggeräusche nicht als Belästigung und Motorflugzeuge nicht als Störenfriede der Natur empfunden. Es gab noch keinen von Ideologen geschürten Neid auf die angeblich Reichen, die sich das Fliegen auf Kosten anderer leisten konnten, und noch keine Spekulanten, denen an Flugplätzen oder deren Randgebieten als gewinnträchtigem Baugelände gelegen war. Der zunehmende Luftverkehr und der nicht minder anwachsende Luftsport galten als Indiz für die Konsolidierung des Wirtschaftswunders und waren für die meisten Bundesbürger eher ein Anlaß zur Freude als ein Ärgernis. Wohl niemand nahm Anstoß am weiteren Wachstum – auch des Luftsports.

Der zunehmende Bedarf an leichten Motorflugzeugen rief ausländische, vor allem US-amerikanische Anbieter auf den Plan, die nun das bestehende Vakuum mit ihren Mustern ausfüllten. Schon sehr bald beherrschten die Typenfamilien der Pipers und Cessnas aus den USA das Bild auf den deutschen Flugplätzen. Zu ihnen gesellten sich französische Leichtflugzeugmuster wie Jodel, Morane und später auch Robin sowie italienische und englische Leichtflugzeuge. Sie konnten zollfrei eingeführt werden und waren erheblich billiger als entsprechende deutsche Muster.

In Teilbereichen ähnlich, vom Umfang her allerdings kaum vergleichbar, verlief die Entwicklung in Mitteldeutschland, in der damaligen DDR, nur daß dort russische, polnische und tschechische Flugzeugmuster vorherrschend wurden. Soweit bekannt, ist dort nur ein eigenes Leichtflugzeugmuster entstanden: Anfang der sechziger Jahre der Zweisitzer FFS-100 »Tourist« aus der Werkstatt der Flugsportschule Schönhagen. Er blieb ein Einzelstück. Äußerlich entsprach er dem »Smaragd« von Schempp-Hirth, der wiederum der Lizenzbau einer französischen Konstruktion (»Emeraude«) war.

Doch auch in der Bundesrepublik Deutschland fand sich für Neuentwicklungen kein goldener Boden. Leichtflugzeuge, von einzelnen Enthusiasten auf Sparflamme gebaut und von der Motorisierung her meist reichlich schwach auf der Brust, hatten kaum Verkaufschancen. Selbst die ausreichend starken und oft herausragend leistungsfähigen Konstruktionen größerer Firmen kamen über Einzelstücke oder Kleinserien kaum hinaus. Die meisten der nach 1955 hoffnungsvoll gegründeten Betriebe mußten schon nach wenigen Jahren aufgeben. Gegen die in Großserien sehr einfach gebauten, daher preisgünstigen Pipers und Cessnas war so leicht nicht anzukommen. Zudem waren sie den meisten jüngeren Piloten schon von der Ausbildung her vertraut und bedeuteten kein zusätzliches Handicap. Daß sie bautechnisch und aerodynamisch über den Stand der dreißiger Jahre kaum hinausgekommen waren, nahm man in Kauf. Dafür waren sie im Vergleich zu manchen Neukonstruktionen ausgereift. Einen großen Vorteil bedeuteten auch die weltweiten Wartungs- und Reparaturmöglichkeiten. Gleiches gilt für die Flugmotoren aus den USA: Man flog (und fliegt überwiegend heute noch) Lycoming oder Continental, deren Grundkonstruktion ebenfalls aus den dreißiger Jahren stammt.

Doch trotz aller wirtschaftlichen Schwierigkeiten gaben die deutschen Flugzeughersteller nicht auf. Begonnen hatte der Flugzeugbau nach 1955 mit der konventionellen Holz- oder Gemischtbauweise, wie sie für Sportflugzeuge, aufbauend auf den Erfahrungen im Segelflugzeugbau, in den dreißiger Jahren überwog. An die guten Erfahrungen, die mit der Messerschmitt Me 108 »Taifun« und der Arado Ar 79 im Metallbau gemacht worden waren, knüpften vor allem größere Firmen wie Bölkow und speziell erfahrene Konstrukteure an. Doch mit der Blume Bl 500, die bereits ein Laminarprofil besaß, und der Siat 222 und 223 blieben wirtschaftliche Erfolge aus. Von der Bölkow Bo 208 »Junior«, einem Lizenzbau des schwedischen Amateurflugzeugbauers *Andreasson,* konnten immerhin 200 Exemplare verkauft werden. Die Hoffnungen hingegen, die man auf den Ganzmetall-Zweisitzer Bo 209 »Monsun« (der Weiterentwicklung einer Konstruktion von *Hermann Mylius*) gesetzt hatte, erfüllten sich trotz hervorragender Beurteilungen durch die Fachwelt nur in begrenztem Umfang: 101 Exemplare wurden hergestellt. Noch immer begünstigte die Zollfreiheit die Einfuhr kompletter ausländischer Flugzeuge, während die deutschen Hersteller für die Einfuhr einzelner Teile (wie Flugmotoren oder Fahrwerksbeinen) aus dem Ausland Zoll bezahlen mußten. Trotz aller Bemühungen konnte eine Gleichbehandlung nicht erreicht werden. Zudem blieb jegliche staatliche Unterstützung weiterhin aus.

Ganz anders verlief die Entwicklung bei den Segelflugzeugen, bei denen die aerodynamischen und bautechnischen Verbesserungen zu einer permanenten und im (vorläufigen) Endergebnis geradezu verblüffenden Leistungssteigerungen führten (siehe Band 19, »Die Evolution der Segelflugzeuge«). Die deutschen Konstruktionen beherrschten sehr bald den Weltmarkt und haben ihre führende Position bis heute nicht verloren: Bei internationalen Wettbewerben stammen immer mehr als 90 Prozent der vertretenen Leistungssegelflugzeuge aus Deutschland.

Die parallel verlaufende Entwicklung der Motorsegler, die mit Einzelstücken aus denselben Motiven wie bei den Leichtflugzeugen schon vor 1955 eingesetzt hatte, profitierte ebenfalls von der Leistungssteigerung der Segelflugzeuge. Diese betraf nicht nur die »selbststartenden Segelflugzeuge« (meist mit Klapptriebwerk), sondern auch die (meist doppelsitzigen) »Reisemotorsegler«, die man als »schwach motorisierte Leichtflugzeuge, die wegen ihrer erhöhten Spannweite und ihrer aerodynamischen Qualitäten auch zum Segelflug geeignet sind« definieren könnte.

Die damit gemachten guten Erfahrungen wirkten sich schließlich in den siebziger und achtziger Jahren auf die Entwicklung neuer Motorflugzeuge aus. Kostensteigerungen wie die Besteuerung der Luftfahrtbetriebsstoffe hatten den zweisitzigen Motorsegler selbst für eingefleischte Motorflieger interessant gemacht. Dank seiner im Vergleich zu den gängigen Motorflugzeugen weitaus besseren aerodynamischen Durchbildung bietet er die Möglichkeit, mit schwächeren und damit sparsameren Motoren ohne wesentliche Einbuße an Geschwindigkeit bei gleicher Zuverlässigkeit und sogar höherer Sicherheit (wegen seiner besseren Gleitflugleistungen bei Motorausfall) erheblich preisgünstiger zu fliegen.

Eine große Rolle spielt dabei die vom Segelflugzeugbau initiierte und erprobte Kunststoffbauweise. Schon in den sechziger Jahren hatte es einige erfolgreiche Versuche gegeben, sie auch für Motorflugzeuge anzuwenden (erstmals bei der LFU-205). Nachdem sie sich zunächst bei Segelflugzeugen mit Klapptriebwerk in den siebziger Jahren bewährt hatte, wurde sie auch für die »Reisemotorsegler« übernommen. Besonders erfolgreich waren die Grob G 109, die »Dimona« (später die »Super Dimona«) von *Wolf Hoffmann* sowie die SF 36 von *Egon Scheibe.*
Daß diese ausgereiften und leistungsfähigen Kunststoff-Motorsegler bereits als vollwertige Motorflugzeuge angesehen werden, zeigt sich u. a. darin, daß von der Grob G 109 B im Jahre 1990 insgesamt 53 Exemplare für die »Air Cadets« der Royal Air Force geliefert werden konnten.
Trotzdem entwickelte *Burkhart Grob* aus seinen erfolgreichen Motorseglern eigene Kunststoff-Motorflugzeuge geringerer Spannweite (um 10 m) wie die G 115 (zweisitzig) und die G 116 (viersitzig). Den gleichen Weg beschritt *Hoffmann* mit seiner H 40 (zweisitzig). Die aus der »Super-Dimona« entwickelte DV 20 »Katana« wurde in Deutschland als erstes „Einfachflugzeug“ zugelassen.
Zu Hoffnungen berechtigen noch der Reiseviersitzer Ruschmeyer R 90-230 RG (ebenfalls Vollkunststoff), eine Weiterentwicklung der MF-85. Auch der doppelsitzige Motorsegler Stemme S 10, der als selbststartendes Segelflugzeug, als Reisemotorsegler und als Fluggerät für wissenschaftliche Forschungen gleichermaßen interessant ist, wird bereits in kleiner Serie gebaut. »Hilfe von oben« in nennenswertem Umfang und von ausreichender Dauer ist jedoch nicht zu erwarten – wie sie seit 1955 mit wenigen Ausnahmen ausgeblieben ist (im Gegensatz zu anderen europäischen Ländern wie Frankreich). Unterstützt wurden lediglich militärische Projekte und die Entwicklung großer Verkehrsflugzeuge wie des »Airbus«. Das hat sich auf die Entwicklung der Leichtflugzeuge in Deutschland von Anbeginn negativ ausgewirkt, zumal schon von den sechziger Jahren an zuständige Stellen unter dem Einfluß luftfahrtfeindlicher politischer Gruppierungen oder Bürgerinitiativen (hinter denen nicht selten wirtschaftliche Interessen standen und stehen) sogar ein restriktives Verhalten nicht scheuen. Mit Beginn der neunziger Jahre häuften sich sogar die Maßnahmen gegen die Allgemeine Luftfahrt, vor allem gegen den Motor-Luftsport.
Schon als Anfang der achtziger Jahre mit der Einführung der umstrittenen Besteuerung von Flugkraftstoffen für die »Hobbyflieger« ein starker Kostenanstieg beim Betreiber von Sport- und Reiseflugzeugen spürbar wurde, setzte eine Abwanderung ein – nicht nur zum preisgünstigeren Motorsegler, der auch mit MOGAS (Superbenzin) geflogen werden konnte, sondern auch zu den gleichzeitig aufkommenden Ultraleichtflugzeugen. Sie führen »zurück zu den Anfängen«, zum billigen Fliegen um des Fliegens willen. Daß sie in der zwangsläufigen Weiterentwicklung vom »fliegenden Drahtverhau« zu teilweise aerodynamisch hochwertigen Flugzeugen inzwischen auch wieder eine erhebliche Kostensteigerung durchmachen, liegt in der Natur der Sache. Allerdings gibt es schon wieder eine weitere »billige« Alternative, die jedoch nicht jedermanns Sache ist: den motorisierten Gleitschirm, das echte »Rucksackflugzeug«.
An allen diesen Beispielen zeigt sich, wie vielfältig und vielschichtig die Entwicklung der Sport- und Reiseflugzeuge verlaufen ist und sicherlich weiter verlaufen wird. Sie läßt sich in chronolgischer Abfolge nicht insgesamt, sondern nur innerhalb der einzelnen Sparten darstellen. Mit der Kapiteleinteilung wird versucht, dieser Besonderheit gerecht zu werden. Allerdings lassen sich vor allem einige ältere Flugzeugmuster nicht immer eindeutig zuordnen, zumal die Gewichtsgrenzen mehrfach geändert wurden. Insgesamt geht es jedoch um die Entwicklung deutscher Flugzeugmuster unter 2 t Startmasse von 1955 bis Mitte der neunziger Jahre. Zahlenmäßig stärkste Gruppe sind die sogenannten Leichtflugzeuge (eben bis zu 2 t Startmasse), in der allerdings die ausländischen Flugzeugmuster noch immer weit überwiegen. Dazu gehören Sport-, Schul-, Übungs- und Reiseflugzeuge – in Gemischt-, Metall- oder (neuerdings) in Kunststoffbauweise, die vor allem von deutschen Herstellern favorisiert wird. Nicht wenige der neuen Kunststoff-, Leicht- bzw. Einfachflugzeuge entstanden aus GFK-Motorseglern.
Erstaunlich schnell entwickelten sich im letzten Jahrzehnt die Ultraleichtflugzeuge. Überwiegend experimentellen Zwecken dienen die Motorflugzeuge der Akademischen Fliegergruppen (Akafliegs) und der OUV, der Oskar-Ursinus-Vereinigung der Amateurflugzeugbauer. Von einzelnen Piloten und Firmen wurden auch spezielle Kunstflugzeuge konstruiert und gebaut. Sonderkapitel befassen sich mit der Motorenentwicklung sowie den Luftschrauben für Leichtflugzeuge und den damit zusammenhängenden Problemen der Lärmminderung, die fast zu einer Überlebensfrage geworden ist. Die derzeit kritische Situation der Allgemeinen Luftfahrt und des ihr zuzurechnenden Luftsports ist ein weiteres Thema.
Interesse vor allem für den Luftsport zu wecken, Argumente für sein Fortbestehen zu untermauern, seine Verankerung in Wissenschaft und Technik herauszustellen und seine Rolle für deren Weiterentwicklung zu verdeutlichen, sind ein wesentliches Anliegen dieses dritten Buchabschnittes. Die technisch-wissenschaftlichen, physischen und psychischen Herausforderungen des Luftsports machen ihn gerade für junge Leute besonders wertvoll.

Kleine Flugzeuge – große Zahlen

Allgemeine Luftfahrt und Luftsport Mitte der neunziger Jahre

Ein Außenstehender wird es kaum für möglich halten, daß die Leichtflugzeuge, die einmotorigen Flugzeuge unter 2 t Startmasse, gegenwärtig die größte Gruppe unter den Flugzeugen der Allgemeinen Luftfahrt bilden, und das auch nach der Anzahl der Starts und der Flugstunden. Selbst die Verkehrsflugzeuge übertreffen die Zahl der Flugstunden nur geringfügig. Für das Jahr 1994 veröffentlichte das LBA (Luftfahrt-Bundesamt) folgende Zahlen (aus LBA INFO Nr. 28/Februar 1995):

Allgemeine Luftfahrt Stand 1994	Anzahl	Flugstd. in 1000	Flüge in 1000
Flugzeuge unter 2 t	7317	788	1877
Motorsegler	2016	262	461
Segelflugzeuge	7764	580	1022
Hubschrauber	687	155	428
Ballone	1068	46	33
Zugelassene Verkehrsflugzeuge	606	1180	579

Interessant ist in diesem Zusammenhang auch die Anzahl der Luftfahrtunternehmen und -betriebe:

Anzahl Unternehmen/Betriebe	1992	1994
Luftfahrtunternehmen	42	44
Entwicklungsbetriebe	45	36
Herstellerbetriebe	126	123
Instandhaltungsbetriebe	332	370
Luftfahrerschulen (im Zuständigkeitsbereich des LBA)	26	25

Die Aufstellung erweist Umfang und Bedeutung der deutschen Luftfahrtbetriebe für den zivilen Bereich. Sie sind ein Wirtschaftsfaktor, der nicht leichtfertig durch die Kampagnen gegen den Luftsport und die Allgemeine Luftfahrt aufs Spiel gesetzt werden darf. Es geht um viele Arbeitsplätze, die in einer langen Entwicklung entstanden sind und eine hohe Spezialisierung voraussetzen. Schon ist allein in zwei Jahren, von 1992 bis 1994, in einigen Sparten ein Rückgang zu verzeichnen, der allerdings sicherlich auch mit der gegenwärtigen Rezession zusammenhängt. Um so weniger sollten durch unbegründete Diskriminierung weitere Verluste an Arbeitsplätzen und Goodwill provoziert werden. Denn was heute zerstört wird, läßt sich kaum wieder aufbauen.

Schwierig genug war das Wiedererstehen ziviler Luftfahrtbetriebe im geteilten Deutschland nach 1955, das in den folgenden Kapiteln geschildert wird.

1955: Wieder fliegen – doch womit?

Vom Segel- zum Motorflugzeug

Wie schon Anfang der zwanziger Jahre, so war auch bei Wiederbeginn der zivilen Luftfahrt in Deutschland zu Anfang der fünfziger Jahre der motorlose Flug wieder der Vorreiter. Letztlich stand er mit *Otto Lilienthals* Gleitern ja auch am Anfang der gesamten Luftfahrt. Inzwischen aber hatten fünfzig Jahre Luftfahrtentwicklung eine breite Grundlage geschaffen, auf der trotz der wirtschaftlichen Probleme der Nachkriegszeit aufgebaut werden konnte. Mit und nach der Freigabe des Segelfluges im Jahre 1951 erschienen außer Nachbauten bewährter früherer Muster auch Neukonstruktionen, von denen manche in Richtung Motorsegler tendierten. Einige waren aber von vornherein so ausgelegt, daß sie nach der Freigabe auch des Motorfluges lediglich durch Einbau eines geeigneten Triebwerkes zu vollwertigen Motorflugzeugen werden konnten. Es waren zunächst meist doppelsitzige »Segelflugzeuge« relativ geringer Spannweite und Flügelstreckung sowie geräumigem, stabilem Rumpf, die schon durch ihr kompaktes Erscheinungsbild erkennen ließen, daß man keine hohe Gleitzahl und geringe Sinkgeschwindigkeit von ihnen erwarten konnte. Auf gute Flugeigenschaften und harmloses Flugverhalten wurde allerdings großer Wert gelegt.

Heini Dittmar: Von der HD 53 »Möwe« zur HD 156 »Motor-Möwe«

Der Werdegang dieses Flugzeugmusters ist bezeichnend für den Wiederbeginn in den fünfziger Jahren. Da ist ein weltbekannter Segelflieger und Segelflugzeugkonstrukteur: *Heini Dittmar*, Jahrgang 1911. Noch während seiner Lehrzeit als Flugzeugbauer auf der Wasserkuppe legt er nicht nur die Segelflugprüfungen ab, sondern konstruiert und baut

Gemeinsam im Flug: die »Motor-Möwe« von *Heini Dittmar* und ihr Ausgangsmuster: das Übungssegelflugzeug »Möwe«.

sich auch ein eigenes Leistungssegelflugzeug »Condor I«, das er mit »Condor II und III« zu besonders begehrten Flugzeugmustern der dreißiger Jahre weiterentwickelt. Auch er selbst ist damit als Segelflieger überaus erfolgreich: bei Rhönwettbewerben ebenso wie beispielsweise bei der Segelflugexpedition 1934 nach Südamerika, wo er mit 4650 m einen Höhenweltrekord erfliegt. Ein Jahr später überquert er als erster die Zentralalpen im Segelflug. Im Zweiten Weltkrieg ist er Versuchspilot für das Raketenflugzeug Me 163, mit dem er als erster die 1000 km/h-Grenze überschreitet. Mit dem Doppelsitzer »Condor IV«, einer konventionell aufgebauten Knickflügelkonstruktion, wendet er sich nach 1951 wieder dem Segelflug zu, und nach diesem sehr eleganten Muster konstruiert er zur Überraschung vieler Fachleute mit der HD 53 schließlich ein recht plump wirkendes Schul- und Übungssegelflugzeug geringer Spannweite (12 m).
An alles, was den Einstieg in den Luftsport und selbst in den Motorflug erleichtern konnte, hatte *Heini Dittmar* gedacht. Selbst eine Demontage des gesamten Flugzeugs war durch Lösen weniger Bolzen und Rudergestänge in kurzer Zeit möglich. Tragflügel, Seitenruder und Höhenleitwerk wurden auf der Rumpfoberseite in Längsrichtung verzurrt bzw. verschraubt. Zuletzt konnte ein Gabelstück mit Kugelkupplung an das Fahrgestell angeschlossen werden. Die »Möwe« bzw. die spätere »Motor-Möwe« wurden dadurch zu einem Auto-Anhänger, waren so bei einiger Vorsicht (wegen der sperrigen Tragfläche) selbst für einen längeren Straßentransport geeignet und konnten in der heimischen Garage oder Werkstatt untergestellt werden.
Heini Dittmars Konstruktionsgedanken sind ein Dokument für die Denkweise der Anfangsjahre. Ähnliche Überlegun-

Das zweisitzige Kabinen-Sportflugzeug HD 153 »Motor-Möwe« mit 65-PS-Continental-Motor wurde auch als Baukasten angeboten.

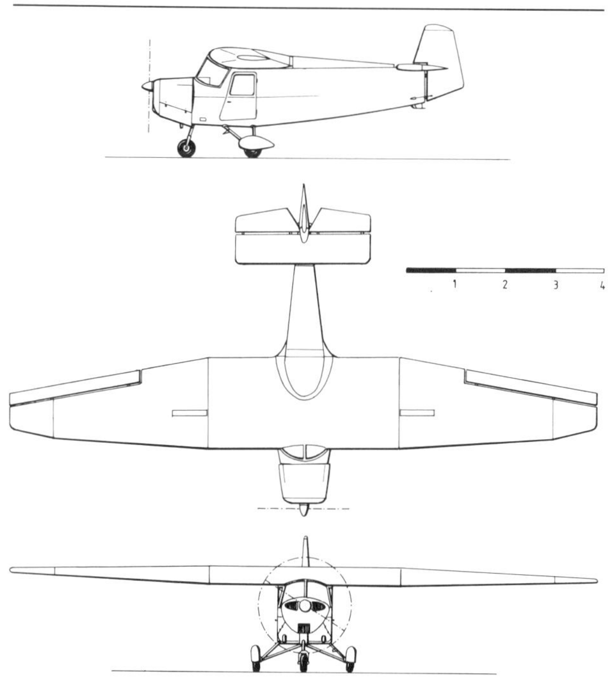

Die Dreiseitenansicht der HD 153 zeigt den auffallend dickprofilierten Tragflügel.

gen haben damals – schon aus wirtschaftlichen Gründen – auch andere Konstrukteure angestellt. Der Gedanke an ein »Volksflugzeug«, das sich jeder Flugbegeisterte (und sei es als Vereinsmitglied) leisten und dessen Unterhaltungskosten er tragen konnte, spukte noch in den Köpfen herum. Selbst für damalige Begriffe war die »Möwe« erstaunlich billig: als Segelflugzeug kostete sie wenig über DM 5000,–, als Motorflugzeug rund DM 15 000,–!

Nach der Freigabe des Motorfluges wurde die HD 153 »Motor-Möwe« als »leichtes und anspruchsloses Kabinen-Sportflugzeug für Clubbetrieb und Privatflieger« angeboten. Ihre guten Flugeigenschaften, die von allen Prüfern bestätigt wurden, die nebeneinanderliegenden Sitze mit der Doppelsteuerung, die gute Sicht und das robuste Bugradfahrwerk ließen sie für die Schulung besonders geeignet erscheinen. Auch in der Landwirtschaft (zum Pflanzenschutz), im Rettungswesen und im Polizeidienst konnte sie verwendet werden. Ihr Hauptzweck aber war der Sport- und Reiseflug. In der Normalausführung wurde sie mit einem 48-kW (65-PS)-Continental-Motor und 75-l-Tank geliefert. Damit war ein Reiseflug von fast fünf Stunden möglich. Mit Zusatztank konnten einsitzig geflogen bis zu 13 Stunden Flugzeit erreicht werden. Wahlweise konnte auch ein stärkerer Continental-Motor von 63 kW (85 PS) eingebaut werden, der dem Flugzeug eine bessere Steigfähigkeit und Eignung zum Banner- und Flugzeugschlepp gab.

Höhepunkt der Entwicklung war die dreisitzige HD 156 »Möwe«, die gegenüber der HD 153 einige geringfügige Verbesserungen aufwies und bereits in der Grundausführung mit einem Continental-C 90-Motor (66 kW/90 PS), mit elektrischem Anlasser ausgestattet war. Ihr Kraftstofftank (im dicken Flügel) faßte 140 l, die gut sieben Stunden Flugzeit ermöglichten. Die Reichweite betrug dabei rund 1000 km. Obgleich sich die verbesserte »Möwe« durchaus bewährte und beim Deutschlandflug 1957 wegen ihrer guten Leistungen und Eigenschaften sogar mit dem Goldpokal des Bundesverbandes der deutschen Luftfahrtindustrie als »erfolgreichste Nachkriegskonstruktion« ausgezeichnet wurde, gelang ihr kein Durchbruch: Insgesamt sind nur etwa 13 »Möwen« gebaut worden. Auch das ist bezeichnend für die Probleme mittelständischer Herstellerbetriebe in der ersten Aufbauphase. Tragisch ist, daß dieses an sich durchaus erfolgreiche Flugzeugmuster seinem so flugerfahrenen Konstrukteur schließlich sogar noch zum persönlichen Verhängnis wurde: Bei einer Musterprüfung waren an den ausladenden Querrudern Flattererscheinungen aufgetreten, die *Heini Dittmar* auf dem Flugplatz Essen-Mülheim trotz Verbotes sofort selbst überprüfen wollte. Bei erhöhter Geschwindigkeit brach ein Querruder – er hatte keine Chance mehr, sich mit dem Fallschirm zu retten. Sein Tod am 28. April 1960 beendete auch alle weiteren Pläne für ein »Volksflugzeug«.

Die weiterentwickelte dreisitzige HD 156 »Motor-Möwe« war mit einem 90-PS-Continental-Motor ausgerüstet.

Scheibe SF 23 »Sperling«

Auch Dipl.-Ing. *Egon Scheibe* (geb. 1908) ist aus dem Segelflug hervorgegangen und ihm noch immer verbunden. Zwar war er weniger als Segelflieger, dafür aber als Konstrukteur schon in jungen Jahren recht erfolgreich. 1932 hat er als Student und Mitglied der Akaflieg München die Gemischtbauweise in den Segelflugzeugbau eingeführt: Rumpf aus geschweißten Stahlrohren, Tragflächen konventionell aus Holz einholmig mit Torsionsnase. Der Stahlrohr-Rumpf des mehrsitzigen Forschungssegelflugzeugs OBS-»Urubu« aus dem Jahre 1932 stammte von ihm, wie wenig später der Rumpf des Doppelsitzers Mü 10 »Milan« der Akaflieg München. Seine bekannteste Konstruktion in den dreißiger Jahren war die Mü 13, die trotz ihres einfachen Aufbaues zu den erfolgreichsten Segelflugzeugmustern der Vorkriegszeit gehörte. Außer auf Flugleistungen und -eigenschaften hatte er auch großen Wert auf eine einfache und sichere Montage gelegt.

Die »Mü 13-Linie« hat er nach der Freigabe des Segelfluges 1951 im Rahmen einer eigenen Firma, der Scheibe Flugzeugbau GmbH (Sitz zunächst in München-Riem, später in Dachau), fortgesetzt. Sein Doppelsitzer Mü 13 E »Bergfalke« ist heute noch ein beliebtes Flugzeug zur Segelflugschulung. Auch sein Einsitzer »Spatz« – ebenfalls in der für ihn typischen Gemischtbauweise – existiert noch in einigen Exemplaren zur Freude seiner Besitzer.

In der Nachkriegszeit ist er jedoch vor allem durch seine erfolgreichen Motorsegler weltweit bekannt geworden. Sein doppelsitziger »Motorfalke« SF 25 ist mit mehr als 2000 Exemplaren (in verschiedenen Versionen) der meistgebaute Motorsegler überhaupt.

Gleich nach Freigabe des Motorfluges hat *Scheibe* auch ein leichtes zweisitziges Motorflugzeug auf den Markt gebracht, den Kabinen-Schulterdecker SF-23 »Sperling«. Beim Erstflug im August 1955 war noch ein nur teilweise verkleideter Continental C-85/12 (48 kW/65 PS) eingebaut, der sich aber als reichlich schwach erwies. Für die Serienausführung SF-23 A wurde deshalb ein voll verkleideter Continental

Kurz nach Freigabe des Motorfluges in Deutschland entwickelte *Egon Scheibe* den zweisitzigen Kabinen-Hochdecker SF 23 »Sperling« mit 65-PS-Continental-Motor. Die späteren Ausführungen hatten stärkere Motoren.

C90-12 F vorgesehen (71 kW/95 PS). Von 1960 an erhielt das Flugzeugmuster zur Verbesserung der Start- und Landeeigenschaften Spreizklappen und wurde wiederum mit stärkeren Motoren angeboten: als SF-23 B mit Continental 0-200 (74 kW/100 PS) und als SF-23 C mit Lycoming 0-235-C1 (85 kW/115 PS). Die »C« erwies sich als besonders geeignet für den Segelflugzeugschlepp.
Wie die »Möwe« von *Dittmar,* so kann auch der »Sperling« von *Scheibe* trotz robuster Bauweise, guter Flugleistungen und -eigenschaften gegen die ausländische Konkurrenz nicht an: Nur etwa 30 Exemplare wurden gebaut. Einige davon sind noch heute zugelassen.

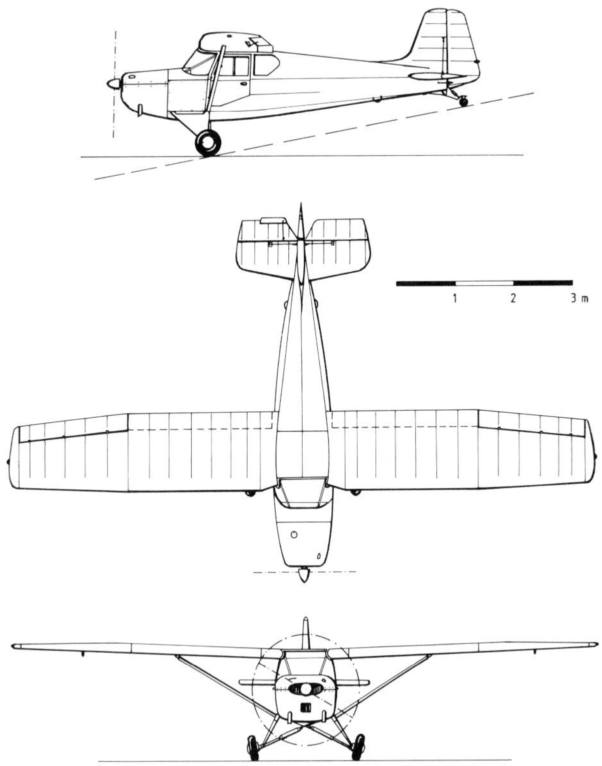

Dreiseitenansicht des Scheibe »Sperling«.

Pützer: Vom »Motorraab« zum »Sportsman«

Kein Zweifel, daß auch einer der jüngeren Flugzeugkonstrukteure der ersten Phase nach der Freigabe des Motorfluges auf Erfahrungen aus dem Segelflugzeugbau zurückgreifen konnte: *Alfons Pützer* (1918–1993). Nachdem er 1943 als Konstrukteur bei der Weiterentwicklung von Nurflügelflugzeugen der *Gebrüder Walter und Reimar Horten* (im Luftwaffenkommando IX) tätig gewesen war, gründete er bereits 1949 einen eigenen Herstellerbetrieb: die Alfons Pützer KG in Bonn. 1962 folgte die Sportavia Pützer KG auf der Dahlemer Binz.
Am Anfang seines Wirkens steht die Zusammenarbeit mit *Fritz Raab,* einem im Segelflugzeugbau sehr erfahrener Gewerbeoberlehrer, der sein doppelsitziges Schul- und Übungssegelflugzeug »Doppelraab« beim »Fest der Freude« auf der Wasserkuppe am 26. August 1951 erstmals vorgeführt hatte. »Start« hieß der Prototyp, der die Besuchermassen (an die 50 000 sollen es gewesen sein) begei-

Das erste Nachkriegs-Motorflugzeug von *Alfons Pützer* war der »Motorraab«, den er in Zusammenarbeit mit *Fritz Raab* als motorisierte Version des zweisitzigen Segelflugzeuges »Doppelraab« baute.

sterte und wegen seines einfachen Aufbaues von den neu erstehenden Vereinen ohne besondere Schwierigkeiten nachgebaut oder preisgünstig angeschafft werden konnte. Noch heute fliegen einige Exemplare dieses zwar nicht gerade eleganten, dafür aber sehr robusten Musters im Vereinsbetrieb oder als begehrte Oldtimer.
Der stabile Stahlrohrrumpf mit Stoffbespannung ermöglichte mit nur geringen Änderungen den Einbau eines leichten Motors, und so entstand 1956 – jetzt bei *Alfons Pützer* – der »Motorraab«, auch kurz »Moraa« genannt, als abgestrebter Kabinen-Schulterdecker mit Bugradfahrgestell. Die für die Schulung günstige Sitzanordnung des »Doppelraab« – Lehrer sitzt leicht erhöht hinter dem Schüler, kann aber übergreifend den Steuerknüppel betätigen – wurde beibehalten, da »Moraa« in erster Linie für die Schulung gedacht war. Die Grenze zum Motorsegler ist bei diesem Muster schwer zu ziehen. Wegen seines Ursprungs aus einem Übungssegelflugzeug und seiner schwachen Motorisierung – es besaß erstmals einen modifizierten VW-Motor – wäre es den Motorseglern zuzurechnen; sein Bugradfahrwerk und sein Einsatz zur Motorflugschulung sprechen jedoch dagegen. Außerdem steht es am Anfang einer Reihe von Pützer-Mustern, die eindeutig »Motorflugzeuge« sind. Auf dem Weg dahin sind bemerkenswert die »Dohle I« und »Dohle II« (8,8-kW/12-PS-Lloyd bzw. 22-kW/30-PS-Ilo-Zweizylinder-Zweitakt-Motor, 1956/57), beide als abgestrebte Hochdecker Versuchsflugzeuge zur Erprobung einer besonderen Triebwerksanordnung: Motor hinter dem Pilotensitz, Antrieb des am Heck hinter dem Leitwerk befindlichen Propellers durch eine Fernwelle. Durch die Heckanordnung sollten die Verluste, die der Propeller bei Bugeinbau durch den Widerstand des Rumpfes und des Flügelansatzes erleidet, weitgehend vermieden werden. *Pützer* erhoffte sich dadurch eine Leistungsverbesserung um rund 20 Prozent, die jedoch infolge der Wirbelbildung am Leitwerk nicht oder nicht voll wirksam wurde. Hinzu kamen Probleme mit der Fernwelle. Die beiden »Dohlen« blieben Einzelstücke und waren letztlich nur eine Vorstufe für den späteren »Bussard«.
Die Pützer »Elster« war die direkte Weiterentwicklung und entstand wieder in Zusammenarbeit mit *Fritz Raab* sowie mit *Gerhard Siegel:* ein abgestrebter Schulterdecker in Holzbauweise (auch der Rumpf) mit nebeneinanderliegenden Sitzen und Bugradfahrwerk. Die Besonderheit des Rumpfes war der innenliegende starke Mittelkiel, den eine relativ leichte Sperrholzschale umschloß. Dadurch war es möglich, ohne Festigkeitseinbuße beiderseits Türöffnungen von 80 cm Breite vorzusehen, die ein bequemes Ein- und Aussteigen ermöglichten. Bei der großen Plexiglas-Frontscheibe konnte man sich Verstrebungen (wie beispielsweise bei den Stahlrohrkonstruktionen) ersparen und erreichte dadurch eine besonders gute und ungestörte Sicht nach vorn und seitlich. Eine gewisse Beengung der Kabine durch die Höhe des Kiels mußte allerdings in Kauf genommen werden. Die »Elster A« besaß einen Porsche-Flugmotor (678/3, luftgekühlter Vierzylinder-Boxer), der sich mit seinen 38 kW/52 PS bei dem relativ großen Flugzeug recht schwer tat. Die Serienausführung »Elster B« wurde deshalb mit einem Continental C90-12F (71 kW/95 PS) ausgestattet. In einer weiteren Ausführung als »Elster C« mit 110-kW/150-PS-Lycoming-Motor war das Muster auch für Schleppflüge sehr gut geeignet.

Die Pützer »Elster« aus dem Jahre 1957 war eine zweisitzige Ganzholzkonstruktion in Schalenbauweise. Die »Elster A« hatte einen Porsche-Flugmotor von 52 PS, die »Elster C«, die u. a. als Schleppmaschine bei den Flugsportgruppen der Bundeswehr verwendet wurde, einen Lycoming-Motor von 150 PS.

Als Versuchsflugzeuge mit Propeller hinter dem Leitwerk, angetrieben über eine Fernwelle, entstanden bei Pützer »Dohle I« und »Dohle II«.

Die Robustheit der »Elster«, ihre guten Flugleistungen und -eigenschaften sowie ihre Eignung für die Motorflugschulung und als Übungsflugzeug veranlaßten die neu erstandene Bundeswehr zur Wahl dieses Musters für ihre Sportfluggruppen, bei denen es bis in die neunziger Jahre eingesetzt wurde. Die »Elster« ist aber auch von Vereinen und Privatleuten gekauft worden. Ihr Absatz – um 15 schleppflugfähige Exemplare – blieb jedoch im Vergleich zu den gleichzeitig angebotenen ausländischen Mustern bescheiden.
In Fortsetzung der Versuche mit den »Dohle«-Mustern entstand bei *Pützer* im Jahre 1958 der »Bussard«. *Pützer* hatte ihn in seinem Werk im Auftrag des Instituts für Trieb-

Das Versuchsflugzeug »Bussard«, das im Auftrag der Technischen Hochschule Aachen konstruiert, gebaut und geflogen wurde, diente der Erprobung eines Fernwellenantriebes und von drei verschiedenen Leitwerken.

Alfons Pützer neben seinem Motorsegler RF 5, einem Lizenzbau des französischen Flugzeugkonstrukteurs *René Fournier*.

werksdynamik an der Technischen Hochschule Aachen (Prof. Dr.-Ing. *Karl Lürenbaum*) entwickelt. Von diesem Institut stammte die 6 m lange Fernwelle, die den *vor* dem Pilotensitz im Rumpfbug angeordneten Motor mit der Druckschraube am Heck verband. Um ihr die erforderliche Elastizität zu geben, war sie durch zwei bewegliche Zwischenglieder unterteilt. Bei dem Flugzeug handelte es sich um einen recht elegant wirkenden zweisitzigen Tiefdecker mit V-Leitwerk, das die Verwirbelung der Heckluftschraube vermindern und dadurch die erwartete Leistungssteigerung wirksam machen sollte. Die Fernwelle war nach rund 100 simulierten Startvorgängen auf dem Prüfstand vom Institut für betriebssicher erklärt worden. Der »Bussard«, der durch einen Continental-Motor von 107 kW/145 PS) angetrieben wurde, war wie alle bisherigen Pützer-Muster ganz aus Holz gebaut und besaß sogar ein einziehbares Bugrad. Seine Flugleistungen und -eigenschaften waren zufriedenstellend – doch es blieb bei dem einen Versuchsmuster, mit dem später nach entsprechendem Umbau (Ringleitwerk) noch eine Mantelschraube erprobt wurde. 1971 wurde es von *Walter Horten* im Rahmen der OUV (Oskar-Ursinus-Vereinigung, siehe dort) zu einem Sportflugzeug normaler Konfiguration (Luftschraube vorn) umgebaut.

Wirtschaftlich erfolgreicher als mit dem Bau von Motorflugzeugen war *Alfons Pützer* mit den in seinem Werk auf der Dahlemer Binz von 1964 an gebauten Motorseglern. So entstanden in Zusammenarbeit mit dem französischen Konstrukteur *René Fournier* Muster wie die einsitzige RF 4, von der 160 Exemplare in über 30 Länder geliefert wurden, und die doppelsitzigen RF 5 und RF 5 b, von denen mehr als 250 Stück hergestellt wurden. Die RF 4 und die RF 5 liegen, obwohl als Motorsegler bezeichnet, aufgrund ihrer mäßigen Leistungen im Gleit- und Segelflug jedoch an der Grenze zum »Flugzeug«.

Die Zusammenarbeit zwischen *Alfons Pützer* und *René Fournier* setzte sich über die RF-Motorsegler hinaus fort und führte zu »echten« Leichtflugzeugen. Die konventionelle Holzbauweise wurde bei allen diesen Mustern beibehalten und erst etwa ab Mitte der siebziger Jahre durch zusätzliche Verwendung von Kunststoff neueren Entwicklungen angepaßt (siehe das Kapitel »Der lange Weg zur Kunststoffbauweise«).

Anfang der siebziger Jahre erschien die RF 6, aus der unter Beibehaltung des Grundkonzeptes zwei verschiedenen Versionen hervorgingen.

Der Prototyp, ein viersitziger Kabinen-Tiefdecker mit Lycoming 0-235 (91 kW/125 PS), startete am 1. März 1973 zu seinem Erstflug. Unter Berücksichtigung der Erfahrungen bei der Flugerprobung entwickelte *Pützer* daraus die RF 6-180 »Sportsman« mit dem stärkeren Motor Lycoming 0-360 (132 kW/180 PS), die sich im Vereinsbetrieb, als

In Zusammenarbeit zwischen *Pützer* und *Fournier* entstand das viersitzige Reiseflugzeug RF 6, aus dem die RF 180 abgeleitet wurde.

Schlepp- und auch als Reiseflugzeug gut bewährte, aber wegen der starken Konkurrenz ausländischer Muster nur mäßigen Absatz fand.
René Fournier baute dagegen in seiner Firma Avions Fournier in Frankreich eine leichtere, nur zweisitzige Version der RF 6 mit der Bezeichnung RF 6 B. Bei gleicher Größe und gleichem konstruktiven Aufbau genügte hierfür ein 74-kW/100-PS-Continental-Motor. Auf Wunsch konnte jedoch auch ein 95-kW/130-PS-Conti-Motor eingebaut werden. Die außenliegenden Holzteile des Flugzeugs wurden mit dem hochfesten und wetterunempfindlichen Dacron (einem Kunststoffgewebe, das auch für Drachen und Ultraleichtflugzeuge verwendet wird) bespannt. Die einteilige, unverstrebte Haube ließ sich nach hinten aufklappen. Das Flugzeug konnte jedoch auch mit einem offenen, lediglich mit einer Windschutzscheibe versehenem Cockpit geliefert werden. Die RF 6 B war als Nachfolgemuster für die in Frankreich beliebten, aber auch in Deutschland verbreiteten zweisitzigen Jodel-Muster gedacht und sollte als Schulflugzeug, zur Kunstflugeinweisung sowie als Reiseflugzeug verwendet werden. Der Serienbau begann Ende 1975 mit

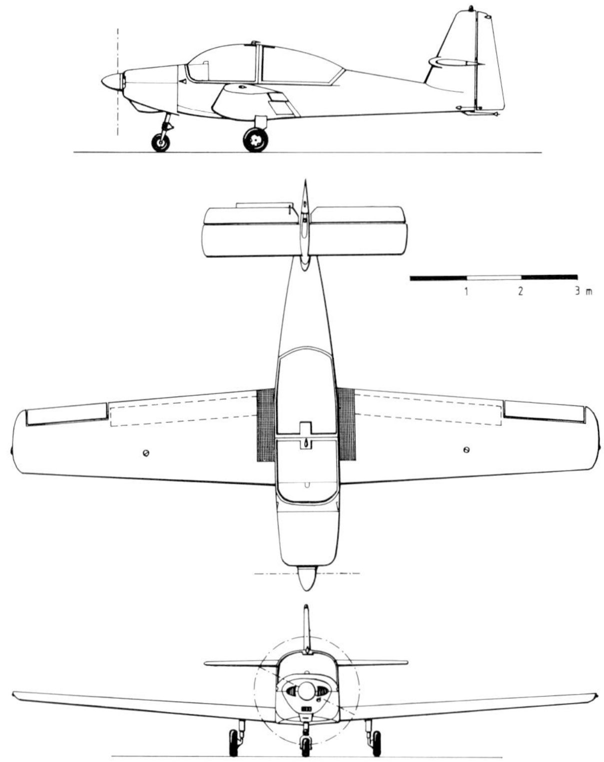

Dreiseitenansicht des Pützer »Sportsman«.

5 Exemplaren pro Monat. Das Flugzeug wurde auch in Deutschland angeboten – für DM 55 000,–, fand hier aber nur geringen Absatz. Die viersitzige und stärkere Ausführung RS-180 »Sportsman« für DM 81 000,– bot mehr Möglichkeiten.

Das von der Firma Sportavia-Pützer in Serie gebaute Sport- und Reiseflugzeug RF 180 »Sportsman« mit 180-PS-Lycoming-Motor hatte als erster in Deutschland gebauter Viersitzer ein Bugradfahrwerk.

Blick in die Werkhalle der Firma Sportavia-Pützer auf der Dahlemer Binz.

Sportavia RF 6-180 »Sportsman«

Auszüge aus einem Testbericht von Dieter Schmitt, erschienen in Flug Revue 1/1976

». . . Jeder Pilot wird sich überraschend schnell mit der handlichen Maschine vertraut fühlen, da die gesamte Bedienanlage ebenso übersichtlich ist, wie der Luftraum bzw. der Bodenbereich beim Rollen. So ist die Sicht auch nach hinten und hinten seitlich excellent. Ein modernes Auto mit großen Scheiben kann da gar nicht mehr konkurrieren . . .
Schon nach dem Start war mir die große Empfindlichkeit der Maschine auf alle Steuerausschläge aufgefallen, besonders aber bei den Reaktionen um Längs- und Querachse, wobei die einzusetzenden Handkräfte obendrein bei kleinen Steuerwegen gering waren. Daraus ergab sich zwar eine hervorragende Wendigkeit, jedoch halte ich eine Dämpfung für wünschenswert, was besonders im Hinblick auf den im Vereinsbetrieb zu erwartenden Pilotenkreis von Vorteil sein wird.
Steile Kreise mit 45° und 60° Schräglage lassen sich ohne viel Trimmarbeit in stabiler Lage fliegen, ohne daß ein negatives Wendemoment spürbar wird. Ein Kurvenwechsel geht so schnell vonstatten, daß man empfehlen muß, sich noch früher als üblich den Luftraum anzusehen, da andere kaum mit dieser Wendigkeit rechnen. Die exzellenten Sichtverhältnisse bieten ständig die besten Voraussetzungen dafür . . .
Überhaupt blieb die Ruderwirkung in allen kritischen Lagen bei Mindestfahrt genügend wirksam, so daß ein klassisch gutes Benehmen bescheinigt werden kann.
Zu diesem erfreulichen Bild guter Flugeigenschaften paßt das Spektrum der Flugleistungen. Als ein Leichtgewicht mit starkem Motor bietet sich die gute Steigleistung für den Flugzeugschlepp an . . .

Neue Ideen – wenig Echo – selten Erfolg

Der Weg des Hanno Fischer: Vom Fibo zum Fanliner

Am Anfang einer Reihe von leichten Motorflugzeugen steht ein Motorsegler, eine der frühesten, dabei aber originellsten Konstruktionen der Nachkriegszeit: Fibo 2a. Dieses bereits 1951 von *Hanno Fischer,* einem ehemaligen Jagdflieger, entworfene und gebaute Flugzeug bestand – entgegen dem Trend in der ersten Nachkriegszeit – überwiegend aus Leichtmetall, hatte aber bei einer Spannweite von 13,50 m und einer Länge von 6,7 m nur ein Leergewicht von 200 kg. Mit einem DKW-Zweitaktmotor von nur 11 kW/15 PS erreichte es eine Reisegeschwindigkeit um 100 km/h. Ungewöhnlich war auch seine Form: Das etwas plump wirkende Vorderteil mit Pilotensitz und Motor ging gleich hinter dem Flügelende in ein sehr großes Seitenleitwerk über. In einem Schlitz der Seitenflosse drehte sich der Propeller. Das Höhenleitwerk war T-förmig (wie erst viel später überwiegend bei Segelflugzeugen üblich) auf die Seitenflosse aufgesetzt. Ein zentrales Rad befand sich im Rumpfboden.
Gleich mehrere neue Ideen waren in diesem »Versuchsflugzeug«, wie *Hanno Fischer* diesen (von der Auslegung her) Motorsegler nannte, verwirklicht worden. Doch es teilte das Schicksal mancher anderer Innovationen: Es war zu früh da. Man stand den Neuerungen skeptisch gegenüber und wollte, wenn man schon in einer Notzeit mit dem Wiederaufbau der

Eine etwas eigenwillige Konstruktion war das von *Hanno Fischer* als Motorsegler bezeichnete Versuchsflugzeug »Fibo« mit dem im Seitenleitwerk angeordneten Propeller.

Sportfliegerei beginnen mußte, lieber auf Nummer sicher gehen. Noch wurden deshalb konservative Konstruktionen aus Holz bevorzugt.

Einige Jahre später war das schon etwas anders. *Hanno Fischer* hatte inzwischen den Rhein-West-Flug Fischer & Co in Porz-Westhofen (bei Köln) gegründet. Daraus ging 1956 der Rhein-Flugzeugbau in Uerdingen hervor, der 1959 in eine neue Werfthalle in Mönchengladbach umziehen konnte. Wirtschaftliches Rückgrat waren jetzt Wartungsarbeiten für die Bundeswehr. Nach einer Reihe weiterer Wechselfälle gehört der Betrieb heute als Rhein-Flugzeugbau GmbH zu ABS Internatinal. Sitz ist immer noch der Flugplatz Mönchengladbach.

Druckpropeller in der Seitenflosse: RW 3

Bereits 1955 – gleich nach der Freigabe des Motorfluges – erschien mit der RW 3 ein weiteres Versuchsflugzeug, dem man seine Abstammung vom Fibo sogleich ansah, obgleich es weitaus eleganter wirkte. Es war ein zweisitziger Mitteldecker mit Ganzmetallflügel und einem kunststoffverkleideten Stahlrohrrumpf. Der Flügel hatte ein NACA-Laminarprofil; seine Spannweite ließ sich durch einfaches Ansetzen von Außenstücken von etwas über 10 auf 15 m verlängern. Damit wurde aus dem Motorflugzeug ein Motorsegler. Fortschrittlich war auch das Bugradfahrwerk. Die Haupträder und das Bugrad ließen sich mechanisch über vorgespannte Torsionsfedern einziehen. Herausragendes Merkmal aber war wieder die Anordnung des Triebwerks: Der Motor im Schwerpunkt des Flugzeugs (hinter dem Piloten) trieb über eine Fernwelle die Luftschraube an. Diese befand sich nicht wie beim Fibo in einem Schlitz der Seitenflosse, sondern zwischen der (bei der RW 3 viel kleineren) Seitenflosse und dem Seitenruder. Höhenflosse und -ruder bildeten mit der Seitenflosse wiederum ein T-Leitwerk. Als Motor für die Standardausführung, die ab 1958 beim Rhein-Flugzeugbau produziert wurde, war ein Porsche 678/0 mit 50 kW (68 PS) gewählt worden. Für die 10 m-Ausführung (ohne die Ansatzstücke) lag damals der Preis bei knapp DM 30 000,–. In einige Exemplare der RW 3 sind auch stärkere Motoren eingebaut worden, so der Lycoming 0-320 mit 110 kW (150 PS). Eine sehr gut restaurierte RW 3 hat noch 1992 (!) am OUV-Treffen in Speyer teilgenommen und dort durch ihre Flugtüchtigkeit überrascht.

Beim OUV-Treffen von 1992 erschien eine restaurierte RW 3 mit Vierblatt-Propeller im Leitwerksschlitz.

Bei der Rhein-Westflug entwickelte *Hanno Fischer* 1957 das zweisitzige Sportflugzeug RW 3, zunächst mit einem Porsche-Flugmotor von 68 PS. Wie schon beim »Fibo« war der Motor in Schwerpunktnähe im Rumpf untergebracht und trieb über eine Fernwelle den im Seitenleitwerksschlitz angeordneten Propeller an.

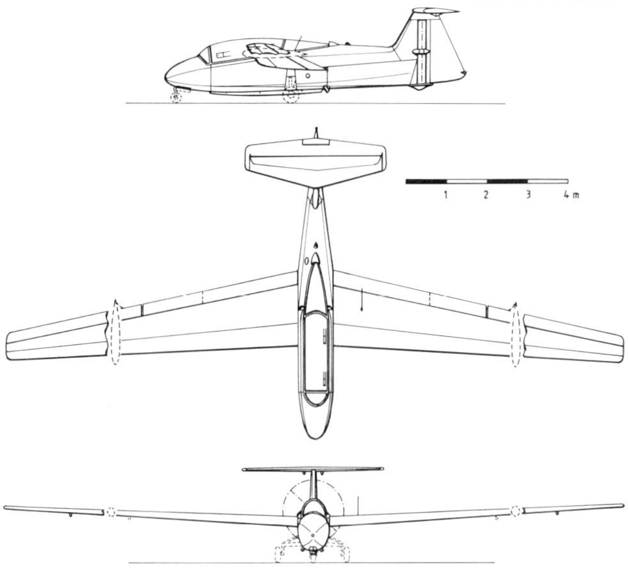

Dreiseitenansicht der RW 3, bei der der 10-m-Flügel gegen einen von 15 m Spannweite ausgetauscht werden konnte.

Zur Erprobung der Weiterentwicklung des Fibo/RW 3-Konzeptes konstruierte *Hanno Fischer* wieder Flugzeuge, die eher Motorsegler waren, aber zu Motorflugzeugen führten. Das Prinzip des Heckschraubenantriebs hatte er inzwischen zur »integrierten Mantelschraube« weiterentwickelt: Der Motor (im Rumpf hinter dem Pilotensitz) treibt eine relativ kleine, dafür aber mehrblättrige und ringförmig ummantelte Luftschraube an. Ihr Durchmesser ist kaum größer als der des Rumpfvorderteils, hinter dem sie die Luft ansaugt und nach hinten über das T-Leitwerk abstrahlt. Mit ihrer hohen Drehzahl kann sie von schnellaufenden Motoren (wie den damals gerade aufgekommenen Wankel-Kreiskolben-Triebwerken) ohne Zwischengetriebe angetrieben werden. *Hanno Fischer* versprach sich von diesem Konzept eine deutliche Leistungsverbesserung und Geräuschdämpfung.

Fan-Vorstufen: Sirius I und Sirius II

Erprobt wurde es zunächst wieder an zwei Motorseglern: Sirius I und II waren ein- bzw. zweisitzige Versuchsflugzeuge. Bei Sirius I wurde die Mantelschraube zunächst von einem Hubkolbenmotor (35 kW/47 PS Nelson), später von zwei gekuppelten Kreiskolbenmotoren von je 17,7 kW (24 PS) angetrieben. Sirius II, der Doppelsitzer, erhielt gekuppelte Wankel-Motoren von je 22 kW (30 PS). Sirius I, der auf der Luftfahrtschau 1970 in Hannover erstmals gezeigt wurde, hatte 17,54 m, Sirius II, der 1972 zur Schau stand, 20,38 m Spannweite. Die Abflugmassen lagen bei 460 bzw. 670 kg, die Höchstgeschwindigkeiten bei 250 bzw.

Als Versuchsflugzeuge für mehrblättrige integrierte Mantelpropeller entstanden der Einsitzer »Sirius I« und der Zweisitzer »Sirius II« mit Doppel-Wankel-Motor.

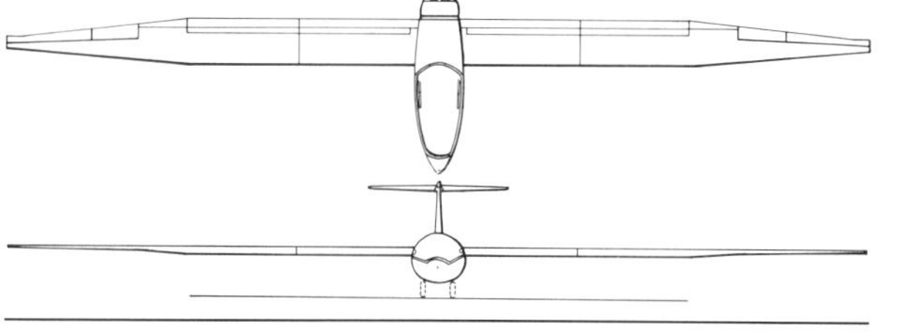

Die Dreiseitenansicht zeigt die elegante Form des Motorseglers »Sirius II«.

Unter Beibehaltung des gewählten Antriebsprinzips, d. h. Motor in Schwerpunktnähe mit kleinem schnellaufenden Mantelpropeller, entwickelte *Hanno Fischer* den »Fanliner«, angetrieben von einem NSU-Wankel-Motor.

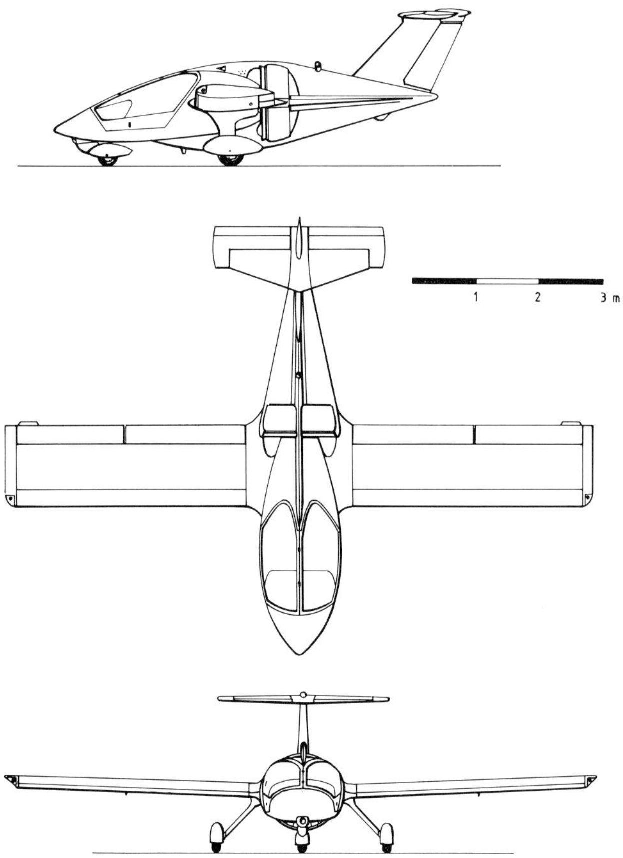

Dreiseitenansicht des »Colani-Fanliners«.

Rhein-Flugzeugbau RFB Fanliner

Auszüge aus einem Testbericht von Dieter Schmitt, erschienen in Flug Revue 1/78

». . . Wenn man das Flugzeug betrachtet, so wirkt es schon auf den ersten Blick futuristisch, aber in durchaus positivem Sinne . . . Tritt man nahe an den kleinen Vogel heran, dann fällt einem erst richtig auf, wie tief er liegt. Wir schoben ihn leicht aus der Halle, um zu tanken und die verschiedenen Checks zu machen . . .

Das Anlassen ist von einem Geräusch begleitet, was man sonst nicht kennt . . . Was die Drehzahlen anbelangt, so muß man sich beim Wankel an andere Bereiche gewöhnen, die etwa bei dem Dreifachen der üblichen Langsamläufer liegen. Aber diese seine Eigenschaft, mit 5000 bis 6000 U/min zu drehen, paßt ausgezeichnet zum wirkungsvollsten Arbeiten der Fan-Schraube, die mit ihren drei breiten Blättern erst bei hohen Drehzahlen eine gute Leistung abgibt . . .

Aus verschiedenen Gründen hielten wir uns in Höhen um 5000 ft auf. Bis zum Erreichen dieser Höhe konnte ich mich mit dem Vogel schnell befreunden, denn er ist leicht zu handhaben. Dazu kommt, daß ich als alter Segelflieger mich in der Halbliegestellung und ganz vorn im Flugzeug in einer für mich vollkommen normalen Position befand. Daß dies nicht allen Neulingen aus der Motorfliegerei auch gleich so geht, ist wohl möglich. Nach kurzer Eingewöhnung wird aber jeder diesen Fortschritt loben und sich wohl fühlen. Außerdem kommen die sehr zivilen Steuereigenschaften durchaus entgegen. Zu den mittleren Handkräften und Steuerwegen gesellt sich eine ebensolche Ruderwirkung, so daß die gesamte Steuercharakteristik als harmonisch bezeichnet werden kann. Zudem ist die Stabilität um Hoch- und Längsachse angenehm, diejenige um die Querachse dagegen nicht ganz so ausgeprägt . . .

270 km/h (!). Beide Flugzeuge waren in ihrer ungewöhnlichen Auslegung die Vorstufe zum Fanliner, der 1974 bei der ILA gezeigt wurde.

Jet-ähnlich: Fanliner und Fantrainer

Der Zweisitzer »Fanliner« hatte am 8. Oktober 1973 in Mönchengladbach seinen Erstflug erfolgreich hinter sich gebracht. Aus Gründen der Zeit- und Kostenersparnis hatte *Fischer* Bauteile aus anderen Konstruktionen verwendet, so das Rumpfvorderteil mit der Kabine von der VoWi-8 (»Volksflugzeug Wilden« von *Helmut Wilden,* Erstflug 1974, Projektbetreuung durch OUV – siehe dort) und die Flügel vom »Trainer« und »Traveller« der Grumman American Aviation, mit der für die Serienversion und den Weltvertrieb eine weitergehende Zusammenarbeit vorgesehen war. Angetrieben wurde das Flugzeug von dem wassergekühlten NSU-Wankelmotor Ro 135 (84 kW/114 PS). Der Kühler mußte im Bug untergebracht werden.
Bei der Flugerprobung erwies sich der Fanliner als unerwartet laut, so daß *Fischer* zunächst versuchen mußte, die Lärmentwicklung zu reduzieren. Für die Serienfertigung ließ er gleichzeitig die Formgebung von dem Designer *Luigi Colani* überarbeiten, der mit dem Fanliner 01 tatsächlich ein sehr elegantes und gefälliges Flugzeug realisierte. Das fortbestehende Lärmproblem und der hohe Treibstoffverbrauch des Wankeltriebswerks begrenzten jedoch trotz vieler Pluspunkte (bequemes Einsteigen in die niedrig liegende Kabine, sehr gute Sichtverhältnisse, geschützte Lage des Propellers) das Kaufinteresse. Eine Weiterentwicklung fand in Richtung militärisches Schul- und Übungsflugzeug (Fantrainer 400 und 600) statt.

Der zweite »Fanliner« wurde vom Star-Designer *Luigi Colani* äußerlich neu gestaltet.

Saurma-Jeltsch: GS V und GS 6a »Milan«

Schon von frühester Jugend an hat sich *Harald Graf v. Saurma-Jeltsch* (1906–1972) zusammen mit seinem Bruder *Friedrich* (1908–1961) in seiner schlesischen Heimat mit der Konstruktion und dem Bau von Segel- und Motorflugzeugen befaßt, und die Begeisterung für die Luftfahrt haben sich beide bis in ihr Alter bewahrt. Bei *Friedrich* kam die Raumfahrt hinzu: Als Diplom-Ingenieur gehörte er von 1953 zu der NASA-Raketenentwicklungsgruppe unter *Wernher v. Braun* und hat in den USA unter anderem am Dyna-Soor-Projekt (Vorläufer des Space Shuttle) mitgearbeitet. *Harald,* der seine Lehrjahre bei Heinkel in Rostock als Mitarbeiter der *Gebrüder Günter* verbrachte, hat sich in der zweiten Hälfte der fünfziger Jahre als Konstrukteur von leichten Motorflugzeugen einen Namen gemacht. Gleich zwei »Milane« stammen von ihm:
GS V war ein zweisitziger Kabinen-Schulterdecker ungewöhnlicher Formgebung in Gemischtbauweise. Der Bug des stoffbespannten Stahlrohrrumpfes ragte zur Aufnahme des Bugrades schnabelartig weit nach vorn. Hinter dem Hauptfahrwerk endete der Rumpf wie abgeschnitten, um den Einbau der von einem Porsche-Motor (51 kW/70 PS) angetrie-

Die »Milan GS V« des Grafen von *Saurma-Jeltsch* fiel durch seine besondere Bauform mit hochliegendem Leitwerksträger auf.

Der weiterentwickelte »Milan GS 6« von 1958 hatte eine normale Rumpfform und ein einziehbares Bugrad.

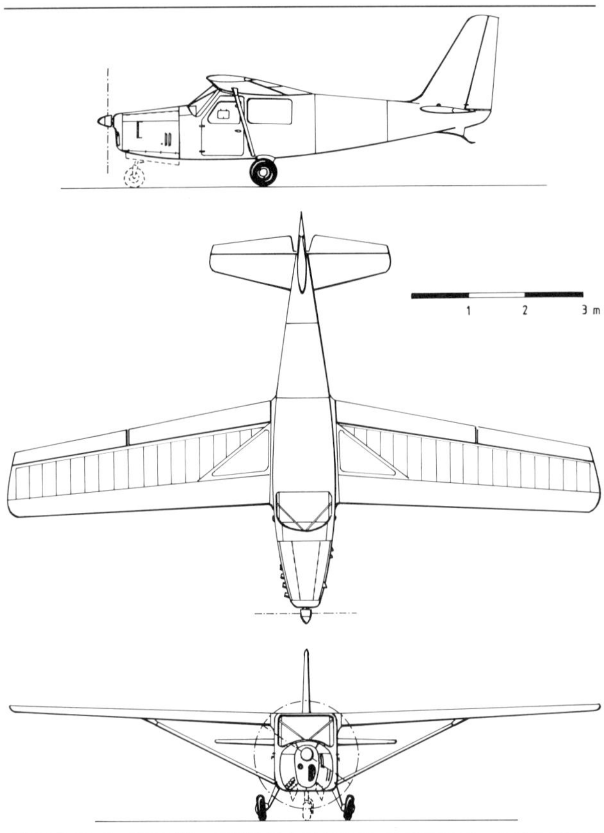

Dreiseitenansicht des Reiseflugzeuges »Milan GS 6«.

benen Druckschraube zu ermöglichen. Zwei in Tragflächenhöhe abzweigende Rumpfrohre trugen das Höhen- und das doppelte Seitenleitwerk. Die beiden Tragflächenhälften in konventioneller Holzbauweise (einholmig mit Torsionsnase) waren am Rumpf durch kräftige Streben abgestützt. Das Flugzeug, über dessen Leistungen und Eigenschaften kaum etwas bekannt ist, wurde 1955/56 von Dipl.-Ing. *Max Himmelheber* in Baiersbronn gebaut.

GS 6a entstand zwei Jahre später – wieder in Zusammenarbeit mit Dipl.-Ing. *Himmelheber* sowie mit Schempp-Hirth – ebenfalls als Kabinen-Schulterdecker in Gemischtbauweise. Auf die Druckschraube und die Doppelrumpf-Leitwerksträger hatte *Graf v. Saurma-Jeltsch* verzichtet. Das viersitzige Flugzeug wirkte konventionell, wies aber doch einige für die damalige Zeit bemerkenswerte Besonderheiten auf. So war das Bugrad manuell einziehbar. In dem Stahlrohrrumpf, der mit Kunststoff aerodynamisch günstig verkleidet war, gab es einen großen Gepäckraum (geplant war eine Version mit stärkerem Motor). Die Tragflächen waren einschließlich der Verstrebung offenbar unverändert übernommen worden.

Der Erstflug mit einem 79-kW (105-PS)-Walter Minor-Triebwerk fand im Mai 1958 statt. Die Ergebnisse der Erprobung mit dem zu schwachen Motor ermutigten offenbar nicht dazu, das Risiko der ursprünglich vorgesehenen Serienproduktion einzugehen. Der Prototyp wurde jedoch noch längere Zeit von wechselnden Besitzern geflogen.

Burgfalke-Flugzeugbau: M-150 »Schulmeister«

In seinem Grundaufbau erinnert das zweisitzige Kabinen-Schulflugzeug, das 1956 vom Burgfalke-Flugzeugbau in Burglengenfeld bei Regensburg gebaut wurde, an den GS V »Milan« des *Grafen von Saurma-Jeltsch.* Es besitzt ebenfalls einen Doppelrumpf als Leitwerksträger, ein Bugradfahrwerk und wird durch einen Motor mit Druckschraube hinter der Kabine angetrieben. Als freitragender Tiefdecker wirkt es jedoch weitaus eleganter als der abgestrebte »Milan«-Hochdecker. Der »Schulmeister« war eine Weiterentwicklung der österreichischen WN-16 von Ing. *Erich Meindl* in Wiener Neustadt. Er blieb ein Einzelstück.

Der »Schulmeister« des österreichischen Ingenieurs *Erich Meindl* wurde 1956 bei der Firma Burgfalke-Flugzeugbau gebaut.

Meindl – van Nes: Wimmer R-110

Ein Versuchsflugzeug dieses Musters, das schon vor der Freigabe des Motorfluges von Ing. *Erich Meindl* und Dipl.-Ing. *Wilhelm van Nes* (bis 1945 Leiter des Entwurfsbüros bei

Als fortschrittliches Schul- und Sportflugzeug entstand als deutsch-österreichische Gemeinschaftsentwicklung der Zweisitzer Meindl-van Nes-Wimmer R 110, der bei der Motorenfabrik Wimmer gebaut wurde.

Arado) in Österreich entwickelt worden war, wurde nach 1956 von der Motorenfabrik *Otto Wimmer* in Sulzbach am Inn gebaut und fliegerisch erprobt. Trotz guter Leistungen kam es nicht zur Serienproduktion. Bemerkenswert ist der zweisitzige Tiefdecker durch sein Laminarprofil, das wegen seines geringen Luftwiderstandes die relativ hohen Geschwindigkeitswerte ermöglichte. Der Flügel bestand aus Holz, war einholmig und ganz mit Sperrholz beplankt. Zur Verminderung des induzierten Widerstandes besaß er Wirbelkeulen, wie sie damals auch bei Segelflugzeugen «in Mode« waren. Der Rumpf bestand aus geschweißten Stahlrohren.

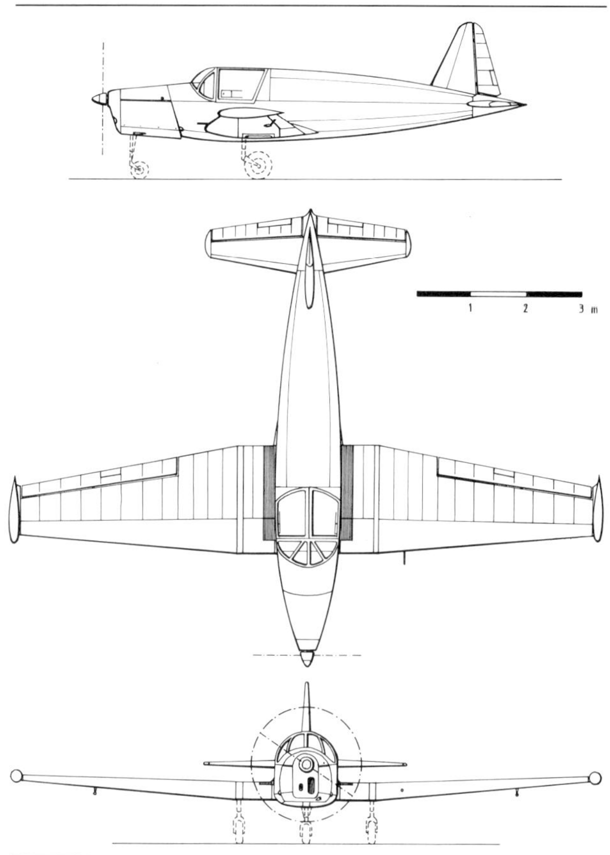

Dreiseitenansicht des Sportflugzeuges Wimmer R 110 mit Einziehfahrwerk. ▶

Die Ultra-Langsamen

Winter: LF-1 »Zaunkönig«

In die Reihe der Leichtflugzeuge ungewöhnlicher Auslegung aus der Zeit nach der Wiederzulassung der Motorluftfahrt in der Bundesrepublik Deutschland gehört auch der »Zaunkönig«, zumal er das Schicksal anderer ideenreicher Konstruktionen jener Jahre teilt: Er ist nie in Serie gebaut worden.

LF-1 »Zaunkönig« wurde 1940 von Prof. *Winter* an der TH Braunschweig als Versuchsflugzeug für Langsamflug konstruiert und von Studenten gebaut. Gefordert war ein »narrensicheres« Flugzeug, das in der Herstellung und im Betrieb preiswert sein sollte – gerade darum fand es nach 1955 wieder besonderes Interesse. Der Prototyp ging 1942 zu Bruch; ein Ersatzmuster flog 1944. Bei Kriegsende waren weitere

Vom Kurzstartflugzeug »Zaunkönig«, einer Konstruktion von Professor *Hermann Winter,* wurden im Krieg zwei Prototypen und ein Vorserienmuster gebaut. Zwei weitere baugleiche Flugzeuge entstanden in den fünfziger Jahren in Braunschweig beim Institut für Flugzeugbau der DFL. (Siehe Seite 147)

»Zaunkönige« im Bau, fielen aber der allgemeinen Zerstörungswut anheim. Der Ersatz-Prototyp blieb jedoch erhalten und wurde nach 1945 in England erfolgreich erprobt. Ende der siebziger Jahre kam er nach Deutschland zurück. Zwei weitere »Zaunkönige« entstanden in den fünfziger Jahren im »Institut für Flugzeugbau der Deutschen Forschungsanstalt für Luftfahrt« ebenfalls in Braunschweig. Eines davon wurde im dortigen Luftfahrt-Bundesamt 1955 als erstes deutsches Motorflugzeug nach dem Kriege zugelassen.

Auch wenn dieses Muster nicht weiterentwickelt wurde, ist es doch in vieler Hinsicht interessant.

Ähnlich wie der berühmte »Fieseler Storch« kann der »Zaunkönig« auf kleinster Fläche starten und landen: 60 m genügen für den Start, 30 m für die Landung. Wie dieser ist er ein Hochdecker und bietet gute Sicht nach vorn und nach unten. Der rechteckige Flügel mit durchgehend gleichem Profil hat leichte V-Form (2°) und ist anklappbar. Er ist geteilt und wird an zwei Punkten von einem auf dem Rumpf befestigten Baldachin aus geschweißten Chrom-Molybdän-Rohren mit tropfenförmigem Querschnitt gehalten. Nach außen hin ist er durch je einen umgekehrten V-Stiel abgestrebt. Durch diese Art der Befestigung kann der Einstellwinkel des Flügels zu Erprobungs- und Versuchszwecken am Boden zwischen 0 und 16° verändert werden. Der Holzflügel ist einholmig mit Torsionsnase und im hinteren Teil stoffbespannt. An seiner Vorderkante sind fest eingebaute Vorflügel aus Leichtmetall angebracht, die zusammen mit den Landeklappen und speziell ausgelegten Querrudern die extrem günstigen Start-, Lande- und Langsamflugeigenschaften ermöglichen.

Der schlanke Rumpf weist einen elliptischen Querschnitt auf und geht nach hinten in die Seitenflosse mit dem T-Leitwerk über. Die Sperrholzbeplankung, die mit Stringern ausgesteift ist, umschließt vier Längsholme. Trotz seiner Besonderheiten wie der Metallstreben und -stiele sowie der Vorflügel konnte die Leermasse des Einsitzers für die damaligen Möglichkeiten extrem niedrig (wenig über 200 kg) gehalten werden.

Winter-Merkle: LF 2 »Kiebitz«

Mit den Erfahrungen des Fieseler »Storch« und des LF 1 »Zaunkönig« konstruierte Prof. *Hermann Winter* Ende der fünfziger Jahre ein weiteres Kurzstart- und Langsamflugzeug: LF 2 »Kiebitz«. Mit einer Spannweite von 10,70 m war es etwas größer als der »Zaunkönig« und wies zwei nebeneinanderliegende Sitze in einer geschlossenen Kabine auf. Es war in Gemischtbauweise hergestellt: Rumpf Stahlrohr mit Stoffbespannung, Tragflügel aus Holz, Vorflügel aus Aluminium über die ganze Spannweite. Studenten der Technischen Hochschule Braunschweig (Akaflieg) bauten den Prototyp in zwei Jahren. Nach der Flugerprobung, die am 1. Oktober 1959 begann, übernahm die Firma Merkle Flugzeugbau in Ödheim bei Heilbronn die Konstruktion und nannte sie Merkle 501. Nach Meinung der Hersteller eignete es sich für Schulung sowie als Reise-, Foto-, Schlepp- und Agrarflugzeug. Doch die Firma hatte sich mit einem gleichzeitig angelaufenen Hubschrauberprogramm übernommen, und damit mußte auch der »Kiebitz« aufgegeben werden.

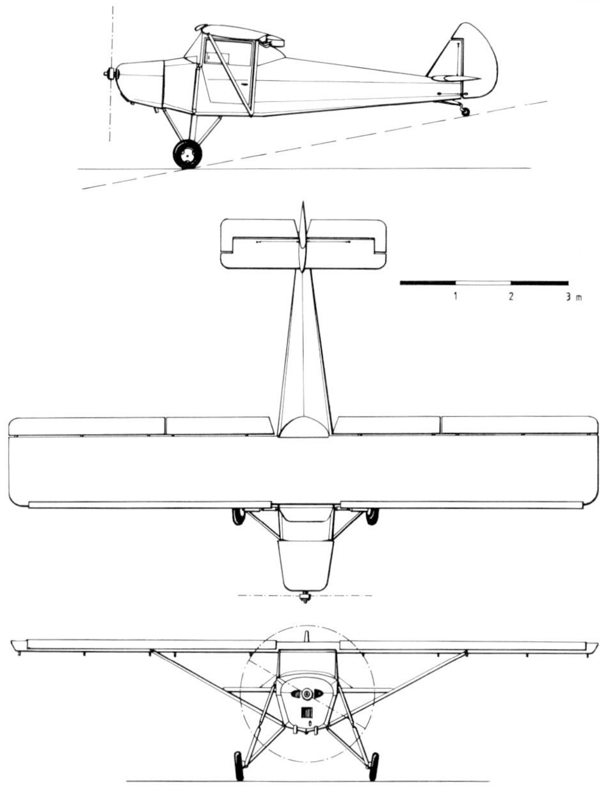

Dreiseitenansicht des »Kiebitz«.

Gedanken über ein deutsches Schul-, Übungs- und Sportflugzeug (1959)

Aus einem Bericht von *Wolfgang Wagner* in der Zeitschrift »Flugwelt«, 1959, Heft 3, ab Seite 89 über ein Gespräch, das am 16. Januar 1959 unter dem Vorsitz des damaligen Leiters des Referates Luftfahrzeugbau, Regierungsdirektor *Dr. Werner Boecker,* im Bundeswirtschaftsministerium stattgefunden hat. Teilnehmer waren unter anderem der Kunstflieger *Albert Falderbaum,* die Flugkapitäne *Will Ennenbach, Walter John* (damaliger Referent der Motorflugkommission des DAeC) und *Helmuth Wendling* sowie Direktor Dipl.-Ing. *Karl Frydag* als Präsidialgeschäftsführer des BDLI:

Herr *Ennenbach* vertrat die Ansicht, . . . Ein deutsches Sportflugzeug dürfe auch nicht nur für Flieger gedacht sein, die über einen großen Geldbeutel verfügten, sondern es müsse für den sogenannten *Fahrradflieger* ausgelegt sein, der mit dem Fahrrad zum Flugplatz komme und der aus Begeisterung und Freude an der Luftfahrt zu fliegen wünsche, dafür aber auch bereit sei, in der Werkstatt zu arbeiten. Das Flugzeug müsse den Anforderungen des Schulbetriebes und des einfachen Sport- und Reisefluges entsprechen. Hierfür sei ein Zweisitzer mit nebeneinanderliegenden Sitzen und 65-PS-Motor geeignet.

Dem schwachmotorigen Flugzeug sei der Vorzug zu geben, damit sich die Piloten von Anfang an an sauberes Fliegen gewöhnen. Mit einem starkmotorigen Flugzeug könnten bis zu einem gewissen Grad fliegerische Fehler mit Hilfe des Triebwerkes ausgeglichen werden, weniger aber bei einem Muster mit schwachem Triebwerk . . .

Herr *Falderbaum* äußerte eine in manchen Punkten hiervon abweichende Meinung. Die derzeitigen deutschen Sportflugzeuge entsprechen technisch und leistungsmäßig vielfach denen vor 20 Jahren. Parallel laufend mit der großen Leistungssteigerung moderner Verkehrs- und Militärflugzeuge hat sich nämlich auch die Flugzeugform verändert. Es wäre töricht, würde man die gesammelten Erkenntnisse und Erfahrungen nicht auch auf das neuzeitliche Sportflugzeug anwenden. Die Sitze müssen heute nebeneinander liegen, weit vorne, unbeeinflußt durch die Tragflügel. Auf diese Weise wird die Sicht und damit die Flugsicherheit verbessert. Unter Berücksichtigung der kleinen und unebenen Sportflugplätze sind bei Doppelsitzern Triebwerke zwischen 100 und 150 PS notwendig. Auf robuste und möglichst wartungsfreie Bugradfahrwerke muß besonderer Wert gelegt werden. Dem Bugradfahrwerk ist mit Rücksicht auf die Ausbildungsmethodik und die besseren Sichtverhältnisse am Boden der Vorzug zu geben. Mangels Unterstellmöglichkeiten (oft nur notdürftig hergerichtete Hallen oder Schuppen) sind die Flugzeuge meist den Witterungsunbilden stark ausgesetzt, was sich ungünstig auf Lebensdauer und Sicherheit auswirkt. Deshalb ist der Metallbauweise der Vorzug zu geben. Gedacht wird an Tragflügel und Leitwerk aus Ganzmetall und einen Rumpf aus Stahlrohr mit abnehmbaren Kunststoffschalen. Die Anwendung moderner Baustoffe ist beim Sportflugzeug bisher fast unberücksichtigt geblieben.

Das zweisitzige Flugzeug muß für den normalen Kunstflug geeignet sein. Konstruktiv muß berücksichtigt werden, daß Tragflügel und Leitwerk auch für ein viersitziges Muster verwendbar sind. Kann man mehrere Bauelemente für ein ein-, zwei- und viersitziges Flugzeug verwenden, so lassen sich alle Forderungen an ein Schul-, Sport-, Privat- und Reiseflugzeug erfüllen. Für solche Konstruktionen sind auch Absatzmöglichkeiten im Ausland gegeben. Dies scheint eine Möglichkeit zu sein, zu einer größeren Stückzahl und somit auch zu einem für alle Interessenten tragbaren Preis zu kommen . . .

Soll in der gegenwärtigen Lage – ohne jede finanzielle Unterstützung – dem Nachwuchs das Fliegen ermöglicht werden, so dürfen nach Ansicht von Flugkapitän *Wendling* keine zu starken Motoren verwendet werden. Nach seinen Darlegungen fehlt ein Flugzeug mit den Leistungen der Klemm L 25 mit Hirth-HM-60-Motor. Nach den neueren Erkenntnissen des Flugzeugbaues müßte man mit 65-PS-Triebwerken heute zu gleichen Leistungen kommen. Nur mit Motoren der 65-PS-Klasse können die Flugstundenpreise in erträglichen Grenzen gehalten werden . . .

Aufschlußreich waren die Darlegungen von Herrn *Walter John* vom Deutschen Aero Club (DAeC), der an Hand der beim DAeC vorliegenden Erfahrungen in groben Zügen ein Flugzeug entwarf, das den Wünschen der Vereine und der nicht allzu begüterten Sportflieger entspreche.

Das Flugzeug müsse ein zweisitziges Muster mit nebeneinander liegenden Sitzen sein, das für die Schulung und den einfachen Kunstflug geeignet sei. Es müsse ferner schleppflugtauglich sein. Als Bauweise erscheine der Gemischtbau geeignet, da nur mit dessen Hilfe ein niedriger Preis möglich sein dürfte. Teile eines solchen Flugzeuges solle man unter Umständen im Selbstbau herstellen können. Um möglichst vielseitige Verwendungsmöglichkeiten zu schaffen, fasse man am besten eine Zelle mit verschiedenen Triebwerken ins Auge. Gedacht wird an eine solche mit 100-PS- und an eine zweite Zelle mit 150-PS-Triebwerk. Ferner werden verschieden große Flügel für verschiedene Aufgaben empfohlen. Als Fahrwerk komme nur ein festes Bug- oder Spornradfahrwerk in Frage. Am besten bewährt habe sich wohl bisher der Tiefdecker wegen seiner Sicherheit und seiner guten Sicht. Landehilfen seien notwendig. Als Preis kämen

15 000,– bis 20 000,– DM in Betracht, zwar ein wenig utopisch, aber das, was die Vereine zu zahlen in der Lage sind.«
Ohne Zweifel stellen die im vorhergehenden gemachten Ausführungen einen beachtlichen Beitrag zur Schaffung eines neuen deutschen Schul- und Sportflugzeuges dar . . .
Die diskutierten Vorschläge entbehrten aber alle eines Hinweises, wie man zu einem Serienbau von einigen hundert Stück kommen kann, um einen annehmbaren Preis zu erzielen.
Man kann sich des Eindruckes nicht erwehren, daß kaum eine von den Firmen, die in den letzten Jahren Sportflugzeuge in Deutschland gebaut haben, bevor sie mit dem Entwurf ihres Flugzeuges begannen, eine eingehende Marktanalyse angestellt hat. Man hätte vorher klären müssen, wie ein Flugzeug beschaffen sein muß, wenn es nicht nur in Deutschland, sondern auch auf dem Weltmarkt konkurrenzfähig sein will . . .
Erst nach einer solchen Marktanalyse kann man einen Entwurf machen. Mit diesem Entwurf muß eine Exportwerbung größten Stiles in die Wege geleitet werden. Hat man einen Überblick über die zu erwartenden Aufträge, dann erst ist der Zeitpunkt für den Bau der ersten Prototypen gegeben. Im Eifer des turbulenten Wiederaufbaues der deutschen Luftfahrt hat man bisher das Pferd vielfach am Schwanz aufgezäumt. Heute hat ein Flugzeug nur dann Aussichten, in größeren Stückzahlen abgesetzt zu werden, wenn es bereits auf dem Reißbrett verkauft ist . . .
Wenn die Firma Cessna kurzfristig 600 Aufträge auf ein zweisitziges Reiseflugzeug (Cessna 150, s. Flugwelt 2/59, S. 73) mit nebeneinanderliegenden Sitzen und 100-PS-Triebwerk mit festem Bugradfahrwerk erhalten konnte, zeigt dies eindeutig, welcher Weg gegangen werden muß. Wenn Piper in knapp zwei Jahren 500 Flugzeuge vom Typ Comanche verkaufen konnte, einem viersitzigen Reiseflugzeug mit 180-PS-Triebwerk, dann ist auch hiermit ein wichtiger Hinweis gegeben, welche Flugzeuge auf dem Weltmarkt gefragt sind. Man muß nun versuchen, diese Wünsche, die sich aus der Nachfrage auf dem internationalen Markt ableiten lassen, mit den Anforderungen des dt. Marktes zu koppeln . . .
Sport- und Reiseflugzeuge, die nicht nur dem Platzrundenbetrieb dienen, sondern auch für Geschäftsreisen tauglich sein müssen – sollen die Unkosten hereinkommen, die sie verursachen –, müssen den bodengebundenen Verkehrsmitteln an Geschwindigkeit überlegen sein. Dasselbe gilt für die Reichweite: Sportflugzeuge, mit denen noch nicht einmal 600 bis 800 km Strecke ohne Zwischenlandung bewältigt werden können, sind ungeeignet. Auch Reisegeschwindigkeiten zwischen 150 und 200 km/h genügen nicht mehr, da sie keinen ausreichenden Geschwindigkeitsvorsprung vor den Bodenverkehrsmitteln darstellen. Dies sind aus der Praxis gewonnene Erkenntnisse. Wie muß nun ein in den kommenden Jahren auf dem internationelen Markt konkurrenzfähiges Schul-, Übungsflugzeug und Sportflugzeug aussehen? . . .
Die Reisegeschwindigkeit eines solchen Flugzeuges muß zumindest bei 300 km/h (!) liegen. Erst dann bleibt der Vorsprung gewahrt, den das Flugzeug gegenüber den Bodenverkehrsmitteln haben muß, soll es den Anspruch erheben können, ein Schnellverkehrsmittel zu sein . . .
Das Flugzeug muß zwei- bis dreisitzig sein, wobei der Raum für den dritten Sitz als Gepäckraum, für die Funkausrüstung oder für zusätzlichen Kraftstoff dienen soll. Die Sitze müssen nebeneinander liegen. Zu empfehlen wäre ein Tiefdecker, der sich, was die Sicherheit angeht, immer noch am besten bewährt hat.
Das Muster muß ein einziehbares, mechanisch betätigtes Bugradfahrwerk haben. Ein einziehbares Fahrwerk braucht durchaus nicht ein Flugzeug unzulässig zu verteuern. Man sollte sich allerdings auf den verschiedenen Lehrstühlen oder in den wissenschaftlichen Instituten auch mit Aufgaben befassen, die direkt der Sportluftfahrt nutzen. Die Konstruktion eines robusten Einziehfahrwerkes, das mit einem einfachen Hebelgriff ein- und ausgefahren werden kann – ohne Hydraulik und ohne elektrische Betätigung –, das wäre eine dankbare Konstruktionsaufgabe, die noch der Lösung harrt. Das Fahrwerk der Mooney M-18 und M-20 zeigt den Weg, der beschritten werden muß . . .
Selbstverständlich sollte die Verwendung einer Verstellschraube sein. Bisher befinden sich allerdings nur Verstellschrauben auf dem Markt, die preislich einfach für die Sportluftfahrt untragbar sind. Für die Luftschraube gilt dasselbe wie für das Fahrwerk . . .
Als Triebwerk wird ein solches mit 165 PS vorgeschlagen. Es hat sich in den letzten Jahrzehnten immer wieder gezeigt, daß nahezu alle Sportflugzeugbauer in der Wahl ihrer Triebwerke nicht ganz richtig liegen. Man beginnt bei den Zweisitzern meist mit 65-PS-Motoren und endet beim 145-PS-Triebwerk. Es empfiehlt sich deswegen, einmal den umgekehrten Weg zu gehen und von vornherein ein ausreichend starkes Triebwerk zu wählen. Was kann dadurch allein an Änderungskosten in den späteren Jahren gespart werden! Ein 165 PS-Triebwerk ist notwendig, um mit einem schnellen Flugzeug mit höherer Flächenbelastung auch aus einem schlechten Flugplatz gut herauszukommen und dabei noch einen ausreichenden Leistungsüberschuß zu haben. Starke Triebwerke, die im Flugbetrieb ständig stark gedrosselt werden, verursachen im übrigen kaum wesentlich höhere Betriebskosten als die schwachen Triebwerke, die ständig mit Vollgas geflogen werden und einem sehr hohen Verschleiß unterliegen. Auch ist ein Flugzeug mit 165 PS-Triebwerk für den Schleppflug gut geeignet . . .
Die Reichweite sollte mit 300 km/h Reisegeschwindigkeit bei 1200 km, entsprechend 4 Flugstunden, liegen. Nur so kann man schnell von Bonn nach München oder von München nach Hamburg kommen . . .
Das Flugzeug muß für den normalen Kunstflug tauglich sein, und zwar sowohl ein- wie auch zweisitzig . . .
Liegen mehrere Entwürfe für ein solches Flugzeug im Rah-

men einer Ausschreibung vor und hat man sich für einen Entwurf entschieden, dann gilt es, eine zweite Marktuntersuchung anzustellen, nämlich welche Verkaufschancen das Muster auf dem internationalen Markt hat . . .
Um während des Anlaufens dieses Programmes nun die notleidenden kleinen Sportflugzeugwerke lebensfähig zu erhalten, wird vorgeschlagen, die derzeit neuen Sportflugzeuge im Rahmen eines Forschungsauftrages auf einer der Flugschulen zusammenzuziehen, zu erproben und dann mit anderen Flugschulen auszutauschen. Das Flugzeug, das am besten allen Anforderungen genügt und auch preislich günstig liegt, könnte dann in einer bestimmten Stückzahl gebaut werden. Die Aufträge könnten auf die einzelnen kleinen Werke aufgeteilt werden, um so zu einer Vollbeschäftigung zu kommen. Man muß auch im Sportflugzeugbau erkennen, daß man sich den neuen Methoden der Verkaufswerbung, aber auch der Zusammenarbeit, wie sie sich bei den großen Flugzeugwerken in den letzten Jahren herauskristallisiert hat, nicht verschließen darf, will man bestehen bleiben. Wie wäre es mit den Vereinigten Deutschen Sportflugzeugwerken (VDS)? . . .

Anregungen zu geben, um dem notleidenden Sportflugzeugbau zu helfen, sollte der Sinn und der Zweck dieser Darlegungen sein. Hoffentlich folgen den vielen Worten und dem allseits erkennbaren guten Willen nun auch die Taten!

Anmerkung im Jahre 1995: Sie folgten nicht.

Französisches Flair: Nach- und Lizenzbauten

Um eine erfolgversprechende Neu- oder Nachkonstruktion zur Serienreife zu entwickeln, sind hohe Investitionen erforderlich, die ein mittelständisches Unternehmen, ja selbst ein einzelner Industriebetrieb kaum aufbringen kann. Darüber waren sich die deutschen Flugzeugkonstrukteure und -hersteller schon Anfang der fünfziger Jahre im klaren. Bei einem Treffen in Kirchheim-Teck (1951) ging es jedoch vor allem um einen Gedankenaustausch darüber, ob und wann mit einer Lockerung der bestehenden Verbote zu rechnen und was dann zu tun sei. In einem Bericht in der »Flugwelt« (1955, Heft 9, S. 424) schreibt *Wolfgang Wagner:*

». . . Die Frage der unverschuldeten Verschuldung der deutschen Luftfahrtindustrie (als Bestandteil der Rüstungsindustrie des Dritten Reiches, d. Red.) stand im Vordergrund aller Diskussionen . . . Der Bundesverband der deutschen Luftfahrtindustrie (BDLI) hat nichts unterlassen, um mit den besonderen Argumenten, die für die demontierte, zerstörte und bis zum Mai dieses Jahres verbotene deutsche Luftfahrtindustrie galten, zu operieren . . . Soweit wir unterrichtet sind, ist der Verband seit langem bemüht, vor allem die Abgeordneten des Bundestages zu orientieren und ihnen die Bedeutung der Luftfahrtindustrie als eines wesentlichen Impulses für die gesamte Wirtschaft darzulegen . . . Der Verband hat klar erkannt, daß in Sachen ›public relations‹ in Zukunft wichtige Arbeit zu leisten ist. Das Verständnis für die Bedeutung der Luftfahrtindustrie muß wieder Allgemeingut werden. Nur dann ist auch mit einem günstigen Echo im Parlament zu rechnen. Heute, wo die Luftfahrtindustrie auf privater Grundlage aufgebaut werden soll, ist mehr denn je ein enger Kontakt mit der Öffentlichkeit eine – nüchternen kaufmännischen Grundsätzen entspringende – Selbstverständlichkeit . . .«

Das wohl größte Problem der Nachkriegsentwicklung war also früh genug erkannt worden. Doch niemand konnte damals schon ahnen, daß die meisten Bemühungen um Verständnis und notwendige Förderung vergeblich sein sollten – zumindest auf dem Sektor der privaten Luftfahrt.
Zum damaligen Zeitpunkt rechnete der BDLI damit, daß etwa drei Jahre nach der Freigabe auch der Motorfliegerei in Deutschland ein Bedarf von jährlich rund 100 Sport- und Reiseflugzeugen, 666 Militär- und Übungsflugzeugen sowie 1332 Triebwerken verschiedener Art eintreten werde.
Doch schon bald nach der tatsächlichen Freigabe im Jahre 1955 zeigte sich, daß man sich – zumindest bei den Sport- und Reiseflugzeugen – geirrt hatte: Der Nachholbedarf war zunächst erheblich größer und ermöglichte es ausländischen Luftfahrtunternehmen (nicht zuletzt dank der sie begünstigenden Zollfreiheit bei der Einfuhr), eine marktbeherrschende Stellung zu erringen. Die erwartete angemessene Förderung einer deutschen Luftfahrtindustrie blieb aus – zumindest für die Hersteller von Sport- und Reiseflugzeugen, die deshalb kaum das wirtschaftliche Risiko einer Neuentwicklung bis zur Serienreife oder einer Serienproduktion auf sich nehmen konnten. Auf entsprechende Vorstöße reagierten viele Abgeordnete desinteressiert oder ablehnend. So blieb den Herstellern, von Ausnahmen abgesehen, nichts anderes übrig, als das Risiko durch Nach- und Lizenzbauten zu verringern. Vorbilder waren vor allem erfolgreiche französische Sportflugzeugmuster.

Frankreich – »Hochburg der europäischen Sportfliegerei«

Frankreich galt damals – Ende der fünfziger Jahre – als »unangefochtene Hochburg der europäischen Sportfliegerei«, wie *Peter Raabe* es in einem Artikel in der »Flugwelt« 1960,

Heft 4, S. 141 genannt hat. Unter der Überschrift »Frankreich sucht sein ›Volksflugzeug‹« berichtet er von einem Wettbewerb, der im Juli 1958 vom Service de la Formation Aéronautique du Travail Aérien et des Transports ausgeschrieben wurde. Die Vorstellung von einem »Volksflugzeug«, die schon in den zwanziger und dreißiger Jahren auch in Deutschland ihre Verfechter gefunden hatte, wurde darin folgendermaßen umrissen:

»Die Hauptklauseln des Wettbewerbs tragen dem fliegerisch nur wenig versierten Amateurpiloten Rechnung. Verlangt werden vor allem Sicherheit am Boden und in der Luft, zwei nebeneinanderliegende Sitze, Einfachheit in Aufbau und Wartung, optimale Wirtschaftlichkeit, festes Fahrwerk mit Bremsen und unkomplizierte Bedienung . . . Die geforderten Mindestleistungen bei höchstens 95 PS betragen an Höchstgeschwindigkeit 145 km/h, an Gipfelhöhe 3000 m, an Reichweite 500 Kilometer; außerdem soll eine möglichst kurze Start- und Landerollstrecke verbindlich sein, selbstverständlich auch von Plätzen mit Grasnarbe aus. Der Anschaffungspreis schließlich soll niedriger sein als die Kosten der gegenwärtig bekanntesten Leichtflugzeuge . . .«

Ob »Volksflugzeug« oder nicht – das waren auch genau die Wunschvorstellungen der deutschen Sportflieger, und darum lag es nahe, die im Zusammenhang und in Auswirkung dieses Wettbewerbes entwickelten französischen Muster zu importieren oder zu erträglichen Lizenzbedingungen in der Bundesrepublik Deutschland nachzubauen. Der wirtschaftliche Erfolg blieb allerdings auch hierbei nur mäßig, da der Hauptbedarf inzwischen durch die in Großserien preisgünstig hergestellten und zollfrei importierten Flugzeugmuster aus den USA weitgehend gedeckt war, obgleich sie leistungsmäßig den meisten Neukonstruktionen, ob den deutschen oder französischen, nachstanden.

Klein, aber zuverlässig: Stark »Turbulent«

Aus einem französischen Amateurflugzeug von *Roger Druine* entwickelte *Wilhelm Stark* in Minden einen Einsitzer, der den deutschen Zulassungsvorschriften entsprach. So klein und so einfach dieser Tiefdecker aufgebaut war – in seinen Leistungen entsprach er einem »ausgewachsenen« Flugzeug. Zwar erfüllte er als Einsitzer nicht alle Forderungen, die an ein »Volksflugzeug« gestellt wurden, doch der Stark-Flugzeugbau in Minden wagte es doch, mit der französischen Lizenz eine Serie von 35 Stück aufzulegen. Gegenüber dem Prototypen erhielt der »Turbulent« ein stärkeres Triebwerk, den aus einem VW-Automotor entwickelten Stamo 1400 (33 kW/45 PS), und ein verkleidetes Fahrwerk. Auch die Spannweite war geringfügig vergrößert worden. Das schnittige Flugzeug wurde Ende der fünfziger Jahre zum Preis von knapp DM 15 000,– (in der Luxusausführung) angeboten.

Die kleine einsitzige Stark »Turbulent« basiert auf einer Lizenz des französischen Amateurflugzeugbauers *Roger Druine.*

Vielgeliebt: Schempp-Hirth/Binder Aviatik »Smaragd«

Weitaus bekannter und in größeren Stückzahlen gebaut und verkauft wurde dieser Nachbau der französischen CP 301 A »Emeraude« (frz. Smaragd). Der Franzose *Claude Piel,* ursprünglich ein Amateurflugzeugbauer, hat den zweisitzigen Tiefdecker bereits 1954 konstruiert; ein Vorläufer, CP 30, hatte schon 1952 seinen Erstflug unternommen und wegen seiner sehr guten Leistungsdaten in Frankreich großes Interesse gefunden. Jedenfalls gab es mehrere jeweils verbesserte und mit stärkeren Motoren ausgestattete Muster. Von dem Musterbetreuer für die »Emeraude« in der Bundesrepublik Deutschland, Dipl.-Ing. *Peter Slawik,* der 1958 die Zulassung bei der Prüfstelle für Luftfahrtgerät erreicht hatte, erwarb Schempp-Hirth in Kirchheim/Teck in Verbindung mit Binder Aviatik in Donaueschingen die Nachbaurechte. Durch verschiedene konstruktive Änderungen wurde das Muster vor dem Serienbau wesentlich verbessert, allerdings auch schwerer. Es konnte zusätzlich zu seiner Auslegung für Schulung, Übung und Reiseflug auch für ein-

Die zweisitzige »Smaragd« ist ein Lizenzbau des französischen Amateurflugzeuges »Emeraude CP 30« von *Claude Piel;* sie wurde von Schempp-Hirth und Binder Aviatic gemeinsam in Serie gebaut.

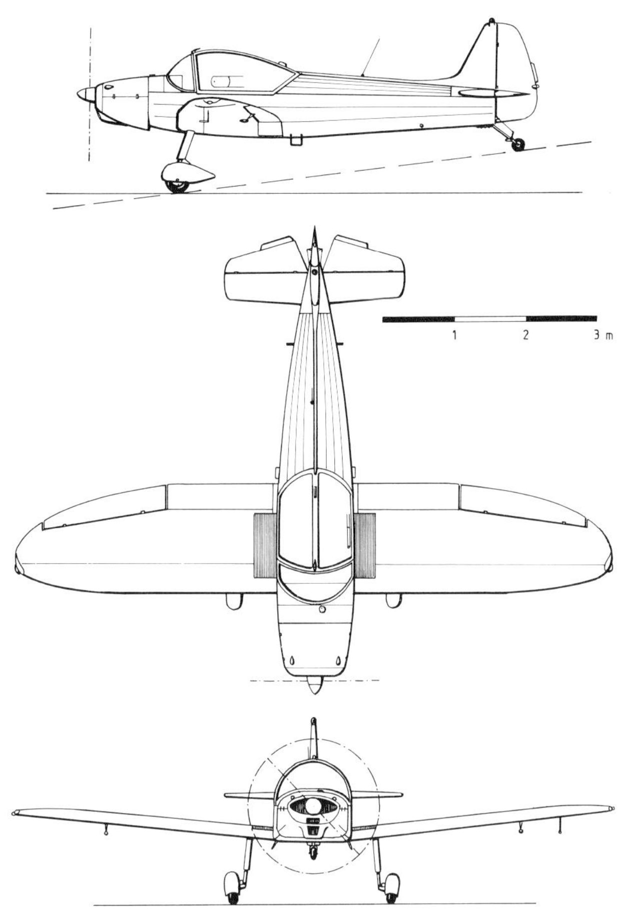

Dreiseitenansicht des Sportflugzeuges »Smaragd«.

fachen Kunstflug und Flugzeug- sowie Bannerschlepp zugelassen werden.
Der »Smaragd« war ganz aus Holz gebaut und entsprach damit den damals vorherrschenden Segelflugzeugmustern (durchgehender Kastenholm mit Torsionsnase, hinterer Teil des Flügels stoffbespannt). Der Flügel mit fast idealem elliptischem Grundriß hatte im mittleren Teil Landeklappen und außen Spalt-Querruder. Der Rumpf in Holzfachwerk-Konstruktion war teilweise stoffbespannt und mit 1,10 m ungewöhnlich breit. Die dadurch sehr bequeme Kabine besaß für Schulungszwecke Doppelsteuerung. Insgesamt sind in Deutschland 23 »Smaragde« gebaut worden, einige wenige auch vom Stark-Flugzeugbau in Minden. Eines dieser Exemplare ist 1992 grundüberholt und dabei – teilweise mit modernen Werkstoffen – fast völlig neu aufgebaut worden. Auch mehrere Original-»Smaragde« sind noch zugelassen und werden von ihren stolzen Besitzern gelegentlich auf Oldtimertreffen vorgeführt.

In Frankreich wurde die »Emeraude« zu dem kunstflugtauglichen Zweisitzer CAP-10 weiterentwickelt. Mit verstärkter Struktur und einem 136-kW/180-PS-Motor dient dieses Muster – in einigen Exemplaren auch in Deutschland – zum Kunstflugtraining. Darüber hinaus ist es mit seiner Reisegeschwindigkeit von 240 km/h und seiner Reichweite von 1200 km ein beliebtes Reiseflugzeug. In den siebziger Jahren entstand daraus der Einsitzer CAP-20 mit stärkerem Triebwerk (147 kW/200 PS) für Wettbewerbskunstflug, der in einer noch leichteren und stärkeren Version (CAP-20 L) einige Erfolge erringen konnte.

Die nachempfundene »Emeraude«: FSS-100 »Tourist«

Das einzige deutsche Sportflugzeug, das in der ehemaligen DDR gebaut wurde, entsprach ebenfalls weitgehend der »Emeraude«. Der damalige Leiter der Abteilung Segelflugtechnik in der Flugsportschule Schönhagen, *Johannes Höntsch,* schreibt dazu:

»Dieses nur einmal gebaute kleine Motorflugzeug ist ein Tiefdecker in Holzbauweise, nebeneinanderliegenden Sitzen und Doppelsteuerung.
Der damalige Schulleiter der Flugsportschule Schönhagen, *Fritz Fliegauf,* wollte darauf zukünftigen Sportfliegern die ersten Eindrücke vom Fliegen vermitteln und die Anfangsetappe der Ausbildung schneller auf einem billigen und einfachen Motorflugzeug durchführen. Die anfänglich mit Erfolg durchgeführte Schulung wurde nach kurzer Zeit wieder eingestellt.
Daß es zum Bau des Motorflugzeuges kam, lag an einer Transportkiste mit einem Flugmotor ›WALTER MIKRON III‹. Mitte der 50er Jahre wurde das Triebwerk als ehemaliges Messeexponat von übergeordneter Stelle in Leipzig gekauft und dem Bereich Segelflugtechnik an der Flugsportschule zur Einlagerung übergeben. Da ein künftiger Verwendungszweck nicht bekannt war, kam es nach Jahren zu einer Anfrage an die vorgesetzte Dienststelle, was mit dem Flugmotor geschehen soll. Die Antwort lautete: ›Baut doch ein Flugzeug dazu‹. Damit war eigentlich unbürokratisch der Bau eines

In der ehemaligen DDR entstand Anfang der sechziger Jahre das zweisitzige Schul- und Sportflugzeug FSS »Tourist«, bei dem die französische »Emeraude« zum Vorbild genommen worden war.

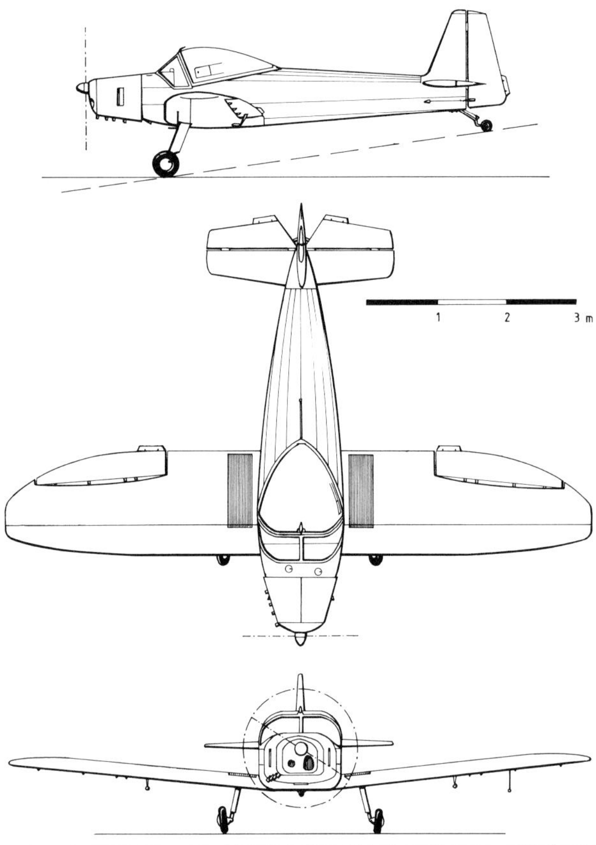

Dreiseitenansicht des »Tourist« mit Walter-Motor »Mikron II«.

Motorflugzeuges abgesegnet worden. Neben der Begeisterung im Bereich gab es aber auch warnende Stimmen, die einen Mißerfolg prophezeiten. Unsere damaligen Erfahrungen erstreckten sich auf den Segelflugzeugbau und was wir bauen wollten, stand in den Sternen. Eine vollkommene Neuentwicklung hätte für uns das vorzeitige Aus bedeutet. In jenen Jahren gab es viele Berichte über den französischen Amateurflugzeugbau. Wir suchten nach einem Typ aus Frankreich und wählten uns als Vorbild die CP 30 ›EMERAUDE‹ (SMARAGD) von *Piel* aus. Ein vorhandener Prospekt und Fragmente von Teilzeichnungen bildeten die Grundlage für unser Motorflugzeug. Der damalige Leiter der Abteilung Segelflugtechnik *Johannes Höntsch* übernahm die konstruktive Arbeit und eine Mitarbeiterin den zeichnerischen Teil. Wertvolle Unterstützung gab es durch das Institut für Flugwerk im damaligen Forschungszentrum der Luftfahrtindustrie (Dr.-Ing. *Möller*) und der Abteilung Flugzeuge der Prüfstelle für Luftfahrtgerät (PfL). Die finanzielle Seite übernahm die Abteilung Flugsport im ZV der GST.
Bis zur Rohbaumontage war der Bau Einmannarbeit des verstorbenen Segelflugzeugbaumeisters *Gerhard Winkler*. Die Abschlußarbeiten führten Mitarbeiter der Abteilung Segelflugtechnik durch . . .
Am 9. Oktober 1962 begann die Flugerprobung, nachdem uns in letzter Minute die Sorge des Neubaues einer Luftschraube genommen wurde. Tschechoslowakische Flieger brachten uns ein Sortiment unterschiedlichster Luftschrauben, darunter auch eine für unser Triebwerk. Einflieger war *Fritz Fliegauf*, bis zum Abschluß der Erprobung erfolgten 50 Landungen, davon 14 doppelsitzig, mit einer Gesamtflugzeit von 19 Stunden. In seinem Bericht schreibt er von guter Steuerbarkeit und gutem Flugverhalten in der Luft, von geringem Triebwerksgeräusch in der Kabine und ausgezeichneten Sichtverhältnissen. Als Mangel mußte die sprunghafte Geschwindigkeitsänderung erwähnt werden, die mit der geringsten Rastenverstellung der Trimmklappe auftrat. Wir veränderten die Klappengröße. Größeren Kummer bereitete uns das Triebwerk. Es mußte mit der Hand angeworfen werden und blieb im Leerlauf am Boden oft stehen. Das Entlüftungssystem zum Kraftstoffbehälter machte uns lange Sorgen, bis der Fehler gefunden war. Aus Zeitgründen hatten wir auf eine wirksame Start- und Landehilfe verzichtet. Kurz vor der Landung entwickelte sich der ›TOURIST‹ mit seiner Schwebeleistung zu einem Segelflugzeug.
Mit der Einführung zahlreicher neuer Motorflugzeuge aus dem Ausland erlosch das Interesse am Leichtflugzeugbau. Die Initiatoren und Erbauer hatten keinen weiteren Einfluß auf diese Entwicklungsrichtung. Aus dem ›TOURIST‹ wurde ein Vorzeigegerät, danach ein Standgerät, das so vor der Zerstörung gerettet werden konnte. Als Oldtimer steht er zur Zeit im Magazin des Flugsportmuseum von Finsterwalde und wartet auf einen Standplatz.
In der Typenbezeichnung FSS sind die Buchstaben der **F**LUG**S**PORTSCHULE **S**CHÖNHAGEN zu finden, wo das Flugzeug mit zeitweilig längeren Unterbrechungen zwischen 1958 und 1962 hergestellt wurde. Aus Symmetriegründen wurde statt der 1 (erste Konstruktion) die 100 gewählt. Der Taufnahme TOURIST betonte den sportlichen Verwendungszweck des Flugzeuges.«

Mutter vieler Nachkommen: Aero-Jodel D-11 C »Club«

Als sehr einfaches und preiswertes Flugzeug, das die Bezeichnung »Volksflugzeug« wirklich verdiente, erschien in Frankreich schon kurz nach dem Zweiten Weltkrieg die erste Jodel-»Bébé«, benannt nach ihren Konstrukteuren *Edouard Joly* und *Jean Delmontez*. Ihr Kennzeichen, das alle Jodel-Konstruktionen bis heute aufweisen, war der breite Flügel mit geradem Mittelstück und angesetztem V-förmig abgeknickten Enden. Angetrieben wurde die einsitzige »Bébé« von einem VW-Motor. Die Holzbauweise gestattete den Nachbau auch von weniger Geübten, und so war es kein Wunder, daß die Jodel »Bébé« vor allem in Frankreich immer mehr Liebhaber fand. Ihre sehr guten Flugeigenschaften ermutigten zur Weiterentwicklung zu zwei-, drei- und viersitzigen Mustern, die an verschiedene größere Firmen in Lizenz vergeben wurden. Aus Jodel-Entwicklungen hervorgegangen sind beispielsweise die zahlreichen Robin-Muster, die bis heute auch in Deutschland als Reise- und Schleppflugzeuge beliebt sind und in ihrem Grundaufbau (Knickflügel und Holzbauweise) noch immer den Anfangsmustern entsprechen. Die Lizenz zu deren Nachbau wurde nicht nur in Frankreich vergeben (obwohl die meisten Jodel-Muster von dort importiert wurden), sondern auch in die Schweiz und in die Bundesrepublik Deutschland. Hier war es die Firma Aero-Flugzeugbau in München-Heimstätten, die die Aero-Jodel D 11 C »Club« herstellte. Die D 11 A (mit 48-kW/65-PS-Continental-Motor) war bereits 1957 vom Luftfahrt-Bundesamt musterzugelassen worden. Die »C«-Ausführung mit 66-kW(90-PS)-Continental C 90/12 F hatte eine um 100 kg höhere Flugmasse, die für einen dritten Sitz, einen Zusatztank oder für zusätzliches Gepäck genutzt werden konnte. Sie war für Schulung, einfachen Kunstflug und Schleppflug zugelassen und kostete damals DM 28 000,–.

Das »Volksflugzeug« Aero-Jodel »Club« war ein leicht zu bauendes Amateurflugzeug als Lizenz der französischen Jodel »Bébé«. ▶

Klemm-Flugzeuge der Nachkriegszeit

Die Bölkow-Reiseflugzeuge

Wiedergeburt nach zwanzig Jahren: Klemm Kl 107

Das erste deutsche Motorflugzeug, das nach dem Zweiten Weltkrieg die Musterzulassung erhielt, im März 1957, war die dreisitzige Klemm Kl 107 der Arbeitsgemeinschaft Klemm-Bölkow. Als Kl 107 B begann 1959 die Serienfertigung bei der Bölkow-Produktionsfirma, der Apparatebau Nabern GmbH in Nabern/Teck (südöstlich von Stuttgart). Bei der Deutschen Luftfahrtschau in Hannover 1959 konnte die Standardausführung mit DM 39 500,– angeboten werden. Das war der Anfang der Bölkow-Sportflugzeugaktivitäten.

Die Kl 107 war sowohl in der Vorkriegs- als auch in der Nachkriegsausführung ein typisches Klemm-Flugzeug in Holzbauweise, ein Tiefdecker mit einholmigen Tragflächen, mit sperrholzbeplankter Torsionsnase, der Rest stoffbespannt, der Rumpf in Holz-Halbschalenbauweise und das Leitwerk in Holz mit Stoffbespannung. Von der Kl 107 sind 1940/41 sechs Vorserienflugzeuge bei den Klemm Flugzeugwerken in Böblingen gebaut worden. Während des Krieges war durch den schwedischen Vertreter der Firma Klemm ein fast kompletter Zeichnungssatz der Kl 107 in das neutrale Schweden gebracht worden. Dieser stand der Klemm-Vermögensverwaltung, sozusagen dem Rest der weltbekannten Flugzeugfirma, in den fünfziger Jahren zur Verfügung.

Im Frühjahr 1954, ein Jahr vor Freigabe des Motorfluges in Deutschland, kam es in Stuttgart zu einem Gespräch zwischen *Ludwig Bölkow,* der seit 1948 ein Ingenieurbüro betrieb, und *Hansjürgen Klemm,* dem Sohn des Firmengründers *Dr. Hanns Klemm.* Initiator dieser Unterredung war *Fritz Walter,* ein früherer Klemm-Mitarbeiter, der auch bei der darauffolgenden Produktionsstudie mitwirkte. Man schätzte damals, daß nach Wiederzulassung des Motorfluges in Westdeutschland ein größerer Bedarf an Schul- und Sportflugzeugen für Vereine und Privatpersonen entstehen würde, und daß durch den guten Ruf deutscher Sportflugzeuge, insbesondere von Klemm, auch Käufer aus dem Ausland dazukommen würden. Man rechnete ferner mit einem Bedarf der Luftwaffe nach Wiederherstellung der Wehrhoheit.

Ludwig Bölkow war durch seine Tätigkeit bei der Firma Messerschmitt von 1939 bis Kriegsende eng mit der Luftfahrt verbunden und vertraut. Er sah für eine Wiederaufnahme des Flugzeugbaues in der Klemm Kl 107 eine gute Möglichkeit mit relativ geringem Risiko und Aufwand. Die Klemm-Holzbauweise mit der als fortschrittlich anzusehenden Halbschalenkonstruktion des Rumpfes bot gute Voraussetzungen für einen schnellen Serienanlauf in kleinen Stückzahlen mit einfachen Vorrichtungen. Leider stellte sich erst später heraus, daß der Zeichnungssatz unvollständig war; auch mußten die Lastannahmen und Festigkeitsnachweise neu erstellt werden.

Nachdem das Land Baden-Württemberg Förderungsmittel von zunächst DM 85 000,– der Arbeitsgemeinschaft Klemm-Bölkow in Aussicht gestellt hatte, begannen Anfang Mai 1955 die Konstruktionsarbeiten zur »Nachkriegs-Klemm Kl 107«. Diese unterschied sich von der »Vorkriegs-Klemm Kl 107« – bei gleichen äußeren Abmessungen – durch

Die erste Nachkriegs-Klemm Kl 107 entstand in der Arbeitsgemeinschaft Klemm-Bölkow und kam 1956 zum Fliegen. Die Kl 107 A hatte einen 90-PS-Continental-Boxermotor.

einen anderen Motor, den Boxermotor Continental C-90 (66 kW/90 PS) anstelle des Hirth HM 504 A-Reihenmotor (77 kW/105 PS), durch ein freitragendes Einbeinfahrgestell und durch eine Vollsichthaube mit Türen, die nach vorne geöffnet werden konnten.
Langjähriger verständnisvoller Förderer des Vorhabens war Dipl.-Ing. *Harry Hammler* vom Landesgewerbeamt Baden-Württemberg, über den auch die Darlehen liefen.
Große Mühe machte die Materialbeschaffung und das Auffinden von Instrumenten, Zubehörteilen und Luftfahrt-Normteilen; nur selten fanden sich noch Restbestände. Es mußte umkonstruiert und improvisiert werden, was leider auch zu einer Erhöhung des Leergewichtes führte.
Der Prototyp der Kl 107 A wurde bei der Flugzeugfirma Hirth in Nabern/Teck gebaut und konnte am 4. September 1956 mit *Karl Voy,* einem ehemaligen Klemm-Einflieger, am Steuer in Stuttgart-Echterdingen zum Erstflug starten. Die Flugeigenschaften erwiesen sich als gut, aber bei einer Abflugmasse von 860 kg war das Flugzeug mit 66 kW (90 PS) zu schwach motorisiert; es war rund 40 kg schwerer als die Vorkriegsausführung. Man entschloß sich daher sehr bald, einen stärkeren Motor einzubauen, den Lycoming 0-320 mit 110 kW(150 PS). Die Zulassung der Kl 107 A durch das Luftfahrt-Bundesamt erfolgte nach britischen Vorschriften, da es zu dieser Zeit noch keine gültigen deutschen Prüfbestimmungen gab. Die Kl 107 B mit Lycoming-Motor wurde für eine Abflugmasse von 940 kg zugelassen. In dem dreisitzigen Flugzeug konnten mit vollen Tanks allerdings nur noch 20 kg Gepäck zugeladen werden.
Bei der Luftfahrtschau in Hannover 1959 stand die Klemm-Bölkow Kl 107 B erstmals auf dem Bölkow-Stand. Anfang Mai waren alle Rechte an die Bölkow-Produktionsfirma übergegangen. Damit war auch der Weg frei für eine Weiterentwicklung. Die Kl 107 C erhielt ein breiteres Fahrwerk, einen Verstellpropeller und Sonderausrüstung für den Segelflugzeugschlepp. Insgesamt sind 55 Kl 107 A, B- und C-Flugzeuge in Nabern gebaut worden. Einige davon fliegen heute noch.

Die Kl 107 B erhielt einen stärkeren Lycoming-Motor von 150 PS. Die Serienfertigung lief 1959 im Werk Nabern der Bölkow-Apparatebau an.

Eine Kl 107 C wurde mit zwei großen Sprühmittelbehältern, einem Pumpen-Aggregat und Sprühbalken unter den Tragflächen zur Schädlingsbekämpfung umgebaut.

Als 1960 aus Holland eine Anfrage kam, ob sich die Kl 107 auch für das Besprühen von landwirtschaftlich genutzten Flächen eignen würde, war man bei der Bölkow-Entwicklungen an einer solchen Zusatzverwendung sehr interessiert. Die Holländer suchten ein Flugzeug mit einer niedrigen Mindestgeschwindigkeit und guten Flugeigenschaften auch im Langsamflug. Als Vorführflugzeug wurde eine Kl 107 mit zwei Sprühmittelbehältern von je 250 l Inhalt – unter dem Flügel zwischen Fahrwerk und Rumpf –, zwei Sprüh-

balken unterhalb der Flügelhinterkante und einer vom Luftstrom angetriebenen Pumpe ausgerüstet. Bei den ersten Flügen zeigte sich, daß der erhöhte Luftwiderstand und die größere Abflugmasse zu sehr langen Startrollstrecken führte. Ein Umbau auf einen Zentralbehälter z. B. im Rumpf und auf einen stärkeren Motor hätte zu einem hohen Kostenaufwand geführt. Das Vorhaben wurde nicht weiterverfolgt, das Versuchsflugzeug in seinen Ausgangszustand zurückversetzt.
Um die Kl 107 gab es zahlreiche Diskussionen zwischen Piloten, Flugzeugkonstrukteuren, Vertriebsleuten, Nutzern und fliegenden Journalisten. Kritisiert wurde die angeblich veraltete Holzkonstruktion, ferner das Spornradfahrwerk und auch die Dreisitzigkeit mit beschränkter Gepäckzuladung. Argumente gegen das Klemm-Flugzeug kamen besonders von Verkaufsvertretern amerikanischer Ganzmetallflugzeuge mit der Ansicht, man könne ein Holzflugzeug nicht im Freien abstellen.

Die Kabine der Bölkow 207 war geräumig und modern gestaltet, der Einstieg durch nach oben öffnende Flügeltüren erleichtert.

Viersitzer aus Holz: Bölkow 207

Das Flugzeugbauteam der Bölkow-Entwicklungen KG, bestehend aus *Carl Bucher, Erich Ufer* und *Herbert Wolff,* konzipierten in den Jahren 1958/59 einen stärker motorisierten Reiseviersitzer, der erst die Bezeichnung Kl 107 D, dann F 207 und schließlich Bölkow 207 trug. Der Prototyp konnte am 10. Oktober 1960 zum Erstflug starten. Die Produktion wurde 1961 im Bölkow-Werk Laupheim eingerichtet und lief dort bis 1966. Insgesamt sind 86 Bölkow 207 gebaut worden. Die 207 war damit der erste und für lange Zeit der einzige Reiseviersitzer der Nachkriegszeit, der in Deutschland in Serie gefertigt worden ist.
Der deutsche Kunstflugmeister (1961 und 1964) *Gerd Pawolka* schrieb in seinem Testbericht im »Flieger« (Heft 1/1962) über die Technische Auslegung der Bölkow 207 u. a.:

»Für die über die ganze Welt verteilte treue Anhängerschaft der Klemm-Flugzeuge . . . war es eine Überraschung, als beim Fliegerwochenende in Coventry eine neue Klemm auftauchte, die jene Wünsche erfüllte, die man seit einigen Jahren bei Klemm unerfüllt sah.
Es war die viersitzige Bö 207, die den Herstellernamen Bölkow trug, den Namen des Mannes, der zum Nachfolger des großen Klemm'schen Ideengutes geworden ist: nämlich ein gutes und wohlfeiles Flugzeug für den Privatflieger zu bauen. Es gab bei Klemm schon einmal eine Zeit, wo man sich entschloß, viersitzige Reiseflugzeuge zu bauen (Kl 31 und Kl 36) und sogar noch größere (Kl 37 bzw. Fh 104), aber der Krieg machte dem schnell ein Ende. *Ludwig Bölkow* hat dann mit *Hanns Klemm jr.* die Kl 107 neu aufgelegt, erst als Zweisitzer, dann als Dreisitzer. Aber schon bald nach dem Erscheinen der Kl 107 C traten die Kunden an das Werk mit der Forderung nach einer viersitzigen Maschine heran.«

Für das neuentwickelte viersitzige Reiseflugzeug Bölkow 207 wurde die Produktion im Werk Laupheim der Bölkow-Apparatebau eingerichtet. Dort entstanden von 1961 bis 1966 insgesamt 83 Bölkow 207.

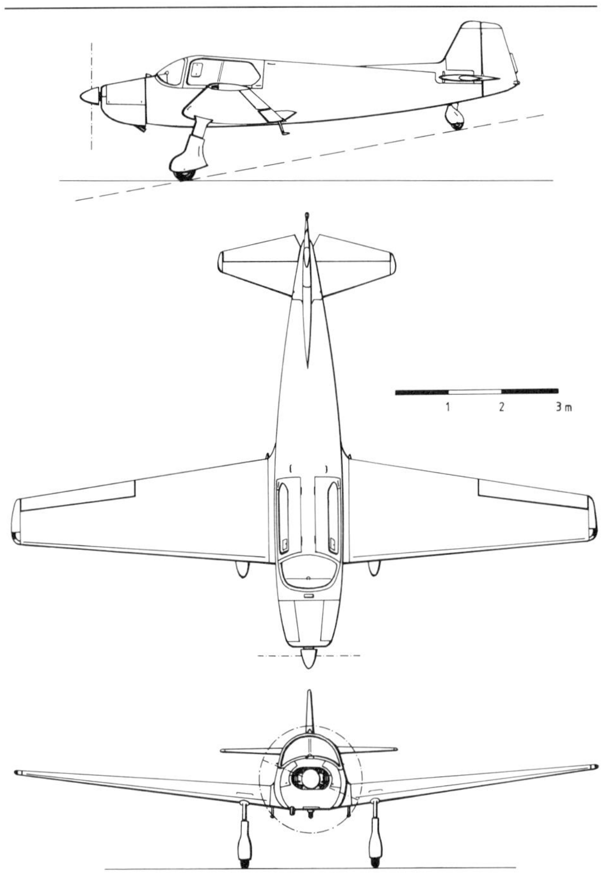

Dreiseitenansicht der Bölkow 207 mit 180-PS-Lycoming-Motor.

Der Entwicklungssprung von der 107 zur 207 war relativ groß; es war weit mehr eine Neuauslegung und Neukonstruktion als eine Weiterentwicklung. Eingebaut wurde der Sechszylinder-Lycoming-Motor 0-360 A (132 kW/180 PS) mit Hoffmann-Verstellpropeller. Die maximale Abflugmasse erhöhte sich auf 1200 kg, die Reisefluggeschwindigkeit auf 235 km/h. Mit den beiden in den Flügel untergebrachten Kraftstoffbehältern betrug die maximale Reichweite 1300 km. Mit vier Personen an Bord konnte ausreichend Gepäck mitgenommen werden; die Bölkow 207 war ein Reiseflugzeug geworden. Der Rumpf war im Kabinenbereich breiter als bei der 107, die seitlichen Haubenteile ließen sich leicht nach oben öffnen – ähnlich wie bei dem damals viel bewunderten Mercedes 300 SL – und ermöglichten ein bequemes Ein- und Aussteigen. Bei der Bölkow 207 wurden – in diesem Umfang in Deutschland erstmals – zahlreiche Kunststoffbauteile aus glasfaserverstärktem Epoxid verwendet, hergestellt in Negativformen im Handeinlegeverfahren, so u. a. die Motorverkleidung, der Kabinenhaubenrahmen mit den Türen, die Fahrwerksverkleidungen, die Rumpf-Flügel-Übergänge und die Randkappen. Zur Gestaltung der Kabine und des Instrumentenbrettes war ein Innenarchitekt mit Erfahrungen aus dem Automobilbau beratend hinzugezogen worden.

Die viersitzige Bölkow 207 wurde in den 60er Jahren von Privatleuten geflogen, als Firmen- oder Vereinsflugzeug und zum Segelflugzeugschlepp gekauft; sie nahm erfolgreich an Wettbewerben teil, war preiswert, leicht zu fliegen und zu warten. Dennoch wurde sie kein Erfolgsflugzeug und nur in sehr begrenztem Umfang ins Ausland verkauft. Die Dominanz der amerikanischen Ganzmetall-Reiseflugzeuge, später auch von Mustern aus Frankreich und Italien, die aus größeren Serien kamen und einen weltweiten Service hatten, ließen ein Holzflugzeug mit Spornrad nicht zum Erfolg kommen. Hinzu kamen die einseitigen Zollbestimmungen, die die aus dem Ausland eingeführten Motoren erheblich verteuerten.

Noch heute findet man hin und wieder eine Bölkow 207 auf deutschen Flugplätzen, sorgsam gepflegt von ihren Eigentümern, die sie als Nachfolgemuster der Klemm-Flugzeuge fliegen.

Ganz aus Metall

Die Bölkow-Sportzweisitzer

Erfolg in Serie: Bölkow Bo 208 »Junior«

Im Jahre 1960 wurde *Ludwig Bölkow* durch den früheren Klemm-Vertreter in Schweden, *Dr. Skerving Wester,* auf ein kleines zweisitziges Ganzmetall-Sportflugzeug aufmerksam gemacht, das der schwedische Ingenieur *Björn Andreasson* 1956/58 in USA für sich als Freizeitflugzeug mit einem 55-kW (75-PS)-Motor konstruiert und gebaut hatte. Als *Andreasson* in seine Heimat zurückkehrte, nahm er das Flugzeug mit und ließ es bei der Malmö Flygindustri – als MFI 9 – serienmäßig durchkonstruieren und für einen Vierzylinder-Continental-Motor, den 0-200 von 74 kW (100 PS), auslegen. Im November 1960 kam *Dr. Wester* nach Ottobrunn und bot der Bölkow-Entwicklungen KG eine Nachbaulizenz für die MFI 9 an. Der für die Flugzeugentwicklung zuständige Dipl.-Ing. *Herbert Wolff* und *Werner Zober* vom Flugzeug-

Das zweisitzige Ganzmetall-Sportflugzeug Bölkow Bo 208 »Junior« basierte auf einer Lizenz des schwedischen Amateurflugzeugs BA 7 von *Björn Andreasson.*

vertrieb konnten wenig später in Schweden mit dem in den USA gebauten Amateurflugzeug fliegen und beurteilten es recht günstig. Einige Wochen danach flog der Leiter der Versuchswerkstatt *Werner Göttel* nach Malmö, um sich die Fertigungszeichnungen und die vorhandenen Vorrichtungen anzusehen. Diese waren jedoch noch recht unvollständig, so daß die Firma Bölkow zögerte, den Lizenzvertrag – immerhin waren 250 000,– DM gefordert – abzuschließen. Erst als der MFI-Geschäftsführer *Rudolf Abelin* nach München kam, die Weltlizenz (mit Ausnahme der skandinavischen Länder) anbot, dazu einen MFI-9-Prototyp zur Ausstellung bei dem Aérosalon in Paris-Le Bourget sowie die Musterzulassung in Schweden, wurde am 3. Juli 1961 der Lizenzvertrag unterschrieben. Das vertraglich zugesagte Flugzeug traf erst im Januar 1962 in München-Riem ein und hatte nur eine eingeschränkte Experimental-Zulassung. Das schwedische »type-certificate« verzögerte sich so lange, daß die Firma Bölkow die deutsche Zulassung beim Luftfahrt-Bundesamt beantragte und das ganze Verfahren noch einmal durchgeführt werden mußte. Das LBA hielt zudem einen Teil der schwedischen Nachweise für nicht ausreichend. Seitens der MFI wurde das nun wieder als »übertriebene deutsche Gründlichkeit« angesehen.

Eine Konstruktionsgruppe unter Leitung von *Hermann Mylius* wurde bei der Bölkow-Entwicklungen in Ottobrunn gebildet, um die Serienfertigung des deutschen »Junior« an Hand der schwedischen Pläne vorzubereiten. Bei genauerer Prüfung der Zeichnungen des MFI-9 Vorserienflugzeuges hatte man doch einiges auszusetzen, wobei es meist um die deutsche Zulassungsfähigkeit ging. Im Rahmen des Lizenzvertrages entstand ein reger Erfahrungsaustausch, von dem auch die schwedische Seite profitierte.

In der Versuchswerkstatt in Ottobrunn wurden die ersten Bo 208 »Junior«-Flugzeuge gebaut. Den Erstflug mit der Werknummer 501 führte *Klaus Boysen* am 30. März 1962 durch. Die deutsche Musterzulassung wurde Ende November 1962 erteilt.

Für die Firma Bölkow war der »Junior« als zweisitziges Ganzmetallflugzeug mit Bugrad die gesuchte Ergänzung im Fertigungs- und Verkaufsprogramm. Das erste Los wurde kurz nach der Zulassung für das Werk Laupheim freigegeben; die Auslieferung sollte im Februar 1963 beginnen.

Beim Deutschen Luftfahrtsalon 1962 in Hannover standen zwei Bo 205 »Junior« aus der Ottobrunner Vorserienfertigung. Das mit DM 28 000,– in der Grundversion als Sport-, Schul- und Schleppflugzeug angebotene kleine Flugzeug mit rund 10 m Spannweite stieß auf großes Interesse; es war mit 18 festen Bestellungen der »Bestseller« der Luftfahrtschau.

Während der Flugvorführungen geriet ein »Junior« beim Start in die Wirbelschleppe eines kurz vorher gestarteten vierstrahligen Verkehrsflugzeuges und stürzte aus niedriger Höhe auf den Rollweg. Die von Sachverständigen bestätigte Unfallursache war damals noch wenig bekannt. Inzwischen gibt es klare Vorschriften über die zeitlichen Abstände beim Start zwischen kleinen und großen Flugzeugen auf der gleichen Startbahn.

Nach dem Verkaufserfolg in Hannover wurden die Vorbereitungen für die Serienfertigung im Werk Laupheim der Bölkow Apparatebau GmbH beschleunigt. Man begann mit einem ersten Los von 50 Flugzeugen und einer vorgesehenen Monatsproduktion von 10 Flugzeugen. Der Beginn der Serienfertigung verzögerte sich jedoch – insbesondere durch Lieferschwierigkeiten der Zulieferindustrie, die sich vielfach auf die kurzen Termine für relativ kleine Stückzahlen nicht so schnell einstellen konnte.

Im April 1963 wurde der »Junior« mit angesetzten Tragflügelrandkappen und damit vergrößerter Tragfläche für den Segelflugzeugschlepp zugelassen, anfangs für Segelflugzeuge bis 320 kg, später bis 500 kg Gesamtmasse. 1964 er-

Als Besonderheit hatte der »Junior« einen in der Mitte angeordneten Steuerknüppel.

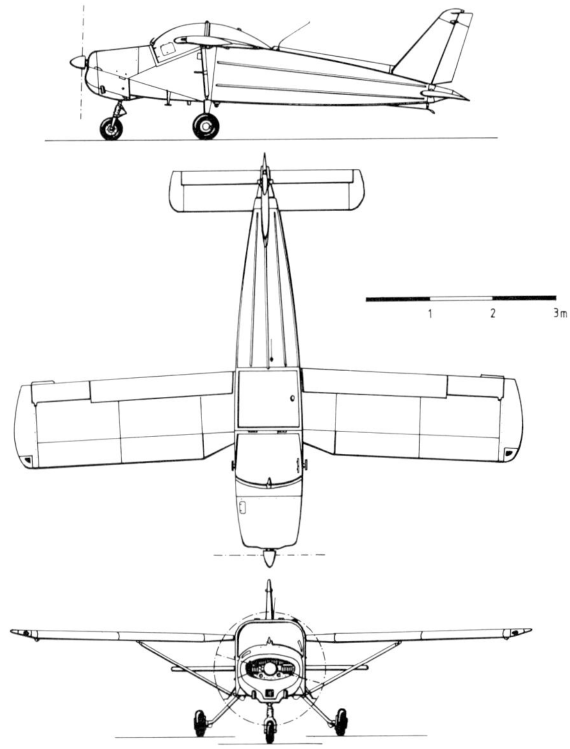

Dreiseitenansicht des »Junior 208 C«, der bis 1969 in Serie gebaut wurde – insgesamt 200 Stück.

hielt der »Junior« die amerikanische FAA-Zulassung nach Part 23 und damit die Voraussetzung für den Verkauf in viele Länder. Es folgten noch gesonderte Zulassungen in der Schweiz, in England und Frankreich. Von den Käufern und den am Kauf Interessierten wurden immer wieder die zu enge Kabine, der sehr kleine Gepäckraum und verschiedene Bediengriffe beanstandet. Es kam zu einer Reihe von Änderungen, die zum Teil noch in der laufenden Serie vorgenommen werden konnten. Die einzelnen Verbesserungen wurden zusammengefaßt und führten zur Baureihe Bo 208 C.

Eine größere Anzahl von Bugradschäden machte die Verstärkung der Bugradfedergabel erforderlich. Beim harten Aufsetzen mit zu starker Belastung des Bugrades oder bei zu schnellem Rollen auf unebenen Plätzen knickte die Bugradgabel häufig ein, wodurch fast immer der Propeller beschädigt wurde.

Da der »Junior« eines der ersten in Deutschland gebauten Bugrad-Sportflugzeuge war, kam es immer wieder zu Diskussionen über den richtigen Landeanflug mit dem richtigen Aufsetzen. Piloten, die vorher mit langsameren Sportflugzeugen mit Schleifsporn oder Spornrad geflogen waren, hatten mit dem »Junior« nicht selten Schwierigkeiten bei der Landung, insbesondere weil sie das Bugrad zu früh an den Boden drückten.

Die ersten Ausführungen des »Junior« schwebten mit etwa 120 bis 130 km/h an und setzten mit 102 bis 111 km/h auf. Bei der Baureihe 208 C wurden die für diese Flugzeugkategorie relativ hohen Geschwindigkeiten durch Änderung des Profiles an der Flügelwurzel in Form einer heruntergezogenen Nase herabgesetzt. Die Idee dazu kam von *Ernst Günter Haase,* der bei der Firma Bölkow das Konstruktionsbüro für Sport- und Reiseflugzeuge leitete. Für die Flugerprobung wurden auf die Fläche aufgeklebte Wollfäden verwendet, mit denen sich von der Kabine aus der Strömungsverlauf gut beobachten ließ.

Die Baureihe Bo 208 C hatte einen umgedreht eingebauten Rumpfspant 3, wodurch die Sitze um 11 cm zurückversetzt werden konnten. Die Kabine wurde in Schulterhöhe um 4 cm verbreitert, der Gepäckraum vergrößert, das Instrumentenbrett übersichtlicher gestaltet, die Kabinenbelüftung verbessert und der Tank von 80 auf 100 l vergrößert. Mit dem verstärkten Bugrad konnte die Abflugmasse auf 625 kg erhöht werden.

Das zweisitzige Ganzmetall-Sportflugzeug Bölkow Bo 208 »Junior« wurde in Laupheim gebaut.

Der »Junior« wurde bei den deutschen Sportflugvereinen ein beliebtes Schleppflugzeug; er konnte nach der erweiterten Zulassung Segelflugzeuge bis 500 kg Abflugmasse schleppen.
Insgesamt sind bis 1969 in Ottobrunn und Laupheim 200 »Junioren« gebaut worden; davon gingen viele in den Export – in 20 verschiedene Länder. Alle Bemühungen, den »Junior« zum Einheitsschulflugzeug des DAeC und der Luftwaffensportfluggruppen werden zu lassen, schlugen jedoch fehl.
Bölkow-Mitarbeiter der Flugsportgruppe Bölkow-Ottobrunn waren bei vielen Flugveranstaltungen sehr erfolgreich. So wurden die Mannschaft *Goldmann/Blankennagel* Gesamtsieger des Deutschlandfluges 1963 und *Mylius/Seubert* Gruppensieger beim Deutschlandflug 1965. Dabei passierte *Hermann Mylius* ein Mißgeschick, als ihm bei einer Orientierungskurve über der Schwäbischen Alb der Steuerknüppel kurz über dem Einspannrohr abbrach. Er mußte sein Flugzeug nur mit Seitensteuer und Höhentrimmung zum nahegelegenen Werkflugplatz Laupheim fliegen, wo ihm schnell ein neuer Steuerknüppel eingebaut werden konnte.
Der Grundgedanke des kleinen zweisitzigen Sportflugzeuges – ein Schulterdecker mit Bugrad – wurde in der Bo 209 »Monsun«, der Folgekonstruktion von *Hermann Mylius,* fortgesetzt.

Die letzte Serienausführung des »Junior« wurde auch mit Radverkleidungen angeboten. Eingebaut war damals der von Rolls-Royce in England gefertigte Continental 0-200 mit 100 PS.

Ausstellung der Bölkow-Sportflugzeuge auf dem Freigelände der Hannover-Messe 1964.

Serie leider abgebrochen: Bo 209 »Monsun«

Auf die Entwicklung der zweisitzigen »Monsun«, die zu den besten deutschen Sportflugzeugen der Nachkriegszeit gehört, wird ausführlich eingegangen. Denn hierbei wird der Verlauf einer Flugzeugentwicklung in Deutschland in den 60er Jahren besonders deutlich im Gegensatz zu den Vorkriegsentwicklungen mit staatlicher Unterstützung.

Das zweisitzige Bölkow-Sportflugzeug Bo 208 »Junior« lief 1965 im Verkauf nicht mehr gut; die monatliche Fertigungsrate im Werk Laupheim mußte verringert werden, die Herstellkosten stiegen, und der »brake-even-point« war in immer weiterer Ferne. Viele mögliche Kunden wollten ein weniger sportliches Flugzeug mit bequemerem Einstieg, größerer Kabine und mehr Gepäckraum – entsprechend den amerikanischen Hochdeckern, die zunehmend auf den Markt kamen.

Hermann Mylius, Leiter der Leichtflugzeug-Konstruktion bei der Firma Bölkow, machte sich nicht nur dienstlich, sondern auch privat als Sportflieger Gedanken zu einem Junior-Nachfolger, zu einem zweisitzigen Flugzeug mit bequemerer Kabine, größerer Gepäckzuladung und stärkerem Motor. Er kannte die Schwächen des »Junior« und wußte, daß sie ohne größere konstruktive Änderungen nicht zu beheben waren. Man hätte einen neuen Rumpf und damit größere Tragflächen und dann auch gleich einen neuen Motorvorbau haben müssen.

Seine besondere Idee zum Nachfolgemuster war die Kombination von anklappbaren Tragflächen, einziehbarem Bugrad und guter Straßentransportfähigkeit. Das Anklappen von Tragflächen zur Verringerung des Platzbedarfes in Flugzeughallen war zwar nicht neu, auch nicht der Straßentransport hinter einem Auto, aber die Kombination von beidem und das schnelle Anklappen der Flächen erforderte gut durchdachte konstruktive Lösungen. Darüber hinaus hatte *Mylius* noch die »Familienidee«: Er wollte den Junior-Nachfolger so konzipieren, daß mit teilweise gleichen Bauteilen sich leicht vom zweisitzigen Grundmuster ein Kunstflugeinsitzer und ein Reiseviersitzer ableiten lassen.

Als *Hermann Mylius* seine Entwürfe Ende 1965 zusammen mit einer Entwicklungskostenschätzung von 1,2 Mio. DM der Geschäftsführung vorlegte, bekam er keine Zusage. Die

Das zweisitzige Ganzmetall-Sportflugzeug MHK 101 entstand im Rahmen der »Entwicklungsgemeinschaft Leichtflugzeuge« und mit Unterstützung der Firma Bölkow unter der Leitung von *Hermann Mylius*. Der Erstflug fand im Dezember 1967 in Laupheim statt.

damals noch recht kleine Firma Bölkow war mit mehreren anderen Entwicklungsvorhaben, darunter auch dem Hubschrauber Bo 105, stark in Anspruch genommen.
Mit der Überzeugung, das richtige Konzept für ein modernes zweisitziges Sportflugzeug gefunden zu haben, gründete *Hermann Mylius* zusammen mit *Walter Heynen* und *Johannes Krauss* eine »Entwicklungsgemeinschaft Leichtflugzeuge«. Dabei waren außerdem *Heinz Heller, Karl Knieper, Eugen Lenzinger, Albert Mylius, Fritz Och, Edmund Riedel* und *Rudolf Thoma* – alle Bölkow-Ingenieure oder Techniker im Werk Ottobrunn. Das Projekt bekam die Bezeichnung MHK 101 (M = Mylius, H = Heynen und K = Krauss) und wurde von *Ludwig Bölkow* in mehrfacher Hinsicht unterstützt. Die Mitarbeiter der MHK-Gruppe durften die Arbeitsräume und die Werkstätten nach Dienstschluß benutzen, erhielten Material zum Selbstkostenpreis, und oft genug wurde ein Auge zugedrückt, wenn während der normalen Arbeitszeit mehr an der MHK gearbeitet wurde als an Bölkow-Projekten. Die Endmontage fand in einer großen Garage statt, einer ehemaligen Schmiede in Brunnthal (südöstlich von Ottobrunn). Nach knapp zwei Jahren Berechnungs-, Konstruktions-, Werkstatt- und Montagearbeit konnte am 22. Dezember 1967 der Erstflug mit *Hermann Mylius* am Steuer in Laupheim stattfinden. Die Flugerprobung verlief ohne nennenswerte Schwierigkeiten; Mitte

Die in Deutschland noch fliegenden »Monsun« erfreuen sich großer Beliebtheit, so auch eine in Neubiberg stationierte Bo 209 mit Schalldämpfer »System Liese«.

April hatte die MHK 101 schon 45 Flugstunden. Auf Veranlassung von *Ludwig Bölkow* wurde sie bei der Luftfahrtschau 1968 in Hannover auf dem Stand der Bölkow GmbH ausgestellt. Das Flugzeug fand großes Interesse, so daß man es schließlich – nach anfänglichem Zögern seitens der Firma Bölkow – als Nachfolger des »Junior« ankündigte.

Von der »Monsun« gab es Ausführungen mit unterschiedlichen Motoren zwischen 125 und 160 PS, mit Starr- oder Verstellpropeller, mit Radverkleidungen und auch mit festem oder einziehbarem Bugrad.

Zum Straßentransport können bei der »Monsun« die Tragflächen angeklappt und das Bugrad eingefahren werden.

Die MHK 101 war für den Einbau verschiedener unterschiedlich starker Motoren ausgelegt, und zwar Continental und Lycoming, von 85 kW (115 PS) bis 118 kW (160 PS). Damit konnte flexibel ähnlich dem Angebotsverhalten amerikanischer Hersteller gehandelt werden.
Die relativ dünne Tragfläche mit NACA-Profil 64215 an der Wurzel und 64212 außen wurde für ein Lastvielfaches von 6 ausgelegt und hatte damit die Voraussetzungen zum Kunstflug.
Das einziehbare Bugrad brachte eine Leistungssteigerung von gut 10 km/h Reisefluggeschwindigkeit.
Das Anklappen der Tragflächen konnte von einer Zweiermannschaft in wenigen Minuten vorgenommen werden; auch das Anhängen an einen PKW und Einziehen des Bugrades erforderten nicht viel Zeit. Zur Flugerprobung in Neubiberg hängte *Hermann Mylius* die MHK 101 an seinen BMW und fuhr nachher wieder damit nach Brunnthal zurück.
Der Einstiegskomfort und der Zugang zum Gepäckraum waren gegenüber dem »Junior« erheblich verbessert worden. Die Kraftstoffbehälter von je 70 Liter Fassungsvermögen waren in den Flächen untergebracht. Die Landeklappen hatten elektrischen Antrieb und eine Sicherung gegen das Ausfahren bei einer Geschwindigkeit von über 160 km/h. Die Abflugmasse betrug 820 kg. Der Prototyp, d. h. die MHK 101 V 1, war mit einem 85 kW (115 PS) Lycoming O-320 ausgerüstet.
Bei der Gründungsversammlung der Oskar-Ursinus-Vereinigung (OUV), dem Zusammenschluß deutscher Amateurflugzeugbauer, am 9. März 1968) hielt *Hermann Mylius* einen Vortrag über die Entwicklung der MHK 101. Wenn auch das Flugzeug von Bölkow-Ingenieuren in Firmenräumen gebaut wurde, so ist es doch als Amateurflugzeug anzusehen, denn es entstand in rein privater Initiative.
Die Messerschmitt-Bölkow GmbH führte 1969 eine Marktanalyse durch und informierte sich über die angebotenen sowie die auf dem Markt zu erwartenden zweisitzigen Sport- und Clubflugzeuge. Das Ergebnis dieser Untersuchungen führte zu dem Entschluß, die MHK 101 – als Bo 209 »Monsun« – in Serienfertigung zu nehmen und das Flugzeug im Verkaufsprogramm als Junior-Nachfolger anzubieten.
Die MHK 101 V 1 wurde im Hinblick auf die Serienfertigung als Bo 209 mehrmals umgebaut. So wurde die Spannweite

Aus der »Monsun« entwickelte *Hermann Mylius* den Kunstflugeinsitzer »Tornado«, von dem zwei Stück gebaut wurden. Im Bild: rechts »Monsun«, links »Tornado«.

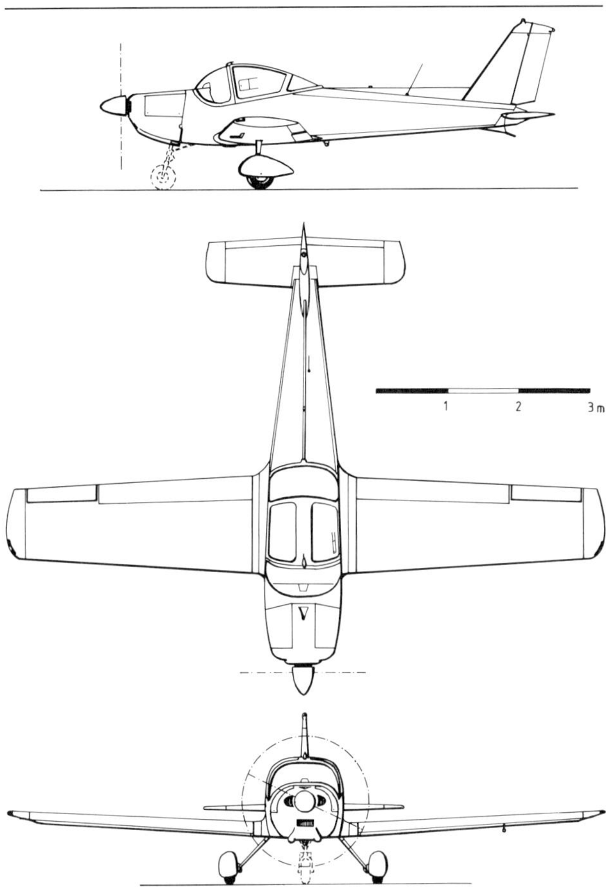

Dreiseitenansicht der Bo 209 »Monsun« mit einziehbarem Bugrad.

von 8,15 m auf 8,40 m vergrößert, die anklappbaren Tragflächen nicht mehr direkt am Rumpf, sondern an einem kurzen Flügelstummel angelenkt. Ein normales Doppelsteuer ersetzte den Mittelsteuerknüppel, der noch aus dem »Junior« übernommen war. Das Leitwerk wurde vergrößert – insbesondere um die Kunstflugeigenschaften zu verbessern. Als Motoren wurden wahlweise der Lycoming O-320 von 110 kW (150 PS) oder der I0-320 von 118 kW (160 PS) eingebaut, letzterer mit Verstellpropeller. Die Abflugmasse blieb mit 820 kg unverändert. Die Musterzulassung für diese Ausführungen wurde am 11. Mai 1970 erteilt.

Die Luftfahrtschau 1970 in Hannover brachte der Firma Messerschmitt-Bölkow-Blohm (MBB) einen großen Verkaufserfolg für die Bo 209 »Monsun« mit insgesamt 57 Bestellungen.

Je nach Motor betrug der Verkaufspreis im Jahre 1970 ab Werk zwischen 38 660,– und 48 600,– DM. Die Serienfertigung im Werk Laupheim, das innerhalb der Bölkow-Firmengruppe zur Waggon- und Maschinenbau Donauwörth (WMD) gehörte, lief noch im selben Jahr an. Monatlich sollten 10 Flugzeuge gebaut werden.

Zur Kunstflugerprobung wurde eine »Monsun« mit einem 118-kW (160-PS-)-Einspritzmotor Lycoming AIO-320 und Verstellpropeller ausgerüstet. Mit diesem Motor konnte auch längere Zeit in Rückenlage und mit negativen Beschleunigungen geflogen werden. Die »Monsun« besaß eine Belastbarkeit von +6 g und −3 g. Schon damals entstanden Überlegungen zu einem einsitzigen Wettbewerbsflugzeug mit schmalem Rumpf, der späteren Mylius My 102 »Tornado«.

Im Jahre 1971 wurden noch weitere Varianten mit verschiedenen Motoren angeboten, insbesondere auch eine entfeinerte Ausführung für den Schulbetrieb mit durch Randkappen vergrößerten Tragflächen. Die Tragflächen waren bei dieser Version nicht anklappbar, und auch auf die Einziehbarkeit des Bugrades hatte man verzichtet. Die Verkaufspreise lagen zwischen 46 450,– und 59 950,– DM.

Von der Möglichkeit, die Tragflächen anzuklappen, haben relativ viele Halter Gebrauch gemacht, da sie auf diese Weise Hallenfläche und Unterstellgebühren sparten. Die Möglichkeit des Straßentransportes nutzten jedoch nur wenige Kunden.

Die Produktion der Bo 209 »Monsun« wurde im Februar 1972 von der MBB-Geschäftsführung gestoppt und lief mit der Fertigung der hundertsten Maschine aus. Die Vorrichtungen kamen in ein Lager. Der Flugzeugvertrieb hatte dafür kein Verständnis, da zu diesem Zeitpunkt 275 Bestellungen vorlagen. Doch die Kaufleute setzten sich durch; der Leichtflugzeugbau wurde bei Messerschmitt-Bölkow-Blohm (MBB) eingestellt.

Mehrere Bemühungen zur Fortführung der Serienfertigung im Bayerischen Wald, in Spanien und ein Lizenzverkauf in die USA scheiterten. Übrig blieb schließlich *Reinhold Ficht* mit seinem kleinen Luftfahrttechnischen Betrieb »Pneuma-Technik" in Grafing bei München. Er übernahm die Fertigungsvorrichtungen und eine Reihe von halbfertigen Bauteilen. Er war am Weiterbau der »Monsun« sehr interessiert und wollte daher mit einer Reihe von Fertigungsvereinfachungen und dem Verzicht auf das Anklappen der Flächen die weitere Produktion dieses Flugzeuges sichern. Im Juli 1972 wurde ein Lizenzvertrag abgeschlossen mit dem Ziel, jährlich 50 »Monsun II« zu bauen. Aber es blieb bei einer einzigen Maschine, die am 12. März 1974 flog. *Reinhold Ficht* hatte sich übernommen; der Vertrag mußte annulliert werden.

Die »Monsun« gilt heute noch – verbunden mit dem Namen des inzwischen verstorbenen *Hermann Mylius* – als eine sehr gelungene Konstruktion und zählt zu den besten deutschen Sportflugzeugen überhaupt. Wer ein solches Flugzeug sein eigen nennt, hütet und pflegt es wie der Besitzer eines seltenen Oldtimer-Autos. Nach Angaben des Luftfahrt-Bundesamtes waren Ende Juli 1994 noch 51 Bo 209 »Monsun« zugelassen.

Serienfertigung der »Monsun« im Bölkow-Fertigungswerk Laupheim.

Neubeginn auf verschiedenen Wegen

Mit Laminarprofil: Blume BL 500/502

Bald nach der Wiederzulassung der Luftfahrt in der Bundesrepublik Deutschland gründete Professor *Walter Blume* – bis 1945 Technischer Leiter und Geschäftsführer bei Arado – ein Ingenieurbüro für Leichtbau und Flugtechnik in Duisburg-Ruhrort. Er konnte eine größere Anzahl früherer Mitarbeiter hinzuziehen oder einstellen. Begonnen wurde mit der Erarbeitung der deutschen Nachbauunterlagen für das italienische Schulflugzeug Piaggio P 149 D, das bei Focke-Wulf in Bremen in Serie ging. Daneben konzipierte er als Weiterentwicklung des berühmten zweisitzigen Reiseflugzeuges Arado Ar 79 ein viersitziges Ganzmetall-Reiseflugzeug mit der Bezeichnung Blume 500. Dieses Flugzeug sollte vier Sitze haben, stärker motorisiert und mit Bugrad ausgestattet sein. Zudem war eine verbesserte aerodynamische Formgebung vorgesehen. Für das gewählte dünne Laminarprofil war eine hohe Oberflächengüte erforderlich, die man nicht mit der üblichen genieteten Holm-Rippen-Konstruktion erreichen konnte; man entschied sich statt dessen für geklebte Blechbahnen ohne Stöße quer zur Flugrichtung – nach dem erstmals bei der Firma Fokker eingeführten Metallklebeverfahren mit warm aushärtenden Redux-Klebern. Die Behäutung wurde ohne Unterbrechung um das gesamte Profil herumgelegt und vorgespannt. Dafür waren besondere Klebevorrichtungen, für jeden Tragflügel eine, erforderlich. Die Vorspannung war so errechnet, daß bei den im Fluge auftretenden Biegebelastungen keine Beulen entstehen konnten, was die späteren Dauerbelastungsversuche bestätigten. Auch die Querruder und

Der Prototyp der Blume 500, ähnlich der Arado Ar 79, die auch eine Entwicklung von *Walter Blume* war.

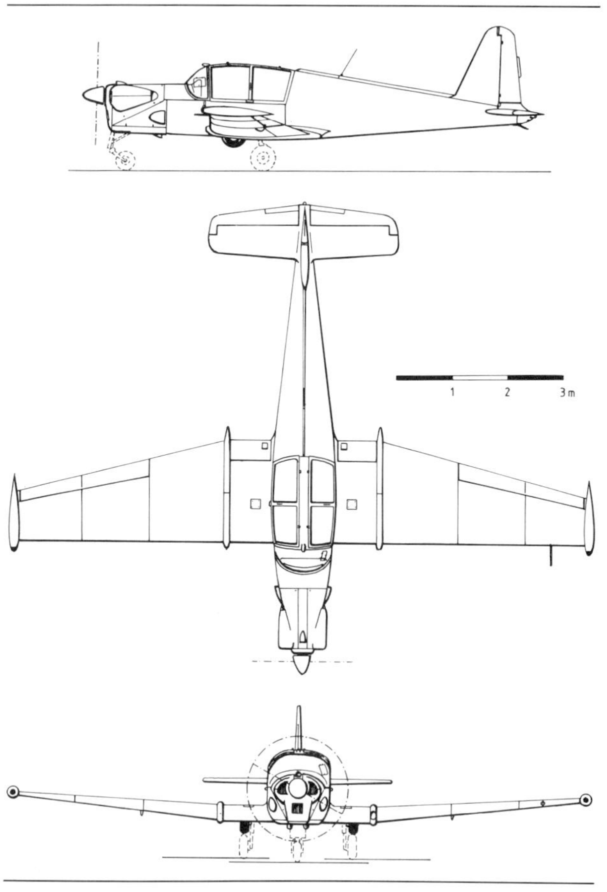

Die Dreiseitenansicht der Blume 502 zeigt den trapezförmigen Umriß der äußeren Tragflächen, die im Metallklebeverfahren hergestellt wurden.

die Landeklappen wurden in Metallklebebauweise hergestellt.
Das Einziehfahrwerk ließ sich – ähnlich wie bei der Arado 79 – leicht von Hand einziehen, da Bugrad und Haupträder durch Federn gewichtsentlastet waren. Die Haupträder ragten etwas aus der Tragfläche heraus, um bei Bauchlandungen die Zelle zu schützen. Im Flügelmittelteil waren zwei Kraftstoffbehälter von je 70 l Inhalt untergebracht.
Bei der Auslegung war an die Möglichkeit gedacht worden, drei verschieden starke Motoren zu verwenden, mit 92 kW (125 PS Bl 501), mit 103–110 kW (140–150 PS) als Bl 502 und mit 132 kW (180 PS) als Bl 503. Die schwach motorisierte Version wurde nicht realisiert. Das erste Musterflugzeug Blume Bl 502 wurde bei Focke-Wulf in Bremen gebaut und mit einem Lycoming-Boxermotor 0-320 A von 110 kW (150 PS) ausgerüstet. Der Erstflug fand 1957 statt. In den Jahren 1958 und 1959 folgte die Erprobung und Musterprüfung der Blume Bl 503 mit 132 kW (180 PS) 0-360 von Lycoming. An dieser Ausführung war die Triebwerksverkleidung geändert worden, insbesondere im Bereich des Kühllufteintritts.
Die Kabine konnte etwas verbreitert und ein größeres Bugrad – den Haupträdern entsprechend – verwendet werden. Der stärkere Motor verbesserte die Fluggeschwindigkeit um etwa 15 km/h. Im Frühjahr 1959 wurde ein Verkaufspreis von 68 000,– DM für die Bl 503 in der Standard-Ausführung genannt. Der verhältnismäßig hohe Preis erklärte sich u. a. aus dem größeren Aufwand an Bauvorrichtungen der speziellen Flügelbauweise.
Zu einer Serienfertigung kam es nicht.

Die Blume 502 mit 150-PS-Lycoming-Motor war die Vorserienmaschine, die 1957 flog.

Gebaut in drei Ländern: SIAT/MBB 223 »Flamingo«

1956 begannen die Siebelwerke ATG, ein Tochterunternehmen der Waggon- und Maschinenbau GmbH in Donauwörth, wieder mit dem Flugzeugbau, und zwar mit der Fertigung von Baugruppen des Transportflugzeuges »Noratlas«. Die dortigen Flieger und Flugzeugbauer erinnerten sich an die bis Mai 1955 zwangsweise ruhenden Ideen für ein Sportflugzeug auf der Basis des im Kriege in Halle gebauten Siebel-Flugzeuges Si 202 »Hummel«. Dieser leichte und sehr einfach gebaute Tiefdecker war ein für die Anfangsschulung bestimmtes Holzflugzeug mit einem 50-PS-Zündapp-Motor, das durch einige Höhenflugrekorde und Wettbewerbssiege bekannt wurde. In Donauwörth entstand 1956 der Entwurf einer »Super-Hummel« mit 60-kW (90-PS)-Motor, der jedoch nicht weiter verfolgt wurde.

Nach Marktuntersuchungen glaubte man bei der Firmenleitung, bessere Marktchancen für ein viersitziges Ganzmetall-Reiseflugzeug zu haben, und begann 1959 mit der Entwicklung der SIAT 222, einem Tiefdecker mit Einziehfahrwerk und 132-kW (180-PS)-Motor. Beim Luftfahrtsalon 1960 in Hannover stand eine fast vollständige Holzattrappe des Flugzeuges. Man konnte mit Hilfe dieses »Mock-up's« mit Interessenten ins Gespräch kommen und Kundenvorstellungen erfahren, um sie bei der weiteren Entwicklung zu berücksichtigen. Beim Prototyp war das Fahrwerk noch nicht einziehbar. Für die Flugzeugzelle wurde die konventionelle Metallbauweise angewendet, also ein trapezförmiger, einholmiger Tragflügel mit tragender Außenhaut und ein ovaler Rumpf in Schalenbauweise mit Spanten, Längsprofilen und Stringern. Die Abflugmasse war zunächst auf 1000 kg begrenzt.

Am Ende der Flugerprobung sollte noch einmal das Trudelverhalten überprüft werden. Der Versuchspilot, Kunstflugmeister *Albert Falderbaum*, konnte das Flugzeug nach mehreren Umdrehungen nicht mehr abfangen. Beim Aussteigen blieb der Fallschirm am Leitwerk hängen; *Falderbaum* kam beim Aufschlag ums Leben. Die nur aus Firmenmitteln finanzierte Entwicklung wurde eingestellt.

Die Eigenentwicklung der Siebelwerke ATG, das dreisitzige Ganzmetall-Übungs- und Reiseflugzeug SIAT 223 »Flamingo«, stand als Attrappe auf der Luftfahrtschau 1966 in Hannover. Der Prototyp flog im März 1967.

Im Jahre 1960 wurde beim Bundesministerium für Wirtschaft unter Mitwirkung der Wissenschaftlichen Gesellschaft für Luftfahrt (WGL) ein Wettbewerb für ein leichtes zweisitziges Schulflugzeug ausgeschrieben, an dem sich die SIAT-Mannschaft mit dem Entwurf SIAT 223 beteiligte. Von den 12 eingereichten Projekten bekam der SIAT-Entwurf den 1. Preis. Vorgeschlagen war ein Ganzmetall-Tiefdecker mit festem Bugradfahrwerk, einer Abflugmasse von 750 kg und einem 110-kW (150-PS)-Lycoming-Motor. Im Hinblick auf einfache Fertigung hatte man einen Rechteckflügel mit vielen Wiederholteilen, z. B. gleichen Rippen, gewählt. Doch alle Hoffnungen auf größere Bestellungen seitens des Deutschen Aero Clubs bzw. seiner Vereine, der

Insgesamt 97 SIAT »Flamingo« wurden in Deutschland, in Spanien und in der Schweiz – dort bei den Farner-Werken – gebaut.

Luftwaffe und kommerziellen Flugschulen blieben unerfüllt; das Flugzeug konnte trotz des 1. Preises für den Entwurf nicht gebaut werden.
Wieder begann man mit Marktanalysen und nahm Verbindung auf mit Fliegerschulen auch in der Schweiz und in anderen Ländern. Daraus entstand das Konzept für ein »robustes Schulflugzeug für angehende Jet-Piloten«, mit etwas größerer Flächenbelastung, verwendbar auch zum Kunstflug und dreisitzig, damit z. B. noch ein weiterer Flugschüler mitfliegen konnte.
Die SIAT-Flugzeugbauer, *Dr.-Ing. Heinz Fahlbusch* als technischer Leiter und Ing. *Helmut Balluf* als Konstruktionsleiter, überarbeiteten den WGL-Entwurf; sie streckten und vergrößerten das Flugzeug, das nun einen 147-kW (200-PS)-Motor bekommen sollte und auf eine Flugmasse von 1200 kg ausgelegt wurde. Intensive Kontakte während der Entwicklungs- und Erprobungszeit liefen mit den Fliegerschulen der Swissair und der Lufthansa, die man als Kunden zu gewinnen hoffte. Man trat auch an die Luftwaffe heran, doch die blieb bei der Piaggio 149.
Der Prototyp der SIAT 223 »Flamingo« flog am 1. März 1967 zum ersten Mal mit Dipl.-Ing. *Herbert Plasa* am Steuer. Drei weitere Prototypen folgten in kurzen Abständen. An Fördermitteln stand nur ein bedingt rückzahlbares Darlehen von DM 2 Millionen vom Bundeswirtschaftsministerium zur Verfügung, mit dem die Kosten für Entwicklung, Prototypenfertigung, Erprobung und Serienanlauf jedoch nur zum Teil gedeckt werden konnten. Aus dem ersten Serienlos, das in Donauwörth ausgeliefert wurde, erhielt die Swissair 10 »Flamingos«; 15 wurden in die Türkei geliefert.
Von der Entscheidung der MBB-Geschäftsführung, sich ganz aus dem Leichtflugzeugbau zurückzuziehen, war auch die Flamingo-Serie betroffen, denn die WMD und die SIAT waren im Rahmen der süddeutschen Luftfahrtfusion zu MBB gekommen. Die Fertigung wurde zunächst reduziert, schließlich ganz abgebrochen. Die Vorrichtungen lagerte man ein.
Dank der guten Verbindungen von Professor *Willy Messerschmitt* zur CASA gelang eine Wiederaufnahme der Flamingo-Fertigung in Spanien. Mit den Vorrichtungen aus Donauwörth, einer Anzahl halbfertiger Bauteile und den Restbeständen an Material gelang es verhältnismäßig schnell, den ersten in Spanien gefertigten »Flamingo« im Februar 1972 zum Fliegen zu bringen. Gebaut wurden bei der CASA in Sevilla insgesamt 50 »Flamingos«, inzwischen als SIAT/MBB 223 bezeichnet. Die spanischen Luftstreitkräfte übernahmen vier Flugzeuge, die übrigen 45 wurden nach Syrien verkauft; ein Flugzeug ging zum Umbau in die Schweiz.
Mit den Vorrichtungen, die nun in die Schweiz gebracht wurden, sind bis 1977 noch 17 weitere »Flamingos« bei den Farner-Werken in Grenchen gebaut worden. Inzwischen stehen die Vorrichtungen, nach Deutschland zurückgekehrt, als Anschauungsobjekte für den deutschen Metallflugzeugbau in der Flugwerft Schleißheim des Deutschen Museums.
Bei den Farner-Werken sind auch einige spanische »Flamingos« auf Einspritzmotoren und Rückenflugtauglichkeit umgebaut worden. Auf Veranlassung der Flugzeug Union Süd (FUS), einer Tochterfirma von MBB, erhielt ein »Flamingo« einen stärkeren Turboladermotor, den Lycoming T0-360 von 154 kW (210 PS). Dadurch wurden Geschwindigkeit, Steigleistung und Gipfelhöhe gesteigert. Für die Projektleitung und Umkonstruktion war *Rolf Essenfelder* (FUS) zuständig. Der »Flamingo Trainer T 1« – so die neue Bezeichnung – flog am 25. April 1979 und konnte gleich am nächsten Tag der Presse vorgestellt werden. Die Idee, den Besitzern der bis dahin gelieferten »Flamingos« ein leistungsstärkeres Nachfolgemuster anzubieten, brachte leider keinen Erfolg.

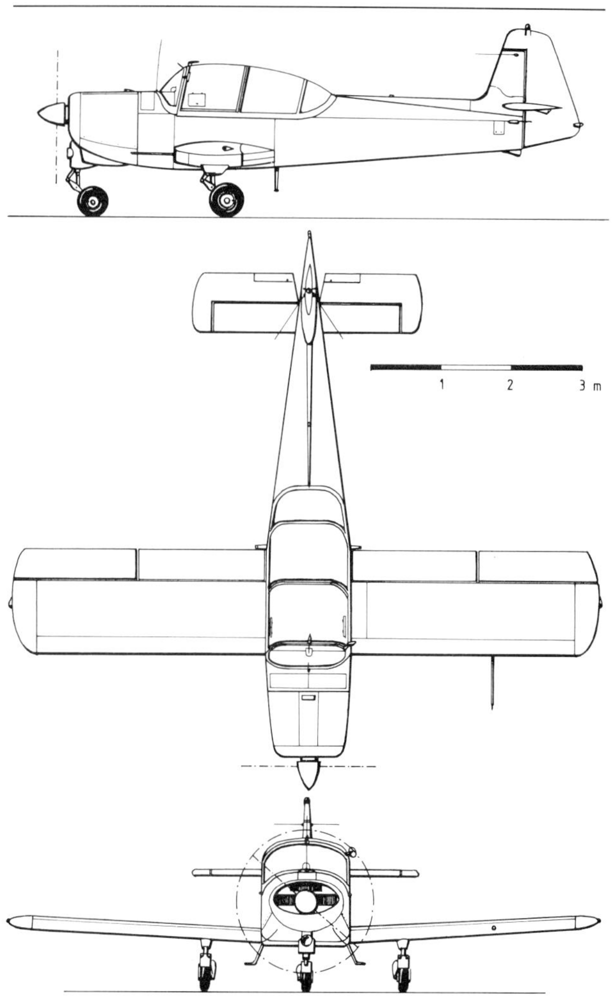

Dreiseitenansicht des »Flamingo« in der Serienausführung.

Im Auftrag der Flugzeugunion Süd (FUS) erhielt ein »Flamingo« zu Demonstrationszwecken zunächst einen Lycoming-Turbolader-motor TO-360 mit 210 PS und schließlich den Porsche PFM 3200 mit etwa gleicher Leistung.

Das Flugzeug wurde nochmals umgebaut und erhielt einen Porsche-Flugmotor PFM 3200 und einen Dreiblatt-Verstell-propeller. Doch auch hier gab es keine Zukunft. Die Firma Porsche stellte die Fertigung dieses Motors ein und zerstörte damit hier wie bei anderen Flugzeugherstellern und -haltern viele berechtigte Hoffnungen.

Comeback der Me 108 »Taifun«?

Die immer gut informierte »Interavia-Luftpost« brachte in der Ausgabe vom 20. Dezember 1973 folgende Meldung:

»Genf: Die Altmeister des deutschen Flugzeugbaues, *Willy Messerschmitt* und *Kurt Tank* sowie *Ludwig Bölkow* und andere Persönlichkeiten der deutschen Luftfahrt haben ein Unternehmen mit Sitz in Weiden (Oberpfalz) gegründet, mit dem Zweck, die Fertigung der Leichtflugzeuge Me 108 »Taifun« und Bo 209 »Monsun« wieder aufzunehmen. Das rein privatwirtschaftliche Unternehmen trägt die Firmenbezeichnung Taifun GmbH. Mit dem Bau der Werksanlagen mit einer Fertigungskapazität von 100 bis 200 Flugzeugen pro Jahr soll 1974 begonnen werden . . .

Nach Ansicht der Firmengründer bestehen für beide Flugzeuge gute Absatzmöglichkeiten. Außerdem sieht man in der Wiederaufnahme dieser beiden bewährten Flugzeugmuster eine letzte Chance für die Bundesrepublik Deutschland, sich auf dem Markt der Leichtflugzeuge zu behaupten. Zur Zeit wird kein einziges deutsches Leichtflugzeug in Serie gefertigt.«

Was war geschehen? Mit der Entscheidung der kaufmännischen MBB-Geschäftsführung zu Anfang 1972, alle Aktivitäten auf dem Gebiet des Leichtflugzeugbaus einzustellen, waren in Bayern bei Piloten, Flugzeugkonstrukteuren und Luftfahrtindustriellen keineswegs die Interessen an der Luftfahrt erloschen. Alle suchten eifrig nach Gelegenheiten, auf irgendeine Weise die Serienfertigung bewährter deutscher Sport- und Reiseflugzeuge wieder aufzunehmen. Zum Kreise der »Luftfahrtbegeisterten« gehörten neben *Hermann Mylius* (MBB) auch *Reinhold Ficht* (Pneuma Technik) und *Mano Ziegler* (Pressesprecher der Deutschen Airbus). Im Jahre 1970 hatte sich *Ficht* eine Me 108 B »Taifun« (Baujahr 1943) in Schweden gekauft und sie nach gründlicher Überholung 1975 wieder zum Fliegen gebracht. Als Sportflieger und »Taifun-Fan« schwärmte er immer wieder davon, daß man doch eine moderne Version dieses Flugzeuges in Deutschland entwickeln sollte. Er meinte, daß mit guten Verkaufsmöglichkeiten zu rechnen sei, einmal wegen der herausragenden Flugeigenschaften, aber auch durch den Traditionseffekt dieses berühmten Messerschmitt-Flugzeuges. Es gelang ihm, zusammen mit *Mano Ziegler,* einige Persönlichkeiten der Luftfahrt für die Idee einer »Modernen Taifun« zu gewinnen. So kam es am 29. November 1973 zur Gründung der Firma »Taifun Flugzeugbau GmbH, Weiden/Oberpfalz« mit den Gesellschaftern Prof. *Willy Messerschmitt,* Prof. *Kurt Tank, Ludwig Bölkow, Rakan Kokothaki, Alfred Klein, Dr. Hans-Heinrich Ritter von Srbik, Gero Madelung, Ingeborg Tubbesing, Reinhold Ficht* und *Mano Ziegler* als Geschäftsführer.

Ende 1973 wurde von den Professoren *Messerschmitt* und *Tank* das Projekt eines neuen sechssitzigen »Taifun-Nachfolgers« mit der Bezeichnung Me 108 F ausgearbeitet. Zu einem Comeback kam es aber nicht.

Das Konzept für die neue »Taifun« mit der Bezeichnung Me 108 F wurde als sechssitziges Reiseflugzeug mit Einziehfahrwerk von Prof. *Messerschmitt* und Prof. *Tank* ausgearbeitet. Die Hauptunterschiede zur alten »Taifun« waren die etwas größeren äußeren Abmessungen, die sechssitzige Kabine (statt viersitzig), ein 220-kW (300-PS)-Lycoming-Boxermotor IO-540 (anstelle des 240 PS Argus As 10 C/E) und damit die größere Abflugmasse von 1550 kg (statt 1350 kg). Die rechnerischen Leistungen waren auch besser als die der alten Taifun, so die Höchstgeschwindigkeit von 335 km/h (statt 300 km/h), die Steiggeschwindigkeit von 7,07 m/s (statt 5,4 m/s) und die Reichweite von 1280 km (statt 1000 km).
Bei der von *Mano Ziegler* geleiteten Pressekonferenz am 18. Dezember 1973 wurden als Gründe für die Wiederaufnahme der Taifun-Konzeption u. a. genannt:

- ☐ Positives Ergebnis einer gezielten Marktuntersuchung.
- ☐ Die bis dahin nicht überbotenen Flugeigenschaften und Flugleistungen der Me 108 »Taifun«, die sich durch die neue »Taifun« noch steigern ließen.
- ☐ Die wachsenden Absatzchancen einmotoriger Reiseflugzeuge auf dem Weltmarkt.
- ☐ Die Absicht, Europa gegenüber den US-Herstellern wieder konkurrenzfähig zu machen.

Es war beabsichtigt, am Flugplatz Weiden eine große Werkhalle zu errichten und den Prototyp der neuen »Taifun« dort zu bauen und ihn um die Jahreswende 1974/1975 zum Fliegen zu bringen. Die Auslieferung an Kunden sollte 1976 beginnen.
Die Meldung über das »Comeback« der »Taifun« ging weltweit durch die Presse, man schrieb beinahe euphorisch von Wiederkehr und Auferstehung, bald aber auch kritischer zu allzu optimistischen Kosten/Gewinn-Schätzungen, die das Objekt abstürzen lassen könnten. Die Gesamtinvestitionen wurden auf 21 Mio. DM geschätzt. Man suchte Beteiligungen unter Hinweis auf Steuervorteile und Zonenrand-Förderung.
Doch dann wurde es still um die »neue Taifun«; mehrere Gesellschafter, darunter auch *Ludwig Bölkow,* zogen ihre Beteiligungszusagen zurück und stiegen aus dem Projekt

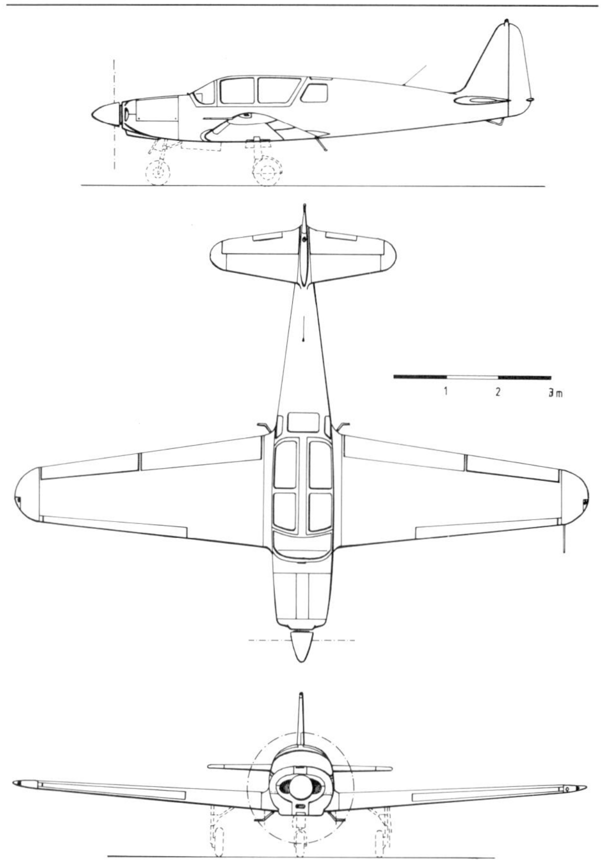

Dreiseitenansicht des Projektes Me 108 F mit 300-PS-Lycoming-Motor und einziehbarem Fahrgestell. Ähnlichkeiten mit der alten »Taifun« sind leicht zu erkennen.

aus. Die »Taifun-Flugzeugbau GmbH« wurde 1975 aufgelöst. Einmal mehr wurden viele Hoffnungen auf einen neuen deutschen Leichtflugzeugbau begraben.

Sonderfall Do 27

Obwohl als Verbindungs- und Mehrzweckflugzeug für militärische Zwecke konzipiert, hat ein deutsches Flugzeugmuster aus den fünfziger Jahren auch für die Zivilfliegerei Bedeutung gewonnen: die Do 27. Ihrer ursprünglichen Aufgabenstellung entsprechend diente sie als Reise- und Geschäftsflugzeug; sie eignete sich für die Fortgeschrittenenschulung, für Foto- und Vermessungsflüge, als Transport- und Zubringer-, als Landwirtschafts- und Sanitätsflugzeug, zum Segelflugzeugschlepp und zum Absetzen von Fallschirmspringern. Nachdem die Do 27 anfangs nur vereinzelt für private und luftsportliche Zwecke genutzt worden war, erschien sie von 1970 an in ziviler Kennzeichnung immer häufiger auch auf kleinen Flugplätzen. Zu diesem Zeitpunkt hatte die Bundeswehr mit ihrer Ausmusterung begonnen

Das Kurzstart-Mehrzweckflugzeug Dornier Do 27 war in größerer Anzahl bei der Bundeswehr als Verbindungsmaschine eingesetzt. Einige ausgemusterte Maschinen befinden sich heute noch im Privat- oder Vereinsbesitz.

und gab die gut gewarteten und noch voll flugtauglichen Exemplare über die VEBEG zu günstigen Bedingungen an Luftsportclubs ab. Einige von ihnen werden – trotz der relativ hohen Betriebs- und Wartungskosten – auch noch Mitte der neunziger Jahre gern geflogen. Bereits Ende 1980 hatte die Bundeswehr ihre letzte Do 27 ausgemustert.
Sie war das erste Flugzeugmuster, das nach dem Zweiten Weltkrieg in Deutschland in größerer Serie produziert wurde, und eines der wenigen, das internationales Interesse fand und weltweit verkauft werden konnte. Von 1955 bis 1965 sind etwa 650 Exemplare hergestellt worden. Die zivile Standardausführung kostete damals rund DM 120 000,–. Aus Ersatzteilen wurden 1976/77 noch zwei weitere Do 27 montiert. Außer der Vielseitigkeit und Robustheit waren es vor allem die Kurzstart- und Langsamflugeigenschaften, die das Flugzeug so attraktiv machten.

Von der Do 27 gibt es verschiedene Versionen, die sich vor allem in der Motorenleistung (bis zu 250 kW/340 PS) voneinander unterscheiden, aber auch durch verstärkten Rumpfaufbau und Holm sowie kräftigere Beplankung. Allen gemeinsam ist der Grundaufbau als freitragender Schulterdecker in Ganzmetallbauweise. Der Schalenbau-Rumpf hat zwei Sitze im Cockpit und in der Kabine zwei gegenüber angeordnete Sitzbänke, die vier Fluggästen Platz bieten. Der rechteckige Flügel hat einen Metall-Kastenholm sowie einen Vorflügel über die gesamte Spannweite sowie Doppelspalt-Landeklappen und -Querruder, die in der Kombination die Kurzstart- und Langsamflugeigenschaften ermöglichen. Das kräftige Fahrwerk besitzt ölpneumatische Dämpfung und Scheibenbremsen. Das Spornrad ist steuerbar. Die Do 27 konnte auch mit einer Rad-Schneekufen-Kombination oder mit Ganzmetallschwimmern geliefert werden.

Ausländische Flugzeugmuster – marktbeherrschend

Flugzeugbedarf in der Bundesrepublik Deutschland nach 1955

Wie die vorangegangenen Kapitel gezeigt haben, fehlte es in Deutschland nicht an Ideen und erst recht nicht an der guten Absicht, die deutsche Luftfahrtindustrie wiederzubeleben. Erfolge gab es vor allem dort, wo sich renommierte Unternehmen durch Aufträge für den militärischen und den Luftverkehrsbereich auf staatliche Förderung stützen konnten. Für mittelständische Betriebe und damit für den Luftsport und die Privatfliegerei blieb sie dagegen fast ganz aus.

Über Entwürfe und unter großen Opfern gebaute und erprobte Prototypen, allenfalls über Kleinserien, kamen die meisten neugegründeten Firmen kaum hinaus. Dabei bestand – gerade in der Phase des beginnenden Wirtschaftswunders – ein zunehmender Bedarf an leichten Sport- und Reiseflugzeugen. Im Jahre 1956 gab es in der Bundesrepublik Deutschland bereits 1092 Privatpiloten; 1957 waren es 3738 – eine Zunahme von 241 Prozent! Zwar wiederholten sich solche Steigerungsraten nicht, doch die stete Zunahme führte dazu, daß 1962 weit über 8000 Bundesbürger eine Privatpilotenlizenz besaßen und fliegen wollten – viele von ihnen nicht nur aus sportlichen, sondern auch aus geschäft-

lichen Gründen. Sie suchten preisgünstige und zuverlässige Flugzeuge, für die es im In- und Ausland Wartungs- und Reparaturmöglichkeiten gab. Ob diese dem neuesten Stand der Flugzeugbau- und Motorentechnik entsprachen, war nicht so entscheidend. Wichtiger erschien, daß sie – Großserienproduktion vorausgesetzt – in möglichst kurzer Zeit lieferbar waren und keine »Kinderkrankheiten« mehr aufwiesen. Die meisten deutschen Neukonstruktionen konnten diese Forderungen nicht – noch nicht – erfüllen, auch wenn sie im einzelnen bessere Leistungen versprachen als die teilweise noch aus den dreißiger Jahren stammenden ausländischen Muster. So ergab es sich zwangsläufig, daß der sprunghaft zunehmende Bedarf aus dem Ausland gedeckt wurde. Vor allem amerikanische Hersteller füllten mit ihren erprobten Mustern das Vakuum auf dem deutschen Markt, waren aber auch in anderen europäischen Ländern erfolgreich. Als beispielsweise im Jahre 1959 die Cessna 150 als Zweisitzer für Schulung, Sport und Reise angeboten wurde, gingen bei dem Herstellerwerk an einem Tag 600 (!) Bestellungen aus aller Welt ein.
Außer Cessna, dem damals größten Lieferanten von Leichtflugzeugen in den USA, hatten sich in der Bundesrepublik Deutschland auch schon Vertretungen anderer amerikanischer Hersteller wie Piper etabliert. Die Franzosen, Italiener und Engländer spielten demgegenüber zunächst eine geringere Rolle.

Der lange Weg zur Kunststoffbauweise

Vorgeschichte, erste Versuche in den dreißiger Jahren

Die modernen deutschen Leicht- und Reiseflugzeugmuster sind wie selbstverständlich Vollkunststoff-Flugzeuge aus Faser-Verbundwerkstoffen (FVW); sie bestehen je nach Bauteilbeanspruchung aus Glasfaser-Kunststoff (GFK), Aramid-Faser-Kunststoff (AFK) oder aus Kohlenstoff-Faser-Kunststoff (CFK). Diese Bauweise ist heute Standard bei allen Hochleistungssegelflugzeugen, bei Motorseglern und bei den zwei- bis viersitzigen Sport- und Reiseflugzeugen.
Wie begann die Kunststoffverwendung für Flugzeuge in Deutschland? Schon in den Jahren von 1936 bis 1938 wurden auf Initiative des Hamburger Ingenieurs *Michael Arendt* bei Focke-Wulf in Bremen Tragflächen und Leitwerksteile des Kunstflug-Einsitzers Fw 56 »Stößer« aus »Bakelite« gebaut, d. h. aus Hartpapier, getränkt mit Kunstharzen auf Phenolbasis. Die Teile wurden Belastungs- und Beschußversuchen unterzogen. Es ist nicht bekannt, ob sie auch im Fluge erprobt wurden.
Die Brüder *Reimar* und *Walter Horten* befaßten sich in den Jahren 1936 bis 1943 in Zusammenarbeit mit der Dynamit AG in Troisdorf (bei Bonn) mit Flugzeug-Kunststoffbauweisen, wobei als Material »Mipolan« verwendet wurde. Zuerst entstand 1936 ein Tragflächenpaar für den Schulgleiter »Hol's der Teufel« mit einer Kunststoff-Plattenkonstruktion, die der Holzbauweise entsprach, d. h., es waren viele Einzelteile miteinander verklebt. Füllstoff für die Phenolharze war Zellulose, d. h. Papier; geleimt wurde mit Kunstharz, bespannt mit Stoff. Gegenüber der Holzkonstruktion ergab sich ein um 15% niedrigeres Baugewicht. Im Mai 1936 konnten die Kunststofftragflächen im Fluge erprobt werden.
Nach den relativ guten ersten Erfahrungen beim Schulgleiter wollten die Gebrüder *Horten* auch bei einem zweisitzigen, zweimotorigen Nurflügelflugzeug mit 14 m Spannweite, der Horten H V, die gleiche Kunststoffbauweise anwenden. Die Fertigung bereitete jedoch erhebliche Schwierigkeiten. Immer wieder gab es Rückschläge, besonders bei den Verklebungen. Die Materialzusammensetzung – mit der Bezeichnung »Trolitax« – mußte mehrfach abgeändert werden. Die

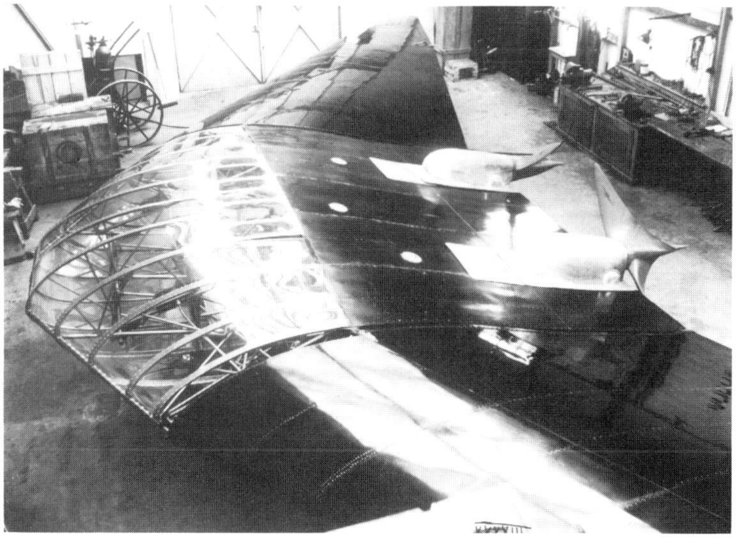

Das Nurflügelflugzeug Horten H V wurde 1936/37 in einer speziellen Kunststoffbauweise hergestellt.

Festigkeitsversuche an Bauteilen zogen sich in die Länge. Verwendet wurden hauptsächlich gepreßte Hohlprofile mit Wandstärken von 0,5 mm. Die aufgeklebte Flügelhaut hatte eine Stärke von 1 mm. Höher beanspruchte Bauteile wurden durch Nieten bzw. Schrauben oder durch Laminierung mit Stahldrahtgewebe verstärkt. Die Zweiblatt-Luftschraube bestand aus »Lignofol«, d. h. aus kunstharzgetränktem verdichteten Buchenholz. Nur das Fahrwerk und der Motorbock waren bei der Horten H V aus Stahlrohr. Beim ersten Startversuch des Kunststoff-Flugzeuges setzte ein Motor aus, ein Flügelende berührte den Boden, und es gab einen Totalbruch. Man beschloß, das Flugzeug neu zu bauen, nun jedoch in bewährter Holz- und Stahlrohrbauweise.
Fast 15 Jahre hat es gedauert, bis in Deutschland wieder ein Flugzeug in Kunststoffbauweise flog. Es war das Segelflugzeug fs 24 »Phönix« von *Richard Eppler* und *Hermann Nägele,* gebaut in Glasfaser-Kunststoff (GFK) auf Polyesterbasis. Das erste deutsche Kunststoff-Motorflugzeug, die LFU 205 der Arbeitsgemeinschaft Bölkow-Pützer-Rheinflug, flog erst etwa zehn Jahre später – im März 1968.

Der erste Anstoß für die GFK-Bauweisen kam aus den USA, wo sich einige Motorflugzeug-Hersteller, darunter auch Piper, mit Glasfaser-Kunststoff-Bauteilen befaßten. Man versprach sich davon in erster Linie gute Oberflächenbeschaffenheit und hohe Witterungsbeständigkeit. Als 1954 erste Informationen darüber in Deutschland bekannt wurden, flog *Wolf Hirth* in die USA und besorgte dort Musterstücke und Adressen von Herstellerfirmen für Glas, Harz, Härter und Stützstoffe. Mit den anfangs noch aus den USA bezogenen Materialien begann die Kunststoffverwendung zuerst im Segelflugzeugbau. Nach einigen Einzelmustern folgte ab 1964 der Serienbau der Leistungssegelflugzeuge H 301 »Libelle« bei *Eugen Hänle* in Schlattstall und »Phoebus« bei Bölkow in Laupheim. Ab 1970 gingen weitere Hersteller zur Kunststoffbauweise über.
Im Motorflugzeugbau wurde serienmäßig Glasfaser-Kunststoff (GFK) für nichttragende, aber formgebende Bauteile wie Fahrwerksverkleidungen, Motorhauben, Randkappen, Türrahmen, Flügel-Rumpf und Leitwerks-Rumpf-Übergänge sowie bei der Rheinflug RW 3 GFK-Laminate als Außenhaut von Stahlrohrrümpfen verwendet. Man machte Erfahrungen mit dem Formenbau, erprobte geeignete Harz-Härter-Kombinationen und konnte das Material hierzu zunehmend von deutschen bzw. schweizerischen Chemiebetrieben oder Tochterfirmen amerikanischer Hersteller beziehen. Je größere Mengen produziert wurden, desto preisgünstiger konnten sie angeboten werden. Inzwischen beschäftigten sich auch einzelne Hochschulinstitute (z. B. in Stuttgart und Darmstadt) mit den Grundlagen und Anwendungsmöglichkeiten von Glasfaser-Kunststoffen.

Die positiven Erfahrungen bei der Herstellung und im Flugbetrieb von GFK-Segelflugzeugen sowie auch bei ihrer Wartung und Reparatur führten zur Entwicklung einiger Motorsportflugzeuge in GFK-Bauweise, die jedoch Einzelstücke blieben. Es waren die Muster LFU 205 (Erstflug 1968), Pöschel 300 »Equator« (Erstflug 1971), fs 28 »Avispa« der Akaflieg Stuttgart (1972), VoWi-8 von *Helmut Wilden* (1974) und Rheinflug »Fanliner« (1973), bei dem das Rumpfvorderteil aus GFK bestand.

Der Weg zum modernen Kunststoff-Motorflugzeug – wie Grob G 115, Hoffmann H 40, HOAC »Katana« sowie FFT »Speed Canard« – führte über die Motorsegler der »Dritten Generation«. Das vereinfachte Zulassungsverfahren (bis 750 kg, später bis 850 kg Abflugmasse) ließ Motorsegler in Vollkunststoffbauweise entstehen, aus denen – ohne grundlegende Änderungen – mit verminderten Spannweiten und etwas stärkeren Motoren vollwertige Sport- und Reiseflugzeuge entwickelt werden konnten. Ein typisches Beispiel ist der Entwicklungsschritt vom Motorsegler Grob G 109 zum Sportflugzeug G 115 (siehe dort).

Auch auf der Werkstoffseite gab es einen längeren Weg. Bei den Duroplasten, die nach dem Aushärten auch bei erhöhten Temperaturen noch hart bleiben, begann man mit Polyesterharzen, ging dann allgemein auf Epoxidharz über und verwendete später in einigen Fällen Polyamid- und Vinylesterharze wegen höherer Temperaturfestigkeit und besserer Verträglichkeit bei der Verarbeitung. Bei den Fasern werden verschiedene Qualitäten angeboten, vom E-Glas bis zur Kohlenstoff-Faser für höchste Beanspruchungen. Die Hersteller bieten die Fasern heute als Rovings, Matten, Gewebe, Bänder oder verwendungsgerecht als Prepregs, d. h. schon getränkt, an. Prepregs, die kühl bei mindestens −18° C gelagert werden müssen, werden bevorzugt bei der Serienfertigung verwendet. Bei den Füllstoffen gibt es vielfältige Möglichkeiten, vom Balsaholz über Schaumstoffe verschiedener Dichte bis zu Waben aller Art. Dem Flugzeugbauer steht heute ein reichhaltiges Angebot an Materialien für die Kunststoffbauweise zur Verfügung.

Die besonderen Vorteile der modernen Kunststoffbauweisen bei Sport- und Reiseflugzeugen sind:

- ☐ konstruktive Gestaltung mit optimaler Formgebung
- ☐ Konzentrationsmöglichkeit von Material zur Erhöhung der örtlichen Festigkeit bzw. Steifigkeit, damit Verbesserung der Sicherheit bei hoher Beanspruchung
- ☐ sehr glatte und deshalb widerstandsarme Oberflächen, dadurch Leistungsgewinn besonders bei Laminarprofilen
- ☐ völlige Korrosionsfreiheit und Unempfindlichkeit gegen fast alle Chemikalien bzw. Witterungseinflüsse
- ☐ lange Lebensdauer, keine Alterungserscheinungen
- ☐ einfache Wartung, Reinigung und Reparatur
- ☐ Gewichtseinsparung gegenüber anderen Bauweisen
- ☐ günstige Herstellungs- bzw. Anschaffungspreise

Entwicklung der modernen GFK-Bauweisen

Die langjährigen Erfahrungen mit Kunststoff-Segelflugzeugen, -Motorseglern, -Motorsportflugzeugen, bei Hubschrauberrotorblättern, im Boots- und Behälterbau usw. haben dazu geführt, auch größere Flugzeuge in Vollkunststoff herzustellen. Beispiele hierfür sind: Grob G 250 »Egrett«, Dornier »Seastar«, Grob GF 200, Ruschmeyer R 90, Rheinflug »Fantrainer«. Diese Reihe läßt sich fortsetzen bis zu den hochbeanspruchten großen Bauteilen von Verkehrsflugzeugen aus Kohlenstoff-Fasern, beispielsweise das Seitenleitwerk des Airbus A 320.

Auf neuen Wegen: LFU 205

Zum ersten Experimentalflugzeug in Vollkunststoffbauweise, der LFU 205, die erstmals 1968 flog und nach 25 Jahren ohne Alterserscheinungen immer noch fliegt, führte eine Reihe von Überlegungen, Anstößen und Ideen. Es war eine Gemeinschaftsentwicklung der Firmen Bölkow GmbH in Ottobrunn mit der Tochterfirma Bölkow-Apparatebau Nabern, der Pützer Kunststofftechnik in Bonn und der Rhein-Flugzeugbau in Mönchengladbach, gefördert durch Forschungsmittel mehrerer Ministerien. Zur Koordination des Vorhabens wurde im Frühjahr 1964 die Leichtflugtechnik-Union GmbH (LFU) gegründet. Die Initiatoren waren Dipl.-Ing. *Erich Ufer* und *Richard Schreiber.*

In den 60er Jahren lagen schon umfangreiche Erfahrungen mit Kunststoffbauweisen im Flugzeugbau vor, meist mit Polyesterharz und Stützkernen aus Balsaholz, Schaumstoff oder Waben. Man ging nach und nach zu Epoxydharz über und lernte GFK serienmäßig zu verarbeiten. Dabei spielten die Formen und der Aushärtungsvorgang eine wichtige Rolle.

Angewendet wurden die GFK-Bauweisen u. a. bei den Segelflugzeugen »Phönix« und »Phoebus«, bei den Rotorblättern von Hubschraubern sowie bei Teilen des Reiseflugzeuges Bölkow 207. Die Firmen Pützer und Rhein-Flugzeugbau hatten Erfahrungen mit Bauteilen der Flugzeugmuster RW 3 und RF 1.

Ein weiterer Anstoß kam dadurch, daß die Holzbauweise vom Markt der Sport- und Reiseflugzeuge immer stärker durch Ganzmetallflugzeuge – meist amerikanischer Hersteller – verdrängt wurde. Der Verkauf der Bölkow 207 – ein Holzflugzeug mit einigen nichttragenden GFK-Teilen – war stark rückläufig und ließ Überlegungen nach einem Nachfolgemuster entstehen.

Bei Entwürfen viersitziger Flugzeuge in Metallbauweise zeigte sich, daß – bei gleichen Motoren – keine nennenswerten Vorteile gegenüber den eingeführten amerikanischen Serienflugzeugen zu erzielen waren. Vielen Piloten schwebte immer wieder eine Weiterentwicklung einer modernen Me 108 »Taifun« vor. Einen größeren Entwicklungsschritt – so dachte man bei den drei LFU-Firmen – könnte ein Vollkunststoff-Reiseflugzeug darstellen, wobei man den Erfahrungsvorsprung der deutschen Flugzeugbauer bei den GFK-Bauweisen, der damals gegenüber dem Ausland bestand, ausnutzen wollte.

Die Forschungs- und Entwicklungsvorhaben der Leichtflugtechnik-Union begannen 1964 und führten 1968 zum Erstflug des Vollkunststoff-Experimentalflugzeuges LFU 205. Der Entwurf dazu stammte von *Erich Ufer,* wobei dieser wieder auf einem Vorentwurf von *Hermann Mylius,* der Bölkow 205, aufbaute. Für die Konstruktion war *Hermann Mylius* zuständig. Da innerhalb des vertraglich festgelegten Rahmens weitgehende Gestaltungsfreiheit für das Experimentalflugzeug bestand, wurde die LFU 205 als schnelles Reiseflugzeug mit vier Sitzen und mit Einziehfahrwerk ausgelegt und erhielt einen 147-kW (200-PS)-Lycoming-Boxermotor IO-360.

Seitens des Bundesministeriums der Verteidigung liefen die Aufträge unter dem Titel »Bauteiloptimierung von tragenden Teilen im Flugzeugbau in neuer Kunststoff-Leichtbauweise – Nachweise durch experimentelle Erprobung und Versuche am Experimentalträger LFU«. Das Interesse des Verteidigungsministeriums bestand hauptsächlich darin, praktische Erfahrungen mit hochbelasteten GFK-Bauteilen im Flugzeugbau zu erhalten. Mit dem Experimentalflugzeug

Das erste Vollkunststoff-Motorflugzeug LFU 205 war als schnelles Reiseflugzeug ein Erprobungsträger für die GFK-Bauweise. Der Erstflug fand im März 1968 statt.

sollten außerdem Vergleiche mit dem Herstellungsaufwand für konventionelle Metallflugzeuge möglich werden. Darüber hinaus ging es um Beschußfestigkeit und verminderte Radarreflektion. An den Forschungsarbeiten waren die Deutsche Forschungsanstalt für Luftfahrt (DFL) mit Instituten in Braunschweig und Stuttgart beteiligt. Die Werkstoffe wurden in Zusammenarbeit mit den Firmen Bayer und CIBA bei der Prüfstelle für Luftfahrzeuge (PFL) in Essen-Mülheim ausgewählt.

Die Arbeitsaufteilung bei den drei Industriefirmen war so, daß bei der Bölkow GmbH Gesamtkoordination, Konstruktion, Aerodynamik und Statik lagen sowie die Herstellung der Versuchskörper und des Rumpfes. Hinzu kamen die Endmontage, die Flugerprobung und die Zulassung. Die Firma Pützer-Kunststofftechnik übernahm den Bau der Vorrichtungen für Flügel und Leitwerk sowie den Bau der Leitwerksteile. Rhein-Flugzeugbau war für den Bau der Flügel für Bruchversuche und für zwei Sätze »fliegender« Flügel zuständig.

Die patentierte LFU-Schlauchbauweise wurde für den Rumpf und die Tragflügel verwendet. Dabei war das Ausgangsmaterial ein harzgetränkter Glasgewebeschlauch mit einem innenliegenden Polyäthylenschlauch, der zum Aufblasen und damit zum Anpressen des Gewebeschlauches an die Deckschicht diente. Für die Herstellung von Rumpf und Tragflügel wurde der drehbare Wickelkern zunächst mit einer GFK-Wickelhaut versehen und auf diese dann »naß in naß« der GFK-Schlauch gewickelt. Der so »bewickelte« Kern kam danach in eine Negativform, in der vorher die äußere Deckschicht eingelegt war. Die Form konnte nun geschlossen, die Schläuche aufgeblasen und das Ganze zum Aushärten gebracht werden. Das Entformen erfolgte durch Öffnen der zweiteiligen Form und seitliches Herausziehen des Wickelkernes.

Der Tragflügel bestand aus drei Teilen, dem vorderen und dem hinteren Torsionskasten sowie einem mittleren Holmkasten, dessen etwa 200 mm breite Ober- und Untergurte im Anschlußbereich durch GFK-Deckschichten aufgedickt waren. Die drei Bauteile jeweils eines Flügels wurden im »Naß in Naß«-Verfahren mit der äußeren Deckschicht in eine zweiteilige heizbare Negativform eingelegt und miteinander verklebt. Erst dann erfolgte das Aufblasen der Schläu-

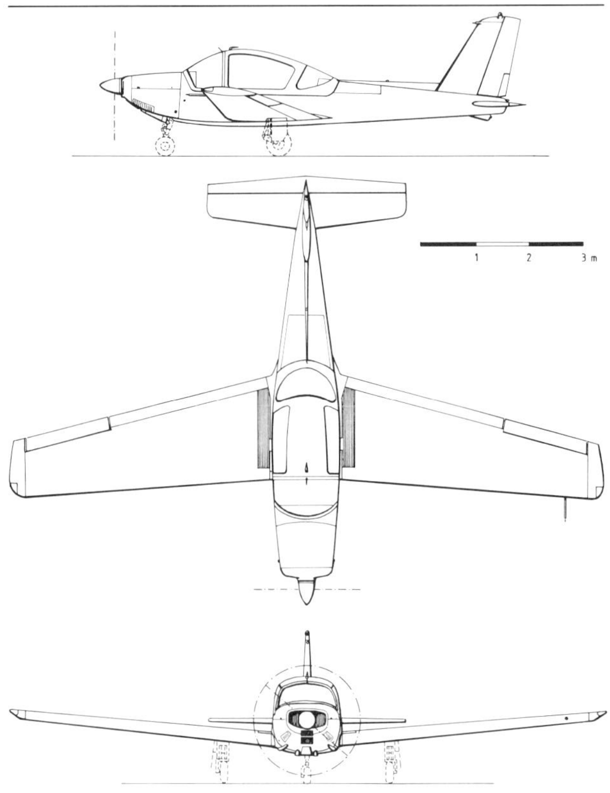

Dreiseitenansicht des Kunststoff-Erprobungsträgers LFU 205.

Bei der Flugerprobung wurde die LFU 205 über dem Chiemsee von einer »Monsun« begleitet.

Die LFU dient weiterhin als Erprobungsträger, so seit den 90er Jahren bei der DLR in Braunschweig zu vergleichenden Messungen an Laminarprofilen.

che. Dadurch füllte sich der Raum zwischen Kern und Form aus; die Verbindung zu den Deckschichten wurde hergestellt. Im Flügel bildeten sich auf diese Weise Stützstege im Abstand von etwa 20 mm.

Der Tragflügel wurde einem Dauerfestigkeitsversuch bei 72° C Umgebungstemperatur unterworfen. Nach über 6 000 000 Lastwechseln, entsprechend 18 000 Flugstunden, konnten die Versuche abgebrochen werden, da mit dreifacher Sicherheit ein ausreichender Beweis für den Einsatz im Flugbetrieb erbracht war. Am Flügel ließen sich nach diesem Versuch keinerlei Schäden feststellen.

Die Endmontage der LFU 205 erfolgte im Bölkow-Werk Laupheim. Dort fand auch der Erstflug am 29. März 1968 mit *Herbert Plasa* am Steuer statt. Bei der Flugerprobung zeigte sich, daß die rechnerischen Werte zum Teil erheblich übertroffen wurden; so konnte mit 75% Motorleistung in 2500 m Höhe eine Reisefluggeschwindigkeit von 307 km/h erreicht werden. Das Verhältnis zwischen Mindestfluggeschwindigkeit und Höchstgeschwindigkeit war größer als 1:4. Nach Abschluß des Hauptteiles der Flugerprobung und Auslaufen des Forschungsauftrages wurde die LFU 205 der Deutschen Forschungs- und Versuchsanstalt für Luft- und Raumfahrt (DFVLR, jetzt DLR) übereignet. Für die noch fehlenden Nachweise zur Zulassung wurden vom Institut für Bauweisen der DFVLR in Stuttgart einige Verstärkungen am Leitwerk vorgenommen. Die LFU 205 erhielt am 16. März 1977 die Musterzulassung als Einzelstück. Sie wurde über mehrere Jahre im Rahmen des Forschungsbetriebes der DFVLR bzw. DLR zu Meßflügen von Oberpfaffenhofen und später von Braunschweig aus eingesetzt. Anstelle der hinteren Sitze wurden umfangreiche Meßgeräte eingebaut. Die Flügel erhielten sogenannte Laminarprofilschuhe.

Bei der Luftfahrtschau 1968 in Hannover und dem Aérosalon 1969 in Paris-Le Bourget war die LFU 205 eine vielbeachtete Neuerscheinung. Man dachte bei der Firma Bölkow sogar an eine Serienfertigung; die Serienreifmachung aber hätte einen großen finanziellen Aufwand bedeutet.

Ein Amphibium: Pöschel P 300 »Equator«

Zu den bemerkenswerten deutschen Flugzeugkonstruktionen in Voll-Kunststoffbauweise gehörte auch das Amphibium P 300 (Erstflug im Februar 1971), konstruiert und gebaut von *Günter Pöschel* aus Ulm. Als sechs- bis achtsitziges Zubringerflugzeug mit einer Startmasse um 2000 kg fällt die P 300 aus dem Rahmen der anderen in diesem Buch geschilderten Flugzeugmuster. Sie gilt nicht als Sport- und auch nicht ganz als Reiseflugzeug im hier vertretenen Sinne. Dennoch soll auf einige technische Besonderheiten hingewiesen werden. *Pöschel* hatte das Flugzeug wegen der besonderen Möglichkeiten, die der Kunststoff bot, als Amphibium konstruiert – eine in Mitteleuropa sehr seltene Sonderform. Der Kunststoffrumpf der »Equator« war so ausgebildet, daß die Schächte für das Einziehfahrwerk wasserdicht waren; das Flugzeug konnte mit eingezogenem Fahrwerk wassern. Um den Propeller vor Spritzwasser zu schützen, war er in bis dahin unüblicher Weise vor dem hochliegenden Leitwerk angeordnet. Dazu war eine zweifache Umlenkung der Fernwelle vom hinter der Passagierkabine angeordneten Motor zum Propeller erforderlich. Genau dies erwies sich aber als sehr störanfällig, weshalb bei einem Nachfolgemuster ein besonderer Pylon auf dem Rumpf mit Druckschraube vorgesehen wurde.

Zur Herabsetzung der Landegeschwindigkeit erfolgte eine Grenzschichtabsaugung des Tragflügels durch das Ansaugen von Luft für das Kühlgebläse des im Rumpf eingebauten Motors.

Anstelle der ursprünglich vorgesehenen ausklappbaren und als Schwimmkörper ausgebildeten Flügelspitzen wurden bei der letzten Version kurze Stummel an den Rumpfseiten angebracht. Die Passagierkabine war druckbelüftet.

Das Amphibium von Pöschel – P 300 »Equator« – war ebenfalls ein Vollkunststoff-Flugzeug.

Pöschel P 400 »Turbo-Equator«, die Turboversion der P 300 mit Druckpropeller.

Nach Vorstellung einer Turboversion mit Allison 250 als P 400 »Turbo-Equator« im Jahre 1975 liefen die Entwicklungsarbeiten aus. Es kam nicht zum Serienbau dieses bemerkenswerten Flugzeugmusters, das – elegant und modern – seiner Zeit wohl zu weit voraus war.

Nur Bauweisenprojekt: MBB 211

Nach Abschluß des Forschungsauftrages für das Vollkunststoff-Experimentalflugzeug LFU 205 gab es bei der Messerschmitt-Bölkow-Blohm (MBB) in Ottobrunn eine Reihe von Überlegungen, die sich sowohl auf moderne Kunststoffbauweisen als auch auf ein marktgerechtes viersitziges Reiseflugzeug bezogen.
Man analysierte zunächst die bei der LFU 205 gewonnenen Erkenntnisse und praktischen Erfahrungen. Als nachteilig bei der Wickelbauweise hatte sich die Notwendigkeit erwiesen, alle Öffnungen und Ausschnitte des Rumpfes in die vorher getrennten Rumpfhälften einzuschneiden und mit Verstärkungen zu versehen – ein Verfahren, das verhältnismäßig aufwendig und für eine Serienfertigung wenig geeignet war. Ferner war es beim Wickelverfahren nicht möglich, das Material (d. h. die Glasfaserkunststoff-Schläuche) entsprechend den auftretenden Beanspruchungen zu verlegen. Der Rumpf bestand aus einer größeren Anzahl aneinanderstoßender Ringspanten, die die Torsionskräfte gut aufnahmen; für die durch Längskräfte beanspruchten Zonen und die großen Öffnungen mußte jedoch zusätzliches Material z. B. in Form von Doppelwicklungen aufgebracht werden. Der Rumpf wurde dadurch erheblich schwerer. Außerdem hatte sich gezeigt, daß das Wickelverfahren mehr oder weniger auf rotationssymmetrische Bauteile beschränkt war und man schon bei der Konstruktion das Herausziehen des Kernes berücksichtigen mußte.
Die Kunststofftechnik hatte in den 60er Jahren erhebliche Fortschritte gemacht. Das Ausgangsmaterial war vielfältiger geworden; insbesondere stand Glasfaserkunststoff als Prepreg zur Verfügung – Materialien, die bei Kälte (mindestens −18° C) lange gelagert werden konnten und die zum Aushärten Temperaturen von etwa 130° C benötigten. Im sogenannten Handeinlegeverfahren in Negativformen konnten somit leichte Schalenteile hergestellt werden, bei denen

Die mit der LFU 205 gewonnenen Erfahrungen wurden beim GFK-Reiseflugzeug-Projekt MBB 211 berücksichtigt.

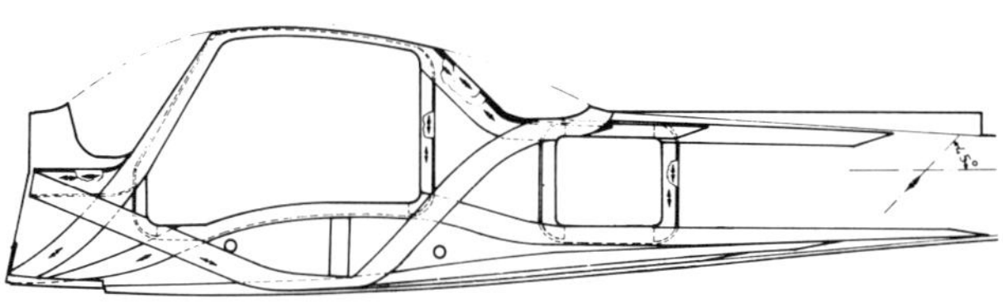

Bei den Bauweisenuntersuchungen am Rumpf des MBB-211-Projektes wurden die großen Ausschnitte gleich beim Fertigungsvorgang mit eingearbeitet und die erforderlichen Verstärkungen mit GFK-Prepreg-Bändern (siehe Schema) vorgenommen.

Verstärkungen, z. B. in besonders beanspruchten Zonen, im späteren Fertigungsgang vorgenommen werden konnten. Das Bundesministerium der Verteidigung interessierte sich für solche Leichtbauteile aus Kunststoff, die auch in wehrtechnischen Bereichen angewandt werden konnten. MBB erhielt daher im Herbst 1970 einen Auftrag mit dem Titel: »Bauweiseuntersuchungen mit faserverstärkten Kunststoffen für die Gestaltung von hochbeanspruchten Flugzeugteilen mit großen Ausschnitten, die nicht im Wickelverfahren hergestellt werden können«. Der Auftrag wurde beim Unternehmensbereich Flugzeuge in Ottobrunn bearbeitet; Projektleiter war Dipl.-Ing. *Hermann Mylius*. In Abstimmung mit dem Auftraggeber sollten die GFK-Versuchsteile als Baugruppen von Leichtflugzeugen hergestellt werden. Um echte Vergleichsmöglichkeiten zu haben, legte man den Entwurf eines viersitzigen Reiseflugzeuges – ähnlich der LFU 205 – zugrunde. Dieses Flugzeugprojekt erhielt die Bezeichnung MBB 211; es sah einen Tiefdecker mit Einziehfahrwerk vor mit einem 191-kW (260-PS)-Motor und einer Flugmasse von 1330 kg. Es wurde ausgelegt auf ein Lastvielfaches von +4,4 und −2,2. Ein Musterrumpf wurde durchkonstruiert, gefertigt und dann Bruchversuchen unterzogen. Als Herstellungsverfahren wurde die offene Schalenbauweise gewählt, wie sie heute allgemein im Segelflugzeugbau angewendet wird. Als Werkstoffe wurden Lesonal als Vorgelat, Epoxyd-Prepregs und Nomex-Waben als Kernmaterial verwendet. Die wulstartigen Verstärkungen an den Rumpfausschnitten konnten während der Fertigung eingearbeitet werden. Die Schalen bestanden aus einer dünnen Innen- und Außenhaut von 0,3 bzw. 0,4 mm Stärke und einem Wabenkern von 10 bzw. 20 mm Dicke. Ausgehärtet wurden die beiden Rumpfhälften im Vakuumpreßverfahren bei 125° C mit anschließender längerer Abkühlphase. Bei industrieller Fertigung hätte man Autoklaven verwendet. In den Rumpfverband eingefügt und mit ihm verklebt wurden als getrennt hergestellte GFK-Teile: der Instrumententräger, die hintere Sitzbank, der Kabinenboden und der Kofferraum. Der zweiteilige Brandspant war Teil der Rumpfmulde. Der verklebte Rumpf wurde anschließend über 12 Stunden bei 90° C nachgehärtet.
Die gewogene Masse des Musterrumpfes ohne Verglasung

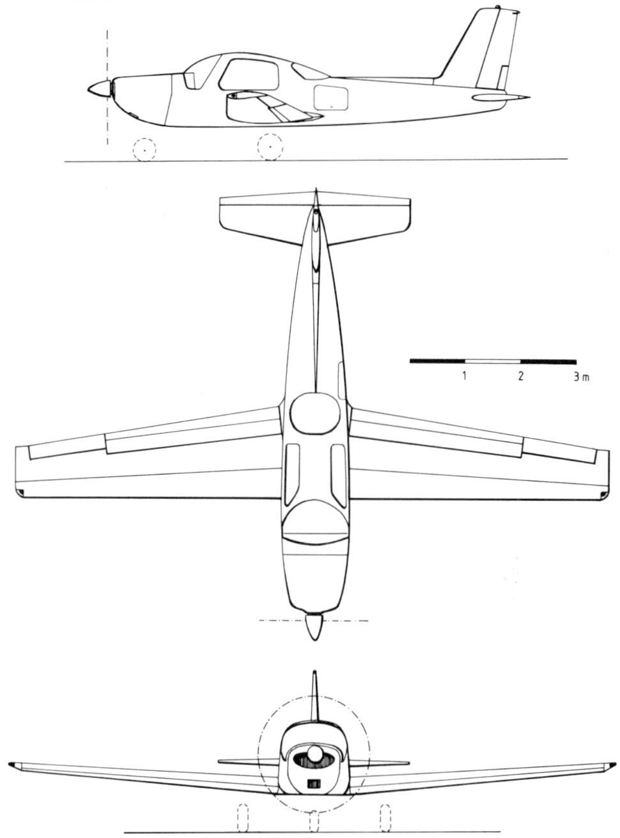

Dreiseitenansicht MBB-211-Projekt.

und Ausrüstung betrug knapp 104 kg. Der vergleichbare Rumpf der LFU 205 in der ersten Ausführung wog 157 kg und ein genieteter Leichtmetall-Rumpf eines amerikanischen Flugzeuges ähnlicher Größe 121 kg. Damit war der Beweis für die niedrigen Gewichte der neuen GFK-Bauweise erbracht.
Im Herbst 1972 fanden Belastungsversuche am Musterrumpf beim Institut für Bauweisen- und Konstruktionsforschung der DFVLR in Stuttgart statt. Das Belastungsprogramm für die Lastfälle Starten, Landen und Abfangen wurde entsprechend den amerikanischen FAR-Vorschriften gerechnet und dann mit entsprechenden Druckstempeln in einem Wärmezelt bei 72° C aufgebracht. Der geforderte Festigkeitsnachweis bei 1,5facher Last über 30 Sekunden wurde erbracht; erst bei stufenweiser Steigerung auf das 1,7fache traten Risse an einzelnen Stellen auf, jedoch ohne ein Gesamtversagen. Der erteilte Auftrag war damit Ende November 1972 erfüllt; die Berichte wurden abgeliefert.
Der ursprünglich erwartete Auftrag zur Fortsetzung der Bauweisenuntersuchungen für Tragflügel- und Leitwerksteile kam allerdings nicht – zur großen Enttäuschung der

Entwicklungsmannschaft. Man hatte immer wieder gehofft, daß aus den Teilarbeiten ein vollständiges Flugzeug – die MBB 211 – entstehen würde. Auch aus heutiger Sicht war die damals erarbeitete GFK-Bauweise beispielhaft. So manches damals erdachte konstruktive Detail findet sich heute bei anderen Flugzeugen wieder.

Motorsegler und ihr Einfluß auf die Entwicklung der Motorflugzeuge

»Reisemotorsegler« in Holz- und Gemischtbauweise

Gemeint sind hier nicht die »eigenstartfähigen Segelflugzeuge«, sondern die (meist doppelsitzigen) »Reisemotorsegler«, deren Triebwerk fast immer im Rumpfbug angeordnet und nicht einklappbar ist. Von einem »normalen« Motorflugzeug unterscheiden sie sich äußerlich vor allem durch ihre größere Spannweite, die ihre Gleitflugleistungen wesentlich verbessert und sie dadurch bei geeigneten meteorologischen Bedingungen zum Segelflug befähigt. Ihre Flugmasse ist auf 850 kg begrenzt. Ihre weiteren technischen Merkmale in Abgrenzung zu den vergleichbaren Motorflugzeugen sind in Band 19 »Die Evolution der Segelflugzeuge« der Buchreihe »Die deutsche Luftfahrt« ausführlich beschrieben. Wegen ihrer – zumindest bis zu den achtziger Jahren – besseren aerodynamischen Durchbildung und ihres geringeren Gewichtes trotz der größeren Spannweite kommen sie bei vergleichbaren Motorflugleistungen mit schwächeren und damit sparsameren Motoren der Leistungsklasse 60 kW (80 PS) aus. Die meisten doppelsitzigen Motorsegler benötigen kaum mehr als 12 l Treibstoff je Flugstunde und sind dadurch vergleichsweise besonders wirtschaftlich. Deshalb wurden sie im Verlaufe der Kostenexplosion im Motor-Luftsport (u. a. durch Besteuerung der Flugkraftstoffe) im letzten Jahrzehnt auch für eingefleischte Motorflieger mehr und mehr interessant. Nicht wenige sind deshalb von ihrer »Piper« oder »Cessna« mit mindestens 20 l Treibstoffverbrauch pro Flugstunde auf einen der bewährten Motorsegler in Holz- oder Gemischtbauweise oder auf einen der in den achtziger Jahren entwickelten Kunststoff-Motorsegler umgestiegen.

Das Arbeitspferd im Verein: Scheibe SF-25 C 2000

Die Grundkonstruktion dieses zweisitzigen Motorseglers in Gemischtbauweise geht mit dem SF 25 »Motorfalken« auf die Jahre 1963/64 zurück. Er hatte bereits nebeneinanderliegende Sitze, war aber mit seinem 18-kW/25-PS-Solo noch untermotorisiert. In jeder der folgenden Versionen mit einem stärkeren Triebwerk ausgestattet, wird er noch Anfang der neunziger Jahre als SF-25 C 2000 weiterhin in Gemischtbauweise angeboten – mit einem 58-kW/80-PS-Limbach-, Rotax- oder Sauer-Motor. Mit über 2000 Exemplaren ist er inzwischen der meistgebaute Motorsegler der Welt. Im rauhen Vereinsbetrieb hat er sich bestens bewährt und wird deshalb gerade hierfür immer noch gern gekauft.

Der Motorsegler Scheibe »Motorfalke« SF 25 wird weiterentwickelt und mit verschiedenen Motoren ausgerüstet, seit über dreißig Jahren in Serie gebaut und vielfach exportiert. Die neueste Version C 2000 fliegt mit 80-PS-Motoren von Limbach, Sauer oder Rotax.

Scheibe SF 25 »C-Falke« mit zentralem Fahrwerksrad und Stützrädern an den Tragflächen.

Serienfertigung der G 115 bei der Firma Grob Flugzeugbau in Mattsies/Allgäu.

Der Motorsegler Grob 109 B mit Hoffmann-Vorstellpropeller darf den »Blauen Engel« tragen, da er den Bestimmungen des »Erhöhten Lärmschutzes« entspricht.

Der Einsitzer *Stark* »Turbulent« entstand aus einem in Frankreich von *Roger Druine* gebauten Amateurflugzeug.

Das zweisitzige Sportflugzeug »Smaragd« – ein Nachbau der französischen »Emeraude« – wurde bei den Firmen Schempp-Hirth und Binder Aviatik in kleiner Serie gebaut. Im Bild ein überholtes und neu hergerichtetes Exemplar.

In Deutschland in Lizenz nachgebautes Sportflugzeug Jodel D 11 mit dem typischen, nach oben angewinkelten Außenflügel.

Am 30. September 1993 waren das Ruschmeyer-Werksflugzeug R 90–230 RG und das DASA-Traditionsflugzeug Messerschmitt Me 108 D-1 »Taifun« (Baujahr 1943) bei einem Fotoflug südlich von Augsburg gemeinsam in der Luft.

Die Ruschmeyer R 90-230 RG war auch auf der ILA 1994 in Berlin-Schönefeld ausgestellt.

Die nach oben zu öffnenden Flügeltüren der Ruschmeyer R 90 ermöglichen einen bequemen Einstieg in die Kabine. Das voll ausgerüstete Instrumentenbrett der Ruschmeyer R 90-230 RG bietet eine gute Übersicht.

Motorsegler Stemme S 10 auf der Wasserkuppe. Im Spalt zwischen dem vorgeschobenen Dom und dem Rumpf läuft der Faltpropeller, sowie der Motor angelassen ist.

Die Messerschmitt Me 108 D-1 »Taifun«, eine Luftwaffenmaschine von 1943, wurde 1970 von Reinhold Ficht in Schweden erworben und per Eisenbahn nach Kirchseon (Oberbayern) gebracht. Nach mühevoller und langwieriger Restaurierung flog sie wieder im Dezember 1975. Inzwischen erwarb sie die Flugzeug Union Süd (DASA). Wieder mit dem Originalanstrich ist die D-EFPT als DASA-Traditionsflugzeug häufig auf Flugveranstaltungen zu sehen.

Der Spezial-Kunstflug-Einsitzer »Acrostar« wurde von dem Schweizer Kunstflugmeister *Arnold Wagner* konzipiert und bei Wolf Hirth bzw. Schempp-Hirth ab 1971 in kleiner Serie gebaut.

Für das »In-Übung-halten" eines Amateur-Kunstflugpiloten genügt meist schon eine Bücker »Jungmann«, die aus spanischer Lizenzproduktion auf dem Oldtimer-Markt angeboten wird.

Sehr beliebt, besonders in der Schweiz, sind die Kunstflug-Einsitzer Bücker »Jungmeister« mit Originalmotor.

Aus der Entwicklungsreihe der Kunstflug-Wettbewerbsflugzeuge von Walter Extra: Extra 260 (oben), Extra 300 (Mitte) und Extra 300 S (unten).

Beim OUV-Treffen 1976 in Speyer zeigte *Helmut Wilden* sein Ultraleichtflugzeug VoWi 10 mit 30-PS-Wankel-Motor in der unverkleideten Form. Das Bild wurde bei Fernsehaufnahmen in Bonn-Hangelar aufgenommen.

Das Ultraleichtflugzeug »UL-Storch«, das von *Wilhelm Knechtel* auf dem OUV-Jahrestreffen 1992 in Speyer vorgestellt wurde, basiert auf einer 0,7:1-Verkleinerung des berühmten Fieseler »Storch«.

Lufthansa-Flugkapitän und OUV-Mitglied *Heinz Wallerkowski* entwarf und baute einen schnellen Ganzmetall-Einsitzer mit 150-PS-Motor, die »Hornisse«.

Der Doppeldecker RE 4 »Grasmücke« von *Rolf Ehmann*, gezeigt auf dem OUV-Treffen 1994, zeichnet sich durch anklappbare Tragflächen aus, die den Transport auf einem PKW-Anhänger ermöglichen.

Die nun folgenden Motorsegler in Holz- bzw. Gemischtbauweise werden hingegen nicht mehr hergestellt, sind aber als Gebrauchtflugzeuge sehr begehrt:

Französisch angehaucht: RF 5 und RF 5 b

Auch diese beiden von *Alfons Pützer* (siehe den Abschnitt: *Alfons Pützer:* Vom »Motorraab« zum »Bussard«) in den siebziger Jahren nach Lizenzen des französischen Konstrukteurs *René Fournier* gebauten Motorsegler bewähren sich noch Anfang der neunziger Jahre, wobei die RF 5 mit ihrer Spannweite von 13,75 m an der Grenze zum leichten Motorflugzeug liegt. Die RF 5 b hat wegen ihrer Spannweite von 17 m erheblich bessere Gleit- und Segelflugleistungen. Beide Muster besitzen ein einziehbares Einradfahrwerk und Stützräder an den Flügelenden.

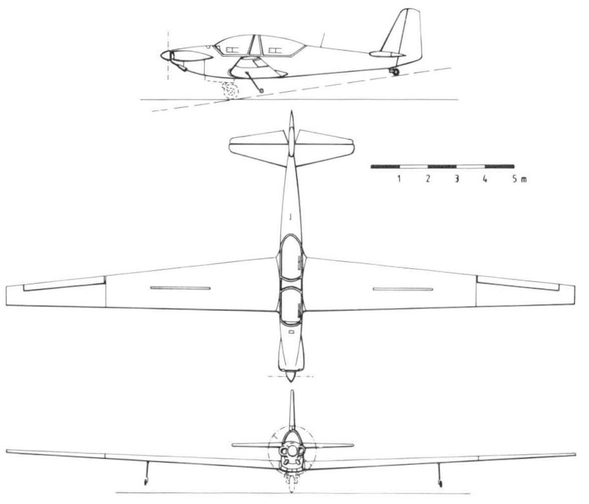

Die Dreiseitenansicht des Motorseglers Pützer RF 5 b läßt die klappbaren Außenflügel erkennen.

Zur Verringerung des Platzbedarfes bei Hallenunterstellung sind die Außenflügel der Pützer-Motorsegler RF 5 / RF 5 b klappbar.

Pützer RF 5 b als Motorsegler mit stehendem Propeller.

Solide und leistungsstark: ASK 16

Ebenfalls noch aus den siebziger Jahren stammt die ASK 16 von *Rudolf Kaiser*. Trotz ihrer Eleganz und ihrer herausragenden Leistungen im Motor- und Segelflug konnte sie mit ihren billigeren Konkurrenten im Verkaufserfolg nicht gleichziehen. Ihr hoher Preis beruhte auf der aufwendigen Konstruktion: Stahlrohr-Fachwerkrumpf, vorn mit Kunststoffschalen, hinten teils mit Sperrholz beplankt, teils mit Stoff bespannt, verstärkte Holztragflächen, einziehbares Zweiradfahrwerk.

Der Motorsegler ASK 16 stammt aus den siebziger Jahren, wird aber immer noch gern geflogen.

»Reisemotorsegler« in Kunststoffbauweise

In den siebziger Jahren hatte sich die Kunststoffbauweise im Segelflugzeugbau schon weitgehend durchgesetzt. Bereits 1957 war mit der fs-24 »Phönix« das erste GFK-Segelflugzeug entstanden. In fruchtbarer Konkurrenz der deutschen Hersteller untereinander war nicht nur die Bauweise ständig verfeinert, sondern vor allem die Flugleistung der Segelflugzeuge geradezu sprunghaft verbessert worden. Die sorgfältige Auswahl der Laminarprofile, die fast unbeschränkten Möglichkeiten der Formgebung und die spiegelnde Glätte der Kunststoffoberfläche trugen dazu bei, daß die Gleitzahlen der Leistungssegelflugzeuge von ehemals um 30 auf über 50 anstiegen, vor allem aber das Schnellflugverhalten entscheidend verbessert werden konnte. Wurde beispielsweise eine Ka 6 CR (ein sehr gutes Segelflugzeug in Holzbauweise) auf 150 km/h angedrückt, so betrug seine Sinkgeschwindigkeit mehr als 3 m/s. Bei der ebenfalls Anfang der sechziger Jahre konstruierten D 36 V 1 »Cirrus«, einem Kunststoffsegelflugzeug, lag sie dagegen bei derselben Fluggeschwindigkeit bei 1,47 m/s – so stark wirkte sich der geringere Luftwiderstand auf das Schnellflugverhalten aus.

Für die Hersteller lag es daher nahe, ihre Konstruktions- und Fertigungserfahrungen mit Segelflugzeugen auch auf Motorsegler anzuwenden. Die ersten neuen Muster erschienen Anfang der achtziger Jahre auf dem Markt und wurden – nach den Segelflugzeugen mit Hilfsmotor der Pionierzeit und den »Reisemotorseglern« in Holzbauweise – zur dritten Motorsegler-Generation. Von den komfortablen Leichtflugzeugen unterscheiden sie sich praktisch nur noch durch ihre größere Spannweite.

Die ersten in Kunststoff: Grob G 109 A und G 109 B

Dieser Kunststoff-Motorsegler erschien 1981 als erster auf den Flugplätzen und wurde teils bewundert, teils aber auch kritisch betrachtet. Sein komfortables Cockpit mit großer Flügelhaube und sein windschnittig verkleidetes Zweibeinfahrwerk deuteten von Anbeginn auf ein Reiseflugzeug hin – und auf einen entsprechenden Preis. Eine verbesserte Version erschien wenig später mit etwas vergrößerter Spannweite und geändertem (weniger regenempfindlichen) Flügelprofil als G 109 B und wurde jetzt ein großer Erfolg.

Eleganz in Weiß: Valentin »Taifun 17 E«

Das Dreibein-Einziehfahrwerk dieses besonders eleganten Motorseglers, der bald nach der G 109 A erschienen war, betonte noch seine Eignung als Reiseflugzeug. Er ist besonders durch eine Reihe von Langstreckenflügen nach und in den USA bekanntgeworden.

Schwellende Formen: Hoffmann »Dimona« und »Super Dimona«

Etwa gleichzeitig wurde auch die »Dimona« als GFK-Motorsegler angeboten. Mit ihren gerundeten Formen und ihrer starken Rumpfeinschnürung hinter dem Cockpit entspricht

Der erste Kunststoff-Motorsegler auf deutschen Flugplätzen war die elegante Grob G 109.

Die verbesserte Version G 109 B hatte eine etwas größere Spannweite.

sie eher einem Segelflugzeug als ihre beiden Konkurrenten. Diesem Eindruck wirken aber das windschnittig verkleidete Zweibeinfahrwerk und das komfortable Cockpit wieder entgegen. Sie wurde inzwischen zur (stärker motorisierten) »Super Dimona« weiterentwickelt, einem Motorsegler, der sich inzwischen sogar als Schleppflugzeug bewährt.

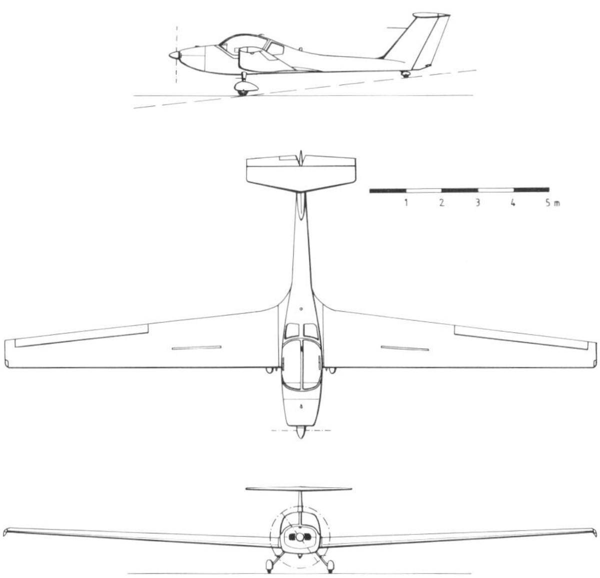

Die Dreiseitenansicht der Grob G 109 B vermittelt die große Spannweite von 17,4 m.

Wegen der großen Spannweite waren die Tragflächen bei der G 109 B anklappbar ausgeführt.

Der Motorsegler Valentin »Taifun 17 E« entspricht – bis auf die größere Spannweite – einem modernen Motorflugzeug.

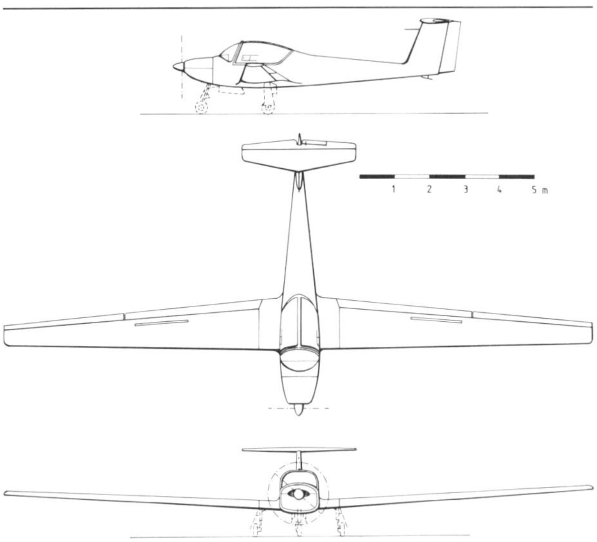

Das Fahrwerk der »Taifun 17 E« kann elektrisch ein- und ausgefahren werden.

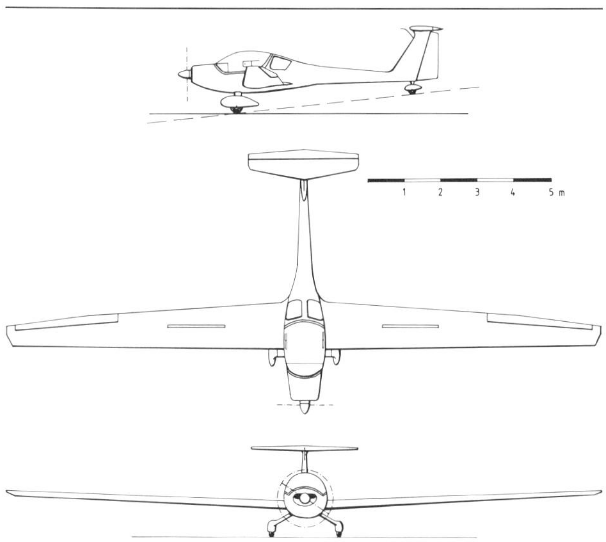

Dreiseitenansicht der »Dimona« mit dem typischen eingeschnürten hinteren Rumpfteil.

Die HOAC »Super-Dimona« mit Rotax-Motor ist ein Beispiel für moderne Reisemotorsegler in Vollkunststoffbauweise.

Die ursprünglich in Deutschland entwickelte »Dimona« wird wie ihr Nachfolgemuster jetzt in Österreich gebaut.

Die Weiterentwicklung der »Dimona« führte zur »Super-Dimona«.

Unauffällig gut: Scheibe SF 36

Auch von dem mit seinen Motorseglern in Gemischtbauweise bis heute erfolgreichen Hersteller in Dachau stammt ein Kunststoff-Motorsegler, Scheibe SF 36, der mit Zweibeinfahrwerk oder mit dem sonst bei Motorseglern üblichen Zentralfahrwerk mit Stützrädern unter den Flügeln geliefert werden kann. Er weist die bisher besten Gleit- und Segelflugleistungen der GFK-Motorseglergeneration auf.
Alle diese Muster haben jedoch den Nachteil einer relativ hohen Gleitfluggeschwindigkeit (bis zu 115 km/h), die sich beim »Kurbeln« in engen Aufwindbereichen ungünstig auswirkt. In der Praxis werden sie überwiegend als Leichtflugzeuge genutzt.
Einige Hersteller haben nach den positiven Erfahrungen mit den GFK-Motorseglern, die auch weiterhin gebaut werden, »echte« Kunststoff-Leichtflugzeuge entwickelt und versucht, die Vorteile beider Gattungen miteinander zu verbinden. So entstanden Flugzeuge um 10 m Spannweite, deren aerodynamische Qualitäten – schon an ihrer Eleganz

Den Scheibe-Kunststoff-Motorsegler gibt es sowohl mit Zweibeinfahrwerk als auch mit Zentralrad und Stützrädern.

Der Flugzeugkonstrukteur *Egon Scheibe* vor seiner SF 36.

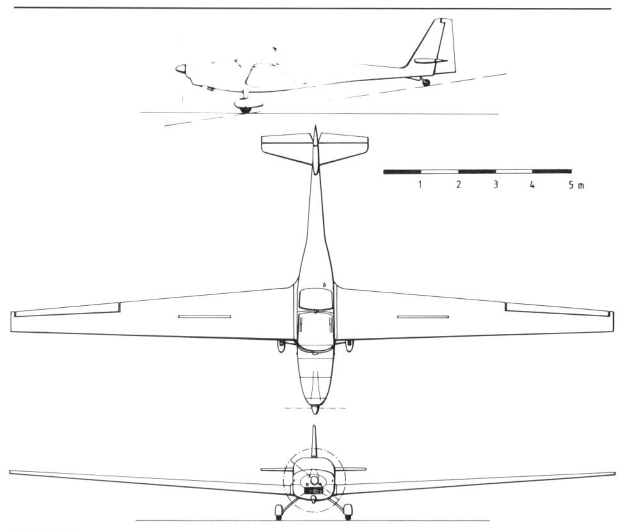

Dreiseitenansicht des Motorseglers Scheibe SF 36 in Kunststoffbauweise.

erkennbar – sich auch in ihren Flugleistungen und in ihrer Wirtschaftlichkeit erweisen. Auch in Dauerhaftigkeit und Wetterfestigkeit bieten sie vor allem gegenüber den Flugzeugen in Holz- oder Gemischtbauweise deutliche Vorteile. Das Hauptproblem ihrer Hersteller ist aber, daß sie mit ihren herausragenden Produkten in die weltweite Rezession der neunziger Jahre hineingeraten sind und daß sie im eigenen Land nicht nur so gut wie keine Förderung erfahren, sondern noch immer mit restriktiven Verhaltensweisen von Politikern und nachgeordneten Institutionen zu kämpfen haben.

Alleskönner: Segelflugzeug und »Reisemotorsegler«: Stemme S 10

Dieses Baumuster gehört strenggenommen in die Entwicklungslinie der »eigenstartfähigen Segelflugzeuge«. Als solches wird es in Band 19 dieser Buchreihe (»Die Evolution der Segelflugzeuge«) ausführlich geschildert. Im Zusammenhang der »Sport- und Reiseflugzeuge« ist es ein Sonderfall: Die Stemme S 10 hat zwar nicht unmittelbar zu deren Weiterentwicklung beigetragen, gilt jedoch wegen ihres neuartigen Antriebskonzeptes auch als »Reisemotorsegler«, der außerdem für viele weitere spezielle Aufgaben verwendet werden kann. So wird sie bereits (mit zwei zusätzlichen, unter der Tragfläche angeordneten Außenbehältern für Meßgeräte und Kameras) für Forschungsaufgaben in den Bereichen Umweltschutz, Erderkundung und Physik der Atmosphäre erfolgreich eingesetzt. Ihre Vielseitigkeit beruht jedoch nicht auf Kompromissen, sondern auf der Synthese der jeweils besten Möglichkeiten, die Segelflug und Motorflug zu bieten haben.

Von ihrer Auslegung her ist die Stemme S 10 ein zweisitziges Hochleistungssegelflugzeug, das mit seiner Gleitzahl 50 und seinem geringsten Sinken (nur 0,55 m/s) zur Spitzengruppe seiner Kategorie gehört. Kein Propeller (auch nicht in Segelstellung), keine verdickte Motorhaube mit Kühlungsöff-

Der Reisemotorsegler Stemme S 10 hat ein sehr spezielles Antriebskonzept, d. h., der Motor befindet sich hinter dem Cockpit, die Antriebswelle wird zwischen den Sitzen nach vorn durchgeführt, und der einziehbare Faltpropeller dreht sich in einem Spalt hinter der Bugspitze. Die hier abgebildete S 10 fliegt im Auftrag der Umweltschutz-Organisation »Greenpeace« zur Messung von Luftverschmutzungen.

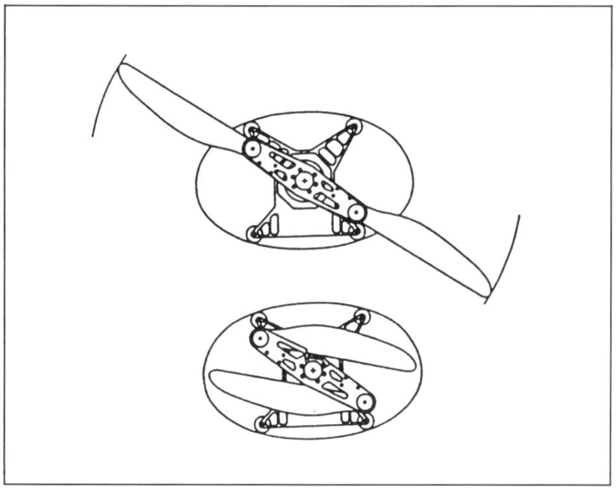

Schema des Faltpropellers der Stemme S 10.

Wird die Rumpfspitze (Dom) einige Zentimeter nach vorne geschoben, entsteht ein Spalt, durch den sich der sonst völlig abgedeckte Propeller beim Anlassen des Motors entfalten kann.

Antriebssystem der Stemme S 10:

1 Gelenkpropeller
2 Getriebe
3 Gelenkscheibe
4 Antriebswelle
5 »Schiebestück«
6 Hochelastische Kupplung
7 Bivalente Fliehkraftkupplung
8 Triebwerk

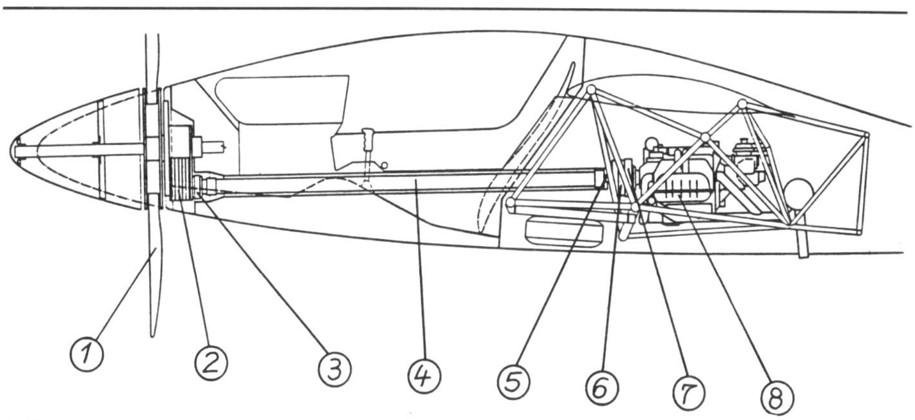

nungen beeinträchtigen die Flugleistungen und die Sicht; kein Klapptriebwerk, das zudem Zeit zum Ausfahren benötigt, verändert die Schwerpunktlage und erfordert zusätzliche Aufmerksamkeit. Das Antriebskonzept der Stemme S 10 ist zwar aufwendiger als die üblichen Systeme, vermeidet aber alle diese Nachteile: Das Triebwerk befindet sich hinter dem Cockpit (mit nebeneinanderliegenden Sitzen) nahe dem Schwerpunkt im Rumpf. Über eine Antriebswelle (aus Faserverbundwerkstoff, 60 mm Durchmesser) mit Untersetzungsgetriebe ist es mit dem Faltpropeller im Bug

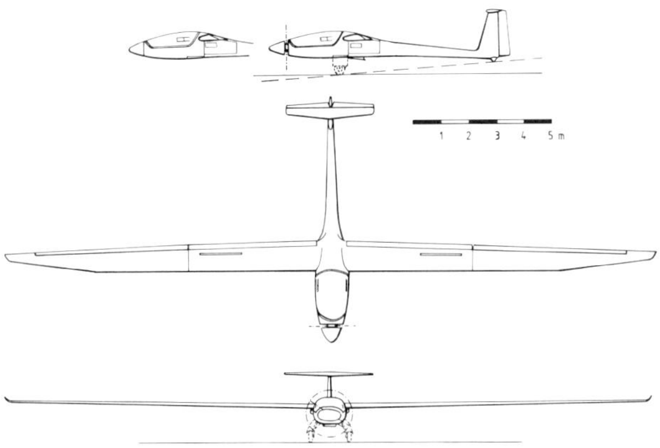

Dreiseitenansicht des Motorseglers Stemme S 10.

verbunden. Eingefaltet, also beim Segelflug, ist er von der Rumpfnase völlig überdeckt. Zum Motorflug wird der »Dom« um die Propellerbreite nach vorn verschoben, wobei sich zugleich die Kühlluft-Ein- und -Ausläufe öffnen. Eine kurze Betätigung des Anlassers genügt, um die Propellerblätter durch die Fliehkraft auszuschwenken – das Triebwerk springt an, und aus dem Segelflugzeug ist ein »Reisemotorsegler« geworden. Für diese Verwendungsart ist das Flugzeug zusätzlich gerüstet: Ein niedriges Zweibeinfahrwerk, das elektrisch aus- und eingefahren werden kann und völlig im Rumpf verschwindet, ermöglicht unabhängiges Rollen auf jeder Art Flugplatz. Ein seit kurzem angebotener Verstellpropeller – ebenfalls faltbar – optimiert den Schub in der Startphase und im Reisebereich. Dadurch erreicht die Stemme S 10 in Verbindung mit ihrer hohen aerodynamischen Qualität eine Reisegeschwindigkeit von 225 km/h.
Für die tragenden Teile dieses Kunststoff-Motorseglers werden überwiegend hochfeste Fasern (CFK-KEVLAR-Bauweise) verwendet. Der Flügel ist dreiteilig aufgebaut und besteht aus dem Mittelstück (9,90 m) mit Wölbklappen und den Außenflügeln (je 6,55 m) mit durchgehenden Querrudern. Für den Flügel wurde das Laminarprofil HQ 41/14,35 gewählt; es soll für Segelflug und Motorflug gleichermaßen gut geeignet sein.
Die Stemme S 10 wird in einem neu errichteten mittelständischen Betrieb, der inzwischen vom Berliner Norden an den Flugplatz Strausberg 40 km weiter östlich verlegt worden ist, von hochspezialisierten Mitarbeitern gefertigt und weiterentwickelt. Obgleich eine größere Zahl von Bestellungen vorliegt, werden nur bis zu zwei Exemplare monatlich hergestellt, die überwiegend (von der Jahresproduktion mehr als 75 Prozent) in den Export gehen. Von den bis Ende 1994 gefertigten 62 »S 10« fliegen allein zehn auf dem amerikanischen Kontinent. Weitere sind bestellt, darunter zwei für die Kadetten-Schulung bei der US Air Force. Bedenkt man die lange Entwicklungszeit – rund 5 Jahre bis zum Prototypen – und die hohen Investitionen für die modernen Fertigungseinrichtungen, so dürfte der Basispreis von DM 249 000,– (plus rund DM 30 000,– für Instrumente und Sonderausstattung ab April 1995) gerechtfertigt sein. Für die meisten Luftsportvereine, vor allem wenn sie nur Segelflug (auch mit Motorseglern) betreiben, erscheint er zunächst kaum erschwinglich. Wenn man ihn jedoch mit den Preisen anderer moderner Reiseflugzeuge oder zweisitziger Klapptriebwerks-Leistungssegelflugzeuge vergleicht, so ergibt sich angesichts der Vielseitigkeit und Leistungsfähigkeit der Stemme S 10, die eine hohe Auslastung im Verein ermöglicht, ein anderes Bild: Mit ihrer Segelflugleistung einerseits und ihrer hohen Reisegeschwindigkeit, ihrem niedrigen Lärmpegel von nur 57,3 dB (A), ihrem geringen Treibstoffverbrauch (8 l/h bei 150 km/h) und ihrer ungewöhnlichen Reichweite (über 2000 km) andererseits steht sie neben den leichten Kunststoff-Motorflugzeugen, die im folgenden Kapitel beschrieben werden, an sehr günstiger Position. In den USA wurde die »Stemme S 10« mit dem Technologiepreis »Design & Engineering Award 1995« ausgezeichnet.

Neue Kunststoff-Motorflugzeuge

Die Grob-Familie

Grob G 110 – G 111 – G 112

Es sieht aus wie der Motorsegler G 109 – nur mit geringerer Spannweite: das Kabinen-Sportflugzeug Grob G 110. Der Tiefdecker in GFK-Bauweise, schneeweiß, mit festem Bugradfahrwerk, unternahm im Februar 1982 seinen erfolgreichen Erstflug. Mit seiner Spannweite von 10,60 m erscheint er im Vergleich zum Motorsegler klein. Mit seinem Lycoming 0 - 235 - M1 (87 kW/118 PS) erreicht er zweisitzig (Startmasse 900 kg) eine Reisegeschwindigkeit von 240 km/h. Doch trotz auch anderer guter Leistungen konnte sich die Firma Grob in Mindelheim nicht zum Serienbau entschließen.
Die G 111 war mit 17,40 m Spannweite eine verbesserte und auf Langstreckenflug hin ausgelegte G 109. Für dieses Flugzeug hatte Grob einen eigenen Motor entwickelt (G 2500,

Die Grob G 111 hatte einen von Grob extra für dieses Muster entwickelten Flugmotor G 2500 von 95 PS. Die G 111 ist eine speziell für den Langstreckenflug modifizierte G 109.

70 kW/95 PS) sowie das Flugzeug mit Zusatztanks und einem 2-Achsen-Autopiloten ausgerüstet. Bei einer Flugdauer von 25 Stunden ohne Nachtanken konnte es eine Strecke von über 3000 km zurücklegen. Wegen der höheren Zuladung (350 kg) lag die Abflugmasse bei 1000 kg. Bei gleicher Bauweise wie die G 111 hatte die G 112 wieder eine geringere Spannweite: 11 m und eine Abflugmasse von nur 750 kg. Ihre Reisegeschwindigkeit betrug 220 km/h, ihre Reichweite um 1500 km. Ihre Landegeschwindigkeit war mit 90 km/h die gleiche wie die der G 111.
Aus den Erfahrungen mit den vorangegangenen Mustern sowohl in bautechnischer als auch in fliegerischer Hinsicht entstand im weiteren Verlauf der achtziger Jahre die G 115, von der inzwischen mehrere verbesserte Versionen vorliegen. Was damals noch niemand zu hoffen wagte: Sie wurde eines der erfolgreichsten Sportflugzeugmuster der neuen GFK-Generation.

Die G 112 unterschied sich von der G 111 hauptsächlich durch die geringere Spannweite.

Grob G 115

Nach den Vorläufermustern aus dem Anfang der achtziger Jahre sollte noch einige Zeit vergehen, bis mit der G 115 ein nach den Maßstäben der achtziger Jahre ausgereiftes und in Hunderten von Testflügen erprobtes Muster in Serie gehen konnte. Nach seinem Erstflug im November 1985 erhielt das Flugzeug im März 1987 vom LBA seine Musterzulassung. Zu dieser Zeit waren in Deutschland bereits seit 30 Jahren Kunststoff-Segelflugzeuge und Motorsegler gebaut worden. Allein bei Grob hatten im Laufe von 15 Jahren – die Firma stellte erst seit Anfang der siebziger Jahre Segelflugzeuge her – mehr als 3000 Exemplare das Werk am Flugplatz Mattsies bei Mindelheim verlassen. Die dabei gewonnenen Produktionserfahrungen wurden die Grundlage für den Serienbau, der in einer eigens dafür neu errichteten Halle im Taktverfahren anlief. Damit war Grob der erste deutsche Hersteller, der die beim Segelflugzeugbau mit der Faserverbundbauweise entwickelten rationellen Fertigungsmethoden auf den Serienbau von Motorflugzeugen übertragen hat.

Die G 115 wurde bereits kurz nach ihrem Erscheinen als erstes in Großserie produziertes Vollkunststoff-Flugzeug auch international akzeptiert: Gegen Ende 1988 folgte die Zulassung durch die US-Luftfahrtbehörde (FAA = Federal Aviation Administration) nach der amerikanischen Bauvorschrift FAR PART 23.

»Warum ist Kunststoff besser als Aluminium?«
Unter dieser Frage faßte die Firma Grob nach dem erfolgreichen Start der G 115 noch einmal die nach ihrer Meinung offenkundigen Vorteile der Kunststoffbauweise auch für Motorflugzeuge zusammen:

»☐ Sicherheit als oberstes Gebot. Erst die Faserverbundbauweise hat es möglich gemacht, in konsequenten Schritten eine regelrechte Sicherheitszelle zu schaffen.

☐ Die Reduzierung des Widerstandes durch optimale Oberflächengüte ermöglicht Leistungsverbesserungen. Die Nieten im Blech gehören nun endgültig der Vergangenheit an.

☐ Die freie konstruktive Gestaltung erlaubt optimale Formgebung bei höchster Eleganz.

☐ Die korrosionsfreie Kunststoff-Oberfläche erlaubt eine lange Lebensdauer.

☐ Die Wartung und Reparatur – ein entscheidender Faktor im täglichen Flugbetrieb – liegen erheblich niedriger als bei herkömmlichen Flugzeugen.

☐ Wirtschaftlichkeit: durch innovative und rationelle Fertigungstechnologie verbunden mit neuen Konzepten in bezug auf Zellenbau und Aerodynamik wollen wir das Fliegen preislich wieder erschwinglich machen.
Günstiger Anschaffungspreis, Unterhalt, ökonomisch im Verbrauch, zirka 30% niedrigere Wartungskosten.«

Da diese Zusammenfassung sich als weitgehend allgemeingültig für alle neueren Kunststoff-Motorflugzeuge erwiesen hat, sollte man sie nicht als Werbetext einer Firma für ihr neues Baumuster abtun.

Die zweisitzige Grob G 115 ist das Erfolgsmuster der Firma Grob. Sie wird nach den gleichen Fertigungsverfahren wie für die GFK-Segelflugzeuge hergestellt.

Die G 115 besteht im wesentlichen aus glasfaserverstärktem Kunststoff. Der Rumpf wird aus zwei vorgefertigten Halbschalen mit Spanten und Stegen zusammengeklebt und ist selbsttragend. Über das Cockpit wölbt sich eine große einteilige Schiebehaube. Der Trapezflügel besitzt einen Doppel-T-Holm, der die Waben-Sandwichs der Flügelschalen abstützt. Auch die Wölbklappen und Querruder an der Flügelhinterkante wie auch die Flossen und Ruder des Leitwerks sind aus Waben-Sandwichs aufgebaut. Das nicht einziehbare Dreibeinfahrwerk hat Einzelradbremsen; das Bugrad ist mit maximalen Ausschlägen bis zu 47° nach jeder Seite lenkbar und wird mit den Seitenruderpedalen über einen Federdämpfer gesteuert.

Neben dem mit einem Lycoming-Triebwerk von 85 kW/115 PS etwas schwach motorisierten Grundmodell, das ab 1989 als G 115 A geringfügig verbessert auch mit Constant Speed-Verstell-Propeller angeboten wurde, gab es seit 1988 eine B-Ausführung mit stärkerem Triebwerk (111 kW/150 PS, später auch 119 kW/160 PS, siehe Tabelle im Anhang). Die G 115 B eignet sich auch zum Schleppen von Segelflugzeugen.

Zwar entsprach der Verkaufserfolg nicht ganz den großen Anfangserwartungen, aber immerhin konnten im Laufe von drei Jahren 81 Exemplare des Grundmusters, 19 G 115 A und drei G 115 B abgesetzt werden. Die G 115 erwarb sich einen Ruf als gutes, wirtschaftliches, sicheres und für die Schulung geeignetes Flugzeug.

Von der Grob G 115 wurden sieben verschiedene Versionen mit Motoren zwischen 115 PS und 260 PS bei der Kunstflugausführung gebaut. Im Bild die G 115 C mit 160-PS-Lycoming 0-320, die etwa 180 000,– DM kostet.

Die Grob G 116 ist ein Viersitzer, der im Grundaufbau der G 115 (mit etwas kleineren Abmessungen) entspricht.

Grob G 116

Auch an den Kunststoff-Viersitzer, den Grob aus der G 115 entwickelte, knüpften sich große Verkaufshoffnungen, zumal ein nur für die AERO 87 in Friedrichshafen gebautes Ausstellungsstück viel Interesse und Beifall gefunden hatte. Dieses »Mock-up« wurde vom äußeren Bild des Originals, das am 29. April 1988 seinen Erstflug übernahm, sogar noch übertroffen. Auch mit seinem Flugverhalten und seinen Leistungen war der Testpilot *Helmut Laurson* durchaus zufrieden. Werks-Testpilot *Ulrich Schell,* der die weitere Erprobung bis zur Zulassung übernahm, konnte sich diesem positiven Eindruck nur anschließen:

»Die G 116 läßt sich ›kinderleicht‹ fliegen, hat gute und harmonische Ruderabstimmung und die unverkennbare Flugcharakteristik der G 115 . . .«

Abgesehen von der fliegerischen und der äußeren Ähnlichkeit entspricht die G 116 ihrer kleineren Schwester auch in dem einfachen Grundaufbau. Die Spannweite ist mit 11 m nur einen Meter größer, der Rumpf mit 8 m nur um einen guten halben Meter länger als bei der G 115. Der Lycoming-Motor (147 kW/200 PS) bietet für den normalen Reiseflug auch bei voller Zuladung ausreichende Leistungsreserven.

Trotzdem fand die G 116, obgleich rundum gut beurteilt, zunächst noch nicht den für den Großserienbau erforderlichen Käuferkreis. Die Wirbel um den gleichzeitig von Grob entwickelten Höhenaufklärer LAPAS drängten offenbar Aktivitäten auf dem zivilen Sektor zeitweise in den Hintergrund. Ob die G 116 Mitte der neunziger Jahre in weiterentwickelter Form wieder angeboten wird, ist noch offen.

Grob G 115 T, G 115 C und D

Ein Umweg erwies sich als zukunftsträchtig: Die US-Airforce hatte Ende der achtziger Jahre für einen leichten Zweisitzer, von dem sie 100 Exemplare zur Piloten-Vorauswahl anschaffen wollte, bestimmte Forderungen aufgestellt. Um sie zu erfüllen und sich an der lukrativen Ausschreibung zu beteiligen, baute die Firma Grob die G 115 T mit verbessertem Flügel, einziehbarem Fahrwerk, geräumigerem Cockpit und stärkerem Motor (194 kW/260 PS) mit Vierblatt-Verstellpropeller. Der Erstflug des Prototypen, bei dem es bisher geblieben ist, fand im Juni 1992 statt und verlief durchaus erfolgreich. Für eine Beteiligung an der USAF-Ausschreibung war die neue Version zwar zu spät fertig geworden, dafür aber konnten bei der eingehenden Flugerprobung wie auch schon bei der Fertigung wichtige Erkenntnisse und Erfahrungen für weitere Versionen der G 115 gewonnen werden. Die Serienproduktion der bisherigen Muster war bereits 1990 eingestellt worden. Nach Überwindung der LAPAS-Affäre wurde bereits 1993 das G 115-Konzept wie-

Die Grob 115 D verwendet den Lycoming-Einspritzmotor AEIO-360 mit 180 PS.

Die kunstflugtaugliche Trainer-Version hat die Bezeichnung G 115 T. Sie ist mit einem 260-PS-Lycoming-Einspritzmotor und Vierblattpropeller ausgerüstet.

der aufgegriffen und in wesentlichen Punkten verbessert und verfeinert.

Die Grob G 115 C und D unterscheiden sich von den Anfangsmustern durch stärkere Triebwerke, die Veränderungen der Motorabdeckung und der Vollsichthaube erforderlich machten. Mit dem Eppler E 696 hat der Flügel ein Profil, das auch bei Regen und Insektenbefall keine spürbaren Leistungseinbußen aufweist. Nach den bisherigen Erfahrungen hatten sich Laminarprofile, die nur in Verbindung mit der extrem glatten Oberfläche von Kunststoff-Flugzeugen ihre rechnerischen Werte erreichen, als recht empfindlich gegen jegliche Verunreinigung erwiesen. Darauf beruhte ein gewisses Vorurteil mancher Piloten gegen die Verwendung von Kunststoff bei Motorflugzeugen. Bei der G 115 C und D wurde der Ausschlag der Wölbklappen von 40 auf 60 Grad erhöht. Profil-Änderungen gab es am Leitwerk zur Verbesserung der Kursstabilität. Die Finne am Heck unter dem Leitwerk (vor allem zur Verbesserung des Trudelverhaltens) wurde beibehalten, aber am Fahrwerk, vor allem an der Bugradsteuerung, noch einiges geändert.

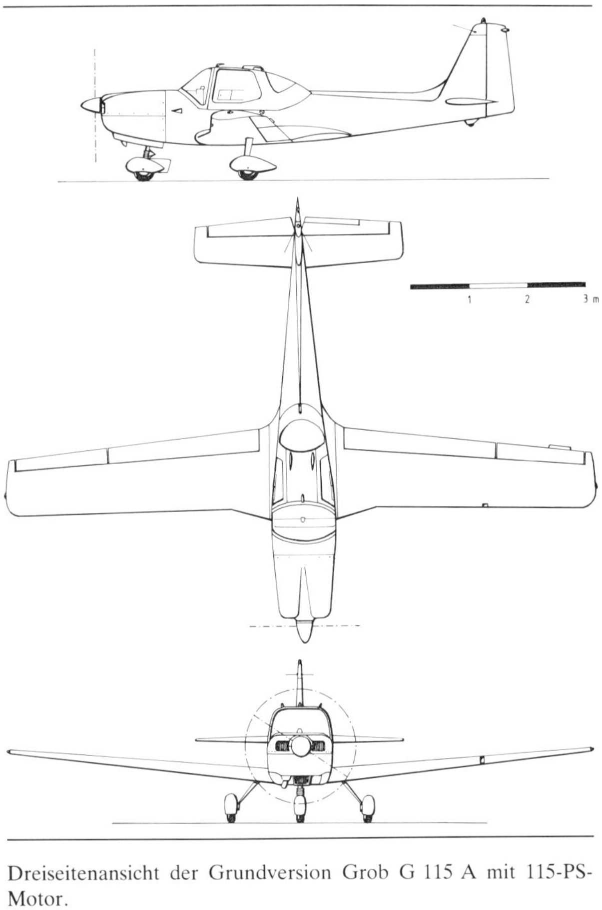

Dreiseitenansicht der Grundversion Grob G 115 A mit 115-PS-Motor.

Um die Serienfertigung noch weiter zu rationalisieren, wurde die Gesamtkonstruktion der G 115 unter diesem Gesichtspunkt überarbeitet. Anstelle der bisher geschweißten Beschläge und Halterungen werden die hochbeanspruchten Bauteile jetzt gefräst – wie bisher nur im Groß- und Militärflugzeugbau. Dadurch sind sie nicht nur leichter geworden, sondern sie benötigen auch weniger Wartungsaufwand. Rudergestänge und Gabelköpfe wurden – zugleich für alle Grob-Baumuster – standardisiert. Nur noch drei Bauteile werden verwendet: das Gestängerohr mit standardisiertem Durchmesser, der aus Edelstahl gebogene Gabelkopf und der Endstopfen.

Auf den ersten Blick fallen die meisten dieser Änderungen kaum ins Auge. Wer die »alte« G 115 kennt, wird aber sofort bemerken, daß das Cockpit wesentlich umgestaltet wurde. Es ist geräumiger geworden und reicht jetzt sogar für Zweimeter-Männer aus. Auch die Instrumentenanordnung wurde übersichtlicher und die Position der Schalter und Hebel ergonomisch verbessert. Der Käufer kann zwischen Steuerknüppel und Steuerhorn wählen.

Die angebotenen Motoren ermöglichen, obgleich es beim starren Zweiblattpropeller für die Normalausführung geblieben ist, durchweg bessere Steig- und Reiseleistungen als bei der ursprünglichen Ausführung. Eine zusätzliche Geräuschdämpfung wird durch zwei getrennte Schalldämpfer bewirkt: Mit 64 dB (A) liegt die Geräuschemission jetzt unter dem von der Zulassungsbehörde geforderten Wert.

Statt des früheren 100-Liter-Rumpftanks besitzen die neueren G 115 zwei Flächentanks mit je 75 Liter Fassungsvermögen. Dadurch konnte im Rumpf hinter den Sitzen eine Ablage für 40 kg Gepäck vorgesehen werden.

Beide neuen Versionen der G 115 sind kunstflugtauglich und damit auch zur Schulung von Fortgeschrittenen geeignet. Die stärkere G 115 D mit Constant Speed-Dreiblattpropeller wird mit reduzierter Startmasse (920 kg) auch für die Akrobatik-Klasse angeboten und eignet sich deshalb zum Kunstflug-Training und zur Ausbildung künftiger Berufspiloten.

Als großer Erfolg für Grob ist zu werten, daß der International Aero Club von Palm Beach, Florida, die G 115 C

Die zweisitzige Hoffmann H 40 war ursprünglich als »Einfachflugzeug« entsprechend den Vorstellungen des Deutschen Aero Clubs ausgelegt.

bereits kurz nach ihrer LBA-Zulassung im August 1993 als erstes offizielles Schulflugzeug wählte. Es steht zu erwarten, daß sich auch weitere Luftsportclubs in den USA dieser Wahl anschließen werden.

Wolf Hoffmann: Von der »Dimona« zur H 40

Wie die G 115 aus dem Motorsegler G 109, so ist die H 40 aus der »Dimona« hervorgegangen, und zwar – oberflächlich betrachtet – nach dem gleichen Konzept: Verringerung der Spannweite von mehr als 16 m auf etwas über 10 m. Die »Dimona«, im wesentlichen konstruiert von *Wolf Hoffmann,* gehört mit über 300 verkauften Exemplaren zu den erfolgreichsten Kunststoff-Motorseglern. Keine technischen, sondern Finanzierungsprobleme führten dazu, daß er seinen kleinen Entwicklungs- und Fertigungsbetrieb aufgeben mußte. In der österreichischen Auffanggesellschaft HOAC ist von ihm nicht viel mehr als sein Name (Hoffmann Aircraft) verblieben. Er selbst arbeitete in Deutschland weiter, wo er unter Nutzung der Rumpfkonstruktion und des Flügelprofils der »Dimona« ein den heutigen Anforderungen entsprechendes Leichtflugzeug – natürlich ebenfalls in Kunststoffbauweise – schaffen wollte. Er wußte nur zu gut, daß die meisten Holz- und Metall-Konstruktionen der fünfziger und sechziger Jahre, auch die der ausländischen Hersteller, nicht mehr dem Standard der achtziger Jahre entsprachen. Sie waren zu laut, benötigten vergleichsweise zuviel Treibstoff, erforderten hohe Wartungs- und Reparaturkosten. Im Vereinsbetrieb war man zwar an sie gewöhnt, aber bei einem günstigen Angebot hätte man sie gerne durch Flugzeugmuster ersetzt, die sparsamer, umweltfreundlicher (vor allem leiser), leistungsfähiger und möglichst auch noch eleganter sein sollten. Doch die Preise für »normale« Leichtflugzeuge, die dem gewünschten Standard entsprachen, waren inzwischen davongaloppiert. Sie lagen – optimale Instrumentierung und Ausrüstung vorausgesetzt – in Bereichen, die für einen Luftsportverein oder einen mittelständischen Privatpiloten kaum noch erschwinglich waren. Die Möglichkeiten, die sie boten, ließen sich in diesem Interessentenkreis zudem nur in Ausnahmefällen ausschöpfen. Man brauchte ein Flugzeug, das zwischen dem Motorsegler und dem »normalen« Leichtflugzeug lag, das im Alltagsbetrieb ebenso vielseitig, aber nicht zu teuer und trotzdem von der Basisauslegung her ebenso sicher und dauerhaft war.

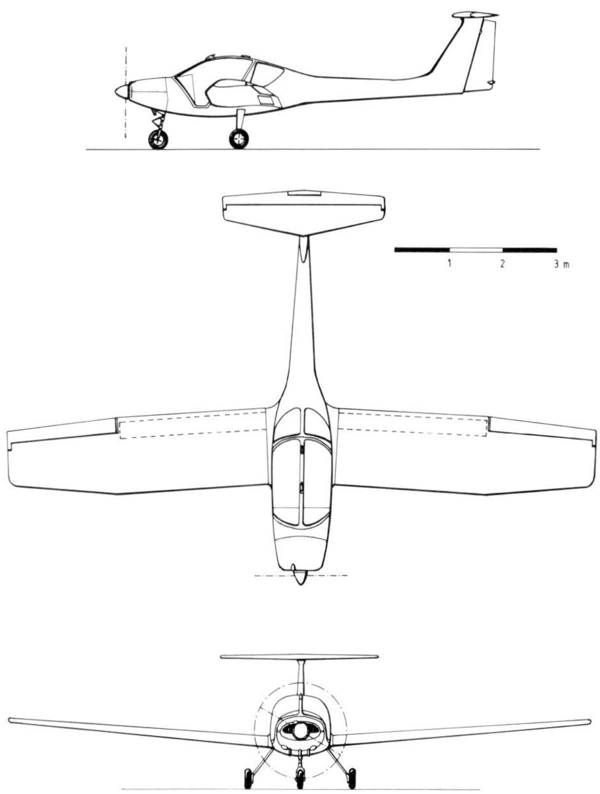

Die Dreiseitenansicht der H 40 zeigt die Ähnlichkeit mit der »Dimona«.

Eine neue Kategorie: Einfachflugzeug – Basisflugzeug

Genau so etwas schwebte *Wolf Hoffmann* vor. Auftrieb für seine Vorstellungen bekam er dadurch, daß gleiche Überlegungen zur selben Zeit – Anfang der achtziger Jahre – bei den französischen Nachbarn aufgekommen waren. 1984 hatten sie den Luftfahrtbehörden anderer europäischer Länder empfohlen, Vorschläge für gemeinsame Bauvorschriften für ein solches vereinfachtes Leichtflugzeug zu machen und Konstrukteure zu Experimentalmustern in dieser Richtung zu ermutigen. In Frankreich wurde bei Robin das »ATL« (Avion Très Léger) in Angriff genommen.
Der französischen Aufforderung, die beim Luftfahrt-Bundesamt auf großes Interesse stieß, schloß sich auch der Deutsche Aero Club an. Sein damaliger Präsident *Dr. Herbert Culmann* forderte bei der Eröffnung der Aero 85 in Friedrichshafen ebenfalls dazu auf, ein einfaches und leichtes Flugzeug zu entwickeln, da die Kosten des Motorflugsports auf der bisherigen Basis mit den überwiegend aus den USA stammenden Mustern nach allen Berechnungen in den nächsten fünf Jahren um 70 Prozent ansteigen würden und dann vor allem der Nachwuchs vom Motor-Luftsport ausgeschlossen wäre. Das Luftfahrt-Bundesamt, vertreten durch *Klaus Koplin*, erklärte damals die Bereitschaft, nach der Einigung auf europäische Bauvorschriften entsprechende Neukonstruktionen schnell zuzulassen.
Bereits im September 1985 fand auf Anregung des LBA und auf Einladung des DAeC in Seeheim an der Bergstraße eine Tagung statt, an der neben den Behörden- und Verbandsvertretern auch die interessierten Hersteller und Konstrukteure teilnahmen. Ausgehend von dem Stand der Verhandlungen auf europäischer Ebene, den *Klaus Koplin* darlegte, trug *Friedrich Tanneberger* die inzwischen erarbeiteten Vorstellungen des DAeC vor. Bei der Diskussion um das neu zu definierende Fluggerät, das sowohl als »Einfachflugzeug«, als »Basisflugzeug« oder als »VLA« (Very Light Aeroplane) bezeichnet wurde, einigte man sich schließlich auf den folgenden deutschen Vorschlag für die Beschreibung der Anforderungen an die neue Kategorie:

»☐ Einmotoriges Flugzeug mit nicht mehr als zwei Sitzen
☐ Höchstes Abfluggewicht bis 850 kg
☐ Überziehgeschwindigkeit in Landestellung unter 85 km/h
☐ Verwendung nur unter VFR-Bedingungen bei Tage
☐ Normalflugzeug, welches alle Bewegungen für eine normale Flugdurchführung erlaubt und Steilkurven bis 60° Querneigung, lazy eights und chandelles einschließt.
☐ Es dürfen nur zugelassene Triebwerke und Propeller verwendet werden, wobei sowohl die Musterprüfung nach FAR 33 als auch nach den europäischen Motorseglervorschriften anerkannt wird.«

Dabei gingen die insgesamt 18 Teilnehmer von dem Grundsatz aus,

»daß mit den Abstrichen an technisch aufwendigen Einzelheiten keine Senkung des allgemeinen Sicherheitsniveaus verbunden sein darf. Wünschenswerte Vereinfachungen müssen also mit betrieblichen Einschränkungen kompensiert werden oder durch korrespondierende Nachweise ausgeglichen werden.«
(Zitiert aus dem Bericht von *Friedrich Tanneberger* über die Tagung in Seeheim)

Das Bemühen des DAeC um vereinfachte Zulassungsbedingungen für Motorflugzeuge ist übrigens ein Beispiel dafür, daß und wie Verbände die technische Entwicklung im Luftfahrtbereich beeinflussen können (siehe auch das Kapitel »Einfluß von Organisationen des Luftsports und der Allgemeinen Luftfahrt auf die technische Entwicklung«).

Etwas zu früh: Die Tragik der Hoffmann H 40

Im Vertrauen darauf, daß eine neue Bauvorschrift für »Einfach-« bzw. »Basisflugzeuge« nun bald erlassen werde, richteten sich *Wolf Hoffmann* und sein Mitkonstruktuer *Dieter Oppel* bei ihrer Neukonstruktion nach den Kriterien des in der Seeheimer Tagung erarbeiteten deutschen Entwurfs, die sich aber auf europäischer Ebene nicht alle durchsetzen ließen. So beharrten die Engländer auf 750 kg Höchstgewicht und setzten sich damit nach jahrelangen Verhandlungen schließlich durch. Eine in Deutschland gültige Bauvorschrift ließ aber immer noch auf sich warten.
Trotzdem entwickelten *Wolf Hoffmann* und seine Mitarbeiter am Flugplatz Günzburg den Zweisitzer H 40 als »Einfachflugzeug« inzwischen so weit, daß »nur« noch die Hürden der Musterzulassung zu nehmen waren. Der Erstflug fand am 28. August 1988 statt. Auf der vorangegangenen ILA in Hannover hatte die H 40 als erstes Flugzeugmuster der erwarteten neuen Kategorie großes Interesse gefunden, paßte sie doch genau in die schon geschilderte Marktlücke und wirkte zudem noch mit ihren weichen, fließenden Formen außerordentlich elegant. Außer dem hinter dem geräumigen Cockpit stark eingeschnürten Rumpf mit T-Leitwerk (wie bei der »Dimona«) trägt auch der »Mövenflügel« dazu bei: Er ist leicht (3°) nach vorn gepfeilt, um die Besatzung und die Flächentanks (je 50 l Fassungsvermögen) vor dem durchgehenden Hauptholm im Schwerpunkt zu plazieren und so Gewichtsverteilungsprobleme zu vermeiden. Außerdem wird auf diese Weise die ohnehin schon gute Sicht durch die große, nach unten gezogene Cockpithaube in der Senkrechten noch verbessert.
Zu den aerodynamischen Feinheiten, die nicht ins Auge fallen, gehört das sehr leistungsfähige und dabei weitgehend regenunempfindliche Wortmann-Laminarprofil FX 63-137. Die moderne Glasfaser-/Kohlefaserbauweise ermöglicht nicht nur eine spiegelglatte Oberfläche, sondern stellt auch eine sehr lange Lebensdauer in Aussicht.
Der Prototyp war – entsprechend der zu erwartenden Bauvorschrift für »Einfachflugzeuge« – mit einem Limbach L 2400 DB (70 kW/95 PS) ausgerüstet. Dieser Motor, der auch für Motorsegler verwendet wird, kann mit dem gegen-

über dem Flugbenzin (AVGAS) billigeren MOGAS (Superkraftstoff) betrieben werden und benötigt pro Flugstunde nur etwa 14 l davon. Der für die H 40 bei Serienfertigung in Aussicht gestellte Preis (inklusive Mehrwertsteuer etwa DM 125 000,–) lag 1988 rund 15 Prozent unter dem vergleichbarer bzw. nach FAR 23 konstruierter Muster, die zudem trotz teilweise geringerer Leistungen höhere Betriebskosten erwarten ließen. Das alles trug dazu bei, daß der H 40 von den meisten Fachleuten, zumal wenn sie sich von den guten Flugeigenschaften und -leistungen auch noch selbst überzeugt hatten, eine glänzende Zukunft vorausgesagt wurde. Überdies hatte *Wolf Hoffmann* inzwischen in *Albert Blum,* einem flugbegeisterten Industriellen, einen kapitalkräftigen Finanzier für die Serienproduktion gefunden. Doch noch stand die Musterzulassung aus; es gab nicht einmal einen Fortschritt bei den Verhandlungen über die neue JAR-VLA (Very Light Aeroplane) auf europäischer Ebene, außer daß die Engländer sich mit ihrer 750-kg-Forderung ohne erkennbaren Widerstand des Bundesverkehrsministeriums durchgesetzt hatten. Dafür jedoch war die H 40 etwas zu schwer. Ihr »Übergewicht« hätte sich durch stärkere Verwendung von (teurer) Kohlefaser beseitigen lassen, doch damit wäre ihr Preisvorteil verlorengegangen. Außerdem hätte ein zusätzlicher Prototyp gebaut werden müssen.
Angesichts der unklaren Situation und einiger weiterer Auflagen der LBA entschloß sich die Firma ABS Aircraft Industrie, die *Albert Blum* mit *Wolf Hoffmann* gegründet hatte, bei der H 40 auf das Limbach-Motorsegler-Triebwerk zu verzichten und statt dessen den luftfahrtzugelassenen Lycoming 0-235-P 2 A (85 kW/116 PS) einzubauen, um bei einem Scheitern der JAR-VLA-Verhandlungen die Zulassung nach der üblichen FAR 23-Bauvorschrift für Normalflugzeuge betreiben zu können. Der Umbau erforderte noch einmal eine sehr hohe Investition. Die neue Antriebseinheit (mit Dreiblatt-Verstellpropeller von Mühlbauer) erwies sich als ebenso leise wie der Limbach-Motor mit Verstellpropeller; nur 60,5 dB (A) wurden beim Überflugtest gemessen – 6,8 dB (A) unter dem neuen, verschärften Grenzwert. Ein »Flüsterflugzeug« war die H 40 also geblieben, wie sich schon beim Erstflug mit dem neuen Triebwerk im Februar 1990 herausstellte. Inzwischen hatte man sich schon entschlossen, die Zulassung endgültig nach FAR 23 zu betreiben. Das machte neue, kostspielige Festigkeitsversuche und weitere Nachweise erforderlich – bis endlich am 25. November 1992 die Musterzulassung erteilt wurde.
Wider Erwarten entzog aber kurz darauf der bisherige Finanzier, offenbar entnervt von dem vorangegangenen Hickhack, der Fortführung des Projektes in Günzburg seine Unterstützung und ließ die Prototypen sowie die Bauformen in seine Hauptfirma RFB nach Mönchengladbach bringen. Seit Anfang 1995 befinden sie sich bei ABS Aircraft Industrie in der Schweiz. Ob damit ein neuer Anfang verbunden ist, bleibt zunächst offen. Die Aufgabe des Projektes wäre ein Verlust für den deutschen Luftsport, der ein Flugzeug wie die H 40 dringend benötigt, aber auch für die deutsche Luftfahrtindustrie. Denn inzwischen wurde nach mehr als achtjährigen Geburtswehen die JAR-VLA erlassen und damit der Weg frei gemacht für das überall erwartete »Einfachflugzeug«, das natürlich auch die Konkurrenz nicht schlafen läßt. Entsprechende Angebote gibt es aus Frankreich von der Aerospatiale-Tochter Socata und von HOAC aus Österreich mit der DV 20 »Katana«.

Das Einfachflugzeug: DV 20 »Katana«

Der Name deutet auf das japanische Krummschwert hin, aber eine Beziehung zu dem friedlichen Flugzeug läßt sich damit kaum herstellen. Möglicherweise ist der Flügelgrundriß damit gemeint. Faßt man den Namen lautmalerisch auf, soll er wohl etwas Schönes, Ungewöhnliches, Besitzenswertes suggerieren.
Und damit liegen die Namensgeber durchaus richtig. Wie die elegante H 40, so stammt auch die »Katana« von der »Dimona« ab, genauer von deren Weiterentwicklung, der »Super Dimona«. Die Verwandtschaft mit der »Mutter« ist sogar noch enger als bei der H 40, denn der Rumpf der »Katana« entstammt den Formen der »Super Dimona«. Bei deren Konstruktion wurde nämlich schon an ein daraus zu entwickelndes Einfachflugzeug gedacht. Deshalb hat man die Rumpfformen mit verschiebbaren bzw. demontierbaren Einsätzen versehen, je nachdem, welches Flugzeug entstehen sollte. Äußerlich sind die Rümpfe jedoch absolut gleich; bei der »Katana« konnte wegen der geringeren Spannweite

Das zweisitzige »Einfachflugzeug« DV 20 »Katana« stammt in direkter Linie von der »Super-Dimona« ab; seine Abmessungen sind etwas geringer.

lediglich das Leitwerk etwas kleiner gehalten werden. Für die H 40 hingegen wurde zwar ein sehr ähnlicher, aber doch eigener Rumpf konstruiert.
Wie das bei Schwestern so ist: Die eine hat mehr Glück als die andere. Die »Katana« als die jüngere entspricht nämlich exakt der Bauvorschrift, auf welche die H 40 so lange vergeblich warten mußte, und nach der Anfang 1993 erlassenen JAR-VLA darf sie mit einem Motor fliegen, der sie wirklich zu dem ersehnten »Einfachflugzeug« macht. Zwar wird sie mit einem Grundpreis von knapp DM 170 000,– (Anfang 1995) kaum billiger angeboten als ihre Konkurrenten. Vielmehr sind es ihr nach allgemeinem Urteil sehr guten Flugleistungen und -eigenschaften sowie ihre günstigen Betriebskosten, die sie offensichtlich zum derzeitigen Renner auf dem Markt in ihrer Klasse machen.
Das Projekt der DV 20 »Katana« wurde 1991 der Öffentlichkeit vorgestellt. Der Erstflug fand schon im Januar 1992 statt. Damit begann die Flugerprobung. Die Musterzulassung nach JAR-VLA folgte am 23. April 1993, die LBA-Zulassung Mitte 1993. Diese relativ kurze Zeitspanne ist auf die Erfahrungen zurückzuführen, die schon mit der »Super Dimona« gemacht werden konnten. Wegen der direkten Abstammung von diesem bewährten Motorsegler waren auch die Entwicklungkosten vergleichsweise gering. Neu sind vor allem das Dreibeinfahrwerk und der Flügel, der jedoch das gleiche Laminarprofil wie die »Super Dimona« aufweist. Für ein Motorflugzeug hat er mit 10,4 eine ungewöhnlich hohe Streckung, aber gerade darin sehen einige Fachleute das »Geheimnis«, weshalb die »Katana« mit ihren 62 kW/84 PS praktisch die Leistungen eines »normalen« vergleichbaren Flugzeugs mit 88 kW/120 PS aufweist, dabei natürlich weniger Treibstoff verbraucht und umweltfreundlicher fliegt.
Der Flügelaufbau wurde so einfach wie möglich gehalten: Der Holm besteht aus CFK und wird nach einem speziellen Hochtemperaturverfahren gefertigt. Die Flügelstruktur ist ein GFK-Sandwich, das in den üblichen Formen gebaut wird. An der Flügelhinterkante befinden sich im Mittelteil elektrisch betätigte Wölbklappen aus CFK, aus dem auch die nach außen anschließenden Querruder bestehen. Eine Besonderheit sind die Wingtips am Flügelende, die 60° Pfeilung und 30° V-Form aufweisen. Sie sollen den induzierten Widerstand verringern und dem Flugzeug eine bessere Gierstabilität sowie ein gutmütiges Überziehverhalten geben.
Die »Katana« hat wie die »Super Dimona« Knüppelsteuerung. Ihre geschwindigkeitsbedingt höheren Ruderkräfte werden mechanisch durch veränderte Hebelübersetzungen im Rudergestänge aufgefangen. Neu ist auch das – besonders für Schulungszwecke – bewußt robust konstruierte Dreibeinfahrwerk. Das Hauptfahrwerk mit den einzeln hydraulisch bremsbaren Rädern ist stahlblattgefedert; das Bugrad, das für sich nicht steuerbar ist, hat Gummifederung. Sicherheitshalber ist am Rumpfende unter dem Seitenruder noch ein kleiner Schleifsporn vorgesehen.
Das elegant verkleidete Rotax-Triebwerk ist wassergekühlt; dadurch wirkt das Innengeräusch im Cockpit stark gedämpft. Der Treibstoffverbrauch wird mit 14 l/h angegeben, wobei der Motor sich mit dem billigeren MOGAS (Super) zufriedengibt. Mit dem hydraulisch verstellbaren Constant-Speed-Propeller hat die »Katana« eine Höchstgeschwindigkeit von 230 km/h und bei 75 Prozent Leistung noch eine Reisegeschwindigkeit von etwas über 200 km/h. Der werksseitig vorgesehene 55-l-Tank gibt ihr eine Flugdauer von über drei Stunden und damit eine Reichweite von mehr als 600 km. Mit einem 80-l-Tank, der auf Wunsch eingebaut werden kann, steigt ihre Reichweite auf rund 900 km.
Wie fast alle neuen Konstruktionen ist auch die »Katana« ein »Flüsterflugzeug«: Im Überflug wurden 58,5 dB (A) gemessen; zulässig wären 70,3 dB (A).
Nach Erweiterung der Kapazitäten in Wiener Neustadt, wo zunächst nur zwei Flugzeuge monatlich hergestellt werden konnten, flogen in Deutschland Ende 1994 bereits rund 50 »Katanas«. Geplant ist ein Franchise-System mit europaweit verteilten Stützpunkten, wo »Katanas« jeweils tages-, wochen- oder monatsweise zu günstigen Bedingungen (unter DM 500,– täglich ohne Flugstundenbegrenzung) angemietet werden können. Gedacht ist hierfür an eine spezielle Scheckkarte, die außer der finanziellen Bonität auch die fliegerische Einweisung des Charterers auf der »Katana« bestätigt.
Noch interessanter ist für die »Katana«-Manager sicherlich der außereuropäische Markt, nachdem das Flugzeug am 1. März 1994 die Musterzulassung der amerikanischen Federal Aviation Administration (FAA) erhalten hat und zwei Wochen später die britische Zulassungsbehörde CAA ebenfalls ihren Segen gab. Vor allem mit der USA-Zulassung ist beispielsweise in Japan sowie in Australien, Neuseeland und Südafrika das nationale Zulassungsverfahren wesentlich einfacher.
Um vor allem den US-amerikanischen Markt zu erschließen, hat HOAC Mitte 1993 die »Dimona Aircraft Canada« in London/Ontario gegründet, wo sie außer der »Katana« auch die »Super Dimona« herstellt. Canada wurde als Standort gewählt, weil dort das Problem der Produkthaftung, das in den USA den Bau von Leichtflugzeugen fast zum Erliegen gebracht hat, nicht besteht. Für den amerikanischen Markt wurde die DV 20 »Katana« umkonstruiert, mit mehr als 40 Veränderungen allerdings so umfangreich, daß mit der DA 20 – so die neue Bezeichnung – praktisch ein neues Flugzeug erschien. Nur das äußere Erscheinungsbild ist nahezu unverändert geblieben. War der Flügel bei der DV 20 zusammengesetzt, so ist er bei der DA 20 einteilig. Des Komforts wegen erhielt das neue Flugzeug elektrische Trimmung und eine zusätzliche Heizung für den nordamerikanischen Winter sowie ein flaches und größeres Panel, auf dem mehr Instrumente untergebracht werden können. Um die Ausbildung auf der »Katana« effizienter zu machen, steht für das Flugzeug ein komplettes Trainingsprogramm mit Simulator, Text- und Video-Unterlagen zur Verfügung. Im Aufbau

Die »Katana« hatte ihren Erstflug im Januar 1992, die Musterzulassung wurde im April 1993 erteilt.

befindet sich ein Kundendienst, der dem gewohnten amerikanischen Standard nicht nachsteht. Beim Austausch von Motoren, bei Kontrollen und kleinen Reparaturen soll es keine unnötigen Wartezeiten geben, damit für die Flugschulen ein nach amerikanischen Maßstäben wirtschaftlicher Betrieb möglich ist. Normal sind etwa in Kalifornien und Texas 1800 Flugstunden im Jahr im Schulbetrieb. Darum ist der Verkaufserfolg eines neu eingeführten Musters weit deutlicher als in Europa von einem funktionierenden Kundendienst abhängig. Da an den Flugschulen meist noch über zwanzig Jahre alte Cessnas und Pipers vorherrschen, stehen die Chancen für ein neues Muster, dem von allen Seiten her die besondere Eignung als Schulflugzeug bestätigt wird, recht gut. Haben bis weit in die achtziger Jahre hinein die Amerikaner den europäischen und den Weltmarkt mit ihren Sport-, Schul- und Reiseflugzeugen beherrscht, so ist mit der »Katana« eine Gegenbewegung nicht unwahrscheinlich.

Die erste in Canada gebaute DA 20 »Katana« wurde Ende Juli 1994 ausgeliefert; fast 70 weitere folgten bis Ende 1994. HOAC hat in der Erkenntnis, daß die weltweit verbreiteten US-Sport- und Reiseflugzeuge inzwischen als technisch rückständig gelten sowie relativ hohe Wartungs- und Reparaturkosten verursachen, neben den USA auch den Weltmarkt im Visier. Trotz der hohen Investitionen scheint die Rechnung aufzugehen: Allein aus den USA lagen bereits Mitte 1994 rund 300 Optionen vor – in erster Linie von Flugschulen. Rund 1600 davon gibt es in den USA, und der Erneuerungsbedarf ist groß, so daß der Markt noch lange nicht als gesättigt gelten kann. Die Produktion ist auf 360 »Katanas« jährlich ausgelegt. Sicherlich hat es sich auch günstig ausgewirkt, daß die TBO (Time Between Overhaul = Betriebszeit zwischen Überholungen) des verwendeten Triebwerks 912 A von Rotax von 600 auf 1200 Stunden heraufgesetzt werden konnte und möglicherweise noch weiter gesteigert werden kann.

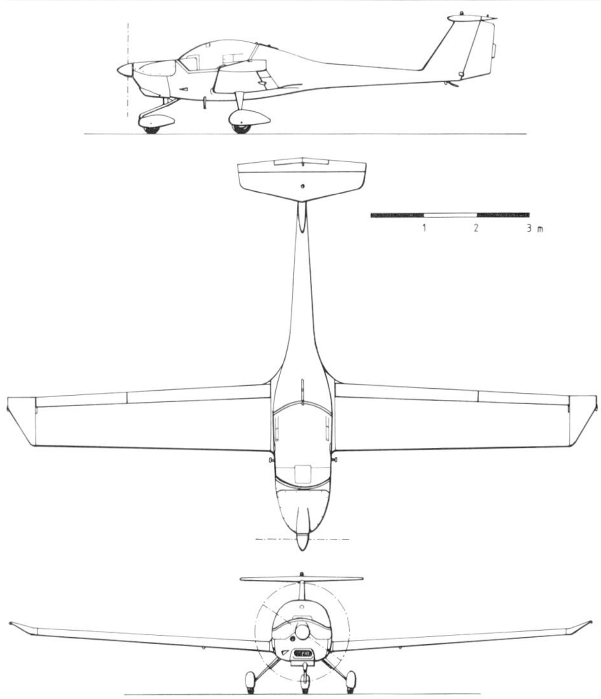

Die Dreiseitenansicht der »Katana« zeigt die Ähnlichkeit mit der »Super-Dimona«.

Erfolg macht mutig: HOAC erprobt inzwischen einen Ganzmetall-Viersitzer. Die F 15 »Excalibur« wurde in Italien konstruiert; die Hauptbauteile wie Rumpf, Flügel und Leitwerk werden bei der russischen Firma Sokol hergestellt und in Wiener Neustadt zusammengebaut. Der Prototyp wurde auf der AERO 95 ausgestellt.

Zu ihren Planungen in Kanada wurden die HOAC-Manager auch dadurch ermutigt, daß es dort für die Ansiedlung neuer Herstellungsbetriebe in Kanada beträchtliche staatliche Zuschüsse gibt und daß statt mit politischen und bürokratischen Hemmnissen mit großer Hilfsbereitschaft der zuständigen staatlichen Stellen gerechnet werden kann.

Naturgemäß lassen sich die Verkaufszahlen des Motorseglers »Super Dimona«, der für den US- und Weltmarkt inzwischen ebenfalls in Kanada hergestellt wird, nicht mit denen des (dort begehrteren) Leichtflugzeuges »Katana« vergleichen. Belebend für den Verkauf dürfte sich jedoch auswirken, daß der Motorsegler mit dem gleichen Motor wie in der »Katana« inzwischen von der österreichischen Luftfahrtbehörde Austro Control für das Schleppen von Segelflugzeugen zugelassen wurde. Bei Luftfahrtveranstaltungen und -ausstellungen wie der ILA 1994 in Berlin-Schönefeld wurden solche Schlepps vorgeführt. Sie beeindruckten durch ihre Problemlosigkeit.

Die »Speed Canard« erhielt 1983 die deutsche Musterzulassung.

Ungewöhnlich: Gyroflug SC 01 »Speed Canard«

Wer es zum erstenmal in der Luft sieht, muß zweimal hinschauen: Anscheinend fliegt es rückwärts, denn das Leitwerk, sonst am Heck eines Flugzeugs, liegt vorn, und wäre da nicht die starke Pfeilform des Hauptflügels, könnte man wirklich an einen Irrtum oder an eine optische Täuschung denken, denn Motor und Propeller befinden sich an der »richtigen« Stelle – nur alles umgekehrt. Es handelt sich um die »Speed Canard«, ein modernes Kunststoff-Motorflugzeug, das nach dem »Entenprinzip« fliegt. Diese Konfiguration – Leitwerk, besser: kleiner Flügel vorn, Hauptflügel hinten – stammt aus den Anfängen der Luftfahrt. Schon der »Wright Flyer«, der am 17. Dezember 1903 zu seinem Erstflug startete, flog nach dem »Entenprinzip«, das gegenüber der »Normalkonfiguration« – Leitwerk hinten – tatsächlich Vorteile bietet. Während ein Normalflugzeug nur dadurch längsstabil fliegt, weil das Höhenleitwerk Abtrieb liefert, erzeugt bei der »Ente« auch der kleine Kopfflügel Auftrieb. Da er stärker angestellt ist als der Hauptflügel, reißt bei überzogener Fluglage zuerst dort die Strömung ab, und das Flugzeug kehrt nach kurzem »Nicken« wieder in die Normallage zurück. Bei einem Flugzeug üblicher Bauart reißt die Strömung hingegen am Hauptflügel ab. Das führt zu dem in Bodennähe gefährlichen »Abschmieren« und in größerer Höhe möglicherweise zum Trudeln. Eine »Ente« ist dagegen weitgehend trudelsicher. Deswegen und wegen der günstigen Auftriebsverhältnisse (wobei allerdings die gegenseitige Beeinflussung und Störung der umströmenden Luft berücksichtigt werden muß) wurden im Laufe der Luftfahrtgeschichte noch mehrfach Entenkonstruktionen erprobt (siehe das Kapitel »Ungewöhnliche Leichtflugzeuge« in Teil 2).

Die Gyroflug SC 01 »Speed Canard«, ein Entenflugzeug besonderer Bauart, ist eine Weiterentwicklung in Vollkunststoff von *Bert Rutans* berühmter »VariEze«.

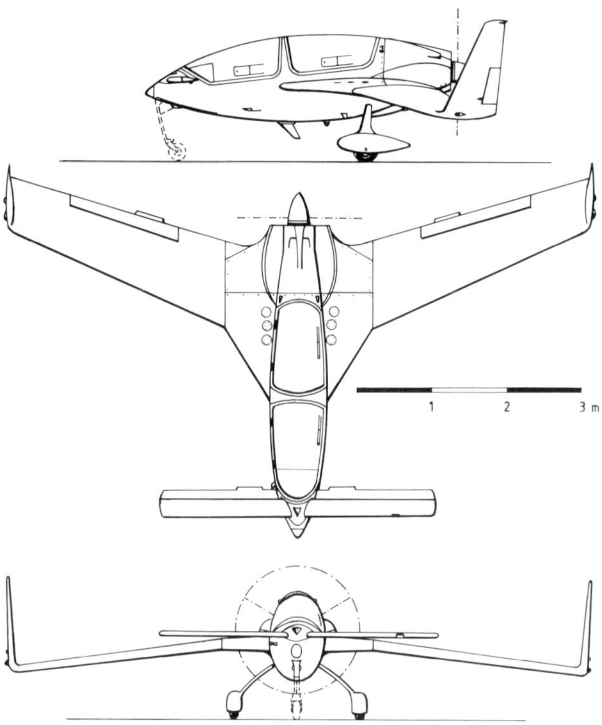

Dreiseitenansicht der Gyroflug SC 01 »Speed Canard«.

In neuerer Zeit beschäftigten sich amerikanische Amateurflugzeugbauer mit dem Entenprinzip, darunter *Bert Rutan.* Erste gute Erfahrungen bestätigten ihm, daß sich mit dieser Bauform bessere Flugleistungen und mehr Sicherheit erzielen lassen als mit Flugzeugen in konventioneller Anordnung. Er entwarf in den siebziger Jahren die »VariEze« (bedeutet soviel wie »very easy« und bezieht sich auf die einfache Konstruktion), die wegen ihrer ungewöhnlichen Flugleistungen und -eigenschaften auch in Europa mehrfach als »Bauplanflugzeug« nachgebaut wurde. In Deutschland waren es Dipl.-Ing. *Peter Krauss* und *Jörg Elzenbeck,* die nach dieser Vorlage das hierzulande erste Kunststoff-Motorflugzeug herstellten. Bei einer Spannweite des Hauptflügels von 6,50 m und des Entenflügels von 3,60 m hatte es eine Leermasse von nur 180 kg. Die Startmasse lag bei 400 kg – mehr als das Doppelte. Mit einem Motor von nur 64 kW/85 PS soll es eine Geschwindigkeit um 300 km/h erreicht haben, und auch die übrigen Werte wurden wesentlich höher als bei einem vergleichbaren Flugzeug konventioneller Bauart angegeben. Jedenfalls war die »VariEze«, wo sie auch auftauchte, wegen ihres ungewöhnlichen Aussehens und ihrer (sichtbar) verblüffenden Flugleistungen der Star, so beim OUV-Treffen 1977 in Speyer und bei der ILA 1978 in Hannover. Kein Wunder, daß man sich von einem weiterentwickelten Kunststoff-Flugzeug dieser Bauart gute Marktchancen erhoffte. Außer der Grundform ist schließlich bei der Firma Gyroflug-FFT (Gesellschaft für Flugzeug- und Faserverbund-Technologie mbH am Flugplatz Mengen-Hohentengen) von der alten »VariEze« nicht mehr viel übriggeblieben. Mit der SC 01 »Speed Canard« erschien praktisch ein neues Flugzeug, das seine deutsche Musterzulassung 1983 erhielt. Sein Rumpf erinnert mit den hintereinanderliegenden Sitzen an ein Doppelsitzer-Segelflugzeug – tatsächlich ist die äußere Kontur teilweise identisch mit dem »Twin-Astir« von Grob. Der stark gepfeilte Hauptflügel besitzt ein Laminarprofil (Eppler E 793) und trägt an den Enden die wingletartig abgeknickten Seitenflossen mit Ruder. Ursprünglich wurde die »Speed Canard« mit einem Lycoming 0-235 (85 kW/116 PS) hergestellt, heute wird sie mit dem 0-320 (118 kW/160 PS) ausgerüstet. Das Triebwerk treibt einen hydraulisch verstellbaren Constant-Speed-Druckpropeller an. Das Hauptfahrwerk ist fest, jedoch das Bugrad aerodynamisch verkleidet und elektrisch einziehbar. Wegen ihrer Flugeigenschaften und -leistungen wurde die »Speed Canard« hoch gelobt, aber wegen ihres relativ hohen Preises (mit optimaler Ausrüstung fast DM 300 000,–), da baulich sehr aufwendig, blieb die Zahl der Käufer hinter den Erwartungen zurück.

1992 ging die zur Justus Dornier Gruppe gehörende FFT in Konkurs. 1994 kaufte eine deutsch-schweizerische Investorengruppe die FFT und produziert dieses hervorragende Flugzeug weiter. Die Neuentwicklungen bzw. Modifikationen sind so ausgelegt, daß sich die »Speed Canard« als Plattformträger für verschiedene Überwachungssysteme (bemannt und unbemannt) eignet.

Für Schulung und Reise: FFT Eurotrainer

Dieses Kunststoff-Flugzeug ist für die professionelle Ausbildung von Piloten und als bequemes und schnelles Reiseflugzeug für die Allgemeine Luftfahrt ausgelegt. Die FFT GmbH in Mengen (damals noch Gyroflug) hatte von 1987 an im Auftrag der Schweizer Firma FFA Altenrhein die Entwicklung von Teilen für einen modernen und leisen Basis-Trainer übernommen und das gesamte Projekt schließlich von 1989 an in eigener Verantwortung weitergeführt. Der kunstflugtaugliche Viersitzer sollte mit seinen Flugleistungen die Lücke zwischen üblichen Schulflugzeugen und den teuren Turbo-Prop-Trainern schließen. Dabei hatte man vor allem die Ausbildung von Berufs- und Militärpiloten im Auge. Wegen der speziellen Erfahrungen, die FFT mit der »Speed Canard« gesammelt hatte, kam nur ein Flugzeug in Faserverbundbauweise (CFK/GFK) mit Laminarprofil (HQ 42E) in Frage. In Verbindung damit sollte die

Die Firma FFT (vormals Gyroflug) hat von einer Schweizer Firma die Entwicklung von Teilen und später das ganze Projekt eines kunstflugtauglichen Viersitzers speziell für die Ausbildung von Berufs- und Militärpiloten übernommen. Der Erstflug des Prototyps fand im Juni 1991 statt.

hohe Oberflächengüte eine drastische Verringerung des Treibstoffverbrauches bewirken.
Fowler-Klappen in Verbindung mit einer hohen Flächenbelastung sorgen für gute Reiseleistung bei akzeptabel geringer Landegeschwindigkeit. Als »fliegender Arbeitsplatz« für Fluglehrer und Schüler ist das Cockpit ungewöhnlich geräumig mit sehr guter Rundumsicht. Bereits im Entwurf und später in der Entwicklung wurde, der späteren Aufgabe des Flugzeuges entsprechend, auf gutmütige Trudeleigenschaften großer Wert gelegt. Die Lärmentwicklung konnte durch Verringerung der Motordrehzahl reduziert werden.
Der Erstflug des »Kraftpaketes« fand am 8. Juni 1991 statt; der Anlauf der Serienfertigung war für Ende 1992 geplant. Durch den Zusammenbruch der Dornier-Gruppe mit FFT in Dezember 1992 erlitt das Flugzeug eine ungeplante Programmverzögerung. Nach dem Kauf der FFT GmbH durch eine deutsch-schweizerische Investorengruppe wird nun die Entwicklung und Zulassung dieses Flugzeuges fortgesetzt.

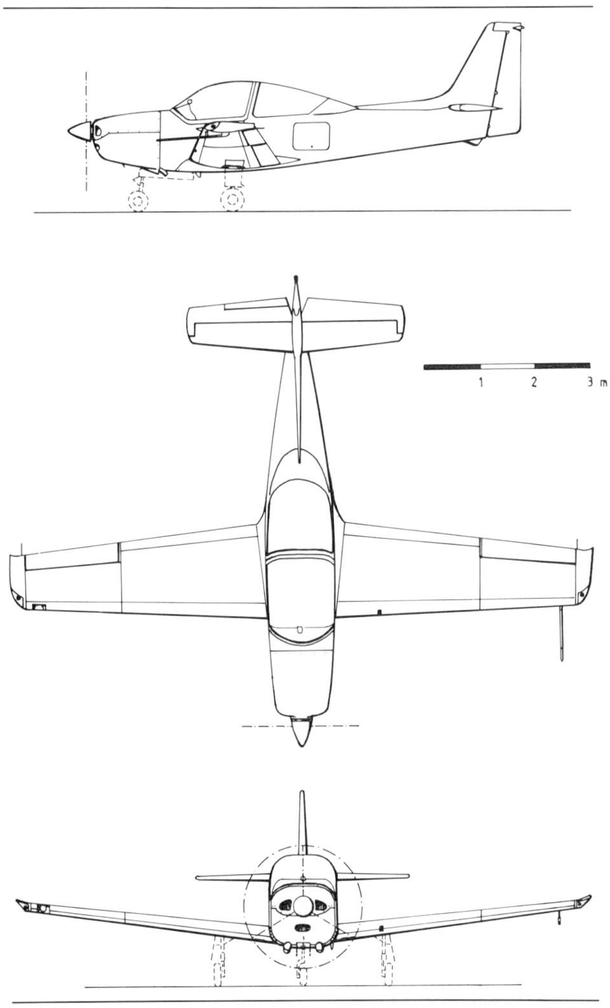

Dreiseitenansicht des »Eurotrainers«.

Das Neueste und Schnellste

Mit Druckschraube: Grob GF 200

Als Anfang der 80er Jahre bekannt wurde, daß die Autofirma Porsche einen wassergekühlten sparsamen Einspritzflugmotor der 150-kW (200-PS)-Leistungsklasse entwickelt, war man auch bei der Firma Grob an einem solchen deutschen Triebwerk sehr interessiert. Schon seit längerer Zeit suchte man nach einem zukunftsweisenden Konzept für ein viersitziges Reiseflugzeug mit entscheidenden Vorteilen gegenüber der verbreiteten Einheitsform des Tiefdeckers mit Zugpropeller und normalem Leitwerk.
Bei Burkhart Grob Luft- und Raumfahrt GmbH & Co KG am Flugplatz Mattsies bei Mindelheim hatte man inzwischen die Erfahrungen und den Mut für ein modernes Konzept. So entstand 1987 das Projekt des viersitzigen Reiseflugzeuges Grob GF 200, das dann als Technologieträger vom Bundesministerium für Forschung und Technologie (BMFT) mit rund fünf Millionen DM gefördert wurde.
Das Projekt GF 200 sah ein Konzept vor, bei dem neue Werkstoffe, neue Komponenten, fortschrittliche Aerodynamik und neue Triebwerkstechnologie als Summe eine beträchtliche Verbesserung gegenüber den auf dem Markt angebotenen Reiseflugzeugen mit vier bis sechs Sitzen bringen sollte. Man wollte ferner eine geräumige Kabine, bequemen Einstieg, gute Sichtverhältnisse, hohe Reisegeschwindigkeit und große Reichweite verwirklichen. Ergebnis ist ein Flugzeug mit Druckluftschraube hinter dem T-Leitwerk, ähnlich dem »Learfan« und dem französischen Eigenbaumuster »Orion«.
Als Antrieb war im Rumpf hinter der Kabine der wassergekühlte Porsche-Flugmotor PFM 3200-NO 3 von 162 kW (220 PS) Startleistung mit einer Verlängerungswelle zum Dreiblatt-Heckpropeller vorgesehen. Die von der Firma

Das Projekt eines fortschrittlichen vier- bis sechssitzigen Reiseflugzeuges mit Druckpropeller – der GF 200 – entstand 1987 bei der Firma Grob und basierte zunächst auf dem neuen Porsche-Flugmotor PFM 3200.

Porsche entwickelte Kraftübertragungseinheit mit der Bezeichnung »Trans-Prop« bestand aus einem äußeren GFK-Rohr und einer innenliegenden GFS-Antriebswelle, die ihrerseits die Ölleitungen zur Propellerverstellung aufnahm. Durch die Getriebeuntersetzung von 1:0,442 ergab sich eine niedrige Blattspitzengeschwindigkeit für den Hoffmann-Dreiblatt-Propeller, d. h. eine geringe Lärmemission.
Doch dieses fortschrittliche Antriebskonzept wurde leider nicht realisiert, denn Porsche stellte 1989 die Entwicklung und Fertigung dieses Motors – ohne längere Vorankündigung – ein. Grob war, wie zugleich auch andere Hersteller, gezwungen, umzudenken und umzukonstruieren.
Die GF 200 erhielt jetzt den luftgekühlten Textron-Lyco-

Der Prototyp des Reiseflugzeuges Grob GF 200, umgebaut auf einen Lycoming-Motor (gedrosselt auf 275 PS), kam im November 1991 zum Erstflug.

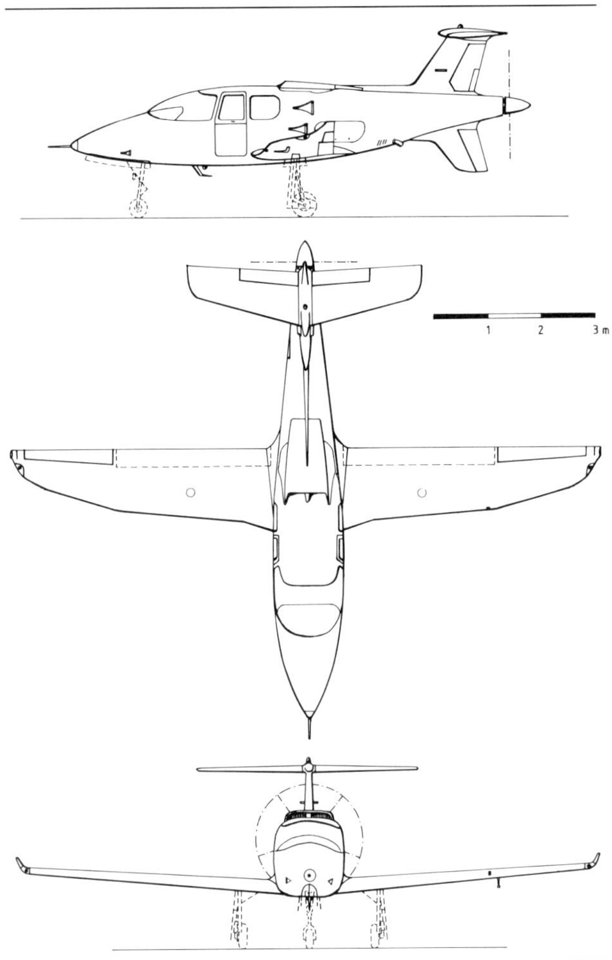

Dreiseitenansicht des Reiseflugzeuges GF 200 mit Druckpropeller hinter dem Leitwerk.

ming TIO-540-AFlA mit Abgasturbolader, der auf 203 kW (275 PS) gedrosselt wurde. Mit diesem Motor konnte der Prototyp der GF 200 mit Testpilot *Ulrich Schell* am 26. November 1991 zum Erstflug starten.

Das Flugzeug ist auf eine Höchstgeschwindigkeit von über 400 km/h in 6700 m Höhe ausgelegt. Die wirtschaftliche Reisegeschwindigkeit beträgt 380 km/h, die Abflugmasse 1450 kg.

Von der Konfiguration her ist die GF 200 ein »Pusher«, d. h. ein Flugzeug mit Druckpropeller hinter dem Leitwerk.

Sie hat eine Flügelgeometrie mit geschwungener Vorderkante, kleinen Winglets und Fowlerklappen mit elektrischer Verstellung. Beim Fahrwerk werden die Hauptträder nach innen und das Bugrad nach vorne elektro-hydraulisch eingezogen. Die recht komfortable Kabine mit 1,25 m Breite und 1,22 m Höhe nimmt beim Prototyp vier Einzelsitze auf, kann aber auch sechssitzig eingerichtet werden. Die Kabinentür auf der linken Seite ist zweiteilig mit Stufen zum bequemen Einsteigen. Der Kraftstoff (350 l) ist in Flügeltanks untergebracht.

Rumpf, Tragflächen und Leitwerk sind aus Faserverbundwerkstoff (FVW) gefertigt – mit einem Herstellungsverfahren, für das bei der Firma Grob durch den Serienbau von Segelflugzeugen und zweisitzigen Motorflugzeugen viel Erfahrung vorhanden ist. Diese Bauweise ergibt eine hohe Oberflächengüte und Profilgenauigkeit, die sich besonders beim Laminarprofil des Flügels günstig auswirkt.

Die Grob GF 200 mit dem gedrosselten Lycoming-Motor hat eine Steiggeschwindigkeit von 7 m/s, eine Reichweite von ca. 2000 km und soll mit Standardausrüstung ca. 450 000,– DM kosten.

Der Prototyp der GF 200 wurde bei der ILA '92 in Berlin-Schönefeld, der Aero '93 in Friedrichshafen sowie der ILA '94 gezeigt und vorgeflogen. Zwischenzeitlich wurden einige Änderungen vorgenommen, u. a. erhielt das Flugzeug einen »leisen« Fünfblatt-Propeller von Mühlbauer. Nach dem firmeninternen Zeitplan soll die Erprobung und Musterprüfung 1995 abgeschlossen sein.

Die Entwicklung des fortschrittlichen Reiseflugzeuges in GFK-Bauweise wurde mit rund zehn Millionen von Bundesministerium für Forschung und Technologie unterstützt. *Burkhart Grob* hat seinerseits rund 30 Millionen an Eigenmitteln aufgebracht. Wenn weitere Mittel zur Verfügung stehen, so sollen zwei Vorserienflugzeuge, die Fertigungsvorrichtungen und eine Montagehalle am werkseigenen Flugplatz gebaut werden.

Inzwischen werden Weiterentwicklungen untersucht, u. a. Varianten mit Druckkabine und Turbinenantrieb. Eine Versuchskabine wurde erstellt und umfangreichen Druckversuchen unterzogen. Die sechssitzige Version GF 300 mit Druckkabine und Propellerturbine könnte eine Höchstgeschwindigkeit von 450 km/h und die Version GF 350 mit zwei gekuppelten Propellerturbinen sogar 560 km/h erreichen.

Die bisher vorliegenden 20 Optionen und das vielfach bekundete Interesse – auch aus dem Ausland – lassen erhoffen, daß dieses moderne deutsche Hochleistungs-Reiseflugzeug zur Serienfertigung kommt.

Leise Eleganz: Ruschmeyer MF-85 und R 90-230 RG

Zu Anfang der 80er Jahre war die Firma Ruschmeyer Luftfahrttechnik GmbH ein Wartungs- und Reparaturbetrieb, der im Juni 1982 vom Luftfahrt-Bundesamt die Anerkennung als Luftfahrttechnischer Betrieb erhielt. Daneben war *Horst Ruschmeyer* Vertreter der Firmen Cessna und Wassmer sowie selbst begeisterter Flieger.

Die Wassmer-Flugzeuge, d. h. die Typen WA 51, 52 und 54,

waren in Faserverbundbauweise (FVW) auf Polyesterharzbasis gefertigt. *Ruschmeyer* lernte so erstmals Kunststoff-Flugzeuge kennen und auch die Grenzen, die durch die Polyesterharze in der FVW-Matrix gesetzt waren. Er begann sich näher zu informieren und stieß dabei auf die damals noch wenig bekannten Vinylesterharze (VE), die von dem amerikanischen Chemie-Konzern Dow-Chemical und etwas später auch von der deutschen BASF in Ludwigshafen angeboten wurden. Nach Angaben der Hersteller sollten die besonderen Vorzüge hohe Festigkeit, Formbeständigkeit bei Wärme, gute Beständigkeit gegen fast alle Chemikalien, geringe Schrumpfung beim Aushärten und ein günstiger Preis sein. VE-Harze hatten sich im chemischen Anlagebau, d. h. bei Behältern und Rohrleitungen, schon jahrelang bewährt. Nachteilig war nur, daß Vinylesterharze im Faserverbundwerkstoff für die Verwendung in Luftfahrzeugen noch nicht zugelassen waren.

Nachdem vom Luftfahrt-Bundesamt der »Heiße Sommertag« zum Nachweis der Festigkeit von Motorflugzeugen von 54° C auf 72° C heraufgesetzt worden war, schieden Polyesterharze ganz aus, und man mußte befürchten, bei Epoxidharzen (EP) an die Grenze zu kommen. Diese Überlegungen sowie häufig auftretende Allergien bei der Verarbeitung von EP-Harzen führten bei *Horst Ruschmeyer* und seinem Kunststoffspezialisten Dipl.-Ing. *Reinhard Molck* zu dem Entschluß, ein Vollkunststoff-Reiseflugzeug unter Verwendung von Vinylesterharzen zu entwickeln. Die Firma BASF war sehr interessiert, für ihr Harzprodukt die Luftfahrtzulassung – gleich an einem für die Serienfertigung vorgesehenen Flugzeug – zu erhalten, und sagte weitgehende Unterstützung zu. Das Luftfahrt-Bundesamt in Braunschweig war anfangs eher skeptisch, dann aber doch hilfsbereit und forderte, daß die zu erbringenden Festigkeitsnachweise bei −55°, +23° und +72° C nicht schlechter sein durften als die Werte für GFK-Proben und Bauteile mit Epoxidharz. Tatsächlich wurden diese Werte später uneingeschränkt nachgewiesen, zum Teil sogar erheblich übertroffen.

Das Entwicklungsvorhaben von *Ruschmeyer* wurde auch vom Land Niedersachsen unterstützt, wobei sich besonders die damalige Finanzministerin *Birgit Breuel* für die Förderung einsetzte.

Das Projekt des Reiseviersitzers MF-85 P-RG wurde 1985 in Angriff genommen. Die Kurzbezeichnung aufgeschlüsselt besagt: MF = Motorflugzeug, Entwicklungsbeginn 1985 mit Porsche-Flugmotor (P) und Einziehfahrwerk (RG = Retractable Gear). Anfangs hatte man beabsichtigt, einen in Japan gebauten Wankel-Kreiskolbenmotor für die Luftfahrtverwendung zu modifizieren, doch das erwies sich bald als zu aufwendig und kostspielig. Danach wollte man einen amerikanischen 160-PS-Boxermotor einbauen, doch als der Porsche-Flugmotor PFM 3200 von über 200 PS angeboten wurde, disponierte man schnell um. Die Idee, ein deutsches sehr fortschrittliches Reiseflugzeug zu realisieren, bei dem alles aus Deutschland kam, gab zusätzlichen Auftrieb, insbesondere auch wegen der zu erwartenden besseren Umweltverträglichkeit, d. h. kein verbleites Benzin, niedriger Verbrauch und reduzierter Lärm. Man war sich des höheren technischen Aufwandes und des etwas höheren Preises durchaus bewußt. *Ruschmeyer* sagte 1987 dem Chefredakteur des Aerokurier *Rolf Dörpinghaus* in einem Interview:

»Die MF-85, so wie sie heute von uns konzipiert und realisiert wird, ist mit Sicherheit kein ›Billigflugzeug‹. Eine anspruchsvolle Technik hat eben ihren Preis . . . Richtig ist aber auch, daß sich technischer Aufwand – sinnvoll eingesetzt – unter dem Strich auszahlt. Eine moderne GFK-Zelle, ein modernes Triebwerk und ein modernes Cockpit garantieren eben Wirtschaftlichkeit im Betrieb, einen hohen Werterhalt und vor allem auch geringe Wartungskosten.
Dazu kommt das Argument der Zukunftssicherung . . . daß im Rahmen verstärkter Umweltschutzbemühungen auch verbleite Kraftstoffe einmal verboten werden könnten.«

Das viersitzige Reiseflugzeug von *Horst Ruschmeyer* MF 85 P-RG startete im August 1988 zum Erstflug; eingebaut war ein Porsche-Flugmotor PFM 3200 von 210 PS.

Am 24. März 1988 fand in Melle in Anwesenheit vieler Fotografen, Interessenten und von Kunden, die ihre Ruschmeyer MF-85 P bereits bestellt hatten, das »Roll-out« statt. Von der Presse besonders hervorgehoben wurde die Tatsache, daß es sich um das erste vollständig in Deutschland entwickelte Reiseflugzeug nach dem Zweiten Weltkrieg handelte: Zelle, Motor, Luftschraube, Werkstoffe, Avionik und Ausrüstung. Die MF-85 P RG mit Einziehfahrwerk sollte Ausgangsmuster für mehrere Varianten werden. Man erwartete die Musterzulassung für Mitte des Jahres 1989 und plante den Produktionsanlauf mit einem Anfangslos von 12 bis 18 Flugzeugen. Nach einigen Verzögerungen kam es am 8. August 1988 zum Erstflug.

Die Flugerprobung verlief zufriedenstellend, doch dann kam die nicht vorhersehbare und sehr plötzliche Absage der Firma Porsche zum PFM 3200-Flugmotor!

Aus Gründen, die an anderer Stelle erklärt werden (siehe Teil 4), stellte Porsche die Entwicklung und Vorserienfertigung dieses aussichtsreichen und fortschrittlichen Flugmotors ein, für *Ruschmeyer,* wie auch für *Grob,* ein schwerer Schlag.

Es blieb *Horst Ruschmeyer* nur die Wahl aufzugeben oder auf einen anderen Motor umzukonstruieren. Er entschied sich für den Lycoming IO-540, gedrosselt von 250 PS auf 230 PS durch Reduzierung der Drehzahl von 2575 min^{-1} auf 2400 min^{-1}, für einen sehr wirksamen eigenentwickelten Auspuffschalldämpfer und einen angepaßten lärmarmen Mühlbauer-Vierblatt-Propeller. Umkonstruktion, Umbau, neue Berechnungen und Nachweise erforderten viel Zeit und Geld.

Es dauerte noch zwei Jahre, bis die neue Ruschmeyer, nun mit der Bezeichnung R 90-230 RG (R für Ruschmeyer, 90 für das Projektjahr 1990 und 230 für 230 PS), am 25. September 1990 zum neuen Erstflug starten konnte. Der Testpilot war wieder *Heiner Neumann.*

Bei der ILA '92 in Berlin-Schönefeld und bei der AERO '93 in Friedrichshafen wurde die R 90-230 in der Ausstellung und bei den Flugvorführungen gezeigt. Schon damals fiel die geringe Lärmemission auf. Bei den offiziellen Messungen ergab sich, daß beim Vorbeiflug in 300 m Höhe die Forderungen um 8,1 dB(A) und im Steigflug nach dem Start um 10,2 dB(A) unterschritten wurden. Das Flugzeug ist damit bereits zukünftigen noch niedrigeren Lärmschutzforderungen angepaßt.

Am 12. Juni 1992 erteilte das Luftfahrt-Bundesamt die Musterzulassung für das Reiseflugzeug Ruschmeyer R 90-230 RG in Composite-Bauweise mit Vinylesterharz Palatal A 430 der BASF.

Bei den Dauerfestigkeitsversuchen wurde das Dreifache der zugelassenen Lebensdauer von 18 000 Flugstunden simuliert, d. h., auch nach 54 000 Stunden trat nicht die geringste Materialermüdung auf. Die Zulassung erfolgte nach den Bauvorschriften FAR 23 (Federal Aviation Regulations der US-Luftfahrtbehörde FAA) in Verbindung mit der Sonderbestimmung (Amendment 34) bezüglich der Faserverbundbauweise, die einen Sicherheitsfaktor von 1,75 fordert. Dabei wurde Palatal A 430 als Harz für GFK/FVW-Flugzeugbauteile mit dem Temperaturbereich von −55° C bis +72° C uneingeschränkt zugelassen.

Die auf einen Lycoming 0-540-Motor umgebaute Ruschmeyer – jetzt mit der Bezeichnung R 90-230 RG – unternahm im September 1990 den Erstflug.

Die sich nach oben öffnenden Flügeltüren der Ruschmeyer R 90 ermöglichen ein bequemes Ein- und Aussteigen.

Von der Ruschmeyer R 90 gibt es auch eine Version mit festem Fahrwerk und 180-PS-Motor, die R 90-180 FG.

Von der Ruschmeyer R 90-230 RG wurden 1993 die ersten Serienmaschinen ausgeliefert; sie fliegen in sechs europäischen Ländern und in den USA.

Das für IFR-Flug ausgerüstete Instrumentenbrett der R 90.

Die Turbinenversion der Ruschmeyer R 90 flog erstmals im November 1993; sie trägt die Bezeichnung R 90-420 AT.

Zum Abschluß der Flugerprobung und mit der Zulassung wurden folgende Flugleistungen bestätigt:

- Reisefluggeschwindigkeit: 324 km/h
- Maximale Steiggeschwindigkeit bei 1100 kg Abflugmasse: 5,77 m/s
- Kraftstoffverbrauch im Sparflug bei 204 km/h in 1000 m Höhe und 38% Motorleistung: 26 l/h, entsprechend einer Reichweite von 1618 km bei 7,8 h Gesamtflugzeit.

Inzwischen ist die Serienfertigung angelaufen, wobei wegen Schwierigkeiten mit dem Bau einer Werkhalle am Flugplatz Melle die Fertigung einiger Bauteile ausgelagert bzw. an Fremdfirmen vergeben werden mußte. Bis Ende 1993 wurden zehn Flugzeuge ausgeliefert; zwei davon gingen ins Ausland.

Vom Grundmuster R 90-230 RG zum Preis von 290 000,– DM ausgehend sollen in den nächsten Jahren folgende Varianten entstehen:

- R 90-180 FG mit Festfahrwerk und gedrosseltem Lycoming IO-360 zum Preis von 230 000,– DM.
- R 90-250 T mit Turboladermotor und Sauerstoffanlage für Langstreckenflüge in größerer Höhe.
- R 90 M – Acrobat für den Kunstflug mit Rückenflug-Ölsystem, abwerfbaren Kabinentüren und Sitzen für Rückenfallschirm.
- R 90-420 AT mit Gasturbinenantrieb, Allison 250-B 17 B, später B 17 F mit 420 PS. Der Erstflug fand am 2. November 1993 in Nabern an der Teck statt.

Die Flugerprobung der Turbinenversion, die bei der Firma Wolf Hirth umgebaut worden war, hat gezeigt, daß durch das leistungsstärkere und leichtere Triebwerk sehr gute Steiggeschwindigkeiten erzielt werden können, so z. B. in vier Minuten und 20 Sekunden auf 3100 m (10 000 ft). Mit 60% Leistung ergab sich in 4575 m (15 000 ft) eine Reisefluggeschwindigkeit von 393 km/h. Durch den neu entwickelten Fünfblattpropeller von *Mühlbauer* mit 1,90 m Durchmesser wurden bei einer Drehzahl von 2030 min^{-1} Lärmwerte gemessen, die etwa 15 dB(A) unter den derzeit limitierten Werten liegen. Zum Propellergeräusch ist durch die Gasturbine ein leises »Fauchen« hinzugekommen, dessen Lärmwerte jedoch deutlich unter den Grenzwerten liegen.

Die Ruschmeyer R 90-420 T hat mit dem Turbinentriebwerk ein anderes Gesicht bekommen.

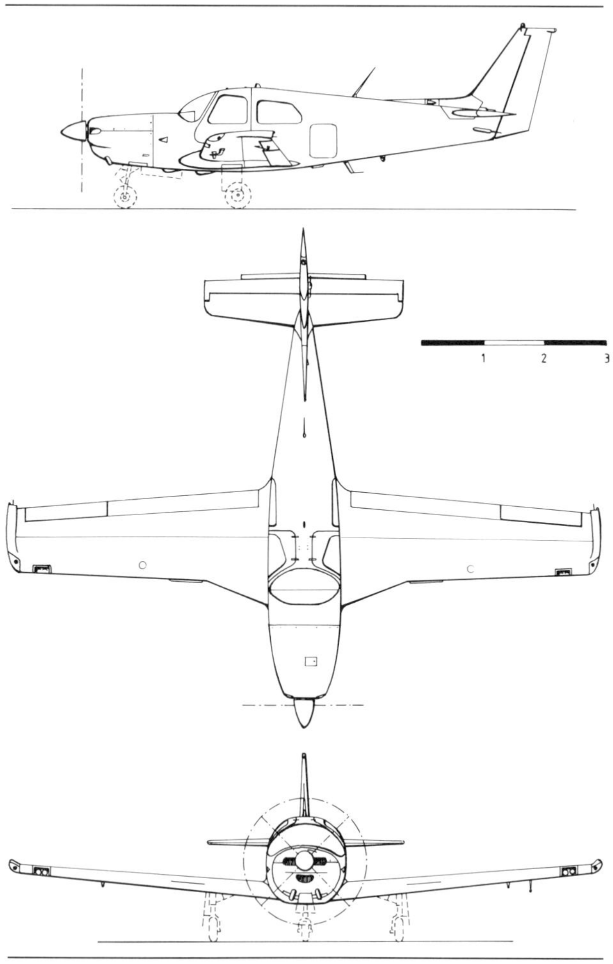

Dreiseitenansicht der Ruschmeyer R 90-230 RG.

Der Verbrauch betrug nach ersten Messungen etwa 75 Liter pro Flugstunde, wobei Jet A 1-Kraftstoff getankt wird, der im Gegensatz zu AVGAS auf jedem international angeflogenen Flugplatz verfügbar ist.

Ob und wann es zur Musterprüfung und zur Serienfertigung kommt, hängt in erster Linie von den Interessenten ab, die bereit sind, eine Option für dieses schnelle Reiseflugzeug mit Turbinenantrieb zu unterschreiben.

Im Juni 1994 erhielt die Ruschmeyer R 90-230 RG die amerikanische FAA-Zulassung nach FAR 23, Amendment 35/45. Damit war die Hauptvoraussetzung für die internationale Vermarktung gegeben, denn hierdurch wird die Zulassung in anderen Ländern wesentlich erleichtert. Zwei in die USA auszuliefernde Flugzeuge wurden auf dem Luft-

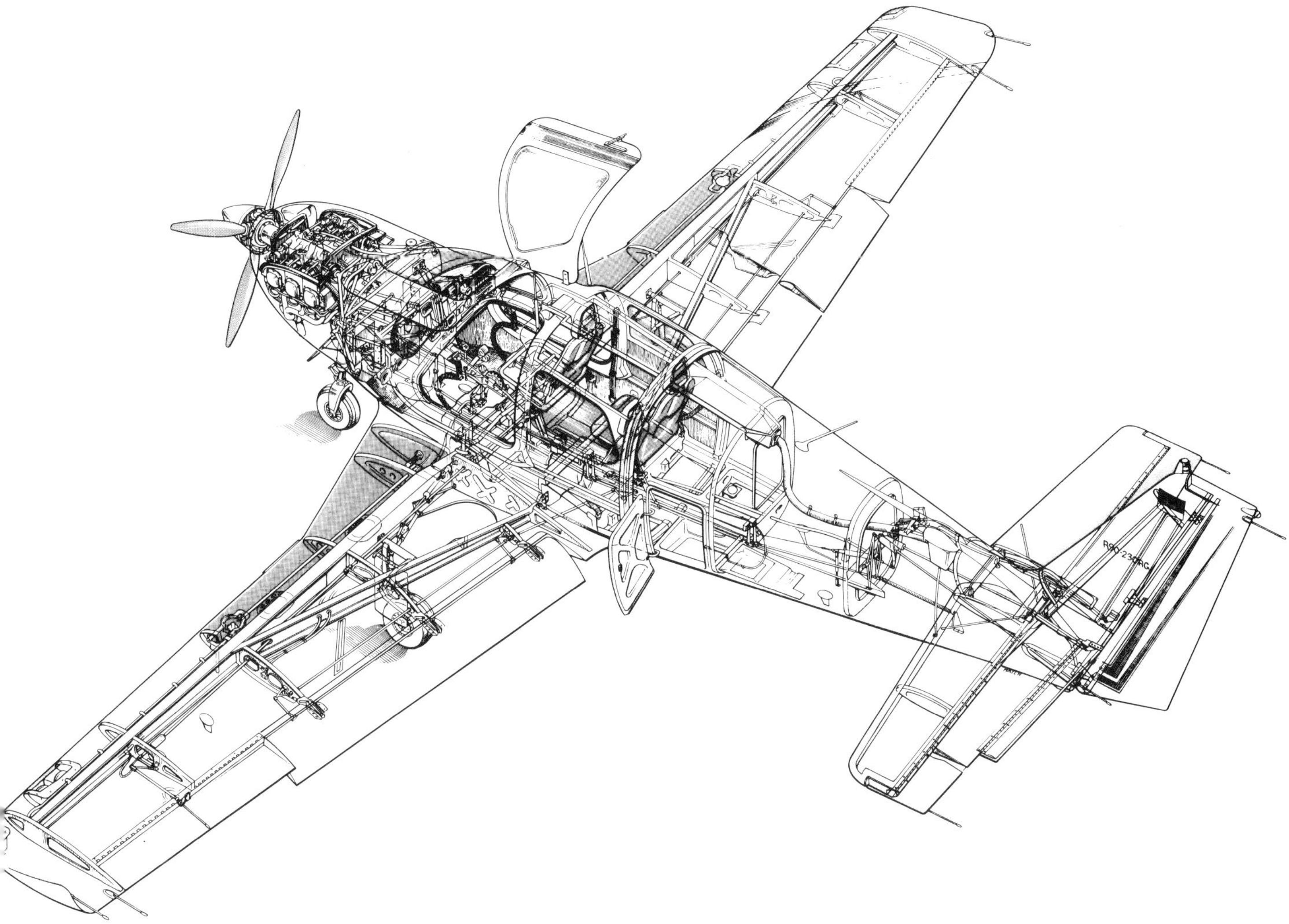

Innenaufbau der Ruschmeyer R 90-230 RG.

wege über Grönland überführt und bei der Großflugveranstaltung in Oshkosh vorgeführt.
Inzwischen fliegt auch die erste der »Fixed gear«-Version, die R 90-230 FG, mit festem verkleideten Dreiradfahrwerk.

Zu Ende des Jahres 1994 waren 21 Ruschmeyer R 90 fertiggestellt und alle – außer den Vorführflugzeugen – an Kunden in England, Holland, Österreich, Indien, der Schweiz, USA und in der Bundesrepublik Deutschland ausgeliefert.

60 Jahre technischer Fortschritt bei Reiseflugzeugen

Vergleich Messerschmitt Bf 108 B »Taifun« und Ruschmeyer R 90-230 RG

(siehe Umschlagbild, Farbteil und Tabelle)

Das als Wettbewerbsflugzeug für den Europarundflug 1934 entwickelte viersitzige Reiseflugzeug Messerschmitt Bf 108 flog erstmals am 13. Juni 1934 bei den Bayerischen Flugzeugwerken in Augsburg. Die Serienfertigung der Bf (Me) 108 »Taifun« lief Ende 1935 als Reise- und Verbindungsflugzeug mit 240-PS-Argus AS 10 C-Motor an. Von der »Taifun« sind insgesamt über 1000 Exemplare gebaut worden.
Das zur gleichen »Flugzeugklasse« gehörende Reiseflugzeug Ruschmeyer R 90-230 RG flog erstmals mit 230-PS-Lycoming-Motor IO-540 C am 25. September 1990. Im Jahre 1985 projektiert, ist seit 1992 die Fertigung in kleinen Stückzahlen angelaufen.
Es liegen somit fast 60 Jahre zwischen dem Entstehen dieser beiden vergleichbaren Reiseflugzeuge. Beide befördern vier Personen mit Gepäck über 1000 km mit Reisegeschwindigkeiten um 300 km/h. Beide Flugzeugmuster haben Einziehfahrwerk und Verstellpropeller; beide verwenden einen bewährten Flugmotor etwa der gleichen Leistung, und beide haben fast die gleiche Abflugmasse.
Die Bf 108 »Taifun« war eine Pionier-Entwicklung; es gab 1933/34 bei ihrer Projektierung weltweit kein ähnliches Flugzeugmuster. Sie war mit dem Glattblech-Schalenrumpf, dem dünnen Ganzmetall-Tragflügel mit automatisch ausfahrendem Vorflügel, mit Spalt-Landeklappen, mit Versenknieten, mit Einbeinfederstreben des Einziehfahrwerkes eine beispielgebende Neuentwicklung. Sie entstand mit großzügiger staatlicher Förderung und Ausrichtung auf die deutsche Teilnahme am Europarundflug 1934.
Als der luftfahrtbegeisterte Privatmann *Horst Ruschmeyer* 1985 seinen Reiseviersitzer – damals als MF 85 mit Porsche-Flugmotor – projektierte, war ihm die Messerschmitt Bf 108 »Taifun« ein Vorbild. Er konnte vorteilhaft die inzwischen weit verbreitete Glasfaser-Kunststoffbauweise verwenden, die glatte Oberflächen, Profilgenauigkeit, aerodynamisch optimale Formgebung und günstigen Fertigungsaufwand bei gleichen Stückzahlen ermöglicht. Die Hoffnung auf einen neuen deutschen fortschrittlichen und sparsamen Flugmotor – den Porsche PFM 3200 – zerschlug sich leider, so daß auf einen bewährten und robusten – wenn auch im Konzept aus

Fotoflug am 30. September 1993: Messerschmitt Me 108 »Taifun« und Ruschmeyer R 90-230 RG südlich von Augsburg.

den 40er Jahren stammenden – amerikanischen Boxer-Motor zurückgegriffen werden mußte. Zur Anpassung an die verschärften Lärmgrenzwerte wurden der Motor in der Drehzahl gedrosselt und ein Auspuff-Schalldämpfer angebaut.

Was läßt sich aus der Vergleichstabelle herauslesen?

Bei annähernd gleicher Motorleistung hat der Argus-Motor mit 12,66 Liter Hubraum eine verhältnismäßig niedrige Drehzahl bei einer Startleistung von 2000 min^{-1}, im Vergleich zum gedrosselten Lycoming-Motor von 8,86 Liter Hubraum von 2400 min^{-1}.

Durch die Unterschiede beim Propeller, d. h. Zwei-Blatt gegen Vier-Blatt und 2,35 m gegen 1,90 m Durchmesser, ist der Lärmmeßwert bei der Ruschmeyer R 90 – mit wirksamem Schalldämpfer – deutlich niedriger, d. h. 10,2 dB(A) unter dem Grenzwert.

Die Spannweite des Tragflügels der R 90 ist um etwa eineinhalb Meter geringer als die der Bf 108 und damit die Flügelfläche kleiner und die Flächenbelastung um mehr als 20% höher.

Bei kleinen Unterschieden in der Rüstmasse differieren die Abflugmassen nur um 30 kg (1380 kg gegen 1350 kg). Die Kraftstoffbehälter der R 90 sind größer als die der Bf 108 (250 l gegen 220 l) und ermöglichen der R 90 bei reduzierter Zuladung eine maximale Reichweite von rund 1600 km.

Deutliche Unterschiede gibt es bei den Fluggeschwindigkeiten: Der normalen Reisegeschwindigkeit der Bf 108 von 265 km/h steht eine von 307 km/h der R 90 gegenüber. Die relativ großen Unterschiede bei den Start- und Landestrecken sowie bei der Landegeschwindigkeit ergeben sich – zugunsten der Bf 108 – durch die wirksamen Vorflügel, die großen Spaltlandeklappen sowie die geringe Flächenbelastung.

Der Argus As 10 C – ein Flugmotor der 30er Jahre – hatte Kraftstoff-Verbrauchswerte von 270 g/PSh bei Startleistung und 230 g/PSh bei Dauerleistung. Der Lycoming IO-540 C4 verbraucht bei 75% Leistung rund 230 g/PSh.

Eine Ruschmeyer R 90-230 RG in einfacher Grundausstattung kostet 342 000,– DM, mit vollständiger Avionik-Ausrüstung noch etliches mehr. Eine Messerschmitt Bf (Me) 108 »Taifun« kostete in den Jahren 1936 bis 1939 etwa 40 000,– RM. (Zum Vergleich: ein Mittelklassewagen kostete damals rund DM 2000,–.)

Wenn man beide Flugzeuge nebeneinander stehen oder fliegen sieht, die 1933 von *Willy Messerschmitt* entworfene Bf 108 in Ganzmetallbauweise und die moderne Ruschmeyer R 90 in Vollkunststoff – rund 60 Jahre später gebaut –, so läßt sich beim Vergleich der Kennwerte und auch äußerlich erkennen, wie fortschrittlich die Bf 108 »Taifun« Mitte der dreißiger Jahre war. Andererseits ist die Ruschmeyer R 90 ein fliegender Beweis für die Fortschritte der Aerodynamik, für die Vorteile der konsequenten Nutzung der modernen Faserverbundbauweise und für die wirksamen Maßnahmen der Lärmreduzierung.

Vergleich der Reiseflugzeuge Messerschmitt Bf 108 B »Taifun« und Ruschmeyer R 90-230 RG

Hersteller:		Messerschmitt	Ruschmeyer
Baumuster:		Bf 108 »Taifun«	R 90-230 RG
Baujahr (Serie):		1936	1992
Triebwerk:		Argus As 10 C	Lycoming IO-540 C4
Startleistung:	kW	179	175
	PS	240	234
Drehzahl:	min^{-1}	2 000	2 400
Propeller:		2-Blatt Messerschmitt Me P 7 oder Argus	4-Blatt Mühlbauer MTV-14B
Durchmesser:	m	2,35	1,90
Besatzung + Reisende		1 + 3	1 + 3
Spannweite:	m	10,63	9,50
Länge:	m	8,29	7,93
Höhe:	m	2,85	2,73
Flügelfläche:	m^2	16,40	12,94
Flügelstreckung:		6,70	6,97
Fahrwerk:		Einziehbar mit Spornrad	Einziehbar mit Bugrad
Spurweite:	m	1,50	1,93
Radstand:	m	5,30	2,97
Rüstmasse:	kg	868	898
Kraftstoff:	kg	160	185
	l	220	250
Schmierstoff:	kg	15	11
	l	15,5	11,4
Besatzung:	kg	80	80
Gepäck:	kg	20	50
Nutzlast:	kg	240	240
Zuladung:	kg	500	452
Startmasse:	kg	1 380	1 350
Flächenbelastung:	kg/m^2	84,2	104,3
Leistungsbelastung:	kg/kW	7,80	7,85
	kg/PS	5,75	5,87
Flächenleistung:	kW/m^2	10,80	13,39
	PS/m^2	14,63	17,77
Höchstgeschwindigkeit:	km/h	305	324
	kts	165	175
Reisegeschwindigkeit:	km/h	265	307
(75% Leistung)	kts	143	166
in Höhe:	m		2 440
Reisegeschwindigkeit:	km/h		288
(65% Leistung)	kts		156
in Höhe:	m		2 745
Steiggeschwindigkeit:	m/s	5,75	5,8
Dienstgipfelhöhe:	m	5 000	4 877

Reichweite (mit Res.):			
	km	1 000	1 120
	km		1 250
max. ohne Res.:			
	km		1 610
Flugdauer (mit Res.):			
	h	3,8	3,7
bei 65%	h		4,4
maximal	h		7,35
Kraftstoffverbrauch:			
im Reiseflug (75%)			
	l/h	58,8	54
im Sparflug (65%)			
	l/h		45
minimal	l/h		26
Startrollstrecke:	m	175	260
Startstrecke			
bis 15 m Höhe:	m	360	520
Landerollstrecke:	m	185	325
Landestrecke			
über 15 m Höhe:	m	330	480
Landegeschwindigkeit:			
	km/h	85	107
Geschwindigkeitsspanne (Höchst- zu Landegeschwindigkeit):		3,59	3,02
Lärmmeßwert:	dB(A)		
im Überflug		72,2	65,9
im Steigflug		81,0	70,9
Kabinenbreite:	m	1,15	1,15
Kabinenhöhe:	m	1,15	1,24
Kabinenlänge:	m	2,24	2,86
Gepäckraum:	m^2	0,5	0,8
Preis mit Standardinstrumentierung:			
	RM	40 000,–	
	DM		342 000,–

»Liebe auf den ersten Blick« – Elly Beinhorn und die Me 108 »Taifun«

Sylvia Henseler-Trinkaus im Gespräch mit *Elly Beinhorn* im November 1993:

Elly Beinhorn, durch ihre Fernflüge schon damals weltbekannt, kehrte 1935 von einer USA-Reise zurück. Sie war, so schreibt sie in ihren Erinnerungen, begeistert von den Flugzeugentwicklungen dort. »Warten Sie, bis Sie die neue Messerschmitt gesehen haben«, wurde ihr immer wieder entgegnet. Sie flog schließlich nach Augsburg, um die Me 108 oder Bf 108, wie sie zunächst noch hieß, kennenzulernen. »Ganz hinten in einer dunklen Hallenecke stand sie, . . .« »Es war Liebe auf den ersten Blick.«

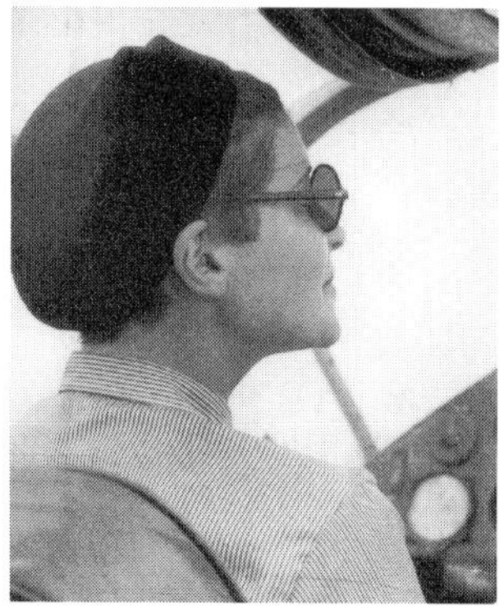

Die Messerschmitt »Taifun«, das in aller Welt beliebte Schnellreiseflugzeug von Professor *Willy Messerschmitt,* wird von *Elly Beinhorn-Rosemeyer* seit Jahren geflogen.

sht: Wie war das damals, läßt sich diese Liebe, von der man immer wieder lesen kann, näher beschreiben?

EB: Sie war völlig harmonisch im Anblick, mit glatter Haut ohne die häßlichen Kopfnieten, aus einem Guß. Sie stellte das dar, was in Deutschland dringend benötigt wurde – eine elegante, schnelle Kabinen-Reisemaschine. Ich hatte eigentlich immer ein instinktives Gefühl für aerodynamische Eigenschaften und war mir sicher, daß sie sich genauso wunderbar fliegen würde, wie sie aussah.

sht: Wie war denn die preisgekrönte Neuentwicklung in die Hallenecke geraten?

EB: Die neue Technik mit automatisch ausfahrenden Vorflügeln und ihren wirksamen Landeklappen war zunächst vielen älteren Fliegern unheimlich. Ihnen war der Schritt in die Zukunft vielleicht zu groß. Deswegen stand die Maschine in einem Dornröschenschlaf; nur wenige Kenner hatten einen Blick dafür und haben mich darauf aufmerksam gemacht.

Schon der erste Flug bestätigte meine gefühlsmäßige Beurteilung des Flugzeuges; eine Reihe Streckenerfahrungsflüge festigten die Liebe dazu.

sht: »Taifun«, den Namen haben Sie dem fortschrittlichen Flugzeug gegeben wegen seiner Schnelligkeit und Wendigkeit?

EB: Nicht nur, es war ein Name, an den sich in allen gängigen Sprachen eine klare Vorstellung knüpfen ließ.

sht: Die »Taifun« hatte doch wohl auch gute Langsamflug-Eigenschaften, wenn ich Ihre Schilderungen von Landungen auf ziemlich kurzen Plätzen lese.

EB: Sie hatte jede gute Eigenschaft: ausgezeichnete Steuereigenschaften, leichtgängige Ruder, durch die Rumpflänge eine hohe Stabilität um die Hochachse und kurze Lande- und Startrollstrecken. Man machte beim Anflug auf kurze Plätze einen steilen Anflug mit vollen Klappen: Gas weg, Slots raus, Klappen raus, ein steiler Sinkflug mit 90 bis 100 km/h, fängt mit einem kurzen Bogen den Fahrtüberschuß ab und setzt weich auf.

sht: Das ist doch auch bei Schlechtwetterflügen, die ja manchmal unvermeidbar sind, von Vorteil?

EB: Und ob, es war immer ein sehr entspanntes Fliegen; die Taifun hatte auch im Langsamflug hervorragende Steuercharakteristika und eine stets stabile Fluglage, die ein außerordentlich sicheres Fliegen ermöglichten.
Dafür war sie nicht kunstflugtauglich, aber ich habe sowieso ungern Kunstflug mit einem Flugzeug mit geschlossener Kabine gemacht. Bei den offenen Flugzeugen war es irgendwie ein beruhigendes Gefühl, sich im Notfall nur mit dem Fallschirm herausfallen lassen zu müssen.
sht: »Rekorde müssen sein wegen der Weiterentwicklung, zur Anregung für die Industrie, um für die Verkehrsfliegerei die Reklametrommel zu rühren. Aber mich interessiert das nicht. Ich möchte die Wunder der Erde erleben.«
Und dennoch waren es Rekordflüge, ist da nicht ein Widerspruch? Mal eben drei Kontinente an einem Tag, das ist ein Wunder: die Leistung der Pilotin und der Konstrukteure des Flugzeuges, eine ideale Synthese Mensch/Maschine . . .
EB: Ein Widerspruch ist es eigentlich nicht, eher ein Kompromiß, gedacht für die öffentliche Meinung und nicht meine Haupttriebfeder für die Fliegerei, sonst wäre ich nach Kriegsende nicht mit einer 60-PS-Piper durch die Gegend geflogen.
sht: Sie sagen: »Rekorde müssen sein wegen der Weiterentwicklung, zur Anregung für die Industrie, um für die Verkehrsfliegerei die Reklametrommel zu rühren. Aber mich interessiert das nicht. Ich möchte die Wunder der Erde erleben.«
sht: Es kam doch auch nach Fernflügen zu Dialogen mit den Herstellern bzw. Konstrukteuren. Gab es Anregungen für die Me 108?
EB: Sicherlich, die Instrumentenbrettbeleuchtung zum Beispiel, dann die Einstiegsmöglichkeit, nicht jeder Interessent kam die Fläche rauf. Ich habe nach jedem größeren Flug einen Bericht an den Hersteller gemacht. So simple Sachen wie Vorhänge gehörten dazu, ein zusätzlicher Ölkühler für Langstreckenflüge. Mein Mann *Bernd Rosemeyer* hat bei unserem Afrikaflug mit z. B. einer Tropenbelüftung ebenfalls Ideen beigetragen, die ich nie mit Geld hätte bezahlen können.
sht: Haben Sie die in Frankreich nachgebaute Me 108, die Nord 1001 und 1002, auch geflogen?
EB: Ja, ich bin unter anderem 1966 mit ihr nach Spanien geflogen, wo ich Professor *Messerschmitt* besuchte. Sie ließ sich auch mit dem kleinen Finger fliegen, doch irgendwie hatten konstruktive Änderungen ihre Eigenschaften etwas verringert, keine wesentlichen Unterschiede, aber doch spürbar.
sht: Fassen Sie Ihre Liebeserklärung noch einmal zusammen?
EB: Das Flugzeug war ein Schatz, eine elegante Schönheit in allen Lebenslagen, rassig und dennoch gutmütig, wendig, schnell, blendend zu handhaben. Es verdient es, auch nach einigen Jahrzehnten Rückblick, als herausragend bezeichnet zu werden. Die »Taifun« war im Grunde so weit in die Zukunft konstruiert, daß so viel Entscheidendes gar nicht mehr dazukommen konnte.
sht: Sie hätte eine deutsche Serienproduktion für Jahrzehnte werden können . . .
EB: Das verhinderten Krieg und die Zwangspause danach; dann kam viel mittelmäßige Uniformität, meist aus USA. Aber die Restriktionen in Europa, vor allem in den vielen Jahren des »kalten Krieges«, verbunden mit Abfertigungsaufwand, Zollschranken, steigenden Kosten und neuen zusätzlichen Belastungen, gaben eigentlich keinen Platz für ein schnelles Reiseflugzeug deutscher Provenienz.
sht: Kaum jemand, der das heutige Geschehen in der Luftfahrt verfolgt, kann zugleich auf sechs Jahrzehnte aktive Fliegerei zurückblicken. Wie sehen Sie die Entwicklung?
EB: Leider eher negativ; die Fliegerei und die doch objektiv viel leiser gewordenen Flugzeuge, ob im Luftsport oder in der Geschäfts- und Reisefliegerei, werden von einigen Querschädeln verfolgt mit ideologisch überfrachteter Polemik. Die Politiker geben ihnen noch recht, nicht weil ihre Argumente so gut sind, sondern weil es so bequemer ist. Millionen werden hinausgejagt für Projekte, die im Sand verlaufen. Die erfolgreichen Bemühungen der Flieger aber, technisch und von den Verfahren her leiser zu fliegen, werden nicht nur nicht honoriert, sondern ignoriert. Ebenso negiert wird die Bedeutung einer flugsportlichen Ausbildung für Jugendliche, für die Persönlichkeitsbildung in den Flugsportgruppen, die vielseitige geistig-technische Erziehung, die dort ermöglicht wird.

Zitate aus: *Elly Beinhorn* »Mein Mann der Rennfahrer« und »Alleinflug«.

Test der Messerschmitt Me 108 D-1 »Taifun«

Auszüge aus einem Testbericht von *Dieter Schmitt*, erschienen im aerokurier 2/89

»45 Jahre sind verflogen, seit ich eine Me 108 ›Taifun‹ geflogen habe. Trotz dieser für das Erinnerungsvermögen enormen Zeitspanne zähle ich diesen Typ zur sehr kleinen Gruppe der Rasseflugzeuge, und das will bei der Gesamtzahl von 310 verschiedenen Typen, die ich in meinem 50jährigen Fliegerleben durch die Luft bewegt habe, schon etwas heißen . . .
Wenn man bedenkt, daß in hochtechnisierten Ländern im Jahre 1934 noch Doppeldecker oder verspannte Tief- und Hochdecker als modernes Inventar in den aktiven Jagdstaffeln flogen und dort noch Kabinendoppeldecker bis Ende 1946 in Produktion waren, dann erst kann man die Revolution werten, die diese Me 108 für den Flugzeugbau bedeutete. Dieser Ganzmetall-Kabinentiefdecker mit Einziehfahrwerk, Vorflügeln und Landeklappen, hergestellt in Schalenbauweise, war damals allen anderen Konstruktionen um viele Jahre voraus . . .
Als ich bei der ILA '88 in Hannover in der statischen Ausstellung erneut vor der Maschine stand, hatte ich nicht nur ein Gefühl der Bewunderung, sondern es beschlich mich etwas Undefinierbares: wenn nur nichts schiefgeht! . . .

Die Flugzeug-Union-Süd, ein DASA-Tochterunternehmen, betreut die »Traditions-Taifun«, die ihren alten Anstrich als Luftwaffen-Kurierflugzeug erhalten hat.
Im Bild die Me 108 »Taifun« über Augsburg im September 1993.

Nach peinlich genauem Außencheck, zu dem auch die Überprüfung des Einspritztanks in der linken Flügelwurzel gehört, steigen wir ein. Die großen, beiderseits nach vorn klappbaren Haubenteile erleichtern den Einstieg über die Trittflächen auf den Flügelwurzeln. Wird mit dem Sitzfallschirm geflogen, sind die Sitzpolster herauszunehmen. Natürlich ist die gesamte Haube für den Notfall abwerfbar, so daß mit dem Fallschirm ausgestiegen werden kann . . .
Mit dem von allen deutschen Baumustern bekannten Zündschalter auf M 1+2 springt der wunderbare As 10 C nach Betätigen des elektrischen Anlassers auf Anhieb an. Wer das Geräusch von früher her noch in den Ohren hat, für den ist es ein Genuß zu hören, wie gleichmäßig er bei 1000 U/min warmläuft . . .
Abbremsen. Hierzu wird Vollgas gegeben, was im Stand 1680–1700 U/min bedeutet . . .
Zum Start wird der T-Griff der Prop-Verstellung nach vorn gedrückt (für kleine Steigung = große Drehzahl) . . . Die Klappen stehen auf 20°, zügiges Vorschieben des an der linken Bordwand liegenden Gashebels bis zum Anschlag, Überfliegen der Instrumente. Die Maschine beschleunigt gut, aber die Sicht nach vorn ist in der 3-Punktlage natürlich schlecht. Wer das nicht kennt, muß sich erheblich umstellen . . . Zunächst hält man den Knüppel leicht gezogen und läßt mit wachsender Geschwindigkeit nach, so daß das Spornrad abheben kann. Bei meinem Start bekomme ich nun just in diesem Augenblick eine derartige Stoßböe verpaßt – eine richtige thermische Ablösung –, daß die brave Maschine unmittelbar in drei Meter Höhe gepustet wird. Wir sind in Horizontallage, so daß ich mit den sehr positiv wirkenden Rudern die 108 halten kann. Sie beschleunigt weiter auf 120 km/h, und schließlich kann ich mit 150 km/h in einen kraftvollen, von Böen begleiteten Steigflug übergehen . . .
Während ich nun in ziemlicher Turbulenz steige, pumpt mein Begleiter Karl-Heinz mit 40 Schlägen das Fahrwerk mit dem Rätschenhebel ein und kontrolliert die weiße Kontrollmarke für die Verriegelung. Der Vorgang muß vor Erreichen von 180 km/h beendet sein. Anschließend fahre ich die Klappen mittels des großen, sehr günstig liegenden Handrades ein und trimme die Maschine nach. Dies geschieht mit dem außen liegenden Handrad gleichen Durchmessers. Beide liegen auf der gleichen Welle und gerade so dicht beieinander, daß man sie auch gleichzeitig fassen und bedienen kann . . .
Wir sind nun ›clean‹ im Steigflug. Die automatischen Vorflügel sind längst völlig eingefahren, und mit der Fahrtmessernadel auf 150 km/h steigen wir mit durchschnittlich 900 ft/min. Hier die dazu gehörigen Triebwerksanzeigen: Ladedruck 0,9 ata, Drehzahl knapp über 2000 U/min. Es geht nach Süden Richtung Hildesheim, denn natürlich hätten wir in dem zur Zeit der ILA völlig überfüllten Luftraum über Hannover zu wenig Freiheit für eigene Entschlüsse gehabt. So freue ich mich auf den schönen Grasplatz.
Im Steigflug ist die Sicht nach vorn über die Motorschnauze ebenso begrenzt wie bei jedem anderen einmotorigen Flugzeug auch, hingegen ist das Geräusch in der Kabine recht deutlich. Das liegt daran, daß dieses Flugzeug aus einer Serie für die Luftwaffe (1943) stammt. Damals wollte man gern auf das zusätzliche Gewicht und die Bindung von Produktionsmitteln verzichten, nur um das Flugzeug mit den entsprechenden Dämmstoffen ›leise‹ zu machen. Heute wäre es kein Problem, dieses nachzuholen, um den gleichen Standard in der Kabine zu bieten wie bei anderen Flugzeugen dieser anspruchsvollen Klasse heute üblich.
Nach Übergang zum Reiseflug wird der Ladedruck auf 0,8 ata zurückgenommen und der Drehzahlbereich durch Zurückziehen des T-Griffes für die Luftschraubenverstellung auf 1800 U/min einreguliert. In 5500 ft Höhe hält die Maschine eine Reisegeschwindigkeit von 300 km/h TAS (162 kts) . . .
Unter Berücksichtigung des damals allgemein zur Verfügung stehenden Flugzeugparks waren diese Leistungen geradezu sensationell, und selbst heute können sie sich sehen lassen . . .
Sind die Steuereigenschaften der Me 108 ›Taifun‹ schon in normalen Fluglagen jeder heutigen, vergleichbaren Maschine deutlich überlegen, so trifft dies für die Eigenschaften in der kritischen Phase des Strömungsabrisses im Langsamflug in noch auffallenderer Weise zu. Nimmt man die Fahrt ohne Klappenstellung, Motor im Leerlauf, mit 1 kt/sec zurück, so kommt man bis zu einem Anstellwinkel von etwa 35°, bis bei etwa 110 km/h (60 kts) ein Schütteln im Leitwerk beginnt und die Vorflügel langsam herauskommen. Ohne die geringste Tendenz nach einer Seite kommen die Slots dann bei 80 km/h (43 kts) ganz heraus. Auch dann passiert noch nicht, was man eigentlich längst erwartet, denn erst bei 50 km/h (27 kts) schüttelt sie nun stark und fängt an, mit geringer Frequenz um die Querachse zu schwingen. Im ganzen ist das eine Sackflugbewegung ohne Einlagen nach der Seite, jedoch mit deutlichem Fahrtaufholen. Unglaublich! In meiner jahrzehntelangen Praxis als Testpilot ist mir in dieser Klasse der vier- bis sechssitzigen Reiseflugzeuge keine Maschine in die Hände gekommen, die in ihrer Steuercharakteristik derart viele Pluspunkte offerieren kann und derart positive Überraschungen zeigt. Kein anderes Flugzeug dieser Klasse reagiert

so positiv auf jede Steuereingabe, aber auch so ausgeglichen um alle Achsen wie diese Me 108 ›Taifun‹ . . .
Nach etwas Luftarbeit fliegen wir nach Hildesheim, um dort ungestört starten und landen zu können. Im Bahnneigungsflug geht es mit 340 km/h (184 kts) langsam nach unten. Hierbei liegt die Maschine wie ein Brett, und man kann sie ohne Knüppelführung allein mit dem großen Handrad über die Höhentrimmung fliegen. Die Trimmung wirkt sehr straff über den gesamten Flugbereich . . .
Rechtzeitig vor dem Platz reduziere ich die Fahrt unter 180 km/h (97 kts), damit mein Freund das Fahrwerk ausfahren kann. 40 Pumpbewegungen dauern natürlich ihre Zeit, und auch der Pilot kann diese Arbeit übernehmen, denn der Hebel liegt gleich günstig zwischen den Sitzen. Nun wird der T-Griff für die Luftschraubenverstellung für kleine Steigung gedrückt. Mit Klappenstellung auf 20° gehe ich mit 110 km/h (60 kts) in den Queranflug und reduziere nach dem Eindrehen in den Endteil auf 90 km/h (49 kts). Mit großem, umfassendem Griff der linken Hand erfasse ich gleichzeitig Klappen- und Trimmrad und stelle die Landeklappen auf 50°, wobei ich automatisch das sich ändernde Moment wegtrimme. Der Anflug mit vollen Klappen ist ziemlich steil, was der Sicht nach vorn zugute kommt. Nach Passieren des ›Zauns‹ nehme ich die Schnauze langsam höher und schwebe, Motor im Leerlauf, mit 70 km/h (38 kts) und in Dreipunktlage zum Aufsetzpunkt. Ich habe nicht kontrolliert, mit wieviel IAS sie dann sitzt, aber es sind wohl 50 km/h (27 kts). Dabei bleibt die Ruderwirkung in erstaunlichem Maße erhalten, und ich bin mit meiner einwandfreien Dreipunktlandung zufrieden.
Schnell die Klappen auf 20° und Trimmen, dann starte ich nochmals durch. Und diesmal hebt die Maschine wie gewünscht ab, wie sich das gehört. Ich fliege die Platzrunde kurz, nur um nochmals landen zu können. Das Fahrwerk bleibt bei dieser ›kurzen Biege‹ draußen. Es ist kein Verkehr, und die Besatzung des englischen TWR ist natürlich wie elektrisiert, eine echte Messerschmitt hier zu sehen. Auch die zweite Landung gelingt leicht, und die 108 demonstriert einmal mehr, daß ihre Landeeigenschaften geradezu vorbildlich sind. Daß man sie als Heckradmaschine nach dem Aufsetzen mit hinterer Knüppelstellung unbedingt am Boden halten muß, sollte auch einem reinen Bugradpiloten klar sein. Die Sicht nach dem Aufsetzen ist dann freilich eingeschränkt, aber das Bremsen kann wegen der so geringen Rollgeschwindigkeit milde sein. Mit dem großen Bodenanstellwinkel in Dreipunktlage wird ohnehin aerodynamisch gebremst. So ist denn die Landerollstrecke dieser Wundermaschine weit unter 200 m. Bei meinen Landungen auf diesem schönen Grasplatz mit etwa 15 kts Wind schätze ich auf etwa 100 m Ausrollstrecke mit mittlerem Einsatz der Innenbackenbremsen . . .
Start zum Rückflug nach Hannover. Auf gut gepflegter Grasnarbe geht es im Zick-Zack zur Startposition. 20° Klappenstellung, Vollgas. Nach kurzem Anrollen lasse ich langsam das Spornrad hochkommen, und schon ist die Sicht nach vorne wieder gut. Nicht die geringste Ausbrechtendenz macht sich bemerkbar, und bei 110 km/h (59 kts) hebt sie sanft ganz allein ab. Die Startrollstrecke beträgt mit dem leichten Gegenwind etwa 130–140 m . . .
Einwandfreie Dreipunktlandung, Zurückrollen, Abstellen. Hunderte Fotoapparate dokumentieren die Ankunft dieses beliebten und schönen Vogels in jeder Phase. Wir können melden: Maschine klar! . . .
Noch eine Bemerkung zur Gruppierung und Position von Hebeln und Schaltern. Sie liegen durchweg günstig und lassen sich ohne besonderen Kraftaufwand bedienen. Dies gilt sowohl für den Fahrwerkshebel als auch für Brandhahn, Kraftstoffhahn, Propellerverstellung, Kabinenverriegelung, Gashebel und in sogar lobenswerter Weise für die beiden eng beieinanderliegenden Räder für Höhentrimmung und Landeklappen, deren gemeinsame Bedienung wegen der Abgleichung ihrer Systeme so überaus entlastend wirkt . . .
So dürfen denn die Konstrukteure von 1933/34 mit Stolz für sich in Anspruch nehmen, schon damals für über ein halbes Jahrhundert das große Vorbild für ganze Generationen von Reiseflugzeugen dieser Klasse geschaffen zu haben. Es ist ihnen in überzeugender Weise gelungen, die bis heute einmaligen Steuereigenschaften mit den hervorragenden Qualitäten in der Bauausführung und in der Handhabung zu einer geglückten Synthese zu verschmelzen und dieses als leistungsfähiges Produkt in den Serienbau zu übertragen.«

Eine Messerschmitt Me 108 »Taifun« wurde von *Reinhold Ficht* als Oldtimer restauriert und wieder zum Fliegen gebracht. MBB (jetzt DASA) erwarb diese Me 108 als »Traditionsflugzeug«.

Heiner Neumanns Traumflugzeug: Ruschmeyer R 90-230 RG

Fragt man zehn Piloten, wie sie sich ihr Traumflugzeug vorstellen, so wird man ganz sicher die Beschreibung von zehn verschiedenen Flugzeugen bekommen. Das ist natürlich auch in Ordnung, denn jeder hat bestimmte Wünsche und setzt seine Prioritäten dementsprechend.

Für mich stand schon zu einem sehr frühen Zeitpunkt fest, welches Flugzeug ich später einmal fliegen wollte; daß ich Pilot werden würde, war ohnehin keine Frage.

Ich gehöre zu der Generation, die in den letzten Kriegsjahren in Berlin aufwuchs, und ich hatte gelernt, eine Messerschmitt von einer Spitfire zu unterscheiden. Später, kurz nach Kriegsende, prägte sich mir das Bild einer Mustang ein, die, von Norden kommend, hinter ihrem großen Propellerkreis im Tiefflug über den Tegeler See donnerte, am gegenüberliegenden Ufer senkrecht hochzog und dann über der Stadt verschwand. Das war für mich ein Schlüsselerlebnis.

Das Flugzeug, das ich damals schon fliegen wollte, müßte ein schneller Tiefdecker mit Einziehfahrwerk sein, und es sollte – wie auch anders – einen Steuerknüppel haben.

Später flog ich dann viele verschiedene Flugzeugtypen: Hochdecker, Tiefdecker mit und ohne Einziehfahrwerk, aber keines kam der Vorstellung von meinen Traumflugzeug so richtig nahe.

Die Mooney mit dem Porsche-Motor, die ich jahrelang flog, ging schon in die richtige Richtung, aber das »Volant« im Cockpit hätte noch durch einen richtigen Steuerknüppel ersetzt werden müssen, und die Manövrierbarkeit ließ auch noch viele Wünsche offen.

Vielleicht ist es eine Generationsfrage; aber offenbar dachten *Horst Ruschmeyer* und *Reinhard Molck* genauso wie ich, als sie sich entschlossen, zunächst die MF-85 und dann die R 90 zu entwickeln.

Als ich dann auf der ILA '88 zum erstenmal im Cockpit der MF-85 saß und auf den kleinen Flügel hinaussah, Steuerknüppel und Gashebel genau an der Stelle fand, wo sie hingehören, ahnte ich bereits, daß ich in dem Flugzeug saß, das meine Wünsche vielleicht erfüllen könnte.

Aus der MF-85 wurde dann die R 90, und nach vielen Erprobungsstunden und zahllosen kleinen Änderungen wurden Flugeigenschaften und -leistungen so weit optimiert, daß sich das Flugzeug heute wie aus einem Guß präsentiert.

Der Vierblatt-Constant-Speed-Propeller von Mühlbauer, die niedrige Drehzahl und ein gut angepaßter Abgasschalldämpfer machen das Flugzeug zu dem leisesten in dieser Kategorie. Mit mehr als zehn Dezibel unter den ICAO-Forderungen darf es sogar in der Schweiz für Schulflüge eingesetzt werden (die R 90 entspricht der Schweizer Lärmklasse D).

Trotz dieser Zugeständnisse an den Lärm sind die Flugleistungen hervorragend. Bei 85% Leistung (bei den Konkurrenzmustern wären das 75%, weil der Motor dort mit 250 HP betrieben wird) erreicht das Flugzeug im Reiseflug eine True Airspeed von 170 kt (315 km/h), und das mit allen Antennen für eine komplette IFR-Ausrüstung einschließlich GPS und Stormscope.

Im Sparflug sind mit 35 Litern pro Stunde und mittlerer Masse noch 150 kt erreichbar, vorausgesetzt, man wählt die richtige Flughöhe.

Solange ein Flugzeug in der Erprobung ist und mit einer vorläufigen Verkehrszulassung fliegt, darf man als Testpilot – im Rahmen der Erprobung – natürlich viel mehr machen, als dem Käufer später erlaubt ist.

Die R 90 wurde intensiv getrudelt. Dabei wurden alle Konfigurationen und Beladezustände bis zu 6 Trudelumdrehungen im Hinblick auf Trudeleigenschaften und Ausleitverhalten untersucht. Es gibt wohl kaum ein Reiseflugzeug, das so gute und vorhersehbare Trudeleigenschaften besitzt wie die R 90. Natürlich sind die Langsamflug- und Überzieheigenschaften ebenfalls unproblematisch.

Zu den schönsten Aufgaben in der Flugerprobung gehört es – in begrenztem Umfang –, Kunstflugfiguren zu untersuchen. Kubanische Acht, Rolle, Loop, Auf- und Abschwung und Turns lassen sich mit der R 90 sehr gut fliegen; allerdings ist das dem Käufer nicht erlaubt. Für den Kunstflug könnte die Rollrate noch etwas größer

sein, aber man kann eben nicht alles haben, und die R 90 ist schließlich ein Reiseflugzeug.
Die Fliegerei mit der R 90 macht mir so richtig Spaß. Ob IFR in IMC, »on top« im Sonnenschein oder »low level« zwischen Eisbergen in den Fjorden Grönlands oder über den Urstromtälern Kanadas. Es geht mit fast drei Meilen pro Minute voran, die Sicht ist hervorragend, und das Flugzeug läßt sich mit kleinsten Steuereingaben präzise manövrieren.
Als Projektpilot für dieses Flugzeug bin ich sicher etwas voreingenommen, und manchmal war ich selbst nicht mehr so ganz sicher, ob ich noch objektiv sein könne, aber inzwischen wurde das Flugzeug von einigen kompetenten Piloten geflogen, und Kritik gab es wenig, und wenn, dann nur an Kleinigkeiten.
Ein Pilot, auf dessen Urteil ich großen Wert lege, ist *Dieter Thomas*. Er fragte mich nach unserem gemeinsamen Flug, wie es uns gelungen sei, die Ruderabstimmung so gut hinzubekommen. Er sprach von »eleganten Flugeigenschaften« und idealer Abstimmung für Reiseflug und IFR-Training. Man kann sich vorstellen, wie ich mich fühlte. Das Lob habe ich gerne an das junge Team bei Ruschmeyer weitergegeben.
Nun habe ich meiner Begeisterung über dieses Flugzeug auf einigen Seiten Ausdruck verliehen, und trotzdem gibt es noch eine Steigerung.
Es handelt sich auch um eine R 90, aber eine, die bisher nur als Prototyp fliegt. Es ist die R 90-420 AT mit Allison-Propellerturbine. Bei mehr als 300 kW (400 HP) braucht man bei diesem Flugzeug über Leistung nicht mehr zu reden, man hat sie einfach, und zwar in jeder Situation genug. Beim Start auf schmalen Bahnen vielleicht manchmal schon reichlich viel. Steigflüge auf 15 000 ft dauern wenig mehr als sieben Minuten, und im Reiseflug kommt man schon fast an Flugzeiten der Lufthansa heran (wenn es nicht zu weit ist).

Die Idee (und ein Teil des Geldes) für dieses Flugzeug kommt von einem netten Herrn aus Bielefeld, der selbst noch Me 109 geflogen und sich die richtigen Vorstellungen von Motorleistung bewahrt hat.

Die Leistung der Turbine mit den Flugeigenschaften der R 90 gepaart führten nun endgültig zu meinem Traumflugzeug, und ich genieße jeden Flug damit.

Neunziger Jahre: Ausländische Flugzeugmuster in Deutschland

Bis heute bestimmen amerikanische Flugzeugmuster das Bild auf den deutschen Flugplätzen – zumindest in den »alten« Bundesländern. Cessnas und Pipers, so betagt die meisten von ihnen sind, überwiegen bei weitem; dazwischen tauchen ebenfalls meist ältere, aber noch immer modern aussehende Beech-Tiefdecker sowie Mooneys auf, dazu französische Muster wie Robin und Morane. Seit Mitte der siebziger Jahre hat sich an diesem Bild nicht viel geändert. Lediglich neuere Wassmer-Kunststoff-Flugzeuge sowie die Socata-Muster der Aérospatiale und – leider selten genug – neuere deutsche Kunststoff-Flugzeuge lassen einen gewissen Fortschritt erkennen.
Außer bei den Mooneys gibt es von US-Seite kaum etwas Neues. Der Grund dafür liegt teils in der weltweiten Rezession, die schon Mitte der achtziger Jahre spürbar wurde, in den USA zur Hauptsache aber an den Folgen der Produkthaftung, die dort von einem Heer von Rechtsanwälten geradezu exzessiv gegen Hersteller von Fluggerät durchgesetzt wird.
Noch in den siebziger Jahren beherrschten die Amerikaner den Markt für Leichtflugzeuge in ihrem gesamten Einflußbereich. Die angebotenen Muster waren zwar von der Auslegung und von den Motoren her schon lange nicht mehr auf dem neuesten Stand der Luftfahrttechnik, jedoch ausgereift und zuverlässig. Und wer sonst konnte ein weltweites Service- und Reparaturnetz bieten? Schon das machte die zudem recht preisgünstig angebotenen Cessnas und Pipers international nahezu konkurrenzlos. Noch 1978 wurden weltweit mehr als 18 600 US-Leichtflugzeuge verkauft (Weltmarktanteil 98 Prozent); 1986 waren es nur noch 985! Zwar hatte Cessna mit 549 Einheiten den Löwenanteil daran, doch die Flugzeuge wurden aus Lagerbeständen geliefert, denn das Werk in Wichita hatte die Produktion von Flugzeugen mit Kolbenmotoren 1986 bereits eingestellt. Kurz darauf reagierte Piper ebenso auf die Marktentwicklung und die Folgen der Produkthaftung, deren Versicherungsprämien inzwischen höher lagen als die Herstellungskosten der Flugzeuge. Lediglich die »Nobelmarken« Beech und Mooney produzierten weiter und behaupteten sich am Markt. Mooney konnte dank geschickter Modellpolitik und neuer Muster mit besseren Leistungen seinen bisher geringen Marktanteil sogar erhöhen. Den europäischen Herstellern bot sich trotzdem eine große Chance, die sie jedoch wegen der fortschreitenden Rezession nur begrenzt nutzen konnten. Gar zu gern hätten viele Clubs und Privatpiloten ihre mehr oder minder veralteten Cessnas und Pipers gegen modernere, wirtschaftlichere und umweltfreundliche Flugzeuge umgetauscht, doch den meisten fehlte dafür das Geld, zumal die Preise inzwischen sprunghaft gestiegen waren und mit der Unterstützung von Sponsoren nicht mehr gerechnet werden konnte. Selbst relativ günstige Angebote aus Frankreich, wo die Aérospatiale-Tochter Socata dank weitgehender staatlicher Unterstützung zum Marktführer avanciert war, konnten nur begrenzt wahrgenommen werden. So blieb es weitgehend bei dem Stand der achtziger Jahre.

Folgen der Produkthaftung in den USA

Seit Ende 1993 zeichnet sich in den USA eine Wiederbelebung der durch die Produkthaftpflicht so stark geschädigten Luftfahrtindustrie ab.
In dem Aerokurier-Editorial 12/93 schreibt *Volker K. Thomalla:*

». . . Insgesamt sank die Zahl der in den USA gebauten General-Aviation-Flugzeuge von 1978 bis 1992 um 95 Prozent. Die Gesetzgebung zur Produkthaftpflicht hatte einen ganzen Industriezweig vernichtet. Nun, viel zu spät, sind einige Senatoren und Kongreßabgeordnete in Washington, D.C., aufgewacht und haben den ›General Aviation Revitalization Act of 1993‹ (Gesetzesvorlage zur Wiederbelebung der Allgemeinen Luftfahrt) auf den Weg gebracht. Initiatoren sind die Kongreßabgeordneten *Dan Glickman* aus Kansas und *Jim Hansen* aus Utah. Sie können sich dabei auf die Zustimmung von 221 Kongreßabgeordneten berufen, die schriftlich geäußert haben, diesen Entwurf zu unterstützen. Mit dem Revitalization Act soll, wenn er die Hürden des Gesetzgebungsprozesses nimmt, die Produkthaftpflicht für Flugzeughersteller auf 15 Jahre beschränkt werden. Das würde bedeuten, daß ein Flugzeug- oder Ausrüstungshersteller nicht mehr von der Produkthaftpflicht belangt werden darf, wenn das Flugzeug oder das Gerät länger als 15 Jahre sicher betrieben wurde. Bislang galt die Produkthaftpflicht unbegrenzt, was zur Folge hatte, daß Hersteller wegen Unfällen mit 40 Jahre alten Flugzeugen angeklagt wurden . . .
Bei den US-Flugzeugherstellern findet die Gesetzesinitiative ungeteilte Unterstützung. Cessna-Chef *Russel W. Meyer* sagte, sein Unternehmen werde an dem Tag, an dem der US-Präsident durch seine Unterschrift dem Revitalization Act Gesetzesbedeutung verleihe, mit den Produktionsvorbereitungen für die Cessna 172, 182 und 206 beginnen. Er rechne mit einer anfänglichen Produktionsrate von 1500 bis 2000 Maschinen pro Jahr . . .«

Von einer Neukonstruktion ist nicht die Rede; offenbar setzt man auch nach Jahren noch auf den guten Ruf und die Bekanntheit der Flugzeuge aus den sechziger und siebziger Jahren. *Volker K. Thomalla* prognostiziert einen harten Wettbewerb mit den europäischen Herstellern, denn gerade in Zeiten der Rezession dürfte der zu erwartende Preisvorteil der US-Muster gegenüber den europäischen Konstruktionen Gewicht gewinnen. Man darf gespannt sein, ob die besseren Leistungen, die geringeren Betriebskosten und die Umweltfreundlichkeit etwa der neuen Kunststoff-Motorflugzeuge potentielle Käufer nicht doch stärker beeindrucken. Das Beispiel der »Katana«, die wegen ihrer in diesem Sinne herausragenden Eigenschaften auf dem US-Markt vorpreschen konnte (siehe »Das Einfachflugzeug: DV 20, ›Katana‹«), gibt zu Hoffnungen Anlaß.
Andererseits scheint sich das Problem der Produkthaftung in den USA in absehbarer Zeit abzuschwächen.
Auch aus dem früheren Ostblock werden inzwischen in zunehmendem Umfang Leichtflugzeuge vom Motorsegler bis zum Trainer angeboten, im wesentlichen von polnischen, tschechischen und russischen Herstellern. Dabei handelt es sich überwiegend um Metallflugzeuge; Kunststoff wird – außer bei Segelflugzeugen – fast nur für Verkleidungen verwendet. Tests mit diesen Mustern wie mit der neuen Moravan Zlin Z-242L sind durchweg positiv und beweisen, daß sie internationalem Standard entsprechen. Die LBA-Zulassung steht bei einigen noch aus. Es ist allerdings kaum zu erwarten, daß sie für die etablierten westeuropäischen Hersteller zu einer bedeutenden Konkurrenz werden.

Motorflugzeuge und Motorsegler der Akafliegs

Hans Zacher

Die Akademischen Fliegergruppen (Akafliegs) an den Technischen Hochschulen, Universitäten und Fachhochschulen sind in der Fachwelt wohlbekannt als Entwicklungsbetriebe und Erprobungsstellen von mindestens 150 Segelflugzeugmustern, von denen wohl um die 30 zu ihrer Zeit richtungweisend waren. Sie haben, oft in schweren Zeiten wie Inflation und Nachkrieg, dem Segelflug in Theorie und Praxis wichtige Impulse gegeben und zu seiner Verbreitung wesentlich beigetragen. Aufgrund ihrer Erfahrung in Bau und Betrieb von Segelflugzeugen, die aerodynamisch hochwertig (z. B. mit Gleitzahlen über 50) und von der Konstruktion her leichtgewichtig waren (z. B. Einholmer mit Torsionsnase, Faserverbundkunststoffe, Schalenbau) haben sie es auch fertiggebracht, etwa 30 Motorflugzeuge und Motorsegler zu entwickeln. Damit leisteten sie Beiträge zur Verbesserung dieser Luftfahrzeug-Kategorien oder sie zeigten, daß einige Wege nicht gangbar bzw. zu teuer waren. Nicht selten haben solche Projekte jedoch die Möglichkeiten oder die Kräfte einer studentischen Arbeitsgemeinschaft überfordert; denn sie wandelt sich alle vier bis sechs Jahre und muß dann immer wieder mit »Anfängern« arbeiten. Manches Projekt bleibt dabei auf der Strecke.

Geschichte der Akafliegs

(Siehe dazu auch das entsprechende Kapitel im Band 19 »Die Evolution der Segelflugzeuge«.)
Nach dem Ersten Weltkrieg wurde den Deutschen das (Motor-)Fliegen von den Siegermächten verboten. In den

Jahren nach 1919 gründeten ehemalige Kriegsflieger, die Natur- oder Technik-Wissenschaften studierten, Flugtechnische Vereine, Flugwissenschaftliche Gruppen und eben auch Akafliegs, um motorlose Flugzeuge zu bauen und sie zusammen mit anderen auf der Wasserkuppe in der Rhön zu erproben. Denn das motorlose Fliegen, das bis dahin nur ganz wenige interessiert hatte, war nicht ausdrücklich untersagt worden. So kam die Segelflugbewegung zustande, die sich über die ganze Erde verbreitete und auch heute noch wächst.
Als das Verbot 1922 gelockert wurde, durften auch Segelflugzeuge mit Hilfsmotor und Leichtflugzeuge gebaut und geflogen werden. Viele Gleit- und Segelflieger wurden wieder Motorpiloten, und auch einige Akafliegs widmeten sich jetzt der Konstruktion von Motormaschinen, die in einigen Fällen Versuchsmuster bzw. Prototypen von Leichtflugzeugen waren. Die einschlägige Industrie baute einige in Kleinserie wie z. B. in den zwanziger Jahren die Bahnbedarf AG, Darmstadt ihre BAG-Muster und die Gebrüder Müller, Griesheim, ihre GMG. Diese Flugzeuge waren für damalige Begriffe recht leistungsfähig, wurden gern geflogen und bestritten auch erfolgreich Rundflüge und Wettbewerbe.
Bis 1928 waren etwa 15 Akafliegs oder ähnliche technisch-wissenschaftlich arbeitende Fliegergruppen entstanden, die sich in der 1922 auf der Wasserkuppe gegründeten Idaflieg (Interessengemeinschaft deutscher akademischer Fliegergruppen) zusammenschlossen, um Erfahrungen auszutauschen und ihre Interessen gemeinsam nach außen zu vertreten. Heute sind nur noch neun der technisch-wissenschaftlich tätigen Akafliegs (Aachen, Berlin, Braunschweig, Darmstadt, Esslingen, Hannover, Karlsruhe, München und Stuttgart) in der 1951 wiedergegründeten Idaflieg vertreten, da es die früheren ostdeutschen Gruppen nicht mehr gibt.

Von Beginn des Segelfluges auf der Wasserkuppe 1920 nahmen Professoren und Wissenschaftler regen Anteil an der Konstruktionstätigkeit und den Erfolgen der akademischen Fliegergruppen. So ergab sich eine enge Verbindung zwischen den Studenten und den Hochschulen sowie den Forschungsanstalten, die bis heute überall gut gehalten hat. Die DVL und die DFS früher und neuerdings auch die DLR (ehemals DFVLR) haben die Arbeiten der Akafliegs ideell und materiell gefördert – wie das in ihren Satzungen steht (»Förderung des technisch-wissenschaftlichen Nachwuchses«). Auch die Hochschulen und ihre Professoren haben die Gruppen unterstützt, z. B. durch Überlassen von Konstruktionsbüros und Werkstätten, durch Materialbeschaffung sowie durch Vergabe von Studien- und Diplomarbeiten, die sich auf Gruppen-Entwürfe bezogen. Bestimmend in bezug auf Ziele und Aufgaben waren sie nicht, bis auf ganz wenige Ausnahmen. Die Gruppenmitglieder besprachen und wählten selbständig die Art und den Ablauf der Arbeiten. Sie veranstalteten auch Vorträge und technische Vergleichsfliegen sowie sportliche Wettbewerbe mit Hilfe, aber nicht unter Aufsicht der Hochschule oder der DVL, DFS und DLR.
Die Akafliegs bemühen sich in Verbindung mit der Hochschule darum,

1. bessere Ingenieure durch zusätzliche Ausbildung und Betätigung in Theorie und Praxis hervorzubringen und
2. Entwicklungsbetriebe und Erprobungsstellen für gute Flugzeuge mit fortschrittlicher Aerodynamik, mit neuen und sicheren Werkstoffen und geeigneter Leichtbauweise zu sein.

Flugzeugmuster der Akafliegs

Trotz aller hervorragenden Konstruktionen und anerkennenswerten Leistungen hat anfangs die Unzuverlässigkeit der kleinen Motoren, die oftmals aus der (meist ausländischen) Motorrad-Industrie stammten, den großen Erfolg verhindert. Hinzu kam, daß die jungen Leute wegen ihrer zeitgebundenen Studienarbeiten oder aus Geldmangel nicht an allen Wettbewerben teilnehmen konnten oder mit ihrer geringen Wettbewerbserfahrung nicht gegen die bekannteren Piloten ankamen.
In neuerer Zeit sind die Motoren zwar zuverlässiger, doch übersteigt die Arbeit an der Entwicklung eines Motorflugzeuges die Möglichkeiten und Fähigkeiten einer kleinen studentischen Gruppe. Motorsegler sind meist einfacher, besonders dann, wenn ein Segelflugzeug-Grundmuster oder wenigstens Teile davon erprobt sind und nur die Triebwerksanlage entwickelt und eingebaut werden muß. Hin und wieder mißlang auch die Neuentwicklung eines Flugzeuges – das muß offen gesagt werden. In der Ausbildung ist aber das Versuch- und Irrtum-Prinzip sehr wichtig für die Erkenntnis, daß die Bäume nicht in den Himmel wachsen und daß nicht jede theoretische Arbeit auch zu einem praktischen Ergebnis führt.
Im folgenden werden nun die einzelnen Akafliegs und ihre motorisierten Flugzeuge mit ihren Besonderheiten vorgestellt. Angeschlossen ist eine Tafel mit den Hauptdaten, die eine schnelle Übersicht ermöglichen soll. Die Daten beziehen sich auf jeweils *einen* Zustand der oftmals veränderten (Versuchs-)Muster. Hauptquellen sind die Jahres- und Jubiläumsberichte der Akafliegs sowie die Zeitschriften »Flugsport«, »aerokurier« und »Zeitschrift für Flugtechnik und Motorluftschiffahrt«. Einige, besonders ältere, Daten sind etwas unsicher und in verschiedenen Quellen auch verschieden angegeben. Von einigen Flugzeugen gibt es überhaupt keine zuverlässigen Angaben.

Die Flugwissenschaftliche Vereinigung **Aachen** hat 1923/24, teilweise zusammen mit der Firma Aachener Segelflugzeugbau GmbH, Leichtmotorflugzeuge gebaut, die heute in die Kategorie Motorsegler fallen würden. So gab es den wohl aus dem Segler »Blaue Maus« entwickelten einsitzigen Mit-

Die FVA 18 »Primitivkrähe« der Flugwissenschaftlichen Vereinigung Aachen hatte zunächst einen VW-Motor, später einen von Limbach (1965).

teldecker S 3 sowie den einsitzigen Hochdecker S 6 (auch K. F. genannt) mit dem 13 m spannenden Tragwerk des Segelflugzeuges FVA 5 »Rheinland«, ausgerüstet mit dem Motor Mabeco von 5,5 kW (7,5 PS). 1926 kam die FVA 6, ein zweisitziger Doppeldecker mit I-Stiel und Verspannung, hinzu, der aber leider schon beim Erstflug zerstört wurde.
Nach dem Kriege wurde ein Nurflügel Horten H 33 (geführt als FVA 17) motorisiert und erprobt. 1965 unternahm die Flugwissenschaftliche Vereinigung Aachen mit der FVA 18 »Primitivkrähe« den Versuch, ein zweisitziges Motorflugzeug zu entwickeln, das in Herstellung und Betrieb einfach und billig sowie zum Nachbau geeignet sein sollte. Der abgestrebte Kabinen-Hochdecker mit zwei hintereinanderliegenden Sitzen im Stahlrohr-Rumpf bekam einen VW-Motor von 22 kW (30 PS), dessen Drehzahl durch ein selbstgebautes Getriebe 2,85:1 untersetzt wurde (Luftschrauben-Durchmesser 2,15 m). Das Flugzeug wurde verkauft und vom Erwerber umgebaut.

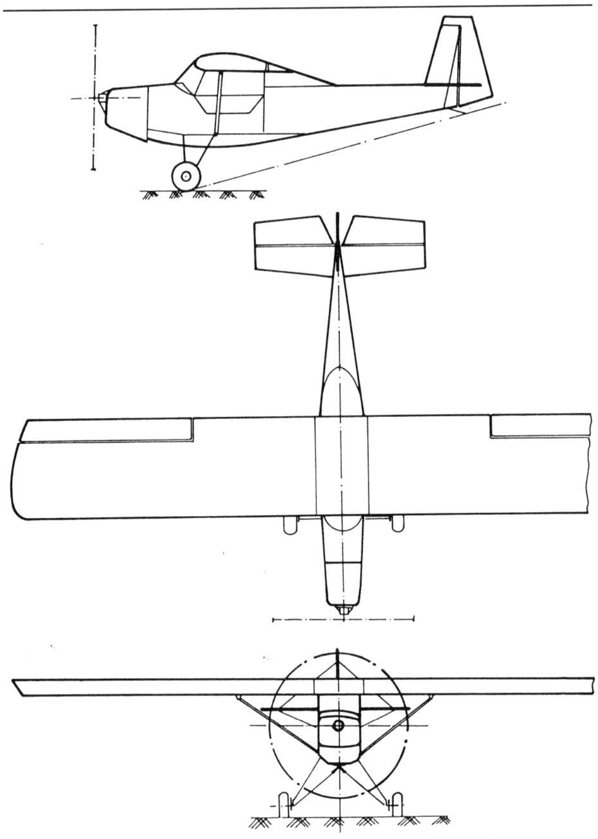

Dreiseitenansicht der FVA 18 »Primitivkrähe«.

Die Akademische Fliegergruppe **Berlin** beteiligte sich 1931 an einem Konstruktions-Wettbewerb nach Forderungen des DLV für ein »Volksflugzeug«, zu dem *Martin Schrenk* und *Walter Stender* einen Entwurf anfertigten, der den ersten Preis gewann und der als FF 1 (A.B.4) Gestalt annahm. Der

Bei der Akademischen Fliegergruppe Berlin entstand 1931 als »Volksflugzeug« der Hochdecker FF 1 (AB 4) mit 20-PS-Mercedes-Motor.

abgestrebte Hochdecker mit 9,0 Meter Spannweite hatte stoffbespannte Flächen, die zur Unterstellung und zum Straßentransport nach hinten beigeklappt werden konnten. Der Rumpf mit sechseckigem Querschnitt war sperrholzbeplankt. Als Triebwerk war ein 15-kW/20-PS-Mercedes eingebaut. Das ganze Flugzeug mit einem einfachen Fahrwerk hatte eine Rüstmasse von nur 185 kg. Die Flugleistungen und -eigenschaften waren sehr gut und wurden noch günstiger, nachdem Kleinigkeiten verbessert worden waren. Wegen der Wirtschaftskrise 1931/33 kam es leider nicht zu einer Nachbauserie – die FF 1 hätte es verdient.
Mit der B 9 wurde 1943 in Berlin ein außergewöhnliches Flugzeug fertig. Die Akaflieg Stuttgart hatte nämlich schon lange in ihrem Spezial-Segelflugzeug fs 17 das Ertragen hoher Beschleunigungen des Piloten in Bauchlage erprobt und mit dem Entwurf eines Motorflugzeuges fs 20 die Entwicklung fortzusetzen versucht. Anfang der vierziger Jahre hatten die Berliner die umfangreiche Aufgabe übernommen und bauten den zweimotorigen Tiefdecker B 9. Etwa zur gleichen Zeit waren in der Segelflugzeug-Erprobungsstelle Trebbin die Segelflugzeuge »Habicht« und »Kranich II« für Piloten in Bauchlage umgebaut worden. Die DVL gab der Akaflieg die nötige Hilfe und genehmigte die Mitarbeit hervorragender Fachhandwerker, so daß der Bau zügig voranging. Der freitragende Flügel mit 9,4 m Spannweite hatte ein sicheres (!) Lastvielfaches von 12 bei einer Flächenbelastung von 94 kg/m². Zwei Hirth-Motoren HM 500 von je 77 kW/105 PS waren die Triebwerke des kleinen Flugzeuges von 1115 kg Flugmasse, das ein sehr gut funktionierendes Einziehfahrwerk besaß. Die B 9 wurde bei der Forschung, der Industrie und der Luftwaffe vorgeführt und von mehr als 30 Flugzeugführern »mit Genuß« geflogen. Der Krieg verhinderte erweiterte planvolle Untersuchungen und die Weiterentwicklung. Die Flugeigenschaften und -leistungen waren beachtlich; noch heute sprechen die Piloten, die die B 9 fliegen durften, voller Begeisterung von diesem Muster.

Erst 1991 kam als nächstes motorisiertes Flugzeug der Berliner Akaflieg die B 13 in die Luft. Sie ist ein noch in der Erprobung befindliches Segelflugzeug der offenen Klasse von 23,2 m Spannweite mit zwei Sitzen nebeneinander und einem Hilfsantrieb als »Flautenschieber«; der Motor hinter den Sitzen treibt über eine lange Welle nach vorn die faltbare Luftschraube in der Rumpfspitze (nach Art der Stemme S 10 – siehe dort). Vorgesehen ist ein Rotax 377 mit 25 kW/34 PS.

Die Flugwissenschaftliche Gruppe an der TH **Braunschweig** – so hieß die heutige Akaflieg zu Beginn ihres Bestehens – hat 1924 einen Tiefdecker MB 4 »Braunschweig« besessen, der vermutlich eine Heinkel He 18 war und nicht als Eigenkonstruktion gelten kann. 1925 wurde jedoch ein Hochdecker im Selbstbau mit Teilen einer Mark Rieseler erstellt: die MB 5 »Wolfenbüttel«. 1928 gewann die Gruppe den 2. Preis im Konstruktions-Wettbewerb der RRG und Idaflieg und baute daraufhin den zweisitzigen Tiefdecker MB 12 »Braunschweig« mit 12,9 m Spannweite, der dem Bäumer »Sausewind« ähnlich sah. Leider sind außer Dreiseitenansichten keine weiteren Angaben über diese Flugzeuge zu finden. Die Gruppe hat sich danach ganz dem Segelflugzeugbau verschrieben.

Die Akademische Fliegerschaft »Marcho-Silesia« **Breslau,** eine farbentragende Verbindung, hat einige Segelflugzeuge entwickelt und sich an den Arbeiten von Professor *Werner Schmeidler,* der ein Mathematiker war, bei der Konstruktion und Erprobung von Motorflugzeugen mit Flügeln »variabler Geometrie« beteiligt. 1930 entstand ein einsitziger Doppeldecker, dessen oberes Deck mit einer spaltlosen Flächenklappe nach hinten um etwa 20% vergrößert werden konnte. Diese S J von *Schmeidler-Jaeschke* mit 8,8 m Spannweite am oberen und 7,7 m am unteren Flügel wurde weiterentwickelt zu den einsitzigen Hochdeckern von *Schmeidler-Neumann*

Mit Unterstützung der DVL stellte die Akaflieg Berlin 1943 das zweimotorige Versuchsflugzeug B 9 her, das u. a. zu Untersuchungen der Auswirkung hoher Beschleunigungen bei liegend angeordneten Piloten verwendet wurde.

Mit Bauteilen eines Rieseler-Hochdeckers wurde 1925 von der Flugwissenschaftlichen Gruppe der TH Braunschweig der Hochdecker MB 5 »Wolfenbüttel« gebaut.

S N 1 und S N 2, deren Klappen nach Art eines Taschenmessers um einen Punkt in Flügelspitzennähe schwenkten, so daß ein ziemlich zugespitzter Flügel entstand. Durch diese Flächen- und Wölbungsvergrößerung war es nach Herstellerangaben möglich, die Geringstgeschwindigkeit von 88 auf 44 km/h und die Startlänge von 140 auf 70 m zu verringern.

Die Flugtechnische Arbeitsgemeinschaft **Chemnitz** hat 1940 eine sehr eindrucksvolle Lösung des Motorsegler-Antrieb-Problems gefunden: die C 10, einen einsitzigen Schulterdecker von 12,5 m Spannweite. *Hans Wünscher* und *Karl Fritsch* ließen um den röhrenförmigen Leitwerksträger eine faltbare Luftschraube drehen, die über Keilriemen von einem im Rumpfboot untergebrachten Köller-Kröber-Motor M 4 von 13 kW/18 PS angetrieben wurde. So ergaben sich ein nickmomentfreier Schub mit gutem Wirkungsgrad der Schraube im Kraftflug und kaum ein Widerstand dieser gefalteten Schraube im Segelflug sowie ein geringer mechanischer Betätigungsaufwand: Beim Anlassen kamen durch die Fliehkraft die in den Mulden der Leitwerksröhre ruhenden Luftschraubenblätter hervor, beim Abstellen verschwanden sie durch Rückholfederkraft (und Fahrtwind) nach hinten in den Mulden. Der Motor wurde vom Pilotensitz aus im Stand und im Flug durch Seilzug gestartet, was allerdings bei der geringen Anlaßfreudigkeit der damaligen Motoren nicht immer ganz einfach war und etwas Vertrautheit mit den »Mucken« des Motors erforderte. Nach mehrfachem Üben durfte man jedoch mit der rechtzeitigen Verfügbarkeit des Schraubenschubs rechnen. – Zwei Musterstücke der C 10 wurden gebaut und von mehreren Piloten geflogen.

Eine sehr fortschrittliche Konstruktion der Flugtechnischen Arbeitsgemeinschaft Chemnitz war der Motorsegler C 10 mit faltbarem Propeller und röhrenförmigem Leitwerksträger (1940).

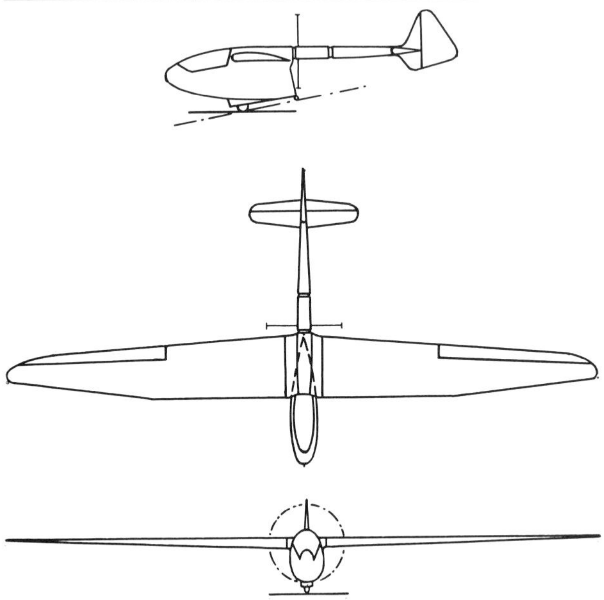

Die Dreiseitenansicht der C 10 läßt die Anordnung des faltbaren Propellers erkennen.

Die Akademische Fliegergruppe **Darmstadt** hat seit 1920 nicht nur den Segelflug und die Segelflugzeugentwicklung in bedeutendem Maße beeinflußt und dabei Spitzenleistungen vollbracht, sondern auch wertvolle Beiträge zur Entwicklung des Motorflugzeuges geleistet.

Die Vorteile dieser Akaflieg lagen darin, daß sie an einer ziemlich kleinen, guten Technischen Hochschule mit sehr wohlwollenden Fachprofessoren wirkte, in einer Stadt, die Luftfahrt-Tradition besaß (*Euler* auf dem Griesheimer Sand flog eigene Konstruktionen, Gymnasiasten um *Hans Gutermuth* hatten zwischen 1909 und 1914 mit selbstgebauten Gleitern in Darmstadt und auf der Wasserkuppe experimentiert) und in der es eine fördernde Industrie gab, von der auch das eine oder andere Flugzeug nach Akaflieg-Zeichnungen gebaut wurde (BAG, GMG). Schließlich dürfen auch die angestellten und lange dort tätigen Meister *Wilhelm Rabe* und *Karl Heinz Hinz* nicht vergessen werden, die die Erfahrungen von der einen Studentengeneration zur nächsten weitergaben.

Als die strengen Motorflugbeschränkungen allmählich gelockert worden waren, ging die Akaflieg 1923 an die Entwicklung eines leichten Motorflugzeuges mit einer für damalige Zeiten großen Flügelstreckung von 11,0. Heute würde man es als Motorsegler bezeichnen. Es war die D 8 »Karl der Große«, die man nach ihrem Konstrukteur auch »Plauthkahn« nannte. Der abgestrebte Hochdecker mit zwei Sitzen hintereinander sollte vorzugsweise der Schulung junger Akaflieg-Mitglieder dienen, bevor die alten Kriegsflieger nach ihrem Examen die Akaflieg verließen. Einige der späteren Rhönsieger haben auf »Karl dem Großen« fliegen und (mit abgestelltem Motor) segeln gelernt. Denn die D 8 kam den heutigen Motorseglerbedingungen schon sehr

Das zweisitzige Motorflugzeug D 8 »Karl der Große« der Akademischen Fliegergruppe Darmstadt war nach heutigen Begriffen schon ein Motorsegler (1923).

nahe: Geringstgeschwindigkeit 65 km/h, bestes Steigen 1,5 m/s, bestes Sinken 1,4 m/s und beste Gleitzahl (im Leerlauf) etwa 15. Das mit einem Haacke-Motor von 22 kW/30 PS versehene Flugzeug hatte 14 m Spannweite und wurde unter Aufsicht von *Karl Plauth* bei der Bahnbedarf AG, Darmstadt, gebaut. Diese benutzte dann die D 8 als V-Muster unter der Bezeichnung BAG DI für eine zweisitzige Serie BAG DII und DIIa sowie für eine einsitzige Serie BAG E I. So gab es also schon 1923/25 ein- und zweisitzige Motorsegler, die sich trotz unzuverlässiger Motoren recht gut bewährten. *Albert Botsch* konnte mit der 10,5 kW/14,5 PS-BAG E I den Zugspitzflug 1925 (z. T. segelnderweise) gewinnen. Hier sei zeitvorgreifend angemerkt, daß die Fa. Gebrüder Müller, Griesheim, Ende der zwanziger Jahre ihre GMG-Serien baute, bei denen »Karl der Große« Pate gestanden hatte. Die Konstruktion wurde nach Erfahrungen mit dem Segelflugzeug D 15 »Westpreußen« von *Hermann Hofmann,* einem Mitglied der Akaflieg, strukturell und aerodynamisch verbessert. Der zweisitzige Hochdecker von 11 m Spannweite bekam einen segelflugzeugähnlichen Rumpf, in dessen Bug der Motor Anzani (26 kW/35 PS) besser verkleidet war als bei der D 8. Die Firma baute mehrere kleine Serien als GMG I, Ia, II, IIa und V, deren

Bei der Firma »Bahnbedarf« in Darmstadt wurden ab 1924 mehrere ein- und zweisitzige Ausführungen der D 8 als BAG D und E gebaut.

Die von der Firma Gebrüder Müller, Griesheim, ab 1927 gebauten Hochdecker GMG I bis V waren Weiterentwicklungen der D 8 nach der »Darmstädter Schule«.

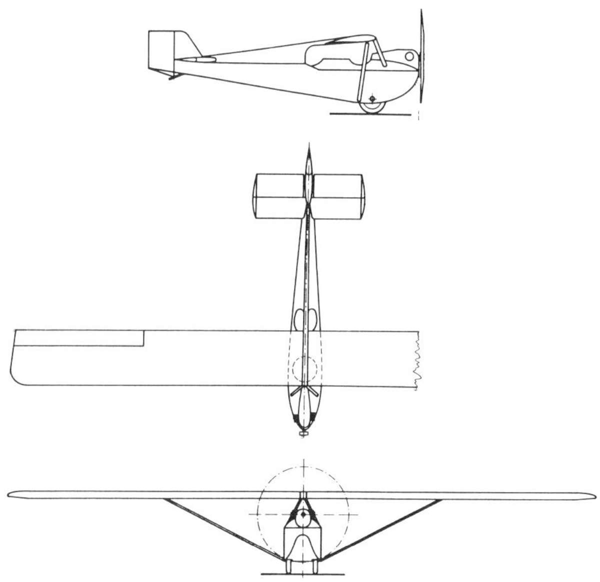

Dreiseitenansicht D 8 »Karl der Große«.

Abstammung von den Segelflugzeugen der »Darmstädter Schule« unverkennbar ist. *Johannes Nehring* vermaß mit einer GMG im Auftrag der Rhön-Rositten-Gesellschaft (RRG) 1928 erstmals die Aufwinde unter Cumulus-Wolken. **Ma**ssenbach-**Ho**ppe **m**achen **e**inen **T**iefdecker (= Mahomet) – so kam der Name für die D 11, den »Mohamed«, zustande, der nach 1924 sehr bekannt war und durch seine Leistungen bei vielen Wettbewerben auffiel, obwohl auch hier der Motor (anfangs ein Hirth [8 kW/11 PS], später ein Blackburne Tomtit [15 kW/20 PS]) oft im ungeeigneten Augenblick seinen Geist aufgab. Der freitragende einhol-

Erfolgreich bei zahlreichen Wettbewerben war der Tiefdecker Darmstadt D 11 »Mohamed«, der gelegentlich auch zweisitzig – und zwar Rücken an Rücken – geflogen wurde (1924).

mige Flügel mit Sperrholz-Torsionsnase hatte 10,7 m Spannweite, eine Streckung von 9,6 und einen annähernd elliptischen Umriß. Die Rüstmasse betrug 170 kg, die Zuladung 110 kg; doch konnte mit erhöhter Flugmasse bis 360 kg auch zweisitzig mit einem Notsitz (Rücken an Rücken mit Blick nach hinten – was nicht jeder Mitflieger vertrug) geflogen werden. Charakteristisch waren die »Hosen«, eine Verkleidung der Räder, die nur 0,6 m Spurweite hatten.

Der Versuch, einen verbesserten »Mohamed« D 13 zu bauen, ist leider aus vielerlei Gründen mißlungen.

Die Akaflieg hatte 1927 mit ihren Entwürfen D 14 (Tiefdecker mit Spaltflügel) und D 16 (freitragender Doppeldecker) den Konstruktionswettbewerb der RRG und der Idaflieg gewonnen. Sie entwickelte daraus den stark gestaffelten freitragenden Doppeldecker D 18 mit zwei offenen Sitzen hintereinander, der bei Flugwettbewerben auffiel und 1930 drei Weltrekorde holte (Geschwindigkeit und Höhe ein- und zweisitzig). Hierbei war der Motor Armstrong Siddeley Genet Major (81 kW/110 PS) eingebaut, während vorher der Genet mit 48 kW/65 PS verwendet wurde. Die zwei einteiligen Trapezflügel von 7,7 m Spannweite waren Einholmer mit Torsionsnase; Querruder besaß nur der Unterflügel. Bei Wettbewerben wurde vorübergehend eine ziemlich unschöne eckige Kabinenhaube aufgesetzt. Mit einem Bruchlastvielfachen von 12 war die Maschine auch kunstflugtauglich.

Aus der D 18 wurde 1931 die D 22 mit Argus 8 (81 kW/110 PS) entwickelt, von der zwei Stück gebaut wurden. Mit dem Argus 8 R (110 kW/150 PS) wurden eine Höchstgeschwindigkeit von 243 km/h und eine Dienstgipfelhöhe von 6300 m erreicht.

Die D 24 blieb nur Entwurf eines freitragenden Kabinen-Schulterdeckers mit zwei Sitzen nebeneinander und einem Siemens Sh 14 (81 kW/110 PS).

Nach den Erfolgen mit der D 18 und der D 22 hielt das RLM (Reichsluftfahrtministerium) die Gruppe für fähig, ein For-

Zu den bekanntesten Motorflugzeugentwicklungen der Akaflieg Darmstadt gehören die freitragenden Doppeldecker D 18 und D 22. Die D 18 wie auch die D 22 waren kunstflugtauglich (1929).

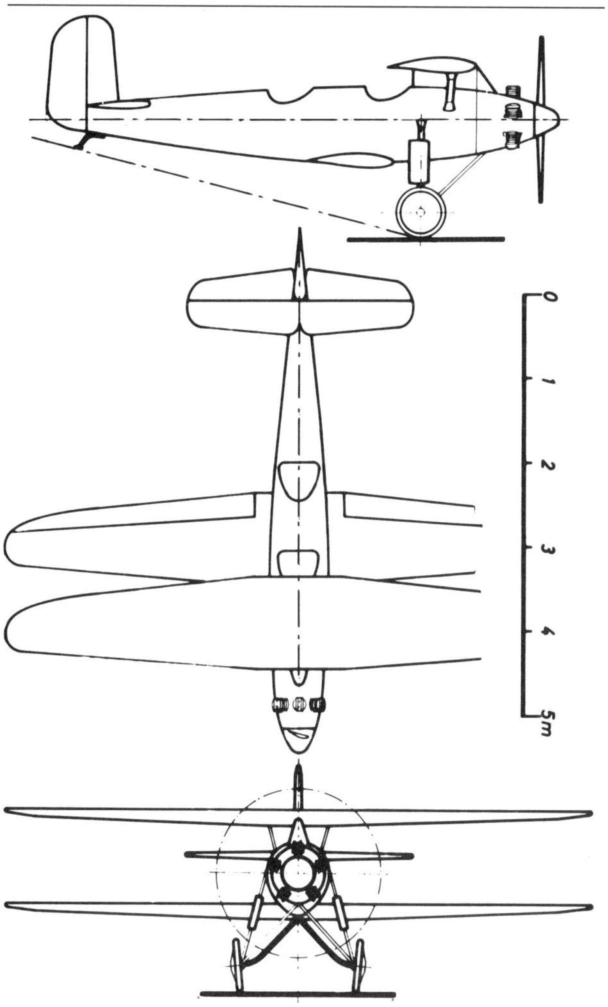

Die Dreiseitenansicht der D 18 zeigt die elegante Bauform als freitragender Doppeldecker.

schungsflugzeug zu bauen. Die D 29 war ein zweisitziger Tiefdecker mit Vorflügel, Spalt-Querruder und -Landeklappen, mit einem Fahrwerk mit besonders großem Federweg, mit einem T-Leitwerk und mit einer besonderen Verkleidung für den Siemens-Sternmotor Sh 14 (110 kW/150 PS). Vorgesehen waren noch Fowler- und weitere Klappensysteme sowie verschiedene Verkleidungen; doch verhinderte der Krieg deren Ausführung. Die Höchstgeschwindigkeit lag bei 250 km/h, die Landegeschwindigkeit bei 80 km/h; Steigen in Bodennähe 4,5 m/s und Dienstgipfelhöhe 6500 m.
Ein einsitziger Kunstflug-Tiefdecker sollte 1939 die D 32 mit einem Sh 14 A (118 kW/160 PS) werden, doch blieb sie wegen des Krieges nur ein Entwurf.

Die Darmstadt D 22, die am Europa-Rundflug 1932 teilnahm, erreichte eine Höchstgeschwindigkeit von 243 km/h.

Mit Unterstützung und im Auftrag des RLM entstand die Darmstadt D 29 als Forschungsflugzeug für verschiedene Auftriebshilfen (1937).

Nach dem Krieg, als viele GFK-Segelflugzeuge mit Klapptriebwerken ausgerüstet wurden, experimentierte die Akaflieg mit Wankel-Motoren für ihre D 37b »Artemis«. Jedoch befriedigte der Fichtel & Sachs KM 914 mit 13 kW/18 PS in dem 18 m spannenden Flugzeug nicht; es wurde wieder in seine motorlose Version zurückversetzt.
Besser ging es dann mit der D 39 »McHinz«, wenn auch nicht alle Vorhaben mit ihr verwirklicht werden konnten. Aus dem erfolgreichen Segelflugzeug D 38 (Mitteldecker) wurde 1979 ein einsitziger Motorsegler-Tiefdecker mit Einrad-Einziehfahrwerk und einem im Rumpfbug angebrachten Limbach SL 1700 E (50 kW/68 PS) entwickelt. Die stehende Luftschraube sollte nach hinten in die Motorhaube einklappen, doch erwies sich die Konstruktion als zu schwierig und aufwendig – deshalb blieb es bei der Normalverstellschraube. Der anfangs 15 m spannende Flügel wurde auf 17,5 m verlängert und aus Schwerpunktgründen nach vorn gepfeilt. So entstand dann 1982 die leistungsfähigere D 39 b mit

Der Motorsegler Darmstadt D 39 war die motorisierte Ausführung des Leistungssegelflugzeuges D 38 mit Limbach-Motor (1979).

Gleitzahl 37 und Sinken von 0,7 m/s bei stehendem Verstellpropeller. Ein zweites modifiziertes Stück wurde von *Heinrich K. Weinerth* als D 39 HKW gebaut.

Die Akademische Fliegergruppe **Dresden** hatte sich mit D-B4 (1926) und D-B5 (1932) an den Bau von Motorseglern und Leichtflugzeugen gewagt. Leider ist darüber zu wenig bekannt geworden: die Daten sind spärlich und unsicher. Jedenfalls war die D-B4 »Ebersbach« ein abgestrebter Hochdecker. Der Victoria-Motor (6 kW/8 PS) war im Rumpf unter dem Flügel und trieb über eine lange Welle den Propeller, der an einem Bock über dem Rumpfbug angebracht war (nach Art der Bäumer »Roter Vogel«). Die D-B5 war ein Tiefdecker mit ABC »Scorpion« (22 kW/30 PS), der 1933 – in den Wirren um den Bestand der Akaflieg Dresden – vernichtet wurde.

Die Flugtechnische Arbeitsgemeinschaft **Hamburg** hat in den wenigen Jahren nach ihrer Gründung durch die DVL 1936 einen 11 m spannenden Tiefdecker mit zwei Sitzen nebeneinander gebaut, der einen Breuer-Motor 9-091 von 33 kW/45 PS hatte und das Zulassungs-Kennzeichen D-E FAG trug; eine Musterbezeichnung ist nicht bekannt. Möglicherweise zählen die aerodynamisch hochwertigen Tiefdecker »Kobold« und »Brummer« eines Mitgliedes der FAG auch noch zu den Schöpfungen der Arbeitsgemeinschaft, denn eines der beiden Muster mit dem Kennzeichen D-YBOK flog beim Idaflieg-Vergleichsfliegen 1941 in Prien/Chiemsee mit.

Die Akademische Fliegergruppe **Hannover** hat ihre Konstruktion H 9 »Schnecke« (auch AFS 1 genannt) 1929 bei *Paul Bäumer* in Hamburg bauen lassen; sie war ein zweisitziger verspannter Doppeldecker mit Vorflügel, ausgerüstet mit einem Siemens Sh 10 (40 kW/55 PS). Da sie zum Schulen bestimmt war, sollte sie eine sehr niedrige Landegeschwindigkeit haben – es wurden 35 km/h angegeben, doch müßte sie dann bei einer Flächenbelastung von 19,3 kg/m² (einsitzig) einen unwahrscheinlich hohen Auftriebsbeiwert gehabt haben. Bei Hannover ist noch zu erwähnen, daß die »Vampyr«-Konstruktions-Mannschaft während und kurz nach der Studienzeit eine Reihe damals gut bekannter Motorsegler

In der Reihe der Motorsegler und Leichtflugzeuge der Akademischen Fliegergruppe Hannover entstand u. a. der von *Arthur Martens* konstruierte »Max« mit hochgesetztem Motor (1924).

Einen Motorsegler AK 1 mit Klapptriebwerk, mit Hirth-Motor, baute die Akademische Fliegergruppe Karlsruhe 1971.

und Leichtflugzeuge entworfen und gebaut hatte, so z. B. *Arthur Martens* den »Max«, den »Strolch«, den »Windhund« und den »Hans Huckebein«, *Walter Blume* und *Fritz Heinrich Hentzen* den »Habicht« und die Gebrüder *Siegfried* und *Walter Günter* für *Bäumer* den »Roten Vogel« und den »Sausewind«.

Die Akademische Fliegergruppe **Karlsruhe** hatte es nicht leicht, gute Flugzeuge zu bauen. Wenn nämlich, wie hier, an der TH keine einschlägigen Lehrstühle existieren und deshalb auch keine lange Tradition vorliegen kann, ist es zu bewundern, daß trotzdem eine AK 1 »Mischl« aufgelegt wurde, die 1971 flog. Sie ist ein Motorsegler mit Klapptriebwerk Hirth F10A (24 kW/32 PS) in einer Zelle, die im wesentlichen nach dem Beispiel des Leichtmetall-Seglers FK 3 von *Otto Funk* hergestellt wurde. Die Leistungen und Eigenschaften entsprechen demzufolge diesem Muster.

Die Akademische Fliegergruppe **München** brachte 1933 einen kleinen einsitzigen offenen, verspannten Tiefdecker Mü 8 mit 8,6 m Spannweite heraus, der zuerst einen DKW-Motor (15 kW/20 PS), später einen Ilo (12 kW/16 PS) eingebaut bekam. Danach wurde ein motorisierter Nurflügel Mü 9 geplant, jedoch nicht ausgeführt. Bekannter geworden ist die Mü 13 m, die aus dem einsitzigen Segelflugzeug mit Stahlrohr-Rumpf Mü 13 durch Einbau eines Kröber M 4 (13 kW/18 PS) in den Rumpfbug entstand. Die Mü 13 m mit 16 m Spannweite und 285 kg Flugmasse nahm 1937 am Motorgleiter-Wettbewerb in Rangsdorf teil. Sie war zwar dabei der beste Motorsegler, paßte aber nicht in das Vereinheitlichungsprogramm des NSFK, das dann das »Motorbaby« für eine kleine Serie vorzog.
Eine große Aufgabe hatte sich die Akaflieg gestellt mit der Konstruktion der Mü 23 »Saurier«, einem 20 m spannenden Leistungs-Motorsegler mit zwei hintereinanderliegenden Sitzen, ausgerüstet mit einem VW-Motor von 33 kW/45 PS. Dieser sollte versuchsweise eine Einblatt-Luftschraube bekommen, doch konnten die Probleme mit dieser Antriebsart nicht gemeistert werden, so daß er eine übliche Zweiblattschraube erhielt. Seit einiger Zeit liegt in München die Mü 30 »Schlacro« in der Werkstatt. Es handelt sich um einen zum Schleppen von Segelflugzeugen und für den Kunstflug geeigneten Tiefdecker mit 8,8 m Spannweite. Weil der ursprünglich vorgesehene Porsche-Motor nicht mehr produziert wird, muß nun ein anderes Triebwerk eingeplant werden.

Die Flugtechnische Arbeitsgemeinschaft **Stettin** hatte sich um 1940 unter der Leitung von Prof. *Hermann Landmann* um ein leichtes Schwimmerflugzeug bemüht. Die La 11 W, ein einsitziger Schulterdecker mit 10,5 m Spannweite und einer Flugmasse bis 360 kg, war mit einem Mercedes-Motor von 17 kW/23 PS versehen, der für die gestellte Aufgabe gerade ausreichte. *Landmann* hat nach dem Kriege in Dresden noch zwei Motorsegler La 16 und La 17 zum Fliegen gebracht.

Die Akademische Fliegergruppe **Stuttgart** flog 1970 ihren einsitzigen (Fast-)Nurflügel-Motorsegler fs 26 »Moseppl« ein, den sie mehr von außen angeregt denn aus eigenem Antrieb gebaut hatte. Es war, genau gesagt, ein gerader Flügel von 12,6 m Spannweite mit druckpunktfestem Profil E 515. Das kastenförmige Höhen- und doppelte Seitenleitwerk wirkte am sehr kurzen Hebelarm. Hinten im eiförmigen Rumpf befand sich der Motor Hirth F10A mit 24 kW/32 PS mit einer Druckschraube. Die Flugversuche brachten zwar bemerkenswerte Erkenntnisse, doch erfüllten die Flugeigenschaften nicht die Erwartungen.

Der Motorsegler Mü 13 m der Akaflieg München nahm 1937 an einem Auswahlwettbewerb des NSFK in Rangsdorf teil.

Ein außergewöhnliches Flugzeug war der Nurflügel-Motorsegler fs 26 mit Hirth-Motor und Druckpropeller der Akademischen Fliegergruppe Stuttgart (1970).

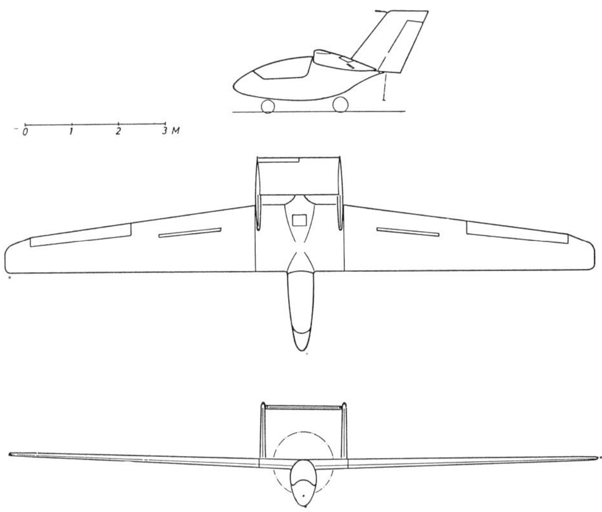

Die Dreiseitenansicht der fs 26 zeigt, daß es sich fast um ein Nurflügelflugzeug handelt.

Das normale (nach oben offene) V-Leitwerk hat große Nachteile hinsichtlich der Wende- und Rollbewegungen, die vermieden werden, wenn man es dachförmig (nach unten offen) ausbildet. Das haben die Stuttgarter bei der fs 28 »Avispa« mit dem »Dach« auf dem Ende zweier Leitwerksträger getan. Der Rumpf mit zwei nebeneinanderliegenden Sitzen ist eiförmig und enthält hinten den Motor Lycoming O 235 E2A (85 kW/115 PS) mit Druckschraube. Der leicht gepfeilte Trapezflügel mit 9,4 m Spannweite hat das Profil E 530.

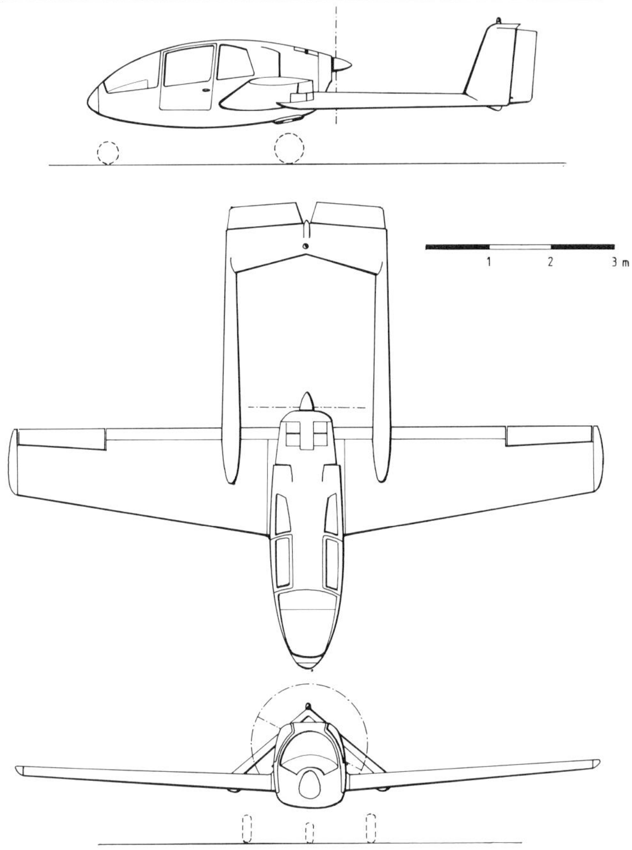

Ein nach unten offenes V-Leitwerk wurde bei der fs 28 »Avispa« der Akaflieg Stuttgart erprobt (1973).

Erklärungen zur Tabelle »Flugzeuge der Akafliegs«

(. . .) Entwurf oder im Bau

Baujahr: Fertigstellung bzw. Erstflug

Bauart:

HD	Hochdecker
SD	Schulterdecker
MD	Mitteldecker
TD	Tiefdecker
DD	Doppeldecker
NF	Nurflügel

Sitze:

h	hintereinander
n	nebeneinander
l	liegend

Leistungen: Geschwindigkeiten, Gleitzahlen nach Herstellerangaben

Triebwerk: PS (kW) in runden Zahlen

In der Tabelle ist nur **ein** Zustand der oft veränderten (Versuchs-) Muster angegeben.

1 in Verbindung mit Aachener Segelflugzeugbau
2 in Verbindung mit Prof. Schmeidler
3 Konstruktion Akaflieg Darmstadt
4 Martens-Flugzeuge sind Nachfolger des „Vampyr“ der Akaflieg Hannover

Muster, Name	Baujahr	Bauart	Sitze	Flügelprofil	Spannweite	Flügelfläche	Streckung	Rüstmasse	max. Flugmasse	Flächenbelastung	Mindestgeschw.	Sinkgeschw.	bei Fluggeschw.	beste Gleitzahl	bei Fluggeschw.	Triebwerk
					m	m²	–	kg	kg	kg/m²	km/h	m/s	km/h	–	km/h	
Flugwissenschaftliche Vereinigung Aachen																
S 3[1]	23	MD	1		10?											
S 6[1] (auch K. F.)	23	SD	1	»Rheinland«-Flügel	13,0	16,0	10,6	160	240	15,0						Mabeco 7,5 PS (5,5 kW)
FVA6	26	DD	2?													ABC 30 PS?
FVA17 (Ho 33)	54	NF	2													
FVA 18 »Primitivkrähe«	65	HD	2h	NACA 230 15	10,5	15,8	7,0	265	450	28,5	55					VW 30 PS (22 kW), später Limbach
Akaflieg Berlin																
A.B.4 (FF1)	31	HD	1		9,0	10,0	8,1	185	285	28,5						Mercedes 20 PS (15 kW)
B 9	43	TD	1 1		9,4	11,9	7,4	940	1 115	94,0						Hirth HM 500 2 × 105 PS (77 kW)
B 13	91	SD	2n	HQ 41/14,35	23,2	19,0	28,4	580	800	42,0	70	0,55	75	49	105	Rotax 377 25 kW, Faltprop.
Flügelwissenschaftliche Gruppe Braunschweig																
MB4 »Braunschweig«	24	TD														
MB5 »Wolfenbüttel«	25	HD														
MB12 »Braunschweig«	30	TD	2h		12,9											
Akademische Fliegerschaft Breslau																
SJ[2]	30	DD	1		8,8 ob	13,8–	–	330	430	27,9–						ABC Scorpion 40 PS (30 kW)
					7,7 un	15,4				31,2						
SN1[2]	32	HD	1	Gö 387/724	11,4	12,8–	10,2–	355	470	30,8–						BMW X 45 PS (33 kW)
						15,3	8,5			36,8						
SN2[2]		HD	1		10,8	11,6–	8,7–	380	495	32,2–	88–					
						15,4	6,5			43,2	44					
Flugtechnische Arbeitsgemeinschaft Chemnitz																
C10	40	SD	1	NACA23016/12	12,5	12,0	13,0	200	300	25,0	58	0,85	65	22	85	Kröber M4 18 PS (13 kW)
Akaflieg Darmstadt																
D8 »Karl der Große«	23	SD	2h	Gö 426	14,0	17,9	11,0	270	460	25,1	65	1,4		≈15		Haacke 30 PS (22 kW)
D11 »Mohamed«	24	TD	2h	Joukowski	10,7	12,0	9,6	170	280–	23,4–	68	1,3				Blackburne 20 PS (15 kW)
									350	30,0						
D13	(26)	TD	1		10,7	12,0	9,6	(170)	280	23,4						Blackburne 30 PS (22 kW)
D14	(27)	TD	2h		9,9	14,0	7,0	(220)	430	30,7	60					ABC Scorpion Mk II 40 PS (30 kW)
D16	(27)	DD	2h		7,8	16,2	–	(210)	410	25,2						ABC Scorpion Mk II 40 PS (30 kW)
D18	29	DD	2h	Joukowski	7,2	12,1	–	320	560	46,3	68					Armstrong Siddeley Genet 65 PS (48 kW) auch mit Genet Major 110 PS/81 kW
D21	(30)	DD	1		7,9	13,9	–	(540)	840	60,5						Walter Castor 240 PS (175 kW)
D22	31	DD	2h	Joukowski	7,4	13,0	–	345	670–	51,5–	67					Argus 8 110 PS (81 kW)
									760	58,5						
D24	(30)	SD	2n		11,7	16,7	8,2	(400)	750	45	68					Siemens Sh 14 110 PS (81 kW)
D29	37	TD	2h	NACA M6 mod.	8,8	10,0	7,7	560	850	85	80					Siemens Sh 14 A 150 PS (110 kW)
D37b »Artemis«	67	MD	1	FX 66-S-196	18,0	13,0	24,8	325	460	35,4	62	0,57	80	41	89	Fichtel-Sachs KM914 18 PS (13 kW)
D39b »Mc Hinz«	79	TD	1	FX 61-184	17,5	13,4	22,9	438	560	41,8		0,7	87	37	100	Limbach SL 1700 68 PS (50 kW)

Muster, Name	Baujahr	Bauart	Sitze	Flügelprofil	Spannweite	Flügelfläche	Streckung	Rüstmasse	max. Flugmasse	Flächenbelastung	Mindestgeschw.	Sinkgeschw. bei Fluggeschw.		beste Gleitzahl bei Fluggeschw.		Triebwerk
					m	m^2	–	kg	kg	kg/m^2	km/h	m/s	km/h	–	km/h	
Bahnbedarf AG																
BAG EI[3]	24	SD	1		11,0	12,5	9,7		280	22,4						Blackburne 14,5 PS (10,5 kW)
BAG DIIa [3]		SD	2h		11,0	12,5	9,7	255	450	36,0	70					Anzani 35 PS (26 kW)
Gebr. Müller, Griesheim																
GMG I, Ia[3]		SD	2h		11,0	15,0	7,5	260	450	30,0	50					Anzani 35 PS (26 kW)
GMG II, IIa[3]		SD	2h													
Akaflieg Dresden																
D-B4 »Ebersbach«	26	HD														Victoria 8 PS (6 kW)
D-B5	32	TD														ABC Scorpion 30 PS (22 kW)
Flugtechnische Arbeitsgemeinschaft Hamburg																
D-E FAG	36	TD	2n		11,0	13,4	9,0	330	540	38,8	68					Breuer 9-091 45 PS (33 kW)
Akaflieg Hannover																
H9 »Schnecke« (AFS)	29	DD	2h		10,5	22,4	–	350	560	25,0	35?					Siemens Sh 10 55 PS (40 kW)
Martens[4] »Max«	24	SD	1		14,0	14,0	14,0									Ilo 4,2 PS (3,1 kW)
Martens »Strolch«	23	SD	1		14,0											5-20 PS, auch Ilo
MM1 »Windhund«	24	SD	1		8,5	8,0	9,0									Anzani 25 PS (18,5 kW)
MM3 »Hans Huckebein«																
Blume, Hentzen, »Habicht«	24	HD	1		12,0	11,0	13,0		290	26,5						Siemens 16 PS (12 kW)
Akaflieg Karlsruhe																
AK1 »Mischl«	71	MD	1	FX61-163	15,0	14,4	15,7	250	380	26,5		0,68	70	30	80	Hirth F10A 24 kW
Akaflieg München																
Mü8	33	TD	1	Gö 633	8,6	10,0	7,4	180	280	28,0						DKW 20 PS (15 kW)
Mü9	( )	NF	1													
Mü13m »Motormerlin«	37	SD	1	Mü	16,0	17,0	15,1	175	285	16,9						Kröber M4 18 PS (13 kW)
Mü14	( )															
Mü23 »Saurier«	59	SD	2h	Mü	20,0	24,0	16,7	477	700	29,2						VW 45 PS (33 kW)
Mü30 »Schlacro«	( )	TD			8,8											
Flugtechnische Arbeitsgemeinschaft Stettin																
La 11 W	40	SD	1		10,5	14,5	7,6	250	360	24,8	48					Mercedes 23 PS (17 kW)
Akaflieg Stuttgart																
fs20	(41?)		1 1													
fs26 »Moseppl«	70	NF	1	E 515	12,6	13,2	12,1	250	360	27,2	74	1,0	82	30	90	Hirth F10A 24 kW
fs28 »Avispa«	73	TD	2n	E530	9,4	12,7	7,0	500	800	63,0	80					Lycoming O 235 E2A 85 kW

Oskar-Ursinus-Vereinigung

Sylvia Henseler-Trinkaus

Traumtüftler oder Trendsetter?

In den Pionierjahren der Luftfahrt war es üblich, daß der Pilot sein Flugzeug selbst gebaut, meist sogar selbst entworfen hat. Eigenbauten häuften sich aber auch in der Notzeit nach dem Ersten Weltkrieg, als der Gleit- und Segelflug seine entscheidenden Impulse erhielt, und nach dem Zweiten Weltkrieg, als nach Aufhebung der Bau- und Flugverbote kaum Fluggerät verfügbar war.
Doch es zeigte sich bald, daß das »wilde« Bauen Probleme, Pannen und leider auch Unfälle mit sich brachte. Begeisterung alleine genügte nicht – es gehörten spezielle Kenntnisse und Fertigkeiten dazu, die nach dem Stand der Luftfahrttechnik kaum von einem einzelnen aufgebracht werden konnten.

Beispiele und Einflüsse aus Frankreich

Den Bedarf für eine Organisation, die sich mit dem Eigenbau von Fluggerät befaßt, definierte bereits zwei Jahre vor Gründung einer entsprechenden Vereinigung in Deutschland der Franzose *René Harley* im Aerokurier Nr. 1/1966 wie folgt:

»Es ist nicht zu leugnen, daß Frankreich die Wiege des Amateurflugzeugbaues in Europa ist. In Deutschland dagegen findet man eine große Zahl oft sehr interessanter Entwicklungen von Segelflugzeugen, jedoch fast nichts auf dem Gebiet des Amateurflugzeugbaues. In Deutschland gibt es nicht einmal Vereinigungen ähnlich der französischen R.S.A. (Réseau de Sport Aérien) oder der amerikanischen E.A.A. (Experimental Aircraft Association), in denen die Amateur-Konstrukteure sich zusammengeschlossen haben. Hat Deutschland vollständig mit seiner Tradition gebrochen? Findet sich in der deutschen Jugend niemand, der hier den Anschluß wiederherstellen möchte oder könnte? Sollte das Beispiel der alten Fliegerkameraden und ihrer beispielhaften Konstruktionen vergeblich gewesen sein?

In Frankreich hat in den letzten Jahren eine große Anzahl von Amateur-Prototypen das Licht der Welt erblickt, von denen einige, zum Beispiel die Jodel, Emeraude und RF 3, heute von der Industrie in Serie hergestellt werden und in der ganzen Welt fliegen . . . Wir haben festgestellt, daß auch in Deutschland Interesse am Bau solcher Flugzeuge vorhanden ist. Alle Beteiligten schreckten aber bisher – und zwar mit Recht – vor dem schwierigen Zulassungsverfahren und den damit verbundenen sehr hohen Kosten zurück. Maßgebende deutsche Flugzeugbauer wären bereit, sich mit ihren Mitarbeitern im Rahmen einer solchen Organisation zu betätigen, wenn die notwendigen gesetzlichen Voraussetzungen durch eine vereinfachte Zulassung gegeben wären. Wir haben diese Frage mehrfach mit den zuständigen Herren vom Luftfahrt-Bundesamt erörtert. Die letzten Gespräche ergaben, daß die gesetzlichen Voraussetzungen heute gegeben sind. Der § 12 der Luftverkehrs-Zulassungs-Ordnung gibt alle Möglichkeiten, auch in Deutschland unter nahezu gleichen Bedingungen wie in den USA Flugzeuge der Experimental Class zuzulassen. Er lautet wie folgt:

§ 12 Vorläufige Verkehrszulassung 1) Luftfahrtgerät nach § 6 kann ausnahmsweise, insbesondere für technische Zwecke, Ausbildungs-, Vorführungs- und Überführungszwecke, vorläufig zum Verkehr zugelassen werden, wenn die Haftpflichtdeckung nachgewiesen und auf Verlangen der Nachweis erbracht ist, daß die Verwendung des Luftfahrtgeräts für den beabsichtigten Zweck unbedenklich ist . . .«

So untätig, wie es *René Harley* erschien, waren die deutschen Amateurflugzeugbauer allerdings doch nicht gewesen.

Ein Beispiel ist die Bölkow Bo 209 »Monsun«, entstanden aus dem Amateurflugzeug MHK 101 von *Mylius*. Bei der Gründungsversammlung der Oskar-Ursinus-Vereinigung (OUV) am 9. März 1968 hielt *Hermann Mylius* einen Vortrag über die Entwicklung der MHK 101, einem Amateurflugzeug, aus dem die Bo 209 »Monsun« entstand (siehe »Die Bölkow-Sportzweisitzer«).

Der Ganzmetall-Tiefdecker MHK 101 entstand 1966/67 auf Initiative von *Hermann Mylius* in der »Entwicklungsgemeinschaft Leichtflugzeuge« und mit Unterstützung der Firma Bölkow. Die Endmontage fand in einer Garage in Brunnthal (bei Ottobrunn) statt.

Der freitragende Doppeldecker Lemberger LD 20, der begrenzt kunstflugtauglich ist, wurde 1972 von dem flugbegeisterten Bäckermeister *Karl Lemberger* konstruiert und gebaut.

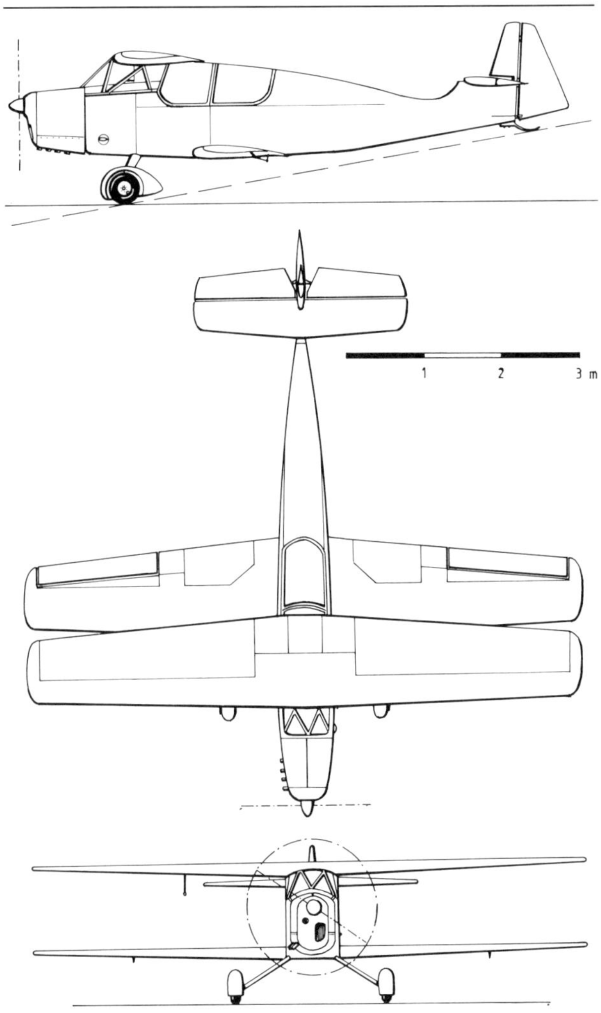

Dreiseitenansicht des OUV-Flugzeuges von *Lemberger* (1972).

Gründung der Oskar-Ursinus-Vereinigung

Im Zusammenhang mit den Schwierigkeiten, die dem Eigenbau von Flugzeugen in Deutschland entgegenstanden, schrieb der Chefredakteur des »Aerokurier«, *Wolfgang Wagner,* im Juni 1967 in seiner Zeitschrift:

»Warum sollten wir nicht mit der Arbeit beginnen? Im süddeutschen Raum bei der Firma Bölkow, bei Dornier, Messerschmitt, an den Forschungsinstituten der DVL und DFL und anderen Firmen oder Gesellschaften gibt es viele begeisterte und fachlich qualifizierte Techniker, die mit Freude in selbstgebauten Flugzeugen eigene Gedanken, die sie seit Jahren beschäftigen, verwirklichen möchten. Das gleiche gilt für die Firmen im Norden, die Vereinigten Flugtechnischen Werke, den Hamburger Flugzeugbau und andere . . . Wir rufen deswegen diejenigen auf, die an einer deutschen Experimental Aircraft Association, die sich der EAA in den USA anschließen würde, interessiert sind, uns dies mitzuteilen.«

Damit diesem Aufruf des Aerokurier-Chefredakteurs auch sofort gefolgt werden konnte, lag ein Aufnahmeformular bei, auf dem die Ziele der angestrebten Organisation definiert waren:

»1. Fachliche Unterrichtung und Erfahrungsaustausch der Mitglieder.
2. Gegenseitige Unterstützung bei der Berechnung, Konstruktion und Erprobung der Experimental-Flugzeuge.
3. Gegenseitige Hilfe bei der Materialbeschaffung und Materialbearbeitung.
4. Gemeinsame Wahrung und Vertretung der Interessen der EAA-Deutschland, dabei Mitwirkung in Gremien zur Beratung von Verordnungen und Betriebsvorschriften.
5. Fliegertreffen – Vergleichsflüge – Wettbewerbe.«

Ein Dreivierteljahr später wurde die »deutsche EAA« gegründet. Zu ihren Gründern gehörten Persönlichkeiten wie *Claudius Dornier* jr. (später der erste OUV-Präsident), *Alexander Lippisch, Wolfgang Wagner, Walter Horten, Ernst Günter Haase, Hermann Mylius* und auch *Paul Poberezny,* Kennern des größten Luftfahrtereignisses jeden Jahres, des Treffens der EAA (Experimental Aircraft Association) in Oshkosh, Wisconsin, USA, bestens bekannt.
Der gemeinnützige Verein zur Förderung des Eigenbaus von Luftfahrtgerät erhielt den Namen »Oskar-Ursinus-Vereinigung« (OUV). Der berühmte »Rhönvater« *Oskar Ursinus* hatte bereits in den zwanziger Jahren den Eigenbau von Segel- und Motorflugzeugen entscheidend gefördert.
Wie bereits vor der Gründung definiert, verfolgt die OUV den Zweck, die Mitglieder beim Eigenbau von Luftfahrtgeräten zu beraten. Der Projektausschuß, der sich aus fachkundigen und erfahrenen Experten der Luftfahrttechnik zusammensetzt, bietet Gewähr dafür, daß die Mitglieder sachlich fundierte Auskünfte und beste fachliche Beratung erhalten. Zugleich ist er in der Lage, bei den oft schwierigen Zulassungsverfahren eng mit dem Luftfahrt-Bundesamt (LBA) zu kooperieren.
In Zusammenarbeit zwischen OUV und LBA wurde eine

Der zweisitzige Mitteldecker VoWi 8 aus Glasfaserkunststoff, konstruiert und gebaut von *Helmut Wilden* von 1972 bis 1974, sollte gleichzeitig Schul-, Sport- und Reiseflugzeug sein. Nach *Wildens* Absturz (mit einem anderen Flugzeug) wurde das Projekt nicht weiterverfolgt. Ein Schweizer Amateurflugzeugbauer restaurierte später die VoWi 8 aus noch vorhandenen Teilen.

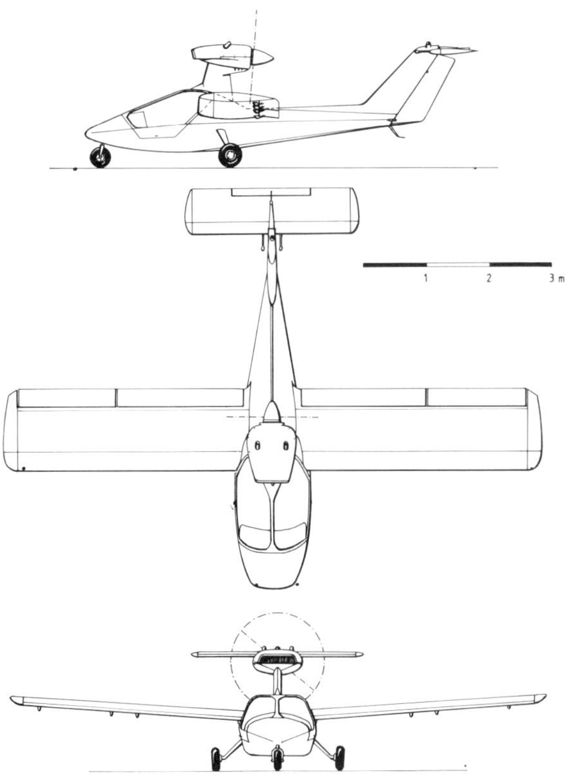

Dreiseitenansicht des zweisitzigen GFK-Flugzeuges VoWi 8 von *Helmut Wilden* (1974).

Flugkapitän *Heinz Wallerkowski* konstruierte und baute die »Hornisse« als einsitziges schnelles Sportflugzeug aus Metall unter Verwendung von Versenknieten. Der Erstflug fand 1977 statt.

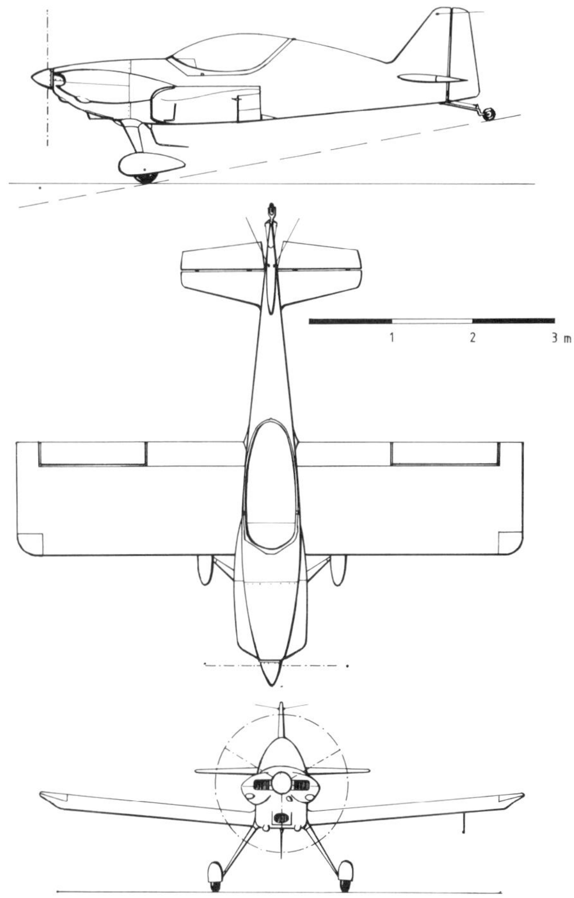

Dreiseitenansicht des kunstflugtauglichen Ganzmetall-Flugzeuges »Hornisse« von *Heinz Wallerkowski* (1977).

»Richtlinie für die nichtgewerbliche Entwicklung und Herstellung von Luftfahrtgerät« erarbeitet und herausgegeben. Während der Konstruktions-, Fertigungs- und Erprobungsphase eines Projektes erstellt die OUV darüber hinaus für den Antragsteller an das LBA fachtechnische Gutachten, die der Behörde als Grundlage für die Zulassung dienen – der »Experimental«-Zulassung meistens.
Längst ist der Begriff »Amateur«-Flugzeugbau überholt, wenn man ihn wie heute üblich als Gegenpol zu Professionalität sieht. Der Amateur (= Liebhaber) des Flugzeugbaus verbindet Erfindungsgeist, Improvisations- und Organisationstalent mit detektivischem Geschick mit dem Wissen um moderne Werkstoffe und Fertigungstechniken und ist dem Spezialisten an Vielseitigkeit und Kreativität nicht selten voraus.

Der Doppeldecker Acro Sport II in Gemischtbauweise entstand nach sorgfältig ausgearbeiteten Plänen des Amerikaners *Paul Poberezny*, der Gründer der EAA, der amerikanischen Vereinigung der Eigenbauer von Fluggerät.

Aktivitäten und Erfolge der OUV

Die OUV honoriert die erfolgreichen Arbeiten ihrer Mitglieder mit (Geld-)Preisen, so für die Bereiche »Fortschrittlichste Neukonstruktion«, »Beste Bauausführung«, »Sicherheit«, aber auch für Sonderthemen wie »Schallemission«. Bei der Preisverleihung 1993 wurde betont, daß »die Eigeninitiative in theoretischer wie in praktischer Hinsicht vor der Verwendung von Bausätzen und dem Nachbau nach Zeichnungen honoriert wird«. Ebenso werden »Objekte, bei denen kommerzielle Hintergründe sichtbar sind, nicht so hoch dotiert wie absolute Hobby-Schöpfungen« (Vizepräsident *Hermann Stützle*).
Um die Vielfalt der Aktivitäten der OUV-Mitglieder zu verdeutlichen, hier einige Auszüge aus der Preisverleihung:

1. Einbau (als Novum) eines elektrischen Zwei-Blatt-Verstellpropellers bei einem Zwei-Takt-Motor; Verbesserung der Flugleistungen bei gleichzeitiger geringerer Schallemission *(Manfred Krause)*.
2. Sonderpreis für den Doppelkolben-Flugmotor mit Zylinderanordnung in Längsrichtung (Flugrichtung) *(Otto Pulch)*.
3. Aerodynamisch günstige Schubgondel mit zugelassenem Rotationsmotor. Hierbei wurden bei der Prämierung die Entwicklung aller Anbauten mit besonders guten Ideen berücksichtigt, die zu dem kleinen Triebwerk führten. Besonders erwähnt wurde die elastische Propelleraufhängung *(Willi Klotz)*.
4. Das einzige 1993 prämierte Motorflugzeug kam aus Frankreich: *Charles Olivier* erhielt einen Sonderpreis für das »größte« Amateur-Flugzeug, eine viersitzige Eigenentwicklung.

Die OUV hat inzwischen fast 900 Mitglieder im In- und Ausland; rund 150 Projekte sind in Kellern, Garagen, sogar in Schlafzimmern in Arbeit. Zugenommen hat in jüngster Vergangenheit die Zahl derer, die »Kit Planes« bauen: Flugzeuge aus dem Baukasten. Dabei sollte nicht unerwähnt bleiben, daß der Selbstbau von Fluggerät dieser Art keine amerikanische Erfindung ist, nur die Bezeichnung »Kit Plane«, hat das deutsche Wort »Baukastenflugzeug« verdrängt. Beide Begriffe können täuschen. Es ist nicht damit getan, den Baukasten zu öffnen, die Gebrauchsanweisung auszubreiten, und los geht das lustige Werken, das in kurzer

Das Ultraleichtflugzeug von *Wilhelm Knechtel* ist eine Verkleinerung im Maßstab 1:0,7 des Fieseler »Storch« aus den dreißiger und vierziger Jahren. Wie dieser besitzt es Vorflügel, Schlitzklappen und entsprechende Querruder. Als UL mußte es völlig neu konstruiert werden. Seine Mindestgeschwindigkeit beträgt 38 km/h!

Der Erbauer *Walter Wolfrum* nennt seinen schnellen und kunstflugtauglichen Tiefdecker »Glasair II« ein echtes Lustobjekt. Der »Glasair« liegt ein von *Wolfrum* verbesserter amerikanischer Bausatz zugrunde.

Zeit ein Flugzeug entstehen läßt. Unter 3000 Arbeitsstunden geht nichts, und selten vergehen weniger als drei Jahre bis zum Erstflug. Wer zwei linke Hände hat, sollte es lieber lassen; großes handwerkliches Geschick und technische Erfahrungen sind unverzichtbar.
Eigentlich war *Otto Lilienthals* »Normal-Segelapparat« auch schon fast ein »Kit Plane«: ein gefalteter Flügel und Leitwerk, verschnürt mit Bahn und Schiff verschickt, mit einem Brief, der die »Bedienungs«-Anleitung enthielt – drei gleichlautende Briefe sind bekannt und auch eine Einfluganweisung. Es handelte sich also um das Zusammenfügen von – zwar nur wenigen – Teilen zu einem flugfähigen Gerät. Mindestens zehn Exemplare des »Normal-Segelapparates« hat *Otto Lilienthal* verkauft. Der Weg von acht läßt sich lückenlos nachweisen. Die heutigen »Kits« in ihrer Vielzahl von Einzelteilen sind allerdings unvergleichlich komplizierter.
Den »altgedienten« Eigenbauern macht der Vormarsch der »Kit Planes« allerdings manchmal zu schaffen. Für sie als leidenschaftliche Verfechter des Selbstbaues standen am Anfang umfangreiche Entwurfszeichnungen (ohne moderne Hilfsmittel wie CAD), lange aerodynamische Berechnungen und immer neue oder verbesserte Konstruktionspläne. Da ist angesichts der schmucken und (fast) perfekt entwickelten »Kits« schon mal ein Naserümpfen fällig.

Ein weiterer Schwerpunkt der Arbeit der OUV-Mitglieder ist die originalgetreue Restaurierung von Oldtimern oder auch ihr Nachbau, maßstabsgerecht oder modifiziert wie der UL-Storch von *Wilhelm Knechtel,* um nur ein Beispiel zu nennen. Mit den Arbeiten dieser Gruppe wird deutsche Luftfahrtgeschichte »im Fluge lebendig« gehalten, außerhalb von statischen Präsentationen in Museen.

Unter dem Namen von *Oskar Ursinus* haben auch heute, fast sieben Jahrzehnte nach dessen Wirken auf der Wasserkuppe, die begeisterten Anhänger des Eigenbaus von Luftfahrtgerät interessante Konstruktionen verwirklicht. Ohne Zweifel haben sie die industrielle Leichtflugzeugtechnik beeinflußt und werden sie noch beeinflussen – denken wir nur an die Entwicklung von der US-Konstruktion »VariEze« zur »Speed Canard«, die ihre Spuren bei der Verwendung von modernen Werkstoffen hinterlassen hat.
Die OUV schließt eine Vielzahl von Individualisten zusammen, die ihre »Zwangsgemeinschaft« akzeptieren, weil sie die gegenseitige Hilfe und Unterstützung benötigen und weil diese einmalige Bündelung von Spezialkenntnissen und -erfahrungen jedem einzelnen zugute kommt.

Die Eingangsfrage nach den »Trendsettern« läßt sich nicht eindeutig mit »Ja« beantworten, jedenfalls nicht im Sinne der Definition des Duden, wonach ein Trendsetter jemand ist, der etwas Bestimmtes in Mode bringt oder dessen Produkt einen Trend auslöst. Doch viele »kleine« Ideen und Entwicklungen tragen zu »Großem« bei.

Für einen Udet U 12 »Flamingo« benötigten *Josef Kurz* und seine Helfer vom Oldtimer Club Wasserkuppe über 3450 Arbeitsstunden, um nach Plänen aus dem Jahre 1926 das damals sehr bekannte Schulflugzeug vorbildgetreu nachzubauen. Da ein Originalmotor nicht mehr zur Verfügung stand, mußte ein etwa gleich starker Lycoming 0-320 A eingebaut und dafür die Rumpfnase verändert werden.

Eine Klemm Kl 25, ein sehr beliebtes Schulflugzeug zu Ende der zwanziger und Anfang der dreißiger Jahre, wurde 1989 von *Josef Kurz* und seinen Helfern in 2600 Arbeitsstunden nachgebaut.

Für eine Focke-Wulf Fw 44 »Stieglitz« aus den dreißiger bzw. vierziger Jahren erhielt *Joachim Illenberger* 1992 den OUV-Preis für die beste Oldtimer-Restaurierung.

»Traumtüftler« sind sie aber auch, die Mitglieder der OUV, denn am Anfang, vor dem Tüfteln, steht immer der Traum. Mancher hat seinen Traum behalten, ihn nicht zum Fluggerät werden lassen können. Seine Ideen aber werden sich weiter entwickeln in den Wirklichkeiten der anderen*.

* Frei nach *Robert Musil.*

Fertiggestellte Fluggeräte (Stand: Juli 1994)

Motorflugzeuge	84
davon Oldtimer	15
Rekonstruktionen	5
Segelflugzeuge	3
Motorsegler	12
Solarflugzeuge	1
Drehflügler	7
Sonderflugzeuge (Aerofoil)	1
Hängegleiter, Gleitflugzeuge	5
Gleitschirme	1
Ultraleichtflugzeuge	14
Muskelkraft-Flugzeuge	2

Die Motorflugzeuge der OUV-Mitglieder

A. Motorflugzeuge

a) Eigenentwicklungen und Nachbauten

Acro Sport II (Proberezny) 1992 NZ	Resch Bernhard
Acro Sport II (Proberezny) 1983 NZ	Huschle Bernhard
Bayern II (Wiggins) {1983)}	Mais Ulrich
BM S 80 »Comet Sapho« (Schillen) NE	Schillen Bernd
BL 1-KEA (Hinz) 1989 EW	Dr. Hinz Bernhard u. Lucia
Breezy (Roloff) NZ	Hübscher Kurt
COZY (Puffer/Rutan) 1985 in USA NZ	Wolter Ulrich
Cherry BX-2 (Brändli) 1991 NZ	Bareiß Willi
Cherry BX-2 (Berner/Brändli) EW	Berner Paul
Cherry BX-2 (Brändli) 1987 NZ	Langer Manfred
Cherry BX-2 (Brändli) 1991 NZ	Göbel Franz
Cherry BX-2 (Brändli) 1993 NZ	Langer Manfred
Comet Sappho B+M S 80 1991	Schillen Bernd
CriCri (Colomban) 1984 NZ	Huber Wolfgang
CriCri (Colomban) 1984 NZ	Heuer Dirk
CriCri (Colomban) 1990 NZ	Linkohr Albrecht
CriCri (Colomban) 1985 NZ	Zeiler Hans Herbert
CriCri (Colomban) 1992 NZ	Schlör Dieter
Cristen Eagle (Christen Indust.) NZ	Härtel Heinz
CP 301 S (Binder) NZ	Schacher Horst
CP 301 S Mistral (Binder/Becker) 1984 NE	Becker Horst Pröll Werner (H)
CP 301 S Mistral (Binder/Andres) 1987 NE	Andres Volker
Draab 4 (Rohn) 1989 NE	Rohn Helmut
Dragonfly (Walter) 1991 NZ	Grötzinger Gotthilf
Dragonfly (Walter) {1989} NZ	Sünder Bernhard
Dragonfly (Walter) {1989} NZ	Marthiens Kurt
F 8 L Falco (Aeromere) RT	Müller Herbert
FW 190 (War Aircraft Replicas) 1986 NZ	Folz Karl-Heinz
FW 190 (War Aircraft Replicas) 1989 NZ	Heuer Dirk
FW 190 (War Aircraft Replicas) {1989} NZ	Dr. Herbst Wolfgang
Gemini (Heier/Rutan) 1986 NE	Heier Roland
Glasair II RG (Hamilton) 1991 NB	Wolfrum Walter
Harz Fink (Weigel {1983} EW	Weigel Hansgeorg
Hatz Biplan CB-1 (Hatz/Kelly) 1991 NZ	Iser Peter
Hornisse (Wallerkowski) 1979 EW	Wallerkowski Heinz
HS 3 Mot. Rhönlerche (Kaiser/ Schwämmle) 1986 NE	Schwämmle Herbert
HS 9 (Schönenberg) {1979} EW	Schönenberg Heinr. Heuer Manfred (H)
HS 9 (Schönenberg) {1981} EW	Schönenberg Heinr.

b) Oldtimer

Bü 131 APM Jungmann (Bücker) RT	Mühlbauer Gerd
Bü 131 Jungmann (Bücker) RT	Schels Josef
Bü 131 Jungmann (Bücker) RT	Lechner Fritz
Bü 131 B Jungmann (Bücker) RT	Arleht Victor
Bü 131 APM Jungmeister (Bücker) RT	von Arx Werner
Bü 131 APM Jungmeister (Bücker) RT	Reichard Erich
Bü 181 Bestmann (Bücker) RT	Kaufhold Georg
Cessna 170 A RT (Cessna) 1989	Rospert Peter
Erla Me (Mehr) RT	Berger Hans
FW 44 J Stieglitz (Focke-Wulf) RT	Reichart/ Langhammer
FW 44 J Stieglitz (Focke-Wulf) RT	Illenberger Joachim
Jodel D 9 BéBé Einbau eines VW-Triebwerkes 1992 EW	Sebald Bernd
KL 25 D VII R (Klemm) RT	Ehmann Rolf
KL 35 (Klemm) RT	Stein Paul
KL 35 D (Klemm) RT	Reichart Hans W.
Luskombe 8F 1981 RT	Rospert Peter
Luskombe 8F RT	Hasenöhrl Karl
P 18 C (Piper) RT	Arens Karl-Heinz

c) Rekonstruktionen

Bleriot XI (Bleriot) RK	Ring Hermann
Grade-Eindecker (Grade/Lemberger) 1984 RK	Lemberger Karl
Focker E III (Focker/Ring) RK	Ring Hermann
Klemm 25 (Klemm/Kurz) 1990 RK	Kurz Josef
Zaunkönig (Winter) NZ	Woye Wolf
J5 Marco (Janovsky/Wagenseil) {1986} NE	Wagenseil Heinz
Jodel D 120 (Joly/Delemontez) NZ	Danielson Klaus P.
Jodel D-18 (Delmontez) 1990 NZ	Horstmann Heinrich
K1 (Klinke) 1989 EW	Klinke Wilhelm
LD 20b (Lemberger) EW	Lemberger Karl Kienlein Kurt (H)
Lancair 235 (Neibauer) 1990 NB	Heier R./ Thalhammer M.
Lancair 235 (Neibauer) 1990 NB	Styrsky Peter
Libelle TC 1 (Schneider) 1986 EW	Schneider Alfred
Long Ez (Rutan) {1983} NZ	Heier Roland
M.J.5 Sirocco (Jurca) 1987 NZ	Dinkl Johann
M.J.5 Sirocco (Jurca) NZ	Wullenweber Rolf

M.J.5 Sirocco (Jurca) NZ	Roggers Hans
M.J.5 Sirocco (Jurca) 1984 NZ	Horstmann Heinz
M.J.5 Sirocco (Jurca) {1982} NZ	Dröge Heinz
Moni/Tri-Gear (Monett) 1991 NZ	Huber Corvin
My 102 Tornado (Mylius) EW	Mylius Albert
Polliwagen (Alverez) 1991 NZ	Haubs Peter
P 50 P (Portier) 1989 NZ	Seger Anton
P 180 (Portier) 1991 NZ	Weiler Herbert
Quicki I (Rutan) {1980} NZ	Haubs Peter
Quicki I (Rutan) {1981} NZ	Winkler Erhard
Quicki I/22 PS (Rutan) {1982} NZ	Rink Walter
Quicki I (Rutan/Wiegand) NE	Wiegand Harald
RE 2 (Raab/Ehmann) NE	Ehmann Rolf
Renegade Spirit R 912 (Murphy) 1991 NB	Rösinger Andreas
Silberkrähe FVA 18/3 (Akaflieg Aachen/Wettig) 1985 NE	Wettig C. Albert Boretzki (H)
Starlite SL-1 (Braun) 1991 NB	Hirt Joachim
Steen Skybolt RE III (Steen) 1986 NZ	Rehmann Klaus
Super Acro Sport (EAA) NZ	Krause Manfred
Turbulent (Druine) NZ	Winter Klaus
Vari Eze (Rutan) 1977 NZ	Krauß/Elzenbeck Jäger U. (H)
Vari Eze (Rutan) NZ	Maisch Walter
Vari Eze (Rutan) NZ	Zuckschwert Hans-J.
Vari Eze (Rutan) {1986} NZ	Brand Ingo
VP II (Evans) NZ	Dr. Eckert Alfred Pahle Mathias (H)
W 01 Glühwürmchen (Verner) EW	Verner Vladislav

Abkürzungen zur Herstellungsart:

EW = Eigenentwicklung
NE = Nachbau mit Eigenentwicklung bzw. Weiterentwicklung
NZ = Nachbau nach Zeichnung
NB = Nachbau mit Bausatz
RK = Rekonstruktion
OD = Oldtimer (rekonstruiert oder restauriert)
H = jetziger Halter
RT = Restaurierung

OUV-Flugzeuge

Hersteller: Muster:		Ehmann RE 4	Knechtel UL-Storch	Kurz Klemm KL 25	Kurz »Flamingo« Nachb. Udet U 12	Lemberger LD 20 b	Waller-kowski »Hornisse«	Wilden Vo Wi 8	Wilden Wo Wi 10
Baujahr:		1993	1990	1989	1993	1972	1977	1974	1975
Triebwerk:		Walter Mikron III	Rotax	Hirth HM 504 A 2	Lycoming 0-320-A2	Walter Mikron	Lycoming 0-320 A	VW Porsche	Fichtel & Sachs Wankel
Startleistung:	kW	48	26	77	110	48	110	59	21
	PS	65	35	105	150	65	150	82	28
Besatzung + Fluggäste		1	1	1 + 1	1 + 1	1 + 1	1	1 + 1	1
Spannweite:	m	6,60	10,00	13,00	10,00	7,28	6,14	8,60	10,40
Länge:	m	5,40		7,57	7,50	6,67	5,80	6,20	5,62
Flügelfläche:	m^2	12,50	13,50	20,00	24,00	14,00	8,40	11,00	12,70
Flügelstreckung:		7,8	7,4	8,4			4,5	6,7	8,5
Leermasse:	kg	222			525	300	340	340	70
Zuladung:	kg	128			275	238	160	295	100
Startmasse:	kg	350	300	720	800	538	500	635	170
Flächenbelastung:	kg/m^2	28	22,2	36,0	33,3	38,4	59,5	57,7	13,4
Höchstgeschwindigkeit:	km/h	175	100	160		178	330	212	83
Reisegeschwindigkeit:	km/h	130	85		150	160	300	194	63
Mindestgeschwindigkeit:	km/h	60	38	65					
Steiggeschwindigkeit:	m/s	2,0	2,5		1,7			4,5	3,0
Startrollstrecke:	m	200						175	20
Landerollstrecke:	m	200						120	20
Gipfelhöhe:	m	2000		4800	3300		6000	5100	
Reichweite:	km	300	150		500		900	850	200
Bemerkungen:		Tragflächen anklappbar Erstflug 10. 10. 93	Ähnlich Fieseler »Storch«, verkleinert auf 1:0,7	Vorbildlicher Nachbau	Vorbildlicher Nachbau OUV-Preis 1993	Erstflug 16. 7. 72	Ganzmetall	GFK-Bau-weise Erstflug 2. 3. 74	UL-Flugzeug

Spezielle Kunstflug-Ein- und -Doppelsitzer

Walter Wolfrum

Kunstflug in der Nachkriegszeit

Der Bau von Sport- und Reiseflugzeugen erhielt nach Beendigung des Zweiten Weltkrieges in den westlichen Siegerländern einen großen Auftrieb. Hersteller von Militärflugzeugen während der Kriegszeit stellten sich vielfach auf die Entwicklung und Produktion von leichten Zivilflugzeugen um, da anzunehmen war, daß ein großer Teil der Militärpiloten sich weiter fliegerisch betätigen würde. In jener Zeit entstanden zahlreiche neue Flugzeugmuster, darunter auch solche, die heute noch aktuell sind, wie Beech »Bonanza«, Mooney M 20 oder auch die Cessna-Schulterdecker. Unter den zahlreichen Neuerscheinungen war jedoch kein Muster für den sportlichen Kunstflug zu finden. Den Kunstflug-Interessenten in der westlichen Welt standen daher zunächst nur die Vorkriegsmuster zur Verfügung, zumeist Doppeldecker wie die belgische Stampe SV4 oder die deutschen Bü 131 und Bü 133, die auch in der Schweiz und in Spanien in Lizenz hergestellt worden waren. 20 Jahre nach Kriegsende waren diese Oldtimer sogar noch bei Kunstflug-Weltmeisterschaften vertreten.
Anders verlief die Entwicklung in den Ostblockstaaten. Hier besaß der Kunstflug einen ähnlich hohen Stellenwert wie in Deutschland vor Beginn des Krieges, da die Luftstreitkräfte vollkunstflugtaugliche Flugzeuge für die vormilitärische Ausbildung verlangten. In sehr großen Stückzahlen wurden in der Sowjetunion der Tiefdecker Jak 18 und die Weiterentwicklungen für den Hochleistungskunstflug Jak 18 P, M und PM gebaut, und in der CSSR die Zlin-Trener-Reihe, beginnend mit der Z 26 in Holzbauweise über die Ganzmetallmuster Z 126, Z 226, Z 326 bis zur Z 526. Ab 1958/59 gelangten in zunehmendem Maße Zlin-Trener auch in westliche Länder und verdrängten dort die alten Vorkriegsmuster. Es hatte sich gezeigt, daß diese modernen Tiefdecker bei gleicher Motorleistung den alten Doppeldeckern im Kunstflug klar überlegen waren.
Von 1968 bis 1976 erlebte jedoch der Doppeldecker noch einmal eine Renaissance im Hochleistungskunstflug mit der amerikanischen Pitts S-1. Ursprünglich eine Amateurkonstruktion aus den 50er Jahren mit erheblich geringeren Abmessungen als die Bücker- und Stampe-Doppeldecker, erhielt das Flugzeug neue Tragflügel mit annähernd symmetrischem Profil und vier Querrudern. Als Antrieb wählte man den 132 kW (180 PS) starken Lycoming-Motor IO-360; bei späteren Exemplaren stieg die Triebwerksleistung sogar bis 220 kW (300 PS). Zur Überraschung der Fachwelt war die kleine Maschine den Eindeckern aus der UdSSR und der CSSR zumindest ebenbürtig. 1972 wurde der Weltmeistertitel auf diesem Flugzeugmuster errungen. Die Ära der Pitts S-1 und damit auch die Ära des Kunstflugdoppeldeckers ging endgültig zu Ende, als ab 1976 neue und noch leistungsstärkere Eindecker für den Wettbewerbskunstflug erschienen, so die sowjetische Jak 50, die tschechische Zlin 50, die französische Cap 21 und einige neue Amateurkonstruktionen aus den USA.

Flugzeuge für Kunstflug aus den dreißiger Jahren

Nach der Wiederzulassung des Motorfluges 1955 erwachte in der Bundesrepublik Deutschland allmählich wieder das Interesse am Kunstflug. 1960 fanden die ersten Deutschen Kunstflugmeisterschaften nach dem Kriege statt, deren Teilnehmer auf den Mustern Bü 133, Bü 131, Stampe SV4 und Zlin 126 antraten. Wenig später wurden in der Schweiz einige Bü 131 mit Lycoming-Motoren von 125 kW (170 PS) und 132 kW (180 PS) ausgerüstet. Durch die höhere Leistung und den geringeren Stirnwiderstand der Lycoming-Triebwerke erwiesen sich diese Umbauten des doppelsitzigen »Jungmann« gegenüber dem einsitzigen »Jungmeister« mit seinem 117 kW-Sternmotor als eindeutig besser. Dadurch ermutigt, ging man 1965 in Deutschland und der Schweiz noch einen Schritt weiter, um den Haupt-Nachteil der Bücker-Doppeldecker mit gewölbtem Originalprofil zu korrigieren, nämlich die relativ schlechten Leistungen und Eigenschaften bei negativen Anstellwinkeln. Neue Tragflügel mit annähernd symmetrischem Profil und die Ausrüstung mit dem Lycoming-Motor IO-360 von 132 kW (180 PS) verhalfen der Bü 131/R 180 »Lerche« zu der erhofften Leistungssteigerung bei »negativen« Vertikalfiguren. Leider aber führte die Änderung des Flügelprofils auch zu einem unvorhergesehenen Nachteil: die Querruder-Wirksamkeit und damit die Rollwendigkeit hatten sich verschlechtert. Das war dafür ausschlaggebend, daß die Bücker »Lerche« trotz guten Flugleistungen und sehr sicheren Flugeigenschaften bei internationalen Kunstflugwettbewerben sich nicht durchsetzen konnte. Sie blieb ein Einzelstück.

Erfolgreicher verlief der Umbau eines anderen deutschen Vorkriegsmusters. *Sepp Hößl,* der spätere mehrfache deutsche Kunstflugmeister, erwarb 1966 eine Kl 35 mit Originalmotor HM 504. Der Verfasser hatte Gelegenheit, die Maschine zu fliegen und war über die gute Kunstflugeignung des mit 77 kW (105 PS) relativ schwach motorisierten Flugzeugs angenehm überrascht. Vor allem für Figuren mit negativen Anstellwinkeln erschien die Klemm besser geeignet

Mehrere aus den 40er Jahren stammende Bücker Bü 131 »Jungmann« – als Oldtimer sorgsam gepflegt – nahmen an den ersten Nachkriegs-Kunstflugmeisterschaften teil.

In der Schweiz wurde eine Bü 131 auf einen amerikanischen Boxermotor von 180 PS umgebaut; sie erhielt den Typennamen »Lerche«.

Nach wie vor gehören die wenigen noch vorhandenen Bücker Bü 133 »Jungmeister« zu den beliebtesten Kunstflugmaschinen, auch wenn sie bei Meisterschaften nicht mehr mithalten können.

Arnold Wagner konstruierte nach dem Kriege in Deutschland das erste Kunstflug-Wettbewerbsflugzeug, die »Acrostar«, von der zwölf Exemplare gebaut wurden.

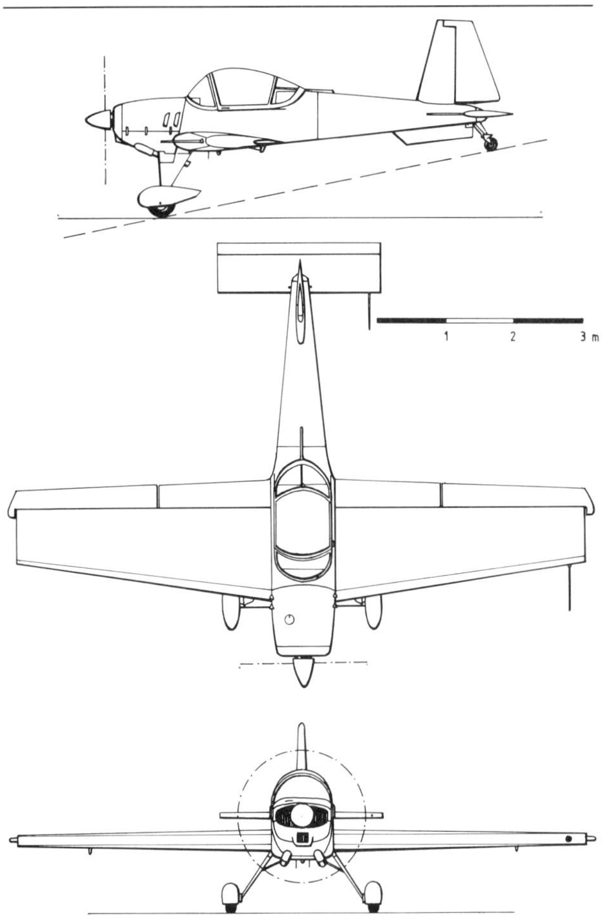

Dreiseitenansicht des bei der Firma Wolf Hirth gebauten »Acrostar«.

als die Bücker-Doppeldecker. *Hößl* ließ daraufhin das Flugzeug bei der Firma Wolf Hirth auf den Sechszylinder-Motor Walter Minor 6-III mit 118 kW (160 PS) umrüsten und gleichzeitig die Zelle verstärken. Das Ergebnis, die KL 35 B 160 war ein Wettbewerbs-Kunstflugzeug, das hinsichtlich Leistung und Eigenschaften sogar etwas besser war als die mit dem gleichen Triebwerk ausgestatteten Zlin-Trener.

»Acrostar« und »Tornado«

1968 reifte die Idee, ein modernes Kunstflugzeug für Wettbewerbszwecke zu bauen. Die Initiatoren waren der Schweizer Kunstflugmeister *Arnold Wagner* und *Sepp Hößl*. Überlegene Leistungen bei positiven wie negativen Anstellwinkeln waren das angestrebte Ziel. *Wagner* besaß zu jener Zeit eines der drei gebauten Exemplare der dänischen KZ VIII, eines einsitzigen Tiefdeckers aus den 50er Jahren in Ganzholzbauweise mit einem 106 kW (145 PS) Gipsy Major-Triebwerk. Das Flugzeug hatte ein gewölbtes Profil und war mit Spreizklappen als Landehilfe ausgerüstet. Die Kunstflugleistungen waren akzeptabel, nicht aber die Eigenschaften, da es bei negativen Anstellwinkeln leicht zum unkontrollierten Strömungsabriß kam. *Wagner* baute in den Flügeln Wölbklappen ein und integrierte diese in die Höhensteuerung, d. h. beim Ziehen des Steuerknüppels schlugen die Klappen nach unten (positiv) aus und beim Drücken nach oben (negativ). Durch diesen Umbau wurden die Eigenschaften und auch die Leistungen im Kunstflug wesentlich verbessert, Kurvenradien mit negativen Anstellwinkeln konnten nun viel enger und ohne die Gefahr eines unvorhergesehenen Stalls geflogen werden. Auf diesem geglückten Versuch begründete *Arnold Wagner* die Konstruktion des »Acrostar« Mk II. Das Flugzeug, ein kleiner Einsitzer in Holz-Kunststoff-Bauweise mit Heckradfahrwerk, erhielt

Hermann Mylius leitete aus dem Zweisitzer »Monsun« die einsitzige Kunstflug-Wettbewerbsmaschine My 102 »Tornado« ab; sie wurde von einem 200-PS-Lycoming-Motor angetrieben.

einen leicht gepfeilten Tiefdecker-Flügel ohne V-Stellung mit symmetrischem Profil und integrierter Wölbklappensteuerung, in die zusätzlich auch die Querruder mit einbezogen wurden. Bei Betätigung des Höhenruders betrug der Querruderausschlag jedoch nur jeweils die Hälfte des Klappenausschlages, um ein harmloses Abreißverhalten des ungeschränkten Flügels zu erreichen. Andererseits wurden die Landeklappen zusätzlich zu den Querrudern auch zur Steuerung um die Längsachse herangezogen mit dem Ziel einer optimalen Rollwendigkeit. Über eine komplizierte Kinematik wurde die »integrierte Klappensteuerung« betätigt. Während der Konstruktionsarbeiten wurde Professor *Richard Eppler* konsultiert; er empfahl die Verwendung des relativ dicken »Eppler 467«-Profils, was sich später wegen des hohen Widerstandswertes als gravierender Nachteil erweisen sollte. Wie bei Neuentwicklungen in jener Zeit üblich, erhielt das Flugzeug ein Pendel-Höhenruder. Die Kunstflugerprobung zeigte bald, daß ein gedämpftes Höhenleitwerk vorzuziehen gewesen wäre.
Auch die Entscheidung für den 162 kW (220 PS) leistenden Sechszylinder-Franklin-Motor 6A-350-C1 mit Niederdruck-Einspritzvergaser erwies sich in der Praxis als nicht sehr glücklich, da die Ölversorgung bei schwierigen Kunstflugmanövern lange Zeit Probleme bereitete.
Der Prototyp und elf weitere Exemplare des Acrostar wurden bei der Firma Wolf Hirth unter der Leitung von Ing. *Leo Meder* gebaut. Nach seinem Weltmeisterschaftsdebut 1970 war der Acrostar für einige Jahre eines der dominierenden Kunstflugzeuge der Welt. Hinsichtlich Leistungsfähigkeit bei vertikalen Figuren sowie Rollwendigkeit setzte das Flugzeug neue Maßstäbe. Deutsche und Schweizer Piloten erzielten auf dem Muster viele Spitzenplazierungen bei internationalen Kunstflugwettbewerben. Leider unterblieb die Weiterentwicklung des Acrostar-Konzepts; diese hätte bei Vermeidung der inzwischen erkannten Schwachpunkte zweifellos zu Kunstflugzeugen geführt, die auch heute noch weltweit an der Spitze stehen würden.

Hermann Mylius, der Konstrukteur der MHK 101, die später als Bo 209 »Monsun« bei MBB in Serie ging, befaßte sich ab 1969/70 mit dem Gedanken, aus dem Zweisitzer, der auch für einfachen Kunstflug geeignet war, einen Einsitzer für den Leistungskunstflug zu entwickeln. Durch die Verwendung ganzer Monsun-Baugruppen wurde eine preisgünstige Lösung angestrebt. Im Aufbau und Aussehen daher einer Bo 209 sehr ähnlich, startete die My 102 »Tornado«, ausgerüstet mit dem 147-kW (200-PS)-Lycoming-Motor AIO-360, einem Hoffmann Dreiblatt-Verstellpropeller und einer Einrichtung für die Benzin- und Ölversorgung im Rückenflug, im Juli 1973 zum Erstflug. Bereits 1½ Monate später nahm die Maschine erfolgreich an den Deutschen Kunstflugmeisterschaften teil. Durch ihre Zuverlässigkeit und technische Problemlosigkeit bewährte sie sich über viele Jahre und ist heute noch einsatzfähig. Obwohl leistungsstark in Vertikalfiguren, verhinderte die zu geringe Rollwendigkeit des Flugzeugs, daß bei internationalen Wettbewerben Spitzenplazierungen möglich waren. Bei den Kunstflug-Weltmeisterschaften 1976 und 1978 wurden mit der »Tornado« Mittelplätze erflogen. Später wurde das Flugzeug noch bei nationalen Wettbewerben eingesetzt. 1984 kreierte *Mylius* eine modifizierte Version seiner My 102. Da der Hochleistungskunstflug immer größere Anforderungen an die Belastbarkeit der Flugzeuge stellte, baute er einen dickeren Tragflügel mit höherer Festigkeit und geändertem Profil für ein verbessertes Verhalten bei negativen Anstellwinkeln. Letztere Vorgabe wurde erreicht, gleichzeitig aber erhöhte sich der Widerstand und beeinträchtigte damit die Vertikalleistung. Die Wettbewerbseignung der neuen Maschine war

Hermann Mylius, Konstrukteur und Pilot, macht sich zum Start in seiner »Tornado« bereit.

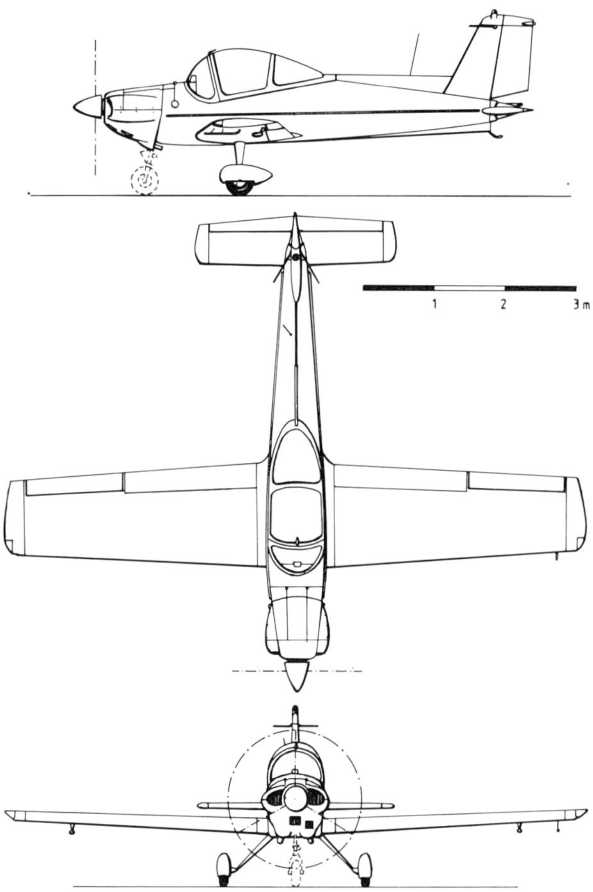

Dreiseitenansicht der My 102 »Tornado«.

somit eher schlechter geworden. Nachdem sich kein Interessent für den Serienbau der »Tornado« finden ließ, blieben die beiden von *Mylius* in Privatinitiative gebauten Prototypen Einzelstücke.

Von der »Extra Pitts« zur »Extra 300«

Mit der Konstruktion und dem Bau von Kunstflug-Wettbewerbsflugzeugen befaßte sich auch *Walter Extra.* Er begann seine Laufbahn als Wettbewerbs-Kunstflieger 1978. Im Amateurbau erstellte er 1980 eine nach seinen Ideen modifizierte Pitts S 1 mit der Bezeichnung »Extra Pitts«. In der Erkenntnis, daß der Kunstflug-Doppeldecker das Ende seiner Entwicklung erreicht hatte, machte sich Extra 1981 an die Konstruktion eines Hochleistungs-Eindeckers. Er orientierte sich dabei an Vorbildern, die ab 1976 amerikanischen Piloten zu großen Erfolgen verholfen hatten. Es handelte sich um kleine, leichte Mitteldecker mit geringem Stirnwiderstand und guter Aerodynamik. Nach diesem Rezept baute *Walter Extra* seine EA 230 in Gemischtbauweise, d. h. mit Stahlrohrrumpf und einem durchgehenden Holzflügel mit symmetrischem Profil. Als Antrieb wählte er den im Kunstflug bewährten Lycoming-Vierzylinder-Motor AEIO-360 mit 147 kW (200 PS) und Verstellpropeller. Das Flugzeug legte 1983 seine internationale Bewährungsprobe ab und erwies sich auf Anhieb gegenüber den weltbesten Kunstflugmaschinen als in jeder Hinsicht ebenbürtig. Kunstflugpiloten aus den westeuropäischen Ländern und den USA zeigten sogleich reges Interesse an dem neuen Muster, was Extra veranlaßte, eine kleine Serie aufzulegen. Zu den ersten Käufern der EA 230 zählten die renommierten Schweizer Kunstflieger *Erik Müller* und *Christian Schweizer,* die auf diesem Flugzeugtyp in den folgenden Jahren hervorragende Erfolg erzielen konnten. Das bedeutete für *Walter Extra* »grünes Licht«, auf diesem Wege weiterzugehen. Als nächstes Muster brachte er eine Weiterentwicklung der EA 230 mit dem Sechszylinder-Motor AEIO-540 und 191 kW (260 PS) unter der Bezeichnung EA 260, welche in den Abmessungen und im Aufbau dem Vorgängermuster weitgehend entsprach. Dieses Flugzeug bestach durch eine überragende Leistungsfähigkeit bei Vertikalfiguren.

Die Typen EA 230 und 260 flogen mit »Experimental«-Zulassung, da eine Musterprüfung in Anbetracht der geringen Stückzahl zu aufwendig und zu teuer gewesen wäre. Für sein nächstes Projekt, die EA 300, strebte *Walter Extra* jedoch eine Musterzulassung nach FAR 23 an. Im Interesse einer breiteren Absatzbasis wurde das Flugzeug als Zweisitzer ausgelegt; es sollte sowohl für den Wettbewerbskunstflug als auch für das Kunstflugtraining geeignet sein. Der wesentliche Unterschied gegenüber den beiden Vorgängern bestand darin, daß Flügel und Höhenleitwerk nicht mehr in Holz-, sondern in Komposit-Bauweise ausgeführt wurden, wobei vorwiegend Carbonfaser-Laminate verwendet wurden. Auch die Beine des Hauptfahrwerks wurden aus Fa-

Walter Extra begann 1981 mit der Entwicklung moderner Kunstflug-Wettbewerbs-Flugzeuge. Sein erstes Serienprodukt war die EA 230.

Als Weiterentwicklung der EA 230 und EA 260 entstand bei der Firma Extra der Kunstflug-Zweisitzer EA 300, der sowohl zweisitzig zum Kunstflug-Training als auch einsitzig im Wettbewerb geflogen wird.

Extra EA 300 S mit 300-PS-Motor ist eine einsitzige Kunstflug-Wettbewerbsmaschine, die viele erste Plätze bei Wettbewerben gewann und weltweit begehrt ist.

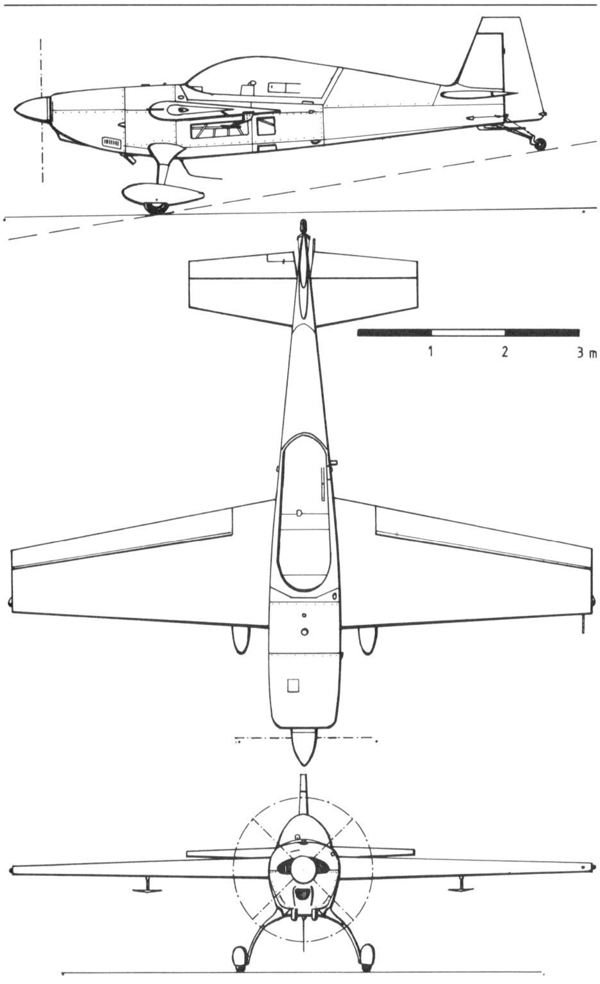

serverbundmaterial gefertigt. Der Rumpf in bewährter Stahlrohrkonstruktion ist seitlich und unten mit Alu-Blech verkleidet, das Rumpfheck mit Kunststoffgewebe bespannt. Die beiden Sitze in Tandemanordnung sind mit einer Vollsicht-Klapphaube abgedeckt. Der AEIO-540 L-Motor von Lycoming leistet 220 kW (300 PS). Mit zwei Personen besetzt, beträgt das sichere Lastvielfache im Kunstflug nicht weniger als +/−10 g. Nachdem Anfang 1991 die Musterzulassung erteilt war, konnte die Serienherstellung des besten Hochleistungs-Kunstflugzeuges der westlichen Welt voll anlaufen. Von Piloten aus den USA, England, Ungarn und Deutschland geflogen, bewies die EA 300 bei zahlreichen Wettbewerben ihre überragenden Qualitäten. Um mit dem Hauptkonkurrenten im internationalen Vergleich, der russischen Suchoj 26, Schritt zu halten, brachte *Walter Extra* Ende 1992 eine einsitzige Version des Musters mit verringerter Spannweite auf den Markt und bezeichnete diese als EA 300 S. Die damit erzielte weitere Leistungssteigerung dürfte ausreichen, um dem Flugzeug auch in Zukunft eine Spitzenposition in der Kunstflugwelt zu sichern.

Dreiseitenansicht des Kunstflugeinsitzers Extra 300 S.

Die konkurrierenden Kunstflugeinsitzer *Mylius* »Tornado«, *Pitts* S-1 und *Hirth* »Acrostar«.

Kunstflug-Ein- und -Doppelsitzer seit 1955

Muster		Bücker Bü 131/R 180 »Lerche«	Klemm Kl 35 B 160	Wagner/Hirth Acrostar Mk II	Mylius My 102 »Tornado	Extra EA 230	Extra EA 260	Extra EA 300	Extra EA 300 S
Verwendungszweck		Kunstflug	Kunstflug	Kunstflug	Kunstflug	Kunstflug	Kunstflug	Kunstflug	Kunstflug
Triebwerk		Lycoming IO-360 8 132 kW/180 PS	Walter Minor 6-III 118 kW/160 PS	Franklin 6A-350 C 162 kW/220 PS	Lycoming AIO-360 147 kW/200 PS	Lycoming AEIO-360 147 kW/200 PS	Lycoming AEIO-540 191 kW/260 PS	Lycoming AEIO-540 L 220 kW/300 PS	Lycoming AEIO-540 L 220 kW/300 PS
Bauart		Doppeldecker Gemischt-bauweise	Tiefdecker Gemischt-bauweise	Tiefdecker Holz-Kunst-stoff-Bauw.	Tiefdecker Gemischt-bauweise	Mitteldecker Gemischt-bauweise	Mitteldecker Gemischt-bauweise	Mitteldecker Gemischt-bauweise	Mitteldecker Gemischt-bauweise
Besatzung		1 (+1)	1	1	1	1	1	1 (+1)	1
Spannweite	m	7,40	10,40	8,28	7,89	7,40	7,42	8,00	7,50
Länge	m	6,60	7,75	6,11	6,40	5,82	6,52	7,12	6,65
Höhe	m	2,25	2,05	1,78	2,20	1,73	1,80	2,62	2,62
Flügelfläche	m^2	13,50	15,20	10,34	9,40	9,00	9,10	10,70	9,25
Rüstmasse	kg	440	510	520	530	460	550	590	560
Zuladung	kg	240	170	110	120	140	150	230	260
Flugmasse	kg	680	680	630	650	600	700	820	820
Flächenbelastg.	kg/m^2	42,25	44,74	60,93	69,14	66,67	76,90	76,60	78,50
Leistungsbelastg.	kg/kW	5,15	5,76	3,89	4,42	4,08	3,66	3,73	3,73
Flächenleistg.	kW/m^2	9,78	7,76	15,67	15,64	16,33	20,98	20,56	23,78
Höchstgeschw.	km/h	240	250	305	320	300	320	325	325
Reisegeschw.	km/h	220	230	275	290	270	280	280	280
Landegeschw.	km/h	85	80	95	95	90	100	100	105
Steiggeschw.	m/s	8	9	14,5	12,5	12,5	14	14	14
Gipfelhöhe	m	7 000	7500	7 000	7 500	7 500	7 500	7 000	7 000
Reichweite	km	470	600	620	900	600	600	750	750
Erstflug		1966	1967	1970	1973	1983	1986	1988	1992
Produktionszahl		1	1	12	2	19	4	50	18

Die Angaben über Zuladung, Flugmasse, Flächenbelastung und Leistungsbelastung gelten jeweils für das höchstzulässige Gewicht für Kunstflug.

Ultraleichtflugzeuge

Walter Barth

Ultraleichtflugzeuge sind ultraleichte Flugzeuge.
Ultraleichte Flugzeuge sind nichts Neues! Schon in den Anfängen der Fliegerei war man bemüht, sehr leichte Flugzeuge zu bauen. Ganz einfach deswegen, weil man die schweren erst gar nicht in die Luft brachte. Dies änderte sich erst mit der Entwicklung leistungsfähiger Antriebe.
In Deutschland war es z. B. *Hans Grade*, Dipl.-Ing. aus Köslin, der sich in den Anfangsjahren der Motorfliegerei im Leichtbau verdient gemacht hat. Er gilt als der erste erfolgreiche deutsche Konstrukteur eines Motorflugzeuges und erhielt als zweiter deutscher Pilot am 1. Februar 1910 den Pilotenschein.
Schon vorher, am 30. Oktober 1909, hatte er auf dem Flugplatz Johannisthal-Adlershof den »Lanz-Preis der Lüfte« in Höhe von 40 000,– Mark gewonnen. Es war ihm gelungen, »eine Acht in 20 m Höhe um 2000 m auseinanderliegende Wendemarken über deutschem Boden mit einem Flugzeug zu fliegen, das von einem Deutschen entworfen und ausschließlich aus deutschem Material gebaut worden war«.
Sein Erfolgsflugzeug unterscheidet sich nur wenig von Ultraleichtflugzeugen der frühen 80er Jahre. Es hatte einen Hängesitz; die Spannweite betrug 10,20 m, die Länge 7,50 m, die Flügelfläche 29 m^2 und seine Leermasse 125 kg. Angetrieben wurde es über eine Schaufelluftschraube von einem 17,7-kW (24-PS)-Vierzylinder-Zweitaktmotor eigener Konstruktion.
In den nachfolgenden Jahren zwischen 1910 und 1912 entwickelte und baute *Hans Grade* weitere sehr leichte Ein- und Doppelsitzer, die die heutigen Kriterien für Ultraleichtflugzeuge durchaus erfüllen würden. Diese Flugzeuge sind in Teil 1 ausführlich behandelt.

Ernst Udet flog 1924 mit seiner U 7 »Kolibri« einen Dauerrekord von über zwei Stunden und im gleichen Jahr einen von über viereinhalb Stunden über der Wasserkuppe.

Ein Meilenstein in der Entwicklung ultraleichter Flugzeuge war der 5. Rhön-Segelflug-Wettbewerb auf der Wasserkuppe im Jahr 1924. *Oskar Ursinus* hatte diesem Wettbewerb eine Konkurrenz für »Segelflugzeuge mit Hilfsmotor« angegliedert. *Ernst Udet* gewann mit der U7 »Kolibri« den 1. Preis. Neben dem »Kolibri« würden von den damaligen Leichtflugzeugen sowohl die von der Akaflieg Darmstadt entwickelte und gebaute D-11, die M16 von *Willy Messerschmitt* sowie der »Rote Vogel« von *Paul Bäumer* mit seinen nur 6 kW (8 PS) einem heutigen Ultraleicht-Flugzeug durchaus entsprechen. Deren Norm hätten aber auch *Gottlob Espenlaubs* erstes Leichtmotorflugzeug aus dem Jahr

Grade-Eindecker aus dem Jahre 1910 – nach heutigen Begriffen ein Ultraleichtflugzeug.

Willy Messerschmitt vor seiner M 17, einem Leichtmotorflugzeug, mit dem 1926 die Alpen doppelsitzig überquert wurden.

1924/25 sowie die M17 (1926) und die M19 von *Willy Messerschmitt* aus dem Jahr 1927 erfüllt.
Das Erstaunliche an den genannten Fluggeräten ist neben ihrem geringen Gewicht ihr geringer Bedarf an Motorleistung. Dies war auch damals schon nur über aerodynamische Güte erreichbar.
Als in den Jahren nach 1945 für den Flugzeugbau international anerkannte technische Normen aufgestellt wurden, hatte es der Amateurbau zunehmend schwer. Einen Ausweg bot die 1968 ins Leben gerufene Oskar-Ursinus-Vereinigung (OUV). Als »Verein zur Förderung des Eigenbaues von Luftfahrtgerät« betreut sie Amateur-Flugzeugbauer und ist in der Lage, mit ihren qualifizierten ehrenamtlichen Mitarbeitern durch entsprechende Anpassung von Neukonstruktionen an die geltenden Baubestimmungen in enger Zusammenarbeit mit dem Luftfahrt-Bundesamt die Zulassung zu erreichen. Unter der Betreuung der OUV wurden als Einzelstücke immer wieder auch ultraleichte Fluggeräte entwickelt.

Auf neuen Wegen

Es ist dem Menschen angeboren, sich mit Erreichtem nicht zufrieden zu geben. In der Fliegerei hat dies zu »immer schneller – immer höher – immer weiter« geführt. Resultat war: »Immer stärker – immer schwerer – immer teurer.« Erst dieses Ergebnis löste, in Verbindung mit dem Auftreten von stoffbespannten Einfachstfluggeräten, eine neue Entwicklung und die Rückbesinnung auf das »einfache Fliegen« aus.

Der Amerikaner *Francis Rogallo* baute Kinderdrachen und entdeckte dabei 1948, daß ein Drachen an Stelle von zum Boden führenden Schnüren auch durch ein angehängtes Gewicht stabilisiert werden kann. Diese Entdeckung wurde 1949 patentiert. In der Folgezeit beschäftigte sich *Rogallo* sehr intensiv mit den Möglichkeiten, die sich aus seiner Entdeckung ergaben. Als Mitarbeiter der NASA erhielt er 1957 den Forschungsauftrag, einen stoffbespannten, lastentragenden Gleiter (Drachen) zu entwickeln. Dieser Gleiter sollte »weiche« Landungen von rückkehrenden Raumkapseln ermöglichen. Er wurde jedoch dafür nie eingesetzt. Vier Jahre später wurde die Geheimhaltung des Rogallo-Projektes aufgehoben und damit eine Entwicklung in Gang gesetzt, die über den ersten manntragenden Drachen zum heutigen Hängegleiter führte.
Schon Anfang der 70er Jahre kamen die ersten derartigen Fluggeräte nach Europa und damit auch nach Deutschland. Wesentliche Impulse erhielt 1973 das Fliegen mit Hängegleitern durch den Amerikaner *Mike Harker,* der mit seinem Rogallo-Drachen von der Zugspitze startete und eine Viertelstunde später heil bei Ehrwald landete. Man brauchte in dieser Zeit schon eine gehörige Portion Mut, solche Fluggeräte zu fliegen, denn sie waren nicht ungefährlich. Ihr Flugverhalten war nicht in allen Situationen vorhersehbar. Nicht selten versagte auch das Material.

Der lastentragende Rogallo-Drachen der sechziger Jahre zeichnete den Weg zum heutigen Hängegleiter und seine motorisierte Form als »Trike«.

Franz Schöfmann führte erstmals 1978 auf der Wasserkuppe einen motorisierten Drachen vor.

Die ersten Ultraleichten

Kaum hatten die ersten Piloten das Fliegen mit Hängegleitern gelernt, wurde auch schon versucht, den Gleiter zu motorisieren. Beim Hängegleitertreffen im August 1978 auf der Wasserkuppe führte der Österreicher *Franz Schöfmann* zum ersten Mal in Deutschland einen motorisierten Standarddrachen vor.
Doch die Entwicklung ging weiter. Warum Fußstart? Dem Gleiter konnte man doch auch ein Fahrwerk anhängen. Der Rolleigenschaften wegen kam nur ein Dreibeinfahrwerk in Frage. Und damit hatte diese Gattung der motorisierten Hängegleiter auch bereits ihren Namen: »Trike«.
Es lag nahe, Vergleichbares mit aerodynamisch gesteuerten Fluggeräten zu versuchen. Das erste dieser Geräte dürfte wohl der »Quicksilver« des Amerikaners *Eipper* gewesen sein. Bereits 1974 führte er sein Fluggerät beim Flugzeugtreffen in Oshkosh vor.
Ursula Hänle, die zusammen mit ihrem Mann sehr erfolgreiche Segelflugzeuge entwickelte und baute, zeigte beim 2. Internationalen Hängegleitertreffen auf der Wasserkuppe ihren in diese Flugzeugkategorie fallenden und mit einem Hilfsmotor ausgestatteten »Hippie«.
Wann und wie sich für die in den 70er Jahren aufgetauchten ultraleichten Flugzeuge die Bezeichnung »Ultraleichtflugzeuge« einbürgerte, ist nicht mehr nachvollziehbar. Fest steht lediglich, daß diese Bezeichnung etwa seit 1975 allgemein verwendet wurde.

- ☐ Ende der siebziger Jahre erscheinen die ersten derartigen Fluggeräte auf dem europäischen Markt.
- ☐ 1979 baut *Ludwig Thalhofer* den ersten ultraleichten Doppeldecker mit einem 11-kW (15-PS)-Solo-Einzylinder-Motor.
- ☐ In der Schweiz entstehen zu dieser Zeit in den Segelflugwerkstätten von *Albert Neukom* die Ultraleichtflugzeuge AN-20A, AN-20B und die AN-22. Diese Hochdecker zeichnet ein aerodynamisch hochwertiges Tragwerk aus, was sich besonders in ihrer guten Gleitfähigkeit und ihrem geringen Leistungsbedarf auswirkt.
- ☐ Beim Hängegleitertreffen auf der Wasserkuppe vom 8. bis 10. August 1980 konnten erstmals mit einer Ausnahmegenehmigung des Bundesministeriums für Verkehr (BMV) »Ultraleichte«, damals noch Gleitflugzeuge genannt, offiziell vorgeführt werden.
- ☐ Unter den areodynamisch gesteuerten Geräten waren damals der Entenflügler »AN-21-R«, der von *Klaus Richter* unter Verwendung des Tragwerks der AN-20A entwickelt und gebaut wurde sowie der von *Reinhard Nolle* entwickelte Nurflügler »Pterodactyl Fledgling«.

In diese Zeit fällt eine Flugleistung, die in ganz Europa Aufsehen erregte: Im April 1980 gelingt dem Schweizer *Marco Broggi* mit einem Ultraleichtflugzeug ein spektakulärer Flug über die Alpen. Für den Flug stand *Broggi* ein »Dädalus« zur Verfügung, der mit nur 11 kW (15 PS) Leistung sehr dürftig motorisiert war.
So interessant und teilweise abenteuerlich die Entwicklung der Ultraleichten im einzelnen war, in einer funktionierenden Bürokratie mußten sich daraus zwangsläufig Probleme ergeben, denn solche Flugzeuge waren in deutschen Verordnungen über die Zulassung von Fluggeräten nicht vorgesehen.
Das BMV stand zu dieser Zeit vor einer sicherlich nicht leichten Entscheidung. Auf der einen Seite wollte man die Ultraleichtfliegerei nicht verbieten, auf der anderen Seite hatte diese einen Stand erreicht, der Regeln für Bau und Betrieb notwendig machte. Wer konnte im technischen Bereich die

Ein »Trike« beim Start.

erforderliche Sicherheit gewährleisten und beim Betrieb Störungen des Allgemeinen Luftverkehrs vermeiden? Das Luftfahrt-Bundesamt winkte ab, und mit den Zielsetzungen der OUV waren solche Aufgaben nicht vereinbar.
Es bot sich an, mit dieser Aufgabe Personen bzw. Gruppierungen zu beauftragen, die in diesen neuen Bereich der Fliegerei die meiste Erfahrung einbringen konnten. Eine besondere »Philosophie« erleichterte dem BMV diese Entscheidung: Zum einen handelte es sich um Fluggeräte, die ausschließlich einsitzig geflogen wurden, zum anderen waren diese Fluggeräte so leicht, daß die Gefährdung Dritter vernachlässigt werden konnte. Zudem war vorgesehen, diese Fluggeräte weitgehend aus dem von der Allgemeinen Luftfahrt genutzten Luftraum herauszuhalten.
Mit der am 15. Mai 1982 in Kraft getretenen Allgemeinverfügung hat nun der BMV die Voraussetzungen geschaffen, erstmals in der Geschichte der Deutschen Luftfahrt private Institutionen mit der Ausstellung von Betriebstüchtigkeits- und Befähigungsnachweisen sowie der Überwachung des Betriebs bestimmter Fluggeräte zu beauftragen. Wie die sich daran anschließende Entwicklung zeigt, haben die beauftragten Luftsportverbände die ihnen gegebenen Möglichkeiten, quasi hoheitliche Aufgaben in weitgehend eigener Verantwortung wahrzunehmen, unbestritten sehr zum Vorteil des Luftsports genutzt.

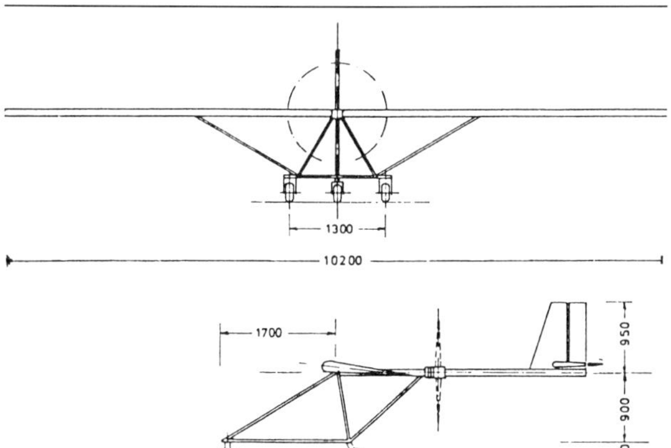

Die ersten modernen »Ultraleichtflugzeuge« (UL) entstanden in den Werkstätten von *Albert Neukom.* Sie waren gekennzeichnet durch einen Druckpropeller hinter dem Tragflügel, Stahlrohrrumpf- und Leitwerk sowie Holzflügel.

Eines der ersten aerodynamisch gesteuerten Ultraleichtflugzeuge war das Entenflugzeug AN 21 von *Albert Neukom* und *Klaus Richter.* Bei einem UL-Treffen flog *Richter* damit von London nach Paris.

UL-Flugzeuge der Anfangszeit

»AN-22«

1982 stellte *Albert Neukom* die »AN-22« vor.
Dieser abgestrebte Hochdecker, dessen Tragflächen ebenso wie das Leitwerk mit neuartigem, hochreißfestem Kunststoffmaterial bespannt waren, wurde in konventioneller Holzbauweise hergestellt. Haupt- und Hilfsholm in Kastenbauweise verleihen dem Flügel sehr gute Stabilität. Der Pilot sitzt in einem stahlrohrgeschweißten Rumpfteil mit Hauptfahrwerk und lenkbarem Bugrad. Der an diesem Rumpfteil oben angesetzte Leitwerksträger aus einem Aluminiumrohr trägt einen mit drei Kielriemen angetriebenen Umlaufpropeller. Der Zweiblatt-Faltpropeller klappt sich im Gleitflug an den Leitwerksträger. Die AN-22 hat gute Gleit- und Langsamflugeigenschaften. Trotz ihrer Leistungsfähigkeit konnte sie sich am Markt nicht durchsetzen.

»Albatros AN-22«

Der »Albatros AN-22« ist eine Weiterentwicklung der »AN-22«. Er wurde hergestellt von der Firma Albatros Ultra Flight in Frankfurt. Bei diesem Flugzeug hat man auf den aufwendigen, bespannten Holzflügel der AN-22 zu Gunsten einer einfachen Flügelkonstruktion aus Aluminium mit tragenden Holmen an der Flügelvorder- und Flügelhinterseite sowie formgebenden Profilstäben verzichtet. Die geringere aerodynamische Leistung dieser Flügelkonstruktion wurde des geringeren Herstellungsaufwandes wegen bewußt in Kauf genommen. Im Flug ist der Albatros AN-22 unproblematisch, wendig, und in den Kurven liegt er sehr stabil.

»Firebird M1«

Als erstes Ultraleichtflugzeug überhaupt erhielt der »Firebird M1« 1982 das Gütesiegel Nr. 10-001-82 des Deutschen Hängegleiterverbandes e.V. (DHV), nachdem die Firma Firebird Leichtflugzeugbau GmbH in Seeg/Allgäu zuvor schon über 100 »Firebird M1« ins Ausland verkauft hatte. (In diesem Zusammenhang ist zu bemerken, daß der DHV seine Prüfung der Betriebstüchtigkeit mit der Erteilung eines sog. »Gütesiegels« bestätigte, während der Deutsche Aero Club e.V. [DAeC] nach seiner Beauftragung hierüber Betriebstüchtigkeitsnachweise ausstellte.)
Der »Firebird M1« ist ein Entenflügler. Er wird gesteuert über das Höhenruder und wingletähnliche Steuerklappen, die an den Flügelenden senkrecht stehen. Der draconbespannte Flügel wird mit vier Streben zum Rumpf unterstützt. Der Pilot sitzt im Rumpfgerüst aus Aluminiumrohren in einer Art Hängematte über dem Dreibeinfahrwerk mit direkt gesteuertem Bugrad.
Die Flugeigenschaften des M1 sind bei Berücksichtigung seiner Grenzen ausgesprochen gutmütig.
Der »Firebird M1« wird nur um Quer- und Hochachse gesteuert. Bewegungen um die Längsachse sind somit nur über das »Wende-Roll-Moment« möglich. Selbst bei kleinen Störungen pendelt er gern um die Hochachse. Wenn man ihm diesen Willen läßt und nicht versucht gegenzusteuern, beruhigt er sich allerdings von alleine. Als PPL-Pilot hat man den Eindruck, daß der M1 in sich »weich« konstruiert ist. Alles gibt nach! Durch die »Hängematte« wird dieser Eindruck noch verstärkt. Nimmt man diese Besonderheiten mehr oder weniger als »gottgegeben« hin, erlebt man im M1 genüßliches Fliegen in seiner schönsten Art.

Der Verfasser in einer Albatros AN 22 bei einer Flugveranstaltung 1985 in Speyer.

Der Firebird M 1 am Flugplatz in Tannheim.

Zwei »Wildenten« vor der Auslieferung.

»Wildente«

Sie war damals, neben dem »Uli« der Firma Scheibe, das einzige Ultraleichtflugzeug in Gemischtbauweise. *Reinhard Molck* hat sie konstruiert, und von der Ultraleicht-Fluggerätebau GmbH in Wietmarschen wurde sie gebaut.
Es handelt sich um einen Hochdecker mit geschweißtem und bespanntem Stahlrohrrumpf und Leitwerksträger. Die Flügel sind aus zwei Leichtmetallholmen und GFK-verstärkten Hartschaumrippen aufgebaut und mit Polyestergewebe bespannt. Die profiltreue Flügelnase besteht aus Leichtmetallblech. Zwei CFK-Streben stützen die Flächen zum Rumpf hin ab. Durchgehende, von Stoßstangen angetriebene Querruder gewährleisten optimale Ruderwirksamkeit. Eine GFK-Schwinge bildet das Hauptfahrwerk. Auf- und Abbau sind unkompliziert und nehmen kaum mehr als zehn Minuten in Anspruch. Im Flug ist die Wildente anspruchslos. Bei Strömungsabriß rüttelt sie, neigt sich nach vorne und nimmt Fahrt auf.

»Airswing«

Der »Airswing« wurde von der Firma Schwertfeger & Zimmermann UL-Gerätebau in Vogt bei Ravensburg/Oberschwaben gerade noch rechtzeitig zur Aero '83 fertiggestellt. Der draconbespannte Hochdecker mit konventionellem Kreuzleitwerk wird von einem Druckpropeller, der um das Rumpfrohr rotiert, angetrieben. Der Pilot sitzt in einer Rohrkonstruktion unter der Tragfläche auf einem Dreibeinfahrwerk.

»Sherpa I«

Dieses sehr erfolgreiche Ultraleichtflugzeug wurde von dem Schweizer *Hans Gygax* konstruiert und von Ikarus-Comco in Aidlingen bei Tübingen zur Serienreife gebracht. Der konventionell dreiachsgesteuerte Hochdecker ist mit einem robusten, gefederten und steuerbaren Dreibeinfahrwerk ausgestattet. Höhen- und Querruder werden über den Steuerknüppel bedient, wobei zu bemerken ist, daß die Querruderwirkung durch Flächenverwindung erreicht wird. Die tragenden Teile des Flügels, die beiden Leitwerkträger und die Rumpfkonstruktion bestehen aus hochfesten Alu-Rohren. Die Flächen sind mit Polyestertuch bespannt und wie der Leitwerkträger über einen Turm oben und unten verspannt. Besonders zu erwähnen ist die hervorragende Verarbeitung.
Der Sherpa reagiert harmlos beim Überziehen. Bei Steilkurven ist jedoch Vorsicht geboten, denn die Rolltendenz ist sehr ausgeprägt und kann gegebenenfalls durch Gegenhalten nicht mehr ausgeglichen werden. Er wurde zunächst zwar als Einsitzer gebaut, war aber von Anfang an als Doppelsitzer ausgelegt.

»Sherpa II«

Nachdem doppelsitzige Schulung erlaubt war, wurde der »Sherpa I» nur noch als Doppelsitzer ausgeliefert. Als Nachfolger für den Einsitzer nahm Comco den »Fox« ins Programm.

Der doppelsitzige »Sherpa II« hat sich besonders im Schulbetrieb bewährt.

Eine echte Doppelsteuerung und insbesondere seine Robustheit machten den »Sherpa II« sehr bald zu einem beliebten Schulflugzeug. Nachdem er anstelle der Flügelverwindung auch noch echte Querruder bekommen hatte, konnte man die erforderlichen Ruderkräfte als halbwegs normal bezeichnen. Sie blieben aber im Flug wegen der Durchbiegung des Flügels immer ein Problem.
Wohl wegen des geringeren Aufwandes verzichtete man im Laufe seiner Weiterentwicklung auf zwei Knüppel und begnügte sich mit einem Knüppel in der Mitte. Dies erfordert für den rechts sitzenden Piloten eine nicht zu unterschätzende Gewöhnung.

»Scout«

Der »Scout« war wohl das einfachste, kleinste und auch eines der preiswertesten Ultraleichtflugzeuge der Anfangszeit. Er wurde von der Firma Mahe Luftfahrt-Technik in Rendsburg-Schachtholm hergestellt.
Der zweiteilige Flügel hatte an der Vorderkante ein über Turm und Rumpfkonstruktion verspanntes Aluminiumrohr. Daran war das Dralon-Segel befestigt, das seine aerodynamische Form durch eingeschobene Profilstäbe erhielt. Der durchgehende Leitwerksträger aus einem rechteckigen Aluminiumrohr trug hinten ein einfaches Kreuzleitwerk samt steuerbarem Spornrad. Der Pilot saß direkt unter dem Flügel in einer einfach gebauten Aluminium-Rohrkonstruktion, an der auch das gefederte Hauptfahrwerk befestigt war. Die Steuerung um die Längsachse erfolgte durch Flügelverwindung über einen konventionellen Knüppel, mit dem auch das Höhenruder betätigt wurde. Seitenruder und Spornrad wurden über Fußpedale gesteuert.
Für einen geübten Piloten war es ein Vergnügen, den »Scout« zu fliegen. Er hatte zwar keine Tücken, reagierte jedoch wegen seiner geringen Masse auf geringste Luftbewegungen. An Tagen mit guter Thermik war man mit ihm voll beschäftigt.

Der »Scout« war eines der kleinsten und leichtesten UL-Flugzeuge.

»Uli«

Dem »Uli« sieht man es an und man fühlt es, wenn man ihn fliegt, daß in ihm die Begeisterungsfähigkeit eines damals immerhin schon 74jährigen Konstrukteurs steckt, der in dieses einfache Flugzeug seine mehr als 50jährige Erfahrung im Flugzeugbau eingebracht hat. Der »Uli« ist eine Konstruktion von *Egon Scheibe,* Flugzeugbau GmbH in Dachau. Mit konventionellem Quer-, Höhen- und Seitenruder ist der »Uli« ein wohltuend normales kleines Flugzeug, das man von der Konstruktion und vom fliegerischen Eindruck her als äußerst solide bezeichnen kann. Seine starre Tragfläche besteht aus zwei Duralholmen mit Hartschaumrippen; sie ist mit Stoff bezogen und über einen Turm und dem Rumpf verspannt, eine einfache geschweißte Stahlrohrkonstruktion, auf der ein Kreuzleitwerk aufgesetzt ist. Der Pilot hat in der verkleideten Rumpfspitze einen körpergerechten GFK-Schalensitz, der ihm eine hervorragende Sitzposition mit bequemem Ein- und Ausstieg ermöglicht. Sehr angenehm

Egon Scheibe stellte im Mai 1983 seinen »Uli I« vor.

und komfortabel werden die beiden GFK-Schwingen des Hauptfahrwerks empfunden. Sie sind sehr wirkungsvoll, leicht auswechselbar und beschränken den Schaden bei einer zu harten Landung auf diese »Sollbruchstelle«. Das Auf- und Abrüsten macht wenig Mühe.
Beim Start ist der »Uli« trotz Schleifsporn bereits mit wenig Fahrt gut steuerbar. Er hebt früh ab und fliegt ohne Probleme. Sein Verhalten beim Überziehen ist harmlos. Wie bei fast allen Ultraleichtflugzeugen ist jedoch Vorsicht geboten bei Steilkurven mit geringer Fahrt. Der »Uli« läßt sich präzise landen. Insbesondere PPLA-Piloten fliegen ihn sehr gern.

»Ultra«

Es war zu erwarten, daß dem einsitzigen »Uli« sehr bald ein Doppelsitzer folgen würde. Mit dem »Ultra« ist die Firma Scheibe dem Trend der Zeit gefolgt. Die Konzeption des »Ultra« entspricht weitgehend der des bewährten »Uli«. Sie unterscheidet sich nur in ein paar besonderen Merkmalen: Der Schleifsporn wurde durch ein lenkbares Bugrad ersetzt, die Haupträder sitzen an Stahlrohrachsen, die mit Druckgummi gut gefedert sind, das Seitenruder hat eine Flosse und ein vor der Tragfläche montierter Motor treibt über einen Poly-V-Riemen einen 160-cm-Propeller an. Dieses »Getriebe« war anfangs auf einer kräftigen Duraluminiumplatte montiert, deren kaum voraussehbarer Nachteil jedoch eine frühzeitige Materialermüdung war. Und so fand es der Verfasser sehr unangenehm, als ihm bei einem Einweisungsflug die halbe Platte samt Propeller davonflog. Mit der später verwendeten Gußstahlplatte war dieses Problem gelöst.

Die Ruderabstimmung des »Ultra« ist gut. Start und Landung machen keine Schwierigkeiten. Auch die Langsamflugeigenschaften sind ausgesprochen gut. PPLA-Piloten können den »Ultra« auf Anhieb fliegen.

Zur Fluglehrerausbildung wird der »Ultra« doppelsitzig geflogen.

»Bronco«

Kein Geringerer als *Ludwig Thalhofer,* dessen Name nicht nur unter Hängegleiterfliegern zu einem Begriff geworden ist, zeichnet für den »Bronco« verantwortlich, einen Hochdecker mit konventionellem Leitwerk und einem Dreibeinfahrwerk mit lenkbarem Bugrad.

Der UL »Bronco« hier mit Verkleidung.

Die Flügel des »Bronco«, mit Querrudern über die ganze Spannweite, sind mit vier Streben zum großen Rumpfzentralrohr, das gleichzeitig Leitwerksträger ist, abgestützt. Der Pilot sitzt vor dem Flügel auf dem Hauptrohr. Dort hat er zwar beste Sicht nach allen Seiten, ohne Bugverkleidung muß er sich jedoch an das Fehlen jeder Lagebezugsfläche erst gewöhnen.
Der »Bronco« wird als Bausatz und auch flugfertig geliefert.

»Mistral«

Die Firma Ikarusflug Bodensee, Leichtflugzeugbau, mit Sitz in Salem-Altenbeuren, kann auf eine langjährige Erfahrung in Konstruktion und Herstellung von Hängegleitern zurückblicken. Ihr Inhaber und verantwortlicher Konstrukteur *Rudolf Schäfer* hat in Zusammenarbeit mit Binder Aviatik in Donaueschingen 1983 in nur vier Monaten den »Mistral« entwickelt und gebaut.
Der »Mistral« ist ein Hochdecker mit vorgespanntem Tragwerk. Sämtliche verwendete Rohre und Streben bestehen aus hochfesten, eloxierten Luftfahrtlegierungen, die Verbindungselemente und Spannseile aus rostfreiem Stahl. Letztere sind zusätzlich mit einem durchsichtigen PVC-Überzug versehen. Die Alu-Beschlagteile haben durchweg einen Aludine-Oberflächenschutz.
Das Tragwerk besteht aus Nasen- und Endholm, die durch Streben rechtwinklig und diagonal miteinander verbunden sind. Diesen Rahmen umgibt die Polyester-Bespannung, auf deren Oberseite eingenähte Taschen die Profilrohre aufnehmen. Ein im Nasenbereich eingeschobenes GFK-Formteil verbessert die Aerodynamik des Flügels. Das Tragwerk ist zum Turm und zum Rumpf verspannt und hat durchgehende differenzierte Querruder. Der zur Rumpfgondel zweifach abgestützte Leitwerksträger aus einem Alurohr trägt ein einfaches Kreuzleitwerk mit Dämpfungsfläche. Der ausgezeichnet verarbeitete »Mistral« verbindet gute Flugleistungen mit gutmütigem Flugverhalten.

Der »Mistral« beim UL-Fliegertreffen 1984 in Bromskirchen.

»Howa Milan«

Der »Howa Milan« wurde von *Karl-Heinz Kaup,* geschäftsführender Gesellschafter der Firma Howa Aircraft GmbH, Brücken, konstruiert und gebaut.

Das UL-Flugzeug »Howan-Milan« wird auch gerne von Pilotinnen geflogen.

Es handelt sich um einen Hochdecker mit verspanntem Tragwerk, negativem V-Leitwerk und Dreibeinfahrwerk mit an das Seitenruder gekoppeltem Bugrad. Der dacronbespannte Flügel aus zwei Alurohren und Segellatten ist sechsfach zum Rumpf abgestrebt und über einen Turm verspannt. Zur besseren Formgebung ist die Flügelnase ausgeschäumt. Sämtliche im Fahrtwind stehenden Rohre sind aerodynamisch geformt. Gesteuert wird konventionell über Seitenruderpedale und Knüppel. Das umgekehrte V-Leitwerk ist mit zwei Alurohrträgern am Flügel befestigt und mit dem Rumpfgerüst verspannt. Als Hauptfahrwerk dient eine GFK-Schwinge mit bremsbaren Rädern.

»Lo 120«

Der Name *Vogt* hat in Fliegerkreisen einen guten Ruf. Schon 1935 entwarf Vater *Alfred Vogt* im Sudetenland den Kleinsegler Lo 105. Nach dem Krieg entstand in Peißenberg/ Obb., wohin er als Flüchtling kam, die jedem Flieger bekannte Lo 100, ein für Kunstflug ausgelegtes Segelflugzeug. 1983 stellte nun sein Sohn *Helmut Vogt,* Baienfurt, die »Lo-120« vor. Sie war zunächst als doppelsitziges Ultraleicht-Schulflugzeug konzipiert, kann jedoch auch als Einsitzer gebaut werden.
Der freitragende Hochdecker mit einem bewährten, überziehsicheren Göttinger Profil hat einen Rumpf mit doppelten Leitwerksträgern und dazwischenliegendem negativen V-Leitwerk. Die Querruder beschränken sich auf den Bereich der Flügelenden. Die Sitze sind hintereinander angeordnet. Das Tragwerk besteht aus einem zweigurtigen, freitragenden Hauptholm aus Kiefernleisten und Rohazell als Stegmaterial. Die Nasenrippen aus Styrodur ergeben in Verbindung mit GFK-Nasenschalen einen steifen Torsionskasten. Für die Hinterrippen wird ebenfalls Styrodur verwendet. Bespannt ist der Flügel in der im Segelflugzeugbau üblichen Weise. Rumpf und Leitwerksträger sind im Fachwerkprinzip aus Kiefernleisten aufgebaut und mit Sperrholz beplankt. Die profilierten Leitwerke bestehen aus Styrodurrippen mit GFK-Beplankung. Die Bewegung der Ruder über Aluminium-Stoßstangen dürfte für die geringen Steuerkräfte mit verantwortlich sein. Das lenkbare, gefederte Bugfahrwerk und das teleskopgefederte Hauptfahrwerk sind sehr robust und nehmen eine harte Landung nicht übel. Das Triebwerk sitzt hinter dem Tragwerk zwischen den beiden Leitwerksträgern und treibt über ein Untersetzungsgetriebe eine Druckschraube an. Bei der Montage der Flügel werden diese lediglich in den Rumpf eingeschoben, wobei die Steuerungen automatisch gekuppelt werden. Der Zeitaufwand für den Auf- bzw. Abbau beträgt nur fünf bis zehn Minuten. Das Flugzeug wird in Bausätzen unterschiedlicher Ausbaustufen geliefert. Bei sorgfältiger Arbeit erhält der Eigenbauer als Gegenwert ein langlebiges, solides Ultraleichtflugzeug mit guten Flugleistungen, harmlosem Flugverhalten und geringem Unterhaltsaufwand.

Die Lo 120, auf die eine verbesserte Ausführung Lo 120 S folgte, hat sich als Trainer bewährt.

»Motte«

Als kleinen Leckerbissen bot schon 1983 *Michael Platzer,* in Fliegerkreisen als qualifizierter Flugzeugkonstrukteur bekannt, die »Motte« zum Eigenbau an. Er lieferte dazu acht Planzeichnungen und eine Bauanleitung mit 140 Seiten.
In der Version B2/B3, in der sie am meisten gefragt war, sind die Flächen aus zwei Aluminiumholmen und Rippen aus Alublech aufgebaut und zum Turm und Rumpf hin verspannt. Als Leitwerksträger dient ein Zentralrohr, an dem ein pyramidenförmiger Rahmen hängt, der den Pilotensitz aufnimmt und an dem das Hauptfahrwerk montiert ist. Die Steuerung der »Motte« erfolgt konventionell über einen Knüppel, der allerdings oben angelenkt ist, was insbesondere für PPLA-Piloten mit einer nicht zu unterschätzenden Umgewöhnung verbunden ist. Das Seitenruder mit gekoppeltem Spornrad wird herkömmlich über Fußpedale bedient. Das Auf- und Abrüsten dauert zu zweit etwa 20 Minuten. Die »Motte« ist einfach zu fliegen und verhält sich im Grenzbereich gutmütig.

Schon in der Anfangszeit warteten die Ultraleichtflieger auch im sportlichen Bereich mit Leistungen auf, die neben dem Können und dem Mut der Piloten deutlich machten, daß hier eine ernst zu nehmende Luftsportart im Entstehen war. Wenn auch die Fluggeräte teilweise noch abenteuerlich anmuteten, so war doch überall das ernsthafte Bemühen um Sicherheit und Fortschritt spürbar. Es trifft die damalige Situation sehr gut, wenn man heute von Pionierzeit spricht. Es gab aber auch schwere Rückschläge. Insbesondere Unfälle, die neben der damit verbundenen menschlichen Tragik und wegen der sie auslösenden Umstände der Ultraleichtfliegerei sehr geschadet haben. Von ihnen waren teilweise Piloten betroffen, die erfahren waren und sich um die Ultraleichtfliegerei verdient gemacht hatten. Ultraleichtfliegen mußte gefährlicher als andere Luftsportarten sein! Dieses Image hat die Ultraleichtfliegerei bis heute noch nicht völlig abstreifen können.

Rettungssysteme

In allen Lebensbereichen werden Unfälle trotz Umsicht nie völlig vermieden werden können. Deshalb war in der Fliegerei bereits der Fallschirm ein großer Fortschritt. Die mit Rettungssystemen gegebene Möglichkeit, die Flugzeugbesatzung samt Flugzeug in einem Notfall heil auf den Boden zu bringen, ist ein weiterer, ganz wesentlicher Schritt im ständigen Ringen um ein Höchstmaß an Sicherheit. Sie wurde zunächst für Ultraleichtflugzeuge verwirklicht – und sogar gesetzlich vorgeschrieben. Möglicherweise wird die UL-Fliegerei damit zum Wegbereiter auch für andere Sparten des Luftsport.
Mit einem Rettungssystem läuft die Rettung sehr einfach ab: Dr. P. G. ist mit seinem Flight-Star am 22. 9. 1985 unterwegs von Dachau nach Pfullendorf. Es ist 16.00 Uhr, die Flughöhe beträgt maximal 200 m.
Ohne Vorwarnung fällt die Steuerung aus. Allmählich, jedoch immer schneller kippt die Flight-Star nach rechts und geht in die Steilspirale über. Der Pilot erkennt seine auswegslose Lage und drückt die Zündbox seines pyrotechnischen Rettungssystems. Eine Sekunde später hängt er bereits zusammen mit dem Flugzeug am Schirm. In Normallage sinkt er ruhig und gleichmäßig, und ehe ihm alles so richtig bewußt wird, ist er bereits am Boden. Das Fahrwerk bricht und die linke Flächenstrebe knickt ein. Alles! Der Pilot hat außer dem Schrecken nicht die kleinste Schramme. Ohne ein solches Rettungssystem hätte Dr. P. G. nicht die geringste Chance gehabt.
Im wesentlichen sind zwei Arten von Rettungssystemen gebräuchlich:

- ☐ Das pyrotechnische Rettungssystem:
  Bei diesem wird eine Rakete gezündet. Diese zieht den Rettungsschirm samt Leinen in weniger als einer Sekunde auf volle Länge aus.
- ☐ Das Schleuder-Rettungssystem:
  Bei diesem wird nach Auslösung ein Hilfsfallschirm mittels Federkraft weggeschleudert. Dieser hat dann die Aufgabe, den Rettungsschirm samt Leinen auszuziehen.

Rettungssysteme für Ultraleichtflugzeuge wiegen komplett etwa 6 bis 10 kg. Sie haben mit angehängtem Dummy maximale Sinkgeschwindigkeiten von 6,8 bzw. 8,0 m/s.

Die weitere Entwicklung der aerodynamisch gesteuerten Ultraleichtflugzeuge

Entscheidend für die rasante Entwicklung im Bereich der aerodynamisch gesteuerten Ultraleichtflugzeuge in der Bundesrepublik Deutschland war der Wegfall der Zulassungspflicht. Das hieß keineswegs Verzicht auf die Prüfung der Betriebssicherheit, jedoch eine wesentliche Senkung der Prüfungskosten. Zudem gab es die Möglichkeit, bei Konstruktion und Bau weitgehend Materialien zu verwenden, die im normalen Handel angeboten werden.
In den Jahren nach 1982 zeichnen sich für die aerodynamisch gesteuerten Fluggeräte deutlich drei verschiedene Entwicklungsrichtungen ab:

1. Fluggeräte mit den typischen Merkmalen der Anfangszeit,
2. Fluggeräte nach Konzeptionen, die sich in der Fliegerei bereits bewährt haben, und
3. moderne Ultraleichtflugzeuge.

UL-Flugzeuge mit typischen Merkmalen der Anfangszeit

Sie haben noch stoffbespannte, jedoch mehr oder weniger starre Tragflächen. Sie entsprechen weitgehend noch der ursprünglichen Konzeption, werden jedoch konstruktiv und insbesondere aerodynamisch ständig verbessert. Typische Vertreter dieser Entwicklungsrichtung sind:

»Fox«

Nach dem »Sherpa I« brachte *Rolf Lieb* den »Fox« auf den Markt. Auch er wurde von dem Schweizer *Hans Gygax* konstruiert und von der damals noch in Aidlingen bei Tübingen ansässigen »Comco GmbH« zur Serienreife gebracht. Der Aufbau des »Fox« entspricht den üblichen, verspannten Alu-Rohr-Konstruktionen. Er ist mit Querrudern ausgestattet, die über Gelenke am hinteren Flügelrohr angeschlagen sind. Eine GFK-Schale mit aufgesetzter Windschutzscheibe verkleidet den aus Alu-Rohren gefertigten Rumpf. Die Dreiachssteuerung ist konventionell. Das mit dem Seitenruder gekoppelte Bugrad wird sinnrichtig mit Pedalen gesteuert. Höhen- und Seitenleitwerk sind gedämpft. Der Motor überträgt mittels eines Getriebes seine Kraft auf einen Zugpropeller. Er ist vor der Fläche in Höhe der Flügelnase montiert.
Bei Start und Landung läßt sich die Richtung mit dem Seitenruder wirkungsvoll kontrollieren. Am besten steigt der Fox mit etwa 55 km/h. Wie bei allen derart konzipierten Ultraleichtflugzeugen liegt das beste Steigen in einem eng begrenzten Geschwindigkeitsbereich und nimmt mit zunehmender Geschwindigkeit rasch ab. Der »Fox« verhält sich so, wie man es von einem guten Flugzeug erwartet. Das Überziehverhalten ist harmlos, eine Trudelneigung besteht nicht. Der »Fox« ist ein handliches, stabiles und sicheres Fluggerät, das mit erstaunlich geringer Antriebsleistung gute Flugleistungen erzielt.

»Fox-C 22«

Die Firma Comco erweiterte bereits 1984 ihre Ultraleichtfamilie um den »Fox-C 22«. Er löste den doppelsitzigen »Sherpa II« ab. Der »Fox-C 22« hat keinen Spannturm mehr. An seiner Stelle sind die Flächen zweifach verstrebt. Eine auf dem GFK-Cockpit aufgesetzte, großzügig dimensionierte Windschutzscheibe macht das Fliegen wesentlich angenehmer. Das Kreuzleitwerk mit Dämpfungsflächen sitzt auf einem freitragenden Leitwerksträger. Wie bei allen »Comco-Flugzeugen« wurde auch bei ihm der Motor vor dem Flügel montiert. Ein echtes Doppelsteuer in Verbindung mit unkritischen Flugeigenschaften haben den »Fox-C 22« sehr schnell zum wohl beliebtesten Schulflugzeug seiner Zeit gemacht. Doppelsitzig muß der »Fox-C 22« bei der Landung relativ schnell geflogen werden, wenn man Durchsacken vermeiden will.

Der »Fox« gilt als besonders robust und zuverlässig.

»Ikarus-C 22«

Der »Ikarus-C 22« stellt derzeit das letzte Glied der Entwicklungskette aus Ultraleichtflugzeugen der Firma Ikarus Comco GmbH, Mengen, dar. Er repräsentiert den letzten Stand technischer Entwicklung bei Ultraleichtflugzeugen ursprünglicher Konzeption und hat alle Eigenschaften eines modernen, dreiachsgesteuerten Flugzeugs. Nicht zuletzt deshalb ist er derzeit auch das in Deutschland meistgekaufte Ultraleichtflugzeug.
Der »Ikarus-C 22« ist mit nebeneinander angeordneten Sitzen und einer für den Rechtssitzenden etwas gewöhnungsbedürftigen Mittelsteuerung versehen. Ansonsten entspricht die Steuerung der seines Vorgängers. Die abgestrebten, ohne großen Aufwand anklappbaren Tragflächen samt Leitwerk ermöglichen einen schnellen Auf- und Abbau; so ist der »Ikarus-C 22« in ca. 30 Minuten für den Autodach-Transport zerlegbar. Die Kabine gibt es in der weitgehend windgeschützten Ausführung seines Vorgängers, aber auch völlig geschlossen, womit das Gepäck ebenfalls seinen geschützten Platz hat und die Aerodynamik dieses schönen Flugzeuges nicht unwesentlich verbessert wird.
Der »Ikarus-C 22« ist ein ausgereiftes, in jeder Hinsicht erprobtes und hochbelastbares Ultraleichtflugzeug mit gutmütigen Flugeigenschaften.

Mit vollverkleidetem Pilotensitz macht das Fliegen mit der »Ikarus C 22« auch im Winter Spaß.

»Sky Walker«

Neben den C 22 der Firma Comco ist insbesondere der »Sky Walker« der Firma Leichtflugzeug GmbH & Co KG, Neuenrade, als Schulflugzeug gefragt. Es handelt sich um einen verstrebten Hochdecker mit Rechteckflügeln und hintereinander angeordneten Sitzen. Der wesentliche Teil des Rumpfes besteht aus einem Aluminiumrohr, an dem hinten das Kreuzleitwerk und vorne die beiden Sitze montiert sind. Das Dreibeinfahrwerk mit blattgefedertem Hauptfahrwerk hat ein steuerbares Bugrad. Der Motor hinter der Tragfläche auf Höhe der Endleiste treibt eine Druckschraube an.
Der »Sky Walker« ist sehr gut verarbeitet, stabil, robust und durch leicht auswechselbare Teile auch reparaturfreundlich. Leitwerk und Flügel sind für eine platzsparende Unterstellung in der Halle anklappbar. Für den Transport auf dem Autodach kann er ggf. voll zerlegt werden. Der »Sky Walker« läßt sich leicht und problemlos fliegen, wobei sein Flugverhalten auch beim Überziehen harmlos ist. Inzwischen wird der »Sky Walker« auch vollverkleidet angeboten, was seine Aerodynamik deutlich verbessert.

»Sunny«

Dieter Schulz hatte sich sehr intensiv mit den Vorteilen, die ein »Ringflügel« zumindest theoretisch verspricht, beschäftigt. Den aus seiner Sicht besten Kompromiß zwischen Theorie und Realisierbarkeit fand er in der sog. »boxwing«-Konfiguration. Von ihr versprach er sich eine hohe Flächeneffizienz, weniger Widerstand und erhöhte Stabilität bei geringerem konstruktiven Aufwand. Er hatte sich zum Ziel gesetzt, diese Flügelform in einem Ultraleichtflugzeug zu verwirklichen. Das Ergebnis stellte er 1988 mit dem »Sunny« vor. Um dieser damals schon vielversprechenden Ultraleichtkonstruktion auch wirtschaftlich sinnvolle Erfolgsaussichten zu verschaffen, gründete *Dieter Schulz* 1988 die Firma »Tandem Aircraft KG«.

Der »Sunny« ist im Prinzip ein zweisitziges Tragflächen-Verbundsystem mit geringer Spannweite. Die tragenden Flächen sind boxwingartig positiv gestaffelt (oben vorn) mit rückwärts gepfeilter oberer Tragfläche. Die Piloten sitzen hintereinander.

Der »Sunny« wird konventionell gesteuert. Die Höhenruder sind an der unteren Fläche angebracht und dienen mittels eines Mischers gleichzeitig als Querruder. Die Seitenruder verbinden an den Flügelenden mit ihren Flossen die beiden Tragflächen.

Der »Sunny« hat ein problemloses Flugverhalten, das er mit großer Wendigkeit und hoher Steigleistung verbindet. Sein Flugverhalten ist auch im überzogenen Flugzustand unkritisch. Die konstruktive Stabilität und die solide Verarbeitung des »Sunny« sind bemerkenswert. Piloten, die ein ungewöhnliches, aber trotzdem sicheres Flugzeug suchen, finden es im »Sunny«.

»Sunny Sport«
Der »Sunny Sport« ist, wie ja auch sein Name andeutet, die sportliche Version des »Sunny«. Es wurde ein wesentlich stärkerer Motor eingebaut, was insbesondere beim doppelsitzigen Fliegen deutlich spürbar wird. Durch den verkleideten Pilotensitz ergibt sich eine etwas größere Länge.

»Sunny Targa«
Mit dem »Sunny Targa« bietet Tandem Aircraft KG ein doppelsitziges Reiseflugzeug an, bei dem die Piloten nebeneinander sitzen. Er verbindet diese für viele Piloten angenehmere Sitzanordnung mit den Leistungen des »Sunny Sport«.

Der »Renaissance« wurde 1993 auf der AERO erstmals vorgestellt.

»Renaissance«

Die »Renaissance« ist weitgehend eine Neukonstruktion der Tandem Aircraft KG. Sie wurde bei der Aero-93 erstmals gezeigt. Zunächst wirkt sie wie ein »Sunny« mit Schwanz. Beim zweiten Hinsehen stellt man jedoch fest, daß an den Flügelenden die Seitenruderflächen fehlen und daß auch vom »Boxwing«-System nichts mehr zu sehen ist. Die »Re-

Der »Sunny-Sport« bietet als Doppeldecker mit gestaffelten Tragflächen ein ungewöhnliches Bild.

naissance« ist ein herkömmlicher Doppeldecker, bei dem die Piloten nebeneinander sitzen. Sie wird konventionell gesteuert. Die Querruder sind an der unteren Fläche angebracht. Ihr steuerbares, mit dem Seitenruder verbundenes Bugradfahrwerk schlägt sinnrichtig aus. Stabilität und Verarbeitung entsprechen auch bei der »Renaissance« dem von Tandem Aircraft gewohnten hohen Standard.

»Lo 120 S«

Die »Lo 120 S« wurde von ihrem Konstrukteur *Helmut Vogt* gegenüber der »Lo 120« insbesondere aerodynamisch wesentlich verbessert. Sie hat keinen Rechteckflügel mehr, sondern einen Flügel in Trapezform. Ihre Spannweite wurde von 12,00 auf 15,00 m erhöht.
Der neue Flügel verleiht der Lo 120 S außerordentlich gute Gleiteigenschaften, wozu nicht zuletzt auch eine aerodynamisch deutlich verbesserte Kabine beiträgt. Die Ruderanschlüsse werden beim Zusammenbau, der in fünf Minuten bewerkstelligt werden kann, automatisch gekuppelt.
Der Aufbau des Flügels und auch alle anderen Konstruktionsmerkmale entsprechen weitgehend denen der Lo 120. Die Lo 120 S kann ebenfalls als mehr oder weniger vorgearbeiteter Baukasten bezogen werden. Beim Selbstbau muß man von etwa 700 Arbeitsstunden ausgehen.

»Albatros«

Der »Albatros« der Flugzeugtechnik GmbH, Herzlake, ist das gelungene Ergebnis einer langen Entwicklungsreihe, die ihren Anfang nahm mit den Ultraleichtkonstruktionen von *Albert Neukom*. Beim »Albatros« handelt es sich um ein aerodynamisch konventionell gesteuertes Ultraleichtflugzeug, das 1986 den Betriebstüchtigkeitsnachweis erhielt.
Rumpf und Tragflächen bestehen aus hochfesten Duraluminium-Rohren; für die Bespannung wurden Polyestertuch und Mylarfolie verwendet. Das sehr breite und damit besonders standsichere Dreibeinfahrwerk aus Stahlrohr hat ein bremsbares Hauptfahrwerk und ein mit dem Seitenruder gekoppeltes, sinnrichtig reagierendes Bugrad. Der Motor wurde vor der Tragfläche auf dem durchgehenden Leitwerksträgerrohr so hoch montiert, daß die Insassen nur wenig vom Propellerstrahl spüren.
Der »Albatros« kann in etwa zehn Minuten auf- oder abgebaut werden. Er ist wendig und problemlos in allen Flugbereichen. 1987 wurde er im übrigen auch mit Schwimmern erfolgreich erprobt.
Bei der Aero '93 wurde ein neuer »Albatros« vorgestellt. Er dürfte, zumindest vorläufig, der Höhepunkt dieser Entwicklungsreihe sein.

Der »Albatros« – vollverkleidet und am Höhepunkt seiner Entwicklung?

Fluggeräte nach bewährten Konzeptionen

Bei der Entwicklung dieser Fluggeräte erinnerte man sich der erfolgreichen, leichtgebauten Motorflugzeuge der 20er und der ersten 30er Jahre und versuchte, unter teilweiser Verwendung modernster Materialien und Umsetzung inzwischen gewonnener neuester Erkenntnisse in der Aerodynamik die Entwürfe so zu optimieren, daß sie die Kriterien für Ultraleichtflugzeuge erfüllten.
Es war also nicht Nostalgie, die zu solchen Entwicklungen anregte, sondern die Überzeugung, daß sich das, was damals schon gut war, mit unseren heutigen Möglichkeiten noch leichter und noch besser bauen lassen müsse.
Ein gutes Vorbild waren da z. B. die von *Hanns Klemm* entwickelten Tiefdecker. *Hanns Klemm,* 1918 Chefkonstrukteur der »Daimler-Motoren-Gesellschaft« in Sindelfingen, entwarf 1918/19 die

- ☐ L15, die als erstes Leichtflugzeug gilt. Sie war angetrieben von einem 5,5-kW (7,5-PS)-Motorrad-Motor und flog! Ihr Rüstgewicht betrug 189 kg, ihr max. Abfluggewicht 276 kg.
- ☐ Bald folgte die L20, ein zweisitziger Tiefdecker mit einem 14,7-kW (20-PS)-Daimler-Motor. Es ist erstaunlich, daß diese 20 PS ausreichten, die L20 doppelsitzig problemlos in die Luft zu bringen. Ihr Rüstgewicht lag allerdings bereits bei 265 kg und ihr max. Abfluggewicht bei 450 kg.

1926 gründete *Hanns Klemm* die »Leichtflugzeugbau Klemm« in Stuttgart-Böblingen. In diesem Werk entsteht 1929 die

- ☐ »Klemm Kl 25 D VII«, ein zweisitziges Schul- und Sportflugzeug mit 59-kW (80-PS)-Hirth-Motor, das sich in der ganzen Welt durchsetzte.

»Sunrise«

Dieses Flugzeug ist im Erscheinungsbild der »Klemm Kl 25« sehr ähnlich – gewiß nicht von ungefähr. Der Leichtbau und die Flugleistungen der »Klemm Kl 25« waren so gut, daß es verwunderlich wäre, wenn sich daran niemand erinnert hätte. Der »Sunrise« wurde konstruiert und gebaut in

Wolfgang Ströhle in seiner »Sunrise II« beim Flugplatzfest 1992 in Ehingen.

der Flugzeuge-GmbH, Schwäbisch Gmünd-Straßberg, von *Wolfgang Dallach,* dem von vielen Meisterschaften her bekannten Motor-Kunstflieger. *Wolfgang Dallach* hat sehr früh die Chancen erkannt, die der Sportfliegerei durch die Entwicklung ultraleichter Flugzeuge gegeben sind. Seit 1983 beschäftigte ihn die Idee, ein Ultraleichtflugzeug zu entwickeln. Es sollte ein langlebiges Flugzeug mit einem zuverlässigen Motor werden. Es sollte gute Steigwerte und eine hohe Reisegeschwindigkeit mit niedrigem Verbrauch verbinden. Gutmütiges Flugverhalten, echte Segeleigenschaften und leichtes Handling am Boden sollten einen großen Kreis von Interessenten ansprechen. Das Angebot, dieses Flugzeug auch noch als kompletten Baukasten erwerben zu können, sollte Gruppen oder Vereinen die Möglichkeit zum Selbstbau geben. Diese Vorgaben hat *Wolfgang Dallach* 1986 mit seinem »Sunrise« voll erfüllt.
Der »Sunrise« ist ein Tiefdecker mit Spornrad. Er kann als Ein- oder als Doppelsitzer gebaut werden, wobei es möglich ist, den Einsitzer jederzeit ohne Schweißarbeiten in einen Doppelsitzer umzurüsten.
Der »Sunrise« wird in einer modernen Gemischtbauweise hergestellt. Der unter Schutzgas geschweißte Stahlrohrrumpf stellt einen geschlossenen Festigkeitsverband dar, der höchstmögliche Sicherheit selbst bei härtester Belastung bietet. Die Bespannung von Rumpf und Flügel besteht aus hochfestem Dacron. Die Flügel sind aus einem kohlefaserverstärkten Holm mit einer Sandwichnase aus GFK aufgebaut. GFK-verstärkte Hartschaumrippen geben dem speziell für die »Sunrise« entwickelten Profil die nötige Profiltreue. Für das Leitwerk wurde eine unprofilierte Alurahmenkonstruktion gewählt, deren Füllraum mit einer GFK-Hartschaumschicht ausgekleidet ist. Als Antrieb dient ein 29,4-kW (40-PS)-KHD-Motor, der aus dem bewährten Citroën-Visa-Motor weiterentwickelt wurde. Der niedrige Kraftstoffverbrauch von nur 6 bis 8 l/h spricht für sich. Die angenehmen Flugeigenschaften, insbesondere die harmlosen Überzieheigenschaften, das stabile Flugverhalten und nicht zuletzt die guten Segeleigenschaften haben schon viele Interessenten angesprochen.

»Kiebitz«

Carl Clemens Bücker, Flugzeugkonstrukteur, gründete 1933 in Berlin-Johannisthal die Firma »Bücker-Flugzeugbau«. Nach seinen Entwürfen entstanden in diesem Werk die in aller Welt bekannten und vornehmlich als Schul-, Sport- und Übungsflugzeuge geflogenen

- ☐ Bü 131 »Jungmann« und
- ☐ Bü 133 »Jungmeister«.

Ein Flugzeug, das zumindest seine optische Verwandtschaft mit der Bücker »Jungmann« nicht leugnen kann und dies sicher auch nicht will, ist der »Kiebitz«.
Entwurf, sämtliche Berechnungen und Konstruktion des »Kiebitz« stammen von Dipl.-Ing. *Michael Platzer.* Steht man in der Nähe eines »Kiebitz«, glaubt man zunächst, entweder eine Bücker oder eine Stampe vor sich zu haben. Bei genauerem Betrachten bemerkt man dann zwar Unterschiede; auf den Gedanken, es könnte sich um ein Ultraleichtflugzeug handeln, kommt man aber sicherlich nicht. Dafür ist der »Kiebitz« zu groß. Erstaunlich, daß dieses Flugzeug leer tatsächlich nur 150 kg wiegt. Der Kiebitz ist ein klassischer zweisitziger Doppeldecker im Stil der 30er Jahre in Gemischtbauweise mit hintereinander angeordneten Sitzen.
In seinen Besitz kommt nur, wer ihn bauen will und kann, denn *Michael Platzer* liefert zu diesem Flugzeug nur die für den Bau erforderlichen Pläne. Die Festigkeitsauslegung wurde in Anlehnung an die FAR 23 vorgenommen und hält sich ohne Einschränkungen an die in den Betriebstüchtigkeitsforderungen für Ultraleichtflugzeuge geforderten Mindestwerte.

Der »Kiebitz« – hier zur Schulung von Fluglehrern.

Der Rumpf besteht aus einem Alu-Fachwerk; der zweiholmige Flügel ist in Alu-Holz-Gemisch-Bauweise hergestellt. Eine Spreizfederung fängt die auf das Hauptfahrwerk kommenden Stöße wirksam ab. Die Flugeigenschaften des »Kiebitz« sind ausgeprägt harmlos. Wer schon einmal ein Spornradflugzeug geflogen hat, kommt mit dem »Kiebitz« auf Anhieb zurecht. Für die Seriösität und das Verantwortungsbewußtsein des Konstrukteurs spricht, daß sich *Michael Platzer* grundsätzlich die Endabnahme und das Einfliegen vorbehält.

»FK 9«

In die Kategorie der Flugzeuge nach bewährten Konzeptionen fallen aber auch gleich mehrere UL-Flugzeuge, die eine verblüffende Ähnlichkeit mit der berühmten »Piper Cup« haben. Die Cup, der erste große Entwurf des *William T. Piper* aus den dreißiger Jahren, war in Amerika so etwas wie ein Volksflugzeug.

Es verwundert nicht, daß auf dieser Konzeption aufbauend versucht wurde, Ultraleichtflugzeuge zu konstruieren. Wie wir sehen werden, mit viel Erfolg:

Otto Funk, der für die Planung und Entwicklung der »FK 9«, dem einzigen deutschen Flugzeug dieser Art, verantwortlich zeichnet, war zum Zeitpunkt seiner Arbeiten an der »FK 9« als Konstrukteur und Ausbildungsleiter bei MBB im Werk Speyer tätig. Sein Sohn *Peter Funk* studierte Leichtbautechnik und kümmerte sich bei der Entwicklung der »FK 9« als diplomierter Flugzeug-Mechaniker um den Rumpf. Das Ergebnis dieser Vater-Sohn-Zusammenarbeit wurde bei der Aero '89 in Friedrichshafen durch die B+F Technik Vertrieb GmbH, Hofheim, zum ersten Mal der Öffentlichkeit vorgestellt und erregte bereits damals viel Aufsehen.

Für den Flügel wurde das Wortmann-Profil der »FK 6« von Prof. *Althaus* verfeinert. Der daraus resultierende Flügel kann als das Kernstück dieses Flugzeugs bezeichnet werden. Seine Konstruktion basiert auf einem Karbonfaser-Holm mit Hartschaumkern. Derselbe Hartschaum wird für die

»FK 9« – der große Wurf von *Otto Funk*.

Rippen verwendet. Bespannt ist der Flügel mit Dacron. Ein ausgesprochener Leckerbissen ist die Kinematik, mit der Klappen und Querruder gesteuert werden: Im Schnellflug stehen Klappen und Querruder in gleicher Negativstellung. Im Langsamflug sind die Klappen mit 20 Grad und die Querruder mit 10 Grad eingestellt. Im Kurvenflug arbeiten die Querruder bis 20 Grad und die Klappen bis 10 Grad. Die richtige Dosierung übernimmt die Kinematik.
Der Rumpf ist konventionell in Mischbauweise mit Metallgerüst hergestellt. Die Innenausstattung ist notgedrungen spartanisch einfach, aber dafür sitzt man gut. Das Einsteigen ist unproblematisch. Das Cockpit bietet auch für zwei kräftige Piloten genügend Platz. Im Flug zeigt sich die »FK 9« als ein Fluggerät mit sehr guter Ruderabstimmung, normalen Ruderkräften und absolut harmlosen Flugeigenschaften. Ihre große Zuladung, die Möglichkeiten, viel Gepäck unterzubringen, und ihre Zuverlässigkeit machen sie zu einem Flugzeug, mit dem man auch auf weite Reisen gehen kann.

»Me 109«

Hersteller: Tassilo Bek, Flugzeugbau, Färberweg 73, Riedlingen
Tassilo Bek ist von Beruf Schreinermeister und auf Treppenbau spezialisiert. Selbst PPLA-Pilot, hatte ihn bereits Mitte der 80er Jahre das Interesse an Ultraleichtflugzeugen erfaßt. Beim Interesse blieb es nicht, und so faßte er sehr bald den Entschluß, ein eigenes Ultraleichtflugzeug zu bauen. Es zeugt von Mut und Selbstvertrauen, es mit einem Replikat der »Me 109« zu versuchen. Unterstützung bei der Entwicklung und zum Bau kam von der Firma Technoflug. Der Rumpf wird aus GFK-Halbschalen formverklebt. Der Flügel hat einen GFK-Holm, der mit Rippen aus Hartschaumstoff und einer GFK-Nasenbeplankung einen torsionssteifen Kasten ergibt. Ein abnehmbares Kabinendach bietet nicht nur Schutz gegen Regen; es verleiht dem Flugzeug auch das charakteristische Aussehen seines Vorbildes. Eine Besonderheit und erstmalig bei einem Ultraleichtflugzeug dürfte das einziehbare Fahrwerk sein. Auf- und Abbau der »Me 109« lassen sich in etwa 30 Minuten bewerkstelligen. Das Flugzeug war von Anfang an so konzipiert, daß es als Bausatz angeboten werden konnte. Wer sich dieses, am Boden und in der Luft gleichermaßen beeindruckende Flugzeug bauen will, muß mit einem Bauaufwand von ca. 600 Stunden rechnen. Die Flugeigenschaften der »Me 109« sind ausgezeichnet. Wer fliegen kann, hat mit ihr keinerlei Probleme, solange er in den vorgegebenen Grenzen bleibt.
In der neuesten Version sind ein Hirth-4-Zylinder-Boxermotor und ein Nova-Verstellpropeller vorgesehen, die dem Flugzeug eine Maximalgeschwindigkeit von nahezu 200 km/h verleihen sollen.

»Coach«

Hersteller: Firma Scheibe Flugzeugbau GmbH, Dachau
Bei der Aero 87 stellte *Egon Scheibe* zum ersten Mal seinen neu entwickelten »Coach« der Öffentlichkeit vor. Der »Coach« ist ein doppelsitziger Hochdecker mit geschlossenem Rumpf, in dem die Piloten nebeneinander in einem nach oben offenen Cockpit sitzen, gegen den Fahrtwind jedoch durch eine Windschutzscheibe wirksam geschützt sind. Er hat ein mit dem Seitenruder gekoppeltes Spornrad, wurde allerdings, nachdem die Schweizer Firma Ehroflug die Produktion übernommen hatte, auch mit Bugrad geliefert.
Die Bauweise des »Coach« entspricht weitgehend der aller Scheibe-Muster. Das Rumpfgerippe besteht aus geschweißten Stahlrohren, der Tragflügel wurde in Gemischtbauweise hergestellt. Die Bespannung von Rumpf und Tragflächen ist sehr fest. Das gefederte Hauptfahrwerk hat wirkungsvolle Bremsen.
Im »Coach« steckt die Erfahrung von 40 Jahren Flugzeug-

Auch dieser Me-109-Nachbau ist ein UL-Flugzeug.

Eine Klemm L 25 d hat *Josef Kurz* nachgebaut und mit einem Originalmotor Hirth HM 504 A 2 ausgerüstet. Vorgestellt wurde das Flugzeug auf dem OUV-Treffen 1994 in Speyer.

Im Fluge kaum zu unterscheiden von einer Messerschmitt Me 109. Das Ultraleichtflugzeug »Me 109«, gebaut vom OUV-Mitglied *Tassilo Bek*.

Ein Beispiel aus den vielseitigen Aktivitäten der OUV-Mitglieder ist das amerikanische Baukastenflugzeug »Lancair 235«, das 1992 in Speyer gezeigt wurde.

Mit dem OUV-Preis für die beste Eigenentwicklung wurde 1990 das zweisitzige GFK-Motorflugzeug BL1 – KEA ausgezeichnet. Die Weiterentwicklung BL 2 – ARA wird zum Selbstbau als Zeichnungssatz mit Arbeitsanweisung und Lieferantenliste angeboten.

Scheibe »E-Falke«, ein Motorsegler mit 18,6 m Spannweite und einer Gleitzahl von 30.

»Speed Canard« mit eingeklapptem Bugrad. Das Hauptfahrwerk läßt sich nicht einfahren. Das Flugzeug ist mit einer Motorleistung von 118 kW (160 PS) sehr schnell, es hat eine Reisefluggeschwindigkeit von 275 km/h.

Inzwischen ist die Entenform der »Speed Canard« in Mitteleuropa kaum noch ungewöhnlich. In der Schweiz haben drei Flugkapitäne eine »Speed Canard«-Kunstflugstaffel gegründet.

Der Prototyp des viersitzigen Reiseflugzeuges Grob GF 200 mit lärmarmem Druckpropeller.

Das voll ausgerüstete Instrumentenbrett der Grob GF 200.

Trike beim Start. Typisch für Trikes ist der steile Anstieg.

Ein Trike bei der Landung.

Ein abflugbereites Trike.

Manche Trikes aus den Anfangsjahren und alle fußstartfähigen motorisierten Hängegleiter lassen sich zerlegt auf dem Auto-Dachständer transportieren.

Innerhalb der Gattung der Ultraleichtflugzeuge sind die »Trikes« eine eigene Klasse, gekennzeichnet durch Gewichtskraft-Steuerung sowie einen Motor von 30 bis 50 PS mit Druckpropeller. Die Trikes zeichnen sich durch einen sehr kurzen Start aus. Inzwischen gibt es auch doppelsitzige Trikes. Anstelle von pyrotechnisch gezündeten Rettungssystemen werden meist solche mit mechanischem Auswurf des Fallschirms – oberhalb der Tragfläche an einem kleinen Mast – verwendet.

Ein abflugbereites Trike.

Moderne Trikes benötigen zum Transport des Fahrwerks mit Motor einen Anhänger.

Der Fox der Fa. Comco war robust und zuverlässig. Deswegen war er auch in den 80er Jahren eines der beliebtesten UL-Flugzeuge. Er wird heute noch geflogen.

Der »Fox C-22« beim Überflug.

»Windspiel« 1978. Eine der ersten deutschen UL-Konstruktionen.

Der »Scheibe-Uli« mit Bugverkleidung. Trotz »sensiblem« Fahrwerk gutmütig, zuverlässig und leistungsfähig. Hier 1988 bei den Europameisterschaften.

Oben links: »Vowi 10«, das erste »moderne« Ultraleichtflugzeug, konstruiert und gebaut von *Wilden,* erstmals vorgeführt 1976. Die letzten Startvorbereitungen.

Oben rechts: »Vowi 10«, abflugbereit.

Ein »Windspiel« aus den späten 70er Jahren.

Ein Exote unter den UL-Flugzeugen, vorgestellt beim OUV-Treffen in Speyer 1992.

Letzte Vorbereitungen zum Start mit dem »Sherpa«.

Der »Sherpa« im Flug.

Im »Sky-Walker II« sind die Sitze hintereinander angeordnet.

Oben links: Ein »Albatros« rollt zum Start.

Oben rechts: Der »Kiebitz B« ist von einer »Bücker 131« kaum zu unterscheiden.

»FK 6«, in den Jahren 1983–84 in 10 000 Arbeitsstunden von Azubis der Fa. MBB unter der Federführung von *Otto Funk* erbaut und im März 1985 erstmals der Öffentlichkeit vorgestellt.

Der »Storch« ist ein modernes Allround-UL. Sein Ursprung liegt zwar in Italien, er wurde aber von ASO-Flugsport in Kirchhellen für den deutschen Markt modifiziert. Das Bild zeigt ihn mit einem angeklappten Flügel bei der Aero-95.

Der »Coach« von *Scheibe* wird mit Spornrad oder mit Bugrad angeboten.

bau. Es zeichnen ihn perfekte und gute Flugeigenschaften aus. Sein Kurzstart und seine Robustheit machen ihn für kleine und rauhe Plätze besonders geeignet. Er kann in nur zehn Minuten auf- bzw. abgebaut werden. Leider hat die Scheibe Flugzeugbau GmbH vom »Coach« nur zwei Exemplare gebaut. Danach hat die Produktion dieses ausgezeichneten Ultraleichtflugzeuges die Schweizer Firma Ehroflug GmbH in Altnau übernommen.

»Sunwheel«

Hersteller: WD Flugzeug Leichtbau GmbH, Schwäbisch Gmünd/Straßdorf
Neben einer Vielzahl Doppeldecker, meist amerikanischer Produktion, gibt es nur ein deutsches Fluggerät vergleichbarer Art: den neuen Doppeldecker von *Wolfgang Dallach* »Sunwheel«. *Dallach* hat dieses sportliche Flugzeug erstmals 1992 der Öffentlichkeit vorgestellt.
Zu diesem Doppeldecker hat sich *Wolfgang Dallach,* wenn vielleicht auch unbewußt, möglicherweise durch die beliebte »Pitts« inspirieren lassen. Dafür sprechen sowohl die Wendigkeit, das Flügelprofil, die Leistungen und nicht zuletzt die hohe Belastbarkeit mit +8 und −4,5 g. Diese Werte machen den »Sunwheel«, zumindest von der Festigkeit her, für Kunstflug geeignet. Allerdings ist in Deutschland Kunstflug mit Ultraleichtflugzeugen nach wie vor verboten!
Nur das »M« im Kennzeichen des »Sunwheel« deutet auf ein UL hin. Er sieht massig aus, ist aber leicht gebaut.

Die Konstruktion des mit Ceconite bespannten Stahlrohrrumpfes wurde im Rahmen einer Diplomarbeit an der TH Stuttgart optimiert. Das teleskopgefederte Hauptfahrwerk, das Bodenunebenheiten ganz hervorragend schluckt, verfügt über Einzelradbremsen. Das Spornrad ist an das Seitenruder gekoppelt.
Der Kern des Flügels sind zwei Alurohrholme mit aufgeschobenen Conticell-Rippen, für die das gutmütige symmetrische NACA-0012-Profil verwendet wurde. Die Nase erhielt der Steifigkeit wegen ein GFK-Laminat, während der hintere Teil der Flügel und die Querruder mit Dacron bespannt sind.
Der »Sunwheel« ist erstklassig verarbeitet. Auf- und Abbau benötigen trotz aufwendiger Seilverspannung nicht mehr als zehn Minuten. Im »Sunwheel« sitzt man bequem. Für groß-

UL-Flugzeug »Sunwheel« mit Rotax-Motor 912.

gewachsene Piloten sind die verstellbaren Seitenruderpedale vorteilhaft.
Bei Start und Landung ist der »Sunwheel« selbst bei starkem Seitenwind außergewöhnlich richtungsstabil. Im Flug verhält er sich gutmütig, insbesondere im Langsamflug. Die Ruderabstimmung läßt wenig Wünsche offen. Die hervorragend wirkenden Querruder machen den »Sunwheel« zu einem sehr wendigen Sportflugzeug, bei dem man sich zurückhalten muß, seine Möglichkeiten nicht auszuschöpfen. Er hat keine Landehilfen, doch ergeben sich daraus keine Probleme, denn er läßt sich einwandfrei »slippen«.
Der »Sunwheel« ist ein sehr kostengünstiges Ultraleichtflugzeug, das sowohl als Fertigflugzeug wie auch als vorgearbeiteter Bausatz erworben werden kann. Sein Erstflug fand im Mai 1992 statt. Der »Sunwheel« vermittelt den reinen Spaß am Fliegen.

»Cobra«

Hersteller: Aerotechnik Othmar Warnke, Bad Zwischenahn
Die »Cobra« wurde erstmals bei der Aero '93 der Öffentlichkeit vorgestellt. Sie ist das neueste Produkt der Firma Aerotechnik. In ihre Konstruktion ist die Erfahrung von zehn Jahren professionellem UL-Bau eingeflossen. Sie wurde als schneller und wendiger einsitziger Doppeldecker konzipiert.
Der Rumpf ist aus hochfesten Alu-Rohren genietet. Fahrwerk, Pylon und Motorträger sind aus Stahlrohren geschweißt. Die Flügel haben als tragenden Kern Alurohrholme, auf die Sperrholzrippen geklebt sind. Für Randbögen und Cowling wurde GFK und für die Bespannung Ceconite 102 verwendet. Die »Cobra« kann sowohl als Baukasten als auch als Fertigflugzeug bezogen werden.

Moderne Ultraleichtflugzeuge

Diese dritte Entwicklungsrichtung umfaßt die Ultraleichtflugzeuge, bei denen man konsequent das heute vorhandene aerodynamische Wissen und die technischen sowie materialmäßigen Möglichkeiten zum extremen Leichtbau genutzt hat.

»Stratos«

Hersteller: HFL-Leichtflugzeugbau GmbH, Lüneburg
Drei junge Piloten, *Georg Blech, Manfred Kleimann* und *Konrad Herz,* fanden in der Akademischen Fliegergruppe der TU Berlin zusammen. Dort haben sie u. a. am Bau der B12 mitgewirkt. Sie ließen sich vom UL-Fieber anstecken und beschlossen, nach Abschluß ihres Studiums ein Ultraleichtflugzeug ganz besonderer Art zu entwickeln. Zu dessen Herstellung gründeten sie mit Unterstützung durch das Bundesministerium für Forschung und Technologie eine eigene Firma. 1984 wird ein aufsehenerregendes Ultraleichtflugzeug, der »Stratos«, fertig. Sie stellen ihn 1985 zum erstenmal bei der Aero 85 in Friedrichshafen einer breiten Öffentlichkeit vor. Im August desselben Jahres sind sie mit diesem Flugzeug Star bei der Flugzeugschau in Oshkosh. Hervorragende Bauausführung und originelles Design faszinieren die Jury. Sie erhalten von der Experimental Aircraft Assoziation Convention zwei Preise.
Vom Entwurf her ist der »Stratos« ein einsitziger Hochdecker. Ungewöhnlich und im UL-Bau erstmalig sieht die Konzeption einen Rumpf in der Mitte und links und rechts davon Leitwerksträger für die Seitenleitwerke vor. Die beiden Leitwerksträger sind durch das Höhenleitwerk verbunden. Die äußeren Flügel können abgenommen und unten in

Doppeldecker-UL »Cobra«, auch als Baukasten lieferbar.

Der »Stratos« beim Landeanflug auf den Flugplatz Saulgau.

den Rumpf eingesteckt werden. Dadurch wird der »Stratos« zum Doppeldecker. Diese patentierte Konstruktion fand jedoch in der Praxis keinen Anklang, denn die Doppeldeckervariante war weder schneller, noch konnte sie sonstwie überzeugen.
Der Entwurf des »Stratos« strebte von vornherein die Qualitäten eines Motorseglers an. Dies bedingte eine aerodynamisch hochwertige Konstruktion, für die in erster Linie moderne Faserverbundwerkstoffe verwendet wurden.
Für den völlig freitragenden Flügel wurde das Hochauftriebsprofil Wortmann FX 63-137 gewählt, das sich im Motorsegler H36 »Dimona« bereits bestens bewährt hat. Die Flächen in Halbschalen-Sandwich-Bauweise, die Holmgurte und die Holmstummel bestehen aus Kohlefaser, ebenso die beiden Leitwerksträger. Im Seitenleitwerk werden Kohle- und Kevlarfasern verwendet. Der Motor ist am Rumpfende montiert und treibt eine Druckschraube an.
Im Cockpit mit angenehmer Sitzposition fühlt man sich wohl. Dazu trägt auch ein gut gefedertes Dreibeinfahrwerk bei. Beim Rollen und beim Start ist der »Stratos« sehr richtungsstabil. Sein Flugverhalten entspricht dem eines Motorseglers. Für Thermikflüge ist der »Stratos« besonders geeignet. Bei der Landung vermißt man Störklappen, denn im Bodeneffekt kann es passieren, daß sich der »Stratos« nicht hinsetzen will.
Der »Stratos« kommt mit sehr wenig Motorleistung aus, ist einfach zu handhaben und robust. Zusammen ergibt dies geringe Betriebs- und Wartungskosten. Im Winter 1985/86 wurde er zum »Stratos II« weiterentwickelt.

»Stratos 300«

Hersteller: HFL-Leichtflugzeugbau GmbH, Lüneburg
Der »Stratos 300« ist eine konsequente Weiterentwicklung des »Stratos II«. Dabei wurden Idee und Konzeption eines Flugzeuges verwirklicht, das im Motorflug wie im Segelflug sehr hohe Ansprüche erfüllt und für einen großen Kreis von Piloten auch wirtschaftlich eine echte Alternative zu herkömmlichen Flugzeugtypen darstellt. Ohne Übertreibung kann man behaupten, daß der »Stratos 300« zu seiner Zeit das wohl fortschrittlichste Flugzeug seiner Klasse war. Seine Eleganz ist bestechend.
Der »Stratos 300« wurde fast ausschließlich in Faserverbundbauweise hergestellt. Der freitragende Rechteckflügel mit Wortmannprofil und Kohlefaser-Holmgurte wurde in Halbschalenbauweise hergestellt. Als Option ist der Flügel auch mit aufsteckbaren Winglets zu haben. Ganz aus GFK sind auch die beiden Leitwerksträger. Ein robustes und durch eine CFK-Schwinge gefedertes Hauptfahrwerk schluckt problemlos alle Bodenunebenheiten und Landestöße. Dem geschlossenen Cockpit mit seiner eleganten Haube sieht man an, daß es von Segelfliegern entworfen wurde. Ergonome-

Mit dem »Stratos 300« erflog *Ivo Amic* den Klassen- und Gesamtsieg der Deutschen UL-Meisterschaften 1990.

trisch geformte Sitzschalen und Rückenlehnenverstellung ermöglichen auch großen Piloten ermüdungsfreies Sitzen.
Der »Stratos 300« hat ausgezeichnete Flug- und Gleitflugeigenschaften sowie hervorragend abgestimmte Ruder bei nur sehr geringen Ruderkräften. Er ist in der Luft problemlos zu beherrschen und zeigt ein absolut harmloses Langsamflugverhalten. Landeklappen wären zwar wünschenswert, da jedoch der »Stratos 300« sehr wirkungsvoll geslipt werden kann, ergeben sich bei zu hohem Anflug keine Probleme. Der »Stratos 300« kann ohne besondere Mühe in weniger als 20 Minuten auf- oder abgebaut werden. Mit seinen Flugleistungen und seinem Flugverhalten, verbunden mit Wirtschaftlichkeit, erfüllt der »Stratos 300« auch hohe Ansprüche.

»Piccolo«

Hersteller: Technoflug GmbH, Winzeln-Schramberg
Albert Neukom entwickelte mit der »AN-20B« bereits 1983 ein Ultraleichtflugzeug für Flieger, denen die Kosten eines Motorflugzeuges oder eines Motorseglers zu hoch geworden waren. Daraus abgeleitet, jedoch völlig neu berechnet, entwickelte das Team *Karrais/Schmid* zusammen mit dem bekannten Flugzeugbauer *Falk Borowski* den Motorsegler AN-20K, den »Piccolo«. Der ursprüngliche Gedanke, dieses Gerät als Ultraleichtflugzeug auf den Markt zu bringen, ließ sich aus Gewichtsgründen nicht verwirklichen. Nachdem aber für einsitzige Ultraleichtflugzeuge nicht mehr das Rüstgewicht von 150 kg, sondern ein maximales Abfluggewicht von 300 kg maßgebend war, konnte der »Piccolo« auch als Ultraleichtflugzeug angeboten werden. »K-« und »M-Piccolo« sind identisch. Nichts könnte deutlicher zeigen, in welche Richtung Ultraleichtflugzeuge dabei sind, sich zu entwickeln.
Der »Piccolo« ist fast vollständig aus GFK gebaut. Dementsprechend ist auch seine hohe aerodynamische Güte. Der abgestrebte Flügel mit relativ hoher Spannweite und dem bewährten Wortmann-Profil FX63-137 verspricht (und hält es auch) gutmütige Flugeigenschaften. Der Flügel hat einen GFK-Holm und ist in GFK-Sandwichbauweise hergestellt. Auch für den Rumpf wurde fast ausschließlich GFK verwendet. Lediglich der Hauptspant besteht aus Stahl.
Der »Piccolo« ist ein unkompliziertes Fluggerät mit ausreichend Platz auch für großgewachsene Piloten und mit problemlosen Flugeigenschaften. Beim Landeanflug läßt sich der Gleitwinkel mit an der Flügeloberseite ausfahrbaren Bremsklappen einwandfrei steuern.
In weniger als fünf Minuten haben zwei Personen den »Piccolo« ohne große Mühe auf- bzw. abgebaut. Mit einer einfachen Aufbauhilfe kann dasselbe auch eine Person in weniger als zehn Minuten schaffen.
Der »Piccolo« ist ein ganz ausgezeichnetes Fluggerät und wird in hervorragender Qualität angeboten. Er ist, insbesondere für Motorseglerpiloten, eine Alternative ohne irgendwelchen Verzicht.

»FK 6«

Hersteller: MBB-Lehrwerkstatt, Speyer
Die »FK 6« präsentiert sich als das Ergebnis praxisbezogener Ausbildung bei der Firma MBB, Speyer. Werksleiter *Udo Dräger* als Initiator und Ausbildungsleiter Dipl.-Ing. *Otto Funk* als geistiger Vater wollten mit der Entwicklung und dem Bau der »FK 6« zeigen, welche Qualitäten in der im MBB-Werk Speyer praktizierten, projektbezogenen Ausbildung stecken. Es war höchst beeindruckend, was die Ausbildungsgruppe der Firma MBB am 14. März 1985 beim Erstflug der »FK 6« vorstellte.
Die »FK 6« ist ein einsitziger Hochdecker mit Spornrad und V-Leitwerk. Bei ihrer Entwicklung wurden neueste Erkenntnisse in Aerodynamik und Flugzeugbau angewendet.

Der »Piccolo« wird sowohl als Ultraleichtflugzeug als auch als Motorsegler angeboten.

In Speyer bei MBB entstand 1985 das Ultraleichtflugzeug FK 6 von *Otto Funk*, das leider nicht in Serienfertigung ging.

Mit dieser Entwicklung konnte bewiesen werden, daß hohe Leistung und Wirtschaftlichkeit sich nicht ausschließen.
Das Tragwerk der »FK 6« hat einen Holm aus Leichtmetall und Holmgurte aus gekantetem Leichtmetallblech. Wurzel- und Endrippe bestehen aus gebördeltem Leichtmetall, alle anderen Rippen aus Contizell C40. Der Rippenabstand vor dem Holm beträgt 10 cm, hinter dem Holm 30 cm. Über die Rippen vor dem Holm wird eine Leichtmetallbeplankung aufgezogen, hinter dem Holm sind die Rippen mit Stoff bespannt. Tragendes Teil von Querruder und Wölbungsklappen sind Kastenholme aus 0,4 mm Leichtmetall.
Der GFK-verkleidete Rumpfvorderteil besteht aus einem Stahlrohrgerüst. Als Leitwerksträger dient ein mit dem Rumpf verschraubtes, konisches Leichtmetallrohr. Der Aufbau des V-Leitwerks entspricht dem der Flügel. Für die Beplankung der mit einem U-Holm verstärkten Flossen wurde 0,4 mm Leichtmetall verwendet. Die Ruder haben einen Leichtmetallkastenholm und sind stoffbespannt.
Querruder und Wölbklappen sind miteinander gekoppelt. Zur Steuerung des V-Leitwerks dient eine Kinematik, die als Meisterstück an Präzision bezeichnet werden darf. Heckrad und Seitensteuerung sind gekoppelt. Die GFK-Schwinge des Hauptfahrwerks ist in der Lage, auch harte Landestöße klaglos zu überstehen.
Die »FK 6« hat ganz ausgezeichnete Flugleistungen bei harmlosem Flugverhalten. Sie ist in der Lage, bei einer Reisegeschwindigkeit von 120 km/h mit weniger als 4 l/h Kraftstoff auszukommen. Die »FK 6« kann als ein Meilenstein in der Entwicklung extrem leichter, kostengünstiger und umweltfreundlicher Motorflugzeuge angesehen werden. Leider ist sie nicht käuflich. Sie wurde in nur drei Exemplaren im Rahmen der Ausbildung gebaut.

»Delta Dart II«

Hersteller: Richter Flugzeugbau GmbH
Für den »Delta Dart« zeichnet *Klaus J. Richter* verantwortlich. Von Beruf Maschinenbauingenieur, beschäftigt er sich seit mehr als zwei Jahrzehnten mit Flugzeugbau und hat in dieser Zeit neben der Entwicklung eines Tragschraubers auch eine Reihe von Ultraleichtflugzeugen konzipiert, konstruiert und gebaut. Er war auch an der Entwicklung der Flugzeuge von Prof. *Günter Rochelt* (»Solair«, »Musculair« und »Schneid-Air«) beteiligt. Selbst aktiver Pilot, hat er an vielen internationalen Wettbewerben teilgenommen. Vor diesem Hintergrund scheint der futuristisch anmutende »Delta Dart« durchaus realisierbar. Er ist zwar noch in der Entwicklung, fliegt aber bereits.
Der »Delta Dart« ist ein Entenflügler, besser gesagt ein Flugzeug mit einem deltaförmigen Haupttragwerk und einem Vorflügel. Ursprünglich als Einsitzer geplant, hat die Entwicklung inzwischen zu einem zweisitzigen Reiseflugzeug der Ultraleichtflugzeug-Klasse geführt. Durch die Herstellung als Vollkunststoff-Flugzeug, dessen Fiberglas-

An der Entwicklung des Entenflüglers »Delta Dart« von *Klaus Richter* war auch Prof. *Günter Rochelt* beteiligt.

Sandwich-Konstruktion in Negativ-Bauweise erfolgt, ist er aerodynamisch hochwertig, robust und wartungsarm. Pilot und Fluggast sitzen hintereinander, fliegen komfortabel und bequem mit Sicht nach nahezu allen Seiten. Der »Delta Dart« wird um alle drei Achsen konventionell gesteuert. Die Höhenruder befinden sich am Hauptflügel. Über eine Kinematik können sie gleichzeitig als Querruder wirksam werden. Die Funktion von Seitenrudern übernehmen die Winglets an den Flügelenden. Durch entsprechenden Ausschlag dienen sie auch als Bremsklappen. Die Canards (Vorflügel) werden bei Start und Landung zur Auftriebserhöhung eingesetzt, im Flug dienen sie der Trimmung des Höhenruders. Die Steuerung beim Rollen erfolgt durch Radbremsen am einfahrbaren Hauptfahrwerk, die mit dem Seitenruder gekoppelt sind.
Nach dem Stand der bisherigen Erprobung verspricht der »Delta Dart« ausgewogene Flugeigenschaften.
Der »Delta Dart« zeigt, unabhängig davon, mit welchem Ergebnis letztendlich Entwicklung und Erprobung abgeschlossen werden, was heute im ultraleichten Flugzeugbau möglich ist und wie weit sich innerhalb weniger Jahre die Entwicklung im aerodynamisch gesteuerten Bereich der Ultraleichtflugzeuge von den »Flattermännern« der Anfangsjahre entfernt hat.

So ist auch ein Flugzeug zu sehen, das in Italien als Ultraleichtflugzeug bereits fliegt, der Gewichtsüberschreitung wegen in Deutschland derzeit noch nicht als Ultraleichtflugzeug zugelassen werden kann:

»Pul-10«

Wieder mal war es den Ultraleichten vorbehalten, mit dem außergewöhnlichen Entwurf eines Flugzeugs zu überraschen: einem Nurflügler. Deren Stabilitätsprobleme um die Querachse würden Vorbehalte gegen die Pul-10 durchaus rechtfertigen, wenn hinter diesem Entwurf nicht Prof. *Dr. Reimar Horten* stünde. Er entwarf zunächst den einsitzigen Nurflügler »Pul-9«, der von *Siegfried Panek* und seinem Partner *Bernhard Mattlener* in ihrer neugegründeten Firma Nurflügel Deutschland, in der Nähe von Limburg/Lahn, bereits 1990 gebaut und in Italien erprobt wurde. Die Ergebnisse der Erprobung übertrafen die Erwartungen bei weitem und ermutigten zur Entwicklung der doppelsitzigen »Pul-10«.
Sie ist vollständig aus GFK in Negativbauweise unter Verwendung von Parabeam-Anstandsgeweben gefertigt und hoch belastbar. Für den Transport kann sie in drei Teile zerlegt werden. Ihr Dreibeinfahrwerk kann elektrisch eingezogen werden. Die großzügig bemessene Kabine bietet zwei Personen ausreichend Platz und überraschend viel Stauraum. Die Flugeigenschaften der »Pul-10« sind gut. Kurven fliegt sie eigenstabil. Beim extremen Langsamflug neigt sie weder zum seitlichen Abkippen, noch kann sie bei normaler Schwerpunktlage zum Trudeln gebracht werden. Bei einer Motorleistung von 64 PS und einer Reisegeschwindigkeit von 155 km/h beträgt die Reichweite der »Pul-10« rund 800 km.
Die »Pul-10« wird auf dem internationalen Markt auch als Bausatz angeboten.

Wie diese Zusammenstellung zeigt, ist das Angebot an Ultraleichtflugzeugen für den Außenstehenden kaum mehr überschaubar. Dabei ist festzustellen, daß deren Leistungsfähigkeit steil ansteigt, wobei Qualität immer mehr gefragt ist. Nur diejenigen Hersteller haben am Markt eine Chance, die dies erkannt haben. Es werden erfreulicherweise immer mehr. Das ansteigende Interesse am Ultraleichtfliegen wird auch durch die Zahl der Zulassungen von inzwischen fast 2000 aerodynamisch gesteuerten Ultraleichtflugzeugen in

Das zweisitzige Nurflügel-UL-Flugzeug Pul-10 war ursprünglich ein Entwurf von Prof. *Reimar Horten*.

Deutschland deutlich. Die weltweite Nachfrage nach deutschen Ultraleichtflugzeugen beweist die Fertigungszahl von inzwischen mehr als 1000 Ultraleichtflugzeugen allein eines Herstellers. Mehr als 7000 Piloten haben in Deutschland die Berechtigung erworben, ein aerodynamisch gesteuertes Ultraleichtflugzeug fliegen zu dürfen.

Vielseitigkeit der UL-Flugzeuge

Wasserflugzeuge

In der Bundesrepublik Deutschland wurden vom BMV mehrere Erprobungsgenehmigungen erteilt. Diese brachten zwar durchaus positive Ergebnisse, doch zu einer allgemeinen Freigabe kam es nicht. Es gibt vor allem Gewichtsprobleme. Nicht zuletzt wären die Möglichkeiten zur Ausübung dieses Sports in Deutschland praktisch auf die Küstengebiete von Nord- und Ostsee beschränkt, denn es gibt bei uns kaum Binnengewässer, die diesen Sport, bei Berücksichtigung des Natur- und Landschaftsschutzes, zulassen.
In einigen europäischen Ländern, insbesondere in überseeischen Feriengebieten, zählt diese Sportart jedoch bereits zum fast selbstverständlichen Angebot.
Auf diese Exportmöglichkeiten haben sich mehrere deutsche UL-Hersteller eingestellt. Mit Schwimmern können z. B. die folgenden UL-Flugzeuge deutscher Hersteller ausgestattet werden: »Albatros«, »Ikarus C-22«, »Kiebitz«, »Sky Walker« und der »Storch«.

UL-Schlepp

Aus dem Jahr 1988 sind Versuche von *Otto Funk* interessant, Segelflugzeuge mit der »FK 6« zu schleppen.
Der 16-kW (22-PS)-Motor der »FK 6« wurde zu diesem Zweck durch einen Motor mit 47 kW (64 PS) ersetzt. Der damit vorhandene Leistungsüberschuß reichte aus, um auf dem Werksflugplatz von MBB in Speyer selbst doppelsitzige Segelflugzeuge mit einem Steigen von ca. 2 m/s auf Höhe zu bringen. Probleme wegen des umgekehrten Massenverhältnisses zwischen Schleppflugzeug und Geschlepptem gab es nicht.

Behindertensport

Am Flugplatz Tannheim fliegt schon seit einigen Jahren ein querschnittgelähmter UL-Pilot mit einem angepaßten »Fox«. Dabei hat es nie Probleme gegeben, und inzwischen gilt er als vorbildlicher, erfahrener UL-Pilot. Sein Beispiel ist dabei, Schule zu machen.
Manche UL-Flugzeuge sind bei bestimmten Behinderungen geradezu ideal, da die Sitze von Rollstuhl und UL etwa auf gleicher Höhe liegen und der Behinderte bei entsprechender Bauart des UL-Flugzeuges ohne Schwierigkeiten umsteigen kann. Dazu kommt das in der Regel leichte Handling eines UL-Flugzeuges am Boden, das den Behinderten fast ohne Hilfe auskommen läßt.

UL als »Arbeitsflugzeug«

Die Spanne der Möglichkeiten, Ultraleichtflugzeuge zu Arbeiten einzusetzen, ist groß. Sie können Aufgaben von Fluggeräten übernehmen, deren Betriebs- und Unterhaltskosten um ein Vielfaches höher sind. Bestimmte Geräte eignen sich darüber hinaus wegen ihrer unkomplizierten Bauweise und ihrer einfachen Wartung ganz besonders zum Einsatz in Entwicklungsländern.
Durch die Ausbringung von Pflanzenschutzmitteln mittels Luftfahrzeugen können z. B. ansonsten schwer zugängliche landwirtschaftliche Nutzflächen erreicht, insbesondere aber die sehr schädliche Verdichtung landwirtschaftlicher Böden durch immer schwerer werdende landwirtschaftliche Fahrzeuge vermieden werden.
Es lag nahe, in diesem Zusammenhang auch den Einsatz von Ultraleichtflugzeugen zu erproben. Die Erprobung, an der das Verkehrsministerium, das Ministerium für Wirtschaft, Mittelstand und Verkehr und das Institut für Agrartechnik der Universität Hohenheim interessiert waren, wird seit dem 13. August 1985 auf Grundstücken der Markgräflich Badischen Landwirtschaftsverwaltung in Salem durchgeführt und dafür meist ein »Sherpa« eingesetzt.
Die Erprobungstätigkeiten umfassen inzwischen drei Anwendungsbereiche:

Ausbringung von Flüssigkeiten (Sprüherprobung), Streuen von Kapseln und Trichogrammen zum Pflanzenschutz mit Nützlingen (Streuerprobung) und Arbeiten im Forst zur Baumhöhenvermessung und Baumkronendarstellung mittels eines Laser-Scanners. Diese Vermessungen liefern sehr genaue Daten über das jährliche Wachstum.
Im Zusammenhang mit diesen Erprobungen konstruierte und optimierte man in den Markgräflichen Werkstätten spezielle Geräte zum Sprühen und Streuen.
Hierbei wurde in großem Umfang echte Pionierarbeit geleistet, die finanziell und technisch nur durch das persönliche Interesse *SKH Markgraf Max von Baden* möglich war.
Es zeichnet sich nicht nur ein voller Erfolg ab; die Erwartungen wurden sogar deutlich übertroffen. Die Erprobungen haben insbesondere die Wirtschaftlichkeit von Ultraleichtflugzeugen bei solchen Einsätzen bewiesen.

Vielfalt der Möglichkeiten

Weltweit werden heute Ultraleichtflugzeuge für die unterschiedlichsten Aufgaben eingesetzt. Sie sind robust, zuverlässig und wirtschaftlich. Ihre Möglichkeiten scheinen nur in Deutschland noch nicht in vollem Umfang erkannt worden zu sein.
Mit Erfolg praktizierte Beispiele sind die Beobachtung und

Lenkung des Verkehrs, das Abfliegen der Trassen von Pipelines, die Luftbeobachtung im Forstbereich zur Beurteilung von Waldschäden und Früherkennung von Waldbränden, die fotografische Dokumentation im Dienst des Naturschutzes, die durch jährlichen Vergleich die Entwicklung von Landschaftsschutzgebieten und Naturdenkmälern erkennen läßt, die Seenotrettung in Küstennähe, der Einsatz als Lastenträger und vieles mehr.

Probleme aus der Entwicklung von UL-Flugzeugen

Die Entwicklung der aerodynamisch gesteuerten Ultraleichtflugzeuge verlief rasant und geht heute eindeutig in Richtung ultraleichtes Sportflugzeug.
Diese Entwicklung war nicht vorhersehbar und ursprünglich auch nicht gewollt. Am Ergebnis gemessen, kann sie jedoch nur positiv bewertet werden. Aus ihr haben sich jedoch auch Probleme ergeben, wovon zwei besondere Bedeutung haben:

Masse: Die maximalen Abflugmassen von Ultraleichtflugzeugen betragen in der Bundesrepublik Deutschland bei Einsitzern 300 kg und bei Doppelsitzern 400 kg. Die bisherige Entwicklung hat gezeigt, daß es manchmal sehr problematisch ist, ein leistungsfähiges und sicheres Flugzeug innerhalb der in Deutschland geltenden Gewichtsgrenzen zu bauen. Meist ist damit ein Verzicht auf Verkleidungen, geeignetere Motoren, bessere Ausstattung und leider manchmal auch auf optimale Sicherheit verbunden.
Dies ist kein hausgemachtes deutsches Problem. Im Ausland hat sich deshalb fast überall die maximale Abflugmasse auf 450 kg eingependelt. Im Rahmen der europäischen Harmonisierung ist zu wünschen, daß sich dieser Gewichtsgrenze auch Deutschland anschließt.

Ultraleichtflugzeuge sind unbestritten die leisesten motorbetriebenen Flugzeuge. Sie sind so leise, daß ihr Lärm, besser gesagt ihr Geräusch, in 150 m Höhe oder darunter, gemessen und danach auf 300 m hochgerechnet werden muß.
Für Ultraleichtflugzeuge gilt die Lärmschutzforderung für Ultraleichtflugzeuge (LS-UL). Diese sieht seit 1. Februar 1992 als Grenzwerte vor:

- ☐ 53 dB(A) bei 300 kg oder weniger max. zulässiger Startmasse, einsitzig, und
- ☐ 56 dB(A) bei 400 kg oder weniger max. zulässiger Startmasse, doppelsitzig.

Diese sehr niedrigen Lärmgrenzwerte sind technisch nur in Einzelfällen realisierbar. Bei einigen UL-Mustern werden sie bei abgeschaltetem Triebwerk allein schon durch das Fahrtgeräusch überschritten. Zum Vergleich: Der durchschnittliche Straßenlärm beträgt 85 dB(A), der eines Mopeds 75 dB(A), im Büro sind 65 dB(A) die Regel, und ein Rasierer »flüstert« mit nur noch 55 dB(A).
Nichts zeigt deutlicher die Problematik als das Beispiel »Piccolo«. Dieses Flugzeug wird vom Hersteller als Motorsegler und als Ultraleichtflugzeug angeboten. Der einzige Unterschied besteht im Kennzeichen. In der Zulassung als Motorsegler (K) gilt der »Piccolo« als vorbildlich leise und darf den Umweltengel führen (Grenzwert 64 dB[A]). Als Ultraleichtflugzeug (M) gilt er jedoch als zu laut, weil er Probleme hat, die vorgeschriebenen 53 dB(A) zu erreichen.

Derzeit wird in Abstimmung mit dem Luftfahrtbundesamt (LBA) ein Meßverfahren praktiziert, das den Realitäten weitgehend Rechnung trägt.

Inzwischen wurde ein neues Kapitel aufgeschlagen. Die Luftsportgeräteverordnung hat die Allgemeinverfügung abgelöst.

Die Luftsportgeräteverordnung (LuftSportV)

Die Luftsportgeräteverordnung (LuftSportV) ist eine Verordnung zur Änderung luftrechtlicher Verordnungen und Durchführungsverordnungen zur Regelung des Betriebs von Luftsportgeräten. Sie ist am 6. Juli 1993 in Kraft getreten und schafft die rechtliche Voraussetzung zur Integrierung der Luftsportgeräte in die Luftverkehrsgesetzgebung.
Was sind Luftsportgeräte?
Nach § 1 LuftVG sind Luftsportgeräte Luftfahrzeuge. Unter dem Begriff Luftsportgeräte wurden alles bisher nicht zulassungspflichtigen Luftfahrzeuge zusammengefaßt. Dies sind Sprungfallschirme, Hängegleiter, Gleitsegel, Gleitflugzeuge und Ultraleichtflugzeuge.
Zu den Ultraleichtflugzeugen zählen derzeit aerodynamisch und mittels Gewichtskraft gesteuerte Ultraleichtflugzeuge, aber auch motorisierte Gleitschirme und Tragschrauber.
Das primäre Problem bei den derzeit noch nicht allgemein zugelassenen motorisierten Gleitschirmen ist der zu erfüllende Lärmgrenzwert von 53 dB(A). Dieses Problem scheint jedoch lösbar. Bisher nicht gelöst werden konnte dieses Problem bei den Tragschraubern (Gyrokoptern), die aufgrund ihrer Masse den Ultraleichten zuzuordnen sind.

Die Ultraleichten sind derzeit die innovativste Klasse der Fliegerei. Sie haben viele Denkanstöße zur Entwicklung kostengünstiger Fluggeräte gegeben und sind damit zum Hoffnungsträger vieler Sportflieger geworden, die von explodierenden Kosten geplagt werden.
Wie man an neuesten Konstruktionen sieht, steckt in den Ultraleichten noch ein großes Entwicklungspotential.

Ultraleichtflugzeuge, die bei der Aero '95 vorgestellt wurden

»Kolibri-3«
Bereits bei der Aero 93 hat die ungarische Entwicklungsfirma Aviatika den »Kolibri-3« vorgestellt. *Volker Roßbach*, Flight-Center in Ganderkesee, hofft, das deutsche Zulassungs-Verfahren in Kürze abschließen zu können. Modernste Materialien, neueste Technik, sehr gute Flug- und Gleiteigenschaften, 130 km/h Reisegeschwindigkeit und ein günstiger Preis machen den »Kolibri-3« zu einem interessanten Angebot innerhalb der ultraleichten Sportflugzeuge. Der »Kolibri-3« hat große Ähnlichkeit mit dem bereits 1984 vorgestellten »Kolibri« der Oberallgäuer Flugzeugbau GmbH.

SF 40 – UL-Falke
Dieser ultraleichte Falke kommt aus Dachau und ist ein echter »Scheibe«. Von der Konstruktion, den Flugeigenschaften und dem Platzangebot her ist er mit den weltweit bewährten Motorseglern dieser Firma vergleichbar. Er ist das Ergebnis konsequenten Leichtbaus ohne Abstriche an Sicherheit. Bei einer Reisegeschwindigkeit bis 150 km/h werden pro Stunde weniger als 10 Liter Treibstoff verbraucht. Im Hinblick auf die zu erwartende Erhöhung des max. zulässigen Abfluggewichtes auf 450 kg hat *Egon Scheibe* bereits den SF 40 B mit 80-PS-Motor (Sauer/Rotax 912) und einer Reisegeschwindigkeit bis zu 180 km/h angekündigt.
Bild in der Mitte: Der SF 40-UL-Falke noch ohne Radverkleidung vor der Werkhalle der Fa. Scheibe Flugzeugbau.
Bild unten: Der SF 40-UL-Falke mit Radverkleidung. Vorgestellt auf der Aero 95.

»Ultima«
Dieses Flugzeug wurde von der französischen Entwicklungsfirma Koenig entwickelt und soll von Junkers ProFly in Ködnitz in Serie gebaut werden. Man muß die »Ultima« der 4. UL-Generation zuordnen: reinrassige ultraleichte Sportflugzeuge, deren Leistungen die bisherigen Grenzen von UL-Flugzeugen weit überschreiten. Fast ganz aus Kohlefaser gebaut, hat die »Ultima« mit einem Rotax 912-Triebwerk eine Reisegeschwindigkeit von 220 km/h und einen Treibstoffverbrauch von weniger als 15 Liter in der Stunde.

»Fascination«
Ein sehr gut gewählter Name für ein Flugzeug, das jedes Fliegerherz höher schlagen läßt und das nicht nur durch sein rassiges Aussehen, sondern auch durch seine Leistungen »fasziniert«. Mit einem Rotax 912 A3 schafft dieses ultraleichte Sportflugzeug eine Reisegeschwindigkeit von 230 km/h bei weniger als 10 Liter Treibstoff pro Stunde. Bei entsprechender Klappenstellung fliegt es noch mit 60 km/h stabil. Seine Steigleistung mit ca. 8 m/s ist sehr hoch. Ihre Leistungen sind das Ergebnis geschickter Kombination von extremem Leichtbau mit fortschrittlicher Aerodynamik zu einem Preis, der das sportliche Fliegen auch in Zukunft noch möglich macht.

»Ikarus C-42«
Er ist eine gelungene Weiterentwicklung der C-22 zu einem UL-Flugzeug mit dem Erscheinungsbild eines E-Klasse-Flugzeugs. Dabei wurde Bewährtes mit Neuem zu einem robusten Flugzeug kombiniert, das durch sein Äußeres und durch seine Flugleistungen besticht. Der Rotax 912 verleiht ihm eine Reisegeschwindigkeit von 150 km/h und bei max. Abfluggewicht noch ein Steigen von ca. 5 m/s. Der »Ikarus C-42« hat die schon fast sprichwörtliche Gutmütigkeit der C-22 weitgehend beibehalten.

»Eurofox«
Die Ähnlichkeit mit der amerikanischen »Kitfox« ist nur äußerlich. Der »Eurofox« ist weitgehend eine völlig eigenständige Entwicklung. Auffällig an ihm sind die durchgehenden Junkersklappen, die dem Flugzeug STOL-Eigenschaften verleihen. In Verbindung mit dem modernen, widerstandsarmen Profil der zweiholmigen Flügel ergibt sich ein vielseitiges Leistungsspektrum, das von der Schulung bis zum wirtschaftlichen Reiseflug reicht. Die 80 PS seines Rotax 912 ermöglichen eine Reisegeschwindigkeit von 150 km/h und ein Steigen von 5 m/s.

»Delta Dart«
Die Entwicklung des »Delta Dart« von *Klaus Richter* ist weitgehend abgeschlossen. Testflüge sollen die Erwartungen in die Leistungen dieses Flugzeuges, insbesondere in seine Gutmütigkeit, bestätigt haben. Der Abschluß der Entwicklung und der Bau einer Vorserie scheinen somit kein technisches Problem mehr zu sein.
Klaus Richter hat 1994 seinen eigenen Herstellerbetrieb, die Richter Flugzeugbau GmbH mit Sitz in Wolmirsleben, ca. 25 km südlich von Magdeburg (Sachsen-Anhalt), gegründet. Eine Werft mit eigenem UL-Flugplatz soll nun die Voraussetzungen zur Produktionsaufnahme bieten.
Nach dem derzeitigen Stand der Entwicklung soll der doppelsitzige »Delta Dart« mit dem für ihn vorgesehenen 60-PS-Wankelmotor eine Reisegeschwindigkeit von etwa 200 km/h und eine Reichweite von 1400 km erreichen.

Der Einfluß von Organisationen des Luftsports auf die Technische Entwicklung

Sylvia Henseler-Trinkaus und
Rudolf Schuegraf

Organisationen wird häufig nur wenig zugetraut; im Bereich des Luftsports waren sie jedoch von Anbeginn recht aktiv und hatten überwiegend positiven Einfluß, der sich bis heute fortsetzt.

Im Jahrbuch für Luftfahrt – es erschien erstmalig 1928 und wurde herausgegeben vom Reichsverband der Deutschen Luftfahrt-Industrie unter Mitwirkung u. a. des Deutschen Luftfahrt-Verbandes (DLV) und des Aero-Clubs von Deutschland – schrieb der damalige Geschäftsführer des DLV, *Wilhelm Baur de Betaz,* zur »Entwicklung der deutschen Luftfahrtvereine, ihre Bedeutung für Sport, Technik und Wissenschaft«:

»Die Entwicklung der deutschen Luftfahrtvereine ist eng verknüpft mit der Entwicklung der Luftfahrt überhaupt. Einer Darstellung der geschichtlichen Entwicklung dieser Vereine können daher die großen Etappen der Luftfahrtgeschichte zweckmäßig zugrunde gelegt werden. Tut man dieses, so lassen sich dieser Geschichte entsprechend auch in der Entwicklung der Luftfahrtvereine gewisse Stadien klar unterscheiden, in denen bestimmte wissenschaftliche oder technische oder sportliche Momente überwiegen . . . Das Jahr 1909 ist auch deshalb interessant für die Verbands- und Vereinsgeschichte, weil sich erstmalig Vereine bildeten oder dem Verband anschlossen, die sich vorzugsweise oder ausschließlich mit der Förderung der Flugtechnik befaßten . . .«

Die Rede ist von dem 1902 gegründeten Dachverband »Deutscher Luftschiffer-Verband«, der sich von 1911 an »Deutscher Luftfahrer-Verband« nannte, stets mit der Abkürzung DLV.

Der Zeitraum bis 1914

Auch wenn man Aufsätze von *Oskar Ursinus* liest, kommt man zu der Erkenntnis, daß beides gleichzeitig angefangen hat: der Einfluß des Luftsports auf die Luftfahrtentwicklung und seine Organisation:

Im »Flugsport«, dem Organ mehrerer Flugsportvereine, fragte *Ursinus* 1911:

»Wie können wir durch Wettbewerbe 1912 das deutsche Flugwesen fördern?«

Zweifel an der Zweckmäßigkeit von Schauflugveranstaltungen und ihrer Wirkung auf die weitere Entwicklung der jungen Luftfahrt führten ihn zu folgenden Überlegungen:

»Sie« (die Schauflugveranstaltungen) »sind nicht in der Lage, auf die Entwicklung der Flugmaschinen in gehörigem Maße veredelnd einzuwirken. Durch die Schauflugveranstaltungen werden nicht nur die Mittel in unzweckmäßiger Weise absorbiert, sondern, es ist dies der wichtige Gesichtspunkt, es werden die Kräfte der Flugmaschinen-Industrie unnütz aufgebraucht. Also, haushälterisch umgehen mit den zur Verfügung stehenden Mitteln und der Arbeitskraft unserer Industrie.

Wenn wir nun nach diesen Gesichtspunkten Bedingungen für die nächstjährigen Wettbewerbe aufstellen, so werden wir tatsächlich die Flugmaschinen vervollkommnen helfen.«

Das Wachstum des Deutschen Luftfahrer-Verbandes und seiner Vereine setzte sich bis 1914 fort, wobei der Motorflug gegenüber der Ballonfahrt in den Vordergrund des Interesses trat. Hierzu noch einmal *Wilhelm Baur de Betaz* aus dem Jahrbuch für Luftfahrt von 1928:

»Durch die Angehörigkeit des ›Vereins deutscher Luftschiff- und des Vereins Deutscher Motorfahrzeug-Industrieller‹ sowie der ›Flugzeugkonvention des Vereins Deutscher Motorfahrzeugindustrieller‹ zu dem Verband (dem DLV) war ein ersprießliches Zusammenarbeiten zwischen Sport und Industrie gewährleistet. Dies hatte weiterhin zur Folge, daß gleichzeitig mit der Verbesserung der Flugzeugleistungen auch eine erfreuliche Steigerung der Leistungen der Flugzeugführer zu verzeichnen war.«

Die zwanziger Jahre

Nach dem Ersten Weltkrieg belebte sich die Verbands- und Vereinstätigkeit sehr rasch wieder, zumal sich auch ehemalige Militärpiloten den Luftsport-Vereinen anschlossen.

Auszug aus dem Jahrbuch für Luftfahrt, 1928:

Der deutsche Flugsport

Von *R. Trautvetter,* Deutsche Luftfahrt G.m.b.H., Berlin.

». . . Als im Jahre 1922 Deutschland endlich wieder Flugzeuge bauen durfte, war außer dem Segelfliegen von einem Flugsport auch nicht das geringste zu bemerken.

Um nun den Stand unserer Flugzeugindustrie auf dem Gebiete der leichteren Flugzeuge und der deutschen Motoren festzustellen, und um der Industrie Wege für die Weiterentwicklung des Flugzeugbaues zu weisen, wurde durch den deutschen Rundflug alles hervorgelockt, was an Flugmaterial und an flugfreudigen Menschen bei uns vorhanden war.

Die Anforderungen, die bei diesem ersten Nachkriegswettbewerb gestellt wurden, waren außerordentlich hoch, und keines der satten Siegerländer hatte bis dahin gewagt, ähnlich hohe Leistungen von Menschen und Material zu verlan-

gen. Zähe Sportfreudigkeit siegte aber über das mehr als bescheidene Material, und als Hauptfortschritt konnte man wohl die Entwicklung der Siemens-Sternmotore zur betriebssicheren Kraftquelle für Flugzeuge schon während des Wettbewerbs verbuchen. Leider ist Siemens bis jetzt die einzige Firma geblieben, die auf neuer Grundlage Motoren in den Stärken von 50 bis 100 PS entwickelt hat, und man findet sie heute in allen erfolgreichen stärkeren Sportflugzeugen.
Im Sachsenflug und im Süddeutschlandflug 1925 wurden mit weiteren hervorragenden Leistungen der Piloten inzwischen neuentwickelte Typen auf ihre Brauchbarkeit hin erprobt, wobei besonders die außerordentlich ungünstige Witterung während des Süddeutschlandfluges ganz erstaunliche Ergebnisse der menschlichen Leistungsfähigkeit wie der Flugzeuge ergab . . .
Außer der notwendigen Verbesserung der Zuverlässigkeit bei den Sportflugzeugen ergab sich auch die Forderung der Kunstflugtauglichkeit, die besonders begabte Piloten an die Maschinen stellen. Erst im Kunstflug zeigt es sich, was man sich selbst und dem Flugzeug zutrauen kann.
Den Kunstflug müßte eigentlich jeder Flugzeugführer, der berufliche wie der sportliche, beherrschen; denn mit dieser Fähigkeit gelingt es ihm auch, aus unfreiwilligen Lagen spielend herauszukommen.
Den ersten Stamm deutscher Sportflieger hat die »Sportflug G.m.b.H.« herausgebracht, die teils aus Sammlungen, teils aus öffentlichen Mitteln Ausbildungsmöglichkeiten für Sportflieger in den Jahren 1923 bis 1926 bot. Nachdem durch das Pariser Abkommen im Jahre 1926 die Unterstützung des Motorflugsports aus öffentlichen Mitteln untersagt worden war, liquidierte die ›Sportflug‹ und der Deutsche Luftfahrt-Verband übernahm es, den Motorflugsport nach Kräften zu fördern.
Zu diesem Zwecke wurde von Vorstandsmitgliedern des Deutschen Luftfahrt-Verbandes die ›Deutsche Luftfahrt G.m.b.H.‹ gegründet, die als gemeinnütziges Unternehmen die Anfangsausbildung und Fortbildung ausgebildeter Schüler zu betreiben hat . . .«

Ende der zwanziger Jahre übernahm der DLV die zusätzliche Aufgabe, den Flugsport in Deutschland zu finanzieren. Da kein einziger luftsporttreibender Verein in der Lage war, die finanziellen Mittel für die Neuanschaffung von Fluggerät aufzubringen, übernahm der Deutsche Luftfahrt-Verband zwei Drittel des Kaufpreises, so daß dem örtlichen Verein nur noch ein Drittel als sogenannte Beschaffungshilfe verblieb. Diese Zahlung an den Verband war gleichzusetzen mit einer einmaligen Benutzungsgebühr für das zur Verfügung gestellte Fluggerät. Der DLV blieb Eigner des Flugzeuges, der Verein wurde Halter und Versicherungsnehmer. Aufgrund der stark ansteigenden Zahl von Schülern und der für ihre Ausbildung benötigten Flugzeuge drang der DLV bei den Vereinen auf den Erwerb von kostengünstigem neuen (z. B. Klemm) oder gebrauchtem deutschen Flugmaterial. Auf die technische Entwicklung bei den Herstellerwerken nahm er dagegen wenig Einfluß, und die einzige Bedingung, die er stellte, war die Forderung nach Wirtschaftlichkeit des Fluggerätes im Betrieb. Im Interesse dieser Forderung schrieb der DLV 1932 einen Wettbewerb aus für einen kostengünstig nachzubauenden Übungseinsitzer.
Im gleichen Jahr wurde der Zusammenschluß des Deutschen Luftfahrt-Verbandes mit dem Aero-Club von Deutschland geplant, um eine Dachorganisation für den Flugsport zu schaffen. Dazu wurde für den 1. Februar 1933 ein außerordentlicher Luftfahrertag nach Berlin einberufen. Statt dessen begann nach der Berufung Hitlers zum Reichskanzler am 30. Januar 1933 die »Gleichschaltung« des Luftsports durch die Nationalsozialisten.

Umorganisation ab 1933

Am 25. März 1933 wurde der DLV aufgelöst und als Nachfolgeorganisation der Deutsche Luftsport-Verband gegründet, abermals unter Beibehaltung der Abkürzung DLV. Dieser neue DLV wurde im Mai 1933 in das Vereinsregister in Berlin eingetragen. Schon wenige Wochen später wurden die bereits einige Jahre bestehenden SA- und SS-Fliegerstürme in den neuen Verband eingegliedert.
Am 12. April 1933 beschloß der Deutsche Luftfahrtrat, seine Befugnisse auf nationaler Ebene dem DLV und seine internationalen Aufgaben vorwiegend im Rahmen der FAI (Fédération Aéronautique Internationale) dem Aero-Club von Deutschland zu übertragen. Der Deutsche Luftfahrtrat war 1924 aus der Segelflug-Gesellschaft mbH als Oberster Deutscher Luftsportbehörde (ODL) hervorgegangen. Auch die 1924 gegründete Rhön-Rossitten-Gesellschaft wurde in den Deutschen Luftsport-Verband eingegliedert.
In der nationalsozialistischen Zeit lag das Schwergewicht der Arbeit des DLV bei der fliegerischen und luftfahrttechnischen Ausbildung seiner Mitglieder, von denen viele später zur Luftwaffe oder in die Flugzeugindustrie gingen. Im gesamten Lande entstanden Schulen für Segelflug- und Motorflugsport, Segelflugbauschulen, Modellbauschulen und Werkstattleiterschulen. Unter dem Aspekt der vormilitärischen Ausbildung nahm der Flugsport einen enormen Aufschwung.
Der neue DLV kaufte anfangs der günstigen Kosten wegen noch zahlreiche Klemm Kl 25 und Kl 26, aber zunehmend auch stärkere Muster, die für die militärische Grundausbildung vorgesehen waren, wie Heinkel He 72 »Kadett« und Focke-Wulf Fw 44 »Stieglitz«, und teilte sie den Vereinen zu. Dabei verblieb dem DLV das Recht, die jeweiligen Flugzeuge zu einem beliebigen Zeitpunkt auch wieder abzuziehen und einer anderen Gruppe zuzuweisen. Altflugzeuge der Vereine erwarb der DLV ebenfalls mit allen versicherungsrechtlichen Belangen; doch blieben diese Maschinen grundsätzlich am Standort des Halters und früheren Besitzers.
Finanziell unterstützt wurden im Gegensatz zur Praxis vor 1933 auch private Käufer von Flugzeugen, und zwar mit

einem Drittel des Kaufpreises. An diese Unterstützung war die Bedingung geknüpft, daß es sich um deutsche Flugzeuge mit deutschen Motoren handeln mußte. Der Privaterwerb ging im Laufe der Zeit aber immer mehr zurück, besonders, weil kaum noch Muster für den Privatverkauf freigegeben wurden. In einem Verzeichnis der Inhaber von Unterstellkarten des Nationalsozialistischen Flieger-Korps (NSFK), das 1937 an die Stelle des DLV trat, vom August 1939 werden nur noch 28 privat gehaltene Flugzeuge zumeist älterer Bauart genannt. Moderne Flugzeuge blieben die Ausnahme im Privatbesitz; die einzige private Messerschmitt Bf 108 »Taifun« gehörte einem Fabrikanten für Uniformtuche. An Ausschreibungen für die technische Auslegung von Fluggerät hat sich der neue DLV nicht beteiligt.
Mit der politischen Entwicklung änderte sich auch der Begriff Luftsport. Fliegen sollte nicht nur zum Volkssport werden, sondern beitragen »zu Ruhm und Ansehen des Vaterlandes«. Passend zu diesen Absichten änderte sich auch die Ausdrucksweise. In Köhlers Illustriertem Fliegerkalender von 1936 heißt es in einem Beitrag über den Luftsport im nationalsozialistischen Deutschland von *Carl G. P. Henze*, Pressesprecher im Präsidium des DLV:

». . . Das Aufgabengebiet des Deutschen Luftsport-Verbandes liegt in der Erfassung aller Volksgenossen, auf daß sie die Notwendigkeit luftsportlicher Betätigung erkennen. Der Deutsche Luftsport-Verband ist das Sammelbecken aller Kräfte, die ihr Scherflein beitragen wollen zum steten Ausbau und zur Erhaltung der deutschen Luftgeltung, die uns im neuen Deutschland der Volksgemeinschaft wiedergegeben wurde. Unendlich groß sind die Aufgaben, die der friedliche Luftsport noch zu lösen hat. Er bedeutet ja nicht nur die Ausübung eines Sportes im engen Sinne, er dient der Wirtschaft, er fördert Industrie und Handwerk, er gibt unzähligen Volksgenossen in den Werkstuben Lohn und Brot, er schafft den Nachwuchs für den Luftverkehr und für das Heeresflugwesen, er bringt die Männer hervor, die dereinst ihr Aufgabengebiet als Flugzeugführer, als Monteur, als Fliegerhandwerker und als Schöpfer neuer Baumuster ausfüllen sollen.
Der deutsche Luftsport spielt also auch im Wirtschaftsleben der Nation eine große Rolle, er hat die Aufgabe, ideelle und materielle Werte zu schaffen.
Wenn immer wieder die Aufforderung an die Volksgemeinschaft ergeht: ›Der deutsche Luftsport ruft Dich!‹, so liegt hierin ein ganz tiefer Sinn. Alle sollen mithelfen, unseren Luftsport zu stärken, damit er seine Aufgaben erfüllen und seinen Pflichten gerecht werden kann . . .«

Die Auflösung des Deutschen Luftsport-Verbandes wurde durch einen Erlaß *Hitlers* am 10. April 1937 verfügt. Das Nationalsozialistische Flieger-Korps (NSFK) als Nachfolgeorganisation war eine Körperschaft des öffentlichen Rechts und dem Reichsministerium für Luftfahrt unterstellt. Es hatte keine offizielle Bindung zur NSDAP; die Mitgliedschaft im NSFK war freiwillig. An der Spitze stand der Korpsführer, immer ein aktiver General der Luftwaffe. Das NS-Flieger-Korps war zugleich oberste deutsche Luftsportbehörde.

Bereits ganz auf Luftrüstung ausgerichtet, stellte der NS-Staat ausreichend Geld für die kostenlose Ausbildung junger Segel- und Motorflieger bereit. Neue Segelfluggelände wurden erschlossen, »Reichssegelflugschulen« gegründet, und an Fluggerät herrschte kein Mangel mehr. Für den Motorflugsport gab es entsprechende »Reichssportfliegerschulen« beispielsweise in Rangsdorf bei Berlin, Windelsbleiche bei Bielefeld, Karlsruhe und Altona.
Große Luftsportveranstaltungen standen äußerlich jetzt ganz im Zeichen der NS-Propaganda, verhalfen aber den Luftsportlern weiterhin zu flugsportlichen Erlebnissen und internationalen Begegnungen. *Georg Brütting* schreibt im »Buch der Deutschen Fluggeschichte«, Band 3, über die Jahre zwischen den Kriegen:

»Zu keiner Zeit gab es im deutschen Motorflugsport so vielgestaltige Wettbewerbe auf nationaler und regionaler Ebene wie in den Jahren 1929 bis 1938. Einige von ihnen erhielten durch die Schwierigkeit ihrer Aufgaben und durch die Schönheit der Landschaft, über der sie ausgetragen wurden, einen bleibenden Namen: der Zugspitzflug, der bereits im Jahre 1925 zum erstenmal durchgeführt wurde, der Alpenflug und sein Gegenstück, der Küstenflug. Der Höhepunkt des Flugjahres aber blieb der Deutschlandflug . . . In fast allen Ländern Europas wurden solche Wettflüge veranstaltet, und immer wieder nahmen deutsche Mannschaften mit sehr schönen Erfolgen daran teil. Der bedeutendste internationale Motorflugwettbewerb war der Europa-Rundflug der FAI.«

Seit Beginn des Zweiten Weltkrieges war Luftsport im eigentlichen Sinne nicht mehr möglich. Dem NS-Flieger-Korps wurde offiziell die Aufgabe zugewiesen, »den Nachwuchs der Fliegertruppe sicherzustellen und diesen Nachwuchs fliegerisch und fliegerhandwerklich auszubilden«.
Unverändert blieb zwischen den Kriegen der Aufgabenbereich des Aero-Clubs von Deutschland. Auch nach 1933 gehörte zu dessen Aufgaben die Pflege der sportfliegerischen Beziehungen zum Ausland, die Vertretung der internationalen Belange vor allem in der FAI. Es konnten daher auch in dieser Zeit internationale Kontakte geknüpft und erhalten werden, die dem Wiederaufbau nach 1951/1955 dienlich waren.
1937 war der Aero-Club von Deutschland Gastgeber der FAI-Generalversammlung im Haus der Flieger in Berlin. Im gleichen Jahr führte er die erste Amerika-Studienreise deutscher Luftfahrtexperten durch, bei der Flugzeug- und Flugmotorenwerke der Vereinigten Staaten besucht wurden – eine Initiative, die von AOPA und DAeC in den sechziger Jahren wiederholt wurde (s. Beitrag AOPA).

Der Zeitraum nach 1945

Nach dem Ende des Zweiten Weltkrieges war in den vier Besatzungszonen Deutschlands zunächst nicht daran zu denken, Luftfahrt auf privater oder gewerblicher Basis, ge-

schweige denn Luftsport zu betreiben. Abgesehen von dem Verbot der Alliierten hatte das Fliegen durch die militärische Verwendung des Flugzeuges und die schrecklichen Folgen der Bombenangriffe für viele an Faszination verloren. Hinzu kamen die heute kaum mehr vorstellbaren Probleme des Wiederaufbaus nach den Kriegszerstörungen und der Neugründungen in Wirtschaft und Industrie.
Luftsportorganisationen gab es zwar nicht mehr, doch trotz allem war die Flugbegeisterung nicht ganz erloschen.
Die Modellflieger waren es, die noch vor der Gründung eines deutschen Luftsportverbandes das totale Verbot der Fliegerei durchbrachen. 1947 gründeten sie Vereine in Uelzen und in Göttingen sowie 1948 in Osnabrück unter Vorsitz von *Horst Jung* und kamen trotz der Verbote der Besatzungsmacht zu Wettbewerben zusammen. Modellflieger waren es auch, die SG 38-Zeichnungen besorgten als Grundlage für den späteren Bau einiger Schulgleiter in Segelflugvereinen.
Mit dem Inkrafttreten des Grundgesetzes am 23. Mai 1949 lockerten die Alliierten die Beschränkungen, und im August 1950 konnte in Gersfeld am Fuße der Wasserkuppe der Deutsche Aero Club e.V. gegründet werden. Damit hatte der Luftsport wieder ein Forum, seine Interessen zu vertreten, geltend zu machen und die technische Entwicklung zu beeinflussen.
1951 wurde der Segelflug wieder freigegeben. Die Motorflieger mußten jedoch noch warten, trotz aller Ungeduld, mit der sie sich im Juni 1951 zum ersten Mal trafen und ihre Landesverbandsreferenten wählten. Sie mußten sich zwangsläufig die Zeit nehmen, um sich nach der Ausbildungsordnung auch mit dem Flugmaterial zu befassen. Bei einer Industrietagung in Wiesbaden wurde im Februar 1952 beschlossen, einige Motorflugzeuge aus deutscher Produktion aus dem Ausland zurückzukaufen. Dieser mit dem Bundesministerium für Verkehr abgestimmte Versuch, einheitliche deutsche Muster für den Sportflug zu benutzen, scheiterte teilweise bereits vor der Freigabe des Motorfluges, da günstige Angebote für neue Flugzeuge aus dem Ausland gemacht wurden: die »Pipers« und »Cessnas« lockten.

Am 5. Mai 1955 war es soweit; auch der Motorflugsport wurde freigegeben. Piloten und Fluglehrer, die im Ausland, bevorzugt in der Schweiz, neue Lizenzen erflogen hatten, wurden die Vorreiter für den Wiederbeginn des Motorflugsports in Deutschland. An der ersten Motorfliegertagung seit der Freigabe des Motorfluges nahmen im November 1955 fast 70 Motorflieger teil. Bei dieser Tagung wurde mit großer Mehrheit beschlossen, der Tradition folgend, den technischen Wettbewerb wieder aufleben zu lassen, den »Deutschlandrundflug«.
Mit der Ausschreibung des Deutschlandfluges 1956 – in Deutschland waren Ende 1955 gerade 34, Ende 1956 schon 311 Flugzeuge zugelassen – verfolgte die Motorflugkommission das Ziel einer gemeinsamen Veranstaltung, bei der Zuverlässigkeit und Kameradschaftlichkeit im Vordergrund stehen sollten. Sie knüpfte damit an eine von *Oskar Ursinus* Jahrzehnte zuvor begründete Tradition an, die sich seitdem unvermindert als Leitgedanke der größten motorflugsportlichen Veranstaltung fortsetzt.

Der Einfluß des Technischen Ausschusses des DAeC

Schwieriger wurde es allerdings, die Entwicklung des Fluggerätes zu beeinflussen. Die Vorherrschaft der USA-Hersteller von Leichtflugzeugen und dafür geeigneten Triebwerken ist bis heute noch nicht gebrochen.
Daran konnte auch die Technische Kommission des DAeC unter Vorsitz von *Oskar Pflaumer* (17. 12. 1898–22. 2. 1994) nichts ändern, dessen Verdienst es ist, dem motorgetriebenen Luftsport die technische Eigenverantwortung für die Wartung und Instandhaltung des Fluggerätes ermöglicht zu haben. Seinen und den Bemühungen seiner Kollegen im Technischen Ausschuß des DAeC ist es zu verdanken, daß heute in den Luftfahrttechnischen Betrieben der Landesverbände sowie in den Werkstätten der Vereine mehr als 6600 technisch geschulte Vereinsmitglieder die Wartung der Vereinsflugzeuge, ob Motorflugzeug oder Motorsegler, verantwortungsvoll und zuverlässig durchführen können und dürfen. Die von *Pflaumer* 1959 konzipierten »Richtlinien für die Ausbildung des Technischen Personals des DAeC« sind heute noch in der dritten, angepaßten Auflage gültig und vom Luftfahrt-Bundesamt anerkannt. Dieses Prinzip hat sich bewährt; es ist unverändert aktuell und vor allem finanziell für den Luftsport tragbar. Als DAeC-Modell bildet es deshalb häufig und gerne bei ausländischen Aero-Clubs die Grundlage für ihre eigene Organisation.
Mit dem wirtschaftlichen Aufschwung der Bundesrepublik Deutschland nahm der Einfluß aus dem Ausland zu, besonders aus USA. Die von dort eingeführten Sport- und Reiseflugzeuge waren zunächst Hochdecker. Dies machte den Veranstaltern des Deutschlandfluges Sorgen, denn man hatte mit Flugzeugen dieser Bauart sowie ihren recht unterschiedlichen Leistungen und Geschwindigkeiten noch keine Erfahrungen.
Bereits 1959 trat unter der Leitung von *Oskar Pflaumer* im Auftrag des Bundesministeriums für Wirtschaft eine Gruppe zusammen, in der Vertreter der Motorflugkommission des DAeC, des Verteidigungsministeriums, des Verkehrsministeriums, der DFL (Deutsche Forschungsanstalt für Luftfahrt), der Technischen Hochschule Darmstadt, des BDLI (Bundesverband der Deutschen Luft- und Raumfahrtindustrie) und des Verbandes der Luftfahrtunternehmen zusammenkamen, um Richtlinien für die Ausschreibung eines Wettbewerbes für ein »Schul- und Übungsflugzeug« zu erarbeiten. Im Februar 1960 wurde ein Gutachten vorgelegt,

das die Anforderungen an ein zweisitziges, einmotoriges Landflugzeug festlegte. Im Vordergrund standen außer guten Flugeigenschaften und -leistungen der Anschaffungspreis und die Wirtschaftlichkeit. Die Überlegungen, die damals von den Experten der Arbeitsgruppe angestellt wurden, waren weit vorausschauend und können heute noch als Beispiel dienen. Aufgrund der Ausschreibung entstand die SIAT (später MBB) 223 »Flamingo«, ein gutes Flugzeug, das allerdings in Deutschland kein Verkaufserfolg wurde.

Der Technische Ausschuß des DAeC (später umbenannt in »Technische Kommission«) hat im Jahre 1963 eine Studiengruppe gebildet, die auf der Basis der Ergebnisse der vorgenannten ersten Arbeitgemeinschaft versuchte, ein Konzept für eine Neuentwicklung eines Schul- und Reiseflugzeuges zu erstellen.

Bei einem ähnlichen Vorhaben, das 1988 begann, wiederum in Zusammenarbeit mit dem Wirtschaftsministerium, wurden zusammen mit AOPA-Germany (Aircraft Owners and Pilots Association, Verband der Allgemeinen Luftfahrt) und der Fachzeitschrift Aerokurier Richtlinien für eine »Öko-Cessna« erarbeitet, die dem wachsenden Umweltbewußtsein Rechnung tragen sollte. In den grundsätzlichen Überlegungen (z. B. Motorleistung) unterschied sich das Konzept nicht von dem der sechziger Jahre. Die Motorleistung muß so hoch sein, daß im Reiseflug mit höchstens 75% bei geringer Drehzahl geflogen werden kann. Dadurch läßt sich ein Flugzeug leise und sparsam betreiben. Eine integrierte Entwicklung von Zelle, Propeller und Motor, d. h. alle drei Hauptteile aufeinander abgestimmt und optimiert, hätte auf dem Weltmarkt gute Verkaufschancen.

Beide Vorhaben scheiterten, weil aufgrund fehlender politischer Unterstützung auch keine wirtschaftliche Förderung erfolgte.

An den Bauvorschriften für das sogenannte Einfachflugzeug arbeitete der DAeC mit. Sie sind in Europa seit vier Jahren in Kraft, werden aber kaum realisiert. Hierbei stellt sich ohnehin die Frage, ob der Markt weitere Abstufungen annehmen kann. Die Unterscheidungskriterien zwischen Motorsegler, Einfachflugzeug und Ultraleichtflugzeugen scheinen willkürlich festgelegt und enthalten keine signifikanten Konstruktionsmerkmale.

In diesem Beitrag wird auf eine Behandlung des Bereichs Ultraleichtflugzeuge verzichtet unter Hinweis auf das entsprechende Kapitel. Die Ultraleichtflugzeuge sind im DAeC »groß« geworden, vom »fliegenden Gartenstuhl« zu den heutigen ULs, die einmal mehr deutlich machen, daß eine Grenze zwischen Motorsegler, Einfachflugzeug und Ultraleicht kaum noch festellbar ist. In vielen, im Rückblick weniger wichtig erscheinenden Fragen hat die Luftsportorganisation mit ihren Experten beigetragen, Maßnahmen und Verordnungen akzeptabel zu gestalten. Dies begann bereits 1962 bei der Umstellung der Funkgeräte vom 100- auf den 50-kHz-Raster; heute wird über 8,33 kHz nachgedacht. Zweimal, 1962 und 1988, wurden Anschnallgurte nach unterschiedlichen Betriebszeiten auf ihre Festigkeit hin untersucht, um zu erreichen, daß durch unnötige Neuinstallationen keine zusätzlichen Kosten für den Flugzeughalter entstehen. Nach 40 Jahren Erfahrung mit Lycoming-Motoren, die ihre Zuverlässigkeit weltweit bewiesen haben, konnte in Zusammenarbeit mit den Luftfahrttechnischen Betrieben, der AOPA-Germany und dem Luftfahrt-Bundesamt eine erhebliche Verkürzung der Grundüberholungszeit vermieden werden. Die Firma Lycoming hatte – aus den bekannten Produkthaftungsgründen in den USA – eine Empfehlung herausgegeben, daß alle Lycoming-Motoren, die nicht die maximal zulässige Stundenzahl erreicht haben, nach 12 Jahren zur Grundüberholung gegeben werden sollten. Anerkennung und Dank gebührt dem LBA, das diese vom Hersteller verkürzte Betriebszeit nicht als feste Laufzeit übernahm, sondern erlaubte, die Grundüberholung vom Zustand des Motors abhängig zu machen. Ein ähnlicher Erfolg bei den Bemühungen, den Flugzeughaltern Kosten zu sparen, konnte hinsichtlich der Jahresnachprüfung der Flugzeug-Elektronik erreicht werden. Nur noch alle zwei Jahre ist eine Nachprüfung der alten Art fällig. Dazwischen ist nach zwölf Monaten eine Sichtprüfung in Verbindung mit einer Funktionskontrolle ausreichend.

Erwähnenswert ist auch, daß der DAeC bereits vor der Wende der politischen Verhältnisse im Osten gute Verbindungen zum Partnerverband in der ehemaligen DDR geknüpft hatte. Nach der politischen Wiedervereinigung setzte sich der DAeC mit großem Erfolg für die Luftsportler in den neuen Bundesländern ein, sei es bei den Verfahren zur Zulassung und Umrüstung der Flugzeuge bis schließlich zu deren Übereignung durch die Treuhand oder beim Erhalt der Flugplätze für den Luftsport.

Für ein schnelleres Zusammenwachsen der Luftsportler in Ost und West sorgte auch der Deutschlandflug 1991, der 80 Jahre nach dem ersten Wettbewerb dieser Art als luftsportliche Veranstaltung mit Motorflugzeugen wieder über das vereinte Deutschland führte und wirkungsvoll die Faszination des Fliegens »transportierte«.

Die Technische Kommission des DAeC ist selbstverständlich befaßt mit den relevanten Entwicklungen im europäischen Bereich. Sie wertet die Protokolle der europäischen Arbeitskreise aus, um rechtzeitig bei der Ausarbeitung der für den DAeC und die Luftfahrttechnischen Betriebe der Landesverbände wichtigen Entscheidungen – Organisation des Prüfwesens und Anforderungen an Prüfpersonal – mitzuarbeiten.

Die Aero Clubs der EU-Mitgliedsländer haben die Arbeitsgemeinschaft »Europe Air Sports« gegründet als Ansprechpartner für alle europäischen Gremien, die sich mit Luftfahrt befassen. Die nationalen Aero Clubs entsenden ihre Experten in diese Gremien, um so bei dem Entstehen eines europäischen Regelwerkes von vornherein die Anforderungen des Luftsports einzubringen.

AOPA-Germany
Verband der Allgemeinen Luftfahrt e.V.

Sylvia Henseler-Trinkaus

Bereits 1937 wurde in den USA die erste von heute 32 AOPA-Organisationen gegründet (**A**ircraft **O**wner and **P**ilots **A**ssociation = Verband der Flugzeughalter und Piloten). Anlaß dazu waren in erster Linie die sich ändernden Einsatzarten der Flugzeuge der Allgemeinen Luftfahrt (des zivilen, nichtplanmäßigen Linien- oder Charterverkehrs), der Wandel vom Sportgerät zum individuellen Verkehrsmittel. Dabei spielten auch die Mängel der Verkehrsinfrastruktur auf dem Boden eine Rolle und der wachsende Bedarf an einem flexiblen Verkehrsmittel im Geschäftsleben.

Die Aufgaben der nationalen Aero Clubs, deren Organisationsformen zudem selten eine individuelle Mitgliedschaft zulassen, waren in erster Linie die Veranstaltung und Beschickung nationaler und internationaler Meisterschaften und Wettbewerbe sowie die Dokumentation von Spitzensportleistungen. Das Thema einer Interessenvertretung gegenüber regionalen und überregionalen Behörden oder Parlamenten stellte sich in den dreißiger Jahren in Europa kaum.

Die Teilnehmer am rasch wachsenden individuellen Luftverkehr in USA, die ihr Flugzeug ähnlich wie einen PKW einsetzten, hatten damals an einen Verband andere Anforderungen: vor allem Interessenvertretung gegenüber Administration und Politik, Beratungen in technischer, aber auch touristischer Sicht, Maßnahmen zur Erhöhung der Flugsicherheit durch Beeinflussung von Mensch und Maschine, Informationen und Serviceleistungen, zugeschnitten auf die Bedürfnisse des individualreisenden Selbstfliegers.

Gründung der AOPA-Germany

1962 wurde die AOPA-Germany zunächst innerhalb der DAeC-Motorflugkommission gegründet, 1963 ein eingetragener Verein. Am 1. April 1977 wurde die nun vollständig aus dem DAeC losgelöste Geschäftsstelle auf dem Flugplatz Egelsbach eröffnet. Bereits nach der Gründung der »Interessenvertretung Allgemeine Luftfahrt (IFAL)« 1962 erhielt diese erste AOPA-Germany die Mitgliedschaft in dem IAOPA (International Council of Aircraft Owner and Pilot Associations). Diese war im gleichen Jahr gegründet worden als Interessenvertretung gegenüber anderen internationalen Organisationen, vor allem der ICAO (International Civil Aviation Organisation), aber auch Parallelorganisationen wie IFALPA (International Federation of Airline Pilot Associations) und IFATCA (International Federation of Air Traffic Controller Associations).

Die nationale und internationale Zusammenarbeit von AOPA, IAOPA, relevanten Behörden, Parlamenten und Organisationen sieht normalerweise so aus: Meinungsbildung in den nationalen AOPA-Organisationen, Festlegung einer IAOPA-Politik, die möglichst einheitlich vertreten werden sollte sowohl gegenüber der zuständigen nationalen Fachbehörde als auch von IAOPA-Seite her in den internationalen Gremien, in denen sie den sogenannten Beobachterstatus hat (mitreden, aber nicht mitstimmen). Sind die AOPA-Argumente auf nationaler Ebene so überzeugend, daß die zuständige Behörde sie sich zu eigen macht, fließen sie durch deren Vertreter in die internationale Arbeit ein.

Schon während der Büro- und Personalunion mit dem Deutschen Aero Club (DAeC) gingen von der AOPA-Germany zwar wenig publizierte, aber wesentliche, oft entscheidende Impulse aus, auch auf technischem Gebiet. Dabei handelte es sich meistens um Gemeinschaftsaktionen von AOPA-Germany, AOPA-USA, DAeC und den beteiligten Behörden und Verbänden. Sie ergaben sich auch durch den langjährigen DAeC-Generalsekretär *Wolfgang Trinkaus,* der in Personalunion AOPA-Geschäftsführer und später AOPA-Vizepräsident, von 1979 bis 1985 schließlich hauptamtlicher Präsident der AOPA-Germany war.

Sehr nützlich war und ist die Organisationsstruktur der AOPA-Germany wie auch der meisten anderen AOPA-Organisationen, die auf Untergliederungen verzichten und nur die Direktmitgliedschaft von Piloten, Flugzeughaltern und Luftfahrtfirmen zulassen. Aus dem daraus möglichen unmittelbaren Kontakt zwischen fliegerischer Basis und Verbandsspitze hat sich im Laufe der Zeit ein Potential von Fachleuten herausgebildet, »AOPA's Brain Trust«, mit dessen Hilfe eine professionelle Mitarbeit auf nahezu jedem die Luftfahrt betreffenden Gebiet möglich ist.

Erfolge der AOPA

So entsandte IAOPA bereits 1966 mit *Max Wuppermann* einen deutschen Experten in ein ICAO-Gremium, das sich mit den Anforderungen an Bordfunkgeräte sowie die kommenden Satelliten-Funk- und Navigationseinrichtungen befaßte. Die von den AOPA-Organisationen seinerzeit eingebrachten Vorschläge betrafen außer dem Festlegen von Parametern vor allem preiswerte Lösungen im Interesse der Flugsicherheit, d. h. der Erschwinglichkeit für jedermann. Die Vereinfachung des Prüfwesens für Zelle und Navigationsgeräte gehörte von Anfang an zu den Forderungen der AOPA-Germany.

Studienreisen in der Mitte der sechziger Jahre nach USA, initiiert von AOPA-Germany, durchgeführt mit Vertretern deutscher Luftfahrtbehörden und Organisationen in Zusammenarbeit mit AOPA-USA und der US-Luftfahrtbehörde FAA, hatten eine Reihe Erleichterungen und Vereinfachungen zur Folge.

Die Bilanz der AOPA-Germany, veröffentlicht im aerokurier 6/1968, berichtet unter anderem:

»50 Prozent mehr unkontrollierter Luftraum. Im Frühjahr 1967 gelang es, eine Neuordnung des Unteren Luftraumes zu erreichen. Dem Vorschlag der AOPA, die Untergrenze des kontrollierten Luftraumes anzuheben, um mehr freien Luftraum für die Sport- und Reiseluftfahrt zu gewinnen, folgte die BFS (Bundesanstalt für Flugsicherung) . . . Außerdem wurden 18 militärische Kontrollzonen der Bundeswehr für den Wochenendbetrieb freigegeben . . .«

Und weiter: Minderung der Tieffluggefahren, verbesserte ICAO-Karte; mehr Frequenzen, Wegfall des Abfertigungszwanges, eine Beseitigung bürokratischer Hemmnisse, über die heute nur noch jeder den Kopf schütteln würde.

Von besonderer Bedeutung war die »Geringere Anforderung an Funksprechgeräte«:

»Eine weitere wichtige Erleichterung ist die Herabsetzung der Anforderungen an die Funksprechgeräte. Die Geräte werden in der kommenden Durchführungsverordnung zur Elektronikverordnung in drei Gruppen eingeteilt:

Kategorie A: für alle Flüge

Kategorie B: IFR-Flug bis Flugfläche 200 (**I**nstrument **F**light **R**ules)

Kategorie C: Sichtflug mit wesentlich geringeren Anforderungen.

Dadurch kann auch ein Großteil der amerikanischen Funk- und Navigationsgeräte künftig in der Bundesrepublik zugelassen werden. Die Firma Becker hat diesen Gegebenheiten bereits Rechnung getragen und ein neues Funkgerät AR 400 zum Preis von DM 3950,00 auf den Markt gebracht, das der Klasse B entspricht und das damit einem um 50 Prozent günstigeren Preis hat als die bisherigen Geräte.«

Eine Vereinfachung der Flugzeugwartung, die Möglichkeit, bestimmte Arbeiten selbst vornehmen zu dürfen, um auch hier eine Kostensenkung zu erreichen, beschäftigte die AOPA von Anfang an und bis heute. Dabei hat sie sowohl zur Änderung von Wartungsintervallen durch Mitarbeit in den einschlägigen Gremien beigetragen als auch durch das Angebot an ihre Mitglieder, in speziellen Lehrgängen die entsprechenden Fertigkeiten zu erlernen.

Wiederum aus den USA »importierte« die AOPA-Germany ein von der US-Partnerorganisation propagiertes Verfahren zur besseren Separierung von meist langsam fliegendem VFR- und schnellerem IFR-Verkehr, die »Keep 'em high policy«. In ihrem Wert erkannt, wurde sie sehr schnell von Lufthansa als »low drag, low power Konzept« übernommen und ging als »Frankfurter Verfahren« in die Luftraumorganisation ein. In den Jahren danach folgten weitere Flugsicherungsmodelle, die allerdings ausnahmslos restriktiven Charakter für die Allgemeine Luftfahrt hatten. Ihre Verwirklichung zu verhindern, erforderte alle Kräfte.

Zehn Jahre dauerten die Auseinandersetzungen um die Einführung der Mineralölsteuer. So lange konnte die Besteuerung der Luftfahrtbetriebsstoffe durch konstruktive Zusammenarbeit mit der Mineralölwirtschaft, anderen betroffenen Verbänden, Fachministerien und Parlamentariern verhindert werden. Einer letztlich erfolgten »politischen Lösung« waren die zahlenmäßig kleinen Interessengruppierungen nicht gewachsen. Eine stark ideologisch geführte Diskussion, die vor allem von den Medien vielfach einseitig aufgegriffen wurde, ließ Fakten und Sachargumente unberücksichtigt.

Landegebühren, Eurocontrolgebühren, An- und Abflug-Navigationsgebühren – die Spirale drehte sich immer weiter. Auch hier haben die Verbände entgegengehalten und manchen, wenn auch nur bescheidenen, Erfolg errungen.

Doch zurück zu technischen Themen. Die meisten Erfolge sind nicht meßbar. Sie fließen durch kontinuierliche Mitarbeit von Experten meist aus den Reihen des Verbandes in die Beratungen von Gesetzesnovellierungen ein, wie in Deutschland die Novelle der Prüfordnung für Luftfahrtgerät (LuftGerPO) oder eine Durchführungsverordnung über die Flugsicherungsausrüstung.

Eine engere Zusammenarbeit mit den Luftfahrttechnischen Betrieben wurde angestrebt, z. B. an ein AOPA-Gütesiegel gedacht. Doch der AOPA-Arbeitskreis Luftfahrttechnische Betriebe setzte sich bei den Mitgliedern nicht durch, weil von seiten der Luftfahrzeughalter eine Interessenkollision befürchtet wurde. Die kleinen LTBs schlossen sich zu einem eigenen Verband zusammen.

Mitwirkung bei Festlegung der Lärmgrenzen

Ein Dauerthema in der nationalen und internationalen Arbeit ist das Thema »Fluglärm« und die Möglichkeiten, den physikalischen Lärm zu reduzieren, die Meßverfahren zu objektivieren, die An- und Abflugverfahren an Landeplätzen (die im Gegensatz zu Flughäfen keine Bauschutzbereiche haben) zu optimieren. Die IAOPA-Weltkonferenz, 1978 von AOPA-Germany ausgerichtet, hat Vorschläge des IAOPA-Technical Committees der ICAO vorgetragen, die eine Änderung der ICAO-Meßnormen zur Folge hatten.

Statt »maximale Dauerleistung« wurde nun die »höchste normale Betriebsleistung« (meistens 75% der Startleistung) als Meßgrundlage empfohlen. AOPA arbeitete in den Gremien des Luftfahrt-Bundesamtes (LBA) mit, die sich mit der Erhöhung der Schallschutzanforderungen befaßten, und konnte auch hier vielfach wenigstens eine zeitliche Verschiebung erreichen, um den Mitgliedern Lösungsmöglichkeiten anzubieten. Die Flieger selbst haben im Laufe der Jahrzehnte außerordentlich viele und teure Eigenleistungen zur Reduzierung des Lärms an der Quelle getan, z. B. durch Mehrblattpropeller und Schalldämpfer (siehe das nachfolgende Kapitel). Wenig nützt dies leider in der öffentlichen Meinung, die auf Vorurteilen beharrt. Das führt dazu, daß selbst der Segelflug nicht von Lärmbeschwerden verschont bleibt. Es galt also auch, den »psychologischen« Lärm zu bekämpfen. So hat AOPA eine PR-Aktion gestartet zum »mitmenschlichen Fliegen« im Flugplatzbereich, aber auch auf der Strecke. Zusammen mit der Zeitschrift »Fliegermagazin« hat sie einen Film zum Thema Fluglärm herausgebracht, der vor allem Argumentationshilfen für Diskussionen vor Ort enthält.

Immer im Interesse der Erhaltung einer breiten Basis für die Fliegerei und um zu verhindern, daß die Sport- und Reisefliegerei wirklich zu dem würde, als was die Politiker sie schon immer gerne bezeichneten, nämlich zum »Privilegierten-Sport«, hat die AOPA bei jeder aufkommenden problematischen Entwicklung mitgearbeitet. Das »Einfachflugzeug« oder »Basisflugzeug«, in den USA bereits Anfang der achtziger Jahre ein AOPA-Thema, wurde mit dem LBA diskutiert. AOPA war mit einer Expertenstellungnahme von Anfang an dabei.

Fliegen mit Autobenzin

Auch für die Verwendung von Autobenzin »MOGAS« für bestimmte Flugmotoren hat sich die AOPA-Germany vor allem nach Einführung der Mineralölsteuer auf Luftfahrtbetriebsstoffe stark engagiert, wiederum mit dem Ziel, eine weitere Verteuerung durch das preiswertere MOGAS zu verhindern. Dabei hoffte man auch, national oder europäisch lasse sich doch noch eine gerechte Lösung finden, die nicht nur eine Betriebsart der Luftfahrt einseitig belastet. Es wurde zusammengearbeitet zum Beispiel mit der Fachhochschule Aachen mit Prüfstandsversuchen und der Vergabe von Diplomarbeiten zur Verwendung alternativer Kraftstoffe. Auch die Mitglieder setzten sich aktiv ein, testeten »MOGAS« und brachten ihre Erfahrungen in die Verhandlungen ein. Die internationale Zusammenarbeit innerhalb IAOPA hatte den Erfolg, daß die mächtige, mitgliederstarke AOPA-USA ihre entsprechenden Forderungen bei ihrer Luftfahrtbehörde zuerst durchsetzte. Der FAA folgte die britische CAA, deren Freigaberegelung schließlich vom LBA übernommen wurde.

Gelöste Probleme bei Anschnallgurten, Notfunkgeräten und Ölproben

Die Betriebszeiten von Anschnallgurten – ein weniger wichtiges Thema, wie es scheint. Aber irgendwann hatten alle nicht aufgepaßt, und die NfL II-28/84 bedeutete plötzlich und überraschend, daß eine Reihe von Flugzeugen hätte am Boden bleiben müssen. In der Bekanntmachung des LBA wurde mitgeteilt, daß die zulässigen Betriebszeiten von Anschnallgurten normalerweise in den Betriebsanweisungen der Hersteller angegeben sein müßten. Sollte das nicht der Fall sein, so gelte für die textilen Bauteile aus natürlichen Werkstoffen eine zulässige Betriebszeit von sieben Jahren bzw. zehn für Bauteile aus synthetischen Werkstoffen. Besonders verhängnisvoll wirkte sich jetzt plötzlich aus, daß Prüfer für Luftfahrtgerät bei der Jahresnachprüfung die Bescheinigung der Lufttüchtigkeit verweigerten, nur weil die inzwischen bekanntgegebene höchstzulässige Betriebszeit der Anschnallgurte überschritten war. Man stellte fest, daß sowohl bei den prüfenden Stellen als auch bei den Flugzeughaltern ein Informationsmangel bestand, und einigte sich schließlich nach ausführlichen Stellungnahmen von Verbandsvertretern, Herstellern und materialprüfenden Stellen auf eine Übergangsfrist von einem Jahr, die dann erfreulicherweise zwei Jahre dauerte. In der Zwischenzeit konnten die Verbände für ihre Mitglieder preisgünstige Lösungen eruieren.

Ähnlich war es mit den Notfunkgeräten (ELT = Emergency Locator Transmitter), ohne die nicht mehr nach Österreich geflogen werden durfte. Auch hier konnten Übergangslösungen gefunden und eine Beschaffungsaktion zu günstigen Preisen angeboten werden.

Die Spektralanalyse des gebrauchten Öls war ein weiteres Angebot. Mit diesem bei AOPA-USA günstig zu beziehenden Verfahren kann man Rückschlüsse über den Betriebszustand des Motors ziehen. Das Verfahren ist hierzulande offenbar wenig bekannt, gehört in den USA aber zum AOPA-Service.

Die Vereinheitlichung von Bedienungselementen in Flugzeugen war eines der sicherheitsrelevanten Zukunftsthemen. Sollte der Bau von Flugzeugen der Allgemeinen Luftfahrt den Aufschwung erleben, der sich nicht zuletzt dank der verminderten Anforderungen an die Produkthaftung in den USA Anfang 1994 abzeichnet, wird dieses Thema sicherlich wieder aufgegriffen.

Dabei könnte auch der AOPA-Innovationspreis wieder aufleben. Er wurde 1988 zum ersten Mal ausgeschrieben, sollte möglichst jährlich vergeben werden, und zwar sowohl an Firmen als auch an Einzelpersonen und Behörden. Einziges Kriterium zur Vergabe war eine förderungswürdige Idee, die der Allgemeinen Luftfahrt dient. Dazu konnte sowohl ein ganzes System, z. B. ein Fluggerät, ein besonders innovativer Motor oder auch ein einfaches Zubehörteil gehören. Der erste Innovationspreis der AOPA-Germany wurde 1988 der Firma Dr. h. c. F. Porsche AG für die Entwicklung des Flugmotors PFM-3200 verliehen. Das ruhmlose Ende des Motors ist an anderen Stellen geschildert. Den Geldbetrag, mit dem der Preis dotiert war, erhielt die Akaflieg Stuttgart.

Es ist – wie bereits betont – kaum möglich, die Leistungen von Verbänden exakt zu beschreiben, erst recht nicht in Mark und Pfennig. Es handelt sich sehr selten um Einzelleistungen, sehr wohl aber um Einzelinitiativen, die dann in unterschiedlich strukturierten Gruppierungen der Betroffenen bearbeitet und vorgetragen werden. Vieles beginnt »ganz oben« bei der ICAO, die von den meisten Piloten nur als Bestandteil einer lästigen Prüfungsfrage angesehen wird. Dort aber arbeitet eine Vielzahl von AOPA-Experten kontinuierlich. Das gleiche gilt für den »Europarat« der IAOPA, den es schon gab, als »Europa« nur eine geografische Gruppierung war. Es liegt an den Piloten an der Basis, wie gut ihre Verbände sind; sie sind es, die sie fordern sollten, sie als »Task Force« sehen statt als Klagemauer für die Folgen mangelnder Information und Desinteresse von Politikern und Medienvertretern.

Frau *Dr. Angelika Machinek* abflugbereit in ihrem Kiebitz B. Das Fahrwerk dieses Flugzeuges kann gegen Schwimmer ausgewechselt werden. Damit hat Frau *Machinek* im Juni 1990 einen vielbeachteten Flug nach Burry Port in Süd-Wales durchgeführt.

Vielleicht gelingt es dann doch noch, die allgemeine Luftfahrt als nützliches Transportmittel und als sinnvolle Freizeitbeschäftigung zu erhalten. Schließlich macht Fliegen auch Spaß.

Teil 4: Antrieb für den Auftrieb

Flugmotoren für Sport- und Reiseflugzeuge

Kurt Grasmann

Die erste Phase bis 1914. Anfänge der Flugmotoren

Dank motorsportlicher Begeisterung und privater Förderung wurde der europäische Flugzeugbau im ersten Jahrzehnt dieses Jahrhunderts von Frankreich dominiert. Diese große Nachfrage ergab dort seit 1905/06 – durch die Wright-Vorführungen 1908 gefördert – ein rasch zunehmendes Angebot auch von Flugmotoren mit etwa 20 bis 45 kW (25 bis 60 PS) Leistung. Sie hatten unterschiedlichste Bauart, wie z. B. die Fächer- oder Sternform der luftgekühlten Anzani oder REP *(Robert Esnauld Pelterie)*, die V-Form der gebläsegekühlten Renault oder der verdampfungsgekühlten Antoinette.

Dagegen stand in Deutschland der Luftschiffbau lange allein im Vordergrund, für den Motorenfirmen wie Argus, Daimler, Körting und NAG auch brauchbare Antriebsaggregate mit relativ hoher Leistung von 50 kW (70 PS) und mehr entwickelten. Jedoch waren diese vor allem für zuverlässigen und sparsamen Dauerbetrieb ausgelegten Motortypen mit etwa 3,5 kg/kW (2,5 kg/PS) als Flugzeugantrieb zu schwer. Dieser verlangte ein möglichst niedriges Leistungsgewicht; ausreichende Zuverlässigkeit war nur für Kurzzeiteinsatz erforderlich. Deshalb baute man in Deutschland, solange hier geeignete Flugzeugmotoren fehlten, die bereits erwähnten französischen Fabrikate ein. Zusätzlich waren 1908/09 die Gnôme-Rotationsmotoren erschienen. Durch ihr besonders niedriges Leistungsgewicht unter 2 kg/kW (1,5 kg/PS) konkurrierten sie lange Zeit erfolgreich mit den konventionelleren Motortypen. Den entscheidenden Anstoß zur Entwicklung leichter deutscher Flugzeugmotoren gab der Mannheimer Industrielle *Karl Lanz*, als er 1908 den mit 40 000,– Mark dotierten Preis für den Erstflug eines vollständig in Deutschland konstruierten und gebauten Flugzeugs ausschrieb. Das Siegerflugzeug (1909) stammte ebenso wie sein leichter luftgekühlter V-förmiger Vierzylinder-Zweitaktmotor von *Hans Grade*. Diese erstmals in kleiner Serie gefertigten deutschen Flugzeugmotoren setzte *Grade* aber nur in seinen Leichtflugzeugen und vor allem für die Platzflüge seiner eigenen Fliegerschule ein.

Gleichzeitig entstanden zunächst in Einzelfertigung von deutschen Werkstätten vielerorts kleine Flugmotoren mit

Grade-Flugmotor von 1909. Mit diesem jetzt im Deutschen Museum ausgestellten Vierzylinder-Zweitaktmotor von 16/24 PS gewann *Hans Grade* den »Lanz-Preis«.

Wasser- oder Luftkühlung, in Reihen- oder V-, Fächer- oder Sternbauart, als Stand- oder Umlaufmotor, die aber bedeutungslos blieben. Erst die renommierte Automobilfabrik Argus brachte ab 1909 wassergekühlte Vierzylinder-Reihenmotoren von 40 und 50 kW (50 und 70 PS) in größerer Stückzahl heraus, die hier wie auch in anderen europäischen Ländern recht erfolgreich eingesetzt wurden. Die Daimlerwerke lieferten ab 1910 Flugmotoren ähnlicher Bauart und Leistung. Die deutschen Flugzeugbauer rüsteten jedoch ihre Maschinen weiterhin vielfach mit französischen Motoren aus. Erst als Anfang 1912 und nochmals 1913 ein Wettbewerb um den hochdotierten Nationalpreis für den besten deutschen Flugzeugmotor – der sogenannte 1. und 2. Kaiserpreis – ausgeschrieben wurde, entstanden bei vielen Firmen (vor allem Automobilfabriken wie Benz und Daimler, Argus und NAG) mit dem Ausland konkurrenzfähige und industriell gefertigte Motortypen. Sie wurden jedoch nur für militärische Ansprüche weiterentwickelt, weil der Kriegsbeginn sich abzeichnete.

Die zweite Phase. Flugmotoren 1919 bis 1940

Die Alliierten hatten Deutschland durch den Versailler Vertrag zunächst jede Luftfahrtaktivität nahezu verboten. Große Flugzeughersteller wie Dornier, Fokker, Heinkel, Junkers und Rohrbach verlagerten deshalb ihre Entwicklungstätigkeit weitgehend ins Ausland. Aber kleinere und teilweise neugegründete Firmen begannen hier trotzdem – unterstützt durch die Privatinitiative ehemaliger Kriegspiloten – mit der Entwicklung von Sportflugzeugen aller Art. Das Bauverbot für Luftfahrzeuge wird im Mai 1922 durch die »Begriffsbestimmungen« des Londoner Ultimatums ersetzt. Durch dieses werden stark eingeschränkte Luftfahrtaktivitäten erlaubt und der Bau von einsitzigen Flugzeugen mit weniger als 45 kW (60 PS) zugelassen. In diesem Rahmen – und auch darüber hinaus – beginnt nun der schwungvolle Aufbau des deutschen Flugsports, der sich in der Vielfalt der Flugzeugtypen ebenso wie der ihrer Motoren widerspiegelt. Als Motoren haben sie die bewährten wassergekühlten Standardtypen mit 60 bis 110 kW (80 bis 150 PS) von Daimler, Benz und BMW. Häufig sind diese vom Hersteller inzwischen etwas überarbeitet, manche Bauteile mit den jetzt verfügbaren Werkstoffen ersetzt, z. B. neue Leichtmetallkolben eingebaut.

Zahlreiche deutsche Sportflugzeuge waren in den 20er Jahren mit Siemens-Sternmotoren ausgerüstet, die als Fünf-, Sieben- und Neunzylinder-Motoren den gleichen Einheitszylinder mit 0,9 Liter Hubraum hatten. Dieser Sh 5 von 1923 leistete 57 kW (77 PS).

Daneben erscheinen seit 1922 zahlreiche neue Typen von wesentlich kleineren Sportflugzeugen. Vor allem sind dies Doppeldecker, besonders geeignet für Kunstflug, aber auch einige Hoch- oder Tiefdecker. Ihre Flugmasse beträgt etwa 400 bis 600 kg. Die meisten dieser Typen sind bereits mit neuentwickelten deutschen Sternmotoren ausgerüstet, vor allem mit den Typen Sh 4, Sh 5 und Sh 6 von 45, 60 und 75 kW (60, 80 und 100 PS) Nennleistung der Firma Siemens & Halske. Bereits 1920 hatte man im S & H-Wernerwerk mit der Entwicklung dieser luftgekühlten Fünf-, Sieben- und Neunzylinder-Motoren als »Baukastenprogramm« (Einheitszylinder und -kolben sowie viele einheitliche Teile für Kurbeltrieb und Steuerung) begonnen – eine völlig neue Bauart luftgekühlter »Standmotoren« in Sternform. Um ausreichende Wärmeabfuhr an den freiangeströmten Zylindern zu erzielen, wurden diese zusammen mit dem Zylinderkopf als einseitig geschlossene Stahllaufbuchse ausgebildet und um sie herum ein Aluminium-Rippenmantel gegossen. Kurbeltrieb und Steuerung waren kugelgelagert. So entstanden relativ leistungsfähige und wirtschaftliche kleine Flugmotoren (rd. 9 kW/l = 12 PS/l und 370 g/kWh bzw. 270 g/PSh). Von den im Flugsport hauptsächlich eingesetzten Sh 4- und Sh 5-Motoren wurden in den vier Jahren bis zum Erscheinen der verbesserten Modelle nur rund 180 Stück geliefert, gleichzeitig aber mehr als 35 der am meisten vertretenen Sportflugzeugmuster damit ausgerüstet.

Ähnliche Bauart und Leistungsdaten weisen auch die von Professor *H. Baer* (TH Breslau) für die Stahlwerke Mark entwickelten Sternmotoren auf. Diese Drei-, Fünf- und Neunzylinder-Typen der 30-, 50- und 75-kW-Klasse (40, 70 und 100 PS) sind aber nur vereinzelt eingebaut, daneben einzelne ältere Dreizylinder-Haacke-Sternmotoren sowie ein Sechszylinder-Anzani-Doppelstern der 35-kW (50-PS)-Klasse. Sogar alte französische Umlaufmotoren (Le Rhône) finden sich in den zwischen 1922 und 1925 entwickelten Ganzmetall-Schulflugzeugen von *Junkers* wie auch als schwedischer Lizenzbau (Thulin A) im Vagel-Grip-Dreidecker. Außerdem findet sich der Le Rhône-Neunzylinder (80 kW/110 PS) im Junkers Hoch/Doppeldecker T 23 sowie im Doppeldecker DPI, einem von *Dietrich-Gobiet* umgebauten Jagdflugzeug. Im Junkers-Hochdecker T 27b schließlich wird der Neunzylinder-Umlaufmotor von Clerget (90 kW/130 PS) eingesetzt. *Junkers* entwickelt übrigens in diesen Jahren seinen ersten eigenen Flugmotor, den gebläsegekühlten Vierzylinder-Reihenmotor L 1a, b (50 kW/70 PS), und fliegt ihn ab 1922 für mehrere Jahre in einigen seiner Flugzeuge vom Typ T 19, T 26 und T 29.

Mit der Weiterentwicklung der Luftfahrt seit 1910 – und besonders unter den Kriegsbedingungen – waren die Flugzeugabmessungen ebenso wie die Motorleistungen und damit die Betriebskosten immer mehr angestiegen. Deshalb entstehen kurz nach Kriegsende bereits die ersten Konstruktionen von relativ schwach motorisierten ein- und zweisit-

Der erste Junkers-Flugmotor war der gebläsegekühlte Sechszylinder L 1, der in mehreren Junkers-Flugzeugen eingebaut wurde.

Hanns Klemm begann bei der L 15 mit einem Harley-Davidson-Motorradmotor und angebauten Planetengetriebe.

zigen Kleinflugzeugen. Um ihren Leistungsbedarf möglichst zu reduzieren, wendet man zwei verschiedene Methoden an: Entweder nur eine konsequente Reduzierung aller Hauptabmessungen oder die Verbesserung ihrer Widerstands- und Auftriebsbeiwerte. Frühe Beispiele für den ersten Fall sind der Sablatnig-Hochdecker-Einsitzer KE 1 (1921) mit 280 kg Flugmasse und einem 15-kW (20-PS)-RAW-Fächermotor sowie die ein- bzw. zweisitzigen Udet-Tiefdecker U 1 und U 2 (1922) mit 300 bzw. 370 kg und dem 23-kW (30-PS)-Haacke-Boxermotor. Gegenbeispiele sind die ein- oder zweisitzigen Leichtflugzeuge der Typenreihe L 15, L 16, L 17 und L 18, die *Hanns Klemm* schon 1919 beginnt und ab 1923 erprobt. Als Antrieb genügt ein älterer Harley Davidson-Motorradmotor. Dessen relativ niedrige Leistung von 9,2 kW (12,5 PS) bei etwa 3000 min^{-1} wird durch ein bei Daimler entwickeltes Planetengetriebe (0,33 untersetzt) besonders wirksam in Vortrieb umgesetzt. Dadurch kann in Schwimmerausführung bei ca. 320 kg Flugmasse sogar vom Wasser gestartet werden.

Seit 1920 hat der deutsche Flugsport durch die Rhön-Segelflugwettbewerbe jährlich neue Impulse erhalten. Hier diskutiert man auch die Vorteile einer Motorisierung als Starterleichterung, für rascheren Höhengewinn und geringere Abhängigkeit von Aufwindzonen. 1922/23 entstehen bereits einzelne Versuchsflugzeuge mit relativ schwacher Antriebsleistung. Als »Hilfsmotoren« werden kleine luftgekühlte Zweizylinder-Boxermotoren wie die 3,5-kW (5-PS)-Ilo- oder 7,5-kW (10-PS)-Prüssing-Zweitakter oder Motorradviertakter mit 6 bis 9 kW (8 bis 12 PS) Leistung z. B. von BMW, Mabeco (Siemens) und Victoria verwendet. Die Leistungsausbeute ist aber durch die hohen Drehzahlen des meist direkt angetriebenen Propellers begrenzt. Außerdem bleibt die Zuverlässigkeit ungenügend, weil die Betriebssicherheit der Kleinmotoren bei ihrer ohnehin beschränkten Vollgasfestigkeit häufig unter mangelhaften Kühlverhältnissen des Einbaues leidet.

Die Zeit der Wettbewerbe 1924 bis 1934

Im deutschen Flugsport werden 1924 erstmals Wettbewerbe veranstaltet, bei denen bereits die Ausschreibung eine besondere Klasse für schwach motorisierte Flugzeuge enthält. Beim Küsten-Segelflugwettbewerb im ostpreußischen Rossitten sind schon einzelne motorisierte Segelflugzeuge vertreten, und bereits beim 5. Rhön-Segelflugwettbewerb ist auch eine Klasse für »Segelflugzeuge mit Hilfsmotor« ausgeschrieben. Sie erlaubt für die einsitzigen Typen Motoren bis 750 cm^3 und 30 kg Masse, für die Zweisitzer bis 1000 cm^3 und 40 kg. Sieger wird das Leichtflugzeug Udet »Kolibri« mit englischem 13-kW (18-PS)-Douglas-Boxermotor, weil es als einziges den 35-km-Streckenflug ohne Motorstörungen schafft. Alle aerodynamisch besseren und segelflugfähigen Maschinen scheitern an ihren schwachen unzuverlässigen Motoren. Als Folge werden in zahlreichen Neukonstruktionen dieser Leichtflugzeuge die in England verfügbaren und betriebssicheren Kleinflugmotoren eingebaut. Die Zweizylinder-Boxer von Douglas werden mit Hubräumen von 500, 600, 700 und 1000 cm^3 sowie wahlweise auch mit 3:1 untersetztem Kettengetriebe geliefert. Viel verwendet sind ferner die ähnlichen, etwas stärkeren Bristol »Cherub«-Motoren mit 1100 cm^3 Hubraum sowie die V-förmigen Zweizylinder Blackburn »Tomtit« mit 700 cm^3.

Darüber kann der bekannte Konstrukteur *Gustav Viktor Lachmann* 1924 vor der WGL-Hauptversammlung berichten: »Leichtflugzeuge (bis 220 kg Leergewicht) werden durch die deutschen Segelflugleistungen ermöglicht, aber hauptsächlich durch die englische Leichtmotorenindustrie gefördert.«
Ganz neue Impulse für die Entwicklung deutscher Sportflugzeuge aller Klassen und auch ihrer Motoren bringt der 1925 veranstaltete »Deutsche Rundflug« mit dem »BZ-Preis der Lüfte« und zusätzlichen Wettbewerben. Je etwa 30 Flugzeuge werden in den ausgeschriebenen drei Klassen angemeldet: Klasse »A« bis 30 kW (40 PS), »B« von 31 bis 60 kW (41 bis 80 PS) und »C« von 61 bis 90 kW (81 bis 120 PS). Die Anzahl der beteiligten Motortypen verteilt sich auf in- und ausländische Hersteller wie folgt: In Klasse C vertreten sind zu etwa 60% die veralteten wassergekühlten Daimler-Sechszylinder DI und DII, ferner erstmals der Dreizylinder-Sternmotor Bristol »Lucifer« und der Neunzylinder-Sternmotor Sh 12 als Vertreter der 75-kW (100-PS)-Klasse.
In Klasse B sind es ganz überwiegend die Fünf- und Siebenzylinder-Sternmotoren der S & H-Baureihen, und zwar neben den älterne Sh 4 und Sh 5 auch schon die weiterentwickelten Sh 10 und Sh 11. Ihnen ähneln im Aufbau die Drei- und Fünfzylinder-Sternmotoren vom Stahlwerk Mark in den Sportflugzeugen der gleichen Firma. Neu erscheinen außerdem einige der gebläsegekühlten Sechszylinder-Reihenmotoren L 1a von Junkers. Bäumer bringt seine schnellen Sportflugzeuge »Sausewind« und

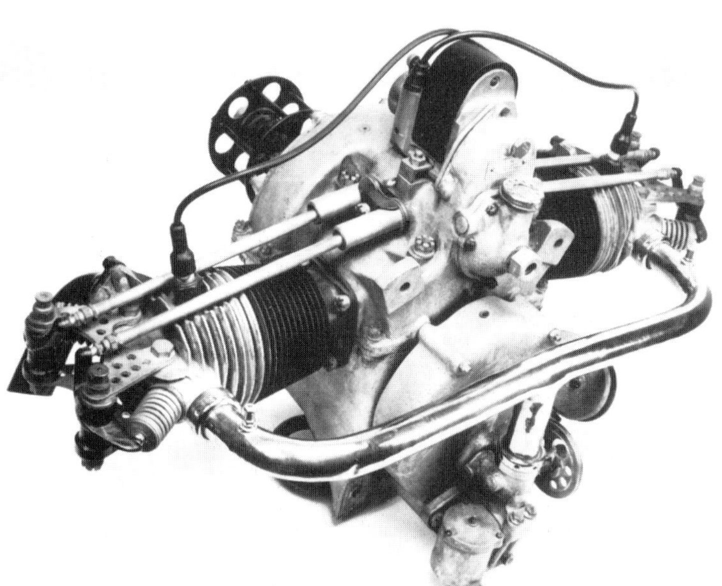

Ein erfolgreicher deutscher Motor für Leichtflugzeuge, beginnend mit der Klemm L 20, war der von *Ferdinand Porsche* entwickelte Daimler-Boxermotor F 7502 mit Planetenradgetriebe.

»Alsterkind« mit dem amerikanischen besonders leichten Dreizylinder-Sternmotor L 4 Gale von Lawrence/Wright in der 45-kW (60-PS)-Klasse.
Klasse C umfaßt eine Vielzahl in- und ausländischer Motortypen. Einerseits sind dies die bereits erwähnten Zweizylinder von ABC, Blackburn, Bristol und Douglas sowie einige französische Anzani-Sterndreizylinder. Andererseits stehen erstmals mit den Klemm-Leichtflugzeugen auch die dafür von Porsche bei Daimler entwickelten Boxerzweizylinder F 7502 (15 kW/20 PS-Klasse) im Wettbewerb. Daneben sind die wassergekühlten Hirth-Zweitakter mit ihrer speziellen U-Zylinderbauart zu erwähnen (rd. 11, 15 und 30 kW bzw. 15, 20 und 40 PS), die in mehreren Versuchstypen von Sportflugzeugen derselben Firma eingebaut sind, ferner im »Mohamed« D 11 (Akaflieg Darmstadt) und im BAG EI.
Der Abschlußbericht des Aero-Clubs von Deutschland über den »Deutschen Rundflug« hebt hervor, daß die beiden Stern-Dreizylinder von Bristol und Wright überhaupt keine Beanstandungen geliefert haben und daß der Wright L 4 das überhaupt niedrigste Leistungsgewicht aller Klassen mit rd. 1,8 kg/kW bzw. 1,3 kg/PS aufweist.
Auch das Abschneiden der neuen deutschen Flugmotoren von Siemens, Daimler, Junkers und Stahlwerk Mark wird als durchweg günstig bezeichnet – kleinere Störungen eingeschlossen.
Die erstmals eingesetzten Siemens-Sternmotoren Sh 10, Sh 11 und Sh 12 sind aus der früheren Baureihe Sh 4, Sh 5 und Sh 6 weiterentwickelt worden. Ganz neu ist dabei der stark verrippte Leichtmetallzylinderkopf, der durch Feingewinde mit dem Stahlzylinder verschraubt wird. Die damit verbundene verbesserte Kühlungstechnik erlaubt eine Erhöhung der Verdichtung von 4,7 auf 5,6 und so eine Leistungssteigerung und Verbrauchsenkung um je zehn Prozent auf rd. 9,5 kW/l (13 PS/l) bzw. 300 g/kWh (230 g/PSh). Dabei bleibt das Leistungsgewicht mit rd. 2,4 kg/kW bzw. 1,8 kg/PS (Sh 10) bis 2,0 kg/kW bzw. 1,45 kg/PS (Sh 12) unverändert. Bei derselben Baureihe wird 1927 durch rd. zehn Prozent erhöhte Drehzahl die Höchstleistung nochmals und damit das Leistungsgewicht im gleichen Maß verbessert.

Dagegen gibt Junkers ebenso wie das Stahlwerk Mark den Bau seiner luftgekühlten Flugmotoren nach wenigen Jahren gänzlich auf. Von den deutschen Kleinflugmotoren dieser Zeit überleben nur die Daimler-Boxer F 7502 und bewähren sich – auch dank ihres vorbildlichen Planeten-Untersetzungsgetriebes – vor allem in den sehr erfolgreichen Klemm-Leichtflugzeugen der L 20-Reihe bis zum Anfang der 30er Jahre. Insgesamt werden 217 Stück hergestellt. Einzelne solcher Daimler-Boxermotoren werden später noch in »Volksflugzeugen« eingebaut, so in der »Alpha« von Klemm (1930) sowie in beiden 1932 bei der Akaflieg Berlin gebauten Typen FF und MM 1, ferner in der La 11 der FAG Stettin als Teilnehmer am Motorgleiter-Vergleichsfliegen Rangsdorf (1937).

Inzwischen hatten – im Zusammenhang mit der Aufnahme Deutschlands in den Völkerbund – die Pariser Verhandlungen 1926 zu Erleichterungen für die deutsche Luftfahrt gegenüber den Londoner Begriffsbestimmungen von 1922 geführt. So zeigt schon 1927 der vom DLV veranstaltete Sachsenrundflug für Leichtflugzeuge auf diesem Gebiet bereits stärkere Aktivitäten deutscher Flugzeugwerke. Von den 14 teilnehmenden Maschinen sind sechs Klemm L 20 mit Daimler F 7502 (18 kW/24 PS), zwei Messerschmitt M 19 mit Bristol Cherub (24 kW/32 PS), je eine Bäumer B IV mit Wright L 4 (46/63), je eine BAG D IIa und GMG I, mit Anzani 3A2 (26/35), ferner zwei Hochdecker des Stahlwerk Mark mit Anzani-Doppelsternmotor (44/60) und ein Raab-Katzenstein-Doppeldecker K 11 »Schwalbe« mit dem Sh 11 (70 kW/96 PS). Sieger im Streckenflug über rd. 350 km wird eine M 19. Der Wettbewerb zeigt erstmals die Tendenz, das Leichtflugzeug auch für Luftreisen zu benutzen. Damit entsteht der Wunsch nach stärkeren Motoren, um sowohl die höhere Fluggeschwindigkeit als auch größere Zuverlässigkeit (durch die Leistungsreserve) zu erzielen. *Hanns Klemm* läßt sein neues Muster L 25 mit dem doppelt so starken Salmson-Neunzylinder-Sternmotor AD 9 entwickeln.

Unter den zahlreichen ausländischen Flugmotoren, die in deutschen Sportflugzeugen eingebaut wurden, war der kleine Salmson AD 9 sehr beliebt.

Völlig neue Impulse erhält der deutsche Flugsport, als der Aero Club von Frankreich 1928 den »Europa-Rundflug« als internationalen Wettbewerb für mehrsitzige Reiseflugzeuge, sogenannte »Touristikflugzeuge«, ausschreibt und erstmals im August 1929 von Orly aus durchführt. Am Start erscheinen auf deutscher Seite 24 durchweg neuentwickelte Flugzeuge: sechs Klemm L 25 bzw. L 26, acht Messerschmitt M 23b, drei Junkers Junior A 50b, je zwei Albatros L 82a/b und Raab-Katzenstein RK 25 sowie je eine Akaflieg Darmstadt D 18, Arado L 1 sowie Focke-Wulf S 24. Acht davon fliegen mit deutschen Sternmotoren, nämlich sieben mit dem Sh 13 (60/82 kW/PS) und eine mit Sh 14 (85/115 kW/PS). Die übrigen haben ausländische Triebwerke, davon elf Sternmotoren: fünf französische Salmson AD 9 (37/50 kW/PS), fünf englische Armstrong Siddeley »Genet II« (65/88 kW/PS) und einen Walter »Vega« (66/90 kW/PS) aus der Tschechoslowakei, sowie fünf englische Reihenmotoren: vier Cirrus III (70/95) und einen De Havilland »Gipsy I« (74/100). Sieger wird eine Messerschmitt M 23b mit Sh 13-Motor, also ein komplett deutsches Fabrikat.
Dieser Erfolg veranlaßt die einheimischen Flugzeug- und Motorenbauer zu besonders intensiven Vorarbeiten für den Zweiten Europa-Rundflug, der 1930 satzungsgemäß in Deutschland veranstaltet wird. Die Firma Argus hatte schon auf der ILA 1928 und in London 1929 durch ihren neuen As 8-Reihenvierzylinder-Motor mit hängender Zylinderanordnung internationales Interesse erweckt. Vorteilhaft erscheint die höhere Lage der Kurbelwelle zur Anwendung eines größeren Propellerdurchmessers bzw. eines kürzeren Fahrgestells, zur günstigeren Anordnung eines Fallstromvergasers und für bessere Abgasabführung zur Rumpfunterseite. Auch lassen sich bei der Gestaltung der Motorhaube günstigere Sichtverhältnisse für den Piloten erzielen. Diese Bauart wurde erstmals durch Argus zur Serienreife gebracht.
1929 bringt Arado mit seinem neuen Sportflugzeug L II »Treff Ass« den As 8 erstmals in die Luft. Dieser Arado-

Der erste serienmäßige luftgekühlte Flugmotor mit hängenden Zylindern war der Argus As 8.

Hochdecker stellt gleichzeitig wohl das erste deutsche Reiseflugzeug mit Kabinenaufbau und zwei nebeneinander angeordneten Sitzen dar.
Von den dreißig deutschen Maschinen, die zum Zweiten Europa-Rundflug erscheinen, fliegen bereits dreizehn mit dem As 8 (70/95 kW/PS), nämlich sechs Messerschmitt M 23c, vier Arado L IIa und je eine Albatros L 100 und L 101 sowie Klemm L 26a. Acht weitere haben ebenfalls deutsche Motoren, nämlich sechs Sh 13 bzw. 13a (60/82 bzw. 65/90 kW/PS) und zwei BMW X (48/65 kW/PS), also sämtlich Fünfzylinder-Sternmotoren. In den übrigen neun deutschen Maschinen befinden sich ausländische Sternmotoren: vier Salmson AD 9 (37/50), drei Armstrong-S. »Genet II« (65/88) sowie zwei »Genet Major« (81/110). Das Ergebnis des Zweiten Europa-Rundflugs ist für die deutschen Sportflieger ebenso erfreulich wie für die deutsche Luftfahrt-Industrie. Die Messerschmitt M 23c siegt, gefolgt von einer Klemm L 26 und einer weiteren M 23c; alle drei sind mit dem neuen Argus As 8 ausgerüstet. So beginnt eine bis Kriegsbeginn anhaltende Erfolgsserie deutscher Sport- und Reiseflugzeuge mit ihren vorbildlichen einheimischen Motoren. Damit gewinnt der deutsche Flugsport bleibendes internationales Ansehen.
Die Argus-Motorbauart mit Hängezylindern wird etwa ein Jahr später auch in England übernommen: Dort bringt Cirrus den »Hermes II B« (85/115 kW/PS) und De Havilland den »Gipsy III« (88/120) 1930 in Serie. Gleichzeitig erscheint ein weiterer deutscher Motor dieser Art, der gegenüber dem As 8 kleinere HM 60 (52/70) von Hirth. Alle sind Vierzylinder der Reihenbauart. Ein Hauptproblem der »Hängezylinder«-Motoren liegt darin, daß ihr aus den Schmierstellen abfließendes Öl nicht – wie bei stehenden Zylindern – in einer an tiefster Stelle liegenden Ölwanne aufgefangen werden kann. Statt dessen muß das Öl durch zusätzliche doppelte Absaugepumpen an den tiefliegenden Motorteilen aufgenommen und (evtl. über Ölkühler) in einen besonderen Behälter gefördert werden (Trockensumpf-Druckumlaufschmierung). Dieser ist entweder als Sammelbehälter im oberen doppelwandigen Kurbelgehäusedeckel eingegossen, oder ein getrennter Ölbehälter wird am Motor bzw. Brandschott befestigt. Die Argus- und Hirth-Motoren weisen außerdem durchwegs Luftschacht und -leitbleche auf, durch die Kühlluftaufwand und Kühlwirkung optimiert werden können. Eine Besonderheit des HM 60 und aller folgenden Hirth-Motoren ist die konsequente Wälzlagerung des gesamten Kurbeltriebs. Dies wird durch die »gebaute« Kurbelwelle erleichtert, bei welcher die vollbearbeiteten Kurbelwangen mit den einzelnen Kurbel- und Wellenzapfen durch die patentierte »Hirth-Verzahnung« verschraubt sind. Die Schmierung der Wälzlager erfolgt mit Hilfe von Einzel-Dosierpumpen.
1931 findet als Ersatz für den nur noch zweijährlich veranstalteten internationalen Europa-Rundflug der erste nationale Deutschlandflug statt, an dem 19 Maschinen teilnehmen, davon zwölf Klemm L 25 und L 26 sowie einzelne Messerschmitt M 23c und Arado L IIa neben einer Gerner G II. Es siegt eine Klemm L 26a mit dem Argus As 8 (70/95 kW/PS), gefolgt von einer L 25bf mit den leistungsgesteigerten Hirth HM 60R (59/80 kW/PS). Auch alle anderen Maschinen fliegen ebenfalls mit dem As 8 oder dem Hirth HM 60 bzw. 60R. Der HM 60R entstand aus dem HM 60 durch geringe Vergrößerung von Bohrung und Hubraum mit Steigerung der Verdichtung und Drehzahl. Das »R« deutet darauf hin, daß diese Version ursprünglich für Wettbewerbszwecke diente. Damit wird allerdings der Bau des HM 60 ganz eingestellt.
Auch Argus bringt 1932/33 mehrere stärkere Baureihen seines As 8 heraus: Nach dem As 8A-1 und -2 (81/110 kW/PS) von 1930 zunächst 1932 den As 8A-3 und -4 (88/120 kW/PS) und As 8R (110/150 kW/PS) bis zum As 8B (99/135 kW/PS) von 1933.
Auf der Basis dieser erfolgreichen Vierzylinder erweitern Argus ebenso wie Hirth ihr Motorenprogramm durch ein rationelles »Baukastensystem« mit durchweg hängend angeordneten »Einheitszylindern«. Ihr Zylinderhubraum beträgt bei Hirth 0,9 und ab 1934 1,0 l, bei Argus 1,6 l (1,0 l bei 410 und 411 ab 1938).
Mit der 1929 einsetzenden Weltwirtschaftskrise erhielt die Entwicklung von ein- und zweisitzigen Leichtflugzeugen neuen Auftrieb. Bis dahin waren auf diesem Gebiet vor allem die Akafliegs von Aachen und Darmstadt wie auch

Die Hirth-Flugmotorenreihe in der Bauart mit Hängezylindern begann 1930 mit dem HM 60, auf den 1933 der leistungsgesteigerte HM 60 R mit dem 0,9-Liter-Einheitszylinder folgte.

Kleinbetriebe wie BAG, GMG, Deicke, Espenlaub, Martens tätig. Außerdem entstanden die ersten schwanzlosen Maschinen bei der Soldenhoff-Aero Gesellschaft (SAG) und der Rhön-Rossitten-Gesellschaft (RRG). Als Motoren wurden überwiegend die bewährten englischen Zweizylinder ABC »Scorpion« oder »Scorpion II« (26/35 oder 30/42 kW/PS), Bristol »Cherub« oder »Cherub III« (24/32 oder 26/36 kW/PS) und Douglas-Typen von 13 bis 28 kW (17 bis 38 PS) sämtlich in Boxerbauart sowie die französischen Sternmotoren wie der Dreizylinder Anzani 3A2 (26/35 kW/PS) oder Salmson AD 9-Fünfzylinder (37/50 kW/PS) gewählt. Von deutschen Fabrikaten wurden vereinzelt in Einsitzern der für Klemm entwickelte Daimler-Zweizylinder-Boxer F 7502 mit Getriebe (17/23 kW/PS) und auch kleine DKW-Zweizylinder-Zweitakter der Boxerbauart (6 bis 10 kW/8 bis 13 PS) eingebaut. Daneben tauchten eine Reihe von Prototypen im Bereich 9 bis 14 kW (12 bis 20 PS) auf, z. B. die Zweizylinder-Boxer von Deicke und Schliha als Zweitakter oder von Ursinus als Viertakter, ferner in Reihenbauart der Dreizylinder-Zweitakter von Bolle & Fiedler (22 kW/30 PS) und der Vierzylinder-Viertakter von Horex (33 kW/45 PS), die jedoch durchweg nicht serienreif wurden. Das gleiche gilt für die Taumelscheiben-Umlaufmotoren, welche der deutsche Flugpionier *Dr.-Ing. Friedrich Hansen* für die schweizerische Firma Statax entwickelte. Ein solches Siebenzylinder-Triebwerk mit 2,2 l Hubraum und 30 kW/40 PS erprobte man 1930/31 in Zürich auf einem GMG Ia/II-Kleinflugzeug der Gebrüder Müller. Konventioneller war dagegen ein ganz anderer Statax-Dreizylinder-Sternmotor mit 33 kW/45 PS Leistung, der 1931/32 auf den Ganzmetall-Sportflugzeugen S III und S IV/32 »Jörg« von *Bernhard Scheller-Celle* vorübergehend geflogen wurde. Dieser als »Halbdiesel« angekündigte Selbstzünder-Zweitaktmotor lief mit Dieselkraftstoff, der mittels Glühkopf verdampft und gezündet wurde. Das Kurbelgehäuse diente für jeden Zylinder getrennt als Spül- und Ladepumpe. Vermutlich ähnelte diese Ausführung der Konstruktion, die nach dem Krieg für die König-Sternzweitakter der Ultraleichtflugzeuge angewendet wurde (s. dort). Gerade durch die Europa-Rundflüge von 1929 und 1930 war der Trend zum schnelleren und bequemen Sportflugzeug, dem sogenannten »Touristikflugzeug« stark gefördert worden. So erreichten die überwiegenden »Standard«-Sportflugzeuge von Albatros, Arado, Klemm, BFW/Messerschmitt, Raab-Katzenstein u. a. bereits Antriebsleistungen von 75 kW (100 PS) und darüber. Als 1931/32 die Weltwirtschaftskrise auf dem Höhepunkt war, rief der Deutsche Luftsportverband (DLV) die Industrie zur Entwicklung des schwach motorisierten und billigen »Volksflugzeugs« auf.

Im Rahmen der 1932 und 1933 veranstalteten Deutschen Luftsport-Ausstellung DELA wurde vom DLV ein »Volksflugzeug-Wettbewerb« ausgeschrieben. Die Anfang der 30er Jahre zahlreich entstehenden Neukonstruktionen von ein- und zweisitzigen Leichtflugzeugen haben auch Neuentwicklungen von kleinen Flugmotoren zur Folge. Hervorzuheben sind zwei neue Zweitakter der 15-kW (20-PS)-Klasse, die sich durchsetzen und die letzten der »überlebenden« Daimler-Viertakter F 7502 endgültig verdrängen. Die Zschopauer Motorenwerke hatten bereits 1929 ihren DKW-Kleinflugmotor Typ »J« als luftgekühlten Zweizylinder der Reihenbauart auf den Markt gebracht. Diesem aus einem Stationärmotor entwickelten Typ folgt 1932 in gleicher Bauart der wassergekühlte DKW P-W, abgeleitet vom entsprechenden 600 cm^3-Aggregat des DKW-Kleinwagens (später »Reichsklasse«), der ein angebautes Zahnradgetriebe (0,42 untersetzt) erhält und 1934 – wie später erwähnt – in leicht modifizierter Form »FL 600W« heißt. Mit ihm sind zunächst die Einsitzer-Prototypen von Klemm (L 33) und BFW-Messerschmitt (M 33) sowie die von der Erla-Maschinenfabrik weiterentwickelten Mehr Me 4a und Me 5a, außerdem der Zweisitzer »Hummel« der RRG ausgerüstet.

Mehrere leichte Einsitzertypen verwendeten den wassergekühlten DKW-Zweizylinder-Zweitakt-Getriebemotor, der vom DKW-Kleinwagen-Motor abgeleitet war.

Mit dem Zweizylinder-Boxer M 3 von *Köller* erscheint 1932 ein weiterer Zweitakt-Kleinflugmotor in derselben Leistungsklasse. Vom Dr. Kroeber-Werk in Serie gebaut, wird er zusammen mit der Weiterentwicklung M 4 zum meist verbreiteten deutschen Kleinflugmotor der 30er Jahre. Eingebaut ist er zunächst in einzelnen Motorseglern der

DFS, von *Bley* und *Gruse* wie auch in der Erla 4a. Die gleichzeitig entwickelten zweisitzigen Leichtflugzeuge von Fieseler (F 4), Klemm (L 30) und Gebrüder Müller (GMG V) erhalten sämtlich den völlig neuentwickelten As 16 der 30-kW (40-PS)-Klasse. Diesem von Argus erstmals als Boxer gestalteten kleinen Vierzylinder dient offenbar der 1931 in USA als Großserie anlaufende Continental A-40 als Vorbild, sowohl für die Bauart als auch die Abmessungen. Entsprechend besitzt der As 16 auch seitengesteuerte Ventile. Trotz ihrer leistungsmäßig nachteiligen Brennraumform erwartete man wohl aerodynamische Einbauvorteile infolge der verringerten Baubreite des Boxers. Die Entwicklung des As 16 ebenso wie die der damit ausgerüsteten Prototypen wird nach kurzer Zeit eingestellt.

Auch weitere Zweitaktflugmotoren im Leistungsbereich 15 bis 30 kW (20 bis 40 PS) können sich in den 30er Jahren nicht mehr durchsetzen. Weder der Zweizylinder-Boxer F 1200 von *Schliha* mit seinem veralteten Stufenkolben noch der *Deicke* ADM 7, der *Grade* »Igel«-Reihenvierzylinder oder die beiden Muster von *Festenberg-Pakisch,* ein Reihenzweizylinder sowie ein V-Vierzylinder gelangen zur Serienreife. Durch die internationalen Wettbewerbe stark beeinflußt, hält die Entwicklung zu höherer Motorleistung im deutschen Flugsport auch 1932 an, wie der Dritte Europa-Rundflug zeigt. Daran nehmen 15 deutsche Flugzeuge von vier verschiedenen Herstellern teil, die sich auf jeweils ein neues Muster beschränken: sechs Heinkel He 64, sieben Klemm Kl 32 sowie je eine Raab-Katzenstein RK 25/32 und D 22 der Akaflieg Darmstadt. Elf dieser Maschinen fliegen mit dem As 8R (110/150 kW/PS). Argus hatte bei seiner neuen Baureihe die Leistung des bereits 1930 auf der Messerschmitt M 23b siegreichen und inzwischen sehr bewährten As 8 durch höhere Verdichtung und Drehzahl um fast 40% gesteigert. In vier der Klemm Kl 32 sind zwei weitere neue deutsche Typen eingebaut, wie der Sh 14A (92/125 kW/PS) in Siebenzylinder-Sternform als leicht vergrößerte Weiterentwicklung des Sh 14 von 1928 und der Hirth V-Achtzylinder HM 150 (125/170 kW/PS) in hängender Bauart vom erfolgreichen HM 60R-Vierzylinder mit 0,9 l-Einheitszylinder abgeleitet, daneben ein einziger De Havilland »Gipsy III« (88/120 kW/PS)-Reihenvierzylinder, der erste englische Flugmotor der »Argus-Bauart« mit hängenden Zylindern.

Fast alle Maschinen haben einen Kabinenaufbau, um der Ausschreibung als »Touristik«-Flugzeug Rechnung zu tragen, behalten jedoch wegen des aerodynamischen Vorteils die altgewohnte Tandemanordnung der Sitze und damit den schmalen Rumpf bei. Nur die dreisitzige Klemm Kl 32 (ebenso wie die ähnliche viersitzige Kl 31) ist ein echtes Kabinenflugzeug mit zwei Sitzen nebeneinander (»Zwillingssitze«). Damit geht diese Sitzanordnung erstmalig bei deutschen Maschinen in Serie.

Im Wettbewerb erzielen die deutschen Flugzeuge zwar die höchsten Geschwindigkeiten – die schnellste Heinkel He 64 rund 240 km/h –, es kommt aber zu einem knappen Sieg der polnischen RWD 6 mit ihrem schwächeren Armstrong-Siddeley-Sternmotor »Genet Major 7« (100/140 kW/PS).

Der 1933 folgende Zweite Deutschlandflug zeigt den technischen Stand des deutschen Luftsports an Maschinen und ihren Motoren. Hauptsächlich nehmen neuere Flugzeuge der Jahrgänge 1931 und 1932 teil, überwiegend Tiefdecker wie die Klemm L 25, L 26 und Kl 32, Fieseler F 5, Heinkel He 64 und He 72 sowie Messerschmitt M 27b. Auch sind einzelne neuere Doppeldecker vertreten wie die Gerner G IIRb und die schnelle D 22 der Akaflieg Darmstadt. Sie ist mit gleichem Motor (As 8R) sogar schneller als die etwas schwerere Heinkel He 64. Bei den durchweg deutschen Motoren überwiegen – aufgrund der zahlreichen Klemm L 25 und L 26 – der Hirth-Vierzylinder HM 60 (52 kW/70 PS) und die etwas leistungsgesteigerte Baureihe HM 60R (60 kW/80 PS). Die anderen und schnelleren Maschinen fliegen mit den stärkeren Argus-Motoren der Baureihen As 8A-3 und A-4 (88 kW/120 PS), As 8B (100 kW/135 PS) und As 8R (110 kW/150 PS). Außerdem ist als neuerer Typ der Siemens Sh 14A-Siebenzylinder-Sternmotor (92 kW/125 PS) vertreten, der sich der Rumpfbreite des Klemm-Kabinendreisitzers Kl 32 gut anpaßt.

Der nächste Deutschlandflug 1934 bestätigt die zunehmende Typenkonzentration von Maschinen und Motoren im deutschen Luftsport, wie das Bild der ersten zehn Flugzeug-

Weit verbreitet bei deutschen Sport-, Schul- und Reiseflugzeugen war der Siemens-Sternmotor Sh 14 A von 150 bzw. 160 PS.

staffeln der Endwertung zeigt: an erster bis fünfter Stelle Staffeln (insgesamt 25 Maschinen) durchweg mit Klemm L 25d, dann eine mit Messerschmitt M 27b, eine mit zwei Kabinen-Klemm Kl 32a und eine mit drei Fieseler F 5R, dazwischen noch zwei Staffeln mit je fünf Stück des neuen Sport-Doppeldeckers Fw 44D »Stieglitz«, der als einziger Typ erstmals zu diesem Rundflug erscheint. In allen 43 Maschinen der ersten zehn Staffeln sind nur drei verschiedene, vom vorigen Wettbewerb bekannte Motortypen vertreten. Die 25 L 25d und die drei F 5R fliegen mit Hirth HM 60 R (60 kW/80 PS), die zwei Kl 32a und alle zehn FW 44D mit Siemens Sh 14A (92 kW/125 PS) und die drei M 27b mit As 8A-3 (90 kW/120 PS). Von diesen drei Flugmotorenwerken setzen nur Argus und Hirth in den folgenden Jahren die Triebwerksentwicklung für den breiten Flugsport fort. Ihre Reihenbauart mit hängenden Zylindern erhält wegen der aerodynamischen Einbauvorteile Vorrang gegenüber dem Sternmotor. Die Weiterentwicklung des Siemens Sh 14A, der Sh 25 bzw. Bramo 325 mit 130 kW (175 PS) wird 1936 eingestellt.

Bei der Kunstflug-Weltmeisterschaft 1934 siegt *Fieseler* auf dem in seinem Werk entwickelten Doppeldecker F 2 »Tiger« mit dem Walter-Neunzylinder-Sternmotor »Pollux II« (250 kW/340 PS). Ein Blick auf die Siegermaschinen der Deutschen Kunstflugmeisterschaft seit Beginn zeigt, daß hier die Kombination des Doppeldeckers mit einem starken Sternmotor am erfolgreichsten war. *Fieseler* gewann 1928 auf Raab-Katzenstein K 11c »Schwalbe« mit dem Siemens-Stern-Neunzylinder Sh 12 (92 kW/125 PS) und viermal (zwischen 1929 und 1933) auf der Raab-Katzenstein RK 26a »Tigerschwalbe« mit Walter-Siebenzylinder-Sternmotor »Castor« (190 kW/260 PS). Nur 1931 war es *Achgelis* auf Focke-Wulf Fw 44 »Stieglitz« mit Siemens-Siebenzylinder Sh 14A (92 kW/125 PS). Ab 1935 ist die Siegermaschine der Kunstflug-Meisterschaft stets mit dem stärksten Siemens-Siebenzylinder Sh 14A-4 (120 kW/160 PS) ausgerüstet. 1935 und 1936 gewinnt *Stör* auf Tiefdecker BFW-Messerschmitt M 35b und schließlich 1937 bis 1939 *Lochner* bzw. *Falderbaum* auf Doppeldecker Bücker Bü 133C »Jungmeister«. Die Dominanz des Sternmotors in dieser Sparte des Flugsports erklärt sich aus seiner besonders kurzen, gedrungenen Bauart und den dadurch relativ kleinen Trägheitsmomenten des Triebwerks, welche die Wendigkeit der Maschinen steigern.

Vom Sport- und Reiseflugzeug zum Trainer 1934–1940

1934 findet der vierte und damit letzte Europa-Rundflug statt. Das deutsche Aufgebot von insgesamt 13 Maschinen beschränkt sich auf je eine Neuentwicklung der Firmen Fieseler (Fi 97), Klemm (Kl 36A) und BFW-Messerschmitt (Bf 108 »Taifun«), durchweg als viersitzige Kabinen-Tiefdecker. Alle drei Typen sind mit jeweils zwei neuen

Für die Wettbewerbsflugzeuge des Europa-Rundfluges 1934 entwickelte *Hirth* den Achtzylinder V-Motor HM 8 U mit Untersetzungsgetriebe.

Triebwerksmustern von Argus bzw. Hirth vertreten. Argus hatte für diesen Wettbewerb den Reihen-Sechszylinder As 17A (165 kW/225 PS) mit Einheitszylinder des As 8 und Hirth den V-Achtzylinder HM 8U (185 kW/250 PS) mit dem auf 1 l vergrößerten Einheitszylinder des HM 60R und 0,67 untersetztem Getriebe entwickelt. Gesamtsieger wird wieder ein polnischer Kabinen-Hochdecker, die RWD 9 mit Walter-Neunzylinder-Sternmotor »Bora« von 160 kW/ 220 PS. Bei der Geschwindigkeitsprüfung schneiden deutsche Maschinen wieder am besten ab, allen voran die Bf 108 »Taifun« mit über 290 km/h Spitze.

Bei den Luftsportgruppen des DLV wurden in den 30er Jahren, wie auch die Deutschlandflüge zeigen, vor allem die Klemm L 25d und L 25e mit dem Hirth HM 60R (60 kW/80 PS) in relativ sehr großen Stückzahlen geflogen. Seit Mitte der 30er Jahre wird die Entwicklung der deutschen Sportflugzeuge und ihrer Motoren vorrangig durch den militärischen Bedarf zur Schulung und Übung von Piloten bestimmt. Die Motorenentwicklung konzentriert sich nun auf die Firmen Argus und Hirth. Damit wird der Ein- oder Mehrreihenmotor mit hängender Zylinderanordnung zur deutschen Standardbauart. Beide Firmen rationalisieren ihre neue Typenreihe mit konsequenter Anwendung eines Baukastensystems.

Dazu vergrößert Hirth das Zylindervolumen von 0,9 auf 1,0 l und baut auf diesem »Einheitszylinder« sein neues breites Typenprogramm von 4-, 6- und V8-Zylinder-Motoren auf.

Einer der erfolgreichsten und in großen Stückzahlen gebauten deutschen Flugmotoren war der Argus As 10 C mit 240 PS Startleistung.

Argus hatte schon 1932 – neben dem im Europa-Rundflug 1929 und 1930 (auf Messerschmitt M 23) siegreichen Vierzylinder As 8 bzw. As 8R – bereits mit gleichem 1,6 l-»Einheitszylinder« den V-Achtzylinder As 10C entwickelt: Kurbeltrieb mit Kurbelwelle sowie Gabel- und Mittelpleueln durchwegs in Gleitlagern, Trockensumpf-Umlaufschmierung, Staukühlung mit zentralem Kühlluftschacht im 90°-Zylinderwinkel, Luftleitbleche auf der Abströmseite. Mit den Baureihen As 10C-2 und -3 wird er zu dem in den 30er Jahren wohl erfolgreichsten Flugmotor der Klasse 150–220 kW (200–300 PS) für Sport, Reise und Schulung. Argus liefert insgesamt etwa 15 000 As 10C aus. Der bereits im Europa-Rundflug 1934 erfolgreiche viersitzige Kabinen-Tiefdecker Bf 108 »Taifun« mit Einziehfahrwerk geht 1936 als Reise- und »Verbindungsflugzeug« Bf 108B mit dem As 10C-3 (175 kW/240 PS) in Serie (Gesamtproduktion rd. 1000 Stück).
Vor allem in ein- und zweimotorigen Schul- und Übungsflugzeugen der »B«-Klasse (Flugmasse 1000 bis 5000 kg) wird der As 10C-2 und -3 als Standardmotor eingesetzt: In den Doppeldeckern Arado Ar 66 (1932/33) und Gotha Go 145 (1934) sowie im Tiefdecker Arado Ar 96A (1936), ferner ab 1934 in den Übungseinsitzern Arado Ar 76A, Focke-Wulf Fw 56A »Stößer«, Heinkel He 74A/B und Henschel Hs 121 sowie Hs 125, auch im Mehrweck-Kurzstartflugzeug Fieseler Fi 156 »Storch«, außerdem in zweimotorigen Schulflugzeugen wie der Focke-Wulf Fw 58 (1935) »Weihe« oder Schnellreiseflugzeugen wie der nur als Prototypen gebauten Gotha Go 146 (1936). Die zweimotorige AGO Ao 192 (1936) dagegen fliegt mit der leistungsstärkeren Baureihe As 10E von 200 kW (270 PS). Der As 10E wird (neben dem As 10C-3) in der Bf 108B und D-Serie eingebaut.

1934 bringt Argus in seinem Baukastenprogramm außerdem den Reihen-Sechszylinder-As 17A (165 kW/225 PS). Mit gleicher Zylinderbohrung wie beim As 8 und As 10C ist beim As 17A aber der Hub um 10 mm verringert. So bleibt trotz der zur Leistungssteigerung auf 2400 min^{-1} erhöhten Drehzahl die Kolbengeschwindigkeit relativ niedrig. Der für den letzten Europa-Rundflug entwickelte As 17A konkurriert dabei – wie bereits erwähnt – in allen drei am Wettbewerb beteiligten deutschen Flugzeugtypen (Fi 97, KL 36A und Bf 108A) mit dem V-Achtzylinder von Hirth HM 8U (185 kW/250 PS). Jedoch erweist sich der Reihensechszylinder in diesem Leistungsbereich mit seiner schmalen langgestreckten Bauform als ungünstig gegenüber dem kürzeren gedrungenen V-Achtzylinder, der sich in die breite Rumpfform (durch die »Zwillings«-Sitze bedingt) der neuen Kabinen-Schul- und Reiseflugzeuge aerodynamisch besser einfügt. Beim luftgekühlten Sechszylinder ist außerdem eine gleichmäßige Zylinderkühlung und das Schwingungsverhalten seiner Kurbelwelle mit ihrer relativ niedrigen Eigenfrequenz problematischer als beim V-Achtzylinder. Deshalb findet der Argus As 17A keine breite Anwendung, die eine Serienfertigung erlaubt. Argus beginnt danach die sehr erfolgreiche Entwicklung seiner aufgeladenen V12-Zylinder-Getriebemotoren mit 12 l-Hubraum (As 410 und 411) im Leistungsbereich von 340 bis 440 kW (460 bis 600 PS), die nur für militärische Verwendung bestimmt sind.

Ähnlich wie Argus baut auch Hirth ab 1934 ein neues breites Typenprogramm von 4-, 6- und V8-Zylindermotoren auf. Als »Einheitszylinder« dient der von 0,9 l auf 1,0 l vergrößerte HM 60R-Zylinder. Als erstes Muster dieser Baukastenreihe erscheint 1934 der HM 504. Seine Bauart entspricht weitgehend seinem Vorgänger HM 60R: Mit Hirthverzahnung gebaute und verschraubte Kurbelwelle, Naßsumpfschmierung mit einem im Elektron-Kurbelgehäuse eingegossenen Ölbehälter, einseitiger Kühlluftschacht. Die Leistung der Baureihe HM 504A-1 (1934) von 74 kW (100 PS) ist beim HM 504A-2 (1937) auf 77 kW (105 PS) gesteigert. Das Leistungsgewicht ist mit 1,45 kg/kW (1,07 kg/PS) günstig, ebenso der spezifische Verbrauch von 300 g/kWh (220 g/PSh). Der HM 504A wird bis zu seiner Ablösung durch den HM 500 (1938) in Großserie gebaut (Gesamtfertigung rd. 10 000 Stück). Damit ist er der meistverbreitete Flugmotor seiner Leistungsklasse in den 30er Jahren.
Als Standardmotor für die kleineren zweisitzigen Schul- und Übungsflugzeuge der Zulassungsklasse »A« (Flugmasse bis 1000 kg) wird er vor allem eingebaut in: Bücker Bü 131B »Jungmann« (1935) und Klemm KL 35B, deren »A«-Baureihen mit dem HM 60R flogen. Als 1937/38 in dieser Klasse völlig neue Tiefdecker erscheinen – durchweg mit Kabine und »Zwillings«-Sitzen ausgestattet – erhalten sie sämtlich den HM 504: die Bücker Bü 181A und B »Bestmann« und die schnelle Arado Ar 97A/B mit Einziehfahrwerk sowie

Im neuen Hirth-Typenprogramm entstand zuerst der später sehr verbreitete HM 504 bzw. HM 504 A mit 100 bzw. 105 PS.

einige Prototypen der nicht mehr in Serie gehenden Klemm KL 107.
Mit demselben Baukastensystem entsteht ferner der Reihen-Sechszylinder HM 506A (118 kW/160 PS), der 1934 zuerst in einer KL 32B für den letzten Europa-Rundflug erprobt wird. Danach wird er nur ganz vereinzelt eingesetzt, z. B. im Kabinen-Sportflugzeug Fieseler Fi 99 »Jungtiger« (1937) und im zweimotorigen Kabinen-Prototyp Gotha Go 241 (1940). In zwei Fällen dient er auch zu Rekordversuchen: Eine KL 35B erzielt mit ihm 1938 mehrere Höhen- und Geschwindigkeitsrekorde ihrer Klasse sowohl mit Fahrwerk als auch mit Schwimmern. Dagegen bleibt 1939 die als Rekordflugzeug mit Einziehfahrwerk entwickelte Fieseler Fi 158 mit HM 506A erfolglos.
Auch der Hirth HM 8U (185 kW/250 PS) entstammt dem Baukastensystem mit 1-l-Einheitszylinder. Wie bereits erwähnt, ist dieser V8-Zylinder im letzten Europa-Rundflug 1934 in einzelnen Fieseler-, Klemm- und BFW-Messerschmitt-Maschinen eingesetzt. Er ist sozusagen durch Kombination von zwei HM 504 und durch ein zusätzliches Stirnrad-Planetengetriebe der Bauart Stoeckicht entstanden. Als seine verbesserte Serienausführung erscheint 1937 mit gleichem Getriebe und einem Radiallader der V8-Zylinder HM 508. Seine zahlreichen Baureihen A bis K unterscheiden sich hauptsächlich durch verschiedene Laderübersetzungen (Boden- bzw. Höhenlader) und veränderte Untersetzung des Propellergetriebes. Alle diese Baureihen werden nur in Einzelstücken oder Kleinserien gefertigt. Die stärksten Baureihen HM 508D und F (206 kW/280 PS) setzt Siebel in seinem schnellen fünfsitzigen Zweimotoren-Kabinenreiseflugzeug Fh 104A »Hallore« (1937) und Gotha in einzelnen V-Mustern des nicht in Serie gebrachten Konkurrenzmodells Go 146 (1936) ein, ferner Klemm in der ebenfalls nur in V-Maschinen gebauten KL 36B (1936), abgeleitet von der KL 36A des Europa-Rundflugs 1934. Eine speziell mit dem Höhenladermotor HM 508C (220 kW/300 PS) ausgerüstete Bf 108C »Taifun« bringt 1939 den Höhenrekord in der C-Klasse auf 9075 m. Weitere HM-508-Motoren verschiedener Baureihen werden militärisch in einzelnen mehrmotorigen Maschinen wie Fw 58 »Weihe« und Heinkel He 116 eingesetzt.
Als Nachfolger des ausgezeichneten HM 504A-Vierzylinders bringt Hirth 1938 den ähnlichen HM 500 mit gleicher Leistung heraus. Hauptunterschied gegenüber dem HM 504 ist die Bauart des Kurbelgehäuses. Durch seine ungeteilte Tunnelform ist die Steifigkeit sehr erhöht, die Bearbeitung vereinfacht und die Zahl der Dichtflächen verringert. Dabei wird die Motormasse um 10% und die Fertigungszeit fast um 50% reduziert. Diese Bauart ist durch die zerlegbare Hirth-verzahnte Kurbelwelle ermöglicht. Sie wird innerhalb des Tunnelgehäuses mit Spezialwerkzeugen zusammengebaut. Ferner ist die Schmierung des HM 500 in ein Trockensumpfsystem mit Ölbehälter am Brandschott geändert, und neue Luftleitbleche verbessern die Zylinderkühlung. Von 1938 an ersetzt der HM 500A seinen Vorgänger HM 504A vor allem in den zahlreichen Bücker-Anfangstrainern Bü 131D und Bü 181C/D sowie in dem nur als Kleinserie gebauten leichten Klemm-Kabinentrainer KL 107.
Nach dem Krieg erwies sich die Grundüberholung des HM 500A durch die komplizierte Montage und Demontage der Kurbelwelle innerhalb des Tunnelgehäuses als sehr problematisch, zumal die Erfahrung und werksseitige Betreuung fehlte.

Leichte Motorflugzeuge zur Anfangsschulung 1937–1940

Auf der Suche nach leichten und billigen Motorflugzeugen zur Umschulung von Segelfliegern wird 1937 ein »Vergleichsfliegen« von Leichtflugzeugen der neuen Zulassungskategorie »Y« (Flugmasse bis 500 kg) veranstaltet, das auf Motoren bis 15 kW (20 PS) beschränkt ist. Von den zehn verschiedenen Typen der teilnehmenden Motorgleiter, Motorsegler und Kleinflugzeuge haben vier den Kroeber M 4-Motor, je zwei den DKW FL 600W und ILO FL2-400, einer den Schliha F 1200 und einer sogar noch den 1925 für Klemm entwickelten Daimler F 7502. Mit seiner Ausnahme sind alle übrigen Motoren Zweitakter.
Die Kroeber M 3 und M 4 stammen beide vom Konstrukteur *Köller,* der den Vorgängertyp M 3 erstmals auf der

Der Kroeber-Boxer-Zweitakt-Motor wurde in eine Reihe von Motorseglern und leichten Schulflugzeugen eingebaut.

DELA (Deutsche Luftsport-Ausstellung) 1932 zeigte. Seine Fertigung übernahm dann die Firma Dr. Kroeber und brachte 1937 den Nachfolger M 4 heraus. Beides sind Zweizylinder-Boxermotoren, deren Konstruktion ebenso wie die technischen Daten fast völlig übereinstimmen. Mit 640 cm^3 Hubvolumen leistet der M 4 13,5 kW/18,5 PS, der M 3 13 kW/18 PS bei 2700 min^{-1}. Beide sind die meistverbreiteten deutschen Kleinflugmotoren der 30er Jahre. Mit ihnen sind die Leichtflugzeuge dieser Epoche überwiegend ausgerüstet.

Nicht so häufig ist im Luftsport der DKW FL 600W (1934) vertreten, eine leicht verbesserte Ausführung des DKW-Kleinflugmotors Typ P-W von 1932 (wie bereits erwähnt). In wassergekühlter Zweizylinder-Reihenbauart mit angebautem Stirnradgetriebe (0,42 untersetzt) entsprechen beide – ausgenommen das Getriebe – den 600 cm^3-PKW-Motoren der beliebten DKW-Frontantriebsmodelle: der Flugmotor Typ P-W dem Wagenmotor Typ P von 1928, der Typ FL 600W dem F 2-Wagenmotor von 1933. Beide Motoren unterscheiden sich hauptsächlich im Spülverfahren. Vom veralteten Zweikanalsystem (mit Nasenkolben) des Typs P geht DKW 1933 – als Inhaber des *Schnürle*-Patents – auf das Dreikanalsystem (Flachkolben) über.

Mit dem FL 600W ausgerüstet ist u. a. das Leichtflugzeug Erla 5 (Me 5a) des »Vergleichsfliegens«, während der Motorgleiter Erla Me 06 mit dem Schliha F 1200 fliegt. Dies ist ein Zweizylinder-Boxer der veralteten Zweitakt-Stufenkolbenbauart mit sogar 1,2-l-Hubraum. Seine Spitzenleistung von 29 kW (40 PS) bei 3600 min^{-1} ist für Motorgleiter wie z. B. die Erla Me 06 des »Vergleichsfliegens« auf 16 kW (22 PS) bei 2100 min^{-1} gedrosselt.

Zu den häufiger verwendeten Kleinflugmotoren gehört auch der ILO FL 2-400 in Zweizylinder-Reihenbauart. Mit 0,8-l-Hubraum leistet er bis zu 16 kW (22 PS) bei 3000 min^{-1}. Er ist z. B. im Leichtflugzeug »Kobold« der FAG Hamburg und im Motorgleiter SM 5 von Schneider-Grunau eingebaut, die beim »Vergleichsfliegen« vorgestellt werden.

Am Ende der 30er Jahre läßt sich der technische Stand des deutschen Kleinflugmotors so beschreiben: Der einfache Zweitakter hat sich durch hohe Leistungsfähigkeit und niedrigen Preis durchgesetzt und die Boxerbauart wird bevorzugt. Der wassergekühlte DKW konkurriert trotz rd. 100% Mehrgewicht (inkl. Kühler) mit dem luftgekühlten Kroeber durch niedrigere Wärmebelastung und besseren Propellerwirkungsgrad infolge seines Getriebes.

Ende der 30er Jahre wird an der Entwicklung weiterer neuer luftgekühlter Zweitakt-Kleinflugmotoren gearbeitet, die aber durch den Krieg beendet wird. So entsteht bei Kroeber ein Vierzylinder-Boxer von 0,5-l-Hubraum, der 16 kW (22 PS) bei 5000 min^{-1} leistet und mit 0,29 untersetztem Stirnradgetriebe nur 22 kg wiegt. In dieser Zeit entwickelt *W. Krautter* beim FKFS der Technischen Hochschule Stuttgart einen ähnlichen 0,5-l-Boxer, der 18 kW (25 PS) bei 5500 min^{-1} leistet. *Wolf Hirth* erprobt ihn noch 1941 auf seinem Motorsegler Hi 20 »MoSe«. Der in Rumpfmitte eingebaute Motor treibt die darüber am Schwenkarm gelagerte und in den Rumpf einschwenkbare Luftschraube mit einer Königswelle an, deren doppeltes Kegelradpaar auch die Propellerdrehzahl reduziert. Der Krieg beendet diese Neuentwicklungen, und ebenso z. B. die Erprobung eines 1-l-Zweizylinder-Reihenmotors von 26 kW (36 PS) der Firma Seld-Kompressorenbau.

Deutlich wird in den späten 30er Jahren außerdem ein Trend zum kleinen Kabinenflugzeug mit »Zwillings«-Sitzen (zwei nebeneinander) als billige Reise- und Übungsmaschine. Hierfür stellen mehrere Firmen Motoren der 40- bis 50-kW (55- bis 60-PS)-Klasse bereit. Zunächst bringt Zündapp 1937 mit seinem Reihen-Vierzylinder hängender Bauart vom Typ 9-092 (Werksbezeichnung Z 9-92) erstmals einen eigenen Flugmotor heraus, der sich auch glänzend bewährt. Das Kurbelgehäuse hat U-Form ähnlich der HM 504-Bauart. Ungewöhnlich ist die beiderseitige Anordnung je einer Nockenwelle sowie der Stoßstangen für Einlaß bzw. Auslaß, um optimale Kühlluftströmung für die Zylinder und beste Zugänglichkeit der Zündkerzen zu erzielen.

Diesen Zündappmotor fliegen ab 1938/39 die neuen Kabinen-Zweisitzer Si 202b »Hummel« von Siebel, der Fi 253 »Spatz« von Fieseler und die KL 105 von Klemm. Während von der Siebel eine kleine Serie erscheint, kommen wegen des Kriegsbeginns nur noch wenige Prototypen der Fieseler und Klemm zur Flugerprobung. In Kleinserie bringt außerdem die Gothaer Waggonfabrik ihren attraktiven Kabinen-Zweisitzer, der von zwei Zündappmotoren angetrieben ist.

Kurz vor Beginn des Zweiten Weltkrieges entstand der Zündapp-Flugmotor 9-092 von 50 bis 55 PS, der in mehrere kleine Schul- und Kabinen-Reiseflugzeuge eingebaut wurde.

Der Verkaufserfolg wird durch den sehr niedrigen Preis von 12 880,– Mark unterstützt und nur durch die kriegsbedingte Produktionseinstellung beendet.
Von der Bücker Bü 180A »Student« (1937) mit der altgewohnten offenen Tandem-Sitzanordnung wie auch von den beiden 1939 mit Zündappmotor erscheinenden Kabinen-Einsitzer Erla 5D und Möller »Stürmer« werden nur Einzelstücke gebaut. Zu erwähnen ist noch das mit Zündappmotor ausgerüstete Kurzstartflugzeug LF 1 »Zaunkönig« der Akaflieg Braunschweig (1940), von dem im Krieg zwei und nach 1945 zwei weitere in die Luft gehen. Für die Schulflugzeuge Bü 180C »Student« und Bü 182 wird bei Bücker 1938 ein Reihenmotor M 700 mit vier Hängezylindern (59 kW/80 PS bei 2500 min^{-1}) entwickelt. Er soll von einem ähnlichen tschechischen Motor abgeleitet worden sein; Einzelheiten fehlen.

Die dritte Phase seit 1950: Der Kolbenflugmotor lebt

Mit der Freigabe des Segelflugzeugbaues (1951) erwacht auch wieder ein Trend zum motorisierten Flugsport. Einzelne deutsche Eigen- und Nachbauten fliegen bereits 1955 nach Erlangen der Lufthoheit – oder schon etwas früher!

Wiederbeginn der Motorisierung. Start mit Eigenbau 1952–1960

Auf der Suche nach einem geeigneten preiswerten Antrieb lassen sich nur noch wenige Kleinflugmotoren finden, die den Krieg überlebten. Wohl als erster bringt *Hanno Fischer* 1952 sein Leichtflugzeug Fibo 2a heraus, dessen wassergekühlter DKW-Zweizylinder-Zweitakter FL 600W aus den 30er Jahren einen Druckpropeller antreibt. »Motorsegler«, die zunehmend seit Mitte der 50er Jahre zum Fliegen kommen, tragen solchen Namen kaum wegen ihrer Segelflugeignung, sondern eher um das kostspielige Zulassungsverfahren für Motorflugzeuge der E-Kategorie zu umgehen. Zunächst entstehen hierzu eine Vielzahl von mehr oder weniger tauglicher »Bastelmotoren«, indem kleine Kraftfahrzeug- oder Stationärmotoren für den Flugbetrieb umgebaut werden. Im Laister-Kaufmann-Motorsegler LK 10a (1956) wird z. B. der 400 cm^3-Zweizylinder-Zweitakter des 1953 erschienenen Lloyd-Kleinwagens verwendet. Mit seinem Kühlgebläse eignet er sich auch als Antrieb des Druckpropellers bei der »Dohle« von *Alfons Pützer* (1956). Flugzeugbauer versäumen leider immer wieder (auch heute noch), dem Flugmotor bei kritischen Einbaubedingungen – wie gerade im Fall des Druckpropellers – sichere Kühlverhältnisse zu verschaffen.
Von einem Triumph-Motorradmotor leitet der Konstrukteur *Heinrich Brändl* seinen bei Firma Zink hergestellten Zweizylinder-Zweitakt-Boxermotor ZB 300 mit Untersetzungsgetriebe ab, den *Alfons Pützer* in die Raab »Krähe« und *Egon Scheibe* in seine SF 24 »Motorspatz« einbauen (1957). Die ILO-Werke bringen 1957/58 als Weiterentwicklung ihres Vorkriegsflugmotors im Baukastenverfahren einen Reihenzweitakter als Zwei- sowie Dreizylinder F 2-376 bzw. F 3-376 heraus. Nach Erprobung des Zweizylinders im Pützer-Motorsegler »Dohle« mit Druckpropeller wird diese Entwicklung eingestellt. Ebenso erfolglos bleibt der Einbau des französischen, aus der Vorkriegszeit stammenden Zweizylinder-Zweitakt-Boxers AVA 4.00 im Sterz P 77 mit einschwenkbarem Druckpropeller (1957) wie auch im »Illerfalken« von *Obermeier* (1958). Ein Vorkriegs-Zündapp-Vierzylinder 9-092 mit hängenden Zylindern bringt den Horten-Nurflügel-Motorsegler Ho 33 der FVA Aachen mit Druckpropeller (1954) und auch die letzten beiden erst nach dem Krieg gebauten LF 1 »Zaunkönig« der TH-Braunschweig (1955) in die Luft.
Der Heinz-Pollmann-Motorenbau entwickelt auf der Basis des früheren 1,3-l-Porsche-PKW-Motors (1951) und mit verchromten Leichtmetallzylindern seinen Vierzylinder-Boxer HEPU-KFM 40, der vorübergehend in der Pützer-Raab (ersatzweise für den Zink-Brändl) und auch im Tipsy-Nipper-Leichtflugzeug der belgischen Fairey-Werke eingesetzt wird.
Die unbefriedigende Motorensituation ist oft auf zu hohe Dauerbelastung infolge Untermotorisierung der Motorsegler und auf ungenügende Kühlung zurückzuführen. Ein Fachmann stellte fest: »Bei den Flugsportverbänden finde ich die Motorsegler in der Halle mit ausgebautem Motor!«
1957 bringt Porsche einen Kleinflugmotor für leichte ein- und zweisitzige Sportflugzeuge und Motorsegler heraus,

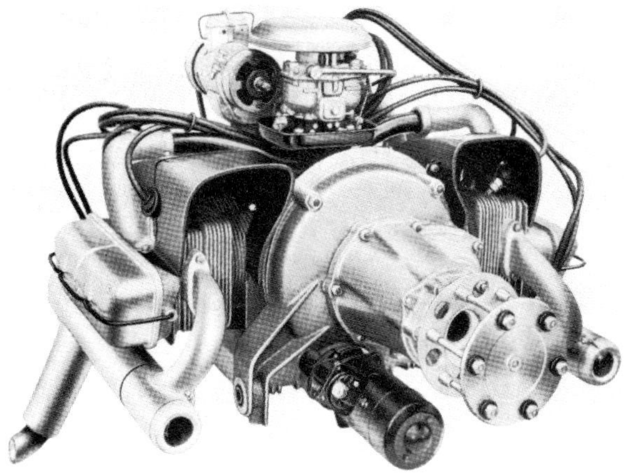

Porsche leitete den Vierzylinder-Boxer-Flugmotor »678« aus dem Motor des Porsche-356-Sportwagens ab und bot ihn in vier Versionen von 65 bis 75 PS, auch mit Stirnradgetriebe und Kühlgebläse, an. Das Bild zeigt den 65 PS-Typ 678/1 von 1956.

entwickelt aus dem 1,6-l-Vierzylinder-Motor des bewährten Sportwagentyps 356. Dieser Boxertyp »678« wird 1958/59 in vier Baureihen zugelassen:

- 678/1 (48 kW/65 PS Startleistung) mit Propellergetriebe (0,59 untersetzt) und Kühlung durch Stauluft;
- 678/0 (48 kW/65 PS) wie 678/1, aber mit Radialkühlgebläse;
- 678/3 (38 kW/52 PS) ohne Propellergetriebe, sonst wie 678/1;
- 678/4 (55 kW/75 PS) als leistungsgesteigerte Version und Ersatz (ab 1959) des 678/0 mit alternativen Getriebeuntersetzungen.

Die Musterprüfung erfolgt in Anlehnung an die strengen Britischen BCAR- bzw. (für 678/4) USA-CAR-Vorschriften für zivile Motorflugzeuge.
Der 678/1 findet in der Pützer »Elster«, der 678/3 z. B. im Pützer-Raab »Motorraab« und der Jodel D 11, der 678/0 bzw. 678/4 in Horten's Ho 33, in der GSV »Milan« des *Grafen von Saurma* sowie in der Erstausführung der RW 3 mit Heckantrieb von RFB Rheinflugzeugbau-Fischer vereinzelt Verwendung. Einen Durchbruch zur Serienfertigung erreicht der hochwertige Porsche 678-Flugmotor nicht. Dazu fehlt beim Motorsegler noch die Nachfrage, und für Einzelbedarf ist der Porsche durch den kostspieligen Entwicklungs- sowie den umfangreichen Prüfungs- und Zulassungsprozeß der vier Ausführungen zu teuer.
In Konkurrenz dazu kann sich der einfachere 1,5-l-Vierzylinder-Boxermotor Stamo 1400 länger behaupten, nachdem er 1958 die BCAR-Musterzulassung erhielt. Er ist mit geringen Änderungsmaßnahmen vom Porsche-Fahrzeugmotor 356/1500 des Baujahres 1951 abgeleitet, aber ist leistungsstärker und wesentlich preisgünstiger als der »678«. 1958 wird er in der Neulen-Raab »Moorraab«, im belgischen »Volksflugzeug« Tipsy Nipper und in der französischen von Stark nachgebauten Druine »Turbulent« geflogen. Ab 1959 ist er (bis in die 80er Jahre) im Scheibe-Motorsegler SF 25B »Motorfalke« eingesetzt, der sich als »Zwillings-Zweisitzer zur Umschulung von Segelfliegern besonders bewährte.

Die neue »K«-Klasse. Motorsegler 1959 bis 1970

Um die Entwicklung tauglicher Motorsegler aktiv zu fördern, gibt das Luftfahrt-Bundesamt (LBA) 1959 die neue Zulassungskategorie »K« für Motorsegler bekannt. Hierzu erscheinen – in enger Zusammenarbeit zwischen den DFL/DVL-Prüfstellen, dem DAeC, der Industrie und dem LBA – erleichterte Bestimmungen als »Vorläufige Richtlinien für die Prüfung und Zulassung von Motorseglern«. Bei den Motoren enthalten diese z. B. die Genehmigung der Einfachzündung sowie ein verkürztes Prüfprogramm. Dieses geht auf die Initiative des Technischen Ausschusses (TA) des DAeC *(Oskar Pflaumer)* gemeinsam mit der DFL-Prüfabteilung PfL *(Walter Hübner)* und deren Motorenreferat *(Kurt Grasmann)* zurück. Außerdem sind DAeC-TA zusammen mit DFL-PfL ständig bemüht, durch Kontakte zu profunden Motorenherstellern die Neuentwicklung kleiner Flugtriebwerke anzuregen. Als Antriebsleistung wird für die einsitzigen Motorsegler etwa 15 bis 22 kW (25 bis 30 PS) und für Zweisitzer ca. 35 bis 45 kW (50 bis 60 PS) vorgegeben.
Die Solo Kleinmotoren-Gesellschaft, Großserienlieferant von Zweitaktern für Industrie, Gewerbe und Haushalte, hatte 1958 einen Flugmotor entwickelt, für den weitgehend ihre Serienteile verwendet wurden. Ein Prototyp dieses gebläsegekühlten Reihenzweizylinders mit Propellerge-

Unter weitgehender Verwendung von Bauteilen kleiner Zweitakt-Industriemotoren entwickelte Solo einen kleinen Boxer-Flugmotor Typ 560, der später bei Hirth als F 10 weitergebaut wurde.

triebe (0,25 l Hubraum, 9 kW/12 PS) wurde bereits im Bölkow-Fauvel-Motorsegler AV 36 mit Druckpropeller erprobt. Als Weiterentwicklung bringt Solo 1960 auf Anregung des DAeC-TA den stauluftgekühlten Vierzylinder-Boxer-Kleinflugmotor Typ 560 mit 0,57 l Hubraum und Zahnrad-Getriebe heraus. 1963 erfolgt seine Musterprüfung und Zulassung erstmals mit wesentlichen Erleichterungen aufgrund der erwähnten Richtlinien für Motorsegler. Eingebaut wird er hauptsächlich von Scheibe in den Einsitzern SF 24A »Motorspatz« (1960) und als Klapptriebwerk im SF 27M (1967), ferner im Zweisitzer SF 25A »Motorfalke« (1960), hier aber bald durch den stärkeren Stamo ersetzt. Trotz seiner Bewährung findet der Solo 560 nur geringen Absatz, weil der einsitzige Motorsegler in den 60er Jahren noch wenig gefragt ist. Die Produktion des 560 übernimmt die Hirth-Motoren KG 1965 als Typ F 10A bis zur Firmenschließung (1974). Mit ihm rüstet z. B. *Alexander Schleicher* 1968 die einsitzigen Motorsegler K 12 und ASK 14 aus.

Weit verbreitet sind die amerikanischen Vierzylinder-Boxermotoren von Continental, als ältester der 95 PS-Typ C 90-12 F von 1956.

Invasion der USA-Boxermotoren. Die neuen Kabinen-Reiseflugzeuge 1956–1970

Neben Leichtflugzeugen und Motorseglern erscheinen ab Mitte der 50er Jahre viele größere und bequemere Kabinen-Zwei- und Viersitzer – offensichtlich durch die USA-Nachkriegsentwicklungen beeinflußt (Cessna). Für den erforderlichen Leistungsbereich ab 65 kW (90 PS) bieten sich die schon während des Krieges in Großserien gebauten USA-Boxermotoren an.
Erstmals serienmäßig eingeführt hatte Continental die Boxerbauart bereits 1931 mit seinem seitengesteuerten 2-l-Vierzylinder A 40, dem 1937 und 1939 die stärkeren stoßstangengesteuerten (ohv)-Versionen A 50 bzw. A 65 und A 75 folgten (die Ziffern der Typenbezeichnung entsprechen der Nennleistung in PS). Seitdem besitzen die Continental-Motoren schon hydraulischen Ventilspielausgleich, der wesentlich zur Betriebssicherheit und Laufruhe beiträgt. Mit den Continental-Boxermotoren, denen 1938 ähnliche der Firmen Lycoming und Franklin folgten, begann in den 30er Jahren ein rapider Aufschwung des Leichtflugzeugbaues in USA (Aeronca, Luscombe, Piper, Taylorcraft). Bei Kriegsende begannen Continental und Lycoming bis in die 70er Jahre (auch Franklin bis zur Stillegung 1974) schrittweise ein vielseitiges Typenprogramm von Vier-, Sechs- und Achtzylindermotoren aufzubauen. Durch ein Baukastensystem mit »Einheitszylindern«, also mit einheitlichen Hub- und Bohrungswerten und Zylindervolumina zwischen 0,8 und 1,5 l konnten sie eine Typenpalette für einen breiten Leistungsbereich erzielen und trotzdem den Entwicklungs- und Fertigungsaufwand niedrig halten.
Die Musterbezeichnung von Continental und Lycoming gibt in drei Ziffern den Hubraum in cubic inches (1 cu. inch = 16,4 cm^3) wieder, die Buchstaben davor die Bauart: A oder AE Kunstflugausstattung, G Propellergetriebe, I Kraftstoffeinspritzung, O Boxermotor, S Getriebelader, TS (T bei Lycoming) Turbolader.
Continental und Lycoming führten bereits 1958 bzw. 1960 die kontinuierliche Kraftstoffeinspritzung zur Verbesserung der Wirtschaftlichkeit in die Serie ein. Zur Steigerung der Hubraumleistung verwenden sie zunächst den Getriebelader (1955) und ab 1960 bzw. 1967 den Turbolader, ein Propellergetriebe dagegen nur vereinzelt.
In der Nachkriegszeit bis heute beherrschen die Boxermotoren von Continental und Lycoming den deutschen Markt in der Klasse über 75 kW (100 PS). Die Gründe sind:

- Konkurrenzlos niedriger Anschaffungspreis durch jahrzehntelangen Großserienbau;
- Mäßige Betriebskosten durch hohe Zuverlässigkeit und große Überholungszeiträume (TBO z. T. über 2000 Stunden);
- Einbauvorteile durch die kurze flache Bauart:
  - aerodynamisch günstige Anpassung der Motorhaube an den Strak der Breitrumpf-Kabine mit »Zwillings« (Nebeneinander)-Sitzen;
  - gute Sichtverhältnisse für den Piloten durch niedrige Haube und
  - optimale Luftführung zur Motorkühlung.

Im Vergleich zum Reihenmotor mit hängenden Zylindern als deutscher Standardbauart der Vorkriegszeit läßt sich ein Boxermotor der Form des modernen mehrsitzigen Kabinenflugzeugs besser anpassen.
In den deutschen Reiseflugzeugen der 50er Jahre ist überwiegend der Continental C 90-Vierzylinder als kleinster USA-Boxer eingebaut, z. B. in Bölkow KL 107A

Die meisten der in Deutschland zugelassenen Sport- und Reiseflugzeuge der E-Klasse werden von Lycoming-Motoren angetrieben. Das Typenprogramm reicht von 125 bis 270 PS. Dargestellt ist der 150 PS-Typ O-320-A1A von 1959.

(1956), Dittmar HD 153 von 1958 (Prototyp 1957 noch mit A 65) und HD 156 (1958), Scheibe SF 23 »Sperling« und Pützer »Elster« B. Sein Nachfolger O-200 findet sich z. B. in der Bölkow 208 »Junior« (1962) und Pützer-Sportavia RF 6B (1970), ferner der kleine Sechszylinder C 145 im Pützer »Bussard« SR 57 (1958). Zunehmend und von den 60er Jahren an fast ausschließlich sind die Vierzylinder-Boxer von Lycoming vertreten: der kleinste O-235 (85–92 kW/115–125 PS) z. B. in Dittmar HD 156B (ca. 1959), der stärkere O-320 (110–118 kW/150–160 PS) in Bölkow KL 107C, »Elster« C, Rheinflug RW 3 (1959/60), Bölkow MHK 101 und Bo 209 (1967/70) und der größte Vierzylinder O-360 (132–147 kW/180–200 PS) in Bölkow Bo 207 (1960), SIAT 222 (1961) bzw. als Einspritzer IO-360 in LFU 205 und SIAT 223 »Flamingo« (ab 1968). Der einzige serienmäßige Getriebemotor von Lycoming, der Sechszylinder-Boxer GO-480 (200 kW/270 PS) ist in den von der Luftwaffe abgegebenen Dornier Do 27 und Focke-Wulf P 149D (1955/56) eingebaut.
Einzelne Prototypen fliegen in den 60er Jahren noch mit Vorkriegsmotoren wie den Vier- und Sechszylindermustern Hirth HM 504 bzw. 506 oder den tschechischen Walter »Minor«.
Hier ein Vergleich der Daten des USA-Nachkriegs-Boxers Continental 0-200A und des deutschen Vorkriegs-Reihenmotors Hirth HM 500A mit Hängezylindern:

	VH	S/D	L / B / H	N_{max} kW (PS)	n	Verd.	Masse
O-200A (1958)	3,3	0,95	725/802/589	74 (100)	2 750	7,0	100
HM 500A (1938)	4,0	1,10	981/440/686	76 (105)	2 500	6,2	107

Beide Motoren besitzen Doppel-Magnetzündung. Die größere spezifische Hubraumleistung des Continental ist auf die höhere Drehzahl und die höhere Verdichtung (bessere Oktanzahl des Nachkriegs-Avgas) zurückzuführen. Das kleinere Hub/Bohrungs-Verhältnis (S/D) des Continental verringert seine Kolbengeschwindigkeit und trägt zur Reduzierung seiner Baubreite B bei, die beim Boxer naturgemäß den Größtwert der Hauptabmessungen (beim Hirth-Reihenmotor die Länge L) darstellt. Die geringere Trockenmasse des Continental ergibt sich aus dem kleineren Hubraum. Das Resümee zeigt für den Boxer kaum eine Überlegenheit in den Hauptdaten, jedoch eine optimale Anpassung an die Einbauverhältnisse moderner Reiseflugzeuge. Dies gilt besonders für die Einspritzversion, die auch die Bauhöhe des Vergaseraufbaues einspart.

Motoren für Reise-Motorsegler seit 1970

In den 60er Jahren stagnieren die Zulassungszahlen der Motorsegler mit etwa 15 pro Jahr. In den 70ern führt dann die neue Motorsegler-Generation mit fortschrittlicherer Bauart von Zelle und Motor den Aufschwung (rd. 100 Neuzulassungen pro Jahr) herbei. Pionier des neuen Trends sind *Alfons Pützer* und seine Firma Sportavia mit dem schnellen Kabinen-Motorsegler RF 4, den zunächst ein französischer Kleinflugmotor Rectimo 4AR 1200 (29 kW/40 PS) antreibt. Dieser Vierzylinder-Boxer stellt eine vom VW-»Standard 1200«-PKW (1954) abgeleitete und in Frankreich bereits verbreitete Flugversion dar. Als *Alfons Pützer* Ende der 60er Jahre für seinen neuen Kabinen-Zweisitzer RF 5 einen stärkeren Motor sucht, nimmt er Kontakt mit dem Limbach-Motorenbau auf, der bereits VW-Austauschmotoren liefert.

Limbach-Motoren

Peter Limbach erkennt die Chance und entwickelt 1968/69 seinen ersten Kleinflugmotor SL 1700E (50 kW/68 PS) zunächst für *Pützer*. Für diesen noch heute gebauten Vierzylinder-Boxer mit 1,7 l Hubraum werden vorwiegend Baugruppen und Bauteile von VW-Industrie- sowie PKW-Motoren verwendet. Sein Erfolgsrezept behält *Limbach* nun bei all seinen nachfolgenden Flugmotortypen bei: Übernahme der Grundbaugruppen wie Gehäuse, Kurbelwelle und Steuerung möglichst weitgehend aus der qualitätsgeprüften VW-Großserie bei geringster Nachbearbeitung (z. B. Propellerdrucklager im Gehäuse). Zentrale Zusammenfassung der meisten Geräte auf der Schwungradseite des Gehäuses mit eigener Tragplatte, die Anbaugeräte wie Vergaser, Kraftstoffpumpe, Zündmagnet, Starter und Lichtmaschine vorwiegend aus Kfz- oder anderen Großserien. So ist eine Limbach-Motorenfamilie von über zehn Baumustern entstanden, durchweg von VW-Motortypen abgeleitet. Ihre Musterbezeichnung enthält in der vierstelligen Ziffer den Hubraum, der folgende Buchstabe besagt

Peter Limbach begann 1968 mit der Entwicklung eigener, von Großserienmotoren abgeleiteten Vierzylinder-Boxer-Flugtriebwerken, zunächst mit dem SL 1700 von 60 bis 68 PS.

E Einfachzündung und D Doppelzündung. Die aerodynamische Weiterentwicklung der Motorsegler führt zu wachsenden Leistungsansprüchen und damit auch zur Entwicklung stärkerer Motortypen im Limbach-Programm.
In den 70er Jahren entstehen aus dem für Sportavia RF 5/5A/5B und RF 9 entwickelten Grundtyp SL 1700E weitere Baureihen, so der SL 1700D (48 kW/65 PS) mit Doppelzündung für den Sportavia-Kunstflug-Einsitzer RF 7 und der SL 1700EA (44 kW/60 PS) für die zur Schulung bevorzugten Scheibe-Motorsegler SF 25C und D »Falke«, die z. B. 1981 rd. 30% Anteil an den 882 zugelassenen »K«-Flugzeugen hatten. Ferner erscheinen zwei Baureihen des SL 1700E mit größerem Hubraum, der 1,8-l-SL 1700 EB (SL 1800) mit 53 kW (72 PS) für Scheibe SF 28A »Tandem Falke« und Schleicher ASK 16 sowie der 1,9-l-SL 1700 EH (SL 1900) mit 51 kW (70 PS) für den Scheibe SF 25E »Super Falke«. Von allen fünf Baureihen wird der SL 1700EA (1200 Stunden TBO) sogar noch Anfang der 90er Jahre produziert.
Eine Neuentwicklung stellt der 1994 zur Musterzulassung vorgesehene L 1800EA mit 1,8 l Hubraum dar, ein 2 mm aufgebohrter Ersatz für den SL 1700EA, der z. B. zur Nachrüstung für SF 25 bestimmt ist. Seine Spitzenleistung beträgt 47 kW (65 PS) bei verringerter Drehzahl von 3400 min^{-1}, um den Propellerwirkungsgrad zu verbessern und das Propellergeräusch zu verringern.
Den Hauptanteil an der Limbach-Serienproduktion stellt seit 1980 das 2-l-Muster L 2000EO, EC und EA (59 kW/80 PS). Diese und die Zweivergaserversion L 2000EB unterscheiden sich bei gleicher Höchstleistung nur in wenigen Details. Geflogen werden sie z. B. in Scheibes SF 25C und SF 36, in Schleichers ASK 16, in den RF 5, RF 7, RF 9 und RF 10, in Grobs G 109A, in der »Taifun« E sowie der »Dimona« H 36.

Stärkster Limbach-Boxer-Flugmotor ist das Muster L 2400 mit seinen seit 1986 erschienenen Baureihen. Meistverwendet wird die Zweivergaser-Ausführung L 2400B (64 kW/87 PS). Sie hat bereits eine TBO von 1400 Stunden erreicht und ist u. a. in Grob G 109A und B sowie in HK 36 »Super Dimona« und »Taifun« 17E eingebaut. Der L 2400EB1D stellt eine Spezialversion für den unorthodoxen Stemme-Motorsegler S 10 dar und leistet bis 69 kW (94 PS) bei der von 3200 auf 3400 min^{-1} gesteigerten Drehzahl (TBO 450 Stunden). Dort treibt er über Fliehkraftkupplung, Carbonfaser Fernwelle und Keilriemengetriebe (0,8 untersetzt) den einziehbaren Frontpropeller an. Die Kühlverhältnisse sind durch den Einbau in Rumpfmitte erschwert.
Die Limbach-Boxerflugmotoren (auch im Ausland hoch geschätzt) werden für Motorsegler, Very Light Aircraft (VLA) sowie Experimentalflugzeuge eingesetzt. Mitte 1994 sind bereits über 5000 Limbach-Flugmotoren ausgeliefert, und die Monatsproduktion beträgt um 45 Motoren. Damit ist der Limbach-Motorenbau Westeuropas größter Flugmotorenhersteller – zumindest von Viertaktern. 1994 befindet sich ein neuer, erstmals wassergekühlter Boxer-Vierzylinder mit Kraftstoffeinspritzung und elektronischer Doppelzündung auf der L 2400-Basis in Entwicklung, der bei gleichem Hubraum als L 2400EFI etwa 65 kW (90 PS) leistet, als L 2400EFIG mit Zahnraduntersetzungsgetriebe sogar 95 kW (130 PS) bei stark erhöhter Drehzahl. Auch Turboaufladung wird erwogen. Damit startet Limbach (nach Porsche) erneut den Versuch, die Hochleistungs- (und Hochdrehzahl)-Technik moderner Fahrzeugmotoren durch ein Zahnradgetriebe für den Propellerantrieb im Flugzeug anzuwenden.

Sauer-Motoren

Die in Deutschland und weltweit zunehmende Nachfrage nach leichten Sportflugzeugen und Motorseglern führt zu einem wachsenden Bedarf an geeigneten Kleinflugmotoren bis zu etwa 75 kW (100 PS). Damit greifen neue Hersteller die durch *Stark* 1957/58 begonnene und seit 1968 von *Limbach* sehr erfolgreich praktizierte Methode auf, VW- oder Porsche-Großserien-Boxermotoren dem Propellerantrieb und Flugbetrieb anzupassen. So bringt die Firma Sauer-Motorenbau 1987 ihren ersten Vierzylinder-Boxer-Flugmotor zur Zulassung. Dieser 2,1-l-Zweivergasertyp SS 2100H1S (59 kW/80 PS) – mit 9,5 relativ hoch verdichtet – besitzt wie die folgenden Sauer-Motoren wesentliche eigenentwickelte Bauteile wie Kurbelwelle, Nockenwelle und Tassenstößel. Bei Sauer wird auch ein erheblicher Entwicklungsaufwand für »erhöhten Schallschutz« getrieben, d. h. zur Senkung des Körperschalls ebenso wie zur Dämpfung der Ansaug-, Auspuff- und Propellergeräusche des Motors. Der SS 2100H1S und die leicht abgewandelte Baureihe ST 2100H1S (Zulassung 1991) wird (als Limbachersatz) z. B. in Sportavia-Pützer RF 5 und RF 5B bzw. in Scheibe SF 25C eingebaut.

Vierzylinder-Viertakt-Boxermotor Sauer ST 2500 von 68 kW (92 PS) Startleistung.

Der durch 7 mm größere Bohrung auf 2,5-l-Hubraum gebrachte ST 2500H1S gleicher Bauart mit 68 kW (92 PS) Höchstleistung erhält 1989 die JAR 22-Zulassung. Er wird z. B. im Stemme-Motorsegler S 10 (alternativ zum Limbach L 2400EB1D) und VA 17E »Taifun« geflogen.
Das dritte Sauer-Muster gleicher Bauart ist der 1990 zugelassene SE 1800E1S. Mit nur einem Vergaser und auf 8,8 reduzierter Verdichtung ist seine Hubraumleistung gedrosselt, damit er serienmäßig mit bleifreiem Tankstellenbenzin (Mogas 90 OZ) betrieben werden kann. Er ist zur Umrüstung der Scheibe SF 25B (Ersatz für den Stamo MS 1500) zugelassen. Generell konkurriert er mit dem in Bohrung und Hub übereinstimmenden Limbach L 1800EA. Seine 15% geringere Leistung resultiert vor allem aus der 12% niedrigeren Drehzahl. Er ist nach dem Sauer-Prinzip für erhöhten Schallschutz gedrosselt und durch seine hohe Verdichtung von 9,5 (beim L 1800 8,0) auf höchste Wirtschaftlichkeit ausgelegt. Für Ultraleichtflugzeuge mit ihren besonderen Betriebsbedingungen (niedriger Kühlluftdruck u. a.) hat Sauer aus den 1,8- und 2,1-l-Motoren die Typen UL 1800 (35 kW/48 PS) und UL 2100 (46 kW/62 PS) mit reduzierter Drehzahl von 2500 min^{-1} geschaffen. Diese Sauer-Motoren fliegen in vielen UL-Typen des In- und Auslandes. Auf sie entfällt ein Anteil von fast 60% der bis Mitte 1994 gelieferten rd. 400 Sauer-Boxerflugmotoren.

Weitere Motorseglermotoren

Die Pieper Motorenbau GmbH lieferte die anfangs erwähnten Stark-Boxermotoren (1958) als Stamo MS 1500 (33 kW/45 PS) mit 1000 Stunden TBO noch bis Ende der 80er Jahre für Scheibe SF 25B. Insgesamt wurden seit Ende der 50er Jahre mehr als 600 »Stamo«-Motoren hergestellt.
Die Grob-Werke bringen Anfang der 80er Jahre für ihre Motorsegler G 109B und Ranger einen eigenen 2,4-l-Zweivergaser-Boxermotor 2500E (70 kW/95 PS) heraus, der Ende 1983 seine Zulassung erhält. Mit dem Auslauf dieser Flugzeugmuster wird seine Produktion jedoch Anfang der 90er Jahre eingestellt.

In Zusammenarbeit mit Großserienproduzenten der Kfz-Industrie (VW, Porsche) – oder auch nur mit ihrer stillen Duldung – konnten nach dem Krieg deutsche Motorenwerke wie Limbach und später Sauer hochwertige zuverlässige Kleinflugmotoren entwickeln. Diese finden bereits Anschluß an die untere 75 kW/100 PS-Grenze der populären USA-Boxermotoren von Textron-Lycoming und Teledyne-Continental (TCM).

Leistungsnachfrage für »E«-Klasse seit 1970. USA Boxer-Monopol?

Im Vordringen: USA-Boxer für Sport und Reise

Auf den Erfolgen moderner Reise-Motorsegler mit zunehmender GFK-Bauweise aufbauend entsteht in den 70er und der ersten Hälfte der 80er Jahre auch eine Reihe größerer Reise- und Sportflugzeuge der »E«-Kategorie mit Motorleistungen von 80 bis 160 kW (115 und 220 PS). Hierzu werden durchweg – mit einer Ausnahme – Vierzylinder-Boxertypen O-235, O-320 oder O-360 (3,9 – 5,2 – 5,9 l Hubraum) von Lycoming verwendet: Der O-235-C mit 85 kW (115 PS) in der Grob G 115A (1983), die Baureihe O-235-P2A mit 85 kW (116 PS) für Gyroflug »Speed Canard« in Entenbauart mit Druckpropeller (1980) sowie O-235-Ml mit 86 kW (118 PS) in Grob G 110 (1982) und die stärkste Reihe O-235-F2A mit 92 kW (125 PS) im Sportavia-Viersitzer RF 6C (1976). Mit dem größeren Muster O-320-D1A von 118 kW (160 PS) fliegen die Grob G 115B und C sowie eine Baureihe der erwähnten »Speed Canard« (1984).
Vom noch hubraumstärkeren Vierzylinder sind die Baureihe O-360-A3A mit 132 kW (180 PS) in der Sportavia RS 180 (1973) und der Einspritzer IO-360-A mit 147 kW (200 PS) in der Grob G 116 (1984) eingebaut. Mit gleicher Leistung werden auch kunstflugtaugliche Baureihen wie der AIO-360-B1B im My 102 von *Mylius* (1973) und der AEIO-360-A im Extra EA 230 (1983) verwendet, beides Kunstflug-Einsitzer. Die Motorbezeichnung »A« deutet auf volle Kunstflugeignung mit getrenntem Öltank und Trockensumpfschmierung hin, das »AE« dagegen auf beschränkte Tauglichkeit durch etwas geänderten Motorölsumpf.
Ein weiterer Kunstflugeinsitzer, der Hi 27 Mk2 »Acrostar« von Schempp-Hirth (1970) ist dagegen mit dem Franklin-Sechszylinder-Boxer 6A-350C von 160 kW (220 PS) ausgerüstet. Franklin hatte bereits 1938 – als drittes USA-Werk neben Continental und Lycoming – den Bau von Boxer-Flugmotoren begonnen. Aber die Franklin-Typen erreich-

ten nie die Bedeutung ihrer beiden Konkurrenten. 1974 wird ihr Bau in den USA eingestellt. Seitdem werden Franklin-Flugmotoren vom Polnischen Staatlichen WSK-PLZ-Motorenwerk geliefert, das die Nachbaurechte besitzt.

Wankel-Antriebe von Hanno Fischer-Rheinflugzeugbau RFB

Ende der 60er Jahre beginnt *Hanno Fischer* – Schöpfer der RW 3 – beim Rheinflugzeugbau RFB die Erprobung der Motorsegler mit seinem in die Rumpfmitte »integrierten« Mantelschrauben-Triebwerk. Als Antrieb werden serienmäßige luftgekühlte Wankel-Kleinmotoren der Firma Fichtel & Sachs (F & S) eingebaut, und zwar je zwei gekoppelte Motoren von 14 kW (19 PS) bzw. 22 kW (30 PS) in die Motorsegler Sirius I bzw. II. Daraus entsteht die »Schubgondel« SG 85 als verkleidetes Anbauaggregat von Wankelmotor und Mantelschraube, das im Motorsegler über dem Rumpf montiert erprobt wird.
In der Folge entsteht 1973 das mit dem integrierten Mantelschrauben-Wankelantrieb konzipierte Motorflugzeug RFB »Fanliner«. Triebwerk ist eine Weiterentwicklung des serienmäßigen von Audi-NSU für den »Ro 80«-Wagen gefertigten Wankelmotors. Dieser wassergekühlte Zweischeiben-Typ EA 871 mit einem Gesamtkammervolumen von 3,0 Litern liefert 110 kW (150 PS) bei 6000 min^{-1}. Er treibt über ein Keilriemengetriebe den Dreiblatt-Mantelpropeller an. Dieser »Fanliner« blieb die Vorstufe zur Entwicklung des »Fantrainer« V1, in dem zwei Wankel EA 871 mit Sammelgetriebe die Mantelschraube antrieben. Der »Fantrainer« wurde für Militäreinsatz mit einer Allison-Wellenturbine anstelle der Wankelmotoren weiterentwickelt. Danach fanden keine Versuche mit Wankelmotoren bei RFB mehr statt.

Der Porsche-Boxermotor PFM 3200. Vorstoß und Rückschlag

Im Hause Porsche begann man 1981 – 25 Jahre nach der Entwicklung von Boxer-Flugmotoren der 678er Baureihe – von neuem mit Arbeiten an einem Boxer-Flugmotor, dem Sechszylinder PFM 3200, der wieder von einem bewährten Porsche-Sportwagenmotor abgeleitet wurde. Basis war der in Großserie laufende gebläsegekühlte 3,2-l-Hochleistungsmotor des bekannten »911«-Sportwagens. Seine große Hubraumleistung von fast 55 kW/l (75 PS/l) setzte Drehzahlen über 5000 min^{-1} voraus, so daß er als Flugmotor ein Propellergetriebe und ferner einen neuen Geräteträger erforderte. Im übrigen konnte die moderne Technik des »911«-Motors weitgehend beibehalten werden, so daß folgende Vorteile gegenüber dem Standard der USA-Boxermotoren bestanden:

- ☐ erheblich niedrigerer Verbrauch durch günstige Thermodynamik von Brennraum und Gaswechsel sowie durch die Kraftstoffeinspritzung mit exakter Regelautomatik,
- ☐ konsequente Leichtbauweise,
- ☐ gleichmäßigere Kühlung des Motors durch Axialkühlgebläse, auch durch Trockensumpfschmierung mit Ölkühler,
- ☐ erleichterte Einhebelbedienung, abgeleitet vom Bosch-Jetronic-Regelsystem des »911«-Motors.

Nach sorgfältiger Entwicklungsarbeit findet im August 1983 der Erstflug des PFM 3200 im Cessna 182-Versuchsträger statt. Ein Jahr später erfolgt die Musterzulassung nach FAR/JAR durch das LBA und im August 1985 auch die USA-FAA-Zulassung für die zwei Baureihen:

PFM 3200-NO1 mit 156 kW (212 PS) und 9,2 Verdichtung,

Der Porsche-Sechszylinder-Boxer-Flugmotor PFM 3200 von 212 PS war aus dem Motor des Sportwagens »911« abgeleitet. Nach Musterprüfung und Serienanlauf wurde die Produktion 1990 infolge ungünstiger Marktlage eingestellt.

PFM 3200-NO2 mit 159 kW (217 PS) und 10,5 Verdichtung.

Die Baureihe NO2 muß mit 100 LL-Avgas betrieben werden und ist nur für USA bestimmt. Die Reihe NO1 kann auch mit Mogas (Tankstellen-Super) geflogen werden.

Mit einer umgerüsteten Mooney 231-Werksmaschine wird 1985/86 ein spektakulärer Weltrundflug mit weltweiter Vorführung des Porsche-Flugmotors durchgeführt. 1986 beginnt die Serienproduktion des PFM 3200. Zunächst zeigen sich Verkaufserfolge. Mooney beginnt eine neue Baureihe ihrer 231 mit PFM 3200, Robin ebenso eine ihres DR400 »Remorqueur«. Weitere Firmen fliegen mit Porsche-Versuchseinbau, z. B. MBB die 223A4 »Flamingo«, MBB-FUS die Cessna 172 mit Porsche-Umrüstsatz, Grob die GF 200 mit Heckpropeller, Gyroflug-FFT den »Eurotrainer« und Ruschmeyer die MF 85RP. Die Vertriebsbemühungen von Porsche erstrecken sich vor allem auf den entscheidenden USA-Absatzmarkt. Aber hier gehen in den 80er Jahren durch die weltweite Wirtschaftskrise die Verkäufe für die »Allgemeine Luftfahrt« um fast 90% – und entsprechend der Motorenabsatz zurück. 1988 fliegen erst 40 Flugzeuge mit dem Porsche-Motor, darunter etwa 25 »Remorqueur«-Schleppflugzeuge und etwa 10 Mooney M 231.

Nach Produktion von ca. 140 PFM 3200 werden im Februar 1990 bei Porsche alle Arbeiten eingestellt, weil »die Markterwartungen sich nicht erfüllt haben«. Zweifellos konnte der PFM 3200 erhebliche Vorteile gegenüber den konventionellen USA-Boxermotoren erzielen:

- ☐ Niedrigere Betriebskosten durch 10 bis 15% geringeren Verbrauch und relativ billiges Tankstellen-Super (für den USA-Markt aber unbedeutend!),
- ☐ günstige Gebläsekühlung mit gleichmäßigen und niedrigen Motortemperaturen,
- ☐ erhebliche Pilotenentlastung durch Einhebel-Motorbedienung, wichtig vor allem bei häufigen Kurzzeit-Flugintervallen (z. B. Segelflugzeugschlepp),
- ☐ wirksame Schalldämpfung durch Hochleistungs-Ansaug- und Auspuffdämpfer sowie durch niedrigere Propellerdrehzahl.

Als nachteilig ergaben sich dagegen:

- ☐ relativ großer Gewichts- und Raumbedarf durch Getriebe, Kühlgebläse, Ölkühler, Batterie-Doppelzündung mit zwei Generatoren, ferner durch besonders wirksame Schalldämpfer,
- ☐ höhere Anschaffungskosten durch anspruchsvollere Triebwerkstechnik einschließlich Verstellpropeller.

Wieder hat sich die Erfahrung bestätigt, daß die Übertragung von Kfz-Technik auf ein Hochleistungs-Flugtriebwerk große Zusatzkosten für die Entwicklungsprozedur und die Fertigungsqualität erfordert. Entscheidend für den Porsche-Fehlschlag war aber der unerwartete Verfall der Weltwirtschaftslage seit Mitte der 80er Jahre, also das Konjunkturfiasko auf dem Weltmarkt, verbunden mit ungünstiger Dollarparität und der erweiterten Produzentenhaftung in den USA. Ferner blockierte der starke Umsatzeinbruch auf dem vorher gewinnträchtigen Kfz-Absatzmarkt bei Porsche weiteren Entwicklungs- und Vertriebsaufwand für den Flugmotor.

Konkurrenzlos. Lycoming-Boxer für die »E«-Klasse

Nach dem Ausfall des Porsche-Flugmotors und wegen der geringen Aktivität von Continental bleibt die Leistungsklasse über 75 kW (100 PS) für die Reise- und Sportflugzeuge sowie die Trainer der »E«-Kategorie gegenwärtig den Lycoming-Boxermotoren vorbehalten. Mit diesen werden seit Mitte der 80er Jahre folgende neuen Muster (durchweg GFK-Bauweise) ausgerüstet: Die Valentin 17 S »Taifun« (1991) mit dem O-235-H2C von 85 kW (115 PS), die H 40 von Hoffmann (1991) mit der 85 kW/116 PS-Baureihe O-235-P2A. Mit dem 5,9 l-AEIO-360-B1F von 132 kW (180 PS) fliegt die ebenfalls vom Motorsegler abgeleitete Grob G 115D (1987).

In einer Reihe neuer, größerer Flugzeugtypen wird das Sechszylindermuster »540« mit 8,9 l Hubraum eingesetzt: Die Ruschmeyer R 90-230RG (1990) hat den Einspritzer IO-540-C von 185 kW (250 PS), die Grob GF 200 (1991) mit Druckpropeller den Einspritz-Höhenmotor TIO-540-AF1A von 200 kW (270 PS). Für diese beiden war ursprünglich der Porsche PFM 3200 vorgesehen. Der Einbau einer Propellerturbine wird erwogen.

Kunstflugtaugliche Versionen des »540« fliegen im Grob-Übungsflugzeug G 115T (1989) und in der Extra EA 260 (1988) mit dem AEIO-540-D von 190 kW (260 PS). Die stärkere Baureihe AEIO-540-L1B5 von 220 kW (300 PS) wird in den Extra-Typen EA 300 bzw. 300S (1991/92) sowie im FFT-»Eurotrainer« (1989) eingesetzt, im letzteren auf 200 kW (270 PS) gedrosselt (»flat rated«).

Motorisierung von leichtem Fluggerät seit 1980

Von USA ausgehend beginnt man in den 80er Jahren auch in Deutschland mit dem Bau besonders einfacher und leichter, anspruchsloser und schwach motorisierter, sogenannter UL (Ultraleicht)-Flugzeuge, die einen neuen Abschnitt im Flugsport einleiten. Seitdem setzt sich diese Entwicklung – beeinflußt durch eine ungünstige Wirtschaftslage – mit der Motorisierung von Trikes (Flugdrachen), Hängegleitern, sogar von Gleitschirmen fort und trägt dazu bei, den Flugsport volkstümlicher zu machen. Solch motorisiertes Leichtfluggerät findet bereits auch breite Nutzan-

wendung wie z. B. für Luftbildaufnahmen, Bodenbeobachtung und -überwachung, bis zu Forschungs- und Expeditionsflügen (siehe das Kapital »Ultraleichtflugzeuge«).
Hand in Hand mit der Schaffung von besonders leichtem und preiswertem Fluggerät geht die Entwicklung anspruchsloser und billiger Kleinflugmotoren. Für diesen Zweck erweist sich gerade der Zweitaktmotor durch sein niedriges Leistungsgewicht sowie seine relativ geringen Entwicklungs- und Herstellungskosten, also sein günstiges Preis-Leistungs-Verhältnis, als hervorragend geeignet. Hauptvertreter dieser Entwicklung von Zweitakt-Kleinflugmotoren sind Göbler-Hirth und König sowie die österreichischen Rotax-Werke mit modernen, meist aus Großserien abgeleiteten Zweitaktmotoren.
Die Firma Göbler übernahm 1975 nach Schließung der Hirth-Motoren KG deren Produktionsrechte und einen Teil der Fertigungsanlagen. Seitdem befaßt sich »Göbler-Hirth« als größter deutscher Hersteller mit Entwicklung und Großserienbau von luftgekühlten Hochleistungszweitaktern für Stationär- und Fahrzeugantrieb, auch für Land- und Forstwirtschaft sowie zunehmend für die Luftfahrt, besonders für Leichtflugzeuge jeder Art. Die systematische »Baukasten«-Methode erlaubt die rationelle Fertigung einer breiten Typenpalette mit Großserienteilen. Für Luftfahrtzwecke werden die Zweitaktmotoren als Einzylinder, Reihen-Zweizylinder und als Zwei- oder Vierzylinder-Boxer geliefert. Wahlweise angeboten werden Doppelzündung, Doppelvergaser, Stauluftkühlung statt Kühlgebläse und Riemen- bzw. Zahnradgetriebe, z. T. sogar »tuning kits« für Leistungssteigerung. Zur Anpassung an die Einbau- und Kühlbedingungen lassen sich die Reihenmotoren auch liegend oder hängend anbringen und die Zylinderköpfe mit schräg gestellten Kühlrippen liefern.
Aus der kleineren Baureihe 260 mit 56 mm Hub wird besonders der 0,38-l-Typ 263 mit 21 kW (28 PS) bei 6000 min^{-1} seit 1981 in vielen UL-Flugzeugen verwendet. Von der größeren (2700er)-Reihe mit 64 oder 69 mm Hub, die um 1987 entstand, werden hauptsächlich der 0,52 l-2703 mit 38 kW (52 PS) bei 6500 min^{-1} und ferner mit gleichem 0,63-l-Hubraum die Typen 2704 und 2705 geflogen. Letzterer leistet als Zweivergasermotor sogar 47 kW (65 PS) bei 6200 min^{-1}.
Daneben sind auch Typen der Boxerbauart (mit Zylindern und Kurbeltrieb der Reihenmotoren) im Lieferprogramm, die speziell für die Luftfahrt verwendet werden. Dazu gehört der seit 1988 gebaute 0,52-l-Zweizylinder-Boxer F 23 (mit vielen Bauteilen des 2703), weiterentwickelt zu dem ab 1990 gelieferten 1,04-l-Vierzylinder F 30. Mit vier Vergasern leistet dieser F 30 bis 95 kW (130 PS) bei 6200 min^{-1} und fliegt in Leichtflugzeugen wie auch z. B. in ausländischen Kleinhubschraubern. 1994 folgt als stärkster Göbler-Flugmotor der 1,25-l-Vierzylinder-Boxer F 40, der als Viervergasertyp sogar bis 110 kW (150 PS) bei 6000 min^{-1} liefert. Von dessen Bauteilen abgeleitet, erscheint 1994 als kleinster Göbler-

Speziell auf Leicht- und Ultraleichtflugzeuge ist das von Großserien-Industriemotoren abgeleitete Programm der Firma Göbler-Hirth ausgerichtet. Im Baukastensystem entstanden Zweitakt-Motoren von 28 bis 150 PS, wie dieser 95 PS-Vierzylinder-Boxer F 30.

Flugmotor der luftgekühlte Einzylinder F 33 mit 18,5 kW (25 PS) bei 4500 min^{-1}. Er ist zum Einbau in Paraglider bestimmt. Damit ist für die Leichtflugzeugentwicklung neues Leistungspotential verfügbar. Seine Brauchbarkeit in größerem Umfang muß sich erst herausstellen, wie z. B. die kritischen Zweitaktprobleme (Kühlung, Verbrauch, Verschleiß) lösbar sind. Göbler arbeitet deshalb auch an der Kraftstoff-Einspritzung sowie an der Getrenntschmierung als Ersatz der üblichen Benzin-Ölmischung. Geliefert wurden bis Mitte 1994 schon etwa 30 000 Göbler-Motoren für die Luftfahrt des In- und Auslandes.

Von 1980 an gehört der durch seine Bootszweitakter bereits seit 1927 bekannte König-Motorenbau zu den Hauptlieferanten luftgekühlter Kleinflugmotoren für UL's, Trike's, Gleitschirme u. a. Als erstes brachte er den 0,43-l-Dreizylinder-Typ SC 430 in Sternbauart heraus, der mit Einlaßdrehschieber 17,5 kW (24 PS) bei 4200 min^{-1} leistet und mit Anlasser, Schalldämpfer sowie Propeller nur 16 kg wiegt. Er wird vielfach im In- und Ausland (teilweise mit Zahnriementrieb untersetzt) geflogen. Für gleiche Verwendung in derselben Sternbauart wird seit 1981 außerdem der 0,57-l-Vierzylinder SD 570 mit 21 kW (28 PS) bei 4200 min^{-1} eingesetzt, der weitgehend gleiche Bauteile wie der Dreizylinder besitzt. Alle König-Motoren haben als Besonderheit ein durch abgedichtete Trennscheiben für jeden Zylinder unterteiltes Kurbelgehäuse, so daß die einfache Kurbelkasten-Spülpumpe auch beim Stern-Zweitakter anwendbar ist, allerdings konstruktiv begrenzt mit vier Zylindern. Bis Anfang 1994 waren etwa 1500 König-Kleinflugmotoren ausgeliefert, davon ca. 1200 Stück des SC 430.

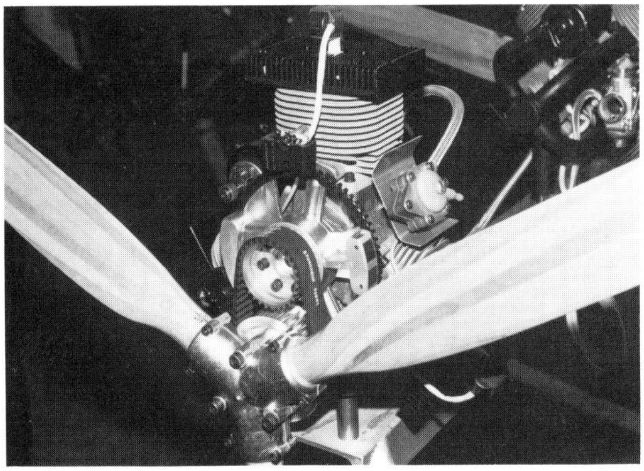

Die aus Bootsmotoren entwickelten Zweitakter von *König* gibt es als Drei- und als Vierzylinder-Sternmotoren, oft mit Zahnriementrieb untersetzt.

Die österreichische Rotax-Motorenfabrik, die zum kanadischen Bombardier-Großkonzern gehört, ist auf dem internationalen Markt der Kleinflugmotoren führend. Ihre Zweitakter konkurrieren seit etwa 1982 mit Göbler-Hirth. Die gebläsegekühlten Reihen-Zweizylinder-Typen 377, 447 und 462 mit 0,37- bis 0,46-l-Hubraum und Leistungen von 26 bis 38 kW (35 bis 51 PS) bei 6500 min^{-1} werden in zahlreichen UL's sowie sonstigen Leichtflugzeugen und Motorseglern eingesetzt. Für dieselben Aufgaben werden seit Ende der 80er Jahre auch die stärkeren Muster der 500er Baureihe verwendet. Bei 0,5- bis 0,58-l-Hubraum erzielen der Zweivergaser 503 sowie die Typen 532 und 582 (zusätzlich mit Einlaßdrehschieber und wassergekühltem Zylinderkopf) 37 bis 48 kW (50 bis 64 PS) bei 6500 min^{-1}. Noch leistungsfähiger ist das für UL's vorgesehene ebenfalls wassergekühlte Muster 618. Mit zusätzlichem einstellbarem Auslaßschieber (RAVE) gibt es bei 0,62-l-Hubraum bis 55 kW (74 PS) für 6750 min^{-1} ab, also sogar 90 kW-(120 PS-)Literleistung. Fast alle Typen sind auch mit Zahnradgetriebe lieferbar (gearbox).

Ganz neu im Rotaxprogramm sind seit 1989 die obengesteuerten (OHC)-Viertakter, die als Vierzylinder-Zweivergasertypen 912 und 914 in Boxerbauart mit gleichem 1,2-l-Hubraum besonders in Motorseglern eingesetzt werden. Der 912 leistet 59 kW (80 PS) bei 5500 min^{-1} und dessen 1995 gelieferte Weiterentwicklung 914 mit Turboaufladung sogar bis 86 kW (115 PS) bei 6000 min^{-1}. Beide Viertakt-Boxer konkurrieren als Motorseglerantrieb mit den L 2400-Limbach-Typen gleicher Bauart, vor allem mit dem neuen wassergekühlten Einspritzer L 2400EFI. In demselben Leistungsbereich bei gleicher Boxer-Bauform liegen die Göbler-Hirth-Zweitakter F 30 und F 40. Interessante Vergleichsergebnisse sind zu erwarten.

Nachdem Solo die Fertigung ihres Zweitakt-Vierzylinder Boxer-Flugmotors Typ 560 an die später von Göbler übernommene Hirth Motoren KG 1965 abgegeben hatte, brachte sie nach langer Unterbrechung 1983 mit dem Solo

Zweizylinder-Zweitaktmotor Rotax 503 UL von 37 kW (50 PS) Startleistung mit Gebläsekühlung und Doppelzündung.

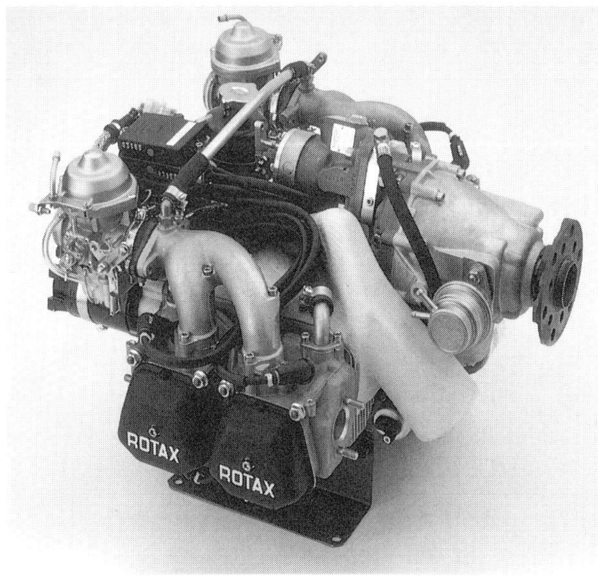

Vierzylinder-Viertakt-Boxermotor Rotax 912 UL von 59 kW (80 PS) Startleistung mit flüssigkeitsgekühlten Zylinderköpfen und luftgekühlten Zylindern.

2350 wieder einen Zweitakt-Kleinflugmotor auf den Markt. Mit 0,43-l-Hubraum leistet dieser Zweizylinder der Reihenbauart 19,6 kW (26,6 PS) bei 5500 min^{-1}. Mit dem Solo 2350C erscheint 1989 eine leistungsstärkere Zweivergaser-Baureihe von 22 kW (30 PS) bei 6500 min^{-1}, beide mit Riemengetriebe. Sie werden auf dem »Ventus«-Motorsegler von Schempp-Hirth, auf Technoflug »Piccolo« und auf Neukom AN-22 eingesetzt.
Bis Anfang 1994 lieferte Solo ca. 600 Motoren des Musters 2350 aus.

Fast 30 Jahre nach *Hanno Fischers* Versuchen mit Wankel-Triebwerken (siehe früheres Kapitel) bringt die Wankel Rotary GmbH 1992/93 eine Reihe ganz neu entwickelter wassergekühlter Einscheiben- und Zweischeiben-Kleinflugmotoren in der Klasse 25 bis 75 kW (35 bis 100 PS) heraus. Sie befinden sich in der Flugerprobung.
Alle Muster haben ein Gesamt-Kammervolumen von 0,407 l pro Scheibe. Die LCR-Typen (Liquid Cooled Rotor) arbeiten mit 80:1-Benzin-Ölgemisch, das durch den Gehäuseraum (wie beim Kolbenzweitakter) zur Schmierung von Rotorlager und Exzenterantrieb sowie zur Rotorkühlung und von dort in den Brennraum geleitet wird. Dagegen erfolgt bei den LOCR-Typen (Liquid Oil Cooled Rotor) zur Verringerung der Füllungsverluste die direkte Einströmung reinen Benzin-Luft-Gemisches vom Vergaser in den Brennraum, die Ölzufuhr aber getrennt mit Druckumlaufschmierung und Ölsumpf, die Rotorkühlung durch Spritzöl. Sonstige Bezeichnungen bedeuten: 407 bzw. 814-Gesamt-Kammervolumen in cm^3, SG bzw. TG = Single bzw. Twin Gasoline, also Ein- bzw. Zweischeiben-»Benziner«. Entsprechende Dieselversionen SD bzw. TD werden bisher (seit 1993) nur in USA-Aufklärungs-Drohnen getestet. Dies sind »Mitteldruckmotoren« (Verdichtung rd. 10), die im Vielstoffbetrieb mit Einspritzung von Diesel- oder Jet-Kraftstoff (Kerosine u. a.) und Fremdzündung arbeiten, also keine (echten) »Dieselmotoren«.
Seit 1992 befindet sich der LCR 407SG mit 26 kW (35 PS) bei 6000 min^{-1} in Flugerprobung, und zwar auf der Ikarus C22, außerdem im Schempp-Hirth-Motorsegler »Ventus« als Klapptriebwerk, das in den Rumpfrücken einschwenkbar ist. Der Motor ist dabei in Rumpfmitte zusammen mit besonders wirksamen Schalldämpfern (»Silent Power«) eingebaut. Ferner erprobt wird der Zweischeiben-Wankel LCR 814TG mit 37 kW (50 PS) bzw. als Zweivergaser mit 48 kW (65 PS) bei 6000 min^{-1} auf einer B & F-FK9 und der spritzölgekühlte LOCR 407SG von 37 kW (50 PS) auf dem Para-Trike des *Markgrafen Max von Baden.*
Sehr vorteilhaft wirkt sich der besonders vibrationsarme Lauf der Wankelmotoren z. B. bei den leichtgebauten ULs und Trike's aus.
Im Flugbetrieb müssen sie noch ihre Konkurrenzfähigkeit gegenüber modernen Hochleistungszweitaktern beweisen, z. B. hinsichtlich

- ☐ leistungsspezifischer Gewichts- und Raumbilanz der eingebauten Triebwerksanlage,
- ☐ Kostenaufwand für das komplette Antriebssystem im Einbauzustand,
- ☐ Wartbarkeit und Betriebssicherheit,
- ☐ Lärm- und Schadstoffemissionen,
- ☐ Betriebskosten für Kraftstoff und Schmierstoff sowie für Wartung, Reparatur und Überholung (TBO?) im praktischen Flugbetrieb.

Erst dann zeigt sich, ob dem Wankelmotor der Durchbruch als Luftfahrzeugantrieb gelingen kann.

Bei der Michael Zoche-Antriebstechnik befinden sich seit längerem für die Luftfahrt fortschrittliche Zweitakt-Dieselmotoren der Vierzylinder-Sternbauart und – mit vielen gleichen Bauteilen davon abgeleitet – auch als Doppelstern-Achtzylinder im Prüfstandsversuch. Sie sind mit 2,7- bzw. 5,3-l-Hubraum, Verdichtung 17 und Leistungen von 110 bzw. 220 kW (150 bzw. 300 PS) bei 2500 min^{-1} für Vielstoffbetrieb (Diesel- oder Kerosin/Jet-Kraftstoffe) ausgelegt und haben Hochdruck-Direkteinspritzung, Schnürle-Umkehrspülung mit hintereinandergeschaltetem Getriebe- und Abgasturbolader. Die Eignung dieser Zoche »aero diesel« für die hohen Ansprüche als Luftfahrzeugantrieb und im Wettbewerb mit den bewährten, aber konventionellen USA-Boxermotoren kann erst die Flugerprobung erweisen.

Der 300 PS-Zoche-Achtzylinder-Doppelstern-Zweitakt-Dieselmotor ZO 02A mit Zweistufen-Aufladung befindet sich in Entwicklung.

Tabellen: Daten der Flugmotoren

In den folgenden Tabellen sind (falls verfügbar) die vom Hersteller selbst angegebenen Daten, anderenfalls die glaubwürdigen, von einschlägigen Fachzeitschriften veröffentlichten Angaben aufgeführt.

Leistungsangaben

1. Die **Höchstleistung** (kW/PS) **und** die **zugeordnete Drehzahl** sind die maßgebenden Größen für das Leistungspotential des Flugmotors. Sie werden am Prüfstand unter Boden- bzw. Höhenbedingungen gemessen. Manchmal werden verschiedene Höchstleistungen für ein Motormuster angegeben, vor allem wenn mit zunehmender Betriebsreife eine höhere Spitzenleistung zugelassen wird oder eine neue Baureihe entsteht. In den Tabellen sind die erreichten Höchstwerte enthalten.
Der Flugzeughersteller bestimmt durch die Einbaubedingungen des Triebwerks zusammen mit dem Propeller, wieweit diese Höchstleistung ausgenutzt werden kann.
2. Die Angabe der **Nennleistung** (Rated power) ist für die Zulassung sowie zur Klassifizierung eines Motormusters erforderlich. In Deutschland und häufig auch international bezeichnet man als »Nennleistung« im Normalfall meist die Höchstleistung im **Dauerbetrieb.** Bei schwierigen Betriebsbedingungen oder besonderen Sicherheitsanforderungen (Hubschrauber u. a.) kann sie gegenüber dem Normalwert herabgesetzt werden (»Reduz. Nennleistung« = Derated power).
3. **Bauart-Kurzzeichen**
Ziffer »1« bzw. »2« usw. für Zylinderzahl, B Boxermotor, F Fächermotor, R Reihenmotor, (D)St (Doppel-)Sternmotor, U Umlaufmotor, V V-Motor, hg Zylinder hängend, Zt Zweitakt (Viertakt ohne Zeichen), E Einspritzer, L Luftkühlung, K Kühlgebläse, W Wasserkühlung, Gl Getriebelader, Tl Turbolader, D Bohrung, S Hub, aW auf Wunsch.
4. **Muster-Kurzzeichen** von Textron-Lycoming und (ab 1954) auch von Teledyne-Continental:
G (Geared) mit Getriebe, I (Injection) Kraftstoffeinspritzung, O (Opposed Cyl.) Boxer, S (Supercharged) Getriebelader, T (bzw. TS bei Continental) Turbolader.
Ferner bei Lycoming:
A bzw. AE (Aerobatic Engine) Kunstflugmotor volltauglich mit Trockensumpf bzw. für beschränkten Kunstflug modifiziert (Naßsumpf geändert).
Die dreistellige **Grundzahl** gibt den Hubraum in cubic inches an. Die nachgestellten Buchstaben kennzeichnen z. B. die Propellernabe, Hilfsgeräte usw.
5. **Herkunftsland ausländischer Motoren**
Folgende Abkürzungen (entsprechend den nationalen Flugzeugkennzeichen):
F Frankreich, G Großbritannien, N USA, OE Österreich, OK Tschechoslowakei, SE Schweden, HB Schweiz

1. Phase bis 1914: Daten der Flugmotoren

Einbau ab Baujahr	Hersteller, Typ (»Nennleistung«)		Bauart	Hubraum V_H (l) / D × S (mm)	Höchstleistung kW (PS) / Drehzahl (min^{-1})	Verdichtung / (Getriebeunters.)	Masse (kg)	Bemerkungen (Einbau u. a.)
Deutschland								
1908	Argus		4 R W	6,3	38 (52)		120	Aviatik, Geest, Goedecker,
		(50 PS)		120 × 130	1200	(–)		Fokker, Harlan
1909	Argus		4 R W	6,9	51 (70)		130	Aviatik, FF, Geest,
		(70 PS)		130 × 130	1340	(–)		Goedecker, Harlan
1912	Argus		4 R W	8,6	73 (100)		170	Aviatik, Harlan, Otto
		(100 PS)		140 × 140	1300	(–)		
1910	Daimler-	C 4 F	4 R W	4,1	36 (49)		100	Dorner
	Mercedes	(50 PS)		100 × 130	1400	(–)		
1911	Mercedes	E 4 F	4 R W	6,4	52 (71)		130	Albatros
		(75 PS)		120 × 140	1300	(–)		
1912	Daimler-	E 6 F	6 R W	9,5	73 (100)		205	Rumpler
	Mercedes	(100 PS)		120 × 140	1350	(–)		
1910	Escher	12/15	2 B L	1,9	11 (15)		60	Ursinus
		(16/20 PS)		110 × 120	1350	(–)		
1908	Grade		6 ZtV L	2,9	26 (36)			Grade
		(36 PS)		85 × 85	1700	(–)		
1909	Grade	16/24	4 ZtV L	1,9	17 (24)		40	Grade f. Lanz-Preis
		(24 PS)		85 × 85	1700	(–)		
1912	Grade	24/30	4 ZtV L	2,7	22 (30)			Grade, Type A und B
		(30 PS)		95 × 95	1800	(–)		

Einbau ab Baujahr (Herkunft)	Hersteller, Typ (»Nennleistung«)		Bauart	Hubraum V_H (l)	Höchst-leistung kW (PS)	Verdichtung	Masse (kg)	Bemerkungen (Einbau u. a.)
				D × S (mm)	Drehzahl (min^{-1})	(Getriebe-unters.)		
1912	Grade usw.	30/45 (45 PS)	4 ZtV L	3,7 105 × 105	33 (45) 1800	(–)		Grade, Type C
1912	Haacke	25/30 (25 PS)	3 F L	3,1 105 × 120	22 (30) 1400	(–)	ca. 60	Schulze
1911	Körting	4 L 111 (40 PS)	4 R W	5,5 116 × 130	31 (42) 1400	(–)	116	Dorner T III
1911	RAW	30/35 (30 PS)	3 F L	3,4 105 × 130	22 (30) 1350	(–)	45	Deicke
1910	Rumpler	Aeolus (50 PS)	8 V W	6,9 105 × 100	38 (52) 1500	(–)	90	Rumpler Taube
Ausland								
1903 (N)	Wright		4 R W	3,4 101,4 × 101,4	8,8 (12)	(Kette)	100	1. Motorflug
1908 (F)	Antoinette	(50 PS)	8 V W	8,0 110 × 105	40 (55) 1200	(–)	95 (147 m. Kühler + Wasser)	Albatros, Euler, Rumpler
1908 (F)	Anzani	(12 PS)	3 F L	1,7 85 × 100	9 (12) 1800	(–)	60	Deicke
1909 (F)	Anzani	(25/30 PS)	3 F L	3,4 105 × 130	18 (25) 1350	(–)	73	Goedecker, Hanuschke
1911 (F)	Anzani	(50 PS)	3 F L	6,5 135 × 150	37 (50) 1400	(–)	75	Schulze
1908 (F)	Gnome	Omega (50 PS)	7 U L	8,0 110 × 120	37 (50) 1200	(–)	75	Euler, Hanuschke, Wienczers
1910 (F)	Gnome	Gamma (70 PS)	7 U L	11,1 130 × 120	51 (70) 1200	(–)	88	Geest

2. Phase 1919–1940: Daten der Flugmotoren

Einbau ab Baujahr	Hersteller, Typ (»Nennleistung«)		Bauart	Hubraum V_H (l)	Höchst-leistung kW (PS)	Verdichtung	Masse (kg)	Bemerkungen (Einbau u. a.)
				D × S (mm)	Drehzahl (min^{-1})	(Getriebe-unters.)		
Deutschland								
1929	Argus	As 8 (80 PS)	4 Rhg L	6,33 120 × 140	70 (95) 1600	5,3 (–)	112	Albatros L 100/L 101, Arado L II, Klemm L 26 Messerschmitt M 23 b/c
1930	Argus	As 8A-1, A-2	4 Rhg L	6,33 120 × 140	81 (110) 2100	(–)	112	Arado L II a, Espenl. E 14, Klemm L 25 E u. a.
1931	Argus	As 8A-3, A-4	4 Rhg L	6,33 120 × 140	88 (120) 2100	(–)		Alb. L 101 C, Mtt. M 27b, DFS Delta III, 40 (u. a.), Klemm L 26a, L 27, KL 31
1932	Argus	As 8R	4 Rhg L	6,33 120 × 140	110 (150) 2300	5,9 (–)	113	Aka. Darmst. D 22, KL 32, He 64A, M 29a, RK 25/32 (u. a.)

Einbau ab Baujahr	Hersteller, Typ (»Nennleistung«)		Bauart	Hubraum V_H (l) D × S (mm)	Höchst-leistung kW (PS) Drehzahl (min^{-1})	Verdichtung (Getriebe-unters.)	Masse (kg)	Bemerkungen (Einbau u. a.)
1931	Argus	As 8B	4 Rhg L	6,33 120 × 140	99 (135) 2200	 (–)	118	Alb. L 101 D, Av 69 A, Fw 44C/E, Ha 136 B, He 72 A/C (u. a.)
1933	Argus	As 10C-2 C-3[1]	8 Vhg L	12,67 120 × 140	176 (240) 2000	5,9 (–)	193	Ar 66, 76, 77, 96, Alb. L 102, Ao 192, Do 12 A, Fi 156, Fw A 43, He 74, HS 121/125, Kl 35/151, Bf 108 B, Si 201
1938	Argus	As 10E	8 Vhg L	12,67 120 × 140	200 (270)	 (–)		Ago Ao 192
1932	Argus	As 16	4 B L	2,01 82 × 95	29 (40) 2500	5,0 (–)	68	Fieseler F 4, GMG V, Klemm L 30
1934	Argus	As 17A	6 Rhg L	8,82 120 × 130	165 (225) 2400	6,3 (–)	162	Fi 97, KL 36 A, Mtt. Bf 108
1926	Benz	Bz IV	6 R W	18,82 145 × 190	170 (230) 1400	5,0 (–)	370	Raab-K. RK 8 »Marabu«
1922	BMW	R32	2 B L	0,49 68 × 68	6 (8) 3300			Budig
1923	BMW	III a	6 R W	19,08 150 × 180	165 (225) 1400	6,5 (–)	285	Hüffer H 9, Junkers A 20b/H 21
1930	BMW	X	5 St L	2,16 83 × 80	48 (65) 3000	6,3 (0,5)	80	Aka Breslau SN 1 u. 2
1932	BMW	X a	5 St L	2,92 [2]90 × 90/92,5	44 (60) 2050	5,7 (–)	73	Gerner G II Rb, Klemm L 25b/c, Mtt. M 31, Müller GMG V
1925	Bolle & Fiedler		3R Zt W		22 (30)	(–)		Caspar CT 3
1936	Breuer	9-091	5 St L	2,24 82 × 85	33 (45) 2500	6,0 (–)	45	FAG Hambg. 1
1938	Bücker	M 700	4 Rhg L		59 (80) 2500	 (–)		Bücker Bü 180 C und Bü 182 Kornett
1924	Daimler Mercedes	D I	6 R W	9,50 120 × 140	77 (105) 1400	4,5 (–)	187	CT 1/2/5/23, Fw A 16a, HD 21/29/35, LFG V 26, V 39/42, DLFW B I
1925	Daimler Mercedes	D II[3]	6 R W	11,04 125 × 150	90 (122) 1400	4,5 (–)	205	CT 4/C 24, Fw A16/A20 HD 21/29, DLFWB II, LFG V 39, RK6 Kranich
1924	Daimler Mercedes	DF 80	6 R W	7,2 105 × 140	66 (90) 1390	4,6 (–)	150	Caspar C 23 u. CT 1
1925	Daimler Mercedes	D II a[4]	6 R W	11,04 125 × 150	110 (150) 1550	6,0 (–)	200	Caspar C 24 u. CT 4
1923	Daimler Mercedes	F 7506	6 StZt L	2,65 75 × 100	16 (22) 2850	4,8 (0,33)	126	Klemm L 15 W u. L 18 W, L 20a u. L 20C1W
1925	Daimler Mercedes	F 7502[5] (20 PS)	2 B L	0,88 75 × 100	17 (23) 3000	5,8 (0,33)	49	Aka Berlin AB4, Klemm L 20/21/22/25, Alpha, Espe E 15, Mtt. M 23a (u. a.)
1927	Daimler Mercedes	F 1A	3 St L	1,49 78 × 104	25 (34)[6] 3000	6,0 (0,33)	57	Klemm L 25a

[1] As P wie As 10 C2/C3, aber mit Elektrostarter

[2] BMW Xa mit Nebenpleuel

[3] Auch die Nachkriegsfertigung (Typ D IIa) mit Leichtmetallkolben, siehe unter D IIa

[4] Nachkriegs-Neufertigung des D II

[5] F 6902 als Vorläufer mit 0,75 l-Hubraum (DxS = 69 × 100 mm) und 15 kW bei 3000 min^{-1}. F 7502b als Weiterentwicklung mit 18 kW (24 PS) bei 3000 min^{-1} und 6,0 Verdichtung

[6] F 1A-1 als Weiterentwicklung mit 37 kW (50 PS) bei 3200 min^{-1} und 6,3 Verdichtung

Einbau ab Baujahr	Hersteller, Typ (»Nennleistung«)		Bauart	Hubraum V_H (l) D × S (mm)	Höchstleistung kW (PS) Drehzahl (min⁻¹)	Verdichtung (Getriebe-unters.)	Masse (kg)	Bemerkungen (Einbau u. a.)
1926	Deicke	Typ 1	2 BZt L	0,54 70 × 70	9 (12)	 (Getr.)		Deicke Hochdecker
1930	Deicke	Typ 2 (20 PS)	2 BZt L	0,54 70 × 70	13 (18)	6,6 (0,5)	30	Deicke Doppeldecker
1935	Deicke	ADM 7	2 BZt L	0,75 78 × 78	13 (18)[7] 2600	5,8 (–)	28	Deicke ADM 11
1928	DKW	Typ 1	2 BZt L[8]	0,35 59 × 64	6 (8)	 (–)		DFS »Storch«
1927	DKW	Typ 2	2 BZt L[9]	0,41 64 × 64	8 (11)	 (–)		Ing. Sch. Friedberg Martens MM3
1929	DKW	Typ 3	2 BZt L[10]	0,49 68 × 68	10 (13)	 (–)		Versuch
1929	DKW	J	2 RZt L[11]	0,58 74 × 68	9 (12)	 (aW Getr.)		Mehr Me 3, Ursinus, DFS Hummel
1932	DKW	P-W (15 PS)	2 RZt W[12]	0,58 74 × 68	13 (18) 3500	6,2 (0,42)	40	Mehr Me 5, Erla 4a, Klemm L 33, Mtt M 33
1934	DKW	FL 600W (18/20 PS)	2 RZt W[12]	0,58 74 × 68	15 (20) 4000	6,6 (0,39–0,42)	41	Erla 5 (Me 5a), Saurma GS4 Milan
1933	Festenberg-Pakisch	FB1	2 RZt L		24 (32)	 (–)		Wagener HW 4a
1934	Festenberg-Pakisch	FB2	4 VZt L		30 (40)	 (–)		Wagener HW 4a
1932	Grade	Igel A (30 PS)	4 RZt L	1,33 65 × 100	22 (30) 1800	5,0 (–)	30	Richter, Gruse Bo 15/1, Wagener HW 4a
1922	Haacke	HFM 2 (30 PS)	2 B L	2,76 112 × 140	22 (30) 1500	 (–)	60	Udet U1/U2, Entler E1 Sablatnig KE 2
1923	Haacke	HFM 3 (45 PS)	3 St L	4,70 112 × 140	35 (48) 1450	 (–)	110	Dietrich-Gobiet DP VI, Entler E 2, Stahlw. Mark R IIIb/23
1923	Haacke	HFM 2a (30 PS)	2 B L	3,17 120 × 140	25 (34) 1320	 (–)	67	Akafl. Darmst. D 8, Alb. L 66, St. Mark R IIIa
1923	Haacke	HFM 3a (15 PS)	3 St L	1,42 74 × 110	12 (17) 1700	 (–)	40	Versuch
1924	Haacke	HFM 6 (100 PS)	6 D St L	9,50 120 × 140	75 (100) 1380	 (–)	150	Versuch
1923	Hirth	 (15 PS)	3 × 2 StZt W[13]	0,37 36 × 60	11 (15) 4000	 (–)		Aka Darmst. Mohamed D 11, Hirth A
1924	Hirth	 (20 PS)	2 × 2 BZt W[13]	0,50 46 × 75	15 (20) 4000	 (–)		Bahnbed. BAG E I, Hirth A I und B II
1925	Hirth	 (40 PS)	4 × 2 StZt W[13]	1,00 46 × 75	30 (40) 4000	 (–)		Hirth B I und A II
1930	Hirth	HM 60 (60 PS)	4 Rhg L	3,46 100 × 110	52 (70) 2150	5,3 (–)	82	Fieseler F 5, Gerner G II Rb, Klemm KL 22, L 25, L 30
1931	Hirth	HM 60 R	4 Rhg L	3,59 102 × 110	59 (80) 2400	5,8 (–)	84	Fies. F 5 R, Bü 131 A/D, Gerner GIIRb, He 71, Klemm L 25b, KL 35A
1932	Hirth	HM150 (150 PS)	8 Vhg L	7,20 102 × 110	125 (170) 2250	5,3 (–)	150	Klemm KL 32 KL 32a XII

[7] ADM 7 mit Höchstleistung bis 16 kW (22 PS)
[8] Auch mit Wasserkühlung (8 kW bzw. 11 PS)
[9] Auch mit Wasserkühlung (10 kW bzw. 14 PS)
[10] Auch mit Wasserkühlung (13 kW bzw. 18 PS)
[11] Auch mit Wasserkühlung (12 kW bzw. 16 PS) und auf Wunsch mit Getriebe (0,42 untersetzt)
[12] Wahlweise mit hängenden Zylindern
[13] U-Zylinder, d. h. je zwei Zylinder mit gemeinsamem Brennraum

Einbau ab Baujahr	Hersteller, Typ (»Nennleistung«)		Bauart	Hubraum V_H (l) D × S (mm)	Höchstleistung kW (PS) Drehzahl (min^{-1})	Verdichtung (Getriebeunters.)	Masse (kg)	Bemerkungen (Einbau u. a.)
1933	Hirth	HM 150 U	8 Vhg L	7,20 102 × 110	158 (215) 3000	6,2 (0,6–0,4)	165	KL 32a XII
1934	Hirth	HM 8 U	8 Vhg L	7,96 105 × 115	184 (250) 3000	6,0 (0,6–0,4)	165	Fieseler Fi 97, KL 32 B, KL 36 A, Mtt Bf 108
1934	Hirth	HM 504 A-1, A-2	4 Rhg L	3,99 105 × 115	74 (100)[14] 2500	6,2 (–)	112	Bü 131 B/181 A/134, Ar 79 A, KL 35 B, KL 106/107 u. a.
1934	Hirth	HM 506 A (140)	6 Rhg L	5,98 105 × 115	118 (160) 2500	6,0 (–)	153	Fies. Fi 99, Fi 158, Go 241, KL 32 b/35 B, Bü 133 A
1938	Hirth	HM 508 C	8 Vhg L	7,97 105 × 115	220 (300) 3000	6,0 (0,67)	215	Mtt. Me 108 B
1938	Hirth	HM 508 D	8 Vhg L	7,97 105 × 115	206 (280) 3150	6,0 (0,67)	208	Go 146, He 116 A, Siebel Fh 104 A, Go 146
1938	Hirth	HM 508 E	8 Vhg L	7,97 105 × 115	176 (240) 3000	6,0 (Getr.)		
1937	Hirth	HM 508 F	8 Vhg L	7,97 105 × 115	206 (280) 3150	6,0 (0,67)	210	KL 36 B
1938	Hirth	HM 508 H	8 Vhg L	7,97 105 × 115	176 (240) 3000	6,0 (0,67)	205	Go 146, Fh 104 A/K
1938	Hirth	HM 508 J	8 Vhg L	7,97 105 × 115	190 (260) 3100	6,0 (0,67)		He 116 B
1938	Hirth	HM 508 K	8 Vhg L	7,97 105 × 115	200 (270) 3000	6,0 (0,67)		Focke-W. FW 58 K
1938	Hirth	HM 500 A A-1	4 Rhg L	3,99 105 × 115	77 (105) 2500	6,2 (–)	107	Akafl. Berlin B 9, Bü 131 D u. 181 C/D, Klemm KL 107
1939	Hirth	HM 501 A-1	6 Rhg L	5,98 105 × 115	118 (160) 2500	6,2 (–)	137	Versuch
1939	Hirth	HM 515 A	4 Rhg L	2,98 95 × 105	48 (65) 2100	6,2 (–)	68	Klemm KL 105 Si 202c Hummel
1930	Horex	AFMA	4R L	2,41 80 × 120	33 (45) 3000	 (–)		Gerner G II R
1923	ILO	(5 PS)	2B Zt L	0,33 56 × 66	3,5 (5) 3000	 (–)	15	Aka Münch. M 14, R. Scholz Martens Vampir, Max, Strolch, Ksoll Galgenvogel II Weltensegler Hols der Teufel
1936	ILO	FL 2-400 (20 PS)	2R Zt L	0,80 77 × 86	16 (22) 3000	 (–)	38	FAG Hamburg Kobold, Schneider-Grunau ESM 5
1925	Junkers	L1a, b[15] (70 PS)	6R K	5,65 100 × 120	63 (85) 1850	4,7 (–)	128	Heinkel He 18, Focke-WA 16, Junkers T 19, T 26 D, E, T 29b
1937	Krantter	[16]	4B Zt L	0,51 51 × 62	18 (25) 5500		21	W. Hirth Hi 20 »MoSe«
1932	Kroeber	(Köller) M 3	2B Zt L	0,64 75 × 72	13,5 (18,5) 2700	6,2 (–)	27	Motor Mücke, Motorcondor Motorzögling, Maikäfer Erla 4a, Gruse Bo 15/1, Neuscheler Ne P 38
1937	Kroeber	M 4 (15/18 PS)	2B Zt L	0,64 75 × 72	13 (18) 2700	6,2 (–)	27	Aka Mü. M 13, FAG Chemnitz, FAG Stettin, Erla Me 4a, Hübner Mücke Ing. Sch. Weimar, Möller Stomo 3, Grunau Motor Baby, Leipziger Lerche

[16] 2. Ausführung mit DxS = 52×58 mm (0,49 l Hubraum), um 1941 ebenfalls beim Forschungsinstitut für Kraftfahrwesen und Fahrzeugmotoren der TH Stuttgart FKFS entwickelt

[14] HM 504A-2 mit 77 kW (105 PS) Höchstleistung bei 2530 min^{-1}

[15] L 1 als Vorläufer mit DxS = 96×120 mm (Hubraum 5,21 l) und 58 kW (77 PS) Höchstleistung bei 1800 min^{-1}

Einbau ab Baujahr	Hersteller, Typ (»Nennleistung«)		Bauart	Hubraum V_H (l)	Höchst-leistung kW (PS)	Verdichtung	Masse (kg)	Bemerkungen (Einbau u. a.)
				D × S (mm)	Drehzahl (min⁻¹)	(Getriebe-unters.)		
	Mabeco	gebaut von Siemens & Halske S & H, siehe dort						
1924	Mark, Stahlwerk (30 PS)	St M 3	3 St L	3,12 105 × 120	26 (35)[17] 1420	4,7 (–)	70	St. Mark MDI; Me I, Ib, ME II, MT I, Alb. L 66a, Rieseler R IV, R V
1925	Mark (55 PS)	St M 4	5 St L	5,20 105 × 120	44 (60)[18] 1420	4,7 (–)	104	St. Mark MT I
1925	Mark	St M 5	9 St L	9,35 105 × 120	81 (110) 1420	4,7 (–)	149	Rieseler R IV, Stahlw. Mark MD I, MS II, MS II b
1924	Prüssing-Stenersen	(10 PS)	2B Zt L	0,59 72 × 72	7,5 (10) 1800	(–)	20	Berliner Segelfl. Sperber Martens Moritz, Knorke
1920	RAW	(20 PS)	3 F L		15 (20)	(–)		Sablatnig KE 1a
1927	Schliha	(12 PS)	2B Zt L		9 (12)	(–)		R. Scholz
1933	Schliha	F 1200 (20 PS)	2B Zt L	1,20[19] 94/35 × 100	29 (40) 3600	6,5 (0,5)	36	Erla 6A (Me 06)
1923	Siemens	Mabeco (7,5 PS)	2V L	0,60 70 × 78	8 (11) 3200	4,3 (0,41)		Akafl. Aachen KF
1924	Siemens	Superior (17 PS)	2 L	0,75 78 × 78	12 (16)[20] 3500	5,0 (0,41)	16	Hentzen-Blume Habicht F. Schulz FS 9, FS 10
1922	Siemens	Sh 4 (60 PS)	5 St L	4,71 100 × 120	43 (58) 1500	4,7 (–)	104	Alb. L 59, Bäumer B III, Caspar U I, U II, Dietrich DP II a, VI, IX, VII a, Dornier A Libelle, Entler E II, Fw A16, S1a, S24, Junkers K16, T19, LFG V23, V53, Udet U4, U6, Sablatnig KE 2
1923	Siemens	Sh 5 (80 PS)	7 St L	6,62 100 × 120	57 (77) 1500	4,7 (–)	129	Alb. L6O, Caspar CLE11, 16, Dietrich DP IIa, IX, Dornier Spatz, Fw S1a, Heinkel He3, He18, Junkers K16, T19, Raab-K. KL1 Schwalbe, RK2 Pelikan, Udet U5, U6a, U10, U12a, Flamingo
1924	Siemens	Sh 6 (100 PS)	9 St L	8,48 100 × 120	75 (100) 1500	4,7 (–)	145	Dietrich DP IV, Junkers K16, Udet U 8a
1926	Siemens	Sh 10 (60 PS)	5 St L	4,71 100 × 120	50 (70) 1750	5,6 (–)	117	Alb. L59, L71, Bäumer Schnecke, Dietrich DP VIIa, Udet U10a, U12a
1926	Siemens	Sh 11 (80 PS)	7 St L	6,62 100 × 120	70 (96) 1750	5,6 (–)	138	Alb. L68, Arado S III, Dietrich DP IIa, DS I, Fw S1a, S2, F19 Ente, Grulich S1, LFG V40, V58, BFW 3a, Raab-K. KL1 Schwalbe, KL1a, 1b, RK2d Pelikan, Udet U10a, U12a

[19] Ausführung mit Stufenkolben. Für Motorgleiter Leistung auf 16 kW (22 PS) bei 2100 min⁻¹ gedrosselt

[20] Höchstleistung bis 15 kW (20 PS) bei 4000 min⁻¹

[17] Höchstleistung bis 30 kW (40 PS)

[18] Höchstleistung bis 50 kW (70 PS)

Einbau ab Baujahr	Hersteller, Typ (»Nennleistung«)		Bauart	Hubraum V_H (l) D × S (mm)	Höchst-leistung kW (PS) Drehzahl (min⁻¹)	Verdichtung (Getriebe-unters.)	Masse (kg)	Bemerkungen (Einbau u. a.)
1926	Siemens	Sh 12 (100 PS)	9 St L	8,48 100 × 120	90 (125) 1750	5,6 (–)	173	Alb. L68a, L69, L79, Arado SIa, Dietrich DPIIa, Espenlaub E17, Fw A16c, GL18c, GL22, Junkers K16b, BFW M 1 Sperber, Grulich S I, Raab-K. KL1a, b, c, RK2a, c, Udet U8b, U12b
1928	Siemens	Sh 13 (70 PS)	5 St L	5,20 105 × 120	60 (82) 1750	5,6 (–)	112	Alb. L82b, Dietrich DS I Mtt. M23b, Fw S24b, c
1929	Siemens	Sh 13a	5 St L	5,20 105 × 120	65 (90) 1950	5,6 (–)	102	Mtt. M23b1
1928	Siemens	Sh 14[21] (100 PS)	7 St L	7,27 105 × 120	85 (115) 1750	5,6 (–)	140	Alb. L 82c, Dietrich DP IIa, DS I, Fw A16c, F19a, Mtt M21a, M23b, M26, BFW 3a, Raab K RK2e, RK29
1932	Siemens	Sh 14A	7 St L	7,70 108 × 120	92 (125) 1850	5,3 (–)	135	Aka Darmst. D29, Arado Ar69B, D, Flieg. Sch. Rheinland FR2 Fw 44 A, B, D, Klemm KL31A, L26c, L28, Mtt M29b, Miag MD12
1934	Siemens	Sh 14 A1, A3	7 St L	7,70 108 × 120	110 (150) 2200	5,3 (–)	135	Focke-W Fw 44F
1935	Siemens	Sh 14 A4	7 St L	7,70 108 × 120	120 (160) 2200	6,2 (–)	135	Blohm u. V. Ha 135, 136A Bü 133B, C, Fw 44J Heinkel He 72B, D, Klemm Kl 32b, Mtt M35b, Bf 108C, Wiener-N. Wn 11, 15
1936	Siemens	Sh 25[22]	7 St L	7,03 105 × 116	130 (175) 2275			Focke-W. Fw 44J
1938	Seld	F 2[23]	2 R L	1,00 88 × 82	26 (36) 3800	5,5 (–)	36	Versuch
1930	Ursinus	U 2	2 B L	1,09 85 × 96	15 (20) 2400	 (–)		DFS Delta II, Erla M3, Wagener HW4
1924	Victoria	KR 3	2 B L	0,50 70 × 64	9 (12) 3600	 (Getriebe)		Aka Dresden, Espenl. E7, Mtt. S15 Bubi
1937	Zündapp	9-092A (Z 92)	4 Rhg L	2,00 85 × 88	40 (55) 2550	6,2 (–)	60	Aka Braunschw. LF1 Zaunkönig, Bücker 180A Student, Erla 5D, Fi 253 Spatz, Go 150A, KL 105, Möller Stürmer S, Siebel Si 202b
Ausland								
1924 (G)	ABC	Scorpion (24 PS)	2 B L	1,1 87,5 × 91,44	26 (35) 3500	 (–)	45	Akafl. Aachen, Braunschweig u. Breslau, Caspar C17, Martens MM1 Windhund, Mtt M17, Udet U7, Kolibri

[21] Anfangs als Sh 11a entwickelt
[22] Später als Bramo 325 bezeichnet
[23] Betrieb auch mit hängenden Zylindern

Einbau ab Baujahr	Hersteller, Typ (»Nennleistung«)		Bauart	Hubraum V_H (l)	Höchstleistung kW (PS)	Verdichtung	Masse (kg)	Bemerkungen (Einbau u. a.)
				D × S (mm)	Drehzahl (min^{-1})	(Getriebeunters.)		
	ABC	Scorpion	2 B L	1,49	30 (42)	5,0	49	Flugv. Zeitz u. Zittau, Mtt
		Mk II		102 × 91,44	2800	(–)		M23, Meteor L1, Heppner Victoria, Pelzner Scorpion
1925	Anzani		3 St L	2,00	18 (25)		50	Albatros L67,
(F)		(25 PS)		90 × 105	1800	(–)		Martens MM1 Windhund
1923	Anzani		3 St L	2,29	18 (25)		50	
(F)		(25 PS)		90 × 120		(–)		
1924	Anzani	3 A 2	3 St L	3,12	26 (35)		56	Espenlaub E11a, Gerner GI
(F)		(30 PS)		105 × 120	1700	(–)		BAG DIIa, Raab-K., RK9, GMG I, Ia, II, IIa
1926	Anzani		6 DSt L	4,00	33 (45)		72	
(F)		(40 PS)		90 × 105		(–)		
1927	Anzani	6 A 4	6 DSt L	4,58	40 (55)		72	Blanke-Hoch HB4 Maja
(F)		(50 PS)		90 × 120	1450	(–)		
1922	Anzani		6 DSt L	6,23	44 (60)		85	Stahlw. Mark R III,
(F)		(60 PS)		105 × 120		(–)		Hüffer Bajadere
1925	Anzani		6 DSt L	6,49	55 (75)		92	
(F)		(70 PS)		105 × 125		(–)		
1927	Armstrong-	Genet II	5 St L	4,12	65 (88)	5,3	98	Aka Darmst. D18, Bäumer
(G)	Siddeley			101,6 × 101,6	2420	(–)		BV Puck, Junk A50b, c, Hüffer HB28a, Mtt M23b
1929	Armstrong-	Genet	5 St L	5,20	81 (110)	5,3	113	Aka Darmst. D18
(G)	Siddeley	Major		108 × 114,3	2420	(–)		
1928	Armstrong-	Mongoose	5 St L	8,85	92 (125)	5,0	166	Caspar C33
(G)	Siddeley			127 × 139,7	1620	(–)		
1928	Armstrong-	Lynx	7 St L	12,40	165 (225)	5,0	250	Albatr. L68e, Raab-K
(G)	Siddeley			127 × 139,7	2000	(–)		RK26 Tigerschwalbe
1923	Blackburn		2 V L	0,70	19 (26)[24]		32	Aka Darmst. D11 Mohamed
(G)	Tomtit	(14/18 PS)		71 × 88	4000	(0,66)		BAG E I, D I, D II
1925	Bristol	Cherub	2 B L	1,10	24 (32,6)[25]	5,5	39	Albatros L67,
(G)		(25/28 PS)		85,1 × 96,5	3200	(–)		Mtt M17, M19
1928	Bristol	Cherub II	2 B L	1,23	26 (36)	5,5	45	DFS Delta I, Storch IXb,
(G)	(36 PS)	und III		90 × 96,5	3200	(aW 0,5)		Espenl. E16, Ksoll KE5, Mtt M23, Soldenhoff LF5
1925	Bristol	Lucifer	3 St L	7,98	74 (100)	4,8	140	Alb. L69, Arado S1, Caspar
(G)				146,1 × 158,8	1600	(–)		C26, Dornier Spatz, Junk. K16be, LFG V44
1928	Cirrus	Mk II	4 R L	4,94	62 (84)	4,9	116	Espenl. E14, Dornier
(G)		(80 PS)		110 × 130	2000	(–)		DoA Libelle, Raab-K. RK2b, RK25
1929	Cirrus	Mk III	4 R L	4,94	70 (95)	5,4	129	Bücker Bü 131C,
(G)		(90 PS)		110 × 130	2100	(–)		Mtt M23b, Klemm L26, L27
1929	Cirrus	Hermes	4 R L	5,72	85 (115)	5,1	136	Albatros L101A,
(G)				114 × 140	2100	(–)		Raab-K. RK25
1931	Cirrus	Hermes	4 Rhg L	5,72	85 (115)	5,1	138	Klemm L27a
(G)		IIB		114 × 140	2100	(–)		
1923	Clerget		9 StU L	16,30	103 (140)	4,5	155	Junkers T27b
(F)		(130 PS)		120 × 160	1300	(–)		
1928	DeHavilland	Gipsy I	4 R L	5,23	74 (100)	5,0	130	Albatros L101A,
(G)				114 × 128	2100	(–)		Bäumer BVI

[24] Auch gedrosselt auf 11 kW (15 PS) bei 2000 min^{-1} lieferbar

[25] Auch gedrosselt auf 13 kW (18 PS) bei 2500 min^{-1} geliefert

Einbau ab Baujahr (Herkunft)	Hersteller, Typ (»Nennleistung«)	Bauart	Hubraum V_H (l)	Höchstleistung kW (PS)	Verdichtung	Masse (kg)	Bemerkungen (Einbau u. a.)
			D × S (mm)	Drehzahl (min^{-1})	(Getriebeunters.)		
1930 (G)	DeHavilland Gipsy II	4 R L	5,23 114 × 128	88 (120) 2200	5,0 (–)	131	Klemm L27a
1931 (G)	DeHavilland Gipsy III	4 Rhg L	5,23 114 × 128	88 (120) 2200	5,0 (–)	130	Heinkel He 64C, Klemm L26a, s, KL36,
1924 (G)	Douglas (10 PS)	2 V L	0,35	7,5 (10)	 (0,47)		Bäumer B I Roter Vogel, Espenlaub E5
1924 (G)	Douglas (14/16 PS)	2 B L	0,5 [26] 68 × 68	13 (18) 4000	 (Ketteng.)	31	Mtt S15, Udet U7, Weltensegler VE I
1924 (G)	Douglas (20 PS)	2 B L	0,7 83 × 68	17 (23) 4000	 (Ketteng.)	33	Aka Aachen N6, S7, Martens Strolch, Mtt. S16A, B
1923 (F)	Gnôme-Rhône Le Rhône (80 PS) 80	7 StU L	8,50 105 × 140	68 (92) 1300	4,5 (–)	128	Junkers T19, T23D
1923 (F)	Gnôme-Rhône Le Rhône (110 PS) 110	9 StU L	15,5 112 × 175	98 (133) 1350	4,8 (–)	147	Dietrich DPI Sperber, Junkers T23E
1922 (N)	Harley- Davidson	2 V L	ca. 1,00	9,2 (12,5)	 (0,33) [27]		Klemm L15, L16, L17, L18, L20
1931 (G)	Pobjoy R	7 St L	2,84 77 × 87	63 (85) 3300	 (0,48)	159	DFS Delta IVa, 39 (IVc), Fi F3 Wespe, Klemm L25b, c
1927 (F)	Salmson AD9 (40 PS)	9 St L	2,98 70 × 86	37 (50) 2100	5,6 (–)	70	Arado L I, Fieseler F4, Gerner G II R, Mtt M23a, Klemm L20b, L22a, L25, Müller GMG II/IIa, Pause „Mücke“, Raab-Katzenstein, RK 9a, Phoenix L2d, Siebel 202a „Hummel“, Soldenhoff A3, A4, A5
1930 (HB)	Statax	7 St U L (Taumel- scheibe)	2,18	30 (40) 1800	5,3 (–)	50	Müller GMG Ia
1931 (HB)	Statax	3 StZt L (Selbst- zünder)		33 (45)			Scheller S III u. S II/31 „Jörg“
1925 (SE)	Thulin »A«	Lizenz »Gnome-Rhone« »Le Rhone 80« (s. dort)					Vagel-Grip SP5 »Greif«
1927 (OK)	Walter NZ 60 (60 PS)	5 St L	5,20 105 × 120	55 (75) 1750	4,6 (–)	100	Wagener HW3 Pique Ass
1928 (OK)	Walter Vega (85 PS)	5 St L	5,20 105 × 120	66 (90) 1800	5,15 (–)	103	Junk. A50ba Junior
1928 (OK)	Walter Venus	7 St L	7,27 105 × 120	85 (115) 1800	5,15 (–)	132	
1926 (OK)	Walter NZ 120 (120 PS)	9 St L	9,35 105 × 120	99 (135) 1750	4,6 (–)	146	Junkers K16bo, Raab-K. RK2d
1929 (OK)	Walter Mars	9 St L	9,35 105 × 120	110 (150) 1800	5,15 (–)	160	
1938 (OK)	Walter Mikron II	4 Rhg L	2,33 88 × 96	46 (62) 2800	6,0 (–)	60	Bücker Bü 180A1, B1, Horten H IIId, Wiener-Neust. WN16

[26] Auch mit DxS = 68×82 mm (0,59 l-Hubraum) und 14 kW (19 PS) Höchstleistung bei 3300 min^{-1} geliefert (Masse 36 kg). Ferner mit DxS = 74,5×68 mm (0,6 l) eingesetzt

[27] Mit Daimler-Planetengetriebe für diesen sogenannten »HD-Motor«

Einbau ab Baujahr (Herkunft)	Hersteller, Typ (»Nennleistung«)		Bauart	Hubraum V_H (l) D × S (mm)	Höchstleistung kW (PS) Drehzahl (min^{-1})	Verdichtung (Getriebeunters.)	Masse (kg)	Bemerkungen (Einbau u. a.)
1929 (OK)	Walter	Castor	7 St L	17,03 135 × 170	190 (260) 1850	5,5 (–)	248	Raab-K. RK 26a
1932 (OK)	Walter	Pollux II	9 St L	21,90 135 × 170	250 (340) 1800	6,0 (–)	327	Fieseler F2 Tiger
1924 (N)	Wright[28]	Gale L4 (60 PS)	3 St L	3,66 108,0 × 133,4	46 (63) 2100	5,0 (–)	73	Bäumer BII Sausewind BIV, BIVa

3. Phase nach 1950: Daten der Flugmotoren

Einbau ab Baujahr	Hersteller, Typ (»Nennleistung«)		Bauart	Hubraum V_H (l) D × S (mm)	Höchstleistung kW (PS) Drehzahl (min^{-1})	Verdichtung (Getriebeunters.)	Masse (kg)	Bemerkungen (Einbau u. a.)
Deutschland								
	Brändl siehe Zink (Brändl)							
1955	DAFC (Dt. Amateur-Fliegerclub)		4 B L	1,13 76 × 64	18 (24) 3000	5,8 (–)	ca. 47	Jodel Bébé
1956	DAFC (Dt. Amateur-Fliegerclub)		4 B L	1,19 77 × 64	22 (30) 3400	6,6 (–)	ca. 47	Jodel Bébé
1952	DKW	FL 600 W	2 Rhg Zt K	0,59 74 × 68	15 (20) 3700	6,6 0,39	37	RFB Fibo 2a
1988	Göbler-Hirth	F 23	2 BZt L 2 Vergaser	0,52 72 × 64	30 (40) 5500	9,5 (aW Getr.)	24	Huber »Moni«, u. a. Solidair »Diamant«
1981	Göbler-Hirth	263	2 RZt K (oder L)	0,38 66 × 56	21 (28) 6000	9,5 (Getr.)	27	Comco »Sherpa I«, FK 6, Ikarus »Fox«, Bautec, Platzer »Motte«, Scheibe ULI I, Ultral. »Wildente«
1989	Göbler-Hirth	2703 (50 PS)	2 RZt K (oder L)	0,52 72 × 64	38 (52) 6500	9,3 (0,55–0,33)	33	Bek Me 109, Platzer »Kiebitz B«, Tandem »Renaissance«
1989	Göbler-Hirth	2704 (40 PS)	2 RZt K (oder L)	0,63 76 × 69	30 (40) 4700	9,3 (0,55–0,33)	30	Funk FK 9, Vogt Lo 120, Bek Me 109, Tandem »Renaissance«
1991	Göbler-Hirth	2705	2 RZt K (oder L) 2 Vergaser	0,63 76 × 69	47 (65) 6200	9,3 (0,55–0,33)	30	Grill »Panther«
1990	Göbler-Hirth	F 30	4 BZt L (oder K) 2 Vergaser	1,04 72 × 64	70 (95) 5700	9,5 (aW Getr.)	38	Warnke »Cobra«, ASO »Viber«, Jet Fox, Tandem Sunny, Bek Me 109, Behlen Trike
1994	Göbler-Hirth	F 33	1 Zt L	0,31 76 × 69	18,5 (25) 4500	9,3 (–)	15	Paraglider

[28] Hersteller vormals Lawrence USA, von Wright übernommen

Einbau ab Baujahr	Hersteller, Typ (»Nennleistung«)	Bauart	Hubraum V_H (l) D × S (mm)	Höchstleistung kW (PS) Drehzahl (min^{-1})	Verdichtung (Getriebeunters.)	Masse (kg)	Bemerkungen (Einbau u. a.)
1994	Göbler-Hirth F 40	4 BZt L	1,25 76 × 69	2 V: 60 (80) 4 V: 110 (150) 4000 bzw. 6000	 (aW Getr.)		Leichtflugzeuge
1980	Grob 2500 E	4 B L	2,45 100 × 78	70 (95) 3400	 (–)		Grob G 109 B, G 111 und G 112
1956	Hirth HM 504 A	4 Rhg L	4,00 105 × 115	77 (105) 2530	6,2 (–)	118	Wimmer R 110
1957	Hirth HM 506 A	6 Rhg L	6,00 105 × 115	118 (160) 2500	6,0 (–)	149	Klemm KL 150 (umgeb. KL 35 B)
1969	Hirth F 10 A		Nachbau des Solo 560 A (s. dort)				Scheibe SF 24 B/25 A/27 Schleicher K 12/ASK 14 Akafl. Karlsr. AK–1/–2, Stuttg. fs 26, Raab Krähe
1958	ILO F 2-376	2 RZt K (aW hg)	0,74 80 × 74	19 (26) 3500	8,0 (0,69)	ca. 60	Pützer Dohle II
1980	König SC 430	3 StZt L	0,43 66 × 42	17 (24) 4200	8,0 (0,57–0,67)	16	Div. Ultra-Leichtflugzeuge, Trikes u. a.
1981	König SD 570	4 StZt L	0,57 66 × 42	21 (28) 4200	 (0,57–0,67)	18,5	
1971	Kühn Stark 45 SG		Nachbau des Stark Stamo 1400 (s. dort)				
1969/1973	Limbach SL 1700 E, EC	4 B L	1,68 88 × 69	50 (68) 3600	8,0 (–)	74	RF 5/5 B, RF 9 Kora 1
1972	Limbach SL 1700 EA[29]	4 B L	1,68 88 × 69	44 (60) 3550	8,0 (–)	68	Scheibe SF 25 C u. SF 28 A
1970	Limbach SL 1700 D	4 B L	1,68 88 × 69	48 (65) 3600	8,0 (–)	75	RF 7
1992	Limbach L 1800 EA	4 B L	1,76 90 × 69	47 (64) 3400	8,0 (–)	68	Scheibe SF 25 u. a.
1980	Limbach L 2000 EO/EA/EB	4 B L	2,00 90 × 78,4	59 (80) 3400	8,4 (–)	74	RF 9, SF 25 C, SF 36, Taifun 17 E, Dimona
1985	Limbach L 2400 EB1A–C	4 B L	2,42 97 × 82	65 (87) 3200	8,5 (–)	82	Grob G 109 A/B
1990	Limbach L 2400 EB1D	4 B L	2,42 97 × 82	69 (94) 3400	8,5 (–)	82	Stemme S 10 u. a.
1956	Lloyd LS 400	2 RhgZt K	0,39 62 × 64	9 (12) 16 (22) 3750 (5500)	6,9 (–)	22	Leister LK-10a, Pützer »Dohle 1«
1967	Pieper-Stark		Stamo MS 1500 Nachbau Stark Stamo 1400 (s. dort)				SF 25 B
1958	Pollmann HEPU-KFM 40	4 B L	1,29 80 × 64	29 (40) 3500	7,1 (–)	48	Raab »Krähe« u. a.
1956	Porsche 678/1	4 B L	1,58 82,5 × 74	48 (65) 4500	7,5 (0,59)	82	Pützer »Elster«
1956	Porsche 678/3	4 B L	1,58 82,5 × 74	38 (52) 3200	7,5 (–)	77	Pützer Raab, Motorraab, Jodel D 11, Blessing
1958	Porsche 678/4[30]	4 B L	1,58 82,5 × 74	55 (75) 4600	9,0 (0,68)	84	RW 3, Saurma GS V, Horten Ho 33

[29] Weitere Baureihen: SL 1700EB (SL 1800), 1,8 l (88×74 mm), 53 kW (72 PS) bei 3600 min^{-1} in Scheibe SF 28A und Schleicher ASK 16, ferner SL 1700EH (SL 1900), 1,9 l (90×74 mm), 51 kW (70 PS) bei 3600 min^{-1} in Scheibe SF 25E und SF 28A

[30] Weiterentwicklung des 678/0 von 1956 mit 48 kW (65 PS) bei 4500 min^{-1}

Einbau ab Baujahr	Hersteller, Typ (»Nennleistung«)	Bauart	Hubraum V_H (l)	Höchstleistung kW (PS)	Verdichtung	Masse (kg)	Bemerkungen (Einbau u. a.)
			D × S (mm)	Drehzahl (min^{-1})	(Getriebeunters.)		
1986	Porsche	6 BE K	3,16	156 (212)	9,2	rd. 200	Ruschmeyer MF 85 RP,
	PFM 3200 NO1[31]		95 × 74,4	5300	(0,44)		MBB 223 A 4
1989	Sauer	4 B L	1,75	40 (54)	8,8–9,5	63	z. T. Scheibe SF 25 B
	SE 1800 E1S[32]		90 × 69	3000	(–)		
1989	Sauer	4 B L	2,14	59 (80)	9,5	69–76	SA in SF 25 C z. T.
	SA(SS) 2100 H1S[33]		90 × 84	3000	(–)		SS in RF 5/5 B z. T.
1988	Sauer	4 B L	2,48	68 (92)	9,5	79	VA 17 Taifun E z. T.
	ST 2500 E1S		97 × 84	3000	(–)		Stemme S 10 z. T.
1958	Solo	2 RZt K	0,25	9 (12)			Bölkow Fauvel AV 30
			54 × 54	5000			
1958	Solo 560 A	4 BZt L	0,57	19 (26)	8,7	26	SF 24 B/25 A,
			58 × 54	5000	(0,54–0,39)		Schleicher K 12/ASK 14
1983	Solo 2350	2 RZt L	0,43	20 (27)	10	17	Schempp-Hirth »Ventus«
(1989)	(2350 C)		70 × 56	6500	0,48–0,42	(25)	
1958	Stark Stamo 1400	4 B L	1,49	33 (45)	7,2	60	Stark Turbulent,
			80 × 74	3200	(–)		Gomolzig MS 65,
							Neulen »Moraab«
1970	Wankel (F&S)	Ein-	0,30	14 (19)[34]		21	K8B,
	KKM 914	scheiben	(Ges. Vol.)	5500	(aW Getr.)		RFB »Sirius I«
		K					(Doppeltriebw.)
1972	Wankel (F&S)	Ein-	0,55	22 (30)[35]		46	Scheibe SF 24,
	KKM 29	scheiben	(Ges. Vol.)	5000	(aW Getr.)		RFB »Sirius II«
		K					(Doppeltriebw.)
1973	Wankel (NSU-Audi)	Zweisch.	2,99	110 (150)		135	RFB Fanliner
	EA 871 (KKM 871)	W	(Ges. Vol.)	6000	(0,48)		
1992	Wankel Rotary	Einsch.	0,407	26 (35)		26	Ikarus C 22
	LCR 407 SG	W	(Ges. Vol.)	6000	(aW 0,33)		Schempp-H. Ventus
1993	Wankel Rotary	Einsch.	0,407	37 (50)		33	Para-Trike
	LOCR 407 SG	W	(Ges. Vol.)	6000	(aW 0,33)		
1993	Wankel Rotary	Zweisch.	0,814	37 (50)		36	B&F FK9
	LCR 814 TG	W	(Ges. Vol.)	6000	(aW 0,33)		
1956	Zink (Brändl)	2 BZt L	0,29	13 (18)			Pützer-Raab
	ZB 300		58 × 54		(0,4)		»Krähe«
1957	Zink (Brändl)	2 BZt L	0,40	17 (23,5)		ca. 26	Scheibe
	ZB 300/S		68 × 54	6000	(0,5)		»Motorspatz I«
1955	Zündapp	4 Rhg L	2,00	39 (53)	6,2	60	Aka Braunschw. LF1
	Z 9-92		85 × 88	2350	(–)		Horten Ho 33
Ausland							
1955	AVA 4.00	4 BZt L	1,08	22 (30)	5,2	37	Obermeier Illerfalke,
(F)			70 × 70	2300	(–)		Sterz P 77
1970	Franklin	6 B L	5,74	160 (220)	10,5	167	Schempp-H. Hi 27,
(N)	6A-350C		117,5 × 88,9	2800	(–)		Hirth Acrostar MK 2
1969	Nelson H-63 CP	4 BZt K	1,03	35 (48)		31	RFB Sirius 1
(N)	(43 hp)		68,3 × 70,0	4400	(–)		

[31] PFM 3200-T 03 mit Garrett-Turbolader, 180 kW (245 PS) bis 5500 m Höhe

[32] Auch als UL 1800 mit 35 kW (48 PS) bei 2500 min^{-1}

[33] Auch als UL 2100 mit 46 kW (62 PS) bei 2500 min^{-1}, z. B. in Dallara »Sunwheel« (1992)

[34] In K 8B auf 12 kW (16 PS) bei 3600 min^{-1} gedrosselt

[35] In Scheibe SF 24 auf 19 kW (26 PS) bei 3200 min^{-1} gedrosselt

Einbau ab Baujahr (Herkunft)	Hersteller, Typ (»Nennleistung«)		Bauart	Hubraum V_H (l) D × S (mm)	Höchstleistung kW (PS) Drehzahl (min^{-1})	Verdichtung (Getriebeunters.)	Masse (kg)	Bemerkungen (Einbau u. a.)
1969 (F)	Rectimo	4 AR 1200	4 B L	1,19 77 × 64	29 (40) 3600	7,0 (–)	62	Sportavia RF 4D u. Scheibe SFS31 Milan
1982 (OE)	Rotax	377	2 RZt K	0,368 62 × 61	26 (35) 6500		33[36]	Scheibe SF 32/1, Aka Berlin B 13, Platzer Motte, Vogt Lo 120
1989 (OE)	Rotax	447	2 RZt K	0,437 67,5 × 61	30 (40) 2 V: 31 (42) 6500	6,3 eff. (0,5–0,25)	33[36]	B&F FK 9
1984 (OE)	Rotax	462	2 RZt K Drehsch.	0,463 69,5 × 61	38 (51) 6500		32[36]	FT Albatros, Ehroflug, Platzer, Scheibe Coach Ikarus Sherpa II, Fox, Tandem Sunny, Renaissance
1993 (OE)	Rotax	503 DCDI	2 RZt K 2 Vergaser	0,497 72 × 61	1 V: 34 (45) 2 V: 37 (50) 6500	6,2 eff. (0,5–0,25)	36[36]	Tandem Renaissance
1986 (OE)	Rotax	532 DCDI	2 RZt W Drehsch. 2 Vergaser	0,521 72 × 64	48 (64) 6500		33[36]	Div. ULs
1992 (OE)	Rotax	582 DCDI	2 RZt W Drehsch. 1 Vergaser	0,581 76 × 64	32,5 (43,6) 5100	11,5 (5,8 eff.) (0,5–0,25)	33[36]	Ikarus C 22 Panek PUL 10
1992 (OE)	Rotax	582 DCDI	2 RZt W 2 Vergaser	0,581 76 × 64	48 (64) 6500	11,5 (5,8 eff.) (0,5–0,25)	34[36]	Ikarus C 22 Tandem Sunny, Sport, Targa
1994 (OE)	Rotax	618 DCDI	2 RZt W 2 Vergaser E.- u. A-Drehsch.	0,617 76 × 68	55 (73,8) 6750	11,5 (5,8 eff.) (0,38–0,25)	52[36]	Div. ULs
1989 (OE)	Rotax	912 DCDI	4 B W 2 Vergaser ohc	1,211 79,5 × 61	59 (80) 5500	9,5 (0,44)	63[36]	Scheibe SF 25C u. SF 36R, Super Dimona, DR 20 Katana, Ehroflug Coach II, Dallach Sunwheel
1995 (OE)	Rotax	914 DCDI	4 B W 2 Vergaser ohc,Tl	1,211 79,5 × 61	86 (115) 6000	8,8 (0,44)	66[36]	Div. ULs
Teledyne Continental Motors (TCM)								
1956 (N)	Continental (65)	A 65-3/-8/-12	4 B L	2,80 98,4 × 92,1	48 (65) 2300	6,3 (–)	74–80	HD 153, Aero Jodel D 11
1956 (N)	Continental (90)	C 90–8A -12F/-14F	4 B L	3,29 103,2 × 98,4	70 (95) 2625	7,0 (–)	85	Aero Jodel 11 C, CP 301, KL 107 A, HD 156, SF 23, Burgfalke M 150, Pützer Elster B, Bussard
1958 (N)	Continental (100)	O-200 A/D	4 B L	3,29 103,2 × 98,4	74 (100) 2750	7,0 (–)	100	Bo 208, RF 6B Cessna 150
1948 (N)	Continental (145)	C 145	6 B L	4,94 103,2 × 98,4	108 (145) 2700	7,0 (–)	121	Cessna 170, Pützer SR 57
1959 (N)	Continental (145)	O-300 C	6 B L	4,94 103,2 × 98,4	105 (145) 2700	7,0 (–)	123	Cessna 172
1964 (N)	Continental	IO-520 B	6 BE L	8,52 133,0 × 101,6	210 (285) 2700	8,5 (–)	216	Bonanza V 35

[36] Alle Gewichte der Rotax-Motoren mit integriertem Getriebe (gear box) einschließlich

Einbau ab Baujahr (Herkunft)	Hersteller, Typ (»Nennleistung«)		Bauart	Hubraum V_H (l) D × S (mm)	Höchstleistung kW (PS) Drehzahl (min^{-1})	Verdichtung (Getriebeunters.)	Masse (kg)	Bemerkungen (Einbau u. a.)
Textron-Lycoming								
1983 (N)	Lycoming	O-235- -C, -E, -H	4 B L	3,85 111,1 × 98,4	85 (115) 2800	6,8 (–)	98	Mylius MHK 101, Grob G 115 A, Valentin Taifun 17 S
1985 (N)	Lycoming	O-235- -L2, -M1	4 B L	3,85 111,1 × 98,4	86 (118) 2800	8,5 (–)	98	Sportavia RF 6 B, Grob G 110
1976 (N)	Lycoming	O-235- -F2A	4 BL	3,85 111,1 × 98,4	92 (125) 2800	9,7 (–)	98	Sportavia RF 6 C
1980 (N)	Lycoming	O-235- -P2A	4 B L	3,85 111,1 × 98,4	85 (116) 2800	8,1 (–)	98	Gyroflug Speed Canard, Hoffmann H 40
ca. 1945 (N)	Lycoming	O-290- -D2	4 B L	4,75 123,8 × 98,4	103 (140) 2800	7,0 (–)	119	Piper PA 18-135 »Super Cub« u. a.
1959 (N)	Lycoming	O-320- -A, -C, -E	4 B L	5,24 130,2 × 98,4	110 (150) 2700	7,0 (–)	110	Bo 209 Monsun, FFT-Bü 131 Lerche, KL 107 B/C, RW 3, Piper PA 18-150
1984 (N)	Lycoming	O-320- -D1A	4 B L	5,24 130,2 × 98,4	118 (160) 2700	8,5 (–)	114	Grob G 115 B/C, Speed Canard SC 01
1961 (N)	Lycoming	IO-320- -E2A	4 BE L	5,24 130,2 × 98,4	110 (150) 2700	7,0 (–)	127	Bücker APM 131-150
1958 (N)	Lycoming	O-340	4 B L	5,58 130,2 × 104,8	125 (170) 2700	8,5 (–)		FFT-Bücker Bü 131 Lerche
1960 (N)	Lycoming	O-360- -A, -B1B, -E	4 B L	5,92 130,2 × 111,1	132 (180) 2700	8,5 (–)	118	Blume 502 u. 503, Bölkow 207, Sportavia RS 180
1966 (N)	Lycoming	IO-360- -B	4 BE L	5,92 130,2 × 111,1	132 (180) 2700	8,5 (–)	122	Bücker 131/R 180 Lerche
1968 (N)	Lycoming	IO-360- -A, -C, -D, -J	4 BE L	5,92 130,2 × 111,1	147 (200) 2700	8,7 (–)	133	LFU 205, Siat 222 u. 223, Grob G 116
1973 (N)	Lycoming	AIO-360- -B1B	4 BE L	5,92 130,2 × 111,1	147 (200) 2700	8,7 (–)	150	Mylius My 102
1983 (N)	Lycoming	AEIO- 360- -A	4 BE L	5,92 130,2 × 111,1	147 (200) 2700	8,7 (–)	139	Extra EA 230
1986 (N)	Lycoming	AEIO- 360- -B1F	4 BE L	5,92 130,2 × 111,1	132 (180) 2700	8,5 (–)	125	Grob G 115 D
1955 (N)	Lycoming	GO-480- -B1A6	6 B L	7,86 130,2 × 98,4	200 (270) 3400	7,3 (0,64)	196	Dornier Do 27, Fw-Piaggio P 149 D
1990 (N)	Lycoming	IO-540- C/-J	6 BE L	8,86 130,2 × 111,1	185 (250) 2575	8,5 (–)	170	Ruschmeyer R 90-230 RG
1986 (N)	Lycoming	AEIO- 540- -D4A5	6 BE L	8,86 130,2 × 111,1	190 (260) 2700	8,5 (–)	174	Grob G 115 T, Extra EA 260
1988 (N)	Lycoming	AEIO- 540- -L1B5	6 BE L	8,86 130,2 × 111,1	220 (300) 2700	8,7 (–)		Extra EA 300/300 S, Eurotrainer 2000 A
1990 (N)	Lycoming	TIO-540- -AF1A	6 BE TlL	8,86 130,2 × 111,1	200 (270) 2575	7,3 (–)	223	Grob GF 200
1957 (OK)	Walter	Mikron III	4 Rhg L	2,44 90 × 96	48 (65) 2600	6,0 (–)	66	Espenlaub 35 (2mot.), FSS-Tourist

Einbau ab Baujahr (Herkunft)	Hersteller, Typ (»Nennleistung«)		Bauart	Hubraum V_H (l)	Höchst-leistung kW (PS)	Verdichtung	Masse (kg)	Bemerkungen (Einbau u. a.)
				D × S (mm)	Drehzahl (min^{-1})	(Getriebe-unters.)		
1958 (OK)	Walter	Minor 4-III	4 Rhg L	3,98 105 × 115	77 (105) 2500	6,0 (–)	90	GS6a Milan, Wimmer M 211
1967 (OK)	Walter	Minor 6-III	6 Rhg L	5,97 105 × 115	118 (160) 2500	6,0 (–)	127	KL 35B-160

Nähere Einzelheiten der deutschen Motoren siehe Band 2 dieser Buchreihe »Flugmotoren und Strahltriebwerke« (3. Auflage 1995).

Original Hirth HM 504-Motor, eingebaut in einer restaurierten Klemm Kl 35.

Wider den Fluglärm – der Zwang zum leisen Fliegen

Lärmminderung wissenschaftlich gesehen

Hanno H. Heller

Der überwiegende Teil der heutigen Sport- und Geschäftsreiseflugzeuge ist mit Propeller-/Kolbenmotorantrieben ausgerüstet. Propeller erzeugen den gewünschten Schub bei hohem aerodynamischen Wirkungsgrad. Sie werden ihrerseits meist von großvolumigen Motoren angetrieben, eine Kombination, die preisgünstig und effizient ist.

Propellerlärmmechanismen

Betrachten wir zunächst den Propeller als Lärmerzeuger, so gibt es drei wesentliche Schallerzeugungsmechanismen, die abhängig vom Betriebszustand dominieren.

Da ist einmal die »Verdrängungswirkung« des sich drehenden Propellerblattes: Während seiner Umdrehung verdrängt das Blatt an jedem gegebenen Ort seiner Drehspur die umgebende Luft »zu beiden Seiten« in periodischer Weise. Dieser Vorgang ist mit einem Pulsieren vergleichbar, das von einem stationären Beobachter als »tonales Ereignis« empfunden wird.

Der zweite Erzeugungsmechanismus beruht darauf, daß das schuberzeugende Propellerblatt auf das umgebende Luftmedium eine mit dem Blatt rotierende Kraft ausübt. Diese rotierenden Blattkräfte (richtiger die auf den stationären Beobachter gerichtete Komponente des rotierenden Kraftvektors) stellt ein weiteres tonales Ereignis dar.

Diese beiden Mechanismen treten – sozusagen naturgegeben – bei jedem Propeller auf. Bei besonders hohen Blattspitzengeschwindigkeiten gibt es noch einen weiteren aeroakustisch gesehen sehr wirkungsvollen Schallerzeugungsmechanismus: Ist nämlich die Zuströmgeschwindigkeit zum Propellerblatt bereits transsonisch (d. h. also im Bereich hoher Unterschallgeschwindigkeiten), dann treten auf der konvex gewölbten Blattoberseite aerodynamische Verdichtungsstöße auf. Diese rotierenden Stöße sind eine intensive aerodynamische Schallquelle – wiederum mit impulsartig/tonalem Charakter, welche die beiden erstgenannten Mechanismen an Intensität weit übertreffen kann.

Entsprechend ihrem Erzeugungsmechanismus werden diese Propellerlärmkomponenten »Dickenlärm« (das Blatt verdrängt die Umgebungsluft aufgrund seiner »Dicke«), »Kraftlärm« (das »aerodynamisch belastete« Blatt erzeugt rotierende Auftriebs- und Widerstandskräfte) und schließlich »Stoßlärm« genannt.

Neben diesen tonalen Komponenten im Propellerspektrum gibt es auch noch breitbandige Anteile. Diese rühren von einer Reihe von zusätzlichen aeroakustischen Mechanismen her. Es sind dies Strömungsablösevorgänge an der Blatthinterkante, weiter die zeitlich schwankende und daher ungleichmäßige Ablösung des Blattspitzenwirbels, aber auch turbulente Zuströmvorgänge in das Blatt selbst. Das gesamte Schallspektrum eines Propellers ist daher von tonalen und breitbandigen Komponenten geprägt.

Die helikale Blattspitzen-Machzahl – der wesentliche Lärmparameter

Der physikalisch einflußreichste Parameter für die Propellerlärmerzeugung ist die »helikale Blattspitzen-Machzahl«. Bei der gewissermaßen schraubenförmigen (d. h. »helikalen«) Bewegung der Blattspitze durch das umgebende Luftmedium addiert sich – vektoriell – die eigentliche Blattspitzengeschwindigkeit mit der Fluggeschwindigkeit. Das Verhältnis aus der resultierenden helikalen Blattspitzengeschwindigkeit und der Schallgeschwindigkeit des Umgebungsmediums ist die gesuchte helikale Blattspitzen-Machzahl M_H.

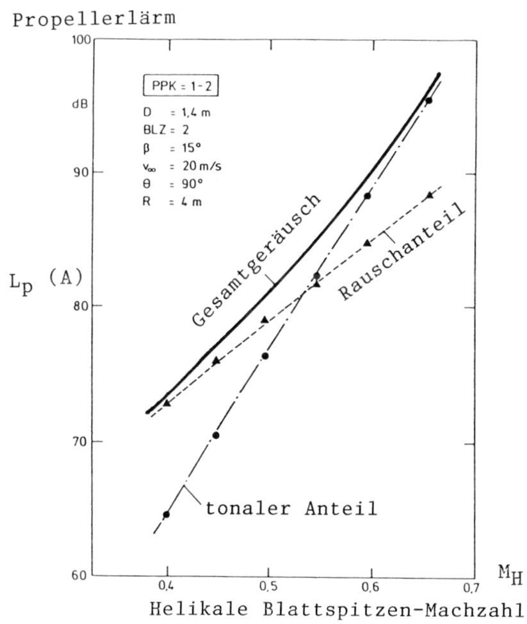

Ein Propeller erzeugt tonale und breitbandige (»Rausch«-)Anteile; erstere nehmen mit der helikalen Blattspitzen-Machzahl stärker zu (und dominieren im hohen M_H-Bereich) als letztere (die im niedrigen M_H-Bereich dominieren). Das Gesamtgeräusch des Propellers ist die Summe beider Anteile. Der im Windkanal mit einem Elektromotor angetriebene Zweiblattpropeller von 1,4 m Durchmesser wurde mit 20 m/s angeströmt.

Bei niedriger helikaler Blattspitzen-Machzahl M_H zeigen die mit einem Mikrofon in einiger Entfernung vom Propeller gemessenen einzelnen Schalldruckpulse (entsprechend der Passage eines jeden Blatts) eine annähernd »sinusförmige Wellenform«. Diese steilt sich für höhere Werte von M_H auf, bis sie bei sehr hoher M_H zu fast nadelförmigen Pulsen mit hohen (insbesondere negativen) Amplituden führt. Im Schallspektrum zeigt sich dies durch eine wachsende Zahl immer intensiver werdender Drehklangharmonischer. Akustisch ändert sich hierbei der Klangcharakter von einem »tieffrequenten Brummen« zu einem intensiven »hochfrequenten Sirren«. Der Gesamtschallpegel (das ist die energetische Summe der spektralen Pegelanteile) eines Propellers nimmt mit der helikalen Blattspitzen-Machzahl deutlich zu. Untersuchungen haben gezeigt, daß bei sehr niedriger M_H die breitbandigen Komponenten überwiegen, während bei hoher M_H eindeutig die tonalen Komponenten dominieren. In jedem Fall nehmen die Propellerlärmpegel mit wachsender M_H stark zu.

Die A-Bewertungskurve

Es ist schon seit langem bekannt, daß das menschliche Hörvermögen bei sehr tiefen und bei sehr hohen Frequenzen gegenüber dem mittleren Frequenzbereich geringer ist. Dieser Tatsache trägt die Bewertung von Geräuschen (auch und gerade von Fluggeräuschen) durch die sogenannte »A-Bewertung« Rechnung. Wird ein gegebenes Geräusch, z. B. ein Flugzeug-Überfluggeräusch, mit der A-Kurve »bewertet«, so werden die Pegel bei mittleren Frequenzen um 1000 bis 4000 Hz gegenüber den bei tiefen (unter 500 Hz) und den bei hohen (über 5000 Hz) stärker gewichtet. Der gesamte A-bewertete Schallpegel eines akustischen Ereignisses wird kurz als »A-Pegel« (richtiger »A-bewerteter Gesamt-Schalldruckpegel«) bezeichnet. In der Fluglärmmeßtechnik hat sich nun diese Maßeinheit L_p (A) seit Jahren bewährt. Die für leichte Propellerflugzeuge geltende Fluglärmgesetzgebung benutzt ausschließlich dieses Lärmmaß.

Der Antriebsmotor – eine zusätzliche Flugantriebs-Lärmquelle

Neben dem Propellerlärm trägt der Lärm des Kolbenmotors wesentlich zum Gesamtgeräusch eines überfliegenden Flugzeugs bei. Da auch der Kolbenflugmotor ein streng periodisches Auspuffsignal hat – man bedenke, daß ein Vier-Zylinder/Vier-Takt-Motor pro Umdrehung zwei Auspuff-Impulse erzeugt –, werden diese vom menschlichen Ohr ebenfalls als tonales Schallereignis interpretiert. Ist bei einem derartigen Motor ein Zwei-Blatt- oder ein Vier-Blatt-Propeller angeflanscht, so ist für das Ohr eine Trennung des Schallsignals in »Propelleranteil« und »Motorenanteil« praktisch unmöglich.

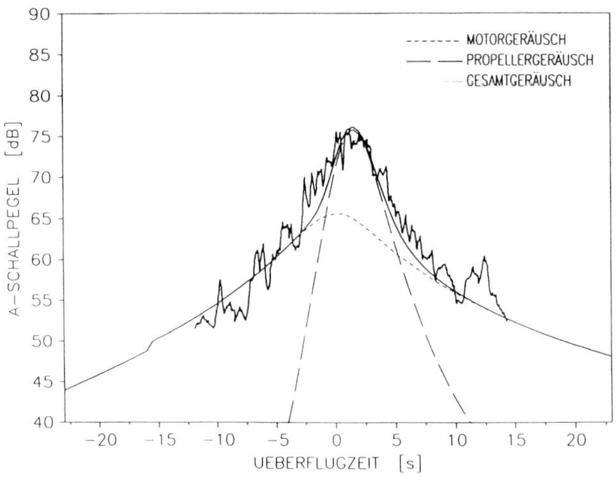

Gesamtgeräuschpegel (A-bewertet) eines Motorflugzeuges im Geradeausflug mit 154 kW (210 PS)-Motor beim Überflug in 330 m Höhe mit 315 km/h. (Zweiblattpropeller von 1,87 m Durchmesser, Drehzahl 2680 min^{-1}.)

Die Fluglärmgesetzgebung: International (ICAO) und national (LSL)

Als das Lärmbewußtsein in der Bevölkerung Ende der 60er Jahre wuchs, ergab sich die Notwendigkeit, den Fluglärm auch durch gesetzliche Maßnahmen zu beeinflussen. Sowohl Hersteller wie Betreiber sollten gezwungen werden, leisere Luftfahrzeuge zu bauen bzw. diese möglichst umweltschonend, im vorliegenden Fall also möglichst leise, zu betreiben.

Das Bundesministerium für Verkehr und das Schweizerische Luftfahrtamt ergriffen Ende der 60er Jahre die Initiative und erarbeiteten erste Verfahren zur Lärmprüfung von Flugzeugmustern und entsprechende Lärmgrenzen. Mitte der 70er Jahre legte dann eine Arbeitsgruppe innerhalb der »International Civil Aviation Organization (ICAO)« ein Lärmprüfverfahren und zugehörige Lärmgrenzen für sogenannte »light propeller-driven aeroplanes«, d. h. also »leichte Propellerflugzeuge«, vor, wobei der Begriff »leicht« die höchstzulässige Startmasse von ursprünglich 5700 kg betraf. Diese von der ICAO vorgegebene Prüfprozedur wurde in fast unveränderter Form von der Bundesrepublik Deutschland übernommen und in der »Lärmschutzforderung für Luftfahrzeuge« (LSL) veröffentlicht. Heute gilt in der Bundesrepublik Deutschland die Neufassung der LSL vom 1. Januar 1991.

International sind die Prüf- und Bewertungsprozeduren für den Lärm individueller Luftfahrzeugtypen (das beinhaltet Unterschall-Strahlflugzeuge, Propellerflugzeuge unterschiedlicher höchstzulässiger Startmasse, aber auch Hubschrauber) in dem ICAO-Dokument »International Standards and Recommended Practices, ENVIRONMENTAL PROTECTION, Annex 16 to the Convention on International Aviation, Volume 1 ›Aircraft Noise‹« zusammengefaßt. Inzwischen gibt es von diesem Dokument – kurz als »ANNEX 16« bezeichnet – eine dritte Auflage aus dem Jahre 1993. Hierin sind die Prüf- und Bewertungsverfahren für die o. a. Luftfahrzeuge im Detail erläutert. Die Bundesrepublik hat wiederum diese Vorgaben – wenn auch nicht in allen Details – übernommen.

Der überwiegende Teil propellergetriebener Sport- und Geschäftsreiseflugzeuge weist eine höchstzulässige Startmasse bis 9000 kg auf. Damit ist für diese das ANNEX-16-Chapter 10, bzw. das deutsche LSL-Kapitel 10, maßgebend, und zwar für solche Flugzeugmuster, für die ab 1. Januar 1989 ein Antrag auf Muster- oder Verkehrszulassung beim Luftfahrt-Bundesamt in Braunschweig gestellt wurde. Ausschließlich gilt dieses Kapitel für die Antragstellung nach dem 1. Dezember 1993, während für die Antragstellung bis zu diesem Stichtag die Möglichkeit einer Lärmprüfung nach dem früheren Kapitel 6 bestand. Dieses Kapitel 6 forderte eine Lärmprüfung im Rahmen eines horizontalen Überflugs in einer Flughöhe von 300 m mit der sog. »höchstzulässigen Motorleistung für den Dauerbetrieb« (»maximum continuous power«). Der maximale A-bewertete Überfluggeräuschpegel wurde mit einem Mikrofon gemessen, welches seinerseits in 1,2 m Höhe über dem Boden (grasbewachsen und kurz geschoren!) aufgestellt war.
Das neue Kapitel 10 hingegen fordert die Durchführung eines Start- und Steigflugs. Das Meßmikrofon ist in einer Entfernung von 2500 m vom Rollbeginn des zu prüfenden Flugzeugs aufgestellt, und wieder wird der maximale A-bewertete Überfluggeräuschpegel bestimmt. Der wesentliche Unterschied zum früheren Kapitel 6 liegt nun in der vom Steigvermögen des einzelnen Flugzeugs abhängigen – und damit nicht mehr konstanten – Überflughöhe. Es wird argumentiert, daß erstens dieses Verfahren der Belästigung durch den Start-/Steigvorgang Rechnung trägt und zweitens ein Flugzeug mit hohem Steigvermögen automatisch dadurch »belohnt« wird, daß sich aufgrund der größeren Überflughöhe über dem Mikrofon ein niedrigerer Lärmpegel einstellt; umgekehrt wird ein Flugzeug mit geringem Steigvermögen durch einen – bei kleinerer Überflughöhe – höheren Überfluglärmpegel »bestraft«. Somit werde eine insgesamt verbesserte »Gerechtigkeit« in der Fluglärmbewertung erzielt. In der »Kapitel-10-Prüfung« wird der Startvorgang mit der Startleistung eingeleitet, der Steigflug selbst ist jedoch mit maximaler Dauerleistung durchzuführen.
Das Meßmikrofon wird in der Kapitel-10-Prüfung in Bodennähe installiert, und zwar nach unten gerichtet in einem Abstand von 7 mm über einer »schallharten« kreisrunden Bodenplatte. Diese Anordnung hat den Vorteil, daß Verfälschungen im Meßergebnis, die bei dem in 1,2 m über Grund plazierten Meßmikrofon bis zu 6 dB betragen können, ausgeschlossen sind.
Ein wesentlicher Ansatz zur Kritik am neuen Start-/Steig-Prüfverfahren liegt in der möglichen unterschiedlichen Wertung von Flugzeugen mit Verstell- und solchen mit Starrpropellern. So wird befürchtet, daß Flugzeuge mit Starrpropellern gegenüber ihren mit Verstellpropellern ausgerüsteten »Konkurrenten« in der Kapitel-10-Prüfung lärmmäßig günstiger beurteilt werden könnten, als dies im alten Kapitel 6 der Fall war. Ist z. B. ein Starrpropeller mit einem optimalen Blatteinstellwinkel für den Schnellflug ausgelegt, so kann bei geringer Geschwindigkeit im Steigflug schon vor Erreichen der maximalen Drehzahl die Leistungsgrenze des Motors erreicht sein.

Lärmgrenzwerte – die »Zulassungsbarriere«

In einer vergleichenden Studie wurde die Einhaltung bzw. Nichteinhaltung der Lärmgrenzwerte an über 30 Mustern von propellerangetriebenen Flugzeugen der Allgemeinen Luftfahrt überprüft. Die vorliegenden Daten stellten einen durchaus repräsentativen Ausschnitt aus der Vielzahl der zugelassenen Flugzeugtypen dar. Die ein- oder zweimotorigen Flugzeuge waren mit Zwei-, Drei- oder Vier-Blatt-Propellern ausgerüstet, in ihrer Abflugmasse lagen sie zwischen 600 und 6000 kg mit Antriebsleistungen zwischen 70 und 2500 kW (3400 PS).
Es zeigte sich, daß alle Flugzeuge die ICAO-Forderungen erfüllen, z. T. mit einer beträchtlichen Marge, während eine nicht unbeträchtliche Zahl von Flugzeugmustern die niedrigere LSL-Lärmgrenzkurve überschreitet und damit nicht zum Flugbetrieb zugelassen werden kann. Dies liegt natürlich im Sinn des Gesetzgebers, dessen Bestreben eine Außerdienststellung dieser Flugzeuge sein muß.
Gegenwärtig sind Bestrebungen im Gange, in der Bundes-

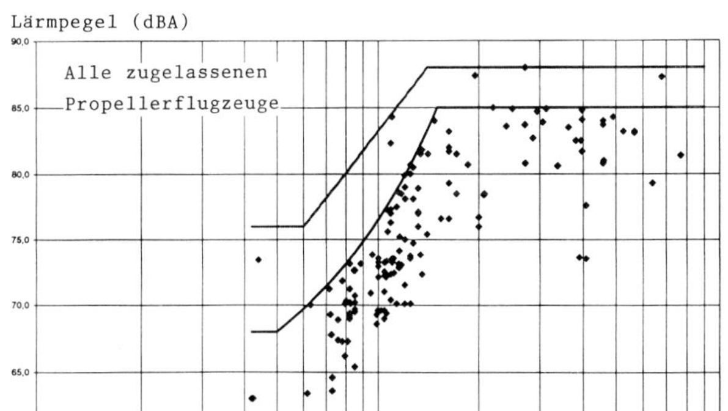

Lärmzertifikationspegel aller 200 in Deutschland zugelassenen Propellerflugzeugmuster. Die untere Linie ist der seit Anfang 1992 gültige Grenzwert nach LSL-Vorschriften (Kapitel 10), die obere der Grenzwert der ICAO-Richtlinie (DLR-Studie 1994).

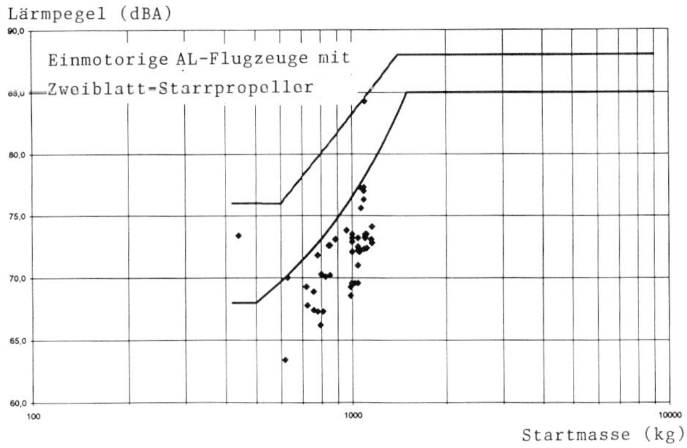

Lärmzertifikationspegel der zugelassenen einmotorigen Sport- und Reiseflugzeuge mit starrem Zweiblattpropeller.

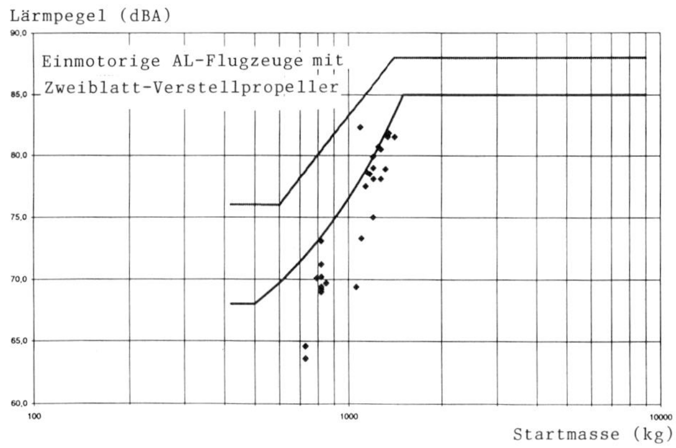

Lärmzertifikationspegel der zugelassenen einmotorigen Sport- und Reiseflugzeuge mit Zweiblatt-Verstellpropeller.

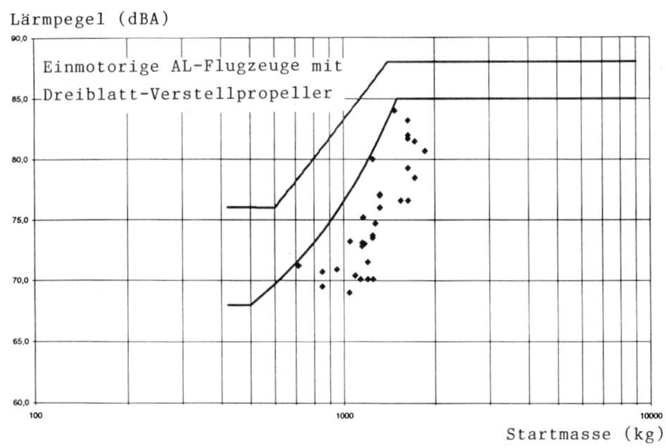

Lärmzertifikationspegel der zugelassenen einmotorigen Sport- und Reiseflugzeuge mit Dreiblatt-Verstellpropeller.

republik die LSL-Grenzkurven um weitere 4 dB zu senken. Flugzeuge, die dann immer noch diese verschärften Lärmschutzforderungen erfüllen, sollen von bestimmten zeitlichen Flugbeschränkungen ausgenommen werden, so beispielsweise vom Gebot, während der Mittagsstunden und an den Nachmittagen von Sonn- und Feiertagen nicht fliegen zu dürfen, ganz abgesehen vom generellen Nachtflugverbot.

Propellerlärmminderung

Will man den Lärm von Propellerflugzeugen mindern, so muß das Ziel die größtmögliche Verringerung der helikalen Blattspitzen-Machzahl sein. Dies läßt sich in zweierlei Weise erreichen: Man reduziert bei konstanter Drehzahl den Propellerdurchmesser, oder man reduziert bei konstantem Propellerdurchmesser die Propellerdrehzahl. Oder man ergreift beide Maßnahmen zugleich, nämlich kleinerer Durchmesser bei kleinerer Drehzahl.

Offensichtlich verringern aber solche Maßnahmen das Leistungsvermögen des Antriebs erheblich. Zunächst sind die heutigen leistungsstarken Kolbenflugmotoren bei »leichten Propellerflugzeugen« auf vergleichsweise hohe Drehzahlen festgelegt; solche Motoren drehen mit 2500 bis 2700 min^{-1}. Eine drastische Reduzierung in ihrer Drehzahl würde unter der Vorgabe gleicher Leistungsabgabe eine Neukonstruktion erfordern oder die Verwendung von – leider unvermeidbar schweren und teuren – Untersetzungsgetrieben.

Die andere Methode, nämlich die der Reduzierung des Propellerdurchmessers, ist der technischen Realisierung schon eher zugänglich. Grundsätzlich läßt mit kleinerem Durchmesser das Schubvermögen des Propellers nach. Geht man von einem Zwei-Blatt-Propeller als dem aerodynamisch effizientesten Antrieb aus, so muß eine Reduzierung im Durchmesser zu einer Erhöhung in der Blattzahl führen, um den Schubverlust auszugleichen. Es hat sich gezeigt, daß mit steigender Blattzahl bei entsprechend reduziertem Propellerdurchmesser der Propellerschub in etwa konstant gehalten werden kann – bei gleichzeitiger Minderung des abgestrahlten Lärms aufgrund der geringeren helikalen Blattspitzen-Machzahl. Da die im Rahmen einer Pilotstudie untersuchten Propeller noch nicht aerodynamisch optimiert waren, zeigten die »Vielblatt-Propeller« ein leicht absinkendes Steigevermögen, so daß sich im Rahmen der Kapitel-10-Lärmprüfung jeweils geringere Überflughöhen über dem Meßmikrofon ergaben. Damit relativierte sich der Gewinn an Lärmminderung.

Es gibt noch andere Ansätze zur »aktiven« Propellerlärmminderung. Hier wird versucht, durch Überlagerung des Schallsignals eines Propellerblatts mit einem anderen phasenverschobenen Schallsignal gleicher oder ähnlich großer Amplitude das Gesamtschallsignal insgesamt zu verringern. Als technisch realisierbare Möglichkeit bietet sich einmal die ungleichmäßige Anordnung der einzelnen Propellerblätter

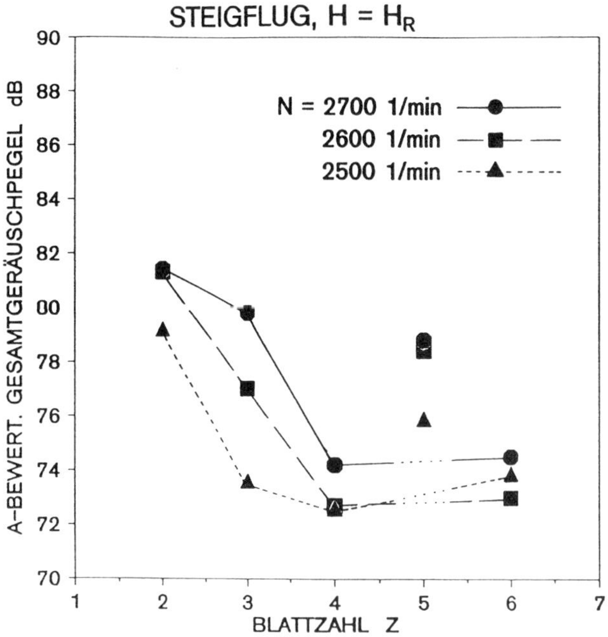

Gesamtgeräuschpegel (A-bewertet) im Steigflug mit Propellern verschiedener Blattzahl und unterschiedlichen Drehzahlen.

am Umfang an. Im Experiment wurde an einem Sechs-Blatt-Propeller mit unsymmetrischer Blattanordnung nachgewiesen, daß ohne Schubverlust eine Minderung des A-bewerteten Schallpegels um einige dB möglich ist.

Sechsblatt-Versuchspropeller mit ungleichmäßig angeordneten Propellerblättern (1:1-Aufbau im Deutsch-Niederländischen Windkanal).

In einem andersgearteten Vorgehen wird versucht, das Auspuffsignal des Kolbenflugmotors selbst mit dem eigentlichen Propellersignal so zu überlagern, daß eine auf Gegenphasigkeit der Signale beruhende, möglichst weitgehende Auslöschung erfolgt. Flugversuche haben das grundsätzliche Funktionieren dieses Prinzips gezeigt. Das Verfahren erfordert geeignete Kombinationen von Propellerblattzahl und Zylinderzahl des Motors, also z. B. Drei-Blatt-Propeller und Sechs-Zylinder-Motor oder Zwei-Blatt-Propeller und Vier-Zylinder-Motor. Der technischen Realisierung stehen allerdings noch einige Schwierigkeiten entgegen.

Der Antriebsmotor als unterschätzte Lärmquelle

Das Gesamtgeräusch eines propellerangetriebenen Flugzeugs setzt sich – wie erwähnt – aus den eigentlichen Propellerschallsignalen und den Auspuffschallsignalen zusammen. Eine meßtechnische Trennung der beiden Komponenten aus Überfluglärmmessungen ist schwierig. Untersuchungen des von Kolbenmotoren abgestrahlten Lärms, wie sie im Rahmen von Bodenversuchen an Ultraleichtflugzeugen durchgeführt wurden, zeigen dessen pegelmäßige Bandbreite. Solche Untersuchungen illustrieren den Einfluß unterschiedlicher Abgasschalldämpfer. Der Güte der Abgasschalldämpfer kommt bei Propeller-/Kolbenmotorantrieben eine große, wenn nicht ausschlaggebende Rolle zu. Jede erfolgreiche Pegelminderung am Propeller wird durch einen nichtvorhandenen oder schlecht ausgelegten Abgasschalldämpfer zunichte gemacht. Entsprechend den unterschiedlichen Richtcharakteristiken des Propellers (mehr in Richtung der Propellerdrehebene) und des Auspuffs (mehr kugelförmig) ist das Auspuffgeräusch eines an- oder abfliegenden Flugzeugs schon lange vor und noch lange nach dem Überflug zu hören, während das eigentliche Propellergeräusch nur über einen begrenzten Zeitraum – etwa während des direkten »Überkopf-Überflugs« – dominiert.
Dabei kann im ungünstigen Fall das Motorgeräusch sogar ständig dominieren, wenn die helikale Blattspitzen-Machzahl des Propellers niedrige Werte ($< 0{,}7$) annimmt. Umgekehrt kann bei hohen Werten der helikalen Blattspitzen-Machzahl ($> 0{,}75$) davon ausgegangen werden, daß das Propellersignal über weite Abstrahlbereiche dominiert.

Das akustisch ungünstigste Antriebskonzept: der Druckpropeller

Der – aerodynamisch durchaus effiziente – Druckpropellerantrieb wirft vom akustischen Standpunkt her oft große Probleme auf. Der Druckpropeller operiert häufig stromab von Tragflächen oder Triebwerkshalterungen; bei Ultraleichtflugzeugen ist er vielfach sogar in Strömungsrichtung hinter dem Piloten installiert. In all diesen Fällen bewegt sich der Propeller in einem extrem gestörten Strömungsfeld. Dieses führt im Regelfall zu erheblich erhöhten Pegelwerten, da die Anströmung des Propellers einer starken Störung unterliegt. Modellversuche im Windkanal an Antriebseinheiten von Ultraleichtflugzeugen haben bei Druckpropelleranordnungen Pegelerhöhungen von bis zu 20 dB gegenüber Zugpropelleranordnungen gezeigt.

Ausblick

Das Ziel aller Bemühungen muß der größtmögliche Schutz der Bevölkerung vor Fluglärm sein. Propellergetriebene Geschäftsreise- und Sportflugzeuge operieren oft von den zahlreichen Landeplätzen aus, wobei erstere mehr während der Arbeitswoche, letztere häufig während der Wochenenden benutzt werden und sich damit ganz besonders den Zorn der »bodenständigen Nichtflieger« zuziehen. Gerade die verstreute Lage der Landeplätze führt dazu, daß das Lärmproblem geographisch verbreiteter ist als bei den großen Verkehrsflugzeugen, die von den – relativ gesehen – wenigen Verkehrsflughäfen aus operieren; zudem verfügen diese meist über ausgedehnte Bauschutzbereiche.
Viele der leichten Propellerflugzeuge unterschreiten schon heute die Lärmgrenzen um zum Teil beträchtliche Werte. Die Zahl der »lauten« Flugzeuge, die ihr Lärmzeugnis schon vor Jahren ganz offiziell erworben haben und damit fliegen dürfen, ist immer noch groß. Neue Lärmzertifikationsverfahren können – aus gesetzlichen, Gründen z. B. denen der Besitzstandswahrung – meistens nur für Muster- und Verkehrszulassungen von einem bestimmten Stichtag an gelten.
Das geltende Lärmzertifikationsverfahren nach LSL-Kapitel 10 erfaßt nur einen bestimmten Flugzustand, nämlich den Start-/Steigflug, alle anderen Flugzustände aber nicht. Es läßt sich darüber streiten, ob nun diese Lärmprüfung das globale akustische Störvermögen eines Flugzeuges am besten wiedergibt oder nicht. Andererseits kann ein Lärmzertifikationsverfahren – soll es in endlicher Zeit und im Rahmen tragbarer Kosten durchgeführt werden – nicht sämtliche lärmrelevante Flugzustände erfassen.
Dieses Problem ist natürlich vom Gesetzgeber und den Betreibern erkannt. Wohl kann durch immer weitere Verschärfung der Lärmgrenzen die Industrie zu neuen Anstrengungen veranlaßt werden, leise Propellerflugzeuge zu entwickeln – und dieses wurde in der Vergangenheit ja auch erreicht. Aber eine solche Verschärfung kann nicht nur national durchgeführt werden, da dann das betreffende Land einseitig benachteiligt würde. Eine Verschärfung muß zumindest europaweit, besser aber natürlich weltweit greifen.
Alles läuft darauf hinaus, leise Propellerflugzeuge zu entwickeln und diese preisgünstig auf den Markt zu bringen. Und hier ist die Forschung und Entwicklung gefragt: die Forschung für die wissenschaftlichen Grundlagen und die Umsetzung ihrer Ergebnisse durch die industrielle technische Entwicklung. Es gibt eine Reihe von Maßnahmen, die zu einem leisen Fluggerät führen können. All diese Maßnahmen aber sind nicht umsonst zu haben. Leistungseinbußen durch höheres Gewicht, langsameres Fliegen, höheren Treibstoffverbrauch und ähnliches müssen in Kauf genommen werden. Zudem sind auch höhere Kosten zu erwarten, sowohl bei der Anschaffung als auch im Betrieb. Leises Fliegen könnte zum Privileg werden! Aber vor der Wahl, teuer zu fliegen oder gar nicht, wird sicherlich manche persönliche Entscheidung überdacht.
Technische Ansätze, leise und doch preiswerte Propellerflugzeuge zu entwerfen und zu bauen, zeichnen sich ab. Dem Antriebsmotor muß genausoviel Aufmerksamkeit geschenkt werden wie dem Propeller selbst. Es gilt in erster Linie die helikale Blattspitzen-Machzahl des Propellers, die für dessen Lärmerzeugung maßgebliche physikalische Größe, zu verringern. Wird Derartiges bei hochdrehenden Motoren angestrebt, so bedeutet dies die Verringerung des Propellerdurchmessers; zur Erhaltung des Schubs sind dann verstellbare Vielblattpropeller erforderlich; diese sind entsprechend komplexer, schwerer und teurer.
Sollen – aus Gründen der mechanischen Effizienz – schnelldrehende Motoren beibehalten werden, soll weiterhin ein Propeller mit wenigen (tunlichst nur zwei) Blättern eingesetzt werden, dann muß ein Untersetzungsgetriebe verwendet werden. Die süddeutsche Firma Propellerwerk Hoffmann entwickelt zur Zeit ein in der Propellernabe integriertes Planetengetriebe, das diesen Ansprüchen genügen würde und das Propellerlärmproblem auf wirksame Weise angeht. Methoden der aktiven Lärmminderung durch Überlagerung des Propellersignals mit einem geeigneten gegenphasigen Signal, sei es ein künstlich erzeugtes oder ein »natürliches« vom lauten Motorauspuff bis hin zu Sonderanordnungen mit unsymmetrischer Propellerblattverteilung und unterschiedlichen Abständen zueinander, sind weitere Möglichkeiten der Lärmminderung. Solche Sonderformen bedürfen gewiß noch der gründlichen Erforschung, um sie vom akademischen Versuch in die Praxis umzusetzen.
Besondere Bedeutung aber kommt der Verbesserung der Auspuffanlagen zu. Hier denkt man »neidvoll« an die wirkungsvollen Kraftfahrzeug-Auspuffschalldämpfer. Sicherlich ließen sich hochwirksame Dämpfer auch für Flugmotoren bauen, aber mit vielen Kompromissen beim Gewicht, beim Einbau und bei der Aerodynamik, d. h. der Flugleistung. Aber auch hier steht gelegentlich die Alternative des Gar-nicht-Fliegens dem des »teuren« Fliegens durch Umrüstung eines älteren, aber noch zugelassenen Flugzeuges gegenüber.
Das Problem des Lärms von leichten Flugzeugen mit Propellerantrieb läßt sich allein mit gesetzgeberischen Maßnahmen – etwa der drastischen Verschärfung der Lärmgrenzwerte bzw. einer erheblichen Einschränkung des Flugbetriebs – nicht lösen. Der Hersteller ist gefragt, leise

Propellerantriebe zu entwickeln. Das sind Antriebskonzepte, die den Propeller selbst und den Motor betreffen. Den leisen Propeller an sich gibt es nicht. Propeller mit gerundeten Blattspitzen oder solche mit besonders dünnen Blättern mögen etwas leiser sein, auch mag es Vorteile bringen, wenn die Auftriebsverteilung am Blatt mehr zur Nabe hin verschoben ist. Doch diese Maßnahmen bringen sicherlich nur Bruchteile von Lärmminderung an Gewinn. Die großen Verbesserungen lassen sich nur durch Reduktion der effektiven Blattspitzengeschwindigkeit erzielen und durch kräftige Minderungen des Auspufflärms.

Leises Fliegen ist möglich. Aber es ist nicht umsonst zu haben.

Propeller für Leichtflugzeuge und das Problem der Lärmminderung

Gerd Mühlbauer

Zur Entwicklungsgeschichte der Propeller

Der Propeller (das Wort stammt aus dem Amerikanischen) ist und bleibt der klassische Antrieb für Sport- und Reiseflugzeuge. Daran wird sich auch in der weiteren Zukunft nichts ändern. Da Flugzeuge nicht mit PS aus dem Triebwerk, sondern mit Schub vom Propeller durch die Luft getrieben werden, ist es wichtig, wie wirkungsvoll die installierte Triebwerksleistung in Schub umgewandelt wird. Dem dazu nötigen Propeller (früher Luftschraube, auch im Englischen als Airscrew bezeichnet) kommt dabei die entscheidende Bedeutung zu, egal ob von einem Kolben- oder einem Turboprop-Triebwerk angetrieben.
Man unterscheidet drei Arten von Propellern:

Fest-Propeller (früher Starr-Luftschraube),
Einstell-Propeller,
Verstell-Propeller.

Alle diese Propeller gibt es mit zwei oder mehr Blättern, in Zug- oder Druckanordnung, rechts- oder linksgängig. An Sport- und Reiseflugzeugen mit amerikanischen Triebwerken dominieren bei uns Zwei-Blatt-Fest-Propeller, rechtsgängig, Zug.

Holz-Festpropeller mit zwei Blättern gibt es seit den Anfängen der Luftfahrt. Schon das weit seiner Zeit vorausdenkende Genie *Leonardo da Vinci* (1452–1519) hat neben Flugzeugen auch Propeller entworfen. Im 19. Jahrhundert waren es die angetriebenen Ballone und Luftschiffe, die Holzpropeller benutzten. Es gibt sie ohne Unterbrechung bis heute, natürlich technologisch verbessert, als sogenannte Holz-Composite-Propeller. Sie stellen den besten Kompromiß eines Antriebs dar, wenn die Fluggeschwindigkeiten unter 200 km/h liegen und keine zusätzlichen Forderungen wie z. B. Segelstellung für Motorsegler zu erfüllen sind. Diese Propeller sind sehr leicht, haben unbegrenzte Lebensdauer, keine vorgeschriebenen Überholzeiten, sind allwettertauglich und stellen deshalb die preisgünstigste Lösung für einen Antrieb dar.
Als Werkstoff wurden verschiedene Laubhölzer wie Esche, Buche, Birke, Ahorn und Nußbaum, manchmal auch in Kombination, auf jeden Fall mehrfach verleimt, verwendet. Gegen Erosion durch Regen, Sand usw. sind sie durch Metallkanten (Alu-Leisten, Messingblech, Nirostastahl-

Holzpropeller alter Bauart an einer Klemm L 20 (1924).

Holzpropeller der Firma Schwarz an der Messerschmitt Me 108 »Taifun« (ab 1935 in Serie).

blech) geschützt, die mit verschiedenen Methoden am Holzblatt befestigt werden. Dieser Kantenschutz machte ab etwa 1920 Holz-Festpropeller allwettertauglich. Eine wasserfeste, erosionsbeständige Lackierung komplettierte den Schutz gegen Feuchtigkeit.
Dieser Oberflächenschutz besteht heute im wesentlichen aus Lacken auf Epoxy-, Polyurethane- oder Acryl-Basis. Durch die unkomplizierte Herstellmethode sind solche Propeller preisgünstig in allen Variationen, ob Zug- oder Druckpropeller, rechts- oder linksgängig, verfügbar.
Die Befestigung am Triebwerk erfolgt mittels Flansch an der Kurbelwelle oder in früherer Zeit durch separate Propellernaben, welche über Konen oder Verzahnungen mit der Kurbel- oder Getriebewelle verbunden waren. Dabei wird das mit Bohrungen versehene Zentralteil des Propellers aus Holz zwischen zwei Flanschen über Bolzen oder Zentralschraube verspannt. Die Übertragung des Drehmoments erfolgt durch die Flächenpressung, Mitnehmerbuchsen oder Zapfen (Rupp-Naben), aber auch durch Rippen (Hirth-Naben).
Während des Ersten Weltkrieges gab es eine große Zahl von Herstellern solcher Propeller; bis 1945 bestanden in Deutschland nur noch zwei große Hersteller, die Firmen Schwarz und Heine. Im restlichen Europa gab es einige Hersteller, die bis auf die französische Firma Evra alle verschwunden sind. In den USA stellt feste Holzpropeller nur noch die Firma Sensenich her, und zwar seit 70 Jahren. Nach dem Zweiten Weltkrieg, als 1955 die zivile Luftfahrt in Deutschland wieder erlaubt war, wurde die Firma Hoffmann gegründet, die bis heute unverändert Hochleistungs-Holz-Composite-Propeller herstellt. Seit 1983 gibt es die Firma MT-Propeller Mühlbauer, welche ebenfalls solche Propeller produziert.
Mehrblättrige Holz-Festpropeller werden zur Zeit nur von der Firma Hoffmann hergestellt, und zwar einteilige Vier-Blatt-Holz-Composite. Aus Gründen der Betriebsfestigkeit und der problematischen Herstellungsmethode wurden einteilige Drei-Blatt-Holz-Festpropeller bisher nur für UL-Flugzeuge angeboten. Vier-Blatt-Holz-Festpropeller, also zwei mal zwei Blatt über Kreuz montiert, wurden schon vor 1920 an Luftschiffen und Flugzeugen eingesetzt.
Metall-Festpropeller, zweiblättrig, gibt es auch schon sehr lange. Ballone und Luftschiffe wurden teilweise mit recht seltsamen Metallkonstruktionen, die man heute z. B. im Deutschen Museum München besichtigen kann, ausgerüstet. Der erste praktisch verwendbare Zwei-Blatt-Metall-Festpropeller wurde von der englischen Firma Fairey-Reed etwa um 1920 serienmäßig hergestellt. Die Besonderheit der Konstruktion bestand darin, daß man gewalztes Flachmaterial aus hochfester Alu-Legierung (Dural), das im Nabenbereich stark verwunden war, verwendete. Um den Propeller am Triebwerk installieren zu können, wurde ein zweiteiliger Nabenkörper, anfangs aus Preßholz, später aus Alu-Legierung, sehr genau der Kontur der Verwindung im Zentralbereich angepaßt.
Festpropeller mit zwei Blättern, ungeteilt und aus faserverstärktem Kunststoff, werden zur Zeit nur für Motorsegler angeboten. Hergestellt werden diese von der deutschen Firma Technoflug.
Einstell-Propeller mit zwei und mehr Blättern aus Verbundholz, Leichtmetall, Stahl oder Kunststoff waren eine Zwischenlösung vom Festpropeller zum Verstellpropeller. Es gibt heute keinen bekannten Propellerhersteller mehr, der noch solche Propeller produziert. Diese Propeller haben einzelne Blätter, die am Boden bei stehendem Triebwerk auf die jeweils gewünschte Steigung einstellbar sind.

VDM-Einstellpropeller mit Metallblättern, hier als Beispiel der Dreiblattpropeller einer Fieseler Fi 97.

In Deutschland waren solche Propeller in den 20er und 30er Jahren sehr verbreitet. Die Firmen VDM und Junkers stellten sie in großen Stückzahlen mit Blättern aus geschmiedeter hochfester Alu-Legierung (Dural) her. Am bekanntesten waren die Propeller der Ju 52/3m von Junkers, genannt Ju PAK. Aufgrund der Bauweise war es also kein Problem, Propeller mit zwei, drei und vier Blättern herzustellen. Viele deutsche Sport- und Reiseflugzeuge wurden bis Ende des Zweiten Weltkriegs damit ausgerüstet. Versuche, Einstellpropeller mit Holz-Verbundblättern herzustellen, gehen bis 1915 zurück. Ein wirklicher Durchbruch einer dauerfesten Blattwurzel-Konstruktion gelang etwa 1928 der Firma Schwarz in Berlin. Dabei bestand die Blattwurzel, mit der das Holzblatt über eine Blatthülse aus Stahl mit der Nabe verbunden ist, aus hochfestem Kunstharz-Preßholz, der restliche (aerodynamische) Blattkörper aus Leichtholz (in der Regel einheimische Fichte). Der Oberflächenschutz bestand aus einem mit Cellon getränkten Leinenmantel, einem ungeteilten Erosions (Kanten)-Schutz aus Messingblech sowie einer entsprechenden Lackierung. Diese sogenannte Schwarz-Leichtholz-Mantel-Bauweise wurde weltweit patentiert und die Lizenzen in alle Welt vergeben.

Verstell-Propeller werden an fast allen Flugzeugen mit Reisegeschwindigkeiten über 200 km/h eingesetzt. Hinzu kommt, daß mit Mehrblatt-Verstellpropellern im allgemeinen eine erhebliche Lärmreduzierung ohne wesentliche Leistungseinbußen erreicht wird. Die heute übliche Blattzahl bewegt sich zwischen zwei und vier, es werden aber schon Versuche mit fünf und sechs Blättern unternommen.

Verstell-Propeller kann man nach der Art und Ausführung der Verstelleinrichtung unterscheiden:

Mechanische Verstellpropeller,
Hydraulische Verstellpropeller,
Elektrische Verstellpropeller,
Autonome Verstellpropeller.

Mechanische Verstellpropeller sind schon seit dem Ersten Weltkrieg bekannt, konnten sich aber damals noch nicht durchsetzen, weil die technischen Lösungen nicht betriebsfest waren. Zu dieser Zeit experimentierte man mit mechanischen Verstelleinrichtungen und Blättern aus Holz. Diese Propeller waren sehr schwer, weil die Ausführung der Blattwurzel in unvergütetem Holz entsprechend groß sein mußte. Erst als ab etwa 1928 Kunstharz-Preßholz (auch Preßschichtholz genannt), angeschäftet mit Fichtenholz als Blattwerkstoff bei der Firma Schwarz, Berlin, verwendet wurde, konnten die Blattwurzeln entsprechend klein werden, um damit leichtere Naben mit leichteren, betriebsfesten Verstelleinrichtungen zu entwickeln. Der Verstellpropeller Messerschmitt MP 7, der heute noch vereinzelt an der Me 108 im Einsatz ist, kann als klassischer mechanischer Verstellpropeller bezeichnet werden. In den USA gab es ab etwa 1938 die Beech-Roby-Verstellpropeller, ebenfalls mechanisch verstellbar, mit Blättern aus Birken-Schichtholz. Alle diese frühen mechanischen Verstellpropeller sind heute nur noch an Oldtimer-Flugzeugen zu finden. Bei der Firma Hoffmann aus Rosenheim wurde durch *Gerd Mühlbauer* 1969 ein neuartiger, mechanischer Verstellpropeller, HO-V62-R, entwickelt, bei dem nur während der Verstellung eine Verbindung zwischen dem umlaufenden Propeller und dem Kurbelgehäuse besteht. Dieser Propeller ist in laufender Produktion und wird hauptsächlich für Motorsegler verwendet. Er hat eine Start-, Reise- und Segelstellung und wird ohne Segelstellung auch für Leichtflugzeuge eingesetzt. Es fliegen davon weltweit ca. 1500 Stück.

Dreiblatt-Verstellpropeller der Firma Hoffmann am Kunstflugeinsitzer Mylius »Tornado«.

Hydraulische Verstellpropeller erfand die Firma Hamilton Standard um etwa 1928 und stellte diese auch in großen Stückzahlen her. Damit war der Durchbruch bei Verstellpropellern geschafft. Diese Propeller hatten Blätter aus Leichtmetall-Legierung (Dural). Verstellt wurden diese durch einen hydraulischen Propeller-Regler, zunächst nur als Zweistellungs-Propeller für Start- und Reisestellung, später als automatischer Verstellpropeller mit Regelung für konstante Drehzahl. Dieses Prinzip der hydraulischen Propeller-Verstellung wird noch heute angewandt. Ursprünglich hatten diese Propeller, weil nur für einmotorige Flugzeuge vorgesehen, noch keine Segelstellung. Gegengewichte an den Blattwurzeln verstellten die Blätter auf große Steigung, damit bei etwaigem Verlust des Regler-Servodrucks eine Überdrehzahl verhindert wurde. Bemerkenswert ist die Ausführung der Blattwurzel, deren Blattlagerringe aufgeschmiedet sind, um die nötige Betriebsfestigkeit zu erhalten. Das bedingte geteilte Naben, um die Blätter zu halten. Diese sogenannten »Counterweighted«-Propeller sind heute aber nur noch an Landwirtschafts-Flugzeugen im Einsatz.

Schon Anfang 1930 kam die Forderung nach automatischen Verstellpropellern mit Segel- und Bremsstellung. Die Antwort darauf war von Hamilton Standard der weltbekannte »Hydromatic«-Verstellpropeller, der an sehr vielen Flugzeugen bis in die 50er Jahre verwendet wurde, hauptsächlich an Verkehrsflugzeugen, wie DC-3, DC-4, DC-6 und DC-7, aber auch an Sport- und Reiseflugzeugen wie der Beech 18. Vor dem Zweiten Weltkrieg wurde der Hamilton-Verstellpropeller von Junkers in Lizenz gebaut.

In Deutschland hat vor 1945 nur die Firma Junkers hydraulische Verstellpropeller hergestellt, anfangs noch in Lizenz von Hamilton Standard, später mit einer selbst entwickelten, auf einem Ölmotor basierenden Verstelleinrichtung. In England stellten die Firmen Rotol (heute Dowty), in Frankreich die Firma Ratier hydraulische Verstellpropeller her, allerdings nur für größere Leistungen, also nicht für Sport- und Reiseflugzeuge.

Als nach 1945 die private Luftfahrt mit Sport- und Reiseflugzeugen vor allem in den USA ihren Aufschwung nahm, konnte die Firma Hartzell, Piqua/Ohio, schon 1948 den ersten hydraulischen Verstellpropeller mit Stahlnabe und Kunststoffblättern, später mit Blättern aus Alu-Legierung anbieten; er wurde erstmals in dem Flugzeug-Muster »Navion« verwendet. Dieses Grundmuster moderner, leichter, hydraulischer Verstellpropeller bildete die Basis für eine große Anzahl von Baureihen verschiedenster Propeller, die bis heute in hohen Stückzahlen produziert und weltweit vertrieben werden. Die Firma Hartzell bietet heute als einziger Hersteller Propeller mit Blättern in Faserverbundbauweise für Sport- und Reiseflugzeuge an.

Ab 1955 begann die Firma McCauley, Dayton/Ohio, mit der Herstellung eines modernen Zwei-Blatt-Verstellpropellers mit hydraulischer Verstellung, bei dem erstmals eine Alu-

Hydraulisch verstellbare Dreiblattpropeller der Firma Mühlbauer werden bei vielen Kunstflug-Wettbewerbs-Flugzeugen verwendet – hier bei einer Extra EA 300.

Zur konsequenten Lärmminderung ging man beim Einbau des Porsche-Flugmotors PFM 3200 auf einen Dreiblatt-Verstellpropeller über. Als Erprobungsträger diente eine von der Flugzeug Union Süd umgebaute Cessna 172.

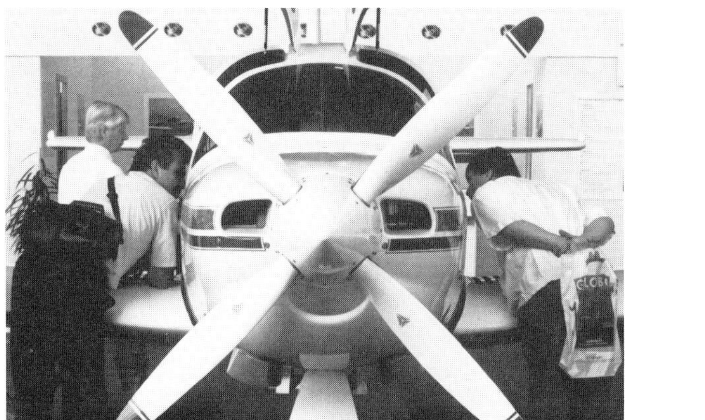

Zum lärmarmen Reiseflugzeug von Ruschmeyer (R 90-230 RG) gehört der hydraulisch verstellbare Vierblattpropeller von Mühlbauer.

Legierung als Nabenwerkstoff verwendet und bei dem die Verstelleinrichtung sich im Inneren der Nabe befand. Da es bis dahin Stahl-Naben waren, konnte mit dieser Konstruktion eine erhebliche Gewichtsverminderung bei gleichzeitiger Steigerung der Betriebssicherheit erreicht werden.
Im Propellerwerk Hoffmann in Rosenheim entstand ab 1972 eine Reihe von hydraulischen Verstellpropellern, die sich vor allem durch einfache Konstruktion der Verstelleinrichtung und durch die Verwendung der sehr leichten Holz-Composite-Blätter auszeichnen. Die Firma Hoffmann war es, die dem High-Tech-Holz-Composite-Propeller wieder weltweite Anerkennung verschaffte.
Seit 1981 gibt es die Firma MT-Propeller G. Mühlbauer in Straubing als weiteren deutschen Hersteller von hydraulischen Verstellpropellern mit innovativen Konstruktionen unter Verwendung der bekannten Holz-Composite-Blätter. Aktiv ist diese Firma vor allem im Luftsport, denn fast alle modernen Kunstflug-Wettbewerbsflugzeuge sind mit Propellern dieses Herstellers ausgerüstet. Zusätzlich werden Propeller für besonders schnelle Flugzeuge, wie z. B. die Lancair IV, oder besonders leise Flugzeuge, wie z. B. die Ruschmeyer R90-230RG, als Spezialität in Sonderausführung geliefert.
Es gibt zur Zeit weltweit nur sechs Hersteller von hydraulischen Verstellpropellern, davon die Firmen Hartzell und McCauley in den USA, die Firmen Hoffmann und Mühlbauer in Deutschland, die Firma Avia in Tschechien und die Firma Vpered in Rußland.
Elektrische Verstellpropeller gibt es schon ab etwa 1930. Auch hier begann die Entwicklung solcher Propeller für größere Triebwerksleistungen. Bekannt wurden z. B. die VDM-Propeller an der Me 109 und von Curtiss an diversen US-amerikanischen Kampfflugzeugen im Zweiten Weltkrieg. Die französische Firma Ratier hat eine ganze Reihe von elektrischen Verstellpropellern, auch für Reiseflugzeuge, entwickelt und hergestellt. Für Sportflugzeuge gab es elektrische Verstellpropeller in den USA von der Firma Beech und in der Tschechischen Republik von der Firma Avia. Aus verschiedenen Gründen wurde die Produktion solcher Propeller, ausgenommen die Propeller von Beech und Avia, nach 1945 im wesentlichen eingestellt.
Seit 1983 gibt es wieder elektrische Verstellpropeller, entwickelt und hergestellt von MT-Propeller G. Mühlbauer, Straubing. Diese völlig neue, innovative Entwicklung wurde durch die Verfügbarkeit leichter Gleichstrom-Getriebe-Servomotoren und die Anwendung modernster Elektronik zur Steuerung möglich. Die hohe Zuverlässigkeit wurde durch eine einfache Konstruktion in Modulbauweise erreicht. So kann z. B. der Servomotor ohne Demontage des Propellers ausgetauscht werden. Der Regler, auf manuellen oder automatischen Betrieb umschaltbar, regelt automatisch eine einmal vorgewählte Drehzahl ein und hält diese während des Fluges konstant, hat also das bekannte Betriebsverhalten eines hydraulischen Verstellpropellers.

Moderner Zweiblatt-Verstellpropeller der Firma Hoffmann an der »Katana«.

Autonomer Verstellpropeller von Argus, wie er vielfach bei der Messerschmitt »Taifun« verwendet wurde.

Ursprünglich für Motorsegler als MTV-1-A zur stufenlosen Verstellung von Start- auf Segelstellung entwickelt, gibt es diese Propeller jetzt auch für Sport- und Reiseflugzeuge mit Triebwerksleistungen bis etwa 160 kW (220 PS). Zur Zeit werden solche Propeller als Zwei-Blatt-, Drei-Blatt- und Vier-Blatt-Verstellpropeller hergestellt, davon sechs Muster mit LBA-Zulassung. Propeller mit einer Verstelleinrichtung für Bremsstellung sind im Versuch.
Mit dieser Entwicklung wird gleiche Betriebssicherheit wie mit hydraulischen Verstellpropellern erreicht, einige Muster haben bereits Überholzeiten von 1000 Flugstunden.
Autonome Verstellpropeller gibt es in verschiedenen Varianten. Diese Entwicklungen gehen bis in die späten 20er Jahre zurück. Es gab dabei zwei Entwicklungsrichtungen,

wobei eine ausschließlich mittels Massen- und Luftkraftmoment (z. B. Aeromatik aus den USA und Heramatic von Ratier) arbeitete und eine weitere durch mechanischen Antrieb über eine Windmühle (z. B. der mechanische Argus-Verstellpropeller oder der hydraulische Avia-Verstellpropeller). Eine nur fliehkraftabhängige, mechanische Konstruktion von Schwarz wurde nicht eingesetzt. Auch diese Propeller sind kaum noch zu finden – von Oldtimer-Flugzeugen abgesehen. Der Grund war, daß die Verstellung unzuverlässig arbeitete, hauptsächlich durch den Einfluß einer variablen Reibung in Blattlagerung und Verstellsynchronisation. Außerdem war der Verstellbereich auf ca. acht Grad eingeschränkt.

Lediglich der tschechische Avia-Propeller konnte sich behaupten und wird aufgrund seiner besonders guten Konzeption und Konstruktion heute noch hergestellt, allerdings nur für die tschechischen Walter-Motoren.

Propellerwerkstoffe

Woraus werden heute Propellerblätter hergestellt?

☐ **Holz-Composite,** ein natürlicher Verbundwerkstoff, bei dem die Blattwurzel aus hochfestem Kunstharzpreßholz und der restliche Blattkörper aus mehrfach wasserfest verleimtem Fichtenholz besteht. Das Blatt wird dann mit einem Epoxy-Glas-, Aramid- oder Kohlefaser-Mantel überzogen, erhält an der Eintrittskante einen Metall-Erosionsschutz aus Messing, Aluminium oder Edelstahl und eine mehrschichtige wasser- und erosionsbeständige Lackierung aus Polyurethane, Epoxy oder Acryl. Der Kantenschutz ist dabei so in den Blattkörper eingelassen, daß die Aerodynamik optimal bleibt. Der Vorteil dieser Bauweise liegt im leichten Gewicht, dem geringen Trägheitsmoment, der hohen Schwingungsdämpfung, unbegrenzter Lebensdauer und der unkomplizierten, preisgünstigen Herstellmethode.
Die beiden einzigen Hersteller von Verstellpropellern mit solchen Blättern sind die Firmen Hoffmann in Rosenheim und MT-Propeller Entwicklung G. Mühlbauer in Straubing, Bayern.

Elektrischer Vierblatt-Verstellpropeller von Mühlbauer zur Lärmminderung am Flugzeug Robin DR 400/180.

Hydraulischer Sechsblatt-Verstellpropeller als Druckpropeller mit besonders kleinem Durchmesser zwecks Lärmverminderung am Reiseflugzeug Grob GF 200.

☐ **Leichtmetall,** in diesem Fall aus im Gesenk geschmiedeter, hochfester Aluminium-Legierung (AlCuMgl, früher auch Dural genannt). Propeller mit diesen Blättern sind sehr weit verbreitet, haben ausreichende Betriebsfestigkeit, sind im Gewicht und Trägheitsmoment akzeptabel und können in Großserien preisgünstig hergestellt werden, wenn sich die hohen Kosten für das Schmiedegesenk amortisieren lassen.
Für Sport- und Reiseflugzeuge gibt es derzeit weltweit die beiden großen US-amerikanischen Hersteller Hartzell in Piqua/Ohio und McCauley in Dayton/Ohio und den tschechischen Hersteller Avia in Prag.

☐ **Faserverstärkter Kunststoff,** ein künstlicher Verbund-Werkstoff, der einmal das Holz-Composite-Blatt ablösen könnte, sofern es gelingt, betriebsfeste, einfache Konstruktionen zu entwickeln. Als Fasermaterial eignen sich Glas, Aramid und Kohle, in einer Matrix aus speziellem Epoxydharz. Der Blattkern besteht aus Polyurethane- oder Acrylschaum. Die Eintrittskante ist durch eine aufgeklebte, aus Chemisch-Nickel geformte Metallschiene geschützt. Die Oberfläche wird mit üblichen Lacken aus Polyurethane, Epoxy oder Acryl behandelt. Das Problem ist die Blattwurzel, die die Kräfte aus dem Blatt in die Metallnabe übertragen muß. Es gibt dazu verschiedene Lösungen, aber alle sind recht teuer und nicht sehr leicht. Wegen der hohen Entwicklungs- und Herstellungskosten sind Propeller mit solchen Blättern für Sport- und Reiseflugzeuge zur Zeit nicht in Serienproduktion. Für Regional-Airliner gibt es diese Propeller

von den großen Herstellern Dowty, Hamilton, Hartzell und Ratier.
Die US-Firma Hartzell hatte für den Porsche-Motor PFM-3200 einen Verstellpropeller mit Blättern aus Aramidfaser zugelassen, dessen Produktion aber eingestellt wurde. Zusätzlich befinden sich Propeller für verschiedene Lycoming- und Continental-Triebwerke in der Flugerprobung. In Deutschland arbeitet die Firma MT-Propeller Entwicklung G. Mühlbauer seit 1985 an der Entwicklung solcher Blätter für Verstellpropeller.

Lärm und Leistung

Schon sehr früh (etwa 1920) hat sich die Wissenschaft mit dem Propeller-Lärm beschäftigt. Damals hatte man jedoch nicht die heutigen Möglichkeiten und Methoden. Etwa 1940 begannen dann umfangreiche Untersuchungen in Windkanälen, hauptsächlich in den USA. Führend dabei war wieder einmal die Firma Hamilton Standard, die aufgrund der systematischen Auswertung von Versuchsergebnissen 1971 eine verbesserte graphische Methode zur Berechnung von Fernfeld-Propellerlärm veröffentlichte. Als man in der Schweiz 1972 damit begann, Grenzwerte für Leichtflugzeuge festzulegen, die später weltweit übernommen wurden, konnte die Firma Pilatus beauftragt werden, die Genauigkeit dieser Berechnungsmethode zu überprüfen. Es stellte sich heraus, daß diese Methode trotz ihrer Einfachheit ausreichend genau war, etwa innerhalb von 1 dB(A). Deshalb wird dieses Berechnungsverfahren noch heute angewandt.
Aufgrund der daraus gewonnenen Erkenntnisse wurde festgestellt, daß sich durch Verminderung der Blattspitzengeschwindigkeit und Erhöhung der Anzahl der Propellerblätter wirksam der Propeller-Lärm vermindern ließ.
Die Verminderung der Blattspitzengeschwindigkeit kann in begrenztem Umfang durch eine Reduzierung des Propellerdurchmessers oder in größerem Umfang durch Drehzahlreduzierung mittels eines Untersetzungsgetriebes (z. B. Porsche PFM-3200, Rotax 912) erreicht werden. Da Porsche die Produktion des PFM-3200 eingestellt hat und der Rotax 912 nur eine Leistung von 60 kW hat, es außerdem Tausende von Lycoming- und Continental-Triebwerken gibt, die kein Getriebe haben, kommt nur die Reduzierung der Dauerdrehzahl mit in der Folge reduzierter Triebwerksleistung in Frage.

Das Mehrfach-Blatt (Multiple Blade)-Konzept ist der einzige praktikable Weg zur Lärmminderung ohne wesentlichen Leistungsverlust. Vor zehn Jahren war es noch undenkbar, an Sport- und Reiseflugzeugen Vier-Blatt-Propeller einzusetzen; heute gibt es schon viele solcher Flugzeuge mit entsprechender Lärmreduzierung.
Basierend auf vorliegender Erfahrung kann man pro 100 Umdrehungen/min Drehzahlreduzierung etwa 3 dB(A) gewinnen, pro 10 cm Durchmesserreduzierung beim Propellerblatt ebenfalls etwa 3 dB(A).
Als Nachweis dieser Theorie ergeben sich bei einem heutigen Flugzeug, z. B. Robin DR 400/180R mit Lycoming 0-360-A3A und 132 kW (180 PS) bei 2700 min^{-1} mit Sensenich-Zwei-Blatt-Metall-Festpropeller 1,93 m Durchmesser und Original-Auspuff, etwa 75 dB(A) im 305-m-Überflug nach LSL, Kapitel 6. Dieses Flugzeug, umgerüstet auf den elektrisch verstellbaren Mühlbauer-Vier-Blatt-Propeller mit 1,74 m Durchmesser und reduzierter Dauerdrehzahl auf 2500 min^{-1} sowie einem Gomolzig-Nachschalldämpfer, ergibt etwa 64 dB(A), also eine Reduzierung um 11 dB(A). Diese Werte wurden gemessen und stimmen mit der Theorie fast überein. Eine ähnliche Reduzierung konnte mit der Ruschmeyer R90-230RG erreicht werden, und zwar ohne Änderung der Flugleistungen.
Erwiesene Tatsache ist, daß heute mit modernen, perfekt ausgelegten Mehrblatt-Verstellpropellern gleiche, wenn nicht bessere Leistungen erzielt werden. Im Bereich der Leichtflugzeuge werden mit großem Erfolg Drei-Blatt- und Vier-Blatt-Propeller eingesetzt, bei den Regionalfluggesellschaften schon Fünf-Blatt- (Shorts SD3-30) und Sechs-Blatt-Propeller (Dornier Do 328). Zumindest die Do 328 ist schneller als Jagdflugzeuge des Zweiten Weltkrieges. Aber schon damals wurden Vier-Blatt-Propeller (North American »Mustang« und Supermarine »Spitfire«) oder Fünf-Blatt (»Spitfire MK22«, »Seafury«) eingesetzt. Es kommt eben auf die Auslegung und den Auslegepunkt an. Selbst bei Sport- und Reiseflugzeugen wird man sich an Propeller mit fünf oder sechs Blättern gewöhnen müssen, wenn es die Bedingungen erfordern. Tatsache ist, daß Drei-Blatt-Verstellpropeller an Hochleistungsflugzeugen früheren Zwei-Blatt-Propellern im Start und Steigflug überlegen sind und im Reiseflug keine Nachteile bringen.

Schalldämpfung an Flugmotoren

Peter Gomolzig

Abgaslärm entsteht durch Aufplatzen der Druckwellen der Abgase, die beim Öffnen der einzelnen Auslaßventile aus den Verbrennungsräumen der Zylinder austreten, und durch die hohe Geschwindigkeit des Abgasstrahls: Je höher der Explosionsdruck und die Strahlgeschwindigkeit, desto lauter das Abgasgeräusch.

In den Anfängen der Luftfahrt waren Abgasanlagen entsprechend dem Stand der Technik und aus Gewichtsgründen auf ein Minimum beschränkt. Die Abgase der einzelnen Zylinder wurden mit möglichst kurzen Rohren und, wo nötig (wie beim Sternmotor), mit Sammelrohren zusammengefaßt und ins Freie geführt.

Dabei wurden die Druckspitzen und die Strahlgeschwindigkeiten jedoch nur wenig abgebaut, so daß der Lärm kaum gedämpft werden konnte. Eine erste wirksame Schalldämpfung gelang durch konische Erweiterung der Abgasrohre; dadurch wurden die Strahlgeschwindigkeit und der Abgasdruck verringert.

Um mehr Kabinenkomfort bieten zu können, wurden Wärmetauscher für Heizung und Vergaservorwärmung installiert. Es waren sogenannte Sammler mit großen wärmeübertragenden Flächen, in die die Abgase aller Zylinder eingeleitet wurden. Sie bewirkten durch Bereitstellung eines Ausgleichsvolumens im Nebeneffekt eine erhebliche Schalldämpfung. Bedingt durch die unterschiedlichen Rumpfformen und Motorvarianten ergab sich eine Vielzahl verschiedener Abgassysteme, die, obwohl nicht zur Schalldämpfung konzipiert, aufgrund der jeweiligen konstruktiven Auslegung mehr oder weniger »schalldämpfende Wirkung« hatten.

Nach dem Zweiten Weltkrieg wurden überwiegend amerikanische Motoren – vor allem von Continental und Lycoming – in Flugzeuge bis 2000 kg eingebaut. Bis auf wenige Ausnahmen waren es luftgekühlte Boxermotoren. Bei diesen Motoren, die sich durch ihre Zylinder-Anordnung ideal für Flugzeuge mit nebeneinanderliegenden Sitzen eignen, sind drei Auspuffvarianten möglich.

1. Jede Seite getrennt, mit zu einem Seitenteil zusammengefaßten Zylindern mit oder ohne Sammler, so daß sich zwei Abgasausgänge ergeben (Beispiele: Cessna 200er-Serie, Beech, Robin und fast alle zweimotorigen-Flugzeuge).
2. Querliegender Sammler vor oder hinter der Ölwanne, in den alle Zylinder der linken und rechten Seite gesammelt einspeisen. Dieses System besitzt meist ein Endrohr (Beispiele: Cessna 152, 172 mit Lycoming-Motor, Cessna 180, 182, 185, Cessna FR 172 usw.).
3. Cross-over-Systeme
   Mit dem Cross-over-System soll die Auswirkung der ungünstigen Zündfolge des Boxermotors, der jeweils links vorn und hinten und dann rechts vorne und hinten zündet, vermindert werden. Durch geschicktes Zusammenfassen der Abgasrohre mit ungefähr gleichen Längen kommt im Auspuffsammler eine gleichmäßige Ausstoßfrequenz mit Leistungsverbesserungen bis zu 5% zustande. Am bekanntesten sind hier die Systeme für Piper PA 18 und PA 28.

Bei der Schalldämpfung an Flugmotoren muß die Vollgasleistung besonders kritisch untersucht werden, um sich ein Bild über etwaige Leistungseinbußen zu machen. Erfahrungsgemäß kann man davon ausgehen, daß eine Reduzierung von 50% des Auspufflärms mit Leistungseinbußen bis zu 2% möglich ist (in der Regel an flugzeugeigenen Instrumenten nicht ablesbar). Muß das Auspuffgeräusch weiter gedämpft werden, sind Leistungseinbußen auch im Fluge zu erkennen. Die Größenordnung hängt vom Umfang der technischen Änderung am Flugzeug ab.

Entwicklung von Abgasanlagen mit schalldämpfender Wirkung

Mit Veröffentlichung der NfL II-32/72 wurden erstmals Lärmgrenzwerte für Propellerflugzeuge bis 5700 kg Abfluggewicht in Deutschland verbindlich. Da viele Flugzeuge diese Grenzwerte nicht erfüllten, führte dies zu ersten Entwicklungen von Abgasanlagen mit hoher schalldämpfender Wirkung. Im Hinblick auf die im vorigen Abschnitt vorgestellten drei Systemvarianten eignen sich zur Verbesserung der Abgaslärmreduzierung am besten die Varianten zwei und drei mit querliegenden Sammlern. Wird das Volumen vergrößert und werden zusätzlich Maßnahmen getroffen, um die Druckspitzen der Auspuffstöße zu glätten (z. B. durch Einfügen von »Flammkegeln«, das sind konische gelochte Einsätze), sind weitere Reduzierungen zu verzeichnen.

Diesem Verfahren ist durch die Raumverhältnisse in den Cowlings (Motorhaubenverkleidungen) der Flugzeuge meist enge Grenzen gesetzt, so daß hierdurch in der Regel nur 20–30% des Abgaslärms reduziert werden können. Da jedoch bei Lärmmeßflügen immer der Propellerlärm mitgemessen wird, ist diese Reduzierung meist schon ausreichend; denn es wäre unsinnig, eine Lärmquelle auf mehr als 50% der anderen zu reduzieren. Bei Verwendung von Vier-Blatt-Propellern in Verbindung mit sinnvoller Reduzierung der maximalen Dauerdrehzahl muß jedoch eine Abgaslärmreduzierung von mehr als 50% erreicht werden. Das läßt sich nur verwirklichen, wenn ein zusätzliches Auspuffvolumen bereitgestellt wird, für das jedoch in der Regel nicht mehr genügend Platz unter der Motorhaube vorhanden ist. Wie beim Kraftfahrzeug bleibt hier nur die Möglichkeit des Nachschaltens eines weiteren Schalldämp-

Nachschalldämpfer der Firma Gomolzig an einem Sportflugzeug Robin DR 400.

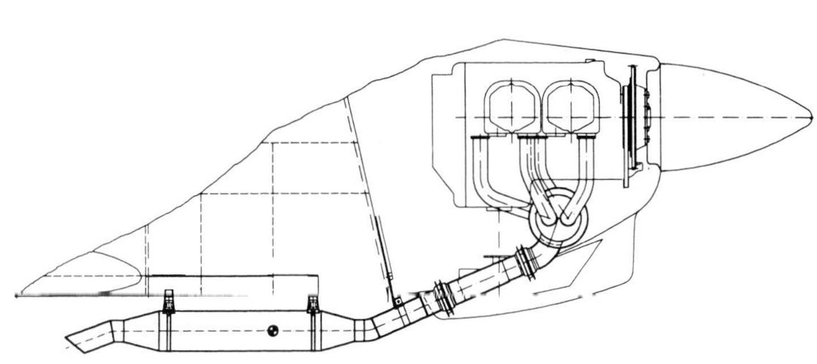

Einbauzeichnung eines außen unter dem Rumpf angeordneten Nachschalldämpfers, der am querliegenden Sammler (unter dem Motor) angeschlossen wird.

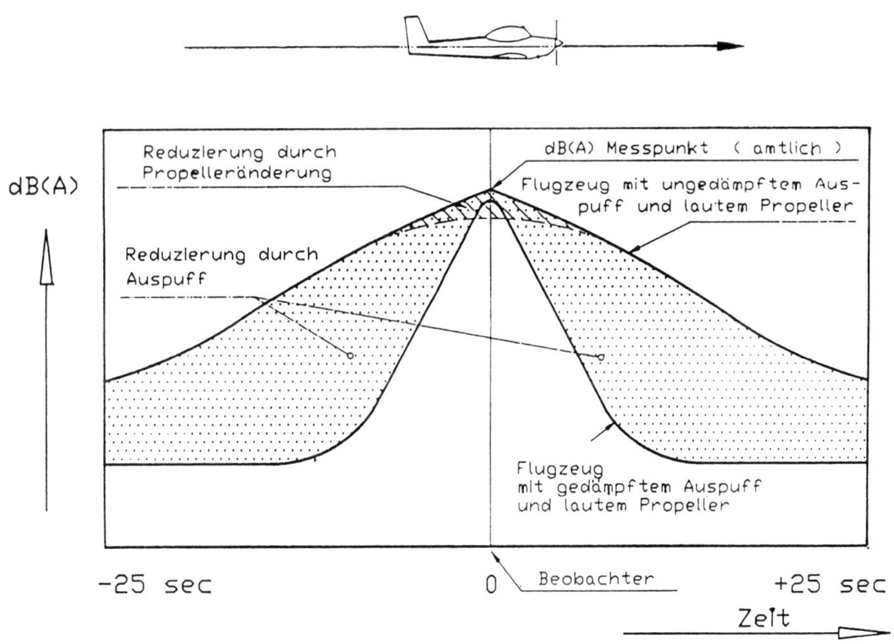

Lärmpegelentwicklung eines Flugzeuges jeweils 25 Sekunden vor und hinter einem Beobachtungspunkt. Im Gegensatz zum Propeller, dessen Lärm beim Überflug nur eine verhältnismäßig kurze Einwirkdauer hat, beaufschlagt der Auspufflärm die Umwelt wesentlich länger und stärker. Die Einwirkzeit sinkt bei einem gut gedämpften Auspuff, d.h. einem mit Nachschalldämpfer.

fers, der an passender Stelle unter dem Rumpf, eventuell hinter dem Bugrad, installiert werden sollte. Bei günstiger Lage und Formgebung wird etwa bis 200 km/h die Fluggeschwindigkeit kaum meßbar beeinflußt.
Der außenliegende Nachschalldämpfer kann in vielen Fällen ohne größere Änderungen an den unter der Motorhaube befindlichen, vorhandenen Abgassystemen angeschlossen werden. Dadurch bleiben die Entwicklungs- und Zulassungskosten gering, was sich günstig auf den Stückpreis und die Einbaukosten auswirkt. Ein weiterer Vorteil ist, daß mit drei bis vier Grundvarianten eine Vielzahl von Baumustern ausgerüstet und dadurch die Schalldämpfer in höheren Stückzahlen produziert werden können.
Das alles hat dazu geführt, daß sich das System mit innen-

Der 1992 in eine Bo 209 »Monsun« eingebaute Liese-Schalldämpfer wiegt nur 600 g und reduziert die Lärmwerte auf 2,2 bis 4,4 dB(A) unter die Grenzwerte des Chapter 10, LSL-Vorschriften.

liegendem Haupt- und außenliegendem Nachschalldämpfer im Hinblick auf Preisgestaltung, Zulassung, Umrüstzeit und Wirkung als bester Kompromiß durchgesetzt hat.

Neuerdings werden auch Schalldämpfer mit eingesetzten Dämmelementen verwendet, die sich innerhalb der Triebwerksverkleidung unterbringen lassen.

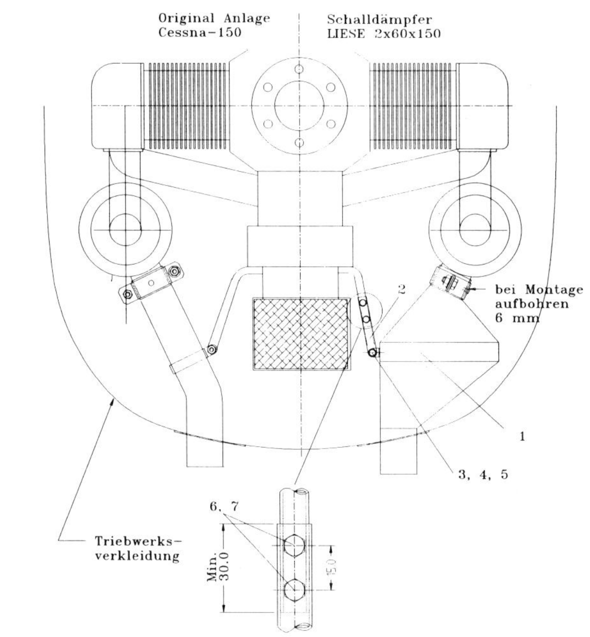

Bei den von der Hermann-Liese-Flugtechnik zur Umrüstung angebotenen Schalldämpfern lassen sich meist die Zusatzelemente (rechts in der Zeichnung) innerhalb der Motorverkleidung unterbringen.

Moderne Motorsegler – hier eine Scheibe »E-Falke« – sind so leise, daß ihr Überflug oft nicht wahrgenommen wird.

Fazit und Ausblick

Die vorangegangenen Kapitel zeugen wie das gesamte Buch von dem ungewöhnlichen Engagement von Konstrukteuren, Piloten und Unternehmern – nicht selten in einer Person vereinigt – für die Entwicklung und die wirtschaftlich sinnvolle und umweltfreundliche Nutzung leichter Motorflugzeuge. Sie hatten eine Fülle von Ideen und Konzepten und versuchten, sie zu verwirklichen, doch viele scheiterten daran, daß sie in ihren oft recht idealistischen Vorstellungen die Marktsituation falsch einschätzten. Nach euphorischem Beginn endeten nicht wenige der neugegründeten Firmen im Konkurs. Größere Stückzahlen, die zu schwarzen Zahlen hätten führen können, wurden mit wenigen Ausnahmen nicht erreicht, erst recht kein weltweiter Durchbruch, obwohl manche Neukonstruktionen sich als weitaus besser und zukunftsträchtiger erwiesen als die marktbeherrschenden Muster. An konstruktiver Phantasie und an technischen Fähigkeiten mangelte es jedenfalls nicht, allenfalls an unternehmerischen und wirtschaftlichen Erfahrungen sowie an modernem Management.

Situation der Luftfahrt in der Bundesrepublik Deutschland

In der LBA-Info Nr. 20 von Februar 1993 berichtet *Klaus Neufeldt,* Leiter des Referates Flugsicherheits- und Öffentlichkeitsarbeit im Luftfahrt-Bundesamt, von einem bemerkenswerten Forschungsauftrag, der 1991 vom Bundesminister für Wirtschaft vergeben wurde: »Situation und Perspektiven der Luftfahrtindustrie und ihre Bedeutung für die deutsche Wirtschaft« (Schwerpunkt Allgemeine Luftfahrt). Der Abschlußbericht liegt inzwischen vor. Er enthält nicht nur eine Analyse der Situation, sondern auch Vorschläge, wie die Effektivität und die Ertragslage nachhaltig gesteigert werden könnten. *Neufeldt* schreibt dazu:

». . . Der Markt für Motorflugzeuge ist ein Weltmarkt. Diesen teilen sich zur Zeit zwei kleinere amerikanische (noch) und zwei französische Hersteller. Deutsche Hersteller spielen praktisch keine Rolle weltweit. Bei der derzeitigen Jahresproduktion von ca. 1000 Motorflugzeugen sind deutsche Hersteller nicht nennenswert beteiligt; die Stückzahl liegt bei etwa 10 Luftfahrzeugen – und das noch mit höchst unterschiedlichen Mustern.

Bedingt durch die zunehmende Überalterung der Flotte und Schwierigkeiten bei der Ersatzteilbeschaffung wird weltweit die zukünftige Jahresproduktion auf bis zu 10 000 Neuflugzeuge geschätzt. Sollte da die deutsche Luftfahrtindustrie nicht ein bißchen daran teilhaben? Doch nach der Untersuchung ergeben sich derzeit noch keine Anzeichen dafür, obwohl die Chancen bei der Neuverteilung dieses Marktes gerade gut stehen. Als eine der Ursachen für die geringe Bedeutung wurde u. a. ›die mittelständische Struktur und die stark von der Persönlichkeit der Gründer und Inhaber geprägten Betriebe‹ gesehen, die ›bisher das Entstehen hinreichend großer Kapazitäten (für eine effektive Produktion) erschwert haben‹. Dadurch ergäben sich auch Probleme bei der erforderlichen weltweiten und insbesondere auch der langjährigen Produktbetreuung.

Die Studie kommt zu dem Ergebnis, daß Typenverzettelung eine wettbewerbsfähige deutsche Luftfahrtindustrie für die Allgemeine Luftfahrt beeinträchtigt. Sie empfiehlt, wie es auch bei Programmen in der militärischen und der Verkehrsluftfahrt der Fall war, ein abgestimmtes Vorgehen der Hersteller in der Allgemeinen Luftfahrt und Kooperation mit den bestehenden Forschungseinrichtungen wie die Deutsche Forschungs- und Versuchsanstalt für Luft- und Raumfahrt (DLR). Bei Beschränkung auf ein Grundmuster bzw. eine darauf aufbauende Flugzeugfamilie könnten Entwicklungs- und Herstellungskosten verteilt werden. Eine gemeinsame Vertriebsorganisation würde Marketing und Instandhaltungsservice weltweit betreuen. Immerhin hängen an einem solchen Projekt rund 150 Firmen (ohne Luftfahrtunternehmen) mit ca. 4000 Arbeitsplätzen.

Soweit die Studie. Ob nun öffentliche Fördergelder für diesen Industriezweig zur Verfügung gestellt werden können, ist zu bezweifeln. So wünschenswert auch eine staatliche Anschubhilfe wäre, könnte auch ohne Subventionen sicherlich einiges erreicht werden durch gemeinsames Vorgehen. Den Individualismus und Kenntnisstand der deutschen Flugzeugbauer in allen Ehren, was nützt das, wenn man damit kein Geld verdienen kann. Die Beispiele der Vergangenheit haben es gezeigt: viele hervorragende Projekte – aber wo sind sie geblieben? Wenn sich die Flugzeugbauer doch nur einigen würden!«

Klaus Neufeldts fast beschwörender Schlußsatz ist sicherlich berechtigt.

Eine wesentliche Ursache für das Scheitern und das fortbestehende Dahinvegetieren der mittelständischen Luftfahrtbetriebe war aber auch die mangelnde Unterstützung im entscheidenden Augenblick vor allem von seiten staatlicher Stellen. Sie zeigten – und manche zeigen bis heute – eine restriktive Grundhaltung, mit der sie einer vermeintlichen Grundstimmung in der Bevölkerung gegenüber jeglicher Luftfahrt, speziell aber gegen den Luftsport, zumindest den, der »Lärm« verursacht, Rechnung tragen. Welche Rolle dabei Vorurteile und mangelnde Kenntnisse spielen, zeigte sich in fast tragikomischer Weise, als es nach der »Wende« um die Rettung des Luftsports, der Flugplätze und des Fluggerätes in den neuen Bundesländern ging. Es ist nur dem Engagement des DAeC und seines Beauftragten *Theo Rack* zu verdanken, daß hier aus Ignoranz und Arroganz keine nichtwiedergutzumachenden Kahlschläge vorgenommen wurden, sondern daß die Mehrzahl der Flugplätze gerettet werden konnte und das überkommene Fluggerät (überwiegend aus dem ehemaligen Ostblock) weiterhin zur Verfügung steht.

Folgen der Rezession

Auch die wirtschaftliche Rezession, die seit Mitte der achtziger Jahre zunehmend spürbar wird, erschwert die luftsportlichen und damit die flugtechnischen Aktivitäten. Gerade in dieser Situation hätten schon vergleichsweise kleine Ermunterungsspritzen für in Schwierigkeiten geratene Unternehmen ausgereicht, um Durststrecken durchzustehen. Ihr Ausbleiben führte dazu, daß vielleicht weltweit nutzbare Innovationen nicht verwirklicht werden konnten sowie zahlreiche qualifizierte Arbeitsplätze verlorengingen.
Negativ auf die Allgemeine Luftfahrt, speziell auf den Motor-Luftsport, wirken sich auch die ständig steigenden Kosten aus, darunter die weitere Verteuerung der Flugkraftstoffe und die Vervielfachung der Landegebühren auch auf manchen kleinen Flugplätzen. Angesichts der Kostenspirale, die sich immer schneller zu drehen scheint, haben nicht wenige Privatpiloten in Deutschland resigniert. Sie fallen als Kunden aus und schmälern das Potential, das den Luftfahrtbetrieben das Weiterleben ermöglicht.
Doch auch international verläuft die Entwicklung selbst der »großen« Luftfahrtindustrie derzeit insgesamt ungünstig, wie die dramatisch gesunkenen Produktionszahlen vor allem in den USA beweisen (siehe im Kapitel »Neunziger Jahre: Ausländische Flugzeugmuster in Deutschland«).
In dieser allgemein wirtschaftlich schwierigen Situation ignorieren die kritische Öffentlichkeit und die Politik, in welchem Umfang die Allgemeine Luftfahrt und vor allem der Luftsport sich bemühen, berechtigte Klagen und Vorwürfe abzustellen. Kaum jemand ahnt, mit welchem Kosten- und Arbeitsaufwand viele ältere Flugzeugmuster, vor allem aber Neukonstruktionen zu wahren »Flüsterflugzeugen« gemacht wurden – jedes Moped, das am Platzrand vorbeifährt, ist lauter als etwa eine Ruschmeyer R90-230 RG im Überflug. Doch auch die aktive Beteiligung wohl der meisten Luftsportvereine im DAeC am Umweltschutz will eine kleine Minderheit selbsternannter, meist fanatischer Umweltwächter einfach nicht wahrhaben, etwa die freiwilligen Hilfs- und Beobachtungsflüge der Bayerischen Luftrettungsstaffel bei Waldbränden und Hochwasserkatastrophen sowie die Naturschutzflüge in Schleswig-Holstein, schließlich die von den Piloten meist selbst veranlaßten und bezahlten Maßnahmen zur Naturerhaltung im Umfeld ihrer Flugplätze. Beispiele hierfür gibt es inzwischen in Hülle und Fülle, in diesem Zusammenhang aber erfreulicherweise auch für eine ersprießliche Zusammenarbeit mit Naturschutzverbänden. Was zudem gerade der Luftsport für die Jugendarbeit leistet, ist kaum abzuschätzen.

Nicht nur bei einigen Naturschützern, sondern auch bei manchen Kommunalpolitikern zeichnet sich inzwischen ein Wandel in der Haltung gegenüber der Allgemeinen Luftfahrt einschließlich des Luftsports ab – wenn sie deren wirtschaftlichen Wert für die Gewerbebetriebe und die Infrastruktur in ihrem Gemeinwesen erkannt haben. Das gibt Anlaß zur Hoffnung – auch für die Luftsportler, die unter dem Einfluß neuer gezielter Aktionen des Deutschen Aero Clubs und anderer Organisationen allmählich erkennen, daß es nicht genügt, für die Allgemeinheit Gutes zu tun, sondern daß es notwendig ist, auch darüber zu reden, kurz »Öffentlichkeitsarbeit« zu betreiben.

Aktion: Pro Luftfahrt

Inzwischen haben aber wohl alle an der Allgemeinen Luftfahrt interessierten Institutionen erkannt, daß sie zusammenstehen müssen, wenn sie die derzeitige mißliche Lage zum Besseren wenden wollen. Eine begrüßenswerte Initiative ist die »Aktion: Pro Luftfahrt«, die 1994 auf breiter Basis begonnen hat.
In der Zeitschrift »Luftfahrt« 5/94 schreibt hierzu *Hans-Ulrich Ohl:*

»Was macht es eigentlich so unendlich schwer, einigen unserer Mitbürger die Bedeutung des Luftverkehrs als ein unverzichtbares Wirtschaftsgut verständlich zu machen?
Dabei geht es doch nicht nur allein um Arbeitsplätze. Wir als eine Industrienation im High-Tech-Bereich brauchen mehr als andere Länder technische Innovation für unsere Industrie. Schon allein deshalb ist der tägliche Umgang mit technisch hochwertigen Produkten für uns lebensnotwendig. Warum eigentlich nicht die Luftfahrt, die dafür geradezu ideale Voraussetzungen bietet?
Haben Sie schon einmal in die leuchtenden Augen eines Jungen oder Mädchens auf der Besucherterrasse eines Flughafens geschaut? Hier entstehen sie, die Träume und Wünsche, die später einmal in einem technisch anspruchsvollen Beruf ihre Erfüllung finden, die mithelfen, dieser Bundesrepublik auch weiterhin einen der vorderen Plätze bei der Herstellung technisch anspruchsvoller Produkte zu sichern.
Auch für unsere Industrie wird in einem europäischen Wirtschaftsraum Mobilität und Anpassung an neue ökonomische Gegebenheiten zu einer immer dringenderen Frage. Nicht ohne Grund ist Flugplatznähe heute bereits für viele Industrieunternehmen ein Kriterium bei der Standortwahl. Flexible Verkehrsverbindungen mit schnellem Zugriff werden zukünftig mehr noch als heute zu einer unerläßlichen Voraussetzung, sich am Markt zu behaupten. Die Verkehrsluftfahrt ist dazu nicht immer in der Lage. Für mittlere und Großunternehmen heute bereits ein Grund, eigene vier- bis zehnsitzige ein- oder mehrmotorige Geschäftsflugzeuge zu unterhalten.
Diese unter der Bezeichnung Allgemeine Luftfahrt (AL) operierende Gruppe umfaßt ein weites Spektrum fliegerischer Aktivitäten, vom Bedarfs- und Regionalluftverkehr, von Flügen zur Verkehrsüberwachung, im Such- und Rettungsdienst (SAR), für den Transport von Kranken oder Transplantaten und nicht zuletzt im Bereich von Schulung und Erprobung, um nur einige zu nennen. Schlimm ist nur die Ignoranz, mit der eine kleine, uneinsichtige Minderheit immer wieder versucht, die Luftfahrt zu diskreditieren. Dabei verzichtet sie nicht einmal auf Scheinargumente, die sich bei näherer Betrachtung als völlig haltlos erweisen. Einer solchen Entwicklung darf man nicht einfach tatenlos zuschauen, sie unwidersprochen hinnehmen.

Diese Zeitschrift hat es sich, zusammen mit anderen, im Bereich der Luftfahrt tätigen Organisationen, Institutionen und der Luftfahrtpresse, zur Aufgabe gemacht, informierend und motivierend 1994 zum Jahr der Luftfahrt zu machen. Wir wollen die bestehenden Informationsdefizite abbauen helfen, die volkswirtschaftlichen Perspektiven aufzeigen und durch eine Unterschriftenaktion beweisen, daß der Luftverkehr in unserer Gesellschaft durchaus seinen festen Platz hat.
Die Aktion Luftfahrt wird getragen von der

- ☐ ADV – Arbeitsgemeinschaft deutscher Verkehrsflughäfen
- ☐ AOPA – Verband der Allgemeinen Luftfahrt
- ☐ DAeC – Deutscher Aero Club
- ☐ DFS – Deutsche Flugsicherung GmbH
- ☐ DGLR – Deutsche Gesellschaft für Luft- und Raumfahrt
- ☐ FLR – Forum Luft- und Raumfahrt
- ☐ LBA – Luftfahrt Bundesamt
- ☐ LPC – Mitgliedern des Luftfahrt Presse Clubs und den Luftfahrt-Fachzeitschriften Aerokurier, Flieger Magazin, Flugrevue und Luftfahrt . . .«

Ein Blick in die Geschichte der Luftfahrt und damit der Luftfahrttechnik zeigt, daß es immer wieder schwierige Phasen und Tiefpunkte der Entwicklung gegeben hat, daß aber auch – meist durch Eigeninitiative der Flieger – Wege gefunden wurden, die aus der Talsohle herausführten. Gerade nach Krisenzeiten begann ein oft schneller Wiederaufstieg. Es ist zu hoffen, wenn auch kurzfristig wenig wahrscheinlich, daß es diesmal wieder so sein wird. Denn noch besteht ein ungebrochenes Interesse breiter Bevölkerungskreise an der Luftfahrt und speziell am Luftsport. Das beweisen die hohen Besucherzahlen bei Ausstellungen wie der ILA in Berlin-Schönefeld und der AERO in Friedrichshafen, aber auch bei luftsportlichen Wettbewerben, Flugtagen, Oldtimertreffen, Hallenfesten örtlicher Vereine und dergleichen mehr. Selbst Kunstausstellungen mit Themen wie »Fliegen – ein Traum«, »Schwerelos« oder die »aerokunst« mit ihren vielfältigen Variationen zum Thema »Vom Vogelflug zur Raumfahrt« finden in der Öffentlichkeit großen Widerhall – sogar bei Kritikern der Luftfahrt.
Das alles stärkt die Hoffnung, daß es auch diesmal einen Weg aus der Krise geben wird und daß der »Kampf ums Überleben«, den die Institutionen der Allgemeinen Luftfahrt, darunter der Deutsche Aero Club mit seinen Verbänden und Vereinen, sowie viele luftfahrttechnische Betriebe derzeit führen, nicht vergeblich sein wird.

Nachwort

Aus der Rede zur Eröffnung der Aero 95 in Friedrichshafen von *Klaus J. Scheer,* Präsident des Deutschen Aero Clubs:

». . . Laut ICAO gehören 90% aller weltweit registrierten zivilen Luftfahrzeuge zur Allgemeinen Luftfahrt, davon sind ca. 80% einmotorige Flugzeuge. Von den in Deutschland zugelassenen Flugzeugen der E-Klasse (Ende 1994 waren es 7317, die Verfasser) sind 67% US-Fabrikation, 26% französische Fabrikation und nur etwa 7% aus deutscher Herstellung. Dieser Marktanteil sollte viel größer sein. Hier ist eine Marktlücke für ökologisch günstigere Neuentwicklungen, in der frei werdende Arbeitskräfte in der Luft- und Raumfahrtindustrie eine sinnvolle Verwendung finden könnten. Man spricht von 20 000 bedrohten Arbeitsplätzen als Folge der Entspannung zwischen den militärischen Blöcken. Der Markt für Kleinflugzeuge hat großen Nachholbedarf, nachdem das Durchschnittsalter der E-Klassen-Flugzeuge 27 Jahre beträgt . . .
Staatliche Förderung sollte diesem Industriezweig helfen, Flugzeuge auf den Weltmarkt zu bringen, die den erforderlichen, umsetzbaren ökologischen Ansprüchen entsprechen. Für Deutschland als High-Tech-Staat sollten Innovationen und nicht Restriktionen eine Antwort auf die berechtigten Forderungen unserer Zeit sein.
Es bestehen neue Vorschläge des Bundesumweltministeriums hinsichtlich der Lärmgrenzen, obwohl Deutschland bereits international die niedrigsten Lärmwerte hat. Es ist dem Bundesverkehrsministerium zu danken, daß hier ein sensibles Thema weiter durch Sachargumente und nicht durch Ideologie bestimmt wird. Die deutsche Wettbewerbsfähigkeit wird von diesen Vorgaben stark berührt.

Ökologische Fragen werden bei uns sehr ernst genommen. Wir haben bereits viele Flugzeuge mit Dreiblattpropellern und schalldämpfenden Auspufftöpfen versehen. Das alles muß von uns finanziert werden. Nur einige wenige Landesregierungen geben hier durch finanzielle Unterstützung einen Anzeiz zum Umbau. Wir schulen unsere Mitglieder, umweltfreundlicher zu fliegen. Der DAeC ist im Gespräch mit der TH Aachen, um Möglichkeiten zu sondieren, Flugmotoren umweltverträglicher zu betreiben.
Wir haben einen Anspruch, daß diese Leistungen anerkannt werden. Man sollte nicht versuchen, uns in den Augen der Öffentlichkeit zu Prügelknaben zu machen. Sog. Verkehrsexperten möchten unseren Sport ganz verbieten oder höchstens noch um die Insel Helgoland gestatten . . . Das sind Vorstöße von Ideologen, die unseren Beitrag zum Umweltschutz nicht zur Kenntnis nehmen wollen. Luftfahrt verkaufte sich früher von selbst. Wir wissen heute, daß wir in einer von Medien bestimmten Welt unser Image nicht durch andere bestimmen lassen dürfen . . . Unsere Luft- und Raumfahrt braucht positive Zeichen.«

Anhang

Technische Daten der in Deutschland hergestellten Flugzeuge

Sportflugzeuge 1909–1914

Hersteller:		Albatros	Aviatic	Deicke	Dorner	Etrich-	Euler	Fokker	Friedrichs-
Muster:		Eindecker	Eindecker	Typ B	T III	Rumpler »Taube«	Doppeldecker	Eindecker	hafen FF 8
Baujahr:		1913	1912	1911	1911	1911	1910	1911/12	1913
Triebwerk:		Mercedes	Argus	Auzani	Körting	Antoinette	Gnôme	Argus	Argus
Startleistung:	kW	51	51	9	29	37	37	37	51
	PS	70	70	12	40	50	50	50	70
Besatzung + Fluggäste		1 + 1	1 + 1	1	1 + 1	1 + 1	1 + 1	1 + 1	1
Spannweite:	m	12,1	12,5	10,2	12,0	14,0	10,0	11,0	13,0
Länge:	m	8,6	9,5	8,5	10,5	10,2		8,0	
Flügelfläche:	m^2	22,0	25,0	10,0	25,0	30,0	20,0	22,0	22,0
Flügelstreckung:		6,6	6,2	10,5	6,0	6,5		5,5	7,7
Leermasse:	kg	520	390	140	350	350	280	385	
Zuladung:	kg		220		240	200	200	225	
Startmasse:	kg		610		590	550	480	610	620
Flächenbelastung:	kg/m^2		24,4		22,7	18,3	24,0	27,7	28,2
Höchstgeschwindigkeit:	km/h	115	115		90	90	80	90	95
Bemerkung:		Schwimmer-flugzeug	Unikat	Mit Druck-propeller	Höhenrekord Juni 1911	Auch mit 50-PS-Aeolus-Motor	»Prinz-Heinrich-Type«	Mit starker Peilung und V-Stellung	Schwimmer-flugzeug

Hersteller:		Geest	Goedecker	Grade	Harlan	Hanuschke	Otto	Schulze	Ursinus	Wienciers
Muster:		»Möwe III«	»Sturm-vogel«	Eindecker	Eindecker	»Popu-laire«	Eindecker	Eindecker	Eindecker	Eindecker
Baujahr:		1912	1911	1910	1911	1911	1912	1912	1909	1911
Triebwerk:		Argus	Argus	Grade	Argus	Anzani	AGO	Anzani	Escher	Gnôme
Startleistung:	kW	51	37	18	37	18	74	37	12	37
	PS	70	50	24	50	25	100	50	15	50
Besatzung + Fluggäste		1 + 1	1 + 1	1	1 + 1	1	1 + 1	1 + 1	1	1
Spannweite:	m	11,5	14,5	10,0	13,2	8,2	15,0	10,6	10,0	11,0
Länge:	m	9,0	12,0	7,5	11,0	8,0	8,7	7,2		
Flügelfläche:	m^2	22,0	36,0	25,0	30,0	18,0	22,0	20,0	20,0	14,3
Flügelstreckung:		6,0	5,8	4,0	6,1	3,7	10,3	5,6	5,0	8,5
Leermasse:	kg	350	350	125	275	175	300	200	210	250
Zuladung:	kg	200	210	65	310	75	200	250	100	100
Startmasse:	kg	550	560	190	585	250	500	450	310	350
Flächenbelastung:	kg/m^2	25	15,5	7,6	19,5	14	22,7	22,5	15,5	24,5
Höchstgeschwindigkeit:	km/h	80	70	70	80	65	120	80	50	110
Reisegeschwindigkeit:	km/h									
Mindestgeschwindigkeit:	km/h									
Steiggeschwindigkeit:	m/s									
Startrollstrecke:	m			30						
Landerollstrecke:	m			35						
Gipfelhöhe:	m			400						
Reichweite:	km									
Bemerkungen		Unikat	Unver-spannter Eindecker	Kraftstoff-verbrauch 122/h	Zwei-stundenflug im Januar 1911	Unikat	Unikat	Unikat	Einzige Konstruk-tion von Ursinus	Unikat

Sport-, Schul- und Reiseflugzeuge 1922–1945

Hersteller:		Ago	Akaflieg	Albatros	Albatros	Arado	Arado	Bäumer	Bäumer
Muster:		Ao 192 B	Berlin AB 4 (FF)	L 68a	L 79 »Kobold«	Ar LIIa »Treff Ass«	Ar 79	»Roter Vogel«	»Sausewind«
Baujahr:		1939	1932	1926	1929	1932	1937	1924	1925
Triebwerk:		Argus As 10E	Daimler F 7502	Siemens Sh 11	Siemens Sh 12	Argus As 8R	Hirth HM 504A	Douglas 350 ccm	Wright L 4
Startleistung:	kW	2 × 200	15	70	92	81	77	5,5	48
	PS	2 × 270	20	95	125	110	105	8,0	65
Besatzung + Fluggäste		2 + 4–6	1	1 + 1	1 + 1	1 + 1	1 + 1	1	1 + 1
Spannweite:	m	13,54	9,00	9,60	8,80	11,00	10,00	10,0	9,15
Länge:	m	10,98	5,70	6,15	6,27	6,72	7,60	5,27	6,25
Flügelfläche:	m^2	25,00	10,00	21,80	16,60	17,00	14,00	10,0	11,20
Flügelstreckung:		7,35	8,1			7,12	7,14	10,0	7,48
Leermasse:	kg	1640	185	470	465	460	526	125	300
Zuladung:	kg	1035	100	232	175	320	274	110	275
Startmasse:	kg	2860	285	702	640	780	800	235	575
Flächenbelastung:	kg/m^2	114,4	28,5	32,2	38,5	45,9	57,1	23,5	51,3
Höchstgeschwindigkeit:	km/h	330		150	165	165	230	115	210
Reisegeschwindigkeit:	km/h	285		130			205		180
Mindestgeschwindigkeit:	km/h	90		70	70	80	68	55	
Steiggeschwindigkeit:	m/s				3,75		4,0	1,4	
Startrollstrecke:	m	275					180		
Landerollstrecke:	m	235							
Gipfelhöhe:	m			3500		2000	4500	3000	5400
Reichweite:	km	1100		500		700	1025		1200
Bemerkung:		Nur wenige gebaut	Nur ein Versuchsmuster gebaut	L 68c mit Siemens Sh 12	Versuchsflugzeug der DVL	Verbesserte L II zum Europa-Rundflug 1930	Rekordflüge über 1000 und 2000 km	Nur zwei Muster gebaut	Verbesserte B IVa erreichte 214,8 km/h

Hersteller:		Bücker	Bücker	Bücker	Bücker	Darmstadt	Deicke	Dietrich	Dornier
Muster:		Bü 131 B »Jungmann«	Bü 133 »Jungmeister«	Bü 180 »Student«	Bü 181 »Bestmann«	D 22a	ADM 11	DP IIa »Bussard«	Do 12 »Libelle I«
Baujahr:		1934	1935	1937	1939	1931	1933	1924	1921
Triebwerk:		Hirth HM 504A	Siemens Sh 14A	Zündapp 9-092	Hirth HM 500	Argus As 8R	Deicke ADM 7	Siemens Sh 5	Siemens Sh
Startleistung:	kW	77	118	37	77	110	16	57	40
	PS	105	160	50	105	150	22	77	55
Besatzung + Fluggäste		1 + 1	1	1 + 1	1 + 1	1 + 1	1	1 + 1	1 + 2
Spannweite:	m	7,40	6,60	11,50	10,60	7,40	9,85	7,20	8,50
Länge:	m	6,62	6,02	7,25	7,85	6,66	5,30	5,97	7,20
Flügelfläche:	m^2	13,50	12,00	15,00	13,50	13,00	8,00	16,32	14,00
Flügelstreckung:		8,11	7,25	8,8	8,35	8,4	12,1		5,2
Leermasse:	kg	390	425	310	475	370	140	420	400
Zuladung:	kg	290	190	230	325	300	90	240	250
Startmasse:	kg	680	615	540	800	670	230	660	650
Flächenbelastung:	kg/m^2	50,4	51,2	36	59,3	51,5	28,7	40,4	46,4
Höchstgeschwindigkeit:	km/h	183	220	170	210	243	125	160	120
Reisegeschwindigkeit:	km/h	170	200	155	200	210		130	100
Mindestgeschwindigkeit:	km/h	82	80	65	80	67	60		
Steiggeschwindigkeit:	m/s	3,2	6,6	2,1		2,0		2,0	
Startrollstrecke:	m	140	115	140	250	40			
Landerollstrecke:	m	135	140	100	120	90			
Gipfelhöhe:	m	3000	4500	4000		6300	2500	3200	1600
Reichweite:	km	650	500	650	850	800	425	500	
Bemerkung:		Bü 131A mit Hirth HM 60	Bü 133A mit Hirth HM 506A	Etwa 40 Stück gebaut	In großen Stückzahlen gebaut	Flugtechnische Fachgruppe Darmstadt		Dietrich-Gobiet Flugzeugbau, Kassel	Libelle II mit Cirrus 80 PS

Hersteller:		Erla	Espenlaub	Espenlaub	Espenlaub	Fieseler	Fieseler	Fieseler	Focke-Wulf
Muster:		5 D	E 11	E 14	E 15	F 2 »Tiger«	Fi 5 R	Fi 97	A 16
Baujahr:			1927	1928	1929	1932	1933	1934	1924
Triebwerk:		Zündapp Z 9-092	Anzani	Argus As 8	Daimler F 7502	Walter »Pollux 2«	Hirth HM 60 R	Argus As 17 A	Siemens Sh 11
Startleistung:	kW	37	26	70	15	240	59	165	55
	PS	50	35	95	20	340	80	225	75
Besatzung + Fluggäste		1	1	1 + 1	1	1	1 + 1	1 + 3	1 + 3
Spannweite:	m	11,0	10,00	11,50	12,00	9,00	10,00	10,70	13,90
Länge:	m	6,80		6,00		6,80	6,60	8,24	8,50
Flügelfläche:	m^2	14,00				23,35	13,60	15,30	27,00
Flügelstreckung:		8,00					7,35	7,5	7,2
Leermasse:	kg	265		300		810	395	560	570
Zuladung:	kg	120		200		130	265	490	400
Startmasse:	kg	385		500		940	660	1050	970
Flächenbelastung:	kg/m^2	27,5				40,5	48,5	68,5	36,0
Höchstgeschwindigkeit:	km/h	160	120	130	95	240	200	250	135
Reisegeschwindigkeit:	km/h	140				210	175	220	120
Mindestgeschwindigkeit:	km/h	62				80	60	58	70
Steiggeschwindigkeit:	m/s	3,5				9,0	3,7	5,6	
Startrollstrecke:	m							70	150
Landerollstrecke:	m							40	50
Gipfelhöhe:	m	4700					4200	7300	2500
Reichweite:	km	620					1000	1200	550
Bemerkung:		Vorläufer waren Me 5a und Erla 5a	Zweisitzige Ausführung E 12	Auf der ILA 1928 ausgestellt	Auch für Versuche mit Raketen-antrieb	Gerhard Fieseler nahm an Kunstflug-weltmeister-schaften 1934 teil	Nur wenige gebaut	Für Europa-Rundflug 1934	Auch mit Sh 14

Hersteller:		Focke-Wulf	Focke-Wulf	Focke-Wulf	Focke-Wulf	Focke-Wulf	Gotha	Heinkel	Heinkel
Muster:		F 19 »Ente«	S 24 »Kiebitz«	Fw 44 »Stieglitz«	Fw 56 »Stößer«	Fw 58 »Weihe«	Go 150	He 64	He 72
Baujahr:		1927	1928	1932	1933	1935	1937	1932	1933
Triebwerk:		Siemens Sh 11	Siemens Sh 13	Siemens Sh 14A	Argus As 10C	Argus As 10C	Zündapp	Argus As 8R	Siemens Sh 14A
Startleistung:	kW	71	44	110	176	2× 176	37	110	118
	PS	96	60	150	240	2× 240	50	150	160
Besatzung + Fluggäste		1 + 3	1 + 1	1 + 1	1	1 + 3	1 + 1	1 + 1	1 + 1
Spannweite:	m	14,00	8,90	9,00	10,50	21,00	11,80	9,80	9,00
Länge:	m	10,53	6,25	7,30	7,60	14,10	7,15	8,30	7,50
Flügelfläche:	m^2	27,00	19,50	20,00	14,00	47,00	17,50	14,40	20,70
Flügelstreckung:		7,3		7,8	7,9	9,4	7,88	6,67	
Leermasse:	kg	1140	350	565	755	2000	512	458	590
Zuladung:	kg	450	220	305	230	930	338	310	310
Startmasse:	kg	1590	570	870	985	2930	850	780	900
Flächenbelastung:	kg/m^2	57,0	29,0	43,5	70,4	62,5	48,5	54,2	42,3
Höchstgeschwindigkeit:	km/h	142	150	185	278	254	200	245	185
Reisegeschwindigkeit:	km/h	128	135	170	255	238	185	222	170
Mindestgeschwindigkeit:	km/h	83	70	74	90	76	70	52	80
Steiggeschwindigkeit:	m/s			3,4	8,4	4,7		4,5	3,0
Startrollstrecke:	m	200		140	168		400	88	190
Landerollstrecke:	m	100		140	233		350	95	160
Gipfelhöhe:	m	3000	3500	3900	6200	5400		6000	4200
Reichweite:	km			675	385*	690	900	760	500
Bemerkung:		Vorderflügel: Spannw. 5,20 m Fläche 6,20 m^2	Auch mit anderen Motoren	In größeren Stückzahlen gebaut	* Mit Zusatz-tank 665 km	Mehrzweck-flugzeug in vielen Variationen	Höhenrekord mit 8048 m	Mit Zusatz-behältern 1500 km	Mehrere Variationen

Hersteller: Muster:		Horten H II m	Hüffer H B 28 b	Junkers K 16	Junkers T 19	Junkers T 26 E	Junkers T 29	Junkers A 50 »Junior«
Baujahr:		1935	1923	1921	1922	1925	1925	1928
Triebwerk:		Hirth H 11 60 R	Siemens Sh 13 a	Siemens Sh 5	Siemens Sh 5	Junkers L 1 a	Junkers L 1 a	Siemens Sh 13
Startleistung:	kW	59	65	55	55	55	55	59
	PS	80	88	75	75	75	75	80
Besatzung + Fluggäste		1	1 + 1	1 + 2	1 + 1	1 + 1	1	1 + 1
Spannweite:	m	16,50	10,00	12,80	11,25	13,15	11,50	11,00
Länge:	m	5,00	6,40	8,00	6,85	7,54	7,15	7,00
Flügelfläche:	m^2	32,00	14,50	19,00		21,50	15,60	13,7
Flügelstreckung:		8,50	6,9	8,6		8,0	8,5	8,8
Leermasse:	kg	385	370	535	515	500	490	360
Zuladung:	kg	130	230	315	250	230	200	240
Startmasse:	kg	515	600	850	765	730	690	600
Flächenbelastung:	kg/m^2	16,2	41,3	45,0		34,0	48	43,8
Höchstgeschwindigkeit:	km/h	230	170	150	133	130	140	172
Reisegeschwindigkeit:	km/h	205	145	120	110		120	145
Mindestgeschwindigkeit:	km/h	60	70			80		75
Steiggeschwindigkeit:	m/s	7,0	2,1					
Startrollstrecke:	m	70	420					
Landerollstrecke:	m	80	580					
Gipfelhöhe:	m	6800	4050	2500	4000	3200	2500	4600
Reichweite:	km	470	550					600
Bemerkungen:		H III a–e Motorsegler	Mit verschiedenen Motoren	Mit verschiedenen Motoren	Teilnahme an mehreren Flugwettbewerben	Konnte auch als Doppeldecker (T 26 D) umgebaut werden.	Zur Erprobung des Junkers-Doppelflüglers	Auch mit A. S. »Genet«

Hersteller: Muster:		Klemm L 15	Klemm L 20	Klemm L 25	Klemm L 26	Klemm L 28	Klemm L 33	Klemm Kl 31	Klemm Kl 32
Baujahr:		1919/1923	1924	1928/1931	1929/1930	1933	1933	1930	1932
Triebwerk:		Harley-Davidson	Daimler F 7502	Hirth H M 60 R	Argus As 8	Siemens Sh 14 A	DKW »P«	Siemens Sh 14 A	Siemens Sh 14 A
Startleistung:	kW	9,2	16	59	65	110	13	118	118
	PS	12,5	22	80	120	150	18	160	160
Besatzung + Fluggäste		1 (+ 1)	1 + 1	1 + 1	1 + 1	1 + 1	1	1 + 3	1 + 2
Spannweite:	m	12,64	13,00	13,00	13,00	10,50	11,00	13,50	12,00
Länge:	m	6,62	7,30	7,50	7,45	7,35	6,90	8,50	7,20
Flügelfläche:	m^2	24,00	20,00	20,00	20,00	15,70	16,20	20,80	17,00
Flügelstreckung:		6,66	8,45	8,45	8,45	7,0	7,5	8,75	8,46
Leermasse:	kg	189	220	420	520	620	200	690	590
Zuladung:	kg	87	170	300	380	280	120	560	360
Startmasse:	kg	276	390	720	900	900	320	1250	950
Flächenbelastung:	kg/m^2	11,5	19,5	32,5	45,0	57,3	19,75	60,0	55,9
Höchstgeschwindigkeit:	km/h	75	100	160	175	205	105	190	210
Reisegeschwindigkeit:	km/h	70	90	140	155	180	95	165	190
Mindestgeschwindigkeit:	km/h			60	72	85	50	85	80
Steiggeschwindigkeit:	m/s			3,2				2,35	4,0
Startrollstrecke:	m			120				280	200
Landerollstrecke:	m			100				180	200
Gipfelhöhe:	m	2200	3500	4800	5400	4500	2700	3800	4800
Reichweite:	km		480	650	515	650	450	735	800
Bemerkungen:		Bruch bei Rollversuch 1919	Auch als Schwimmerflugzeug	Auch mit anderen Motoren	Auch mit anderen Motoren	Nur Einzelmuster	Nur Einzelmuster		Für Europa-Rundflug 1932

Hersteller:		Klemm	Klemm	Klemm	Klemm	Klemm	Klemm	Lippisch
Muster:		Kl 35	Kl 36	Kl 105	Kl 106	Kl 107	Kl 151	»Storch V«
Baujahr:		1935	1934	1938	1939	1939	1942	1929
Triebwerk:		Hirth HM 504 A	Hirth HM 508	Zündapp Z 9-092	Hirth HM 504 A	Hirth HM 500 A	Argus As 10 P	DKW
Startleistung:	kW	77	162	37	77	77	176	
	PS	105	220	50	105	105	240	9
Besatzung + Fluggäste		1 + 1	1 + 3	1 + 1	1 + 1	1 + 1	1 + 3	1
Spannweite:	m	10,40	11,00	10,92	10,20	10,87	11,21	12,37
Länge:	m	7,50	8,98	7,35	8,10	8,16	9,30	3,80
Flügelfläche:	m^2	15,30	19,50	15,00	14,50	15,70	20,80	18,90
Flügelstreckung:		7,13	6,2	8,0	7,2	7,5	6,0	8,1
Leermasse:	kg	480	720	340	485	475	800	170
Zuladung:	kg	300	580	220	290	385	700	80
Startmasse:	kg	780	1300	560	775	860	1500	250
Flächenbelastung:	kg/m^2	51,3	66,6	37,3	53,4	54,7	72,1	13,5
Höchstgeschwindigkeit:	km/h	210	260	150	190	190	280	
Reisegeschwindigkeit:	km/h	195	235	135		175		
Mindestgeschwindigkeit:	km/h	75	85	65		75		
Steiggeschwindigkeit:	m/s	3,5		1,8		3,1		
Startrollstrecke:	m	275	437			350		
Landerollstrecke:	m	195	558			100		
Gipfelhöhe:	m	5100	5900	3000	3000			
Reichweite:	km	630	880	500	700	670	1000	
Bemerkungen:		Auch als Schwimmerflugzeug	Für Europa-Rundflug 1934	Nur Versuchsmuster	Ähnlich KL 35 D Für amerik. Lizenznehmer	Nur 6 Versuchsmuster	Nur Versuchsmuster	bei RRG gebaut

Hersteller:		Lippisch	Lippisch	Messerschmitt	Messerschmitt	Messerschmitt	Messerschmitt	Messerschmitt	Messerschmitt
Muster:		»Storch VII«	»Delta I«	S 16 b	M 17	M 18 b	M 19	M 21	M 23 b
Baujahr:		1930	1931	1924	1925	1926	1927	1928	1928
Triebwerk:		Daimler F 7509	Bristol	Douglas	Bristol »Cherub«	Siemens Sh 12	Bristol »Cherub«	Siemens Sh 11	Siemens Sh 13
Startleistung:	kW	18	22						
	PS	24	30	20	25	100	29	85	68
Besatzung + Fluggäste		1	1	1 + 1	1 + 1	1 + 4	1	1 + 1	1 + 1
Spannweite:	m	12,00	13,24	14,40	11,60	15,60	9,60	10,00	11,80
Länge:	m	5,05	4,25	5,00	5,85	8,00	5,40	7,32	6,50
Flügelfläche:	m^2	20,00	25,00	14,0	10,40	24,50	7,90	20,80	14,40
Flügelstreckung:		7,2	7,0	14,8	12,9	9,9	11,7	4,8	9,7
Leermasse:	kg		320	218	180	600	138	480	340
Zuladung:	kg		200	122	190	600	197	240	260
Startmasse:	kg		520	340	370	1200	335	720	600
Flächenbelastung:	kg/m^2		20,1	24,0	35,5	48,9	42,4	34,6	41,7
Höchstgeschwindigkeit:	km/h		135	115	132	140	114	145	160
Reisegeschwindigkeit:	km/h			90	115	130	76	130	135
Mindestgeschwindigkeit:	km/h			50	65				
Steiggeschwindigkeit:	m/s		2,9						
Startrollstrecke:	m								
Landerollstrecke:	m								
Gipfelhöhe:	m		3500		4000	3000	850	3300	4200
Reichweite:	km			400	500	600	850	500	890
Bemerkungen:		»Hans Huckebein«	bei RRG gebaut	Teilnahme an Rhönflug-Wettbewerb 1924	Nur 4 gebaut	30 M 18 a bis d gebaut	Nur 2 gebaut	Nur 2 gebaut	Über 80 M 23 gebaut

Hersteller:		Messerschmitt	Messerschmitt	Messerschmitt	Messerschmitt	Messerschmitt	Möller	Müller*	Raab-Katzenstein
Muster:		M 27	M 29	M 31	M 35	Bf/Me 108 B »Taifun«	Stomo 3 »Stürmer«	GMG I	K 1 »Schwalbe«
Baujahr:		1931	1932	1932	1933	1935	1938	1927	1926
Triebwerk:		Argus As 8	Argus As 8 R	BMW X a	Siemens Sh 14 A	Argus AS 10 C	Zündapp Z 9-092	Anzani 3 Zyl.	Siemens Sh 11
Startleistung:	kW	88	110	44	110	176	37	25	71
	PS	120	150	60	150	240	50	35	96
Besatzung + Fluggäste		1 + 1	1 + 1	1 + 1	1 + 1	1 + 3	1	1 + 1	1 + 1
Spannweite:	m	12,00	11,00	12,00	11,57	10,62	7,60	11,00	7,95
Länge:	m	7,90	7,75	7,85	7,48	8,29	5,90	6,50	6,20
Flügelfläche:	m^2	14,50	14,50	17,24	17,00	16,40	9,60		17,00
Flügelstreckung:		9,9	8,3	8,4	7,9	6,9	6,0		
Leermasse:	kg	430	390	350	500	860	215		470
Zuladung:	kg	300	310	300	300	540	125		240
Startmasse:	kg	730	700	650	800	1400	340	450	710
Flächenbelastung:	kg/m^2	49,7	48,3	37,7	47,2	85,5	35,4		41,8
Höchstgeschwindigkeit:	km/h	200	262	175	230	300	215	125	152
Reisegeschwindigkeit:	km/h	170	225	150	205	265	210		140
Mindestgeschwindigkeit:	km/h	70			85	85	50		70
Steiggeschwindigkeit:	m/s	4,1			5,5	5,75	5,4		
Startrollstrecke:	m					195	80		
Landerollstrecke:	m					185	140		
Gipfelhöhe:	m	5200	6000	3800	5300	4800	5200		3500
Reichweite:	km	700	700	700	1000	950	650		560
Bemerkungen:		Auch mit Sh 13 A 12 gebaut	6 gebaut	Nur 2 gebaut	15 gebaut	Bayerische Flugzeugwerke (BFW) ca. 1000 geb.	Geschwindigkeitsrekord über 1000 km 187,8 km/h	* Gebrüder Müller Griesheim GMG II mit Salmson	Verbesserter Dietrich-Gobiet »Bussard«

Hersteller:		Raab-Katzenstein	Raab-Katzenstein	Raab-Katzenstein	Raab-Katzenstein	Rieseler	Siebel	Siebel	Stahlwerk
Muster:		RK 2 »Pelikan«	RK 9 »Grasmücke«	RK 25	RK 26 »Tigerschwalbe«	R I	Fh 104 »Hallore«	Si 202 »Hummel«	Mark/R III
Baujahr:		1927	1928	1928	1928	1921	1937	1938	1922
Triebwerk:		Siemens Sh 11	Anzani	ADC »Cirrus II«	Walter »Castor«	Haacke	Hirth H M 508 D	Zündapp 9-092	Haacke HFM 2 a
Startleistung:	kW	71	25	66	220	21	2× 206	37	25
	PS	96	35	90	300	28	2× 280	50	34
Besatzung + Fluggäste		1 + 1	1 + 1	1 + 1	1 + 1	1	1 + 4	1 + 1	1
Spannweite:	m	10,90	8,96	9,30	8,40	7,00	12,06	10,50	7,30
Länge:	m	7,80	6,85	6,48	6,20	5,00	9,50	6,40	5,28
Flügelfläche:	m^2	26,80	19,64		20,22		22,30	14,00	11,00
Flügelstreckung:							6,5	7,9	4,8
Leermasse:	kg	570	250	297	561		1510	290	220
Zuladung:	kg	250	200	403	285		840	269	118
Startmasse:	kg	820	450	700	846	290	2350	550	338
Flächenbelastung:	kg/m^2	30,6	22,9		42,3		105	39,2	30,7
Höchstgeschwindigkeit:	km/h		120	200	200	105	350	160	90
Reisegeschwindigkeit:	km/h	125	100				312	140	
Mindestgeschwindigkeit:	km/h	60			80		99	72	
Steiggeschwindigkeit:	m/s				7,0		9,5	2,0	1,5
Startrollstrecke:	m						200	2250	
Landerollstrecke:	m						280	170	
Gipfelhöhe:	m	3200	3000		7500		6600	3000	3000
Reichweite:	km						920	500	270
Bemerkungen:		Verbesserte »Schwalbe«	Auf der ILA 1928 ausgestellt	Auch mit Argus As 8 C von 150 PS	Im Auftrag von Gerd Fieseler gebaut	R II verb. mit 34 PS Haacke-Motor	Auch als Verbindungsflugzeug der Luftwaffe i. Eins.	Si 202 C mit Hirth HM 515	Bei Hüffer weiterentwickelt

Hersteller:		Udet	Udet	Udet	Udet	Udet	Udet	Udet	Winter
Muster:		U 1	U 5	U 6	U 7 »Kolibri«	U 8	U 10	U 12 »Flamingo«	LF 1 »Zaunkönig«
Baujahr:		1922	1923	1923	1924	1924	1924	1925	1940
Triebwerk:		Haacke	Siemens Sh 5	Siemens Sh 5	Douglas 750 ccm	Siemens Sh 6	Siemens Sh 5	Siemens Sh 11	Zündapp Z 9-092
Startleistung:	kW	22	63	63	26	81	63	71	37
	PS	30	85	85	35	110	85	96	50
Besatzung + Fluggäste		1	1 + 2	1	1	1 + 3	1 + 1	1 + 1	1
Spannweite:	m	8,90	12,00	8,90	10,0	12,00	10,60	10,00	8,02
Länge:	m			5,50	5,50	7,20	5,90	6,70	6,08
Flügelfläche:	m²				12,50	18,00	14,00	24,00	9,20
Flügelstreckung:					8,0	8,0	8,0		7,0
Leermasse:	kg				160	490	320	500	256
Zuladung:	kg				100	370	250	300	99
Startmasse:	kg	300	800	520	260	800	570	800	355
Flächenbelastung:	kg/m²				20,8	44,4	35,7	33,4	36,4
Höchstgeschwindigkeit:	km/h	115	155	145	120	170	165	140	180
Reisegeschwindigkeit:	km/h				100	150	150	60	50
Mindestgeschwindigkeit:	km/h								
Steiggeschwindigkeit:	m/s								
Startrollstrecke:	m								
Landerollstrecke:	m								
Gipfelhöhe:	m				3200	3400	3400	3000	
Reichweite:	km					480	500		
Bemerkungen:		Nur Einzelmuster. U 2 war verb. U 1.	Kabinen-Flugzeug	Nur 7 Stück gebaut.	Sieger beim Rhön-Leichtflugzeugwettbewerb 1924	U 8 b mit Vorflügel Kabinen-Flugzeug	Auch mit Sh 10	Mit versch. Motoren in gr. Stückzahlen gebaut	Institut für Flugzeugbau TH Braunschweig

Sport- und Reiseflugzeuge 1955–1995

Hersteller:		Blume	Bölkow	Bölkow	Bölkow	Dittmar	FFT	Flugsport-schule Schönhagen	Grob
Muster:		Bl 502	207	Bo 208 A Junior	Bo 208 B Junior	HD 153 Motor-Möwe	Eurotrainer	FSS Tourist	G 109 B
Baujahr:		1958	1960	1962	1965	1955	1991	1962	1983
Triebwerk:		Lycoming 0-360 A	Lycoming 0-360 A	Continental 0-200 A	Continental 0-200 A	Continental 0-90	Lycoming AEIO-540 L	Walter Mikron III	Limbach L 2400 EB
Startleistung:	kW	132	132	74	74	70	200	48	65
	PS	180	180	100	100	95	270	65	87
Besatzung + Fluggäste		1 + 3	1 + 3	1 + 1	1 + 1	1 + 1	1 + 3	1 + 1	1 + 1
Spannweite:	m	10,50	10,81	7,42	8,02	12,00	10,40	8,04	17,40
Länge:	m	8,15	8,30	5,79	5,79	6,30	8,10	6,53	8,10
Flügelfläche:	m²	15,00	15,40	8,65	9,37	17,30	14,00		19,00
Flügelstreckung:		7,35	7,6	6,4	6,9	8,3	7,7		15,9
Leermasse:	kg	670	700	370	380	465	920	325	620
Zuladung:	kg	450	500	230	245	295	560	215	230
Startmasse:	kg	1120	1200	600	625	760	1480	540	850
Flächenbelastung:	kg/m²	74	78	69	67	43,9	105,7		44,7
Höchstgeschwindigkeit:	km/h	250	255	230	230	170	341	180	
Reisegeschwindigkeit:	km/h	220	235	205	205	150	327	150	190
Landegeschwindigkeit:	km/h						96	75	70
Steiggeschwindigkeit:	m/s	5,3	3,6	3,5	4,0	4,0	6,8	2,0	3,4
Startrollstrecke:	m	375	300	180	200	160	500	180	194
Landerollstrecke:	m					130	490	270	205
Gipfelhöhe:	m	4800	4300	4300	4300	4800	6100	3000	
Reichweite:	km	900	1250	750	1000	1000	1055	525	1800
Bemerkungen:		2 Prototypen	Herst.: Bölkow-Apparatebau, Laupheim	Herst.: Bölkow-Apparatebau, Laupheim	Herst.: Bölkow-Apparatebau, Laupheim	Auch als Baukasten angeboten 12 gebaut	Nur ein Prototyp	Einziges in der DDR gebautes Sportflugzeug	Motorsegler Gleitzahl: 28

Hersteller: Muster:		Grob G110	Grob G 111	Grob G 112	Grob G 115 A	Grob G 115 C	Grob G 115 D	Grob G 115 T	Grob G 116
Baujahr:		1983	1983	1984	1985	1992	1992	1992	1987
Triebwerk:		Lycoming 0-235 M 1	Grob G 2500	Grob G 2500	Lycoming 0235-H2C	Lycoming 0-320-D1A	Lycoming AEIO-360-B	Lycoming AEIO-540-D	Lycoming IO-360
Startleistung:	kW	86	66	66	85	119	134	194	148
	PS	118	90	90	115	160	180	260	200
Besatzung + Fluggäste		1 + 1	1 + 1	1 + 1	1 + 1	1 + 1	1 + 1	1 + 1	1 + 3
Spannweite:	m	10,60	17,40	11,00	10,00	10,00	10,00	10,00	11,00
Länge:	m	6,90	8,10	6,89	7,36	7,36	7,46	8,10	8,00
Flügelfläche:	m^2	12,20	19,00	12,32	12,20	12,20	12,20	13,10	15,50
Flügelstreckung:		9,2	6,8	9,8	8,2	8,2	8,2	7,6	7,8
Leermasse:	kg	560	650	530	600	660	670	900	710
Zuladung:	kg	340	350	220	250	330	250	400	488
Startmasse:	kg	900	1000	750	850	990	920	1300	1193
Flächenbelastung:	kg/m^2	73,8	19,0	60,9	69,6	81,1	75,4	99,2	77,3
Höchstgeschwindigkeit:	km/h	280	245	220				315	275
Reisegeschwindigkeit:	km/h	260	200	185	205	226	250		245
Mindestgeschwindigkeit:	km/h				83			98	91
Steiggeschwindigkeit:	m/s	4,8	2,1	3,0	3,5	5,8	7,8	6,7	5,0
Startrollstrecke:	m	470	275	270		260	210		265
Landerollstrecke:	m	420				190	190		
Gipfelhöhe:	m					4880	6100		
Reichweite:	km	1200	3100	1550	900	1200	960	1420	1000
Bemerkung:		Nur Prototyp	Langstr.-version des G 109-Motor-seglers	Motorsegler Vortufe zur G 115	LBA-Zul. 3. 87	LBA-Zul. 8. 93	Luxusaus-führung von G 115 C		

Hersteller: Muster:		Grob GF 200	Gyroflug SC 01 Speed Conard	HOAC Super Dimona	HOAC DV/DA 20 Katana	Hoffmann H 40 Prototyp	Kaiser ASK 16	Klemm Kl 107 A	Klemm Kl 107 C
Baujahr:		1992	1983	1991	1992	1988	1971	1956	1959
Triebwerk:		Lycoming TIO-540	Lycoming 0-320 D1A	Limbach L 2400 EB	Rotax 912 A	Limbach L 2400 DB	Limbach SL 1100 EB	Continental C 90	Lycoming 0-320 A
Startleistung:	kW	228	118	66	62	70	50	66	110
	PS	310	160	90	84	95	68	90	150
Besatzung + Fluggäste		1 + 3	1 + 1	1 + 1	1 + 1	1 + 1		1 + 2	1 + 2
Spannweite:	m	11,00	7,77	16,20	10,80	10,84	16,00	10,84	10,84
Länge:	m	8,50	4,70	6,98	7,22	6,99	7,30	8,30	8,30
Flügelfläche:	m^2	12,50	7,84	15,30	11,60	13,62	19,00	14,60	14,60
Flügelstreckung:		9,7	7,7	17,1	10,4	8,6	13,5	8,0	8,0
Leermasse:	kg	1100	440	564	505	530	460	520	625
Zuladung:	kg	600	215	206	225	270	240	340	345
Startmasse:	kg	1700	715	770	730	800	700	860	970
Flächenbelastung:	kg/m^2	136	91	50,3	63	58,7	36,8	59	68
Höchstgeschwindigkeit:	km/h		365	261		275		185	235
Reisegeschwindigkeit:	km/h	388*	275	180	202	210	160	165	205
Mindestgeschwindigkeit:	km/h	103	105		81	78	74		
Steiggeschwindigkeit:	m/s	6,5	6,6	3,9	4,0	4,0	2,5	3,4	4,0
Startrollstrecke:	m	296	350	185	212	180			290
Landerollstrecke:	m	234	300		120	200			
Gipfelhöhe:	m	8530	6000		4000			3000	4150
Reichweite:	km	2350	1040	1000	920	1200	500	760	820
Bemerkungen:		* bei 75% Leistg.	Fertigung bei FFT ab 1994	Auch mit Rotax 912 A. Gleitzahl 27	Fertigung in Kanada bei Diamond-Aircraft	Nur ein Prototyp	Motorsegler Gleitzahl 25	Nachkriegs-neubau bei Hirth in Nabern	Serie bei Apparatebau GmbH in Nabern

Hersteller:		Leichtflug-technik Union	MBB	MBB	Pöschel	Pützer	Pützer	Pützer	Pützer
Muster:		LFU 205	Bo 209 150 VR Monsun	Bo 209 160 VR Monsun	P 300 Equator	Motorraab	Elster B	SR 57 Bussard	RF 5 b Sperber
Baujahr:		1968	1971	1971	1971	1955	1956	1958	1971
Triebwerk:		Lycoming IO-360	Lycoming O-320	Lycoming IO-320	Lycoming TIO-540	Porsche PFM 678/3	Continental C-90-12 F	Continental C-90-12 F	Limbach SL 1700 E
Startleistung:	kW	147	110	118	228	38	71	71	50
	PS	200	150	160	310	52	95	95	68
Besatzung + Fluggäste		1 + 3	1 + 1	1 + 1	1 + 5	1 + 1	1 + 1	1 + 1	1 + 1
Spannweite:	m	10,85	8,40	8,40	11,60	13,70	13,22	12,00	17,00
Länge:	m	7,65	6,40	6,40	8,20	7,20	7,10		7,71
Flügelfläche:	m^2	14,50	10,22	10,22	16,00	18,50	17,50	18,00	19,00
Flügelstreckung:		7,2	6,9	6,9	8,4	10,1	10,0	8,0	15,3
Leermasse:	kg	780	515	520	850	320	460	840	475
Zuladung:	kg	420	305	300	950	305	240		205
Startmasse:	kg	1200	820	820	1800	625	700		680
Flächenbelastung:	kg/m^2	73	80	80	112	33,8	40		35,7
Höchstgeschwindigkeit:	km/h	330	256	275	490		168		
Reisegeschwindigkeit:	km/h	300	237	259	460	110	150	180	170
Landegeschwindigkeit:	km/h								68
Steiggeschwindigkeit:	m/s	5,5	5,2	5,8	8,6		3,6		3,0
Startrollstrecke:	m	235	218	181	116	220	240		
Landerollstrecke:	m						190		
Gipfelhöhe:	m		5030	5030	9000		5000		
Reichweite:	km	1400	875	930			450		420
Bemerkung:		Zulassung als Einzelstück		Kunstflug-tauglich	2 Prototypen	Zuerst mit 30-PS-VW-Motor			Motorsegler Gleitzahl: 26 Lizenz: Fournier

Hersteller:		Pützer	Rheinflug	Rheinflug	Ruschmeyer	Ruschmeyer	Ruschmeyer	Ruschmeyer	Scheibe
Muster:		RS 180 Sportsmann	RW 3	Fanliner	R85-P-RG	R 90-230 RG	R 90-180 FG	R 90-420 AT	SF 23 A Sperling
Baujahr:		1976	1957	1973	1988	1990	1995	1993	1955
Triebwerk:		Lycoming 0-360 A	Porsche PFM 679/3	NSU-Wankel Ro 135	Porsche PFM 3200	Lycoming IO-540-CH	Lycoming IO-360	Allison 250-17 B	Continental C-90-12 F
Startleistung:	kW	132	48	84	212	172	134	302	71
	PS	180	65	114	288	234	180	420	95
Besatzung + Fluggäste		1 + 3	1 + 1	1 + 1	1 + 3	1 + 3	1 + 3	1 + 3	1 + 1
Spannweite:	m	10,50	10,40	7,45	9,50	9,50	9,50	10,50	9,87
Länge:	m	7,15	7,90	6,10	7,80	7,93	7,93	7,93	6,20
Flügelfläche:	m^2	14,50	14,00	9,30	12,94	12,94	12,94	14,90	12,16
Flügelstreckung:		7,6	7,7	5,9	6,97	6,97	6,97	7,8	8,1
Leermasse:	kg	640	694	530	700	898	750	850	460
Zuladung:	kg	460	306	230	470	452	482	590	270
Startmasse:	kg	1100	1000	750	1300	1350	1200	1450	730
Flächenbelastung:	kg/m^2	76	69,8	80,6	100	104	93	112	60
Höchstgeschwindigkeit:	km/h		270	220	342	324	300	480	200
Reisegeschwindigkeit:	km/h	235	250	180	277	315	260	400	160
Landegeschwindigkeit:	km/h				89	107	85	100	
Steiggeschwindigkeit:	m/s	5,4	5,3	3,3	8,1	5,8	5,8	14,5	3,5
Startrollstrecke:	m	210	160		250	300	280	300	230
Landerollstrecke:	m				220	380	250	220	120
Gipfelhöhe:	m	5400	5500			4877	4800	8000	5000
Reichweite:	km	1210		660	1600	1600	1110	1800	600
Bemerkung:			Auch mit vergrößerter Spannweite v. 15 m	Zweiter Prototyp, von Colani überarbeitet	Entwicklung aufgegeben	Erstflug 25. 9. 90 Serie	Schulflug-zeugversion	Erstflug 2. 11. 93	Erstflug 8. 8. 1955

Hersteller:		Scheibe	Schempp-Hirth	SIAT	Stark	Stemme	Valentin	Winter	Zuerl
Muster:		SF 25 C C 2000	CP 301 S Smaragd	223 Flamingo	D 31 D Turbulent	S 10	17 E Taifun	LF 2 Kiebitz	Jodel D 11
Baujahr:		1971	1958	1967	1957	1986	1982	1959	1957
Triebwerk:		Limbach L 2000 EA	Continental C 90-14 F	Lycoming IO-360	Stamo 1400	Limbach L 2400 EB	Limbach L 2400	Continental C 90-12 F	Continental C 65
Startleistung:	kW	58	70	147	31	70	66	70	48
	PS	80	95	200	45	95	90	95	65
Besatzung + Fluggäste		1 + 1	1 + 1	1 + 2	1	1 + 1	1 + 1	1 + 1	1 + 1
Spannweite:	m	15,25	8,12	8,28	7,15	23,00	17,00	10,70	8,20
Länge:	m	7,60	6,32	7,43	5,33	8,42	7,80	6,85	6,20
Flügelfläche:	m^2	17,46	10,82	11,50	8,20	18,70	17,60	14,77	12,70
Flügelstreckung:		13,3	6,1	6,2		28,2	16,4	7,7	5,3
Leermasse:	kg	435	410	685	220	640	610	450	270
Zuladung:	kg	215	270	365	120	210	240	234	215
Startmasse:	kg	650	680	1050	340	850	850	684	485
Flächenbelastung:	kg/m^2	37,2	63	91	38,0	45,3	46,6	46,4	38,2
Höchstgeschwindigkeit:	km/h	170	215	243	165			165	180
Reisegeschwindigkeit:	km/h	150	188	216	150	165	205	145	170
Landegeschwindigkeit:	km/h	65	80			70	72	50	
Steiggeschwindigkeit:	m/s	3,0	3,5	4,3	4,5	3,0	3,2	4,0	2,9
Startrollstrecke:	m	140	210	275	200	300	200	65	
Landerollstrecke:	m	120	125	250	250	250	220	65	
Gipfelhöhe:	m		4000	3750		5600		4800	80
Reichweite:	km	700	950	880	600	1200	1300	560	600
Bemerkung:		Motorsegler Gleitzahl: 24	Lizenz Piel Herst. z. T. Binder Aviatik		Lizenz Druine	Mit Verstellprop. 225 km/h Motorsegler Gleitzahl: 50	Motorsegler Gleitzahl 30	Zweisitzige Version des »Zaunkönig«	Lizenznehmer Hubert Zuerl Herst. Franz Hainz

Ultraleichtflugzeuge 1980 bis 1995

Hersteller:		Albatros Ultraflight	Aerotechnik Warnke	Tassilo Bek	B+F Technik	Composite Constructions	Dallach Flugzeugbau	Dallach Flugzeugbau	Ehroflug
Muster:		Albatros AN 22	Cobra S1A	ME 109	FK 9	Delta Dart	Sunrise	Sunwheel	Coach II
Baujahr:		1982	1991	1989	1989	1992/1993	1986	1992	1989
Triebwerk:		König SC 430	Göbler-Hirth F 30	Göbler-Hirth 2704 und 2703	Rotax 447	Aero Wankel	KKHD-Motor Citroën-Visa	BMW 1000 Sauer 2100 Rotax 912	Rotax 462 Rotax 912
Startleistung:	kW (PS)	18 (24)		37 (50)	26 (35)	44 (60)	29 (40)	59 (80)	59 (80)
Spannweite:	m	9,00	5,40	10,60	10,00	6,24	13,10	7,00	10,62
Länge:	m	6,00	4,80	6,30	5,80	5,53	5,30	5,70	6,21
Flügelfläche:	m^2	13,50	10,00	15,00	11,60	14,40	15,40		15,93
Leermasse:	kg	115	150	150	150	180	150	200	150
Startmasse:	kg	225	300	300	350	400	340	400	350
Flächenbelastung:	kg/m^2	16,7	30,0	20,0	30,1		22,1		22,0
Höchstgeschwindigkeit:	km/h	110	137	150	140	220	120	165	132
Reisegeschwindigkeit:	km/h	75–85		120	130	195	102	120–125	112
Steiggeschwindigkeit:	m/s	1,5		4,0	2,8	3,2	2,9	4,8–6,7	2,1–3,4
Startrollstrecke:	m				50	85	70	70–80	50–85
Landerollstrecke:	m				100				30–60
Gleitzahl:		11					18		
Reichweite:	km			400	550	1400	250	480	
Bemerkungen:									

Hersteller:		Firebird Flugzeugbau	Flugzeugtechnik	HFL-Flugzeugbau	HFL-Flugzeugbau	Howa-Aircraft	Ikarusflug Bodensee	Ikarus Comco	Ikarus Comco
Muster:		Firebird M 1	Albatros	Stratos	Stratos 300	Howa Milan	Mistral	Fox	Fox-C 22
Baujahr:		1982	1986	1985	1988	1984	1984	1984	1984
Triebwerk:		König	Rotax	König 570	König 430	KFM 107	König SD 570	Göbler-Hirth	Rotax 462
Startleistung:	kW (PS)	19 (26)	38 (52)	21 (28)	18 (24)	18 (25)	21 (28)	21 (28)	28 (38)
Spannweite:	m	10,00	9,50	13,60	12,60	10,75	9,40	10,00	10,40
Länge:	m		6,00	6,60	6,30	5,50	5,88	4,56	6,30
Flügelfläche:	m^2	15,00	17,70	15,00	13,80	12,90	13,90	13,10	15,20
Leermasse:	kg	90	150	150	150	120	120	102	150
Startmasse:	kg	200	360	280	280	220	231	210	330
Flächenbelastung:	kg/m^2	13,3	20,3	18,5	20,2	17,1	16,6	16,0	21,7
Höchstgeschwindigkeit:	km/h	85	100	130	130	120	100	80	115
Reisegeschwindigkeit:	km/h	65	80	115	115	70–80	70–80	60	80
Steiggeschwindigkeit:	m/s		2,5	2,5	2,5	1,8	1,5	1,7	
Startrollstrecke:	m		30–50		80	40–50	70		
Landerollstrecke:	m					20–30	50		
Gleitzahl:		9,5		23	25	10	8		
Reichweite:	km		400	400	400		190	180	
Bemerkungen:									

Hersteller:		Ikarus-Comco	Ikarus-Como	Mahe Luftfahrt-Technik	MBB-Lehrwerkstatt Speyer	Albert Neukom	Albert Neukom	Siegfried Panek – Nurflügel	Michael Platzer
Muster:		Sherpa II	Ikarus-C 22	Scout	FK 6	AN 20 B	AN 22	PUL-10	Kiebitz-B
Baujahr:		1984	1992	1983	1985	1981	1982	1994	1985
Triebwerk:		Rotax 462	Rotax 462 Rotax 582	König	Göbler-Hirth 263	König	Solo	Rotax 582	Rotax 462 Göbler-Hirth 2703
Startleistung:	kW (PS)	28 (38)	48 (65)	25 (32)	16 (22)	18 (24)	13 (18)	47 (64)	37 (50)
Spannweite:	m	10,50	10,40	8,67	11,00	12,60	10,20	10,00	7,60
Länge:	m	4,95	6,25	5,22	6,41		5,20	3,95	6,50
Flügelfläche:	m^2	15,70	15,20	11,60	12,80	10,08	11,75	15,45	18,30
Leermasse:	kg	130	190	94	150	120	100	245	150
Startmasse:	kg	320	400	200	250	240	210	450	330
Flächenbelastung:	kg/m^2	20,4	26,3	17,2	19,5	24,0	17,9	29,1	18,0
Höchstgeschwindigkeit:	km/h	80	120	90	150	150	120	190	140
Reisegeschwindigkeit:	km/h	60	110	60–70	120	120	60–80	155	80–105
Steiggeschwindigkeit:	m/s	1,8	2,5–5,0	2,5		2,2		4,0	2,6–4,5
Startrollstrecke:	m		40–60		70				50–150
Landerollstrecke:	m		40–60						50–100
Gleitzahl:				7		20	16		
Reichweite:	km		350					800	
Bemerkungen:						AN 20 A: Baujahr 1980		Vorgesehen: Rotax 912	

Hersteller: / Muster:		Michael Platzer Motte	Scheibe Flugzeugbau UL I	Scheibe Flugzeugbau Ultra	Scheibe Flugzeugbau Coach I	Skyin-Comco Sherpa I	Sky-Walker Flugzeug Sky-Walker	Tandem Aircraft Sunny	Tandem Aircraft Sunny-Targa
Baujahr:		1984	1982	1983	1986	1983	1984/1992	1988	1993
Triebwerk:		Göbler-Hirth/ Rotax	Göbler-Hirth	Göbler-Hirth	Rotax 462 LC X	Göbler-Hirth	Höbler-Hirth Rotax 462	Rotax 462	Rotax 582
Startleistung:	kW (PS)	25 (35)	16 (22)	26 (35)	38 (52)	16 (22)	38 (52)	38 (52)	48 (65)
Spannweite:	m	8,20	9,70	11,20	11,34	10,50	10,15	7,00	7,00
Länge:	m	4,74			5,30	4,95	5,70	3,50	4,07
Flügelfläche:	m^2	11,70	13,00	15,00	15,00	15,70	15,10	17,00	17,00
Leermasse:	kg	90	100	140	150	100	190	150	190
Startmasse:	kg	215	200	310		215	400	375	400
Flächenbelastung:	kg/m^2	13,4	15,3	20,0		13,7	26,5	22,0	25,5
Höchstgeschwindigkeit:	km/h	125	80	90		80	120	120	140
Reisegeschwindigkeit:	km/h	60–80	50–60	70–80		60	90	80–100	90–120
Steiggeschwindigkeit:	m/s	2,0–3,5	2,0	1,6	3,0	2,0	1,3–3,0	2,6–4,6	4,0–6,0
Startrollstrecke:	m	40–60		80–120	60	30–40	40–60		50–120
Landerollstrecke:	m	30–50				30–40			120
Gleitzahl:		7,5	8–9				10		
Reichweite:	km		150			200			350
Bemerkungen:									

Hersteller: / Muster:		Thalhofer GmbH Bronco	Tandem Aircraft Sunny-Sport	Tandem Aircraft Renaissance	Technoflug Piccolo	Helmut Vogt LO 120	Helmut Vogt LO-120 S	Ultraleicht-Fluggerätebau Wildente
Baujahr:		1983	1992	1993	1985/1992	1984	1990	1984
Triebwerk:		König	Rotax 582	Hirth 2703 Rotax 503 Rotax 462	Solo 2350 B	Lloyd LS400 Rotax 377		Göbler-Hirth F 263
Startleistung:	kW (PS)	20 (27)	48 (65)	38 (52)	17 (23)	26 (36)	38 (52)	16 (22)
Spannweite:	m	10,16	7,00	7,08	13,30	12,00	15,00	10,50
Länge:	m	5,70	3,70	5,00	6,65	7,00		6,10
Flügelfläche:	m^2	12,00	17,00	15,00	10,6	18,00	17,00	15,40
Leermasse:	kg	115	170	200	170	150	150	145
Startmasse:	kg	215	400	400	285	340	400	240
Flächenbelastung:	kg/m^2	17,9	25,5	26,7	26,9	18,9	22,0	15,6
Höchstgeschwindigkeit:	km/h	100	140	130	170	98	150	100
Reisegeschwindigkeit:	km/h	75	90–120	90–110	130	80	120	
Steiggeschwindigkeit:	m/s	2,0	4,0–6,0	3,0–5,0	2,0	1,2–1,8	3,4	1,8
Startrollstrecke:	m	70	50–120	90–110	150	60–80	60	50–70
Landerollstrecke:	m	30–50	120					40–50
Gleitzahl:			10		23	12	12	12
Reichweite:	km		350				600	
Bemerkungen:						Mit Verkl. Gleitz.: 17	Mit Verkl. Gleitz.: 21	

E-Klasse (bis 2 t)
Stand 31. 5. 1995: 7114
Vorläufig zugel.: 190
Der Rückgang der Zulassungszahlen Mitte der achtziger Jahre ist u. a. auf die stark zunehmenden Kosten zurückzuführen. Mit dem Wiederanstieg ging jedoch die Zahl der Starts und der Flugstunden zurück. Von der Gesamtzahl sind lt. LBA-Info Nr. 28 (Februar 1995) 12% für den gewerblichen Betrieb zugelassen.

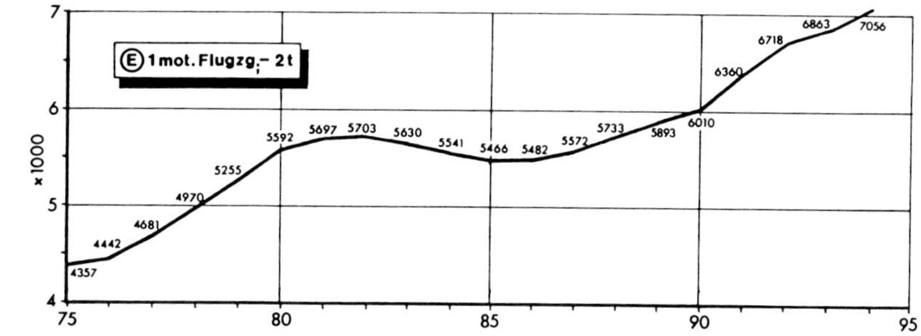

Motorsegler
Stand 31. 5. 1995: 2046
Vorläufig zugel.: 131
Wegen der geringeren Betriebskosten ist die Zahl der Motorsegler ständig gestiegen. Auch die Zahl der Flüge und vor allem der Flugstunden hat beträchtlich zugenommen – ein Zeichen dafür, daß nicht wenige Privatpiloten auf den Motorsegler ausgewichen sind.

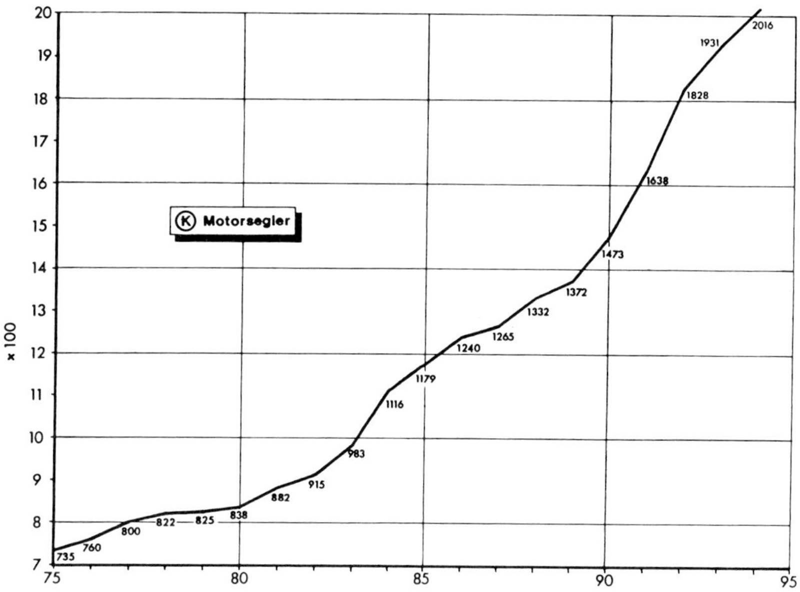

Vom Luftfahrt-Bundesamt zugelassene und vorläufig zugelassene Luftfahrzeuge nach Mustern Stand: 31. Dezember 1994

Gekürzte Fassung, ergänzt durch Antragsteller (Herstellerfirmen)
Art der Zulassung: E = Einzelstück, M = Muster, B = Baureihe zum Muster

Type/Modell (Antragsteller)	Anzahl	Musterzul./Art
Einmotorig bis 2000 kg		
AA-5 (Grumman American Aviation)	25	1972 B
AA-5A (Grumman American Aviation)	6	1977 B
AA-5B (Grumman American Aviation)	21	1975 B
AG-5B (American General Aircraft)	19	1992 B
AL 60 B-2 (Aeronautica Macchi)	4	1962 B
Auster MK.5 (Auster Aircraft)	5	1955 B
Beagle B.121 Series 1 + 2	3	1970 B
Beech 23 (Beech Aircraft)	3	1963 M
Beech 35	3	1956 B
Beech 35-33	4	1960 B
Beech 35-B33	2	1962 B
Beech 35-C33	10	1965 B
Beech 35-C33A	3	1966 B
Beech 76	8	1979 B
Beech 77	5	1980 B
Beech A 24R	3	1970 B
Beech A 36	42	1974 B
Beech A 36 AT	2	1991 B
Beech A 36TC	3	1980 B
Beech A23	2	1964 B
Beech A23-24	6	1966 B
Beech B 24R	11	1974 B
Beech B 36TC	21	1982 B
Beech C 23	13	1973 B

Type/Modell (Antragsteller)	Anzahl	Musterzul./Art
Beech C 24R	11	1978 B
Beech E 33	2	1965 B
Beech E 33C	1	1970 B
Beech F 33 A	113	1970 B
Beech G 35	2	1961 B
Beech K 35	4	1959 B
Beech P 35	2	1963 B
Beech S 35	2	1964 B
Beech V 35	3	1965 B
Beech V 35 B	46	1970 B
Bellanca 17-30A } (Bellanca Aircraft)	1	1977 B
Bellanca 17-31ATC }	4	1972 B
Bleriot XI (Ring)	1	E
Bo 209 Monsun (MBB)	50	1970 B
Bo 209S (Pneuma-Technik E. Ficht)	1	1972 B
Bücker APM 131 (Ateliers de Precision Morand)	2	1979 B
Bücker Bü 131 (Bücker/F. Fuchs)	6	1945 B
Bücker Bü 131 (Bücker-Flugzeugbau)	1	1981 E
Bücker Bü 131/Lerche R (F. Fuchs)	1	1966 B
Bücker Bü 181 (Bücker/Haegglund & Söner)	2	1955 M
Bücker Bü 133 C (Bücker/Dornier)	4	1945 B
Bücker Bü 133-D 1 (Bücker/Dornier)	2	1968 B
Bölkow 207 (Bölkow-Apparatebau)	41	1961 M
Bölkow Bo 208 C Junior (Bölkow-Apparatebau)	64	1965 B
Bölkow Junior (Bölkow-Apparatebau)	8	1963 B
Bücker Bü-181 B-1 (Bücker/Haegglund & Söner)	2	1955 B
Cap 10B (Avions Mudry)	3	1981 B
Casa 1.131-E Serie 2000 (Construcciones Aeronautics)	43	1979 B
Cerva CE 43 (Cerva/Wassmer Avation)	5	1973 B
Cessna 120/140 (Cessna Aircraft)	10	1955 B
Cessna 150, verschiedene Versionen A–M	67	1959–1974 B
Cessna 152	78	1977 B
Cessna 170A+B	9	1955 B
Cessna 172, verschiedene Versionen A–RG	312	1961–1982 B
Cessna 175, verschiedene Versionen A–C	16	1958–1962 B
Cessna 177, verschiedene Versionen A–RG	21	1968–1971 B
Cessna 180, verschiedene Versionen A–K	11	1955–1978 B
Cessna 182, verschiedene Versionen A–Q	228	1956–1981 B
Cessna 207, zwei Versionen	9	1969/1978 B
Cessna 210, verschiedene Versionen A–R	46	1960–1986 B
Cessna 336	2	1963 M
Cessna 337, verschiedene Versionen A/D	4	1965–1970 B
Cessna A 152	1	1977 B

Type/Modell (Antragsteller)	Anzahl	Musterzul./Art
Cessna A 185F	3	1978 B
Cessna F 150 (Reims Aviation Cessna), verschiedene Versionen F–M	269	1966–1974 B
Cessna F 152 (Reims Aviation Cessna)	116	1977 B
Cessna F 172, verschiedene Versionen D–P	679	1963–1980 B
Cessna F 177RG	41	1971 B
Cessna F 182, verschiedene Versionen P/Q	68	1976 B
Cessna FA 150K	9	1970 B
Cessna FA 150L	9	1970 B
Cessna FA 152	2	1977 B
Cessna FR 172, verschiedene Versionen E–K	225	1968–1976 B
Cessna FR 182 Reims Aviation Cessna	26	1978 B
Cessna FRA 150L	11	1972 B
Cessna FRA 150M	6	1975 B
Cessna P 172D Cessna Aircraft	1	1962 B
Dessna P 206A und D	2	1966/1969 B
Cessna P210N und R	66	1978/1985 B
Cessna R 172K	5	1979 B
Cessna R 182	15	1978 B
Cessna T 207 verschiedene Versionen A–R	80	1966–1985 B
Cessna T182	3	1981 B
Cessna TP/TR/TU/U 260	1	1967– B
verschiedene Versionen A–G	36	1977
Cessna TR 182	40	1979 B
Cherry BX-2 (Langer)	4	E
Christen A-1 (Christen Industries)	19	1989 B
Christen Eagle II (Sondermann/Härtel/Timmermann)	5	1987–1989 E
Commander 114B (Commander Aircraft)	29	1992 B
CP 301 (Schempp-Hirth, Segelflugzeugbau)	3	1959 B
CP 301 S (Binder Aviatic/Schempp-Hirth)	11	1961 B
CP 301A (Schempp-Hirth Segelflugzeugbau)	10	1958 B
CP 301E (Schempp-Hirth Segelflugzeugbau)	3	1961 B
Cricri MC 15 (Huber)	5	E
De Havilland DH 82 A (De Havilland Aircraft)	7	1955 B
DH C-1 MK 22	2	1956 B
DO 27 verschiedene Versionen A-1–Q6 (Dornier)	70	1957–1962 B
Doppelraab-RE 2 (Ehmann)	2	E
DR 220 A/AB/B (C.E.A. Centre-Est Aeronautique)	3	1972 B
DR 253 + B	29	1968/1969 B
DR 300/108, verschiedene Versionen bis DR 400/160 (Avions Pierre Robin)		1970–1981 B
DR 400/180	93	1972 B

Type/Modell (Antragsteller)	Anzahl	Musterzul./Art
DR 400/180 R	168	1973 B
DR 400/180 S	10	1987 B
DR 400/200R	3	1993 B
Dragonfly (Marthiens)	2	E
Dragonfly T1 (Sünder)	1	E
DV 20 »Katana« (HOAC-Austria Flugzeugwerk)	40	1993 M
EA 300 (Extra-Flugzeugbau)	22	1990 M
EA 300/S	10	1993 B
Elster B (Alfons Pützer)	11	1959 B
Elster C (Alfons Pützer)	8	1964 B
Emeraude CP 301A (Stark Flugzeugbau)	1	1961 B
Equator P-300 Bl (Equator Aircraft)	1	E
Eurotrainer (2000A) FFT Ges. f. Flugzeug- und Faserverbund-Technologie)	1	M
Extra 230/230H (Extra Flugzeugbau)	4	E
Extra 260	1	B
Fairschild 24 R 46 A Fairschild Airplane	1	1956 B
Falco F8L (Aeromere Laverda)	9	1959 M
Falco F8L IV. Serie	4	1964 B
Fanliner	1	1999 E
FI 156 Lechner	3	1971 E
Fokker DR I	1	B
Forney (ERCO)-415-C bis F-1A	9	1956–1976 B
Frebel F5 (»Himmelslaus« – Tandem, z. Zt. Museum Sinsheim)	0	E
FT 400/600 Rhein-Flugzeugbau	3	1985 B
Fuji FA 200-160	33	1970 B
Fuji FA 200–180	33	1970 B
Fuji FA 200-180AO	8	1970 B
FVA 18/3 (Wettig)	1	B
FW 190 (Half Scale) (Foltz)	2	1999 B
FW 44J (Focke-Wulf-Flugzeugbau/ Centre Flygwerksladen)	15	1945 B
Goumhouria 181 MK 6 (Bücker »Bestmann«, in Ägypten hergestellt)	7	1991 B
Grade Monoplan (Lemberger)	1	B
Great Lakes 2T-1A-1/2 (Great Lakes Aircraft Company)	4	1975/1977 B
Grob G 115 A-D2 (Burkhart Grob Luft- u. Raumfahrt)	33	1987–1994 B
Grob G 116	1	B
Grumman GA-7	1	1979 B
GY-80-150-180 (Sud-Aviation)	29	1964–1970 B
H 40 (Rhein-Flugzeugbau)	1	1992 M
Hirt Starlite SL-1	1	E
Hornisse 1 (Wallerkowski)	1	1985 E
HR 100/200B-200/120 B (Avions Pierre Robin)	36	1972–1980 B
HS 3-Motorlerche (Schwämmle)	1	B
J3C-100-D1 (Piper Aircraft)	1	B
Job 15-150-180/2 (Josef Oberlerner Segelflugzeugbau)	11	1963–1980 M
Jodel 150 (Kaiser)	6	1963 M
Jodel D 11-85 (Walter Uetz Flugzeugbau)	1	1959 E
Jodel D 112 (Societé Wassmer)	3	B
Jodel D 117/A (Societé Aeronautique Normande)	5	1960 B
Jodel D 119 (»Avions Jodel«)	1	1959 B
Jodel D 11A (Nitzsche/Walter Uetz Flugzeugbau)	7	B
Jodel D 120 (Societé Wassmer)	4	1958 B
Jodel D 120A-R (Societé Wassmer)	4	1959–1961 B
Jodel D 140 (Societé Aeronautique Normande)	13	1960–1967 B
Jodel D 9 BEBE (Jodel)	4	1958 B
Jodel D. 1190-S (Aero-Difusion)	1	1965 M
Jodel D18 (Horstmann)	1	B
Jodel DR 1050-250/160	68	1960–1966 B
Klemm Kl 107 B (Apparatebau Nabern)	4	1958 B
Klemm Kl 107 C (Apparatebau Nabern)	10	1959 B
Klemm KL 25 IB (Dittes, Hanns Klemm Flugzeugbau)	1	B
Klemm Kl 25D (Dittes, Hanns Klemm Flugzeugbau)	2	1945 B
Klemm Kl 35 D (Klemm/Zlin)	7	1945 B
Klemm Kl 35 D-160 (Klemm/Wolf Hirth)	1	1968 B
Klemm L 25.1A (unbekannt)	1	B
KWSA D31 (Winter)	1	1990 E
KZ III (Skandinavisk Aero)	1	1956 B
KZ VII (Skandinavisk Aero)	2	1956 B
Lake LA-4-200 (Lakes Aircraft)	6	1979 B
Lancair 235	5	E
LD20 (Lemberger)	1	E
LFU 205 (Bölkow Apparatebau)	1	1977 E
Long-EZ (Meier)	2	E
Luscombe 8 E-F (Silvaire Aircraft)	3	1956 M
Maule M-4-210 C bis M-7-235 (Maule Aircraft)	20	1968–1988 B
Me 108 B (Messerschmitt/SNCAN)	2	1945 M
ME 108D-1 (Messerschmitt)	1	1945 B
Meta Sokol L-40 (Moravan Orlican)	7	1959 B
MF 85-P-RG (Ruschmeyer Luftfahrttechnik)	1	B
MJ 5 (Dinkl/Luftsportgruppe	6	E
Liebherr-Aero Technik)	6	E
Mooney M 20 A-M	229	1958–1990 B
Morava L 200 A (First 5 Year Plan Machine Works)	1	1992 B
MS 880 B (Morane Saulnier/ Socata-Groupe Aerospatiale)	68	1962 M
MS 883 (Morane Saulnier/Societé de	15	1970 B

Type/Modell (Antragsteller)	Anzahl	Musterzul./Art
Construction d'Avions de Tourisme)		
MS 887 (Morane Saulnier/Socata)	4	1973 B
MS 892 A – 150 (Morane Saulnier/Societé de Construction)	24	1965 B
MS 892 E – 150 (Societé de Construktion d'Avion de Tourisme)	2	1973 B
MS 893 A-885 (Morane Saulnier/ Societé de Constr.)	194	1966–1981 B
MY 102 (Mylius)	2	1986 E
Navion H (Navion Aircraft)	7	1970 B
P. 68B Victor (Partenavia Costzuzioni Aeronautiche)	29	1975–1981 B
Piaggio FW P 149 D (Focke-Wulf-Flugzeugbau)	54	1958 M
Paggio P 149D (Piaggio)	12	1958 M
Picchio F 15/B	2	1962 B
(Krogetto Construzioni Aeronaut)	2	1962 B
Piel CP 301 A (Airovia a Riom)	1	1960 B
Piper J 3C-65 (Piper Aircraft)	41	1955 B
Piper J 3L-65	1	1955 B
Piper J 4A	1	1956 B
Piper PA – 16	1	1957 M
Piper PA-12	13	1956 M
Piper PA-18 bis 18A-150	168	1955 B
Piper PA-19	30	1955 B
Piper PA-20 »135«	1	1993 B
Piper PA-22	1	1955 B
Piper PA-22-108	15	1961 B
Piper PA-22-150	7	1955 B
Piper PA-22-160	3	1958 B
Piper PA-23-160	4	1958 B
Piper PA-24-250	12	1959 B
Piper PA-24-260	12	1965 B
Piper PA-28-140	107	1973 B
Piper PA-28-151	20	1974 B
Piper PA-28-160	10	1961 B
Piper PA-28-161	66	1977 B
Piper PA-28-161 Cadet	67	1986 B
Piper PA-28-180	81	1963 B
Piper PA-28-181 Archer II	219	1976 B
Piper PA-28-235	30	1964 B
Piper PA-28-236 Dakota	24	1979 B
Piper PA-28R-180	18	1968 B
Piper PA-28R-200	104	1969 B
Piper PA-28R-201 Arrow	30	1977 B
Piper PA-28R-201T Turbo Arrow	42	1977 B
Piper PA-28RT-201	32	1979 B
Piper PA-28RT-201T	95	1979 B
Piper PA-30	14	1964 M
Piper PA-30-160*	1	1964 E
Piper PA-32-260	4	1965 M
Piper PA-32-300	16	1967 B
Piper PA-32-301 Saratoge	2	1980 B
Piper PA-32R-300	15	1976 B
Piper PA-32R-301	6	1980 B
Piper PA-32R-301T	10	1980 B
Piper PA-32RT-300	4	1978 B
Piper PA-32RT-300T	6	1978 B

Type/Modell (Antragsteller)	Anzahl	Musterzul./Art
Piper PA-34-200	20	1972 B
Piper PA-34-200T	81	1975 B
Piper PA-34-220T	62	1981 B
Piper PA-38-112	58	1978 B
Piper PA-39	4	1970 B
Piper PA-44-180	16	1978 B
Piper PA-44-180T	13	1981 B
Piper PA-46-310P	27	1984 B
Piper PA-46-350P Malibu Mirage	17	1989 B
Pitts S-1E (Aerotec Afton/ Extra/Christen Industries)	1	E
Pitts S-1S (Christen Industries Inc./ Aerotek)	5	1976 M
Pitts S-2A (Christen Industries/ Inc./Aerotek)	4	1979 B
Pitts S-2B (Christen Industries)	7	1992 B
PZL Koliber 150 (Panstwowe Zaklady Lotnice)	12	1991 M
PZL-104 »Wilga 35« (Panstwowe Zaklady Lotnice »Warszawa-Okezie«)	68	1979 M
R 1180TD (Avions Pierre Robin)	6	1979 B
R 2100 A	1	1978 B
R 2160 D	10	1978 B
R 3000/120D	1	1988 B
R 3000/160	11	1989 B
R 90-230 RG (Horst Ruschmeyer Aircraft Produktion)	16	1992 M
Rallye 100 S-D – 235 E-D (Morane Saulnier Socata-Groupe Aerospatiale)	67	1976–1980 B
Renegade (Rösinger)	2	E
RF 6 (Sportavia Pützer)	1	1979 E
(Rockwell Commander 112-114 A Rockwell International General Aviation Dif.)	64	1974–1980 B
RS 180 (Sportavia-Pützer)	13	1978 B
RW 3 (Rhein-Flugzeugbau)	1	E
RW 3-P75 (Rhein-Flugzeugbau)	2	1959 B
Saab 91B (Koniklijke Maatschapij de Schelde Svenska-Aeroplan)	2	1954 B
SC 01 (FFT Gesellschaft für Flugzeug und Faserverbund-Technologie/Gyroflug)	3	1983 B
SC 01-B – 01B-160 I (FFT/Gyroflug)	27	1986 B
SF 23 A-C (Scheibe-Flugzeugbau/ Motorenfabrik Otto Wimmer)	7	1958–1961 B
Siai Marchetti F 260 – S 208 Siai Marchetti	25	1967–1969 B
Siat 223A 1	7	1968 B
Siat 223K 1	1	1972 B
Siat 223V	2	1968 B
Sokol M 1 C und D Moravan Orlican-Werke	5	1959 B
ST 10 (Socata)	6	1970 B
Stampe SV 4A-C (Societé Nationale de Construktions Aer. d. N.)	24	1960–1985 B/M
Stark Turbulent D bis D-V4 (Stark Flugzeugbau)	9	1958–1981 B/M/E

Type/Modell (Antragsteller)	Anzahl	Musterzul.	Art
Steen Skybolt RE III (Rehmann)	1		B
Stephens Akro Diabolo (Dallach)	1		E
Stinson L-5 (Consolidated Vultee Aircraft General Dynamics)	1	1968	M
Super Acro Sport (Heuser, Krause)	1	1987	E
TB 10 (Socata-Groupe Aerospatiale)	111	1980	M
TB 20	54	1982	B
TB 200	13	1992	B
TB 21	9	1986	B
TB 9	45	1980	B
Vari-EZE (Näger/Zuckschwerdt)	3	1989	E
Vowi 10 (Airconcept Flugzeug- und Gerätebau)	1	1978	B
Wassmer WA 40 »Super IV« (Wassmer Aviation)	3	1962	B
Wassmer WA 40 A	1	1972	B
Wassmer WA 41	2	1970	B
Wassmer WA 51	6	1970	B
Wassmer WA 51A	2	1970	B
Wassmer WA 52	17	1972	B
Wassmer WA 54	14	1974	B
Wassmer WA 81	3	1977	B
YAK 50 (ohne Angaben über Hersteller)	3		B
Z-37 A/-2 (Ruttkay Stefan LET UH Hradiste-Kunovice)	27	1990	M/B
Z-42 M/MU	52	1990	M/B
Zaunkönig (Winter)	2	1955	M
Zlin 142 (Moravan)	3	1984	M
Zlin 43	20	1977	B
Zlin 50 LA	1		B
Zlin 526 AFS	6	1988	B
Zlin Z 126 »Trener«	4	1956	B
Zlin Z 226	1	1958	B
Zlin Z 226T	3	1958	E
Zlin Z 326	1	1961	B
Zlin Z 50 LA/US	3	1992	B
Zlin Z 526	4	1966	B
Zlin Z 526F	4	1973	B

Altersstruktur deutscher Luftfahrzeuge unter 2 t

(aus: LBA Info Nr. 29 / Mai 1995)

Zu einer Anfrage über die deutsche Luftfahrt mit Luftfahrzeugen unter 5,7 t (Allgemeine Luftfahrt) wurde u. a. das Alter der Luftfahrzeuge in 5-Jahres-Intervallen der Verkehrszulassungsdatei des LBA ermittelt. Wir möchten Ihnen das Ergebnis nicht vorenthalten, da es sicherlich auch von allgemeinem Interesse ist. Die Endsumme in den einzelnen Klassen unterscheidet sich etwas von den Zahlen der Jahresstatistik, da die hier wiedergegebene Erhebung zu einem späteren Stichtag erfolgte:

Jahre/ Lfz. Klasse	unter 5	5–9	10–14	15–19	20–24	25–29	30–34	35–39	40–45	über 45
einmot. Flz. unter 2 t	374	504	586	1930	1450	961	532	355	156	199
Motorsegler	464	458	376	217	307	182	15	2	1	0

Siehe auch Diagramme Seite 379.

Literaturverzeichnis

Luftfahrtgeschichte

P. Supf: Das Buch der deutschen Fluggeschichte, Bd. 1 und 2, Stuttgart 1956 und 1958

G. Brütting: Das Buch der deutschen Fluggeschichte, Bd. 3 (bis 1945), Stuttgart 1979

K. W. Streit / J. W. R. Taylor: Geschichte der Luftfahrt, Künzelsau 1975

G. Wissmann: Geschichte der Luftfahrt von Ikarus bis zur Gegenwart, Berlin 1960, danach mehrere bearbeitete weitere Auflagen (5. Aufl. 1979)

L. Bölkow (Hrsg.): Ein Jahrhundert Flugzeuge. Geschichte und Technik des Fliegens, Düsseldorf 1990
Darin Beiträge von
W. Rathjen: Historische Entwicklung des Flugzeugs im Überblick
K. v. Gersdorff: Flugzeugantriebe, Allgemeine Luftfahrt
G. Brütting: Sportluftfahrt

M. Riedner (Hrsg.): Faszination Fliegen. 100 Jahre Luftfahrt, Stuttgart 1991
Darin Beiträge von
W. Schwipps: Die Anfänge – Die ersten Fluggeräte
G. Brinkmann: Luftsport
R. Wurster: General Aviation

Flug Revue, Sonderheft: 100 Jahre Fliegen. Mit Lilienthal fing alles an, Stuttgart 1991

Museum für Verkehr und Technik (Hrsg.): Hundert Jahre deutsche Luftfahrt, Lilienthal und seine Erben, Berlin 1991

Interflug GmbH (Hrsg.): Technisch-ökonomische Information der zivilen Luftfahrt (Lilienthal-Ehrung 1991)

Dieter Vogt: Das Jahrhundert des Flugzeugs. Eine kurze Geschichte des Fliegens. Taschenbuch, Frankfurt und Leipzig 1993

H. Hoernes (Hrsg.): Buch des Fluges, 3 Bände, Wien 1911/1912

Die Eroberung der Luft. Ein Handbuch der Luftschiffahrt und Flugtechnik, verschiedene Autoren, darunter H. Dominik, H. Eckener, N. Stern, F. Z. Diemer, Stuttgart 1920, vierte Auflage o. J.

B. Lange: Das Buch der deutschen Luftfahrttechnik, 2 Bände, Mainz 1970

VDI-Sonderheft »Luftfahrt« 1936, VDI-Verlag

A. M. Lippisch / F. Trenkle: Ein Dreieck fliegt. Die Entwicklung der Delta-Flugzeuge bis 1945, Stuttgart 1976

W. Ruge, Hrsg. Franz Burda: Fünfzig Jahre Motorflug, Offenburg (Baden) 1953

W. Lenotti: Ein Traum vom Fliegen. 200 Jahre Luftfahrt in Österreich, Wien 1982

E. Tilgenkamp: Schweizer Luftfahrt, Zürich 1943

J. Michels, J. Werner: Luftfahrt Ost 1945–1990. Band 22 der Buchreihe »Die deutsche Luftfahrt«, Bonn 1994

Daimler-Benz Aerospace (Hrsg.): Zeit im Flug 1994. Eine Chronologie der Geschichte der Daimler-Benz Aerospace, München 1995

Lexika – Typenbücher – Kataloge

H. Schneider: Flugzeug-Typenbuch, Nachdruck der 5. Auflage von 1944, Hollfeld 1984

B. Lange: Typenhandbuch der deutschen Luftfahrttechnik, Band 9 der Buchreihe »Die deutsche Luftfahrt«, Koblenz 1986

H. A. F. Schmidt: Historische Flugzeuge, Band I und II, Berlin/Stuttgart 1968

H. A. F. Schmidt: Flugzeuge aus aller Welt, 3 Bände, Berlin/Stuttgart 1969/1970

H. A. F. Schmidt: Schul- und Sportflugzeuge, Stuttgart 1969

H. A. F. Schmidt: Reiseflugzeuge, Berlin/Stuttgart 1968

K. Kens und H. J. Nowarra: Die deutschen Flugzeuge 1933–1945, 5. Aufl. München 1977

P. Pletschacher: Deutsche Sportflugzeuge. Über hundert Typen von 1909 bis heute, Stuttgart 1977

W. Kopenhagen: Das große Flugzeugtypenbuch, 6. Auflage, Berlin 1990

E. Angelucci: Flugzeuge / 1000 Maschinen aus aller Welt mit sämtlichen technischen Daten. Deutsche Ausgabe Wiesbaden 1974

P. Bachmann: Ein- und zweimotorige Flugzeuge, 2. Auflage, Stuttgart 1993

R. Wurster: Deutsche Motorflugzeuge. Alle Serienmodelle seit 1945, Stuttgart 1994

K. Anders / H. Eichelbaum: Wörterbuch des Flugwesens, Leipzig 1942

H. A. F. Schmidt: Lexikon der Luftfahrt, Berlin 1972

W. Kopenhagen: Lexikon der Luftfahrt, Berlin, 6. Auflage 1991

R. Storck: Lexikon der Luftfahrt-Museen in Deutschland, Planegg 1990

R. Storck: Luftfahrtmuseen in Europa, Berlin 1993

Flugsport

W. van Nes: Das Leichtflugzeug als Sport- und Transportmittel, Stuttgart 1926

G. Brinkmann: Sportfliegen heute, Niedernhausen 1978

W. Weishaupt: Das große Buch vom Flugsport, Stuttgart 1980

G. Brinkmann: Das Buch vom Luftsport – Die Erben Lilienthals, Stuttgart 1989

P. Elgaß, V. K. Thomalla, E. Müller (Hrsg.): Upside down, Faszination und Technik des Kunstfluges, München 1990

Deutscher Flugbeobachtungsdienst e.V. (Hrsg.): 10 Jahre Flugrettungsstaffel Bayern, 1979

G. Fölz: Luftfahrt zwischen Nord- und Ostsee, Neumünster 1975

G. Fölz: Von Leuchtturm zu Leuchtturm, Geschichte des deutschen Küstenfluges 1937–1939 (mit einer Ausstellung von Sportflugzeugmustern)

Segelflugzeuge – Schleppflug – Motorsegler

E. Peter: Der Flugzeugschlepp von den Anfängen bis heute. Entwicklung – Methoden – Praxis – Projekte, Stuttgart 1981

–: Segelflugstart. Geschichte – Technik – Praxis, Stuttgart 1981

R. Ferrière / P. F. Selinger: Rhönsegler. Alexander Schleichers Segelflugzeuge und Motorsegler 1951–1987, Stuttgart 1988

F. Stamer: 12 Jahre Wasserkuppe, 1933

G. Wissmann: Abenteuer in Wind und Wolken. Die Geschichte des Segelfluges, Berlin 1988

P. Riedel Hrsg. J. von Kalkreuth: Start in den Wind. Erlebte Rhöngeschichte 1911–1926, Stuttgart 1977
–: Vom Hangwind zur Thermik. Erlebte Rhöngeschichte 1927–1932, Stuttgart 1984
–: Über sonnige Weiten. Erlebte Rhöngeschichte 1933–1939, Stuttgart 1985
D. Geistmann: Die Entwicklung der Kunststoff-Segelflugzeuge, Stuttgart 1976
H. Zacher: Studenten forschen, bauen, fliegen – 60 Jahre Akademische Fliegergruppe Darmstadt e.V. 1981
Lufttüchtigkeitsforderungen für Segelflugzeuge und Motorsegler (LFSM), LBA 1975
H. Penner: Motorsegeln heute – Entwicklung, Praxis, Konstruktion, Stuttgart 1987
H. Zacher: Über die Entwicklung des Motorseglers, in: 50 Jahre Motorsegler (zum 1. Internationalen Motorseglerwettbewerb 1974 in Feuerstein)
–: The »Definition« of the Motorsegler, OSTIV-Publication, sowie DFVLR-Sonderdruck Nr. 424
K. Löhner: Grundlagen des Motorseglers, in: Vorträge auf dem IV. Europäischen Luftfahrtkongreß in Köln, Sept. 1960, und WGL-Jahrbuch 1960
H. Hartmann: Motorsegler, in: Vorträge auf dem IV. Europäischen Luftfahrtkongreß in Köln, Sept. 1960, und WGL-Jahrbuch 1960
G. Brinkmann / H. Zacher: Die Evolution der Segelflugzeuge (mit Beiträgen über Motorsegler, Muskelkraft- und Ultraleichtflugzeuge), Band 19 der Buchreihe »Die deutsche Luftfahrt«, Bonn 1992

Sport- und Reiseflugzeuge

Vor 1914

H. Adams: Flug, Leipzig 1909
B. Alexander-Katz: Die deutschen Patente über Flugapparate, Berlin 1912
Bröckelmann (Hrsg.): Wir Luftschiffer. Die Entwicklung der modernen Luftschifftechnik in Einzeldarstellungen, Berlin/Wien 1909
A. Euler: Luftfahrterinnerungen nach 30 Jahren, Frankfurt a. M. 1939
F. Ferber: Die Kunst zu Fliegen. Ihre Anfänge – ihre Entwicklung, Berlin 1910
W. Hackenberger: Deutschlands Eroberung der Luft. Die Entwicklung des deutschen Flugwesens, Berlin 1915
W. Hackenberger: Die Alten Adler. Pioniere der deutschen Luftfahrt, München 1960
H. Moedebeck: Fliegende Menschen. Das Ringen um die Beherrschung der Luft mittels Flugmaschinen, Berlin 1909
R. Nimführ: Leitfaden der Luftschiffahrt und Flugtechnik. 2. verb. Aufl., Wien/Leipzig 1910
O. Prochnow: Vogelflug und Flugmaschinen, Leipzig 1910
G. Schmitt: Als die Oldtimer flogen. Die Geschichte des Flugplatzes Berlin-Johannisthal, 2. Auflage, Berlin 1987
W. Schwipps: Lilienthal. Die Biographie des ersten Fliegers. 2. Aufl., Gräfelfing 1986
W. Schwipps: Schwerer als Luft. Die Frühzeit der Flugtechnik in Deutschland. Band 8 der Buchreihe »Die deutsche Luftfahrt«, Koblenz 1984
W. Schwipps: Riesenzigarren und fliegende Kisten. Bilder aus der Frühzeit der Luftfahrt in Berlin, Berlin 1984
G. v. Tschudi: Aus 34 Jahren Luftfahrt, Berlin 1928
A. Vorreiter (Hrsg.): Jahrbuch über die Fortschritte auf allen Gebieten der Luftschiffahrt, München 1911
– National-Flugspende, Jahresbericht 1913
– Geschichte der deutschen Flugzeugindustrie. Bearbeitet von der Inspektion des Flugzeugwesens, Zentral-Abnahme-Kommission, 3 Bände, Berlin 1918, als Entwurf gedruckt
Jahrbuch der Motorluftschiff-Studiengesellschaft, Berlin 1906/07 ff.
Jahrbuch der Wissenschaftlichen Gesellschaft für Flugtechnik, Berlin 1912/13 f.
Katalog der Internationalen Luftschiffahrt-Ausstellung (ILA) 1909 in Frankfurt a. M.
Ergebnisse der ersten Internationalen Luftschiffahrt-Ausstellung (ILA) zu Frankfurt a. M. 1909, 2 Bände, Berlin 1911
Katalog der Allgemeinen Luftfahrt-Ausstellung (ALA) 1912 in Berlin
Vierteljahreshefte des Flugplatzes Johannisthal, 13 Hefte, Berlin 1910 ff.
Aviatik. 16. Sonderheft der »Woche«, Berlin 1909
Illustrierte Aeronautische Mitteilungen, Berlin 1897 ff.
Deutsche Zeitschrift für Luftschiffahrt ab 1910
Deutsche Luftfahrer-Zeitschrift ab 1912
Flugsport. Frankfurt a. M. 1909 ff.
Zeitschrift für Flugtechnik und Motorluftschiffahrt, München/Berlin 1910 ff.

1919–1945

W. von Langsdorff: Das Leichtflugzeug für Sport und Reise, II. Auflage, Frankfurt/Main 1925
J. B. Kaiser: Die Messerschmitt-Flugzeuge von 1913 bis 1933
H. J. Ebert: Die Messerschmitt-Flugzeuge von 1934 bis 1945
beide in: Messerschmitt – 50 Jahre Flugzeugbau, Ottobrunn 1973
H. Nowarra: »Heinkel und seine Flugzeuge«, 1975
H. J. Ebert: »111 MBB-Flugzeuge 1913–1978«, 5. Auflage, Stuttgart 1980
Heinkel-Chronik und Typenblätter der Firma Heinkel-Flugzeugbau, Planegg 1989
G. Schmitt: Hugo Junkers und seine Flugzeuge, Stuttgart 1986
Magazin Trans, darin A. Hofmann: Die Junkers A 50, Berlin 1989
H. Pohlmann: Chronik eines Flugzeugwerkes 1932–1945 (Blohm & Voss), Stuttgart 1979
E. König: »Die Bücker-Flugzeuge«, Martinsried 1987
Der deutsche Sportflieger, Heft 5/1935: Hans Klemm – Deutschlandflug 1935
Der Flieger, Heft 3/1938: Beschreibungen von neuen Sportflugzeugen der Firmen Bücker, Fieseler, Arado, Focke-Wulf, Gotha, Siebel und Klemm (auch Flugmotoren)
Flieger Revue 90 Extra, enthält Kurzbericht Erla 5D/Me 5a
A. Lippisch / F. Trenkle: »Ein Dreieck fliegt«, Stuttgart 1976
R. Horten / P. F. Selinger: Nurflügel, Graz, 3. Auflage 1985
Luftfahrt/Aviation International: Heft 2/1993
G. Hilscher: Nurflügel à la Horten

1945–1995

K. Munson: Privatflugzeuge (1946–1967), Zürich 1967
W. Zuerl: 50 Sport- und Reiseflugzeuge, München 1956
W. Zuerl: 50 moderne einmotorige Sport- und Reiseflugzeuge, Steinebach 1964
Flugwelt, Heft 5/1964: G. Bock / B. Stieler: Zivile Motorflugzeuge in der Bundesrepublik Deutschland

Flugwelt, Heft 5/1965: K. Thalau: 10 Jahre Luftfahrtindustrie – ein Rückblick
F. K. Franzmeyer: Die Geschichte des Langsamflugzeuges LF 1 »Zaunkönig«, Blätter zur Geschichte der Deutschen Luft- und Raumfahrt Nr. 3, S. 7.1–7.79, DGLR 1992
K. Von Gersdorff: Bölkow-Sportflugzeuge, Alsbach/Bergstraße 1981
Flug Revue, Katalog: »Flugzeuge 1977«, Stuttgart 1977
Der Flieger, Hefte 2/3 1956: Sonderheft zum 30jährigen Bestehen der Zeitschrift, München
Der Flieger, Heft 3/1961: Sonderheft zum 40jährigen Bestehen der Zeitschrift, 1921–1961
Der Flieger, ohne Datum, vor 1961: Fachheft Geschäfts- und Privatflugzeuge
H. J. Becker: Wasserflugzeuge. Flugboote, Amphibien, Schwimmerflugzeuge. Band 21 der Buchreihe »Die deutsche Luftfahrt«, Bonn 1994
LBA-Info, Informationen aus dem Luftfahrt-Bundesamt, darin u. a. Nr. 23/1993 K. Neufeldt: Umweltbewußtes Fliegen, Heft 4, Ausgabe 1995: Jahresbericht 1994
Flug Revue 1/95, enthält Branchenspiegel 1995

Konstrukteure – Piloten

G. Halle: Otto Lilienthal und seine Flugzeugkonstruktionen, München und Düsseldorf 1962
W. Schwipps: Der Mensch fliegt. Lilienthals Flugversuche in historischen Aufnahmen. Koblenz 1988
– (Hrsg.): Die Schule Lilienthals, Berlin 1992
K. Kopfermann (Hrsg.): Otto Lilienthal – über meine Flugversuche 1889–1896 / Ausgewählte Schriften, Düsseldorf 1987/88
W. Heinzerling / H. Trischler (Hrsg.): Otto Lilienthal, Dokumentation, Deutsches Museum, München 1991
O. Lilienthal: Der Vogelflug als Grundlage der Fliegekunst. 4. Auflage. Faksimile-Wiedergabe der ersten Auflage mit den handschriftlichen Ergänzungen des Verfassers (1889), München und Berlin 1943
H. Hirth: 20 000 km im Luftmeer, Berlin 1913
G. Schmitt: Die Ladys in den fliegenden Kisten, Berlin 1993
E. Udet: Mein Fliegerleben, Berlin 1935
H. J. Nowarra: Udet, vom Fliegen besessen, Friedberg o. J.
A. von Ishoven: Udet, Wien 1977
R. Dietrich: Im Flug über ein halbes Jahrhundert, Gütersloh 1942
F. W. Radenbach: Gottlob Espenlaub, Stuttgart 1942
A. Raab: »Raab fliegt«, Hamburg 1985
E. Rosemeyer-Beinhorn: Mein Mann der Rennfahrer, Berlin 1938
E. Beinhorn: Alleinflug. Mein Leben, München 1977
E. Beinhorn: Ein Mädchen fliegt um die Welt, Berlin 1932
J. Wachtel: Claude Dornier – Ein Leben für die Luftfahrt, Planegg 1989
Dornier: Eine Dokumentation zur Geschichte des Hauses Dornier, Friedrichshafen 1983
C. Dornier: Aus meiner Ingenieurlaufbahn, Zug/Schweiz 1966
E. Heinkel: Stürmisches Leben, hrsg. von J. Thorwald, Stuttgart 1953
H. D. Köhler: Ernst Heinkel – Pionier der Schnellflugzeuge, eine Biographie. Band 5 der Buchreihe »Die deutsche Luftfahrt«, Koblenz 1983
MBB (Hrsg.): Messerschmitt, 50 Jahre Flugzeugbau, Ottobrunn 1973
MBB (Hrsg.): Prof. Dr.-Ing. E. h. Willy Messerschmitt zum 75. Geburtstag, Ottobrunn 1973
H. J. Ebert / J. B. Kaiser / K. Peters: Willy Messerschmitt – Pionier der Luftfahrt und des Leichtbaues, Band 17 der Buchreihe »Die deutsche Luftfahrt«, Bonn 1992
K. von Gersdorff: Ludwig Bölkow und sein Werk – Ottobrunner Innovationen. Band 12 der Reihe »Die deutsche Luftfahrt«, Koblenz 1987
K. v. Gersdorff: Ludwig Bölkow (zum 80. Geburtstag 1992), Initiator, Ingenieur und Unternehmer. Herausgeber Deutsche Aerospace/MBB, München 1992
G. Fieseler: Meine Bahn am Himmel, München 1979
W. Wagner: Kurt Tank – Konstrukteur und Testpilot bei Focke-Wulf. Band 1 der Buchreihe »Die deutsche Luftfahrt«, München 1980, überarbeitete Aufl. 1991
P. Supf: »Hanns Klemm – Der Schöpfer der Leichtflugzeuge«, Stuttgart 1955
D. Schmitt: Nordpolflug, Stuttgart 1982

Akafliegs

H. Zacher: Studenten forschen, bauen, fliegen – 60 Jahre Akademische Fliegergruppe Darmstadt, Darmstadt 1981
H. Zacher: Vergessene Akafliegs (gekürzte Fassung eines Vortrages auf dem Idaflieg-Wintertreffen 1990, in Idaflieg Berichtsheft 1990

OUV

Verein zur Förderung des Eigenbaues von Luftfahrtgeräten e.V. (Hrsg.): OUV-Jahrbücher, Erftstadt-Bliesheim
J. Kurz: Nachbau einer Klemm 25 d (privat verbreitet)

Ultraleichtflugzeuge

H. Penner: Das Handbuch für den Ultraleichtflieger, Entwicklung – Praxis – Konstruktionen, Stuttgart 1983
H. Penner/Ströhle: Das Handbuch für Ultraleichtflieger, Stuttgart 1993
F. Schmidt: Ultraleichtfliegen, Lehrbuch nach den Richtlinien von DAeC und DULV, München 1987, Neuauflage 1988
Deutscher Aero Club e.V. (Hrsg.): Ultraleichtfliegen im DAeC, Broschüre der Sportfachgruppe UL-Fliegen, Frankfurt 1988
Flügel Europas, Marktspiegel UL-Flugzeuge, Stuttgart 1994

Flugmotoren und Triebwerke

A. Vorreiter: Jahrbuch der Luftschiffahrt, 2. Jg. 1912, J. F. Lehmanns Verlag, München
A. Vorreiter: Motoren für Luftschiffe und Flugapparate (1910), R. C. Schmidt, Berlin
J. A. Gilles: Flugmotoren 1910 bis 1918 (1971), Verlag Mittler & Sohn, Frankfurt a. M.
F. Huth: Motoren für Flugzeuge und Luftschiffe 1916 (2. Aufl.) und 1920 (3. Aufl.), R. C. Schmidt, Berlin
K. Anacker: Der Flugzeugmotor (1918), R. C. Schmidt, Berlin
Die Motoren im Deutschen Rundflug 1925 (aus: Die Lehren des Deutschen Rundfluges 1925, S. 75–92, Herausgeber Aero-Club von Deutschland)
K. Grasmann: »Die Motoren der Klemm-Leichtflugzeuge«, Blätter

zur Geschichte der Deutschen Luft- und Raumfahrt, Nr. II, DGLR 1991
K. Grasmann: »Typentafeln der Deutschen Motor-Zeitschrift (DMZ) 1925 und 1927« (Nachdruck 1977)
K. Grasmann: Deutsche Kleinflugmotoren einst und jetzt, Deutscher Aeroclub H. 4 (1959), S. 58–62
K. Grasmann: Zur Frage eines deutschen Flugmotors für Schul- und Übungsflugzeuge, Deutscher Aeroclub H. 9 (1959), S. 189–190
K. Grasmann: Triebwerke der Motorsegler, Deutscher Aeroclub H. 4 (1960), S. 374–376
K. Grasmann: Gedanken über ein Triebwerk für Schul- und Sportflugzeuge, Dtsch. Forsch. Anstalt f. Luftfahrt, DFL-Bericht 124 (1960)
K. Grasmann: Entwicklungsstand der Triebwerke für Reise- und Sportflugzeuge sowie Motorsegler, Flugwelt H. 3 (1961), S. 153–162
K. Grasmann: Stand der Triebwerksentwicklung für Sportflugzeuge und Motorsegler, Der Adler Nr. 1 (1962), S. 15
K. von Gersdorff / K. Grasmann: Flugmotoren und Strahltriebwerke, Band 2 der Buchreihe »Die deutsche Luftfahrt«, 3. Auflage 1995
H. Giger: Kolben-Flugmotoren (bis etwa 1960)
B. Gunston: Lexikon der Flugtriebwerke, 1991
L. v. Bonin u. K. Grasmann: Zukunftsaussichten der Kolbenmotoren und Turbotriebwerke für Leichtflugzeuge, WGL-Jahrbuch (1965), S. 337–352
F. Eisleben: Der Kolbenmotor als Antrieb für Leichtflugzeuge, Dtsch. Forsch. Anstalt f. Luftfahrt, DFL-Bericht (1965). (Auch im WGL-Jahrbuch 1965 enthalten.)
K. Grasmann: Neue Generation von Kolbenflugmotoren. Gemeinsame Lycoming-Porsche-Entwicklungen, Aerokurier Nr. 8 (1969)
Motorsegler mit Wankel-Motor K8B/KM 914 und SF-24/KM 29, Aerokurier Nr. 2 (1971), S. 88/89
Lärmminderung bei Limbach-Motoren, Aerokurier Nr. 11 (1975), S. 854–855
Motorenhandbücher: Porsche-Flugmotor 678/0 (1/1958), 678/1 (8/1957), 678/3 (11/1957), 678/4 (6/1959), Hirth-Flugmotor F 10A (7/1965), Limbach SL 1700E, SL 1700 EA, SL 1700 EA I (5/1972)
H. Dorsch, A. Hofbauer, H. Weiner: Der Porsche-Flugmotor PFM 3200. MTZ 46 (1985) 3, S. 275–281
M. Zoche: Dieselmotoren für die Allgemeine Luftfahrt, ZFW 16 (1992), S. 152–158

Luftfahrt-Verbände und -Organisationen

G. Brütting: Fliegen ist unser Sport. Geschichte des Deutschen Aero Clubs, Stuttgart 1986
Deutscher Aero Club e.V. (Hrsg.): 30 Jahre nach Wiederbeginn, 1950–1980
Interessenvertretung Allgemeine Luftfahrt im DAeC: Die Entwicklung der Allgemeinen Luftfahrt in der Bundesrepublik Deutschland von 1959 bis 1963
AOPA-Letter, hrsg. von der AOPA Germany, Egelsbach
AOPA-Jahresberichte / Beiträge im »Aerokurier«
LBA (Hrsg.): Lotse Technik, Nachschlagewerk für Betriebe der Luftfahrt-Technik
LBA-Info
Luftfahrt-Bundesamt: Jahresberichte (Anfang 1995 erschienen: Jahresbericht 1994)
LBA (Hrsg.): Flugsicherheitsmitteilungen

Fachzeitschriften

Aerokurier
Vereinigte Motor-Verlage, Stuttgart
Fliegermagazin
Ringier-Verlag, München
Flug-Revue
Vereinigte Motor-Verlage, Stuttgart
Flieger-Revue
Flug-Verlag Berolina GmbH, Berlin
Der Adler
Baden-Württembergischer Luftsportverband e.V., Stuttgart
Bayerische Luftsportnachrichten
Mitteilungen des Landesverbandes Bayern, München
Mitteilungen des Landesverbandes Nordrhein-Westfalen, Duisburg
Pilot und Flugzeug
Verlag E. S. Mittler & Sohn, Herford
Aero-Revue
Aero-Club der Schweiz, Luzern
Flugsportzeitung
Aktuelles österreichisches Nachrichtenmagazin und Fachzeitschrift für Luftfahrt, St. Pölten

Frühere Fachzeitschriften:

Flugsport
Zeitschrift für Flugtechnik und Motorluftschiffahrt (ZFM)
Der Sportflieger
Der Jungflieger
Der Segelflieger
Luftwissen
Thermik
Luftfahrt International
Luftsport
Der Flieger
Flugwelt
Weltluftfahrt

Abkürzungen

Akaflieg	Akademische Fliegergruppe (an Hochschulen)
ALA	Allgemeine Luftfahrzeug Ausstellung
AOPA	Aircraft Owner and Pilot Association
AVGAS	Aviation Gasoline (Flugbenzin)
CFK	Carbon-Faserverstärkter Kunststoff
DAeC	Deutscher Aero Club
DFS	Deutsche Forschungsanstalt für Segelflug
DFVLR	Deutsche Forschungs- und Versuchsanstalt für Luft- und Raumfahrt
DLR	Deutsche Forschungsanstalt für Luft- und Raumfahrt
DLV	Deutscher Luftfahrt-Verband / Deutscher Luftsport-Verband
DVL	Deutsche Versuchsanstalt für Luftfahrt
EAA	Experimental Aircraft Association
FAA	Federal Aviation Administration
FAI	Fédération Aéronautique Internationale
FAR	Federal Aviation Regulations (US-Zulassungsbestimmungen)
FVW	Faser-Verbund-Werkstoff
GFK	Glasfaserverstärkter Kunststoff
Idaflieg	Interessengemeinschaft deutscher akademischer Fliegergruppen
IFR	Instrument Flight Rules (Flug nach Instrumenten)
ILA	Internationale Luftfahrt Ausstellung
JAR	Joint Airwortines Regulations (Europäische Zulassungsbestimmungen)
LFU	Leichtflugtechnik Union
MOGAS	Motor-Gasoline (Superbenzin)
NACA	National Advisory Committee for Aeronautics
NSFK	Nationalsozialistisches Fliegerkorps
OUV	Oskar-Ursinus-Vereinigung (der Amateurflugzeugbauer)
RLM	Reichsluftfahrtministerium
RRG	Rhön-Rossitten-Gesellschaft
TBO	Time Between Overhaul
UL	Ultraleicht (-Flugzeug)
VFR	Visual Flight Rules (Flug nach Sicht)
VLA	Very Light Aeroplane
WGL	Wissenschaftliche Gesellschaft für Luftfahrt

Sachregister

Personenregister

Typenregister

(Hinweise auf ausländische Flugzeugtypen sind im Sachregister enthalten)

Die Autoren

Günter Brinkmann

Kyrill von Gersdorff

Werner Schwipps

Günter Brinkmann, geboren am 17. Dezember 1922, besuchte in seiner Heimatstadt Dortmund das Gymnasium. Von seinem 10. Lebensjahr an baute er Flugmodelle und beteiligte sich erfolgreich an Wettbewerben.
1938 legte er die Gleitflieger A-, 1939 die Gleitflieger B- und die Segelflieger C-Prüfung ab. Bereits als Siebzehnjähriger besaß er den Luftfahrerschein. Im Zweiten Weltkrieg war er von 1941 bis 1945 Lastensegler an vielen Fronten und hat u. a. den Starrschlepp mit erprobt.
Nach Gefangenschaft und kurzer Lehrerausbildung studierte er in Frankfurt und Mainz Geschichte, Germanistik und Pädagogik und war parallel dazu als Redakteur des Schulfunks beim damaligen Radio Frankfurt tätig. 1949 folgte er einem Angebot des NDR-Schulfunks nach Hamburg, wo er neben seinen Fachbereichen Geschichte und Geographie auch Luftfahrtthemen aufgriff. 1955 bearbeitete er das Buch »Start frei – Atlantik« (deutsche Atlantikflüge in den dreißiger Jahren). Außerdem verfaßte er mehrere Schul- und Jugendbücher.
1967 wechselte er zum Bildungsprogramm im damals neugegründeten III. Fernsehen des NDR über. Dort produzierte er u. a. die Sendereihe »Geographische Streifzüge«, für die umfangreiche Luftaufnahmen erforderlich waren. Von 1974 an entstand die Reihe »Die Erben Lilienthals« (15 Folgen), aus der das Sachbuch »Sportfliegen heute« hervorging. Seit Anfang der siebziger Jahre war er auch selbst wieder fliegerisch aktiv.
Der DAeC verlieh im 1978 die Goldene Dädalus-Medaille. Einigen Einzelsendungen über Luftfahrtthemen folgte 1985 die Reihe »Pioniere der Luftfahrt«, die er noch kurz vor seiner altersbedingten Verabschiedung als Leiter der Hauptabteilung Bildung des NDR fertigstellen konnte.
Von 1987 an arbeitete er – jetzt als freier Produzent – an einer Reihe über die Geschichte des Segelfliegens, die unter dem Titel »Der Berg der Segelflieger« 1990 von HR 3 erstgesendet wurde. Ein Nebenprodukt war der Videofilm »Ein Sport im Aufwind« für das Segelflugmuseum auf der Wasserkuppe. 1989 erschien sein »Buch vom Luftsport – Die Erben Lilienthals«. Für diese Buchreihe verfaßte er (mit Hans Zacher) den Band 19 »Die Evolution der Segelflugzeuge«. Für seine Arbeiten erhielt er 1991 das »Diplôme d'Honneur« der FAI.

Kyrill von Gersdorff, geboren 1916 in Reval/Estland, ging in Berlin-Charlottenburg zur Schule, machte sein Praktikum bei Siemens & Halske bzw. Bramo in Berlin-Siemensstadt und Spandau. Nach seinem Studium in Weimar kam er 1941 in das Reichsluftfahrtministerium nach Berlin und war dort zuletzt – als Fliegeroberingenieur – Referent für Triebwerke des Auslands. Von 1946 bis 1958 wirkte er in Frankreich bei der SNECMA an der Entwicklung der ATAR-Strahlturbine mit. 1958 kam er zur Bölkow-Entwicklungen KG zuerst nach Stuttgart, dann nach Ottobrunn, wo er mehrere Jahre die Hubschrauberaktivitäten und die Entwicklung der Leichtflugzeuge leitete. In diese Zeit fielen der Serienanlauf des Sportflugzeuges Bölkow »Junior« und der Entwicklungsbeginn des Hubschraubers Bo 105. Als Unternehmensbereichsleiter war er dann für den Ausbau des MBB-Werkes Ottobrunn verantwortlich. Seit 1973 als Fachbeirat beim Deutschen Museum in München tätig, wurde er 1977 Berater bei der Planung der Sammlungserweiterung in der neuen Luft- und Raumfahrthalle. Im Mai 1976 wurde ihm die Oskar-von-Miller-Medaille des Deutschen Museums verliehen.
Von 1977 an übernahm er die Koordination der Buchreihe »Die deutsche Luftfahrt« im Bernard & Graefe Verlag und schrieb als Autor an drei Bänden dieser Reihe mit: »Flugmotoren und Strahltriebwerke« (mit K. Grasmann), »Hubschrauber und Tragschrauber« (mit K. Knobling) und »Ludwig Bölkow und sein Werk – Ottobrunner Innovationen«. 1986 wurde ihm für seine Verdienste um die Sammlung und Darstellung der deutschen Luftfahrtgeschichte die Ehrenmitgliedschaft der Deutschen Gesellschaft für Luft- und Raumfahrt (DGLR) verliehen.

Werner Schwipps, geboren am 2. August 1925 in Haidemühl in der Mark Brandenburg, ist bereits mit mehreren Publikationen zur Frühgeschichte des Flugwesens hervorgetreten. Darunter sind die große Biographie »Lilienthal« (2. Aufl. 1979), der Bildband »Der Mensch fliegt – Lilienthals Flugversuche in historischen Aufnahmen« (1988), der Band »Schwerer als Luft – Die Frühzeit der Flugtechnik in Deutschland«, der als Band 8 dieser Buchreihe 1984 erschien, und »Alois Wolfmüller – Erfinder und Flugzeugtechniker« (1991).

Werner Schwipps ist dem Flugwesen seit seinem 15. Lebensjahr als Segelflieger verbunden. Nach 1945 studierte er Politische Wissenschaften und Geschichte in Westberlin. Danach arbeitete er als Rundfunkredakteur zunächst beim Sender Freies Berlin, dann bei der Deutschen Welle in Köln, dem Auslandsrundfunk der Bundesrepublik Deuschland. Für seine luftfahrtgeschichtlichen Forschungen ist er mehrfach ausgezeichnet worden.
Seine umfangreiche Sammlung über den Luftfahrtpionier Otto Lilienthal, tausende von Dokumente und Fotos, in Jahrzehnten zusammengetragen, schenkte er 1993 dem Museum für Verkehr und Technik, Berlin.
Für den vorliegenden Band hat Schwipps – nunmehr freier Luftfahrtpublizist – ein intensives Quellenstudium betrieben und vor allem in den Bundesarchiven in Potsdam und in Merseburg neue Erkenntnisse gewonnen. Bei diesen Beständen handelt es sich um das alte Reichsarchiv, das nach dem Zweiten Weltkrieg als Staatsarchiv der DDR geführt wurde und westlichen Autoren und Wissenschaftlern nur schwer zugänglich war.

Walter Barth, geboren am 29. Oktober 1921 in Ulm, wurde bereits im Mai 1941 an der Nordafrika-Front eingesetzt. Die englische Gefangenschaft, in die er bei Tobruk geriet, führte ihn um die halbe Erde: Ägypten, Südafrika, Kanada, England, Schottland, Munsterlager, Dachau. Nach seiner Entlassung im Mai 1947 studierte er bis 1952 Architektur, Hoch- und Tiefbau. Unmittelbar danach wurde er Leiter des Bauamtes der Großen Kreisstadt Ehingen, ein Amt, das er 32 Jahre inne hatte. Daneben war er 21 Jahre ehrenamtlicher Kreisbeauftragter für Natur- und Landschaftsschutz.
Mit dem Flugmodellbau hatte er schon mit 12 Jahren angefangen, 1956 eine noch heute aktive Modellbaugruppe gegründet. Aktiver Flieger wurde er erst mit 45 Jahren. Er flog Motorsegler und Segelflugzeuge, betrieb Kunstflug, wurde Fluglehrer und Prüfungsrat beim Regierungspräsidium Tübingen.
Daneben diente er dem Baden-Württembergischen Luftfahrtverein in einer Reihe von Funktionen: 20 Jahre Vorsitzender des Luftsportvereins Ehingen, seit 1978 Präsidialrat und seit 1983 Ultraleichtreferent. Barth hat heute noch die Lehrberechtigung für Ultraleichtflug und motorisierte Gleitschirme.
Von 1983 bis 1991 war er Vorsitzender der Ultraleicht-Kommission im DAeC. Bis heute hat er mehr als 350 Ultraleicht-Fluglehrer ausgebildet.
Seit 1985 ist Walter Barth geschäftsführendes Mitglied der Berblinger-Jury der Stadt Ulm.

Hans Peter Gomolzig, geboren 31. Januar 1947, machte 1964 einen Lehrabschluß als Metallflugzeugbauer im elterlichen Betrieb. Über den 2. Bildungsweg begann er 1970 ein Studium an der Fachhochschule in Aachen, Fachrichtung Flugzeugbau. Bereits in sein Studium wurden Projekte des elterlichen Betriebes einbezogen, ebenso in seine Diplomarbeit (Hochleistungsantrieb für Motorsegler).
1977 erwarb Gomolzig die Testpilotenberechtigung. 1977 kehrte er als Technischer Leiter in den elterlichen Betrieb zurück. Hier arbeitete er an verschiedenen Entwicklungsprojekten mit, wie schalldämpfende Maßnahmen an Propellerflugzeugen, der Entwicklung des Fan-Trainer-Fahrwerks, für das ab 1982 die Serienfertigung aufgebaut wurde. Parallel dazu wurden eine Vielzahl von Schalldämpfern für einmotorige Propellerflugzeuge entwickelt.
Hans Peter Gomolzig ist seit 1991 geschäftsführender Gesellschafter der Gomolzig Flugzeug- und Maschinenbau GmbH.

Kurt Grasmann, geboren 1913 in Berlin, studierte an der TH Berlin und München. Nach Diplom (1936) sowie RLM-Ausbildung als Flugzeugbaumeister und Flugzeugführer war er von 1938 bis Kriegsende bei der Erprobungsstelle der Luftwaffe Rechlin zur Entwicklung und Erprobung von Triebwerksanlagen eingesetzt. 1946 wurde er Assistent bei Prof. Löhner an der TH Braunschweig und leitete bis 1956 die Motorradversuchsabteilung der Frankfurter Adlerwerke. In der Wiederaufbauphase der deutschen Luftfahrt war er bei der Deutschen Forschungsanstalt für Luftfahrt (DFL) bis 1958 für die Triebwerks-Musterprüfung verantwortlich.
Danach arbeitete er dort als stellvertretender Leiter des Instituts für Strahlantriebe an V/STOL-Antriebssystemen; die Planung des Versuchsgeländes Trauen für Luftstrahl- und Raketenantriebe gehörte zu seinen weiteren Aufgaben. Ab 1966 bereitete er beim Entwicklungsring Süd (EWR) für das bilaterale AVS-Projekt die Versuchsintegration der Bodenversuche vor und übernahm 1969 bis 1978 bei MBB Planung und Kontrolle für den gesamten MRCA-Tornado-Bodenversuch.
Daneben war er seit 1957 in der Technischen Kommission des Deutschen Aero Clubs tätig und leitete diese bis 1976. Von den fünfziger Jahren an hat er zahlreiche Berichte und Aufsätze über Flugantriebsfragen veröffentlicht. Er setzt dies jetzt mit Arbeiten zur historischen und modernen Triebwerksentwicklung u. a. im Rahmen einer DGLR-Fachgruppe und eines Fachbeirates des Deutschen Museums in München fort.
Kurt Grasmann hat zusammen mit Kyrill von Gersdorff und Helmut Schubert den Band 2 dieser Buchreihe »Flugmotoren und Strahltriebwerke« verfaßt.

Hanno Heller, geboren 1935, studierte an der Technischen Hochschule München Maschinenbau und war anschließend bei der Gutehoffnungshütte, Oberhausen, als Konstrukteur tätig. Es folgte eine mehrjährige Assistenz bei Professor Dr.

phil. Ernst Lübcke an der Technischen Universität Berlin am Institut für Technische Akustik, wo er 1965 zum Dr.-Ingenieur promovierte. Von 1966 bis 1974 war er Mitarbeiter der Firma Bolt Beranek and Newman in Cambridge/Massachusetts, USA, wo er zunächst als Senior Scientist, dann als Supervisory Scientist und Mitglied des »Management Council Physical Sciences« Forschungsprojekte zum Kompressorlärm, zur Lärmerzeugung bei Luftkissenfahrzeugen, zur instationären Aerodynamik bei Wiedereintrittskörpern und zu aerodynamisch erzeugten Hohlraumschwingungen bearbeitete.

1975, aus den USA zurückgekehrt, wurde er in Braunschweig bei der Deutschen Forschungs- und Versuchsanstalt für Luft- und Raumfahrt (DFVLR) Leiter einer Selbständigen Abteilung Technische Akustik. Seit 1982 ist er Leiter der Abteilung Technische Akustik am Institut für Entwurfsaerodynamik der Deutschen Forschungsanstalt für Luft- und Raumfahrt (DLR). Während dieser Zeit war er u. a. deutscher Responsabler »Fluglärm« in der *Group of Aeronautical Research and Technology in Europe (GARTEur)* und Mitglied des Technischen Ausschusses »Aeroacoustics« des *American Institute for Aeronautics and Astronautics (AIAA)*. Des weiteren war er Wissenschaftlicher Leiter der Aeroakustik-Konferenzen in Aachen (1992) und in München (1995), erstere eine Gemeinschaftsveranstaltung der DGLR und der AIAA, letztere der *Confederation of European Aerospace Societies (CEAS)* und der AIAA.

Er ist Berater des Bundesministeriums für Verkehr in der Fluglärmkommission der ICAO. Seine Abteilung führt für dieses Ministerium Forschungsarbeiten zur Fluglärmzertifikation durch, sie ist weiterhin an führender Stelle in eine Reihe internationaler Kooperationen zum Fluglärm und zum Automobillärm eingebunden. So wird beispielsweise gemeinsam mit der NASA und der ONERA an der Vorhersage und Minderung des Hubschrauber-Rotorlärms gearbeitet. Seine Abteilung war mehrfach mit der Leitung und Durchführung kooperativer Großexperimente im Deutsch-Niederländischen Windkanal zu aeroakustischen Fragestellungen betraut (so z. B. im europäischen Gemeinschaftsprojekt zum Hubschrauberlärm »HELINOISE« und im deutschen Triebwerksprojekt »CRISP«).

Heller hat mehrfach auf internationalen Akustikkongressen eingeladene Hauptvorträge gehalten, er ist Autor zahlreicher Fachberichte und von Aufsätzen zum Thema »Fluglärm«.

Sylvia Henseler-Trinkaus, geboren 1943, lernte nach dem Abitur während einer Banklehre Segelfliegen und kam dadurch später als Mitarbeiterin des damaligen Generalsekretärs, ihres späteren Ehemannes Wolfgang Trinkaus (1918–1985), 1971 zum Deutschen Aero Club e.V. Ab 1977 baute sie die Geschäftsstelle der AOPA-Germany, Verband der Allgemeinen Luftfahrt e.V., auf dem Flugplatz Egelsbach auf, die sie 12 Jahre lang leitete. Wolfgang Trinkaus kam 1979 als hauptamtlicher Präsident dieser Organisation von Motorflugpiloten der Allgemeinen Luftfahrt dazu.

Nach dem Prinzip »learning by doing« widmete sie sich in wachsendem Maße journalistischen Aufgaben, wie den AOPA-Verbandsmitteilungen AOPA-letter, AOPA-Kolumnen für Luftfahrt-Fachzeitschriften und anderen Beiträgen überwiegend im Aerokurier. Dadurch qualifizierte sie sich schließlich für die Mitgliedschaft im Luftfahrt-Presse-Club, dessen Vorstandsmitglied sie heute ist.

Sylvia Henseler-Trinkaus arbeitet heute als freie Fachjournalistin mit den Schwerpunkten Allgemeine Luftfahrt und Kunst über Luft- und Raumfahrtthemen, die sie nicht nur publizistisch verarbeitet; sie organisiert Kunstausstellungen wie die AEROKUNST, die alle zwei Jahre im Rahmen der AERO in Friedrichshafen stattfindet. Sie ist darüber hinaus im Rahmen der Öffentlichkeitsarbeit für die Allgemeine Luftfahrt beratend tätig.

Die Segelfliegerei hat sie bereits 1977 aus beruflichen Gründen aufgegeben, dafür aber inzwischen Motorfliegen gelernt.

Helmut Mauch, geboren 1939 in Tübingen, begann seine Karriere, die überwiegend dem Fliegen gewidmet ist, mit 17 Jahren als Segelflieger. 1960 lernte er bei der Luftwaffe Motorfliegen und absolvierte danach eine Fluglehrerausbildung auch auf Hubschraubern. 1971 folgte in Florida/USA die Instrumentenflug-Ausbildung. Auch dem Segelflug blieb er treu.

In den Folgejahren war Mauch überwiegend Fluglehrer für Flächenflugzeuge, Hubschrauber und zweimotorige Flugzeuge. Ab 1990 war er drei Jahre lang Fluglehrer in Arizona/USA, dann »zivil« in Jesenwang. Seit wenigen Monaten ist er als Fluglehrer in Ghana.

Sein »Hobby«, mit dem er nicht nur in Fliegerkreisen weithin bekannt wurde, ist das Zeichnen, bevorzugt von Karikaturen. Durch die berühmte TV-Serie von Günter Brinkmann »Die Erben Lilienthals« lernte ein Millionenpublikum seine spitze Feder kennen. Er hat einige Bücher mit seinen unverwechselbaren Zeichnungen gefüllt und illustriert regelmäßig Beiträge in einem Fachmagazin.

Auch in Ausstellungen wie der AEROKUNST war er wiederholt vertreten.

Manfred Meyer wurde am 26. Mai 1948 in Halberstadt am Harz geboren.

Er absolvierte die Polytechnische Oberschule und machte anschließend eine Lehre bei der Deutschen Reichsbahn. Mit 13 Jahren fing er mit der Segelflugausbildung an, mit 15 konnte er den ersten Alleinflug machen, dann begann er eine Motorflugausbildung.

Von 1966 bis 1969 leistete er eine freiwillige Dienstzeit bei

der DDR-Luftwaffe im operativen Flugsicherungsdienst. Danach war Meyer 22 Jahre im flugzeugtechnischen Bereich bei der INTERFLUG tätig.
Die Ausübung des Flugsports mußte er in der DDR aufgeben.
Sein zunächst »Hobby« war das Zeichnen und Malen von Flugzeugen und Schiffen und die intensive Beschäftigung mit allen Themen der Luftfahrt und der Seefahrt. Nach Ende der DDR und Abwicklung der INTERFLUG war Manfred Meyer vorübergehend arbeitslos, bis seine ursprüngliche Freizeitbeschäftigung zum Beruf werden konnte. Heute arbeitet er als freiberuflicher Zeichner und Illustrator nach wie vor in beiden Fachgebieten Luft- und Seefahrt, aber auch gelegentlich mit Text- und Fotobeiträgen in Zeitschriften und Büchern.

Gerd Mühlbauer, geboren 1940, lernte Technisches Zeichnen im Maschinenbau und studierte an der Technischen Akademie Esslingen Maschinenbau.
Ab 1966 arbeitete er als Konstrukteur und später Technischer Leiter bei der Firma Propellerwerk Hoffmann in Rosenheim. Dort hat er bis 1980 etwa 25 verschiedene Verstellpropeller in Eigenverantwortung entwickelt, viele davon wurden musterzugelassen. Seit 1981 ist Mühlbauer selbständig im eigenen Betrieb, MT-Propeller, auf dem Flugplatz in Straubing. Seitdem hat er rund 25 weitere Verstellpropeller entwickelt und zertifiziert, davon die neuartigen elektrischen Verstellpropeller »ELCOPROP«.
Er konzipierte und realisierte das »Mehrblatt-Konzept« zur Lärmminderung an Leichtflugzeugen.
Neben Eigenentwicklungen vertreibt und betreut er über eine weitere Firma die Propelleranlagen namhafter US-Firmen.
Gerd Mühlbauer ist aktiver Motorflieger mit Instrumentenflugberechtigung.

Heiner Neumann wurde 1938 in Berlin geboren, in dessen Westteil er aufwuchs.
Anfang der fünfziger Jahre befaßte er sich intensiv mit Flugmodellbau und nahm erfolgreich an vielen Wettbewerben – bis 1956 der Weltmeisterschaft in Prag – teil.
1954 begann er mit der Segelflugschulung in Lübeck, machte seine A-Prüfung auf SG-38 und erwarb 1956 den Luftfahrerschein. Nach dem Abitur in Berlin und mit Beginn des Maschinenbaustudiums wurde er in der Akaflieg Berlin aktiv, machte seine Segelfluglehrerausbildung und erwarb die Gold-C. Aus dieser Zeit stammen seine Kontakte zu Hans Zacher und Björn Stender und seine ersten Flugerprobungen.
Nach Abschluß des Studiums baute Neumann ein eigenes Segelflugzeug.
Ab 1967 arbeitete er als Entwicklungsingenieur in der Erprobung des Senkrechtstarters VJ 101. 1973/1974 erwarb er an der berühmten Testpiloten-Schule EPNER in Istres/Frankreich die Testpilotenberechtigung, IFR und CPL.
1975 bis 1981 war Heiner Neumann Entwicklungsingenieur in der Erprobung des »Tornado«-Kampfflugzeuges.
Privat entwickelte er von 1974 bis 1977 das ultraleichte Segelflugzeug ULF-1 zusammen mit seinem Freund und Akaflieger Dieter Reich. Bis 1985 erprobte er eine Reihe von UL-Flugzeugen, war dazwischen Testpilot bei Burkart Grob Flugzeugbau und übernahm 1984 die Aufgabe als Entwicklungsingenieur und Testpilot bei Porsche.
Danach hat Heiner Neumann eine Reihe Ersterprobungen von Neuentwicklungen gemacht wie für Ruschmeyer MF 85 oder den FFT Eurotrainer.
Anläßlich eines Atlantikfluges nach Oshkosh, Wisconsin/USA, hat er mit der Speed Canard einen Geschwindigkeitsweltrekord aufgestellt.
Auch im Rahmen der OUV hat er viele Erstflüge von Amateurflugzeugen absolviert.

Dieter Schmitt wurde am 1. Juni 1924 in Heidelberg geboren. Mit 10 Jahren flog er sein erstes selbstgebautes Segelflugmodell; sechs Jahre später hatte er bereits die Segelfluglizenz C. Nach dem Abitur 1942 in Berlin wurde er bei der Luftwaffe Flugzeugführer und Jagdflieger. 1955 erneuerte er seine Motorfluglizenz; der für Segelflug fügte er zügig alle Leistungsabzeichen und zwei deutsche Rekorde hinzu. Er wurde Mitglied der Segelflugnationalmannschaft und belegte eine Reihe vorderster Plätze bei Meisterschaften im In- und Ausland. 1965 erwarb Dieter Schmitt den CPL 1 und die Instrumentenflugberechtigung und stieg mit der Gründung seiner Firma »Trans World Ferry« beruflich in den Motorflug ein. Kurz darauf folgte die Linienpilotenlizenz, einige Jahre später wurde er Testpilot.
1978 machte er mit dem Pionierflug in einem einmotorigen Leichtflugzeug von Anchorage/Alaska über den geographischen Nordpol nach München in 32,5 Stunden nonstop weltweit auf sich aufmerksam. Bis 1993 erflog er 40 Weltrekorde; 1994 rollte er die Listen der FAI auf, die in weiteren 23 Fällen mit seinen Langstreckenweltrekorden neu geschrieben werden mußten. Seine Überführungsflüge haben ihn nicht nur fast 400 Mal über den Atlantik gebracht, sondern auch in alle anderen Erdtteile. Seine Flugbücher enthalten fast 350 verschiedene Typen, vom Segelflugzeug bis zum Jet. Die Teilnahme an Testprogrammen für Prototypen der Flugzeugindustrie führte ihn in eine Reihe europäischer Länder, nach USA und Brasilien.
Er fliegt nicht nur, er konstruiert auch: das Höhenforschungsflugzeug DS-1 – ein ausgereiftes, hochinteressantes, aber bis heute nicht realisiertes Projekt.
Und er schreibt: 1982 veröffentlichte Dieter Schmitt sein erstes Buch »Nordpolflug«. Ein halbes Dutzend große TV-Filme, Kurzfilme und Berichte wurden über ihn gesen-

det; fast 200 Test- und Flugberichte hat er geschrieben. Seine Vorträge wurden nicht gezählt.
Die Mitgliedschaft im Luftfahrt-Presse-Club ist Beleg für seine journalistischen Fähigkeiten.
Das Bundesverdienstkreuz erhielt er 1985 – nur ein Beispiel einer langen Liste von Auszeichnungen.

Rudolf Schuegraf, 1945 in Bamberg geboren, trat nach dem Abitur 1965 in die Luftwaffe als Strahlflugzeugführer- und Offiziersbewerber ein. Von 1968 bis 1970 wurde er zum Flugzeugführer auf T 37, T 38 und F 104 G Starfighter in den USA ausgebildet und anschließend zum Jagdbombergeschwader 33 Büchel, Eifel, versetzt. Er wurde als Einsatzflugzeugführer und in verschiedenen Stabstätigkeiten verwendet. Von 1980 bis 1982 folgte ein Sondereinsatz für das Bundesministerium der Verteidigung im Projektstab Bundeswehrplanübung 1982. Danach wurde Schuegraf Lehrstabsoffizier Simulator und Systemtechnik und Leiter der fliegertheoretischen Ausbildung für das Waffensystem Tornado bei der dreinationalen Ausbildungseinrichtung für die Luftwaffe, Royal Air Force und Italienische Luftwaffe in Cottesmore, England.
Seit 1987 ist Rudolf Schuegraf Referent für Technik in der Bundesgeschäftsstelle des Deutschen Aero Club e.V. (DAeC) und zuständig für die Bearbeitung aller luftfahrttechnischen Angelegenheiten. 1992 wurde er Stellvertretender Generalsekretär. Schuegraf ist der DAeC-Delegierte in dem Europäischen Komitee, das sich mit der Harmonisierung der Pilotenlizenzen innerhalb der EU befaßt.

Walter Wolfrum wurde am 23. Mai 1923 in Oberfranken geboren. Am Neuen Gymnasium in Nürnberg erlangte er im Oktober 1940 das Reifezeugnis und trat als Kriegsfreiwilliger bei der Luftwaffe ein. Nach Abschluß der militärischen und fliegerischen Ausbildung kam er im Februar 1943 als Jagdflieger an die Front. In 423 Einsätzen erzielte er 137 Abschüsse und war bei Kriegsende Staffelkapitän im Jagdgeschwader 52. Seinen schweren Verwundungen verdankte er die frühzeitige Entlassung aus sowjetischer Gefangenschaft bereits im Sommer 1945.
Anfang 1946 fand er eine Beschäftigung als kaufmännischer Angestellter in einem Betrieb, welcher Blattgold herstellte. Er wurde 1955 Gesellschafter und 1985 Inhaber dieser Firma.
Als 1951 wieder der Segelflug in Deutschland erlaubt wurde, widmete er sich zunächst dieser Luftsport-Sparte. 1953 erneuerte er in der Schweiz den PPL und die Kunstflugberechtigung. Sofort nach Freigabe des Motorflugs in Deutschland baute er mit drei Freunden eine zweisitzige Jodel D-11, mit der er im Mai 1956 zum Erstflug startete. Bei den ersten Deutschen Kunstflug-Meisterschaften nach dem Krieg 1960 belegte er Rang 3, 1961 Rang 2 und 1962 wurde er Deutscher Kunstflugmeister. 1966 zog er sich vom aktiven Wettkampf-Kunstflug zurück, um 1967 das Amt des Kunstflugreferenten im DAeC zu übernehmen. Gleichzeitig begann er mit dem Aufbau einer Kunstflug-Nationalmannschaft, die in den folgenden Jahren beachtliche Erfolge auf internationaler Ebene erreichte. Mit einer kurzen Unterbrechung fungierte er bis 1985 als Trainer der Nationalmannschaft und war als Kampfrichter bei Welt- und Europameisterschaften tätig, wofür ihm das »Diplôme Tissandier« der FAI verliehen wurde. Daneben schrieb er von 1963 bis 1984 zahlreiche Testberichte und Pilotreports über neue Sport- und Reiseflugzeuge.
Die Fliegerei, das Hobby seines Lebens, betreibt er weiterhin mit ungebrochener Begeisterung. Seit Ende 1991 fliegt er eine selbstgebaute schnelle »Glasair«.

Hans Zacher, geboren am 22. November 1912 in Lüdenscheid, studierte nach Abitur und Schlosserlehre ab 1933 Flugzeugbau an der TH Darmstadt.
Seit 1922 baute er Flugmodelle, trat dem örtlichen Fliegerclub bei und schulte in einer Zeit, in der jede Flugsekunde mit einer Werkstattstunde »bezahlt« werden mußte. 1933 kam er zur Akaflieg Darmstadt, deren Vorsitzender er später wurde, wirkte dort bei der Entwicklung von Flugzeugen mit und erwarb die Segelflug-Silber-C Nr. 221. Im Motorflug bildete ihn die DVL in Adlershof aus, bei der er viele Muster flog und auch seine Kunstflugberechtigungen erwarb.
Nach 1951 erneuerte er seine Lizenzen, ergänzte sie mit Motorsegler- und Ultraleicht-Berechtigungen, schulte auf Hubschrauber und ging auch mit Geräten »leichter als Luft« in dieselbe, wann immer sich die Möglichkeit ergab.
1952 fing er bei der Prüfstelle für Luftfahrtgerät als Musterprüfer für Segel- und Leichtflugzeuge an, trat aber 1958 wieder zur DFS über, der er als Abteilungsleiter Flugmechanik schon von 1940 bis 1945 angehört hatte. Aus DFS und DVL wurde später die DFVLR (und noch später die DLR), bei der er bis 1977 Abteilungsleiter für Segelflugzeug und Leichtflugzeuge war. Er bearbeitete dort u. a. Flugmessungen, Idaflieg-Vergleichsflüge, Ingenieurfliegerkurse, Bauvorschriften, veröffentlichte und trug vor über Flugmechanik, Flugmessungen, Motorsegler, Akafliegs und Geschichte der Luftfahrt.
Hans Zacher erhielt viele Ehrungen und Ehrenmitgliedschaften, darunter das Bundesverdienstkreuz. Die Grenzen zwischen Beruf und Hobby waren bei ihm stets fließend; beides erfüllt ihn bis heute mit grenzenloser Begeisterung. Diese Freude und der stetige Wunsch, seine Kenntnisse jüngeren Fliegern weiterzugeben, bewog ihn auch zur Mitautorenschaft am Band 19 dieser Buchreihe »Die Evolution der Segelflugzeuge« zusammen mit Günter Brinkmann.

Die deutsche Luftfahrt

Die Entwicklungsgeschichte der deutschen Luftfahrttechnik von den Anfängen bis heute in über 25 Bänden

Herausgegeben von Dr. Theodor Benecke (†) in Zusammenarbeit mit dem Deutschen Museum, dem Bundesverband der deutschen Luftfahrt-, Raumfahrt- und Ausrüstungsindustrie (BDLI) und der Deutschen Gesellschaft für Luft- und Raumfahrt (DGLR)

Band 1: Wolfgang Wagner

Kurt Tank – Konstrukteur und Testpilot bei Focke-Wulf

2., überarbeitete Auflage. 1991. 272 Seiten, 130 Fotos, 76 Zeichnungen und Skizzen. Leinen.
ISBN 3-7637-6102-0

»... eine einzigartige Möglichkeit, sich über die hochentwickelte deutsche Technik im Fluggerätebau zu informieren.« Flug Revue

Band 2: Kyrill von Gersdorff / Kurt Grasmann / Helmut Schubert

Flugmotoren und Strahltriebwerke

3., überarbeitete und erweiterte Auflage. 1995. 416 Seiten und 16 Farbtafeln, 450 Abbildungen (Fotos, Zeichnungen), Tabellen. Leinen.
ISBN 3-7637-6107-1

»... ein Buch, das man uneingeschränkt empfehlen kann.« Zeitschrift für Flugwissenschaften und Weltraumforschung

Band 3: Kyrill von Gersdorff / Kurt Knobling

Hubschrauber und Tragschrauber

2., ergänzte und erweiterte Auflage. 1985. 277 Seiten und 16 Farbtafeln, 443 Fotos, Zeichnungen und Skizzen. Leinen.
ISBN 3-7637-5290-0

»... macht diese Veröffentlichung zu einer wichtigen Bereicherung der Luftfahrtliteratur ... es ist als Standardwerk auf dem Gebiet der Drehflügler zu betrachten.« Zeitschrift für Flugwissenschaften und Weltraumforschung

Band 4: Rüdiger Kosin

Die Entwicklung der deutschen Jagdflugzeuge

2., durchgesehene und erweiterte Auflage. 1990. 243 Seiten und 16 Farbtafeln, 196 Fotos, 165 Zeichnungen und Skizzen. Leinen. ISBN 3-7637-6100-4

»... gibt einen hervorragenden Überblick über fast 70 Jahre Jagdflugzeugbau in Deutschland mit allen Höhen und Tiefen. Soldat und Technik

Band 5: H. Dieter Köhler

Ernst Heinkel – Pionier der Schnellflugzeuge

1983. 303 Seiten, 258 Fotos, 62 Zeichnungen und Skizzen. Leinen. ISBN 3-7637-5281-1

»... zeigt sich, daß auch Technikgeschichte um so interessanter ist, je mehr wir von den beteiligten Menschen erfahren.« Frankfurter Allgemeine

Band 6: Otto E. Pabst

Kurzstarter und Senkrechtstarter

1984. 209 Seiten und 16 Farbtafeln, 235 Fotos, 109 Skizzen. Leinen. ISBN 3-7637-5277-3

»... vermittelt Glanzpunkte der Luftfahrttechnik und gewinnt dadurch an Bedeutung und Lebhaftigkeit in der Darstellung, daß Pabst zum großen Teil aus eigenen Erfahrungen berichtet.« Rhein-Zeitung

Band 7: Fritz Trenkle

Bordfunkgeräte – Vom Funkensender zum Bordradar

1986. 263 Seiten, 430 Fotos und Skizzen, 4 Farbabbildungen. Leinen. ISBN 3-7637-5289-7

»... eine komplette Darstellung von Ideen, Konzepten, Geräten (hervorragend illustriert) und Anwendungsprofilen der Funk- und Radartechnik in der deutschen Luftfahrt ...« Kölner Stadt-Anzeiger

Band 8: Werner Schwipps

Schwerer als Luft – Die Frühzeit der Flugtechnik in Deutschland

1984. 258 Seiten und 24 Farbtafeln, 222 Fotos, 25 Skizzen und Zeichnungen. Leinen. ISBN 3-7637-5280-3

»Eine derartige überwältigende Fülle von Informationen, Einzelheiten und Daten findet man selten ... ein überaus wertvolles und lehrreiches Werk ...« Technikgeschichte

Band 9: Bruno Lange

Typenhandbuch der deutschen Luftfahrttechnik

1986. 413 Seiten, 464 Fotos, 2 Skizzen. Leinen. ISBN 3-7637-5284-6

»... ein richtungsweisendes Nachschlagewerk ... Ein Handbuch, an dem man nicht vorbeikommt.« fliegermagazin

Band 10: Theodor Benecke / Karl-Heinz Hedwig / Joachim Hermann

Flugkörper und Lenkraketen

1987. 377 Seiten und 4 Farbtafeln, 8 Farb- und 193 Schwarzweißfotos, 277 Skizzen. Leinen. ISBN 3-7637-5291-9

»... ein Buch, das Technikgeschichte mit einer Interpretation der ›High Technology‹ verbindet – ein Werk, das wirklich informiert.« VDI-Nachrichten

Band 11: Wolfgang Wagner

Der deutsche Luftverkehr – Die Pionierjahre 1919–1925

1987. 320 Seiten, 222 Fotos, 219 Skizzen, 9 Karten. Leinen. ISBN 3-7637-5274-9

»... vermittelt ein fesselndes Zeitbild dieser bewegten Jahre.« Luft- und Raumfahrt

Band 12: Kyrill von Gersdorff

Ludwig Bölkow und sein Werk – Ottobrunner Innovationen

1987. 334 Seiten und 24 Farbtafeln, 59 Farb- und 332 Schwarzweißfotos, 103 Pläne, Skizzen, Gliederungen und Diagramme. Leinen. ISBN 3-7637-5292-7

»... ein bemerkenswertes Buch, das man nicht nur jedem Interessierten uneingeschränkt empfehlen kann ...« Soldat und Technik

Band 13: Siegfried Ruff / Martin Ruck / Gerhard Sedlmayr

Sicherheit und Rettung in der Luftfahrt

1989. 246 Seiten, 288 Fotos, 111 Zeichnungen und Skizzen, 27 Graphiken, 11 Dokumente. Leinen. ISBN 3-7637-5293-5

»... eine Fundgrube für den Techniker und den betroffenen Piloten ... Auch der Laie sollte in dieses Buch hineinschauen. Für den Fachmann ist es ohnehin eine fesselnde Lektüre.« Zeitschrift für Flugwissenschaften und Weltraumforschung

Band 14: Wolfgang Wagner

Die ersten Strahlflugzeuge der Welt

1989. 260 Seiten, 138 Fotos, 234 Zeichnungen und Skizzen, 6 Graphiken, 2 Dokumente. Leinen. ISBN 3-7637-5297-8

»... zu einer unverzichtbaren Anschaffung. Der erfolgreichen Buchreihe ist ein weiterer bemerkenswerter Band hinzugefügt worden.« Zeitschrift für Flugwissenschaften und Weltraumforschung

Band 15: Roderich Cescotti

Kampfflugzeuge und Aufklärer

1989. 311 Seiten, 156 Fotos, 254 Zeichnungen, Skizzen und Graphiken. Leinen. ISBN 3-7637-5294-3

»... ist sicher nicht zuviel gesagt, wenn man feststellt, daß dieses Buch eines der fesselndsten und attraktivsten seiner Reihe ist.« Soldat und Technik

Band 16: Jean Roeder

Bombenflugzeuge und Aufklärer

1990. 274 Seiten, 252 Fotos, 321 Zeichnungen und Skizzen. Leinen. ISBN 3-7637-5295-1

»Der hervorragend ausgestattete Typenband ...« Cockpit

Band 17: Hans J. Ebert / Johann B. Kaiser / Klaus Peters

Willy Messerschmitt – Pionier der Luftfahrt und des Leichtbaues

1992. 416 Seiten und 16 Farbtafeln, 641 Fotos, Zeichnungen und Skizzen. Leinen. ISBN 3-7637-6103-9

»... Aufzeichnungen Willy Messerschmitts beleben jedes Kapitel dieses Buches, das man getrost als das Messerschmitt-Buch schlechthin bezeichnen kann.« Jet & Prop

Band 18: Werner Treibel

Geschichte der deutschen Verkehrsflughäfen

1992. 464 Seiten, 597 Fotos, Zeichnungen, Skizzen und Tabellen. Leinen. ISBN 3-7637-6101-2

»Das verwendete statistische Material ist einmalig und ermöglicht über viele Jahrzehnte absolute und relative Leistungsvergleiche ...« loyal

Band 19: Günter Brinkmann / Hans Zacher

Die Evolution der Segelflugzeuge

1992. 288 Seiten und 16 Farbtafeln, 693 Fotos, Skizzen, Graphiken und Tabellen. Leinen. ISBN 3-7637-6104-7

»... ist seinen Preis wert. Seite für Seite. Der Interessierte erwirbt mit ihm eine wahre Fundgrube.« aerokurier

Band 20: Kurt Kracheel

Flugführungssysteme – Blindfluginstrumente, Autopiloten, Flugsteuerungen

1993. 294 Seiten und 12 Farbtafeln, 153 Fotos, 378 Skizzen, Graphiken und umfangreicher Tabellenteil. Leinen. ISBN 3-7637-6105-5

»... ein einmalig umfangreiches Nachschlagewerk, das selbst für Fachexperten noch viele neue Einzelheiten aus vergangenen Tagen und deren Zusammenhänge bringt.« Luft- und Raumfahrt

Band 21: Hans-Jürgen Becker

Wasserflugzeuge – Flugboote, Amphiblien, Schwimmerflugzeuge

1994. 284 Seiten und 8 Farbtafeln, 761 Fotos, Skizzen und Tabellen. Leinen. ISBN 3-7637-6106-3

»... das zur Zeit umfassendste Werk über die deutsche Seefliegerei.« flieger MAGAZIN

[illegible]

Luftfahrt O[illegible]

1994. 360 Seiten und 24 Farbtafeln mit [illegible], 643 Fotos, Zeichnungen und Skizzen, Tabellen. Leinen. ISBN 3-7637-6109-8

»... ist ein ganz besonderes Buch, das weite Verbreitung verdient.« Frankfurter Allgemeine Zeitung

Weitere Bände in Vorbereitung

Bernard & Graefe Verlag · Heilsbachstraße 26 · D-53123 Bonn

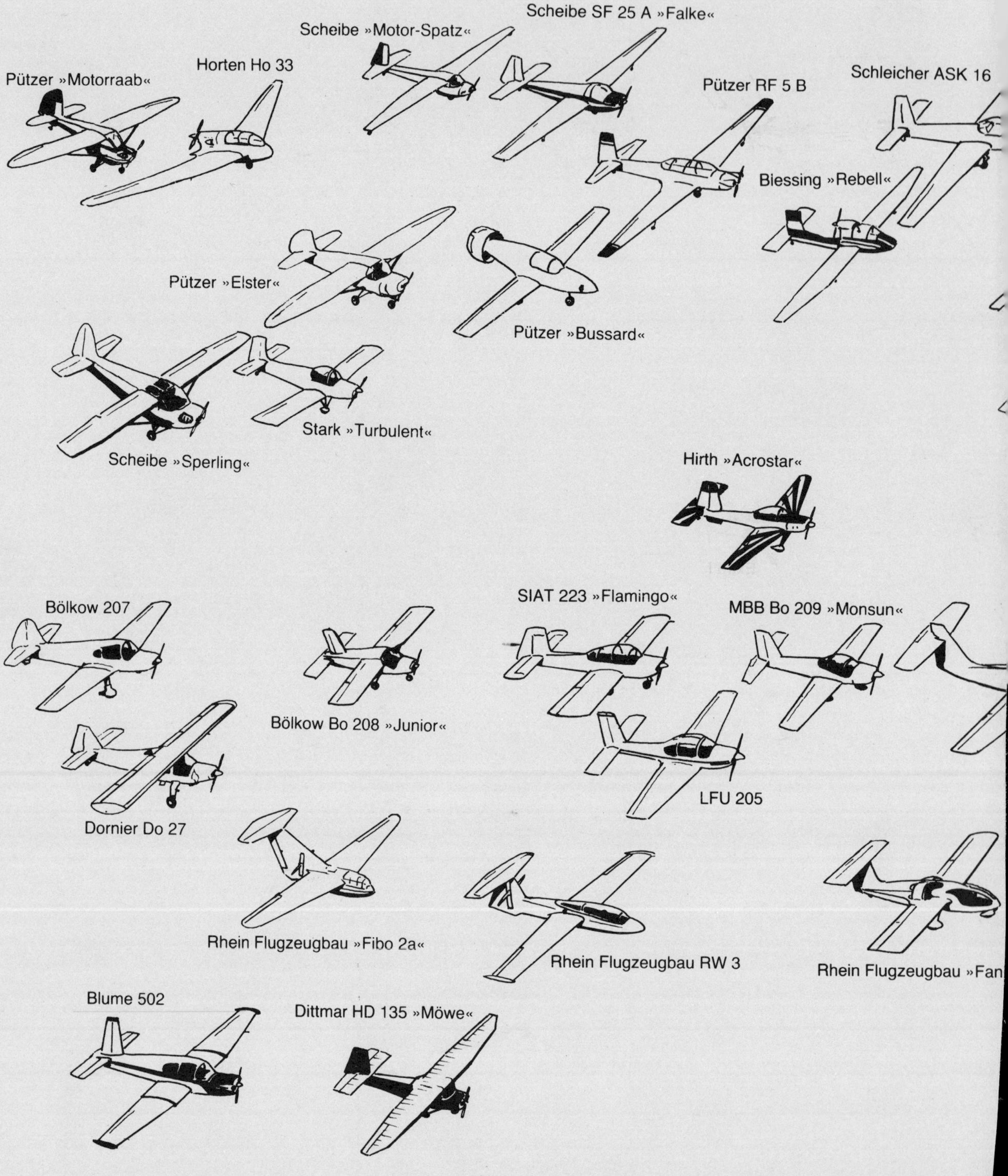

Sport- und Reiseflugzeug 1955–1995

1955